Brunhilde Bross-Burkhardt

Mein kleiner Küchengarten

Obst, Gemüse und Kräuter
Genuss aus eigener Ernte

blv

Einführung

Planung & Anlage

Gestaltungsbeispiele

Anbaupraxis

Pflanzenporträts

Anhang

Mit dem Garten leben

Ein Stück Land zu besitzen und zu bewirtschaften ist ein Herzenswunsch vieler Menschen. Das Bedürfnis, nahe an der Natur zu sein, die Pflanzen beim Wachsen zu beobachten, sich zu freuen, wenn die Weintrauben und die Äpfel reifen. Es ist die geheime Sehnsucht nach dem Paradies, die sich so ausdrückt. Stellen Sie sich die Freude vor, wenn ein Kind die ersten Erdbeeren im Jahr naschen darf oder wenn endlich die ersten Tomaten rot werden. Das sind Glücksmomente, die man sich nicht entgehen lassen darf. Auch als Erwachsener nicht.

Die Bedürfnisse wandeln sich

Im Laufe des Lebens wandeln sich die Bedürfnisse und die gärtnerischen Interessen. In jungen Jahren, wenn eine Familie zu versorgen ist, ist es wichtig, gesundes Gemüse und Obst zu ernten, von dem man weiß, dass es nicht mit Spritzmitteln traktiert worden ist. Lebensmittelskandale, die mit einiger Regelmäßigkeit passieren, und Krankheiten in der Familie wie Allergien bestärken viele Menschen in diesem Wunsch.

In reiferen Lebensjahren spielt die Ästhetik eine größere Rolle, und der Genuss rückt in den Mittelpunkt des Interesses. Wenn keine Kinder mehr im Haus sind, braucht man auch nicht mehr so viel Gemüse und Beerenobst anbauen. Die Freude an Blühendem, an Blütenformen und -farben und an Düften wird dann wichtiger. Vielleicht findet man auch Gefallen daran, mit neuen Pflanzenarten zu experimentieren.

Selbstversorgung aus dem Garten

Im eigenen Garten können Sie Obst und Gemüse nach Ihren eigenen Wünschen anbauen. Sie können die Arten und Sorten wählen, die Sie mögen und die für die Gesundheit besonders wertvoll sind. Statt des 08/15-Obstes, den 'Golden Delicious' und 'Jonathan' und wie sie alle heißen, die es im Supermarkt gibt, dürfen im eigenen Garten auch alte, vitaminreiche Apfelsorten wachsen. Sie können Ihre eigenen köstlichen Weintrauben frisch vom Spalier ernten sowie Stachelbeeren und Johannisbeeren für leckere Marmeladen und Gelees selbst pflücken.
Früher war es der Stolz jeder Hausfrau, den Vorratskeller voll

Aus der Fülle der Natur schöpfen – ein Wunschtraum vieler Menschen, der sich leicht mit einem Garten erfüllen lässt.

In guten Jahren liefert der Garten reiche Ernte an Gemüse, Kräutern und Obst – fast wie im Schlaraffenland.

gefüllt zu haben mit dem Konservierten aus dem Garten: mit Marmelade und Gelee, mit Saft, mit eingelegten Gurken, mit eingeweckten Kirschen oder Birnen … Zwischenzeitlich scheinen diese Künste und Fertigkeiten fast ganz verloren gegangen. Doch langsam keimt wieder das Interesse an dem Konservieren des selbst angebauten Obstes und Gemüses auf. Etwas selbst gemacht zu haben erfüllt so manchen Menschen wieder mit Stolz!
Für viele Menschen ist es auch heute noch wichtig, ihr eigenes Gemüse und Beerenobst heranzuziehen – auch in Zeiten, in denen alles günstig im Supermarkt zu kaufen ist. Um wie viel angenehmer ist es, einfach stressfrei in den Garten zu gehen und einen Salatkopf zu holen, als allein deswegen in den Supermarkt zu fahren. Sie sparen sich viele Wege und Fahrten mit dem Auto, wenn Sie Gemüse und Kräuter einfach aus dem Garten holen können.

Gesundes Obst und Gemüse heranziehen

Das selbst angebaute Gemüse kann ohne Spritzmittel heranwachsen, die eventuell die Gesundheit beeinträchtigen. In Hausgärten sollten synthetische Spritzmittel tabu sein, vor allem dann, wenn Kinder im Garten spielen.
In manchen Jahren breiten sich jedoch Krankheiten und Schädlinge aus – bisweilen so stark, dass gar nichts mehr zum Ernten übrig bleibt. Besondere Wetter- und Klimabedingungen bewirken dies. Bis zu einem gewissen Grad kann man mit biologischen Methoden vorbeugen und gegensteuern. Unter Umständen bleibt jedoch nichts anderes übrig, als mit zugelassenen, umweltschonenden Mitteln dagegen vorzugehen.
Natürlich brauchen Sie nicht zusehen, wie die Nacktschnecken Ihren Salat abraspeln. Dagegen können Sie selbstverständlich etwas tun. Bei anderen Schädlingen wie den Blattläusen ist es am besten, einfach Geduld zu haben. Wenn die über junge Triebe herfallen, brauchen Sie nicht gleich zur Giftspritze zu greifen. Warten Sie der Umwelt zuliebe einfach etwas ab; nach ein paar Tagen oder Wochen kommen nützliche Gegenspieler – Florfliegen und Marienkäfer – und räumen bei den Schädlingen auf. Oft hilft es auch, stark befallene Triebe einfach abzuschneiden. Bei den Pilzkrankheiten ist es leider etwas anders. Da hilft Abwarten meistens nicht. Wenn Mehltau oder Kraut- und Braunfäule sich einmal ausgebreitet haben, ist fast nichts mehr zu machen.

Das muss man dann einfach hinnehmen und kann sich allenfalls für die nächsten Jahre überlegen, wie man dem begegnet. Aber kleine Ausfälle nehmen Biogärtner gerne in Kauf im Bewusstsein, dass garantiert keine Rückstände von Fungiziden oder Insektiziden auf dem Salat oder den Beeren sind.

Ein Garten tut Körper und Seele gut

Für viele Menschen zählt Gartenarbeit zum persönlichen Fitnessprogramm. Die abwechslungsreiche körperliche Arbeit hält den Körper bis ins hohe Alter gelenkig. Achten Sie aber darauf, sich rückenschonend zu bücken und richtig zu heben. Und schützen Sie sich vor zu intensiver Sonneneinstrahlung. Ein Sonnenhut ist ein höchst sinnvolles Kleidungsstück bei der Gartenarbeit. Das Draußensein stärkt auf jeden Fall die Abwehrkräfte.
Die Arbeit im Garten wirkt sich jedoch nicht nur auf den Körper positiv aus, sondern auch auf das Seelenleben. Man kann den günstigen Einfluss, den das Gärtnern auf die Seele hat, nicht hoch genug einschätzen. Es ist die grüne Umgebung mit dem Blattwerk der Büsche und Bäume, die Ruhe ausstrahlt. Die Blütenfarben wirken ebenfalls auf den Gemütszustand. Gelbe Sonnenblumen stimmen fröhlich, rosafarbene Rosen wecken romantische Gefühle, die Farbe Weiß vermittelt Kühle und zurückhaltende Eleganz.
Für viele bietet der Garten einen Ausgleich zu einem anstrengenden Beruf. Die Besitzer dürfen ihren Garten als ihr ureigenes Betätigungsfeld betrachten. Das Gartenreich ist ein Schutzraum, ein Rückzugsraum. Hier ist man vor den Widerwärtigkeiten des Lebens und vor Anfeindungen von Mitmenschen sicher. Die Schönheit der Pflanzen und ihre Düfte entführen oft in eine andere Welt und lassen das Unangenehme vergessen.

Experimentierfreude gehört dazu

Zum Gärtnern gehört auch das Experimentieren. Wer schon Erfahrungen mit dieser oder jener Kultur gesammelt hat, wird sich auch einmal an Ungewöhnliches wagen und ausgefallen geformte oder gefärbte Tomaten kultivieren, die nicht im Supermarkt und auch nicht auf dem Wochenmarkt zu bekommen sind, oder eine aromatische Minze oder Zitronenverbene für köstlichen Tee. In Ihrem

Bei der Ernte von Minze, Melisse und Thymian schwelgt die Gärtnerin in Düften.

Nur wer Tomaten selbst anbaut, kann in den Genuss der alten und besonderen Sorten kommen.

Garten haben Sie die Möglichkeit, alles auszuprobieren; niemand redet Ihnen hier drein. Sie müssen keine Supererträge erzielen, stehen nicht unter dem Erfolgsdruck wie im professionellen Land- und Gartenbau. Ein Privileg, das sich kein Gartenbesitzer nehmen lassen sollte. Es macht nichts, wenn der Ertrag mal mager ausfällt. Wenn eine Kultur gelingt und Sie besonders viele Tomaten oder Erdbeeren ernten, dürfen Sie aber ruhig ein wenig stolz sein. Es kann der Anlass sein, zu einem Festmahl einzuladen oder zu einer kleinen, privaten Verkostung.
Um an diese Besonderheiten zu kommen, bedarf es einiger Initiative. Sie müssen Bezugsquellen für Sämereien oder Pflanzen ausfindig machen. Doch allein das verschafft schon Erfolgsgefühle.

Erlebnisraum für Kinder

Als Erwachsener nimmt man die natürlichen Dinge oft als gegeben hin und macht sich gar keine

Ein beliebtes Sammelobjekt bei Balkongärtnern – Basilikum lässt sich gut in Töpfen kultivieren.

Gedanken über das Wunder der Schöpfung. Kinder sind da noch spontaner. Sie können stundenlang einem Käfer zuschauen oder darauf warten, dass Regenwürmer aus dem Boden kommen ...
Kinder lernen, ohne Scheu Regenwürmer oder Käfer in die Hand zu nehmen, wenn die Erwachsenen ihnen das zeigen. Sie lernen, aufmerksam Raupen anzuschauen, ohne gleich draufzuhauen. Der Garten bietet so viele Beobachtungsobjekte: die Nacktschnecken und die Häuslesschnecken, die Regenwürmer, die Laufkäfer, die Ameisen, Blindschleichen im Kompost, die Schmetterlinge, Igel, die ein Winterquartier suchen ...
Besonders hübsch anzuschauen sind im Hochsommer die Taubenschwänzchen, kolibriartige Schmetterlinge, die beim Nektarsammeln Blüten umschwirren. Vielleicht erwacht in den Kindern ein Interesse an der Biologie. Über die Tiere bekommen die Kinder oft leichter einen Zugang zur Natur als über Pflanzen. Doch vielleicht erwacht ganz von allein auch das Interesse an der bunten Pflanzenwelt.
Selbst wenn aus diesem Spieltrieb und der Naturbeobachtung im Garten keine Gärtnerleidenschaft entsteht, bleiben diese Begegnungen mit der Natur Erlebnisse, die Menschen für das weitere Leben prägen und ihre Verhaltensweisen bestimmen. Kinder lernen, die Natur zu respektieren. Denn erfahrungsgemäß schätzen und schützen die Menschen nur das, was sie kennen. Im Garten können sie den Jahreslauf, die Rhythmen in der Natur unmittelbar erleben.

Im geschützten Gartenraum gehen Kinder gerne auf Entdeckungstour: an Kräutern riechen, Schnittlauch schmecken, Regenwürmer anfassen, Schmetterlinge beobachten, sich auf die Lauer legen, bis der Marienkäfer eine Blattlaus schnappt ...

In historischen Schlossgärten oder Abteigärten findet sich oft ein so genannter Küchengarten oder ein Obstgarten. Die herrschaftlichen Gärtner kultivierten hier Gemüse, Kräuter und Obst für die adeligen oder klösterlichen Haushalte. Ein bekanntes Beispiel ist der Schlosspark in Villandry an der Loire in Frankreich. In Deutschland gibt es ebenfalls einige sehenswerte historische Küchen- und Obstgärten, beispielsweise in Seligenstadt am Main oder in Veitshöchheim. Ein »Küchengarten« der heutigen Zeit fällt natürlich sehr viel schlichter aus. Es fehlt am Platz und am nötigen Personal für die aufwändige Pflege. Doch auch auf kleiner Fläche lässt sich viel Nützliches heranziehen.

Den Küchengarten planen

Gärten unterscheiden sich in der Größe, im Geländezuschnitt und im Gefälle. All dem muss man beim Planen des Nutzgartens beziehungsweise des Küchengartens Rechnung tragen.
Schon von einer relativ kleinen Grundfläche lässt sich viel ernten.

Ein klar aufgebauter Garten mit einer formalen Grundstruktur hat einen hohen ästhetischen Reiz. Niedrige Hecken aus Buchs oder Kräuter-Halbsträuchern fassen die Gemüse- und Rosen- bzw. Kräuterbeete ein.

Wenn Sie es geschickt anstellen, können Sie sich über viele Monate hinweg selbst mit dem Nötigen versorgen. Schon wenige Quadratmeter reichen aus, um das ganze Jahr über frischen Salat und ein wenig Feingemüse ernten zu können. Noch mehr können Sie herausholen, wenn Sie ein Frühbeet besitzen oder ein Kleingewächshaus. Für eine weitgehende Selbstversorgung auch mit Beerenobst rechnet man pro Person etwa 20–25 Quadratmeter.

Pläne zeichnen

Wenn Sie ein Haus neu bauen, haben Sie die Möglichkeit, den Küchengarten in günstiger Position zum Haus einzuplanen. Der Nutzgarten sollte von der Küche aus gut erreichbar ist, damit Gemüse und Kräuter zum Kochen schnell bei der Hand sind. Besprechen Sie Ihre Wünsche schon in der Anfangsphase der Planung mit Ihrem Architekten. Es ist sehr hilfreich, wenn Sie auf einem Stück kariertem Papier selbst Pläne zeichnen, um der besten Lösung nahe zu kommen. Der Küchengarten verdient einen Vorzugsplatz im Garten – vorausgesetzt, es ist Ihnen wichtig, frisches Gemüse direkt aus dem Garten holen zu können. Ein gut befestigter Weg, den man bei Regen und bei Schnee betreten kann, sollte vom Haus dorthin führen.

Ein Nutzgarten, in dem Gemüse und Kräuter gut gedeihen sollen, muss sonnig liegen.

Das Gelände in Form bringen

Stellen wir uns vor: Das Haus ist fertig, doch das Grundstück liegt noch nackt da. Disteln und Melde fangen an die aufgeschütteten Erdhaufen zu überwuchern. Das Gelände wartet darauf, in Form gebracht zu werden. Jedes Hausgrundstück verlangt nach anderen Lösungen.

Da gibt es ebene Grundstücke, auf denen kaum Erdarbeiten nötig sind, und da gibt es mehr oder weniger abfallende Grundstücke. Hanglage sichert zwar meistens eine gute Aussicht, erfordert aber andererseits mehr Aufwand für die Erdarbeiten und für die Terrassierung. Bei einer sanften Hanglage kann man oft die natürliche Geländeform beibehalten oder braucht das Erdreich nur leicht modellieren und niedrige Stützmauern einziehen, sodass gut nutzbare ebene Flächen entstehen. Stark abfallendes Gelände muss mit Mauern abgefangen werden.

Eine sonnige Lage

Wählen Sie fürs Gemüse und für die anderen nützlichen Gewächse einen sonnigen Platz. Im Schatten und Halbschatten wächst Gemüse nicht gut, Kopfsalat wird flatterig, Thymian entwickelt kein Aroma, Beeren und andere Früchte bleiben sauer. Für schattige Plätze gibt es genügend Ziergewächse – Stauden und Sträucher. Wer auf eigenen Salat, auf Erbsen und Tomaten Wert legt, sollte den Garten also ums Gemüse herum planen.

Die alten Bauerngärten zeigen, wie es geht. Die Bäuerinnen haben ihr Gemüsegärtchen oft etwas entfernt vom Haus angelegt, sodass das Haus die wertvolle Nutzfläche nicht beschattet. Aus dem gleichen Grund gab und gibt es in diesen traditionellen Gärten keine Schatten werfenden Bäume und Sträucher und keine Sichtschutzwände. Die Bäuerinnen waren eben darauf angewiesen, möglichst viel aus den Gärten herauszuholen, um die Familie versorgen zu können.

Schattenwurf beachten

Eine gute Besonnung des Gemüsegartens ist also das A und O bei der Planung. Wenn's irgend geht, sollten die Gemüsebeete auf der Südseite oder an einer Südwest- oder Südostecke des Hauses liegen. Pflanzen Sie keine größeren Obstbäume oder hohen Ziersträucher in die Nähe. Am Anfang sehen die Gehölze sehr klein aus; man ahnt nicht, welche Größe sie ein-

mal erreichen können. Halten Sie auch Abstand zu Begrenzungshecken. Und pflanzen Sie selbst Ihre Bäume und Sträucher auch so, dass Nachbargärten nicht zu sehr von Schattenwurf beeinträchtigt werden.
Auch bei der Ausrichtung der Gemüsebeete kann die Besonnung eine Rolle spielen. Am günstigsten ist es, wenn die Gemüsereihen in Nord-Süd-Richtung verlaufen.

Mauern und Terrassen

Gemüse lässt sich am besten auf ebenem oder allenfalls leicht geneigtem Gelände anbauen. Auf ebenem Gelände kann man problemlos gehen. Ebenes Gelände ist auch deshalb wichtig, weil so das Wasser besser im Boden versickert und nicht in Rinnsalen herabfließt. Bei abfallendem Gelände kommt man deshalb nicht umhin, zu terrassieren. Mit Hilfe des Terrassenbaus kann man sogar Nordhänge noch für den Gemüseanbau nutzbar machen. Bei leichten, sandigen Böden ist die Geländemodellierung am einfachsten. Auf felsigem Grund und an steilen Hanggrundstücken ist das Terrassieren mit Hilfe von Stützmauern Schwerarbeit. In den allermeisten Fällen muss man nach einem Hausbau zudem gute Humuserde aufbringen, damit Gartenpflanzen wachsen können.

Niedrige Stützmauern

In vielen Gartensituationen ist es sinnvoll und nötig, das Gelände leicht mit Hilfe von niedrigen Mauern aus Beton oder Naturstein zu terrassieren. Gartenbesitzer können solche Mäuerchen selbst errichten. Etwas Körperkraft und Geschick ist jedoch vonnöten, um die Steinbrocken an die richtige Stelle zu hieven.

Oben: Niedrige Mauern aus Natursteinen oder Beton-Fertigteilen fangen kleinere Gefälle auf.
Unten: Auf ebenem Gelände lässt sich Gemüse am besten anbauen. Stark hängiges Gelände sollte durch Stützmauern oder Holzplanken terrassiert werden.

Statt der schweren und unhandlichen Natursteine bieten sich auch Beton-Fertigteile zur Böschungssicherung an. Die Betonsteinindustrie stellt ein großes Sortiment an Steinen her. Seit Jahrzehnten gebräuchlich sind die so genannten U-Steine aus grauem Beton. Diese unaufdringlichen Steine gefallen auch noch nach Jahrzehnten und können immer wieder neu bepflanzt werden.

Holzpalisaden wirken natürlich. Sie eignen sich für nicht allzu steiles Gelände.

Ähnlich schlicht wirken L-Winkel-Steine. Seit Jahren ist eine neue Generation von Stützelementen auf dem Markt: Betontöpfe, die neben- und übereinander geschichtet werden können und deren Hohlräume mit Erde aufgefüllt werden. Solche Beton-Stützelemente lassen sich einfach aufsetzen, gestalterisch sind sie jedoch schwer zu handhaben – sie passen keineswegs überall hin, wo Böschungen abzufangen sind. Am besten ist es, wenn sie nach und nach unter einer grünen Pflanzendecke verschwinden.

Stützmauern für steiles Gelände

Auf sehr steilen Grundstücken kommt man meist um den Bau höherer Stützmauern nicht herum, auch wenn das eine teure Angelegenheit ist. Nur mit Hilfe dieser Stützmauern entstehen ebene Flächen, die sich für den Anbau der Gartenkulturen und zum Wohnen nutzen lassen. Solche Stützmauern, die starkem Erddruck ausgesetzt sind, muss der Fachmann bauen. Am schönsten, aber auch am teuersten, sind trocken aufgesetzte Natursteinmauern. Es gibt übrigens auch industriell hergestellte Mauersteine mit natursteinähnlicher Optik, die sich wie Trockenmauern aufsetzen oder mit Mörtel verfugen lassen. Sehr oft findet man hinterbetonierte Stützmauern, bei denen der Beton die Stützfunktion übernimmt und Mauersteine nur als Verblendsteine vorgesetzt werden. Eine hübsche, natürlich aussehende Variante gerade im Gemüsegarten sind **Holzpalisaden** – senkrecht im Boden verankerte kesseldruckimprägnierte Rundhölzer.

Wege gliedern den Garten

Wege bilden das Grundgerüst in einem Garten. Sie erschließen das Gelände rund ums Haus und ermöglichen das Begehen bei jedem Wetter. Je nach Gelände und Nutzungszweck bieten sich geschwungene oder geradlinige Wegeverläufe an. Bei Gartenneu-

Die kreuzförmige Wegestruktur teilt die Gartenfläche in vier fast gleich große Beete auf.

Wege erschließen den Garten, sodass Blumenrabatten und Gemüsebeete gut zugänglich sind.

anlagen ist es sinnvoll, erst einmal Trampelpfade zuzulassen, die zeigen, wo Wegeverbindungen nötig sind, und diese erst etwas später richtig zu befestigen.

Materialien für Wege

Die Beläge können aus Kies, Splitt oder Schotter, aus Platten oder Pflastersteinen oder aus Kombinationen der Genannten bestehen. Für naturnah gestaltete Gärten oder Nutzgärten eignen sich Wege aus Holzpflaster oder Rindenmaterial. Sie passen sich am ehesten den Geländeformen an. Im einfachsten Fall besteht der Weg aus festgetretener Erde. Sinnvoll ist es Materialien zu wählen, die leicht erhältlich sind, vielleicht sogar auf eigenen Grundstücken anfallen, wie z.B. Nadelholzrinde oder Holzhäcksel. Welcher Belag gewählt wird, hängt auch von der Funktion des Weges ab; der Weg zum Haus kann durchaus etwas repräsentativer sein als das Wegenetz im Nutzgarten oder der Pfad zum Komposthaufen oder Holzschuppen. Ein wichtiges Kriterium für die Wahl des Belags ist sicher auch, ob man selbst den Weg bauen will oder ihn vom Landschaftsgärtner legen lässt.

Einfache Wege aus Erde und Rinde

In den allermeisten Fällen genügen einfache Wege ohne Unterbau. In älteren, jahrzehntelang bewirtschafteten Nutzgärten bestehen Wege oft aus festgetretener Erde. Wenn solche Wege regelmäßig begangen werden, hält sich der Unkrautbesatz in Grenzen; lediglich die Einjährige Rispe *(Poa annua)* breitet sich auf dem verfestigten Untergrund aus. Sinnvoll ist es bei solchen Wegen auch, die Gemüsebeete mit Randsteinen aus Naturstein oder Beton einzufassen.
Seit einiger Zeit ist Rindenmaterial als Wegebelag sehr beliebt. Verständlicherweise, denn auf Rinde lässt sich federnden Schrittes gehen, die Schuhe bleiben sauber, und – ein überzeugendes Argument – Rinde unterdrückt das Unkraut, vorausgesetzt, sie ist dick genug (mindestens 5 cm, besser bis zu 20 cm hoch) aufgeschüttet. Verwendet werden kann Nadelholzrinde aus dem Wald, grober Rindenmulch aus dem Handel oder gehäckseltes Holz. Ein Nachteil der Rinde sei allerdings nicht verschwiegen: Sie enthält Gerbstoffe, die den Pflanzen in der Nachbarschaft schaden. Es empfiehlt sich also, beim Säen und Pflanzen Abstand zu den empfindlichen Gemüsen und Kräutern nebendran zu halten. Nach und nach verrottet die Rinde, Unkraut siedelt sich an bzw. von unten dringen Ackerwinden oder Quecken durch; dann muss neues Material aufgeschüttet werden. Manche Gartenbesitzer legen als Unkrautsperre Pappe auf den Weg und kaschieren sie mit einer

dünnen Lage Rindenmulch – optisch ansprechend und preiswerter als eine dicke Schicht Rindenmaterial aus dem Handel. Garten- und Landschaftsbauer verwenden auch spezielles wasserdurchlässiges schwarzes Vlies zum Unterdrücken des Unkrauts.

Links: Ein praktischer Wegebelag im Nutzgarten ist Rindenmulch. Das Material kostet wenig, unterdrückt das Unkraut und lässt das Wasser gut durchsickern.
Rechts: Auf gesplitteten Wegen versickert das Wasser gut.

Wege mit Kies und Splitt

Einen natürlichen Charakter haben Wege oder Flächen mit Kies- oder Splittbelag. Bei ihnen versickert das Wasser problemlos im Untergrund. Solche Wege anzulegen erfordert etwas mehr Aufwand als das einfache Aufschütten von Rindenmulch. Für sie muss der Untergrund etwa 20 cm tief ausgekoffert werden. Der spätere Wegeverlauf wird mit Schnur markiert, sodass gerade Linien entstehen. Grober Schotter bildet den Unterbau, darüber folgt etwa 3 cm hoch der feinere Kies oder Splitt. Das Material ist meistens nicht vorhanden, sondern muss angeliefert werden. Bei solchen Wegen ist eine Einfassung aus Pflastersteinen oder aus Bandstahl unbedingt nötig. Sonst wandert Kies oder Splitt in die angrenzenden Beete ein, was nicht erwünscht ist. Nach meiner Erfahrung sind Kieswege im Gemüsegarten nicht ideal, vor allem bei schwerem Boden nicht, weil die Kieselsteine sich an erdige Schuhe hängen.

Platten- und Pflasterwege

Wege, die unmittelbar ums Haus herum oder die von der Straße zum Haus führen, sollen bei jedem Wetter gut begehbar sein. Hier sind Beläge aus Platten oder Pflastersteinen sinnvoll. Solche Wege anzulegen erfordert Körperkraft und handwerkliche Fertigkeiten. Es kann sinnvoll sein, einen Garten- und Landschaftsbauer mit dem Wegebau zu beauftragen. Für handwerklich perfekte Platten- oder Pflasterwege wird der Untergrund ebenfalls mindestens 20 cm tief ausgekoffert. Als Unterbau (Tragschicht) wird 15–20 cm hoch grobes Steinmaterial – Kies oder Schotter, je nach

örtlichen Liefermöglichkeiten – eingefüllt. Darüber kommt etwa 5 cm hoch (etwas mehr als Plattenhöhe) Sand. Die Sandschicht wird mit einer Maurerkelle eben gezogen und darauf werden dann die Platten oder Pflastersteine mit ein paar Millimeter Fugenabstand verlegt. Als Hilfsmittel zum Festklopfen dient ein Betonhammer. Wasserwaage und Setzlatte sollte man beim Verlegen ebenfalls zu Hilfe nehmen. Wege direkt am Haus sollten ein kleines Gefälle vom Haus weg aufweisen, sodass das Regenwasser gut ablaufen kann. Auf keinen Fall dürfen Stolperstellen entstehen.
Zum Schluss wird Sand auf die Fläche geschüttet und in die Fugen gekehrt. Da sich der Sand noch setzt, muss man diese Prozedur des Sandeinkehrens mehrmals wiederholen. Wenn sich der Weg später noch setzt, lassen sich die Unebenheiten unter den Platten leicht mit Sand ausgleichen. Einen natürlichen Charakter bekommt man, wenn man in die Fugen Gras einsät.
Ganz wichtig ist die Randbegrenzung mit Pflastersteinen oder mit Betonplatten. Bei angrenzenden Rasenflächen sollten die Begrenzungssteine in gleicher Höhe verlegt werden, damit man mit dem Rasenmäher darüberfahren kann. Gelegentlich wird statt Steinpflaster auch **Holzpflaster** (aus Kesseldruck imprägniertem Holz) als Wegebelag verwendet. Die Verlegeweise ist identisch wie beim Stein. Holzpflaster sieht hübsch aus, allerdings besteht bei Nässe Rutschgefahr! Als Wegebelag völlig ungeeignet sind Rasengittersteine. Sie eignen sich nur für Stellplätze und Garagenzufahrten.

Schrittplatten

Bei wenig begangenen Pfaden in abgelegenen Gartenteilen oder bei Pfaden durch den Rasen bietet es sich an, Schrittplatten zu verlegen. Das kann auch in größeren Kräuterbeeten nötig sein. Die Platten werden in einem Sandbett so verlegt, dass sie ebenerdig abschließen und man mit dem Rasenmäher problemlos darüberfahren kann.

Teppichpflanzen lockern auf

Pflaster braucht nicht durchgehend verlegt sein. Sehr hübsch sieht es aus, wenn bodendeckende Pflanzen in den Zwischenräumen wachsen. Es gibt einige niedrige Pflanzen für solche Teppichbeete, allen voran der Feldthymian oder Quendel *(Thymus serpyllum)* sowie andere niedrige Thymian-Arten wie *Thymus praecox*. Von ihm

Ein zeitlos erscheinender und praktischer Wegebelag aus viereckigen Betonplatten.

Holzdielen machen die Beete auf einfache Weise zugänglich. Die Schuhe bleiben sauber und der Boden wird geschont!

gibt es viele in allen Blauviolett-tönen, weiß und rötlich blühende Sorten. Quendel bleibt sehr niedrig, sodass er beim Gehen kein Hindernis bietet. Infrage kommt auch die Römische Kamille *(Chamaemelum nobile)*, zum Beispiel mit der hübschen gefüllten Sorte 'Plena'. Frisch gepflanzt sehen solche lebenden Polster ganz bezaubernd aus. Es erweist sich jedoch bald, dass diese Pflanzungen sehr viel Pflege brauchen, wenn sich Wildkräuter dazwischen ansiedeln.

Beton oder Naturstein?

Ob man sich für Platten oder Pflastersteine aus Beton oder aus Naturstein entscheidet, ist meistens eine Frage des Geldes. Natursteine sehen zwar sehr schön aus, sind aber im Regelfall deutlich teurer als Betonsteine. Oft handhaben es die Wegebauer so, dass sie auf dem größten Teil der Fläche Betonsteine verlegen und Pflastersteine aus Granit, Basalt oder Porphyr, gelegentlich auch aus Sandstein oder Muschelkalk als Bänderung einbringen. So entsteht ein hübscher gestalterischer Akzent. Natursteine dienen oft auch als Begrenzung zur angrenzenden Beetfläche hin.

Die Baustoffindustrie bietet ein riesig großes Sortiment an Platten und Pflastersteinen aus Beton an, in allen möglichen Größen und Einfärbungen, ebenmäßig geformt oder mit gebrochenen Kanten.

Für sehr wichtig halte ich es, dass man sich auf wenige Materialien beschränkt. Die befestigten Flächen rund ums Haus müssen wie aus einem Guss wirken und die verwendeten Steine die Färbung des Hauses oder der Umgebung aufnehmen. Rote Sandsteine oder rot eingefärbte Betonsteine wirken in Gegenden, in denen heller Kalkstein ansteht, deplatziert, und umgekehrt ist es genauso.

Für den Nutzgarten sind schlichte Wegebeläge aus Betonplatten am besten geeignet. Sie fügen sich unauffällig in die Gartenumgebung ein, man kann gut und sicher auf ihnen gehen und sie lassen sich gut sauber halten.

Beetbegrenzungen – nützlich und schön

Der Küchengarten auf einem Hausgrundstück ist ein »Garten im Garten«. Es muss also keine aufwändige Einzäunung gebaut werden. Das ist auch gar nicht sinnvoll, da die Nutzpflanzen viel Licht brauchen und sowieso oft nicht viel Platz zur Verfügung steht. Einfassungen sind sinnvoll, um die Beetfläche vom Rasen oder von der Wiese abzugrenzen, sodass das Gras nicht so leicht in die Beetfläche vordringt. Einen gewissen Schutz bieten Einfassungen auch vor Schnecken, besonders die so genannten Schneckenzäune. Auf leicht abschüssigem Gelände stützen Einfassungen das Erdreich ab. Am wichtigsten sind die Beetbegrenzungen jedoch als gestalterisches Element.

Rasenkanten

Wenn die Gemüsebeete direkt an den Rasen oder die Wiese grenzen, muss man ein paar Mal im Jahr abstechen, um zu verhindern, dass sich Gras und Klee in die Beetfläche hinein ausbreiten.

Links: Senkrecht in den Boden eingelassene Betonplatten oder Holzbretter sind eine Platz sparende Möglichkeit, die Beete einzufassen.
Mitte: In Norddeutschland verwendet man gerne Ziegelsteine zum Einfassen der Beete.
Rechts: Eine sichere Barriere: Schneckenzaun aus Eisenblech.

Eine Alternative bieten senkrecht in den Boden eingebrachte Profile, die ebenerdig abschließen. Diese Rasenbegrenzungen können aus verzinktem Stahlblech oder aus Edelstahl bestehen. Eine besonders elegante, unauffällige Lösung ist das Einbauen eines stabilen Vliesmaterials, das sich sogar mit der Schere zuschneiden lässt.

Einfassungen mit Steinen und Holz

Da gibt es unzählige Möglichkeiten: Hochkant gestellte Natursteine, Beton-Randsteine, Ziegelsteine, sogar Dachziegel können dazu dienen, die Erde auf der Beetfläche zu halten. Eine echte Kuriosität sind Weinflaschen. Wichtig ist, dass die Steine tief genug im Boden stecken (über die Hälfte der Höhe), sodass sie nicht zur Seite gedrückt werden.

Holz bietet sich ebenfalls an. Es wird allerdings im Laufe der Zeit verrotten, ist also nicht für die Ewigkeit gedacht. Am ehesten trotzen noch Eichen-, Robinien- und Lärchenholz der Witterung, sie sind aber teurer als die besser verfügbaren Nadelhölzer. Diese können jedoch bei einem jungen Garten sinnvoll sein, der noch nicht fertig angelegt ist. Eine solche Einfassung aus Holz kann angestrichen sehr hübsch aussehen.

Einfassung mit Schneckenzaun

Bei feuchtem Wetter kriechen die Schleimtiere fast unweigerlich heran, vor allem, wenn der Küchengarten an eine Wiese oder einen Heckenstreifen grenzt. Ein Schneckenzaun bietet sehr wirkungsvollen Schutz, vorausgesetzt, er ist absolut dicht und die Beetfläche war vorher frei von Schnecken. Seit Jahrzehnten bewährt sich ein Schneckenzaun aus verzinktem Eisenblech, bei dem das Blech nach außen wie bei einer 1 umgebogen ist. Diese Biegung bildet eine nahezu unüberwindbare Barriere für die Tiere. Andere Schneckenzaunmodelle bestehen aus Kunststoff oder Metallgitter. Auch bei Schneckenzäunen ist es wichtig, dass sie tief im Boden stecken, um nicht umzukippen bzw. um zu verhindern, dass die Tiere im Erdreich unter dem Profil hindurchkriechen.

Niedrige Lattenzäune

Auf kleinen Hausgrundstücken sind Lattenzäune aus Holz eher ein Hindernis. Auf großen Grundstücken avancieren sie zu einem hübschen Gestaltungselement. Ein mit einem Zaun umgebener Gemüsegarten sieht wie ein »Garten im Garten« aus. Zusätzlich kann ein Rosenbogen oder ein Klettergerüst das Eingangstor betonen. Eine stabile Abgrenzung mit einem Lattenzaun kann nötig sein, wenn Hunde oder andere Tiere vom Gemüsegarten abgehalten werden müssen. Besonders reizvoll sehen Zaunelemente aus natürlich gewachsenen Robinienhölzern aus.

Kräuterhecken

Mit Pflanzen lassen sich hübsche optische Abgrenzungen gestalten. Ein- und zweijährige Kräuter wie Petersilie, Basilikum oder Gartenkresse kommen für temporäre Einfassungen infrage. Sie sind nur für kurze Zeit da und räumen nach der Blüte das Beet. Kräuterstauden wie Schnittlauch oder Zitronenmelisse, in einer Reihe gepflanzt, bieten sich ebenfalls an. Wenn die Pflanzen blühen und zurückgeschnitten werden müssen, sehen solche Einfassungen allerdings eine Zeit lang nicht so gut aus. Bei ausdauernden oder immergrünen Gehölzen ist das anders. Sie geben selbst im Winter noch eine lineale Grundstruktur.

Oben: Ein optischer Genuss sind Schnittlauchstöcke als Wegbegleiter.

Unten: Lavendel als dekorative Einfassung für ein formales Gemüsebeet. Die Zucchinipflanzen werden noch größer und füllen nach der Ernte des Spinats den Raum aus.

Einfassungshecken aus Buchs & Co.

Am schönsten sehen Elemente des formalen Gartens aus, allen voran die geschnittene Hecke aus Einfassungsbuchs. Für diesen Zweck sollte man unbedingt einen langsam wachsenden Buchs wie *Buxus sempervirens* 'Suffruticosa' oder *Buxus sempervirens* 'Blauer Heinz' wählen. Diese Hecke, die auf 20–30 cm Höhe gezogen wird, kann als Viereck die Beetfläche

umgrenzen, aber auch – wie in den traditionellen Bauerngärten – entlang der kreuzförmig angelegten Wege verlaufen. Hübsch wirkt es, wenn die Ecken durch halbkugelig geschnittenen Buchs betont werden. Es dauert ein paar Jahre, bis sich eine solche niedrige Hecke aus Buchs schließt. Anfangs muss man den Buchs zweimal jährlich in Form schneiden, später reicht der Rückschnitt einmal im Jahr während der Vegetationszeit zwischen Mai und September an einem trüben Tag.

Es gibt noch ein anderes immergrünes Gehölz, der sich für niedrige oder höhere Einfassungshecken eignet – den Liguster *(Ligustrum ovalifolium)*. Er wächst anfangs viel schneller als der Buchs, ist aber ebenso schnittverträglich und kann in fast beliebiger Höhe gehalten werden.

Als Alternative zu Buchs und Liguster bieten sich schnittverträgliche Halbsträucher an: Eberraute *(Artemisia abrotanum)*, Gamander *(Teucrium chamaedrys)*, Heiligenkraut *(Santolina chamaecyparissus)* oder Lavendel *(Lavandula angustifolia)*. Auch Ysop *(Hyssopus officinalis)* lässt sich zu einer niedrigen Hecke zurechtstutzen. Die vielen Pflanzen, die man für die Einfassungen braucht, ziehen Gärtner gerne selbst heran. Von Buchs und Eberraute kann man leicht Stecklinge schneiden und in Töpfchen bewurzeln lassen.

Besonders für kleine Gärten bieten sich Spalierbäumchen für die Randbepflanzung an. Man kann sie frei stehend an Gerüsten ziehen.

Säulenobst und Obstspalier

Hier kann sich das Dekorative mit dem Nützlichen verbinden. In Kleingartenanlagen, in denen nicht viel Platz ist und höhere Obstgehölze wegen des Schattenwurfs nicht erwünscht sind, ist diese Form des Obstanbaus sehr beliebt. Wählen Sie in der Baumschule Obstgehölze mit ganz schwach wachsender Unterlage als »Spindeln« oder speziell gezüchtete Säulenobstbäumchen. Bei den Spindelbüschen müssen die Äste in einer bestimmten Weise »erzogen« werden. So lässt sich mit den Mini-Bäumchen eine gute Sichtbegrenzung schaffen. Säulenobst wächst straff aufrecht und blüht und fruchtet dicht am Stamm. Die Bäumchen brauchen keinen Schnitt. Beim Beerenobst bieten sich Hochstämmchen an.

Die Bäumchen können einzeln stehen oder an einem durchgehenden Spalier. Spindelobstbäumchen pflanzt man im Abstand von etwa 2 m, Säulenobstbäumchen im Abstand von etwa 30–40 cm. Das Obstspalier aus Spalierbäumchen oder Säulenobst sollte so platziert sein, dass die Beete trotzdem genügend besonnt sind. Die Spalierbäumchen oder Säulenobstbäumchen, die wirklich wenig Platz brauchen, können zum Beispiel die Ecken einer Beetfläche markieren. Am Fuß der Mini-Obst-

Beetformen

Flachbeet

Üblicherweise werden Gemüse und Kräuter auf flachen, rechteckigen Beeten angebaut. Die Beetbreite variiert zwischen etwa 1 und 1,5 m – je nach Größe und Aktionsradius des Gärtners oder der Gärtnerin. Die Faustregel besagt, dass vom Rand bzw. vom Weg das Arbeiten mit der Hacke bis ins Beetinnere möglich sein muss, ohne dass man die Erde betritt. Die Beetlänge richtet sich nach der Größe des Gartens und natürlich danach, wie viel Gemüse angebaut werden soll. Die handelsüblichen Folien, Vliese und Insektenschutznetze sind auf eine rechteckige Beetform ausgelegt.

bäumchen dürfen sich noch Kräuter ausbreiten. Kapuzinerkresse oder Minzen passen gut hierher.

Einfassungshecken aus Wildobst-Sträuchern

Dekoratives und Nützliches verbinden sich ebenfalls, wenn Sie eine Wildrosenhecke pflanzen. Am besten eignen sich Kartoffelrosen *(Rosa rugosa)*. Sie wachsen zu ansehnlichen, breit ausladenden Büschen heran und sammeln bei den Gartenbesitzern viele Pluspunkte: gesundes Laub, stark duftende Blüten und große, dekorative Hagebutten, die sich in der Küche gut nutzen lassen. Wählen Sie für den Gemüsegarten niedrig wachsende Sorten.

Oben: Die übliche Beetform im Gemüsegarten ist das Flachbeet, hier breit angelegt und ohne Zwischenwege.
Unten: Auf einem Hochbeet kann man bequem hacken, jäten und ernten, ohne sich zu bücken.

Für andere Wildobstarten wie Kornelkirschen oder Brombeeren brauchen Sie mehr Platz. Die Gehölze müssen in einigem Abstand zum Gemüsegarten und zur Grundstücksgrenze stehen, damit Sie die Früchte auch pflücken können. (Der Abstand ist auch für Pflegearbeiten nötig und weil der Grenzabstand zu Nachbargärten einzuhalten ist.) Diese beiden Wildobstarten sowie Holunder und Haselnüsse bieten sich ebenfalls für dekorative Küchengärten an.

Hochbeet und Hügelbeet

Diese beiden Beetformen erfreuen sich wachsender Beliebtheit. Beide bieten eine ideale Möglichkeit, Astmaterial, Laub und andere organische Abfälle zu deponieren und auch noch einen Nutzen daraus zu ziehen.

Auf dem **Hochbeet** lässt sich bequem in Hüfthöhe arbeiten. Für ältere und körperlich gehandicapte Menschen ist so das Gärtnern noch möglich, sogar vom Rollstuhl aus. Ein solches Hochbeet ist eine stabile Einrichtung aus Holzbohlen oder Betonteilen. Eine solche Anlage aufzubauen erfordert allerdings einiges an Geschick und handwerklichem Können. Hochbeete aus Holz oder Kunststoff gibt es auch ganz fertig oder fertig zum Montieren zu kaufen.

Ein **Hügelbeet** lässt sich leichter aufbauen; es erfordert aber mehr Wendigkeit beim Bearbeiten. Durch die Hügelform vergrößert sich die Grundfläche des Gartens etwas.

Bei frisch aufgesetzten Hügelbeeten und Hochbeeten verrottet das Innere aus holzigem und krautigem Material nach und nach und setzt dabei Wärme frei. Dadurch wachsen Gemüse, Kräuter und Erdbeeren schnell und üppig wie auf einem Frühbeet.

Bitte beachten Sie, dass bei beiden Beetformen das Wässern größere Aufmerksamkeit erfordert als beim flachen Beet. Die aufgeschüttete Erde hat keinen Anschluss an den Untergrund, sodass die Feuchtigkeit in tieferen Bodenschichten den Pflanzenwurzeln nicht (oder zumindest am Anfang nicht) zur Verfügung steht. Wasser muss also immer von außen kommen.

Links: In einem Hügelbeet lässt sich viel sperriges Astmaterial und Laub aus dem Garten sinnvoll verwerten.
Rechts: Auf einem Kraterbeet entsteht in der eingetieften Mitte ein günstiges Kleinklima.

Kraterbeet

Diese Beet-Sonderform, bei der die Mitte eingetieft ist, kann in kühlen, windigen Gegenden sinnvoll sein. Im »Krater« entsteht ein eigenes geschütztes Kleinklima.

Zum Aufbau des Kraters sind Erdarbeiten nötig. Die Erde, die man zum Aufschütten des Kraterrandes braucht, stammt vom Aushub eines Gebäudes oder eines Teiches. Ein solches Kraterbeet darf nicht zu klein bemessen sein – einen Durchmesser von 4 m sollte es schon haben.

Gewächshaus & Co.

Die Ernte im Gemüsegarten soll sich über eine möglichst lange Zeit hinziehen. Mit Vlies- und Folienabdeckungen lässt sich die Erntezeit um ein bis zwei Wochen verlängern. Ein Gewächshaus ermöglicht oft sogar eine Ernte übers ganze Jahr hinweg.

Vlies und Folie

Vlies oder Folie werden gleich nach dem Säen oder Pflanzen über die jungen Kulturen gelegt. Vlies, das so aussieht wie Vlieseline, fügt sich unauffälliger in die Gartenlandschaft ein als die glänzende Folie. Doch das ist Geschmackssache. Der Effekt bei beiden Materialien ist der gleiche: Die Temperatur unter der Abdeckung steigt um ein paar Grad und ist insgesamt ausgeglichener, sodass die ersten Radieschen und der erste Salat tatsächlich etwa ein bis zwei Wochen früher erntereif sind. Beide Materialien sind aus Sicht der Umwelt unschädlich: Vlies wird aus Polypropylen hergestellt, Folie aus Polyethylen. Entsorgt werden beide über den Hausmüll.

Frühbeet

Das Frühbeet bietet etwas mehr Möglichkeiten. Es kann als so genanntes »kaltes Frühbeet« geführt werden oder als »**warmes Beet**« mit einer Packung aus (Pferde-) Mist. Diese Mistpackung wirkt wie eine Heizplatte und ermöglicht wirklich frühe Ernten. Das Packen ist aber recht mühevoll, und Mist steht auch nicht überall zur Verfügung, sodass diese Frühbeetform eher selten praktiziert wird. Einfacher zu handhaben ist das **»kalte Frühbeet«**, das einfach auf die Erde gesetzt wird, entweder stationär oder von Jahr zu Jahr an eine andere Stelle. Viele Gartenbesitzer konstruieren Frühbeete aus Holzrahmen selbst und basteln eine Abdeckung aus Gitterfolie oder alten Fenstern. Käufliche Modelle aus Stegdoppelplatten oder anderen Kunststoffmaterialien sehen perfekter aus. Beim Kauf eines fertigen Frühbeets sollten Sie darauf achten, dass es einen Selbstöffnungsmechanismus (auf hydraulischer Basis) hat. Das heißt, bei Erwärmung öffnen sich die Fenster von alleine und schließen sich bei Abkühlung auch wieder. Bei einfacheren Modellen und bei Eigenkonstruktionen muss der Gärtner oder die Gärtnerin dies selbst tun. Wenn tagsüber niemand zu Hause ist, hat es keinen Sinn, ein Frühbeet zu bewirtschaften. In dem Fall ist eine Abdeckung der Beete mit Vlies oder Folie sinnvoller, um wenigstens etwas früher ernten zu können.

Unter Vlies und Folie wächst Gemüse schneller als ohne Abdeckung heran. Wichtig: die Ränder mit Brettern oder Steinen beschweren!

Gewächshaus

In kühlen Gegenden ist ein Gewächshaus nötig, um wärmebe-

dürftige Pflanzen wie Tomaten, Paprika oder Gurken überhaupt kultivieren zu können. Es ist generell sinnvoll, weil die Gemüse so schneller und oft auch gesünder heranwachsen können. Allerdings gilt auch hier, dass man ein Gewächshaus kaum sich selbst überlassen kann. Wenn Sie im Sommer häufig unterwegs sind und keine »Urlaubsvertretung« zum Gießen und Lüften haben, sollten Sie lieber auf das Gewächshaus verzichten – es sei denn, das Gießen und Lüften lässt sich elektronisch steuern. Im Freiland kann man die Kulturen eher mal ein paar Tage sich selbst überlassen.

In kleinen Gärten kann es schwierig sein, einen passenden Platz fürs Gewächshaus zu finden.

Es sollte an einer gut besonnten Stelle stehen, aber natürlich nicht so, dass es andere Kulturen beschattet.

Am einfachsten aufzubauen und preisgünstig sind Folienhäuser. Stabiler sind solche aus Glas oder aus Stegdoppelplatten. Diese brauchen jedoch ein festes Fundament. Die Grundfläche sollte mindestens 6 m² betragen, wenn's geht mehr.

Oben: In einem Frühbeet kann man früher säen und pflanzen als im Freiland. Das Lüften ist hier sehr wichtig.

Unten: Ein gut geführtes Kleingewächshaus aus Stegdoppelplatten.

Links: In formschönen Terrakottatöpfen lässt sich das Balkonobst gut in Szene setzen.
Rechts: Für sonnige Plätze immer helle Gefäße wählen, sodass sich die Topferde nicht zu stark erhitzt.

Ein Gewächshaus in Hausnähe wirkt manchmal wie ein Fremdkörper. Mit einer passenden Vorpflanzung, zum Beispiel mit Kletterpflanzen oder niedrigen Gehölzen, lässt es sich etwas kaschieren.

Küchengarten im Topf

Das Gärtnern in Töpfen gewinnt immer mehr Anhänger. Viele Gartenfans, die ihrer Leidenschaft nur auf dem Balkon frönen können, sind darauf angewiesen. Und selbst wenn gewachsener Boden zur Verfügung steht, wollen viele Hobbygärtner die Grundfläche vergrößern oder die Töpfe mal hierhin und mal dorthin rücken können.

Erstaunlich viele Gewächse lassen sich in Töpfen kultivieren. Schwierig wird es lediglich bei stark zehrenden und ausdauernden Pflanzen. Obstgehölze auf Dauer im Kübel zu halten verlangt einiges Geschick. Im Winter muss man unbedingt den Wurzelballen schützen. Einjährige Gemüsekulturen oder Kräuter sind dagegen problemlos. Das Pflanzsubstrat muss nur genügend Wasser

halten können und das richtige Maß an Nährstoffen bereitstellen, sodass die Pflanzen im Kübel weder unterernährt noch überversorgt sind.
Erfahrungsgemäß eignen sich terrakottafarbene Plastikgefäße am besten. Von weitem sehen sie aus wie edle Terrakotta; sie haben jedoch den Vorzug, nicht so leicht zu Bruch zu gehen, und außerdem sind sie viel leichter als die tönerne Ware. Der Handel führt runde Pflanzkübel in allen Größen – ideal für Tomaten- oder Paprikapflanzen. Die niedrigen Balkontomaten gedeihen auch in Kästen und relativ kleinen Gefäßen. Viereckige Kübelformen mit großem Volumen gibt es auch. Sie bieten mehr Möglichkeiten und lassen sich besser an eine Wand rücken als die runden Formen.

Helle Gefäße wählen

Ganz wichtig ist die Farbe der Gefäße! Nehmen Sie niemals schwarze Kunststoffkübel, denn die werden bei Sonneneinstrahlung viel zu heiß. Sie absorbieren durch ihre schwarze Farbe die Sonnenwärme, sodass sich die Erde im Kübel sehr stark erhitzen kann und die Pflanzenwurzeln verbrennen. Also, wenn schwarze Kübel, dann in ein hellfarbenes anderes Gefäß einstellen, damit die Sonne nicht direkt darauf trifft.

Für Wasservorrat sorgen

Bei den Pflanzen im Kübel ist die Wasserversorgung der entscheidende Faktor. Die muss regelmäßig geschehen, sonst vertrocknen die verzärtelten Kübelpflanzen allzu schnell. An heißen Sommertagen kann es nötig sein, zweimal täglich zu gießen.
Große Untersetzer helfen, das Wasser bereitzustellen. Weitere Möglichkeiten zum Bevorraten des Wassers sind Pflanzgefäße mit Wasserspeicher, Wasser speicherndes Vlies in den Gefäßen oder eine mehr oder weniger automatisierte Wasserversorgung über Tropfer oder perforierte Schläuche. Der Handel bietet da seit Jahren handhabbare Modelle zur automatischen Wasserversorgung an. Voraussetzung ist freilich ein Wasseranschluss.

Wasser zum Gießen

In der Nähe des Küchengartens sollte auf jeden Fall ein Wasseranschluss vorhanden sein, damit die Wege zum Gießen nicht so weit sind. Eine gestalterisch sehr ansprechende Lösung ist es zum Beispiel, ein Brunnenbecken im Zentrum eines formal angelegten Bauerngartens zu platzieren. In größeren Gärten sind mehrere Wasseranschlüsse praktisch.

Mit Gießkanne und Schöpfbecken

Ein Wasseranschluss allein genügt nicht. Vor dem Gießen muss sich das Wasser erwärmen können. Es sollte deshalb zuerst in eine Tonne oder ein Schöpfbecken fließen. Das kann eine große Plastikwanne sein oder ein Betonbecken. Es gibt mittlerweile auch optisch ansprechende Vorratsbehälter im Handel – zum Beispiel mit einem

Beim automatischen Wässern im Gemüsegarten das Wasser möglichst direkt an den Wurzelraum bringen.

Eine Klappe im Fallrohr der Dachrinne ist immer noch die einfachste Möglichkeit, das Wasser vom Dach in die Regentonne zu leiten.

Korpus aus Holz, der innen mit Folie ausgekleidet ist, oder in Form einer Säule.

Ein Tipp: Entleeren Sie im Spätherbst, vor den ersten starken Frösten, unbedingt die Leitungen und die Gefäße, in denen Wasser steht. Sonst entsteht auf jeden Fall ein Schaden.

Ein Sprenger, wie er zum Rasenwässern verwendet wird, ist im Gemüsegarten nicht ideal. Das Wasser, das aus dem Sprenger kommt, ist womöglich zu kalt. Außerdem schadet es den Gemüsen, wenn sie von oben bewässert werden; kann das Wasser nicht schnell genug abtrocknen, werden sie leicht von Pilzkrankheiten befallen.

Automatische Bewässerung

Im Garten und im Gewächshaus bietet sich die Möglichkeit zur automatischen oder halbautomatischen Wasserversorgung. Die Bewässerungssysteme schließt man mit Schlauchkupplungen an die Wasserleitung an. Die Steuerung erfolgt automatisch mit Hilfe von Bewässerungscomputern mit Zeitschaltuhren oder einfach manuell durch Auf- und Zudrehen des Wasserhahns.

Je nach System sind es einzelne Tropfer oder Bewässerungsschläuche (Tropfschläuche), die das Wasser an die Pflanzen befördern. Bewässerungsschläuche eignen sich für Gartenbeete und Gewächshäuser. Sie werden je nach Hersteller entweder auf dem Boden oder wenige Zentimeter tief im Boden oder unter einer Mulchschicht verlegt. Bei ihnen sickert das Wasser langsam aus den Poren oder Perforationen und versorgt die Pflanzen bis in etwa einen halben Meter Entfernung mit Wasser.

Das Tropfersystem bietet sich dagegen besonders für Gewächshäuser zum Bewässern einzelner Pflanzen in Töpfen und Pflanzgefäßen an. Es lässt sich auch auf einem Balkon oder einer Terrasse installieren.

Regenwasser nutzen

Zusätzlich zur Versorgung aus der Leitung (die auf jeden Fall da sein muss) sollten sparsame Gärtner das Regenwasser nutzen. Bei Hausneubauten empfiehlt es sich, von vorneherein Regenwasserzisternen unterirdisch einzubauen. Mit Hilfe einer Tauchpumpe holt man das Wasser nach oben und leitet es in Schöpfbecken. Der nachträgliche Einbau einer Zisterne ist dagegen aufwändig. Da bietet sich eher eine kleine Lösung an, indem man das Dachwasser in Regentonnen leitet. Der Handel bietet verschiedene Lösungen zum Ableiten im Fallrohr an.

Dazu wird ein Zwischenstück in das Fallrohr eingesetzt. Die Einsatzteile der verschiedenen Hersteller fangen Laub und Schmutzpartikel ab.

Bei manchen Konstruktionen läuft das erste schmutzige Regenwasser erst einmal durch und Wasser gelangt erst bei stärkeren Regenfällen in die Tonne. Teilweise lässt sich das Wasser auch in eine weiter weg stehende Tonne leiten.

Kompostplatz als Recycling-station

Der Kompostplatz hat in einem Küchengarten eine zentrale Funktion. Er sollte deshalb gut zugänglich sein und Platz zum Hantieren bieten. Gleichzeitig soll er sich in die Gartenästhetik einfügen. Für den Erfolg des Kompostierens ist es wichtig, dass er nicht in der prallen Sonne liegt, sondern leicht beschattet ist. Ein Holunderbusch oder ein Fliederstrauch liefert den nötigen lichten Schatten.

Praktische Behälter wählen

Ob man in einer Miete kompostiert oder in Behältern, ist eine Geschmackssache beziehungsweise hängt auch von der Größe des Gartens ab. Jedenfalls darf ein Kompostbehälter nicht zu klein sein. Die Außenfläche ist sonst im Verhältnis zum Inhalt zu groß; das Material trocknet schnell aus und der Kompostierprozess kommt nicht richtig in Gang. Zu groß sollten die Behälter aber auch nicht sein, weil man dann nur noch schwer hantieren kann. Eine Seitenlänge von 80–100 cm bei einem viereckigen Behälter wäre ideal. Sehr praktisch sind Kompostlegen aus Kunststoff, deren Seitenteile man auseinandernehmen und wieder zusammensetzen kann. Sie lassen sich fast beliebig in die Höhe bauen.

In kleineren Gärten wird man es nicht schaffen, den Behälter auf einmal voll zu füllen, auch wenn das wünschenswert wäre. Dann legt man das frisch Gehäckselte oder Zerkleinerte obenauf und vermischt es mit Hilfe der Grabegabel ein wenig mit der darunterliegenden Schicht.

Kompostbehälter aus Holz fügen sich gut in den Garten ein. Ein Deckel hält Regen ab und dient außerdem der Optik.

Kompost muss sich erhitzen

Es ist schon eine kleine Kunstfertigkeit, den Kompost so weit zu bringen, dass er sich ausreichend, aber nicht zu stark erhitzt. Wichtig ist auch der richtige Feuchtigkeitsgrad des aufgesetzten Materials, nicht zu nass und nicht zu trocken. Da muss man im Sommer schon einmal mit der Gießkanne nachhelfen. Wenn es viel regnet, muss man jedoch abdecken. Bei dem richtigen Feuchtigkeitsgehalt erhitzt sich das Kompostinnere etwa einen Tag nach dem Aufsetzen kurzzeitig auf über 60 °C. Höher sollte die Temperatur nicht steigen, weil dann Nährstoffe verloren gehen. Schon nach wenigen

Tagen sinkt die Temperatur von alleine stark ab. Es ist erstaunlich, wie schnell das Material dann in sich zusammensackt. Nach dieser ersten Kompostierphase besiedeln Pilze den Kompost; danach folgen weitere Zersetzer – Asseln und Springschwänze – und schließlich die Kompostwürmer.

Mit altem Kompost neuen impfen

Bei einer solchen Kompostierweise ist das Material unten im Behälter schon fertig, während oben der Kompostierprozess noch voll im Gang ist. Dann muss man anfangen, einen zweiten Behälter zu füllen. Darin kann man dann die frischen Abfälle mit den obersten Lagen vom »alten« Kompost mischen und den neuen mit dem alten impfen. Einen Kompoststarter braucht man bei funktionierenden Kompostanlagen nicht. Günstig ist es jedoch, wenn man Algenkalk (4–8 kg/m^3) beigibt. Der Zuschlag von Tonmehl (1 kg/m^3) fördert die Bildung von Ton-Humus-Komplexen. Ganz entscheidend für den Erfolg des Kompostierens ist die richtige Mischung des Materials – feines und grobes, stickstoffreiches und stickstoffarmes, trockenes und feuchtes muss zusammenkommen. Günstig ist es, wenn alles zuvor gehäckselt werden kann.

Stützgerüste

Temporäre Kletterhilfen

Einige Gegenstände sind im Nutzgarten durchaus nützlich. Stangen- und Feuerbohnen, Erbsen und manche Gurken brauchen Stäbe oder Schnüre, um sich hochzuhangeln. Gerade in kleinen Hausgärten kann man auf solche vertikalen Klettereinrichtungen nicht verzichten. Für Stangenbohnen bieten sich Stangen aus Nadelholz oder Bambus an. Kreative Menschen bauen fantasievolle Gebilde daraus. Erbsen halten sich mit ihren Kletterorganen an dünnem Draht oder Geäst fest. Ein Maschendrahtgeflecht oder Reisig von Haselnusssträuchern ist für sie als Unterlage ideal. Für Tomaten stehen Spiralstäbe zur Verfügung, in die man die Triebe ganz einfach hineinleiten kann. Im Gewächshaus

Nützliches und dekoratives Klettergerüst für Stangenbohnen – die Bambuskonstruktion ist mit Querstäben oben stabilisiert.

nimmt man Schnüre zu Hilfe, die man an einer Querstange oben befestigt und an der man die Tomaten mit Hilfe von Clipsen befestigt. Bei Schlangengurken ist es ähnlich. Mit etwas Fantasie wird man auch Naturmaterial finden, das wenig kostet und doch seinen Zweck gut erfüllt.

Spaliere für Weinreben & Co.

Für Spalierbirnen, Weinreben, Kiwis etc. braucht man stabile Klettergerüste. Das können Klettergerüste aus Holzlatten sein, möglichst aus verwitterungsstabilem Holz wie Robinie. Edelstahlseile bieten sich als Kletterunterlage ebenfalls an. Sie müssen stabil im Mauerwerk verankert sein. Verschiedene Systeme sind im Handel erhältlich.
Ein genial einfaches Stützsystem namens »Gripple« kommt aus England. Es arbeitet mit Nylon»draht« und Kunststoffspannern und eignet sich für Obstspaliere, Brombeerhecken, Kiwis etc.
Zum Anheften von Birnen und Weinreben brauchen Sie zusätzlich Bindematerial. Kiwis schlingen selbst, man braucht sie nicht anzubinden.

Holzpfähle für Obstgehölze

Als Stütze für Obstgehölze nimmt man am besten kesseldruckimprägnierte Pfähle. Sie sollten so lang sein, dass sie nach dem Einschlagen bis in die Krone des Bäumchens hineinreichen.

Ein Wandspalier aus schlichten Holzlatten für Weinreben, Aprikosen und Spalierbirnen sieht in jedem Garten schön aus.

Den eigenen Küchengarten gestalten

Es gibt unendlich viele Möglichkeiten, einen Garten zu gestalten, sei er auch noch so klein. Sie haben die Freiheit, Ihre Wünsche auf die Gegebenheiten des Geländes abzustimmen. Bedenken Sie schon beim Planen, wie viel Zeit Sie für die spätere Gartenpflege aufwenden können, und kalkulieren Sie Ihre Urlaubszeiten mit ein.

Grundfragen klären

Manchmal tut man sich leichter, wenn der Garten in Grundzügen schon angelegt ist, weil dann die Möglichkeiten etwas eingegrenzt sind. Den größeren Reiz hat es natürlich, wenn man den Garten völlig neu gestalten kann. Sie können diese Aufgabe Profis übertragen oder sich selbst daran versuchen. Das erfordert einige Überlegungen. Wollen Sie viel Gemüse anbauen, oder genügen Ihnen ein paar Kräuter zum Würzen? Legen Sie Wert auf Johannisbeeren zum Kuchenbacken? Wählen Sie auf jeden Fall einen sonnigen Platz für den Gemüsegarten.

Als Erstes muss die **architektonische Grundstruktur** festgelegt sein, also Geländeterrassierung, Treppen, Wegeführung, Zäune und Hecken. Soll der Garten formal wirken, mit geraden Linien, oder unregelmäßig – oder sogar mit runden Beetverläufen? Erfahrungsgemäß tut man sich mit rechtwinkligen Beeten bei der praktischen Gartenarbeit leichter als mit Sonderformen.

Zudem sollte der Garten **harmonisch die Gestaltungsprinzipien des Wohnhauses aufnehmen**. Und beziehen Sie auch die Senkrechte in die Planungen mit ein. Hauswände und Garagenwände bieten Raum für Spalierobst und vergrößern so die Gartenfläche.

Stützmauern und **Platten- oder Pflasterwege** verlegen normalerweise Garten- und Landschaftsbauer. Wer handwerklich geschickt ist, kann niedrige Mauern und einfache Wege auch selbst bauen und viel Geld damit sparen. Erst dann geht man an die Detailplanung mit den Pflanzen.

Versuchen Sie sich jeweils vorzustellen, **wie sich ein Garten entwickeln kann**. Erfahrungsgemäß brauchen ausdauernde Pflanzen mehr Platz, als man zunächst annimmt.

Machen Sie sich von den **benötigten Pflanzen** eine detaillierte Liste und bestellen Sie diese nach Plan. Nun wird der einmal umgesetzte Plan aber nicht auf Dauer so existieren. Im Winter verabschieden sich manche wärmebedürftigen Gewächse, in heißen Sommern vertrocknet frisch Gepflanztes, und bei feuchtem Wetter fressen womöglich die Schnecken alles ab. Die Arbeit im Garten und das Planen hören also nie auf.

Fünf Beispielgärten

Die folgenden Beispiele sollen Anregungen geben, wie Sie Ihren Garten gestalten können. Sie brauchen sich nicht Punkt für Punkt daran halten. Sie können Details aus einem mit Details aus einem anderen Plan zusammenfügen. Den Bauerngarten, der hier mit Gemüse bepflanzt ist, können Sie beispielsweise etwas kleiner vorsehen und statt der Gemüse Kräuter und Blumen oder Rosen wählen. Er könnte dann auch Blickfang in einem Vorgarten sein. Statt der vorgeschlagenen Buchshecke könnten Sie eine Randbegrenzung mit schnittverträglichen Kräuterpflanzen wählen. Im formalen Küchengarten können die Gemüsereihen natürlich auch rechtwinklig verlaufen statt schräg wie im vorgeschlagenen Fall. Und wer Spaß am Obstanbau hat, kann auch ein frei stehendes Obstspalier als Randbegrenzung der Gemüsebeete nehmen. Die gewählten Beispiele mit Abmessungen von höchstens 10 auf 10 m lassen sich übrigens auch in Kleingärten verwirklichen.

Beispiel 1: Ein kleiner formaler Küchengarten

Dieser kleine, übersichtlich gestaltete Garten ist so angelegt, dass er auch nach einem längeren Urlaub oder zeitraubendem Bürobetrieb schnell wieder in Ordnung gebracht werden kann. Der ganze Garten ist von einer auf ca. 2 m Höhe geschnittenen Ligusterhecke eingefasst, die auch im Winter Sichtschutz bietet. Symmetrie ist ein Gestaltungsprinzip.
Der Gemüsegarten liegt exponiert am Fuß einer Terrasse. Ein paar Treppenstufen führen von der Terrasse auf das etwa 1 m tiefer gelegene Terrain. Der Terrasse und ein darunter liegender Pflanzstreifen für Kräuter werden von einer Natursteinmauer gestützt.

Auf diesem schmalen Beet stehen Kräuter-Halbsträucher mit vorzugsweise silbrig-bläulichem Laub wie Eberraute, Heiligenkraut, Gartensalbei und Lavendel sowie ein paar niedrige Strauch- und Bodendeckerrosen.
Der Küchengarten bildet einen Garten im Garten. Er ist in zwei rechteckige Beete gegliedert, der gekieste Mittelweg setzt sich in gerader Linie von der Treppe aus fort. Die Blickachse vom Wohnzimmer und der Terrasse führt auf eine Sitzbank. Eine immergrüne Ligusterhecke bildet den ruhigen Hintergrund für dieses architektonische Element.
Der Gemüsegarten ist von einer geschnittenen Hecke aus Heiligenkraut eingefasst. Kornelkirschenbäumchen betonen die Ecken des Gemüselandes. Ein Kiesweg führt außen um die niedrige Hecke herum. Zum Rasen hin ist dieser Weg mit einem versenkten Profil aus verzinktem Stahlblech abgegrenzt.
Die Besitzer legen Wert auf dekorative Gemüse mit silbrigem oder purpurfarbenem Blattwerk. Das Gemüse wird in der Regel so gepflanzt, dass immer etwas Dekoratives auf dem Beet steht.
Im Frühjahr sorgen schnellwüchsige Kulturen von Spinat, Schnittsalat, Kresse und Rucola für rasche Begrünung. Wenn während des

Oben: Kornelkirschen gibt es auch als Hochstämmchen. Das Wildgehölz blüht schön und liefert essbare Früchte.
Unten: In kleinen Gärten muss man mit der Perspektive arbeiten. Eine witzige Gestaltungsmöglichkeit sind schräg zum Weg verlaufende Gemüsereihen.

Sommers nicht gleich Zeit zum Neupflanzen ist, dient Phazelia als schnellwüchsiger Lückenfüller, der bis in den Winter hinein stehenbleiben kann. Im August/September werden frei werdende Flächen mit Feldsalat eingesät, der auch im Winter eine grüne Decke bildet und frisch für vorzügliche winterliche Salatmischungen geerntet werden kann.

Pflanzliste für die Sommer- und Herbstpflanzung:

1. Kornelkirschen-Hochstämmchen
2. Lorbeer-Hochstämmchen im Kübel
3. Artischocken
4. Kapuzinerkresse als Unterpflanzung
5. Mangold 'Rhubarb Chard'
6. Studentenblume *(Tagetes)*
7. Brokkoli 'Romanesco'
8. Pflücksalat 'Lollo rosso' und 'Lollo bionda'
9. Buschbohnen 'Purple Teepee', danach Endiviensalat
10. Grünkohl 'Redbor'
11. niedrige geschnittene Hecke aus Heiligenkraut *(Santolina)*
12. Lavendel
13. Gartensalbei
14. Eberraute

Rosen (15) für die Kräuterterrasse: je zwei Pflanzen Strauchrose 'Schneewittchen' (weiß) an die Hausecken, Bodendeckerrose 'Sommerwind' (rosa) in die Ecken, Edelrose 'Sebastian Kneipp' (cremeweiß mit gelblich-rosa, stark duftend) am Treppenaufgang.

Beispiel 2: Ein Bauerngarten als Garten im Garten

Dieser Garten ist nach dem Vorbild historischer Bauerngärten angelegt. Er hat einen kreuzförmigen Wegegrundriss aus schlichten, grauen Betonplatten. Streng und schmal geschnittene Buchshecken säumen die Wege. In diesem Fall wurde der langsam wachsende Einfassungsbuchs *(Buxus sempervirens* 'Suffruticosa') verwendet; eine Alternative wäre der noch langsamer wachsende Buchs 'Blauer Heinz', dessen Blätter bläulich überhaucht wirken. Ein Rosenhochstämmchen, umgeben von Schleierkraut, betont die Mitte der formalen Anlage, und eine Rabatte mit Sommerblumen und Stauden umgibt das Geviert. Stockrosen und Phlox stehen sehr üppig da. Der Garten ist fast quadratisch und misst etwa 8 auf 8 m. Ein niedriger Lattenzaun schließt den Garten im Garten nach außen hin ab. Der Sitzplatz unter Sträuchern, ein Spielrasen und der Kompostplatz liegen außerhalb des formalen Bauerngärtchens. Ein nettes Detail ist die Wasserstelle mit dem Schöpfbecken vor der ehemaligen Schmiede.
Der Garten steht in bester Tradition der verzierten ländlichen Nutzgärten, in denen das Gemüse zur Selbstversorgung die Hauptrolle spielt. Wichtig ist, dass der Gemüsegarten gut besonnt daliegt und weder der Schatten von Gebäuden noch von hohen Bäumen oder Sträuchern auf die Beete fällt. Gemüsepflanzen mögen keine schattigen Plätze.
Das Gemüse steht auf den Beeten in Mischkultur, wobei die Gemüse wechseln von Reihe zu Reihe. Es gibt auf den vier Karrees außer Holzlatten keine Zwischenwege, vielmehr ist der Boden zwischen den Gemüsereihen gemulcht mit Rasenschnitt, mit Stroh oder anderen organischen Materialien, die gerade zur Verfügung stehen. Am Rand dienen Ziegelsteine als schmale Trittpfade.

Pflanzliste für die Sommer- und Herbstpflanzung:

1. Kürbis
2. Stangenbohnen
3. Tomaten (unter dem Dachvorstand und in der Reihe davor)
4. Kopfsalat
5. Rosenkohl
6. Blumenkohl
7. Kräuter
8. Pflücksalat
9. Lauch (Porree)
10. Rettich
11. Kohlrabi
12. Zwiebeln
13. Möhren
14. Erdbeeren
15. Knoblauch
16. Buschbohnen
17. Brokkoli
18. Einlegegurken
19. Kopfsalat und Ringelblumen

6
5
4
7
8
9
10
11
17
14
16
15
12
13
12

Die Besitzerin sät im Frühjahr als Erstes Spinat in Reihen im Abstand von 40 cm als Vorkultur. Dieser wächst zwischen den anderen Gemüsen heran, bis er schließlich abgehackt wird und als Mulchdecke liegen bleibt. Der zarte Spinat vergeht schnell, bzw. die Regenwürmer holen ihn in den Boden. Durch den Spinatmulch wird der Boden locker und lässt sich gut bearbeiten. Es ist ein alter, gut gedüngter Gartenboden, auf dem auch Nährstoffräuber unter den Gemüsen wie Kohl und Rosenkohl sowie Zucchini und Kürbis gut gedeihen. Sie bilden jeweils die Hauptkulturen in der Reihenmischkultur. Auch hier gilt, dass die Gemüsearten jedes Jahr um eine Reihe weiterrücken müssen, damit die wichtige Fruchtfolge eingehalten wird.

Wenn Blumenkohl, Knoblauch und Zwiebeln geerntet sind, werden sofort Zuckerhut und Endiviensalat nachgepflanzt. Feldsalat wird breitwürfig in die Reihen gesät, die im August und September leer werden.

Oben: Der Trog mit Schwengelpumpe erinnert an alte Zeiten. **Unten:** Ein formal angelegter Bauerngarten mit einer Blumenrabatte drumherum.

Beispiel 3: Ein Küchengarten am Reiheneckhaus

Der Garten liegt ebenerdig auf einer Höhe mit dem Erdgeschoss des Hauses. Trotz seiner kleinen Grundfläche birgt der Garten eine Vielzahl an Nutz- und Zierpflanzen, jeder kleinste Winkel ist ausgenutzt. Den Platz direkt am Haus nehmen Klettergewächse ein: Ein Weinstock 'Boskoops Glorie' hat zusammen mit einer Kletterrose und einer Waldrebe die Südfassade für sich. Die Ostfassade teilen sich eine Bayernkiwi 'Weiki', eine Glyzine und eine weitere Kletterrose 'Coral Dawn'. Zwischen den Klettergewächsen stehen Töpfe und Kästen mit Tomaten, Peperoni, Hängeerdbeeren und Ziergewächsen. Unter dem Küchenfenster befindet sich der Wasseranschluss mit einer Wanne darunter, in der sich das Wasser zum Schöpfen mit der Gießkanne erwärmen kann.

Ein schmaler Plattenweg trennt den Streifen direkt am Haus von einer Rabatte mit Kräutern. Es sind hauptsächlich Würzkräuter, die hier in Hausnähe – gut erreichbar auch bei Regenwetter – wachsen: Schnittlauch und andere Lauchgewächse, Sauerampfer, Bergbohnenkraut, Zitronenmelisse, Ysop, Lavendel und Eberraute. Im Sommer stehen in Lücken zwischen den Kräuterstauden Töpfe mit Lorbeer, Rosmarin und Zitronenverbene. An die Kräuterrabatte grenzt ein Gemüsebeet an, abgetrennt durch einen schmalen Trittweg, nach Osten hin folgt ein weiteres Gemüsebeet.

Für den Wegebelag in diesem Garten wurde eine Kombination aus grauen Betonplatten für die Wege, die häufiger begangen werden, und Häckselmaterial aus dem eigenen Garten für die Zwischenwege gewählt. Flache Feldsteine dienen als Trittsteine im Kräuter- und Staudenbeet.

Die beiden Gemüsebeete sind etwa 1,20 m breit und ca. 5 m lang. Am nördlichen Ende steht jeweils ein Beeren-Hochstämmchen, eine schwarze ('Ometa') und eine rote Johannisbeere ('Rovada'), unterpflanzt mit einer Mitcham's-Minze und einer Spearmint.

Die Beetfläche wird hauptsächlich für Tomaten, Paprika, Andenbeere, Salate, Rucola und Wilde Rauke sowie Zuckererbsen, Buschbohnen, Mangold und Brokkoli genutzt. Zwischen den Gemüsen wachsen die ein- und zweijährigen Würzkräuter Petersilie, Kümmel, Dill, Majoran, Ringelblumen und Kapuzinerkresse. Manche säen sich selbst aus und kommen jedes Jahr wieder. Die Anordnung ist nicht statisch. Die Gemüsearten sollten jedes Jahr in einer anderen Reihe stehen.

Auf der Staudenrabatte dominieren im Frühsommer Pfingstrosen und Akeleien, Türkenmohn und Margeriten. Im Hochsommer führen das sehr ausdauernd blühende Sonnenauge und Phlox die Regie. Im Spätsommer und Herbst folgen Herbstastern und Staudengräser.

Pflanzliste für Sommer- und Herbstpflanzung:

1. Kletterrosen 'Coral Dawn'
2. Kiwi 'Weiki'
3. Strauchrose 'Eden Rose'
4. Johannisbeer-Hochstämmchen 'Ometa' (schwarz) und 'Rovada' (rot)
5. Hängeerdbeere
6. Balkonpflanzen in Töpfen
7. Kapuzinerkresse
8. Buschtomate
9. Lavendel
10. Küchen- und Teekräuter. Eberraute, Zitronenmelisse, Schnittlauch, Gartenthymian, Sauerampfer 'Profusion', Ysop, Bergbohnenkraut
11. Lorbeer im Topf
12. Rosmarin im Topf
13. Winterheckezwiebel
14. Mitcham's Minze
15. Spearmint
16. Tomaten – Stabtomaten, Fleischtomaten und Cocktailtomaten mit roten, gelben, getigerten und fast schwarzen Früchten
17. Salate und Würzkräuter
18. Peperoni 'Fireflame' und 'Pinokkio'
19. Brokkoli
20. Mangold 'White Silver'
21. Endivien und Zuckerhut

Beispiel 4: Ein Küchengarten mit Rundbeet

Für diesen Küchengarten an einem neu gebauten Einfamilienhaus wurde der Aushub vom angrenzenden Teich so aufgeschüttet, dass eine erhöhte, ebene Fläche für den Gemüse- und Kräutergarten sowie für etwas Beerenobst entstand. Der Garten liegt etwas abgerückt vom Haus und von den höheren Obstbäumen, sodass er immer gut besonnt ist.

Das Rundbeet hat einen Durchmesser von 6 m. Viel weniger sollte es nicht sein, aber auch nicht viel mehr. Es ist rundherum eingefasst von einem Schneckenzaun aus Eisenblech. Zwölf schmale Trittwege, die auf die Mitte zulaufen, teilen die Fläche und gliedern das Rund wie die Speichen eines Rades. Die zwölf Gemüsebeete sind jeweils 2 m lang; sie sehen aus wie Tortenstücke und bieten Platz für jeweils bis zu drei Reihen mit Gemüse. In der Mitte ist eine Fläche wie für die Radnabe ausgespart. Hier wächst ein Teppichthymian, der beim gelegentlichen Betreten seinen Duft verströmt. Dieses niedrige Duftkraut hat den Vorteil, dass es beim Arbeiten nicht hindert. Die Trittwege, die Fläche in der Mitte und außen um das Rundbeet herum sind mit Rindenmulch oder – je nach Verfügbarkeit – mit Holzhäcksel belegt.

Einzelne Würzkräuter begrenzen die Gemüsebeete zur Mitte hin. Sie bilden in sich ebenfalls einen Kreis. Da sie jeweils an der schmalsten Stelle der Beete liegen, sollten es eher kleinwüchsige Arten sein.

Von den ausdauernden Gewächsen bieten sich an: ein oder mehrere Schnittlauchstöcke, Winterheckezwiebel, Pimpinelle (= Kleiner Wiesenknopf) und Sauerampfer; von den ein- und zweijährigen Kräutern: Petersilie, Kerbel, Majoran und Basilikum. Borretsch, Ringelblumen, Dill und Kapuzinerkresse kommen an manchen Stellen von alleine und setzen hübsche Farbtupfer.

Auf den Beeten stehen die Gemüse in Mischkultur mit einer zentralen Kultur wie Tomaten oder Zuckererbsen und einer Nebenkultur wie Radieschen oder Salat, soweit der Platz dafür ausreicht. Es empfiehlt sich auf jeden Fall immer, einen Plan zu machen und von Jahr zu Jahr mit den Kulturen weiterzurücken, damit die Fruchtfolge eingehalten werden kann.

Eine Mulchschicht aus abgehacktem Spinat, Häckselmaterial oder Stroh sorgt dafür, dass der Boden nicht austrocknet und locker bleibt.

Im weiteren Abstand um das Rundbeet stehen Beerensträucher (Jostabeere und Stachelbeeren) sowie ausdauernde Kräuter, die viel Platz brauchen, wie Eibisch,

Alant, Wermut, Beifuß, Liebstöckel und Gewürzfenchel.
An der Grenze zum Nachbargrundstück erstreckt sich ein Brombeerspalier, das von beiden Seiten zugänglich ist. Der geräumige Kompostplatz im Schutz eines Holunders und eine frei wachsende Wildstrauchhecke mit Haselnuss-Sträuchern, Hartriegel und Liguster befinden sich ebenfalls auf dem Areal.

Pflanzliste für Sommer- und Herbstpflanzung (jeweils Gemüse und Kräuter):

1. Erdbeeren/Zwiebeln
   Winterheckezwiebel
2. Tomaten (Vorkultur Rucola)
   Petersilie
3. Brokkoli/Pflücksalat
   Borretsch
4. Lauch (Porree), vorher Salat
   Sauerampfer
5. Grünkohl
   Kapuzinerkresse
6. Erdbeeren/Knoblauch
   Schnittlauch
7. Einlegegurken in Mischkultur mit Salat
   Dill
8. Knollenfenchel/Rote Bete
   Pimpinelle
9. Tomaten (Vorkultur Spinat)
   Basilikum
10. Zuckererbsen (Nachkultur Endivien)
    Kerbel
11. Mangold/Rote Beete
    Majoran
12. Buschbohnen/Rettich (als Nachkultur Zuckerhut)
    Bohnenkraut
13. Teppichthymian
14. Holunder als Bäumchen
15. Brombeere 'Theodor Reimers' am Spalier
16. Jostabeere als Busch
17. Stachelbeeren als Busch: 'Invicta' (gelb) und 'Rokula' (rot)

17
16
15
14
11
10
9
8
13
7
6
5
4

Beispiel 5: Ein Küchengarten auf der Terrasse oder dem Balkon

Dieser Entwurf eignet sich für eine größere ebenerdige Terrasse oder für einen geräumigen Balkon. Ein Teil der Terrasse ist überdacht; so finden die regenempfindlichen Gemüse hier einen geschützten Platz. Von einem Wasseranschluss aus werden die Pflanzen in den Gefäßen automatisch mit Wasser versorgt. Diese Bewässerungsanlage lässt sich mit Hilfe eines Mini-Computers steuern, sodass die Gewächse immer genügend Wasser bekommen und auch während des Urlaubs gut versorgt sind.
Ein Weinstock steht am Rand der Terrasse im Erdreich. Er wurde zunächst senkrecht nach oben geleitet und dann waagerecht am darüber liegenden Balkon entlang, sodass eine Art Pergola entstanden ist. Auf der Terrasse sitzend, kommt man sich vor wie im Süden.
Ein paar Säulenobst-Bäumchen bereichern das Obstsortiment.

Die zwei Apfelbäumchen, die Birne und die Zwetschge stehen in größeren Pflanzkübeln und bleiben das ganze Jahr über draußen. Die Töpfe werden im Winter zusammengerückt und mit Matten, Säcken oder Vlies vor Frost und wechselnden Temperaturen geschützt.
Ein wenig Beerenobst kommt hinzu: Immertragende Hängeerdbeeren und eine Kulturheidelbeere. Beide Arten können den Winter im Freien verbringen. Wer noch mehr Obst von der Terrasse ernten möchte und im Haus Platz zum Überwintern hat, kann zusätzlich eine Feige und Zitrusbäumchen aufstellen. Sogar Johannisbeeren, Stachelbeeren, Kornelkirschen und Weinreben lassen sich in großen Kübeln kultivieren.
Ein Sortiment an Tee- und Duftkräutern wächst ebenfalls in größeren Kästen heran. Salbei und Lavendel teilen sich ein Pflanzgefäß. Ein paar Sorten Minzen stehen in einem anderen Gefäß für sich; mit ihrem wuchernden Wuchs würden Sie die anderen Kräuter bedrängen. Die Töpfe und Kübel mit diesen frostharten ausdauernden Kräuterstauden und Halbsträuchern bleiben im Winter draußen. Günstig ist es, wenn sie zusammengerückt in einer schattigen Ecke stehen, damit die Wurzelballen nicht durchfrieren und stark wechselnden Temperaturen ausgesetzt sind.

Andere Kräuter-Halbsträucher wie Rosmarin, Lorbeer und Zitronenverbene, die nicht sicher frosthart sind, wachsen für sich in Töpfen, die man im Winter ins Haus holen kann. Hübsch sieht es aus, wenn noch Küchenkräuter wie Basilikum oder Schnittlauch dazukommen.

Pflanzenliste:

1. Weinrebe 'Boskoop Glorie'
2. Säulenapfel 'Red River' und 'Spurkoop'
3. Säulenbirne 'Concorde'
4. Kulturheidelbeere 'Sunshine Blue'
5. Säulenzwetschge 'Geisenheimer Top'
6. Feige
7. Hängeerdbeere
8. Zitronenverbene
9. Minzen, z. B. 'Ananasminze' und 'Mitcham's'
10. Lavendel
11. Petersilie, z. B. 'Mooskrause'
12. Basilikum, verschiedene Sorten, z. B. 'Genoveser'
13. Gartensalbei
14. Tomaten in Kübeln, z. B. 'Picolino' und 'Yellow Pearshaped'

Bodenpflege – Grundlage für gesundes Wachstum

Der Boden sollte im Idealfall von krümeliger Struktur, also locker und gut zu bearbeiten sein und das richtige Maß an Nährstoffen enthalten. In alten, seit langem kultivierten Gärten findet man solche Verhältnisse manchmal vor. In neu angelegten Gärten muss man meist erst an der Bodenqualität arbeiten.

Böden verbessern

Bis zu einem gewissen Grad kann man die negativen Seiten von Böden ausgleichen. Sandige Böden lassen sich durch Zugabe von **Tonmehlen** verbessern. Sie sind dann in der Lage, mehr Wasser zu speichern. Parallel dazu muss man versuchen, den Humusgehalt zu erhöhen. Das gelingt im Laufe vieler Jahre durch organische Düngung sowie durch Gründüngung und konsequentes Mulchen. **Humus** ist auch die Zauberformel für schwere Böden. Humus sorgt für Ausgleich in allen Böden. Er wirkt wie ein Schwamm, speichert Wasser und Nährstoffe. Parallel dazu kann man sehr schwere Böden mit Sand verbessern. Dafür sind allerdings ganze Wagenladungen voll Sand nötig – dies kann ein sinnvoller Aufwand bei Gärten mit sehr schwierigen Bodenverhältnissen sein, die neu angelegt werden.

Bodenreaktion

Als Gartenbesitzer sollte man über den **pH-Wert** des Bodens Bescheid wissen. Am günstigsten ist es, wenn er in einem neutralen Bereich um den Wert 7 liegt. Eine Bodenuntersuchung, die man selbst leicht machen kann, gibt darüber Aufschluss. Danach, wie das Ergebnis ausfällt, richtet sich die Auswahl der Gehölze. Es ist zum Beispiel nur dann sinnvoll, Heidelbeeren oder Preiselbeeren anbauen zu wollen, wenn der Boden einen niedrigen pH-Wert von ca. 5 aufweist.

Auf diesem Mischkulturbeet dient abgehackter Spinat als Mulchdecke zwischen den Gemüsereihen.

Eine Mulchdecke schützt

Mulchen ist das A und O beim biologischen Gärtnern. Es ist besonders wirksam bei leichten Böden und wirkt ausgleichend auch auf schweren Böden. Mulchen heißt den Boden bedecken. Einerseits schützt die Mulchdecke vor starken Regengüssen und damit vor dem Verschlämmen des Bodens. Das Wasser sickert

Links: Stroh ist eine ideale Mulchdecke für Erdbeeren und Beerenobst.
Mitte: Rindenmulch unterdrückt Wildkräuter.
Rechts: Unter Mulchpapier (oder Mulchvlies), das im Erwerbsanbau gebräuchlich ist, bleibt der Boden feucht.

nur allmählich in den Boden ein. Andererseits verdunstet das Wasser unter einer Mulchschicht nicht so schnell. Es hilft also indirekt Wasser sparen. Im Frühjahr genügt eine dünne Mulchschicht. Im Sommer ist das Mulchen bei Tomaten und bei Beerensträuchern besonders wichtig. In schneckenreichen Gärten muss man abwägen und beobachten, ob das Mulchen sinnvoll ist; denn unter der Mulchdecke im feuchten Milieu halten sich die Schnecken besonders gut.

Materialien zum Mulchen:

Die verschiedensten Materialien können zum Mulchen verwendet werden.

- Ideal sind **zarte Blätter von Spinat oder von Brennnesseln**. Die Blätter verrotten schnell beziehungsweise werden von Regenwürmern und anderen Bodenorganismen in den Boden gezogen und gefressen.
- Weiter eignen sich: **die großen Blätter von Beinwell und Rhabarber**, jeweils etwas zerkleinert, Blätter von Salat und anderem Gemüse, angewelkter Rasenschnitt mit wenig Samen von Gräsern und Kräutern. Mulchen Sie dabei möglichst dünn; besonders bei **Rasenschnitt** besteht die Gefahr, dass die Halme verkleben und eine undurchdringliche Schicht entsteht. Bei Sandboden kann mehr aufliegen als auf schwerem Boden.
- **Stroh** ist ebenfalls ein gutes Mulchmaterial, aber nicht auf den Gemüsebeeten, sondern bei Erdbeeren und Beerenobst, eventuell auch bei Tomaten. Stroh verrottet nur schwer und bindet Stickstoff. Damit es bei starkem Wind nicht verweht wird, sollte man es vor dem Ausbringen befeuchten, am besten mit verdünnter Brennnesselbrühe, die zusätzlich verrottungsfördernden Stickstoff liefert.
- **Rindenschrot** ist seit vielen Jahren als Mulchmaterial beliebt und ideal unter Gehölzen, unter Ziersträuchern und Rosen, auch als Wegbelag. Frisches Material aus dem Wald enthält noch Gerbstoffe und andere Substanzen, die Pflanzen in der Nachbarschaft schaden können. Deshalb möglichst nicht bei frisch gepflanzten Sträuchern oder Rosen ausbringen. Ganz ähnlich ist Häckselmaterial von Strauch-

werk im Garten. Es lässt sich ebenfalls unter Sträuchern ausbringen oder als Wegebelag, auf dem sich angenehm federnd gehen lässt. Diese Materialien haben den sehr positiven Effekt, dass sie Wildkräuter unterdrücken.

- Als Mulchmaterialien bieten sich übrigens auch **Zeitungspapier und Pappe** sowie **Vlies** und **Folie** an. Tun Sie es findigen Gärtnern nach und legen Sie Pappe zwischen die Beerensträucher. So lassen sich recht effektiv Wurzelunkräuter wie die Ackerwinde unterdrücken. Damit das Ganze aufgeräumt aussieht, legen Sie noch Stroh darüber.

Im Erwerbsgemüsebau und bei Erdbeeren ist der Einsatz von Vlies oder Folie schon lange üblich. Das meist schwarze Vlies wird in Bahnen verlegt. Die Gemüse- oder Erdbeersetzlinge werden in die kreuzweise angebrachten Schlitze gesetzt. Dieses Verfahren bietet mehrere Vorteile: Unkrautunterdrückung, gute Erwärmung unter dem schwarzen Material und ausgeglichener Feuchtigkeitshaushalt im Boden, da das Wasser nicht so schnell verdunstet.

Hacken hilft Wasser sparen

Einem alten Gärtnersprichwort zufolge bewirkt einmal hacken so viel wie einmal gießen. Das Hacken ist auch im biologisch bewirtschafteten Garten ungemein wichtig, vor allem dann, wenn nicht oder wenig gemulcht wird. Hacken spart tatsächlich Wasser. Nach einem Regen muss der Boden an der Oberfläche bearbeitet werden, dann werden die »Wasserleitungsbahnen« im Boden, die so genannten Kapillaren, unterbrochen, das Wasser bleibt im Boden und verdunstet nicht so schnell. Nur die gelockerte oberste Schicht trocknet aus, die Schicht darunter bleibt feucht.

Oben: Der Boden zwischen den Gemüsekulturen muss laufend oberflächlich gelockert werden. **Unten:** Nach einem Regenguss ist das Hacken besonders wichtig.

Es ist übrigens sinnvoll, vor dem Auflegen des Mulchmaterials zu hacken.

Richtig wässern

Mulchen und hacken reichen natürlich nicht aus. Gewässert werden muss in aller Regel doch. Beim Gießen gelten **drei wichtige Grundregeln:**

① **Lieber alle zwei bis drei Tage viel gießen** – etwa eine Gießkanne voll pro Quadratmeter – **als jeden Tag nur oberflächlich**. Wer mit der Gießkanne gießt, kann die Wassermenge pro Quadratmeter ganz gut abschätzen; beim Spritzen mit dem Schlauch überschätzt man dagegen oft die Wassermenge. Das oberflächliche Benetzen der Pflanzen schadet ihnen eher, als dass es nutzt. Ein paar Spritzer Wasser verdunsten sofort wieder.

② **Nie in der Mittagshitze bei prallem Sonnenschein gießen, sondern morgens oder abends**. Bei sehr großer Hitze im Hochsommer kommt man nicht umhin, auch abends zu gießen, möglichst so, dass die Feuchtigkeit bis zur Nacht wieder abtrocknet.

③ **Möglichst nicht über die Pflanzen gießen, sondern direkt in den Wurzelbereich**. So verdunstet weniger Wasser, und die Gefahr, dass sich durch das Benetzen mit Wasser Pilzkrankheiten ausbreiten, ist geringer.

Düngung und Nährstoffversorgung

Nährstoffmangel und Nährstoffüberschuss

Wer einen Garten bewirtschaftet, sollte in etwa wissen, welche Nährstoffe die Pflanzen brauchen. Die wichtigsten sind Stickstoff, Phosphor, Kalium, Magnesium, Kalzium und Schwefel. In etwas geringerer Konzentration brauchen die Gewächse Eisen, Mangan, Zink, Kupfer, Chlor, Bor und Molybdän sowie weitere Mineralstoffe.

Besonderes Augenmerk verdient die **Stickstoffversorgung**. Bei einem Zuviel an Stickstoff färben sich die Blätter dunkelgrün, bei zu wenig kümmern die Pflanzen, die älteren Blätter vergilben und sterben schließlich ab. Das kann man bei sehr nährstoffbedürftigen Gemüsen, den so genannten Starkzehrern, wie Kohl oder Tomaten, oft beobachten. Kaliummangel macht sich mit Blattrandnekrosen (Braunfärbungen an Blatträndern und Blattspitzen) bemerkbar. Eisenmangel – häufig bei Zitrusgewächsen zu beobachten –, erkennt man an einer Aufhellung zwischen den Blattadern (»**Chlorose**«).

In aller Regel sind die Gartenböden in Deutschland sehr gut mit Nährstoffen versorgt. Es ist jedoch sinnvoll, eine **Bodenuntersuchung** machen zu lassen, wenn man einen Garten neu übernimmt und noch kein Gespür für den Standort entwickelt hat.

Generell kann man sagen, dass **sandige, leichte Böden** relativ **nährstoffarm** sind. **Lehmige, schwere Böden** liefern dagegen **reichlich Nährstoffe**. Bei sandigen Böden muss man versuchen, die

So wirkt Stickstoff: Die Tomate links ist optimal versorgt; die rechte Pflanze zu wenig.

Bindefähigkeit zu erhöhen und den Humusgehalt zu steigern. Bei schweren Böden kommt es darauf an, die Nährstoffe in eine Form zu bringen, dass die Pflanzen sie aufnehmen können. Das geschieht indirekt durch die Förderung der Bodenlebewesen und durch schonende Bearbeitung.

Dünger für den Garten

Kompost

Der wichtigste Dünger für den Hausgarten ist und bleibt der Kompost. Er enthält eine relativ ausgewogene Mischung von Nährstoffen. »Kompost« ist zunächst nur ein Überbegriff: Er kann aus pflanzlichen Materialien oder aus tierischen Exkrementen wie zum Beispiel **Mist** entstehen oder aus einer Mischung der Komponenten. **Kompost** kann **angerottet**, **halb verrottet** oder **reif** sein. Je nach Reifegrad wird er unterschiedlich eingesetzt. Angerotteter oder halb verrotteter Kompost eignet sich gut zum Mulchen, also zum Bodenbedecken, zum Beispiel bei Tomaten oder Kohl. Empfindliche Gemüse wie Möhren vertragen solchen Kompost dagegen nicht. Man gibt im Gemüsegarten pro Quadratmeter und Jahr etwa einen Eimer voll reifen Kompost (ca. 10 kg) und arbeitet ihn mit der Hacke oberflächlich ein.

Krümeliger Kompost ist der wichtigste Dünger im Hausgarten.

Aus Brennnesseln, in Wasser angesetzt, entsteht schnell wirksame Düngejauche.

Pflanzenjauche

Ebenfalls sehr wichtig sind pflanzliche Jauchen. Die wichtigsten Zutaten dafür sind **Brennnesseln** und/oder **Comfreyblätter** (= **Beinwell)**. Die grob zerkleinerten Pflanzen werden in Eimern oder Kübeln mit Wasser übergossen (etwa 1 kg Pflanzenmaterial auf 10 l Wasser); bei warmem Wetter setzt der Vergärungsprozess schnell ein. Nach ein bis zwei Wochen ist die Jauche fertig. Mit ihr lässt sich ein Stickstoffmangel an Gemüsen schnell beheben. Pflanzenjauche wird immer mit Wasser 1:10 verdünnt angewandt und dann direkt auf den Boden gegossen.

Organische Handelsdünger

Sie eignen sich für Gartenbesitzer mit kleiner Grundfläche, die (noch) keinen Kompost zur Verfügung haben. Der Handel bietet speziell zusammengesetzte Dünger für Tomaten, für Rosen, für Gehölze oder für den Rasen an. Diese unterscheiden sich im Wesentlichen im Stickstoff- und im Phosphatgehalt. Stickstoff fördert das allgemeine Wachstum, Phosphat die Blühfähigkeit.

Hornmehl, Horngrieß, Hornspäne

Sie sind reich an Stickstoff. In den gröberen Produkten werden die Nährstoffe nach und nach freigesetzt. Das heißt, sie wirken nicht sofort wie die Jauchen, sondern erst mit Verzögerung, wobei auch die Temperatur eine Rolle mitspielt. Man gibt Hornmehl oder Horngrieß gezielt zu stark zehrenden Kulturen wie Tomaten oder Kohl.

Kaliumdünger

Auf leichten Böden und im biologischen Anbau ohne tierische Düngemittel mangelt es manchmal an Kalium. Kalium lässt sich in Form von Holzasche oder als Kalimagnesia aufs Beet oder in den Kompost geben. Auch Comfreyblätter und daraus hergestellte Jauche enthalten relativ viel Kalium.

Algenkalk

Er dient der Versorgung mit Mineralstoffen und mit Kalk. Zum Kalken kann man auch kohlensauren Düngekalk verwenden.

Steinmehl und Tonmehl

Stein- und Tonmehle sind ebenfalls mineralstoffreich. Sie dienen aber eher der Bodenverbesserung als der Düngung. Tonmehl macht leichte Böden bindiger, sodass die Nährstoffe besser haften bleiben.

Links: Die Düngung mit Kalk beeinflusst die Bodenreaktion. **Rechts:** Phazelia ist eine der beliebtesten Gründüngungspflanzen und eine sehr gute Bienenweide dazu.

Gründüngung

Die Gründüngung ist eine wichtige Methode im biologischen Gartenbau. Der Begriff »Gründüngung« ist etwas irreführend. Die grüne oder bunte Decke dient nämlich weniger der direkten Düngung als der **Bodenpflege**. Unter der grünen Decke hält sich die Feuchtigkeit im Boden, und die Struktur bleibt erhalten. Außerdem kommt mit der Gründüngung organische Substanz in den Boden, aus der die Bodenlebewesen nach und nach Humus aufbauen können. Die Gründüngungspflanzen schließen mit ihrem mehr oder weniger tief reichenden Wurzelwerk den Boden gut auf, lockern ihn dadurch und setzen Nährstoffe frei. Einige Gründüngungsarten aus der Gruppe der **Schmetterlingsblütler** düngen den Boden tatsächlich. Sie reichern mit Hilfe der Knöllchenbakterien Stickstoff aus der Luft im Boden an. Dieser wichtigste Nährstoff steht dann wiederum den nachfolgenden Kulturen oder den Nachbarkulturen zur Verfügung.
Eine Gründüngung kann man als Lückenfüller aussäen oder ganz gezielt, wenn ein Stück Land in Kultur genommen werden soll oder wenn momentan kein Bedarf da ist. Auf jeden Fall tut eine Gründüngung dem Boden gut und beugt Fruchtfolgeschäden vor.

Die wichtigsten Gründüngungspflanzen:

- **Gelbsenf** *(Sinapis alba)*: Aussaat März/April und ab August, als Vorkultur und Nachkultur, nicht im Sommer säen, da er schnell in Blüte geht und dann nutzlos ist als Gründüngungspflanze.
- **Ölrettich** *(Raphanus sativus)*: Wurzelt tief, schließt den Boden auf, gut bei Garten-Neuanlagen.
- **Buchweizen** *(Fagopyrum esculentum)*: Aus der Familie der Knöterichgewächse, gut für den Boden, flächendeckende Aussaat.
- **Büschelschön, Phazelia** *(Phacelia tanacetifolia)*: Aussaat von April bis August, flächendeckend, hübsches Blattwerk, blaue Blüten, sehr gute Bienenweide.
- **Lupinen** *(Lupinus angustifolius)*: Aus der Gruppe der Schmetterlingsblütler, reichern den Boden mit Stickstoff an, für leichte Böden, flächige Aussaat im April oder Juni bis Mitte Juli.
- **Ackerbohnen** *(Vicia faba)*: Aus der Gruppe der Schmetterlingsblütler, reichern den Boden mit Stickstoff an, Aussaat reihenweise oder auf der Fläche, ab März/April bis August.

Fruchtfolge und Mischkultur

Die Fruchtfolge im Gartenbau und in der Landwirtschaft ist ein bewährtes System, das dabei hilft, auf Dauer Pflanzenbau betreiben zu können. Aus Erfahrung wissen Landwirte und Gärtner, dass man dieselbe Pflanzenart nicht öfter hintereinander anbauen darf, weil sie den Boden einseitig auslaugt, Nährstoffe entzieht und schädliche Stoffe in den Boden ausscheidet. Es kann sogar so weit gehen, dass sich schädliche Organismen im Boden anreichern.

Fruchtfolgeschäden

Die mikroskopisch kleinen Nematoden oder Wurzelälchen sind solche Organismen. Man nennt sie auch Fruchtfolgeschädlinge oder -krankheiten. Ein anderes Beipiel ist die **Rettichschwärze** an Rettich und Radieschen, die auftritt, wenn zu oft hintereinander diese Kulturen angebaut werden.
Ein Fruchtfolgeschaden ist auch das **Gelbwerden der Petersilie**, wenn man sie zu oft an die gleiche Stelle setzt.

In aller Regel sollte man eine Kultur erst nach einer Anbaupause von drei bis vier Jahren auf dasselbe Beet oder in dieselbe Pflanzreihe bringen. Sind schon Fruchtfolgeschäden aufgetreten, ist sogar eine längere Anbaupause nötig. Es gibt nur ganz wenige Pflanzen wie die Tomaten, die mit sich selbst »verträglich« sind.

Mischkulturen

In enger Verbindung zur Fruchtfolge steht die Mischkultur. Sie nutzt die Beobachtung vieler Gärtner, dass sich Pflanzen gegensei-

Die klassische Mischkultur mit Steckzwiebeln (auch mit Lauch/Porree oder Knoblauch) und Möhren.

Eine dekorative Mischkultur-Kombination mit Mangold, Salat und Kapuzinerkresse.

tig fördern oder hemmen können. Verantwortlich dafür sind Ausscheidungen der Pflanzen in die Luft und in den Boden. Es ist schwierig, diese Wirkungen nachzuweisen; sie basieren hauptsächlich auf Erfahrungswissen. Die Biogärtnerin Gertrud Franck hat über Jahrzehnte Mischkulturen ausprobiert, ihre Beobachtungen aufgeschrieben und daraus hat sie ihr Mischkultursystem mit durchgehender Reihenkultur und Vorsaaten aus Spinat, mit Hauptkulturen und Nebenkulturen etc. entwickelt. Es ist ein durchdachtes System, das vielen Gartenbesitzern aber ein wenig kompliziert erscheint.

Heute versuchen Gartenbesitzer eher, einzelne Pflanzenarten miteinander zu kombinieren, die sich gegenseitig fördern. Dazu kursieren **Mischkulturtabellen**.
Bitte halten Sie sich nicht zu sklavisch an diese Tabellen und erwarten Sie nicht zu viel von einer Mischkulturwirkung. Viel wichtiger ist es, die Gewächse ihren Ansprüchen an den Standort entsprechend zu kultivieren.
Es gibt jedoch ein paar **Kombinationen, die sich in vielen Gärten bewähren bzw. negativ sind**.
Und diese Mischkulturpaarungen sollten Sie sich merken:

- Günstige Kombinationen:
Salat/Radieschen, Salat/Kohlrabi (gut auch in der Reihe kombiniert gepflanzt), Salat/Gurken, Kohlgemüse/Sellerie (gut auch in der Reihe kombiniert gepflanzt), Kohlgemüse/Erbsen, Kohlgemüse/Bohnen, Kohlgemüse/Rote Bete, Tomaten/Sellerie (gut auch in der Reihe kombiniert gepflanzt), Tomaten/Petersilie, Möhren/Zwiebeln, Möhren/Lauch.

- Ungünstige Kombinationen:
Erbsen/Zwiebeln, Bohnen/Zwiebeln bzw. Lauch oder Knoblauch, Kohl/Zwiebeln, Tomaten/Rotkraut, Tomaten/Rote Bete, Kartoffeln/Zwiebeln, Petersilie/Kopfsalat.

Schädlinge und Krankheiten

Es kann natürlich trotz aller sorgsamen Pflege vorkommen, dass Schädlinge und Krankheiten sich ausbreiten. Oft werden die Lästlinge durch Witterungsextreme – durch lange Feuchtperioden oder aber durch Hitze – begünstigt.

Die wichtigsten Schädlinge

Im Gemüse- und Kräuteranbau sind nach Meinung vieler Gartenbesitzer Nacktschnecken die schlimmsten Schädlinge. Andere beklagen sich über Blattläuse, Weiße Fliege, diverse Gemüsefliegen oder Schmetterlingsraupen von Lauchmotte oder Kohlweißling. Drahtwürmer und Maulwurfsgrillen, die an den Wurzeln von Salat und anderem Gemüse fressen, bereiten in manchen Gärten große Probleme, sind aber insgesamt nicht so häufig. Im Obstbau kann es mit Frostspanner, Blattläusen, Blutläusen, Schildläusen und Spinnmilben Probleme geben. In manchen Gärten richten Kaninchen, Wühlmäuse oder Amseln erhebliche Schäden an.

Gefräßige Nacktschnecken wie diese Spanische Wegschnecke bevorzugen zarte Pflanzenteile.

Schnecken – was tun?

Nacktschnecken gelten als eines der größten Probleme der Hobbygärtner. Es sind hauptsächlich die großen gefräßigen Wegschnecken (braunrot oder schwarz) und die kleinen schwarzen Ackerschnecken, die alle zarten Pflanzenteile abraspeln. Das Problem ist nicht jedes Jahr gleich groß: Bei Trockenheit zeigen sich die Schnecken kaum. Feuchtigkeit fördert die Weichtiere. Wenn es ganz schlimm ist, fressen die Tiere sogar am Zwiebellaub oder an reifen Tomaten.

Es gibt drei Möglichkeiten, mit den Tieren umzugehen:

① **Die Schnecken vom Zuwandern auf die Beete abhalten,** z. B. mit Schneckenzäunen aus Eisenblech oder mit Hilfe von Vergrämungsmitteln.

② **Die Schnecken regelmäßig absammeln.** Ein günstiger Zeitpunkt ist am Abend; dann kriechen die Tiere aus den Bodenspalten und verlassen geschützte Plätze unter Brettern oder Mulch.

③ **Die Schnecken auf dem Beet vernichten.** Seit einiger Zeit ist ein ökologisch unbedenkliches Mittel gegen Schnecken auf dem Markt, ein Präparat auf der Basis von Eisen-3-Phosphat, das auf den Beeten ausgestreut wird. Eine Sonderform sind die **Bierfallen**, die mit dem Geruch des Biers die Tiere in die tödliche Falle locken.

Blattläuse und ihre Feinde

Wenn Blattläuse sich ausbreiten, warten Sie am besten zunächst einfach ab, was geschieht. Oft regelt sich der Blattlausbefall von selbst, weil Marienkäfer und deren Larven oder Florfliegenlarven anfangen, die Blattläuse zu fressen. Eine ganze Reihe nützlicher Insekten tun im Garten ihr Werk. Schwebfliegen umschwirren die Doldenblüten des Bärenklaus, des Dills, der Petersilie und anderer verwandter Arten. Manche Schwebfliegen-Arten sehen mit ihrer schwarz-gelben Bänderung auf dem abgesetzten Hinterleib Wespen zum Verwechseln ähnlich. Man erkennt sie aber leicht an ihrem Flug, bei dem sie immer eine Zeitlang über den Blüten schweben. Sie ernähren sich vom

Mit Blütenpflanzen lassen sich nützliche Schwebfliegen in den Garten locken.

Drahtwürmer fressen gerne an Salatwurzeln und bringen die Pflanze zum Absterben.

Blütennektar. Die den Schnecken ähnelnden, fast durchscheinenden Larven des Insekts ernähren sich von Blattläusen.
Es ist tatsächlich gelungen, Salatsorten zu züchten, die resistent sind gegen die Grüne Salatblattlaus.

Drahtwürmer im Boden

Wenn ein einzelner Salatkopf plötzlich anfängt zu welken, ist das ein ziemlich eindeutiger Hinweis darauf, dass ein Drahtwurm an der Wurzel frisst. Dann muss man die Wurzel freilegen bzw. den Salatkopf herausreißen und nach dem »Wurm« suchen. Der Drahtwurm ist die **Larve des Schnellkäfers**, die viele Jahre im Boden ihr Unwesen treibt, bis sie sich verpuppt und zum ausgewachsenen Käfer verwandelt. Drahtwürmer finden sich oft, wenn ein Garten neu angelegt worden ist. Sie werden auch mit Pferdemist und Schafmist eingeschleppt. Man muss die drahtigen »Würmer« sorgfältig herauslesen und zerdrücken.

Wühlmäuse und Kaninchen

Gott sei Dank bleiben die meisten Gartenbesitzer von diesen Lästlingen verschont. Doch wer mit ihnen konfrontiert ist, sinnt auf Abhilfe. Letztendlich hilft nichts anderes, als die Wühlmäuse in geschickt aufgestellten Fallen zu fangen. Kaninchen kann man durch feines Drahtgeflecht bis zu einem gewissen Grad abhalten. Mit so genannten Vergrämungsmitteln kann man versuchen, sie zu vertreiben.

Amseln

Einerseits freuen wir uns, wenn Vögel unsere Umwelt beleben. Über den Besuch der Amseln sind viele Gärtner jedoch nicht so erfreut. Die Tiere fallen in Kirschbäume ein, picken die Kirschen an und lassen sie fallen. Sie gehen an Johannisbeeren und Weintrauben. Die gute alte Vogelscheuche bzw. andere Abschreckungsmittel wie aufgehängte CDs helfen oft nicht ausreichend. Dann bleibt nur die Möglichkeit, die Obstgehölze mit Netzen einzuhüllen.

Pilzkrankheiten

Pilzkrankheiten können im Garten ebenfalls große Probleme machen. Die wichtigsten Krankheiten sind die **Kraut- und Braunfäule an Kartoffeln und Tomaten** *(Phytophthora infestans)* sowie **Echter und Falscher Mehltau**, die verbreitet an Salat, Feldsalat und Gurken auftreten. Bei einigen Gemüsekulturen kann man durch den Anbau resistenter oder sehr toleranter Sorten umgehen, dass es zu einem Befall kommt.

Die Kraut- und Braunfäule ist eine der schlimmsten Pilzkrankheiten im Hausgarten.

Im Obstbau ist der **Schorf an Äpfeln und Birnen** die wichtigste Pilzkrankheit. Manche Gartenbesitzer stört dies. Andere können damit leben. Auch hier lässt sich durch die richtige Sortenwahl manches Krankheitsproblem umgehen.

Einjährige Wildkräuter wie Rote Taubnessel, Vogelmiere und Ehrenpreis sind schnell weggehackt.

Vom Umgang mit Wildkräutern

»Wenn das Unkraut nur nicht wäre«, klagen viele Gärtner und greifen zur Hacke. In der Tat macht das Hacken und Jäten in vielen Gärten die Hauptarbeit aus, vor allem im Frühjahr, wenn das wilde Kraut schneller wächst als Gelbe Rüben und Salat. Gegen allzu viel Wildwuchs auf Gemüse- und Kräuterbeeten oder unterm Beerenobst müssen Gartenbesitzer etwas unternehmen, wenn sie ernten wollen.

Vermehrungsstrategien beachten

Biologen unterscheiden die Kräuter nach ihrer Vermehrungsstrategie. Da gibt es solche, die sich über Samen, also geschlechtlich (generativ) vermehren wie zum Beispiel der Persische Ehrenpreis, die Vogelmiere oder die Rote Taubnessel. Zu einer zweiten Gruppe gehören Kräuter, die sich über Ausläufer oder über Brutknollen, also ungeschlechtlich (vegetativ) vermehren. Viele von ihnen bezeichnet man als Wurzelunkräuter oder -ungräser. Bekannte Beispiele sind Giersch, Ackerwinde, Ackerschachtelhalm und Quecke. Besonders lästig ist das Scharbockskraut im Frühjahr.
Je nach Bodenbeschaffenheit wachsen in den Gärten weitere Samenkräuter wie Winden-Knöterich, Hohlzahn oder Melde. In Gegenden mit leichten Böden hat man mit Klatschmohn, Franzosenkraut oder Hirse-Arten zu tun.

Gegen Samenunkräuter vorgehen

Die Samenkräuter bereiten in der gärtnerischen Praxis nicht allzu viel Probleme. Durch fleißiges Abhacken bei trockenem Wetter lassen sie sich ganz gut zurückdrängen. In einem biologisch bewirtschafteten Garten wird man nicht allzu rigoros gegen den Wildwuchs vorgehen. Einige Pflänzchen dürfen ruhig stehen bleiben. Sie gehören mit zum Lebensraum Garten. Und die abgehackten Stängel und Blätter sind willkommenes Futter für Regenwürmer und andere Bodenlebewesen. Aber überhand nehmen dürfen die wilden Gewächse nicht.
Wer wirksam gegen die wilden Kräuter vorgehen will, muss das richtige Wetter abpassen. Bei feuchtem Boden wachsen abgehackte Wildkräuter zuweilen wieder an. Das passiert bei der Vogelmiere recht häufig. Es ist deshalb wenig sinnvoll, vor einem Regenguss oder allgemein bei feuchter

Der Giersch breitet sich mit Wurzelausläufern unter Sträuchern und Stauden aus. Auf Gemüsebeeten hält er sich nicht.

Witterung zu hacken. Wenn schon, dann sollte man das abgehackte Unkraut wegnehmen, obwohl es für den Boden besser wäre, das Blattwerk bliebe als Mulchschicht liegen. Samen tragende Unkräuter sollte man generell vom Beet entfernen und auf einen separaten Komposthaufen oder in ein »wildes Eck« bringen. Im normalen Komposthaufen werden kaum genügend hohe Temperaturen (über 60 °C) erreicht, dass Wildkrautsamen abgetötet werden. Die Gefahr, dass man mit der wertvollen Komposterde Unkrautsamen aufs Beet bringt, ist dann sehr groß.

Kampf gegen Wurzelunkräuter

Mit den Samenkräutern arrangieren sich die meisten Gartenbesitzer ganz gut; die Wurzelunkräuter jedoch bringen manchen Gärtner fast zum Verzweifeln. Wurzelunkräuter vermehren sich unterirdisch über Ausläufer. Besonders gefürchtet sind **Ackerschachtelhalm**, **Quecke**, **Giersch und Ackerwinde**. Fast so lästig kann der **Kriechende Hahnenfuß** werden, der sich allerdings mit oberirdischen Ausläufern fortpflanzt. Seine Blattschöpfe wurzeln intensiv und sind nur mit spitzem Gerät zu entfernen. Dort, wo der Boden feucht ist, fühlt sich diese Hahnenfuß-Art wohl.

Der **Giersch** hat seine Domäne im Staudenbeet, unter Hecken, Sträuchern und Bäumen. Er schiebt seine Ausläufer ziemlich dicht unter der Erdoberfläche weiter. Auf lockerem, feuchtem Boden kann man die Wurzelstränge manchmal einfach herausziehen. Bei trockenem/schwerem Boden ist mühevolle Handarbeit nötig: jedes einzelne Wurzelstückchen muss man herauslesen, sonst entwickelt sich daraus im Nu eine Tochterpflanze.

Besonders viel Mühe hat man, wenn der Giersch in das Wurzelwerk von Stauden oder ins Beerenland vorgedrungen ist. Da bleibt kaum etwas anderes übrig als die Kulturgewächse aufzunehmen und den Wurzelstock von dem Gierschgeflecht zu befreien.

Der Giersch kann also in Dauerkulturen sehr lästig sein; gegenüber anderen Wurzelunkräutern hat er jedoch den Vorteil, dass er häufiges Bearbeiten nicht verträgt. Auf Gemüsebeeten kann er sich deshalb auf Dauer nicht halten.

Zwischen (Beeren-)Sträuchern, an Böschungen und auf brach liegendem Gelände bereiten die **Ackerwinde und Zaunwinde** Probleme. Durch ständiges Bearbeiten lassen sie sich zwar unterdrücken, aber ganz wird man sie nie los, denn ihre Wurzeln reichen metertief in den Boden, und die Wurzel-

ausläufer dringen waagerecht vor. Deswegen können sich die Winden über weite Entfernungen ausbreiten.
Genauso ist es beim **Ackerschachtelhalm**. Sein Wurzelbild ist ähnlich. Nur ist er noch hartnäckiger und wuchskräftiger. Er gilt als Zeiger für einen verdichteten, vernässten Boden. Um ihn dauerhaft zum Verschwinden zu bringen, müsste man den Boden tief lockern und die Stauschicht aufbrechen. Mechanisches Entfernen hilft hier kaum.

Löwenzahn mit seiner langen Pfahlwurzel lässt sich mit Hilfe von Unkrautstechern leicht herausziehen.

Bekämpfung durch Lichtentzug

In Daueranlagen und unter Sträuchern gibt es eine elegante Methode, die Wildkräuter zu unterdrücken: durch Abdecken mit Pappe, speziellem schwarzem, wasserdurchlässigem Vlies oder schwarzer Folie. Wenn diese Abdeckungen über längere Zeit liegen bleiben, kann man Quecke, Giersch und Winde damit »aushungern«. Unter der Abdeckung bekommen sie kein Licht, können deshalb kein Blattgrün ausbilden und verhungern so allmählich. Allerdings sieht ein Flickenteppich aus Pappe im Garten nicht schön aus. Mit Stroh oder Rindenmulch lässt sich das Material kaschieren. Auch Rindenmulch allein, in dicker Lage von mindestens 5 cm ausgebracht, bekämpft Wildkräuter wirkungsvoll. Der Rindenmulch deckt aber nicht nur ab und unterdrückt dadurch Wildkräuter; er hemmt auch von sich durch Ausscheidungen den Pflanzenwuchs. Er sollte deshalb nur unter Bäumen und Sträuchern oder als Wegbelag, nicht jedoch im Gemüsebeet ausgebracht werden.
Empfehlenswert zum Unterdrücken des Unkrauts ist ein spezielles wasserdurchlässiges Vlies aus dem Profi-Gartenbau. Beim Pflanzen von Beerensträuchern oder ausdauernden Kräutern schneidet man einfach Schlitze hinein.

Pflanzenanzucht und Vermehrung

Umsichtige Gärtner und Gärtnerinnen machen sich bereits im Winter Gedanken darüber, welche Gemüse und Kräuter sie im kommenden Jahr anbauen wollen. Sie inspizieren die Saatgutvorräte, kontrollieren, wie alt das Saatgut ist, und bestellen die gewünschten Sämereien nach Katalog. Das ist besser und sparsamer, als sich erst vor dem Samentüten-Ständer im Gartencenter zu überlegen, was man eigentlich im Garten haben möchte.

Selbst säen oder Jungpflanzen kaufen?

Generell kann man sagen, dass es sinnvoll ist, die Gemüse und die Kräuter, von denen die Familie viel verbraucht, selbst auszusäen und die Jungpflanzen heranzuziehen. Auch wer seltene Arten und Sorten ausprobieren möchte, kommt um das Selbersäen nicht herum. Wurzelgemüse wie Gelbe Rüben oder Rettiche wird direkt gesät; Salat, Tomaten und Paprika ziehen viele Gärtner selbst vor. Bei Gemüse, von dem man nur weni-

ge Pflanzen braucht, zum Beispiel Brokkoli oder Blumenkohl, lohnt es sich nicht, selbst zu säen; diese kauft man besser beim Gärtner. Das Saatgut von Standardsorten wird im Handel sehr preisgünstig angeboten.
Bei speziellen Hochzuchtsorten mit Resistenzen oder Widerstandsfähigkeit gegen Krankheiten ist das anders. Da kann ein einzelnes Saatkorn so viel kosten wie eine fertige Pflanze im Gartencenter. Solch teures Saatgut ist jedoch von Vorteil, wenn sich die entsprechende Sorte gegen Krankheiten wie die Kraut- und Braunfäule oder gegen Schädlinge behaupten kann.
Viele Gärtnerinnen und Gärtner vermehren ihre Kräuter und manche Gemüse selbst. Bei samenfesten Arten von Kräutern und Gemüse wie Kapuzinerkresse, Petersilie, Stangenbohnen und Feuerbohnen, Peperoni oder Tomaten ist die Verwendung von nachgezogenem Saatgut ohne weiteres möglich. Bei **F_1-Hybridsorten** (auf den Samentüten gekennzeichnet mit dem Kürzel F_1) kann es allerdings Probleme geben. Die Nachkommen solcher Sorten sehen anders aus als die aus dem Originalsaatgut, oder das Saatgut keimt gar nicht erst.

Oben: Kinderstube für Gemüse: Im Warmen unter einer Abdeckung anziehen, später pikieren. **Unten:** Gekaufte Salatpflanzen haben einen kompakten Wurzelballen. Salat hoch pflanzen!

Gemüse und Kräuter im Haus vorziehen

Für die Anzucht der Gemüse und Kräuter genügen einfache Utensilien: flache Töpfchen oder Schalen mit Abzugslöchern, Abdeckhauben, keimfreie Aussaaterde und Etiketten zum Beschriften.
Die Aussaat beginnt etwa Mitte oder Ende Februar. Frühere Aussaaten sind wegen des fehlenden Lichts nicht sinnvoll; bei Lichtmangel schießen die Jungpflanzen schnell in die Höhe, und die langen geilen Triebe fallen um. Wann man die Tomaten, die Andenbeeren und die Paprika sät, hängt auch von den Möglichkeiten der Weiterkultur im Haus oder im Gewächshaus ab. Eine Vorkultur der Jungpflanzen im Haus ist nur dann zu empfehlen, wenn man die Pikierkistchen und die Töpfe

In jedem Garten gibt es ein Nebeneinander von direkt ins Freiland gesäten und gepflanzten Kulturen.

mit den Jungpflanzen sehr hell stellen kann. Schon wenige Zentimeter hinter einer Fensterscheibe nimmt die Lichtmenge sehr stark ab. Spezialisten sorgen mit speziellen Pflanzenleuchten für die nötige Belichtung.
Sobald die Keimlinge genügend erstarkt sind und die ersten Laubblätter ausgebildet haben, wird pikiert. Dabei muss man sehr vorsichtig zu Werke gehen, um die zarten Blättchen und Würzelchen nicht zu verletzen oder abzuknicken. Viele Gemüse- und Kräuterkulturen kommen erst im späten Frühjahr ins Freiland, wenn keine Fröste mehr drohen.

Gemüse und Kräuter direkt auf die Beete säen

Gemüse- und Kräutersaatgut direkt auf die Gartenbeete zu säen ist die einfachste Form des Anbaus. Die Direktsaat ist üblich bei **Reihenkulturen** wie Möhren, Schnitt- und Pflücksalat, Erbsen, Spinat, Radieschen, Rettich und Rucola. **Ein- und zweijährige Küchenkräuter** wie Dill, Kerbel, Gartenkresse und Petersilie werden ebenfalls direkt gesät.
Einige Gemüsearten keimen auch bei niedrigen Temperaturen und können deshalb schon im März ins Freiland. **Zwiebeln und Knoblauch** werden üblicherweise im März oder April »**gesteckt**«. Die **kälteempfindlichen Bohnen** dürfen erst ab Mai auf die Gartenbeete.

Die **Gemüsereihen** haben üblicherweise einen **Abstand von 40–50 cm**. Schnellwüchsige Kulturen wie Gartenkresse oder Radieschen können auch enger stehen. Deckt man das frisch Gesäte auf den Beeten mit Vlies oder Folie ab, keimt es etwas schneller.
Für die Gemüsesaatreihen wird mit Hilfe eines Gartengerätestiels eine Rille gezogen – für feines Saatgut ganz flach, für gröberes etwas tiefer. Damit die Reihe gerade verläuft, empfiehlt es sich, eine **Pflanzschnur** zu spannen. An beide Enden der Reihe werden zur Markierung kleine Hölzer oder Etiketten gesteckt, damit man den Verlauf der Reihe während des Keimens erkennt. Mit Hilfe des Rechen-(Harken-)Rückens wird die Rille eingeebnet und etwas festgedrückt. Dann sät man – geübte Gärtner aus der Hand, weniger geübte mit Sähilfe – möglichst exakt dosiert in die Rille. Wichtig ist es, danach das Saatgut wieder mit Hilfe des Rechenrückens etwas festzuklopfen, damit das einzelne Samenkorn eine feste Verbindung zum Untergrund bekommt. Mit dem Rechen zieht man die Rille von der Seite mit lockerer Erde zu. Nach dem Säen vorsichtig mit der Gießkanne oder mit einem Regner **angießen**; das Wasser muss ganz sanft herunterrieseln (auf keinen Fall mit scharfem Strahl angießen, sonst werden die feinen Samen verschwemmt).

Saatbänder und Saatscheiben

Seit einiger Zeit bieten die Saatguthändler aufbereitetes Saatgut in Saatbändern oder in Saatscheiben an. Die Samenkörner sind dabei in genügend großem Abstand in ein Papiervlies eingearbeitet. Das Band braucht nur leicht angedrückt, angefeuchtet und dünn mit Erde bedeckt werden. Der Erfolg beim Säen ist mit solchen Hilfsmitteln beinahe garantiert, allerdings hat der Keimerfolg seinen Preis: Das präparierte Saatgut ist viel teurer als lose abgepacktes. Gärtner, die Übung im Säen haben, brauchen Saatbänder eigentlich nicht.

Pflanzen teilen, Stecklinge und Absenker

Bei ausdauernden Gewächsen, bei Kräuter-Stauden und -Halbsträuchern sind andere Vermehrungsmethoden praktischer. Besonders einfach ist das **Teilen** der staudigen Kräuter mit dem Spaten. Das ist die beste Methode zum Vermehren von Minzen, Zitronenmelisse, Liebstöckel oder Sauerampfer. Auch Rhabarber wird auf diese Weise leicht vermehrt.

Links: In kleinen Gärten können Saatbänder sinnvoll sein, bei denen die Samenkörner bereits den optimalen Abstand haben. **Rechts:** Ein Steckling der Eberraute. Mit Hilfe der Stecklingsvermehrung kann man größere Mengen an Pflanzen anziehen.

Bei Kräuter-Halbsträuchern wie Eberraute, Rosmarin, Salbei sowie bei Lorbeer ist die Vermehrung mit **Stecklingen** die Methode der Wahl.

Bei Thymian gelingt die Vermehrung am einfachsten durch **Absenker**. Das sind Triebe, die auf den Boden geleitet werden und sich hier an Ort und Stelle bewurzeln. Später trennt man die bewurzelten Triebe ab und hat neue Pflanzen. Das ist übrigens auch eine sehr praktische Methode zum Vermehren von Johannisbeeren und Brombeeren.

Ebenfalls leicht vermehren lassen sich die Erdbeeren. Sie bilden **Ausläufer**, so genannte **Kindel**, die man abnehmen kann. Auf diese Weise lassen sich die Bestände verjüngen.

Die Vermehrung der Obstgehölze überlassen die Gartenbesitzer in der Regel den Baumschulen, die sich aufs **Pfropfen** und weitere spezielle Vermehrungsmethoden verstehen.

Biologischer Anbau

Die meisten Gartenbesitzer wünschen sich, biologisch zu gärtnern. Sie wollen keine »Spritzmittel« einsetzen, um die eigene Gesundheit und die der Kinder nicht zu gefährden. Vielen Biogärtnern ist es auch ein Anliegen, der Natur keinen Schaden zuzufügen. Sie wollen den Lebensraum Garten bereichern, indem sie eine Vielzahl von Pflanzen kultivieren oder Wildgewächse ganz einfach stehen lassen. Sie fördern aktiv Blütenpflanzen, die nützliche Insekten anlocken, und sie schaffen Nistmöglichkeiten für Wildbienen, Eidechsen, Blindschleichen und Vögel.

Mittel bei Schädlings- und Krankheitsbefall

Als Hilfsmittel nehmen Biogärtner pflanzliche Auszüge, Tees und Brühen wie Brennnesselauszug gegen Blattläuse oder Schachtelhalmbrühe zur Vorbeugung vor Pilzbefall. Andere schwören auf Zwiebelschalentee oder Rainfarntee. Ein probates mineralisches Mittel ist fein vermahlenes **Steinmehl**, das mit einem speziellen Gerät, das einer Fahrradpumpe ähnelt, verstäubt wird. Gegen Blattläuse und andere saugende Insekten werden häufig **Seifenpräparate** gespritzt. Im Handel sind sehr viele biologische Spritzpräparate erhältlich, teils auf pflanzlicher Basis. Es sind keine Pflanzenschutzmittel im eigentlichen Sinn, sondern Hilfsstoffe, die mal mehr, mal weniger gut wirken.
Paraffinölpräparate helfen gegen Schildläuse, Wollläuse und Spinnmilben im Gewächshaus. Für den Obstbau gibt es ein Präparat auf Rapsölbasis, das gegen die Eier der Spinnmilben wirkt.

Vlies und spezielle Kulturschutznetze halten Gemüsefliegen und Schadschmetterlinge sicher von den Kulturen ab.

Vorbeugen durch richtige Pflanzenwahl

Großen Wert legen erfahrene Biogärtner auf das Vorbeugen. Das beginnt bei der **Auswahl der richtigen Pflanzenarten und -sorten für den Standort**. Auf einem leichten, nährstoffarmen Boden hat es zum Beispiel wenig Sinn, Kohlgemüse anzubauen; dagegen wachsen hier Möhren und auch Schwarzwurzeln mit ausreichend Düngung hervorragend. Ein anderes Beispiel: Birnen brauchen tiefgründigen Boden, in den ihre Pfahlwurzel gut eindringen kann. Bei einem flachgründigen Boden, in dem ihre Wurzel auf eine Gesteinsschicht stößt, kümmern sie. Gartenbesitzer achten auch auf die Sorte und wählen, wenn es geht, widerstandsfähige oder resistente Sorten aus, die nicht so schnell von Schädlingen oder Krankheiten befallen werden.

Geschützter Anbau unter Dächern und Netzen

Ganz wichtig im Bio-Anbau ist auch der Schutz der Kulturen. So schafft man es, Tomaten unter **Schutzdächern** oder in speziellen Tomatenhäusern vor der Kraut- und Braunfäule zu bewahren. Sehr effektiv sind auch die **Kulturschutznetze**, die die gefürchteten Schadfliegen wie Möhrenfliege, Zwiebelfliege, Kohlfliege, die Lauchmotte und andere Schadschmetterlinge abhalten. Neuerdings werden besonders engmaschige Kulturschutznetze (Maschenweite 0,8 × 0,8 mm) angeboten, die selbst sehr kleine Gemüsefliegen wie Minierfliegen an Lauch und Zwiebeln fernhalten. **Leimringe** im Obstbau zum Abfangen der Frostspannerraupen oder Fanggürtel zum Abfangen der Obstmaden gehören ebenfalls zu diesem Instrumentarium.

Nützlinge

Der Nützlingseinsatz ist eine elegante Methode, die im professionellen Anbau seit über zwanzig Jahren mit Erfolg eingesetzt wird. Im Hobbygarten bewährte sie sich ebenfalls und wurde immer weiter perfektioniert. Sinnvoll ist die Methode beim Anbau von Gemüsen im Gewächshaus oder bei Zierpflanzen im Wintergarten, da die Nützlinge eine Mindesttemperatur zur Entwicklung brauchen. So lassen sich Blattläuse, die an Bohnen saugen, mit Hilfe von **Florfliegen-Larven** *(Chrysopa carnea)* oder **Räuberischen Gallmücken** *(Aphidoletes aphidimyza)* zurückdrängen. Sehr effektiv kann auch der Einsatz von **Schlupfwespen** *(Encarsia formosa)* gegen die Weiße Fliege (= Mottenschildlaus) an Gewächshauskulturen sein. Die Schlupfwespe parasitiert die Eier der Weißen Fliege. Und **Raubmilben** *(Phytoseiulus persimilis)* fressen Spinnmilben, die sich an Gurken gütlich tun. **Parasitäre Nematoden** (winzige Fadenwürmer) fallen über Trauermücken und Dickmaulrüssler her.
Die »Anwendung« der Nützlinge ist recht einfach. Wer sie einsetzen möchte, bestellt die Nützlinge für eine bestimmte Gewächshausfläche beim Züchter. Die Nützlinge kommen postwendend in der Regel als Eier auf Kartons geklebt. Die Kartonstreifen hängt man nach einem bestimmten Verteilungsschlüssel im Gewächshaus auf. Nach kurzer Zeit schlüpfen aus den Eiern die Larven und fallen über die Schädlinge her.

Integrierter Anbau

All diese mechanischen und vorbeugenden Methoden nutzt man auch im so genannten integrierten Anbau. Hier sind jedoch auch gewisse synthetische Spritzmittel erlaubt, die für den Anbau im Haus- und Kleingarten zugelassen sein müssen. Ob man sie einsetzen möchte, muss jeder für sich selbst entscheiden. Für vertretbar halten viele das Spritzen gegen Kraut- und Braunfäule an Tomaten und gegen Mehltau an Gurken. Bei diesen Kulturen können Pilze enormen Schaden verursachen. Wichtig ist erst einmal, dass man die Krankheit oder den Schädling genau bestimmt. Danach richtet sich dann, welches Präparat verwendet werden kann. Mittel gegen Pilze, die so genannten Fungizide, helfen nicht gegen Blattläuse. Die bekämpft man mit so genannten Insektiziden.
Bevor Sie Spritzmittel anwenden, sollten Sie sich in einem Gartenfachgeschäft beraten lassen. Auf gar keinen Fall darf man nach der Methode »viel hilft viel« vorgehen. Bekämpfen Sie gezielt und spritzen Sie das jeweilige Präparat in der angegebenen Konzentration. Dosieren Sie zu niedrig, erwischen Sie die Schädlinge und Krankheiten nicht ausreichend; die Bekämpfung ist dann nutzlos, belastet aber die Umwelt.

Nützlingseinsatz im Kleingewächshaus. Die Nützlingszüchter versenden Raubmilben, Gallmücken und Schlupfwespen im Ei-Stadium, auf Pappe geklebt.

Statt Spritzmittel helfen oft auch biotechnische Methoden weiter. Mittels Pheromonfallen kann man zum Beispiel Schadschmetterlinge wie Apfelwickler oder Pflaumenwickler abfangen. Und bei Kirschmadenfallen gehen Kirschfruchtfliegen »auf den Leim«.

Arbeiten nach Aussaat- und Mondkalendern

Viele Menschen richten sich beim Arbeiten im Garten nach dem Mond und den Sternen. Im professionellen Anbau hält man davon nichts. Auch im biologisch-dynamischen Anbau, dem man Derartiges gerne zuweist, gehört das Befolgen eines solchen Aussaatkalenders nicht zu den Anbaurichtlinien.
Eine bekannte Anhängerin der biologisch-dynamischen Wirtschaftsweise, Maria Thun, veröffentlicht seit Jahrzehnten jedes Jahr einen Kalender »**Aussaattage**«, an dem sich Mond- und Sternengläubige gerne orientieren. Daneben sind viele andere Mondkalender auf dem Markt. Beim Vergleichen fällt auf, dass sie mit ihren Vorschriften, wann was zu tun ist, nicht übereinstimmen. Das liegt an dem unterschiedlichen »**astrologischen**« oder »**astronomischen**« Ansatz. Doch selbst wenn die Rechengrundlage astronomisch korrekt ist, heißt das noch lange nicht, dass das Gedankengebäude stimmt. Die Sonne überstrahlt alle anderen verschwindend geringen oder gar nicht vorhandenen Einflüsse des Mondes und der Sterne.
Fazit: Man kann's machen oder auch nicht. Vom Gartenbaulichen her gibt es keinen Grund, sich vom Mond und von den Gestirnen vorschreiben zu lassen, wann etwas zu tun ist. Viel wichtiger ist es, sich nach den tatsächlichen Gegebenheiten auf der Erde zu richten, genau das Wetter und die Bodenverhältnisse zu beachten, bevor man etwas tut.

Arbeitsabläufe übers Jahr

Richtige Gärtner sind im Winter nur halbe Menschen. Ihr Tätigkeitsdrang läuft ins Leere. Die Gartenschere ruht, die Hacke steht in der Ecke. Man kann sich allenfalls mit Samenkatalogen beschäftigen und Pläne schmieden. Doch sobald sich im Februar die ersten Sonnenstrahlen zeigen und die Temperaturen nicht mehr allzu frostig sind, führt der Weg schon wieder nach draußen. Die Obstbäume müssen geschnitten werden. Dürres Material, das vor dem Wintereinbruch nicht mehr entfernt werden konnte, weil der Schnee kam, wird jetzt zur Seite geräumt oder gehäckselt. Manche passionierten Gärtner beginnen das Frühbeet herzurichten, und im Gewächshaus nach dem Rechten zu sehen.
Ab Ende Februar bis ca. Mitte März ist der richtige Zeitpunkt zum Aussäen der Tomaten, der Paprika und Peperoni. Sie brauchen eine lange Vorkultur, bis sie ins Freiland dürfen.

Nicht zu früh ins Freiland

Erfahrungsgemäß empfiehlt es sich, im Frühjahr mit den Arbeiten im Freiland eher etwas zuzuwarten. Nach der ersten frühlingshaften Phase kommt bestimmt noch einmal ein Kälteeinbruch oder gar zwei. Das schadet den frisch gesäten oder gepflanzten Kulturen. Haben Sie besser noch etwas Geduld und warten Sie ab, bis sich der Boden genügend erwärmt hat. Dann keimen die ersten Radieschen, der Spinat, der Rucola und der Pflücksalat sehr schnell. Unter Vlies und Folie geht's zu Beginn des Gartenjahres deutlich schneller, bis die ersten Kulturen erntereif sind. Ein festes Datum kann man leider nicht nennen. Der Frühling beginnt nicht überall zur gleichen Zeit und setzt auch von Jahr zu Jahr zu unterschiedlichen Zeiten ein. Eine gewisse Orientierung gibt der **phänologische Kalender**. Dabei orientiert man sich mit den Garten- und Feldarbeiten an den Blütezeiten gewisser Blumen, Sträucher und Bäume. Demnach dürfen die Gartenarbeiten im Freien beginnen, wenn die Salweide blüht und die Stachelbeeren austreiben.

Das Gemüsejahr im Freiland beginnt im April mit Aussaaten von Spinat, Schnittsalat, Rucola, Rettich und Radieschen.

Säen oder pflanzen?

April und Mai sind wichtige Monate zum Säen und Pflanzen. Da wird die Ernte vorbereitet. Bei manchen Kulturen ist es besser, sie direkt in den Garten zu säen, bei anderen ist die Vorkultur im Haus oder im Frühbeet geeigne-

ter. Typische **Säkulturen** sind Radieschen, Rettich, Spinat, Pflück- und Schnittsalat, Möhren, Rote Bete, Erbsen, Buschbohnen ...
Typische **Pflanzkulturen** sind Kopfsalat, Kohlrabi, Kohlgemüse, Sellerie, Tomaten, Paprika, Peperoni, Zucchini und Kürbisse.
Einige Kulturen werden gesät oder gepflanzt, je nach persönlichen Vorlieben: Lauch, Zwiebeln, Kohlrabi, Kopfsalat, Einlegegurken, Stangenbohnen ...
Bei den Kräutern kann man ebenfalls zwischen Sä- und Pflanzkulturen unterscheiden. Generell lässt sich sagen, dass man die ausdauernden Kräuter, von denen man in der Regel nur eine Pflanze braucht, besser beim Gärtner kauft. Einjährige Kräuter wie Kerbel oder Dill werden dagegen besser gesät – entweder direkt ins Gartenbeet oder in Töpfe.

Die Eisheiligen

Ein wichtiger Termin im Gartenjahr sind die so genannten Eisheiligen. Dies sind die drei Tage vom 12. bis 14. Mai, Namenstage der drei Heiligen Pankratius, Servatius und Bonifatius sowie der 15. Mai mit der »Kalten Sophie«. Erfahrungsgemäß ist es an diesen Tagen oder drumherum noch einmal sehr kalt und gar frostig. Die tiefen Temperaturen schaden kälteempfindlichen Gemüsen wie Tomaten oder Zucchini und bringen sie im Extremfall zum Absterben. Selbst wenn die Gemüse zunächst nicht geschädigt scheinen, merkt man später doch, dass die Blüten zerstört wurden und nicht mehr recht weiterwachsen wollen. In einem kühlen Frühjahr ist es tatsächlich am besten, wenn man mit dem Pflanzen bis Ende Mai oder gar Anfang Juni wartet. Es gibt aber andererseits auch Jahre, in denen die »Eisheiligen« ausfallen. Dann hätte man doch schon früher mit den Kulturen ins Freiland können. Aber das weiß man vorher nie ...

Im April und Mai ist Pflanzzeit für Salat und Kohlrabi. Wärmebedürftige Kulturen wie etwa Tomaten dürfen erst nach den Eisheiligen ins Freie.

Die Ernte beginnt

Im Gemüsebau sind Mai, Juni und Juli wichtige Erntemonate. Beim Salat, bei den Radieschen und Rettichen kann man aus dem Vollen schöpfen. Es folgen Kohlrabi, Erbsen, Buschbohnen, Zwiebeln. Ab etwa Mitte Juli reifen die ersten Tomaten, Gurken und Zucchini.

Im Frühsommer und Sommer sind das Gießen und Hacken die Hauptarbeit im Gemüsegarten.

Das Beerenobst kann gleichfalls im späten Frühjahr und Frühsommer geerntet werden. Im Juni sind die Erdbeeren dran. Etwa Ende Juni bis Ende Juli reifen die Johannisbeeren und Stachelbeeren.
Die Himbeeren sind ebenfalls im Juni/Juli erntereif. Bei den Brombeeren beginnt die Ernte erst Ende Juli und kann – je nach Sorte – bis zum Spätsommer andauern.

Herbst- und Winterernte vorbereiten

Parallel dazu beginnt eine zweite Säphase. Ab der Jahresmitte ist es Zeit, die Salate und die anderen Kulturen für die Ernte im Herbst und Winter auszusäen. Endiviensalat, Zuckerhut und Chinakohl werden auf Saatbeete gesät und später verpflanzt, sobald die Reihen im Gemüsegarten frei geworden sind. Früher sollte man die erwähnten Gemüse nicht säen, weil sie sonst bei den langen Tagen im Sommer in Blüte gehen, also »schießen«. (Die Gemüse verhalten sich gegenüber der Tageslänge unterschiedlich; es gibt solche, die empfindlich auf die Tageslänge reagieren, und tagneutrale Arten und Sorten.) Für Winterretticheist jetzt ebenfalls die richtige Aussaatzeit.
Etwas später, im August/September, folgen Feldsalat, Winterpostelein und Spinat für den Herbst- oder Überwinterungsanbau. Nach dem phänologischen Kalender beginnt der richtige Säzeitpunkt mit dem Reifen der Ebereschenfrüchte. Im September kann man es noch mit Überwinterungssorten von Salat probieren (die frühe Sorte 'Maikönig'). Doch solche Spätsaaten haben nur Sinn, wenn die Winter nicht gar zu frostig werden und wenn die Schnecken den Garten nicht zu sehr heimsuchen.

Links: Ein erster Höhepunkt im Gartenjahr: die Erdbeerernte. **Rechts:** Stangenbohnen bringen höheren Ertrag als Buschbohnen. Sie können über eine lange Zeit bis in den Herbst hinein beerntet werden.

Höhepunkt im Gartenjahr: die Obsternte

Für viele Gartenbesitzer ist die Zeit der Obsternte der Höhepunkt im Gartenjahr – wenn Pflaumen, Mirabellen, Zwetschgen, Äpfel, Birnen und Trauben reifen. Wer nur ein kleines Bäumchen sein Eigen nennt, wird schnell mit der Ernte fertig. Wer mehr davon besitzt, muss sich Zeit zum Ernten, Einlagern und Konservieren nehmen. Das Obst-Gartenjahr endet mit der Ernte der Quitten und Mispeln und des Sanddorns im Oktober/November.

Der Garten im Urlaub

Vielleicht gehören Sie zu den Menschen, die im Sommer nie in Urlaub fahren, weil der Garten zu versorgen ist. Tatsächlich ist von Ende März bis Ende Oktober immer etwas zu tun. Nur im Winter kann man die Arbeit schieben oder ganz ruhen lassen.
Kritisch sind die Wochen und Monate, in denen man gießen muss, also Juni, Juli und August. Da kann man einen Garten in Trockenphasen höchstens einmal zwei, drei Tage alleine lassen.
Fein sind diejenigen heraus, die Freunde, Nachbarn oder Verwandte zum Gießen engagieren können. Die müssen freilich einigermaßen belastbar sein und die Aufgabe kompetent übernehmen. Sonst hat's keinen Wert. Denkbar wäre allenfalls, eine automatische Bewässerungsanlage zu installieren. Die gibt es für Balkonkästen, für Gewächshäuser und für Beete im Garten.
Mit der Gießphase überschneiden sich die Erntephasen. Wer großen Wert auf Erdbeeren aus dem eigenen Garten legt oder besondere Tomatensorten ernten möchte, muss eben den Urlaub so legen, dass dieser Genuss möglich ist. Erdbeeren reifen von Mitte Juni bis ca. Mitte Juli. Die Tomatenernte beginnt meistens Ende Juli und dauert bis in den September oder gar Oktober hinein. Und parallel dazu reifen die Weintrauben. Die Obstsaison endet mit den goldgelben Quitten, aus denen sich köstliches Gelee zubereiten lässt. Eigentlich ist es fast wie im Schlaraffenland. Genießen Sie es! Und machen Sie einfach stressfreien Urlaub im eigenen Gartenreich.

Vielfalt im Küchengarten

Frische Bohnen und Tomaten, Erdbeeren, Stachelbeeren und Weintrauben, Minze für den Tee – das alles gedeiht auch in einem kleinen Garten. Wer es geschickt anstellt, kann sich mit Gemüse, Kräutern und Obst weitgehend selbst versorgen. Auf den folgenden Seiten finden Sie die wichtigsten Arten für kleine Küchengärten sowie einige neue Kulturpflanzen, die noch nicht so bekannt sind. Die Vielfalt in unseren Gärten war noch nie so groß wie heute. Hier versammeln sich Kulturpflanzen aus der ganzen Welt.

Hinweise zu den Angaben in den Pflanzenporträts

In der Symbolleiste finden Sie allgemeine Angaben. Als Erstes die **Wuchshöhe**, die jedoch je nach Sorte (und Unterlage bei den Obstgehölzen) stark unterschiedlich sein kann. Beachten Sie auch den **Anspruch an den Standort**, also ob die Pflanze am besten sonnig, halbschattig oder schattig steht. Wichtig ist der Hinweis auf die **Wuchsform:** Einjährige Pflanzen werden anders behandelt als Zweijährige wie die Petersilie oder Stauden. Halbsträucher sind zum Beispiel die Eberraute oder der Lavendel, die unten verholzt und oben krautig sind. Zu den Sträuchern zählen die meisten Beerenobstgehölze. Bäume bilden eine eigene Gruppe im Pflanzenreich. In allen Gruppen gibt es Gewächse, die klettern wie Weinreben oder Klettergurken.

Diese Angaben sind jedoch nicht absolut gültig. In ihrer Heimat wachsen manche Pflanzen, die bei uns nur den Sommer über kultiviert werden, ausdauernd. Und sogar hier in Mitteleuropa gibt es vom milden Weinbauklima bis in die Gebirgsregionen große Unterschiede in der Kulturdauer.

Aus den Hinweisen der Rubrik **Herkunft** – das heißt, wo die Pflanzen herkommen und zu welcher Pflanzenfamilie sie gehören – lassen sich manche Ansprüche ableiten. Das Wichtigste ist natürlich die **Kultur** selbst, also Aussaat und Pflanzung, die Pflege übers Jahr sowie Besonderheiten der jeweiligen Pflanzenart. Bei den Obstarten finden Sie Hinweise zur **Erziehungsform** und zum **Schnitt**.

Manchmal gibt es Zeitpunkt und Besonderheiten bei der **Ernte** zu beachten.

Die Tipps zur **Verwendung** in der Küche sind sicher ebenfalls willkommen. Hier finden Sie auch erprobte Hinweise, wie sich Gemüse, Kräuter und Obst für den Winter konservieren lassen.

Am Schluss der Pflanzenporträts werden bestimmte **Sorten** empfohlen oder es wird auf besondere Arten hingewiesen. Bei manchen Nutzpflanzen wie Äpfeln oder Tomaten ist das Angebot sehr groß. Hier werden einige gute und gängige Sorten und eng verwandte Arten oder Kreuzungen genannt, die sich allgemein bewährt haben oder die bestimmten Vorlieben entgegenkommen.

Bei manchen Kulturen ist es sinnvoll, die Sorten in Gruppen zusammenzufassen, zum Beispiel beim Salat in die Schnittsalate, Pflücksalate, Kopfsalate, Eissalate und andere.

Erklärung der Symbole im Porträtteil:

⬆ = Wuchshöhe
✿ = Blütezeit
○ = sonniger Standort
◑ = halbschattiger Standort
● = schattiger Standort
⊙ = einjährige Pflanze
⊙ = zweijährige Pflanze
♃ = Staude
Hs = Halbstrauch
Str = Strauch
B = Baum
Kl = Kletterpflanze

Andenbeere, Kapstachelbeere *(Physalis peruviana)*

⬆ bis ca. 2 m ○ ⊙ oder ♃

Herkunft: Nachtschattengewächs aus Südamerika.
Kultur: Im März im Haus vorkultivieren, im Gewächshaus oder – Ende Mai – im Freiland pflanzen. Später anhäufeln und den Boden mulchen. Die Andenbeere wächst buschartig üppig und wird recht hoch. Mit Stäben stützen, nicht ausgeizen. Für mehrjährige Kultur kann man im Herbst Stecklinge machen.
Ernte: Die Andenbeere reift in einer lampionartigen Hülle von August bis zum Frost. Reife Früchte erkennt man daran, dass die Hülle sich braun verfärbt, trocken wird und der Fruchtstand schließlich abfällt. Die Früchte halten sich in der Hülle monatelang.
Verwendung: Roh mit zurückgeschlagener Hülle servieren, in Obstsalaten, als Kuchenbelag, Kompott.

Arten/Sorten: *Physalis pubescens* 'Aunt Molly' – niedriger bodendeckender Wuchs; Tomatillo *(Physalis ixocarpa)* – zunächst grün, später orangerot; ernten, wenn die papierartige Hülle platzt.

Artischocke *(Cynara scolymus)*

⬆ bis ca. 2 m ○ ♃ (3–4 Jahre)

Herkunft: Korbblütler aus dem Mittelmeerraum.
Kultur: Ende Mai im Abstand von ca. 100 × 100 cm pflanzen. Die Artischocke bildet zunächst eine Blattrosette, aus der dann die Blütenstängel herauswachsen. Damit sich die Artischocke gut entwickelt, braucht sie humosen und nährstoffreichen Boden und viel Wasser. Über den Winter mit Erde, Stroh oder Laub abdecken, ist nicht sicher winterhart.
Ernte: Pro Pflanze entwickeln sich bei besten Bedingungen höchstens 6–8 Blütenknospen, oft sind es aber nur 1 oder 2.
Verwendung: Blütenknospen in Salzwasser gedünstet, mit Zitronen-Vinaigrette serviert. Essbar sind die unteren Teile der Blütenhüllblätter und der Blütenboden. Artischockenböden sind eine Delikatesse!

Arten/Sorten: 'Große von Laon'; 'Imperial Star' – blüht schon im Pflanzjahr; 'Romagna' – violett gefärbt; Cardy *(Cynara cardunculus)* – geerntet werden die fleischigen Blattstiele.

Brokkoli

(Brassica oleracea, Italica-Gruppe)

⬆ bis 50 cm ○ ⊙

Herkunft: Kreuzblütler, gezüchtet aus Gemüse-Kohl, der im Mittelmeerraum wild wächst.
Kultur: Brokkoli können Sie selbst säen oder die Jungpflanzen kaufen. Mit etwas zeitlichem Abstand (»in Sätzen«) von Mitte Mai bis Mitte Juni tief pflanzen. Pflanzabstand 40–50 cm. Brokkoli braucht reichlich Nährstoffe und Wasser und ist dankbar für eine Mulchschicht.
Ernte: Zunächst den Hauptspross ernten. Die Pflanze bleibt stehen und bildet kleinere Nebensprosse, die genauso verwendet werden können. Brokkoli verträgt ein paar Frostgrade. Die Ernte ist so bis in den Dezember hinein möglich.
Verwendung: Gedünstet samt den dicken Sprossstielen als Beilagengemüse, für Vorspeisen.

Sorten: 'Milady' F_1 – früh, auch für kühles Klima; 'Chevalier' F_1 – großer Hauptspross; 'Inspiration' F_1 – viele Seitentriebe; 'Minaret' und 'Romanesco' – dekorativ, hellgrün.

Buschbohne

(Phaseolus vulgaris subsp. *vulgaris* var. *nanus)*

⬆ bis ca. 50 cm ○–◑ ⊙

Herkunft: Schmetterlingsblütler, stammt ursprünglich aus Südamerika.
Kultur: Aussaat Anfang Mai bis Mitte Juli in Sätzen. Der Boden sollte sich auf 8–10 °C erwärmt haben. Kältephasen während der ersten Entwicklung schaden. Entweder in Horsten oder in Reihen im Abstand von 30–50 cm 3–5 cm tief säen. Die Erde locker halten und anhäufeln. Auf Schneckenfraß kontrollieren. Bitte beachten Sie, dass Bohnen viel Wasser brauchen. Während der Blüte durchdringend gießen.
Ernte: Fortlaufend ernten.
Verwendung: Bohnen nie roh essen. Immer blanchieren oder kochen. Eignen sich blanchiert gut zum Einfrieren. Für Bohnengemüse und Bohnensalat.

Sorten: 'Speedy'- sehr früh, grünhülsig; 'Purple Teepee' (s. Foto) 'Golddukat' – gelbe, lange Hülsen; 'Borlotto' – italienische Sorte, rot gefleckte Hülsen, die beim Kochen grün werden.

Endiviensalat
(Cichorium endivium)

⬆ bis ca. 40 cm ○ ⊙

Herkunft: Korbblütler aus dem Mittelmeerraum und dem Nahen Osten, verwandt mit der Wegwarte.
Kultur: Wintersorten Ende Juni/Juli auf Beeten breitwürfig säen; schattieren und feucht halten. Im August verpflanzen, Pflanzabstand 30–40 cm, flach pflanzen.
Ernte: Normalerweise im Spätherbst, bis in den Winter hinein, da Endiviensalat leichten Frost verträgt. Durch Abdecken lässt sich die Erntezeit im Freien verlängern. Endiviensalat kann man auch ausgraben und mit den Wurzeln nach oben in einem kühlen Keller aufhängen.
Verwendung: Für grüne Blattsalate, Blätter kleingezupft oder geschnitten. Wird regional auch gedünstet zubereitet.

Sorten: 'Escariol grüner' – gut zum Einschlagen; 'Kalinka' – schossfeste Sorte für den Frühjahrs- und Sommeranbau; 'Jeti' – Winterendivie, schwere Köpfe; 'Elodie' – Frisée-Typ.

Erbse
(Pisum sativum)

⬆ bis ca. 2 m ○ ✿ 5–7 ⊙

Herkunft: Schmetterlingsblütler.
Kultur: Aussaat März/April (bis Ende Mai) in Sätzen. Reihenabstand 25–40 cm, 3–5 cm tief. Die Aussaaten unbedingt auf Schneckenfraß hin kontrollieren. Wenn die Triebe etwa eine Handbreit über dem Boden sind, Reisig dazustecken oder Maschendraht als Kletterhilfe anbieten. Niedrige Sorten brauchen keine Stütze.
Ernte: Bei der Markerbsen sowie den Pal- oder Schalerbsen »palt« man die Erbsen aus den Hülsen. Bei Zuckererbsen und Knackerbsen isst man die ganze Schote, also samt der grünen Hülle.
Verwendung: Roh oder gedünstet in Gemüsegerichten wie »Leipziger Allerlei«, gut zum Einfrieren. Stärkereiche Palerbsen für Erbsensuppe.

Sorten: 'Kleine Rheinländerin' – Palerbse, sehr früh, niedrig, keine Stütze nötig; 'Markana' – Markerbse, stützt sich selbst; 'Zuccola' – Knackerbse, mit Hülse essen.

Feldsalat, Ackersalat
(Valerianella locusta)

⬆ bis ca. 5 cm (in Blüte bis 1 m) ○–◑ ⊙–⊙

Herkunft: Einheimische Wildpflanze aus der Familie der Baldriangewächse.
Kultur: Feldsalat im August bzw. Anfang September breitwürfig auf Beete oder in Reihen (Abstand 15 cm) säen. Manche Sorten eignen sich auch für Frühjahrs- und Sommeranbau. Nach dem Säen dunkel und feucht halten, am besten mit alten Tüchern oder Vlies abdecken. Bei zu dichtem Aufgehen lässt er sich auch verpflanzen. Die Bestände möglichst unkrautfrei halten. Wenn man Feldsalat zum Blühen und zur Samenreife kommen lässt, sät er sich selbst aus.
Ernte: Die ganzen Blattrosetten mit dem Messer abschneiden. Ernte auch im Winter.
Verwendung: Nur frisch für Blattsalate.

Sorten: 'Dunkelgrüner Vollherziger' – winterhart; 'Elan' – mehltauresistent, winterhart; 'Juwahit' – für Ganzjahresanbau; 'Medaillon' – rundliche Blätter; 'Vit' – mehltauresistent.

Grünkohl
(Brassica oleracea, Sabellica-Gruppe)

⬆ bis ca. 1 m ○–◑ ⊙–⊙

Herkunft: Kreuzblütler, von wildem Kohl aus dem Mittelmeerraum abstammend.
Kultur: Üblicherweise sät man Grünkohl von Mitte Mai bis Ende Juli auf Anzuchtbeete und verpflanzt bis Anfang August im Abstand von 50 cm. Grünkohl braucht wie alle Kohlgewächse viel Wasser und räubert Nährstoffe. Deshalb gut mit Kompost oder organischem Dünger versorgen und bei Trockenheit reichlich gießen. Vor Weißer Fliege und Kohlweißlingsbefall schützen, am besten ein Insektenschutznetz darüberlegen.
Ernte: Blätter ab dem Spätherbst, wenn einige Zeit tiefe Temperaturen eingewirkt haben, auch im Winter bis zum Frühjahr, frische Achselsprosse für Salat.
Verwendung: Für Gemüsegerichte, Eintöpfe, auch zum Einfrieren.

Sorten: 'Arsis' F_1 – fein gekraustes Blatt; 'Lerchenzungen' – schmale, lange Blätter; 'Redbor' F_1 (s. Foto) – violettes Laub, schön im Winter; 'Toskanischer Palmkohl' – dekorativ.

Gurke
(Cucumis sativus)

⬆ bis ca. 250 cm ○ ✿ 5–9 ⊙ Kl

Herkunft: Kürbisgewächse aus tropischen Regionen Indiens, seit dem Mittelalter in Deutschland angebaut.
Kultur: Einlegegurken ab Ende April in Töpfchen vorkultivieren oder nach den Eisheiligen Ende Mai/Anfang Juni direkt ins Freiland säen (Abstand in der Reihe 5–6 cm, von Reihe zu Reihe 50–60 cm). Schlangengurken sind meistens veredelt. Ein oder zwei Pflanzen pro Haushalt fürs Kleingewächshaus genügen. Sie werden an Schnüren in die Höhe gezogen.
Gurken gedeihen auf humusreichen, leicht erwärmbaren Böden am besten. Schwere, nasse und kalte, auch sandige Böden mögen sie nicht gerne. Gießen Sie die Gurken während der Blütezeit gründlich, und zwar auf den gemulchten Boden in den Wurzelbereich. Eine Mulchschicht bzw. Mulchfolie oder –vlies, die das Wasser im Boden hält, sorgt für gleichmäßige Bodenfeuchtigkeit. Bei Trockenheit werden Gurken bitter. Kältephasen im Sommer schaden dem tropischen Gewächs; es gedeiht am besten bei einer Temperatur zwischen 22 und 30 °C.
Ernte: Gurken laufend ernten, je nach Verwendungszweck klein zum Einlegen bzw. Eindünsten oder größer zum Zubereiten süß-saurer Gurken.
Verwendung: Je nach Sorte zum frisch Essen, für Salate, zum Eindünsten und Einlegen, für süß-saure Gurken.

Sorten: Einlegegurken: 'Vorgebirgstrauben' – alte, bekannte Sorte; 'Delikatess' – feinschalig, kernlos; 'Diamant' F_1 – mehltauresistent; 'Clementine' F_1 – Früchte reifen auf einmal. Schlangengurken: 'Chinese Slangen' – lange Früchte, auch fürs Freiland; 'La Diva' – rein weiblich, bitterfreie, kurze Früchte; 'Sudica' – braucht wenig Wärme, bitterfrei; 'Bush Champion' F_1 – für Kübel.

Knollenfenchel
(Foeniculum vulgare var. *azoricum)*

⬆ bis ca. 50–80 cm ○ ⊙

Herkunft: Doldenblütler aus dem Mittelmeerraum.
Kultur: Günstige Aussaatzeit von Mitte Mai bis Anfang Juli. Fenchel wird entweder direkt gesät oder vorkultiviert und dann im Abstand von 15–20 cm gepflanzt (von Reihe zu Reihe 30–40 cm). Zu tiefe oder zu hohe Temperaturen bewirken, dass der Fenchel schosst. Ältere Sorten erst nach der Sommermitte säen und pflanzen, da sie sonst in Blüte gehen. Neuere Sorten eignen sich für den Ganzjahresanbau.
Ernte: Nicht zu lange stehen lassen, da die Knollen sonst verholzen und eventuell platzen.
Verwendung: Als Rohkost, als Gemüse, für italienische Vorspeisen, zum Grillen. Das feine gefiederte Blattwerk zum Dekorieren.

Sorten: 'Finale' – schwere Knollen, für Frühjahr-, Sommer- und Herbstanbau; 'Selma' – schwere Knollen; 'Zefa Fino' – für Ganzjahresanbau.

Kohlrabi
(Brassica oleracea, Gongylodes-Gruppe)

⬆ bis ca. 50 cm ○ ⊙

Herkunft: Kreuzblütler, aus wildem Kohl aus dem Mittelmeerraum gezüchtet.
Kultur: Die ersten Kohlrabipflänzchen werden üblicherweise ab Mitte März im Abstand von 25 × 25 cm ins Frühbeet oder ins Freiland ausgepflanzt. Sie können Kohlrabi auch auf ein Saatbeet säen und später verpflanzen. Kohlrabi braucht humosen, nährstoffreichen Boden. Sorgen Sie während der Knollenentwicklung für ausreichend und gleichmäßig viel Feuchtigkeit, dann besteht auch nicht die Gefahr, dass die Knollen platzen.
Ernte: Rechtzeitig ernten, bevor die Knollen holzig werden.
Verwendung: Frisch als Rohkost, gedünstet als Beilagengemüse, für Aufläufe.

Sorten: 'Delikatess' – blau und weiß, plattrunde Form, für Sommeranbau; 'Superschmelz' – spät, zart, sehr große Knollen; 'Azur Star' – blau, für sehr frühen Anbau; 'Blaro' – blau, schossfest.

Kürbis
(Cucurbita maxima)

⬆ bis ca. 50 cm ○ ⊙

Herkunft: Kürbisgewächs aus Südamerika.
Kultur: Ende April in Töpfchen aussäen, auspflanzen nach Mitte Mai, eher noch etwas später. Kürbisse brauchen viel Wärme, wollen sehr gut mit Nährstoffen und Wasser versorgt sein. Und manche Sorten brauchen sehr viel Platz! Ein Platz am oder auf dem Komposthaufen ist ihnen grade recht.
Ernte: Kürbisse möglichst nicht allzu groß werden lassen. Sie können sie erstaunlich gut bis ins Frühjahr hinein in einem trockenen, nicht allzu kühlen (ca. 10–14 °C) Raum lagern.
Verwendung: Jung auch roh zu essen, für Gemüsegerichte, Suppen, Pies, süß-sauer eingelegt, Chutney usw.; Kürbiskerne zum Knabbern, für Gebäck und als Medizin.

Sorten: 'Uchiko Kuri' – Hokkaido-Kürbis, orange, karotinreich, sehr wohlschmeckend; 'Rouge vif d'Etampes' – orangerot, groß; 'Snack Jack' – dekorativ, kleine Früchte, Kerne zum Rösten.

Mangold
(Beta vulgaris subsp. *maritima* var. *cicla)*

⬆ bis ca. 50 cm ○–◑ ⊙–⊙

Herkunft: Gänsefußgewächs aus Europa.
Kultur: Die eigenartigen knäueligen Mangoldsamen kann man direkt säen (Ende März bis Juli) oder vorziehen und verpflanzen. Abstand von Reihe zu Reihe bei Schnittmangold 20–30 cm, bei Stielmangold 30–40 cm, in der Reihe etwas enger. Den Boden ringsum offen halten. Normalerweise überwintert Mangold und schiebt im darauffolgenden Jahr sehr bald Blätter.
Ernte: Blätter mit Stielen über einen langen Zeitraum.
Verwendung: Schnittmangold wie Spinat, Stielmangold wie Spargel oder Schwarzwurzeln gedünstet und mit einer hellen Sauce oder einfach mit Olivenöl überträufelt serviert. Grüne Blattteile für Wickel oder Aufläufe.

Sorten: Schnittmangold: 'Grüner Schnitt'; Stielmangold: 'White Silver'; 'Walliser'; Blatt-Stielmangold: 'Lukullus' 'Bright Lights' – Stiele in Regenbogenfarben; 'Rhubarb Chard' – rotstielig.

Möhre
(Daucus carota subsp. *sativus)*

⬆ bis ca. 30 cm ○ ⊙

Herkunft: Doldenblütler, aus wilden Möhrenarten gezüchtet.
Kultur: Möhren ab Anfang März im Freiland aussäen (Reihenabstand 20–25 cm). Folgesaaten bis Mitte Juli.. Den Boden zwischen den Reihen lockern. Günstig für Möhren ist ein durchlässiger, tiefgründiger und humoser Boden.
Ernte: Bei trockenem Wetter zunächst mit der Grabegabel lockern, später herausziehen. Laub abdrehen oder ein paar Zentimeter über dem Rübenansatz abschneiden. Frühe Kulturen bald verbrauchen; Lagermöhren halten sich in einem kühlen Keller monatelang knackig frisch.
Verwendung: Zum Knabbern, für Rohkostsalate, zum Dünsten, für Kuchen, für Füllungen, für Püree.

Sorten: 'Lange rote stumpfe ohne Herz' – lagerfähig; 'Juwarot' – hoher Carotingehalt; 'Flyaway' F1 – tolerant gegen Möhrenfliege; 'Purple Haze' F1 – violettblau mit orangefarbenem Herz, süß.

Neuseeländer Spinat, Sommerspinat *(Tetragonia tetragonioides)*

⬆ bis ca. 20 cm ○ ⊙

Herkunft: Eiskrautgewächs vom australischen Kontinent und aus Japan, wurde im 19. Jahrhundert in Deutschland häufiger angebaut als heute.
Kultur: Der Neuseeländer Spinat eignet sich – im Gegensatz zum eigentlichen Spinat – auch für den Anbau im Sommer, weil er nicht schießt. Vorkultur im Haus, Pflanzen Anfang–Mitte Mai, Pflanz- und Reihenabstand ca. 50 cm. Braucht lange, bis er den Boden bedeckt; bis dahin kann man daneben Lückenfüller wie Radieschen oder Schnittsalat anbauen.
Ernte: Ernte der niederliegenden Triebe oder der einzelnen Blätter, treibt ständig nach. Sehr ertragreich.
Verwendung: Knackige Blatttriebe frisch für Salate.

Arten/Sorten: Eiskraut *(Mesembryanthemum crystallinum)* – Blatttriebe für Salat, lässt sich im Haus überwintern; Ausdauerndes Eiskraut *(Aptenia cordifolia)* – sukkulent.

Paprika
(Capsicum annuum)

⬆ bis ca. 1 m ○ ⊙

Herkunft: Nachtschattengewächs aus der Andenregion in Südamerika.
Kultur: Paprika muss man im Haus vorkultivieren. Säen Sie das Gemüse im Lauf des März. Die Kultur gelingt am sichersten im Gewächshaus; in warmen Gegenden und in warmen Sommern gedeiht Paprika auch im Freiland erstaunlich gut. Hier Ende Mai auspflanzen. Günstig ist die Topfkultur.
Ernte: Den ersten Fruchtansatz, die Königsblüte, bald entfernen, damit sich die Pflanze verzweigt und mehr Früchte ausbildet. Essbar sind sowohl die unreifen grünen Schoten als auch die reifen roten.
Verwendung: Frisch für Rohkost, Paprikagemüse, zum Füllen, für italienische Vorspeisen, zum Einlegen.

Sorten: 'Atris' F_1 – groß, kegelförmig; 'Pinokkio' F_1 – früh, zuerst hellgelb, orangerot abreifend; 'Mavras' F_1 – auberginefarben, rot abreifend; 'Medusa' F_1 – dekorativ, für Töpfe.

Peperoni, Chili
(Capsicum frutescens)

⬆ bis ca. 1 m ○ ⊙ und ♃

Herkunft: Nachtschattengewächs aus der Andenregion in Südamerika.
Kultur: Peperoni lassen sich gut selbst aus Samen ziehen (Aussaat im März). Pro Haushalt reichen – je nach Bedarf – wenige Pflanzen aus. Entweder im Gewächshaus kultivieren oder Ende Mai/Anfang Juni ins Freiland pflanzen. Sie eignen sich sehr gut für die Kultur in Töpfen, die Sie an eine warme, geschützte Stelle auf der Terrasse oder dem Balkon stellen können.
Ernte: Chilischoten kann man unreif, noch grün, ernten oder ausreifen lassen, bis sie richtig rot sind.
Verwendung: Mildere Sorten frisch zum Würzen, zum Einlegen in Essig und Öl, zum Trocknen. Die Schärfe sitzt in den Samenkörnern. Vorsichtig dosieren!

Arten/Sorten: 'Cayenne' – sehr scharf; 'Fireflame' und 'Sunflame' F_1 – sehr scharf; Glocken-Chili *(Capsicum baccatum)* – hübsche Fruchtform, etwa 1 m hoch und verzweigt.

Radieschen
(Raphanus sativus var. *sativus)*

⬆ bis ca. 20 cm ○–◑ ⊙

Herkunft: Kreuzblütler, stammt vermutlich aus Kleinasien.
Kultur: Radieschen entwickeln sich in wenigen Wochen von der Aussaat (von März bis September) bis zur Ernte. Damit nicht zu viele auf einmal erntereif werden, sollten Sie Radieschen immer in Sätzen säen, also etwa alle zwei Wochen eine kurze Reihe (Reihenabstand 10–15 cm). Bei Trockenheit gießen; genügend Feuchtigkeit schützt auch vor dem Befall mit Erdflöhen.
Ernte: Ernten Sie Radieschen, bevor sie schießen, sie sollen nicht pelzig und holzig sein.
Verwendung: Frisch zum Vespern; hübsch auch als essbare Dekoration auf kalten Platten; auch das Laub können Sie mitessen.

Sorten: Für Frühjahrs- und Herbstanbau: 'Eiszapfen' – weiß, lang, rettichartig; 'French Breakfast' (s. Foto) – mit weißer Spitze. Für Sommeranbau: 'Parat' – rund, rot; 'Raxe' – rot.

Rettich
(Raphanus sativus var. *niger)*

⬆ bis ca. 30 cm ○ ⊙

Herkunft: Kreuzblütler, sehr alte Kulturpflanze, die Römer brachten ihn über die Alpen.
Kultur: Ab April in Sätzen aussäen (Reihenabstand 20–40 cm). Gut feucht halten. Gedeiht auch gut in kühlem Klima. Unbedingt eine weite Fruchtfolge einhalten, sonst kommt es zur Rettichschwärze, einer Fruchtfolgekrankheit. Einige Sorten wie 'Minowase' oder 'Brauner Fridolin' (s. Foto) sind widerstandsfähig. Zum Schutz vor der Kohlfliege mit Kulturschutznetz abdecken.
Ernte: Nicht zu lange auf dem Beet stehen lassen, ernten, bevor die Wurzeln strunkig und pelzig werden. Herbst- und Winterrettiche halten sich im kühlen Keller monatelang.
Verwendung: Frisch zum Vespern, für Salat.

Sorten: 'Hilds Roter Neckarruhm' – raschwüchsig; 'Münchner Bier' – weiß, würzig; 'Runder schwarzer Winterrettich' – scharf; 'Minowase' – lange, dicke Rübe, für Sommeranbau.

Rhabarber
(Rheum rhabarbarum)

⬆ bis ca. 1,5 m ○–◑ ♃

Herkunft: Der Gemüse-Rhabarber aus der Familie der Knöterichgewächse wird in Europa erst seit dem 18. Jahrhundert angebaut.
Kultur: Rhabarber ist ein Nährstoffräuber. Auf Kompostgaben im Herbst oder im Frühjahr reagiert er mit kräftigem Wuchs. Er gedeiht auch an einem leicht beschatteten Platz. Blütentriebe möglichst ausbrechen, da das Blühen auf Kosten des Ertrages geht.
Ernte: Erntezeit von April bis Ende Juni. Bitte nehmen Sie nicht zu viele Stiele auf einmal weg. Wichtig: Die Stiele an der Basis sanft abdrehen! Bei den Stielen brauchen Sie die Haut nicht abziehen.
Verwendung: Für Kompott, als Kuchenbelag, für Marmelade, eignet sich auch zum Einfrieren.

Sorten: 'Holstein Blut' – rotstielig; 'Vierländer Blut' – milde Säure; 'Esta' – starkwüchsig, dicke Stiele; 'Frambozen Rood' – himbeerrote Stiele.

Rucola, Rauke
(Eruca sativa)

⬆ ca. 20 cm (blühend ca. 50 cm) ○–◑ ⊙ und ♃

Herkunft: Kreuzblütler aus dem Mittelmeerraum.
Kultur: Für Frühjahrs- und Herbstanbau. Keimt schon bei niedrigen Temperaturen und wächst sehr schnell. Am besten ab März in mehreren Sätzen säen (Reihenabstand ca. 20 cm), damit über längere Zeit geerntet werden kann. Wenn die Tage zum Sommer hin länger werden, schießt der einjährige Rucola sehr schnell. Die ausdauernde Wilde Rauke kann laufend den ganzen Sommer über geerntet werden.
Ernte: Laufend ernten, mit dem Messer Blattbüschel abschneiden.
Verwendung: Frisch für Blattsalate, als Pizzabelag, zu Pasta.

Arten/Sorten: 'Runway' – Rucola-Hybride, sehr schnellwüchsig; Wilde Rauke *(Rucola selvatica)* – ausdauernd, schmale Blätter.

Salate (Kopfsalat, Eissalat, Pflücksalat, Römischer Salat)
(Lactuca sativa var. *capitata* und *Lactuca sativa* var. *crispa)*

⬆ bis ca. 20 cm (blühend ca. 1,5 m) ○ ⊙

Herkunft: Korbblütler aus wilden Lattich-Arten gezüchtet.
Kultur: Die ersten Salatpflanzen fürs Frühbeet und Gewächshaus am besten kaufen. Schnitt- und Pflücksalat direkt säen. Für die Kultur im späten Frühjahr und Sommer kann man auch selbst in Saatkisten oder im Frühbeet säen (Aussaat von März bis Juli). Salat immer in Sätzen säen oder pflanzen, nie von einer Sorte zu viel, damit nicht ein ganzes Beet oder eine ganze Reihe auf einmal erntereif ist. Bei der Sortenwahl unbedingt darauf achten, ob sich die jeweilige Sorte für den gewünschten Kulturzeitraum eignet. Sorten für Frühjahrsanbau beginnen im Sommer schnell zu schießen und bilden keine Köpfe. Salat hoch pflanzen, sodass die Blätter anfangs »im Wind flattern« (Abstand 25–40 cm). Salate mögen humusreiche, durchlässige Böden und ausgeglichene Bodenfeuchtigkeit. Eine Mulchdecke oder ein Mulchvlies tut ihnen gut und schützt ihr flach streichendes Wurzelsystem. Gute Mischkultur mit Kohlrabi und mit Rettich und Radieschen.
Ernte: Salate bei warmem Wetter morgens ernten, dann halten sie länger frisch und können in Folie gehüllt 1–2 Tage lang im Kühlschrank aufbewahrt werden.
Verwendung: Frisch für grüne Blattsalate, auch gedünstet.

Arten/Sorten: Kopfsalat: 'Maikönig' –, für sehr frühe Kultur; 'Attraktion' – Frühsommersorte; 'Dynamite' – resistent gegen die Grüne Salatblattlaus; 'Fiorella' – viele Resistenzen, Eissalat: 'Fortunas' – schossfest. Pflücksalat: 'Lollo rossa', 'Lollo bionda' – gekrauste Blätter; 'Eichblattsalat' (s. Foto links); Römischer/Romana-Salat *(Lactuca sativa* var. *longifolia)* – (s. Foto rechts oben).

Spinat
(Spinacia oleracea)

⬆ bis ca. 40 cm ○ ⊙–⊙

Herkunft: Gänsefußgewächs, Anbau in Europa seit dem 12. Jahrhundert, hat nach und nach grüne Blattgemüse wie Melde und Guten Heinrich verdrängt.
Kultur: Säen Sie Spinat in Reihen aus (Abstand 20–40 cm), am besten satzweise. damit nicht zu viel Blattmasse gleichzeitig zum Ernten ansteht. Es sei den, Sie mulchen mit dem Spinat zwischen den Gemüsereihen. Spinat mag einen tiefgründigen, humosen Boden. Auf Sandböden gedeiht er nur, wenn er gut mit Wasser und Nährstoffen versorgt wird.
Ernte: Laufend die frischen Blätter bis zur beginnenden Blüte.
Verwendung: Frisch für Blattsalate, für Gemüse, für Füllungen, zum Beispiel für Maultaschen, zum Einfrieren.

Sorten: 'Matador' – für Frühjahrs- und Herbstanbau; 'Monnopa' F_1 – für Überwinterungsanbau; 'Bolero' F_1 – mehltauresistent; 'Lazio' F_1 – schossfest, für Ganzjahresanbau geeignet.

Stangenbohne
(Phaseolus vulgaris var. vulgaris)

⬆ bis ca. 3 m ○ ⊙

Herkunft: Schmetterlingsblütler aus Südamerika.
Kultur: Aussaat Anfang Mai bis Juni, wenn der Boden sich auf über 10 °C erwärmt hat. In Horsten säen, Samen vorher ca. 12 Stunden lang quellen lassen. Vor Schneckenfraß schützen. Braucht während der Blüte und Fruchtausbildung viel Wasser. Stangenbohnen winden sich gut an Holzstangen in die Höhe und geben einen guten Sichtschutz. Keine Lauchgewächse in der Nachbarschaft pflanzen.
Ernte: Die Hülsen entweder grün ernten oder zu Trockenbohnen ausreifen lassen.
Verwendung: Bohnen nie roh essen, nur gekocht oder blanchiert – als Bohnengemüse, für Salat oder Suppe. Eignen sich gut zum Einfrieren.

Sorten: 'Blauhilde' – blauhülsig; 'Neckarkönigin' – bewährte Sorte. Prunk- und Feuerbohnen *(Phaseolus coccineus)*: 'Hestia' – weiß-rote Blüten, niedrig; 'Preisgewinner' – rot blühend.

Tomate
(Lycopersicon esculentum)

⬆ bis ca. 3 m ○ ⊙

Herkunft: Nachtschattengewächs aus der Andenregion in Südamerika. In Deutschland erst seit etwa hundert Jahren in Kultur.

Kultur: Im Haus vorkultivieren mit Aussaat Ende Februar bis Mitte März, ein- oder zweimal in größere Töpfe umtopfen, ins Freie auspflanzen nach Mitte Mai. Dafür ein tiefes Pflanzloch (20–30 cm) ausheben und den Boden mit Kompost anreichern. Mit weitem Abstand von mindestens 50 cm pflanzen. Gut in Mischkultur mit Petersilie, Sellerie.

Die Tomaten an einem (Spiral-)Stab in die Höhe leiten, alle Seitentriebe ausgeizen. Sorgen Sie dafür, dass die Pflanzen gut mit Dünger und Wasser versorgt werden. Eventuell flüssig mit Brennnesseljauche oder mit organischem Dünger nachdüngen. Am besten gedeiht die wärmeempfindliche Tomate im Kleingewächshaus. Hier können Sie früher pflanzen und länger ernten. Im Gewächshaus ist sie auch vor schädlichen Pilzkrankheiten, die oft Probleme bereiten, weitgehend geschützt. Schutz vor Regen bietet auch ein Tomatenhaus oder ein Dachvorsprung. Lässt sich auch gut in Töpfen kultivieren.

Ernte: Fortlaufend die reifen Früchte, etwa ab Mitte Juli. Grün geerntete Früchte reifen im Haus nach.

Verwendung: Beliebtestes Gemüse – zum Vespern, für Salate, Suppen, Saucen, als Pizzabelag, für Ketchup und Chutney, zum Einlegen und Trocknen.

Sorten: Kirsch- und Cocktailtomaten: 'Picolino' F_1 – lange Trauben, platzfest; 'Yellow Pearshaped' – gelbe birnenförmige. Stabtomaten: 'Harzfeuer' F_1 – früh; 'Vitella' F_1 – widerstandsfähig; 'Vanessa' F_1 – Longlife-Tomate; 'Baumtomate' – wird über 3 m hoch, widerstandsfähig; Fleischtomaten: 'Myrto' F_1, 'Ochsenherz' (s. Foto rechts). Buschtomaten: 'Tumbling Tom Red'.

Zucchini
(Cucurbita pepo)

⬆ bis ca. 50 cm, auch kletternd ○ ⊙

Herkunft: Kürbisgewächs aus Zentralamerika; erst seit den 1960er Jahren in Deutschland bekannt geworden.
Kultur: Zucchini ab Ende April in Töpfchen im Haus vorziehen. Pro Haushalt reichen ein oder zwei Pflanzen. Das Kürbisgewächs braucht guten, nahrhaften Boden und reichlich Wasser, dann entwickeln sich viele Früchte. Kälte schadet dem wärmebedürftigen Gewächs. Im Spätsommer fast immer Befall mit Echtem Mehltau, der mal mehr, mal weniger schadet. Eventuell widerstandsfähige oder resistente Sorten wählen.
Ernte: Zucchini möglichst jung ernten.
Verwendung: Für Gemüsegerichte, für Aufläufe, als Pizzabelag, zum süß-sauer Einlegen.

Sorten: 'Diamant' F_1 – grüne Standardsorte; 'Gold Rush' F_1 – gelbfrüchtig; 'Black Forest' F_1 – klettert; 'Sunburst' F_1 – gelb mit Grün, Ufo-förmig; 'Striato d'Italia' – samenechte Ur-Zucchino.

Zuckermais
(Zea mays convar. saccharata)

⬆ bis ca. 2,5 m ○ ⊙

Herkunft: Aus der Familie der Süßgräser, stammt wahrscheinlich aus Mexiko und Zentralamerika.
Kultur: Mais braucht sehr viel Wärme. Vorkultur im Haus ab Anfang April. Im Freiland erst im Mai/Juni säen, wenn der Boden sich auf 10 °C erwärmt hat. Reihenabstand 60–100 cm, in der Reihe 20–40 cm. Wegen des hohen Wuchses an den Rand der Gemüsebeete pflanzen. Den Boden um den Mais immer gut durchhacken. Eignet sich gut als Sichtschutz.
Ernte: Pro Pflanze entwickeln sich 2–3 Maiskolben. In der Milchreife ernten.
Verwendung: Schmecken vorzüglich roh oder in Salzwasser gedünstet und als Beilage zu Gegrilltem. Ziermais getrocknet zur Dekoration.

Sorten: 'Challenger' F_1 – süß; ,'Early Extra Sweet' F_1 – extrasüß, große Kolben; 'Golden Beauty' – samenechte Sorte; 'Tasty Gold' F_1 – süß. Ziermais 'Harlekin' – rundovale Kolben.

Zwiebel
(Allium cepa)

⬆ bis ca. 30–40 cm ○ ⊙–⊙

Herkunft: Liliengewächs, schon seit Jahrtausenden in Kultur.
Kultur: Üblich ist die Kultur als Steckzwiebel. Dazu stecken Sie die kleinen Zwiebelchen im März oder April in den Boden, in Reihen oder Doppelreihen im Abstand von ca. 15 cm. Schon bald erscheinen die grünen Triebe. Den Boden immer gut durchhacken und offen halten. Wenig oder gar nicht düngen! Verträgt sich nicht mit Erbsen und Bohnen! Gute Mischkulturpartner sind Möhren und Erdbeeren. Eine andere Möglichkeit ist die Säkultur mit den Steckzwiebelsorten oder mit so genannten Gemüsezwiebeln, die sehr groß werden, wenn man sie früh – bereits ab Januar – sät. Interessant ist auch der Überwinterungsanbau mit Aussaat im August.

Ernte: Lassen Sie die Zwiebeln immer gut abreifen. An einem sonnigen, trockenen Tag zuerst mit der Grabegabel im Boden lockern, später herausziehen, ein paar Stunden lang abtrocknen lassen und vom Beet holen. In Holzkisten lagern. Laub einziehen lassen und erst wenn es trocken ist entfernen. Solange das Laub noch grün ist, kann man auch dekorative Zwiebelzöpfe flechten.
Verwendung: Feingewiegt für Salatsauce, in Scheiben als Brotbelag, für kalte Platten und Wurstsalat, gedünstet als Gemüse, für Zwiebelkuchen.

Arten/Sorten: 'Stuttgarter Riesen' – gut lagerfähig; 'Piroska' – rotschalig; 'Rote Braunschweiger' – rot, plattrund; 'Alisa Craig', 'The Kelsae' – große Gemüsezwiebeln; 'Presto', 'Radar' – zum Stecken im August; 'Express Yellow' – für Aussaat im August; 'Bunching Star' – Lauchzwiebel; Schalotten *(Allium cepa* var. *ascalonicum)* – bildet Brutzwiebeln, mild (s. Foto rechts).

Bärlauch
(Allium ursinum)

⬆ bis ca. 20–30 cm ◑–● ✿ 5–6 ♃

Herkunft: Einheimisches Liliengewächs, wächst in schattigen Laubwäldern.
Kultur: Aussaaten im Garten gelingen meist nicht; mehr Erfolg haben Sie mit dem Auspflanzen der Zwiebeln im Herbst. Den Bärlauch nach der Blüte einziehen lassen und an der Stelle den Boden nicht bearbeiten. Den Rest des Jahres ist von der Pflanze oberirdisch nichts zu sehen. Wenn der Platz dem Bärlauch gefällt, versamt er sich selbst und bildet bald große Bestände.
Ernte: Ab Ende März, sobald die Blätter aus dem Boden spitzen, bis Mai. Die jungen Blütenstände sind ebenfalls essbar und lassen sich gut zum Dekorieren verwenden.
Verwendung: Frisch zum Würzen, für Salate, Pesto, Gemüsegerichte, zum Einlegen in Schnaps.

Arten/Sorten: Es gibt zahlreiche weitere wilde *Allium*-Arten, alle mit schmaleren Blättern, bei denen hauptsächlich die Zwiebelchen geerntet werden.

Basilikum
(Ocimum basilicum)

⬆ bis ca. 40 cm ○ ✿ 6–8 ⊙ und ♃

Herkunft: Lippenblütler aus den Tropen und Subtropen. Viele Arten, auch ausdauernde, und Sorten mit kleinen und großen, glatten und krausen Blättern, auch purpurfarbene.
Kultur: Basilikum jedes Jahr neu aussäen und später verpflanzen, sodass sich die einzelnen Sämlinge gut entwickeln können. Das Kraut gedeiht nur bei Temperaturen über 10 °C. Geben Sie ihm den wärmsten und sonnigsten Platz im Garten oder in Töpfen oder pflanzen Sie es gleich ins Gewächshaus.
Ernte: Ernten Sie ganze Triebe von der Pflanze vor der Blüte, nicht einzelne Blätter. So wächst die Pflanze buschig weiter und bildet erst spät Blüten aus.
Verwendung: Frisch für Caprese, für Pizza, Pasta, Pesto.

Arten/Sorten: 'Genoveser Basilikum' – großblättrig; 'Dark Opal' – purpurrote Blätter; Zitronen-Basilikum; Thai-Basilikum; Wildes Basilikum *(Ocimum canum)* – ausdauernd.

Bohnenkraut
(Satureja hortensis)

⬆ ca. 20–60 cm ○ ✿ 7–10 ⊙ und ♃

Herkunft: Lippenblütler aus dem Mittelmeerraum.
Kultur: Bohnenkraut versamt sich meistens selbst. Fühlt sich wohl auf offenen Gartenbeeten mit durchlässigen Böden. Steht gut in Mischkultur mit Buschbohnen oder Stangenbohnen. Kaum Pflege nötig.
Ernte: Das blühende Kraut frisch verbrauchen oder trocknen.
Verwendung: Typisches Gewürz für Gerichte mit Grünen Bohnen. Ausdauerndes Bohnenkraut dekorativ in Gewürzsträußchen.

Arten/Sorten: 'Aromata' – kompakte Form; Berg-Bohnenkraut *(Satureja montana)* – ausdauernd; Zitronen-Bohnenkraut *(Satureja biflora)*; auch hängende und kriechende Formen.

Borretsch
(Borago officinalis)

⬆ bis ca. 80 cm ○ ✿ 6–10 ⊙

Herkunft: Raublattgewächs aus dem Mittelmeerraum, Naher Osten bis Iran, in Mitteleuropa auch verwildert.
Kultur: Borretsch sät sich in aller Regel selbst aus. Das einjährige Kraut wird gesät. Borretsch liebt nährstoffreichen, frischen Boden. Geben Sie der üppig wuchernden Pflanze viel Platz; sie legt sich oft nieder. Gute Bienenweide!
Ernte: Junge Blätter während der ganzen Vegetationsperiode, auch die Blüten.
Verwendung: Blätter feingewiegt für Salatsaucen, für Kräuterquark. Blüten für Tee, in Bowle, als Streublümchen auf Blütenbrote oder Salate.

Arten/Sorten: Weiß blühender Borretsch – Wuchs wie der blau blühende. Ausdauernder Borretsch *(Borago laxiflora)* – verträgt Frost bis –10 °C, am besten im Haus überwintern.

Dill
(Anethum graveolens)

⬆ je nach Sorte bis ca. 150 cm ○ ✿ 6–9 ⊙

Herkunft: Doldenblütler, ursprünglich aus Südostasien.
Kultur: Im Frühjahr zusammen mit Möhren, Roten Rüben oder Gurken in die Reihen im Garten säen. Das Kraut keimt schnell und zeigt an, wo die Reihen verlaufen. Lassen Sie immer ein paar Exemplare des Dills zur Samenreife kommen, damit er sich selbst aussäen kann.
Ernte: Ernten Sie laufend die jungen, fiedrigen Blätter, auch die doldigen Blüten- und Samenstände.
Verwendung: Am besten frisch verwenden – fein gewiegt für Salate, zu Fisch, für Remoulade, die Blüten- und Samenstände zum Eindünsten von Gurken oder anderen Sauerkonserven. Lässt sich auch trocknen, verliert dabei aber Aroma.

Sorten: 'Tetra' – sehr ertragreich, bis 150 cm hoch; 'Bouquet' – niedrig, ca. 75 cm hoch, kompakt; 'Farnblättriger' – niedrig, blüht spät, für Topfkultur; 'Vierling' – schön in Blumensträußen.

Eberraute
(Artemisia abrotanum)

⬆ bis ca. 100 cm ○ ✿ 10 Hs

Herkunft: Korbblütler aus dem Mittelmeerraum.
Kultur: Mit ihren fein gefiederten, grüngrauen Blättchen wirkt die Eberraute sehr dekorativ. Schneiden Sie die niedrigen Sträuchlein im Frühjahr, wenn die strengen Fröste vorüber sind, bis ins Holz zurück. Die Eberraute lässt sich sehr gut aus Stecklingen vermehren. Schön als niedrige, geschnittene, duftende Begrenzungshecke.
Ernte: Die fein gefiederten Blätter frisch verwenden oder trocknen.
Verwendung: Eberrautenblätter riechen und schmecken aromatisch-bitter, mit zitronigem Beiklang. Sehr sparsam für Salatsaucen und besondere Kreationen verwenden. Gut auch zum Einlegen in Schnaps als verdauungsfördernde Medizin.

Arten/Sorten: Neben der Art gibt es auch eine feinblättrige Variante: Kampfer-Eberraute *(Artemisia camphorata)* – feinblättrig, kampferartiger Duft, zur Zierde bzw. als Duftkraut.

Estragon
(Artemisia dracunculus)

⬆ bis ca. 160 cm ○–◑ ✿ 8–10 ♃

Herkunft: Korbblütler aus Russland bzw. vom asiatischen Kontinent, aber auch aus Alaska, Kanada und Teile der USA.
Kultur: Vom Estragon genügt eine Pflanze im Garten. Er kann recht groß werden und Nachbarpflanzen bedrängen – kurz, er kann leicht zum »Unkraut« werden. Der französische Estragon braucht guten, nahrhaften Boden. Vermehrung durch Teilung und Stecklinge; der russische auch durch Aussaat.
Ernte: Ernten Sie die jungen Triebspitzen oder einzelne Blätter.
Verwendung: Wird gerne in der feinen Küche verwendet für die berühmte Sauce béarnaise, zum Einlegen in Essig, als Salatwürze, gut zu Fisch; junge Triebe auch als Wildgemüse.

Sorten: Russischer Estragon – wird hoch; Französischer Estragon – niedrig, feiner anisartiger Geschmack, wird nicht bitter; Deutscher Estragon – robuster, geschmacklich eine Mischung.

Gartenkresse
(Lepidium sativum)

⬆ bis ca. 40 cm ○ ✿ 5–7 ⊙

Herkunft: Kreuzblütler aus Kleinasien, Iran, Nordafrika.
Kultur: Wichtiges Frühjahrskraut, das bei sehr niedrigen Temperaturen keimt. Ab März kann man es direkt in den Garten säen – breitwürfig oder in Reihen von ca. 15 cm Abstand. Ab Mai nicht mehr säen, da es bei länger werdenden Tagen sehr schnell in Blüte geht. Kultur auch im Zimmer als Keimsaat möglich. Die Gartenkresse eignet sich als Vorkultur vor Tomaten und anderen Gemüsen, die spät gepflanzt werden.
Ernte: Zum Ernten am besten die Schere nehmen; büschelweise schneiden.
Verwendung: Zum Dekorieren von kalten Platten, zu gekochten Eiern, für Salate, für Osterteller.

Arten: Ausdauernde Kresse *(Lepidium latifolium)* – einheimische Pflanze aus der Küstenregion; Brunnenkresse *(Nasturtium officinale)* – Wildpflanze an Quellbächen.

Gewürzfenchel
(Foeniculum vulgare var. dulce)

⬆ bis ca. 250 cm ○ ✿ 7–10 ♃

Herkunft: Doldenblütler aus dem Mittelmeerraum.
Kultur: Eine Pflanze genügt. Bitte beachten sie, dass der Gewürzfenchel viel Raum braucht. Er macht sich gut als Mittelpunkt in einem Kräuterbeet. Wenn Sie die Pflanze zur Samenreife kommen lassen, verstreuen sich die Samen, und es erscheinen in den Folgejahren überall Sämlinge. Gewürzfenchel lässt sich schlecht verpflanzen, da er eine Pfahlwurzel ausbildet.
Ernte: Junge Blätter, auch die jungen Sprosse als Gemüse. Samenstände noch nicht ganz vollreif ernten, im Haus nachtrocknen lassen.
Verwendung: Junge Blätter wie Dill; die Samenkörner zum Brotbacken und für Tee. Blütendolden zur Dekoration.

Sorten: 'Berfena' – kompakter Wuchs; Bronzefenchel *(Foeniculum vulgare* var. *rubrum)* – rotviolettes Laub; Sizilianischer Fenchel *(Foeniculum vulgare* 'Regaleali') – schmeckt dillartig.

Kapuzinerkresse
(Tropaeolum minus und T. majus)

⬆ bis 30 cm, auch kletternd ○–◑ ✿ 6–10 ⊙

Herkunft: Kapuzinerkressegewächse stammen aus der Andenregion – Kolumbien, Peru, Ecuador.
Kultur: Jedes Jahr neu durch Aussaat vermehren. Im Haus vorziehen, erst nach den Eisheiligen auspflanzen. Sehr kälteempfindlich; stirbt im Herbst beim ersten Frost ab. Braucht guten, nahrhaften Boden und viel Feuchtigkeit. Entwickelt sich oft erst zum Herbst hin üppig. Hübsche Randbepflanzung, gut auch nach Kulturen, die früh räumen.
Ernte: Blätter, Blüten, Blütenknospen, unreife Samenkörner.
Verwendung: Blätter und Blüten zu Salaten. Unreife Samenkörner und Knospen zum Einlegen in Essig als Kapernersatz. Medizinisch wertvoll als »pflanzliches Antibiotikum«.

Sorten: 'Red Wonder' – kompakt wachsend, dunkelrot gefärbte Blüten; 'Alaska' – weiß-bunte Blätter; 'Ladybird' – Blüte zitronengelb mit Rot; 'Kaiserin von Indien' – kleinwüchsig.

Kerbel
(Anthriscus cerefolium)

⬆ bis ca. 60 cm ○–◑ ✿ 5–8 ⊙

Herkunft: Der Doldenblütler stammt ursprünglich aus Südosteuropa und Russland und vom asiatischen Kontinent. Er wird jedoch schon sehr lange in mitteleuropäischen Gärten kultiviert und ist an manchen Orten aus den Gärten heraus verwildert.
Kultur: Der Gartenkerbel mag eher ein kühles, feuchtes Klima. Er gedeiht deshalb in solchen Gebieten besser als in warmen Regionen. Entweder im Frühjahr oder im Herbst auf freien Flächen im Gemüsegarten säen. Im Sommer beginnt Kerbel sehr schnell zu blühen.
Ernte: Frisches Kraut, auch die Blüten und Stängel.
Verwendung: Anisartiger Geschmack, den man mögen muss. Kerbel passt in Salatsaucen, zu Eierspeisen, für Kerbelsuppe.

Arten/Sorten: Myrrhen-Kerbel, Süßdolde *(Myrrhis odorata)* – ausdauernde Pflanze mit anisartigem Aroma, verwendbar sind die Blätter und die Samenkörner mit Lakritzaroma.

Knoblauch
(Allium sativum)

⬆ bis ca. 60 cm ○ ♃

Herkunft: Liliengewächs, seit Jahrtausenden in Kultur.
Kultur: Im Herbst (September-Oktober) oder im Frühjahr (März/April) einzelne Zehen ca. 4 cm tief stecken, sodass die Spitze nach oben zeigt. Nehmen Sie Zehen von der vorherigen Ernte oder speziellen Knoblauch zum Pflanzen. Braucht kalkhaltigen Boden. Den Boden um Knoblauch offen halten.
Ernte: Die Knollen bei trockenem Wetter aus dem Boden ziehen und auf dem Beet nachtrocknen lassen. Trocken und kühl lagern.
Verwendung: Frisch, fein gehackt oder durch die Knoblauchpresse gepresst. Mitgebraten oder mitgedünstet in pikanten Gerichten, auch mit Hülle zu Braten. Zum Einlegen in Öl oder in Essig, für Chutney. Wertvolle Medizin!

Arten/Sorten: 'Blanc de Lautrec' und 'Rose de Lautrec' – weißer und rosafarbener französischer Pflanzknoblauch; Schnittknoblauch *(Allium tuberosum)* – zur Blatternte.

Lavendel
(Lavandula angustifolia)

⬆ bis ca. 80 cm ○ ✿ 6–7 Hs

Herkunft: Lippenblütler aus dem Mittelmeerraum. In Frankreich wird Lavendel auf Feldern angebaut und dort noch auf dem Feld ätherisches Öl destilliert.
Kultur: Lavendel mag es trocken und karg, ein guter Platz für ihn ist auf einer Mauerkrone. Rückschnitt im Frühjahr und nach der Blüte bis ins Holz. Schön als Kräuterhecke oder zu Rosen.
Ernte: Blütentriebe im Juni/Juli, Blütenstängel kopfüber zum Trocknen aufhängen.
Verwendung: Blütentriebe für Tee, Blüten für Potpourris, für Eis und Desserts, für Würzmischungen. Lavendel ist reich an ätherischen Ölen, die eine wohltuende, beruhigende Wirkung auf den Menschen haben.

Arten/Sorten: 'Hidcote Blue' – niedrig, dunkelviolett, gut für Hecken; Provence-Lavendel *(Lavandula × intermedia)* – lange Stängel, wüchsig; Speicklavendel *(Lavandula latifolia)* – verzweigt.

Liebstöckel
(Levisticum officinale)

⬆ bis ca. 2 m ○–◑ ✿ 7–8 ♃

Herkunft: Doldenblütler aus dem Iran.
Kultur: Eine Pflanze pro Haushalt genügt. Liebstöckel lässt sich mit dem Spaten gut teilen. Auch durch Aussaat vermehrbar. Liebstöckel ist ein Räuber: Die Pflanze braucht viel Platz, viel Dünger – am besten in Form von Kompost – und viel Wasser. Dann entwickelt sie sich zu üppigen »Büschen«.
Ernte: Ab dem Austrieb bis zum Absterben im Herbst kann man laufend die Blätter ernten. Wenn Blütentriebe erscheinen, diese ausbrechen.
Verwendung: Frische Blätter feingewiegt für Vinaigrette und als Suppenwürze, lässt sich gut trocknen für Suppenwürze. Sparsam dosieren.

Sorten: 'Magnus' – wächst einheitlicher als die Art.

Lorbeer
(Laurus nobilis)

⬆ bis ca. 2 m ○–◑ ✿ 4–5 Str

Herkunft: Der immergrüne Strauch aus der Familie der Lorbeergewächse stammt aus dem östlichen Mittelmeergebiet und ist heute im ganzen Mittelmeerraum verbreitet.
Kultur: Lorbeer wird in Kübeln gezogen. Er verträgt zwar Frost bis ca. –10 °C, harte mitteleuropäische Winter übersteht er jedoch nicht und muss deshalb im Haus überwintern. Kann früh, bereits im März, wieder ins Freie. Der schnittverträgliche Strauch kann als Säule, Pyramide oder Kugel gezogen werden. Hübsch sehen Hochstämmchen aus.
Ernte: Die Blätter kann man das ganze Jahr über frisch ernten oder im Lauf des Sommers trocknen.
Verwendung: Für Eintöpfe, zu Linsensuppe, als Bratenwürze, zum Marinieren.

Sorten: Es sind keine Sorten bekannt. Die Blätter und die Blattfarbe unterscheiden sich jedoch etwas bei den einzelnen Pflanzen.

Majoran
(Origanum majorana)

⬆ bis ca. 20 cm ○ ✿ 6–9 ⊙

Herkunft: Lippenblütler aus dem nordafrikanischen und arabischen Raum.
Kultur: Im April säen. Die winzigen Sämlinge bald pikieren. Nach den Eisheiligen ins Freiland an einen sonnigen Ort pflanzen. Selbst gesäte Pflänzchen brauchen lange, bis sie sich entwickeln. Topfkultur ist auch möglich.
Ernte: Die Triebe des kleinen Kräutleins kann man im Sommer und Herbst frisch verwenden oder für den Wintervorrat trocknen.
Verwendung: Majoran heißt landläufig auch Wurstkraut. Sein herb-würziges Aroma schmeckt überall heraus. Deshalb nur deftige Gerichte damit würzen.

Arten/Sorten: Winterfester Majoran *(Origanum × majoricum)* – nur vegetativ vermehrt, sehr aromatisch; Dost oder Wilder Majoran *(Origanum vulgare)* – ausdauernd, minziges Aroma.

Minze
(Mentha-Arten und -Sorten)

⬆ je nach Art und Sorte bis ca. 100 cm ○–◑ ✿ 7–8 ♃

Herkunft: Lippenblütler; einheimische Arten sowie Arten aus anderen Erdteilen kreuzen sich leicht untereinander. Sehr viele Sorten mit mehr oder weniger hohem Mentholgehalt.
Kultur: Minzen lieben feuchten, nahrhaften Boden. Sie breiten sich durch Wurzelausläufer mitunter stark aus. Der Vorteil ist, dass sie sich leicht durch Teilen vermehren lassen. Räumen Sie den einzelnen Arten und Sorten viel Platz am Rand des Küchengartens ein und pflanzen Sie sie nicht neben zarte Gewächse, die sich schlecht behaupten können. Eventuell senkrechte Barrieren, die die Ausläufer stoppen, in den Boden einsenken. Ideal sind Minzen als Unterpflanzung für Beerenobst-Hochstämmchen. Sie kommen mit dem lichten Schatten unter Gehölzen gut zurecht. Gelegentliche Kompostgaben tun den Stauden gut. Nach einigen Jahren brauchen Minzen einen anderen Platz. Minzen lassen sich auch in größeren Kästen oder Kübeln kultivieren.
Ernte: Blatttriebe vom Frühjahr bis zum Herbst, beste Erntezeit bei beginnender Blüte. Mehrfach zu beernten. Ein Tipp: Streifen Sie zum Trocknen die Blätter vom Stängel ab; so trocknen sie viel schneller als die ganzen Triebe.
Verwendung: Frisch oder getrocknet eines der besten Teekräuter, erfrischend, kräftigend, auch für Minz-Chutney und für Desserts. Für Kinder mentholarme Sorten wie die milde Orangenminze verwenden.

Arten/Sorten: Englische Minze *(Mentha* x *piperita* 'Mitcham') – kräftiger Aufguss, rötlich überhaucht; Spearmint *(Mentha spicata)* – Kaugummiaroma; Marokkanische Minze (*Mentha spicata* var. *crispa)*; Apfelminze (*Mentha rotundifolia)* – behaarte Blätter; Ananasminze *(Mentha suaveolens* 'Variegata') – Orangenminze *(Mentha piperita* var. *citrata)* – s. Foto rechts.

Petersilie
(Petroselinum crispum)

⬆ bis ca. 90 cm ○–◑ ✿ 6–7 ⊙

Herkunft: Doldenblütler aus Südosteuropa und Nordwestafrika.
Kultur: Petersilie gedeiht am besten auf nahrhaftem, etwas feuchtem Boden. Säen Sie entweder im Frühjahr oder im August gleich nach der Samenreife. Augustsaaten gelingen meist besser als Frühjahrssaaten. Petersilie überwintert und treibt im Frühjahr rasch aus, sie beginnt dann zu blühen und stirbt nach der Samenreife ab. Günstig ist es, um die Petersilienpflanzen herum zu mulchen, damit bei Regen die Erde nicht hochspritzt und die Blätter verschmutzt.
Ernte: Blätter und Samen.
Verwendung: Zum Überstreuen für Suppen und Saucen, als Salatwürze, auch zum Trocknen oder zum Einfrieren in Eiswürfeln.

Arten/Sorten: 'Mooskrause' – stark gekraust, dekorativ, in Süddeutschland üblich; 'Gigante d'Italia', Italienische Petersilie *(Petroselinum crispum* var. *neapolitanum)* – glattblättrig.

Pimpinelle, Kleiner Wiesenknopf *(Sanguisorba minor)*

⬆ bis ca. 50 cm ○ ✿ 5–8 ♃

Herkunft: Rosengewächs. Der Kleine Wiesenknopf wächst in Süddeutschland wild an trockenen Böschungen, auf kargen Wiesen und an Wegrändern.
Kultur: Der Kleine Wiesenknopf ist anspruchslos, will aber um sich herum Platz haben. Wenn Sie ihn nach der Blüte gleich zurückschneiden, treibt er bald frische Blätter nach.
Ernte: Ab dem Austrieb im Frühjahr, dann wieder nach dem Rückschnitt bis in den Herbst hinein.
Verwendung: Feingewiegt für Salatsaucen oder Kräuterquark. Tipp: Die harte Mittelrippe der gefiederten Blättchen entfernen. Der feine gurkenähnliche Geschmack entfaltet sich gut in der »Frankfurter Grünen Sauce«, für die der Kleine Wiesenknopf eine unentbehrliche Zutat ist.

Arten/Sorten: Großer Wiesenknopf *(Sanguisorba major)* – insgesamt größer, große purpurfarbene Blütenstände.

Rosmarin
(Rosmarinus officinalis)

⬆ bis ca. 120 cm ○ ✿ 1–12 Hs

Herkunft: Lippenblütler aus dem Mittelmeerraum.
Kultur: In südlichen Ländern wächst Rosmarin im Freien zu üppigen, breiten Büschen heran. Er verträgt keinen anhaltend tiefen Frost. Überwintern Sie ihn deshalb – in Kübel gepflanzt – am besten im Haus. Einige neue Züchtungen gelten als frosthart bis –20 °C. Bitte im Winter das Gießen nicht vergessen! Aus Stecklingen vermehrter Rosmarin ist wüchsiger und größer als aus Samen vermehrter.
Ernte: Das ganze Jahr über, auch im Winter, die beblätterten Triebe.
Verwendung: Zum Würzen für Braten, für Tomaten- und Gemüsegerichte, als Würzmischung. Auch medizinisch wirksam – belebt, hebt den Blutdruck.

Sorten: 'Rex' – wüchsig, aus Stecklingen vermehrt; 'Arp' – frosthart bis –22 °C; 'Veitshöchheim' – frosthart bis ca. –20 °C; 'Repandus' – kriechender und hängender Wuchs, für Töpfe.

Salbei
(Salvia officinalis)

⬆ bis ca. 100 cm ○ ✿ 5–7 Hs

Herkunft: Lippenblütler aus dem Mittelmeerraum, in Weinbauregionen auch verwildert.
Kultur: Der Gartensalbei verträgt viel Trockenheit und gedeiht auch auf magerem, steinigem Boden. Bei lang andauerndem Frost im Winter mit Fichtenreisig abdecken. Im Frühjahr oder im Hochsommer zurückschneiden.
Ernte: Die Blätter fast das ganze Jahr über, behält auch im Winter die Blätter, wenn es nicht bitterkalt ist. Bester Erntetermin ist vor der Blüte.
Verwendung: Für Heiltee, zum Gurgeln bei Entzündungen im Mund- und Rachenraum, gegen übermäßiges Schwitzen. Spezialität auch in der Küche: zum Anbraten in Olivenöl oder für »Salbeimäusle« (in Pfannkuchenteig ausgebackene Salbeiblätter).

Sorten: 'Berggarten' – großblättrige Sorte, die kaum blüht; 'Tricolor' – dreifarbig, dekorativ; 'Nana' – kleiner (nur ca. 30 cm hoch), kompakter Wuchs; 'Rosea' – intensiv rosa blühend.

Sauerampfer
(Rumex acetosa)

⬆ bis ca. 40 cm ○–◑ ✿ 5–6 ♃

Herkunft: Einheimisches Knöterichgewächs auf nicht so intensiv genutzten Wiesen und an Wegrändern.
Kultur: Sauerampfer mag nahrhaften, feuchten Boden, gedeiht aber auch auf schlechten und trockenen Standorten, bleibt dann aber kleiner. Pflanzen Sie den Sauerampfer an eine vom Haus aus gut erreichbare Stelle. Er ist eines der Basiskräuter für die Kräuterküche. Eine wüchsige Pflanze genügt meistens für einen Haushalt.
Ernte: Junge Blätter laufend ernten. Große Blätter auch zum Mulchen im Gemüsegarten verwenden.
Verwendung: Frisch für Salate und Kräuterquark, unentbehrlich für die »Frankfurter Grüne Sauce«, für Suppe zum Einstreuen vor dem Servieren; nicht zum Trocknen.

Arten/Sorten: 'Profusion' – sehr große Blätter, blüht nicht; Blutampfer *(Rumex sanguineus* var. *sanguineus)* – dekorativ; Römischer Ampfer *(Rumex scutatus)* – kleine schildartige Blätter.

Schnittlauch
(Allium schoenoprasum)

⬆ bis ca. 30 cm ○ ✿ 5–6 ♃

Herkunft: Liliengewächs aus Europa; sehr viele Wildarten und Kreuzungen.
Kultur: Schnittlauch bildet Horste. Es tut ihm gut, wenn Sie die Horste alle paar Jahre teilen und an anderer Stelle neu pflanzen. Lässt sich auch für die Treiberei im Winter nutzen. Damit laufend geerntet werden kann, brauchen Sie einige Stöcke. Nach der Blüte zurückschneiden, dann treiben die Stöcke neu aus.
Ernte: Einen ganzen Büschel Schnittlauchröhrchen mit einer Hand packen und mit der anderen Hand abschneiden.
Verwendung: Köstlich schmeckt der erste Schnittlauch des Jahres einfach so aufs Butterbrot gestreut. Auch zu hart gekochten Eiern, zu Salat, zu Kräuterquark, zu Spargel …

Arten/Sorten: 'Profusion' – bildet keine Samen; 'Grolau' – für Treiberei im Winter; Winterheckezwiebel *(Allium fistulosum)* – wie großer Schnittlauch, aufgeblähte Röhrchen.

Thymian, Gartenthymian
(Thymus vulgaris)

⬆ bis ca. 30 cm ○ ✿ 6–8 Hs

Herkunft: Lippenblütler aus dem Mittelmeerraum, schon lange in mitteleuropäischen Gärten zu Hause.
Kultur: Der Gartenthymian wächst als niedriges Sträuchlein und gedeiht nur gut an sonnigen, warmen Plätzen. Auf durchlässigem Boden wächst er besser als auf schwerem Boden.
Ernte: Zum Würzen das blühende Kraut den Sommer über. Bleibt meist auch im Winter grün. Nehmen Sie zum Ernten die Gartenschere!
Verwendung: Unentbehrlich zum Würzen von Rinderbraten oder Lammbraten. Traditionell auch als sehr wirksamer Teeaufguss bei Husten und Erkältungskrankheiten.

Arten/Sorten: 'Compactus' – Zwerg-Thymian; Zitronen-Thymian *(Thymus × citriodorus)* – zitroniger Geschmack, für Tee; Quendel *(Thymus serpyllum)* – einheimische Art, niedrig.

Ysop
(Hyssopus officinalis)

⬆ bis ca. 90 cm ○ ✿ 7–8 ♃

Herkunft: Lippenblütler, alte Bauerngartenpflanze, die sich an warmen Plätzen gelegentlich selbst aussät.
Kultur: Eine Pflanze genügt. Der Ysop gedeiht am besten auf einem kalkhaltigen, durchlässigen Boden. Er lässt sich durch Aussaat, Teilung oder Stecklinge vermehren. Gute Bienenweidepflanze.
Ernte: Je nach Verwendungszweck: Blätter während der ganzen Vegetationszeit; Blütentriebe im Juli und August.
Verwendung: Der Ysop ist ein vielseitiges Kraut. Die Blätter und Blatttriebe eignen sich zum Würzen von pikanten Gerichten. Das blühende Kraut, frisch oder getrocknet als Teeaufguss zubereitet, hilft bei Husten. Die aufrechten Triebe machen sich gut in Gewürzsträußchen.

Arten/Sorten: 'Rosea' – rosa blühend; 'Alba' – weiß blühend; Zwerg-Ysop *(Hyssopus officinalis* subsp. *aristatus)* – niedriger, kompakter Wuchs, eignet sich für Hecken.

Zitronenmelisse
(Melissa citriodora)

⬆ bis ca. 1 m ○–◑ ✿ 7–8 ♃

Herkunft: Lippenblütler, heimisch im Mittelmeerraum, in Mitteleuropa verwildert.
Kultur: Die Zitronenmelisse mag einen humosen, nährstoffreichen, leicht feuchten Boden. Sie lässt sich leicht durch Aussaat oder durch Teilen vermehren. Wenn sie zum Blühen kommen darf, sät sie sich selbst aus und kann dann sogar ein wenig lästig werden. Gute Bienenweide!
Ernte: Die Blätter und beblätterten Triebe vom Frühjahr bis zum Frosteintritt. Nach dem Rückschnitt treibt die Pflanze im Spätsommer wieder kräftig aus. Blätter frisch verwenden. Beim Trocknen verlieren sie ihren Duft und Geschmack.
Verwendung: Für erfrischenden und gleichzeitig beruhigenden Tee. Zum Dekorieren, für Desserts.

Sorten: 'Citronella' – sehr reich an ätherischem Öl; 'Variegata' – gelbbunte (panaschierte) Form (s. Foto); 'Aurea' – Blätter färben sich im späten Frühjahr golden.

Zitronenverbene, Verveine
(Lippia citriodora)

⬆ bis ca. 2 m ○ Hs

Herkunft: Eisenkrautgewächs aus subtropischen Gebieten in Mittel- und Südamerika.
Kultur: Die Zitronenverbene ist zwar ausdauernd, aber hierzulande nicht frosthart. Man kultiviert sie deshalb als Kübelpflanze oder pflanzt im Sommer ins Gartenbeet, wo sich der Stock kräftig entwickelt. Im Herbst wird die Pflanze wieder ausgegraben, eingetopft und ins Haus zum Überwintern gestellt. Die Zitronenverbene lässt sich auch als Stämmchen ziehen.
Ernte: Beblätterte Triebe kann man während des ganzen Jahres ernten. Blätter lassen sich gut trocknen.
Verwendung: Der Aufguss aus den frischen oder getrockneten Blättern und Trieben ergibt einen vorzüglichen, zitronig schmeckenden Tee.

Arten/Sorten: Die Zitronenverbene wird gelegentlich verwechselt mit dem Eisenkraut *(Verbena officinalis)* – einheimische Wildpflanze mit anderem Aussehen und anderen Inhaltsstoffen.

Apfelbeere
(Aronia melanocarpa)

⬆ 2–3 m ○–◑ ✿ 5-6 Str

Herkunft: Die Apfelbeere stammt aus dem östlichen Nordamerika.
Kultur: Der Strauch ist sehr frosthart und robust. Er gedeiht am besten auf saurem, leicht feuchtem Boden. Pflanzung im Abstand von 3 auf 1,5 m.
Schnitt: Nicht nötig.
Ernte: Im August/September reifen die violettschwarzen, wachsartig bereiften Beeren, die innen rotfleischig sind. Bei der Ernte muss man den Vögeln zuvorkommen.
Verwendung: Die herben Beeren lassen sich am besten durch Entsaften verwerten und zu Gelee, Saft oder Likör weiterverarbeiten. Auch für Dessertkreationen mit Joghurt oder Quark. Die Früchte enthalten viel Anthocyan und färben sehr stark.

Sorten: 'Nero' – große Dolden, gängige Sorte; 'Viking' – großfrüchtig. Im Handel sind wurzelechte Sträucher und Veredlungen auf Ebereschen-Unterlage, die wüchsiger sind. Selbstfruchtbar.

Brombeere
(Rubus fruticosus)

⬆ bis ca. 8 m ○ ✿ 5–8 Hs Kl

Herkunft: Einheimisches Wildgehölz; stachellose Züchtungen für den Garten.
Kultur: Brombeeren sind robuste, pflegeleichte Pflanzen, lediglich die Brombeermilbe macht manchmal Probleme. Für frostempfindliche Sorten wie 'Theodor Reimers' einen geschützten Standort wählen. Pflanzabstand an einem Rankgerüst je nach Sorte 2–4 m.
Schnitt: Ständiges Einkürzen der Achseltriebe nötig. Rückschnitt nach der Ernte, aber Triebe als Winterschutz im Strauch lassen.
Ernte: Vollreif im August/September ernten. Schmecken am besten sonnenwarm frisch vom Strauch.
Verwendung: Als Kuchenbelag, für Desserts, für Marmelade und zum Einfrieren.

Sorten: 'Theodor Reimers' – bestachelt, sehr aromatische, süße Früchte; 'Jumbo' – stachellos, Früchte sehr groß; 'Loch Ness' – stachellos, beste Sorte; 'Navaho' – stachellos, robust.

Erdbeere
(Fragaria × ananassa)

⬆ bis ca. 30 cm ○ ✿ 5–6 ♃

Herkunft: Die Garten-Erdbeere entstand um 1750 in Holland durch die Kreuzung einer südamerikanischen Erdbeerart *(Fragaria chiloensis)* mit einer nordamerikanischen Art *(Fragaria virginiana)*. Eine Besonderheit ist die Erdbeerwiese, eine Kreuzung aus der Wald-Erdbeere *(Fragaria vesca)* mit der Garten-Erdbeere.

Kultur: Im Juli/August pflanzen, getopfte Pflanzen auch später und im Frühjahr, dann bringen sie aber keinen vollen Ertrag. Pflanzabstand in der Reihe 25–35 cm, von Reihe zu Reihe 60–90 cm. Kulturdauer: zwei bis drei Jahre.

Erdbeeren brauchen während der Blütezeit und bei der Ausbildung der Früchte viel Wasser. Eine Mulchdecke aus Stroh oder Mulchvlies sorgt für einen ausgeglichenen Wasserhaushalt. Vor der Ernte Stroh oder Holzwolle unter die Pflanzen legen, um sie vor hoch spritzender Erde zu schützen und dem Befall mit Grauschimmel vorzubeugen.

Vermehrung: Erdbeeren bilden oberirdisch Ausläufer, die sich bewurzeln. Diejenigen, die am nächsten an der Mutterpflanze erscheinen, nimmt man direkt oder getopft als Jungpflanzen.

Ernte: Je nach Sorte von Ende Mai bis September, Haupternte im Juni. Mit dem Kelch pflücken.

Verwendung: Am besten frisch für Desserts mit Sahne oder Sauermilch, als Kuchenbelag, zum Einfrieren, für Marmelade (Beeren im Kochtopf mit der Hand quetschen!).

Sorten: Frühe bis mittelfrühe Sorten: 'Marianna', 'Honeoye', 'Thulana', 'Korona', 'Fraroma', resistent gegen Wurzelpilze; 'Stugartaperfect'. Mittelspät bis spät: 'Thuchampion', 'Thuchief', 'Thuriga'; 'Thubella', 'Florence', 'Simida'. Monatserdbeeren: 'Mara des Bois', 'Seascape'; 'Alexandria'; 'Evita'. Erdbeerwiese: 'Florika', 'Gento'. Kletter-Erdbeeren: 'Hummi'; 'Mountainstar'.

Feige
(Ficus carica)

⬆ bis ca. 3 (–10) m ○ ✿ 5–8 Str B

Herkunft: Der Feigenbaum ist eine der ältesten Kulturpflanzen. Neue Züchtungen sind selbstfruchtbar.
Kultur: In geschützten Lagen im Weinbergklima ist Freilandkultur möglich, da der Feigenbaum Temperaturen von –12 bis –15 °C verträgt. Zum Schutz vor tieferen Frösten mit Schilfmatten oder Jute abdecken. Günstiger ist der Anbau im Gewächshaus oder in Kübeln. Stellen Sie diese zum Überwintern an einen kühlen Platz im Haus.
Schnitt: Nur Auslichten von abgestorbenem Holz.
Ernte: In unserem Klima zwei Reifeperioden im August und ab Anfang Oktober.
Verwendung: Frische Feigen sind ein Hochgenuss. Probieren Sie auch einmal Marmelade daraus zuzubereiten.

Sorten: Bayernfeige 'Violetta' – frosthart bis –20 °C; 'Nordland Bergfeige'; 'Contessina' – violettfarben; 'Goldfeige' – gelbe Früchte, trägt im Juli und im Oktober.

Heidelbeere, Kultur-Heidelbeere *(Vaccinium corymbosum)*

⬆ bis ca. 2 m ○–◑ ✿ 5 Hs

Herkunft: Die Kultur-Heidelbeere ist ein dekorativer Strauch mit hübschen Blüten und interessanter Blattfärbung im Herbst. Großfrüchtige Zuchtsorten aus Nordamerika.
Kultur: Kultur-Heidelbeeren brauchen sauren Boden. Pflanzen Sie sie deshalb unbedingt in ein saures Substrat – eine spezielle Moorbeeterde, die auch für Rhododendren geeignet ist. Am besten mit speziellem Heidelbeer-Dünger düngen. Frosthart; bei Topfkultur darauf achten, dass der Wurzelballen im Winter nicht durchfriert.
Schnitt: Am besten frei wachsen lassen.
Ernte: Erntezeit im Juli/August.
Verwendung: Frisch, für Desserts, für Kuchen, Pfannkuchen, Heidelbeerwein.

Arten/Sorten: 'Bluecrop' – bis 2 m hoch; 'Top Hat' – nur 30–40 cm hoch; 'Sunshine Blue' – bis 1,20 m hoch, immergrün. Wald-Heidelbeere, Blaubeere *(Vaccinium myrtillus)* – niedrig.

Himbeere
(Rubus idaeus)

⬆ bis ca. 1,5–3 m ○ ✿ 4–8 Hs

Herkunft: Einheimische Wildpflanze, wächst auf Waldschlägen und entlang von Waldwegen.
Kultur: Himbeeren in Reihen pflanzen, Pflanzabstand in der Reihe ca. 40 cm, von Reihe zu Reihe 2–2,5 m. Sie benötigen ein Stützgerüst – entweder aus weitmaschigem Drahtgeflecht oder aus Holzpflöcken mit waagerecht gespannten Drähten oder einem Bandgewebe.
Vor allem brauchen Himbeeren während der Blütezeit und Fruchtausbildung viel Wasser, deshalb unbedingt in Trockenzeiten gießen. Bei Himbeeren ist eine Mulchdecke aus Rasenschnitt, Laub, Stroh oder halb verrottetem Kompost besonders wichtig, so hält sich der Boden gleichmäßig feucht. Den Boden nur flach bearbeiten.
Schnitt: Zu lange Ruten einkürzen, ganz schwache Ruten während der Vegetationszeit bodennah abschneiden. Normale Himbeeren nach der Ernte kräftig auslichten, sodass noch etwa 10 Ruten pro laufendem Meter stehen. Herbst-Himbeeren nach der Ernte bis auf den Boden zurückschneiden.
Ernte: Ernten, solange die Früchte noch fest sind, ab Ende Juni. Herbsthimbeeren reifen ab August, manche Sorten bis zum Frosteintritt. Überreife Früchte verlieren an Aroma.
Verwendung: Gut für Fruchtsaucen, rote Grütze, Marmelade, als Kuchenbelag, zum Einfrieren, für Likör.

Sorten: 'Glen Ample' – stachellos; 'Meeker'; 'Niniane' – resistent gegen Wurzelsterben; 'Tulameen'; 'Willamette'; 'Rubaca'; 'Rusilva'; 'Fallgold' – gelbe Früchte im Juli und September.
Herbst-Himbeeren: 'Aroma-Queen'; 'Autumn Bliss'; 'Polka' – große Früchte; 'Himbo-Top' – Riesenfrüchte; 'Golden Bliss' – gelbe Früchte.

Johannisbeere, Ribisel
(Ribes rubrum, Ribes nigrum)

⬆ bis ca. 2 m ○ ✿ 3–4 Str

Herkunft: Die Kultur-Johannisbeeren sind aus wild wachsenden Arten gezüchtet. Baumschulen bieten Johannisbeeren als Busch, als Hochstämmchen und in Säulenform an.
Kultur: Pflanzen Sie Johannisbeeren möglichst in weitem Abstand von etwa 1,5 m. Hochstämmchen an einen stabilen Pfahl binden, der bis in die Krone reicht. Johannisbeer-Hochstämmchen sehen am Rand des Gemüsegartens gut aus, mit Kräutern oder Sommerblumen zu Füßen. Der Boden um die Sträucher sollte mit einer Mulchschicht bedeckt sein. Johannisbeeren lassen sich sogar in großen Kübeln kultivieren und bereichern so den Balkongarten.
Schnitt: Ältere, abgetragene Triebe im Spätwinter bodennah abschneiden, sodass der Strauch 8–12 starke Äste hat. Schwache Triebe herausnehmen. Man kann auch schon nach der Ernte auslichten.
Ernte: Rote Johannisbeeren ab Mitte Juni, je nach Sorte gestaffelte Reifezeit. Schwarze Johannisbeeren Juli/August. Eventuell mehrmals durchpflücken, wenn nicht alle Beeren gleichzeitig reif sind.
Verwendung: Die säuerlichen Beeren der Roten Johannisbeeren eignen sich hervorragend zum Kuchenbacken, gut zum Einfrieren und Entsaften, für Saft und Gelee. Die etwas herben, würzigen Beeren der Schwarzen Johannisbeeren schmecken frisch, als Kuchenbelag, für Marmelade, für Wein und Likör (Spezialität: Cassis-Likör).

Sorten: Rote und Weiße Johannisbeeren: 'Telake' – früh, kein Verrieseln; 'Rolan' – mittelfrüh; 'Rovada' – bis 20 cm lange Fruchttrauben, spät; 'Rosalinn' – süße Beeren mit rosa Schimmer; 'Weiße Versailler' – goldgelbe Früchte. Schwarze Johannisbeeren: 'Bona' – sehr große Beeren, sehr früh; 'Ometa' – starker Wuchs, robust; 'Titania' (s. Foto); 'Fertödi' – früh; 'Kristin' – früh.

Jostabeere
(Ribes × nidigrolaria)

⬆ bis ca. 2 m ○ ✿ 3–4 Str

Herkunft: Die Jostabeere ist eine stachellose Kreuzung aus Schwarzer Johannisbeere und Stachelbeere. Die Beeren liegen in der Fruchtgröße zwischen denen der Ausgangsarten und sind dunkel gefärbt.
Kultur: Die Sträucher wachsen mehr in die Breite als in die Höhe und brauchen deshalb einen weiten Pflanzabstand von 2–3 m. Jostabeeren sind für eine Düngung mit Kompost dankbar.
Schnitt: Alte, abgetragene Triebe im Spätwinter bodennah herausschneiden. Wenn nötig auslichten.
Ernte: Vollreife Beeren im Juli. Da die Beeren nicht gleichzeitig reifen, mehrmals durchpflücken.
Verwendung: Hervorragend als Kuchenbelag, für Marmelade, zum Einfrieren.

Sorten: 'Jogranda', 'Jostine' und 'Jonova' – Sträucher mit jeweils etwas schwächerem Wuchs als die eigentliche Art. Gelegentlich werden Jostabeeren auch als Hochstämmchen angeboten.

Kiwi
(Actinidia deliciosa und *A. arguta)*

⬆ bis ca. 8 m ○–◑ ✿ 5–6 Str Kl

Herkunft: *A. deliciosa* mit großen Blättern und behaarten Früchten (kleines Foto); *A. arguta* mit kleinen Blättern und unbehaarten, stachelbeerartigen Früchten (großes Foto); beide stammen aus Neuseeland.
Kultur: Die Schlingpflanze braucht ein Klettergerüst. *A. deliciosa* nur für Weinbauklima; Arguta-Kiwis gedeihen auch in raueren Gegenden.
Schnitt: Nur Rückschnitt überstehender Triebe, eventuell die wüchsigen männlichen Triebe kräftig einkürzen.
Ernte: Ernte im Oktober/November; die Vitamin-C-reichen Früchte lassen sich einige Monate lang lagern.
Verwendung: Kiwi schmeckt am besten frisch oder im Obstsalat, dekorativ auch als Kuchenbelag oder für Marmelade.

Sorten: Deliciosa-Kiwis: 'Green Light'; 'Hayward' (weiblich); 'Matua' (männlich); Arguta-Kiwis: 'Weiki', grün und violett – frosthart bis ca. –20 °C; 'Issai', 'Jenny' – selbstbefruchtend.

Kornelkirsche
(Cornus mas)

⬆ bis ca. 6 m ○–◑ ✿ 2–3 Str B

Herkunft: Einheimisches Wildgehölz.
Kultur: Der anspruchslose Strauch oder kleine Baum kann als Solitär stehen oder in eine Wildstrauchhecke eingebunden sein. Er eignet sich auch für die Kultur in großen Kübeln.
Schnitt: Sehr schnittverträglich, lässt sich zu Hochstamm-Bäumchen oder zu kugeligen Sträuchern ziehen, auch frei wachsend.
Ernte: Ernte im September/Oktober, die Früchte müssen dunkelrot sein, dann löst sich das Fruchtfleisch gut vom Stein.
Verwendung: Sehr gut als Konfitüre, für Saftbereitung. Die Früchte kann man auch mit Wasser aufkochen und dann das Fruchtfleisch passieren.

Sorten: 'Jolico' – große Früchte; 'Cornella' – kirschgroße Früchte, 3–4 m hoch; 'Titus'; 'Devin'. Kultursorten brauchen eine Befruchtersorte, entweder die Wildart oder eine spezielle Auslese.

Preiselbeere
(Vaccinium vitis-idaea)

⬆ bis ca. 20 (30) cm ○ ✿ 5–7 Hs

Herkunft: Die immergrünen Preiselbeeren wachsen wild auf Moorböden. Kultur-Preiselbeeren = Cranberry *(Vaccinium macrocarpon)* sind eine nordamerikanische Pflanzenart.
Kultur: Preiselbeeren brauchen unbedingt einen sauren Boden und können auf solchen Standorten als Bodendecker gepflanzt werden (Pflanzabstand 30 cm).
Schnitt: Nicht nötig.
Ernte: September/Oktober. Die Früchte halten sich durch ihren hohen Gehalt an Benzoesäure lange.
Verwendung: Für Marmelade (unentbehrlich zu Wildgerichten!), für Pfannkuchen, zu Saft, zum Einfrieren und zum Trocknen. Die säuerlich-herben Beeren wirken appetitanregend und steigern die Abwehrkräfte.

Sorten: 'Early Black' – Kultur-Preiselbeere, großfrüchtig, dunkelrot, breitflächiger Wuchs; 'Koralle' – zwei Ernten im Jahr (s. Foto); 'Red Pearl' – aufrechter Wuchs.

Sanddorn
(Hippophaë rhamnoides)

bis ca. 6 m ○ ✿ 3–5 Str

Herkunft: Sanddornsträucher wachsen in Mitteleuropa wild an Fluss- und Seeufern und in Küstenregionen.
Kultur: Das Gehölz ist zweihäusig, es gibt also männliche und weibliche Pflanzen. Schön in Wildstrauchhecken. Sanddorn gedeiht gut auf durchlässigen, sandigen Böden, bildet Wurzelausläufer. Im Wurzelraum Symbiose mit Knöllchenbakterien, sammelt Stickstoff aus der Luft.
Schnitt: Bei der Ernte auslichten.
Ernte: Ernte im Spätherbst/Anfang Winter. Am besten die dornigen Zweige abschneiden und die Beeren im Haus bequem abpflücken.
Verwendung: Die Vitamin-C-reichen Früchte eignen sich für Kompott, als Saft und zum Eingefrieren.

Sorten: 'Leikora' – sehr große, walzenförmige Früchte; 'Pollmix' – männliche Befruchtersorte für mehrere weibliche Pflanzen, trägt keine Früchte.

Stachelbeere
(Ribes uva-crispa var. sativum)

bis ca. 1,5 m ○–◑ ✿ 3–5 Str

Herkunft: Einheimisches Wildgehölz. Wird als Strauch, als Hochstämmchen und in Säulenform angeboten. Neue Sorten wählen, die widerstandsfähig gegen den Amerikanischen Stachelbeermehltau sind.
Kultur: Stachelbeeren gedeihen noch an leicht beschatteten Plätzen. Sie wollen einen nahrhaften, kalkhaltigen Boden. Hochstämmchen mit stabilen Pfählen stützen.
Schnitt: Strauch im Spätwinter gut auslichten; unbedingt alle Triebspitzen abschneiden, weil hier der gefürchtete Stachelbeermehltau überwintert.
Ernte: Vollreif ernten. Haupterntezeit ist von Mitte Juni bis Juli.
Verwendung: Eine Delikatesse als Marmelade, als Kuchenbelag, als Saft.

Sorten: 'Remarka' – dunkelrot; 'Rokula' – rotfrüchtig, robust; 'Invicta' – gelb; 'Hinnonmäki' – gelb- und rotfrüchtig; 'Pax' – fast stachellos; 'Spinefree' – stachellos, rotfrüchtig.

Weinrebe
(Vitis vinifera)

⬆ je nach Sorte bis ca. 8 m ○ ✿ 5–7 Str Kl

Herkunft: Ursprünglich europäische Wildreben. In neuerer Zeit wurden sehr robuste Sorten gezüchtet, die gegen die üblichen Rebkrankheiten resistent sind.

Kultur: Außerhalb der Weinbaugebiete den Weinreben einen geschützten Platz am Haus oder vor einer Mauer geben. Weinreben brauchen ein Spalier oder ein Stützgerüst als Unterlage (Pflanzabstand bei einem Wandspalier 3–5 m). Die Triebe wüchsiger Sorten lassen sich auch waagerecht ziehen, zum Beispiel entlang einem Balkon oder an Weinlauben. Ein Weinstock gedeiht auch in einem großen Kübel auf dem Balkon. Weinreben wachsen am besten in kalkhaltigem Boden und sind für Kompostgaben im Herbst dankbar. Eine Mulchdecke tut ihnen ebenfalls gut. Vögel fallen gelegentlich über die Trauben her, auch Wespen schaden in manchen Jahren.

Schnitt: Wichtig sind die Laubarbeiten. Am Ende des Winters die Triebe auf zwei Augen einkürzen; während des Wachstums im Sommer die Achseltriebe abschneiden und Trauben tragende Triebe auf zwei Blätter oberhalb des Fruchtansatzes einkürzen.

Ernte: Je nach Sorte reifen die Trauben von August bis September/Oktober.

Verwendung: Am besten frisch essen. Auch gut als Kuchenbelag, zum Entsaften, für Gelee oder zur Weinbereitung.

Sorten: Blaue Trauben: 'Boskoop Glorie' – reift sehr früh im August; 'Muscat Bleu', 'Regent', 'Venus', 'Nero' – fast schwarze Beeren, sehr winterhart. Weiße Trauben: 'Lilla' – frosthartes Holz; 'Phoenix' (s. Foto rechts), 'Zala Gyöngye', 'New York', 'Lakemont' – kernlos. Roséfarbene Trauben: 'Suffolk Red' – kernlos, sehr schöne Farbe, 'Vanessa' – sehr große, kernlose Beeren.

Besondere Obstarten

Maibeere (s. Foto links)
(Lonicera kamtschatica)

Wie der Name vermuten lässt, reift die Maibeere bereits im Mai. Sie wächst ähnlich wie die Kultur-Heidelbeere und wird etwa 1–1,5 m hoch. Sie eignet sich auch für die Kultur im Kübel. Ihr großer Vorteil ist, dass sie – anders als Heidelbeeren – keinen sauren Boden braucht. Außerdem ist sie entprechend ihrer Herkunft extrem frosthart, bis –45 °C. Zur besseren Befruchtung am besten mehrere Sorten pflanzen: 'Maistar', 'Mailon' und 'Amur'.

Japanische Weinbeere (s. Foto rechts)
(Rubus phoenicolasius)

Ein attraktives Obststräuchlein mit hübschen Blüten und himbeerartigen Fruchtständen. Wächst ähnlich wie Brombeere, ist aber nur fein bestachelt. Fruchttragende Hecken lassen sich damit anlegen. Kommt gut mit einem halbschattigen Platz zurecht.

Schisandra, Vitalbeere, Chinabeere
(Schisandra chinensis)

Diese ausdauernde Pflanze schlingt etwa 3 m hoch. In China gilt die Pflanze mit ihren Blättern und den roten Früchten als Allheilmittel bei allerhand Beschwerden.

Taybeere
(Kreuzung aus Himbeere und Brombeere)

Auch mit der Taybeere lassen sich fruchttragende Hecken anlegen. Die Triebe sind fein bestachelt, die Beeren sehr groß und haben ein ganz besonderes Aroma.

Apfel
(Malus domestica)

⬆ je nach Unterlage bis ca. 5 m ○ ✿ 4–5 B

Erziehungsformen/Wuchs: Neben den Hochstamm-Apfelbäumen für den Streuobstbau und für größere Gärten und neben Niederstämmen, Buschbäumen und Spindeln sind seit einiger Zeit Säulenbäumchen im Handel, die sich auch für die Kultur im Kübel (ca. 25–30 l) eignen. Ihr großer Vorteil ist, dass sie kaum Seitentriebe bilden und deshalb so gut wie gar nicht beschnitten werden müssen.
Kultur: In den ersten Standjahren öfter wässern, die Baumscheibe dünn mulchen. Achten Sie auf Schädlinge und Krankheiten. Meistens finden sich Nützlinge als Gegenspieler der Schädlinge ein. Sinnvoll ist das Anlegen von Leimringen gegen den Frostspanner im Herbst.
Schnitt: Rückschnitt am Ende des Winters je nach gewünschter Erziehungsform zu einer Pyramidenkrone, einer Hohlkrone, einer Spindel oder einem Spalier.
Ernte: Je nach Standort und Sorte reifen Äpfel von August bis Oktober. Wählen Sie die Sorten nach Geschmack, Genussreife und Lagerfähigkeit aus. Weitere Gesichtspunkte bei der Sortenwahl sind die Frostresistenz und die Widerstandsfähigkeit gegen Krankheiten.
Verwendung: Es gibt kein anderes Obst, das so vielseitig wie der Apfel ist. Äpfel kann man fast das ganze Jahr über frisch essen. Beliebt sind sie zum Kuchenbacken, für Apfelmus, zum Eindünsten, zum Entsaften, zum Trocknen, zum Mosten.

Sorten: Frühsorten: 'Alkane'; 'Discovery'; 'Klarapfel'; 'Piros'; Herbstsorten: 'James Grieve'; 'Rubinette'; 'Spartan. Wintersorten: 'Cox Orange'; 'Pilot'; 'Pinova'; 'Rewena' (s. Foto rechts); 'Topaz'. Säulenäpfel: »Ballerina«-Serie: 'Bolero'; 'Polka'; 'Waltz'; neue, gegen Krankheiten sehr widerstandsfähige Generation: 'Pomfit'; 'Red River'; 'Spurkoop'.

Alte Apfelsorten

Seit einiger Zeit sind die alten Apfelsorten wieder sehr gefragt. Sie haben ihren Platz in großen Hausgärten oder auf Streuobstwiesen. Es sind oft Lokalsorten, die an den jeweiligen Standort angepasst sind. Die Variationsbreite bei den Wuchsformen und bei den Fruchteigenschaften ist sehr groß. In der Regel werden die Bäume sehr groß. Es gibt feine Tafeläpfel und so genannte Wirtschaftssorten, die sich eher zum Verwerten für Mus, zum Kuchenbacken oder zum Mosten eignen. Wichtig für die Sortenwahl ist auch die Lagerfähigkeit.

Sorten: 'Ananasrenette' (s. Foto) – früher Spitzensorte, seit 1820 im Rheinland verbreitet, lagerfähig bis Februar; 'Berlepsch' – um 1880 gezüchtet, Tafelobst zum Lagern, starkwüchsig; 'Bohnapfel' – seit Ende des 18. Jahrhunderts im Rheinland angebaut, Lagersorte, auch für schlechte Lagen 'Goldparmäne' – in Frankreich vor 1700 bekannt, sehr guter Tafelapfel und für alle Verwertungsarten, mittelstarker Wuchs; 'Jakob Fischer' – gut für Mus und zum Kuchenbacken, nicht lange lagerfähig, wird schnell mehlig, starkwüchsig; 'Kaiser Wilhelm' – als Sämling 1864 gefunden, Tafelsorte, lagerfähig, robust, starker Wuchs; 'Rote Sternrenette' – ab 1830 am Niederrhein, schöne Form und Fruchtzeichnung („Weihnachtsapfel"), mittelstarker Wuchs; 'Winterrambur' – große Früchte, gut lagerfähig, breit ausladender Wuchs.

Aprikose, Marille
(Prunus armeniaca)

↑ je nach Unterlage bis ca. 4 m ○ ✿ 3–4 B

Erziehungsformen/Wuchs: Veredelte kleine Bäumchen (Busch) oder Spindel für ein Wandspalier. Stammt aus Westasien.
Kultur: Im Frühjahr pflanzen. Die Aprikose ist empfindlich gegen Frost zur Blütezeit und fruchtet einigermaßen sicher nur im Weinbauklima. Am besten als Spalierobst unter einem Dachvorsprung anbauen. Dann das Gießen nicht vergessen.
Schnitt: Im Sommer nach der Ernte auslichten. Die Schnittstelle mit einem Wundmittel behandeln.
Ernte: Je nach Sorte Juli/August.
Verwendung: Eine Köstlichkeit frisch vom Baum gegessen. Auch gut zum Eindünsten und Dörren. Für Marillenknödel und andere Süßspeisen.

Sorten: 'Hargrand' – sehr große Früchte; 'Kuresia' – resistent gegen das Scharka-Virus; 'Nancy-Aprikose' – längliche, goldgelbe Früchte; 'Ungarische Beste' – anpassungsfähig an Standort.

Birnbaum

(Pyrus communis)

⬆ je nach Unterlage und Sorte bis ca. 10 m ○ ✿ 4–5 B

Erziehungsformen/Wuchs: Mostbirnen und andere Birnen-Hochstämme sind imposante Gestalten, die für den Hausgarten jedoch viel zu groß werden. Wählen Sie deshalb Buschbäume, Spindeln oder Säulenformen, die nicht so hoch werden. (Sie sind jeweils auf schwach wachsenden Unterlagen veredelt.) Im Handel sind sogar Duo-Birnbäume mit zwei Sorten. Hübsch sieht ein Birnenspalier aus; dafür muss an einer warmen Südwand Platz sein.

Kultur: Birnen stellen höhere Ansprüche an den Boden als Äpfel. Sie brauchen einen tiefgründigen Boden, damit ihre Pfahlwurzel gut ins Erdreich eindringen kann. Auf Sandboden gedeihen sie nicht so gut. Dafür sind sie nicht ganz so anfällig für Krankheiten wie Äpfel; gefährlich kann der Feuerbrand werden. Am meisten verunstaltet der Birnengitterrost die Blätter.

Schnitt: Rückschnitt am Ende des Winters. Am Spalier laufend Wasserschosse entfernen.

Ernte: Je nach Standort und Sorte reifen Birnen von August bis Oktober. Birnen sind – bis auf wenige Sorten – nur kurze Zeit lagerfähig.

Verwendung: Am besten schmecken Birnen frisch; sie eignen sich auch gut zum Kuchenbacken, zum Eindünsten, zum Entsaften, zum Dörren und zum Mosten.

Arten/Sorten: 'Clapps Liebling' – sehr früh reifend; 'Williams Christ' – für geschützte Lagen. Spätherbstsorten: 'Conference'; 'Gute Luise'; 'Harrow Sweet' – widerstandsfähig gegen Feuerbrand; Lagersorten: 'Alexander Lucas', 'Gräfin von Paris'. Säulenbirne: 'Concorde' – 2–3,5 m hoch, selbstbefruchtend. Nashi-Birne *(Pyrus pyrifolia)* – apfelähnlich (s. Foto rechts).

Holunder
(Sambucus nigra)

⬆ bis ca. 6 m ○–◑ ✿ 6–7 Str B

Erziehungsformen/Wuchs: Der Holunder wächst als Strauch oder kleiner Baum, ist gut formbar.
Kultur: Kommt oft wild auf und entwickelt sich auf nährstoffreichen Böden am besten. In Hausgärten fühlt er sich zum Beispiel in der Nähe des Komposthaufens sehr wohl. Er braucht keine besondere Pflege. Amseln fallen manchmal über die reifen Früchte her.
Schnitt: Fast beliebig zu beschneiden, brüchiges Holz.
Ernte: Blüten im Mai/Juni; Früchte im August/September.
Verwendung: Holunderblüten für Sirup, Sekt, Gelee, Ausbacken in Fett, zum Trocknen für Tee; reife Holunderbeeren für Saft, Marmelade, Likör.

Sorten: 'Haschberg' – Beeren reifen gleichmäßig, werden weniger als die der Wildform von den Vögeln gefressen; 'Guincho Purple' – dekorative purpurne Blätter.

Mispel
(Mespilus germanicus)

⬆ bis ca. 5 m ○–◑ ✿ 4–5 Str B

Erziehungsformen/Wuchs: Baumschulen bieten dieses alte Gehölz, das schon im Mittelalter kultiviert wurde, als Busch oder als Baum auf Nieder-, Halb- und Hochstamm an. Schöner Baum, der sich auch für kleinere Gärten eignet.
Kultur: Der Baum ist sehr anspruchslos. Sieht zur Blütezeit im Mai/Juni mit großen, quittenähnlichen Blüten dekorativ aus.
Schnitt: Muss kaum geschnitten werden.
Ernte: Lassen Sie die rundlichen braunen Früchte bis nach dem ersten Frost hängen. Sie sind erst genießbar, wenn sie teigig sind. Der Frost lässt sich auch durch Einlegen in die Gefriertruhe simulieren.
Verwendung: Für Kompott, Desserts.

Sorten: Keine Sorten bekannt.

Pfirsich, Nektarine
(Prunus persica)

⬆ bis ca. 5 m ○ ✿ 3–4 B

Erziehungsformen/Wuchs: Als frei wachsender kleiner Baum und als Spindel für ein Wandspalier. Auch Sämlinge.
Kultur: Im Frühjahr pflanzen. Pfirsichbäume brauchen sehr viel Wärme. Der beste Platz ist vor einer Südwand. Achten Sie darauf, dass die Bäumchen während der Vegetationszeit viel Wasser bekommen, sonst bilden sich die Früchte schlecht aus.
Schnitt: Gleich nach der Ernte auslichten; spät tragende Sorten erst im Frühjahr.
Ernte: Bei reich tragenden Bäumen den Fruchtansatz ausdünnen, eventuell Äste stützen. Reifezeit je nach Sorte Juli bis September.
Verwendung: Zum frisch Essen, zum Eindünsten, als Kuchenbelag, für Desserts.

Sorten: 'Red Haven' – gelbfleischig; 'Revita' – widerstandsfähig gegen die Kräuselkrankheit; 'Roter Ellerstädter' – gedeiht auch an ungünstigen Plätzen; 'Weinbergpfirsich' – rotfleischig.

Pflaume, Mirabelle, Reneklode *(Prunus domestica)*

⬆ je nach Unterlage bis ca. 8 m ○ ✿ 3–5 B

Erziehungsformen/Wuchs: In Baumschulen als Spindeln, Halb- und Hochstämme. Frei wachsende Bäume. Manche Sorten wie die 'Große grüne Reneklode' können sehr groß werden. Eventuell kann man mehrere Sorten auf einen Baum pfropfen.
Kultur: Im Herbst pflanzen. Pflaumen gedeihen am besten auf humosem, feuchtem Boden.
Schnitt: Zu dicht stehende und verkahlte Äste entfernen. Jungtriebe auf die Hälfte einkürzen.
Ernte: Bei zu starkem Fruchtbehang ausdünnen. Eventuell Äste abstützen. Je nach Sorte sind die Früchte Ende Juli bis Anfang September reif.
Verwendung: Zum frisch Essen, für Marmelade, für Kompott, zum Eindünsten und Entsaften. Zum Einfrieren eignen sich Pflaumen nicht.

Sorten: 'Ruth Gerstetter' – frühestreifende Pflaume; 'Berudge'; 'Graf Althanns Reneklode' – hellviolette Frucht; 'Mirabelle von Nancy'; 'Reneklode d'Oullins – große, gelbgrüne Früchte.

Quitte
(Cydonia oblonga)

⬆ bis ca. 5 m ○ ✿ 5 B oder Str

Erziehungsformen/Wuchs: Ursprünglich aus dem Kaukasus und Nordiran. Die Quitte wächst als Busch oder kleiner Baum auf niedrigem Stamm und eignet sich deshalb auch für kleinere Gärten.
Kultur: Die Quitte ist ausgesprochen anspruchslos.
Schnitt: In den Anfangsjahren ist kein Schnitt nötig. Wird das Gehölz im Alter zu groß, kann man problemlos im Frühjahr auslichten.
Ernte: Früchte vor dem Frost im Oktober/November ernten; sie sind in einem kühlen Keller oder einer Garage einige Monate lagerfähig.
Verwendung: Die beste Verwertung ist das Entsaften der Früchte in einem Dampfentsafter und Weiterverarbeiten zu Gelee, für köstliches Quittenmus und Quittenbrot.

Sorten: 'Cydora Robusta' – resistent gegen Feuerbrand. Birnenförmige: 'Bereczki'; 'Portugiesische'; 'Vranja'. Apfelförmige: 'Konstantinopeler' – Holz unempfindlich gegen Frost.

Sauerkirsche
(Prunus cerasus)

⬆ bis ca. 5 m ○ ✿ 4–5 B oder Str

Erziehungsformen/Wuchs: Wird veredelt als kleiner Baum mit verschiedenen Stammhöhen, als Spindelbaum oder als Säulenform angeboten. Triebe hängen oft peitschenförmig herunter.
Kultur: Sauerkirschen sind nicht so anspruchsvoll an den Boden und ans Klima wie Süßkirschen und bringen regelmäßig guten Ertrag. Ältere Sorten sind anfällig für die Moniliakrankheit.
Schnitt: Bei Sauerkirschen bilden sich die Früchte am einjährigen Holz. Abgetragene Äste kann man deshalb ohne Bedenken nach der Ernte abschneiden.
Ernte: Ernte Juni bis Anfang Juli.
Verwendung: Zum Eindünsten, Einfrieren, Entsaften, für Rumtopf. Traditionell für Schwarzwälder Kirschtorte.

Sorten: 'Karneol' – reift vor 'Schattenmorelle'; 'Morellenfeuer' – süßkirschenähnlicher Geschmack; 'Schattenmorelle'; Zwerg-Schattenmorelle 'Kobold' – nur 2 m hoch.

Süßkirsche

(Prunus avium)

⬆ je nach Unterlage bis ca. 10 m ○ ✿ 4–5 B

Erziehungsformen / Wuchs: Baumschulen bieten veredelte Bäumchen und Büsche an oder Säulenformen. Bitte beachten Sie, dass Süßkirschenbäume sehr groß werden können. Für kleine Gärten unbedingt kleine, auf schwachwüchsigen Unterlagen veredelte Wuchsformen nehmen.

Kultur: Süßkirschen wachsen auf allen einigermaßen tiefgründigen und humosen Böden. In guten Jahren bringen Süßkirschen überreiche Ernte, vorausgesetzt, es steht eine gute Befruchtersorte in der Nähe; in schlechten Jahren mit Spätfrost während der Blütezeit, mit Hagelschlag oder Regen während der Reifezeit gibt's kaum Kirschen. Die Maden der Kirschfruchtfliege machen die Früchte manchmal ungenießbar. Amseln fallen oft scharenweise in Bäume ein und plündern die Kirschen bzw. picken sie an. Eventuell muss man die Bäume mit einem Netz schützen.

Schnitt: Süßkirschen wachsen bereits in den Anfangsjahren stark und brauchen kaum geschnitten werden. Wenn Äste stören, gleich nach der Ernte zurückschneiden.

Ernte: Je nach Sorte und Standort ab Ende Mai (im Rheintal) bis Mitte Juli. Baumschulen geben die Reifezeit in so genannten »Kirschwochen« an.

Verwendung: Herzkirschen mit weichem Fruchtfleisch eignen sich gut zum Kuchenbacken, auch gut für Rumtopf; Knorpelkirschen mit festem Fruchtfleisch sind besser zum Eindünsten und zum frisch Essen.

Sorten: Früh: 'Burlat' – Herzkirsche. Mittelfrüh: 'Büttners Rote Knorpel' – alte, robuste Sorte; 'Sam' – gedeiht auch in kühlen, regenreichen Gebieten; 'Sunburst' – selbstfruchtbar. Spät: 'Hedelfinger' – anpassungsfähig; 'Kordia' – platzfeste Früchte; 'Lapins' – selbstfruchtbar, kompakter Wuchs; 'Regina' – sehr spät, platzfeste Früchte. Säulenform: 'Sylvia'.

Zwetschge, Zwetsche
(Prunus domestica)

⬆ je nach Unterlage bis ca. 8 m ○ ✿ 4 B

Erziehungsformen/Wuch: Wächst als kleiner Baum; neuerdings Säulenformen, zum Beispiel die spät reifende Sorte 'Geisenheimer Top' oder die Scharka-resistente Sorte 'Anja'.

Kultur: Zwetschgenbäume sind nicht ganz so anspruchsvoll wie Pflaumen und Renekloden; manche Sorten sind spätfrostempfindlich. Günstig sind warme Plätze. Die Hauszwetschge treibt reichlich Wurzelausläufer, die man ständig entfernen muss. Auffällig sind die »Narrentaschen«, missgestaltete Früchte, die in den Müll gehören. In manchen Jahren starker Befall durch den Pflaumenwickler (»Würmchen« in der Frucht).

Schnitt: Zwetschgenbäume brauchen wenig Schnitt. Bei älteren Bäumchen zu dicht stehende Äste herausschneiden, immer bis auf einen Ast, der nach außen weist. Triebe lassen sich auf nach außen stehende Knospen einkürzen.

Ernte: Je nach Sorte reifen Zwetschgen ab Ende Juli bis Mitte September. Pflücken Sie sie, wenn sie vollreif sind, dann lösen sich die Stiele leicht von den Ästen. Vollreife Zwetschgen lassen sich gut vom Baum schütteln.

Verwendung: Zwetschgen lösen sich – anders als Pflaumen – gut vom Stein. Zum frisch Essen, als Kuchenbelag, hervorragend zum Einfrieren (hierfür aufschneiden und entsteinen), als Marmelade, zum Schnapsbrennen, zum Einlegen in Alkohol (»Rumtopf«).

Sorten: 'Katinka' – früh reifend, Scharka-tolerant; 'Bühler Frühzwetschge' – auch für höhere Lagen; 'Hanita' – trägt sicher, Scharka-tolerant; 'Haganta' – Früchte größer als ein Ei; 'Hauszwetschge' – bewährte Standardsorte; 'Geisenheimer Top' – Säulenform; 'Anja' – Säulenform, resistent gegen Scharka-Virus. Siehe auch unter Pflaume (Seite 118).

Bezugsquellen, Adressen

Gartenausstattung, Gartengeräte

Manufactum
Hiberniastr. 5
45731 Waltrop
Tel.: 0 23 09/93 90 50
www.manufactum.de
(hochwertige Gartengeräte, Pflanzenstützen, Bewässerung etc.)

Gartenbedarf-Versand
Richard Ward
Günztalstraße 22
87733 Markt Rettenbach
Tel.: 0 83 92/16 46
www.gartenbedarf-versand.de
(hochwertige Gartengeräte, Pflanzenstützen, Bewässerung etc.)

Ing. G. Beckmann KG
Simoniusstr. 10
Industriegebiet Atzenberg
88239 Wangen/Allgäu
Tel.: 0 75 22/97 45-0
www.beckmann-kg.de
(Gewächshäuser, Gewächshauszubehör, Rankhilfen, Kompostsilos, Hochbeete)

Gardena
89070 Ulm
Te.l.: 07 31/4 90-123
www.gardena.de
(Gartengeräte, Bewässerungsanlagen – Vertrieb über den Fachhandel)

Fa. ESTAST
Manfred Estermeier
Tel.: 0 85 74/2 90
www.estast.de
(Hochbeete aus Holz)

Düngung und Pflanzenschutz

W. Neudorff GmbH KG
Postfach 1209
31857 Emmerthal
Tel.: 0 51 55/6 24-0
www.neudorff.de

Oscorna-Dünger GmbH & Co. KG
Postfach 4267
89032 Ulm
Tel.: 07 31/94 66 40
www.oscorna.de

W. Nixdorf
Aschhausenstr. 77
97922 Lauda
Tel.: 09343/65747
(Vliese, Netze im Versand)

Bezugsquellen für Pflanzen (Gemüse, Kräuter, Obst)

Die hier aufgeführten Baumschulen, Kräutergärtnereien und Samenhändler haben natürlich nicht das ganze Sortiment im Angebot. Sie führen jeweils ihr mehr oder weniger großes Spezialsortiment. Eventuell müssen Sie es bei mehreren Anbietern probieren, bevor Sie die gewünschte Sorte finden.

Monika Gehlsen
Zier- und Nutzpflanzen-spezialitäten
Willi-Dolgner-Str. 17
06118 Halle (Saale)
Tel.: 03 45/5 22 64 23
(bei Kataloganfragen bitte 3 Euro Rückporto beilegen)

Quedlinburger Saatgut GmbH
Neuer Weg 21
06484 Quedlinburg
Tel.: 0 39 46/90 40
www.quedlinburger-saatgut.de
(Vertrieb von Saatgut, nur über den Fachhandel)

Carl Sperling & Co. Saatzucht
Hamburger Straße 35
21339 Lüneburg
www.sperli.de
(Vertrieb von Saatgut über den Fachhandel als Sperli-Samen)

Rühlemann's
Kräuter & Duftpflanzen
Auf dem Berg 2
27367 Horstedt
Tel.: 0 42 88/92 85 58
www.ruehlemanns.de
(sehr großes Sortiment an Kräutern aus der ganzen Welt, auch Gewürzpaprika und Chilies – Samen und Pflanzen)

Gärtner Pötschke
Beuthener Str. 4
41561 Kaarst
Tel.: 0 18 05/8 61-100
www.gaertner-poetschke.de
(sehr großes Sortiment an Pflanzen aller Art und Sämereien im Versand)

Flora Frey
Postfach 160147
42621 Solingen
Tel.: 0212/2570-0
www.florafrey.de
(Gemüse- und Kräutersaatgut)

Manufactum
Hiberniastr. 5
45731 Waltrop
Tel.: 0 23 09/93 90 50
www.manufactum.de
(seltene Obstgehölze, seltene Gemüse und Kräuter)

Jansen Samen
Postfach 300115
46399 Bocholt
Tel.: 00 31/3 15 65 12 35
www.kuerbis.net

Bruno Nebelung GmbH & Co.
Kiepenkerl-Saatgut
48348 Everswinkel
Tel.: 0 25 82/67 00
www.kiepenkerl.de
(Vertrieb nur über den Fachhandel, Bezugsquellennachweis anfordern)

Baldur-Gartenversand
Elbingerstraße 12
64625 Bensheim
Tel.: 0 18 05/10 35-11
www.baldur-garten.de
(alle Pflanzenarten, auch Obstgehölze, im Versand)

Otzberg-Kräuter, Burghart Koch
Erich-Ollenhauer-Str. 87 A
65187 Wiesbaden
Tel.: 06 11/8 12 05 45
(nur Pflanzen, auch Versand)

Reinhold Hummel GmbH + Co. KG
Erdbeerzüchtung
Köstlinstraße 121
70499 Stuttgart
Tel.: 07 11/86 00 83-12
www.hummel-erdbeeren.de
(Erdbeeren und Himbeeren)

Hild Samen GmbH
Kirchenweinbergstr. 115
71672 Marbach am Neckar
Tel.: 0 71 44/84 73 11
www.hildsamen.de
(für Erwerbsanbauer, viele eigene Züchtungen, die über Saatguthändler vertrieben werden)

Baumschule Heckmann
Bühlweg 3
74259 Widdern
Tel.: 06298/9225-0
www.baumschule-heckmann.de
(Beerenobst, Baumobst, Spezialitäten)

Daniel Müller
Raiffeisenstr. 18
75210 Keltern
Tel.: 07236/130887
www.samenhaus.de

Baumschule
Klaus Ganter KG
Baumstraße 2
79369 Wyhl
Tel.: 07642/1061
www.obstbau.de

Syringa
Duft- und Würzkräuter
Bernd Dittrich
Bachstraße 7
78247 Hilzingen-Binningen
Tel.: 07739/1452
www.syringa-samen.de
(Saatgut und Pflanzen)

Erdbeerpflanzen
Bruno Vöhringer GbR
Nelkenstraße 21
88094 Oberteuringen-Hefigkofen
Tel.: 07546/9291-0
www.voehringer-gbr.de

Staudengärtnerei
Gaißmayer
Jungviehweide 3
89257 Illertissen
Tel.: 07303/7258
www.staudengaissmayer.de
(spezialisiert auf Kräuter und Stauden)

Baumschule Hofmann
Hauptstr. 36
91094 Langensendelbach
Tel.: 09133/4687
www.baumschule-hofmann.de

Raritätengärtnerei
Fam. Treml
Eckerstr. 32
93471 Arnbruck
Tel.: 09945/905100
www.pflanzen-treml.de
(sehr großes Sortiment an Kräutern und Gemüsen – Samen und Pflanzen)

Baumschule Plattner
Haag 4
94501 Aldersbach
Tel.: 08547/588
www.bayernfeige-violetta.de
(Bayernfeige 'Violetta', Bayernkiwi 'Weiki' und andere)

Bioland-Gärtnerei
Dieter Haas
Obere Leberklinge 26
97877 Wertheim
Tel.: 09342/6038 und 856580
(Kübelpflanzen, Gewürz- und Duftpflanzen, Paprika, Chili)

W. Nixdorf
Aschhausenstr. 77
97922 Lauda
Tel.: 09343/65747
(Profi-Gemüsesorten)

N. L. Chrestensen
Erfurter Samen- und Pflanzenzucht GmbH
Witterdaer Weg 6
99092 Erfurt
Tel.: 0361/22450
www.chrestensen.de

Schweiz:

Wyss Samen und Pflanzen AG
Schachenweg 14 C
CH-4528 Zuchwil-Solothurn
Tel.: +41-(0)32/6866868
www.samen.ch

Samen Mauser
Eric Schweizer AG
Industriestr. 24
Postfach
CH-8404 Winterthur
Tel.: +41-(0)52/2342525
www.samen-mauser.ch

Häberli
Obst- und Beerenkulturen
CH-9315 Neukirch-Egnach
Tel.: +41-(0)714747087 und 09347/929500
www.haeberli-beeren.ch
(Das Häberli-Sortiment ist in Vertragsbaumschulen in Deutschland erhältlich oder im Versand bei:
Pflanzen-Center Kleinworth
Blankeneser Chaussee 144
22869 Schenefeld bei Hamburg
Tel.: 04083/932020,
www.kleinworth.de)

Literatur

Bross-Burkhardt, Brunhilde: Tomate. Kultur. Mythos. Gesundheit. Rezepte. Umschau/Braus-Verlag, Frankfurt/Main 2000

Bross-Burkhardt, Brunhilde: Tomaten, Paprika, Auberginen und Co. BLV Buchverlag, München, 2006

Bross-Burkhardt, Brunhilde: Bauerngärten in Baden-Württemberg. Silberburg-Verlag, Tübingen, 2002

Bross-Burkhardt, Brunhilde: Köstliche Blüten. Neuer Umschau Buchverlag, Neustadt/Weinstraße, 2005

Bross-Burkhardt, Brunhilde: Wildkräuter und Wildgemüse. Neuer Umschau Buchverlag, Neustadt/ Weinstraße, 2. Auflage, 2006

Franck Gertrud: Gesunder Garten durch Mischkultur. Südwest Verlag, München, 8. Auflage, 1991

Großmann, Gerd/Wackwitz, Wolf-Dietmar: Spalier-Obst. Verlag Eugen Ulmer, Stuttgart, 1998

Hofbauer, Hermine: Die Verwertung von Obst und Gemüse aus dem Garten. Obst- und Gartenbauverlag, München, 2000

Lang, Rainer-Michael: Feine und seltene Gemüse. Verlag Eugen Ulmer, Stuttgart, 1986

Larkom, Joy: Der Grünkostgarten. Mosaik Verlag, München, 1986

Kawollek, Wolfgang: Das Ulmer Gartenbuch. Verlag Eugen Ulmer, Stuttgart, 2001

Kreuter, Marie-Luise: Der Biogarten. BLV Buchverlag, München, 2007

Kreuter, Marie-Luise: Kräuter, Kräuter, Kräuter. BLV Buchverlag, München, 2006

Schmid, Otto/Henggeler Silvia: Biologischer Pflanzenschutz im Garten. Verlag Eugen Ulmer, Stuttgart, 9. Auflage, 2000

Stein, Brigitte: Dekorative Küchengärten. Verlag Eugen Ulmer, Stuttgart, 1999

Stichwortverzeichnis

Seitenzahlen mit * verweisen auf Abbildungen

Bildnachweis

Baumjohann: 52
Bross/Burkardt: 9, 10o, 13, 15u, 16o, 16u, 18l, 21ur, 22l, 22r, 27u, 31, 33, 36o, 40u, 40o, 41, 49, 50u, 56l, 56r, 59, 61u, 61o, 62, 63r, 64r, 74/Einkl., 75r, 78l, 78r, 81r, 83r, 87l, 87r, 89r, 91l, 92l, 92r, 94l, 95l, 95r, 97r, 98r, 100l, 100r, 102r, 112l
Borstell: 2/3, 6, 7, 8, 19, 23, 24, 29, 36u, 65, 71r, 72, 74r, 85l, 94r, 101l, 101r, 102l, 103l, 109l, 114l, 116l
Eberle; 108l, 115l, 116r, 120r
Eisenreich: 58l
Gardena: 30o
GBA/Noun: 79l
GBA/Wothe: 117l
Kompatscher: 11
Mollwo: 120l
Redeleit: 12, 14, 15u, 17, 27o, 30u, 48, 50o, 51or, 51u, 53l, 53r, 54, 64l, 67, 68, 70, 71l, 79r, 86l, 118l, 119l
Reinhard: 10u, 20, 21o, 25l, 25m, 32, 46, 51ol, 55, 57, 60, 63l, 69, 74l, 76r, 82l, 82r, 84l, 85r, 88l, 89l, 90l, 90r, 91r, 93r, 96l, 98l, 99l, 103r, 104l, 104/Einkl, 105r, 106l, 106r, 107r, 108r, 110l, 110r, 111r, 113l, 113r, 117r, 121l
Schlüter: 58r
Stein: 21ul, 25r, 26, 34, 75l, 76l, 77l, 77r, 80l, 81l, 83l, 86r, 88r, 93l, 99r
Strauß: 28, 97l, 104r, 105l, 107l, 109/Einkl., 111 l, 112r, 114r, 115r, 118r, 121r
Sulzberger: 18r, 80r, 84r, 96r, 109r, 119r

Grafiken: Sylvia Bespaluk

Bibliographische Information der Deutschen Bibliothek

Die Deutsche Bibliothek verzeichnet diese Publikation in der Deutschen Nationalbibliographie; detaillierte bibliographische Daten sind im Internet über http://dnb.ddb.de abrufbar.

BLV Buchverlag
GmbH & Co. KG
80797 München

Umschlaggestaltung: Anja Masuch, Fürstenfeldbruck

Umschlagfotos:
Vorderseite: IFA-Bilderteam, Strauß (Einklinker)
Rückseite: Borstell

Klappen vorne: Borstell (oben), Reinhard (unten)
Klappe hinten: Reinhard

Layoutkonzeption Innenteil: fuchs_design, Ottobrunn

Lektorat: Dr. Thomas Hagen, Dr. Eva Dempewolf

Herstellung: Hermann Maxant

Satz: Uhl + Massopust, Aalen

Gedruckt auf chlorfrei gebleichtem Papier

Printed in Germany
ISBN 978-3-8354-0097-9

Eine kleine Auswahl aus unserem grossen Programm

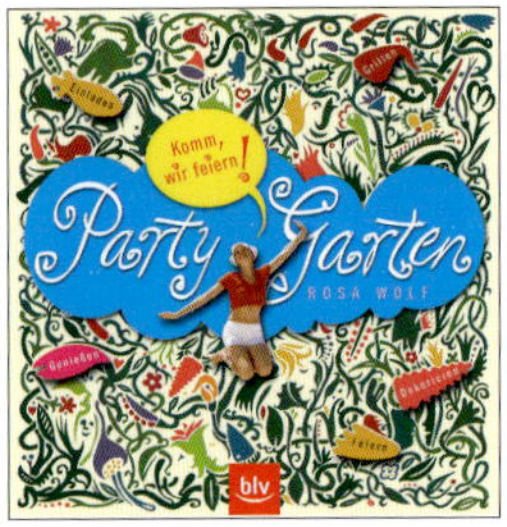

Rosa Wolf
Party-Garten
Alles, was wichtig ist, damit die Gartenparty gelingt: Planung, Vorbereitung, Bodenbelag, Wind- und Sonnenschutz, Wärmespender, Beleuchtung usw.; Themen für Feste von Frühjahr bis Herbst mit Dekoideen und Rezepten.
ISBN 978-3-8354-0145-7

Rosa Wolf
Kinder im Garten
Aus der Gartentraum-Werkstatt: Baumhaus, Weidentunnel, Kletterbaum usw.; Kinderspaß Gärtnern: pflanzen, pflegen und ernten; rund ums Jahr: spielen, basteln, feiern und toben; Natur und Tiere beobachten, Nisthilfen, Futterstationen.
ISBN 978-3-8354-0055-9

Rosa Wolf/Fotos: Ursel Borstell
Gartenpflanzen Praxis-Handbuch
Über 450 Gartenpflanzen in detaillierten Porträts mit Partnerpflanzen, Verwendungs- und Pflegetipps; Gestaltungen für alle typischen Bereiche des Hausgartens mit Pflanzplänen und Pflegekalender.
ISBN 978-3-8354-0167-9

Dorothée Waechter
Schöne Gärten für Ungeduldige
Viel Garten ohne zu warten – der schnelle Weg zum grünen Paradies: clevere Lösungen für alle Gartenbereiche sowie für Terrasse und Balkon; Tipps und Tricks für pfiffige Gestaltungen, effektvolle Pflanzen im Porträt, Pflegepraxis.
ISBN 978-3-8354-0214-0

Brunhilde Bross-Burkhardt
Der kleine Küchengarten
Obst, Gemüse, Kräuter selbst anbauen und frisch genießen: Anlage eines kleinen Küchengartens, Gestaltungsvorschläge, Anbau-Praxis, Porträts der wichtigsten und lohnendsten Nutzpflanzen-Arten, Arbeitskalender.
ISBN 978-3-8354-0097-9

Marie-Luise Kreuter
Der Biogarten
In Neuausgabe: das unentbehrliche Standardwerk zum naturgemäßen Gärtnern; einzigartiges Know-how von Deutschlands bekanntester Biogärtnerin; komplett aktualisiert: das im Handel erhältliche Pflanzensortiment; mit Beilage »Pflanzenschutz-Kompass«.
ISBN 978-3-8354-0198-3

Andrea Christmann
Kleine Gärten gestalten
Die Gestaltung kleiner Gärten und optische Tricks für mehr Größenwirkung; konkrete Pläne für Vorgärten, Reihenhaus- und Reiheneckhaus-Gärten; Neuanlage und Umgestaltung in der Praxis.
ISBN 978-3-8354-0094-8

Ute Bauer
Mein Garten am Abend
Die Abendstimmung im Garten genießen: Sitzplätze, Nachtblüher, Nachtdufter, Wärmespender, Sicht- und Windschutz, stimmungsvolle Lichteffekte, schöne und nützliche Accessoires.
ISBN 978-3-8354-0147-1

Die zuverlässigen Berater

BLV Bücher bieten mehr:

- mehr Wissen
- mehr Erfahrung
- mehr Innovation
- mehr Praxisnutzen
- mehr Qualität

Denn 60 Jahre Ratgeberkompetenz sind nicht zu schlagen!

Unser Buchprogramm umfasst über 750 Titel zu den Themen

Garten · Natur · Heimtiere · Jagd · Angeln · Sport · Golf · Reiten · Alpinismus · Fitness · Gesundheit · Kochen.

Ausführliche Informationen erhalten Sie unter **www.blv.de**

Dass Sie sich gut beraten fühlen – das ist unser Ziel. Falls Sie Fragen und/oder Anregungen haben, schreiben Sie uns bitte:

BLV Buchverlag GmbH & Co. KG
Lektorat · Lothstraße 19
80797 München
Postfach 40 02 20
80702 München
Telefon 089/12 02 12-0 · Fax -121
E-mail: blv.verlag@blv.de

blv

Mehr Erlesen!

Die technischen und grafischen Zeichnungen wurden nach Vorlagen ausgeführt durch as-illustration Alexander Schmitt, 97222 Rimpar.
Die Normblattangaben werden wiedergegeben mit Erlaubnis des DIN Deutsches Institut für Normung e.V. Maßgebend für das Anwenden der Norm ist deren Fassung mit dem neuesten Ausgabedatum, die bei der Beuth GmbH, Burggrafenstraße 6, 10787 Berlin, erhältlich ist.

ISBN 978-3-582-**57579**-1 Best.-Nr: 3136

Verlag Handwerk und Technik GmbH,
Lademannbogen 135, 22339 Hamburg; Postfach 63 05 00, 22331 Hamburg – 2018
E-Mail: info@handwerk-technik.de – Internet: www.handwerk-technik.de

Umschlagmotive: Abbildung links ist ausgeführt nach Vorlage von: newVISION! GmbH, 30982 Pattensen;
Bilder rechts (1 und 2) Josef Wagner, Salzweg; Bild (3) Peter Pusch, Hamburg
Layout, Satz und Lithos: PER MEDIEN & MARKETING GmbH, 38102 Braunschweig
Druckerei: Druckerei Himmer GmbH, 86167 Augsburg

Fachkenntnisse 1
Anlagenmechaniker SHK

Lernfelder 5 – 8

4., überarbeitete und erweiterte Auflage

von

Joachim Albers/Rainer Dommel/Henry Montaldo-Ventsam/Peter Pusch/Josef Wagner

unter Mitarbeit von

Eugen Übelacker

HANDWERK UND TECHNIK – HAMBURG

Dieses Buch wendet sich an **Anlagenmechaniker und Anlagenmechanikerinnen SHK** im zweiten Ausbildungsjahr und beinhaltet daher die **Lernfelder 5 bis 8**.

Sehr großer Wert wurde auf eine **fachgerechte Visualisierung** in Form von Fotos, mehrfarbigen dreidimensionalen Abbildungen, Schaltplänen und methodisch durchdachter Textgestaltung gelegt.

Das Anliegen von Autoren und Verlag ist es, Schülern und Lehrern ein **Unterrichts- und Nachschlagewerk** zu bieten, das als **Leitmedium für einen Lernfeldunterricht** dient. Es bleibt jedoch genügend Freiraum für eine dem jeweiligen Unterricht und damit dem regionalen Umfeld angemessene Auswahl der Lernsituationen.

Inhalte, die Bestandteil aller Lernfelder sind, wurden in einem Lernfeld übergreifenden Teil des Buches zusammengefasst. Bei Bedarf können diese Inhalte nachgeschlagen oder in eine fachsystematische Unterrichtssequenz einbezogen werden.

Das **Farb-Leitsystem** ermöglicht eine rasche Orientierung innerhalb des Buches. Zahlreiche Querverweise teilen mit, wo im Buch weitere Informationen zu den dargestellten Themen zu finden sind.

I

Der **Teil I** liefert lernfeldübergreifende Inhalte und gliedert sich in:

- Eigenschaften des Wassers
- Druck in Flüssigkeiten und Gasen
- Strömungslehre
- Wärmelehre
- Energieeinsparverordnung (EnEV)
- Wärmedämmung von Rohrleitungen
- Rohrverlegung im Mauerwerk
- Schall und Schallschutz
- Grundlagen des Brandschutzes

II

Teil II ist nach Lernfeldern gegliedert:

Lernfeld 5:
Trinkwasseranlagen installieren

Lernfeld 6:
Entwässerungsanlagen installieren

Lernfeld 7:
Wärmeverteilanlagen installieren

Lernfeld 8:
Sanitärräume ausstatten

III

Teil III beinhaltet ein lernfeldübergreifendes Projekt

Das **technische Englisch** wird im Buch in mehrfacher Hinsicht umgesetzt:

- Gängige oder wichtige Fachbegriffe sind im deutschen Text in blauer Schrift integriert.
- An geeigneten Stellen sind Fachinhalte und Übungen in englischer Sprache dargestellt.

Autoren und Verlag

I Lernfeldübergreifende Inhalte

II Lernfeldbezogene Inhalte

Lernfeld 5: Trinkwasseranlagen installieren

Lernfeld 6: Entwässerungsanlagen installieren

Lernfeld 8: Sanitärräume ausstatten

III Lernfeldübergreifendes Projekt

1 Eigenschaften des Wassers

Schon im Altertum wurde Wasser – neben den drei anderen als ebenbürtig (equal) und wichtig angesehenen „Elementen“ Feuer, Luft und Erde – als Leben spendender (life-giving) und mit mystischen[1)] Kräften ausgestatteter Stoff angesehen. Das Wasser hat bis heute nichts von seiner Faszination verloren, da es gegenüber den meisten anderen uns bekannten Stoffen dieser Welt einige herausragende Eigenschaften besitzt:

Reines Wasser ist farb-, geruch- und geschmacklos (colourless, odourless, tasteless). Im Vergleich zu allen anderen Stoffen verhält sich das Wasser **anomal** (anomalous): Sinkt die Temperatur von Wasser unter + 4°C, dehnt (expands) es sich aus und seine **Dichte** (density) wird geringer (vgl. Kap. 4.2.1). Wasser kommt in der Natur je nach Umgebungsdruck und -temperatur in allen drei Aggregatzuständen (fest (solid), flüssig (liquid) und gasförmig (gaseous)) vor. Ferner hat es eine große **Wärmespeicherkapazität** (heat storage capacity) (vgl. Kap. 4.4). Wasser ist unser wichtigstes Lebensmittel und wird in allen Bereichen unseres von der Technik geprägten Lebens genutzt.

Mensch und Tier bestehen zu ca. 65 % aus Wasser, Pflanzen zum Teil sogar zu mehr als 90 %.

Je nach seiner Herkunft enthält natürliches Wasser Verunreinigungen (impurities) (Staub, gelöste Gase und Salze). Die auf der Erde vorkommenden Wassermengen werden auf ca. 1,4 Milliarden km³ geschätzt. Etwa 97 % dieses Wassers bedecken als Meere, Seen, Flüsse sowie als Eismassen ca. 70 % der Erdoberfläche. Die Strahlungsenergie (radiation energy) der Sonne bewirkt einen ständigen Kreislauf (circulation) des Wassers (Bild 1).

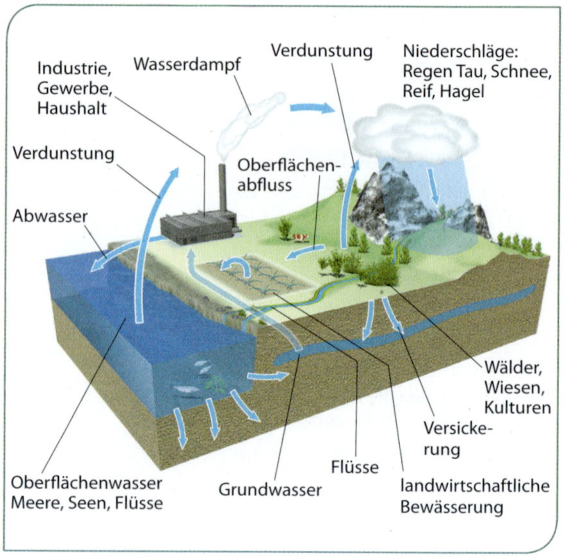

1 Der Kreislauf des Wassers

Da das Wasser jedoch häufig mit Salzen und Verunreinigungen versetzt ist, kann es in nur sehr begrenztem Maße als Trinkwasser (drinking water) und für technische Anwendungen genutzt werden. Das geschätzte verfügbare Süßwasservorkommen (freshwater resources) der Seen, Flüsse und des Grundwassers (ground-water) beträgt noch nicht einmal 1 % der oben genannten Gesamtmenge des Wassers! Daher ist ein schonender Umgang (careful dealing) mit diesen Wasservorräten dringend geboten.

Durch Wasser sparende Techniken (water saving techniques) wurden in den Privathaushalten in Deutschland im Schnitt etwa 124 Liter Wasser pro Person[2)] und Tag verbraucht. Das ist im internationalen Vergleich unter den Industrienationen sehr wenig. Ganz anders sieht die Bilanz jedoch aus, wenn man den Wasserfußabdruck (water footprint) betrachtet. Er macht eine Aussage über die Wassermengen, die während der Produktion (production), des Vertriebs (marketing) und des Verbrauchs (consumption) eines Produktes benötigt werden (Bild 2).

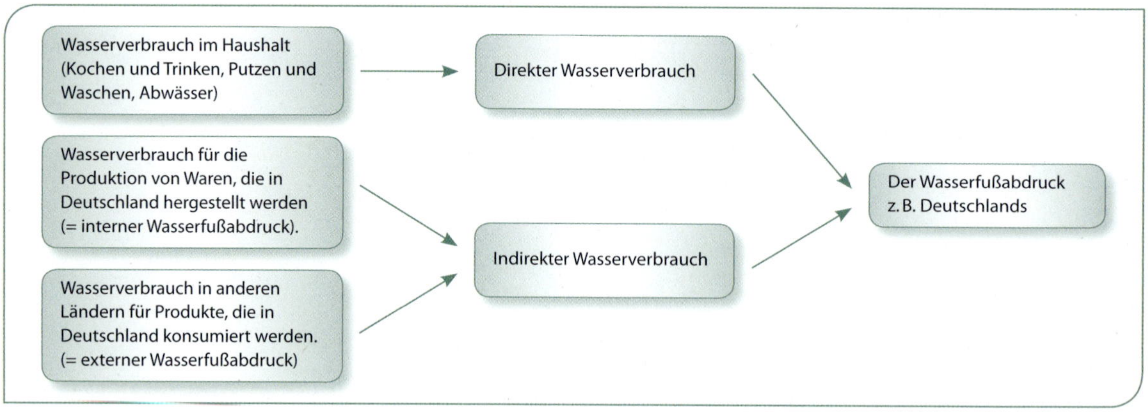

2 Der Wasserfußabdruck eines Landes

1) griech.: geheimnisvoll

2) BDEW (Bundesverband der Energie- und Wasserwirtschaft e. V.), 2009; Zahlen für 2008

Deutschlands gesamter Wasserfußabdruck beläuft sich auf ca. 160 Mrd. m^3 pro Jahr. Rechnet man diesen Verbrauch bei einer angenommenen Einwohnerzahl (population) von ca. 82 Mio. auf eine Person um, so erhält man einen indirekten Wasserverbrauch (water consumption) pro Tag von ca. 5280 Liter. Diese Menge entspricht etwa **37 Badewannenfüllungen!** Der Wasserfußabdruck kann sich auf einzelne Produkte oder auf die Gesamtheit (entirety) aller Güter (goods) eines Landes beziehen. Einige ausgewählte produktbezogene Wasserfußabdrücke sollen verdeutlichen, wie stark häufig nachgefragte Güter des täglichen Lebens den Wasserhaushalt belasten:

- 140 Liter für eine Tasse Kaffee,
- 14 000 Liter (!) für ein 1kg-Steak,
- 2 000 Liter für ein Baumwoll-T-Shirt,
- 13 Liter für eine 70 g-Tomate,
- 10 Liter für ein DIN A4-Blatt Papier (kein Recycling).

Für einen schonenden Umgang mit Wasser ist wichtig:

1. Das Bewusstsein (awareness) des Verbrauchers (consumer) für Wasser sparende Maßnahmen im Haushalt zu schärfen, was mit dem Einsatz vieler Produkte unseres Berufes in der Gebäudetechnik (building services engineering) schon auf einem guten Weg ist.
2. Kritisch mit dem Ge- und Verbrauch von Produktionsgütern des täglichen Lebens umzugehen, insbesondere dann, wenn Produkte zum Einsatz kommen, die einen großen Wasserbedarf bei Herstellung und Verbrauch haben.
3. Die Unternehmen sollten den Wasserverbrauch entlang ihrer gesamten Zulieferketten besser analysieren (analyse), messen (measure) und dokumentieren (document).

Je nach Verwendung muss eine **Wasseranalyse** (water analysis) Aufschluss darüber geben, welche Inhaltsstoffe (contents) bzw. unerwünschten Begleiter im Wasser enthalten sind. Für die Wahl der geeigneten Untersuchungsmethode (method of inquiry) ist entscheidend, ob **mikrobiologische** (z.B. beim Trinkwasser oder bei der Luftbefeuchtung in Klimaanlagen) oder **physikalisch-chemische Eigenschaften** (z.B. Korrosionsvorgänge an Rohr- und Behälterwandungen) im Vordergrund stehen. In der Sanitär- und Heizungstechnik ist eher die Frage nach der physikalisch-chemischen Eigenschaft von Bedeutung (z.B. pH-Wert und Wasserhärte). In der Klimatechnik (air-conditioning technology) müssen wegen der häufig eingesetzten Sprühbefeuchtung meist beide Bereiche berücksichtigt werden.

Wasser ist das Oxid des Wasserstoffs

Da Wasserstoff (hydrogen) und Sauerstoff (oxygen) in der Natur nicht als Einzelatome, sondern nur als Moleküle vorkommen, bildet sich Wasser nach folgender chemischer Summenformel:

$$2H_2 + O_2 \rightarrow 2H_2O$$

Werden **Trinkwasser** und **Betriebswasser** für Befeuchtungszwecke in Klimaanlagen aus **mikrobiologischer** Sicht beurteilt, so muss in erster Linie geklärt werden, ob Kolibakterien (coliform bacteria) oder Legionellen (legionella) in diesen Wässern enthalten sind. Werden die im Darm lebenden **Kolibakterien (Coliforme)** im Wasser nachgewiesen, so lässt dies auf Verunreinigungen durch **Fäkalien** schließen. Die Trinkwasserverordnung (TrinkwVO) schreibt daher enge Grenzwerte für Kolibakterien vor.

Legionellen sind stäbchenförmige Bakterien, die in allen kälteren Gewässern vorhanden sind. In lauwarmem Wasser können sie sich stark vermehren und sterben erst ab einer Temperatur von ca. 55...60°C wieder ab. Krankheitserregend (pathogenic) für den Menschen sind sie, wenn sie in einem Wasser-Luft-Gemisch enthalten sind und hierüber eingeatmet werden. Besonders ältere und kranke Menschen mit einem schwachen Immunsystem (weak immune system) sind stark gefährdet. Erstmals bemerkt wurde die durch Legionellen hervorgerufene Krankheit 1976 durch eine Anhäufung von Todesfällen unter amerikanischen Legionären. Nach einem Treffen erkrankten 221 Kriegsveteranen, davon starben ca. 30 an dieser zunächst als unerklärlich geltenden Krankheit.

MERKE

Die meisten Infektionserkrankungen (infectious, contagious diseases), die durch Wasser verursacht werden, gehen entweder von lange Zeit unbewegtem Wasser (z.B. zu groß bemessene Speicher), Warmsprudelbecken (Whirlpools) oder schlecht gewarteten Klimaanlagen (Luftbefeuchter) aus.

Die Analyse der **physikalisch-chemischen Beschaffenheit** des Wassers gibt Auskunft über:

- wasserunlösliche (water-insoluble) Stoffe wie Calciumcarbonat (Kesselstein, Kalk) oder Calciumsulfat (Gips). Solche Bestandteile verursachen bleibende Ablagerungen in Rohren und Behältern.
- Gesundheitsgefährdung durch Überschreiten von Grenzwerten giftiger Stoffe.
- korrosionsfördernde (corrossion stimulating) Inhaltsstoffe (z.B. freie Kohlensäure, Carbonate, Chloride, Nitrate, Sulfate, Sauerstoff u.a.m.; Bild 1).

Salz der Schwefelsäure	→	Sulfat
Salz der Kohlensäure	→	Carbonat
Salz der Salpetersäure	→	Nitrat
Salz der Salzsäure	→	Chlorid

1 Salze

Im Folgenden werden die Einflussgrößen näher behandelt, die wegen der Gefährdung von Trinkwasser- und Heizungsanlagen besonders beachtet werden müssen.

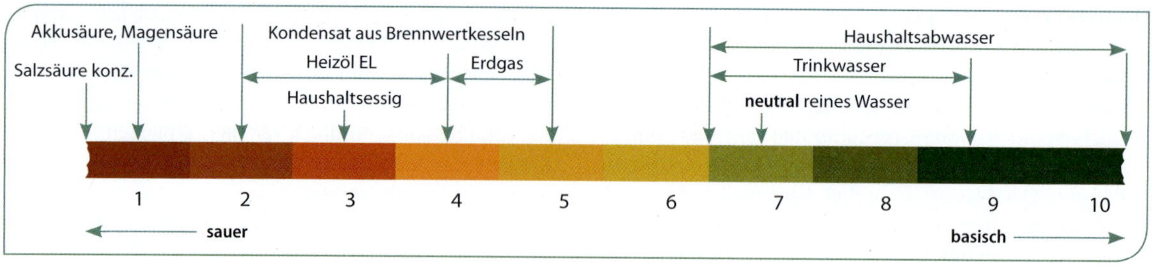

1 pH-Wert-Skala von Flüssigkeiten und Farbe von Indikatorpapier

pH-Wert[1)]

Messungen zeigen, dass destilliertes Wasser (distilled water) eine sehr geringe elektrische Leitfähigkeit besitzt. Sie wird durch Ionen[2)] verursacht, die durch einen „Zerfall" des Wassers in H_3O^+- und OH^--Ionen entstanden sind:

$$2H_2O \longleftrightarrow H_3O^+ + OH^-$$

(2 Wassermoleküle ergeben 1 Hydroniummolekül H_3O^+ und 1 Hydroxidmolekül OH^- als Ion)

Je nachdem, ob mehr oder weniger H_3O^+- als OH^--Ionen in einer wässrigen Lösung (aqueous solution) enthalten sind, spricht man von einer **sauren** oder einer **basischen** bzw. **alkalischen Reaktion.**

Liegen beide Anteile im selben Verhältnis vor, gilt die Lösung als **neutral** (neutral).

MERKE

Der pH-Wert ist ein Maß für die Wasserstoff-Ionen-Konzentration (exakter Hydronium-Ionen-Konzentration) einer wässrigen Lösung.

Für die pH-Werte wässriger Lösungen gilt:

pH-Wert 0… 7: **sauer** (hohe H_3O^+-Konzentration)
pH-Wert 7: **neutral** (gleiche Anteile H_3O^+ und OH^-)
pH-Wert 7…14: **basisch** (hohe OH^--Konzentration)

Der pH-Wert kann mit **Universal-Indikatorpapier** (Bild 1) oder mit einem elektrischen **pH-Messgerät** (ph-meter) bestimmt werden.

PRAXISHINWEIS

Saure Wässer können an Metallen wie z. B. Rohren und Behältern **Korrosionserscheinungen** (corrosion phenominas) hervorrufen. Stark saure Wässer, die aus Brennwertgeräten abgeleitet wurden und einen pH-Wert von ca. 4…4,5 haben, können selbst Abflussrohre aus Beton zersetzen. Ideale Wässer in Heizungsanlagen liegen in einem pH-Wert-Bereich von 9…10. Sollte das örtliche Trinkwasser zu stark von diesem Wert abweichen, können dem Wasser zur Vermeidung von Schäden Inhibitoren[3)] zugesetzt werden.

Wasserhärte

Wenn der Wärmeübertrager eines Warmwasser-Durchflusserwärmer oder eines Heizkessels keine nennenswerte Wassermenge mehr durchsetzt oder die übertragene Wärmeleistung im Laufe der Zeit nachlässt, sind vermutlich die ständig mit dem Trinkwasser in Berührung kommenden Innenwandungen der Rohre **verkalkt** (calcified, furred up) (Bild 2). Der volkswirtschaftliche Schaden von Verkalkungserscheinungen an technischen Einrichtungen ist erheblich. Ursache dieser Erscheinung ist die Wasserhärte (water hardness). Sie entsteht durch im Wasser gelöste **Calcium-** und **Magnesiumsalze** der Erdalkalimetalle, die auch als „Härtebildner" (alkaline earth metals causing the hardness) bezeichnet werden. Je nach Herkunft des Wassers und seinem Weg durch die Erd- und Gesteinsschichten kann es unterschiedliche Mengen dieser Salze aufgenommen haben. Wasser mit einem **hohen** Gehalt an Calcium- und Magnesiumsalzen wird als **hart** bezeichnet und Wasser mit einem **geringen** Gehalt als **weich**.

Man unterscheidet zwischen:

- Carbonathärte (auch vorübergehende Härte genannt),
- Nichtcarbonathärte (auch bleibende Härte genannt),
- Gesamthärte (total hardness) = Carbonathärte + Nichtcarbonathärte (Bild 1, nächste Seite).

2 Kalkablagerungen in Wasserleitungen

1) pondus hydrogenii, lat.: Masse des Wasserstoffs
2) Ion: nach außen elektrisch nicht neutrales Atom
3) Inhibitor: lat. inhibere = hemmen; chemischer Zusatzstoff, der in geringer Konzentration chemische Reaktionen hemmt, wie z. B. in Heizungsanlagen die Korrosion.

Carbonathärte (carbonate hardness) entsteht durch im Wasser gelösten Kalk. Dieser besteht im Wesentlichen aus Calciumcarbonat mit Anteilen von Magnesiumcarbonat. Das im natürlichen Wasser enthaltene Kohlendioxid CO_2 bildet Kohlensäure (carbonic acid) H_2CO_3, die in der Lage ist, Kalk zu lösen (Bild 2).

Den im Wasser gelösten Kalk nennt man Calciumhydrogencarbonat $Ca(HCO_3)_2$. Um den Kalk in Lösung zu halten, muss eine bestimmte Menge Kohlensäure im Wasser vorhanden sein. Wenn der gesamte Kalk in Lösung gegangen und keine überschüssige freie Kohlensäure im Wasser vorhanden ist, wird dieser Zustand als **Kalk-Kohlensäure-Gleichgewicht** bezeichnet.

Bei Erwärmung des Wassers entweicht Kohlendioxid und der Kohlensäureanteil wird geringer. Ein Teil des Calciumhydrogencarbonats fällt aus. Es lagert sich an Rohr- und Behälterwandungen als „Wasserstein" ab (vergleichbar mit den Vorgängen in einer Tropfsteinhöhle). Weil die Carbonathärte durch Erwärmung oder Verdunstung abnimmt, nennt man sie auch **vorübergehende Härte** (Bild 1).

Nichtcarbonathärte (non carbonate hardness) wird verursacht durch die als Sulfate, Nitrate, Chloride, Silikate oder Fluoride im Wasser vorliegenden Calcium- oder Magnesiumverbindungen. Da diese Salze erst beim Verdampfen des Wassers ausfallen, wird die Nichtcarbonathärte als **bleibende Härte** bezeichnet.

MERKE

Kalkfreie Böden können keine Kohlensäure binden; diese liegt daher als freie Kohlensäure im Wasser vor. Oberflächenwässer, dazu gehören auch Regenwasser oder Wasser aus Talsperren, sind weich, jedoch auch meist aggressiv. Regenwasser führende Leitungen müssen deshalb aus Kunststoff bestehen.

Während früher als Einheit für die Härte nur **Grad deutsche Härte** (°dH) verwendet wurde, wird sie heute sowohl in °dH als auch in der SI-Einheit **Millimol pro Liter** ($\frac{mmol}{l}$) angegeben.

Umrechnung: $1{,}000\,\frac{mmol}{l} \mathrel{\hat{=}} 5{,}6\,°dH$

$1\,°dH \mathrel{\hat{=}} 0{,}178\,\frac{mmol}{l}$

Nach dem Waschmittelgesetz wird die Härte des Wassers in drei **Härtebereiche** (rages of hardness) eingeteilt (Bild 3). Um möglichen Schäden an Sanitär-, Heizungs- und Klimaanlagen durch die Auswirkungen der Wasserhärte zu begegnen und den ursprünglichen Zustand zu erhalten, gibt es grundsätzlich folgende Möglichkeiten:

- **vorbeugend** (preventive) (präventiv) mit **aufbereitetem** Wasser durch den Einsatz von **Wasserenthärtungsanlagen** oder
- als **Nachbehandlung** (subsequent treatment) (z. B. Entkalkung) im Rahmen einer Wartung oder Instandsetzung.

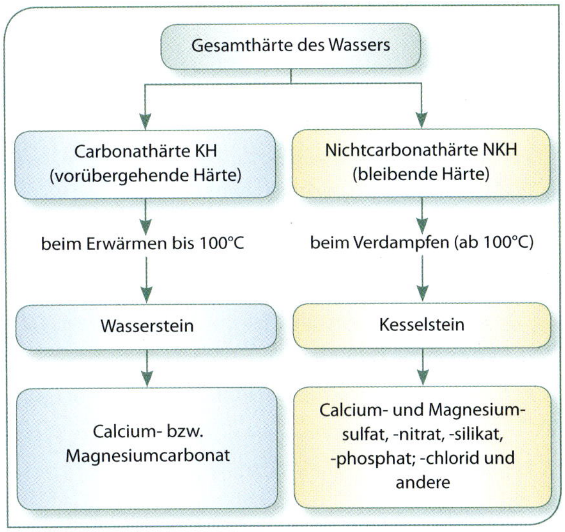

1 Härtearten des Wassers

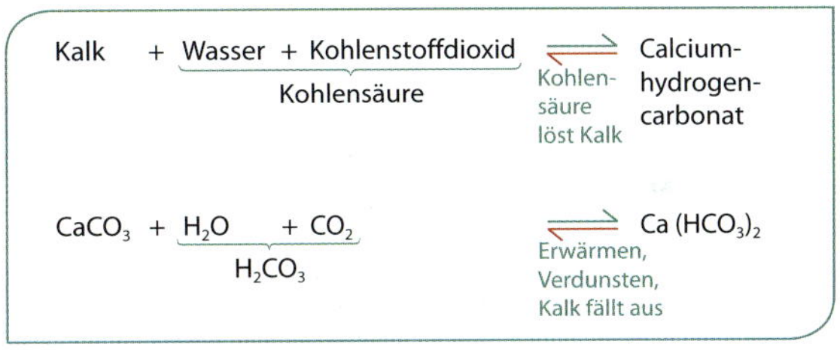

2 Lösen von Kalk im Wasser und Ausfällen bei Erwärmung oder Verdunstung

Härtebereich	1 weich	2 mittel	3 hart
Gesamthärte in mmol/l in °dH	0 < 1,5 0 < 8,4	1,5 ≤ 2,5 8,4 ≤ 14	> 2,5 > 14
Wirkung auf:			
Wäsche	++	+	o
Küche	++	+	o
Körperpflege	++	+	–
Herz, Kreislauf	–	++	++
Geschmack	–	++	+ (o)
++ sehr günstig, + günstig, o ungünstig, – nicht empfehlenswert			

3 Härtebereiche und ihre Auswirkungen

ÜBUNGEN

1) Beschreiben Sie die herausragenden Eigenschaften des Wassers.

2) Erklären Sie den Wasserkreislauf der Erde und machen Sie Angaben über das direkt nutzbare Süßwasservorkommen.

3) Nennen Sie die Inhaltsstoffe, die als Begleiter im Wasser enthalten sind und nennen Sie die Größen, die für eine Qualitätsbeurteilung des Wassers am wichtigsten sind.

4) Erläutern Sie, was man unter dem pH-Wert des Wassers versteht und grenzen Sie dabei die wichtigsten Bereiche ab.

5) Erklären Sie den Begriff „Wasserhärte".

6) Nennen Sie die nach dem Waschmittelgesetz festgelegten Härtebereiche des Wassers und ordnen Sie entsprechende Auswirkungen zu.

7) Wie kann man grundsätzlich einer Verkalkung technischer Geräte durch Wassereinwirkung entgegentreten?

8) Nennen Sie den direkten Wasserverbrauch einer Person in einem deutschen Haushalt pro Tag.

9) Erläutern Sie den Begriff „Wasserfußabdruck". Benutzen Sie bei Ihrer Recherche auch das Internet.

10) Vergleichen Sie den direkten Wasserverbrauch und den Wasserfußabdruck Deutschlands mit denen anderer europäischer Länder und einiger sog. Entwicklungsländer und werten Sie dieses. Benutzen Sie dafür auch das Internet.

1.1 Water

Water is well known as rain or as a liquid in e.g. rivers, lakes and oceans (fig.1). But water can change into mist, fog or steam by heat or into ice by cold.

The water fit for human consumption is usually called "drinking water" but in regulations concerning water supply systems new terms have been introduced: potable cold water (PWC) and potable hot water (PWH).

Potable water is rarely "pure", because it contains trace amounts of minerals and gases such as calcium, oxygen and carbon dioxide.

Referring to the parts of calcium it contains, it is classified as either "soft" or "hard" water. Soft water is almost free from dissolved calcium or magnesium salts and tends to be more pleasant for cooking and washing. Hard water carries amounts of calcium and magnesium carbonates or sulphates in suspension, which can accumulate inside hot water systems when water is heated in excess of 60°.

Exercises

Use your reference book, a dictionary or the internet

1) Find the corresponding terms in German for: drinking water, potable cold water, potable hot water, spring water, fountain water.

2) Find the corresponding terms in English for: Rohwasser, Brauchwasser, Heizwasser, Kühlwasser, aufbereitetes Wasser, Feuerlöschwasser, Abwasser.

3) Which states of aggregation can water have?
Give an example for each state.

4) Translate the text into German.
(Advice: look up chapter 1 on page 2)

5) Describe the hydrological cycle as shown in fig.1. Start with the evaporation process in lakes and oceans.

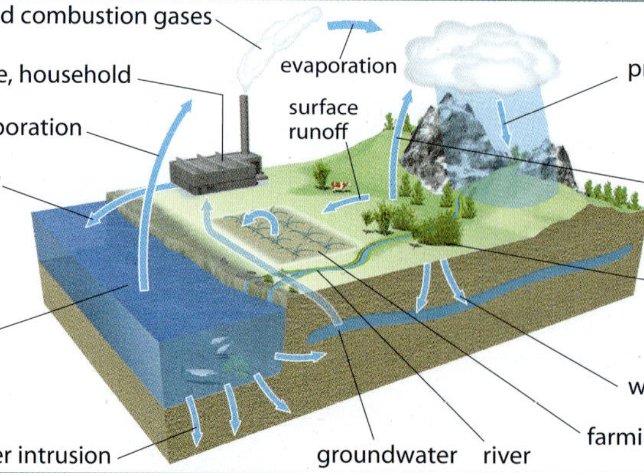

1 Water features on earth and in the atmosphere

2 Druck in Flüssigkeiten und Gasen

2.1 Druck allgemein

Wirkt die **Kraft** ***F*** (force) senkrecht auf die **Fläche** ***A*** (area), so wird das Verhältnis (Quotient) der einwirkenden Kraft zu der Fläche, auf die diese Kraft wirkt, als **Druck** ***p*** (pressure) bezeichnet (Bild 1):

$$p = \frac{F}{A}$$

p: Druck in $\frac{N}{m^2} = Pa$

F: Kraft in N

A: Fläche in m^2

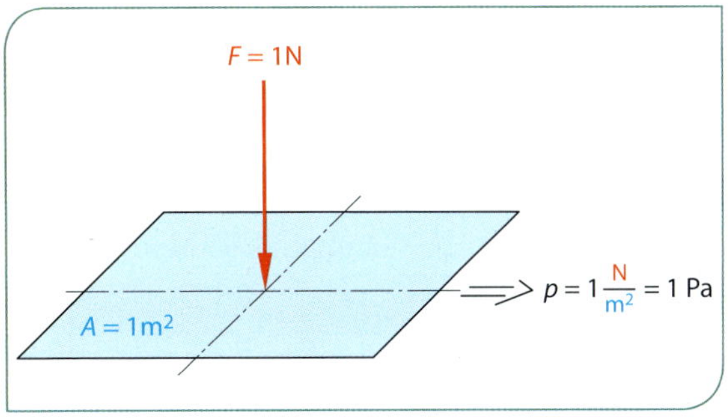

1 Druck

MERKE

Wenn auf eine Fläche A von 1 m^2 eine Kraft F von 1 N wirkt, entsteht ein Druck von $1 \frac{N}{m^2} = 1$ Pa (Pascal)[1].

Da die SI-Einheit „Pascal" jedoch sehr geringe Drücke beschreibt, wird meist die um den Faktor 100 000 größere Einheit **Bar** (Einheitenzeichen: bar) verwendet:

$1 \text{ bar} = 100\,000 \frac{N}{m^2} = 100\,000 \text{ Pa}$

$1 \text{ bar} = 10 \frac{N}{cm^2}$

$1 \text{ bar} = 1\,000 \text{ mbar}$

$1 \text{ mbar} = 100 \text{ Pa} = 1 \text{ hPa}$

Die nicht mehr zugelassene, aber in der Berufspraxis des Anlagenmechanikers SHK noch häufig anzutreffende Druckeinheit mWS bzw. mmWS lässt sich wie folgt umrechnen:

10 mWS ≙ 1 bar

10 000 mmWS ≙ 1 000 mbar

10 mmWS ≙ 1 mbar

Positiver und negativer Überdruck

In der Technik werden Drücke meist als **Überdruck** p_e[2] (excess pressure) in Bezug auf den **Umgebungsdruck** (ambient pressure) p_{amb}[3] = 1 013,25 mbar (ca. 1 bar) in Meereshöhe (sea level) gemessen und angegeben (Bild 2). In der Physik bezieht man Drücke jedoch auf den **absoluten Nullpunkt** des Drucks bei p_{abs}[4] = 0 bar. Dieser Zustand wird annähernd erreicht, wenn man mithilfe einer Saugpumpe einem Raum sämtliche Luftteilchen entzieht und somit ein Vakuum[5] erzeugt. Da es unterhalb 0 bar keinen Druck geben kann, werden Drücke, bezogen auf den **Umgebungsdruck** p_{amb},

- als **negativer Überdruck** $p_e(-)$ (negative pressure) bezeichnet, wenn sie **unterhalb** des Umgebungsdrucks p_{amb} liegen,

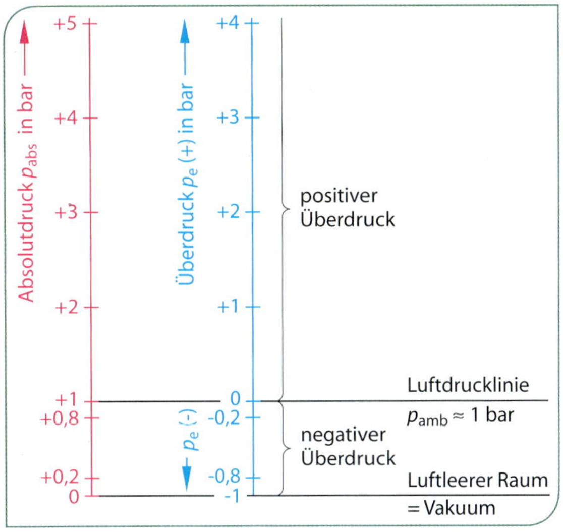

2 Druckbereiche

- als **positiver Überdruck** $p_e(+)$ (pressure above atmospheric) bezeichnet, wenn sie **oberhalb** des Umgebungsdrucks p_{amb} liegen.

$$p_{abs} = p_{amb} + p_e$$

$$p_e = p_{abs} - p_{amb}$$

p_{abs}: absoluter Druck in bar

p_{amb}: Umgebungsdruck in bar

p_e: Überdruck in bar

MERKE

Der absolute Druck p_{abs} ist die Summe aus dem Umgebungsdruck (Bezugsdruck) p_{amb} und dem Überdruck p_e. p_e kann positiv (positiver Überdruck) oder negativ (negativer Überdruck) sein.

1) Benannt nach Blaise Pascal, 1623-1662, franz. Mathematiker und Religionsphilosoph, u. a. Entdecker des Gesetzes der kommunizierenden Röhren (vgl. Kap. 2.2.2)

2) e: excedens (lat.) überschreitend

3) amb: ambiens (lat.) umgebend

4) abs: absolutus (lat.) losgelöst, unabhängig

5) lat. luftleerer Raum

2.2 Druck in Flüssigkeiten

2.2.1 Hydrostatischer Druck

Schwebt ein Körper innerhalb einer Flüssigkeit oder liegt er am Boden eines mit Flüssigkeit gefüllten Gefäßes, so übt die über ihm lastende Flüssigkeitssäule (liquid column) von allen Seiten einen Druck auf diesen Körper aus (Bild 1). Dieser Druck wird **hydrostatischer Druck** (hydrostatic pressure) genannt und hängt ab von:

- der **Höhe** h (height) der Flüssigkeitssäule, die auf dem Körper lastet,
- der **Dichte** ρ (density) der Flüssigkeit, in der sich der Körper befindet und
- der **Erdbeschleunigung** g (gravitational acceleration).

Die Formel zur Berechnung des hydrostatischen Drucks ergibt sich wie folgt:

$p_{hydr} = \frac{F_G}{A}$; da $F_G = m \cdot g$ ergibt sich

$p_{hydr} = \frac{m \cdot g}{A}$; da $m = V \cdot \rho$ ergibt sich

$p_{hydr} = \frac{V \cdot \rho \cdot g}{A}$; da $V = A \cdot h$ ergibt sich

$$p_{hydr} = \frac{A \cdot h \cdot \rho \cdot g}{A}$$

$$\boxed{p_{hydr} = h \cdot \rho \cdot g}$$

p_{hydr}: hydrostatischer Druck in $\frac{N}{m^2}$; bar
A: Fläche in m^2
ρ: Dichte in $\frac{kg}{m^3}$
g: Erdbeschleunigung in $\frac{m}{s^2}$
h: Höhe in m

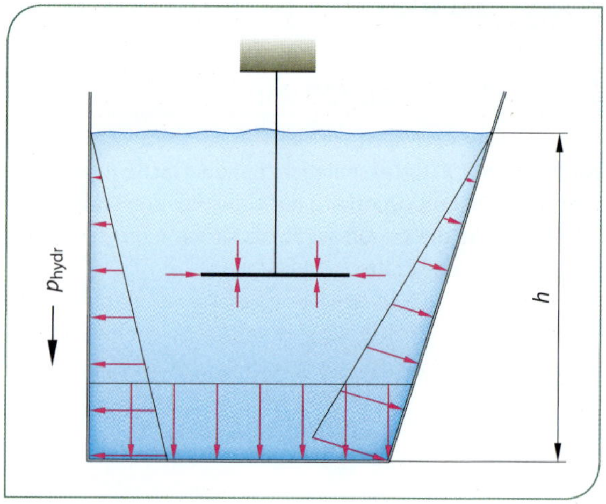

1 Hydrostatischer Druck

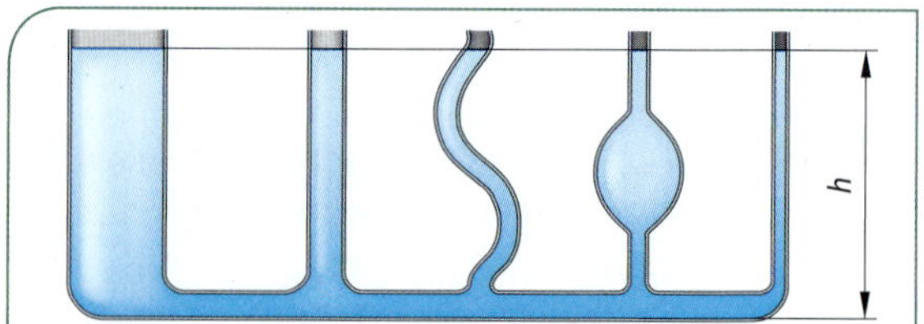

Gleicher Druck in ruhenden Flüssigkeiten unabhängig von Querschnitt und Form der Rohre.

2 Hydrostatisches Paradoxon

Versuche zeigen, dass weder die Gefäßform (vessel form/shape) noch die Flüssigkeitsmenge (quantity of liquid) oder die Fläche einen Einfluss auf die Höhe des Drucks haben (Bild 2). Diese, zunächst widersinnig erscheinende Beobachtung, wird auch als **hydrostatisches Paradoxon**[1] bezeichnet.

Andererseits macht jeder Taucher die Erfahrung, dass sein Körper bei einem Tauchgang in gleiche Tiefe stets dem gleichen Druck unterliegt – unabhängig davon, ob er z. B. in einem See, einem Meer oder einem Brunnen taucht.

Beispiel:

Am Manometer einer Warmwasser-Zentralheizungsanlage wird ein Druck von 1,8 bar abgelesen. Das Manometer befindet sich 1,2 m über dem Kesselboden. Die Höhe der Anlage vom Kesselboden bis zum höchsten Heizkörper beträgt 12 m.

a) Ermitteln Sie den hydrostatischen Druck in Höhe des Manometers in bar. Runden Sie auf drei Stellen hinter dem Komma.

b) Berechnen Sie den über dem hydrostatischen Druck liegenden zusätzlichen Überdruck in der Anlage in bar, sowie den Fülldruck als Absolutdruck in bar, wenn der momentane Umgebungsdruck $p_{amb} = 1005$ hPa beträgt.

Lösung:

a) $p_{hydr} = h \cdot \rho \cdot g$

$p_{hydr} = (12\text{ m} - 1{,}2\text{ m}) \cdot 1\,000 \frac{kg}{m^3} \cdot 9{,}81 \frac{m}{s^2}$

$p_{hydr} = 105\,948 \frac{m \cdot kg \cdot m}{m^3 \cdot s^2} = 105\,948 \frac{N}{m^2}$

$p_{hydr} = \frac{105\,948 \frac{N}{m^2} \cdot 1\text{ bar}}{100\,000 \frac{N}{m^2}}$

$\underline{p_{hydr} \approx 1{,}059\text{ bar}}$

b) $p_e = p_{hydr} + p_{zusätzlich}$

$p_{zusätzlich} = p_e - p_{hydr}$

$p_{zusätzlich} = 1{,}800\text{ bar} - 1{,}059\text{ bar}$

$\underline{\underline{p_{zusätzlich} = 0{,}741\text{ bar}}}$

$p_{abs} = p_{amb} - p_e$

$p_{amb} = 1\,005\text{ hPa} = 1\,005\text{ mbar} = 1{,}005\text{ bar}$

$p_{abs} = 1{,}005\text{ bar} + 1{,}800\text{ bar}$

$\underline{\underline{p_{abs} = 2{,}805\text{ bar}}}$

[1] griech.: scheinbar falsche Aussage

Lernfeldübergreifende Inhalte

2.2.2 Kommunizierende Gefäße

In Gefäßen, Rohren und Kanälen, die miteinander verbunden sind (interconnected vessels/tanks or pipes), liegen die Flüssigkeitsspiegel (liquid level) auf gleicher Höhe. Diese Erscheinung ist mithilfe des hydrostatischen Drucks erklärbar. Aufgrund gleicher Flüssigkeitstiefe herrscht im jeweiligen Verbindungskanal der gleiche Druck. Damit wirken an einer angenommenen Querschnittsfläche A (cross-sectional area) auch gleiche Kräfte (Bild 1).

Dieses Prinzip wird z. B. bei der Schlauchwaage (water level) genutzt, mit deren Hilfe z. B. der Meterriss in den Räumen eines Neubaus übertragen werden kann (Bild 2).

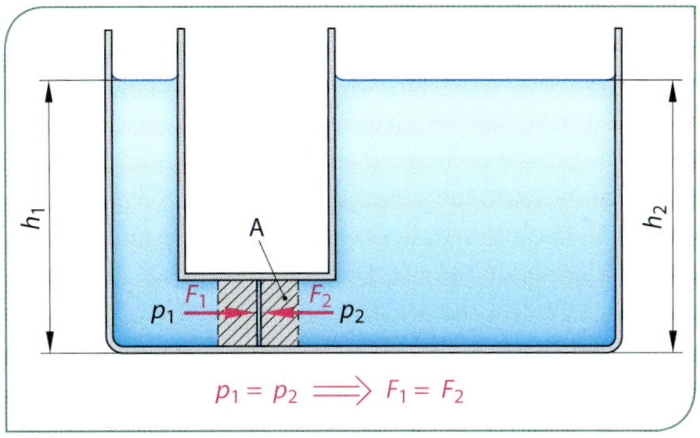

1 Kommunizierende Gefäße

2.2.3 Saugheberprinzip

Ein Behälter (im Beispiel von Bild 3 ein Heizkörper) lässt sich z. B. mithilfe eines Schlauches über ein höher gelegenes Hinderniss hinweg entleeren, sofern der Auslauf niedriger angeordnet ist als der Anschluss am zu entleerenden Behälter. Eine solche Vorrichtung wird Saugheber (suction and emptying hose) genannt.

Bezogen auf seinen höchst gelegenen Punkt enthält der Saugheber zwei unterschiedliche Wassersäulen mit unterschiedlichen hydrostatischen Drücken, die im oberen Bereich einen negativen Überdruck erzeugen.

In der Abwassertechnik jedoch muss dieser Saugheberwirkung z. B. durch geeignete Konstruktion von Geruchsverschlüssen oder durch richtiges Anschließen der Abflussleitung an die Fallleitung begegnet werden. Anderenfalls könnte das Sperrwasser in einem Geruchverschluss „rückgesaugt" werden (vergl. LF 6 Kap. 2.1.7).

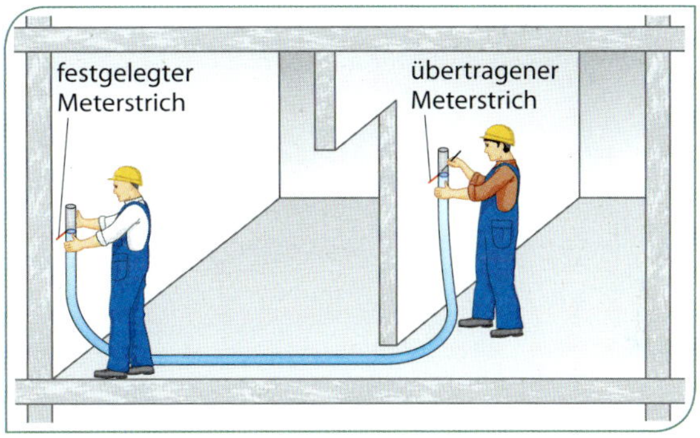

2 Schlauchwaage

2.2.4 Druckfortpflanzung

Flüssigkeiten und Gase nehmen stets die Form des Behälters an, in den sie eingeschlossen sind. Wird von außen ein Druck auf die eingeschlossene Flüssigkeit oder das Gas (closed liquid or gas) ausgeübt, so pflanzt sich dieser **gleichmäßig** im gesamten eingeschlossenen Medium **fort** und führt zu einer entsprechenden **Druckerhöhung** (increase of pressure) **im gesamten System** (Bild 4).

Während sich die eingeschlossenen Gasmoleküle hierbei auf ein kleineres Volumen zusammendrücken (komprimieren) lassen, ist bei Flüssigkeiten eine merkliche **Volumenveränderung** (change of volume) durch den einwirkenden Druck nicht erkennbar. Aus diesem Grund ist es erforderlich, **Membran-Ausdehnungsgefäße** (membrane expansion tank) in Warmwasser-Zentralheizungsanlagen einzubauen.

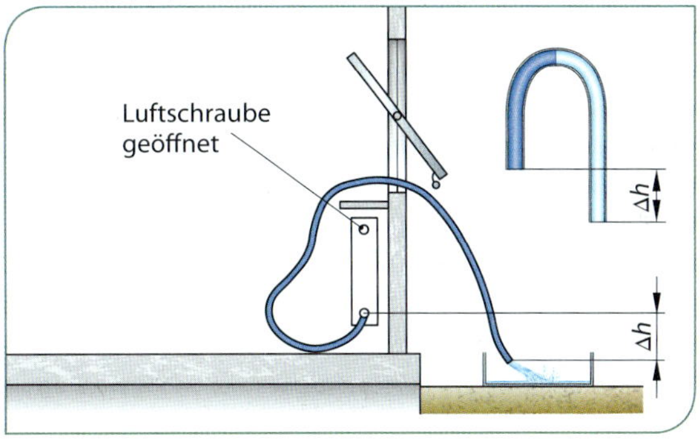

3 Saugheberprinzip zum Entleeren eines Heizkörpers

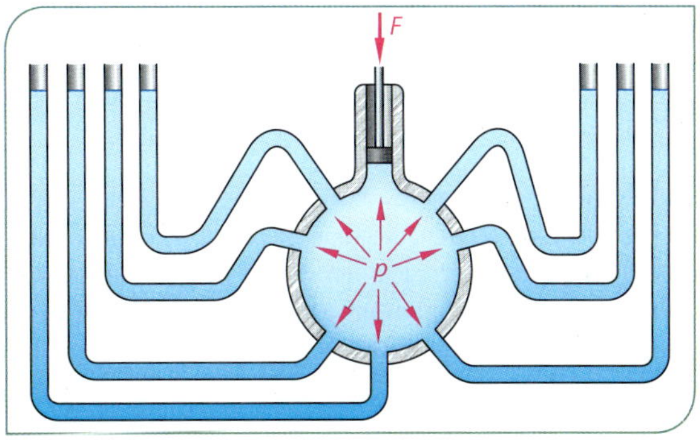

4 Druckfortpflanzung in Flüssigkeiten (und Gasen)

MERKE

In Flüssigkeiten und Gasen breitet sich Druck nach allen Seiten gleichmäßig aus.
Flüssigkeiten lassen sich nicht merkbar zusammendrücken und gelten als inkompressibel.

Lernfeldübergreifende Inhalte

2.2.5 Theoretische Saughöhe von Pumpen bei Wasser

Aufgrund seiner Gewichtskraft (weight) kann eine Wassersäule mithilfe einer Pumpe (pump) nur über eine begrenzte Entfernung (Tiefe) „angehoben" werden.

Die Pumpe (Bild 1) saugt die Luft oberhalb des Wasserspiegels im Saugrohr (suction pipe) ab und erzeugt ein Vakuum. Die auf dem Grundwasserspiegel (ground-water table) lastende Luftsäule drückt das Grundwasser im Förderrohr (delivery pipe) nach oben, bis der hydrostatische Druck der Wassersäule dem Luftdruck das Gleichgewicht hält. Entgegen dem allgemeinen Sprachgebrauch wird in einer Pumpe das Wasser also nicht „hochgesaugt" sondern durch den umgebenden Luftdruck nach oben gedrückt.

Die höchstmögliche Saughöhe (suction height) einer Pumpe errechnet sich wie folgt:

$p_{hydr} = h \cdot \rho \cdot g$ Umstellen nach h

$h = \frac{p_{hydr}}{\rho \cdot g}$ mit $p_{hydr} = p_{amb}$

$p_{amb} \approx 1{,}013 \text{ bar} = 101\,300 \frac{\text{N}}{\text{m}^2}$

$$h = \frac{101\,300 \frac{\text{N}}{\text{m}^2}}{1\,000 \frac{\text{kg}}{\text{m}^3} \cdot 9{,}81 \frac{\text{m}}{\text{s}^2}} \quad \text{da } 1\text{ N} = 1 \frac{\text{kg} \cdot \text{m}}{\text{s}^2} \text{ gilt:}$$

$$h = \frac{101{,}3 \, \cancel{\text{kg}} \cdot \text{m} \cdot \cancel{\text{m}^3} \cdot \cancel{\text{s}^2}}{9{,}81 \, \cancel{\text{s}^2} \cdot \cancel{\text{m}^2} \cdot \cancel{\text{kg}} \cdot \cancel{\text{m}}}$$

$$\underline{\underline{h = 10{,}33 \text{ m}}}$$

Die theoretische Saughöhe von Pumpen beträgt 10,33 m.

PRAXISHINWEIS

Da bei einer Pumpe immer Reibungsverluste (friction losses) und Undichtigkeiten (leakages) auftreten, beträgt die reale Saughöhe von Pumpen nur ca. 7…8 m.

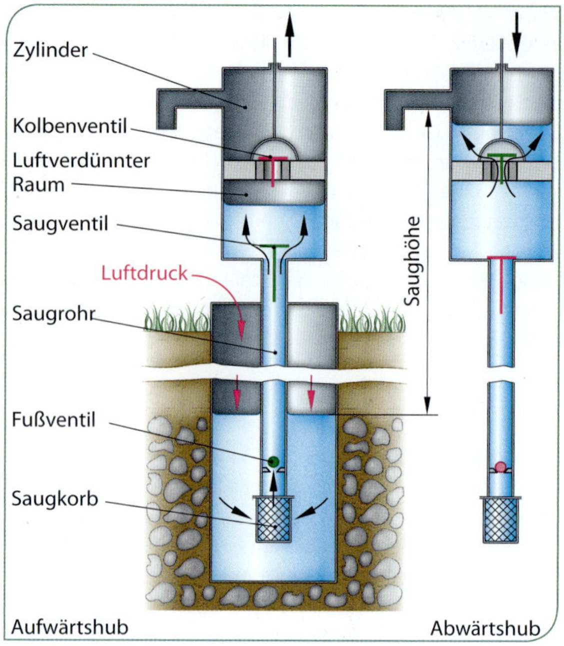

1 Fördern von Wasser mithilfe einer Kolbenpumpe

2.3 Druck in Gasen

2.3.1 Das Boyle-Mariottesche Gesetz

Gase lassen sich zusammendrücken, sie sind kompressibel (compressible) (vgl. Kap. 2.2.2.4). Sofern sie keine chemische Änderung erfahren und nicht von anderen Stoffen gebunden werden (wie z. B. Aceton), verhalten sie sich nach dem Boyle-Mariotteschen[1)] Gesetz:

$$\boxed{p_1 \cdot V_1 = p_2 \cdot V_2} \longrightarrow p \cdot V = \text{const.}$$

Durch Versuche fanden die beiden Forscher heraus, dass sich das Volumen eines (idealen) Gases mit zunehmendem Druck verringert. Die Änderung erfolgt umgekehrt proportional (reciprocally proportional), d. h. eine Druckerhöhung z. B. um den doppelten Betrag (double amount) hat eine Halbierung des Volumens (bisection of volume) zur Folge (Bild 2).

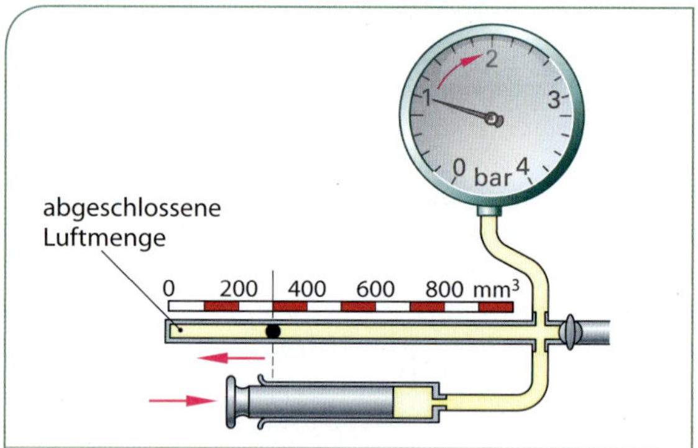

Druck p in bar	Volumen V in mm^3	$p \cdot V$ in bar • mm^3
4	75	300
2	150	300
1	300	300
0,5	600	300

2 Auswirkung der Druckveränderung von Gasen

Bedingung für die Gültigkeit des Boyle-Mariotteschen Gesetzes: Der Druck muss als Absolutdruck p_{abs} berücksichtigt werden und die dritte veränderbare Größe – in diesem Fall die Temperatur – muss konstant bleiben.

MERKE

Das Produkt aus Druck und Volumen einer abgeschlossenen Gasmenge ist bei gleich bleibender Temperatur konstant.

---

1) Boyle, Robert; engl. Physiker und Chemiker (1626-1691)
Mariotte, Edme; franz. Chemiker (1620-1684)

Beispiel:
Eine Sauerstoffflasche mit einem Volumen von 50 l steht unter einem Druck p_e von 200 bar. Wie viele Liter Sauerstoff sind in der Flasche enthalten?

Lösung:
geg.: $p_{abs1} = 201$ bar; $V_1 = 50$ l;
$p_{abs2} = 1$ bar (Luftdruck)
ges.: V_2

$$p_1 \cdot V_1 = p_2 \cdot V_2$$

$$V_2 = \frac{p_1 \cdot V_1}{p_2}$$

$$V_2 = \frac{201 \text{ bar} \cdot 50 \text{ l}}{1 \text{ bar}}$$

$$\underline{\underline{V_2 = 10\,050 \text{ l}}}$$

2.3.2 Luftdruck

Vergleichbar mit dem hydrostatischen Druck von Flüssigkeiten üben die Luftschichten (air layers) der Erde auf die Erdoberfläche einen Druck aus (vgl. Kap. 2.1), der als **Atmosphärendruck** (atmospheric pressure) oder **Umgebungsdruck** p_{amb} bezeichnet wird. Je tiefer die Erdoberfläche (earth's surface) liegt, desto höher und damit schwerer ist die auf ihr lastende Luftsäule (air column), und desto größer ist folglich der Atmosphärendruck; umgekehrt nimmt er mit zunehmender Höhe stetig ab.

Dieser Luftdruck wurde erstmals von dem italienischen Physiker Torricelli[1)] genau bestimmt. Er benutzte hierzu eine mit Quecksilber gefüllte Glasröhre, die er mit der Öffnung nach unten in einen ebenfalls mit Quecksilber (mercury) gefüllten Behälter stellte (Bild 1). Die Quecksilbersäule fiel nun soweit nach unten, bis der durch ihre Gewichtskraft verursachte Druck auf das Quecksilberbad dem ebenfalls auf ihm lastenden Luftdruck das Gleichgewicht hielt. Da sich oberhalb der Quecksilbersäule in der Röhre ein Vakuum bildete, war die Höhe der Quecksilbersäule ein eindeutiges Maß für den Luftdruck. Die auf Meereshöhe mit 760 mm gemessene Quecksilbersäule wurde Torricelli zu Ehren als Normal-Luftdruck (N.N.) mit 760 Torr festgelegt.

Umrechnung: 760 mm Hg-Säule ≙ 760 Torr (als Druckeinheit nach dem SI-System nicht mehr erlaubt) = 1013 mbar = 1013 hPa.

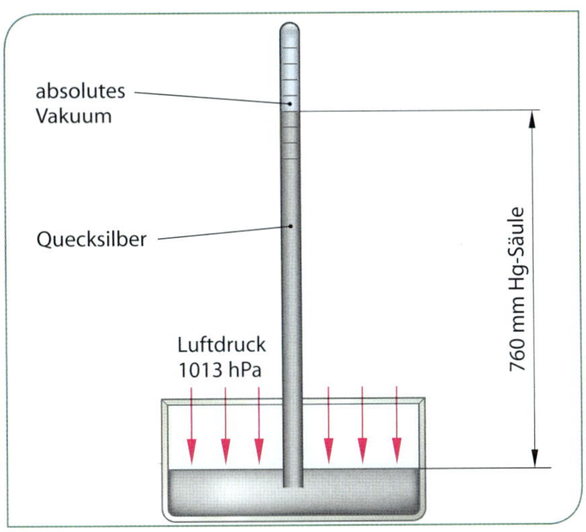

1 Luftdruckmessung nach Torricelli

1) Torricelli, Evangelista; ital. Physiker (1608-1647)

2.4 Druckmessgeräte

Zur Druckmessung (pressure metering) werden je nach Größenordnung des zu messenden Drucks unterschiedliche Druckmessgeräte (pressure gauges/measuring devices) eingesetzt. Neben **mechanisch** arbeitenden oder direkt abbildenden Messgeräten werden auch **elektronische digital anzeigende Messgeräte** mit Messumformer verwendet.

Zur Druckmessung in Rohrleitungssystemen mit Flüssigkeiten werden überwiegend **Röhrenfeder-Manometer** (Bourdontube manometer) eingesetzt, in der Gastechnik sowohl **Röhrenfeder-** und **Plattenfeder-Manometer** als auch **U-Rohr-Manometer** (U-tube manometer) für geringe Gasdrücke. In der Abgas- und Raumlufttechnik werden für sehr niedrige Drücke im Bereich von einigen Pascal **Schrägrohr-Manometer** verwendet.

Röhrenfeder-Manometer

Das für hohe Drücke am häufigsten verwendete Messgerät ist das Röhrenfeder-Manometer (Bild 2). Eine bogenartig geformte Röhre mit ovalem Querschnitt (oval cross-section) besitzt auf ihrer Außenseite eine größere Fläche als auf ihrer Innenseite. Wirkt nun auf die Innenwandungen der Röhre ein Druck, so sind die nach außen gerichteten Kräfte des Röhrenbogens größer als die nach innen gerichteten und die Röhre „biegt sich auf". Diese Bewegung wird auf ein Drehwerk umgesetzt und durch den Zeiger (pointer) als zunehmender Druck angezeigt.

Da der hydrostatische Druck in einem System direkt proportional zur Höhe der Wassersäule ist, kann die Skala des Messgerätes statt in bar direkt in Meter geeicht werden. Ein solches Messgerät, das z. B. den Füllstand eines Rohrleitungssystems anzeigt (offene Anlage), heißt **Hydrometer** (hydrometer).

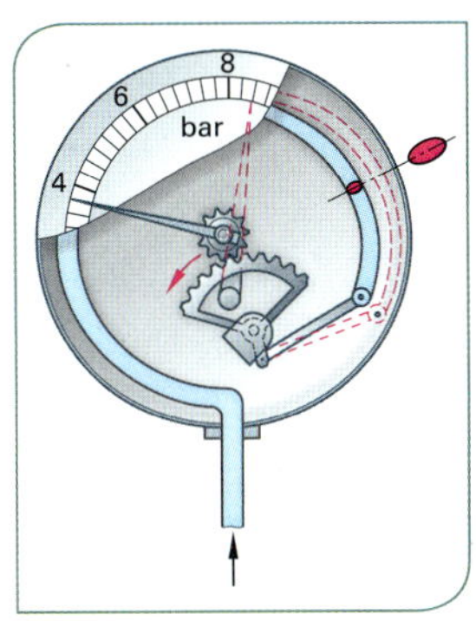

2 Röhrenfeder-Manometer

Lernfeldübergreifende Inhalte

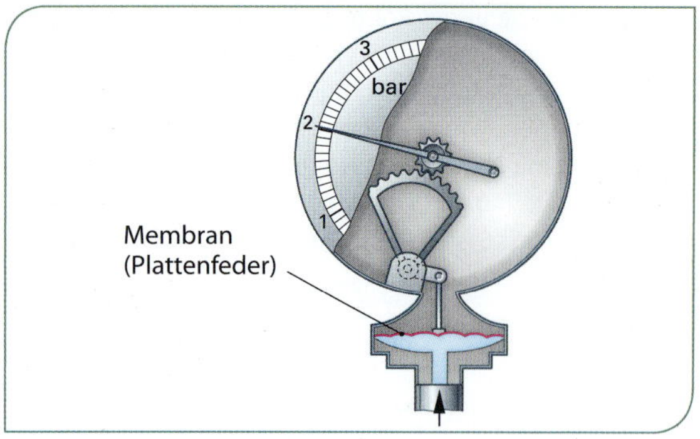

1 Plattenfeder-Manometer

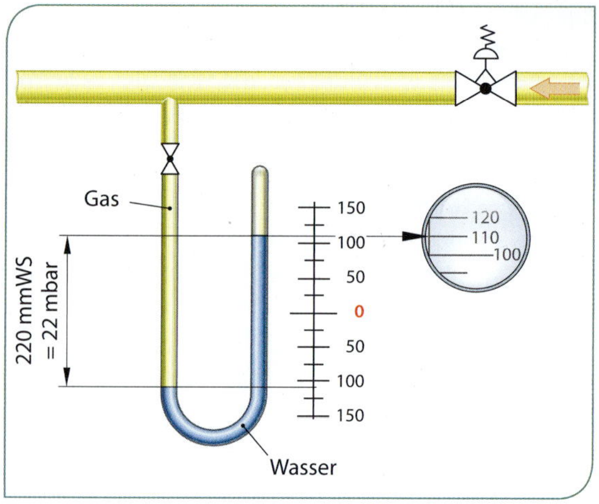

2 U-Rohr-Manometer

Plattenfeder-Manometer

Das Plattenfeder-Manometer (diaphragm pressure gauge) ist ähnlich aufgebaut wie das Röhrenfeder-Manometer, statt einer Röhre ist jedoch eine Plattenfeder eingebaut. Durch den Überdruck in der Plattenkammer wird die gewellte Platte (corrugated plate) nach oben gedrückt und erfüllt damit die Funktion einer Membrane. Die Hubbewegung (lifting motion) wird wiederum auf ein Drehwerk übertragen (Bild 1).

U-Rohr-Manometer

Sie sind einfach aufgebaut und bestehen im Wesentlichen aus zwei parallel angeordneten Röhren, die durch einen 180°-Bogen verbunden sind (Bild 2). Die ablesbare maximale Druckhöhe wird durch die Dichte der gewählten Sperrflüssigkeit und durch die Schenkellänge der Glasröhren bestimmt. U-Rohr-Manometer im Ablesebereich > 100 mbar werden wegen der sonst unhandlichen Länge z. B. mit Quecksilber gefüllt (Beim Umgang mit Quecksilber ist äußerste Vorsicht geboten!). Bei Ablesebereichen < 100 mbar wird meist Wasser, aber auch Spezialöl verwendet. Wasser vereinfacht die Skalenteilung, da jeder verfügbare Maßstab zum Ablesen des Drucks benutzt werden kann. Dabei wird die Höhe des Drucks durch die Differenz der hydrostatischen Drücke der beiden gegenüberliegenden Wassersäulen bestimmt.

MERKE

Die Differenz der Wassersäulen des U-Rohr-Manometers bestimmt den abzulesenden Druck.
Zur Erinnerung: 10 mm Wassersäule $\triangleq$ 1 mbar

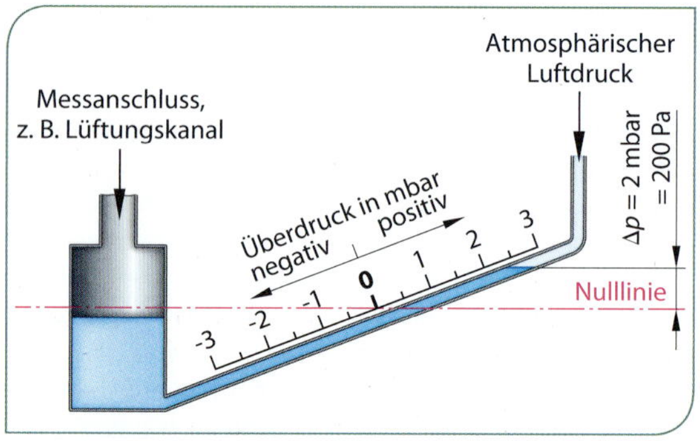

3 Schrägrohr-Manometer

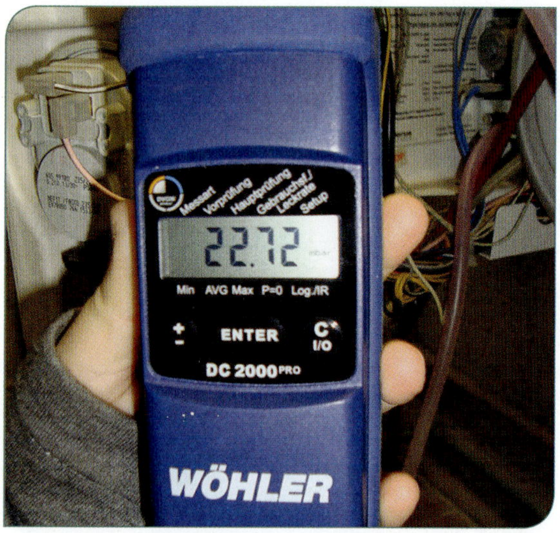

4 Elektronisches Manometer

Schrägrohr-Manometer

Für sehr geringe Drücke im Pascal-Ablesebereich werden Schrägrohr-Manometer (inclined tube manometer) verwendet. Durch die Schrägstellung des Ableseschenkels wurde es möglich, den ablesbaren Druckbereich größenmäßig zu reduzieren. Weiterhin können über den Anschluss beider Messstutzen Differenzdrücke gemessen werden. Hierzu muss der höhere Druck an den Stutzen mit der Flüssigkeitsvorlage angeschlossen werden, sofern die Skala mit dem Nullpunkt beginnt (Bild 3).

Elektronisches Manometer

Elektronische Manometer sind mit Messumformern (measuring transformers) ausgerüstet, die die physikalische Größe „Druck" in ein elektrisches Signal umwandeln. Die Messergebnisse werden dabei digital angezeigt.

2.5 Hydrostatic pressure

The hydrostatic pressure in potable water or heating systems in buildings is created by the weight of the water in this system.
In an open or closed system of pipes and containers (for example, a hot water storage tank, a boiler or radiators) the intensity of pressure depends on the height difference between the highest and the lowest water level in the system. This height difference can be illustrated by a water column. The higher the water column in the system, the more pressure is exerted at its lowest point. The hydrostatic pressure is expressed in "bar":

1 bar corresponds to a force of **10 N** acting on an area of **1 cm²** (fig. 1).

The level of pressure tells us how great the force *F* is, which acts perpendicular to the surface *A*:

$$p = \frac{F}{A}$$

Applied to an imaginary water column, the force *F* is the product of the water mass *m* in this column and the gravitational acceleration *g*:

$$F = m \cdot g = m \cdot 9{,}81\ \frac{\text{m}}{\text{s}^2}$$

Using the approximated value $g \approx 10\ \frac{\text{m}}{\text{s}^2}$ and the density of $1000\ \frac{\text{kg}}{\text{m}^3}$ for water we can form the simple equation:

10 m water column ≈ 1 bar (fig. 2).

If the water at any point in the mentioned system is set under pressure, the whole of the water comes under the same pressure at all other points and the resulting force acts against the inner walls of the pipes and containers (fig. 3).

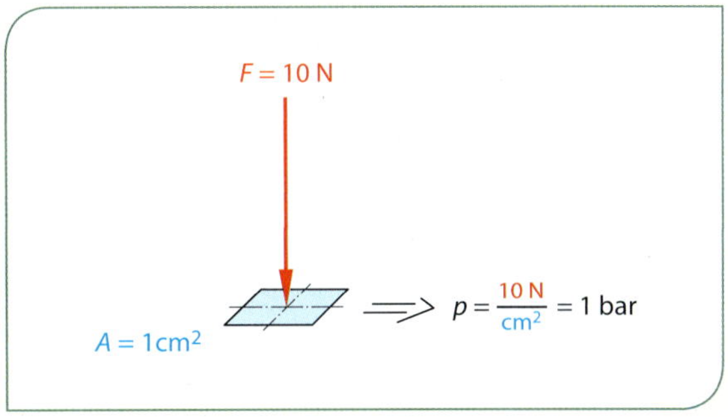

1 Pressure: force acting on an area

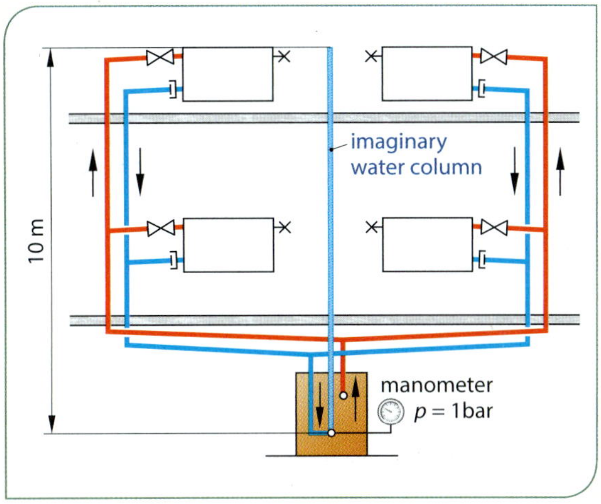

2 Hydrostatic pressure

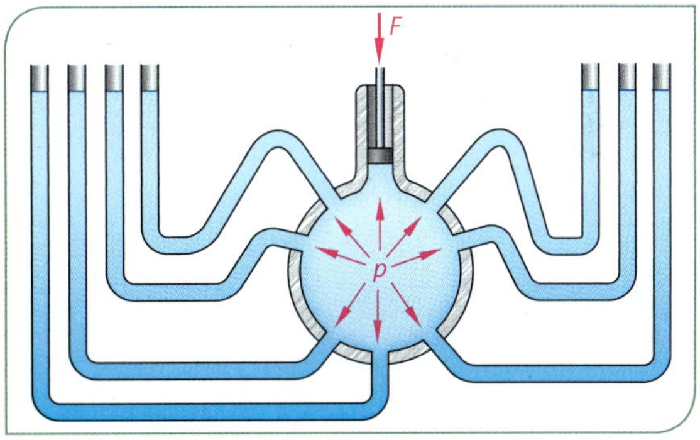

3 Pressure propagation

Exercises

Use your reference book, a dictionary or the internet.

1. Find the corresponding terms in German for: hydrostatic pressure, weight, mass, height difference, water level, water column, force, area, perpendicular, gravitational acceleration, approximated value, simple equation.
2. Which relation regarding the hydrostatic pressure is mentioned in the text?
3. Which importance does the height of a water column have for the pressure intensity?
4. Which practical value does the mentioned equation: 10m water column ≈ 1bar have?

3 Strömungslehre

3.1 Strömungsgeschwindigkeit und Volumenstrom

Die Geschwindigkeit, mit der sich Flüssigkeiten in Rohrleitungen fortbewegen, wird als **Strömungs-** bzw. **Fließgeschwindigkeit** v (flow rate) bezeichnet. Sie ergibt sich als Quotient aus dem zurückgelegten Weg s und der dafür benötigten Zeit t. Ihre SI-Einheit ist $\frac{m}{s}$.

$$v = \frac{s}{t}$$

v: Strömungsgeschwindigkeit in $\frac{m}{s}$
s: Weg in m
t: Zeit in s

Beispiel:
In einer Heizungsanlage durchströmt das Heizungswasser eine 36 m lange Leitung in 72 s. Berechnen Sie die Strömungsgeschwindigkeit in $\frac{m}{s}$.

Lösung:
geg.: $s = 36$ m, $t = 72$ s
ges.: v in $\frac{m}{s}$
$v = \frac{s}{t}$
$v = \frac{36\ m}{72\ s}$
$v = 0{,}5\ \frac{m}{s}$

Das je Zeiteinheit t, z.B. Sekunde, durch eine Rohrleitung strömende Volumen einer Flüssigkeit wird als **Volumenstrom** $\dot{V}$ (volume flow) bezeichnet (Bild 1). Die SI-Einheit des Volumenstroms ist $\frac{m^3}{s}$.
Weitere gebräuchliche Einheiten sind z.B.:
$\frac{m^3}{h}$, $\frac{dm^3}{s}\left(\frac{l}{s}\right)$, $\frac{dm^3}{min}\left(\frac{l}{min}\right)$.

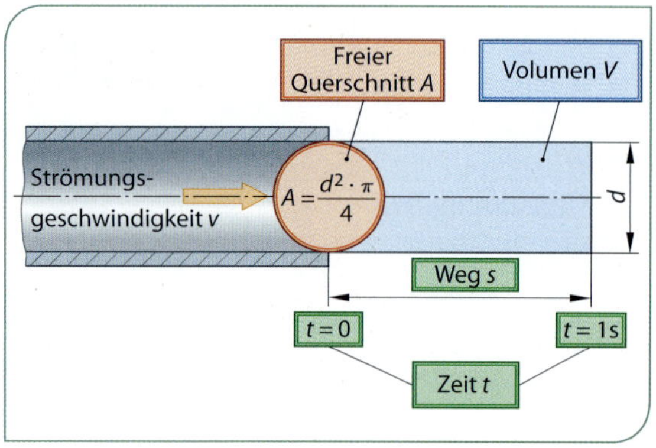

1 Volumenstrom $\dot{V}$

$$\dot{V} = \frac{V}{t}$$

$\dot{V}$: Volumenstrom in $\frac{m^3}{s}$
V: Volumen in m^3
t: Zeit in s

Da das Volumen V vom freien Rohrleitungsquerschnitt A und vom Weg s, den das Strömungsmedium in einer bestimmten Zeiteinheit t zurücklegt, bestimmt wird, gilt:

$$\dot{V} = \frac{A \cdot s}{t}$$

$\dot{V}$: Volumenstrom in $\frac{m^3}{s}$
A: Rohrinnenquerschnitt in m^2
s: Weg in m
t: Zeit in s

Da $\frac{s}{t} = v$, errechnet sich der Volumestrom $\dot{V}$ als Produkt aus dem lichten Rohrquerschnitt A und der Strömungsgeschwindigkeit v.

$$\dot{V} = A \cdot v$$

$\dot{V}$: Volumenstrom in $\frac{m^3}{s}$
A: Rohrinnenquerschnitt in m^2
v: Strömungsgeschwindigkeit in $\frac{m}{s}$

Beispiel:
Der lichte Querschnitt einer Trinkwasserleitung beträgt 0,05 dm^2. Berechnen Sie den Volumenstrom $\dot{V}$ in $\frac{l}{s}$, wenn die Strömungsgeschwindigkeit v 1,2 $\frac{m}{s}$ beträgt.

Lösung:
geg.: $A = 0{,}05\ dm^2$, $v = 1{,}2\ \frac{m}{s}$
ges.: $\dot{V}\left(\frac{l}{s}\right)$
$\dot{V} = A \cdot v$
$\dot{V} = 0{,}05\ dm^2 \cdot 12\ \frac{dm}{s}$
$\dot{V} = 0{,}6\ \frac{dm^3}{s} = 0{,}6\ \frac{l}{s}$

3.2 Ausflussvolumen, Füll- und Entleerungszeit

Durch Umstellung der Formeln zur Berechnung des Volumenstromes können das aus einer Rohrleitung ausströmende Volumen (= Ausflussvolumen) sowie die Füll- und Entleerungszeit von Anlagen und Behältern ermittelt werden. Das **Ausflussvolumen** V (discharge volume) ergibt sich als Produkt aus dem Volumenstrom $\dot{V}$ und der Zeit t.

$$V = \dot{V} \cdot t$$

V: Volumen in m^3
$\dot{V}$: Volumenstrom in $\frac{m^3}{s}$
t: Zeit in s

Ersetzt man $\dot{V}$ durch $A \cdot v$, so ergibt sich:

$$V = A \cdot v \cdot t$$

V: Volumen in m^3
A: Rohrinnenquerschnitt in m^2
v: Strömungsgeschwindigkeit in $\frac{m}{s}$
t: Zeit in s

Stellt man diese Formel nach t um, so erhält man die **Füll- bzw. Entleerungszeit** (filling time/discharging time).

$$t = \frac{V}{A \cdot v}$$

t: Füll-bzw. Entleerungszeit in s
V: Volumen in m^3
A: Rohrinnenquerschnitt in m^2
v: Strömungsgeschwindigkeit in $\frac{m}{s}$

Beispiel 1:
Wie viele Liter Trinkwasser fließen in 30 min aus einer Kupferleitung EN 1057 – 22 x 1, wenn die Strömungsgeschwindigkeit 1,4 $\frac{m}{s}$ beträgt?

Lösung:
geg.: $d_a = 22$ mm; s = 1 mm (Wanddicke in mm);
$t = 30 \text{ min} = 1800 \text{ s}$; $v = 1{,}4 \frac{m}{s} = 14 \frac{dm}{s}$
ges.: V in l

$$A = \frac{d_i^2 \cdot \pi}{4} \qquad d_i = d_a - 2 \cdot s$$

$$d_i = 22 \text{ mm} - 2 \cdot 1 \text{ mm}$$

$$A = \frac{(0{,}2 \text{ dm})^2 \cdot \pi}{4} \qquad d_i = 20 \text{ mm} = 0{,}20 \text{ dm}$$

$$A = 0{,}0314 \text{ dm}^2$$

$$V = A \cdot v \cdot t$$

$$V = \frac{0{,}0314 \text{ dm}^2 \cdot 14 \text{ dm} \cdot 1800 \text{ s}}{\text{s}}$$

$$\underline{\underline{V = 791{,}28 \text{ l}}}$$

Beispiel 2:
Ein 300 l-Trinkwasserspeicher soll entleert werden. Berechnen Sie die Entleerungszeit in min, wenn der Innendurchmesser der Entleerungsarmatur 21,6 mm beträgt und das Wasser mit einer Strömungsgeschwindigkeit von 1,0 $\frac{m}{s}$ ausläuft.

Lösung:
geg.: $V = 300 \text{ l} = 300 \text{ dm}^3$; $d_i = 21{,}6$ mm;
$v = 1{,}0 \frac{m}{s} = 10 \frac{dm}{s}$
ges.: t in min

$$A = \frac{d_i^2 \cdot \pi}{4}$$

$$A = \frac{(0{,}216 \text{ dm})^2 \cdot \pi}{4}$$

$$A = 0{,}0366 \text{ dm}^2$$

$$t = \frac{V}{A \cdot v}$$

$$t = \frac{300 \text{ dm}^3}{0{,}0366 \text{ dm}^2 \cdot 10 \frac{dm}{s}}$$

$$\underline{\underline{t = 819{,}67 \text{ s} = 13{,}66 \text{ min}}}$$

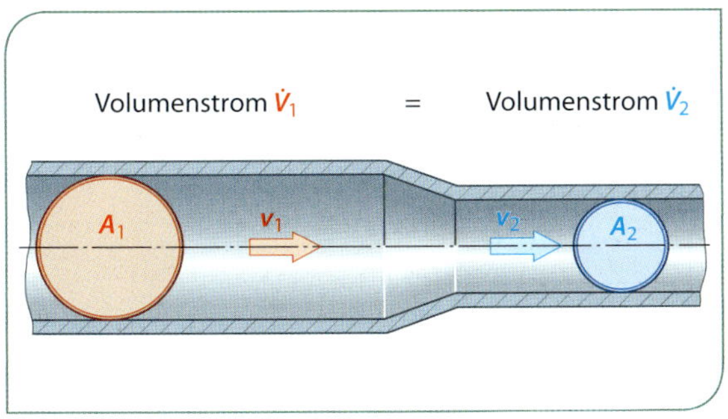

1 Änderung der Strömungsgeschwindigkeit bei Querschnittsänderung

3.3 Strömungsgeschwindigkeit bei Querschnittsänderung (Kontinuitätsgleichung)

Durchströmt ein als inkompressibel (nicht zusammendrückbar) geltendes Medium eine Rohrleitung, so ist sein Volumenstrom $\dot{V}$ an jeder Querschnittsstelle gleich.
Bei gleich bleibendem Volumenstrom $\dot{V}$ ergeben sich folglich an unterschiedlichen **Rohrinnenquerschnitten *A*** (inner/internal cross sections of pipes) unterschiedliche Strömungsgeschwindigkeiten v (Bild 1). Dieser Zusammenhang wird durch die Kontinuitätsgleichung[1] ausgedrückt.

$$\boxed{\dot{V} = A_1 \cdot v_1 = A_2 \cdot v_2 = \text{konstant}}$$

$\dot{V}$: Volumenstrom in $\frac{m^3}{s}$
A_1, A_2 : Rohrinnenquerschnitte in m^2
v_1, v_2 : Strömungsgeschwindigkeiten in $\frac{m}{s}$

Daraus folgt: $\boxed{\frac{A_1}{A_2} = \frac{v_2}{v_1}}$

In einer Rohrleitung mit wechselndem Innenquerschnitt verhalten sich die Strömungsgeschwindigkeiten zueinander umgekehrt proportional zu den Rohrinnenquerschnitten. Bei einer Verringerung des lichten Querschnitts erhöht sich die Strömungsgeschwindigkeit, bei einer Vergrößerung des lichten Querschnitts wird sie kleiner.

MERKE

Die Strömungsgeschwindigkeit bei konstantem Volumenstrom ist umso größer, je kleiner der Rohrinnenquerschnitt ist. Sie ist umso kleiner, je größer der Innenquerschnitt ist.

Beispiel:
In einem Cu-Rohr 22 x 1 strömt Wasser mit 0,5 $\frac{m}{s}$. Welche Strömungsgeschwindigkeit in $\frac{m}{s}$ stellt sich nach einer Reduzierung auf ein 18 x 1 ein.
Lösung:
geg.: $d_{i1} = 20$ mm, $d_{i2} = 16$ mm, $v_1 = 0{,}50 \frac{m}{s}$
ges.: v_2

$$A_1 = \frac{d_{i1}^2 \cdot \pi}{4} \qquad A_2 = \frac{d_{i2}^2 \cdot \pi}{4}$$

$$A_1 = \frac{20^2 \text{ mm}^2 \cdot \pi}{4} \qquad A_2 = \frac{16^2 \text{ mm}^2 \cdot \pi}{4}$$

$$A_1 = 314 \text{ mm}^2 \qquad A_2 = 201 \text{ mm}^2$$

$$A_1 \cdot v_1 = A_2 \cdot v_2 \qquad v_2 = \frac{A_1 \cdot v_1}{A_2}$$

$$v_2 = \frac{314 \text{ mm}^2 \cdot 0{,}5 \frac{m}{s}}{201 \text{ mm}^2}$$

$$\underline{\underline{v_2 = 0{,}78 \text{ m/s}}}$$

[1] Kontinuität : Stetigkeit

3.4 Flüssigkeitsreibung und Viskosität

Bei der Strömung einer Flüssigkeit entsteht nicht nur an der Berührungsfläche zwischen der Flüssigkeit und der Rohrwandung Reibung, sondern auch innerhalb der Flüssigkeit zwischen Flüssigkeitsteilchen bzw. -schichten unterschiedlicher Strömungsgeschwindigkeit. Man bezeichnet sie als **innere Reibung** (internal friction). Sie hängt im wesentlichen von der **Viskosität** (Zähigkeit / viscosity) des strömenden Mediums ab. Man unterscheidet dabei zwischen der dynamischen und der kinematischen Viskosität.

Die **dynamische**[1] **Viskosität** (dynamic viscosity) die auch als dynamische Zähigkeit bezeichnet wird, ist ein Maß für die Fließfähigkeit einer Flüssigkeit und wird in der Einheit $\frac{kg}{m \cdot s}$ angegeben.

Je größer der Wert der dynamischen Viskosität ist, desto größer ist die gegenseitige Anziehung der Flüssigkeitsmoleküle und desto größer ist der Widerstand, der der Verschiebung benachbarter Flüssigkeitsteilchen bzw. -schichten entgegengesetzt wird.

Wird die dynamische Viskosität auf die Dichte der Flüssigkeit bezogen, so erhält man die **kinematische**[2] **Viskosität** (kinematic viscosity) mit der Einheit $\frac{m^2}{s}$.

Der Wert der Viskosität ist bei leicht fließenden Flüssigkeiten wie z. B. Wasser klein, bei zäh fließenden Flüssigkeiten wie z. B. schwerem Heizöl groß (Bild 1).

Stoff	Dynamische Viskosität η in $10^{-6}\,\frac{kg}{m \cdot s}$	Kinematische Viskosität υ in $10^{-6}\,\frac{m^2}{s}$
Benzol	632	0,718
Wasser	1 002	1,004
Alkohol	1 180	1,51
Heizöl EL	5 160	6
Glyzerin	1 071 000	850
Heizöl S	1 460 000	1 520

1 Viskosität verschiedener Flüssigkeiten bei 20 °C

Die Viskosität ist druck- und temperaturabhängig.

Bei Flüssigkeiten wie z. B. Wasser nimmt sie mit steigender Temperatur ab (Bild 2).

Temperatur θ in °C	Dynamische Viskosität η in $10^{-6}\,\frac{kg}{m \cdot s}$	Kinematische Viskosität υ in $10^{-6}\,\frac{m^2}{s}$
0	1 791,7	1,771
10	1 307,3	1,304
20	1 002,3	1,004
30	797,3	0,801
40	652,2	0,658
50	546,3	0,553
60	465,8	0,474
70	404,1	0,413
80	355,0	0,365
90	314,8	0,362
100	282,4	0,295

2 Viskosität von Wasser in Abhängigkeit von der Temperatur bei einem Druck von $p \approx 1$ bar

3.5 Laminare und turbulente Strömung

Bei der **laminaren Strömung** (laminar flow) gleiten die Flüssigkeitsteilchen geordnet und geschichtet nebeneinander (Bild 3). Die einzelnen Schichten bewegen sich in Abhängigkeit vom Abstand zur Rohrwandung mit unterschiedlicher Strömungsgeschwindigkeit fort. Aufgrund der größeren Reibung ist an der Rohrwandung die Strömungsgeschwindigkeit am geringsten. Sie nimmt mit dem Abstand von der Rohrwandung zu und erreicht in der Mitte des Rohres ihren Maximalwert.

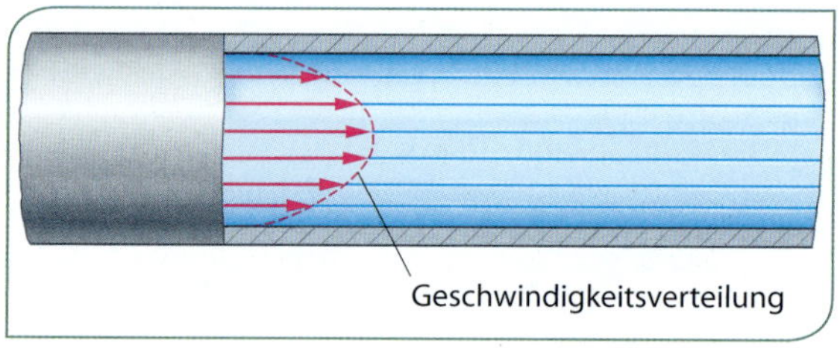

3 Laminare Strömung

Bei Überschreiten einer bestimmten kritischen Geschwindigkeit entsteht aus der laminaren eine **turbulente Strömung** (turbulent flow). Dabei handelt es sich um eine ungeordnete und unregelmäßige Strömung mit fortwährender Wirbelbildung (Bild 4).

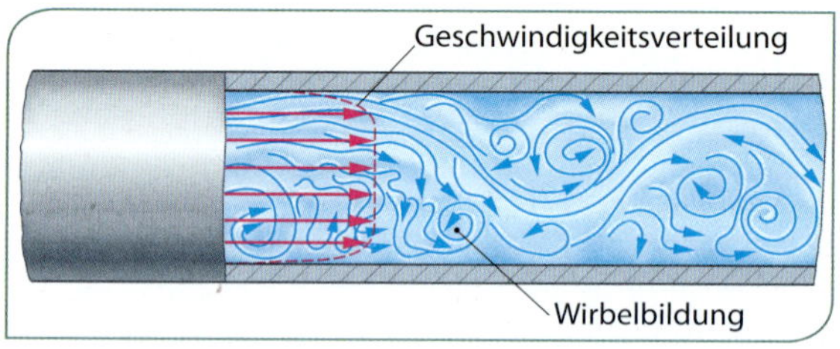

4 Turbulente Strömung

Strömt ein Medium mit niedriger Geschwindigkeit an einem Hindernis vorbei, treten aufgrund der geringen Reibung nur unwesentliche Richtungsänderungen auf. Nimmt allerdings bei größerer Strömungsgeschwindigkeit die innere Reibung zu, verringert sich die Teilchengeschwindigkeit. Die Teilchen geraten in **Rotation** (rotation) und es entstehen **Wirbel** (whirls, swirls). Diese werden von der vorbeilaufenden Strömung mitgerissen, sodass hinter dem Hindernis eine so genannte „Wirbelstraße" entsteht (Bild 1, S. 17).

[1] Dynamik: Lehre von der Bewegungsänderung von Körpern unter dem Einfluss von Kräften

[2] Kinematik: Lehre von der Bewegung ohne Berücksichtigung der Kräfte

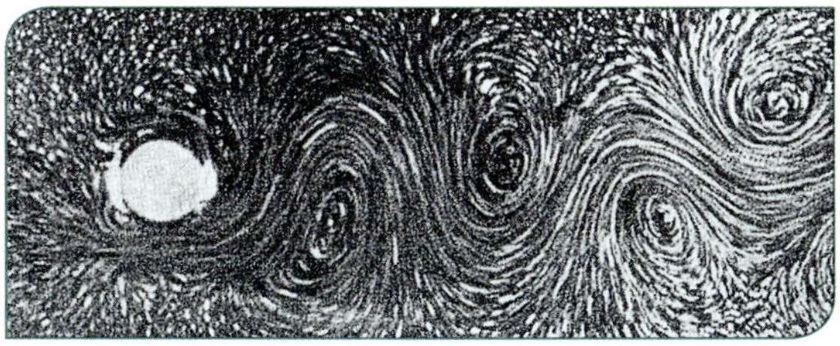

1 Wirbelstraße hinter einem zylindrischen Hindernis

Den Übergang von laminarer zu turbulenter Strömung kann man auch beobachten, wenn man ein Auslaufventil zunächst wenig und dann immer mehr öffnet (Bild 2).

In Heizungs- und Trinkwasserleitungen herrscht meist turbulente Strömung.

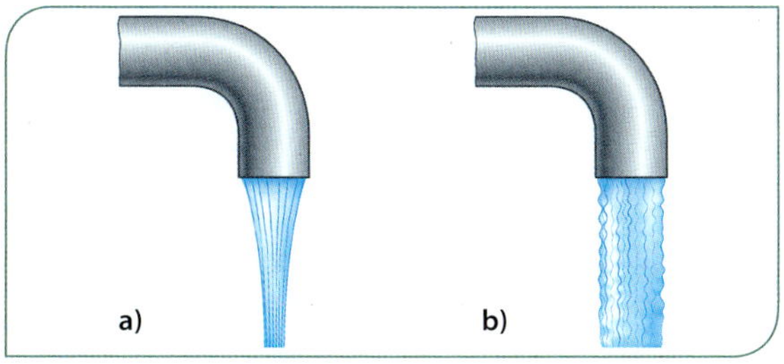

2 Laminare (a) und turbulente (b) Strömung an einem Auslaufventil

3.6 Statischer und dynamischer Druck

Der **statische Druck** p_{stat} (static pressure) ist der Druck, den eine Flüssigkeit auf die Rohrwandung ausübt (Bild 3).
Der statische Druck ist im Ruhezustand am größten. Man bezeichnet diesen Druck als **Ruhedruck** (idle pressure).

MERKE

Ruhedruck ist der statische Druck von ruhenden Flüssigkeiten.

Bei strömenden Flüssigkeiten wird ein Teil des statischen Druckes in **dynamischen Druck** p_{dyn} umgewandelt (Bild 4)

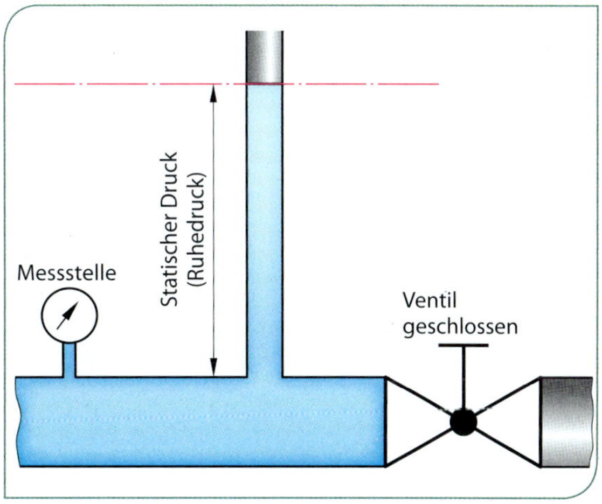

3 Statischer Druck im Ruhezustand (= Ruhedruck)

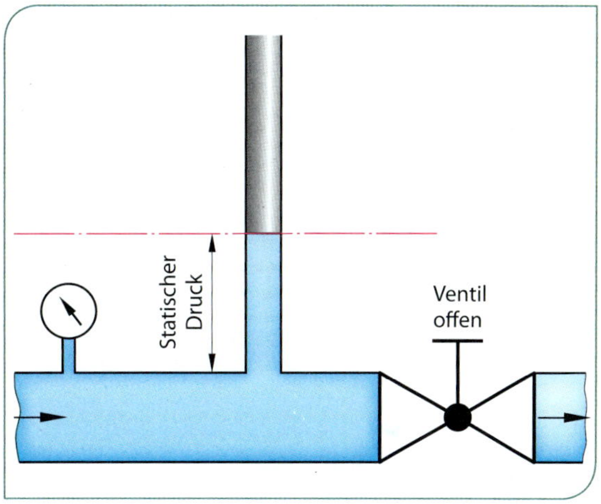

4 Statischer Druck bei strömender Flüssigkeit

MERKE

Der dynamische Druck ist der zur Fortbewegung der Flüssigkeit notwendige Druck.

Der notwendige dynamische Druck p_{dyn} hängt ab von der Dichte des strömenden Mediums und von seiner Strömungsgeschwindigkeit v:

$$p_{dyn} = \frac{\rho \cdot v^2}{2}$$

p_{dyn} = Dynamischer Druck in Pa oder bar

ρ = Dichte des strömenden Mediums in $\frac{kg}{m^3}$

v = Strömungsgeschwindigkeit in $\frac{m}{s}$

Der dynamische Druck ist umso größer, je größer die Strömungsgeschwindigkeit und die Dichte des strömenden Mediums sind.

Beispiel:
In einer Rohrleitung strömt Wasser ($\rho = 1000\ \frac{kg}{m^3}$) mit einer Geschwindigkeit $v = 0{,}8\ \frac{m}{s}$.
Bestimmen Sie den dynamischen Druck p_{dyn} in Pa.

Lösung:
geg.: $\rho = 1000\ \frac{kg}{m^3}$, $v = 0{,}8\ \frac{m}{s}$.
ges.: p_{dyn}

$$p_{dyn} = \frac{\rho \cdot v^2}{2}$$

$$p_{dyn} = \frac{1\,000\ kg \cdot 0{,}8^2\ m^2}{m^3 \cdot s^2 \cdot 2}$$

$$\underline{\underline{p_{dyn} = 320\ \frac{N}{m^2} = 320\ Pa}}$$

Der statische Druck wird um den Wert kleiner, um den der dynamische Druck größer wird. Der statische Druck der strömenden Flüssigkeit wird Fließdruck (flow pressure) genannt (Bild 1).

MERKE

Fließdruck ist der statische Druck von strömenden Flüssigkeiten.

Nach der Bernoullischen[1)] Druckgleichung setzt sich der Gesamtdruck (Bild 1) einer strömenden Flüssigkeit aus dem statischen Druck (Fließdruck) und dem dynamischen Druck zusammen:

$$p_{ges} = p_{stat} + p_{dyn}$$

p_{ges} = Gesamtdruck in Pa oder mbar
p_{stat} = Statischer Druck in Pa oder mbar
p_{dyn} = Dynamischer Druck in Pa oder mbar

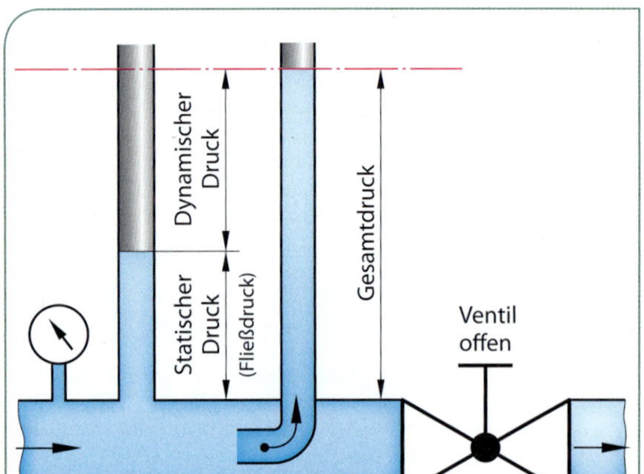

1 Fließzustand: Statischer und dynamischer Druck

1) Bernoulli, Daniel, Schweizer Mathematiker und Physiker, 1700 – 1782

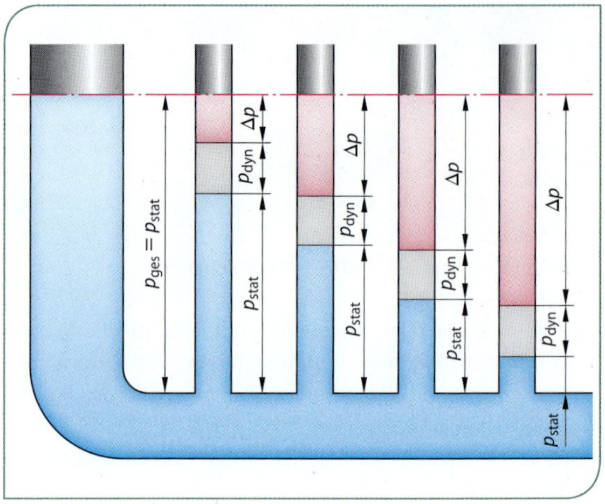

2 Veränderung der Druckanteile bei einer strömenden Flüssigkeit

In der Praxis bewegen sich Flüssigkeiten nicht reibungsfrei. Es entstehen **Druckverluste** (pressure drops/losses) in den geraden Rohrstrecken und in den Einzelwiderständen, z. B. bei Armaturen und Fittings.
Deshalb ist der Gesamtdruck einer strömenden Flüssigkeit die Summe aus dem statischen Druck (Fließdruck), dem dynamischen Druck und den Druckverlusten (Bild 2):

$$p_{ges} = p_{stat} + p_{dyn} + \Delta p$$

p_{ges} = Gesamtdruck in Pa oder mbar
p_{stat} = Statischer Druck in Pa oder mbar
p_{dyn} = Dynamischer Druck in Pa oder mbar
Δp = Gesamtdruckverlust in Pa oder mbar

Beispiel:
Die Strömungsgeschwindigkeit in einer mit Trinkwasser durchströmten Rohrleitung beträgt $1{,}2\ \frac{m}{s}$.
Der statische Druckanteil beträgt 170 Pa, die Dichte $1000\ \frac{kg}{m^3}$ und der Gesamtdruckverlust in der Rohrleitung 380 Pa.
Berechnen Sie
a) den dynamischen Druck p_{dyn}
b) den Gesamtdruck p_{ges} bei Vernachlässigung der Druckverluste
c) den Gesamtdruck p_{ges} bei Berücksichtigung der Druckverluste

Lösung:
geg.: $\rho = 1000\ \frac{kg}{m^3}$, $v = 1{,}2\ \frac{m}{s}$; $p_{stat} = 170\ Pa$
ges.: a) p_{dyn} in bar
b) p_{ges} in bar

a) $$p_{dyn} = \frac{\rho \cdot v^2}{2}$$

$$p_{dyn} = \frac{1\,000\ kg \cdot 1{,}2^2 m^2}{m^3 \cdot s^2 \cdot 2}$$

$$\underline{\underline{p_{dyn} = 720\ Pa}}$$

b) $p_{ges} = p_{stat} + p_{dyn}$
$p_{ges} = 170\ \text{Pa} + 720\ \text{Pa}$
$\underline{\underline{p_{ges} = 890\ \text{Pa}}}$

c) $p_{ges} = p_{stat} + p_{dyn} + \Delta p$
$p_{ges} = 170\ \text{Pa} + 720\ \text{Pa} + 380\ \text{Pa}$
$\underline{\underline{p_{ges} = 1270\ \text{Pa}}}$

Strömt eine Flüssigkeit in einer Rohrleitung mit gleich bleibendem Innenquerschnitt, nimmt der statische Druck auch aufgrund der Rohrreibung und innerer Reibung ab (vgl. Kap. 3.4). Verringert man den Rohrinnenquerschnitt, sinkt der statische Druck besonders stark ab, da für die höhere Strömungsgeschwindigkeit ein höherer dynamischer Druck erforderlich ist und hohe Druckverluste auftreten (Bild 1).

Bei sehr geringem Rohrinnenquerschnitt wie z. B. an der Düse eines Saugfittings (Bild 2) ist der statische Druckanteil im Bereich der Einmündung der Heizkörper-Rücklaufleitung geringer als in der Heizkörper-Anschlussleitung. Dadurch entsteht **Saugwirkung** (suction) und die Durchströmung des Heizkörpers wird unterstützt. Derartig verengte Rohre werden auch als **Venturi-Düsen**[1)] (venturi nozzles) bezeichnet. In der Technik wird dieses Prinzip außerdem z. B. bei Schweißbrennern, Wasserstrahlpumpen und atmosphärischen Gasbrennern angewandt.

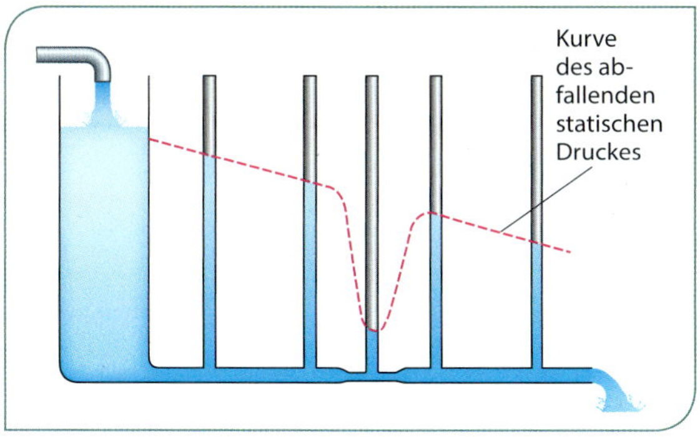

1 Abnahme des statischen Druckes

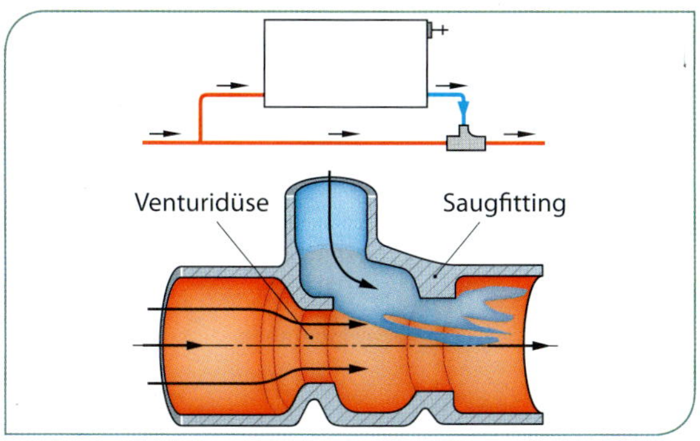

2 Saugfittings

[1)] Venturi, Giovanni Battista, ital. Naturforscher, 1746 – 1822

3.7 Druckverluste

3.7.1 Druckverluste in geraden Rohrstrecken

Druckverluste in **geraden Rohrstrecken** (straight pipe sections) entstehen durch Reibung des strömenden Mediums an der Rohrwandung und durch Reibung innerhalb des strömenden Mediums.

Die Druckverluste durch Reibung sind abhängig von:

- der Viskosität des strömenden Mediums,
- der Dichte des strömenden Mediums,
- der Strömungsgeschwindigkeit,
- dem Rohrinnendurchmesser,
- der Oberflächenrauheit der Rohrwandung,
- der Länge des Rohres.

Außer der Rohrlänge werden alle genannten Faktoren durch den **R-Wer**t erfasst. Er gibt den Druckverlust durch Reibung je Meter Rohr in $\frac{\text{Pa}}{\text{m}}$ bzw. $\frac{\text{mbar}}{\text{m}}$ an und kann den entsprechenden Tabellen und Diagrammen entnommen werden (Bild 3).

Druckgefälle R in		Obere Zeile: Massenstrom $\dot{m}$ in $\frac{\text{kg}}{\text{h}}$ Untere Zeile: Strömungsgeschwindigkeit v in $\frac{\text{m}}{\text{s}}$					
$\frac{\text{mbar}}{\text{m}}$	$\frac{\text{Pa}}{\text{m}}$	**Außendurchmesser x Wanddicke in mm**					
		12 x 1	15 x 1	18 x 1	22 x 1	28 x 1,5	35 x 1,5
0,16	16	23 0,08	47 0,10	84 0,12	154 0,14	284 0,17	556 0,20
0,20	20	26 0,10	54 0,12	95 0,14	176 0,16	323 0,19	631 0,22
0,24	24	29 0,11	60 0,13	105 0,15	194 0,18	355 0,21	700 0,25
0,28	28	31 0,11	66 0,14	115 0,16	212 0,19	390 0,23	760 0,27
0,35	35	36 0,13	75 0,16	132 0,18	242 0,22	445 0,26	860 0,31
0,40	40	39 0,14	80 0,17	141 0,20	259 0,24	476 0,27	930 0,33
0,45	45	42 0,15	86 0,18	151 0,21	277 0,25	508 0,30	990 0,35
0,50	50	44 0,16	92 0,20	161 0,23	294 0,27	540 0,31	1 050 0,37
0,55	55	47 0,17	97 0,21	170 0,24	311 0,28	570 0,33	1 110 0,39
0,60	60	49 0,18	102 0,22	179 0,25	328 0,30	600 0,35	1 170 0,41
0,65	65	52 0,19	107 0,23	187 0,27	342 0,31	626 0,36	1 220 0,43
0,70	70	54 0,20	111 0,24	195 0,28	357 0,33	652 0,38	1 270 0,45
0,80	80	58 0,21	120 0,26	211 0,30	385 0,35	703 0,41	1 370 0,49
0,90	90	62 0,23	129 0,27	225 0,32	412 0,38	753 0,44	1 460 0,52
1,0	100	66 0,24	137 0,29	239 0,34	437 0,40	800 0,47	1 550 0,55
1,5	150	84 0,30	172 0,37	301 0,43	551 0,50	1 000 0,58	1 950 0,69
2	200	99 0,36	203 0,43	355 0,5	647 0,59	1 180 0,69	2 290 0,81
3	300	125 0,45	255 0,55	445 0,63	813 0,74	1 480 0,86	2 870 1,02

3 Druckgefälle R – Kupferrohre EN 1057

Der Druckverlust einer geraden Rohrleitung beliebiger Länge ergibt sich aus dem Produkt von R-Wert und Rohrlänge.

$$\Delta p_R = R \cdot l$$

Δp_R: Druckverlust durch Reibung in geraden Rohrstrecken in Pa bzw. mbar
R: Druckgefälle in $\frac{\text{Pa}}{\text{m}}$ bzw. $\frac{\text{mbar}}{\text{m}}$
l: Rohrlänge in m

Beispiel:
Durch eine 18 m lange gerade Kupferrohrleitung EN 1057 – 22 x 1,0 strömen stündlich 328 kg Warmwasser. Bestimmen Sie den Druckverlust der geraden Rohrstrecke in mbar.

Lösung:
geg.: $l = 18$ m, $R = 0{,}60 \frac{\text{mbar}}{\text{m}}$ (Bild 3, Seite 19)
ges.: Δp_R

$$\Delta p_R = R \cdot l$$

$$\Delta p_R = 0{,}60 \frac{\text{mbar}}{\text{m}} \cdot 18 \text{ m}$$

$$\underline{\underline{\Delta p_R = 10{,}8 \text{ mbar}}}$$

3.7.2 Druckverluste durch Einzelwiderstände

Neben den Druckverlusten durch Reibung entstehen in einem Rohrnetz auch Druckverluste durch Umlenkungen in

- **Armaturen** (fittings) (z. B. Ventile, Klappen, Rückflussverhinderer, Mischbatterien),
- **Rohrformteilen** (pipe fittings) (z. B. Winkel, Bögen, Abzweige, Reduzierungen) sowie
- **sonstigen Einbauteilen** (other mountings) (z. B. Wasserzähler, Trinkwassererwärmer, Pufferspeicher, Heizkessel, Heizkörper).

Die Druckverluste der **Einzelwiderstände** $\boldsymbol{Z}$ (separate resistors) sind abhängig von:

- Bauart und Nennweite der eingebauten Komponenten,
- dem dynamischen Druck p_{dyn},
- der Strömungsgeschwindigkeit v und
- der Dichte ρ des strömenden Mediums

Die Bauart und Nennweite werden durch die **Widerstandsbeiwerte** $\boldsymbol{\zeta}$ (zeta) (flow resistance values) ausgedrückt. Es handelt sich dabei um Vergleichswerte, die in Versuchen ermittelt und in Tabellen zusammengefasst werden (Bild 1).

$$Z = \Sigma\zeta \cdot p_{dyn} = \Sigma\zeta \cdot \frac{\rho \cdot v^2}{2}$$

Z: Druckverlust durch Einzelwiderstände in Pa bzw. mbar
$\Sigma\zeta$: Summe der Widerstandsbeiwerte
p_{dyn}: Dynamischer Druck in Pa bzw. mbar
ρ: Dichte in $\frac{\text{kg}}{\text{m}^3}$
v: Strömungsgeschwindigkeit in $\frac{\text{m}}{\text{s}}$

Beispiel:
Bestimmen Sie den Druckverlust in Pa eines Heizkörper-Durchgangsventils DN 20, wenn die Strömungsgeschwindigkeit des Heizwassers 0,5 $\frac{\text{m}}{\text{s}}$ beträgt.

Lösung:
geg.: $\Sigma\zeta = 6{,}0$ (Bild 1), $\rho = 1000 \frac{\text{kg}}{\text{m}^3}$; $v = 0{,}5 \frac{\text{m}}{\text{s}}$
ges.: Z (Pa)

$$Z = \Sigma\zeta \cdot \frac{\rho \cdot v^2}{2}$$

$$Z = \frac{6{,}0 \cdot 1000 \text{ kg} \cdot 0{,}5^2 \text{m}^2}{\text{m}^3 \cdot \text{s}^2 \cdot 2}$$

$$\underline{\underline{Z = 750 \frac{\text{N}}{\text{m}^2} = 750 \text{ Pa}}}$$

Einzelwiderstände	ζ-Wert			
Armaturen				
Nennweite DN	10 15	20 25	32 40	50 > 50
Schieber	1,0	0,5	0,3	0,3
Ventile, Geradesitzventil Schrägsitzventil Eckventil	10,0 3,5 4,0	7,0 3,0 2,0	5,0 2,5 2,0	4,0 2,0 1,5
Heizkörperventile, Durchgangsventil Eckventil Rücklaufverschraubung	8,5 4,0 2,0	6,0 2,0 1,5	5,0 2,0 1,0	4,0 – –
Rückschlagventil	5,0	4,0	4,0	3,5
Rückschlagklappe	2,0	1,5	1,2	1,0
Kugelhahn	0,4	0,6	1,0	1,0
Rückflussverhinderer	DN 15 – DN 20 DN 25 – DN 40 DN 50			7,7 4,3 3,8
Absperrventil mit integriertem Rückflussverhinderer	DN 20 DN 25 – DN 50			6,0 5,0
Druckminderer voll geöffnet	30,0			
Kompensator	2,0			
Rohrformteile				
90°-Bogen	0,5			
Etagenbogen	0,5			
Hosen-T	1,5			
Überbogen	1,0			
T-Stück Vereinigung (0,5 / 1 / 0) Durchgang Abzweig	 0,5 1,0			
T-Stück Trennung (0 / 1,5 / 0,5) Durchgang Abzweig	 0,5 1,5			
T-Stück Gegenlauf	3,0			
Sonstige Einbauteile				
Heizkessel	2,5			
Heizkörper	2,5			
Verteiler Eintritt Austritt	1,0 0,5			
Speicher-Trinkwassererwärmer	2,5			

1 Widerstandsbeiwerte ζ von Einzelwiderständen

Strömungsgeschwindigkeit v in $\frac{m}{s}$	Druckverlust z_1 für $\zeta = 1$	
	in mbar	in Pa
0,1	0,05	5
0,2	0,20	20
0,3	0,45	45
0,4	0,80	80
0,5	1,25	125
0,6	1,80	180
0,7	2,45	245
0,8	3,20	320
0,9	4,05	405
1,0	5,00	500
1,1	6,05	605
1,2	7,20	720
1,3	8,45	845
1,4	9,80	980
1,5	11,30	1 130

1 Druckverlust z_1 eines Einzelwiderstandes mit $\zeta = 1$ bei unterschiedlichen Strömungsgeschwindigkeiten v und Wasser als strömendem Medium

Vereinfacht kann der Druckverlust durch Einzelwiderstände in Abhängigkeit von der Strömungsgeschwindigkeit v mithilfe der **Tabelle** (Bild 1) oder des **Diagramms** (Bild 2) ermittelt werden.

$$Z = \Sigma\zeta \cdot z_1$$

Z: Druckverlust durch Einzelwiderstände in Pa bzw. mbar
$\Sigma\zeta$: Summe der Widerstandsbeiwerte
z_1: Druckverlust für $\zeta = 1$

Für das Heizkörper-Durchgangsventil der Beispielaufgabe ergibt sich damit folgender Druckverlust:

$Z = \Sigma\zeta \cdot z_1$ $\quad z_1 = 1{,}25$ mbar nach Tabelle (Bild 1)
$Z = 6{,}0 \cdot 1{,}25$ mbar
$\underline{Z = 7{,}50 \text{ mbar} = 750 \text{ Pa}}$

3.7.3 Gesamtdruckverlust

Der Gesamtdruckverlust (total pressure drop) in einer Rohrleitung setzt sich aus den Druckverlusten durch Reibung in den geraden Rohrstrecken und den Druckverlusten durch Einzelwiderstände zusammen.

$$\Delta p = \Delta p_R + Z = R \cdot l + \frac{\Sigma\zeta \cdot \rho \cdot v^2}{2}$$

Δp : Gesamtdruckverlust in Pa bzw. mbar
Δp_R : Druckverlust durch Reibung in geraden Rohrstrecken in Pa bzw. mbar
Z : Druckverlust durch Einzelwiderstände in Pa bzw. mbar
R : Druckgefälle in $\frac{Pa}{m}$ bzw. $\frac{mbar}{m}$
l : Rohrlänge in m
$\Sigma\zeta$: Summe der Widerstandsbeiwerte
ρ : Dichte in $\frac{kg}{m^3}$
v : Strömungsgeschwindigkeit in $\frac{m}{s}$

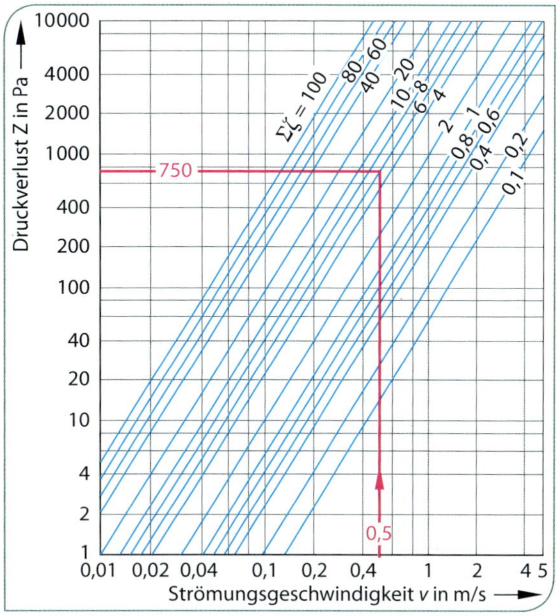

2 Druckverlust Z durch Einzelwiderstände in Wasserheizungsanlagen bei unterschiedlichen Strömungsgeschwindigkeiten

Beipiel 1:
Bestimmen Sie den Gesamtdruckverlust (in Pa) im skizzierten Heizkörperanschluss (Bild 3), wenn stündlich 151 l Heizwasser (1 l = 1 kg) durch den Heizkörper strömen. Die Anschlussleitungen aus Kupferrohr EN 1057 – 18 x 1 weisen insgesamt (Vor- und Rücklauf) eine Länge von 2,60 m auf.

Lösung:
geg.: $R = 45\,\frac{Pa}{m}$, $v = 0{,}2\,\frac{m}{s}$ (Bild 3, S. 19), $l = 2{,}6$ m,
$\rho = 1000\,\frac{kg}{m^3}$, $\Sigma\zeta = 16{,}5$

ges.: Δp
$\Delta p = R \cdot l + \Sigma\zeta \cdot \frac{\rho \cdot v^2}{2}$
$\Delta p = 45\,\frac{Pa}{m} \cdot 2{,}6\text{ m} + 16{,}5 \cdot \frac{1000\text{ kg} \cdot 0{,}2^2\text{ m}^2}{\text{m}^3 \cdot \text{s}^2 \cdot 2}$
$\Delta p = 117\text{ Pa} + 330\text{ Pa}$
$\underline{\Delta p = 447\text{ Pa}}$

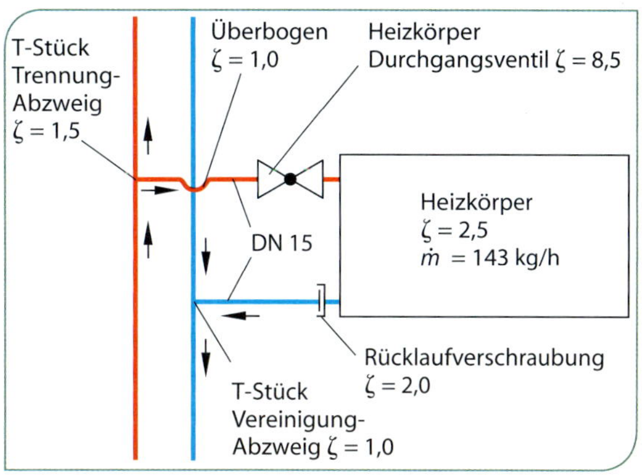

3 Heizkörperanschluss

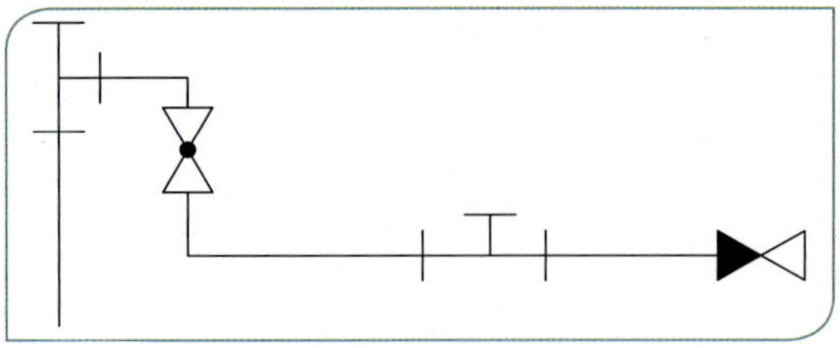

Beipiel 2:

In dem skizzierten 8 m langen Rohrleitungsabschnitt aus nichtrostendem Stahlrohr nach DIN EN ISO 1127 – 22 x 1,2 sind ein T-Stück-Abzweig, ein T-Stück-Durchgang, zwei Bögen 90°, ein Schrägsitzventil und ein Absperrventil mit integriertem Rückflussverhinderer eingebaut. Der Volumenstrom des Trinkkaltwassers beträgt 0,6 $\frac{l}{s}$. Bestimmen Sie den Gesamtdruckverlust in mbar.

Lösung:

geg.: $R = 22{,}2\,\frac{\text{mbar}}{\text{m}}$, $v = 1{,}9\,\frac{\text{m}}{\text{s}}$ (Bild 1), $l = 8$ m,

$\rho = 1000\,\frac{\text{kg}}{\text{m}^3}$; Einzelwiderstände (Bild 2)

ges.: Δp

$$\Delta p = R \cdot l + \Sigma\zeta \cdot \frac{\rho \cdot v^2}{2}$$

$$\Delta p = 22{,}2\,\frac{\text{mbar}}{\text{m}} \cdot 8\text{ m} + 12 \cdot \frac{1000\text{ kg} \cdot 1{,}9^2\text{ m}^2}{\text{m}^3 \cdot \text{s}^2 \cdot 2}$$

$$\Delta p = 177{,}6\text{ mbar} + 21660\text{ Pa}$$

$$\Delta p = 177{,}6\text{ mbar} + 216{,}60\text{ mbar}$$

$$\underline{\underline{\Delta p = 394{,}20\text{ mbar}}}$$

d_i	DN 10 10,0 mm		DN 12 13,0 mm		DN 15 16,0 mm		DN 20 19,6 mm		DN 25 25,6 mm	
$\dot{V}$ in $\frac{l}{s}$	R in $\frac{\text{mbar}}{\text{m}}$	v in $\frac{\text{m}}{\text{s}}$	R in $\frac{\text{mbar}}{\text{m}}$	v in $\frac{\text{m}}{\text{s}}$	R in $\frac{\text{mbar}}{\text{m}}$	v in $\frac{\text{m}}{\text{s}}$	R in $\frac{\text{mbar}}{\text{m}}$	v in $\frac{\text{m}}{\text{s}}$	R in $\frac{\text{mbar}}{\text{m}}$	v in $\frac{\text{m}}{\text{s}}$
0,05	7,7	0,6	2,2	0,4	0,8	0,2	0,3	0,2	0,1	0,1
0,10	25,4	1,3	7,3	0,8	2,7	0,5	1,0	0,3	0,3	0,2
0,15	51,5	1,9	14,8	1,1	5,5	0,7	1,9	0,5	0,7	0,3
0,20	85,5	2,5	24,5	1,5	9,1	1,0	3,3	0,6	1,1	0,4
0,30	175,2	3,8	49,9	2,3	18,5	1,5	6,5	1,0	2,1	0,6
0,40	292,5	5,1	83,1	3,0	30,8	2,0	10,8	1,3	3,6	0,8
0,50			123,6	3,8	45,7	2,5	16,0	1,6	5,3	1,0
0,60			171,1	4,5	63,2	3,0	22,2	1,9	7,3	1,2
0,70			225,5	5,3	83,2	3,5	29,1	2,2	9,5	1,4
0,80					105,6	4,0	37,0	2,5	12,0	1,6
0,90					130,3	4,5	45,6	2,9	14,8	1,8
1,00					157,4	5,0	55,1	3,2	17,9	2,0
1,10							65,3	3,5	21,2	2,2
1,20							76,3	3,8	24,8	2,4
1,30							88,1	4,1	28,6	2,6
1,40							100,6	4,5	32,7	2,9
1,50							113,9	4,8	37,0	3,1
1,60							127,9	5,1	41,5	3,3
1,70									46,3	3,5

1 Druckgefälle R – Nichtrostende Stahlrohre DIN EN ISO 1127

Einzelwiderstand ζ	Anzahl	ζ	$\Sigma\zeta$
T-Stück Trennung – Abzweig	1	1,5	1,5
T-Stück Trennung – Durchgang	1	0,5	0,5
Bogen	2	0,5	1,0
Schrägsitzventil	1	3,0	3,0
Absperrventil mit integriertem Rückflussverhinderer	1	6,0	6,0
Summe			12

2 Einzelwiderstände aus Bild 1, Seite 20

ÜBUNGEN

1. Beim Füllen einer Trinkwasseranlage benötigt das Wasser 2,4 min, bis es an einer 144 m entfernten Auslaufarmatur ausströmt. Berechnen Sie die Strömungsgeschwindigkeit des Wassers in $\frac{\text{m}}{\text{s}}$.

2. Die Anschlussleitung zwischen Steigstrang und einem Plattenheizkörper ist 6 m lang.
   a) Wie lange dauert es, bis das Heizwasser aus dem Steigstrang am Heizkörper ankommt, wenn die Strömungsgeschwindigkeit 0,3 $\frac{\text{m}}{\text{s}}$ beträgt.
   b) Welche Strecke legt das Heizwasser in 0,2 Minuten zurück.

3. Bestimmen Sie den Volumenstrom in $\frac{l}{s}$, wenn die Füllzeit für einen 12-l-Spülkasten 40 Sekunden beträgt.

4. Berechnen Sie den Volumenstrom in einem nichtrostenden Stahlrohr ISO 1127 – 28 x 1,2 in $\frac{l}{s}$, wenn die Strömungsgeschwindigkeit 1,8 $\frac{\text{m}}{\text{s}}$ beträgt.

5. Wie viele Liter Wasser fließen bei einer Strömungsgeschwindigkeit von 1,2 $\frac{\text{m}}{\text{s}}$ in 15 min aus einem Rohr mit einem Innendurchmesser von 18 mm.

6. Mit welcher Geschwindigkeit in $\frac{\text{m}}{\text{s}}$ fließt das Wasser durch ein Kupferrohr EN 1057 – 22 x 1, wenn ein 10-l-Eimer in einer Minute gefüllt ist.

7. Ein Tauchbecken ist 6 m lang, 2,5 m breit und 2 m tief. Es wird durch zwei nichtrostende Stahlrohre ISO 1127 – 108 x 2,0 gefüllt. Berechnen Sie die Füllzeit des Beckens in Minuten, wenn die Strömungsgeschwindigkeit in beiden Leitungen 1,2 $\frac{\text{m}}{\text{s}}$ beträgt.

8. Ein Behälter soll in 15 min mit 3 m³ Wasser gefüllt werden. Welchen Innendurchmesser muss ein Rohr mindestens haben, wenn die Strömungsgeschwindigkeit nicht höher als 2,0 $\frac{\text{m}}{\text{s}}$ sein soll.

ÜBUNGEN

(9) Eine Heizungsanlage mit 480 l Heizwasser soll entleert werden. Berechnen Sie die erforderliche Entleerungszeit, wenn ein Entleerungsschlauch mit einem Innendurchmesser von 20 mm verwendet wird und die Strömungsgeschwindigkeit 1,5 $\frac{m}{s}$ beträgt.

(10) In einem Präzisionsstahlrohr EN 10305-3 – 28 x 1,5 strömt Heizungswasser mit 0,3 $\frac{m}{s}$. Welche Strömungsgeschwindigkeit stellt sich nach einer Reduzierung auf 22 x 1,5 ein.

(11) Nennen Sie die Einheit der
a) dynamischen Viskosität.
b) kinematischen Viskosität

(12) Erläutern Sie den Unterschied zwischen statischem und dynamischem Druck.

(13) Erklären Sie die Größen Ruhedruck und Fließdruck.

(14) Wovon hängt der dynamische Druck ab?

(15) Nennen Sie vier Anwendungsbeispiele für das Venturi-Prinzip.

(16) In einer Rohrleitung strömt Heizwasser mit einer Fließgeschwindigkeit von 1,2 $\frac{m}{s}$. Die Dichte des Heizwassers beträgt 1000 $\frac{kg}{m^3}$. Bestimmen Sie den dynamischen Druck p_{dyn} in Pa und mbar.

(17) Das Trinkwarmwasser durchströmt eine Rohrleitung mit einer Fließgeschwindigkeit von 0,65 $\frac{m}{s}$.
Der statische Druckanteil beträgt 2,40 mbar, der Druckverlust 2,65 mbar und die Dichte 1000 $\frac{kg}{m^3}$. Berechnen Sie
a) den dynamischen Druckanteil in mbar.
b) den Gesamtdruck in mbar.

(18) Wovon hängen die Druckverluste durch Reibung in den geraden Rohrstrecken ab.

(19) Definieren Sie den R-Wert.

(20) Wovon hängen die Druckverluste durch Einzelwiderstände ab?

(21) Erklären Sie den Begriff „Widerstandsbeiwert".

(22) Woraus setzt sich der Gesamtdruckverlust in den Teilstrecken einer Heizungsanlage zusammen?

(23) Durch eine 12,6 m lange gerade Kupferrohrleitung EN 1057 – 22 x 1,0 strömen 0,2 $\frac{l}{s}$ Warmwasser.
a) Bestimmen Sie die Fließgeschwindigkeit in $\frac{m}{s}$.
b) Bestimmen Sie den Druckverlust der geraden Rohrstrecke in mbar.

(24) Der Druckverlust in einer 18 m langen, geraden Rohrleitung DN 20 aus Gewinderohr EN 10255 – mittlere Reihe darf höchstens 1440 Pa betragen.
a) Berechnen Sie das Druckgefälle in $\frac{Pa}{m}$.
b) Bestimmen Sie die Strömungsgeschwindigkeit in $\frac{m}{s}$.
c) Bestimmen Sie den Massenstrom in $\frac{kg}{h}$.

(25) Für eine 14,6 m lange Rohrleitung aus nichtrostendem Stahlrohr nach DIN EN ISO 1127 steht ein Druck von 5,84 mbar zur Verfügung.
a) Bestimmen Sie die Nennweite der Rohrleitung, wenn der Volumenstrom 0,4 $\frac{l}{s}$ beträgt.
b) Bestimmen Sie die Strömungsgeschwindigkeit in $\frac{m}{s}$.

(26) Bestimmen Sie den Druckverlust in Pa eines Schrägsitzventils DN 25, wenn die Strömungsgeschwindigkeit des Trinkwassers 2 $\frac{m}{s}$ beträgt.

(27) Ermitteln Sie für die Teilstrecken 1 bis 6 jeweils die Summe der Widerstandsbeiwerte und bilden sie die Gesamtsumme.

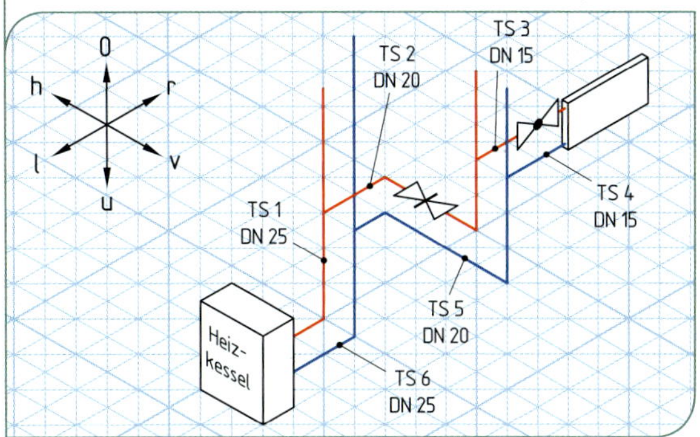

(28) Bestimmen Sie die Druckverluste der Einzelwiderstände in Pa, wenn die Strömungsgeschwindigkeit 0,6 $\frac{m}{s}$ beträgt.

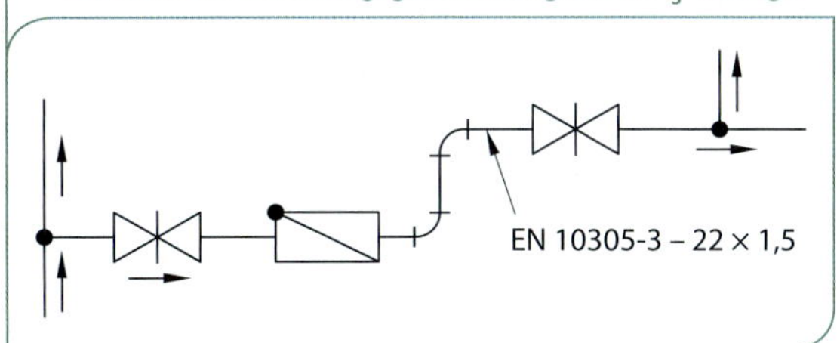

(29) Bestimmen Sie den Gesamtdruckverlust in Pa im skizzierten Heizkörperanschluss, wenn der Heizkörper eine Leistung von 1450 W erbringen soll und die Heizwassertemperaturen 75/65°C betragen. Die Anschlussleitungen aus Gewinderohr EN 10255 – mittlere Reihe sind in der Nennweite DN 15 ausgeführt und weisen insgesamt (Vor- und Rücklauf) eine Länge von 2,40 m auf.

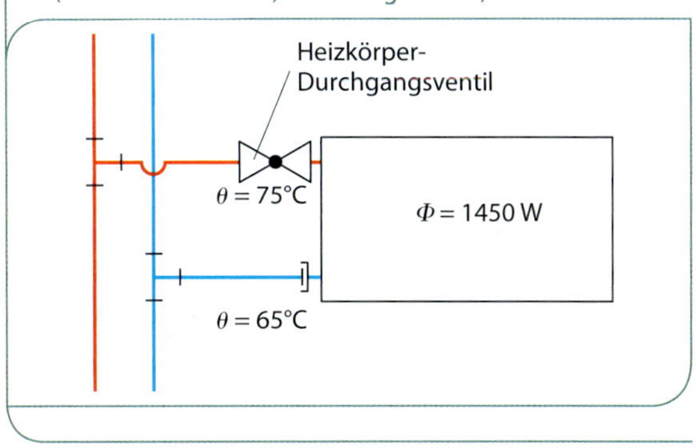

Lernfeldübergreifende Inhalte

4 Wärmelehre (Kalorik)

4.1 Temperatur

Die Temperatur (temperature) spielt in der Sanitär-, Heizungs- und Klimatechnik eine bedeutende Rolle. An vielen Stellen wird sie gemessen (z. B. Raumtemperatur, Speichertrinkwassertemperatur), überwacht (z. B. höchstzulässige Vorlauftemperatur, Mindesttemperatur wegen Frostgefahr) und geregelt (z. B. Vorlauftemperatur).

Wird einem Stoff Energie zugeführt, erhöht sich dessen Temperatur und damit auch die Bewegungsenergie der Moleküle bzw. Atome (Brownsche[1] Molekularbewegung) (Bild 1). Je niedriger die Temperatur eines Stoffes ist, desto geringer ist die Molekularbewegung, bis sie schließlich bei

$$0\ \text{K} = -273,15\,°\text{C (absoluter Nullpunkt)}$$

völlig aufhört.

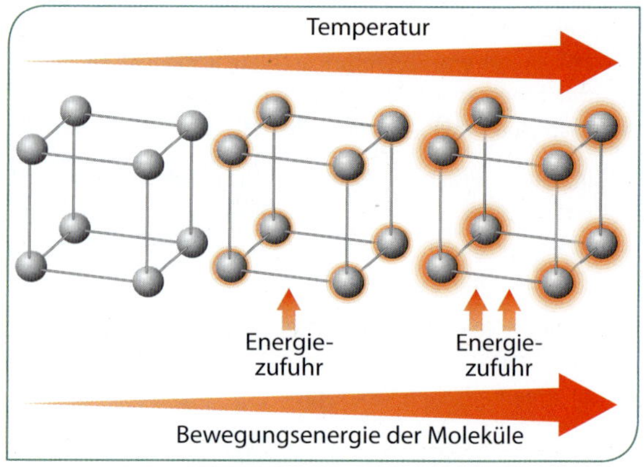

1 Bewegungsenergie der Moleküle

MERKE

Die Temperatur ist ein Maß für den Wärmezustand eines Körpers.

4.1.1 Temperaturskalen

Celsiusskala

In den meisten Ländern der Erde wird die von Anders Celsius[2] aufgestellte und nach ihm benannte Celsiusskala (Bild 2) benutzt. Bei ihr entspricht

- 0°C dem Gefrierpunkt (freezing point) von Wasser bzw. dem Schmelzpunkt (melting point) von Eis und
- 100°C dem Siedepunkt von Wasser bzw. dem Kondensationspunkt (condensation point) von Wasserdampf bei einem Druck von 1 013 mbar.

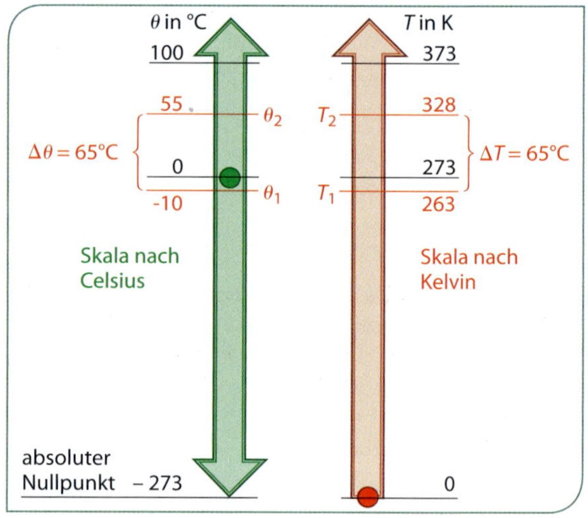

2 Temperaturskalen

Der Bereich zwischen diesen beiden Temperaturpunkten ist in 100 gleiche Teile aufgeteilt. Temperaturen oberhalb 0°C werden mit einem Pluszeichen (z. B. +20°C) und Temperaturen unterhalb 0°C mit einem Minuszeichen (z. B. –10°C) versehen.

Für Temperaturen in Grad Celsius (°C) werden die Formelzeichen (symbols) ϑ, θ (Klein-Theta mit unterschiedlichen Schreibweisen) oder *t* verwendet.

Kelvinskala

In der Wissenschaft (science) und häufig auch in der Technik (technology) wird statt der Celsiusskala die thermodynamische (thermodynamic) Temperaturskala verwendet. Hierbei wird die Temperatur in Kelvin[3] angegeben (Bild 2).

Die Einheit Kelvin (Einheitenzeichen K) ist im internationalen Einheitensystem (SI-System) die Basiseinheit der thermodynamischen Temperatur.

Die Kelvinskala wird auch absolute (absolute) Temperaturskala genannt, weil sie vom absoluten Nullpunkt der Temperatur ($\triangleq$ 0 K) ausgeht. Negative Kelvin-Temperaturen sind folglich nicht möglich.

MERKE

Die Kelvinskala der thermodynamischen Temperatur kennt nur positive Temperaturwerte.

$$T = (\theta + 273)\ K$$

T: thermodynamische Temperatur in K
θ: Celsiustemperatur in °C

[1] Robert Brown, britischer Botaniker, 1773 – 1858
[2] Anders Celsius, schwedischer Astronom, 1701 – 1744
[3] Lord William Thomas Kelvin, britischer Mathematiker und Physiker, 1824 – 1907

Temperaturdifferenzen (differences in temperature) werden im Allgemeinen in K angegeben, können aber auch in °C angegeben werden. Ein Temperaturunterschied von 1 K ist gleich dem von 1°C. Es gilt die Beziehung:

$$\Delta T = T_2 - T_1 = \Delta\theta = \theta_2 - \theta_1$$

ΔT: Temperaturdifferenz in K
T_2 : höhere Temperatur in K
T_1 : niedrigere Temperatur in K
$\Delta\theta$: Temperaturdifferenz
θ_2 : höhere Temperatur in °C
θ_1 : niedrigere Temperatur in °C

4.2 Thermische Ausdehnung

Die meisten Stoffe (z. B. Luft, Alkohol, Stahl) dehnen sich bei Erwärmung (temperature rise) in alle Richtungen gleichmäßig aus und ziehen sich bei Abkühlung wieder zusammen. Diese Eigenschaft macht man sich bei der Messung von Temperaturen zunutze (vgl. Kap. 4.3). Die thermische Ausdehnung (thermal expansion) muss auch berücksichtigt werden, wenn es in einem technischen System auf Grund großer Temperaturunterschiede zu großen Längenänderungen bei den verwendeten Werkstoffen z. B. Aluminium oder PVC kommt. In längeren Rohrleitungen ohne Richtungsänderungen müssen deshalb Dehnungsausgleicher (Bild 1) eingebaut werden.
Die thermische Ausdehnung eines Körpers (Bild 2) hängt ab von seinem Werkstoff, der Temperaturdifferenz und seiner Länge bzw. seinem Volumen.
Die werkstoffspezifische **Längenänderung** (change of length) eines Stoffes beschreibt der Längenausdehnungskoeffizient α_l (Bild 3).

MERKE

Der Längenausdehnungskoeffizient α_l eines Stoffes gibt an, um welchen Bruchteil eines m er sich bei Erwärmung um 1 K pro 1 m Länge ausdehnt.

Mit dem Längenausdehnungskoeffizienten α_l wird gerechnet, wenn die Ausdehnung in eine Richtung gelenkt wird (z. B. Fadenthermometer), oder wenn nur die Längenänderung bedeutsam ist (thermische Ausdehnung von Rohrleitungen).

$$\Delta l = l_0 \cdot \alpha_l \cdot \Delta\theta$$

$$l_1 = l_0 + \Delta l$$

l_0: Anfangslänge in m
l_1: Länge nach Ausdehnung in m
Δl: Längenänderung in m
α_l: Längenausdehnungskoeffizient in $\frac{\text{m}}{\text{m} \cdot \text{K}} = \frac{1}{\text{K}}$
$\Delta\theta$: Temperaturdifferenz in K

1 *Dehnungsausgleicher bei Fernwärmeleitungen*

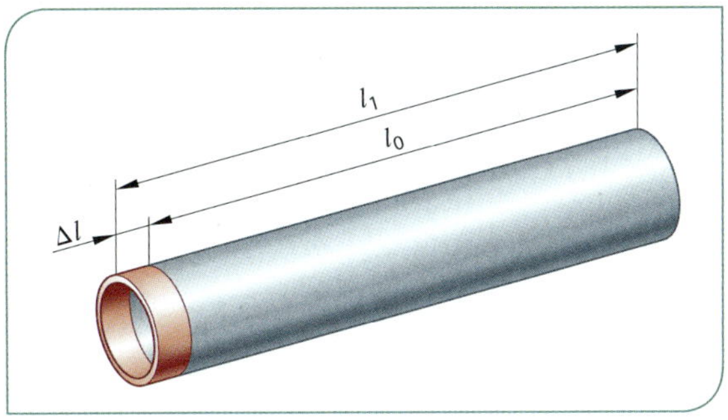

2 *Längenausdehnung*

Werkstoff	α_l in $\frac{\text{m}}{\text{m} \cdot \text{K}} = \frac{1}{\text{K}}$	Werkstoff	α_l in $\frac{\text{m}}{\text{m} \cdot \text{K}} = \frac{1}{\text{K}}$
Aluminium	0,000023	Polyethylen	0,000200
Beton	0,000013	Polypropylen	0,000195
Blei	0,000029	PVC	0,000080
Glas	0,000010	Verbundrohr PE-X/AL/PE-HD	0,000026
Gusseisen	0,000011		
Kupfer	0,000016	Stahl	0,000011
Messing	0,000018	Zink	0,000029

3 *Längenausdehnungskoeffizienten verschiedener Werkstoffe*

Beispiel:
Ein PVC-Rohr von 8 m Länge wird von 10°C auf 50°C erwärmt. Um wie viele mm dehnt es sich aus?

Lösung:
geg.: $l_0 = 8\text{ m}$; $\Delta\theta = 40\text{ K}$;
$\alpha_l = 0{,}000080 \frac{\text{m}}{\text{m} \cdot \text{K}}$ (Bild 3)

ges.: Δl in mm

$\Delta l = l_0 \cdot \alpha_l \cdot \Delta\theta$

$\Delta l = 8\text{ m} \cdot 0{,}000080 \frac{\text{m}}{\text{m} \cdot \text{K}} \cdot 40\text{ K}$

$\underline{\underline{\Delta l = 0{,}0256\text{ m}}}$

Die **Volumenänderung** (change of volume) beschreibt der Volumenausdehnungskoeffizient.

MERKE

Der Volumenausdehnungskoeffizient α_V eines Stoffes gibt an, um welchen Bruchteil eines dm^3 er sich bei Erwärmung um 1 K pro 1 dm^3 Volumen ausdehnt.

$$\Delta V = V_0 \cdot \alpha_V \cdot \Delta\theta$$

$$V_1 = V_0 + \Delta V$$

V_0: Anfangsvolumen in dm^3
V_1: Volumen nach Ausdehnung in dm^3
ΔV: Volumenänderung in dm^3
α_V: Volumenausdehnungskoeffizient in $\frac{dm^3}{dm^3 \cdot K} = \frac{1}{K}$
$\Delta\theta$: Temperaturdifferenz in K

Beispiel:
Eine Solaranlage wurde mit 10 l Solarflüssigkeit gefüllt. Durch Erwärmung steigt die Temperatur von 20°C auf 95°C. Um wie viele Liter dehnt sich die Solarflüssigkeit aus?

Lösung:
geg.: $V_0 = 10\ dm^3$; $\Delta\theta = 75\ K$;

$\alpha_V = 0{,}00055\ \frac{dm^3}{dm \cdot K}$ (Bild 2)

ges.: Δl in l

$$\Delta V = V_0 \cdot \alpha_V \cdot \Delta\theta$$

$$\Delta V = 10\ dm^3 \cdot 0{,}00055\ \frac{dm^3}{dm^3 \cdot K} \cdot 75\ K$$

$$\Delta V = 0{,}41 dm^3$$

$$\underline{\underline{\Delta V = 0{,}41\ l}}$$

4.2.1 Anomalie des Wassers

Wasser verhält sich bei Erwärmung oder Abkühlung (cooling) völlig unterschiedlich zu anderen Stoffen. Es hat bei **4°C** sein **kleinstes Volumen** (größte Dichte) und sowohl bei Abkühlung unter 4 °C als auch bei Erwärmung über 4°C vergrößert es sein Volumen (geringere Dichte). Bild 3 zeigt, dass die Volumenänderung von Wasser nicht linear verläuft.
Die Volumenausdehnung von Wasser wird wie folgt berechnet:

$$\Delta V = m \cdot \Delta v$$

ΔV: Volumenveränderung des Wasser in dm^3
m: Masse in kg
Δv: Differenz der spezifischen Volumen in $\frac{dm^3}{kg}$

Beispiel:
Das Wasser in einem 160-l-Speicher ohne MAG (1 l ≙ 1 kg) wird von 10°C auf 60°C erwärmt.
Wie viele Liter Wasser entweichen über das Sicherheitsventil?
geg.: $m = 160\ kg$;
$v_{10} = 1{,}00026\ \frac{dm^3}{kg}$; $v_{60} = 1{,}01692\ \frac{dm^3}{kg}$ (Bild 1, Seite 27)
ges.: ΔV

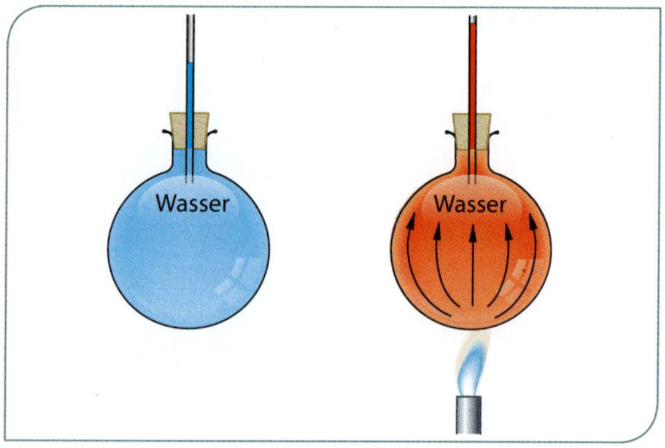

1 Volumenausdehnung bei Erwärmung

Stoff	α_V in $\frac{dm^3}{dm^3 \cdot K} = \frac{1}{K}$
Heizöl EL	0,0007
Solarflüssigkeit	0,00055
Wasser	0,00018

2 Volumenausdehnungskoeffizienten verschiedener Stoffe

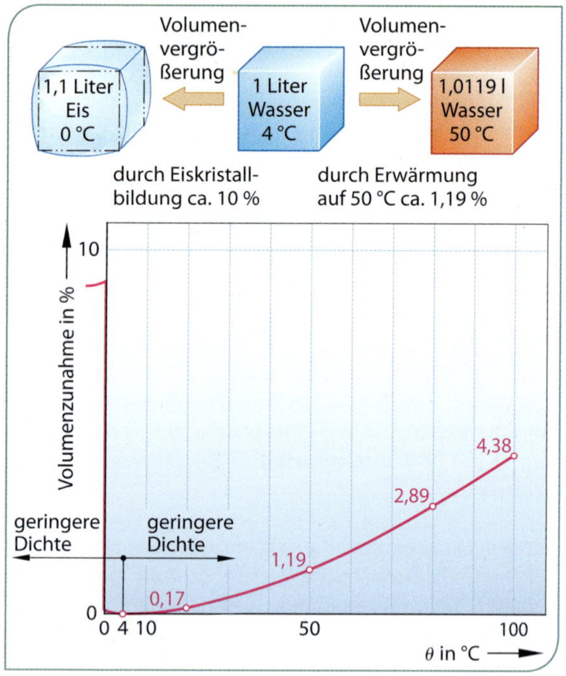

3 Anomalie des Wassers

Lösung:

$$\Delta V = m \cdot \Delta v$$

$$\Delta V = m \cdot (v_{60} - v_{10})$$

$$\Delta V = 160\ kg \cdot \left(1{,}01692\ \frac{dm^3}{kg} - 1{,}00026\ \frac{dm^3}{kg}\right)$$

$$\Delta V = 160\ kg \cdot 0{,}01666\ \frac{dm^3}{kg}$$

$$\underline{\underline{\Delta V = 2{,}67\ dm^3 = 2{,}67\ l}}$$

Temperatur bei 1 013 mbar		Dichte ρ in $\frac{kg}{dm^3}$	spez. Volumen v in $\frac{dm^3}{kg}$
Eis	0	0,917	1,091
Wasser	0	0,99987	1,00012
	4	1,00000	1,00000
	10	0,99973	1,00026
	20	0,99923	1,00174
	30	0,99567	1,00430
	40	0,99224	1,00771
	50	0,98807	1,01196
	60	0,98324	1,01692
	70	0,97781	1,02263
	80	0,97183	1,02891
	90	0,96534	1,03571
	100	0,95840	1,04312
Dampf	100	0,0005977	1 673,0

1 Spezifische Volumen v und Dichten ρ des Wassers bei unterschiedlichen Temperaturen

PRAXISHINWEIS

Die Anomalie (anomaly) des Wassers muss besonders bei frostgefährdeten (in danger of frost) Wasser führenden Rohrleitungen (gefrierendes Wasser lässt Rohrleitungen platzen) und bei geschlossenen Wasserheizungssystemen (Ausdehnungsgefäß erforderlich) beachtet werden.

4.2.2 Thermische Ausdehnung von Gasen

Flüssige und feste Stoffe haben jeweils unterschiedliche thermische Ausdehnungskoeffizienten. Alle Gase haben dagegen einen gemeinsamen Ausdehnungskoeffizienten.

MERKE

Alle Gase dehnen sich bei gleich bleibendem Druck bei Erwärmung um 1 K um $\frac{1}{273}$ ihres Volumens bei 0°C aus.

Für p = konstant gilt:

$$\Delta V = V_0 \cdot \frac{1}{273 \cdot K} \cdot \Delta\theta$$

V_0: Volumen bei 0°C in m³
ΔV: Volumenänderung in m³
$\Delta\theta$: Temperaturdifferenz in K

2 Wärmeausdehnung von Luft und heißem Wasserdampf

Je mehr ein Gas erwärmt wird, desto stärker dehnt es sich aus (Bild 2).

Gay-Lussac[1] fand heraus, dass sich bei gleich bleibendem Druck die Volumen von Gasen zueinander verhalten wie ihre absoluten Temperaturen.
Für p = konstant gilt:

$$\frac{V_1}{V_2} = \frac{T_1}{T_2}$$

V_1: Ausgangsvolumen in m³
V_2: Endvolumen in m³
T_1: Ausgangstemperatur in K
T_2: Endtemperatur in K

Beispiel:
In einem Gasbehälter befinden sich 30 000 m³. Durch Sonneneinstrahlung wird die Temperatur von 18°C auf 32°C erhöht. Um welches Volumen dehnt sich das Gas aus?

Lösung:
geg.: $V_1 = 30\,000\ m^3$; $T_1 = 291\ K$; $T_2 = 305\ K$
ges.: ΔV in m³

$$\frac{V_1}{V_2} = \frac{T_1}{T_2}$$

$$V_2 = V_1 \cdot \frac{T_2}{T_1}$$

$$V_2 = 30\,000\ m^3 \cdot \frac{305\ K}{291\ K}$$

$$V_2 = 31\,443 m^3$$

$$\Delta V = V_2 - V_1$$

$$\Delta V = 1\,443\ m^3$$

4.3 Temperaturmessung

Bei der Messung von Temperaturen werden die temperaturabhängigen Eigenschaften von Stoffen genutzt. Hierzu zählen z. B. thermische Ausdehnung, Änderung des elektrischen Widerstandes (electrical resistance), Strahlungsintensität und Farbveränderungen.
Das Messprinzip (principle of measurement) der Mehrzahl der in der Sanitär-, Heizungs- und Klimatechnik verwendeten Temperaturmessgeräte (Thermometer) beruht auf der thermischen Ausdehnung von Stoffen (z. B. Alkoholthermometer) oder der Änderung des elektrischen Widerstandes (z. B. NTC- oder PTC-Widerstand; vgl. Seite 29).
Temperaturen können auf der Skala (scale) eines Thermometers leicht abgelesen werden. Wird die Temperatur lediglich erfasst und z. B. an einen Regler (control unit) weitergegeben, spricht man von einem Temperaturfühler (temperature probe) (Bild 1, Seite 28).

[1] Joseph Louis Gay-Lussac, französischer Physiker und Chemiker, 1778 – 1850

Lernfeldübergreifende Inhalte

Flüssigkeitsthermometer
In Flüssigkeitsthermometern (fluid thermometer) (Bild 3) befindet sich in einem Glasröhrchen (Kapillare) eine Flüssigkeit (z. B. Alkohol), die sich bei Erwärmung stark **ausdehnt** (hoher Volumenausdehnungskoeffizient). Auf einer hinter der Kapillare angebrachten Vergleichsskala kann die Längenausdehnung direkt als Temperatur abgelesen werden.
Bei Temperaturmessbereichen von –100°C ...110°C wird eine Alkoholfüllung verwendet (Bild 2).

Messbereich in °C	Messgerät/Temperaturfühler
–100... +110	Alkohol-Thermometer
≤ +300	Bimetallthermometer
≤ +600	Stabförmige Metall-Thermometer
–25... +500	Feder-Thermometer
–40... +130	NTC-Widerstand
–100... +150	Nickel-Widerstands-Thermometer
–200... +750	Platin-Widerstands-Thermometer
–200... +600	Kupfer-Konstantan-Thermoelement
–200... +800	Eisen-Konstantan-Thermoelement
0... +1000	Nickelchrom-Konstantan-Thermoelement
–200... +1300	Nickelchrom-Nickel-Thermoelement
0... +1600	Platinrhodium-Platin-Thermoelement
–50... +4000	Pyrometer (Strahlungsthermometer)

2 Temperaturmessbereiche

Bimetallthermometer[1)]
Neben den Flüssigkeitsthermometern werden in der Heizungs- und Klimatechnik häufig Bimetallthermometer (bimetallic strip thermometer) verwendet, deren Wirkprinzip auf der thermischen Längenausdehnung fester Stoffe beruht:
Zwei verschiedene Metalle mit **unterschiedlicher** (different) Längenausdehnung sind fest (fixed) miteinander verbunden. Bei Erwärmung dehnt sich das Metall mit dem höheren Ausdehnungskoeffizienten stärker aus und das Bimetall verbiegt sich in Richtung des Metalls mit dem geringeren Ausdehnungskoeffizienten. Diese Bewegung kann z. B. auf einen Zeiger (indicator) übertragen werden, der dann direkt die Temperatur anzeigt (Bild 4).

Widerstandsthermometer
Metalle sind gute elektrische Stromleiter (conductors). Bei steigender Temperatur lässt ihre elektrische Leitfähigkeit jedoch nach, weil der elektrische Leitungswiderstand annähernd proportional zur Temperaturzunahme ansteigt. Diese Tatsache macht man sich beim Bau von elektrischen Widerstandsthermometern (resistance thermometers) zunutze.
Widerstandsthermometer werden hauptsächlich für Fernmessungen (remote sensing) eingesetzt. Die Messwiderstände für Temperaturen bis ca. 150°C bestehen aus Nickel, für höhere Temperaturen bis ca. 750°C aus Platin (Bild 1, Seite 29).
Neben Metallen werden auch Halbleiter (semi conductors) in elektrischen Widerstandsthermometern eingesetzt. Halbleiter sind Werkstoffe, deren elektrische Leitfähigkeit (elec-

1) bi: zwei, aus zwei Metallen bestehend

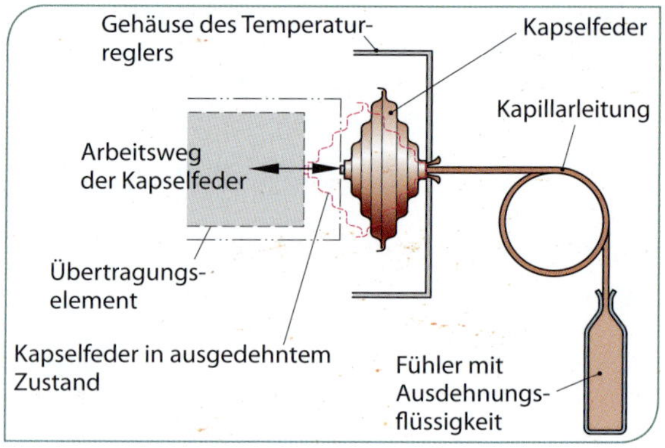

1 Temperaturfühler eines Reglers

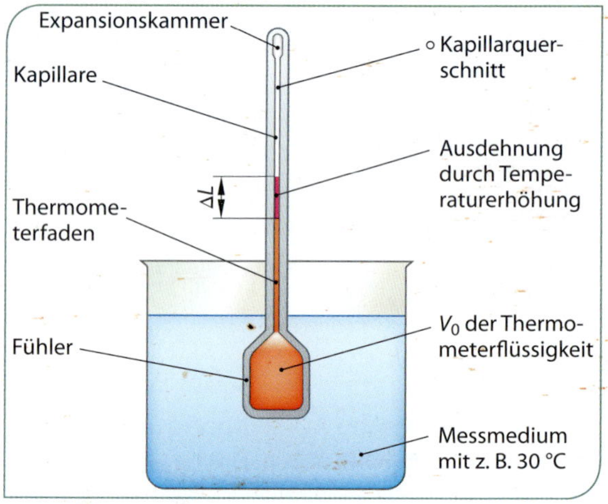

3 Flüssigkeitsthermometer

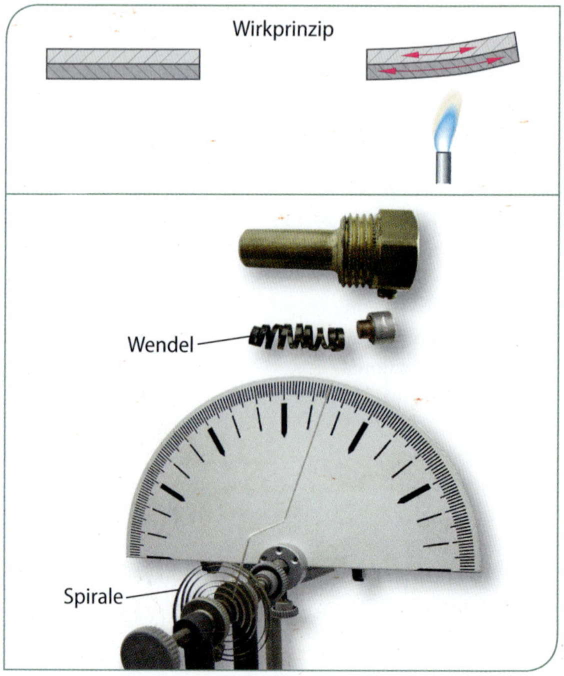

4 Bimetallelemente

trical conductivity) u.a. vom Einfluss verschiedenster physikalischer Größen (z.B. Temperatur, Druck, Magnetfeld, Licht, Feuchtigkeit) abhängen kann. Zur Temperaturmessung werden temperaturabhängige (temperature-dependent) Halbleiter (PTC[1] und NTC[2] Widerstände) eingesetzt.

- PTC-Widerstände (PTC resistors), auch Kaltleiter (posistors) genannt (Bild 2): Je **höher** ihre **Temperatur** ist, desto **größer** wird auch ihr **elektrischer Widerstand**, d.h., je **niedriger** ihre **Temperatur** ist, desto **besser** leiten sie den **elektrischen Strom**.
- NTC-Widerstände (NTC resistors), auch Heißleiter (thermistors) genannt (Bild 3): Je **höher** ihre **Temperatur** ist, desto **kleiner** wird ihr **elektrischer Widerstand**, d.h., je **höher** ihre **Temperatur** ist, desto **besser** leiten sie den **elektrischen Strom**.

Thermoelektrisches Thermometer

Zwei Drähte aus verschiedenen Metallen (z.B. Kupfer und Konstantan) sind an einem Ende zusammengelötet (Warmlötstelle). Die anderen Enden werden mit Kupferleitungen verbunden (Kaltlötstellen, Bild 4). Wird die Warmlötstelle erwärmt, entsteht eine elektrische **Thermospannung** (thermoelectric voltage), die umso höher ist, je höher der Temperaturunterschied zwischen Warm- und Kaltlötstelle ist. Für genaue Messungen muss daher im Bereich der Kaltlötstelle (Bild 4) eine konstante Temperatur herrschen (Vergleichsstelle). Die Spannung wird verstärkt und als Temperatur angezeigt.

Messing-Invar[3]-Thermostat

Thermostate (Bild 1, Seite 30) werden zur Temperaturregelung eingesetzt. Die Temperatur wird dabei mithilfe eines Temperaturfühlers erfasst, aber nicht angezeigt.

Ein Hüllrohr (jacket tube) aus Messing (Kupfer-Zink-Legierung) mit hohem thermischem Ausdehnungskoeffizienten erfasst die Temperatur, z.B. von Kesselwasser. Im Inneren des Hüllrohres befindet sich ein Invarstab (Eisen-Nickel-Legierung) mit einem sehr kleinen thermischen Ausdehnungskoeffizienten. Bei Temperaturerhöhung dehnt sich das Hüllrohr wesentlich stärker aus als der Invarstab. Die mit steigender Temperatur zunehmende Längendifferenz zwischen beiden kann für Schaltvorgänge genutzt werden.

Pyrometer

Pyrometer (Bild 5) messen Temperaturen von −50°C bis 4000°C berührungslos.

Basis der Messung ist die vom Objekt ausgehende Wärmestrahlung (Infrarotstrahlung). Vorteile dieser berührungslosen Messmethode sind, dass die Messungen sehr schnell, verschleißfrei und auch bei z.B. aggressiven Materialien und hohen Spannungen durchgeführt werden können.

5 *Pyrometer*

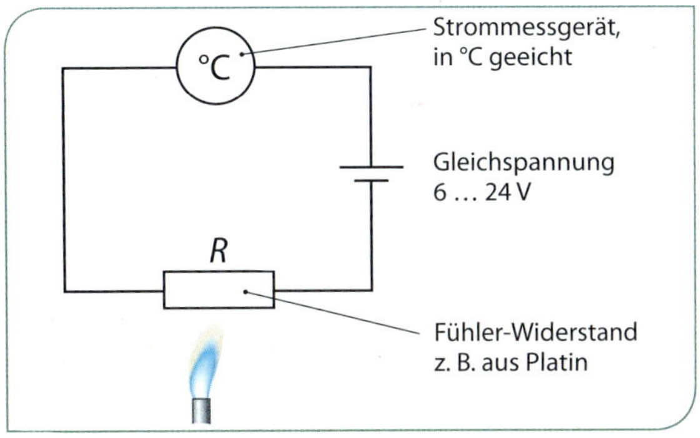

1 *Widerstandsthermometer*

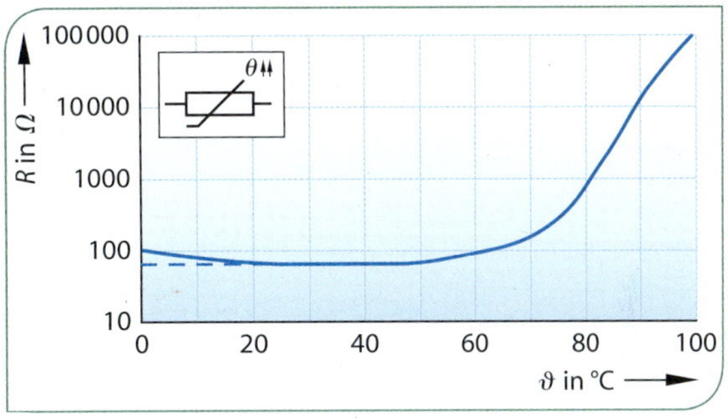

2 *Kennlinie eines PTC-Widerstandes*

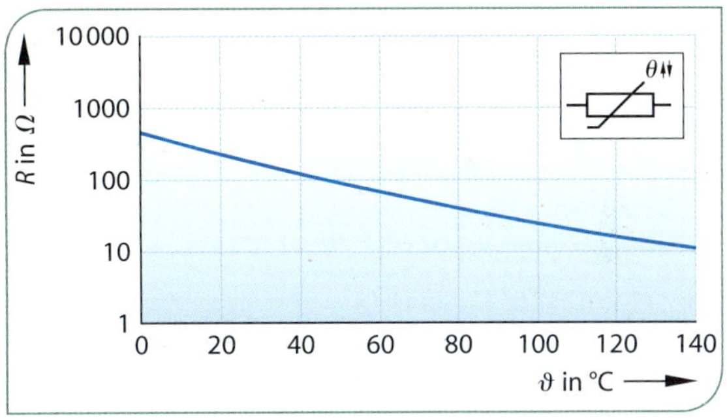

3 *Kennlinie eines NTC-Widerstandes*

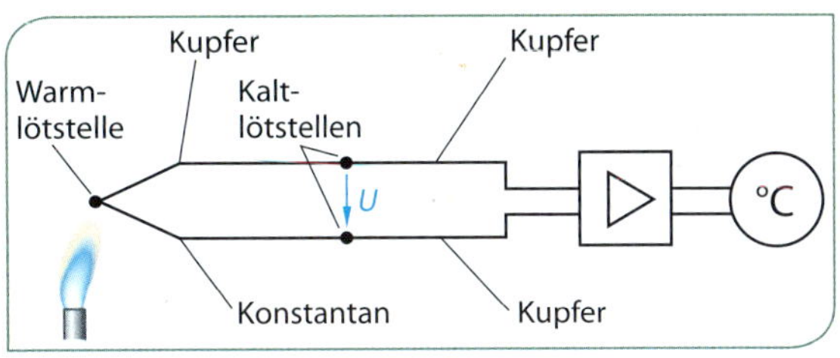

4 *Thermoelement*

1) PTC (engl.): Positive Temperature Coefficient
2) NTC (engl.): Negative Temperature Coefficient
3) engl. invariable: unveränderlich

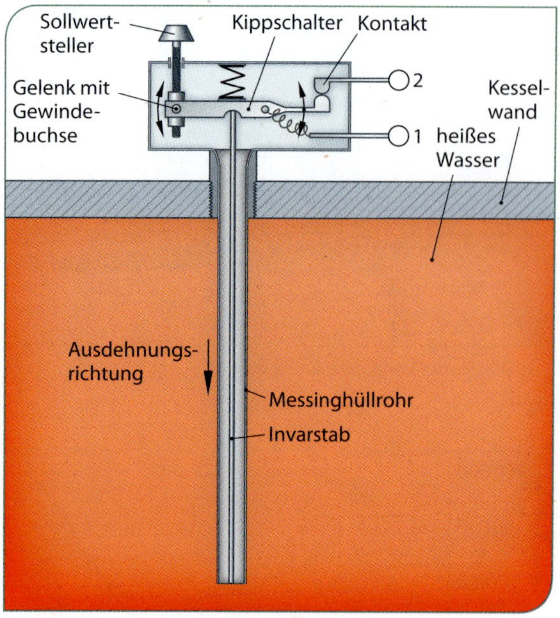

1 Messing-Invar-Thermostat

4.4 Wärmeenergie

Um die Temperatur einer bestimmten Wassermenge zu erhöhen, muss Energie (Wärmeenergie) z. B. durch eine elektrische Heizplatte zugeführt werden. Energie tritt in verschiedenen Erscheinungsformen auf, z. B. als:

- elektrische Energie (electrical energy),
- Kernenergie (nuclear energy),
- mechanische Energie (mechanical energy),
- Wärmeenergie (thermal energy),
- chemische Energie (chemical energy).

Energie ist erforderlich, um Arbeit zu verrichten. Wird z. B. Wasser in einem Topf mit geschlossenem Deckel bis zum Siedepunkt erwärmt, entsteht Wasserdampf, der in der Lage ist, den Deckel vom Topf zu heben. Die zugeführte Wärmeenergie bewirkt, dass das Wasser zunächst erwärmt und schließlich verdampft wird. Der hierbei entstehende Dampfdruck hebt den Deckel in die Höhe und verrichtet dabei mechanische Arbeit.
Bild 2 zeigt, dass bei **unterschiedlichen** Wassermengen, die auf die **gleiche Temperatur** erwärmt werden sollen, umso mehr Wärmeenergie zugeführt werden muss, je größer die Wassermenge ist. Die größere Wassermenge hat dann – trotz gleicher Temperatur – mehr Wärmeenergie aufgenommen. Dies zeigt, dass die in einem bestimmten Stoff oder Körper enthaltene Wärmeenergie nicht mit seinem Wärmezustand, also seiner Temperatur, gleichgesetzt werden kann. Um die Temperatur θ von 1 kg eines Stoffes um 1 K zu erhöhen, ist eine bestimmte Wärmemenge Q erforderlich. Sie hängt vom jeweiligen Material ab und wird als **spezifische Wärmekapazität *c*** dieses Stoffes bezeichnet (Bild 3). Die spezifische Wärmekapazität eines Stoffes ist jedoch nicht konstant, sondern ändert sich je nach Temperatur und Druck mehr oder weniger stark.

MERKE

Die Wärmemenge, die benötigt wird, um einen bestimmten Stoff zu erwärmen, hängt von seiner spezifischen Wärmekapazität, seiner Masse und von der Temperaturerhöhung ab.

$$Q = m \cdot c \cdot \Delta\theta$$

Q: Wärmemenge in kJ oder Wh
m: Masse in kg
c: spezifische Wärmekapazität in $\frac{\text{kJ}}{\text{kg} \cdot \text{K}}$ oder $\frac{\text{Wh}}{\text{kg} \cdot \text{K}}$
$\Delta\theta$: Temperaturdifferenz in K

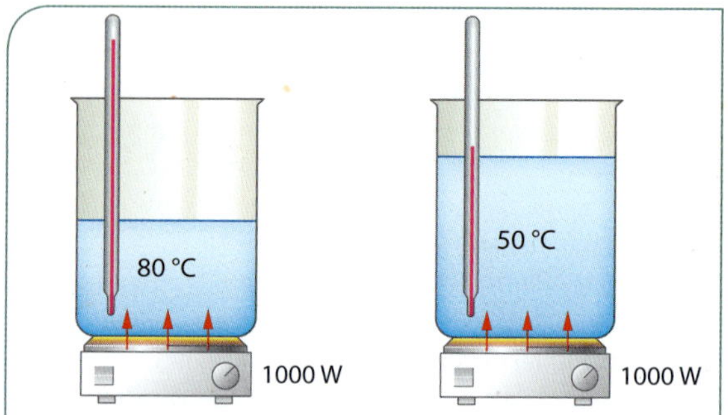

Bei gleicher Wärmezufuhr erreichen unterschiedliche Wassermengen verschiedene Temperaturen

2 Zufuhr von Wärmeenergie

Stoff	spezifische Wärmekapazität	
	in $\frac{\text{kJ}}{\text{kg} \cdot \text{K}}$	in $\frac{\text{Wh}}{\text{kg} \cdot \text{K}}$
Aluminium	0,900	0,25
CuSn-Legierung	0,380	0,106
Gusseisen	0,544	0,15
Kupfer	0,390	0,108
CuZn-Legierung	0,390	0,108
Stahl	0,460	0,128
nicht rostender Stahl	0,500	0,139
Zink	0,395	0,11
Polyethylen (PE-X)	2,310	0,642
Polybuthen (PB)	1,500	0,417
Polypropylen (PP)	2,000	0,555
Polyvinylchlorid (PVC)	0,980	0,272
Heizöl EL	2,070	0,575
Wasser	4,190	1,163
Eis	2,050	0,57
Wasserdampf	1,900	0,528
Luft	1,224	0,34

3 Spezifische Wärmekapazitäten verschiedener Stoffe

Lernfeldübergreifende Inhalte

Beispiel:
160 l Wasser sollen von 10°C auf 55°C erwärmt werden. Wie groß ist die benötigte Wärmeenergie?

Lösung:
geg.: $m = 160\ \text{kg};\ c = 1{,}163\ \frac{\text{Wh}}{\text{kg} \cdot \text{K}};\ \Delta\theta = 45\ \text{K}$
ges.: Q in Wh

$$Q = m \cdot c \cdot \Delta\theta$$
$$Q = 160\ \text{kg} \cdot 1{,}163\ \frac{\text{Wh}}{\text{kg} \cdot \text{K}} \cdot 45\ \text{K}$$
$$\underline{\underline{Q = 8\,373{,}6\ \text{Wh}}}$$

4.5 Wärmeleistung (Wärmestrom)

Um im Beispiel von Bild 2 auf Seite 30 die größere Wassermenge in der gleichen Zeit auf 80°C zu erwärmen wie die kleinere, muss die Heizplatte in der **gleichen Zeit *t*** eine **größere Wärmemenge *Q*** (amount of heat) zuführen, d. h., man braucht eine Heizplatte mit einer **Wärmeleistung** Φ (thermal output), die entsprechend größer ist als 1 000 W.

$$\boxed{\Phi = \frac{Q}{t}}$$

Φ: Wärmeleistung, Wärmestrom in W
Q: Wärmemenge in J = Ws
t: Zeit in s

Soll der Wasserinhalt einer Heizungsanlage in einer bestimmten Zeit auf eine gewünschte Temperatur aufgeheizt werden, kann die erforderliche Wärmeleistung wie folgt berechnet werden:
Setzt man für
$Q = m \cdot c \cdot \Delta\theta$ (vgl. Kap. 4.4) ein,
ergibt sich: $\Phi = \frac{Q}{t} = \frac{m \cdot c \cdot \Delta\theta}{t}$

$\Phi = \frac{m}{t} \cdot c \cdot \Delta\theta \qquad \frac{m}{t} = \dot{m}$

Das Verhältnis $\frac{m}{t}$ wird als **Massenstrom** $\dot{m}$ bezeichnet.
Die Wärmeleistung kann damit nach folgender Formel berechnet werden:

$$\boxed{\Phi = \dot{m} \cdot c \cdot \Delta\theta}$$

Φ: Wärmeleistung in W = $\frac{\text{J}}{\text{s}}$
$\dot{m}$: Wärmestrom in $\frac{\text{kg}}{\text{h}}$
c: spezifische Wärmekapazität in $\frac{\text{J}}{\text{kg} \cdot \text{K}} = \frac{\text{Ws}}{\text{kg} \cdot \text{K}}$ oder $\frac{\text{Wh}}{\text{kg} \cdot \text{K}}$
$\Delta\theta$: Temperaturdifferenz in K

Beispiel:
In einem Trinkwasserspeicher befinden sich 300 kg Wasser. Das Wasser soll in einer Stunde von 10°C auf 65°C aufgeheizt werden. Wie groß muss die Wärmeleistung des Wassererwärmers sein?

Lösung:
geg.: $\dot{m} = 300\ \frac{\text{kg}}{\text{h}};\ c = 1{,}163\ \frac{\text{Wh}}{\text{kg} \cdot \text{K}};\ \Delta\theta = 55\ \text{K}$
ges.: Φ in kW

$$\Phi = \dot{m} \cdot c \cdot \Delta\theta$$
$$\Phi = 300\ \frac{\text{kg}}{\text{h}} \cdot 1{,}163\ \frac{\text{Wh}}{\text{kg} \cdot \text{K}} \cdot 55\ \text{K}$$
$$\Phi = 19\,189{,}50\ \text{W}$$
$$\underline{\underline{\Phi = 19{,}19\ \text{kW}}}$$

4.6 Schmelz- und Verdampfungswärme

Der Aggregatzustand (state of aggregation) eines Stoffes (Bild 1) hängt von den Bindungskräften zwischen den einzelnen Molekülen und deren Bewegungsenergie ab. Wir unterscheiden hier drei Aggregatzustände: fest (solid), flüssig (liquid) und gasförmig (gaseous).

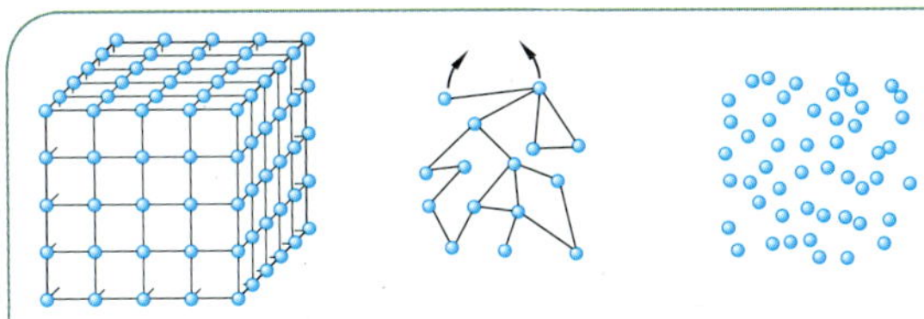

fest	**flüssig**	**gasförmig**
Bindungskräfte zwischen Molekülen oder Atomen sind groß. Moleküle sind im Gitter angeordnet.	Bindungskräfte zwischen Molekülen sind gering. Keine Gitterstruktur.	Keine Bindungskräfte zwischen Molekülen. Moleküle bewegen sich frei.

1 Aggregatzustände

Um einen festen Stoff zu verflüssigen (schmelzen (melt)) und anschließend zu verdampfen (vaporize), muss Wärme zugeführt werden. Umgekehrt wird Wärme frei, wenn der Aggregatzustand vom gasförmigen in den flüssigen (kondensieren (condense)) und bei weiterer Abkühlung in den festen Zustand gelangt (erstarren (solidify)). Die Umwandlung von einem Aggregatzustand in den nächsten erfolgt stets bei gleich bleibender Temperatur (Bild 1, Seite 32). Die zugeführte oder frei werdende Wärme wird vollständig zur Änderung des Aggregatzustandes genutzt.

Lernfeldübergreifende Inhalte

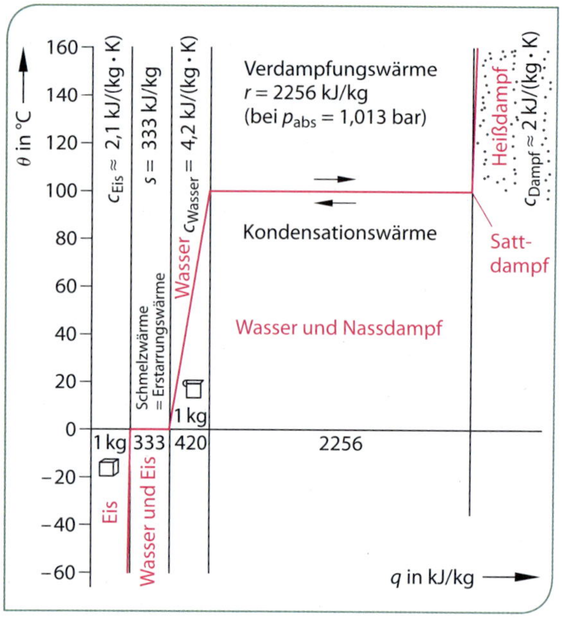

1 Zustandsänderungen von Wasser

Schmelzen – Erstarren

Bei normalem Luftdruck (ca. 1 013 mbar) und Temperaturen zwischen 0°C und 100°C ist Wasser in flüssigem Zustand. Wird dem Wasser bei 0°C Wärme entzogen, sinkt seine Temperatur erst dann wieder, wenn das gesamte Wasser zu Eis erstarrt ist. Die für die Aggregatumwandlung entzogene Wärmemenge wird **Erstarrungswärme** (solidification heat) genannt. Die zum Schmelzen einer gleich großen Eismenge zugeführte **Schmelzwärme** (heat of fusion) entspricht der Erstarrungswärme (Bild 2).

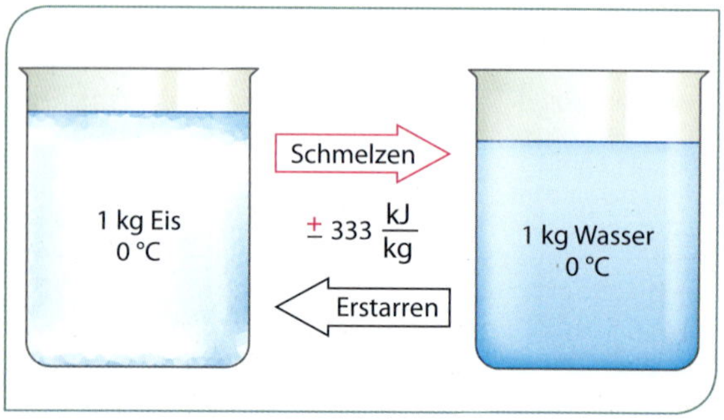

2 Spezifische Schmelz- und Erstarrungswärme

MERKE

Die spezifische Schmelz- bzw. Erstarrungswärme ***s*** ist die Wärmemenge, die benötigt bzw. frei wird, wenn 1 kg eines Stoffes vom festen in den flüssigen bzw. vom flüssigen in den festen Aggregatzustand umgewandelt wird.

Die erforderliche Schmelz- bzw. Erstarrungswärme für eine beliebige Masse eines Stoffes errechnet sich nach folgender Formel:

$$Q = m \cdot s$$

Q: Wärmemenge in kJ oder Wh
m: Masse in kg
s: spezifische Schmelzwärme in $\frac{kJ}{kg}$ oder $\frac{Wh}{kg}$

Beispiel:
In einer eingefrorenen Leitung befinden sich 30 kg Eis von 0°C. Wie groß ist die erforderliche Wärmemenge in kJ, um das Eis zu schmelzen?

Lösung:
geg.: $m = 30$ kg; $s = 333 \frac{kJ}{kg}$
ges.: Q in kJ

$Q = m \cdot s$

$Q = 30\text{ kg} \cdot 333 \frac{kJ}{kg}$

$\underline{\underline{Q = 9\,990\text{ kJ}}}$

Verdampfen – Kondensieren

Bei normalem Luftdruck (air pressure) verdampft Wasser bei 100°C. Wie beim Schmelzen von Eis oder Erstarren von Wasser ändert sich die Temperatur beim **Verdampfen** von Wasser bzw. **Kondensieren** von Wasserdampf so lange nicht, bis der neue Aggregatzustand vollständig erreicht ist. Die Zeit, die zum Verdampfen bzw. Kondensieren benötigt wird, ist wesentlich länger als die Zeit zum Schmelzen bzw. Erstarren. Die **spezifische Verdampfungs-** bzw. **Kondensationswärme** *r* (Bild 3), z. B. von Wasser, ist ca. sieben mal größer als die Schmelzwärme von Eis. Das liegt daran, dass beim Verdampfen die Bindungskräfte (linkage forces) der Moleküle vollständig überwunden werden müssen und sich der Dampf auf das 1 700fache Volumen der Flüssigkeit ausdehnt (expands). Der Siedepunkt und die Verdampfungswärme von Wasser sind stark **druckabhängig**. Wasser z. B. siedet bei einem Druck von $p_{abs} = 2$ bar erst bei einer Temperatur von 120,23°C (Bild 1, Seite 33).

Stoff	Schmelztemperatur θ in °C	spez. Schmelzwärme *s* in $\frac{kJ}{kg}$	Siedetemperatur θ in °C	spez. Verdampfungswärme *r* in $\frac{kJ}{kg}$
Aluminium	659	323,0	2 270	11 723
Blei	327	26,4	1 692	921
Eis	0	333,0	–	–
Grauguss	1 200	96,3	–	–
Kupfer	1 083	188,0	2 595	4 647
Sauerstoff	−219	13,8	−183	214
Stahl	1 400	276,0	2 500	6 280
Stickstoff	−210	25,5	−196	199
Wasser	0	333,0	100	2 256
Zink	419	105,0	907	1 800
Zinn	232	58,6	2 430	2 596
Luft	−213	–	−192	197

3 Schmelz- und Verdampfungswerte verschiedener Stoffe

MERKE

Die spezifische Verdampfungs- bzw. Kondensationswärme ***r*** ist die Wärmemenge, die benötigt bzw. frei wird, wenn 1 kg eines Stoffes bei konstantem Druck vom flüssigen in den gasförmigen bzw. vom gasförmigen in den flüssigen Aggregatzustand umgewandelt wird.

Die Verdampfungs- bzw. Kondensationswärme für eine beliebige Masse eines Stoffes errechnet sich nach folgender Formel:

$$Q = m \cdot r$$

Q: Wärmemenge in kJ oder Wh
m: Masse in kg
r: spezifische Verdampfungswärme in $\frac{\text{kJ}}{\text{kg}}$ oder $\frac{\text{Wh}}{\text{kg}}$

Beispiel:
125 kg Wasser mit einer Temperatur von 12°C sollen bei normalem Druck von 1013 mbar verdampft werden. Welche Wärmemenge in kJ ist dazu erforderlich?

Lösung:
geg.: $m = 125\ \text{kg};\ r = 2\,256\ \frac{\text{kJ}}{\text{kg}};\ c = 4{,}19\ \frac{\text{kJ}}{\text{kg} \cdot \text{K}};$
$\Delta\theta = 88\ \text{K}$
ges.: Q_{ges} in kJ

$$Q_1 = m \cdot c \cdot \Delta\theta$$
$$Q_2 = m \cdot r$$
$$Q_{ges} = Q_1 + Q_2$$
$$Q_{ges} = \left(125\ \text{kg} \cdot 4{,}19\ \frac{\text{kJ}}{\text{kg} \cdot \text{K}} \cdot 88\ \text{K}\right) + \left(125\ \text{kg} \cdot 2\,256\ \frac{\text{kJ}}{\text{kg}}\right)$$
$$Q_{ges} = 46\,090\ \text{kJ} + 282\,000\ \text{kJ}$$
$$\underline{\underline{Q_{ges} = 328\,090\ \text{kJ}}}$$

Druck p_{abs} in mbar	Siedetemperatur θ in °C	Bemerkung
393	75,4	Mount Everest (8850m)
588	85,5	Montblanc (4808m)
784	93,0	Zugspitze (2962m)
1 013	100	Meereshöhe
1 200	104	Niederdruckdampfanlage
2 000	120,23	Heißwasseranlage
10 000	164,9	Hochdruckdampfanlage

1 Siedetemperaturen von Wasser bei verschiedenen Drücken p_{abs}

4.7 Wärmeübertragung

Zwischen benachbarten Körpern oder Stoffen mit **unterschiedlichen Temperaturen** findet so lange ein **Wärmetransport** (heat transport) statt, bis sich die Temperaturen beider Körper oder Stoffe angeglichen haben. Hierbei ver-

Wärmeübertragung durch

Wärmestrahlung
z. B. Sonne, Plattenheizkörper, Brennerflamme, Heizsonne

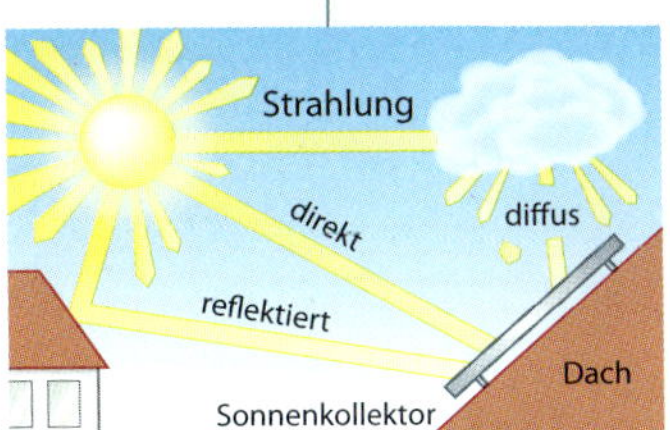

Ausbreitung von Wärme durch elektromagnetische Wellen

Wärmeübertragung ist nicht an einen Stoff gebunden

Wärmeleitung
z. B. Hauswand, Kesselwand, Elektrolötgerät

Ausbreitung von Wärme innerhalb eines Stoffes von Stoffteilchen zu Stoffteilchen

Stoffteilchen bleiben an ihrem Ort

Wärmemitführung/Konvektion
z. B. heiße Verbrennungsgase, Raumluft, Heizungswasser

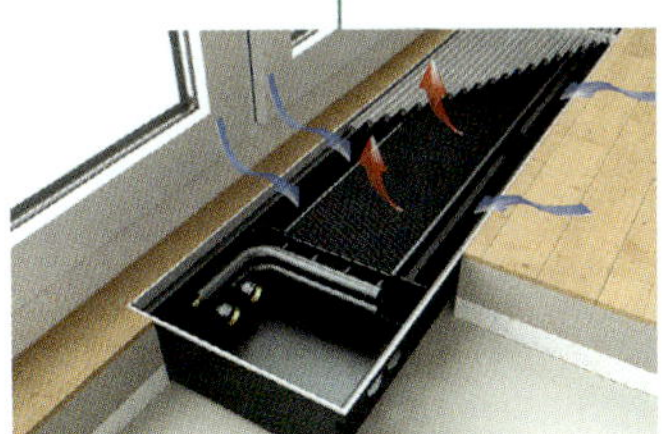

Ausbreitung von Wärme durch Mitführen mittels eines Stoffes

Wärmeübertragung durch bewegliche Stoffteilchen

2 Arten der Wärmeübertragung

läuft der Wärmetransport immer vom höheren zum **niedrigeren** Temperaturniveau. Die Wärmeübertragung kann auf drei verschiedene Arten erfolgen (Bild 2, Seite 33).
Diese drei Arten: Wärmeleitung, Wärmestrahlung und Konvektion (heat transfer by means of conduction, radiation and convection) treten meist gemeinsam auf bzw. greifen ineinander über. So findet z. B. die Wärmeübertragung von einer Brennerflamme über den Heizkessel, die Rohrleitung und die Heizkörper zur Raumluft statt durch:

- Wärmestrahlung der heißen Flamme und des Heizkörpers,
- Konvektion der heißen Verbrennungsgase, des Heizmediums und der Raumluft und
- Wärmeleitung durch die Kesselwand, die Rohrwand und die Heizkörperwand (Bild 1).

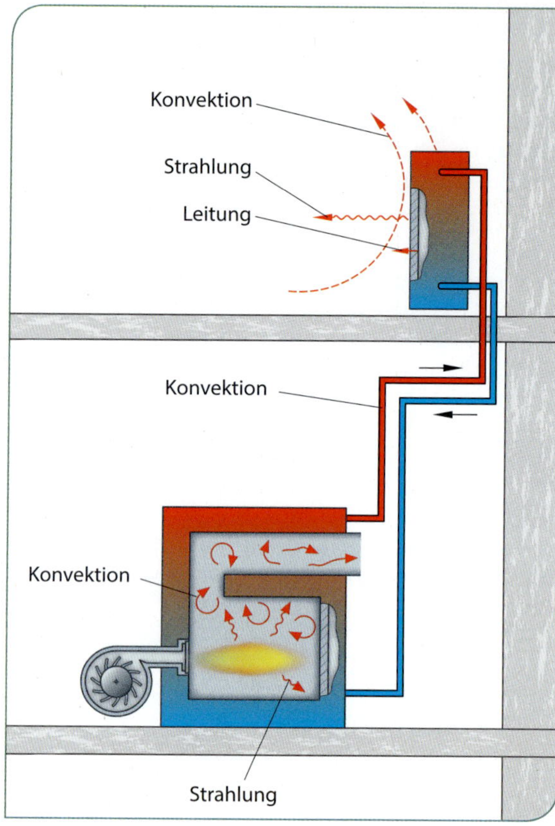

1 Arten der Wärmeübertragung in einer Heizungsanlage

Wärmeleitung

Wärmeleitung ist Transport von Wärmeenergie innerhalb fester, ruhender flüssiger oder gasförmiger Stoffe. Hierbei wird die Energie von Molekül zu Molekül oder von Atom zu Atom weitergeleitet. Dies ist z. B. zu beobachten, wenn man ein Kupferrohr an einem Ende in einer heißen Flamme erwärmt. Nach einer gewissen Zeit wird sich das gesamte Rohr erwärmt haben und es ist nicht mehr mit bloßen Händen zu halten. Die unterschiedliche Fähigkeit eines Stoffes, die Wärme zu leiten, bezeichnet man als seine Wärmeleitfähigkeit λ (thermal conductivity) (Bild 2).

MERKE

Die Wärmeleitfähigkeit λ eines Stoffes gibt an, welcher Wärmestrom durch 1 m² eines Stoffes mit 1 m Dicke hindurchgeht, wenn der Temperaturunterschied zwischen beiden Oberflächen 1 K beträgt.

Stoff	λ in $\frac{W}{m \cdot K}$	Stoff	λ in $\frac{W}{m \cdot K}$
Kupfer	380,0	Wasser	0,60
Stahl	50,0	Gipsputz	0,51
Stahlbeton	2,3	Gipskartonplatten	0,25
Glas	1,0	Spanplatten	0,14
Mörtel aus Kalk	1,0	Teppich	0,06
Kalksandstein	0,79	Mineralwolle	0,035
Vollziegel	0,68	Luft	0,025

2 Wärmeleitfähigkeiten verschiedener Stoffe nach DIN V 4108-4

Jedes Material setzt dem Durchgang der Wärmeenergie den **Wärmedurchlasswiderstand *R*** (thermal resistance) entgegen (Bild 3). Er entspricht dem Verhältnis von Schichtdicke d (thickness of layer d) zu Wärmeleitfähigkeit λ:

$$R = \frac{d}{\lambda}$$

R: Wärmedurchlasswiderstand in $\frac{m^2 \cdot K}{W}$
d: Schichtdicke in m
λ: Wärmeleitfähigkeit in $\frac{W}{m \cdot K}$

Je **kleiner** die Wärmeleitfähigkeit eines Stoffes ist, desto **besser** ist seine **Dämmwirkung** (heat insulation).
In der Technik dienen schlechte Wärmeleiter zur Wärmedämmung. Abgesehen von Vakuum ist ruhende Luft der beste „Wärmedämmstoff". Gute Wärmeleiter wie z. B. Metalle werden eingesetzt, wenn eine gute Wärmeübertragung gewünscht wird (z. B. bei Heizkörpern, Wärmeübertragern (heat exchangers) und Lötzangen).

Dicke der Luftschicht d in mm	Wärmedurchlasswiderstände R ruhender Luftschichten in $\frac{m^2 \cdot K}{W}$		
	Richtung des Wärmestroms		
	aufwärts	horizontal	abwärts
0	0,00	0,00	0,00
5	0,11	0,11	0,11
7	0,13	0,13	0,13
10	0,15	0,15	0,15
12 ... 15	0,16	0,17	0,17
25	0,16	0,18	0,19
50	0,16	0,18	0,21
100	0,16	0,18	0,22
300	0,16	0,18	0,23

3 Wärmedurchlasswiderstände ruhender Luftschichten nach DIN EN ISO 6946:2008-04

Wärmestrahlung

Alle festen Körper, Flüssigkeiten und Gase, deren Temperaturen über dem absoluten Nullpunkt (0 K) liegen, senden elektromagnetische Infrarotstrahlen (infrared radiation) (Wärmestrahlung) aus, die den Lichtstrahlen (light rays) sehr ähnlich sind (Bild 1).

Strahlung	Wellenbereich λ in µm
ultraviolett (UV)	0,1 …0,38
sichtbares Licht	0,38 …0,78
infrarot (IR)	0,78 …3,0

1 Wellenbereiche der Sonnenstrahlung

MERKE

Je höher die Temperatur eines Körpers ist, desto mehr Wärmestrahlung sendet er aus.

Das Besondere an der Wärmeübertragung durch Wärmestrahlung ist, dass **kein** Transportmedium benötigt wird und die Wärme auch über den luftleeren Raum (Vakuum) hindurch übertragen wird. Unsere Sonne z. B. versorgt uns über eine Entfernung von ca. 150 000 000 km durch den luftleeren Raum hindurch mit Wärme. Erst beim Auftreffen der Strahlung auf die Erdoberfläche wird ein großer Teil der Wärmestrahlung **absorbiert**[1] (absorbed) und erwärmt die Erdoberfläche. Diese erwärmt die Lufthülle der Erde vor allem durch Konvektion. Die zwischen der Strahlungsquelle und dem bestrahlten Körper liegende Luft wird durch die Wärmestrahlung fast nicht erwärmt. Die z. B. mit einem Heizstrahler angestrahlten Flächen von Gegenständen im Raum werden warm, die Rückseiten dieser Gegenstände und die Raumluft bleiben kalt.

Der andere Teil der auftreffenden Wärmestrahlung wird **reflektiert**[2] (reflected) und wieder in den Weltraum abgestrahlt. Zwischen der Fähigkeit eines Körpers, Wärme zu absorbieren und selbst Wärme abzustrahlen, besteht ein enger Zusammenhang:

- Je **dunkler** die Oberfläche (surface) eines Körpers ist, desto mehr absorbiert er die auftreffende Wärmestrahlung, desto mehr wird er erwärmt und desto mehr Wärme kann er selbst abstrahlen (z. B. schwarzer Asphalt im Sommer).
- Je **heller** die Oberfläche eines Körpers ist , desto mehr Wärmestrahlung reflektiert er, desto weniger wird er erwärmt und desto weniger Wärme kann er selbst abstrahlen (z. B. Spiegel eines Heizstrahlers, schneebedeckte Erdoberfläche, Wasseroberfläche, Bilder 2 und 3).

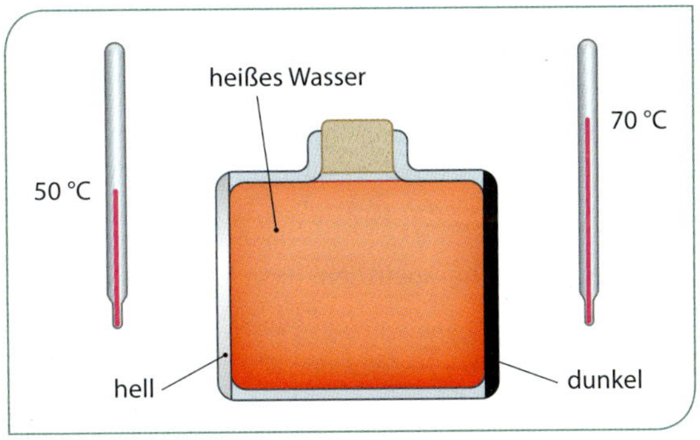

2 Wärmeabstrahlung dunkler und heller Flächen

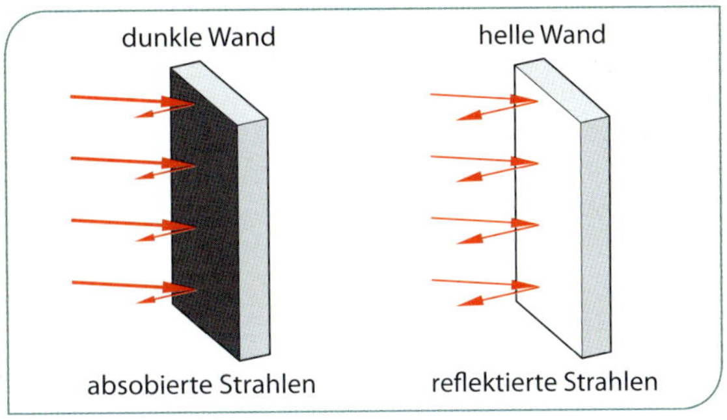

3 Absorptions- und Reflexionsverhalten dunkler und heller Flächen

Konvektion

Konvektion ist der Transport von Wärmeenergie durch **strömende** Flüssigkeiten und Gase. Entsteht die Strömung durch unterschiedliche Dichten als Folge von Temperaturunterschieden (Auftrieb), spricht man von **freier Konvektion** (Schwerkraftwarmwasserheizung, Bild 4). Wird die Strömung z. B. durch Pumpen oder Ventilatoren erzwungen, spricht man von **erzwungener Konvektion**.

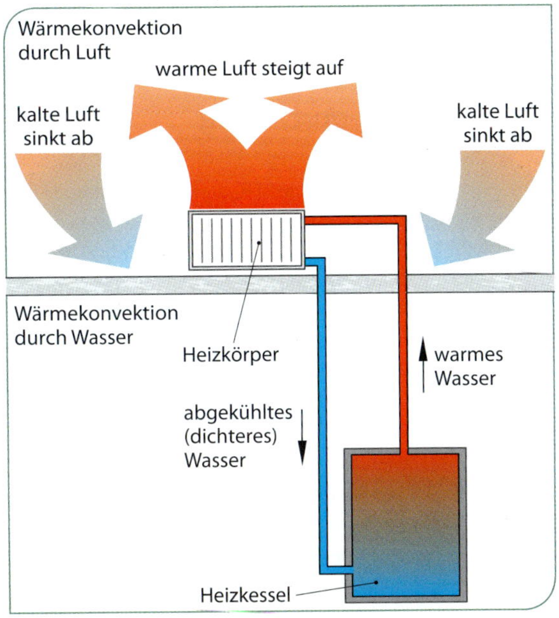

4 Schwerkraftheizung mit freier Konvektion

[1] lat.: aufsaugen, verschlucken
[2] lat.: zurückstrahlen, zurückwerfen, spiegeln

Lernfeldübergreifende Inhalte

4.8 Wärmeübergang

Beim Wärmeübergang (heat transmission) wird Wärmeenergie von einem **flüssigen** Medium (z. B. Heizwasser) oder einem **gasförmigen** Medium (z. B. Raumluft) an eine feste Wand (z. B. Heizkörperwandung oder Außenwand) übertragen. Der Wärmeübergang erfolgt hauptsächlich durch Wärmestrahlung und Konvektion (Bild 1).

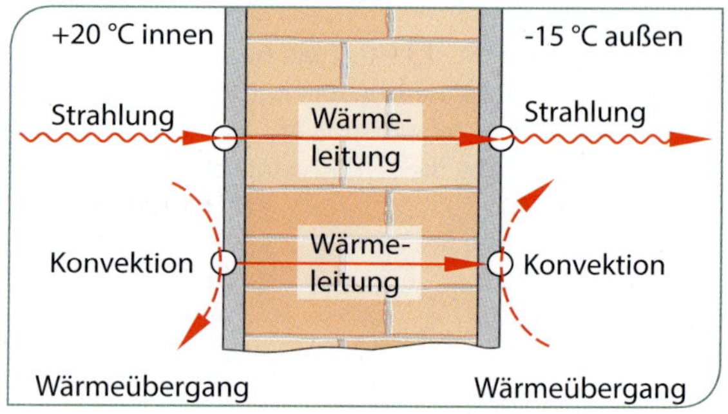

1 Wärmeübergang an einer Wand

MERKE

Wärmeübergang setzt ein Temperaturgefälle voraus, z. B. zwischen warmer Raumluft und kalter Außenwand.

Der **Wärmeübergangskoeffizient** (heat transmission coefficient)

h in $\frac{\text{kJ}}{\text{m}^2 \cdot \text{h} \cdot \text{K}}$ oder in $\frac{\text{W}}{\text{m}^2 \cdot \text{K}}$ gibt den Wärmestrom $\boldsymbol{\Phi}$ an, der zwischen einem gasförmigen Medium (z. B. Raumluft) und 1 m² Wandoberfläche übertragen wird, wenn der Temperaturunterschied zwischen ihnen 1 K beträgt. Der Wärmeübergangskoeffizient durch **Konvektion** $\boldsymbol{h_c}$ wird auf der Wandinnenseite mit $\boldsymbol{h_{ci}}$[1] und auf der Wandaußenseite mit $\boldsymbol{h_{ce}}$[2] bezeichnet (Bild 2).

Der Größenwert von h hängt von der Geschwindigkeit des vorbeistreichenden Mediums, der Oberflächenbeschaffenheit und den geometrischen Verhältnissen der Wand ab. Der Widerstand, den eine Wand dem Wärmeübergang entgegensetzt, wird durch den Wärmeübergangswiderstand (heat transmission resistance) ausgedrückt. Auf der Wandinnenseite wird er mit $\boldsymbol{R_{si}}$[3] und auf der Wandaußenseite mit $\boldsymbol{R_{se}}$[4] bezeichnet (Bild 3).

Wenn die Richtung des Wärmestroms von den Angaben in Bild 3 abweicht, wird empfohlen, die Werte für den horizontalen Wärmestrom zu verwenden (vgl. EN ISO 6946: 2008).

Innen- bzw. Außenwand	Richtung des Wärmestroms		
	aufwärts	horizontal	abwärts
h_{ci} in $\frac{\text{W}}{\text{m}^2 \cdot \text{K}}$	5,0	2,5	0,7
h_{ce} in $\frac{\text{W}}{\text{m}^2 \cdot \text{K}}$	$4 + 4 \cdot v$[5]	$4 + 4 \cdot v$[5]	$4 + 4 \cdot v$[5]

2 Wärmeübergangskoeffizienten nach DIN EN ISO 6946:2008-04

Innen- bzw. Außenwand	Richtung des Wärmestroms		
	aufwärts	horizontal	abwärts
R_{si} in $\frac{\text{m}^2 \cdot \text{K}}{\text{W}}$	0,10	0,13	0,17
R_{se} in $\frac{\text{m}^2 \cdot \text{K}}{\text{W}}$	0,04	0,04	0,04

3 Wärmeübergangswiderstände nach DIN EN ISO 6946:2008-04

Windgeschwindigkeit v in $\frac{\text{m}}{\text{s}}$	R_{se} in $\frac{\text{m}^2 \cdot \text{K}}{\text{W}}$
1	0,08
2	0,06
3	0,05
4 … 5	0,04
7	0,03
10	0,02

4 Wärmeübergangswiderstände R_{se} für unterschiedliche Windgeschwindigkeiten v nach DIN EN ISO 6946 : 2008-04

4.9 Wärmedurchgang

Wird Wärmeenergie von einer Flüssigkeit oder einem Gas durch eine **Wand** hindurch an eine andere Flüssigkeit oder ein anderes Gas übertragen, spricht man vom Wärmedurchgang. Vom Medium mit höherer Temperatur gelangt die Wärmeenergie über die Wand zum Medium mit der tieferen Temperatur (Bild 5). Jedem Wärmedurchgang steht der Wärmedurchgangswiderstand $\boldsymbol{R_T}$ entgegen:

$$R_T = R_{si} + R_{se} + \Sigma R$$

R_T: Wärmedurchgangswiderstand in $\frac{\text{m}^2 \cdot \text{K}}{\text{W}}$

R_{si}: innerer Wärmeübergangswiderstand

R_{se}: äußerer Wärmeübergangswiderstand in $\frac{\text{m}^2 \cdot \text{K}}{\text{W}}$

ΣR: Summe der Wärmeleitwiderstände

$R_1 + R_2 + \ldots R_n$ in $\frac{\text{m}^2 \cdot \text{K}}{\text{W}}$

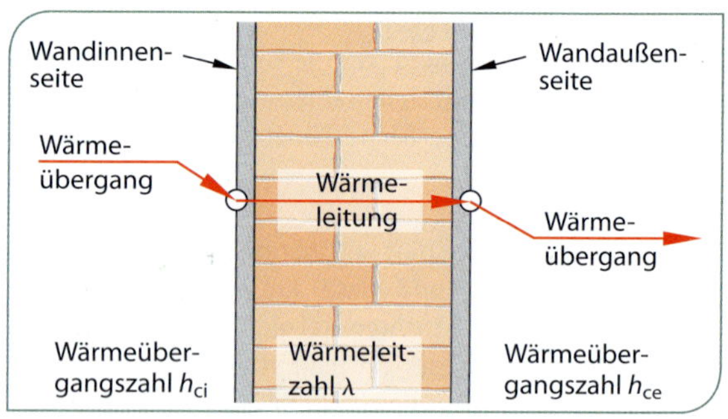

5 Wärmedurchgang

1) ci: engl.: contact interior
2) ce: engl.: contact exterior
3) si: engl.: surface interior: innere Oberfläche
4) se: engl.: surface exterior: äußere Oberfläche
5) Windgeschwindigkeit v über der Wandoberfläche in $\frac{\text{m}}{\text{s}}$ (vgl. Bild 4)

Der **Wärmedurchgangswiderstand** R_T ist abhängig vom **inneren** und **äußeren Wärmeübergangswiderstand** und den **Wärmedurchlasswiderständen** R (auch Wärmeleitwiderstände genannt). Die Wärmeübergangswiderstände R_{si} und R_{se} sind Bild 3, Seite36 zu entnehmen. Die Summe der Wärmedurchlasswiderstände ΣR hängt von der Dicke der Wand und ihrem Aufbau (Wärmeleitfähigkeit) ab (Bild 1). Die **Wärmeleitfähigkeit λ** eines Stoffes bezeichnet seine Fähigkeit, die Wärme zu leiten.

MERKE

Die Wärmeleitfähigkeit λ eines Stoffes gibt an, welcher Wärmestrom durch 1 m² eines Stoffes mit 1 m Dicke hindurchgeht, wenn der Temperaturunterschied zwischen beiden Oberflächen 1 K beträgt.

Jedes Material setzt dem Durchgang des Wärmestroms den **Wärmedurchlasswiderstand** R entgegen. Er entspricht dem Verhältnis von Schichtdicke d (thickness of layer) zur Wärmeleitfähigkeit λ:

$$R = \frac{d}{\lambda}$$

R: Wärmedurchlasswiderstand in $\frac{m^2 \cdot K}{W}$
d: Schichtdicke in m
λ: Wärmeleitfähigkeit in $\frac{W}{m \cdot K}$

Je **kleiner** die Wärmeleitfähigkeit des Stoffes ist, desto **besser** ist seine **Dämmwirkung**. Abgesehen vom Vakuum ist **ruhende Luft** der beste Wärmedämmstoff.

Der gesamte Wärmestrom, der bei 1 K Temperaturunterschied zwischen Wandinnen- und -außenseite durch 1 m² Wandfläche strömt, wird als **Wärmedurchgangskoeffizient** U bezeichnet. Er ist der Kehrwert (reciprocal value) des Wärmedurchgangswiderstandes R_T:

$$R = \frac{1}{R_T} \text{ bzw. } R_T = \frac{1}{U}$$

U: Wärmedurchgangskoeffizient in $\frac{W}{m^2 \cdot K}$
R_T: Wärmedurchgangswiderstand in $\frac{m^2 \cdot K}{W}$

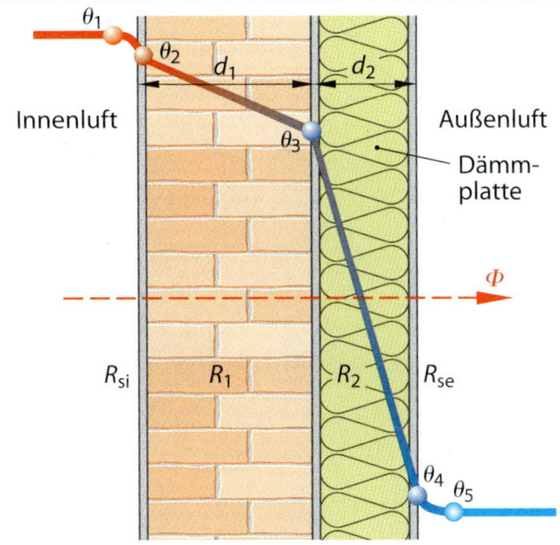

$$R_T = R_{si} + R_1 + R_2 + R_{se} \qquad U = \frac{1}{R_T}$$
$$\Phi = \frac{A \cdot (\theta_1 - \theta_5)}{R_T}$$
$$\Phi = A \cdot (\theta_1 - \theta_5) \cdot U$$

1 Wärmestrom durch eine zweischichtige Wand

Der Wärmestrom Φ (heat flow) (Bild 1) durch eine beliebig große Wandfläche A mit einer beliebigen Temperatur berechnet sich nach folgender Formel:

$$\Phi = A \cdot U \cdot \Delta\theta$$

Φ: Wärmestrom in W
A: Fläche in m²
U: Wärmedurchgangskoeffizient in $\frac{W}{m^2 \cdot K}$
$\Delta\theta$: Temperaturdifferenz in K

ÜBUNGEN

1) Welche physikalische Größe kennzeichnet den Wärmezustand eines Stoffes?
2) Wovon hängt die Höhe der Temperatur ab?
3) Welche Temperaturskala wird in den meisten Ländern der Welt benutzt?
4) Nennen Sie die Celsiustemperatur, die dem absoluten Nullpunkt entspricht.
5) Nennen Sie die Einflussgrößen für die thermische Ausdehnung eines Stoffes.
6) Wie groß ist die Längenänderung einer 9 m langen Leitung aus Verbundrohr (PE-X/AL/PE-HD) in m, wenn das Rohr bei einer Umgebungstemperatur von 12°C verlegt wurde und die maximale Betriebstemperatur 50°C beträgt.
7) Ein 7 m langes nicht rostendes Stahlrohr wird von 15°C auf 65°C erwärmt. Um wie viele mm dehnt es sich aus?
8) Erklären Sie die Anomalie des Wassers.

ÜBUNGEN

9 Ein Speicher-Trinkwassererwärmer ohne MAG enthält 200 l Wasser. Die Wassertemperatur beträgt 20°C. Wie viele Liter Wasser strömen am Sicherheitsventil aus, wenn das Wasser auf 60°C erwärmt wird?

10 In einen Speicher-Trinkwassererwärmer werden 400 l Wasser von 10°C eingelassen. Auf welche Temperatur wird das Wasser erwärmt, wenn während der Erwärmung 6,65 l über das Sicherheitsventil abtropfen?

11 Um wie viel dehnt sich ein Gas bei Erwärmung um 1 K bei konstantem Druck aus?

12 Ein Raum hat ein Volumen von 52 m^3, die Lufttemperatur beträgt 12°C. Wie viele m^3 Luft müssen aus dem Raum entweichen, wenn bei gleich bleibendem Druck die Temperatur auf 22°C ansteigt?

13 Welche temperaturabhängigen Eigenschaften von Stoffen werden bei der Messung von Temperaturen genutzt?

14 Erklären Sie den Unterschied zwischen einem Thermometer und einem Temperaturfühler.

15 Erklären Sie die Funktion eines Bimetallthermometers.

16 Wie ändern sich die Widerstände von NTC- und PTC-Widerständen bei steigenden Temperaturen?

17 Wozu werden Messing-Invar-Thermostate genutzt?

18 Nennen Sie unterschiedliche Erscheinungsformen der Energie.

19 Definieren Sie „spezifische Wärmekapazität".

20 Nennen Sie den Unterschied zwischen Wärmeleistung und Wärmemenge.

21 Welche Wärmemenge in kJ und in kWh ist erforderlich, um 55 l Wasser von 8°C auf 100°C zu erwärmen?

22 Welche Wärmemenge in Wh ist erforderlich, um einen Stahlheizkessel mit einer Masse von 77,5 kg von 20°C auf 70°C zu erwärmen?

23 Der Wasserinhalt einer Heizungsanlage hat eine Masse von 735 kg. Um das Wasser von 10°C auf 70°C aufzuheizen, steht eine Wärmeleistung von 40 kW zur Verfügung. Wie viel Zeit in h vergeht, bis das Wasser die gewünschte Temperatur erreicht hat?

24 In einem Speicher-Wassererwärmer werden 500 l Wasser in 36 min von 6°C auf 60°C erwärmt. Wie groß ist die Wärmeleistung in kW?

25 Nennen Sie die drei Aggregatzustände.

26 Definieren Sie „spezifische Schmelzwärme".

27 Welche Wärmemenge ist erforderlich, um 60 kg Eis von – 10°C in Wasser von 0°C umzuwandeln?

28 Eine 5m lange Rohrstrecke mit 5 l Wasserinhalt ist eingefroren. Die Temperatur der Rohrstrecke beträgt – 1°C.
a) Welche Wärmemenge in kJ ist notwendig, um das Eis zu schmelzen?
b) Wie viele min dauert das Auftauen, wenn zum Schmelzen des Eises eine Wärmeleistung von 2,5 kW zur Verfügung steht?

29 Wovon hängen Siedepunkt und Verdampfungswärme von Wasser in starkem Maße ab?

30 125 kg Wasser von 8°C sollen bei 100°C verdampft werden. Welche Wärmemenge ist dazu notwendig?

31 Nennen Sie die Wärmeübertragungsarten.

32 Was ist die Besonderheit der Wärmestrahlung?

33 Nennen Sie den Unterschied zwischen Wärmeübergang und Wärmedurchgang.

34 Berechnen Sie den U-Wert einer 11,5 cm dicken Innenwand aus Kalksandstein, die beidseitig mit 15 mm Putzmörtel aus Kalk verputzt ist.

35 Eine Außenwand aus 20 cm dickem Vollziegel ist beidseitig mit 1 cm Kalkputzmörtel versehen. Wie groß ist ihr Wärmedurchgangskoeffizient?

36 Wie groß ist der Wärmedurchgangskoeffizient einer unverputzten Innenwand aus Gipskartonplatten?

4.10 Heat versus temperature

Heat is a form of **energy** possessed by atoms or molecules because of their motion (picture 1). If the atoms or molecules move faster, the heat energy grows. Heat energy is transferred from one body or substance to another if there is a difference in **temperature**. It always flows from the hotter body or substance to the colder. The transfer (exchange) of heat will continue until the different bodies or substances have the same temperature. Cold objects have a low temperature. If the objects are hot, we say they have a **high** temperature.

The effect of the transfer of energy is almost always an **increase** in the temperature of the colder body and a **decrease** in the temperature of the hotter body. Sometimes there isn't an increase in temperature, as a substance (for instance, water) may absorb heat without an increase in temperature by changing from one physical state to another for example, from ice to a liquid or from a liquid to steam.

Temperature is **not** the same thing as heat. Heat is a form of energy and temperature a **measure** of the amount of the energy that is present in the body or substance.

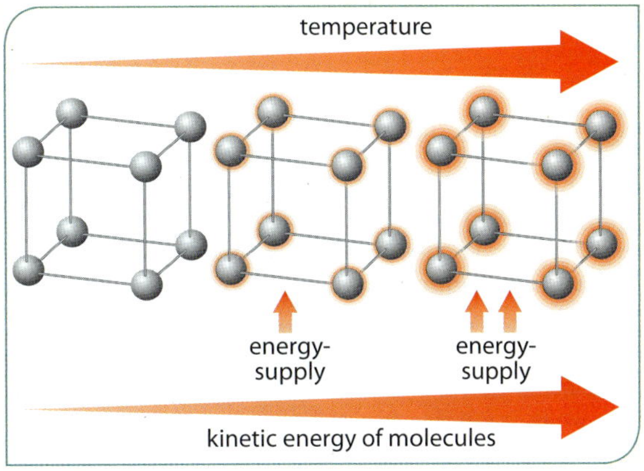

1 Kinetic energy

Exercises

1) Translate the text from "The effect of … until …, from a liquid to steam." into German.
Use the internet or a dictionary. Before you look up a word, try to guess the word first, then check it.

2) How does heat energy always flow?

3) Why is temperature not the same thing as heat?

4) Find the appropriate German translations for the English terms in picture 1.

5) Übernehmen Sie das folgende Schwedenrätsel in Ihr Heft und lösen Sie es, indem Sie die englischen Bezeichnungen für die folgenden deutschen Begriffe eintragen.

Schwedenrätsel

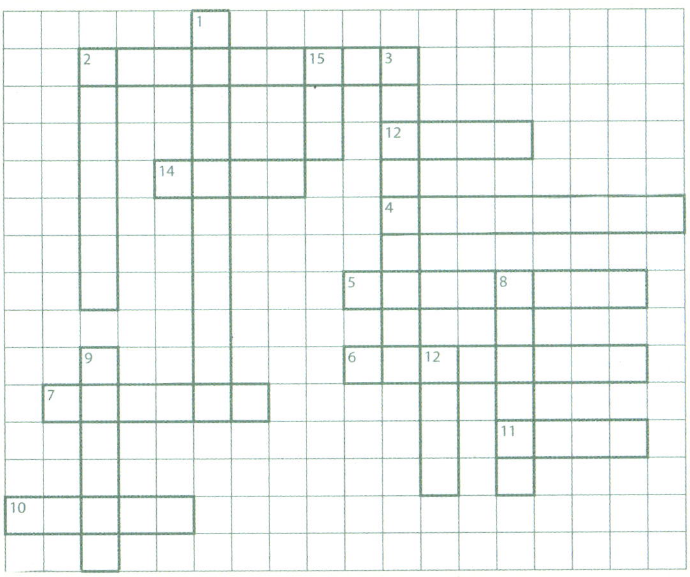

Waagerecht
- 2 Moleküle
- 4 übertragen
- 5 Anstieg
- 6 Abfall
- 7 heißer
- 10 Atome
- 11 wachsen
- 13 Körper
- 14 Wärme

Senkrecht
- 1 Temperatur
- 2 Maß
- 3 Stoff
- 9 Bewegung
- 12 kalt
- 15 niedrig

5 Energieeinsparverordnung (EnEV)

Die am 1. Februar 2002 erstmals in Kraft getretene und zuletzt am 1. Mai 2014 novellierte Energieeinsparverordnung (EnEV) ist Teil eines von der damaligen Bundesregierung verabschiedeten **Klimaschutzprogramms** (climate protection program) und steht in einer Reihe mit weiteren Maßnahmen zur **Begrenzung** (limitation) des CO_2-Ausstoßes. Hinsichtlich des Energieverbrauchs (energy consumption) für Wohnraumbeheizung und Trinkwarmwasserbereitung sollte damit bei Neubauten bis Ende 2010 gegenüber dem damaligen Stand eine Qualitätssteigerung (improvement in quality) von ca. 30 % erreicht werden. Verbindlich vorgeschriebene Planungs- und Projektierungsverordnungen legen **Mindeststandards** (minimum standards) fest, auf deren Grundlage im **bedarfbezogenen Energieausweis** (energy demand pass) Aussagen über die Qualität des Bauwerks sowie der Raumheizung und Trinkwarmwasserbereitung getroffen werden (siehe Seite 41/42). Mit dem erstmaligen Erscheinen der EnEV wurde ein neuer Weg bei der Bilanzierung (balancing) der Energien beschritten: Es wird nicht mehr ausschließlich der Energiebedarf in der Gebäudehülle (inside the building) betrachtet, sondern der Brennstoff von seiner Förderung (production) bis zur eigentlichen Verwertung (use) einschließlich sämtlicher Umwandlungswirkungsgrade (Bilder 1 und 2). Im Gegensatz zur damaligen Wärmeschutzverordnung steht nicht mehr der benötigte Heizwärmebedarf, sondern der **zulässige Primärenergiebedarf**[1] (primary energy demand) eines Gebäudes im Vordergrund.

Nach der Projektierung (planning) des Gebäudes und seiner Haustechnik (domestic engineering) kann eine Aussage über den Bedarf (demand) an Primärenergie und die Qualität der Gebäudehülle gemacht werden. Diese Daten bzw. Kennwerte werden in einen Energieausweis (energy pass) übertragen, der bei einem Eigentümer- und Mieterwechsel dem neuen Eigner/Mieter auf Verlangen ausgehändigt wird. Energieausweise für Wohngebäude (residential buildings) ab Baujahr 1965 sind seit dem 01. 01. 2009 **Pflicht** (binding/mandatory).

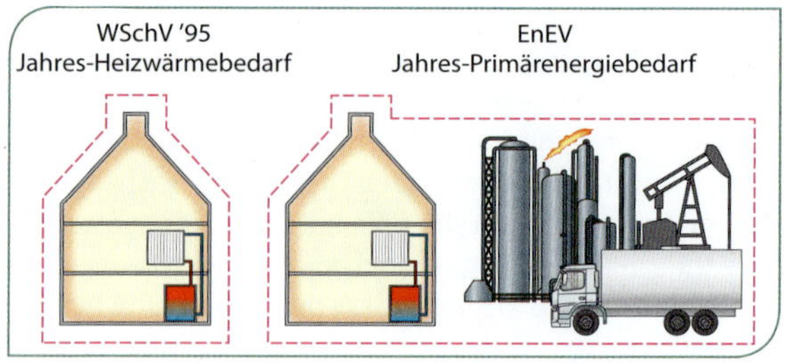

1 Gesamtbilanzierung des Energiebedarfs von Gebäuden nach EnEV

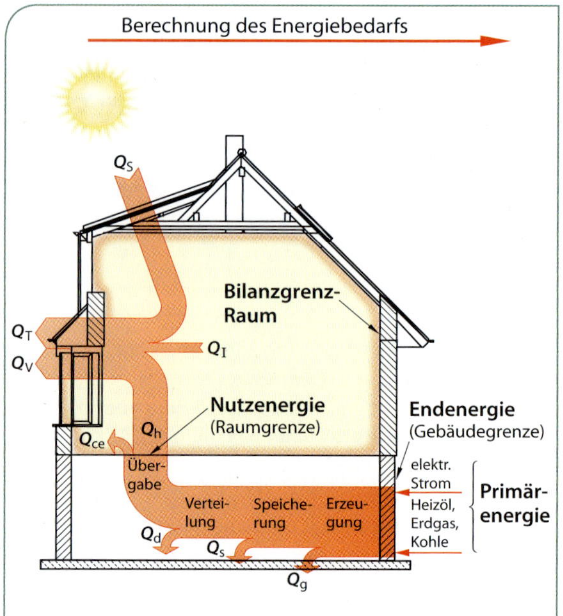

Die Indizes leiten sich z. T. aus dem Englischen ab: **T** für transmission (Übertragung), **V** für ventilation (Lüftung), **S** für Strahlung, **g** für generation (Erzeugung), **s** für storage (Speicherung), **d** für distribution (Verteilung), **ce** für control and emission, **h** für heating, I für internal (interne Gewinne)

2 Berechnung des Energiebedarfs nach DIN V 4701-10

Der Energieausweis wird in zwei Hauptvarianten (main variations) angeboten:

- Energieausweis für Wohngebäude,
- Energieausweis für Nichtwohngebäude (non-residential buildings).

Diese werden unterteilt in

- bedarfsbezogener (demand related) Energieausweis; der Primärenergiebedarf wird über Normenwerke berechnet (Bild 1, Seite 41, sowie Bild 1+2, Seite 42).
- verbrauchsbezogener (consumption related) Energieausweis; bestehende Gebäude können z. T. nach Verbrauch beurteilt werden. Ein direkter Vergleich mit Referenzgebäuden ist hier schwierig, da das Nutzerverhalten eine große Rolle spielen kann.

Energieausweise können für bereits bestehende Häuser in den meisten Fällen (cases) verbrauchsbezogen oder alternativ bedarfsbezogen ausgestellt werden. Bei der verbrauchsbezogenen Ermittlung (determination) der Energien werden die letzten (zusammenhängenden) 36 Monate herangezogen, wobei das Jahresmittel (yearly average) gebildet wird. Energieausweise für neu zu erstellende Gebäude müssen immer bedarfsbezogen ausgestellt werden, d. h. es sind umfangreiche Berechnungen (calculations) erforderlich (Bild 1, sowie Bild 1+2, Seite 42).

[1] Bedarf an der Energie, die vor der Umwandlung in die Sekundärenergie (z. B. Heizöl EL, Flüssiggas, Koks, Strom) benötigt wird, wie z. B. Öl, Naturgas, Kohle und Uran.

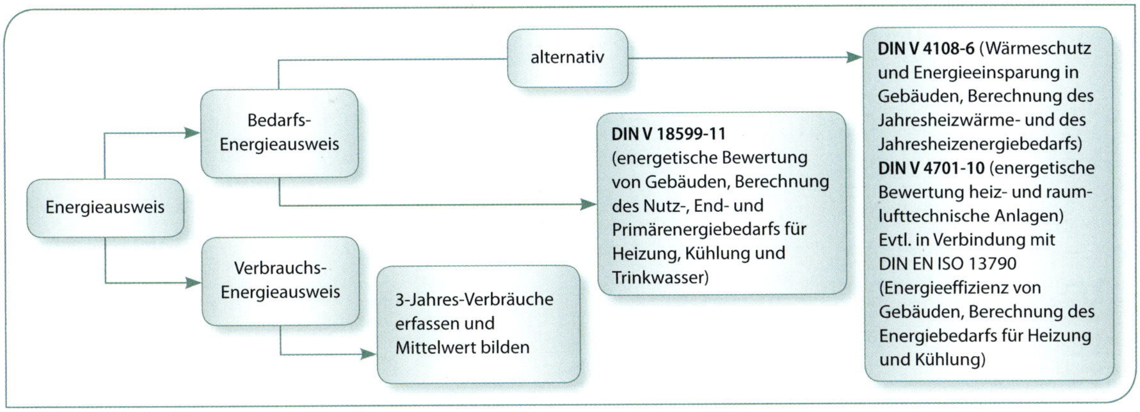

1 Möglichkeiten der Datenermittlung für den Energieausweis

ÜBUNGEN

1) Erläutern Sie, zu welchem Zweck die EnEV geschaffen wurde.

2) Was hat sich bei der Betrachtung der Energiebilanzen nach alter und neuer Rechenweise verändert?

3) Nennen Sie die einzelnen Energiemengen, die an dem Prozess der Wärmeübergabe an den Raum und an dessen Verlusten beteiligt sind und erläutern Sie deren Kurzzeichen.

4) Nennen Sie die unterschiedlichen Energieausweise.

5) Machen Sie den Unterschied zwischen dem Bedarfs-Energieausweis und dem Verbrauchs-Energieausweis deutlich.

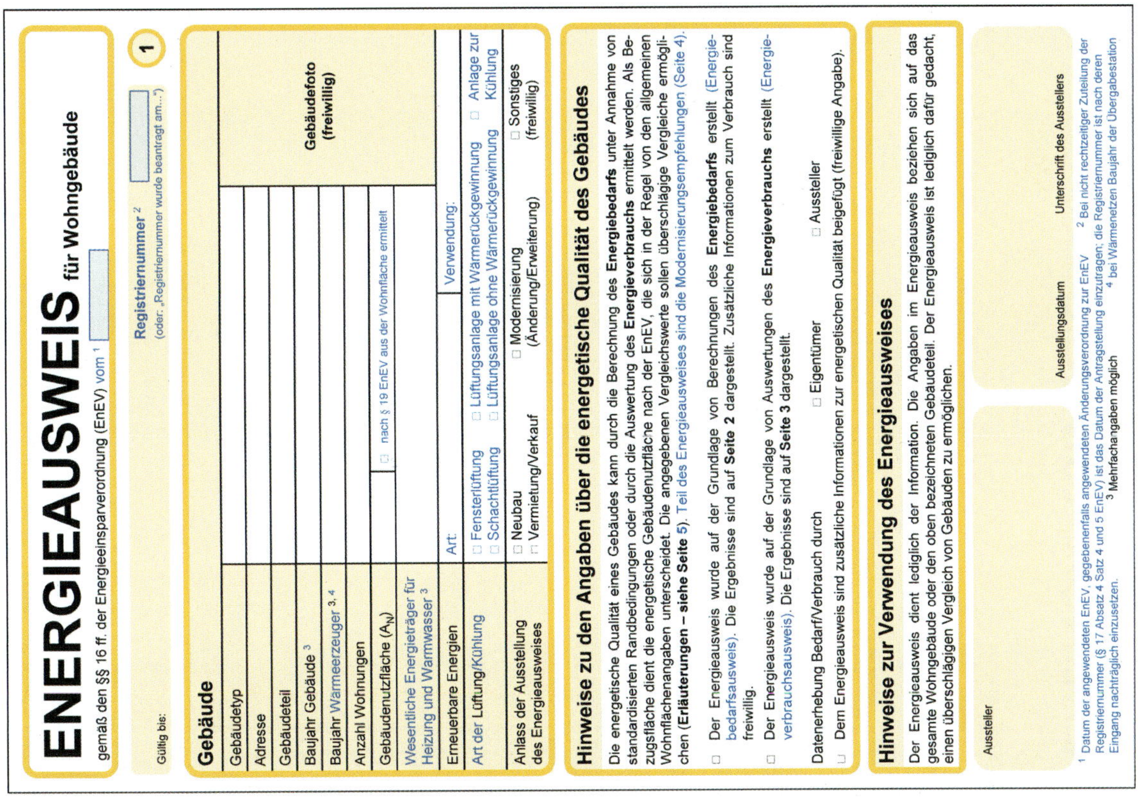

ENERGIEAUSWEIS für Wohngebäude

gemäß den §§ 16 ff. der Energieeinsparverordnung (EnEV) vom [1]

Gültig bis: Registriernummer [2] (oder: „Registriernummer wurde beantragt am...") 1

Gebäude

Gebäudetyp		Gebäudefoto (freiwillig)
Adresse		
Gebäudeteil		
Baujahr Gebäude [3]		
Baujahr Wärmeerzeuger [3, 4]		
Anzahl Wohnungen		
Gebäudenutzfläche (A_N)	□ nach § 19 EnEV aus der Wohnfläche ermittelt	
Wesentliche Energieträger für Heizung und Warmwasser [3]		
Erneuerbare Energien	Art:	Verwendung:
Art der Lüftung/Kühlung	□ Fensterlüftung □ Schachtlüftung □ Lüftungsanlage mit Wärmerückgewinnung □ Lüftungsanlage ohne Wärmerückgewinnung	□ Anlage zur Kühlung
Anlass der Ausstellung des Energieausweises	□ Neubau □ Vermietung/Verkauf □ Modernisierung (Änderung/Erweiterung)	□ Sonstiges (freiwillig)

Hinweise zu den Angaben über die energetische Qualität des Gebäudes

Die energetische Qualität eines Gebäudes kann durch die Berechnung des **Energiebedarfs** unter Annahme von standardisierten Randbedingungen oder durch die Auswertung des **Energieverbrauchs** ermittelt werden. Als Bezugsfläche dient die energetische Gebäudenutzfläche nach der EnEV, die sich in der Regel von den allgemeinen Wohnflächenangaben unterscheidet. Die angegebenen Vergleichswerte sollen überschlägige Vergleiche ermöglichen (**Erläuterungen – siehe Seite 5**). Teil des Energieausweises sind die Modernisierungsempfehlungen (Seite 4).

□ Der Energieausweis wurde auf der Grundlage von Berechnungen des **Energiebedarfs** erstellt (Energiebedarfsausweis). Die Ergebnisse sind auf **Seite 2** dargestellt. Zusätzliche Informationen zum Verbrauch sind freiwillig.

□ Der Energieausweis wurde auf der Grundlage von Auswertungen des **Energieverbrauchs** erstellt (Energieverbrauchsausweis). Die Ergebnisse sind auf **Seite 3** dargestellt.

Datenerhebung Bedarf/Verbrauch durch □ Eigentümer □ Aussteller

□ Dem Energieausweis sind zusätzliche Informationen zur energetischen Qualität beigefügt (freiwillige Angabe).

Hinweise zur Verwendung des Energieausweises

Der Energieausweis dient lediglich der Information. Die Angaben im Energieausweis beziehen sich auf das gesamte Wohngebäude oder den oben bezeichneten Gebäudeteil. Der Energieausweis ist lediglich dafür gedacht, einen überschlägigen Vergleich von Gebäuden zu ermöglichen.

Aussteller

Ausstellungsdatum Unterschrift des Ausstellers

[1] Datum der angewendeten EnEV, gegebenenfalls angewendeten Änderungsverordnung zur EnEV [2] Bei nicht rechtzeitiger Zuteilung der Registriernummer (§ 17 Absatz 4 Satz 4 und 5 EnEV) ist das Datum der Antragstellung einzutragen; die Registriernummer ist nach deren Eingang nachträglich einzusetzen. [3] Mehrfachangaben möglich [4] bei Wärmenetzen Baujahr der Übergabestation

2 Energieausweis; Datenblatt des Gebäudes (aus: Energieeinsparverordnung 2013 [gültig ab Mai 2014])

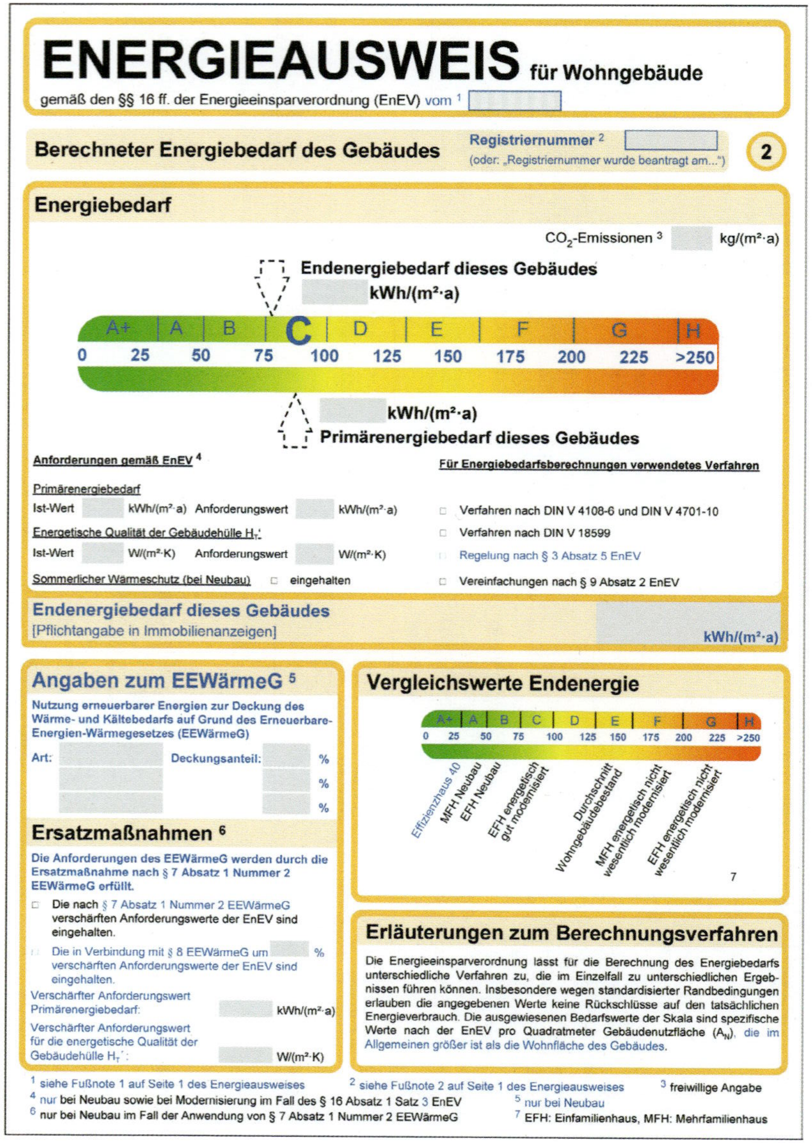

ENERGIEAUSWEIS für Wohngebäude

gemäß den §§ 16 ff. der Energieeinsparverordnung (EnEV) vom [1]

Berechneter Energiebedarf des Gebäudes

Registriernummer [2] (oder: „Registriernummer wurde beantragt am...")

2

Energiebedarf

CO_2-Emissionen [3] kg/(m²·a)

Endenergiebedarf dieses Gebäudes kWh/(m²·a)

A+	A	B	C	D	E	F	G	H

0 25 50 75 100 125 150 175 200 225 >250

kWh/(m²·a) Primärenergiebedarf dieses Gebäudes

Anforderungen gemäß EnEV [4]

Primärenergiebedarf
Ist-Wert kWh/(m²·a) Anforderungswert kWh/(m²·a)

Energetische Qualität der Gebäudehülle H_T'
Ist-Wert W/(m²·K) Anforderungswert W/(m²·K)

Sommerlicher Wärmeschutz (bei Neubau) □ eingehalten

Für Energiebedarfsberechnungen verwendetes Verfahren

□ Verfahren nach DIN V 4108-6 und DIN V 4701-10
□ Verfahren nach DIN V 18599
□ Regelung nach § 3 Absatz 5 EnEV
□ Vereinfachungen nach § 9 Absatz 2 EnEV

Endenergiebedarf dieses Gebäudes

[Pflichtangabe in Immobilienanzeigen] kWh/(m²·a)

Angaben zum EEWärmeG [5]

Nutzung erneuerbarer Energien zur Deckung des Wärme- und Kältebedarfs auf Grund des Erneuerbare-Energien-Wärmegesetzes (EEWärmeG)

Art: Deckungsanteil: %
%
%

Ersatzmaßnahmen [6]

Die Anforderungen des EEWärmeG werden durch die Ersatzmaßnahme nach § 7 Absatz 1 Nummer 2 EEWärmeG erfüllt.

□ Die nach § 7 Absatz 1 Nummer 2 EEWärmeG verschärften Anforderungswerte der EnEV sind eingehalten.

□ Die in Verbindung mit § 8 EEWärmeG um % verschärften Anforderungswerte der EnEV sind eingehalten.

Verschärfter Anforderungswert Primärenergiebedarf: kWh/(m²·a)

Verschärfter Anforderungswert für die energetische Qualität der Gebäudehülle H_T': W/(m²·K)

Vergleichswerte Endenergie

A+	A	B	C	D	E	F	G	H

0 25 50 75 100 125 150 175 200 225 >250

Effizienzhaus 40
MFH Neubau
EFH Neubau
EFH energetisch gut modernisiert
Durchschnitt Wohngebäudebestand
MFH energetisch nicht wesentlich modernisiert
EFH energetisch nicht wesentlich modernisiert

7

Erläuterungen zum Berechnungsverfahren

Die Energieeinsparverordnung lässt für die Berechnung des Energiebedarfs unterschiedliche Verfahren zu, die im Einzelfall zu unterschiedlichen Ergebnissen führen können. Insbesondere wegen standardisierter Randbedingungen erlauben die angegebenen Werte keine Rückschlüsse auf den tatsächlichen Energieverbrauch. Die ausgewiesenen Bedarfswerte der Skala sind spezifische Werte nach der EnEV pro Quadratmeter Gebäudenutzfläche (A_N), die im Allgemeinen größer ist als die Wohnfläche des Gebäudes.

[1] siehe Fußnote 1 auf Seite 1 des Energieausweises
[2] siehe Fußnote 2 auf Seite 1 des Energieausweises
[3] freiwillige Angabe
[4] nur bei Neubau sowie bei Modernisierung im Fall des § 16 Absatz 1 Satz 3 EnEV
[5] nur bei Neubau
[6] nur bei Neubau im Fall der Anwendung von § 7 Absatz 1 Nummer 2 EEWärmeG
[7] EFH: Einfamilienhaus, MFH: Mehrfamilienhaus

1 Bedarfsbezogener Energieausweis für Wohngebäude (aus: Energieeinsparverordnung 2013 [gültig ab Mai 2014])

ENERGIEAUSWEIS für Wohngebäude

gemäß den §§ 16 ff. der Energieeinsparverordnung (EnEV) vom [1]

Erläuterungen

5

Angabe Gebäudeteil – Seite 1

Bei Wohngebäuden, die zu einem nicht unerheblichen Anteil zu anderen als Wohnzwecken genutzt werden, ist die Ausstellung des Energieausweises gemäß dem Muster nach Anlage 6 auf den Gebäudeteil zu beschränken, der getrennt als Wohngebäude zu behandeln ist (siehe im Einzelnen § 22 EnEV). Dies wird im Energieausweis durch die Angabe „Gebäudeteil" deutlich gemacht.

Erneuerbare Energien – Seite 1

Hier wird darüber informiert, wofür und in welcher Art erneuerbare Energien genutzt werden. Bei Neubauten enthält Seite 2 (Angaben zum EEWärmeG) dazu weitere Angaben.

Energiebedarf – Seite 2

Der Energiebedarf wird hier durch den Jahres-Primärenergiebedarf und den Endenergiebedarf dargestellt. Diese Angaben werden rechnerisch ermittelt. Die angegebenen Werte werden auf der Grundlage der Bauunterlagen bzw. gebäudebezogener Daten und unter Annahme von standardisierten Randbedingungen (z. B. standardisierte Klimadaten, definiertes Nutzerverhalten, standardisierte Innentemperatur und innere Wärmegewinne usw.) berechnet. So lässt sich die energetische Qualität des Gebäudes unabhängig vom Nutzerverhalten und von der Wetterlage beurteilen. Insbesondere wegen der standardisierten Randbedingungen erlauben die angegebenen Werte keine Rückschlüsse auf den tatsächlichen Energieverbrauch.

Primärenergiebedarf – Seite 2

Der Primärenergiebedarf bildet die Energieeffizienz des Gebäudes ab. Er berücksichtigt neben der Endenergie auch die so genannte „Vorkette" (Erkundung, Gewinnung, Verteilung, Umwandlung) der jeweils eingesetzten Energieträger (z. B. Heizöl, Gas, Strom, erneuerbare Energien etc.). Ein kleiner Wert signalisiert einen geringen Bedarf und damit eine hohe Energieeffizienz sowie eine die Ressourcen und die Umwelt schonende Energienutzung. Zusätzlich können die mit dem Energiebedarf verbundenen CO_2-Emissionen des Gebäudes freiwillig angegeben werden.

Energetische Qualität der Gebäudehülle – Seite 2

Angegeben ist der spezifische, auf die wärmeübertragende Umfassungsfläche bezogene Transmissionswärmeverlust (Formelzeichen in der EnEV: H_T'). Er beschreibt die durchschnittliche energetische Qualität aller wärmeübertragenden Umfassungsflächen (Außenwände, Decken, Fenster etc.) eines Gebäudes. Ein kleiner Wert signalisiert einen guten baulichen Wärmeschutz. Außerdem stellt die EnEV Anforderungen an den sommerlichen Wärmeschutz (Schutz vor Überhitzung) eines Gebäudes.

Endenergiebedarf – Seite 2

Der Endenergiebedarf gibt die nach technischen Regeln berechnete, jährlich benötigte Energiemenge für Heizung, Lüftung und Warmwasserbereitung an. Er wird unter Standardklima- und Standardnutzungsbedingungen errechnet und ist ein Indikator für die Energieeffizienz eines Gebäudes und seiner Anlagentechnik. Der Endenergiebedarf ist die Energiemenge, die dem Gebäude unter der Annahme von standardisierten Bedingungen und unter Berücksichtigung der Energieverluste zugeführt werden muss, damit die standardisierte Innentemperatur, der Warmwasserbedarf und die notwendige Lüftung sichergestellt werden können. Ein kleiner Wert signalisiert einen geringen Bedarf und damit eine hohe Energieeffizienz.

Angaben zum EEWärmeG – Seite 2

Nach dem EEWärmeG müssen Neubauten in bestimmtem Umfang erneuerbare Energien zur Deckung des Wärme- und Kältebedarfs nutzen. In dem Feld „Angaben zum EEWärmeG" sind die Art der eingesetzten erneuerbaren Energien und der prozentuale Anteil der Pflichterfüllung abzulesen. Das Feld „Ersatzmaßnahmen" wird ausgefüllt, wenn die Anforderungen des EEWärmeG teilweise oder vollständig durch Maßnahmen zur Einsparung von Energie erfüllt werden. Die Angaben dienen gegenüber der zuständigen Behörde als Nachweis des Umfangs der Pflichterfüllung durch die Ersatzmaßnahme und der Einhaltung der für das Gebäude geltenden verschärften Anforderungswerte der EnEV.

Endenergieverbrauch – Seite 3

Der Endenergieverbrauch wird für das Gebäude auf der Basis der Abrechnungen von Heiz- und Warmwasserkosten nach der Heizkostenverordnung oder auf Grund anderer geeigneter Verbrauchsdaten ermittelt. Dabei werden die Energieverbrauchsdaten des gesamten Gebäudes und nicht der einzelnen Wohneinheiten zugrunde gelegt. Der erfasste Energieverbrauch für die Heizung wird anhand der konkreten örtlichen Wetterdaten und mithilfe von Klimafaktoren auf einen deutschlandweiten Mittelwert umgerechnet. So führt beispielsweise ein hoher Verbrauch in einem einzelnen harten Winter nicht zu einer schlechteren Beurteilung des Gebäudes. Der Endenergieverbrauch gibt Hinweise auf die energetische Qualität des Gebäudes und seiner Heizungsanlage. Ein kleiner Wert signalisiert einen geringen Verbrauch. Ein Rückschluss auf den künftig zu erwartenden Verbrauch ist jedoch nicht möglich; insbesondere können die Verbrauchsdaten einzelner Wohneinheiten stark differieren, weil sie von der Lage der Wohneinheiten im Gebäude, von der jeweiligen Nutzung und dem individuellen Verhalten der Bewohner abhängen.

Im Fall längerer Leerstände wird hierfür ein pauschaler Zuschlag rechnerisch bestimmt und in die Verbrauchserfassung einbezogen. Im Interesse der Vergleichbarkeit wird bei dezentralen, in der Regel elektrisch betriebenen Warmwasseranlagen der typische Verbrauch über eine Pauschale berücksichtigt: Gleiches gilt für den Verbrauch von eventuell vorhandenen Anlagen zur Raumkühlung. Ob und inwieweit die genannten Pauschalen in die Erfassung eingegangen sind, ist der Tabelle „Verbrauchserfassung" zu entnehmen.

Primärenergieverbrauch – Seite 3

Der Primärenergieverbrauch geht aus dem für das Gebäude ermittelten Endenergieverbrauch hervor. Wie der Primärenergiebedarf wird er mithilfe von Umrechnungsfaktoren ermittelt, die die Vorkette der jeweils eingesetzten Energieträger berücksichtigen.

Pflichtangaben für Immobilienanzeigen – Seite 2 und 3

Nach der EnEV besteht die Pflicht, in Immobilienanzeigen die in § 16a Absatz 1 genannten Angaben zu machen. Die dafür erforderlichen Angaben sind dem Energieausweis zu entnehmen, je nach Ausweisart der Seite 2 oder 3.

Vergleichswerte – Seite 2 und 3

Die Vergleichswerte auf Endenergieebene sind modellhaft ermittelte Werte und sollen lediglich Anhaltspunkte für grobe Vergleiche der Werte dieses Gebäudes mit den Vergleichswerten anderer Gebäude sein. Es sind Bereiche angegeben, innerhalb derer ungefähr die Werte für die einzelnen Vergleichskategorien liegen.

[1] siehe Fußnote 1 auf Seite 1 des Energieausweises

2 Erläuterungen zum Energieausweis (aus: Energieeinsparverordnung 2013 [gültig ab Mai 2014])

6 Wärmedämmung von Rohrleitungen

6.1 Aufgaben der Dämmung

Die Dämmung (insulation) von Rohrleitungen in Gebäuden hat mehrere wichtige Aufgaben zu erfüllen:

- Reduzierung der Wärmeverluste (heat losses) und damit des Energieverbrauchs (Bild 1) bei Wärmeverteil- und Trinkwarmwasserleitungen (PWH),
- Schutz des Durchflussmediums vor unerwünschten Temperatureinflüssen, z. B. Erwärmung des kalten Trinkwassers,
- Verhinderung von Schwitzwasserbildung und Oberflächenkorrosion bei Trinkkaltwasserleitungen (PWC),
- Minderung der Legionellenbildung.

Darüber hinaus wirkt die Wärmedämmung auch schalldämmend (vgl. Kap. 8.8).

6.2 Anforderungen an die Dämmung

Die Mindestdämmschichtdicke (minimum insulation thickness) für Rohrleitungen in Wärmeverteil- und Warmwasseranlagen wird in der **Energieeinsparverordnung (EnEV)**[1] festgelegt, die sich ausdrücklich auf das **Energieeinsparungsgesetz (EnEG)**[2] bezieht. Bei kaltem Trinkwasser schreibt **DIN 1988-200** vor, ob und mit welcher Dicke die Rohre gedämmt werden müssen. Über die Mindestanforderungen (minimum requirements) der EnEV bzw. DIN 1988-200 hinaus werden häufig zusätzliche vertragliche Leistungen vereinbart. In jedem Fall sind bei der Ausführung die anerkannten Regeln der Technik (aRdT) einzuhalten.

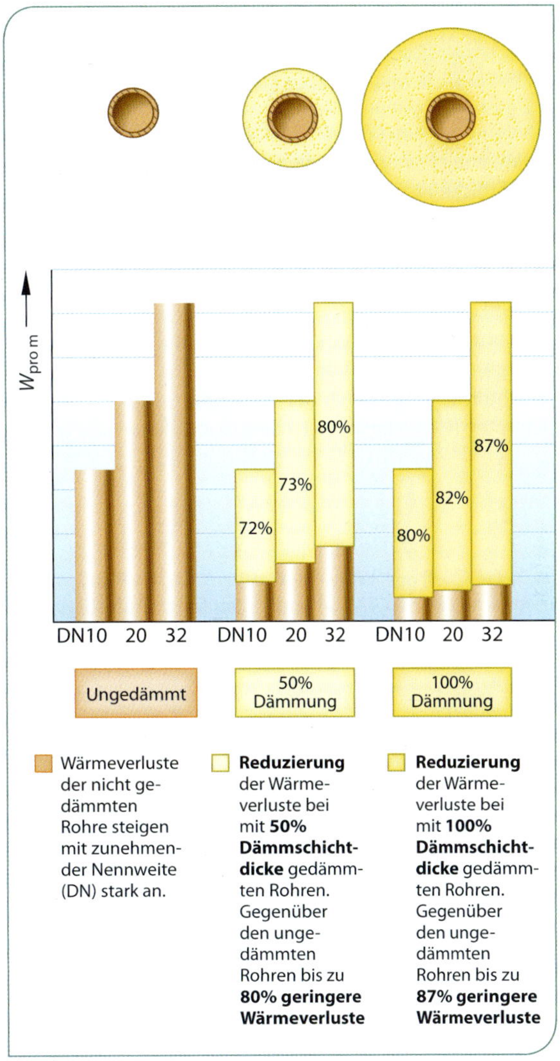

1 Energieeinsparung durch Wärmedämmung bei Stahlrohren

6.3 Wärmeleitfähigkeit und Mindestdämmschichtdicken

6.3.1 Wärmeleitfähigkeit

Die Dämmwirkung hängt vor allem von der **Wärmeleitfähigkeit** λ (vgl. Kap. 4.7) des Dämmmaterials und von der Dicke der Dämmschicht ab.

MERKE

Je kleiner die Wärmleitfähigkeit des Dämmmaterials ist, desto geringer kann die entsprechende Dämmschichtdicke sein. Umgekehrt gilt: Je größer die Leitfähigkeit des Dämmmaterials ist, desto größer muss die entsprechende Dämmschichtdicke sein (Bild 2).

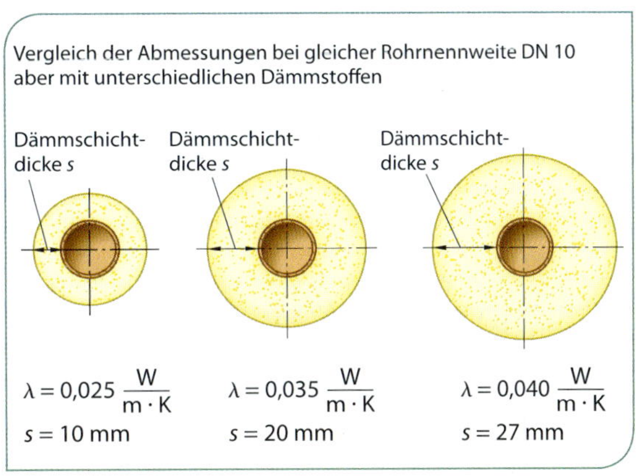

2 Dämmschichtdicken bei unterschiedlicher Wärmeleitfähigkeit.

[1] Verordnung: Kann durch die Exekutive erlassen werden
[2] Gesetz: Kann nur durch die Legislative erlassen werden

Lernfeldübergreifende Inhalte

- Die EnEV geht bei der Festlegung der Dämmschichtdicken immer von einer Wärmeleitfähigkeit des Dämmmaterials von $\boldsymbol{\lambda} = \mathbf{0{,}035}\ \frac{\mathbf{W}}{\mathbf{m \cdot K}}$ aus.

- Die DIN 1988-200 legt einen **λ-Wert von 0,040** $\frac{\mathbf{W}}{\mathbf{m \cdot K}}$ zugrunde

Werden Dämmmaterialien (insulation materials) mit anderen Wärmeleitfähigkeiten eingesetzt, so müssen die Dämmschichtdicken nach einem vorgeschriebenen Rechenverfahren umgerechnet werden. Die ermittelten Werte können z.B. aus der Norm DIN 4108 entnommen werden. (Bild 1). Wenn für das nach EnEV bzw. DIN gedämmte Rohr nicht genügend Platz vorhanden ist, z.B. in Wandschlitzen oder -durchbrüchen, kann durch die Wahl des Dämmstoffes mit geringerer Wärmeleitfähigkeit die erforderliche Dämmschichtdicke und somit der Außendurchmesser des gedämmten Rohres kleiner ausfallen (Bild 2, Seite 43).

Kupferrohre, EN 1057 DN d_a/d_i	8 10/8	10 12/10	12 15/13	15 18/16	20 22/20	25 28/25	32 35/32
Stahlrohre, EN 10255 (mittlere Reihe) DN d_a	6 10,2	8 13,5	10 17,2	15 21,3	20 26,9	25 33,7	32 42,4
λ in $\frac{W}{m \cdot K}$ des Dämmstoffes	Dämmstoffdicke in mm nach EnEV bei 100% Dämmung						
0,025	10	10	11	11	11/ 12[1]	17/ 18[1]	18
0,035	20	20	20	20	20	30	30/ 36[1]
0,040	28/ 27[1]	27/ 26[1]	27	26	26/ 25[1]	39/ 38[1]	38/ 46[1]
[1] für Stahlrohre							

1 Umrechnung von Dämmschichtdicken nach DIN 4108

6.3.2 Mindestdämmschichtdicken

6.3.2.1 Mindestdämmschichtdicken bei Wärmeverteil- und Trinkwarmwasserleitungen

In Anlage 5 zu den §10,14 und 15 der EnEV „Anforderungen an die Wärmedämmung von Rohrleitungen und Armaturen" sind die Mindestdämmschichtdicken festgelegt (Bild 2).
In der Zeile 1 ...4 werden diese Dämmschichtdicken in Abhängigkeit von den **Innendurchmessern** (inside daimeters) angegeben. Dies wird in der Verordnung als jeweils 100 %ige Dämmschichtdicke angesehen.
Nach der derzeit gültigen EnEV sind nicht nur Rohrleitungen, sondern alle Anlagenteile (z.B. Armaturen, Pumpen u.a.m.) gegen Wärmeverluste zu dämmen. Für die Wärmedämmung von Wärme führenden Rohrleitungen wie z.B. Heizungsrohren ist zu beachten:

- Führen die Leitungen durch beheizte oder unbeheizte Räume (heated or unheated rooms)?
- Sind frei liegende Absperrvorrichtungen (shut-off devices) vorhanden?
- Wie viele Parteien (Nutzer) wohnen in einem Gebäude?
- Handelt es sich um ein Einfamilien- oder um ein Mehrfamilienhaus?

Wärmeverteil- und Trinkwarmwasserleitungen und deren Armaturen sind in folgenden Fällen mit einer **100 %igen Dämmschichtdicke** zu versehen:

- in unbeheizten Räumen,
- in unbeheizten Kellerräumen (Bild 1, S. 45),
- in Außenwänden und Außenbauteilen (outside walls and building parts),
- in Schächten und Kanälen (shafts and ducts),
- zwischen beheizten und unbeheizten Räumen,
- im Fußboden verlegte Leitungen, wenn diese an das Erdreich oder an unbeheizte Räume angrenzen,
- bei Verteilleitungen (distribution pipes) zur Versorgung mehrerer unterschiedlicher Nutzer.

Zeile	Art der Leitungen Armaturen	Mindestdicke der Dämmschicht, bezogen auf eine Wärmeleitfähigkeit von 0,035 $\frac{W}{m \cdot K}$
1	Innendurchmesser bis 22 mm	20 mm
2	Innendurchmesser über 22 mm bis 35 mm	30mm
3	Innendurchmesser über 35 mm bis 100 mm	gleich Innendurchmesser
4	Innendurchmesser über 100 mm	100 mm
5	Leitungen und Armaturen nach den Zeilen 1 bis 4 in Wand- und Deckendurchbrüchen, im Kreuzungsbereich von Leitungen, an Leitungsverbindungsstellen, bei zentralen Leitungsnetzverteilern	$\frac{1}{2}$ der Anforderungen der Zeilen 1 bis 4
6	Leitungen von Zentralheizungen nach den Zeilen 1 bis 4, die nach dem 31. Januar 2002 in Bauteilen zwischen beheizten Räumen verschiedener Nutzer verlegt werden	$\frac{1}{2}$ der Anforderungen der Zeilen 1 bis 4
7	Leitungen nach Zeile 6 im Fußbodenaufbau	6 mm
8	Kälteverteilungs- und Kaltwasserleitungen sowie Armaturen von Raumlufttechnik- und Klimakältesystemen	6 mm

2 Mindestdämmschichtdicken nach EnEV 2014

Bei Wärmeverteil- und Trinkwarmwasserleitungen und deren Armaturen kann die Dämmung in folgenden Fällen auf **50 %** der in Zeile 1 bis 4 genannten **Dämmschichtdicke** verringert werden (Bild 2, S. 44 Zeile 5 bis 8):

- in Wand- und Deckendurchführungen,
- an Rohrverbindungsstellen (pipe joints) und Rohrkreuzungen (pipe crossings),
- bei zentralen Rohrnetzverteilern und deren Anschlüsse,
- bei Leitungen von Zentralheizungen, die nach dem 31.01.2002 in Bauteilen, zwischen beheizten Räumen verschiedener Nutzer verlegt werden. Werden diese Leitungen im Fußbodenaufbau (floor construction) verlegt, so ist eine 6 mm dicke Dämmschicht vorgeschrieben.

Nach der EnEV müssen Wärmeverteil- und Trinkwarmwasserleitungen, die an Außenluft grenzend verlegt sind, mit dem **zweifachen** der Mindestdicke von Zeile 1 bis 4 (Bild 2, S. 44) gedämmt werden.[1)]

In folgenden Fällen werden **keine Anforderungen** an die Mindestdämmschichtdicke gestellt:

- Bei Zentralheizungsleitungen nach den Zeilen 1 bis 4, die sich in beheizten Räumen oder in Bauteilen zwischen beheizten Räumen **eines** Nutzers (one user) befinden und ihre Wärmeabgabe durch freiliegende Absperreinrichtungen beeinflusst werden kann.
- Bei Trinkwarmwasserleitungen bis 3 Liter Wasserinhalt (Stichleitungen), die sich weder im Zirkulationskreislauf (secundary circulation) befinden, noch eine Begleitheizung besitzen.

Jedoch sollten auch hier die Leitungen zur Vermeidung von Knack- und Fließgeräuschen (elongation and flow noises), zur Körperschalldämmung, wegen des Korrosionsschutzes und zur Reduzierung der Wärmebelastung mit einer Dämmung von 4 bis 9 mm versehen werden.

Erstmalig wird auch in der EnEV 2014 eine **Nachrüstverpflichtung** (reffiting duty) für ungedämmte Rohrleitungen und Armaturen gefordert, wenn sich diese in unbeheizten Räumen befinden und sie zugänglich sind.

Rohrleitungen von Solaranlagen (solar systems) unterliegen nicht der EnEV, da die Erzeugung und der Verbrauch von Solarenergie CO_2- neutral ist. Doch sollten auch diese Leitungen gedämmt werden, damit die gewonnene Energie der Anlage ohne nennenswerte Verluste (without considerable losses) genutzt werden kann.

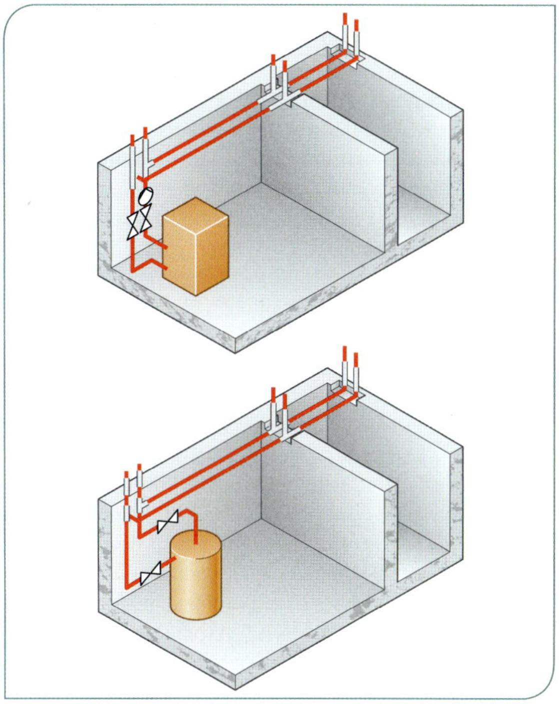

1 Wärmeverteil- und Trinkwarmwasserleitungen mit 100 %iger Dämmschichtdicke

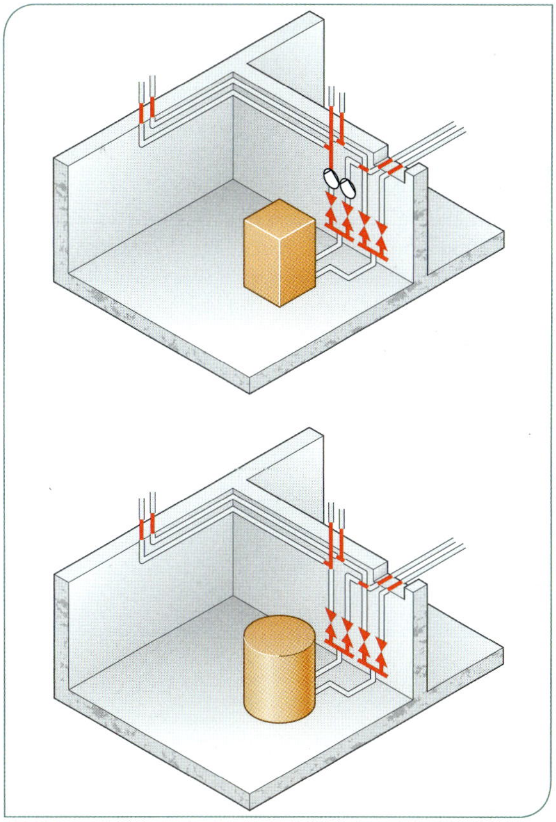

2 Wärmeverteil- und Trinkwarmwasserleitungen mit 50 %iger Dämmschichtdicke

1) Einen dauerhaften Schutz vor Einfrieren kann diese Dämmung bei liegenden Leitungen allerdings nicht gewährleisten. Sie sollten entleert oder z. B. durch eine Begleitheizung geschützt werden. (vgl. VDI-Richtlinien 2055)

6.3.2.2 Mindestdämmschichtdicken bei Trinkkaltwasserleitungen (PWC)

Sowohl nach DIN 1988–200 als auch nach der EN 806–2 müssen Trinkkaltwasserleitungen vor Erwärmung geschützt werden und somit in ausreichendem Abstand zu Wärmequellen wie z. B. Trinkwarmwasser- und Heizungsleitungen und Schornsteinen (chimneys) verlegt werden. Ist eine solche Verlegung nicht möglich, dann sind Trinkkaltwasserleitungen so zu dämmen, dass die Wasserqualität durch Erwärmung nicht beeinflusst wird. Die Mindestdämmschichtdicken hierfür sind je nach Einbausituation in Bild 1 angegeben.

Darüber hinaus wird in den beiden Normen ein ausreichender Schutz vor Kondenswasserbildung (protection against condensation) auf der Rohr- bzw. Dämmstoffoberfläche (pipe-/insulation surface) gefordert, der mit den Dämmschichtdicken aus Bild 1 ebenfalls gewährleistet ist. Hierbei ist darauf zu achten, dass bei Trinkkaltwasserleitungen entweder geschlossenzellige Dämmmaterialien (closed-cell insulation materials) mit einem hohen Wasserdampfdiffusionswiderstand[1] (water vapour resistance) verwendet werden und so eine Durchfeuchtung (moisture penetration) des Dämmmaterials verhindert bzw. vermindert wird, oder die offenzelligen und faserigen Dämmstoffe mit einer feuchtigkeitsundurchlässigen (moisture resistant coating) Außenhaut versehen werden (Bild 3, Seite 47).

Einbausituation	Dämmschichtdicke bei $\lambda = 0{,}04 \frac{W}{m \cdot K}$[1]
Rohrleitungen frei verlegt in nicht beheiztem Räumen, Umgebungstemperatur ≤ 20 °C (nur Tauwasserschutz)	9 mm
Rohrleitungen verlegt in Rohrschächten, Bodenkanälen und abgehängten Decken. Umgebungstemperatur ≤ 25 °C	13 mm
Rohrleitungen verlegt, z. B. in Technikzentralen oder Medienkanälen und Schächten mit Wärmelasten und Umgebungstemperaturen ≥ 25 °C	Dämmung wie Warmwasserleitungen
Stockwerksleitungen und Einzelzuleitungen in Vorwandinstallationen	Rohr-in-Rohr oder 4 mm
Stockwerksleitungen und Einzelzuleitungen im Fußbodenbau (auch neben nichtzirkulierenden Trinkwasserleitungen warm)[2]	Rohr-in-Rohr oder 4 mm
Stockwerksleitungen und Einzelzuleitungen im Fußbodenbau neben warmgehenden zirkulierenden Rohrleitungen[2]	13 mm

[1] Für andere Wärmeleitfähigkeiten sind die Dämmschichtdicken entsprechend umzurechnen; Referenztemperatur für die angegebene Wärmeleitfähigkeit: 10 °C

[2] In Verbindung mit Fußbodenheizungen sind die Rohrleitungen für Trinkwasser kalt so zu verlegen

1 Richtwerte für Schichtdicken zur Dämmung von Rohrleitungen für Trinkwasser kalt DIN 1988-200

6.4 Dämmungsarten

Die wichtigsten Dämmungsarten sind:

- **werkseitig angebrachte Wärmedämmung** (ex works insulation) (Bild 2),
- auf der Baustelle angebrachte Dämmung,
- Dämmung mit **geschlossenen, angeschlitzten** oder **geschlitzten Schläuchen** (tubular closed or slotted body) (Bild 3),
- Dämmung mit Rohrschalen (tubular segments/casings) (Bild 4),
- Dämmung mit selbstklebenden Dämmband (Bild 3),
- Dämmung mit Formteilen (Bild 1, Seite 47).

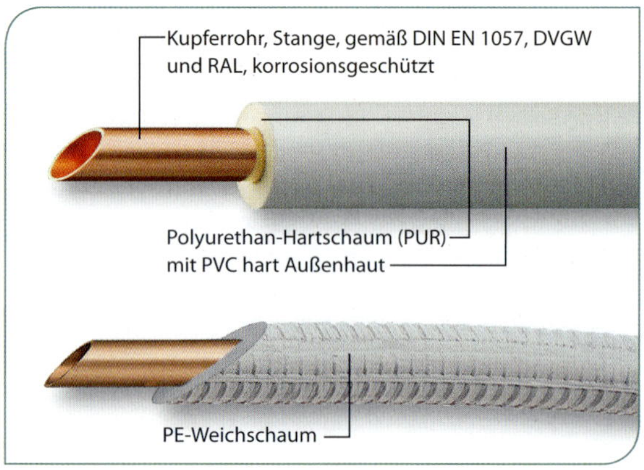

2 Werkseitig mit Hart- bzw. Weichschaum gedämmtes Kupferrohr

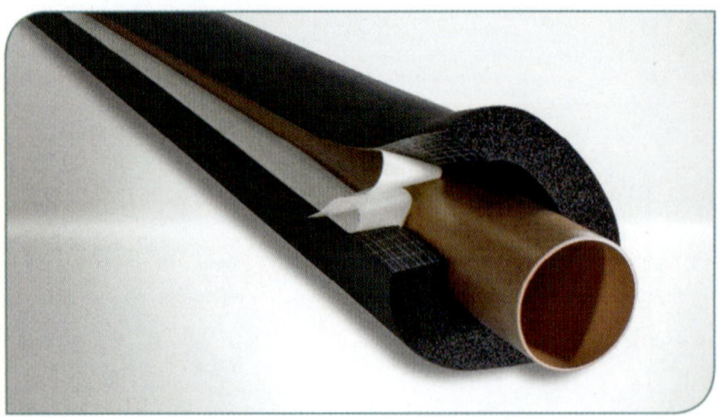

3 Geschlitzter Dämmschlauch mit Selbstklebeverschluss

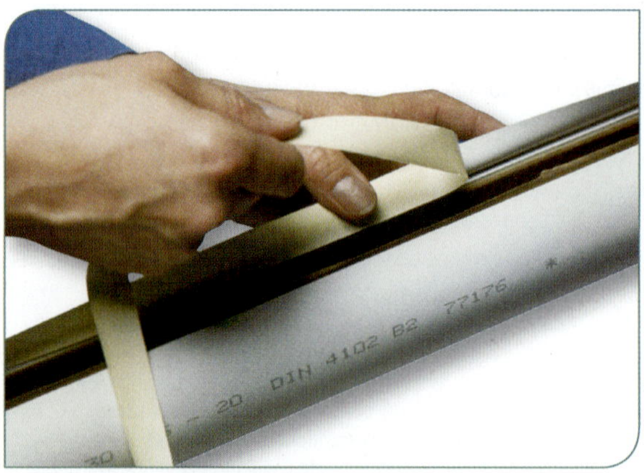

4 Rohrschale aus Hartschaum und Kunststoff ummantelt

[1] Widerstand eines Stoffes gegen das Eindringen (Diffusion) von Wasserdampf

6.5 Dämmstoffe

Dämmstoffe bestehen aus Materialien, die die Wärme schlecht leiten und somit eine geringe Wärmeleitfähigkeit $\lambda \leq 0{,}1 \frac{W}{m \cdot K}$ besitzen (vgl. Kap. 4.7). Die Hersteller müssen die Wärmeleitfähigkeiten ihrer Materialien angeben, damit man die erforderlichen Dämmschichtdicken bestimmen kann (Bild 1, Seite 44). Wärmedämmstoffe haben aufgrund der vielen, sehr kleinen, luftgefüllten Hohlräume eine geringe Dichte. Es handelt sich oft um geschlossenzelliges Material (closed-cell material), wodurch die Wärmedämmeigenschaft (insulation property) verbessert und darüber hinaus eine feuchtigkeitsabweisende Wirkung erzielt wird. Die Nässe kann in diese geschlossenen Hohlzellen nicht eindringen und die Dämmwirkung bleibt erhalten. Werden offenzellige Grundmaterialien, z. B. Mineralfasern, verwendet, müssen sie meist mit Aluminiumfolie (aluminium foile) (Bild 2) oder -blech, verzinktem Stahlblech (galvanized steel sheet), Kunststoff- oder Glasfaserhüllen (plastic or fiber glass covers) (Bild 3) verkleidet werden. Diese Dämmstoffe haben den Nachteil, dass sie hygroskopisch[1)] sind.

MERKE

Dämmstoffe dürfen nicht durchfeuchtet werden, weil Wasser eine 25mal höhere Wärmeleitfähigkeit besitzt als ruhende Luft.

Da Filz (felt) die Nässe aufsaugt und kapillar – ähnlich wie ein Docht – weiterleitet, sollte dieses Material als Dämmstoff nicht verwendet werden. Dämmstoffe bestehen heute überwiegend aus folgenden Grundmaterialen:

- **Mineralwollarten** (mineral wool) wie z. B. Stein- oder Glaswolle (rock or glass wool) (Bild 2).
- Weiche oder harte **Kunststoffschäume**, die z. B. aus PVC, PU bzw. PUR, PE, PS hergestellt sind (Bild 2, Seite 46).

6.6 Anwendung und Verarbeitung

Unabhängig von der Art der Wärmedämmung ist es generell sehr wichtig, dass die Rohrleitungen möglichst lückenlos, d. h. auch an Verbindungsstellen, Richtungsänderungen und Armaturen (junctions points, turns and fittings) gedämmt werden (Bild 3). Bei Kupferrohrstangen mit werkseitig angebrachter Wärmedämmung ist das Dämmmaterial an den beiden Enden, je nach Außendurchmesser zwischen 120 bis 200 mm, abgemantelt. Die Rohrverbindung kann so ohne Vorarbeiten (preparatory works) hergestellt werden. Die ungedämmte Verbindungsstelle wird später mithilfe eines geschlitzten Schlauchstückes wärmegedämmt. Für Bögen und T-Stücke (bends and tees) werden klappbare Dämmformteile (tilting insulation segments) geliefert (Bild 4).

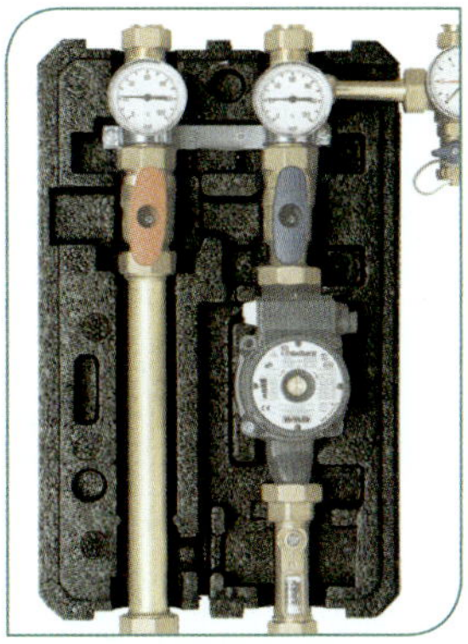

1 Dämmung mit Formteil

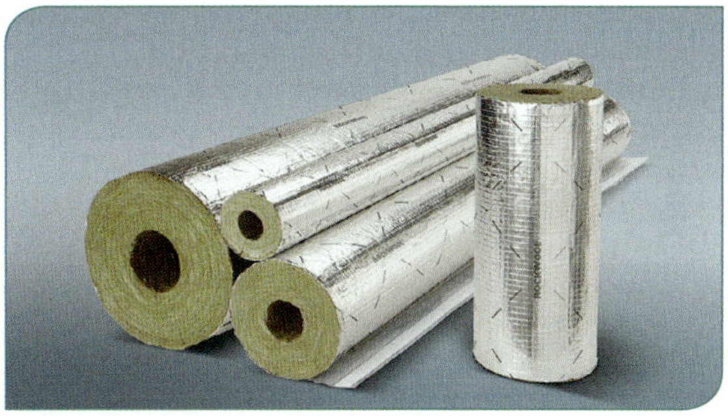

2 Offenzellige Mineralwoll-Schale mit Aluminiumkaschierung

3 Fachgerecht gedämmte Heizungsrohre

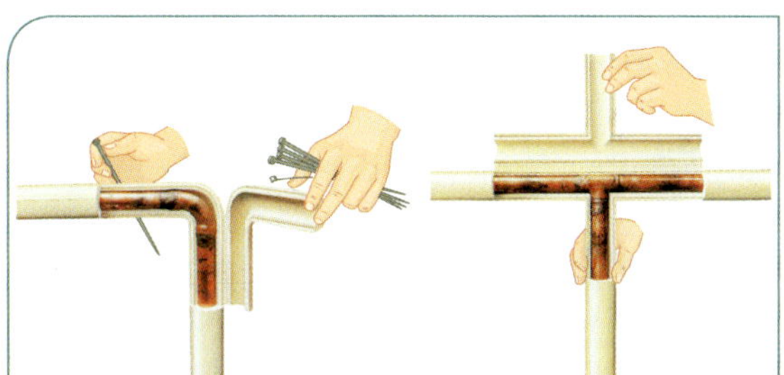

4 a) 90°-Bogen als Dämmformteil, b) T-Stück als Dämmformteil

1) Feuchtigkeit an sich ziehend

Werkseitig wärmegedämmte Rohre gibt es in Stangen von 4 bis 5 m Länge und in Ringen von 25 m Länge. Bei langen geraden Rohrstrecken werden die Stangen aus optischen und wirtschaftlichen Gründen bevorzugt.
Die Wärmedämmung mit **geschlossenen Schläuchen** wird auch oft angewendet. Laut Herstellerangaben sollen hiermit ca. 70 bis 80 % aller Rohre und Bögen gedämmt werden können. Da diese Schläuche sehr flexibel sind, lassen sie sich mühelos über die Bögen schieben.

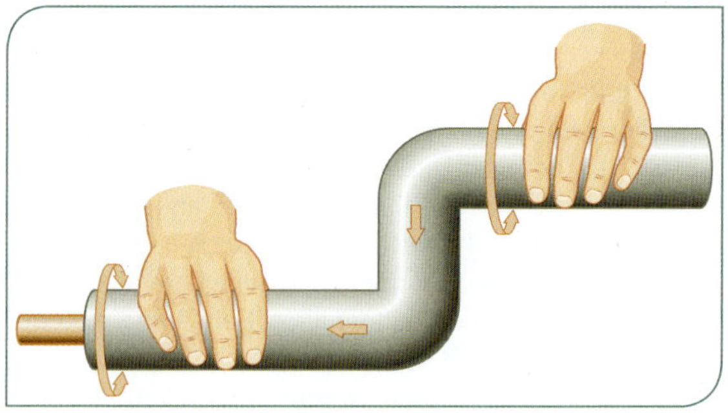

1 Dämmung mit geschlosenem Schlauch

PRAXISHINWEIS

Dämmschläuche sollten mit einer leichten Drehbewegung über die Rohre geschoben und nicht gezogen werden (Bild 1).

Falls ein Vordämmen (pre-insulation) mit geschlossenen Schläuchen nicht möglich oder für die nachfolgenden Arbeiten wie z. B. Rohrbefestigungen oder Dichtigkeitsprüfung (pipe fixtures or leaktest) hinderlich ist, können angeschlitzte oder geschlitzte Schläuche verwendet werden.
Aber auch Wärmedämmschalen, z. B. aus Hartschaum oder Mineralfasern, sind hierfür einsetzbar. Bei geschlitzten selbstklebenden Dämmschläuchen bzw. Schalen wird nur der Schutzstreifen (protective stripe) abgezogen, die beiden Teile werden zusammengefügt und die Klebenaht (bonding seam) kurz zusammengedrückt (Bild 3, Seite 46). Bei geschlitzten Schläuchen ohne Klebstreifen ist unbedingt darauf zu achten, dass der verwendete Reiniger (cleaner) und auch der Kleber den Herstellerangaben (producers details) entsprechen.

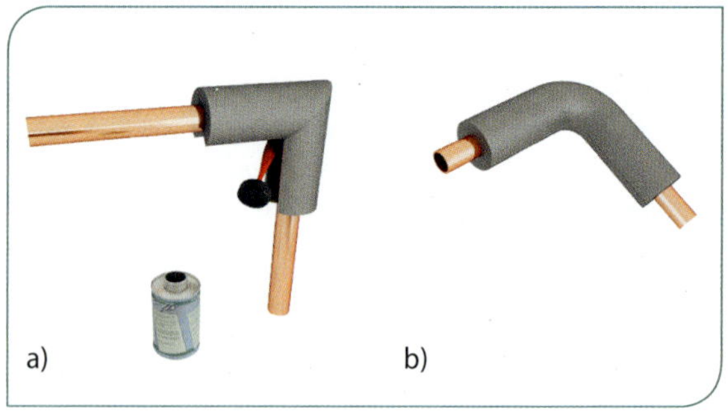

2 Nachträgliche Dämmung von a) eines Winkels und b) eines Bogens

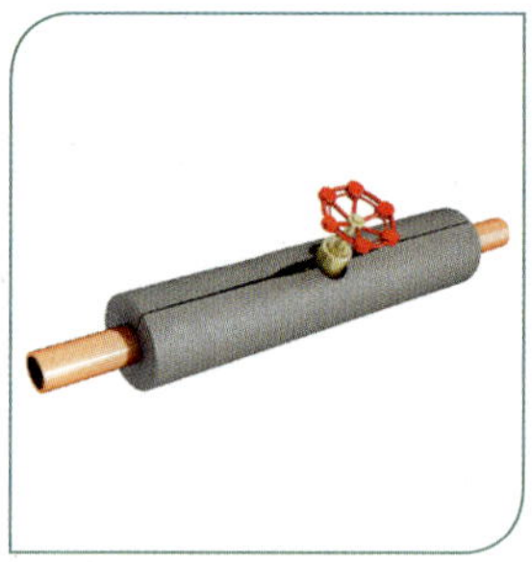

3 Durchgehende Wärmedämmung von Rohrleitung und Absperrarmatur

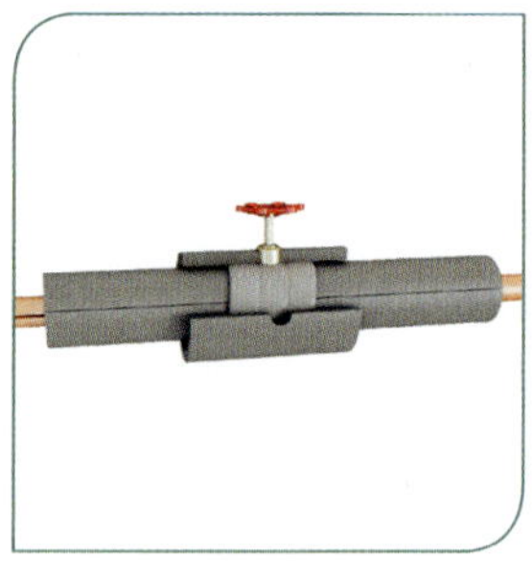

4 Getrennte Wärmedämmung von Rohr und Absperrarmatur

MERKE

Beim Umgang mit Reinigungs- und Klebstoffen sind die entsprechenden Unfallverhütungsvorschriften zu beachten.

Die nachträgliche Dämmung von Winkeln, Bögen und T-Stücken kann wie in Bild 2 dargestellt vorgenommen werden. Darüber hinaus können Dämmstoffabzweige auch selbst hergestellt werden (Bild 5). Nach EnEV 2014 muss nicht nur die Wärmeabgabe bzw. Wärmeaufnahme von Rohrleitungen, sondern auch die von Armaturen begrenzt werden. Das Energieeinsparpotenzial durch die Dämmung aller Armaturen (Bilder 3 und 4) ist nicht unerheblich. Beispielsweise können die Gesamtwärmeverluste in einer 10 m langen Rohrleitung DN 20 um 10–15 % verringert werden, wenn man zwei zur Anlage gehörende Armaturen dämmt.

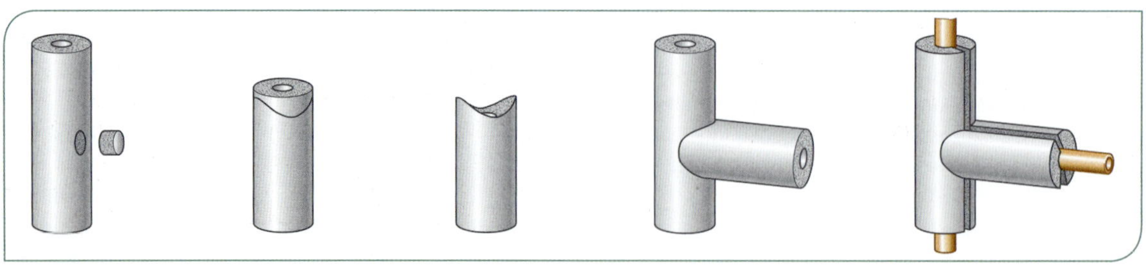

5 Arbeitsschritte zur Herstellung eines Dämmstoffabzweiges

Die Dämmstoffe von Rohrleitungen innerhalb von Solaranlagen sollten eine Temperaturbeständigkeit von über 150°C besitzen. Dies gilt vor allem für die Kollektoranschlussleitungen , die zusätzlich witterungs- und UV-beständig sowie versprödungsarm sein müssen (Bild 1).

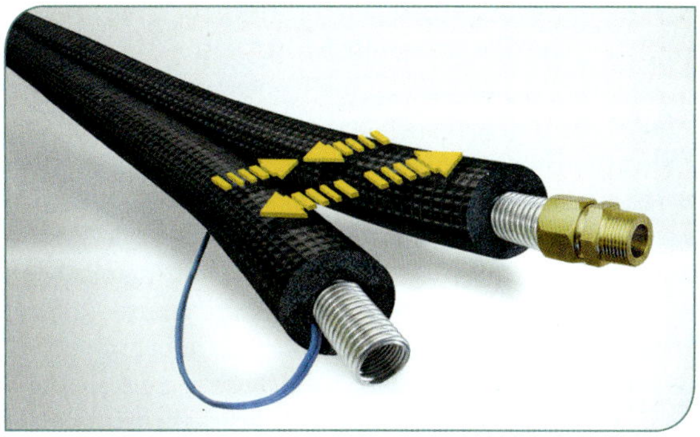

1 Wärmegedämmte Anschlussleitungen für Solaranlagen

ÜBUNGEN

1) Nennen Sie drei wichtige Aufgaben der Wärmedämmung von Rohrleitungen.

2) Wovon hängt die Dämmwirkung eines Dämmmaterials ab?

3) Von welcher Wärmeleitfähigkeit des Dämmmaterials gehen die EnEV und DIN 1988-200 aus?

4) Wie groß muss laut EnEV die 100 %ige Dämmschichtdicke für ein
   a) Stahlrohr EN 10255 – 26,9 x 2,6
   b) Kupferrohr EN 1057 – 28 x 1,5
   c) PE-X DIN 16893 – 25 x 3,5 – S3,2

5) Nennen Sie fünf Beispiele, bei denen die Rohrleitungen von Wärmeverteil- und Trinkwarmwasserleitungen mit einer 100 %igen Dämmschichtdicke zu versehen sind.

6) Wann müssen Tinkwarmwasserleitugen nicht gedämmt werden?

7) Nennen Sie zwei Gründe warum Trinkkaltwasserleitungen gedämmt werden müssen.

8) Warum ist es sehr wichtig die Dämmmaterialien vor Feuchtigkeit zu schützen?

9) Nennen Sie vier Dämmungsarten.

10) Beschreiben Sie die nachträgliche Dämmung eines Winkels und eines Bogens.

6.7 Berechnungen an wärmegedämmten Rohren

6.7.1 Berechnungen der Dämmschichtdicken

Beispiel:

Der Außendurchmesser eines wärmegedämmten Rohres beträgt 120 mm. Die Dämmdicke beträgt 33 mm bei einer Wärmeleitfähigkeit $\lambda = 0{,}035 \frac{\text{W}}{\text{m} \cdot \text{K}}$.

Wurde die im unbeheizten Kellerraum verlegte Trinkwarmwasserleitung aus Kupferrohr EN 1057 gemäß EnEV richtig gedämmt?

(Hinweis: Der Innendurchmesser der Dämmung soll mit dem Außendurchmesser des Rohres gleich sein.)

geg.: $d_a = 120$ mm; $s = 33$ mm

ges.: d_i in mm

Lösung:

$d_i = d_a - 2 \cdot s$

$d_i = 120\text{ mm} - 2 \cdot 33\text{ mm}$

$\underline{\underline{d_i = 54\text{ mm}}}$

Daraus folgt, dass der Außendurchmesser des Kupferrohres 54 mm beträgt. Laut Tabellenbuch handelt es sich dabei um ein Kupferrohr 54 x 2 mit einem Innendurchmesser von 50mm. Laut EnEV muss bei diesem Rohr die Mindestdämmschichtdicke jedoch 50 mm betragen (Bild 2, Seite 44).

Ergebnis: Das Heizungsrohr wurde nicht nach der geltenden Verordnung gedämmt.

Lernfeldübergreifende Inhalte

6.7.2 Seiten- und Mittenabstände von gedämmten Rohren

In der Haustechnik müssen meist mehrere Rohrleitungen wie z. B. Heizungsleitungen und/oder Trinkwarm- und Trinkkaltwasserleitungen nebeneinander verlegt werden. Hierbei ist zu beachten, dass Leitungen in Heizungs- und Trinkwarmwasseranlagen mit einer Wärmedämmung nach EnEV, Anhang 5 (Bild 2, Seite 44) zu versehen sind. Im folgenden Abschnitt soll mithilfe der Rohraußendurchmesser (d_a), der Dämmschichtdicken (s) und der Rohrzwischenabstände (a_2) der notwendige Platzbedarf, die Schacht - bzw. Deckendurchbruchbreite und der waagerechte Schellenabstand für eine Steigleitung L_m (Abstand Rohrmitte bis Rohrmitte) berechnet werden.

1 Rohrleitungen im Schacht

Die benötigte **Schachtbreite** L_x für zwei gedämmte Rohrleitungen berechnet sich wie folgt (Bild 2):

$$L_x = a_1 + d_{a1} + 2 \cdot s_1 + a_2 + d_{a2} + 2 \cdot s_2 + a_3$$

L_x: Schachtbreite in mm
$L_{y\,min}$: Mindestschachttiefe in mm
L_m: Abstand von Rohrmitte zu Rohrmitte in mm
d_{a1}, d_{a2}: Außendurchmesser der Rohre 1 und 2 in mm
s_1, s_2: Dämmschichtdicken der Rohre 1 und 2 in mm
a_1, a_2, a_3: Abstände 1 ...3 in mm (nach Herstellerangaben oder Tabellenwerten)

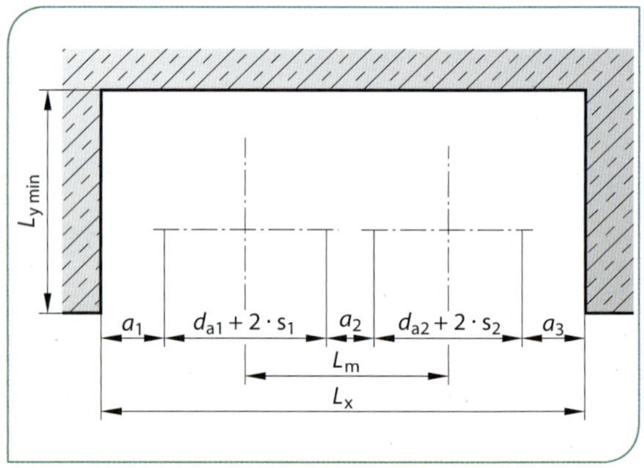

2 Abstände bei zwei gedämmten Rohrleitungen

Beispiel:

In einen Wandschlitz sollen zwei Rohrleitungen aus Kupferrohr EN 1057 – 42 x 1,5 und Kupferrohr EN 1057 – 35 x 1,5 verlegt werden. Beide Leitungen müssen nach EnEV mit einer 100 %igen Wärmedämmung versehen werden. Aus Montagegründen beträgt der Abstand zwischen Wand und Dämmung jeweils 40 mm und zwischen den gedämmten Rohren 30 mm (Bild 3).

a) Wie groß müssen die Breite L_x und die Mindesttiefe L_y des Wandschlitzes in mm sein?
b) Welches Abstandsmaß L_m von Rohrmitte zu Rohrmitte in mm ergibt sich?

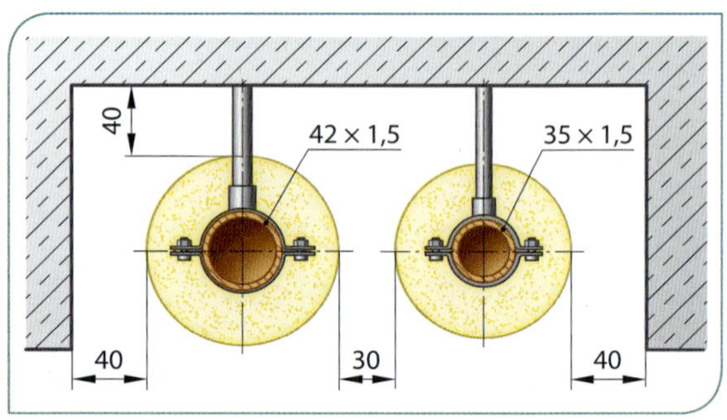

3 Zur Beispielaufgabe

geg.: $a_1 = a_3 = 40$ mm; $a_2 = 30$ mm;
$d_{a1} = 42$ mm; $d_{a2} = 35$ mm
$s_1 = 39$ mm; $s_2 = 30$ mm (Bild 2, Seite 44)
ges.: L_x in mm; L_y in mm; L_m in mm

Lösung:

a) $L_x = a_1 + d_{a1} + 2 \cdot s_1 + a_2 + d_{a2} + 2 \cdot s_2 + a_3$

$L_x = 40\text{ mm} + 42\text{ mm} + 2 \cdot 39\text{ mm} + 30\text{ mm} + 35\text{ mm} + 2 \cdot 30\text{ mm} + 40\text{ mm}$

$\underline{\underline{L_x = 325\text{ mm}}}$

$L_y = a_1 + d_{a1} + 2 \cdot s_1$

$L_y = 40\text{ mm} + 42\text{ mm} + 2 \cdot 39\text{ mm}$

$\underline{\underline{L_y = 160\text{ mm}}}$

b) $L_m = \frac{d_{a1}}{2} + s_1 + a_2 + s_2 + \frac{d_{a2}}{2}$

$L_m = \frac{42\text{ mm}}{2} + 39\text{ mm} + 30\text{ mm} + 30\text{ mm} + \frac{35\text{ mm}}{2}$

$\underline{\underline{L_m = 137{,}5\text{ mm}}}$

ÜBUNGEN

1) Eine wärmegedämmte Zirkulationsleitung soll in einem unbeheizten Keller in einem Schutzrohr aus PVC von einem Raum zum anderen verlegt werden. Berechnen Sie den Innendurchmesser des Schutzrohres, wenn die Rohrleitung aus Kupferrohr EN 1057 – 22 x 1 besteht und nach EnEV gedämmt werden muss.

2) Der Außendurchmesser eines wärmegedämmten Rohres beträgt 85 mm. Bei der Warmwasser führenden Leitung handelt es sich um ein Gewinderohr (M) EN 10255 – 48,3 x 3,2. Überprüfen Sie, ob die Rohrleitung nach EnEV richtig gedämmt wurde, wenn sie mit einer 50 %igen Dämmung versehen werden muss.

3) Zwei wärmegedämmte Mehrschichtverbundrohre PE-X/Al/PE-X 20 x 2,3 sollen, wie im Bild 1 dargestellt, befestigt werden. Sie sind mit einer 100 %igen Wärmedämmung nach EnEV versehen. Die Blechdicke der Schalen beträgt 1 mm.

Wie groß muss der Abstand von Rohrmitte zu Rohrmitte (Befestigungsabstand) sein, wenn aus Montagegründen der Abstand zwischen den Rohrschellen 20 mm betragen soll?

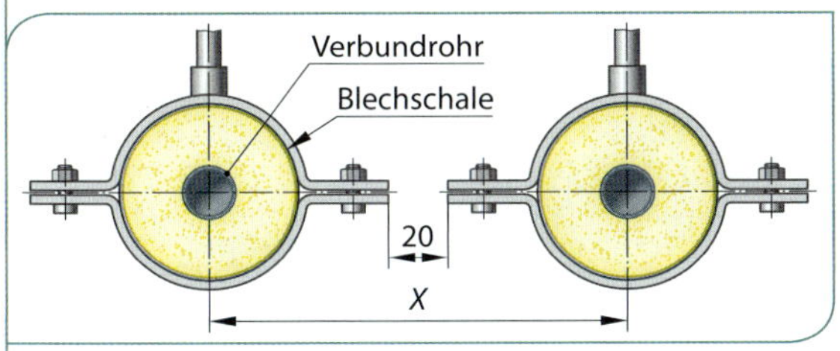

1 Skizze zu Aufgabe 3

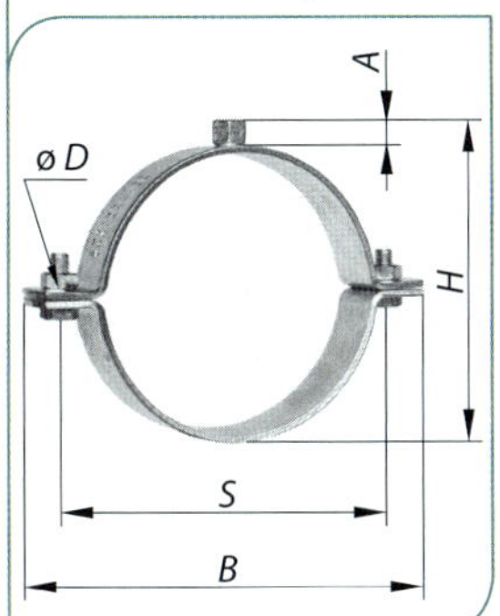

2 Skizze zu Aufgabe 3

4) Zwei Rohrleitungen aus halbhartem Kupferrohr EN 1057 – 42 x 1,5 und EN 1057 – 35 x 1,5 sollen durch einen rechteckigen Deckendurchbruch verlegt werden. Beide Leitungen müssen nach EnEV mit einer 50 %igen Wärmedämmung versehen werden. Der Abstand zwischen Wand und Dämmung soll jeweils 50 mm und zwischen den gedämmten Rohren 40 mm betragen.

a) Berechnen Sie Länge und Breite des Deckendurchbruchs.

b) Berechnen Sie den Abstand von Rohrmitte zu Rohrmitte.

5) Drei Rohrleitungen aus Gewinderohr (M) EN 10255 – 60,3 x 3,6, EN 10255 – 48,3 x 3,2 und EN 10255 – 33,7 x 3,2 sollen mithilfe von Auslegerkonsolen an der Wand befestigt werden. Die Leitungen DN 40 und DN 25 müssen nach EnEV mit einer 100 %-igen Wärmedämmung versehen werden. Bei der Leitung DN 50 werden 4 mm Dämmung angebracht. Wie lang muss der Ausleger der Konsole sein, wenn zwischen den Rohren ein Abstand von jeweils 35 mm und zwischen Dämmung und Wand von 50 mm sein soll? (Bild 3)

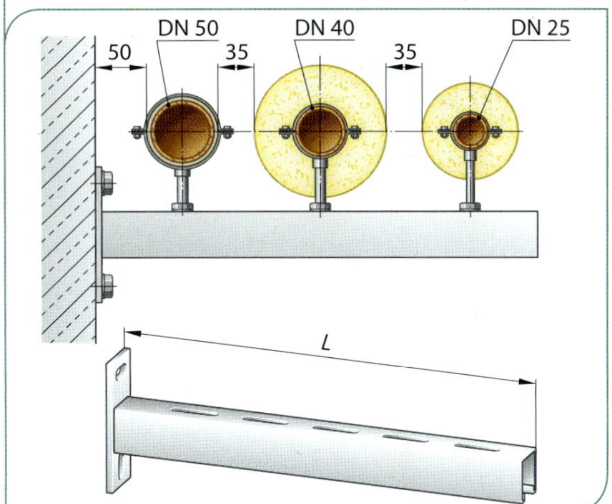

3 Skizze zu Aufgabe 5

Spannbereich in mm	Material in mm	Verschluss-schrauben	$H_{(min-max)}$ in mm	A in mm	B in mm	S in mm	D in mm	Masse in kg/Stück
20 …23	20 x 2,0	M 6 x 20	45 …48	23	56	43	10,5	0,064
25 …28	20 x 2,0	M 6 x 20	50 …53	23	61	48	10,5	0,070
32 …35	25 x 3,0	M 8 x 30	59 …62	24	92	68	10,5	0,175
36 …40	25 x 3,0	M 8 x 30	63 …67	24	96	72	10,5	0,180
41 …46	25 x 3,0	M 8 x 30	68 …73	24	104	80	10,5	0,195
48 …55	25 x 3,0	M 8 x 30	75 …82	24	112	88	10,5	0,210
57 …61	25 x 3,0	M 8 x 30	84 …88	24	120	96	10,5	0,225
63 …67	25 x 3,0	M 8 x 30	90 …94	24	126	102	10,5	0,236

4 Tabelle zu Aufgabe 3

6.8 Thermal insulation and wall ducts

When installing pipework for potable water or heating systems in buildings, specific forms of thermal insulation are required to prevent the cold water pipe contents from freezing and the hot water or heating pipe contents from losing heat. This is particularly in exposed or unheated locations of great importance.
The thermal insulation requirements are determined in energy-saving regulations and standard specifications. Insulation materials such as cellular or foamed plastic and glass wool (Fig. 1) are light, porous and poor conductors of heat.
Tables show the minimum thickness of insulation materials for different pipe sizes (see page 44).
When installing pipes through walls and floors, they should be sleeved to allow slight movements, and in some cases the space between the pipes and the walls or floors should be filled with fireproof material to prevent smoke and fire from passing through (Fig. 2).

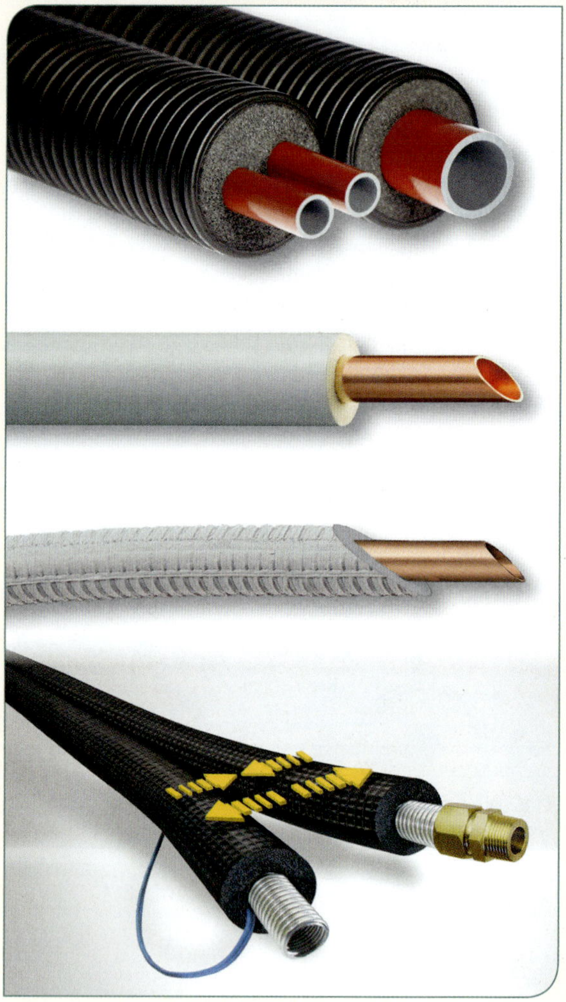

1 Thermal insulation for pipes

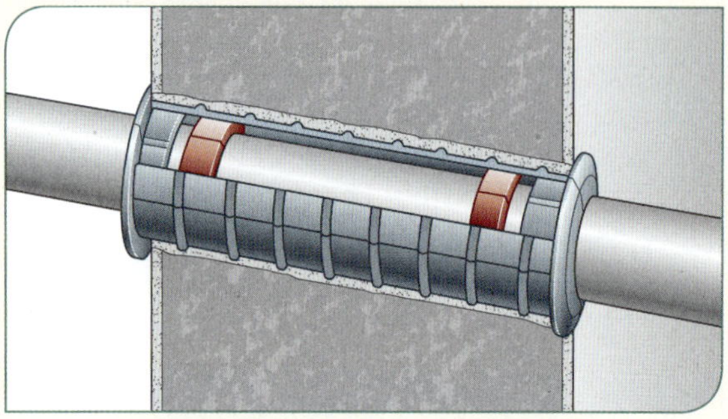

2 Pipe duct through a wall

Exercises

Use your reference book, a dictionary or the internet.

1) Why should hot or cold water pipes in buildings be insulated?

2) List at least 3 properties of insulation materials.

3) Find the corresponding words in German for: pipework, heating systems, unheated locations, insulation requirements, energy-saving regulations, standard specifications, porous, heat conductors, foamed plastic, glass wool, tables, minimum thickness, pipe sizes, fireproof material.

Lernfeldübergreifende Inhalte

7 Rohrverlegung im Mauerwerk

Rohre können im Mauerwerk unter Putz (concealed), in Wand- und Deckendurchbrüchen (wall and ceiling penetrations) und in Schlitzen (grooves, chases) verlegt werden. Die Eigenschaften der Wände werden bei dieser Leitungsführung in unterschiedlicher Weise beeinflusst. So vermindern Aussparungen (z. B. Wand- und Deckendurchbrüche) (wall gaps) und Schlitze, in denen die Rohre verlegt werden, die Tragfähigkeit des Mauerwerks (masonry bearing capacity) (Bild 1). Gleichzeitig werden sowohl der Schall- als auch der Wärmeschutz erheblich reduziert, wenn Rohre z. B. in die Außenwand verlegt werde. Darüber hinaus können Brandschutzvorschriften (fire protection regulations) durch die Leitungsführung beeinträchtigt werden.
Bei der Rohrverlegung im Mauerwerk müssen deshalb folgende Normen bzw. Verordnungen beachtet werden:

- DIN 4108-2 (Gebäudehülle),
- DIN 4109 (Schallschutz),
- DIN EN 1996,
- EnEV (Mindestdämmschichtdicken),
- DIN 4102 (Brandschutz).

In Bauzeichnungen (constructional drawings) sind für die unterschiedlichen Installationsmöglichkeiten bei Aussparungen und Schlitzen folgende Bezeichnungen und Abkürzungen gebräuchlich (Bild 2):

- Deckendurchbruch **(DD)**,
- Wanddurchbruch **(WD)**,
- Wandschlitz **(WS)**,
- Decken- (Fußboden) schlitz **(DS)**,
- Unterputzinstallation[1] **(UP-Installation)**.

Bezeichnung eines Deckendurchbruches (Bild 1) mit einer Breite von 60 cm und einer Tiefe von 12,5 cm: **DD 60/12^{5}**

MERKE

In Schornsteinwangen (chimney jambs) und tragenden Bauteilen (primary structures), z. B. Türstürzen, sind Aussparungen und Schlitze nicht zulässig.

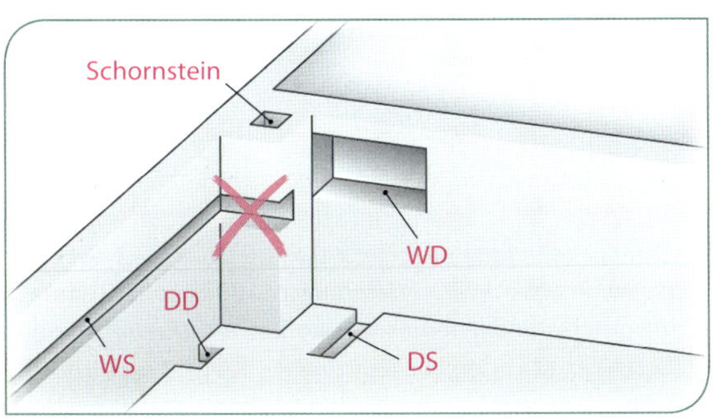

2 Bezeichnungen von Aussparungen und Schlitzen

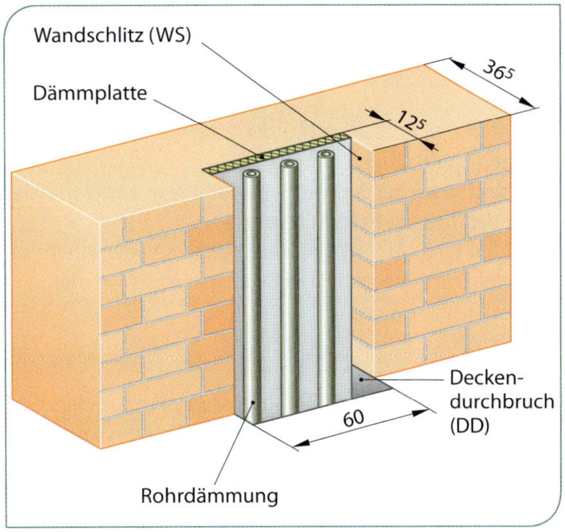

1 Deckendurchbruch und Wandschlitz in einer Wand

7.1 Traditionelle Unterputzinstallation

Die herkömmliche Unterputzverlegung (concealed installation), bei der die Rohrleitungen in Wandschlitze verlegt werden, die oft vom Anlagenmechaniker SHK selbst hergestellt werden, hat ihre große Bedeutung verloren.
Bei der Altbausanierung (rehabilitation) ist es meist zu unwirtschaftlich, z. B. einen rechnerischen Nachweis für die Tragfähigkeit eines nicht bekannten Wandaufbaues zu erbringen. Im Wohnungsneubau (new domestic buildings) dürfen die Rohre fast gar nicht mehr oder nur noch sehr eingeschränkt unter Putz verlegt werden, da die immer höheren Anforderungen (higher level requirements) der Energieeinsparverordnung dies nicht zulassen. Vor allem die dort vorgeschriebenen Mindestdämmschichtdicken für Warmwasser führende Leitungen und der hiermit verbundene Platzbedarf verhindern sehr oft eine Unterputzverlegung.

7.2 Rohrverlegung in Schlitzen

Alle Schlitze und Aussparungen sollten bereits bei der Planung berücksichtigt werden und in der dargestellten Weise in der Ausführungszeichnung enthalten sein. Nur so können sie schon beim Mauern der Wand **im Verband** (wall bond) oder mithilfe von **Installationssteinen** (profilated bricks) (Bild 1, Seite 54) hergestellt werden. Bei horizontalen Wandschlitzen, die besonders nachteilig hinsichtlich der Tragfähigkeit der Wand sind, müssen die Installationssteine aus Stahlbeton (armoured concrete) sein (Bild 2, Seite 54).

[1] Die Installation in Aussparungen und Schlitzen wird auch insgesamt als Unterputz- oder Schlitzinstallation bezeichnet.

Lernfeldübergreifende Inhalte

DIN EN 1996 unterscheidet zwischen waagerecht, schräg und senkrecht verlaufenden Schlitzen. Ferner enthält diese Norm bindende Vorgaben hinsichtlich der Schlitzanordnung, Schlitzanzahl und vor allem der zulässigen Schlitztiefe. Nach der oben genannten Norm gelten für Schlitze und Aussparungen folgende grundsätzliche Regeln:

- Sie sind nur zulässig, wenn die Tragfähigkeit der Wände nicht beeinträchtigt wird.
- Sie sind schon bei der Bemessung der Wanddicke und des Wandaufbaus zu berücksichtigen.
- Werden sie nicht im gemauerten Verband oder mit Installationssteinen hergestellt, müssen sie gefräst werden.

MERKE

Das Stemmen (to chisel) von Aussparungen und Schlitzen ist nur mit geeigneten Werkzeugen und innerhalb der vorgegebenen Abmessungen zulässig. Das unkontrollierte Stemmen hingegen ist verboten.

Bei der Ermittlung der zulässigen Schlitztiefe muss die in DIN EN 1996 gemachte Unterscheidung zwischen **nicht tragenden** und **tragenden** Wänden (non supporting and supporting walls / structural walls) beachtet werden. Da es für den Anlagenmechaniker SHK im Baustellenbetrieb allerdings kaum möglich ist zu beurteilen, welche Belastung (load) die jeweilige Wand aufnimmt, sollte er aus Sicherheitsgründen von einer tragenden Wand ausgehen oder ggf. einen Architekten bzw. Statiker fragen.
In tragende Wände können Schlitze und Aussparungen mit folgenden Einschränkungen gefräst werden:

- **Waagerechte und schräg verlaufende Schlitze**
  Diese Schlitze wirken sich auf die Tragfähigkeit einer Wand besonders ungünstig aus und dürfen deshalb nur noch in wenigen Fällen mit geringen Schlitztiefen bzw. Schlitzlängen (depth/length of chases) nachträglich hergestellt werden (Bild 3). Wenn bei der Herstellung Werkzeuge verwendet werden, mit denen die Schlitztiefe genau eingehalten werden kann, so dürfen die zulässigen Tiefen um 10 mm erhöht werden. **Nicht zulässig** sind waagerechte und schräg verlaufende Schlitze bei Langlochziegeln (horizontal coring brick) und bei Wanddicken unter 17,5 cm. Grundsätzlich sind diese Schlitze in den Installationszonen nach DIN 18015-3 anzuordnen.
- **Senkrecht verlaufende Schlitze**
  Ohne rechnerischen Nachweis dürfen senkrechte Schlitze in tragenden Wänden nur nach den auf Seite 55 in Bild 1 dargestellten Vorgaben hergestellt werden. Ähnlich wie bei den waagerechten Schlitzen wird auch hier deutlich, dass sowohl die jeweiligen Schlitzbreiten als auch die Schlitztiefen bei im Verband gemauerten Schlitzen wesentlich größer sein dürfen als bei den nachträglich gefrästen. Eine Möglichkeit, auch gedämmte Rohre in Wandschlitzen unterzubringen, besteht darin, hochwertigere

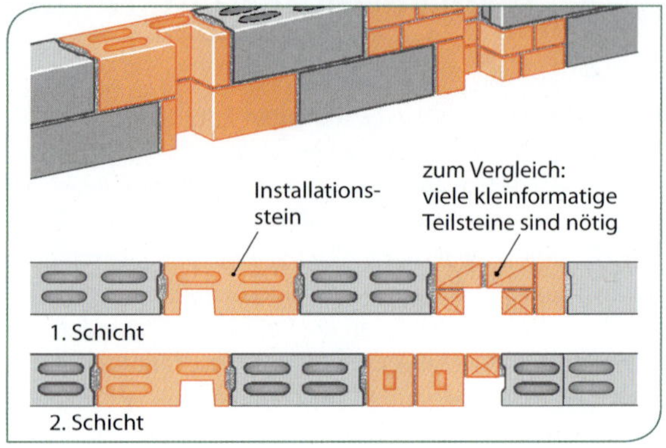

1 Senkrechter Wandschlitz mit Installationssteinen und im Verband hergestellt

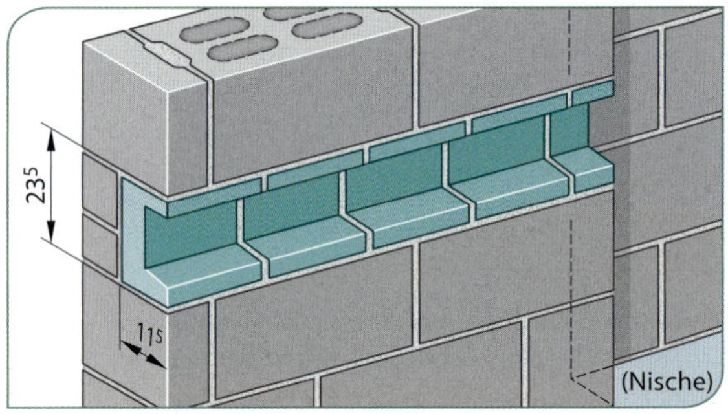

2 Horizontaler Wandschlitz aus Stahlbeton-Schlitzstein

Wanddicke mm	Maximale Schlitztiefe $t_{ch,h}$ [a)] mm	
	Unbeschränkte Länge	Länge ≤ 1 250 mm [b)]
150–174	–	0[c)]
175–239	0[c)]	25
240–299	15[c)]	25
300–364	20[c)]	30
über 365	20[c)]	30

a) Horizontale und schräge Schlitze sind nur zulässig in einem Bereich ≤ 0,4 m ober- oder unterhalb der Rohdecke sowie jeweils an einer Wandseite. Sie sind nicht zulässig bei Langlochziegeln.
b) Mindestabstand in Längsrichtung von Öffnungen ≥ 490 mm, vom nächsten Horizontalschlitz zweifache Schlitzlänge.
c) Die Tiefe darf um 10 mm erhöht werden, wenn Werkzeuge verwendet werden, mit denen die Tiefe genau eingehalten werden kann. Bei Verwendung solcher Werkzeuge dürfen auch in Wänden ≥ 240 mm gegenüberliegende Schlitze mit jeweils 10 mm Tiefe ausgeführt werden.

3 Nach DIN EN 1996 erlaubte waagerechte Aussparungen und Schlitze

Dämmstoffe als in der EnEV gefordert, zu verwenden ($\lambda < 0{,}035 \frac{W}{m \cdot K}$). In Bild 2 auf Seite 55 kann man den unterschiedlichen Platzbedarf für ein Kupferrohr 15x1 bei einer gleichwertigen Wärmedämmung (100 %ige Dämmung) mit unterschiedlichen Dämmstoffen erkennen. Dennoch reicht der erforderliche Platz sehr oft nicht aus und die Rohre müssen nach der heute üblichen Vorwandinstallation verlegt werden.

Wanddicke mm	Nachträglich hergestellte Schlitze und Aussparungen[c]		Mit der Errichtung des Mauerwerks hergestellte Schlitze und Aussparungen im gemauerten Verband			
	maximale Tiefe[a] $t_{ch,v}$ mm	maximale Breite[b] (Einzelschlitz) mm	Verbleibende Mindest-wanddicke mm	maximale Breite[b] mm	Mindestabstand der Schlitze und Aussparungen	
					von Öffnungen	untereinander
115 bis 149	10	100	–	–	≥ 2fache Schlitz-breite bzw. ≥ 240 mm	≥ Schlitzbreite
150 bis 174	20	100	–	–		
175 bis 199	30	100	115	260		
200 bis 239	30	125	115	300		
240 bis 299	30	150	115	385		
300 bis 364	30	200	175	385		
≥ 365	30	200	240	385		

a) Schlitze, die bis maximal 1 m über den Fußboden reichen, dürfen bei Wanddicken ≥ 240 mm bis 80 mm Tiefe und 120 mm Breite ausgeführt werden.
b) Die Gesamtbreite von Schlitzen nach Spalte 3 und Spalte 5 darf je 2 m Wandlänge die Maße in Spalte 5 nicht überschreiten. Bei geringeren Wandlängen als 2 m sind die Werte in Spalte 5 proportional zur Wandlänge zu verringern.
c) Abstand der Schlitze und Aussparungen von Öffnungen ≥ 115 mm.

1 Nach DIN EN 1996 erlaubte senkrechte Aussparungen und Schlitze

7.3 Wand- und Deckendurchführungen

Werden Rohrleitungen durch Wände und Decken geführt, so ist besonders im Wohnungsbau grundsätzlich darauf zu achten, dass es zu keiner direkten Berührung zwischen der Rohrleitung und dem Bauwerk (Baukörper) kommt. Darüber hinaus sind die Rohrleitungen rechtwinklig zu den Decken bzw. Wänden und entsprechend der o. g. Anforderung in Schutzrohren (protecting tubes) aus Stahl oder Kunststoff zu verlegen (Bild 3). Innerhalb dieser fest eingemauerten Schutzrohre können sich die Rohre z. B. bei **Längenausdehnung** (thermal elongation) frei bewegen und ein Abplatzen des Putzes von der Wand oder Decke wird verhindert. Der Raum zwischen Rohrleitung und Schutzrohr wird mit dauerelastischen Dämmschalen oder Wicklungen (permanently elastic casing or wraps) aus anderen Dämmmaterialen abgedichtet, damit es zu keiner **Körperschallübertragung** zur Wand kommen kann. Gegebenenfalls muss dieser Zwischenraum noch zusätzlich gegen Wasser (z. B. Außenwanddurchbruch für die erdverlegte Gasleitung), Eindringen von Kleintieren und zum Brandschutz abgedichtet (sealed) werden. Werden die Rohrleitungen durch Decken bzw. Fußböden mit schwimmendem Estrich (cast plaster floor) geführt, ist darauf zu achten, dass der Randdämmstreifen (border insulation strip) sorgfältig um das Schutzrohr gelegt wird. Hierdurch wird eine direkte Verbindung zwischen Estrich und Schutzrohr verhindert und es kann zu keiner Trittschallübertragung kommen. Innerhalb von Wand- und Deckendurchführungen sind Rohrverbindungen zu vermeiden.

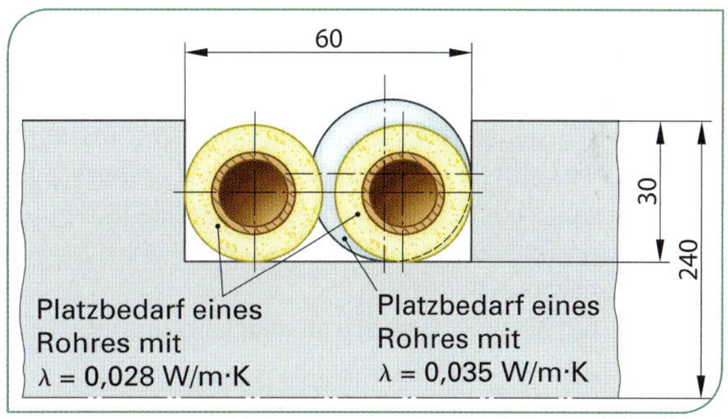

2 Platzbedarf bei unterschiedlichen Dämmstoffen

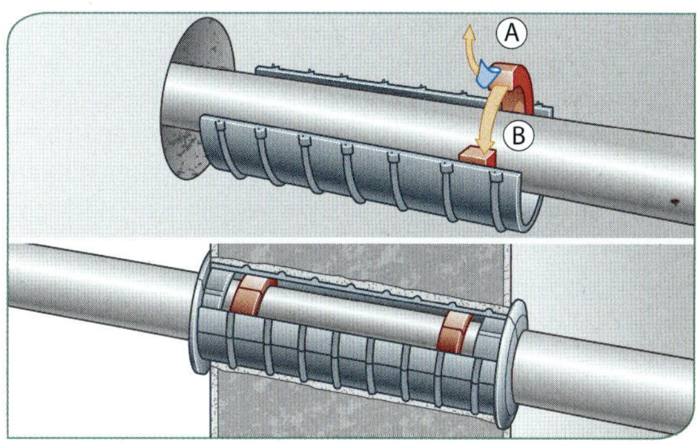

3 Wanddurchführung mit Schutzrohr

ÜBUNGEN

1) Was bedeuten die Abkürzungen DD, WD, WS, DS?
2) Warum werden Rohrleitungen kaum noch in Wänden verlegt?
3) Nennen Sie drei grundsätzliche Regeln zum Verlegen von Rohrleitungen in Schlitzen.
4) Welche Aufgaben hat das Schutzrohr bei Wand- und Deckendurchführungen?

8 Schall und Schallschutz

8.1 Schall

Die Lehre vom Schall wird **Akustik** (sound) genannt. Als Schall werden **mechanische Schwingungen** (mechanical oscillations) in Gasen, Flüssigkeiten und elastischen festen Körpern bezeichnet, die über das Ohr aufgenommen werden können. Zur Ausbreitung des Schalls (sound propagation) wird also Materie benötigt, die jedoch selbst nicht weiter transportiert wird. Vielmehr werden die Masseteilchen durch einen Schallerreger – auch Schallquelle (source of sound) genannt – zum Schwingen um ihre Ruhelage angeregt. Diese Schallenergie wird von Teilchen zu Teilchen übertragen. Beim Schall unterscheidet man zwischen

- **Ton** (tone)**:** Laut, dessen Schallspektrum nur aus einer **Frequenz**[1] besteht und als sinusförmige Welle dargestellt werden kann (Bild 1). Die Lautstärke hängt dabei von der Größe der Schwingung – man spricht auch von Amplitude oder Pegel – ab.
- **Klang** (sinusoidal sound)**:** Zusammenwirken mehrerer Töne aus Grundton und Obertönen. Die Frequenzen der Obertöne betragen dabei ein ganzzahliges Vielfaches des Grundtons und werden deshalb auch als harmonische Töne bezeichnet (Bild 2).
- **Geräusch** (noise)**:** Ein Gemisch aus einer Vielzahl nicht harmonischer Einzeltöne (Bild 3).

In der **Technik** tritt der Schall meist als **Geräusch** in Erscheinung. Während jedoch der Musikliebhaber ein lautes Geräusch, z. B. in Form von Discomusik, durchaus genussvoll auf sich wirken lässt, könnte der Nachbar die selbe Musik als **störend** und damit als **Lärm** (excessive noise) empfinden. Die biologische Wirkung ist dabei jedoch in beiden Fällen die gleiche: Zunehmende Zahlen von Gehörgeschädigten, gerade auch jugendlichen Alters, sprechen eine deutliche Sprache.

8.2 Das menschliche Ohr

Die von einem Objekt, z. B. einer Pumpe, erzeugten Schallwellen (sound waves) breiten sich aus und gelangen über die Luft zum Ohr. Sie durchwandern den äußeren Gehörgang und gelangen schließlich über das Trommelfell und das Mittelohr in das Innenohr, wo ca. 20 000 Haarzellen die empfangenen Schallwellen in elektrische Impulse umwandeln (Bild 4). Diese Signale erreichen dann über den Hörnerv das Gehirn. Der Druckausgleich zwischen dem Außenohr (äußerer Gehörgang) und dem Mittelohr findet über die mit dem Nasen-Rachenraum in Verbindung stehende Ohrtrom-

[1] Frequenz: Schwingungen pro Sekunde, gemessen in Hertz (Hz)

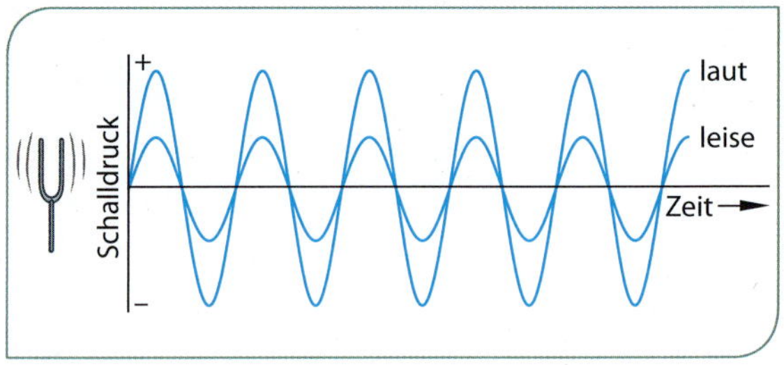

1 Ton: Schall mit gleichmäßigem Schwingungsverlauf

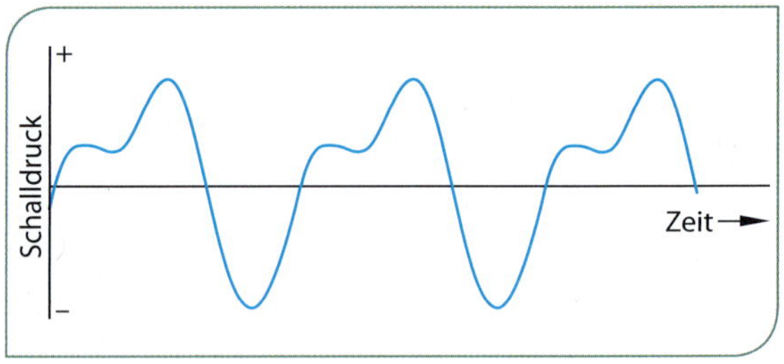

2 Klang: Zusammenwirken mehrerer harmonischer Töne

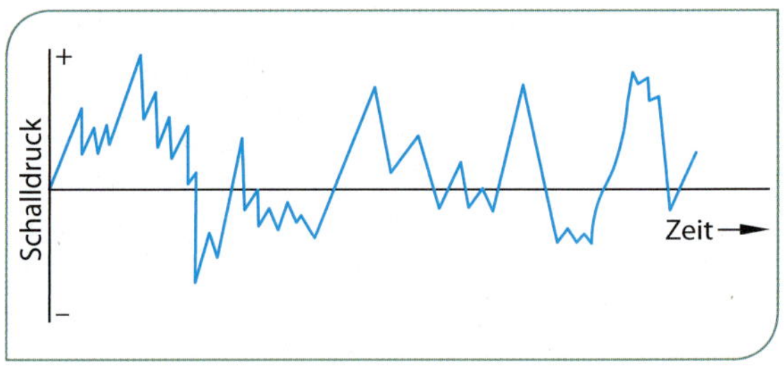

3 Geräusch: Gemisch aus nicht harmonischen Tönen

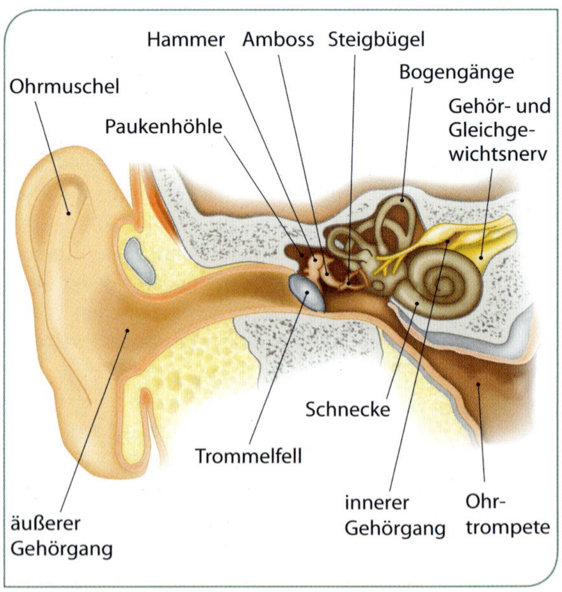

4 Menschliches Ohr

Lernfeldübergreifende Inhalte

pete, auch Eustachische Röhre genannt, statt. Dadurch ist das Trommelfell in der Lage, sich den jeweiligen äußeren Druckbedingungen ohne Beeinträchtigung der Hörfähigkeit anzupassen.

8.3 Dezibel als Messgröße des Schalls

Jeder Schallfrequenz (sound frequency) entspricht ein ganz bestimmter Ton. Das Ohr des gesunden jungen Menschen kann einen Bereich zwischen ca. 20 ...20000 Hz wahrnehmen. Innerhalb dieser Bandbreite werden die Schwingungen nach ihrer Größe, d. h. nach ihrem Ausschlag bzw. Pegel und damit nach ihrer Lautstärke beurteilt.

Der vom Ohr als Laut wahrnehmbare Schall beginnt beim **Hörschwellenschalldruck** von $2 \cdot 10^{-4}$ µbar = 20 µPa und endet bei der maximalen Belastbarkeit des Ohres an der **Schmerzgrenze** (threshold of pain) bei ca. 2000 µbar = $2 \cdot 10^{8}$ µPa. Da dieser Druckbereich jedoch einige Zehnerpotenzen umfasst und damit schlecht handhabbar ist, wurde zur Angabe des Schalldruckpegels L_P (sound intensity level) die **Dezibel (dB)-Skala** eingeführt (Bild 1).

Das Dezibel ist keine absolute Maßeinheit wie bei anderen physikalischen Größen (z. B. Sekunde für die Zeit usw.). Vielmehr wird für den dB-Schalldruckpegel L_p der jeweils vorliegende Schalldruck p (z. B. in µPa gemessen) auf einen **Bezugsschallpegel** – den Hörschwellenschalldruck – bezogen. Dieses Zahlenverhältnis wird durch logarithmische Skalenteilung (Bild 1) in sehr überschaubare Bereiche eingeteilt. Dabei wird dem Hörschwellenschalldruck bei $\boldsymbol{p = 20}$ **µPa** der entsprechende dB-Schalldruckpegel $\boldsymbol{L_P = 0}$ **dB** zugeordnet. Eine Steigerung des Schalldrucks (in µPa) um das 10fache entspricht dann einer Addition des dB-Pegels mit 20 dB.

Beispiel: 200 µPa ≙ 20 dB; 2 000 µPa ≙ 40 dB; 20 000 µPa ≙ 60 dB usw.

8.4 Geräuschwahrnehmung des Menschen

Untersuchungen der Hörempfindlichkeit (audibel sensivity) beim Menschen haben ergeben, dass das menschliche Ohr die Lautstärke nicht bei allen hörbaren Frequenzen als gleich laut empfindet. Am empfindlichsten ist es im Bereich von 2 ...5 kHz, am wenigsten empfindlich ist es bei hohen und niedrigen Frequenzen. Um das subjektive Empfinden des menschlichen Ohres berücksichtigen zu können, wurden bei einer größeren Personengruppe Hörtests durchgeführt. Das durchschnittliche Urteil einer solchen Gruppe kann in Kurven gleichen **Lautstärkeempfindens** (loudness perception) dargestellt werden. Hierbei werden die über die Frequenzen verteilten Lautstärkeempfindungen jeweils mit einem standardisierten Geräusch bei 1 000 Hz verglichen (Bild 2). Ein Ton mit 50 Hz muss z. B. einen Lautstärkepegel von ca. 85 dB haben, damit er dieselbe subjektive Lautstärke hat wie ein Ton von 1 000 Hz bei 70 dB (Bild 2).

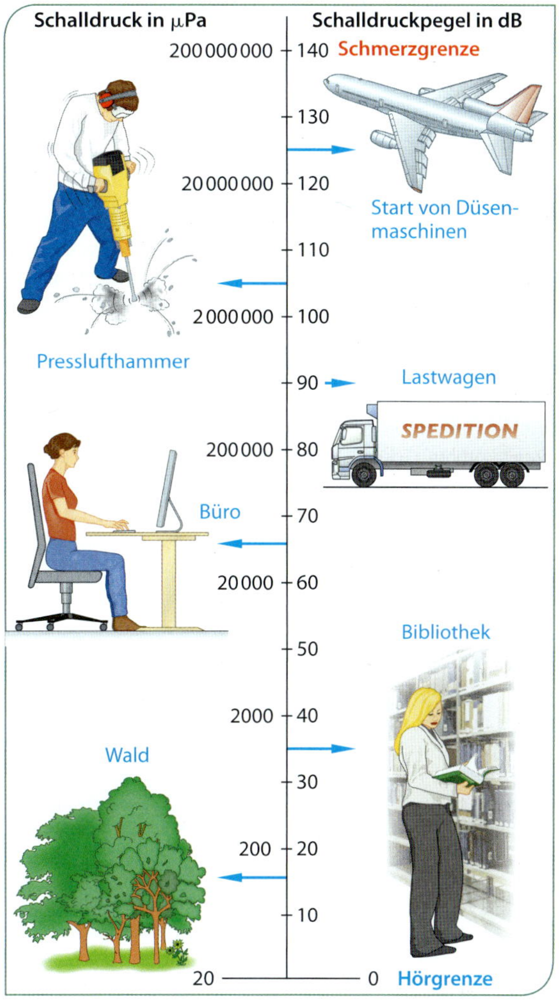

1 Hörbarer Schall in µPa und dB

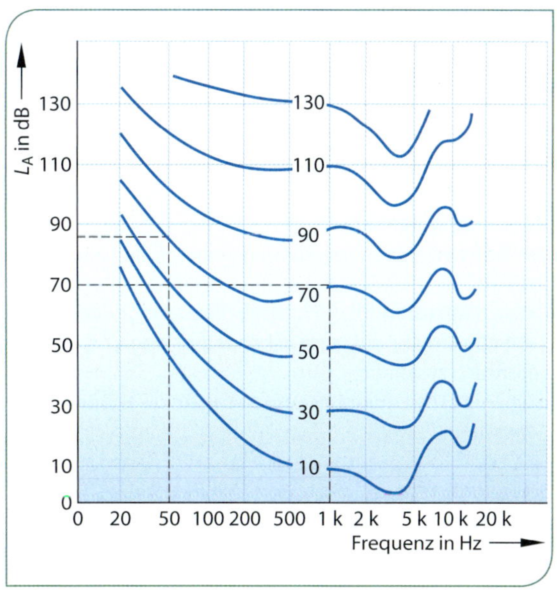

2 Kurven gleichen Lautstärkeempfindens

Lernfeldübergreifende Inhalte

8.5 Schallarten und Schallausbreitung

Man unterscheidet zwischen

- Luftschall (airborne sound),
- Wasserschall (underwater sound),
- Körperschall (structure-borne noise).

In versorgungstechnischen Anlagen sind alle Arten des Schalls anzutreffen. Aufgrund ihrer engeren Atombindungen leiten feste und flüssige Stoffe den Schall schneller und intensiver als Gase (Bild 1). Hierbei kann der Schall von einem Körper absorbiert, reflektiert, weitergeleitet, wieder abgestrahlt oder durchgelassen (absorbed, reflected, conducted, radiated or transmitted) werden (Bild 2). In der Praxis kommen – je nach eingesetztem Material – mehr oder weniger ausgeprägt alle Formen der Schallausbreitung vor.

Stoff	Schallgeschwindigkeit bei 20°C in $\frac{m}{s}$
Gummi	40 ... 150
Luft	340
Wasser	1450
Ziegelmauerwerk	3500
Eichenholz	3850
Schwerbeton	4000
Stahl	5000
Aluminium	5100
Glas	5200

1 Verschiedene Schallgeschwindigkeiten

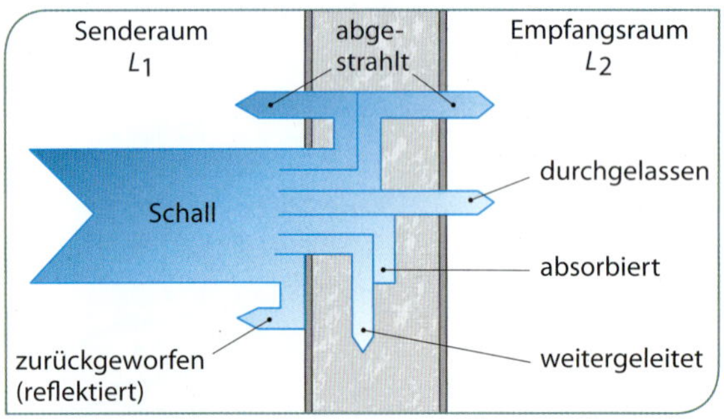

2 Schallausbreitung in einer Wand

3 Schallpegelmesser

8.6 Schallpegelmesser

Schallpegelmesser (sound level meter) (Bild 3) sind elektronische Messgeräte, die aufgrund ihres besonderen Aufbaus ankommende Schallwellen ähnlich verarbeiten wie das menschliche Ohr. Im Wesentlichen bestehen sie aus einem Messwertaufnehmer, Verstärker und Bewertungsfilter (z. B. A, B, C und D) sowie der (heute fast ausschließlich digitalen) Anzeige, einer Schnittstelle für die weitere Datenverarbeitung und evtl. einem Frequenzbandfilter.

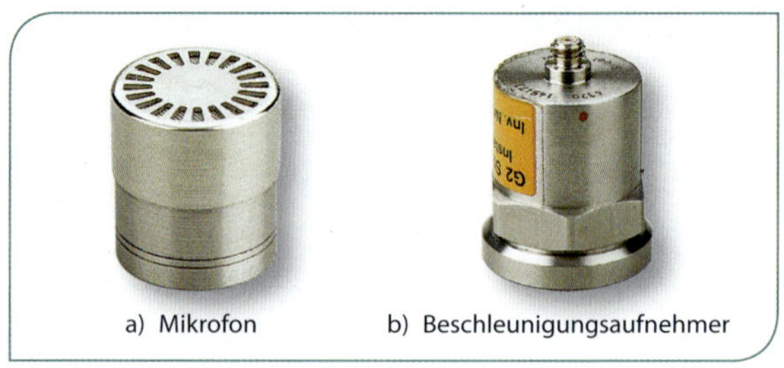

4 Messwertaufnehmer

Messwertaufnehmer

Der Messwertaufnehmer (sensing element, transducer) besteht aus:

- einem **Mikrofon** für die **Luftschallmessung** (Bild 4a). Bei der Messung ist auf vorgegebenen Abstand und korrekte Richtung zu achten,
- einem **Beschleunigungsaufnehmer** für die **Körperschallmessung** (Bild 4b).

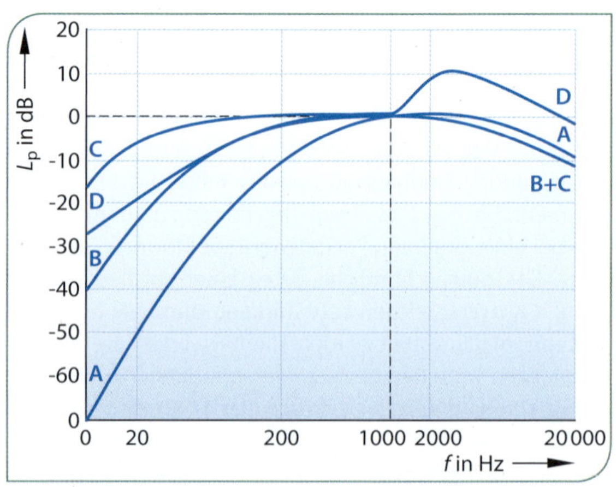

5 Bewertungskurven

Bewertungsfilter

Mithilfe der A-Bewertung (A-assessment) (Bild 5) wird bei der Schallpegelmessung das subjektive Hörempfinden des Menschen berücksichtigt. Das elektronische Filter hierfür ist so beschaffen, dass die besonders stark störenden hohen, schrillen Töne stärker bewertet werden als tiefe Töne. Dem gemessenen Schalldruckpegel (sound pressure level) wird daher bei den tiefen Frequenzen ein entsprechender Wert abgezogen. Die A-Bewertung (**dB(A)**) hat sich bei haustechnischen Anlagen als die sinnvollste erwiesen. Für Fluglärm mit hohen Pegeln wird dagegen die Bewertung D verwendet.

Frequenzbandfilter

Jede sich bewegende und somit Schallenergie erzeugende Maschine hat ein **Schallleistungsspektrum** (spectrum of soundpower), das vor allem von ihrer Drehzahl bzw. Frequenz und von ihrer Bauart und Eigenmasse abhängt. Für exakte Aussagen hinsichtlich schalltechnischer Probleme ist es daher notwendig, das Frequenzband (frequency band) des zu beurteilenden Schalls in mehrere Bereiche (z. B. Oktaven) einzuteilen. Hierfür geeignete Frequenzbandfilter (Bild 1) können meist als Zubehör beschafft werden.

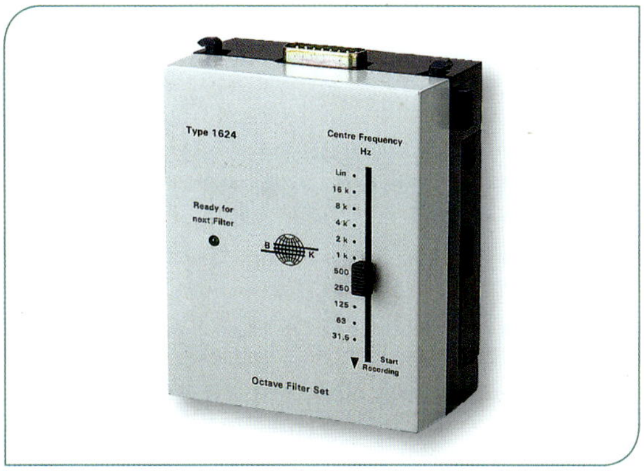

1 Frequenzbandfilter

8.7 Richtiges Messen

8.7.1 Hintergrundgeräusche

Wenn z. B. der Schalldruckpegel L_S in einem Raum gemessen werden soll, dann ist zunächst der Schalldruckpegel des Hintergrundgeräusches L_N (z. B. Verkehrslärm) zu bewerten. Hierbei ist einleuchtend, dass das Hintergrundgeräusch (background noise) den zu messenden Raumschalldruckpegel nicht übertönen darf. Für die Praxis bedeutet dies, dass der Pegel des Gesamtschalldrucks L_{S+N} mindestens 3 dB höher sein muss als das Hintergrundgeräusch. Liegt die Differenz zwischen 3 und 10 dB, ist eine Korrektur nach Bild 2 notwendig. Eine Differenz > 10 dB erfordert keine Korrektur.

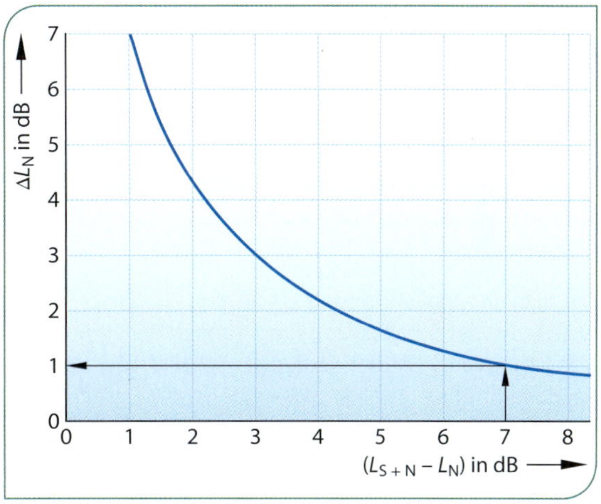

2 Korrektur von Schalldruckpegeln bei einem Hintergrundgeräusch

8.7.2 Addition von Schallquellen

Bei der Addition von Schalldruckpegeln ist zu beachten, dass wegen der logarithmischen Rechenweise die Pegel (levels) nicht direkt addiert werden dürfen. Zwei Schallquellen (sources of sound) **gleichen Pegels** ergeben einen um 3 dB höheren Gesamtpegel (total level). Zehn Schallquellen gleichen Pegels haben eine Erhöhung um 10 dB zur Folge (Bild 3). Treten **verschiedene Schalldruckpegel** in Erscheinung, so fällt die Pegelzunahme umso geringer aus, je größer die Differenz der einzelnen Schalldruckpegel ist (Bild 4).

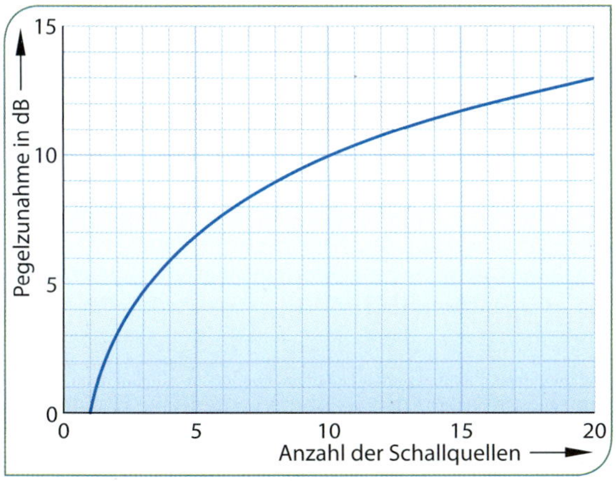

3 Pegelkorrektur bei gleichen Schallquellen

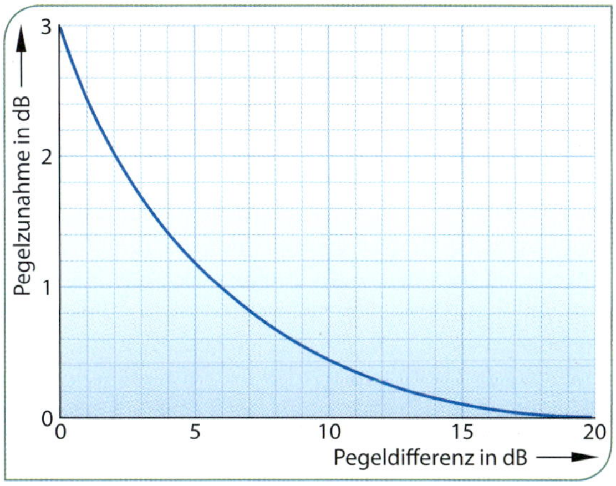

4 Pegelkorrektur bei unterschiedlichen Schallquellen

Lernfeldübergreifende Inhalte

8.8 Schallschutz

Lärmbekämpfung (noise abatement) ist heute ein wichtiger Bestandteil der Planung von Gebäuden und deren haustechnischer Anlagen. Dabei ist – abgesehen von Lüftungsanlagen – der Luftschall von weitaus geringerer Bedeutung als der **Körperschall**.

Eine Schallquelle gibt an den umgebenden Raum Schallleistung ab. Diese bewirkt in (elastischen) Medien Schalldruckänderungen. Abgesehen von Erschütterungen, die auf feste Körper einwirken und auch mit den Tastnerven des Menschen durch direkte Berührung „erfühlt" werden können, ist der durch die Technik erzeugte Schall als Luftschall nur mit dem Ohr wahrzunehmen. Der sich **ausbreitende Schall** kann dabei grundsätzlich auf zwei Arten vom **schutzbedürftigen Raum ferngehalten werden**:

- **Schalldämmung** (sound insulation) hindert den Schall durch Reflexion an seiner Ausbreitung. Gute Dämmwirkung haben schwere, geschlossenporige Stoffe wie z.B. Gummimatten.
- **Schalldämpfung** (silencing) wandelt Schwingungsenergie in Wärmeenergie um. Gute Dämpfungswirkung haben leichte, offenporige Stoffe wie z.B. Mineralfasern, Filz und Schaumstoffe.

Die **Schwingungsdämpfung** (oscillation damping) – eine weitere Art der Schallbekämpfung – ähnelt dem Prinzip der Schalldämpfung. Hierbei werden der Schallerreger und sein Fundament über spezielle Befestigungselemente (Schwingungsdämpfer) örtlich voneinander getrennt (Bild 1).

1 Schwingungsdämpfung an einer Kältemaschine

2 Kanalaufhängung mit Dämpfungselement

Körperschall

Körperschall tritt immer dann auf, wenn die Schwingungsenergie eines Aggregates von einem anderen Körper aufgenommen wird. Hierbei gerät der „Gastkörper" ebenfalls in Schwingungen. Wird der Schall zunächst von der Luft auf eine Wand übertragen, so ist die Schalldämmwirkung umso größer, je dichter der Bau- bzw. Werkstoff ausgebildet ist (z.B. Blei, Beton, Kalksandstein usw.). Ist die Schallquelle unmittelbar in oder an der Wand untergebracht, so kann der Schall durch „weiche", schalldämpfende Materialien (silencing materials) – z.B. durch das Vorsetzen einer Leichtbauwand mit zwischenliegendem „schallschluckendem" Material – an seiner Weiterleitung gehindert werden. Rotierende oder rhythmisch schwingende Aggregate wie z.B. Brenner, Pumpen, Ventilatoren, Kältemaschinen usw. können bei zu hohem Geräuschpegel mit Schwingungsdämpfern (vibration dampers) aus Gummi oder Metall ausgestattet werden (Bild 1). Rohrleitungen und Lüftungskanäle werden z.B. mithilfe von Schellen mit Gummieinlagen (rubber plies) oder Stahlbändern und Gewindestangen mit Gummipuffern (rubber buffer) schalltechnisch vom Baukörper entkoppelt (Bild 2).

Im Bereich des Hochbaus werden die Beton- bzw. Estrichfußböden gegen die Überleitung der Trittgeräusche durch eine Trittschalldämmung (impact sound insulation) (z.B. geschäumte Polystyrolmatten) und Randdämmstreifen vom übrigen Baukörper getrennt.

Weiterhin ist zu beachten, dass Wohn- und Schlafräume nicht an Installationswänden von Bädern, WCs und Küchen angrenzen (Bild 1, Seite 61). Gleiches gilt auch für die Platz sparenden, wandhängenden Gas-Zentralheizungskessel, die wegen ihrer raumluftunabhängigen Betriebsweise und dem damit verbundenen relativ geringen abgastechnischen Aufwand häufig in Dachgeschosswohnungen installiert werden. Lärm erzeugende Rohrleitungen sollen nicht an oder in Wänden schutzbedürftiger Räume verlegt werden.

Luftschall

Der von einem Schallerreger (z.B. Ventilator, Kältemaschine) erzeugte und über die Kanäle einem Raum zugeführte Schall wird auf seinem Weg dorthin langsam abgebaut. Dieser, als **Eigendämpfung** (self damping) bezeichnete Abbau, wird durch Umwandlung des Schalldrucks in Wärmeenergie (durch Reibungsarbeit) verursacht. Reicht die durch Kanäle, Umlenkungen und den Raum hervorgerufene Eigendämpfung (internal damping) nicht aus, müssen Schalldämm- und/oder Schalldämpfungsmaßnahmen (silencing measures) ergriffen werden.

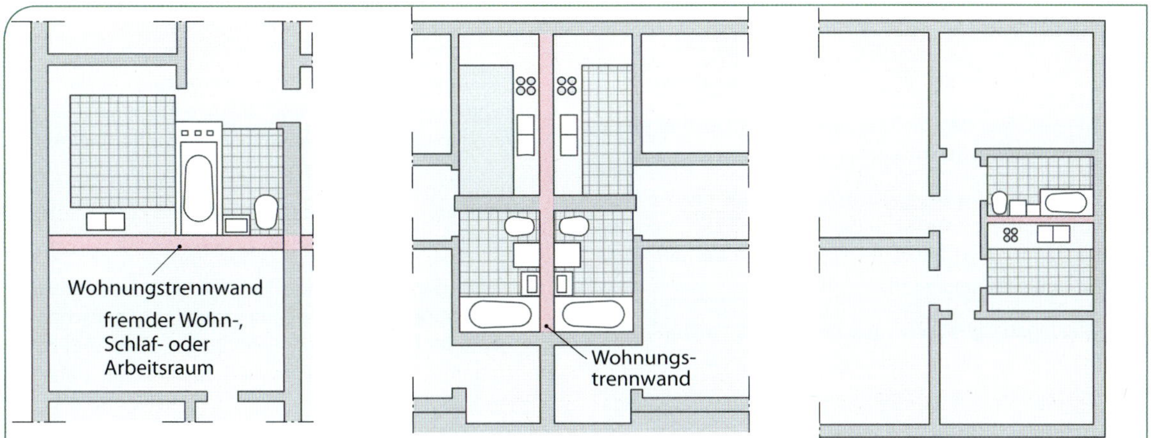

a)
Armatur oder Rohrleitung an Wohnungstrennwand; fremder Wohn-, Schlaf- oder Arbeitsraum grenzt unmittelbar an; besonders starke Schallübertragung; Hauptanschlussleitung nicht in die Wand legen.

b)
Armatur oder Rohrleitung zwar an Wohnungstrennwand, jedoch kein Wohn-, Schlaf- oder Arbeitsraum an Wohnungstrennwand angrenzend.

c)
Armatur oder Rohrleitung nicht an Trennwand, die einen Wohn-, Schlaf- oder Arbeitsraum begrenzt, sondern an Zwischenwand zwischen Bad und Küche.

1 Anordnungen von Installationswänden in Gebäuden. a) ungünstig, b) und c) empfehlenswert

Geräuschquelle	Wohn- und Schlafräume	Unterrichts- und Arbeitsräume
	kennzeichnender Schalldruckpegel dB (A)	
Wasserinstallation (Wasserversorgungs und Abwasseranlagen)	≤ 30[1)]	≤ 35[1)]
sonstige haustechnische Anlagen	≤ 30[2)]	≤ 35[2)]
Betriebe tagsüber 6…22 h	≤ 35	≤ 35[2)]
Betriebe nachts 22…6 h	≤ 25	≤ 35[2)]

[1)] Einzelne, kurzzeitige Spitzen, die beim Betätigen der Armaturen und Geräte entstehen, sind nicht berücksichtigt.
[2)] Bei lüftungstechnischen Anlagen sind um 5 dB(A) höhere Werte zulässig, sofern es sich um Dauergeräusche ohne auffällige Einzeltöne handelt.

2 Zulässige Schalldruckpegel nach DIN 4109

Schallschutzkriterium	Kennzeichnende akustische Größe in dB	SSt I	SSt II	SSt III
Gebäudetechnische Anlagen (einschließlich Wasserversorgungs- und Abwasseranlagen gemeinsam)	$L_{AFmax,nT}$ [1)]	≤ 30	≤ 25	≤ 22

b) Einzelne kurzzeitige Geräuschspitzen, die beim Betätigen (Öffnen, Schließen, Umstellen, Unterbrechen u. Ä.) der Armaturen und Geräte der Wasserinstallation entstehen, sollen die Kennwerte der SSt II und SSt III um nicht mehr als 10 dB übersteigen. Dabei wird eine bestimmungsgemäße Benutzung vorausgesetzt.
Hierbei ist $L_{AFmax,nT}$ der mittlere normierte Standard-Maximalpegel mit einer berücksichtigten Nachhallzeit.

3 Schallschutzwerte für Schallschutzstufen (SSt) von Einfamlien-Doppel- und Einfamilien-Reihenhäusern

Zulässige Schalldruckpegel haustechnischer Anlagen
DIN 4109 „Schallschutz (noise/sound control) im Hochbau" legt die zulässigen Schalldruckpegel in schutzbedürftigen Räumen fest. Hierbei wird zwischen dem **Installationsschallpegel L_{In}** (installation sound level), der von den Wasserinstallationen verursacht wird, und dem durch die sonstigen haustechnischen Anlagen hervorgerufenen maximalen **Schalldruckpegel L_{AFmax}** (maximum sound pressure level) unterschieden (Bild 2).
Der Begriff „sonstige haustechnische Anlagen" umfasst z. B. Raumlufttechnische-, Transport-, Schwimm-, zentrale Staubsaug- und Müllabwurfanlagen, sowie Saunen. Die in DIN 4109 genannten Werte für Schalldruckpegel beschreiben Minimalanforderungen, die in der VDI-Richtlinie 4100 zum Teil noch einmal erhöht wurden. Die VDI-Richtlinie unterscheidet die drei **Schallschutzstufen** (noise/sound control levels) SSt I, SSt II und SSt III, wobei die Werte von SSt I den Anforderungen von DIN 4109 entsprechen (Bild 3). Es bleibt dem Hauseigentümer überlassen, welche Schallschutzstufe – letztlich auch unter Berücksichtigung der aufzuwendenden Kosten – er wählt. Diese Festlegung (fixing) ist im Interesse des Auftraggebers vertraglich abzusichern.

ÜBUNGEN

1. Erklären Sie die Begriffe „Ton", „Klang" und „Geräusch".
2. Erklären Sie den Aufbau und die Arbeitsweise des menschlichen Ohres.
3. Erklären Sie das Dezibel (dB) als schalltechnische Messgröße und machen Sie dabei deutlich, warum die Einheiten Mikrobar (µbar) oder Pascal (Pa) für den Schalldruck nicht geeignet sind.
4. Was sagen die Kurven gleichen Lautstärkeempfindens aus?
5. Nennen Sie die wichtigsten Bauteile des Schallpegelmessers.
6. Was ist bei der Luftschallmessung zu beachten?
7. Machen Sie an Zahlenbeispielen deutlich, um wie viele dB der Gesamtschalldruckpegel mehrerer Schallquellen gleichen Pegels anwächst.
8. Erläutern Sie, auf welche Weise der sich ausbreitende Schall grundsätzlich von schutzbedürftigen Räumen ferngehalten werden kann (nennen Sie Beispiele).
9. Beschreiben Sie, was bei der Anordnung von bewohnten Räumen innerhalb eines Gebäudes im Zusammenhang mit Nutz- und Nassräumen zu beachten ist.
10. Geben Sie die nach DIN 4109 zulässigen Schalldruckpegel der Zentralheizungs- und raumlufttechnischen Anlagen für Wohn- und Schlafräume an (Tag- und Nachtbetrieb). Berücksichtigen und nennen Sie dabei die Ausnahmen.
11. Vergleichen Sie die in DIN 4109 geforderten Mindestwerte der Schalldrücke mit denen der VDI-Richtlinie 4100 und bewerten Sie die Ergebnisse.

9 Grundlagen des Brandschutzes

9.1 Einführung

Der Brandschutz (fire protection) ist keine einzelne, sondern immer eine Summe von Maßnahmen (steps), um die Entstehung und Ausbreitung von Bränden zu vermeiden bzw. Brandschäden zu minimieren. Das oberste Ziel des Brandschutzes ist der Schutz des Lebens und die körperliche Unversehrtheit von Personen. Weitere Schutzziele (objectives (aims) of protection) sind der Sachwertschutz von technischen Anlagen oder des gesamten Objektes, sowie der Schutz der Umwelt.

Diese Ziele können erreicht werden durch den **vorbeugenden** (preventive) und den **abwehrenden** (defensive) **Brandschutz**. Der abwehrende Brandschutz beinhaltet alle Maßnahmen, die nach Ausbruch des Brandes erfolgen, also die Brandbekämpfung und somit weitestgehend die Aufgaben der Feuerwehr. Der vorbeugende Brandschutz beinhaltet alle Maßnahmen, um die Entstehung (beginning), Ausbreitung (spreading) und Auswirkung (effects) von Bränden zu verhindern oder einzuschränken. Er wird folgendermaßen unterteilt:

VORBEUGENDER BRANDSCHUTZ

- **Bauliche Brandschutzmaßnahmen** (z. B. Flucht- und Rettungsweg als eigener Brandabschnitt)
- **Anlagentechnische Brandschutzmaßnahmen** (z. B. Einbau von Sprinkleranlagen und Rauchmeldern)
- **Betriebliche Brandschutzmaßnahmen** (z. B. Kennzeichnung von Fluchtwegen, Notruf, Alarmknopf)

1 Flucht- und Rettungsweg

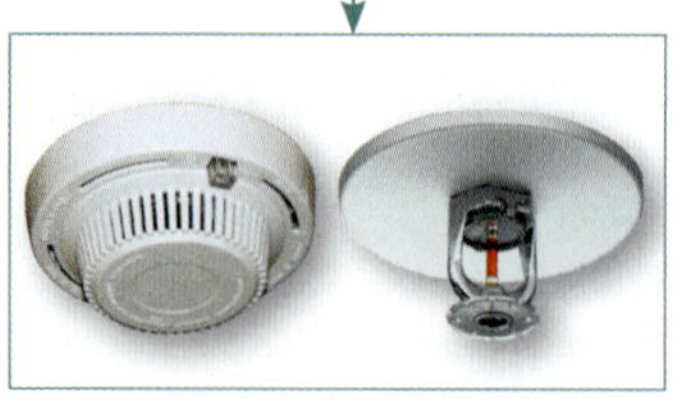
2 Rauchmelder und Sprinkler

3 Flucht- und Rettungsplan sowie Alarmknopf

Für den Anlagenmechaniker SHK ist der bauliche Brandschutz von Bedeutung. In der Musterbauordnung MBO 2002, §14 Brandschutz sind dessen Schutzziele wie folgt formuliert:

> *„Bauliche Anlagen sind so anzuordnen, zu errichten, zu ändern und instand zu halten, dass der Entstehung eines Brandes und der Ausbreitung von Feuer und Rauch (Brandausbreitung) vorgebeugt wird und bei einem Brand die Rettung von Menschen und Tieren sowie wirksame Löscharbeiten möglich sind."*

Um diese Schutzziele zu erreichen, sind die Verantwortlichkeiten festgelegt:
- die Architekten und Fachplaner planen,
- die Anlagenmechaniker SHK errichten, ändern und halten instand.

Werden die Mindestanforderungen (minimum requirements) der Musterbauordnung – die auch die Grundlage der Bauordnungen (BauO) der einzelnen Bundesländer bildet – von den am Bau Beteiligten nicht eingehalten, bzw. wird dagegen verstoßen, erfolgt die Anwendung (use) des Strafgesetzbuches StGB, §319:

> *„Wer bei der Planung, Leitung oder Ausführung eines Baues oder des Abbruches eines Bauwerks gegen die allgemein anerkannten Regeln der Technik[1] verstößt und dadurch Leib oder Leben eines anderen Menschen gefährdet, wird mit Freiheitsstrafe bis zu fünf Jahren oder mit Geldstrafe bestraft".*

9.2 Bauliche Brandschutzmaßnahmen

Bauliche Brandschutzmaßnahmen umfassen zwei Bereiche, die schon bei der architektonischen Konzeption des Bauwerks integriert werden müssen:

- Schaffung von Brandabschnitten (fire lobbies),
- Sicherung der Flucht- und Rettungswege (escape routes).

Durch die besonderen baulichen Maßnahmen dieser beiden Bereiche können sich bei Brandbeginn Feuer und Rauch nicht sofort in alle Richtungen (directions) ausbreiten. Sie müssen für eine festgelegte Zeit – die Feuerwiderstandsdauer (duration of fire resistance) (Bild 1) – im Entstehungsabschnitt verbleiben. So werden überschaubare Bereiche geschaffen, die den Menschen die Flucht und den Feuerwehren das Löschen erleichtern.

[1] Man versteht darunter Regeln, die auf wissenschaftlichen Grundlagen oder auf fachlichen Erkenntnissen beruhen, sich in der Praxis bewährt und allgemein durchgesetzt haben und damit Gedankengut der auf dem betreffenden Fachgebiet tätigen Personen geworden sind. Diese Regeln gelangen über Fachausschüsse und Sachverständigengremien in die technischen Regelwerke und finden Eingang in Rechts- und Verwaltungsvorschriften.

Brandabschnitte können Wohnungseinheiten (flats, apartments) aber auch Einfamilienhäuser sein. Flucht- und Rettungswege können sein:
- **innerhalb**, z. B. vom oberen ins untere Geschoss von Wohnungen,
- **außerhalb** von Brandabschnitten als separater Treppenraum (separate stairwell) mit einem direkten Ausgang ins Freie.

9.2.1 Anforderungen an die Brandabschnitte

Bauteile

Alle Bauteile (components) eines Brandabschnitts wie z. B. Decken, Wände, Türen, Klappen oder Schächte müssen sicherstellen, dass bei einem voll entwickelten Brand (ca. 1 000°C) über einen festgelegten Zeitraum (fixed period) kein Rauch und kein Feuer auf angrenzende Bereiche übergreifen können. Die Länge dieses Zeitraumes ist von der Beschaffenheit der Bauteile abhängig. Umfassungsmauern (enclosing walls) und Bauteile eines Brandabschnittes müssen mindestens der Anforderung F90 – AB feuerbeständig (fire resistant) entsprechen (Bild 1 und 2).

So bedeuten z. B.:

F30 - B	feuerhemmend, leistet 30 Minuten Widerstand, enthält brennbare Stoffe
F30 - AB	feuerhemmend, leistet 30 Minuten Widerstand, besteht in wesentlichen Teilen aus nicht brennbaren Stoffen
F30 - A	feuerhemmend, leistet 30 Minuten Widerstand, besteht aus nicht brennbaren Stoffen
F60 - B	hochfeuerhemmend, leistet 60 Minuten Widerstand, enthält brennbare Baustoffe
F90 - AB	feuerbeständig, leistet 90 Minuten Widerstand, besteht in wesentlichen Teilen aus nicht brennbaren Baustoffen
F90 - A	feuerbeständig, leistet 90 Minuten Widerstand, besteht aus nicht brennbaren Baustoffen

1 Bauaufsichtliche Benennung der Bauteile nach DIN 4102

2 Erhöhung der Feuerwiderstandsdauer einer Betondecke

Lernfeldübergreifende Inhalte

Baustoffe

Die Baustoffe (building materials) der Bauteile unterscheiden sich durch die beiden Klassen **A** (nicht brennbar, z. B. Gusseisen) und **B** (entflammbar, z. B. Kunststoff). Diese werden weiter unterteilt in **A1** und **A2**, bzw. **B1** und **B2** (Bild 1). Ein Bauteil (z. B. eine Geschossdecke) kann aus verschiedenen Baustoffen (z. B. Beton, Estrich und Parkett) bestehen.

MERKE

Die Baustoffklassen gelten auch für Leitungswerkstoffe.

In der Musterbauordnung (MBO) sind die Bauteilanforderungen an z. B. Einfamilienhäuser und bestimmte Wohngebäude wie folgt festgelegt:

Einfamilienhaus (Bild 2)
- Umfassungsmauern F90 - AB feuerbeständig (rot) als ein Brandabschnitt,
- Geschossdecken F30 - AB feuerhemmend (fire resisting) (hellgrün),
- Rohrdurchführungen (Durchdringungen) mit Schall- und Wärmeschutz.

Mehrfamilienhaus (Bild 3)
- Umfassungsmauern F90 - AB feuerbeständig (rot),
- Geschossdecken F90 - AB feuerbeständig (rot),
- Wohnungstrennwände F90 - AB feuerbeständig (rot),
- oberste Decke zu unbewohnten Räumen F30 - AB feuerhemmend (hellgrün),
- Rohrdurchführungen (Durchdringungen) R90 mit Raumabschluss (gelb).

Holzhaus

Auch Holzhäuser (wooden houses) erfüllen die geltenden Brandschutzanforderungen. Holz hat die Baustoffklasse B2 und wird häufig zusätzlich z. B. mit nicht brennbaren Gipsplatten verkleidet. Tragende Holzbauteile wie Balken (supporting beams) und Stützen (wooden columns) erhalten durch eine zusätzliche Behandlung die Baustoffklasse B1. Sie brennen deshalb selten ganz ab, sondern verkohlen nur an der Oberfläche (surface). Durch die geringe Wärmeleitfähigkeit von Holz behält die Gebäudekonstruktion (building construction) auch unter hohen Temperaturen lange Zeit ihre Tragfähigkeit (carrying capacity).
Das hat dazu geführt, dass die Musterbauordnung (MBO) geändert wurde und statt bislang drei- jetzt auch bis zu fünfgeschossige Wohngebäude in Holzbauweise erlaubt sind.

Die unterschiedlichen Anforderungen an Bauteile und Sonderbauteile (special parts) sind in der DIN 4102 als Feuerwiderstandsklassen aufgeführt (Bild 1, Seite 65).
Brandabschnitte müssen diese Anforderungen selbst dann noch erfüllen, wenn sie von Installationsleitungen wie z. B. Heizungs-, Wasser-, Lüftungs- und Abwasserleitungen durchdrungen werden.

Baustoffklasse	Zusätzliches Kriterium		Beispiele
A1 nicht brennbar	ohne brennbare Bestandteile	Baustoffe nach Norm	Beton, Ziegel
		nicht genormte Baustoffe	Keramische Faserplatten
	mit brennbaren Bestandteilen		Mineralfaserplatten mit geringfügiger Kunstharzbeschichtung
A2 nicht brennbar	Brennbare Bestandteile sind vorhanden		Gipskartonplatten ohne Lochung
			Gipsfaserplatten, Mineralfasererzeugnisse mit Kunstharzbindung
B1 schwer entflammbar	nach bestimmten Normen		Holzwolle, Leichtbauplatten, Hart-PVC
	sonstige		PS-Schaum, Spanplatten mit Ausrüstung
B2 normal entflammbar	nach bestimmten Normen		Holz, Dachpappen, PE-Schaum
	sonstige		PUR-Schaum

1 Baustoffklassen nach DIN 4102

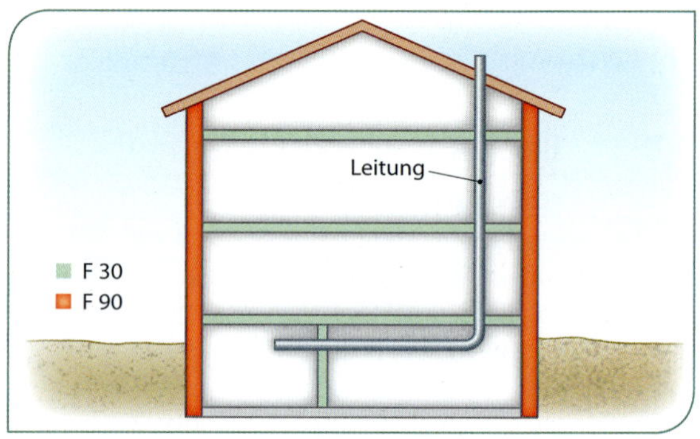

2 Bauteilanforderungen Einfamilienhaus

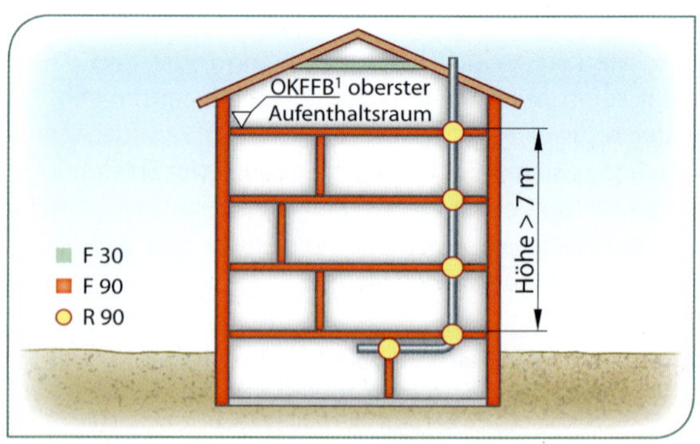

3 Bauteilanforderungen Mehrfamilienhaus

[1] OKFFB = Oberkante fertiger Fußboden

Bauteil		DIN 4102	Feuerwiderstandsklassen entsprechend einer Feuerwiderstandsdauer in min				
			≥ 30	≥ 60	≥ 90	≥ 120	≥ 180
Wände, Decken, Stützen		Teil 2	F 30	F 60	F 90	F 120	F 180
Brandwände	Sonderbauteile	Teil 3	F 90 (F 120, F 180) + Stoßbeanspruchung				
Nicht tragende Außenwände			W30	W60	W90	W120	W180
Feuerschutzabschlüsse (Türen, Tore, Klappen)		Teil 5	T 30	T 60	T 90	T 120	T 180
Brandschutzverglsg. – strahlungsundurchl. – strahlungsdurchl.		Teil 13	F 30 G 30	F 60 G 60	F 90 G 90	F 120 G 120	
Rohre und Formstücke für Lüftungsleitungen		Teil 6	L 30	L 60	L 90	L 120	
Absperrvorrichtungen Lüftungsleitungen			K 30	K 60	K 90		
Kabelabschottungen		Teil 9	S 30	S 60	S 90	S 120	S 180
Installationsschächte und Kanäle		Teil 11	I 30	I 60	I 90	I 120	
Rohrdurchführungen			R 30	R 60	R 90	R 120	
Funktionserhalt elektrischer Leitungen		Teil 12	E 30	E 60	E 90		

1 Feuerwiderstandsklassen von Bauteilen und Sonderbauteilen nach DIN 4102

9.2.2 Anforderungen an Installationsdurchdringungen

9.2.2.1 Allgemein

Werden vom Anlagenmechaniker SHK Leitungen z.B. durch Wände oder Decken geführt (Installationsdurchdringungen), müssen die von ihm hergestellten Öffnungen (openings) wieder so verschlossen werden, dass die Wände oder Decken die gleichen Brandschutzanforderungen erfüllen wie vorher. Dies gilt besonders bei Durchdringungen (leadthroughs) von Brandabschnitten.

Bei der Auswahl (selection) geeigneter Maßnahmen muss nach Art der Rohrleitungsverlegung (piping) unterschieden werden:

- freie Leitungsinstallation vor der Wand, bzw. über/unter der Decke,
- Leitungsverlegung in einem Installationsschacht.

9.2.2.2 Freie Leitungsinstallation

Leitungen der Baustoffklasse B

Kunststoffleitungen der Baustoffklasse **B** könnten bei einem Brand zerstört werden und dadurch den gesamten Öffnungsquerschnitt (cross-sectional area) freigeben. Rauch und Feuer dringen dann in den nächsten Brandabschnitt (Bild 2a). Um dies zu verhindern muss entweder der Öffnungsquerschnitt vor der Zerstörung (destruction) der Kunststoffleitung verschlossen oder die Leitung geschützt werden.

Dieses wird durch zwei Methoden erreicht:

- der Abschottung (separation (closing)) und
- der Ummantelung (sheathing).

Bei der **Abschottungsmethode** wird die Leitung durch eine Brandschutzmanschette geführt. Die Abschottung geschieht durch ein Blähgrafitschott. Mit zunehmender Temperatur bläht sich expandierfähiger Grafit zu einem Pfropf auf, der auch starken Brandeinwirkungen widersteht und die Kunststoffleitung am Umfang mit einem Druck von bis zu 1 bar zusammenquetscht, so dass weder Rauch noch Feuer hindurch dringen können (Bild 2b).

Der Graphit kann immer nur radial in Richtung des Kunststoffrohres expandieren (expand), da sich die Brandschutzmanschette (fire protection packing) entweder innerhalb der Kernlochbohrung befindet (Bild 3) oder außen, vor der Durchführung, mit einem festen Metallband versehen ist, das dem Expansionsdruck standhält (Bild 1, Seite 66).

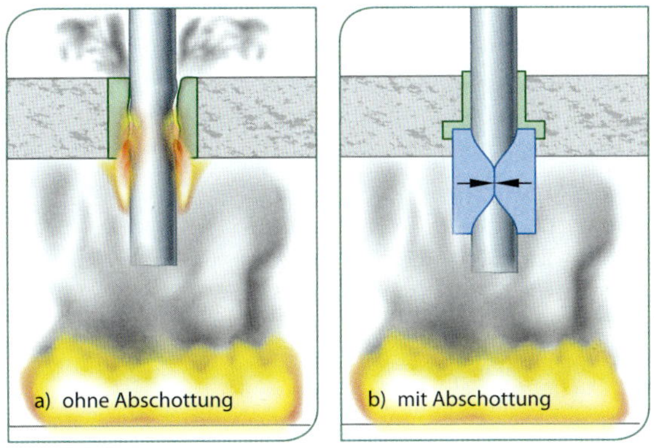

2 Installationsdurchdringung F90-AB Decken

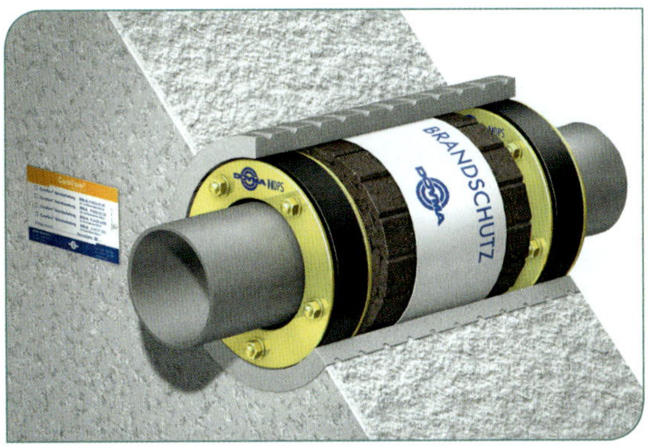

3 Gas- und wasserdichte Kernlochdurchführung mit Schall- und Brandschutz

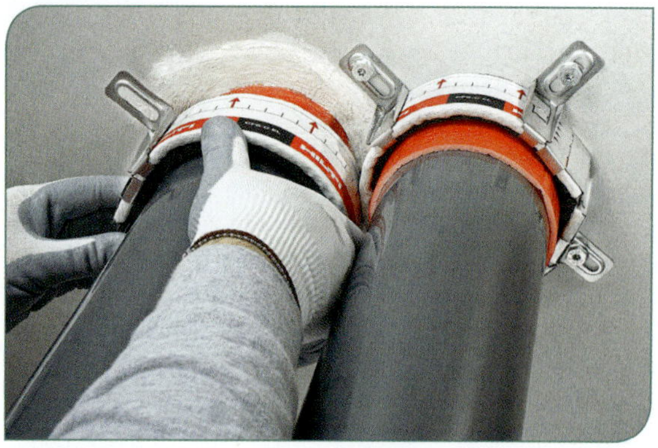

1 Brandschutzmanschette mit Metallband

Bei der **Ummantelungsmethode** werden die Leitungen z. B. mit nicht brennbaren Halbschalen (incombustible shells) (Schmelzpunkt > 1000°C) so eingepackt, dass ein Schmelzen, Brennen, Abtropfen und damit ein Freiwerden der Öffnungen nicht möglich ist (Bild 2).

Leitungen der Baustoffklasse A

Metallleitungen der Baustoffklasse A (z. B. Stahl) können zwar nicht Schmelzen (melt) oder Abtropfen (drip off), aber es besteht die Gefahr der Wärmeübertragung (heat transfer) und Wärmeausdehnung (thermal expansion). Durch die Wärmeleitung (heat conduction) können sich brennbare Materialien im benachbarten Brandabschnitt entzünden. Durch die Wärmeausdehnung wiederum entstehen Risse (clefts, fissures) zwischen Rohr und Bauteil, so dass Rauch und Feuer in andere Brandabschnitte gelangen können. Eine Ummantelung innerhalb der Geschossdecke oder einer Wand verhindert die Rissbildung, weil sie die Wärmedehnung aufnimmt. Die Wärmeleitung wiederum wird eingeschränkt, indem die Ummantelung auch vor und hinter der Durchführung ein Stück weiter verlegt wird (Bild 3).

9.2.2.3 Leitungsverlegung im Installationsschacht

Leitungen können entweder in einem massiv gemauerten oder in einem aus nicht brennbarem Plattenbaustoff gefertigten Installationsschacht (installation shaft) verlegt werden (siehe Bilder 4 und 5).

Bildet der Schacht z. B. einen eigenen Brandabschnitt **I 90** (Bild 1, Seite 65) durch mehrere Geschosse und ist er auch oben und unten verschlossen, brauchen die dazwischen liegenden Deckenöffnungen (ceiling/floor penetration) nicht zusätzlich abgeschottet zu werden. Lediglich die Ein- oder Austritte der Leitungen aus dem Schacht in den einzelnen Geschossen (storeys, floors) müssen separat gesichert werden.

Weitere lernfeldspezifische Brandschutzmaßnahmen sind den entsprechenden Kapiteln zu entnehmen.

2 Ummantelungen mit nicht brennbaren Materialen

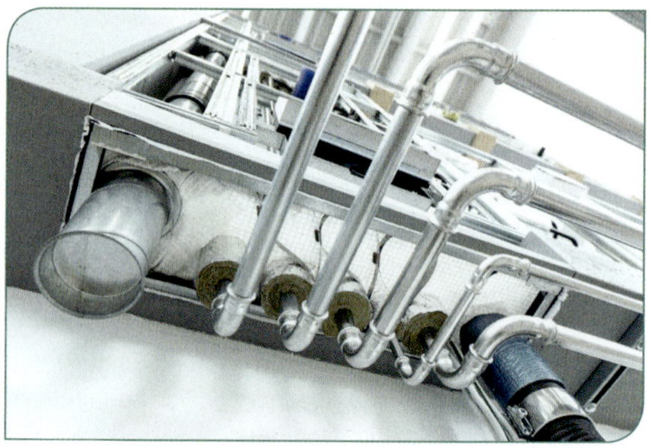

3 Ummantelung von Leitungen der Baustoffklasse A

4 Unvollendeter gemauerter Installationsschacht I 90

5 Unvollendeter Installationsschacht I 90-Trockenbauweise

ÜBUNGEN

1) In welche drei Maßnahmen unterteilt sich der vorbeugende Brandschutz?

2) Nennen Sie zu jeder Maßnahme der Übung 1 ein Praxisbeispiel.

3) Wie lauten die Schutzziele in der Musterbauordnung MBO 2002, §14 Brandschutz?

4) Welche zwei Bereiche umfassen bauliche Brandschutzmaßnahmen?

5) Welche Anforderungen werden an Brandabschnitte gestellt?

6) a) Was bedeuten die Baustoffklassen A1, A2, B1 und B2?
b) Nennen Sie zu jeder Baustoffklasse einen Baustoff.

7) a) Was ist eine Feuerwiderstandsklasse?
b) Was bedeutet die Bezeichnung F90 – AB?

8) Welche Brandschutzanforderungen werden an eine vom Anlagenmechaniker SHK hergestellte Decken- bzw. Wandöffnung für die Durchführung z. B. einer Abwasserleitung gestellt?

9) a) Beschreiben Sie die Funktionsweise einer Abschottung für eine frei vor der Wand verlegte Kunststoffrohrleitung, die durch mehrere Brandabschnitte verläuft.
b) Welche Voraussetzungen müssen erfüllt sein, damit bei der Leitungsverlegung einer Kunststoffrohrleitung im Installationsschacht auf die Abschottung verzichtet werden kann?

10) Wie wird bei Rohrleitungen der Baustoffklasse A (z. B. Gusseisen) verhindert, dass angrenzende Brandabschnitte durch Wärmeübertragung und -ausdehnung gefährdet sind?

9.3 Smoke alarms save lives

Every month about 40 people die in fires, almost all of them within their own four walls. Fires spread very quickly and about 95 % of people who die in fires are killed by smoke as smoke is full of carbon monoxide. The oxygen in our bodies is replaced by the carbon monoxide and we suffocate. Carbon monoxide is tasteless, colourless and odourless, which makes the poisonous gas difficult to detect. Two thirds of all victims are surprised in their sleep.

The best early fire detection devices to the homeowner are smoke alarms. They are self contained devices that detect fires by means of smoke detectors and give a warning (alarm). They are normally fitted to the ceiling and about as big as a hand (picture 1). Smoke alarms can detect fires very early and give you precious time to leave the house in safety. As fires can start anywhere, the more smoke alarms are fitted, the higher the level of protection. Smoke alarms should not be fitted in kitchens and bathrooms, as steam or cooking fumes may trigger the alarm. Cigarette smoke will not normally trigger the alarm.

You should test your smoke alarms at least once a month by pressing the test button till the alarm sounds. Change all batteries once a year.

1 Smoke alarm

Exercises

Use your reference book, the internet or a dictionary. Before you look up a word try to guess the word first, then check it.

1) How many people die in fires every month?

2) Why are 95% of people who die in fires killed by smoke?

3) What makes carbon monoxide so difficult to detect?

4) Where are smoke alarms normally fitted?

5) Where should smoke alarms not be fitted?

6) How many times should smoke alarms be tested?

7) Translate paragraph two into German.

Lernfeldübergreifende Inhalte

Lernfeld 5:
Trinkwasseranlagen installieren

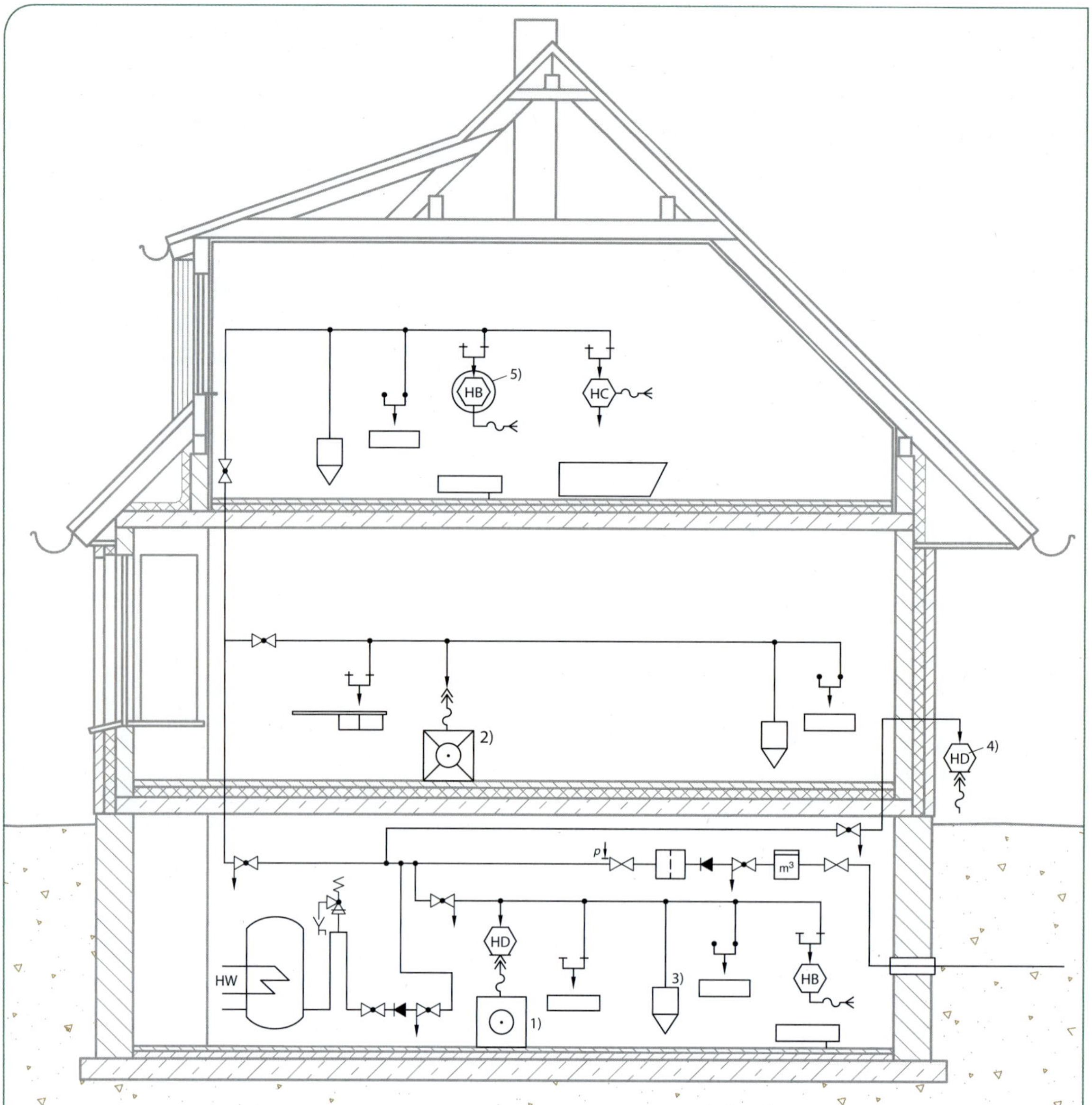

nach EN 806-1 (altern.)

1) (WM) 2) (GS) 3) FC

4) evtl. CA oder BA
5) Bei Armaturen mit DVGW-Prüfzeichen (eigensicher) kann auf die Darstellung verzichtet werden (siehe auch WC mit Spülkasten).

*	Wasserleitung	*	Sicherungsarmatur
	Abzweig		Schlauchbrause
	Absperrarmatur	m3	Wasserzähler
p	Druckminderer	*	Speichertrinkwasser-erwärmer

Weitere Zeichenerklärungen entnehmen Sie der Tabelle im Anhang des Buches.

1 Trinkwasseranlagen

1.1 Trinkwasser, Anforderungen

Wasser ist das am häufigsten benötigte und genutzte Lebensmittel. Weil Wasser für den menschlichen Organismus lebensnotwendig ist, werden im Zusammenhang mit dem Gebrauch und Verzehr durch den Menschen hohe Anforderungen an die Reinheit und Güte gestellt. Mit der **Trinkwasserverordnung** hat der Gesetzgeber eine Richtlinie erlassen, die hinsichtlich der Aufbereitung und Verteilung des Trinkwassers strikt einzuhalten ist. Die von den Normenausschüssen erarbeiteten Fachnormen basieren auf dieser Verordnung und geben dem ausführenden Betrieb Leitfäden vor, nach denen die Arbeiten nach den „allgemein anerkannten Regeln der Technik" zu erledigen sind. Nach der Trinkwasserverordnung und der darauf basierenden DIN 2000 **ist Trinkwasser Wasser im Naturzustand oder aufbereitetes Wasser, das zum Trinken, Kochen oder der Zubereitung von Speisen und Getränken benötigt wird und dafür geeignet ist.** Weitere Verwendung findet es in der Körperpflege, bei der Reinigung von Gegenständen, die mit Lebensmitteln in Kontakt kommen, oder bei der Reinigung von Gegenständen, die nicht nur vorübergehend mit dem menschlichen Körper in Berührung kommen.

Trinkwasser ist daher in festgelegten, regelmäßigen Abständen (z. B. von kommunalen Versorgern) auf seine mikrobiologischen und physikalisch-chemischen Eigenschaften zu untersuchen (Bild 1).

Periodische Trinkwasseruntersuchung Wasserwerk Waldrand			
Auftraggeber: Stadtwerke Neustadt		Probennahmedatum: 05.04.2010	
Probennahme durch: Chemisches Labor Dr. Meyer		Probenahmeort: Waldrand	
Prüfgröße	Einheit	Grenzwert	Ergebnis
Vor-Ort-Parameter			
ph-Wert:	–	> 6,5 und < 9,5	7,9
Leitfähigkeit:	[20°C] µS/cm	2500 bei 20°C	390
Mikrobiologische Parameter Anlage 1 Teil I			
Enterokokken DIN ISO 7899-2	in 100 ml	0	0
Chemische Parameter Anlage 2 Teil I			
Benzol	µg/l	1	< 0,5
Bor	µg/l	1000	< 100
Chrom	µg/l	50	< 5
Nitrat	mg/l	50	< 1
Pflanzenschutzmittel und Biozidprodukte, Summe	µg/l	0,5	–
Quecksilber	µg/l	1	< 0,2
Chemische Parameter Anlage 2 Teil II			
Arsen	µg/l	10	< 1
Benzo(a)pyren	µg/l	0,01	< 0,008
Blei	µg/l	25	< 2
Cadmium	µg/l	5	< 0,5
Kupfer	µg/l	2000	< 3
Nickel	µg/l	20	< 5
Polycycl. aromat. Kohlen wasserstoffe (PAK), Summe	µg/l	0,1	0,04
Trihalomethane (THM), Summe	µg/l	50	< 2,0
Vinylchlorid	µg/l	0,5	< 0,5
Chemische Parameter Anlage 3			
Aluminium	mg/l	0,2	< 0,02
Chlorid	mg/l	250	19
Eisen	mg/l	0,2	0,02
Mangan	mg/l	0,05	< 0,005
Natrium	mg/l	200	7,7
Sulfat	mg/l	240	32
TOC	mg/l	ohne anormale Veränderung	0,70
Sonstige Parameter gem. § 14 Abs. 1 TrinkwV 2001			
Calcium	mg/l	–	54
Kalium	mg/l	–	1,6
Magnesium	mg/l	–	3,2
Gesamthärte:	°dH	–	8,3
Karbonathärte:	°dH	–	7,0
Basekapazität ph8.2mmol/l:	mmol/l	–	0,2
Säurekapazität ph 4,3	mmol/l	–	2,5
Die Wasserprobe fällt nach dem Waschmittelgesetz in den Härtebereich 2		(7 – 14 °dH)	(8,3 °dH)

1 Auszug einer Trinkwasseranalyse eines Wasserversorgungsunternehmens (WVU)

Außerdem muss sichergestellt sein, dass eine zentrale Trinkwasserversorgung (drinking water supply) nur in Extremfällen unterbrochen werden darf, denn längerfristige Unterbrechungen führen zu mangelnder Hygiene (hygiene); Wäsche kann nicht mehr gewaschen werden, die Toilettenspülung funktioniert nicht mehr usw., es kommt zu Massenerkrankungen, Epidemien können sich ausbreiten. Planmäßige Unterbrechungen sind vorher anzukündigen.

MERKE

Trinkwasser sollte:
- appetitlich sein,
- zum Genuss anregen

Es muss:
- farblos, klar, kühl,
- geruchlich und geschmacklich einwandfrei,
- keimarm (germ-poor),
- und so beschaffen sein, dass die mit dem Wasser in Berührung kommenden Anlagenteile nicht korrodieren oder anderweitig zerstört werden können.

(Auszug aus DIN 2000)

1.1.1 Verordnungen, Normen, Vorschriften

Für die **Installation von Trinkwasseranlagen sind folgende Verordnungen, Normen und technische Regeln** besonders wichtig:

Verordnungen:
- Trinkwasserverordnung (TrinkwV)
- Verordnung über allgemeine Bedingungen für die Versorgung mit Wasser (AVBWasserV)

Normen:

Europäische Normen	Nationale Ergänzungen
DIN EN 1717 Schutz des Trinkwassers	DIN 1988-100 Schutz des Trinkwassers
DIN EN 806-1 Techn. Regeln für Trinkwasserinstallationen – Allgemeines	
DIN EN 806-2 Planung	DIN 1988-200 Planung, Bauteile usw.
DIN EN 806-3 Berechnung der Rohrinnendurchmesser (vereinfacht)	DIN 1988-300 Berechnung der Rohrinnendurchmesser, differenziertes Verfahren
DIN EN 806-4 Installation	
DIN EN 806-5 Betrieb und Wartung	

Technische Regeln:
- DVGW W 551 Technische Maßnahmen zur Verminderung des Legionellenwachstums
- DVGW W 553 Bemessung von Zirkulationssystemen

1.2 Versorgungsleitung

Die Versorgungsleitung (local mains) ist eine auf öffentlichem Grund in der Erde (Straße, Gehweg o. ä.) frostfrei verlegte Wasserleitung, die von einem Wasserwerk eines öffentlichen oder privaten Betreibers bis nahe an die Grundstücksgrenze (site boundary) des Abnehmers führt. Um eine möglichst große Versorgungssicherheit (security of supply) gewährleisten zu können, werden Versorgungsnetze (supply grids) meist als Ringleitungen mit einer Vielzahl von Absperrmöglichkeiten verlegt (Bild 2).

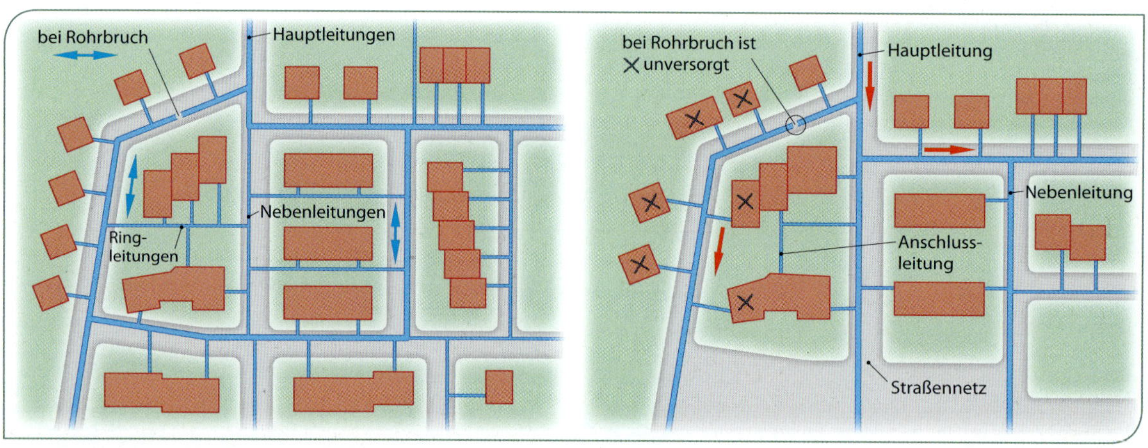

2 Versorgungsleitungen als Ring- und Verästelungsnetz

Durch diese Art der Verlegung wird sichergestellt,

- dass keine Leitungsenden in Form von Stichleitungen (stup pipes) entstehen, so dass es kein stehendes Wasser (Stagnationswasser) in den Leitungen geben kann,
- dass bei notwendigen Absperrungen (shutt-off) (z. B. bei Reparaturen) die Versorgung der Abnehmer weitestgehend erhalten bleibt,
- dass in allen Leitungsabschnitten ein möglichst konstanter Versorgungsdruck (supply pressure) gegeben ist.

Versorgungsleitungen können aus:

- Stahlrohr mit Ausmörtelung,
- duktilem Gussrohr mit Ausmörtelung,
- Stahlbeton (Spannbeton),
- Kunststoffen wie PVC-U, PE-HD oder PE-LD, aber auch PP, PB und PE-X,
- Faserzement (heute seltener)

bestehen. (vgl. „Grundkenntnisse Anlagenmechaniker SHK, Kap. 1.6.4)

Von den Versorgungsleitungen zweigen die Anschlussleitungen ab. Diese können auch Hausanschlussleitungen (HAL) (supply line) genannt werden (Bild 1, nächste Seite). Sie werden mit **Anbohrschellen** (tapping sleeves) (Bild 1) oder regulären Abzweigen an die Versorgungsleitungen angeschlossen. Anbohrschellen werden nach DIN EN 806-1 als Anschlussvorrichtungen bezeichnet. Außerdem werden Überflur- und Unterflurhydranten (Bild 3), die für die Wasserentnahme zu Wartungs- und Löschzwecken benötigt werden, an die Versorgungsleitungen angebunden. Schilder, die in Nähe dieser Absperrungen an Häuserwänden oder Pfählen angebracht sind, weisen mit Entfernungsangaben (distances) auf die Lage der entsprechenden Abdeckplatten bzw. Absperrobjekte hin (Bild 2, nächste Seite). Die Maße sind in Metern angegeben und werden wie im Bild 2 gezeigt vermessen.

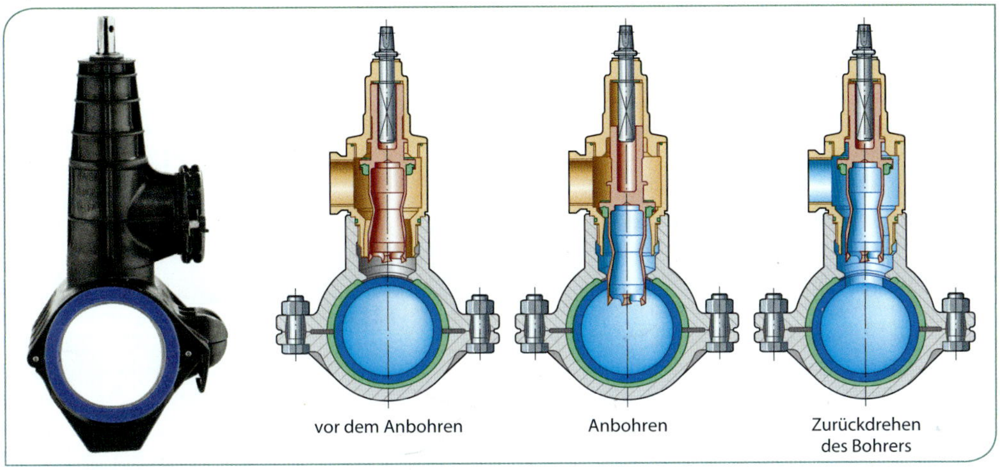

1 Ventilanbohrschelle zum Anbohren von Kunststoffrohr

Zeichenerklärung:
H Hydrant — AH Absperrhahn
L Lüftung — AV Absperrventil
A Absperrorgan — S Schieber
HA Hausanschluss
Zahl hinter Kurzzeichen: DN

Farbkennz.:	Grund	Schrift	Rand
Hinweisschild für Hydrant	weiß	schwarz	rot
Alle anderen:	blau	weiß	ohne

2 Zeichenerklärung, Hinweisschild, Abdeckplatte

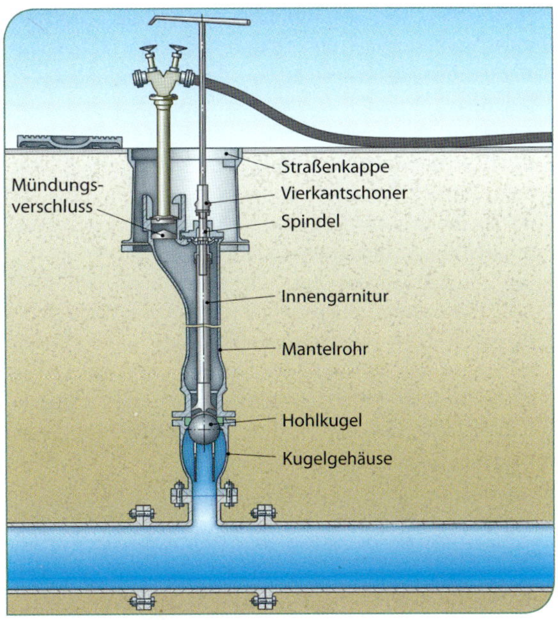

3 Unterflurhydrant

1.3 Anschlussleitung

Die Anschlussleitung (service pipe) ist das Verbindungsglied zwischen der Versorgungsleitung und der Hauptabsperreinrichtung (HAE) (service valve). Sie beginnt mit der Abzweigstelle des Verteilungsnetzes (i. d. R. die Ventilanbohrschelle, Bild 1) und endet **vor** der ersten Absperrarmatur (shut-off device) der Hausanlage.

Als Werkstoff (material) für die Anschlussleitung wird üblicherweise PE verwendet.

Folgende Verlegeregeln (installation rules) sind einzuhalten:

- Jedes Grundstück (property) erhält eine eigene Anschlussleitung.
- Der Mindest-Nenndurchmesser ist DN 25.
- Für Baulücken bzw. noch in Planung befindliche Bauten darf im Voraus keine HAL eingerichtet werden (Stagnationswasser).
- Bei der Installation der Straßenkappe (Abdeckplatte) (Bild 2) ist darauf zu achten, dass der geöffnete Deckel in Richtung der HAL zeigt, oder das gelesene „W" des geschlossenen Deckels zum Haus zeigt, (besonders wichtig bei dichter Belegung der Grundstücke auf beiden Straßenseiten, um eine eindeutige Zuordnung vornehmen zu können).
- Die Leitungen sind möglichst geradlinig und rechtwinklig zur Grundstücksgrenze frostfrei (frost-protected) zu verlegen.
- Das Füllmaterial muss verdichtungsfähig (nicht gefroren), frei von verrottbarem Material und im Leitungsbereich frei von Steinen sowie frei von aggressiven Stoffen sein.
- Von Abwasserleitungen (sewage lines) ist ein allseitiger Abstand von 1,00 m einzuhalten, wenn die Abwasserleitung oberhalb der HAL liegt; bei allen anderen Leitungen beträgt der Abstand 0,20 m (Bild 3). Können die Abstände nicht eingehalten werden, ist die Trinkwasserleitung im Schutzrohr (protecting tube) zu verlegen (das Schutzrohr muss aus korrosions- und diffusionssicherem Material bestehen; genaue Absprache mit dem Versorgungsunternehmen).
- Anschlussleitungen dürfen nicht überbaut werden.
- Oberhalb der Anschlussleitung ist ein gelbes unverwitterbares Trassenband (route ribbon) von 0,15 mm Dicke und 40 mm Breite aus PVC (o. gleichwertig) mit schwarzer Aufschrift „Wasser" in ausreichendem Abstand zu verlegen.
- Die Durchführung der HAL durch die Außenwand muss gas- und wasserdicht ausgeführt werden; hinsichtlich der Wasserdichtheit (waterproofness) wird unterschieden zwischen den Ausführungen „gegen nicht drückendes Wasser" und „gegen drückendes Wasser"; handelsübliche Hauseinführungen (house lead-in) entsprechen diesen Vorgaben (Bild 1, S. 73).

1 Anschlussleitung

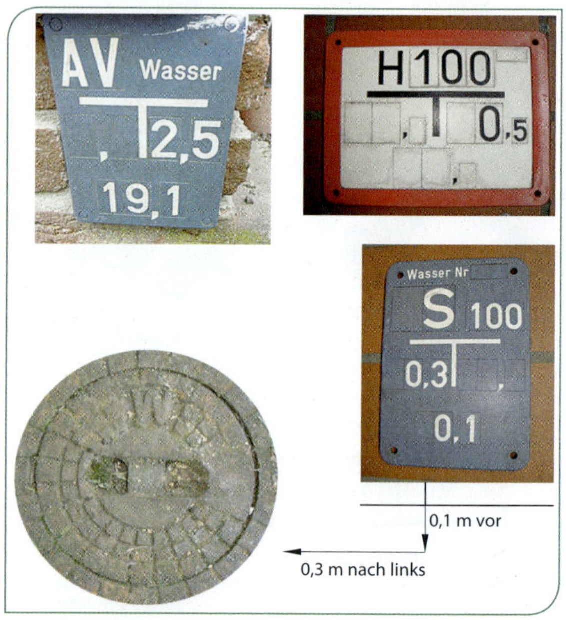

2 Hinweisschilder für Absperrventil, Schieber, Abdeckplatte

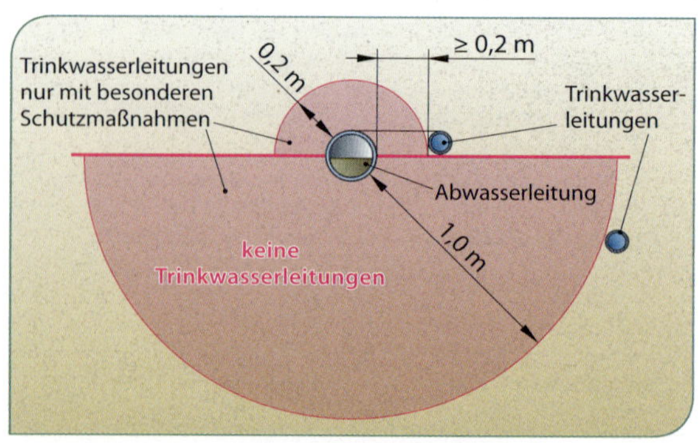

3 Schutzbereich für erdverlegte Trinkwasserleitungen

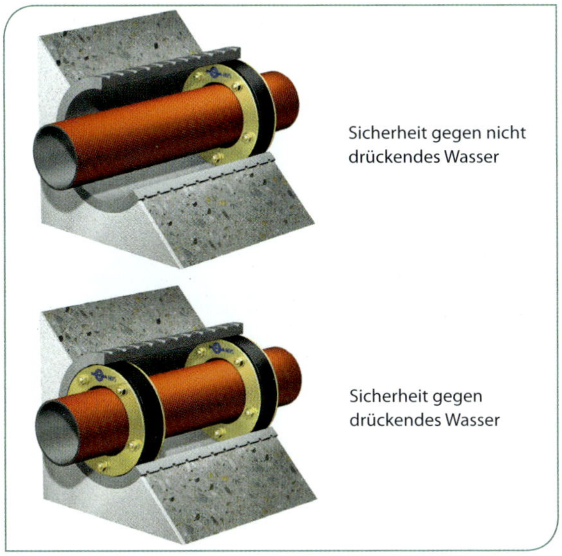

1 Hauseinführung

2 Wasserzähleranlage (Anstelle der Absperrventile a werden heute häufig Absperrhähne b eingesetzt.)

1.4 Wassermesseinrichtungen

1.4.1 Wasserzähleranlage

Nach DIN EN 806-2 – Technische Regeln für Trinkwasserinstallationen, Teil 2 – müssen Wasserzähleranlagen innerhalb und außerhalb von Gebäuden DIN EN 805 und den Vorschriften der Wasserversorger entsprechen. **Wasserzähleranlagen bestehen** i. d. R. a**us zwei Absperrarmaturen und dem Wasserzähler** (water meter), wobei die nicht mehr gültige nationale Norm DIN 1988-1 als möglichen Bestandteil noch einen Rückflussverhinderer (check valve) (RV) vorsah. Dieses wird auch dokumentiert anhand vieler ausgeführter Anlagen (Bild 2). Hier ist der RV in das rechte Absperrventil integriert als sog. KFR – Ventil (kombiniertes Freistromventil mit Rückflussverhinderer (vergl. Kap. 3.2.2.6)). Einige Versorger installieren den Rückflussverhinderer jedoch erst nach der Wasserzähleranlage in die Verbrauchsleitung. Diese Einbauvariante entspricht der Darstellung in der künftig geltenden DIN EN 806-1 (Bild 3).

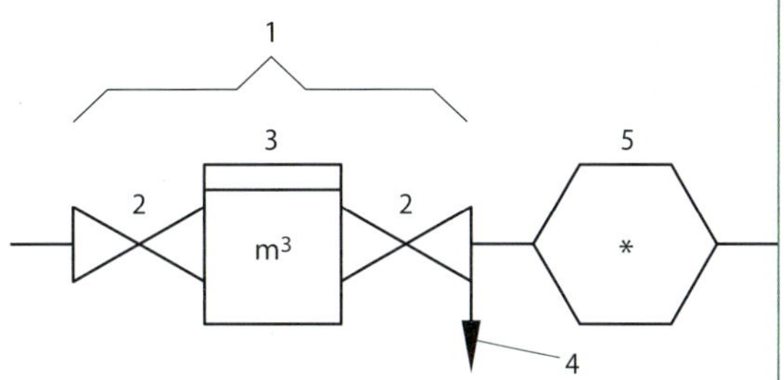

1 Wasserzähleranlage
2 Absperrarmatur
3 Wasserzähler
4 Entleerung/ Prüföffnung
5 Sicherungsarmatur, z. B. kontrollierbarer Rückflussverhinderer (für den Stern steht dann ein „EA"), oder Sicherheitsarmatur, z. B. RV Symbol: ▶|

3 Wasserzähleranlage nach DIN EN 806-1

Hauswasserzähler

Wasserzähler im Ein- und Mehrfamilienhausbereich mit $\dot{V}_n = 1{,}5 - 10\ \frac{m^3}{h}$ arbeiten nach dem Flügelradprinzip (windmill type principle). Dabei wird das Flügelrad im Gehäuse vom durchströmenden Wasser angetrieben. Die Rotationsbewegung (rotation motion) wird auf ein Rollenzählwerk übertragen, das entweder vom Wasser umspült (Nassläufer) (Bild 1, S. 74) oder vom Wasser getrennt ist (Trockenläufer). In letzterem Fall wird die Rotationsbewegung z. B. über eine Magnetkupplung (magnetic clutch) übertragen. Trockenläufer-Wasserzähler werden eingesetzt, wenn mit Ablagerungen (deposit) aus dem Wasser gerechnet werden muss wie z. B. bei Trinkwarmwasser.

Während das Rollenzählwerk volle Kubikmeter anzeigt, werden über die Zeiger 100 Liter, 10 Liter, 1 Liter und 0,1 Liter

4 Zählwerk mit einer Genauigkeit bis 0,1 (0,05) Liter

angegeben. Der gezeigte Zählerstand (count of a counter) beträgt 97531,1264 m³ (Bild 4, vorige Seite).

Wasserzähler sind so einzubauen, dass sie:

- zur Wartung und zum Ablesen in waagerechter oder senkrechter Einbaulage (fitting position) leicht zugänglich sind,
- gegen Beschädigungen (damages) geschützt sind,
- keinen nennenswerten mechanischen Spannungen (tensions), resultierend aus dem Zusammenbau mit anderen Bauteilen, ausgesetzt sind,
- frostfrei installiert werden oder gegen Frost geschützt sind; dabei ist sicherzustellen, dass ein eventueller Frostschutz (Dämmung o. gleichwertig) keine nennenswerte Beeinträchtigung für das Ablesen oder Auswechseln zur Folge hat.

Wasserzähler unterliegen dem Eichgesetz, da sie für den geschäftlichen Verkehr verwendet werden. Dieser liegt vor, wenn mit Hilfe des WZ-Standes Rechnungen erstellt werden. Im Kaltwasserbereich eingesetzte Zähler müssen alle sechs Jahre, Warmwasserzähler alle fünf Jahre geeicht oder beglaubigt werden. Eichungen werden durch staatliche Eichämter, Beglaubigungen durch staatlich anerkannte Prüfstellen vorgenommen. Prüfstellen können bei Zählerherstellern oder bei Wasserversorgungsunternehmen (WVU) eingerichtet sein. Eichungen und Beglaubigungen (certifications) sind gleichwertig und werden durch die zuständigen Versorgungsunternehmen veranlasst. Im Allgemeinen tauschen die WVU die Hauswasserzähler vor Ablauf der Eichgültigkeitsdauer aus.

Richtwerte (guide lines) für Einbaumaße der Wasserzähler:

Einbauhöhe : im Gebäude im Keller oder EG
0,30 m bis 1,20 m über OKFFB;

Raummaße des Aufstellraumes im Gebäude:
Breite ≥ 0,80 m, Höhe ≥ 1,80 m

Einbauten außerhalb von Gebäuden bedürfen der besonderen Klärung mit dem WVU.

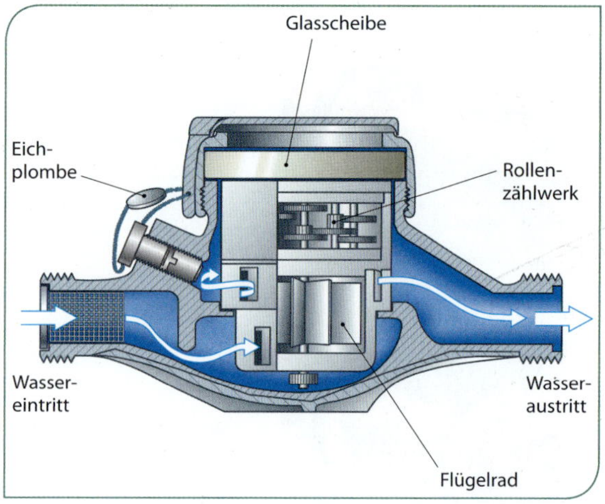

1 Flügelradzähler als Nassläufer

2 Unterputz-Messstelle für 2 Messkapsel-Wasserzähler incl. Absperrventilen

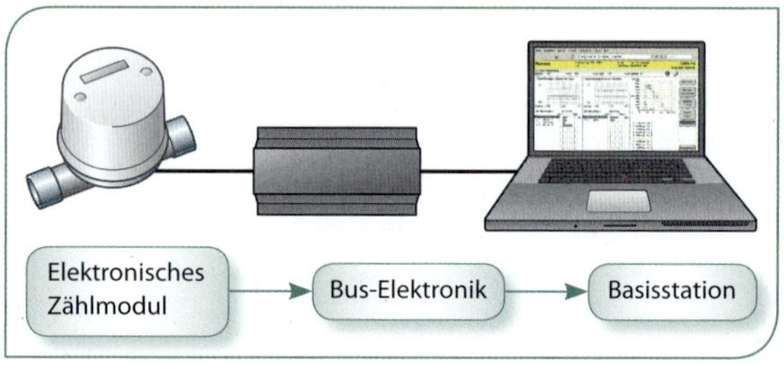

3 Smart-Meter-System

1.4.2 Wohnungswasserzähler

Außer den Hauswasserzählern werden zwecks genauerer Erfassung des verbrauchten Wassers und der Abrechnung vermehrt **Wohnungswasserzähler** eingesetzt (Bild 2). Einige Städte und Kommunen haben das nachträgliche Einbauen in vermieteten Wohnungen zur Pflicht gemacht. Die Industrie bietet dafür montagefreundliche Nachrüstsysteme (upgrade systems) an (Bild 1, S. 75). Sie können u. a. in bestehende Ventilgehäuse eingeschraubt werden.

1.4.3 Intelligente Zähler (Smart Meter)

Was seit dem 01. Januar 2010 für elektrische Stromzähler (current meter) in Neubauten Pflicht geworden ist, wird in naher Zukunft möglicherweise auch im Wasserbereich gelten: der Einbau von intelligenten Wasserzählern, sog. Smart Metern. Mit Smart Metern werden Verbrauchsmengen und -zeiten von Strom, Wasser oder Gas angezeigt, aufgezeichnet und über eine Stromleitung, Funk oder dem Internet direkt an den Messdienstleister übermittelt (Bild 3). Über eine Software mittels eines Computers oder ein externes Display in der Wohnung können Verbraucher zudem erkennen, wie viel Energie sie zu welchem Zeitpunkt verbrauchen. Mit dem Einsatz von Smart Metern wird es auch möglich sein, tageszeitabhängige Tarife zu nutzen bzw. genaue monatliche Abrechnungen zu tätigen. Damit werden Energiekosten transparenter und für den Verbraucher besser kalkulierbar.

Lernfeld 5

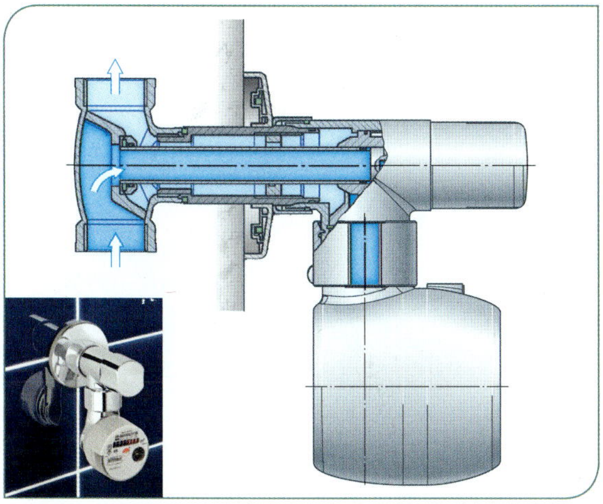

1 Wohnungswasserzähler für vorhandenes UP-Ventilgehäuse

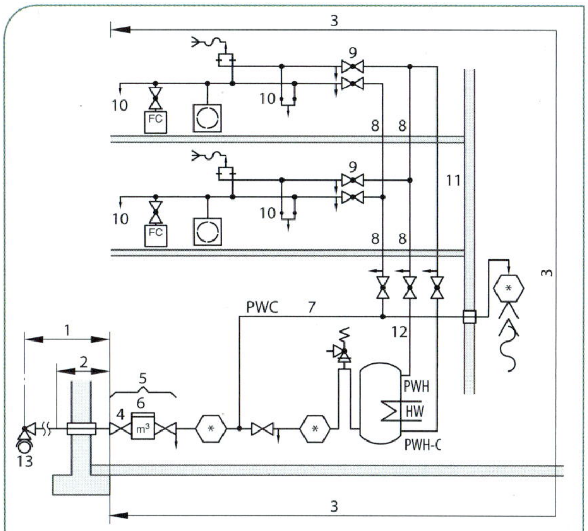

2 Beispiel eines Strangschemas für ein Wohnhaus

1.5 Verbrauchsleitung

Die Verbrauchsleitung (supply pipe) ist der Leitungsteil des Hausnetzes, der mit der ersten Armatur der Wasserzähleranlage beginnt und am Anschluss der Entnahmestelle (withdrawal point) endet (Teilstrecke 3, Bild 2). Der Begriff Verbrauchsleitung umfasst alle weiteren Leitungsabschnitte wie Verteilungsleitung, Sammelzuleitung, Steigleitung, Stockwerksleitung und Einzelzuleitung.

1.5.1 Verteilungsleitung

Die Verteilungsleitung ist der Leitungsteil, der Wasser von einem unter Druck stehenden Wasserbehälter (auch Wassererwärmer) befördert (Teilstr. 12, Bild 2).

1.5.2 Sammelzuleitung

Die Sammelzuleitung ist der horizontal verlaufende Leitungsabschnitt zwischen der HAE und der Steigleitung (Teilstr. 7, Bild 2).

1.5.3 Steigleitung

Die Steigleitung ist der Leitungsabschnitt (einer Verbrauchs- oder Verteilungsleitung), der von Stockwerk zu Stockwerk führt und von dem die Stockwerksleitungen oder Einzelzuleitungen abzweigen (Teilstr. 8, Bild 2).

1.5.4 Stockwerksleitung

Die Stockwerksleitung ist der Leitungsabschnitt, der von der Steigleitung innerhalb eines Stockwerks abzweigt und an der Einzelzuleitung endet (Teilstr. 9, Bild 2).

1.5.5 Einzelzuleitung

Die Einzelzuleitung ist der von der Stockwerksleitung abzweigende, zu einer Entnahmestelle führende Leitungsabschnitt (Teilstr. 10, Bild 2).

1.6 Druckminderer

Druckminderer haben die Aufgabe, einen für die Hausanlage unzulässig hohen Versorgungsdruck (Vordruck) in einen niedrigeren, zulässigen Hinterdruck umzuwandeln. Sie sind erforderlich, wenn

- der höchstmögliche Ruhedruck (static pressure) an beliebiger Stelle der Trinkwasseranlage deren zulässigen Betriebsüberdruck erreicht oder überschreiten kann oder wenn Geräte und Einrichtungen angeschlossen werden, die nur einem geringeren Druck ausgesetzt werden dürfen,
- der Ruhedruck vor einem Sicherheitsventil (safety valve) 75 % seines Ansprechdruckes überschreiten kann (z. B. beträgt der Ansprechdruck des Sicherheitsventiles 10 bar, so muss ein Druckminderer eingebaut werden, wenn der Ruhedruck 7,5 (8) bar überschreitet,
- der Ruhedruck an den Entnahmestellen 5 bar überschreitet,
- bei der Versorgung von Hochhäusern (high-rise buildings) über eine einzige Druckerhöhungsanlage (booster station) mehrere Druckzonen erforderlich sind.

1.6.1 Druckminderer mit nicht entlastetem Einsitzventil

Das Ventil eines Druckminderers (pressure reducer) ist im drucklosen (unpressurized) Zustand immer voll geöffnet, d. h. das einströmende Wasser kann zunächst ungehindert in den Hinterdruckbereich fließen. Mit zunehmender Drucksteigerung in der Hinterdruckkammer wird die Membrane (membrane) aufgrund ihrer im Vergleich zum Ventil großen Fläche gegen die Federkraft F_{Fed} (elastic force) mit der Kraft F_{Memb} nach oben gedrückt. Dieses geschieht solange, bis ein

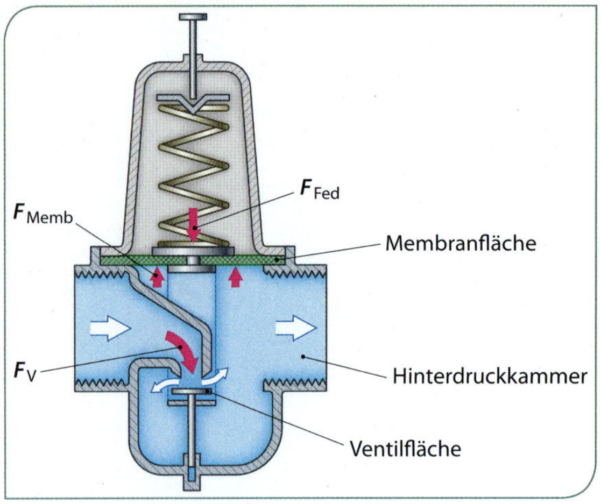

1 Prinzipbild eines Druckminderers mit nicht entlastetem Einsitzventil

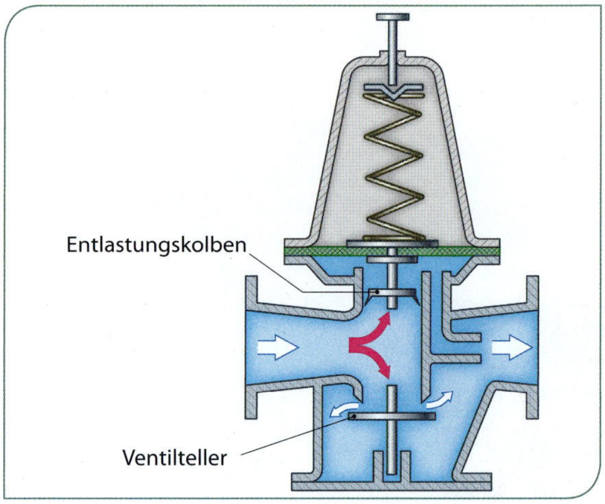

2 Prinzipbild eines Druckminderers mit entlastetem Einsitzventil

Gleichgewichtszustand zwischen Feder- und Ventilkraft (F_V) und der Membrankraft gegeben ist. Die Vorspannung der Feder wird so eingestellt, dass durch den Regelventilkegel (-teller) der gewünschte Ausgangsdruck erzielt wird. Wird die Wasserentnahme beendet, d.h. kommt das strömende Wasser zum Stehen, führt der anwachsende Druck im Hinterdruckraum zum kompletten Schließen des Ventils. Damit wird eine weitere Erhöhung des Druckes in der Hausanlage unterbunden. Um den Einfluss einer Eingangsdruckänderung (Änderung des Versorgungsdruckes) auf den Ausgangsdruck (Druck in der Hausanlage) so klein wie möglich zu halten, wird konstruktiv die Membranfläche gegenüber der Ventilfläche sehr groß gestaltet (Bild 1).

1.6.2 Druckminderer mit entlastetem Einsitzventil

Druckminderer mit entlastetem Einsitzventil (Bild 2) haben gegenüber der unter 1.6.1 beschriebenen Konstruktion eine höhere Regelgenauigkeit (control accuracy). Um den Einfluss der Eingangsdruckänderung auf die Regelgenauigkeit der Armatur auszuschließen, liegt dem Regelventilteller ein Entlastungskolben gegenüber. Die etwa gleich großen, sich gegenüber liegenden Flächen erfahren durch den in der Kammer (chamber) vorherrschenden Druck gleich große, entgegengesetzt gerichtete Kräfte (forces), die sich aufheben. Es ist daher gleichgültig, welcher Eingangsdruck vorliegt, der Ausgangsdruck wird davon nicht beeinflusst (Bild 3).

Das folgende Bild 4 zeigt die konstruktive Lösung eines Herstellers (manufacturer) für die Entlastung (relief) des Einsitzventils mittels eines Hohlventils (Ventildüse). Hierbei sind die von unten angeströmten Flächen von Ventilring und Ventilstangenquerschnitt etwa gleich groß wie die erweiterte (gekrümmte) Ringfläche an der Oberseite (die gelben und roten „Druckanteile" heben sich gegenseitig auf). Vor dem Einströmen (inflow) des Wassers in das Ventil werden eventuell vorhandene Schmutzteilchen (soil particles) durch ein vorgelagertes Filter zurückgehalten. Dieses befindet sich

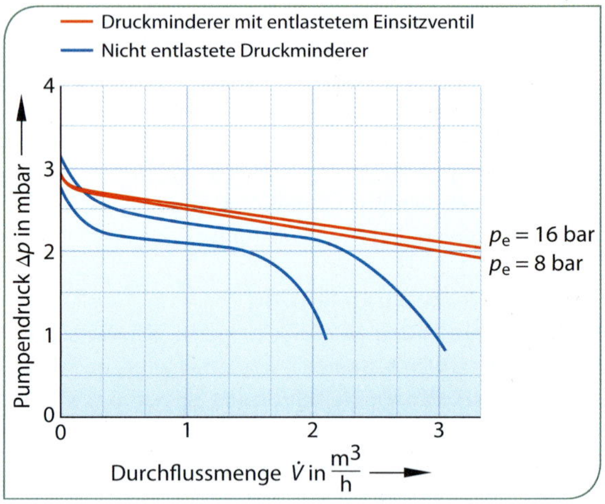

3 Regelabweichungen an Druckminderern

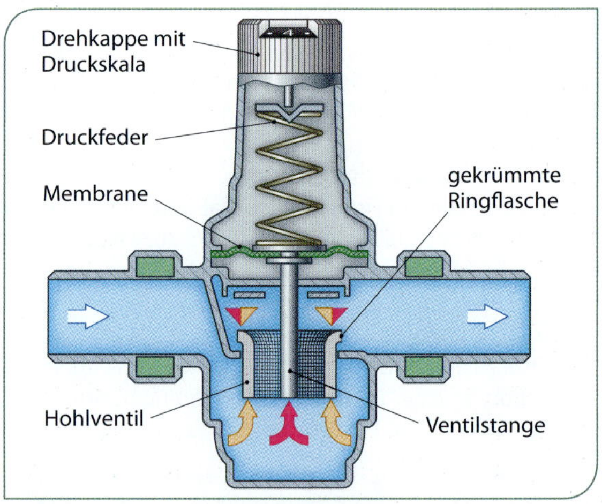

4 Prinzipbild Druckminderer mit Ventildüse

in einer Glas- oder Metalltasse im unteren Bereich des Druckminderers und muss in bestimmten Abständen gesäubert werden. Der gewünschte Hinterdruck lässt sich an einer am Armaturenkopf positionierten Drehkappe mittels einer Druckskala (pressure scale) einstellen, ohne ein Manometer zu installieren.

1.6.3 Größenbestimmung des Druckminderers

Die Größe eines Druckminderers wird nach dem Spitzenvolumenstrom $\dot{V}_S$ und einer mittleren angenommenen Strömungsgeschwindigkeit (flow velocity) von $v = 1{,}5\ \frac{m}{s}$ bestimmt. Das in der folgenden Tabelle Bild 2 gezeigte Auslegungsdiagramm enthält ein grünes Auslegungsfeld für die Durchflussgeschwindigkeit von $1\ \frac{m}{s}$ bis $2\ \frac{m}{s}$. Ein Druckminderer der Nennweite DN 25 wäre bei einer angenommenen mittleren Geschwindigkeit von $1{,}5\ \frac{m}{s}$ für einen Spitzenvolumenstrom von ca. $\dot{V}_S = 2{,}7\ \frac{m^3}{h}$ geeignet. Oder: Bei derselben Strömungsgeschwindigkeit käme bei einem Spitzenvolumenstrom $\dot{V}_S = 10\ \frac{m^3}{h}$ ein Druckminderer DN 50 in Frage.

1.6.4 Das „Durchsteigen" des Druckes bei fehlerhafter Installation

Manchmal kommt es trotz Installation eines Druckminderers in der Kaltwasseranlage zu einer ungewollten und unzulässigen Druckerhöhung (rise of pressure), weil durch eine nicht beachtete „Brücke" zwischen der Kalt- und der Warmwasserleitung eine Verbindung (connection) hergestellt wird. Wird z. B. der Warmwasserspeicher aufgeheizt, führt die Temperaturerhöhung zu einem (planmäßigen) Druckanstieg in der Warmwasseranlage. Sind dann in der Trinkwasseranlage Auslaufarmaturen wie z. B. Mischbatterien, Spültischbatterien usw. ohne in den Anschlussstutzen dieser Armaturen integrierte Rückflussverhinderer installiert, kommt es zum Druckausgleich (pressure compensation) zwischen der Trinkkaltwasser- und der Trinkwarmwasseranlage und damit zu einer ungewollten Druckerhöhung in der Kaltwasseranlage (Bild 1).

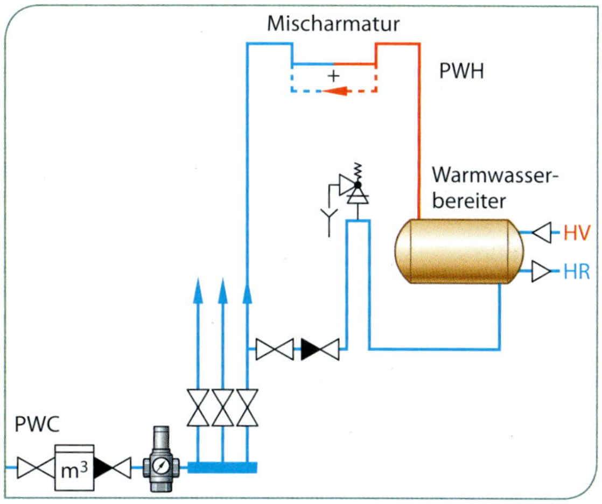

1 Das ungewollte „Durchsteigen" des Anlagendruckes

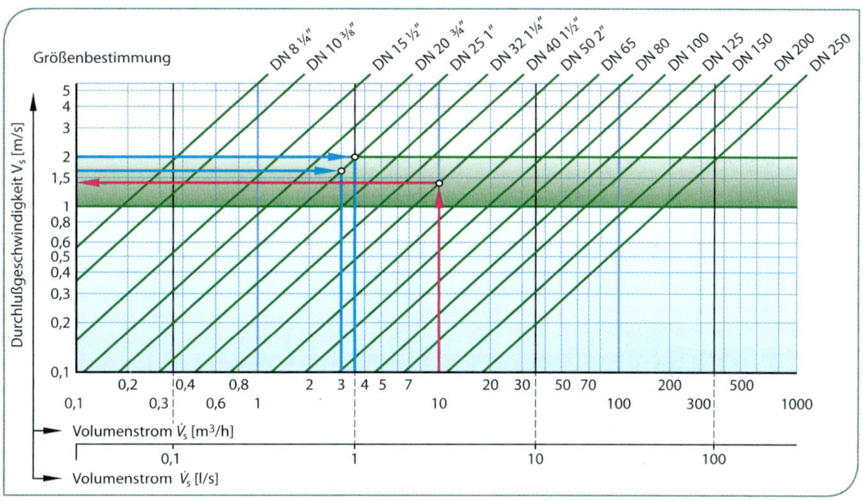

2 Auslegungsdiagramm für Druckminderer

ÜBUNGEN

1. Nennen Sie die Norm und Verordnung, die Aussagen über die Qualität des Trinkwassers machen.
2. Nennen Sie die wichtigsten EN-Normen, die Aussagen über die Beschaffenheit von Trinkwasseranlagen machen.
3. Nennen Sie Ausführungsarten von Trinkwasserversorgungsnetzen und ordnen Sie Vor- und Nachteile zu.
4. Beschreiben Sie den Aufbau von Ventilanbohrschellen und schildern Sie den Ablauf der Installation. Nutzen Sie dazu auch Einbauanleitungen der Hersteller.
5. Erläutern Sie beispielhaft Angaben auf Hinweisschildern der Wasserversorger und erklären Sie die Kürzel der Absperreinrichtungen und der Maßangaben.
6. Nennen und beschreiben Sie die einzelnen Bauteile einer Wasserzähleranlage.
7. Erstellen Sie eine Skizze unter Verwendung der genormten Symbole von der Versorgungsleitung bis einschließlich der Wasserzähleranlage.

ÜBUNGEN

8. Listen Sie allgemeine Regeln für die Verlegung einer Hausanschlussleitung auf.
9. Unterscheiden Sie die verschiedenen Arten der Wasserzähler, die in Ein- und Mehrfamilienhäusern vorkommen können.
10. Erstellen Sie mithilfe Ihres Tabellenbuches beispielhaft ein Leitungsschema einer Trinkwasseranlage für ein beliebiges Einfamilienhaus unter Verwendung der Sinnbilder aus der DIN EN 806-1 und ordnen Sie die entsprechenden Leitungsabschnitte zu.
11. Geben Sie an, unter welchen Bedingungen Druckminderer in Trinkwasseranlagen installiert werden müssen.
12. Beschreiben Sie den Aufbau und die Funktionsweise von Druckminderern und erläutern Sie, welche Bedeutung die Entlastung des Einsitzventils auf die Regelfunktion hat.
13. Beschreiben Sie, warum es in einigen Anlagen trotz eines eingebauten Druckminderers zu einer unzulässigen Erhöhung des Druckes kommen kann.
14. Bestimmen Sie die Größe eines Druckminderers für einen Volumenstrom von $\dot{V} = 2{,}5\ m^3/h$.

2 Schutz des Trinkwassers

Trinkwasseranlagen sind so zu installieren, dass eine Gefährdung (endangering) des Trinkwassers durch andere Wässer oder Flüssigkeiten (fluids), die sich in der Umgebung dieser Anlagen befinden, auszuschließen ist.

2.1 Einteilung der Flüssigkeiten, die mit Trinkwasser in Berührung kommen (Flüssigkeitskategorien)

Flüssigkeiten, die mit Trinkwasser in Berührung (contact) kommen bzw. kommen können, werden nach EN-Norm 1717 in fünf Kategorien eingeteilt (Bild 1).

2.2 Sicherungsmaßnahmen

2.2.1 Arten der Sicherungseinrichtungen

Nach EN 806-1 sind **Sicherungseinrichtungen** (safety devices) **Vorrichtungen zum Schutz der Trinkwasserqualität**. Mangelnde (inadequate) Trinkwasserqualität kann hervorgerufen werden durch

- Rückfließen (backflow) von verunreinigtem Wasser; dieser Zustand liegt dann vor, wenn Nichttrinkwasser, wie z. B. Badewasser, durch unsachgemäße Installation und bestimmte Betriebssituation in das Trinkwassernetz gelangt.
- eine Verbindung von unterschiedlichen Versorgungssystemen;
  Beispiel: Das öffentliche Netz wird mit einer Eigentrinkwasserversorgungsanlage (private water system) verbunden.
- äußere Einflüsse;
  das bedeutet, dass Trinkwasserbehälter, Leitungen und Apparate vor äußeren Verunreinigungen (contamination) geschützt werden müssen (vgl. Kap. 3.2).

Kategorie	Mögliche Veränderung und Beispiel für eine entsprechende Flüssigkeit	Gefährdung für den Menschen
1	Keine, entspricht Trinkwasser	keine
2	Flüssigkeit, die für den menschlichen Gebrauch geeignet ist, einschließlich Trinkwasser, das sich in Geruch, Geschmack, Farbe oder Temperatur verändert haben kann, z. B. Kaffee, Tee, stagnierendes Trinkwasser	keine
3	Flüssigkeit mit einem weniger giftigen (poisonous) Stoff oder mehreren weniger giftigen Stoffen, z. B. Heizungswasser ohne Zusatzstoffe, Kupfersulfatlösung, Ethylenglykol	Gesundheitsgefährdung (endangerment of health) für Menschen
4	Flüssigkeit mit einem giftigen Stoff oder mehreren giftigen Stoffen oder besonders giftigen Stoffen oder einer oder mehrerer radioaktiver, mutagener[1] oder kanzerogener[2] Substanzen, z. B. Insektizide, Lindan (Pflanzenschutzmittel)	Gesundheitsgefährdung für Menschen
5	Flüssigkeit mit mikrobiellen[3] oder viruellen Erregern, z. B. Salmonellen, Hepatitisviren	Gesundheitsgefährdung für Menschen durch übertragbare Krankheiten (contagious diseases)

1 Einteilung der Flüssigkeitskategorien

1) mutagen: genverändernd
2) kanzerogen: Krebs erzeugend
3) mikrobiell: Mikroorganismen (Mikroben) betreffend

- Werk-, Betriebs- und Hilfsstoffe;
alle Stoffe, die in Trinkwasseranlagen verbaut werden und die mit Trinkwasser in Berührung kommen bzw. kommen können, müssen die entsprechenden europäischen und nationalen Normen und Bestimmungen erfüllen.
- Stagnation (stagnation) von Trinkwasser;
lange Stillstandszeiten (Stagnation) in Rohrleitungen und Apparaten können durch erhöhte Konzentrationen (concentrations) von in Lösung gehenden Werk- und Betriebsstoffen und durch Keimbildung (germ formation) die Trinkwasserqualität beeinflussen. So wird z. B. empfohlen, Trinkwasserleitungsanlagen mit längeren Stillstandszeiten von mehr als vier Wochen gründlich zu spülen, nicht mehr genutzte Leitungen sind von der übrigen Anlage bleibend zu trennen.
- unzulängliche oder unsachgemäße (improper) Wartung; gerade in diesem Bereich liegt noch ein großes und z. T. zu wenig genutztes Potential für die Arbeit des Anlagenmechanikers.

Sicherungseinrichtungen wurden nach der nicht mehr gültigen Norm DIN 1988 in **Einzel- und Sammelsicherungen** unterteilt.

Einzelsicherung (single safety device): Jede Entnahmestelle und jeder Apparat wird einzeln gegen Rückfließen gesichert (Bild 1).

Sammelsicherung: Sie sichert **mehrere oder alle** Entnahmestellen und Apparate, von denen eine Gefährdung oder Beeinträchtigung durch verändertes Trinkwasser ausgehen kann, durch eine Sicherung ab (Bild 2).

Die nach EN 1717 einzubauenden Sicherungseinrichtungen müssen Bestandteil der Entnahmearmaturen und Apparate sein. Sollte dieses in Ausnahmefällen (in special circumstances) nicht möglich sein, so sind die Sicherungseinrichtungen an den Anschlussstellen der Armaturen und Apparate zu installieren. **Hier sind also nur noch Einzelsicherungen zugelassen.** Bild 3 zeigt die noch sehr häufig vorkommende Sammelsicherung mittels Rohrbe- und -entlüfter an einem Steigstrang.

Wird eine derartige Absicherung (protection) gewählt, darf die geschossseitige Anbindung der Stockwerksleitung an die Steigleitung nicht auf Fußbodenhöhe (floor level) erfolgen. In diesem Fall würde die Heberwirkung (siphonage) wirksam werden und das veränderte Trinkwasser aus der Badewanne des Dachgeschosses könnte in die Objekte der darunter liegenden Ebene gelangen (Bild 1 a, nächste Seite). Die richtige Absicherung ist dann gewährleistet, wenn der Abzweig im Dachgeschoss ≥1,2 m über dem Fußboden bzw. ≥ 300 mm oberhalb des höchsten Schmutzwasserspiegels installiert ist (Bild 1 b, nächste Seite).

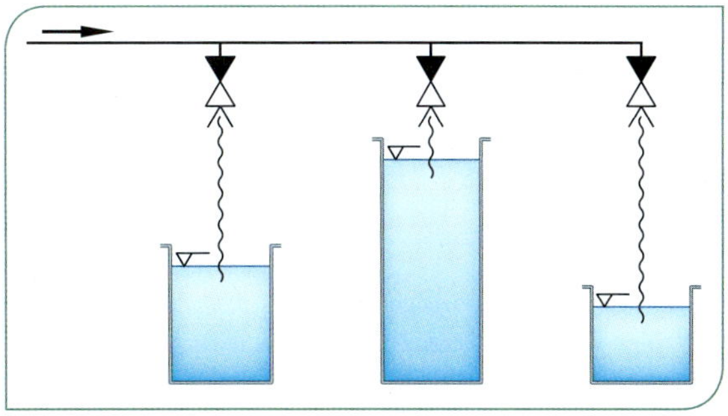

1 Einzelsicherung

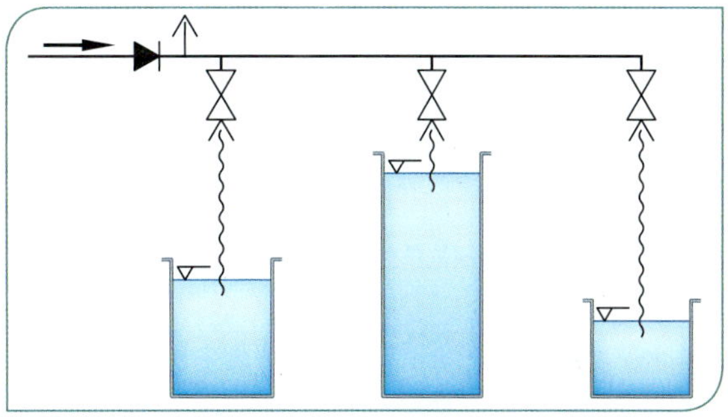

2 Sammelsicherung

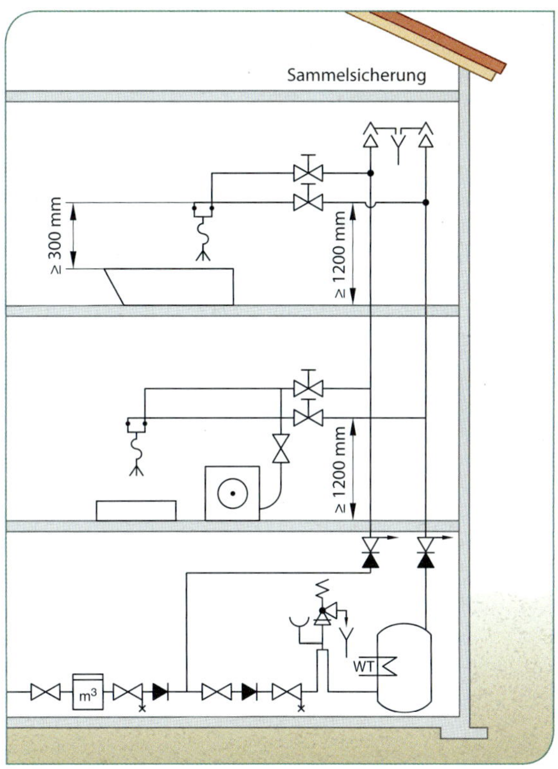

3 Sammelsicherung für eine Hausinstallation

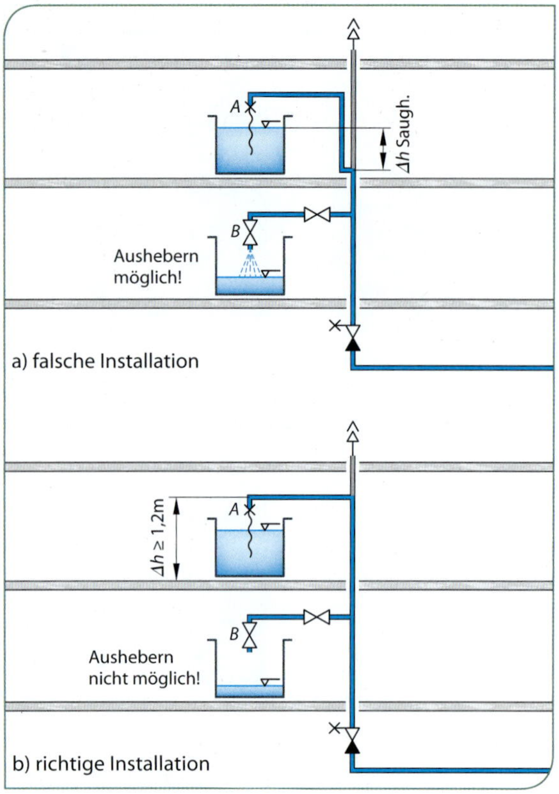

1 Sichern gegen Rückfließen bei einer Sammelsicherung

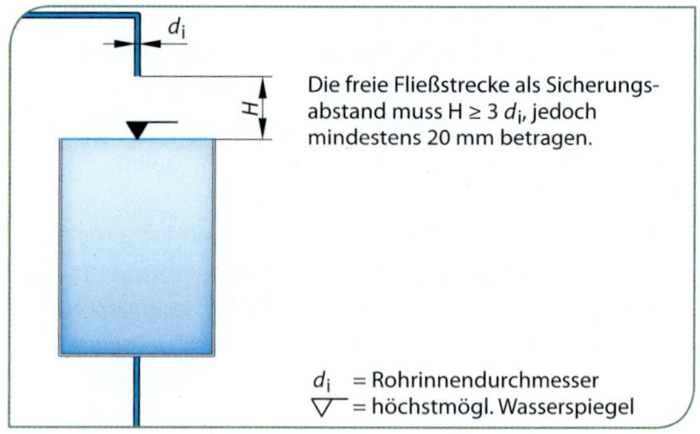

2 Freier Auslauf

2.2.2 Darstellung der Sicherungsmaßnahmen gegen Rückfließen

2.2.2.1 Freier Auslauf

Nur der freie Auslauf (running out) bietet ein Höchstmaß an Sicherheit gegen das Rückfließen von Nichttrinkwasser, Fremd- und Schadstoffen in Trinkwasseranlagen. Er wird beschrieben als senkrechter Abstand zwischen der Unterkante (lower edge) des Trinkwassereintritts (z. B. Auslaufkante eines Zapfventils) und dem höchstmöglichen oder kritischen (z. B. bei Vorhandensein von Schaum auf der Flüssigkeitsoberfläche) Wasserspiegel (water level) eines Apparates, einer Installation oder einer Belüftungsöffnung in der Trinkwasserinstallation (Bild 2).

Mit der Norm EN 1717 wurde eine neue Symbolik eingeführt. Die Sicherungseinrichtung wird als ein auf einer Seite liegendes, etwa gleichseitiges Sechseck (hexagon) dargestellt, in dem ein Buchstabe zunächst die Schutzgruppe (protection group) und ein weiterer den Typ innerhalb dieser Gruppe beschreibt.

Beispiel: ungehinderter freier Auslauf: 

Eine Sicherungseinrichtung besteht i. d. R. aus einer Sicherungsarmatur und den Zubehörteilen (accessory parts), die für ihre ordnungsgemäße Funktion und Wartung notwendig sind. Im Folgenden sind Bauteile aufgeführt, die in Kombination mit einer Sicherungsarmatur eine Sicherungseinrichtung ergeben können:

- eine Absperrarmatur
- ein Anschluss für Überprüfung
- eine Probeentnahmestelle
- ein Filter
- ein Filter mit Entleerventil
- ein freier Ablauf

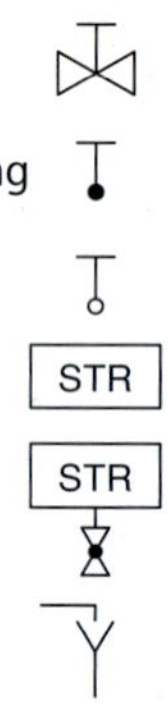

Gruppe	Freier Auslauf	A
Typ	Ungehinderter Freier Auslauf	A
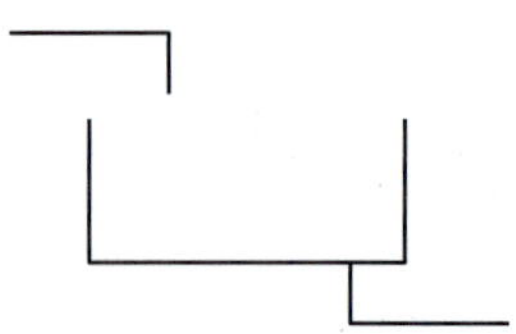 Sicherungsarmatur Grafisches Symbol	 Sicherungseinrichtung Symbol	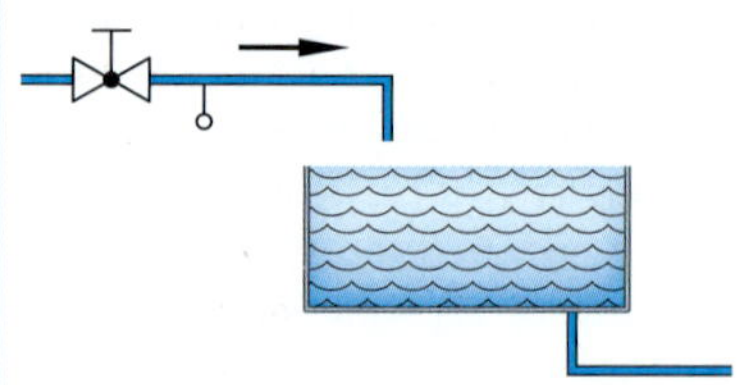 Sicherungseinrichtung Grafisches Symbol

3 Sicherungseinrichtung aus DIN EN 1717

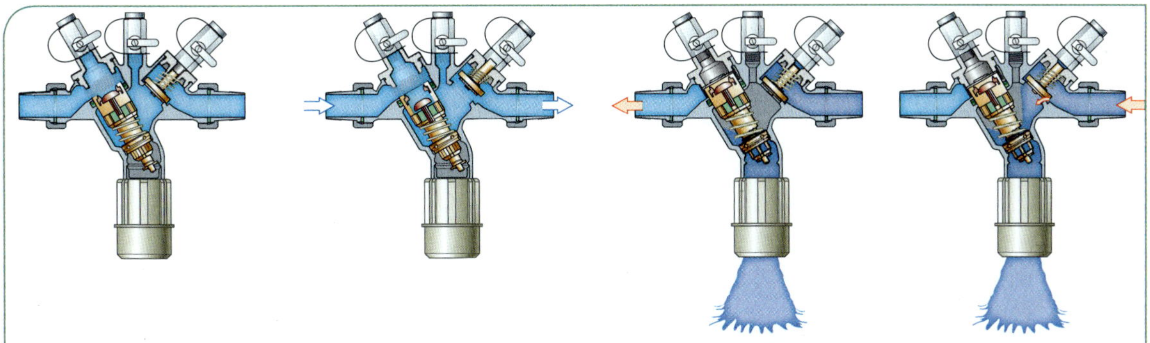

1. Ruhestellung
Wenn keine Wasserentnahme erfolgt, bleiben die ein- und ausgangsseitigen Rückflussverhinderer geschlossen

2. Durchflussstellung
bei der Wasserentnahme sind die ein- und ausgangsseitigen Rückflussverhinderer geöffnet.

3. Trennstellung
Fällt der Versorgungsdruck, schließt der eingangsseitige Rückflussverhinderer und das Ablassventil wird geöffnet. Damit sind Rücksaugen, Rückdrücken und Rückfließen in das Versorgungsnetz ausgeschlossen.

1 Arbeitsweise eines Systemtrenners Typ BA

Beispiel für eine Sicherungseinrichtung aus DIN EN 1717 (Bild 3, voherige Seite):
Das erste „A" steht für den freien Auslauf, das zweite „A" für den Typ „ungehindert" (unhindered).
Weiterhin wird unterschieden hinsichtlich des vorliegenden Druckes am Sicherungspunkt (hinter oder vor der Armatur, (vergl. Kap. 2.2.1) zum Zeitpunkt der Absicherung zwischen dem Druck p = atm (besser: $p = p_{amb}$) und dem Druck p > atm (besser: $p > p_{amb}$). In letzterem Fall liegt der maximale Betriebs-Wasserspiegel höher als der Sicherungspunkt. Dieses ist zu berücksichtigen, wenn aus der Schutzmatrix[1] (Bild 1, S. 85) die zulässige Sicherungseinrichtung entsprechend der vorliegenden Flüssigkeitskategorie ausgewählt werden muss.

2.2.2.2 Rohrtrenner mit kontrollierbarer Mitteldruckzone Typ BA

Rohrtrenner (pipe disconnector) mit kontrollierbarer Mitteldruckzone werden auch als Systemtrenner Typ BA bezeichnet. Die Unterbrechung (interruption) erfolgt entweder bei negativem Überdruck auf der Zulaufseite oder bei höherem Gegendruck auf der Ablaufseite. Durch einen eingangsseitigen und einen ausgangsseitigen Rückflussverhinderer im Gehäuse wird konstruktiv eine Unterteilung in die Vordruck-, Mitteldruck- und Hinterdruckzone (admission/middle/back pressure zone) vorgenommen. In der Vordruckzone herrscht ein etwas höherer Druck als in der Mitteldruckzone und dort wieder ein etwas höherer Druck als in der Hinterdruckzone. An die Mitteldruckzone ist ein Ablassventil angeschlossen, das spätestens bei einem Differenzdruck ≤ 0,14 bar zwischen Vor- und Mitteldruckzone mit einer Mündung ins Freie (Abflussleitung) öffnet. Damit ist die Gefahr eines Rückdrückens und Rücksaugens (back absorption) in das Versorgungsnetz ausgeschlossen. Rohrtrenner Typ BA können bis zur Flüssigkeitskategorie 4 absichern, der Einbau erfolgt waagerecht (Bild 1).

Anwendung: z. B. als Bestandteil einer Befülleinrichtung für eine Warmwasser-Zentralheizungsanlage mit Inhibitoren[1] oder zur Absicherung eines Wasseranschlusses für ein Chemie- Schullabor.

2.2.2.3 Rohrtrenner mit nicht kontrollierbarer Trennung Typ CA

Rohrtrenner mit nichtkontrollierbarer (uncontrollable) Trennung werden auch als Systemtrenner CA bezeichnet. Sie können bis zur Flüssigkeitskategorie 3 (z. B. Heizungswasser ohne Inhibitoren) absichern und schützen zuverlässig gegen Rückdrücken, Rückfließen und Rücksaugen. Sie sind wie die Rohrtrenner BA nach dem Dreikammerprinzip (three-unit principle) (Vor-, Mittel-, Hinterdruckzone) aufgebaut, bieten jedoch keine Möglichkeit zur messbaren Kontrolle der Sicherung (Bild 2 und Bild 1, Seite 82). Die Sicherungsarmatur trennt durch Belüften (aerating) der Mitteldruckzone zur Atmosphäre, wenn die Druckdifferenz zwischen Mitteldruckzone und Vordruckzone 10 % des Zulaufdruckes (Vordruckes) unterschreitet.
Anwendung:
Rohrtrenner werden seit Erscheinen der DIN EN 1717 u. a. als Sicherungsarmatur für die Füllleitung (filling pipe) geschlossener Zentralheizungsanlagen gefordert. Die sog. „ lose" Schlauchverbindung (hose coupling) zwischen der Trink-

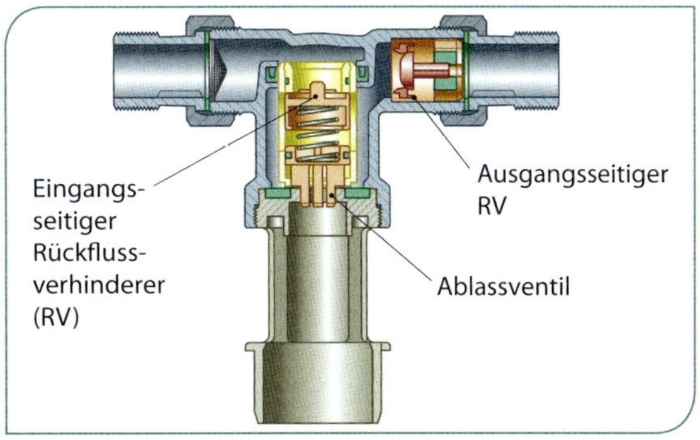

2 Aufbau eines Systemtrenners Typ CA

[1] Matrix: Schema aus Zeilen und Spalten zum Eintragen mathematischer Größen.
[2] lat.: Hemmstoff, siehe S. 4

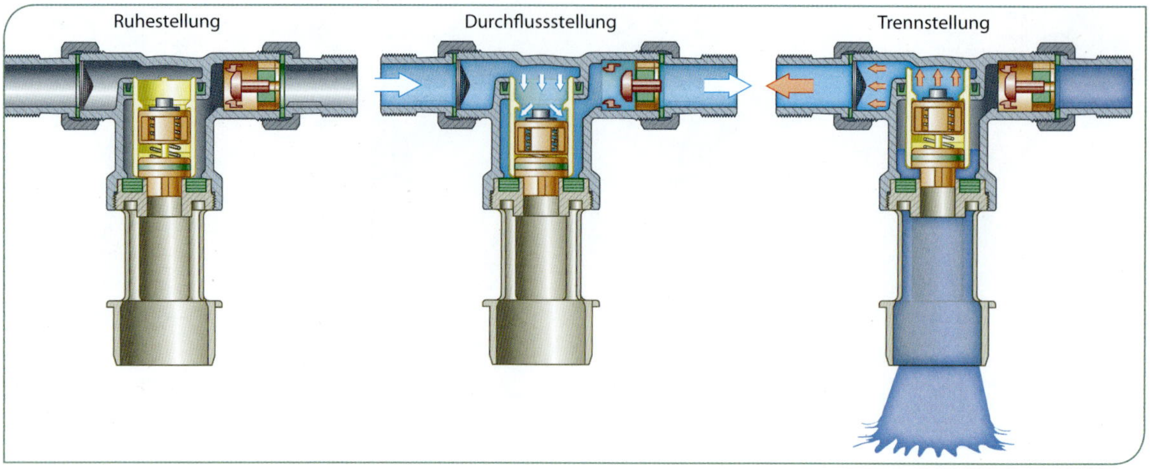

1 Arbeitsweise eines Systemtrenners Typ CA

wasser- und Heizungsanlage stellt nicht mehr den aktuellen Stand der Technik dar, da die nach Beendigung der Füllung geforderte Trennung durch Abschrauben (disconnecting) des Schlauches häufig „vergessen" wurde.

2.2.2.4 Rohrunterbrecher mit beweglichen Teilen Typ DB

Diese Rohrunterbrecher (pipe interruptor) enthalten eine elastische Membran und Belüftungsöffnungen (ventilation aperture). Die Öffnungen sind bei einem höheren Innendruck als dem atmosphärischen und Wasserdurchfluss geschlossen (Bild 2 a). Sie ermöglichen das Austreten des rückfließenden Wassers, wenn atmosphärischer oder ein noch geringerer Druck vorliegt. Wenn kein Wasser hindurchfließt, werden die Belüftungsöffnungen freigegeben (Bild 2 b). Die Armatur bietet keinen Schutz gegen Rückdrücken (pushing back).

Folgende Anforderungen werden an den Einbau gestellt:

- Die Einbauhöhe muss > 150 mm über dem nachfolgenden höchstmöglichen Flüssigkeitsspiegel liegen,
- nach der Sicherungseinrichtung darf kein Absperrorgan eingebaut sein,
- sie darf nicht in Räumen installiert werden, in denen eine Überflutung (flooding) möglich ist,
- die Armatur muss komplett zugänglich sein,
- sie muss in einer Umgebung mit atmosphärischem Druck installiert sein,
- sie muss gegen Frost und hohen Temperaturen geschützt sein,
- die Innendurchmesser (inside diameter) von Sicherungseinrichtung und angeschlossener Installation müssen gleich sein,
- die Fließrichtung (flow direction) muss senkrecht nach unten erfolgen.

Verwendung:
z. B. Schlauchbrause in der Küche, Badewanneneinlauf unterhalb des Wannenrandes, beides häuslicher Bereich.

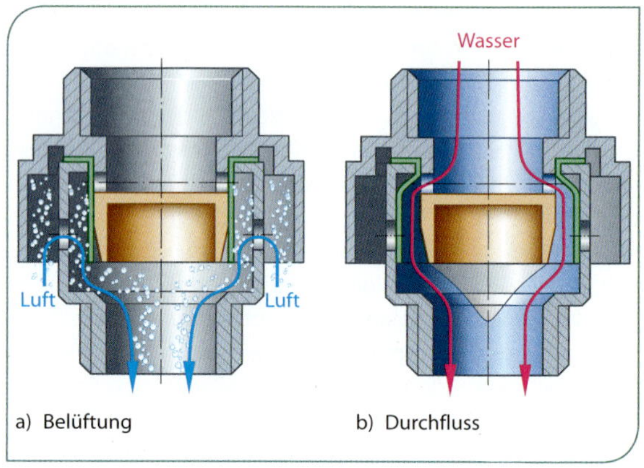

2 Prinzipbilder eines Rohrunterbrechers Typ DB

3 Rohrunterbrecher Typ DB, Unterputzausführung

4 Rohrunterbrecher Typ DB, Aufputzausführung

MERKE

Die Armatur bietet Schutz gegen Rücksaugen, jedoch nicht gegen Rückdrücken.

2.2.2.5 Rohrunterbrecher mit ständiger Verbindung zur Atmosphäre Typ DC

Rohrunterbrecher des Typs DC enthalten ständig frei liegende Belüftungsöffnungen zur Atmosphäre (Bild 1). Die Armatur verhindert das Rückfließen des Wassers, indem zulauf- und ablaufseitige Leitungsteile permanent (permanently) belüftet werden.
Die Anforderungen (specifications) für den Einbau sind die gleichen wie für den Typ DB.
Verwendung:
z. B. Rohrunterbrecher im Druckspüler (Bild 2).

MERKE

Die Armatur bietet Schutz gegen Rücksaugen, jedoch nicht gegen Rückdrücken.

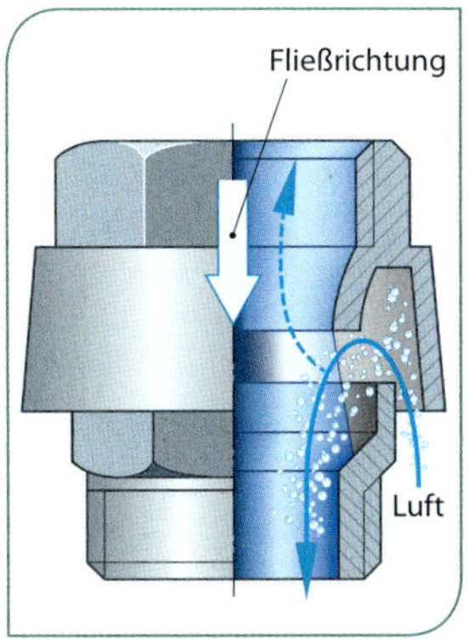

1 Rohrunterbrecher Typ DC

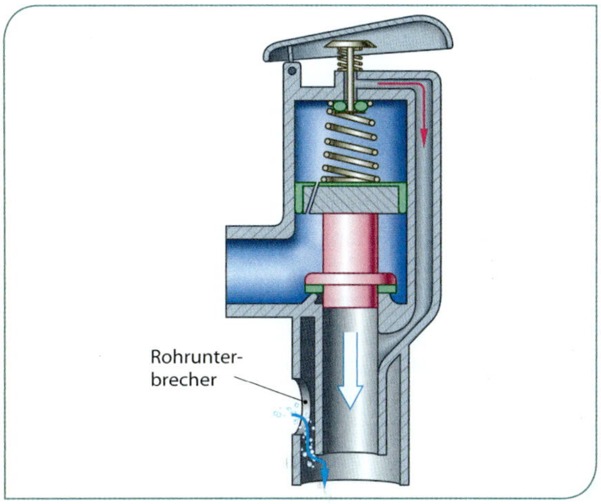

2 Druckspüler mit Rohrunterbrecher

2.2.2.6 Rückflussverhinderer Typ EA

Rückflussverhinderer (backflow stopper) sind mechanisch (mechanically) arbeitende Sicherungsarmaturen, die den Durchfluss einer Flüssigkeit (Fluid) in nur eine Richtung (direction) zulassen (Bilder 3 und 4). Sie öffnen automatisch, wenn der eingangsseitige Druck höher ist als der ausgangsseitige und schließen im Umkehrfall (reverse order) bzw. auch dann, wenn die Flüssigkeit ruht (Druckausgleich).
Anforderungen an die Armatur bzw. an den Einbau:

- Armaturen mit einem Durchmesser ≤ 50 mm müssen in jeder Einbaulage arbeiten.
- Rückflussverhinderer des Typs EA müssen eine Kontrolle der Funktion zulassen (Kontrollöffnung).
- Die Armatur muss komplett zugänglich sein.
- Sie muss gegen Frost und hohe Temperaturen geschützt sein.

Wichtige Auswahlkriterien sind z. B.:

- Druckverluste
- Geräuschbildung
- Baumaße

Verwendung:
Rückflussverhinderer werden an verschiedenen Orten der sanitären und heiztechnischen Versorgungsanlagen gefordert. Der in Fliessrichtung erste Rückflussverhinderer in der häuslichen Trinkwasserversorgungsanlage ist Bestandteil (component) der Wasserzähler-Anlage oder wird direkt dahinter installiert (vgl. Kap. 1.4). Weitere Rückflussverhinderer sind in Anschlussgruppen für z. B. Speicher-Trinkwassererwärmer (hot water storage vessel) oder in Sicherungskombinationen enthalten.

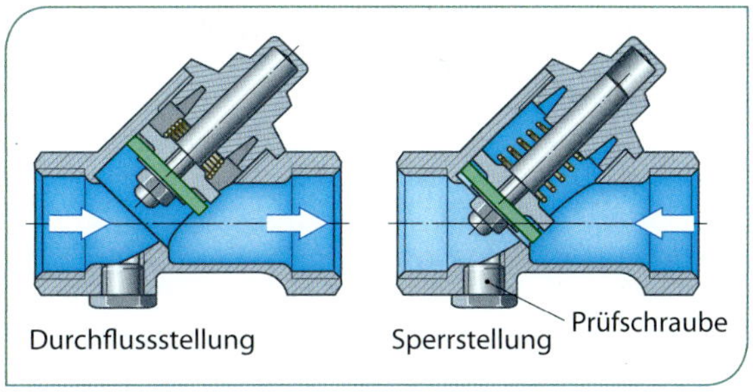

3 Rückflussverhinderer in Schrägsitzventilausführung

2.2.2.7 Rückflussverhinderer Typ EB

Rückflussverhinderer des Typs EB sind baugleich (structurally similar) mit den Rückflussverhinderern des Typs EA, haben jedoch keine Kontrollöffnung (test opening).

2.2.2.8 Rohrtrenner des Typs GA und GB

Rohrtrenner der Baugruppe G werden in Wohnhäusern üblicherweise nicht eingebaut und daher in diesem Rahmen nicht behandelt.

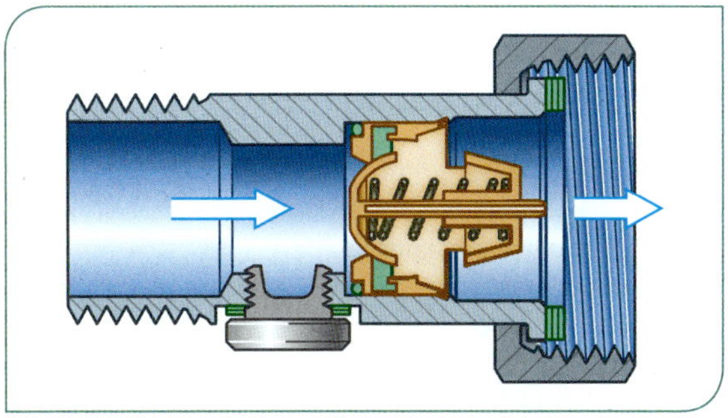
4 Rückflussverhinderer mit Einschubventil, kompakte Bauform

2.2.2.9 Rohrbelüfter für Schlauchanschlüsse Typ HB

Rohrbelüfter (anti-vacuum device) für Schlauchanschlüsse haben ein bewegliches (moving) Teil, das die Belüftungsöffnungen bei fließendem sowie ruhendem Medium versperrt (Bild 1). Entsteht negativer Überdruck in der Verbrauchsleitung, gibt das bewegliche Teil die Belüftungsöffnungen frei und übernimmt gleichzeitig die Funktion eines RV.

Anforderungen an den Einbau:

- Die Einbauhöhe muss > 250 mm über dem höchstmöglichen Flüssigkeitsspiegel liegen.
- Sie muss in einer Umgebung mit atmosphärischem Druck installiert sein.
- Die Armatur muss komplett zugänglich sein.
- Die nachgeschaltete Leitung muss flexibel und zu entfernen sein.
- Die Sicherungsarmatur darf nicht ständigem Rückdrücken ausgesetzt sein.
- Sie ist in senkrechter Lage einzubauen.
- Sie darf nicht in Räumen installiert werden, in denen eine Überflutung stattfinden kann.
- Sie muss gegen Frost und hohe Temperaturen geschützt sein.

Anwendung:

z. B. Zapfventil (outside tap) für den Aussenbereich (Bild 2)

2.2.2.10 Automatischer Umsteller Typ HC

Automatische Umsteller (changer) trennen den Weg des Wassers zur Schlauchbrause (flexible spray head) selbsttätig, nachdem das Zulaufventil geschlossen wird (Bilder 3 + 4.). Sie bedienen vorrangig den Auslauf zur Wanne und belüften selbsttätig, wenn

- das Zulaufventil geschlossen wird oder
- in der Verbrauchsleitung ein negativer Überdruck entsteht.

Hierbei dient der Auslauf des Entnahmeventils als Belüftungsöffnung.

Anforderungen an den Einbau:

- Die Armatur muss komplett zugänglich sein.
- Der Anschluss z. B. für die Handbrause muss flexibel (flexible) sein.
- Sie muss in Fließrichtung nach einem Absperrventil eingebaut sein.
- Sie darf nicht in Räumen installiert werden, in denen eine Überflutung stattfinden kann.
- Sie muss in einer Umgebung mit atmosphärischem Druck installiert sein.
- Sie muss gegen Frost und hohe Temperaturen geschützt sein.
- Die Einbauhöhe (fitting level) muss > 250 mm über dem höchstmöglichen Flüssigkeitsspiegel liegen.

2.2.2.11 Rohrbelüfter für Schlauchanschlüsse, kombiniert mit Rückflussverhinderer Typ HD (Sicherungskombination)

Die Armatur besteht aus einem **Rückflussverhinderer EB** und einem **Rohrbelüfter HB.**

Anforderungen an den Einbau:

- wie Umsteller HC

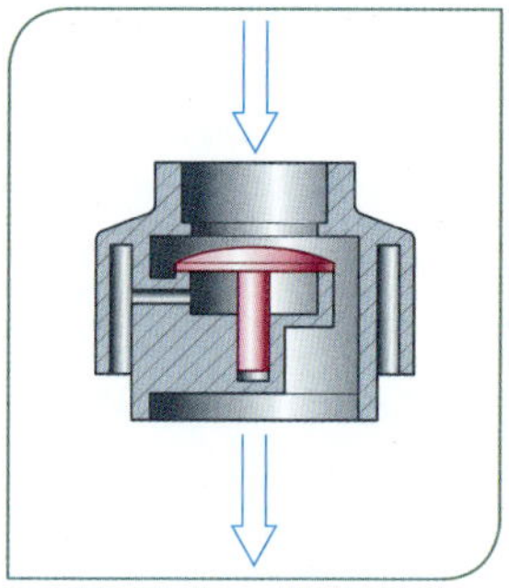

1 Konstruktionsprinzip eines Rohrbelüfters Typ HB

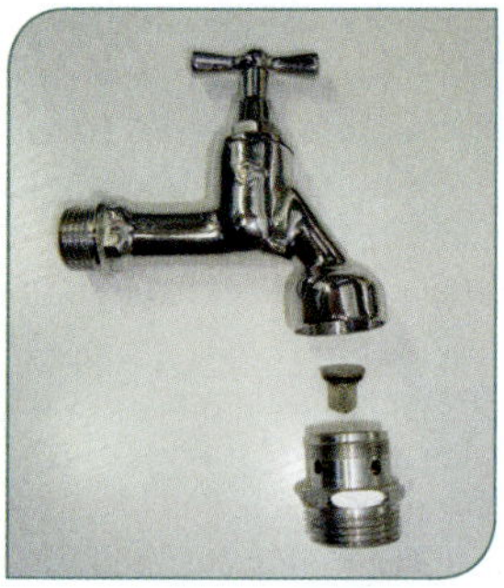

2 Zapfventil mit Rohrbelüfter Typ HB

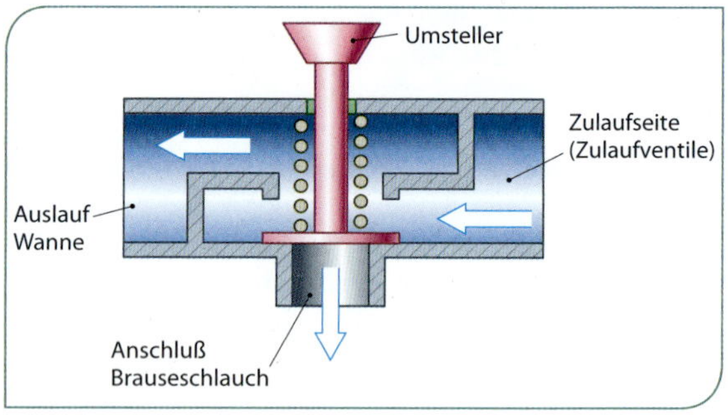

3 Konstruktionsprinzip eines Umstellers Typ HC

4 Umsteller an einer Wannenarmatur

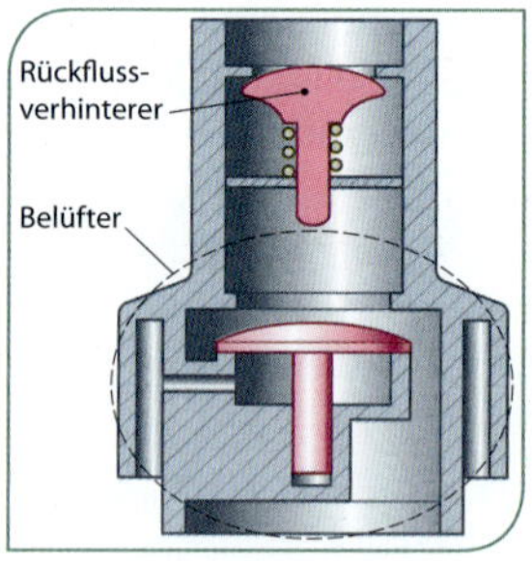

5 Konstruktionsprinzip der Sicherungskombination

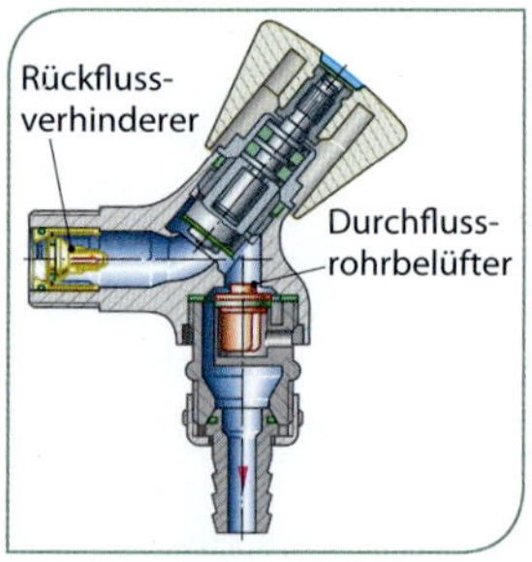

6 Zapfventil für Waschmaschinenanschluss bzw. Gartenbewässerung

2.2.2.12 Druckbeaufschlagte Belüfter der Typen LA und LB

Druckbeaufschlagte Belüfter sind in Deutschland nicht üblich und werden daher in diesem Rahmen nicht behandelt.

2.2.3 Zuordnung Sicherungseinrichtungen – Flüssigkeitskategorien (Schutzmatrix)

Die folgende Tabelle zeigt auszugsweise (in parts) Sicherungseinrichtungen und deren Einsatzmöglichkeiten hinsichtlich der unterschiedlichen Flüssigkeitskategorien (types of liquid):

Sicherungseinrichtung		Flüssigkeitskategorie				
		1	2	3	4	5
A	**Freier Auslauf**					
AA	Ungehinderter Freier Auslauf	*	•	•	•	•
B	**Kontrollierbare Trennung**					
BA	Rohrtrenner mit kontrollierbarer Mitteldruckzone	*	•	•	•	•
C	**Nicht kontrollierbare Trennung**					
CA	Rohrtrenner mit unterschiedlichen, nicht kontrollierbaren Druckzonen	•	•	•	–	–
D	**Atmosphärische Belüftung**					
DB	Rohrunterbrecher Typ A2 mit beweglichen Teilen	o	o	o	o	–
DC	Rohrunterbrecher Typ A1 mit ständiger Verbindung zur Atmosphäre	o	o	o	o	o
E	**Rückflussverhinderer**					
EA	Kontrollierbarer Rückflussverhinderer	•	•	–	–	–
EB	Nicht kontrollierbarer Rückflussverhinderer	Nur für bestimmten häuslichen Gebrauch				
H	**Belüfter für Schlauchanschlüsse**					
HB	Rohrbelüfter für Schlauchanschlüsse	o	o	–	–	–
HC	Automatischer Umsteller	Nur für bestimmten häuslichen Gebrauch				
HD	Rohrbelüfter für Schlauchanschlüsse, kombiniert mit Rückfluss-verhinderer (Armaturenkombination)	•	•	o	–	–

Allgemeine Bemerkungen
Einrichtungen mit atmosphärischer Belüftung (z. B. AA, BA, CA, GA, GB, ...) dürfen nicht eingebaut werden, wenn die Gefahr einer Überflutung besteht.
- • deckt das Risiko ab
- – deckt das Risiko nicht ab
- o deckt das Risiko nur ab, wenn p = atm[1)]
- * trifft nicht zu

1 Schutzmatrix der Sicherungseinrichtungen und zugeordneter Flüssigkeitskategorien aus DIN EN 1717

2.2.4 Auswahl von Sicherungseinrichtungen für den häuslichen Bereich

Um eine schnelle Auswahl (selection) von möglichen Sicherungseinrichtungen für einen konkreten Einsatz (use) im häuslichen Bereich vornehmen zu können, zeigt die folgende Tabelle auszugsweise die Zuordnung der Sicherungsart zum jeweiligen Einsatzbereich (operative range) (nach DIN EN 1717):

Nr. lt. Norm	Entnahmestelle, Apparat	Sicherungseinrichtung • deckt das Risiko ab; o deckt das Risiko nur ab, wenn p = atm am Einbauort; – deckt das Risiko nicht ab														
		AA	AB	AC	AD	AF	AG	BA	CA	DB	DC	EA	EB	HB	HC	HD
	Symbol	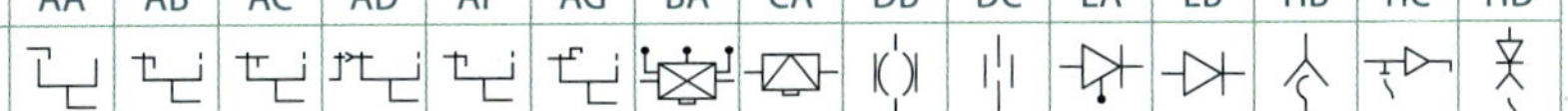														
2	Badelifter, Öffnungen und Funktionsteile über Wannenrand	•	•	–	•	•	–	•	–	o	o	–	–	–	–	–
3	Badelifter, Öffnungen und Funktionsteile unter Wannenrand	•	•	–	•	–	–	–	–	–	o	–	–	–	–	–
4	Bade- und Duschwanne, Waschtisch im häuslichen Bereich mit Schlauchbrause	•	•	•	•	•	•	•	–	o	o	•	•	o	•	•
6	Badewanneneinlauf unterhalb des Wannenrandes häuslicher Bereich	•	•	–	•	–	–	•	–	o	o	–	–	–	–	o
8	Behälterbefüllung, z. B. Tankwagen	•	•	–	•	–	–	–	–	–	o	–	–	–	–	–

1) p = atm; besser: p_{amb} (vgl. Kap. 2.2.2.1)

Lernfeld 5

Nr. lt. Norm	Entnahmestelle, Apparat	Sicherungseinrichtung • deckt das Risiko ab; o deckt das Risiko nur ab, wenn p = atm am Einbauort; – deckt das Risiko nicht ab														
		AA	AB	AC	AD	AF	AG	BA	CA	DB	DC	EA	EB	HB	HC	HD
	Symbol															
10	Beregnungsanlage, Unterfluranlage häuslicher Bereich	o	o	–	o	o	–	o	–	o	o	–	–	–	–	–
12	Chemikalienzumischvorrichtung, z. B. Desinfektionsmittel, Düngemittel usw.	•	•	–	•	•	–	•	–	o	o	–	–	–	–	–
20	Entnahmearmatur mit Schlauchverschraubung im häuslichen Bereich (Gartenventil)	•	•	•	•	•	•	•	–	o	o	–	–	–	–	o
27	Geschirrspülerbrause mit Rückholfeder	•	•	–	•	–	–	–	–	–	o	–	–	–	–	–
28	Getränkeautomat, z. B. Kaffee, Säfte	•	•	•	•	•	•	•	•	o	•	•	–	–	–	•
29	Gläserspüleinrichtung, z. B. an Schanktischen	•	•	–	•	–	–	–	–	–	o	–	–	–	–	–
32	Heizungfülleinrichtung, Wasser ohne Inhibitoren	•	•	•	•	•	•	•	•	o	o	–	–	–	–	o
33	Heizfülleinrichtung, Wasser mit Inhibitoren	•	•	–	•	•	–	•	–	o	o	–	–	–	–	–

1 Sicherungseinrichtungen für den häuslichen Bereich nach DIN EN 1717

Lernfeld 5

ÜBUNGEN

1. Erläutern Sie die fünf Kategorien für verändertes Trinkwasser (Flüssigkeitskategorien).
2. Erläutern Sie, aus welchen Gründen es zu mangelnder Trinkwasserqualität kommen kann.
3. Nennen Sie die beiden grundsätzlich zu unterscheidenden Arten von Sicherungseinrichtungen und erläutern Sie deren Funktion. Fertigen Sie dazu jeweils eine Handskizze unter Verwendung der üblichen Symbole an.
4. Listen Sie die Oberbegriffe (Gruppe, erster Buchstabe der Kennzeichnung) der Sicherungseinrichtungen nach DIN EN 1717 alphabetisch auf und ordnen Sie die Titel zu.
5. Erläutern Sie, wofür die beiden aufeinander folgenden Buchstaben bei der Kennzeichnung der Sicherungseinrichtungen stehen.
6. Ordnen Sie den folgenden Kennzeichnungen die Titel der Sicherungseinrichtungen, ihr entsprechendes Symbol und den möglichen Verwendungszweck zu: AA, BA, CA, DB, DC, EA, HB, HC, HD.
7. Ordnen Sie den unter Aufg. 6 genannten Sicherungseinrichtungen die möglichen abzusichernden Flüssigkeitskategorien zu.
8. Erläutern Sie die Funktionsweisen der Sicherungseinrichtungen BA, CA und DB.
9. Machen Sie den Unterschied zwischen einer Sicherungs- und einer Sicherheitsarmatur deutlich und erläutern Sie dieses an jeweils einem Beispiel.
10. Nennen Sie die Sicherungseinrichtung mit dem höchsten Sicherheitsgrad und begründen Sie dieses.
11. Beschreiben Sie die Funktionsprüfung der Sicherungseinrichtung Typ EA, die innerhalb oder unmittelbar hinter der Wasserzähleranlage eingebaut ist.
12. Nennen Sie die Sicherungseinrichtung, die in einem Druckspüler und in einer Einlaufarmatur (Füllventil) eines Spülkastens eingebaut ist.
13. Nennen Sie die Bedingung, die für den Einsatz einer Sicherungseinrichtung des Typs HD bei einer Entnahmearmatur mit Schlauchverschraubung im häuslichen Bereich gilt und begründen Sie dieses.

3 Trinkwasserbehandlung

3.1 Allgemeines

In der DIN 2000 und der Trinkwasserverordnung ist festgelegt, wie das von den Versorgern (water suppliers) verteilte Wasser beschaffen sein muss (vgl. Kap. 1.1). Während die Verantwortung (responsibility) über das verteilte Wasser bis zur Wasserzähleranlage des Abnehmers i. A. beim Versorgungsunternehmen liegt, hat der Hauseigentümer die Sorgfaltspflicht (duty of care) über das Lebensmittel „Wasser" in seiner Hausanlage. Kleinste, aus der Versorgungsleitung in die Anlage des Gebäudes hineingetragene Schmutzteilchen (soil particles) können unter Umständen Korrosion an metallenen Anlagenteilen verursachen. Außerdem hinterlässt das verteilte Wasser schon bei mittleren, zulässigen Härtegraden (degrees of hardness) unangenehme Kalkspuren (traces of lime water) an Auslaufarmaturen und Sanitärobjekten und beeinträchtigt möglicherweise wichtige Funktionen der Leitungsanlage und ihrer Bauteile. Es muss daher von Fall zu Fall im Gespräch zwischen Fachbetrieb und Kunde entschieden werden, welche Maßnahmen getroffen werden sollen.

Die nicht mehr gültige DIN 1988 Teil 2 beschrieb im Abschnitt 8, dass bei metallenen (metallic) Leitungen in der Hausanlage ein Filter hinter der Wasserzähleranlage installiert werden **muss** und bei Kunststoffleitungen der Einsatz eines Filters (filter) **zu empfehlen** ist. Dieses hat **vor** der erstmaligen Befüllung (filling) der Anlage zu geschehen. Die jetzt gültige und daher maßgebliche DIN EN 806 – 2 empfiehlt jedoch nur noch die Installation von Filtern, weist aber ebenfalls wegen möglicher Eintragungen von Schmutzpartikeln (Bild 1) in die Hauswasseranlage auf die Gefahr der Korrosion und der Funktionseinschränkungen (limitations of functioning) von Anlagenteilen hin (Bild 2).

MERKE

Ein Einbau von Filtern muss als allgemein anerkannte Regel der Technik angesehen werden.

Über eine weitere Wasserbehandlung (water treatment), z. B. hinsichtlich der Reduzierung des Kalkgehaltes oder vorhandener schädlicher freier Kohlensäure, muss je nach Wasserqualität entschieden werden.

Außer den lästigen Kalkablagerungen auf Armaturen und Badobjekten werden ebenso innerhalb wasserführender Anlagenteile Kalkschichten durch Wässer hoher Härtegrade angelagert. Diese führen vor allem bei Warmwasseranlagen zu teilweise erheblichen Querschnittsverengungen, die die Funktion der Anlagen beeinträchtigen oder sogar zu deren Ausfall führen können. Aus medizinischer Sicht ist kalkhaltiges, also „hartes" Wasser durchaus gesund, weil die Härtebildner Calcium und Magnesium als wichtige Spurenelemente für den Körper unentbehrlich sind. Aus technischer Sicht ist aus vorgenannten Gründen jedoch schon während der Planungsphase einer Anlage zu überlegen, ob durch geeignete Temperaturregelungen von Trinkwarmwasser auf höhere Temperaturen als ca. 55 °C verzichtet werden kann. Allerdings muss dann wegen der bei diesen Temperaturen auftretenden Legionellengefahr (vgl. Kap. 3.5.1, S. 91) das Wasser periodisch auf über 60 °C erwärmt werden. Sind höhere Betriebstemperaturen unvermeidbar, kommt es zu erhöhten Kalkausscheidungen und es ist zu prüfen, ob eine Wasserenthärtung vorgenommen werden muss.

1 Schmutzpartikel; Hanf, Späne etc.

2 Schäden

3.2 Filter

Das folgende (Bild 1) zeigt, nach welchen Kriterien Filter eingeteilt werden können. Es gibt nicht rückspülbare Filter, deren Filtereinsatz (Filterkerze) durch den Fachbetrieb ausgetauscht werden muss und rückspülbare Filter (backwash filter, reversible filter), die entweder manuell oder halb- bzw. auch vollautomatisch gereinigt werden.

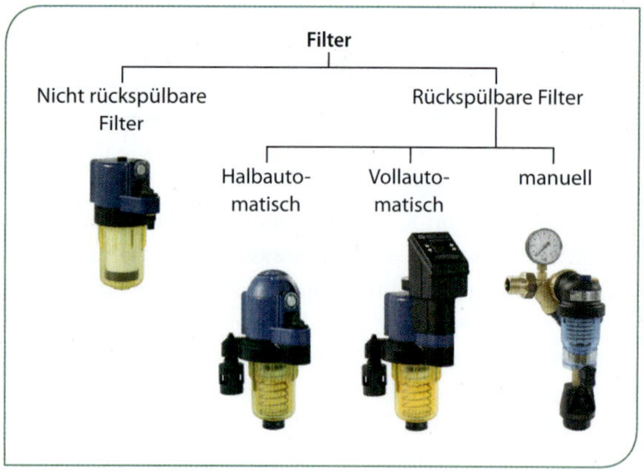

1 Übersicht der Filterarten

3.2.1 Nicht rückspülbare Filter

Filter mit austauschbarem Filtereinsatz (replaceable filter cartridge) (Bild 2) sind aufgrund ihrer einfachen Konstruktion in der Anschaffung preisgünstig (good value), verursachen jedoch wegen des häufigen Filtereinsatzwechsels hohe Folgekosten. Aus hygienischen Gründen sollen die Einsätze mindestens alle sechs Monate von geschultem Fachpersonal unter Verwendung von Einweghandschuhen (disposable gloves) gewechselt werden (Bild 3). Das Material des Filtereinsatzes besteht z. B. aus nichtmetallischem (non-metallic) Filterflies oder aus Edelstahl. Es kann Teilchen von ca. 0,1 mm Durchmesser zurückhalten. Einige Konstruktionen sind mit einer manuell einzustellenden Datumsanzeige („Memory- Scheibe") oder mit einer Differenzdruckanzeige ausgestattet, damit der Betreiber an den notwendigen Austausch erinnert wird.

2 Nicht rückspülbare Filter

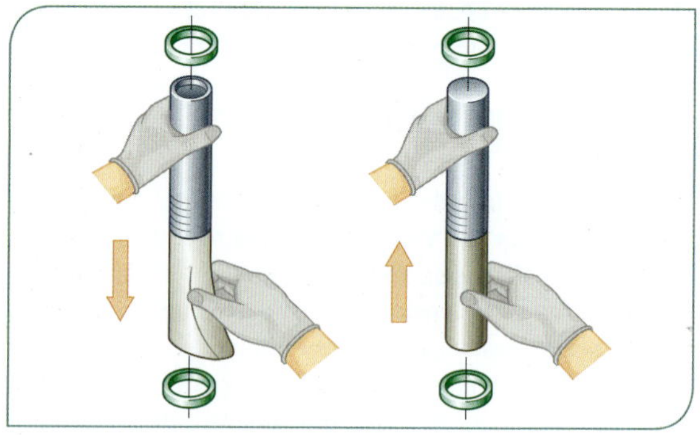

3 Filteraustausch

3.2.2 Rückspülbare Filter

Rückspülbare Filter werden in manuellen oder automatischen Ausführungen (automatic models) angeboten. Auch hier bestimmt der Preis häufig die Auswahl. Das folgende Bild 1, nächste Seite zeigt eine Kombination aus Filter und Druckminderer, die eine gute Alternative zur getrennten Installation z. B. bei beengten Platzverhältnissen bietet. Bei Bedarf ist die Armatur für einen vollautomatischen Betrieb nachrüstbar (retrofittable).

Bei neueren Entwicklungen kombinieren die Hersteller Wasserfilter und Druckminderer zusätzlich mit Sicherheitssystemen (Bild 4). Diese können zuvor vom Verbraucher eingestellte Volumenströme erkennen und bei Überschreitung (exceeding) eine sichere Absperrung (shut-off) der Wasserversorgung vornehmen. So kann ein Schadensfall, der bei längerer Abwesenheit, wie z. B. im Urlaub, auftritt und hohe Wasser- und Abwasserkosten verursacht, vermieden werden.

4 Leckageschutz-/Filterkombination

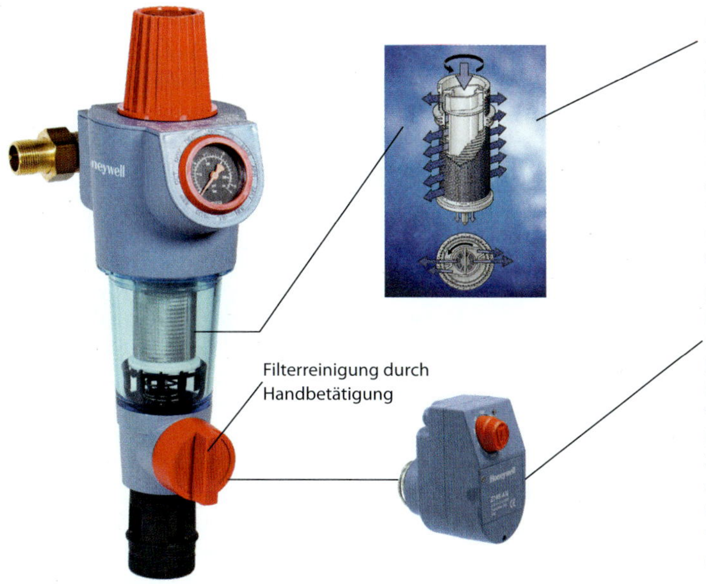

Muss eine **Rückspülung** erfolgen, so wird durch den eingeleiteten Spülvorgang eine Düse (Impeller) in Rotation versetzt, die durch den gebündelten Strahl das Sieb mit hohem Druck von innen nach außen reinigt. Die abgelösten Schmutzteilchen werden dabei ausgeschwemmt. Ein zweites Sieb sichert die Versorgung mit gefiltertem Wasser auch während des Rückspülvorgangs.

Filterreinigung automatisch
Die Rückspülautomatik wird montagefreundlich mit einem Bajonettverschluss an das Filtergehäuse angebracht. Der Nutzer hat die Wahl zwischen einer Automatik mit Netzanschluss, bei der verschiedene Zeitintervalle einstellbar sind und einer Automatik mit netzunabhängiger Versorgung (Batterie); hierbei wird nach einem festen Zeitintervall gespült.

1 Filter-Druckminderer-Kombination mit der Erweiterung für eine automatische Rückspülung

3.3 Chemische Wasserbehandlung

Ein im Wohnungsbau häufig angewendetes chemisches Wasserbehandlungsverfahren (water treatment methods) basiert auf dem Ionenaustausch (ion exchange). Hierbei werden dem Wasser teilweise die Härtebildner (hardness causing salts) Calcium und Magnesium entzogen und gegen Natrium ausgetauscht. In einem Vorratsbehälter der Apparatur befindet sich das periodisch nachzufüllende spezielle Regeneriersalz (softening salt), das die Enthärtung verursacht. Das entstehende weiche Wasser wird mittels einer speziellen Steuerung mit dem „normalen" Wasser anschließend wieder vermischt, so dass eine Wasserhärte von ca. 8° dH vorliegt. Die durch Zufuhr von Natrium erhöhte Abgabe an den menschlichen Organismus stellt nur einen Bruchteil der dem Körper durch Speisen zugeführten Menge an Natriumchlorid (Kochsalz) dar und ist daher nicht als gesundheitliches Risiko anzusehen.

Ähnliche Verfahren arbeiten auf der Basis von Magnesiumsalzen (Bild 2). Hierbei wird ein Teil des Calciums im Wasser durch Magnesium ersetzt. Hersteller derartiger Geräte stellen dabei besonders den Wellness-Gedanken in den Vordergrund, weil eine erhöhte Zufuhr von Magnesium durchaus erwünscht sein kann.

Einen noch wirksameren Schutz (protection) gegen Verkalkung (furring up) **und Korrosion** bietet die Phosphatdosierung. Hierbei werden mittels einer Pumpe dem Trinkwasser Phosphate in genauer Mengenabgabe – abhängig vom Wasserverbrauch – zugesetzt. Die Dosierung ist dann sinnvoll, wenn die Sanierung einer bereits durch Korrosion geschaedigten Trinkwasseranlage nicht vorgenommen werden soll oder kann, die angegriffenen Rohrinnenwandungen (interior tube wall) jedoch mit einem wirksamen Schutzfilm

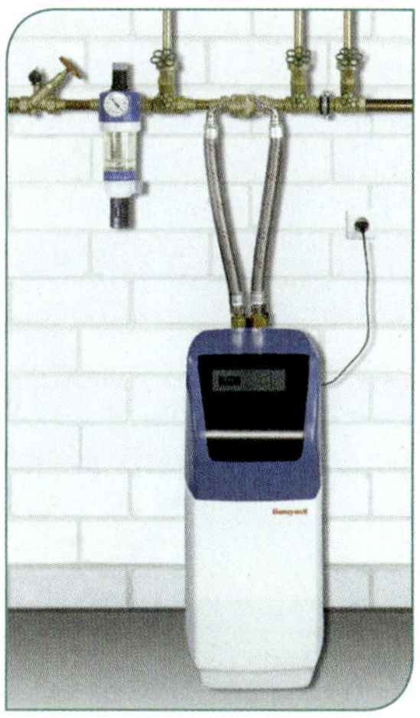

2 Wasserenthärter nach dem Ionenaustauschprinzip mit Magnesiumsalz

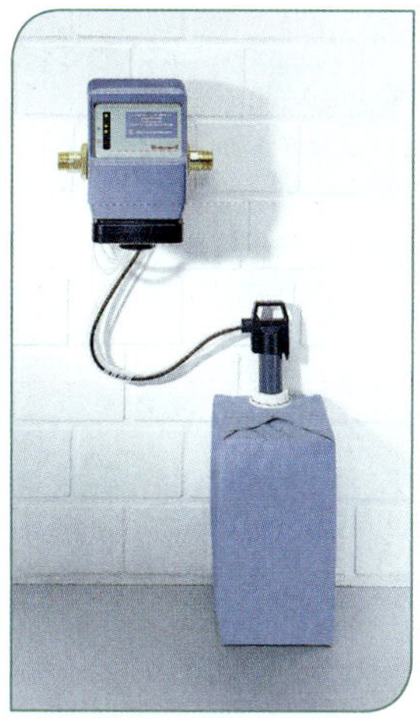

3 Wasserenthärter nach dem Phosphatdosierungsverfahren

(protective film) gegen Korrosion geschützt werden sollen (Bild 3).

Die DIN EN 806-2 (Technische Regeln für Trinkwasser Installationen – Planung) macht dazu im Anhang B folgende Aussage:

Anlagen nach dem **Prinzip des Ionen-Austausches** erzeugen ein vollenthärtetes Wasser, das nicht mehr zur Steinbildung (Verkalkung) neigt.

Mischvorrichtungen (Verschneidevorrichtungen), die mit dem Enthärter (softener) kombiniert angewendet werden, sollen eine Resthärte des zuvor enthärteten Wassers herstellen, die eine Natriumkonzentration von 200 mg/l nicht überschreitet.

MERKE

Dosiergeräte (metering hopper/batch feeder) führen dem Wasser Chemikalien zu, die Folgendes bewirken:
- das Trinkwasser desinfizieren (disinfect)
- Korrosionserscheinungen vermeiden (avoid)
- auf der Werkstoffoberfläche eine Schutzschicht (protective layer) bilden und
- Steinbildung vermeiden.

3.4 Physikalische Wasserbehandlung

3.4.1 Umkehrosmose / Osmose

Bei der Umkehrosmose (reverse osmosis) werden ohne Zugabe von chemischen Zusatzstoffen die im Wasser gelösten Salze reduziert. Bei der Osmose (osmosis) hingegen werden eine Salzlösung und reines Wasser durch eine halbdurchlässige (semipermeable) Membran voneinander getrennt. Das reine Wasser fließt ohne Einwirkung äußerer Kräfte durch die Membran in die Salzlösung (saline solution). Gleichzeitig erhöht sich der Druck auf dieser Seite und die Salzkonzentration wird geringer (Bild 1).

Bei der Umkehrosmose wird diesem „osmotischen Druck" mittels einer Pumpe ein höherer Druck entgegengesetzt. Als Folge davon verläuft der Prozess in umgekehrter Richtung. Der konzentrierten Lösung (strong solution) wird über die Membran das Salz entzogen und das salzarme Wasser fliesst zum Verbraucher (Bilder 1 und 2). Ein weiterer Vorteil ist, dass bei dieser Technik neben dem Kalk auch Bakterien, Keime und andere Partikel sowie gelöste (dissolved) organische Substanzen zurückgehalten werden.

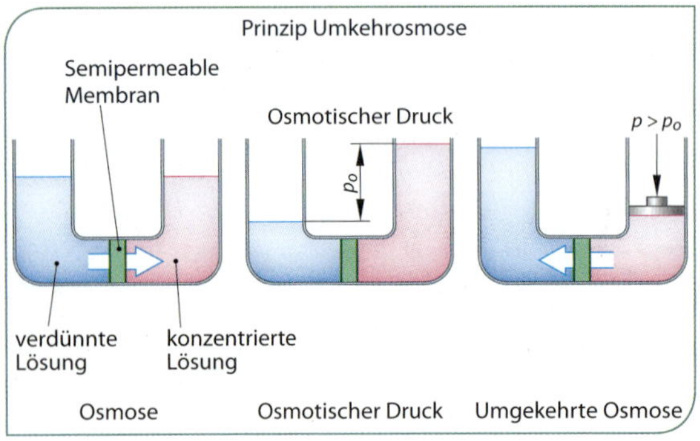

1 Prinzip der Umkehrosmose

2 Umkehrosmose-Wasseraufbereitungsanlage

3.4.2 Permanentmagnetische und elektromagnetische Wasserbehandlung

Permanentmagnetische (permanent magnetic) und elektromagnetische (electromagnetic) Verfahren gelten als die eigentlichen physikalischen Wasserbehandlungsverfahren. Ihnen hat lange der Makel der wissenschaftlichen „Nichterklärbarkeit" angehaftet. Nicht zuletzt deshalb sind viele unseriöse (dubious) Anbieter auf den Markt gedrungen. In den letzten Jahren haben die Hersteller DVGW-zertifizierte Produkte in den Handel gebracht, deren Wirksamkeit nachgewiesen werden konnte. Hier wird im Wesentlichen unterschieden zwischen:

- **permanentmagnetischen Verfahren**. Bei diesen soll mittels Permanentmagnete über das anstehende magnetische Wechselfeld die Struktur der Kalkkristalle (lime crystals) verändert oder bei metallenen Leitungen die Korrosion vermindern werden. Diese Apparate benötigen keine Fremdstromquelle (Bild 1, nächste Seite).
- **elektromagnetischen Verfahren**. Über deren elektromagnetisches Feld werden beispielsweise mittels einer geringen Wechselspannung (alternating voltage) von ca. 3 Volt hochfrequente Impulse (z. B. 200 kHz) an das Wasser gesendet (Bild 2, nächste Seite). An den nunmehr elektrisch leitenden Partikeln kommt es zu einer Verschiebung des Kalk-Kohlensäure-Gleichgewichtes und es wird von einer Bildung winziger Calciumcarbonat-Kristalle, sog. Nanokristalle (nanocrystals), gesprochen. Dadurch soll die Struktur der im Wasser vorhandenen Kalkkristalle derart verändert werden, dass sie sich nicht mehr an der Rohrwandung anlagern. Sie werden vielmehr mit dem Wasser ausgeschwemmt (washed out) und sollen so als abgelagerter feiner Kalkfilm auf den Objekten leicht mit einem Tuch zu entfernen sein. Als Vorteil dieses Verfahrens wird herausgestellt, dass das Wasser in seiner Zusammensetzung (composition) nicht verändert wird.

  Im Gegensatz zur chemischen Wasseraufbereitung macht die DIN EN 806-2 außer zur Umkehrosmose keine Aussage über Wirkprinzipien und Beschaffenheit von physikalischen Wasseraufbereitungssystemen.

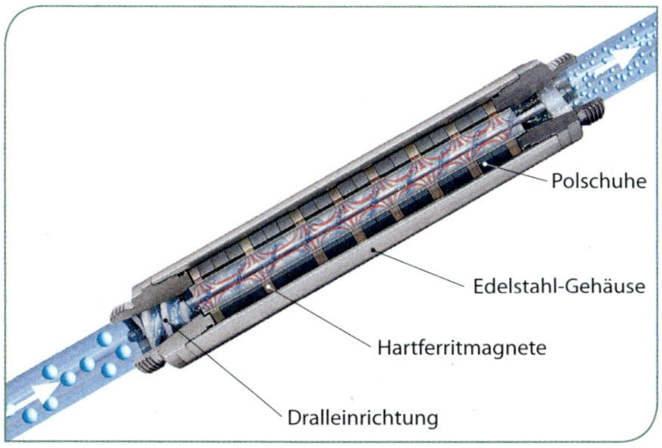

1 Physikalisches Wasserbehandlungsgerät nach dem Permanentmagnet-Verfahren

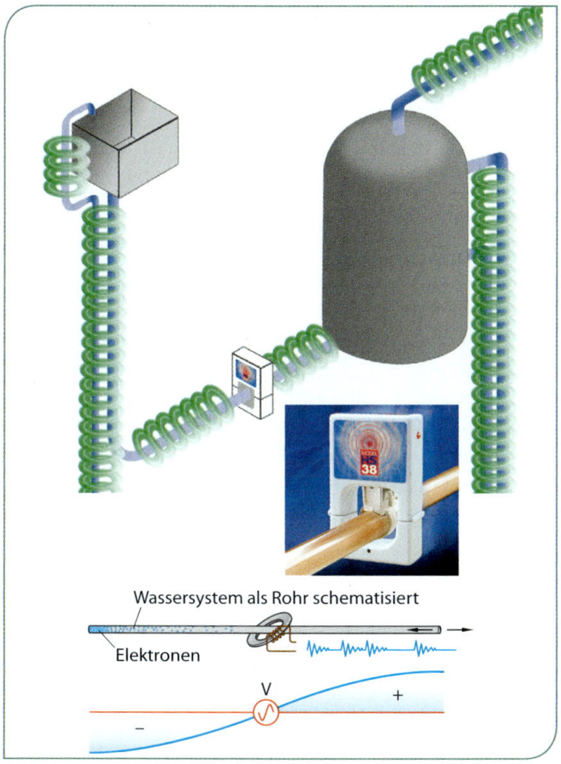

2 Physikalisches Wasserbehandlungsgerät nach dem elektromagnetischen Prinzip

3.5 Desinfektion von Trinkwasseranlagen

Trinkwasser sollte u. a. keimarm (low on germs) sein (vgl. Kap. 1.1). Bei der Planung und anschließenden Installation von Trinkwasseranlagen ist es daher notwendig, bestimmte Regeln einzuhalten. So sind z. B.

- die festgelegten Temperaturbereiche des Trinkkalt- und Trinkwarmwassers einzuhalten.
- Filter- und Wasserenthärtungsanlagen routinemäßig (routinely) zu warten.
- nicht abgetrennte Totstrecken (blind legs, dead legs) von ungenutzten Teilsträngen zu vermeiden.
- Speicher nicht zu groß zu dimensionieren.
- Zirkulationssysteme, bei denen durch abgeschaltete Pumpen Stagnationswasser entstehen kann, entsprechend zu ändern.
- durchgeschleifte Rohrsysteme mit möglichst wenig Wasserinhalt zu installieren.

Um das Infektionsrisiko gering zu halten, kann das Trinkwasser in besonders sensiblen Bereichen der Verteilung und Verwendung – z. B. in Kliniken, Seniorenwohnheimen oder für Befeuchtungsanlagen – mittels unterschiedlicher Verfahren zusätzlich desinfiziert werden.

3.5.1 Thermische Desinfektion

Legionellen (legionella) finden im Temperaturbereich von 30 °C bis 45 °C ideale Vermehrungsbedingungen. Während das Abtöten oberhalb einer Temperatur von 50 °C beginnt – allerdings über einen Zeitraum von Stunden – sind kurze Abtötungszeiten von wenigen Minuten erst oberhalb 60 °C zu verzeichnen. Wird thermisch desinfiziert, müssen Temperaturen zwischen 60 und 70 °C an jeder Stelle des Systems erreicht werden. Ist das nicht möglich, muss ein anderes Verfahren gewählt werden.

Die Hersteller von Heizungs- und Trinkwarmwasseranlagen rüsten ihre Steuerungen häufig so aus, dass mindestens einmal in der Woche – i. d. R. nachts – Die Speicherwassertemperatur auf mindestens 70 °C hochgefahren wird. Wichtig in diesem Zusammenhang ist, dass bei vorhandener Zirkulation die Pumpe betrieben wird. Der DVGW empfiehlt in seinem Arbeitsblatt W 551 eine nach Erreichen der Temperatur mindestens dreiminütige Öffnung aller Entnahmestellen (withdrawal points) unter Einhalten der Sicherheitsrichtlinien gegen Verbrühen. Die bisher gängige Praxis zeigt, dass der Privatkunde diese Maßnahme im Normalfall nicht durchführt und meist darüber auch gar nicht informiert ist. Größere Anlagen hingegen können mit speziellen Steuergeräten und elektrisch betriebenen Ventilen an den Entnahmestellen ausgerüstet die thermische Desinfektion (thermal disinfection) vollautomatisch und lückenlos erledigen (Bild 3).

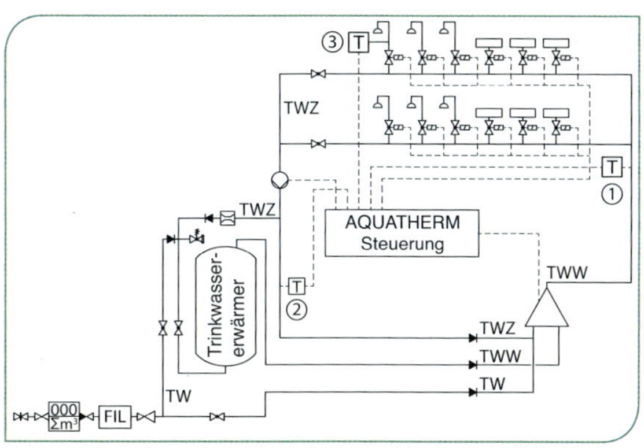

3 Schaltschema einer Anlage zur thermischen Desinfektion

3.5.2 UV-Desinfektion (ultraviolett disinfection)

Ultraviolettes Licht der Wellenlänge $\lambda = 254$ nm (1 Nanometer = 10^{-9}m), das durch Quecksilber-Niederdruckstrahler ausgesendet wird, bewirkt bei den Mikroorganismen photochemische Reaktionen und bei einer ausreichenden Dosis ein Absterben dieser Spezies. Da die Bestrahlung jedoch keine Speicherwirkung (Depotwirkung) (storage effect, depot effect) hat, muss die UV-Desinfektionsanlage (Bilder 2 und 3) möglichst nahe an den Entnahmestellen liegen. Die Bestrahlungsenergie wird in Nm/m² (=J/m² bzw. Ws/m²) angegeben und beträgt für eine ausreichende Wirkung mindestens 400 J/m². In der folgenden Tabelle Bild 1 sind die zum Absterben der unterschiedlichen Mikroorganismen notwendigen Mindest-Strahlungsdosen (minimum radiation doses) angegeben.

Mikroorganismus	verursachte Erkrankung	J/m² bzw. Ws/m²
Legionella pneumophila	Leginellose, Pontiac-Fieber	160
Pseudomonas aeruginosa	Wundinfektion, Entzündugnen	105
Escherichia coli	Darmerkrankungen, Wundinfektionen	66
Clostridium tetani	Tetanus	220
Dysentery facili	Darmerkrankung, Durchfall	42
Salmonella	Vergiftung (Lebensmittel-)	100
Mycobacterium tubercul.	Tuberkulose	100
Influenca	Infuenza, „Grippe"	66

1 Mindest- UV-Strahlungsdosis zur Desinfektion von Wasser

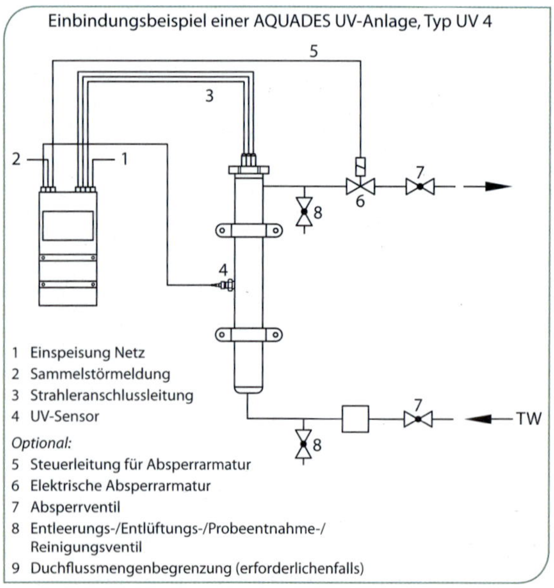

2 Installationsschema einer UV-Desinfektionsanlage

3 UV-Desinfektionsanlage

Die Vorteile einer UV-Desinfektionsanlage sind:

- die Keimtötung (desinfection) erfolgt ohne Zusatz von Chemikalien und beeinflusst die Qualität des behandelten Wassers nicht,
- die desinfizierende Wirkung tritt mit der Bestrahlung unmittelbar ein,
- die strengen (severe) Zertifizierungs- und Prüfvorschriften gewährleisten die erforderliche hygienische Sicherheit,
- die zuzuführende elektrische Energie ist sehr gering (ca. 50 Wh pro m³ zu bestrahlendes Wasser).

3.5.3 Elektrolytische Desinfektion

Bei der elektrolytischen Desinfektion (electrolytic disinfection) werden die desinfizierenden Stoffe durch Elektrolyse (electrolysis) – also der Zerlegung des Wassers und seiner Inhaltsstoffe mittels Stromzufuhr – aus dem Wasser selbst produziert. Diese Bestandteile haben nicht nur für sich alleine, sondern auch in Kombination miteinander desinfizierende Wirkung. Im Wesentlichen sind das der Salzbildner (Halogen) Chlor, Sauerstoff sowie in geringen Mengen Wasserstoffperoxid (H_2O_2). Mit den genannten Inhaltsstoffen lassen sich

- zuverlässig die Krankheiten verursachenden Mikroorganismen (microorganisms) vernichten,
- vorhandene, schädliche Biofilme abbauen.

Derartige Anlagen (Bild 1, nächste Seite) können kostengünstig betrieben werden, kommen i. d. R. ohne chemische oder stoffliche Zusätze aus und verändern das Wasser weder geschmacklich, geruchlich noch farblich. Ist allerdings die Chloridionen- Konzentration im Wasser zu niedrig, muss Natriumchlorid (Kochsalz) für die Produktion des freien Chlors zugegeben werden.

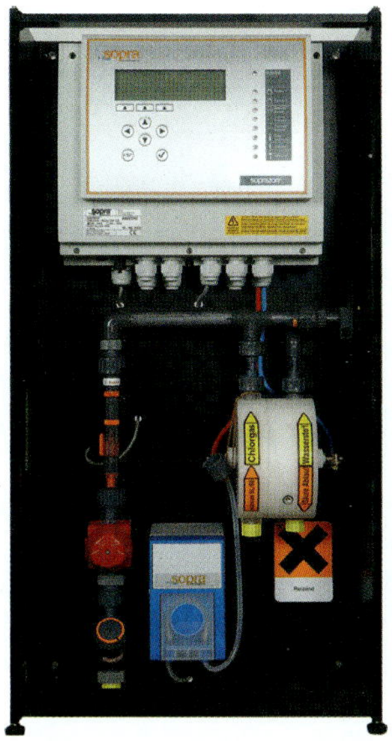

1 Elektrolytische Desinfektionsanlage

ÜBUNGEN

1) Begründen Sie, warum bzw. unter welchen Bedingungen eine Trinkwasserbehandlung erforderlich ist.

2) Unterscheiden Sie die im Wohnungsbau gebräuchliche Filtertechnik und erläutern Sie, welche Vorteile rückspülbare Filter gegenüber den nicht rückspülbaren haben.

3) Stellen Sie die neuesten Entwicklungen im Zusammenhang mit Filtertechniken dar.

4) Beschreiben Sie stichwortartig die chemischen Wasserbehandlungsmethoden „Ionenaustausch" und „Phosphatdosierung" und stellen Sie die unterschiedlichen Wirkungsweisen dar.

5) Erläutern Sie die grundsätzlich unterschiedlichen Ergebnisse beim Einsatz der physikalischen Wasserbehandlungsmethoden „Umkehrosmose" und „magnetische Verfahren".

6) Nennen Sie mit Blick auf die Wasserhygiene Regeln, die bei der Planung/ Projektierung und der sich anschließenden Installation von Trinkwasseranlagen eingehalten werden müssen.

7) Nennen und beschreiben Sie stichwortartig die unterschiedlichen Desinfektionsmethoden für Trinkwasser.

4 Verlegen von Trinkwasserleitungen

4.1 Erdverlegte Leitungen

In der kommunalen Wasserversorgung werden die Zuständigkeiten für Anschlussleitungen unterschiedlich geregelt. Während einige Wasserversorger Tiefbau- und Rohrleitungsunternehmen mit der Verlegung der Hausanschlüsse beauftragen, werden diese Arbeiten in anderen Regionen von den Installationsunternehmen durchgeführt, die auch die Hausinstallation der Trinkwasseranlagen vornehmen. In diesen Fällen stellt der Installationsbetrieb im Auftrag des Kunden z. B. den Antrag für den Anschluss an das öffentliche Versorgungsnetz mit dem zugehörigen Aufgrabeschein auf öffentlichem Grund. Er muss wegen der umfangreichen Aufgrabearbeiten Kenntnisse über Bodenbeschaffenheit (composition of the ground), Verlegen der Leitung im Erdreich (ground) und die erforderlichen Sicherheitsmaßnahmen haben. Die DIN EN 805: 2000-03 „Anforderungen an Wasserversorgungssysteme und deren Bauteile außerhalb von Gebäuden" beschreibt u. a. auch, wie die Verlegung ausgeführt werden muss. In den meisten Fällen setzt das Wasserversorgungsunternehmen die Ventilanbohrschelle (tapping sleeve) (vgl. Kap. 1.2 und 1.3) auf die Versorgungsleitung und stellt damit die Verbindung an die Hausanschlussleitung her.

4.1.1 Leitungswerkstoffe

Zu den Leitungswerkstoffen macht die EN 805 nur sehr allgemein gehaltene Ausführungen. Danach sind solche Werkstoffe einzusetzen, die keine Beeinträchtigung der Wasserqualität hervorrufen. Heute werden hauptsächlich **Kunststoffe** wie **PE-HD**[1] und **PVC-U**[2] verwendet. Sind Ausgasungen (exhalations) im Erdreich durch Fremdeinflüsse zu erwarten, die die Wasserqualität beeinträchtigen können, müssen diffusionsdichte Rohre verwendet werden. Dafür können **Kunststoffrohre mit Metalleinlagen** (Verbundrohre), **Cu-Rohre** (häufig mit einer DN-Beschränkung) oder für größere Durchmesser **Stahlmuffenrohre** und **Gussrohre** aus duktilem[3] Gusseisen verwendet werden.

1) HD: high density (hohe Dichte)
2) U: weichmacherfreies PVC; im Unterschied zu PVC-C, das nachchloriert ist und gegenüber PVC-U temperaturbeständiger ist.
3) Duktil: lat., dehnbar; Gusseisen mit kugelförmigem Graphit.

4.1.2 Verlegung

Im Folgenden werden über die im Abschnitt 1.2 genannten Verlegeregeln hinausgehende Verlegegrundsätze aufgezählt, die zu beachten sind:

- Auf ausreichende Dehnungsmöglichkeit (possibility to stretch) der HAL (z. B. durch Erdreichsetzungen) ist zu achten; das kann z. B. durch einen eingebauten Höhenversatz (Etagenbogen, Bild 1) erreicht werden.
- Die HAL muss einer Dichtheitsprüfung unterzogen werden.

Die genannten Verlegegrundsätze (principles of installation) können z. T. regional unterschiedlich sein.

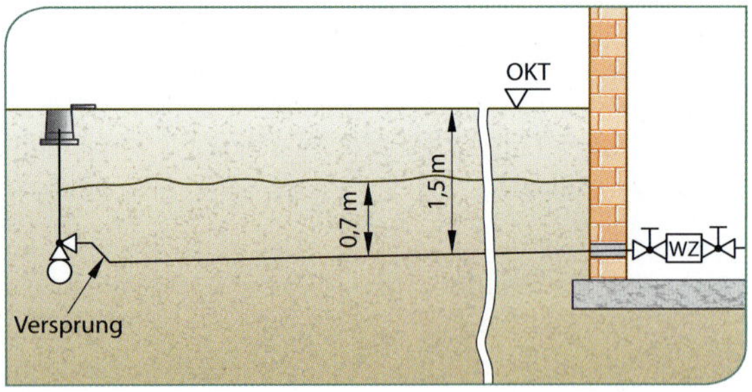

1 Verlegeschema einer HAL

4.2 Innenleitungen

4.2.1 Rohrwerkstoffe und Verbindungsarten

Die DIN EN 806-4 „Technische Regeln für Trinkwasserinstallationen – Installation" gibt Empfehlungen für den Einbau von Trinkwasserinstallationen innerhalb von Gebäuden. Die nachfolgende Tabelle Bild 1, nächste Seite, gibt einen Überblick über die zu verwendenden Rohrarten und ihre Verbindungstechniken, abhängig vom Einsatz[1].

Rohre und Rohrverbindungen müssen nach den nationalen und – wenn vorhanden – nach den europäischen Richtlinien sowie nach den Vorgaben der Hersteller gefertigt werden. Rohrverbindungen müssen dem Arbeitsblatt DVGW W 534 „Verbinden und Verbindungen für Rohre in der Trinkwasserinstallation" entsprechen.

Danach müssen alle Rohrverbindungen im Betrieb dauerhaft (permanent) dicht sein und die im Betrieb auftretenden Kräfte aufnehmen. Nicht zugfeste (tension-proof) Rohrverbindungen müssen gegen das Auseinandergleiten gesichert sein. Die Rohrverbindungen müssen für das verwendete Rohr zugelassen sein.

Werden Rohre und Rohrverbinder von einem Hersteller als System angeboten, müssen diese Systeme nach dem DVGW-Arbeitsblatt W 534:

- ein komplettes Fittingsangebot für eine praxisgerechte Trinkwasser-Hausinstallation beinhalten,
- aus mindestens zwei Rohrdimensionen bestehen,
- Anschlussstücke für Apparate, Geräte und Armaturen besitzen,
- Übergänge für andere Rohrwerkstoffe bieten,
- bei späterem Austausch gegen ein Rohrsystem eines anderen Anbieters mit gleichem Material passen.

Dafür müssen die Hersteller:

- nötige Spezialwerkzeuge (specific tools) liefern können,
- Hilfsstoffe anbieten, die für die Installation des Systems nötig sind,
- Montageanleitungen, Schulungen, Kataloge, Verkaufsunterlagen usw. zur Verfügung stellen,
- Produkte, die ein DVGW-Zeichen besitzen, diese in ihren Katalogen und Verkaufsunterlagen deutlich kennzeichnen.

Das DVGW- Zeichen für Systeme besitzt die Kennzeichnung „DVGW TS xxx".
Rohr- und Verbindungssysteme aus gleichen Werkstoffen sollten unabhängig vom Hersteller austauschbar sein. Werden die für Rohre gültigen DIN-Normen und DVGW- Richtlinien von den Herstellern eingehalten, sind sie austauschbar. Bei Mehrschichtverbundrohr (composite tube) gilt dies aufgrund der uneinheitlichen Abmessungen nicht.
Im Anhang A der DIN EN 806-4 werden normative (normative) Anmerkungen zu den Rohrwerkstoffen und ihren Verbindungsarten gemacht. Einige dieser Anmerkungen sind im Folgenden wiedergegeben (vgl. Grundkenntnisse: Lernfeld 3, Kap. 2 und Lernfeldübergreifende Inhalte, Kap. 1.6.4).
Zu Rohrleitungen aus nichtrostendem Stahl:

- Verwendet werden dürfen Rohre nach EN 10088-2 und geschweißte Rohre, die nach EN 10312 hergestellt und geprüft wurden.
- Es dürfen Kaltschneidverfahren zum Ablängen angewendet werden. Schneidbrenner und ölgekühlte Sägen dürfen nicht verwendet werden. Die Rohre sind anschließend innen und außen zu entgraten.

Rohre aus nichtrostendem Stahl dürfen bis zu einem Nenndurchmesser ≤ 28 mm mit handelsüblichen Biegewerkzeugen kalt (nach den Empfehlungen des Herstellers) gebogen werden.

[1] Vergl. „Grundkenntnisse, Anlagenmechaniker SHK nach Lernfeldern" im Abschnitt „Lernfeld übergreifende Inhalte"

Zugelassener Werkstoff	Möglicher Einsatz	Übliche Verbindungsart	Bild
Stahlrohr nach DIN EN 10240, schmelztauch-verzinkt, nahtlos od. geschweißt	Nur für TW-Leitungen (PWC) innen geeignet; sie werden nur noch selten eingesetzt.	Gewindeverbindung nach DIN EN 10266, Muffen, Flansche, Fittings aus Temperguß nach DIN EN 10242, konische u. flachdichtende Verschraub., weichdichtende Klemmringverschraub.	
Präzisionsstahlrohr (Edelstahl) nach DIN EN ISO 1127 der Stahlsorten 1.4401 u. 1.4571 nach DIN EN 1088 sowie Gewährleistungsvereinbarung einiger Hersteller mit ZVSHK	Nur für PWC- und PWH-Leitungen im Gebäude geeignet.	Pressfittinge mit Dichtringeinlage, konische u. flachdichtende Verschraub., metallisch dichtende Klemmringverschraub., Flansch- u. Steckverbindungen, Hartlöten und Schweißen nicht erlaubt nach DVGW W 541	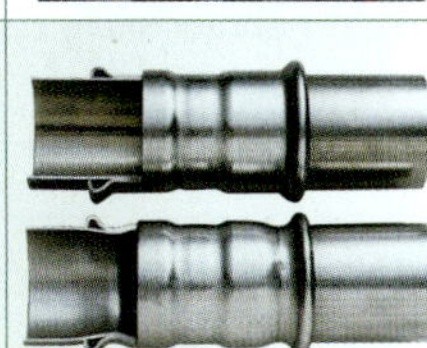
Kupferrohr nach DIN EN 1057 und DVGW GW 392, mit DVGW-Prüfzeichen Cu xxx sowie Gewährleistungsvereinbarung vieler Hersteller mit ZVSHK	In allen Bereichen der Trinkwasserinstallation, Einschränkungen durch Zusammensetzung des Trinkwassers. Bei aggressiven Wässern evtl. innenverzinntes Cu-Rohr verwenden.	Schweißen, Kapillarlöten in Verbindung mit Fittingen, Pressfittinge mit Dichtringeinlage, Gewinde-, Klemm- und Quetschverschraubungen, Steckverbindungen	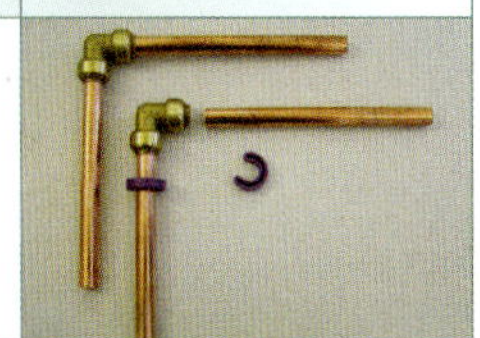
PVC-U-Rohr aus weichmacherfreiem PVC (unplastisch) nach DIN EN 1452	Nur für PWC- Anlagen	Klebeverbindungen, Steckverbindungen mit Dichtring (nur im Erdreich)	
PVC-C-Rohr aus chloriertem PVC nach DIN EN ISO 15877 mit DVGW K xxx-Zeichen[1], Gewährleistungsvereinbarung einiger Hersteller mit ZVSHK	Für PWC- und PWH-Anlagen bis 70 °C	Quellkleben mit Muffen konisch und zylindrisch, Klemmverbindungen, Steckverbindungen, konische u. flachdichtende Verschraub., Flanschverbindungen	Siehe PVC-U
PE-HD und **PE-LD-Rohr** nach DIN EN 12201 aus Polyethylen (hoher od. niedriger Dichte) mit DVGW K xxx-Zeichen	Für PWC-Anlagen, PE-LD nur für Erdreichverlegung (Einschränkungen durch Wasserversorgungsunternehmen beachten)	Metallklemmverbindungen, Flansche, Heizelement-Muffenschweißen, Heizwendelschweißen, Steckverbindungen	
PE-X-Rohr aus vielfach vernetztem[2] Polyethylen im Hüllrohr aus PVC nach DIN EN ISO 15875 und DVGW W 531 mit DVGW K xxx-Zeichen, Gewährleistungsvereinbarung einiger Hersteller mit ZVSHK	Für PWC- und PWH-Anlagen, besonders für Vorwandinstallation in der Stockwerksverteilung	Metallklemmverbinder nach DVGW 532 oder andere Arten der Verbinder,(z. B. Steckverbinder), Pressverbindungen, Schiebehülsenverbindungen, systemabhängig	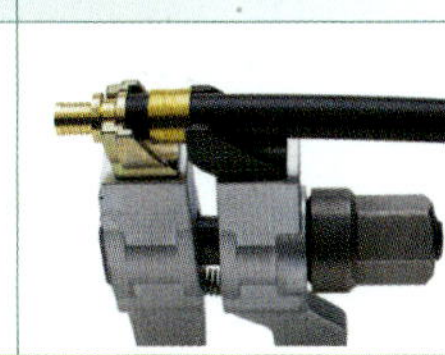
PB-Rohr aus Polybuten nach DIN EN ISO 15876 mit DVGW K xxx-Zeichen	Für PWC- und PWH-Anlagen	Heizelement-Muffenschweißen, Klemmverbindungen, Flanschverbindungen, Steckverbindungen	
PP-Rohr aus Polypropylen Typ 3 nach DIN EN ISO 15874 mit DVGW K xxx-Zeichen, mind. PN 25	Für PWC- und PWH-Anlagen	Heizelement-Muffenschweißen, Flanschverbindungen, Klemmverbindungen, Steckverbindungen	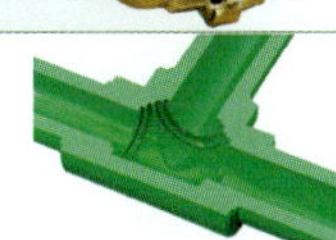
Verbundrohr aus Schichten von PE, PB oder PP und Alu nach DVGW W 542 mit DVGW U xxx-Zeichen, Gewährleistungsvereinbarung einiger Hersteller mit ZVSHK	Für PWC- und PWH-Anlagen, besonders für Vorwandinstallation in der Stockwerksverteilung	Pressverbindungen, Steckverbindungen, Klemmverbindungen, systemabhängig	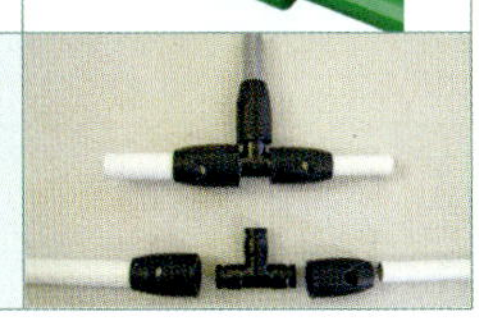

1 Rohrwerkstoffe, Rohrverbindungen und deren Einsatzbereiche

1) Bei einigen Herstellern lautet das DVGW- Zeichen DVGW TS xxx, dieses steht für Trinkwassersystem, also Rohr und Verbinder, die Registrierung der Verbinder wird mit dem Zeichen DVGW V xxx gekennzeichnet.

2) Vielfach vernetzte PE-X- Rohre werden nach der Vernetzungsart unterschieden in: a = peroxidisch vernetzt, b = silanvernetzt, c = elektronenstrahlvernetzt, d = azovernetzt.

Zu Rohrleitungen aus Kupfer:

- Für Schweißverbindungen muss die Mindestwandstärke 1,5 mm betragen; es sind die beiden Verfahren Acetylen-Sauerstoff-Schweißen oder Schutzgas-Lichtbogenschweißen anzuwenden. Hierfür sind besondere Kenntnisse und Fertigkeiten erforderlich. Im Ein- und Zweifamilienhausbau sind diese Verbindungstechniken im Allgemeinen nicht gebräuchlich, da dort kleine Rohrdurchmesser verwendet werden und stattdessen das Weich- und Hartlöten angewendet wird.
- Hartlöten, Ausglühen (annealing) der Verbindungsmuffen und Warmbiegen sind für Abmessungen ≤ 28 mm x 1,5 mm nicht zulässig.

Zu Kombinationen verschiedener Metalle:
Kombinationen von Rohren und deren Formstücken müssen u. a. nach der Korrosionsgefährdung der beteiligten Werkstoffe ausgewählt werden. Die folgende Tabelle Bild 1 zeigt diesbezüglich Möglichkeiten auf:

Fitting (oder Armatur)	**Rohr**		
	Nichtrostender Stahl	**Schmelztauchverzinkter Stahl**	**Kupfer**
Nichtrostender Stahl	+	Siehe Empfehlungen des Herstellers	+
Schmelztauchverzinkter Stahl	–	+	–
Kupfer	+	Siehe Empfehlungen des Herstellers	+
Kupferlegierungen	+	+	+
+ möglich – nicht möglich			

1 Kombinationen von Rohren und Formstücken (nach DIN EN 806-4)

Wenn Kupfer und schmelztauchverzinkter (hot dip galvanized) Stahl für Rohrleitungen oder Formstücke in einer Anlage gemeinsam verwendet werden sollen, muss die Fließregel unbedingt eingehalten werden. Sie lautet:
In Fließrichtung (flow direction) **des Wassers erst Stahl und dann Kupfer!** (Bild 2) Auch der Einbau eines inaktiven Verbindungsstückes aus Rotguss oder Kunststoff, das wegen der sonst zu erwartenden Kontaktkorrosion (contact corrosion) zwingend erforderlich ist, schützt **nicht** bei Verwechslung der Reihenfolge gegen Korrosion am verzinkten Rohr.

MERKE

In Fließrichtung des Wassers immer erst das unedlere, dann das edlere Metall installieren!

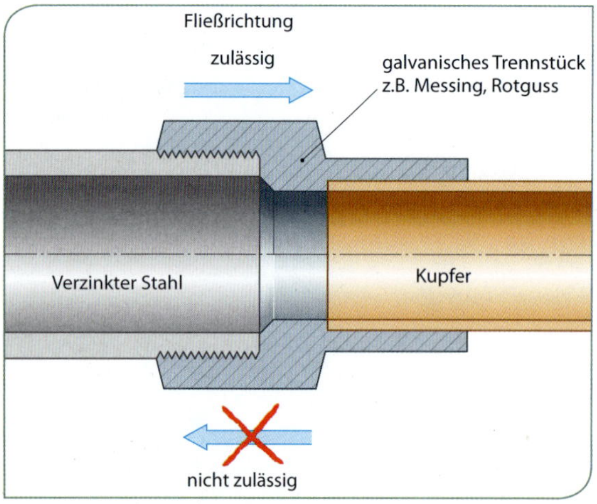

2 Fließregel Trinkwasser

4.2.2 Handhabung der Rohrleitungen

Zu beachten ist, dass:

- Rohre, Fittings und zugehörige Bauteile (z. B. Armaturen) geschützt und sorgfältig behandelt und gelagert werden müssen, um Beschädigungen und Verschmutzungen zu vermeiden.
- zum Biegen von Stangenrohr zweckmäßige Biegevorrichtungen gewählt werden müssen, um Querschnittsverringerungen und mechanische Überbeanspruchungen zu vermeiden. Nach dem Biegen und vor der Inbetriebnahme sind die Bögen auf Schäden zu kontrollieren.
- Rohre rechtwinklig zu den Rohrachsen abgelängt und entgratet werden.
- Hilfsstoffe, die beim Verbinden der Rohre verwendet werden, das Trinkwasser in seiner Qualität nicht beeinträchtigen (vergl. Grundlagenband Abschn. 1.2.4.3.2).
- alle Rohre und Fittings an den Innenflächen frei von Partikeln wie Sand, Späne usw. sind.
- Rohrverbindungen erst nach einer Druckprüfung überdeckt werden dürfen.
- während der Installation der Rohrleitungen die Austrittsöffnungen durch Stopfen, Kappen oder Blindflansche verschlossen werden.
- nach Abschluss der Installationsarbeiten das System gespült werden und in einigen Fällen evtl. sogar eine Desinfektion vorgenommen werden muss.

4.2.3 Armaturen

In der DIN EN 806-2 „Planung" werden folgende Aussagen (statements) zu den Armaturen gemacht:

Als Absperrarmaturen sollten nur strömungsgünstige (hydrodynamic) Leitungsarmaturen wie z. B. Kugelhähne (Einschränkungen siehe nachfolgende Tabelle Bild 1) oder Freistromventile installiert werden.

In der folgenden Tabelle werden die Konstruktionsmerkmale der in der Wassertechnik verwendeten Absperrarmaturen und ihre Verwendungsmöglichkeit beschrieben.

In der DIN EN 806-2 werden **Absperrbereiche** beschrieben. Dieses sind:

- Verbrauchs- und Verteilungsleitungen; diese müssen auch entleerbar (opportunity to drain) sein.
- jedes Gebäude oder jeder Gebäudeteil, wenn dort eine eigene Wasserzuführung vorgesehen ist.
- jede Wohnung, zugänglich (accessible) und möglichst in Boden- und Eintrittsstellennähe angeordnet.
- Stockwerksleitungen für jedes Stockwerk und jede abgeschlossene Wohnung in Mehrfamilienhäusern.
- jeder Apparateanschluss wie z. B. Trinkwarmwasserbehälter, Spülkasten, Waschmaschine usw.
- jeder weitere Baukörper innerhalb eines Grundstückes, der von einem Gebäude versorgt wird, sofern er nicht durch das Gebäude zu erreichen ist. Diese Absperrarmatur ist vorzugsweise (preferably) kurz vor dem Austritt der Leitung aus dem Hauptgebäude zu installieren.
- Entnahmestellen für warmes Trinkwasser (PWH) sind links, für kaltes Trinkwasser (PWC) rechts in Blickrichtung zum Objekt anzuordnen.
- Frostgefährdete Leitungen wie z. B. Außenzapfstellen, Springbrunnen usw.
- die Wasserzähleranlage mit den Hauptabsperrarmaturen.

Absperrarmaturen werden heute stopfbuchslos (glandless) gebaut und sind daher wartungsarm. Sie erfüllen zudem hohe Hygieneanforderungen, da sie totraumfrei (without clearance volume) konstruiert sind und eine KTW-Zulassung für mediumberührte Kunststoffteile haben (Bild 2).

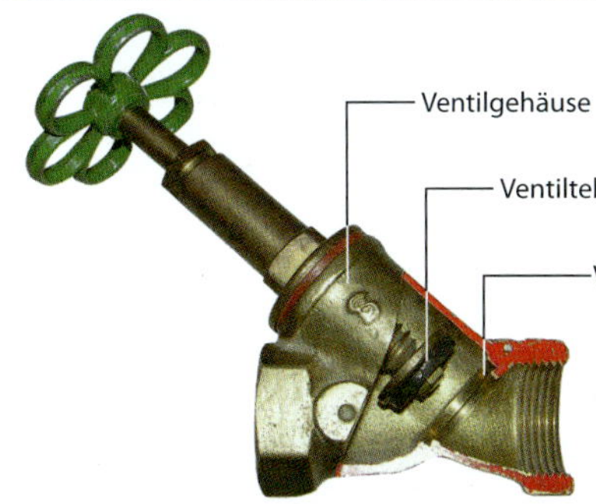

2 Freistromventil

Bezeichnung	Geradsitzventil	Schrägsitzventil (Freistromventil)	Kolbenschieber	Hahn
Schnittbild	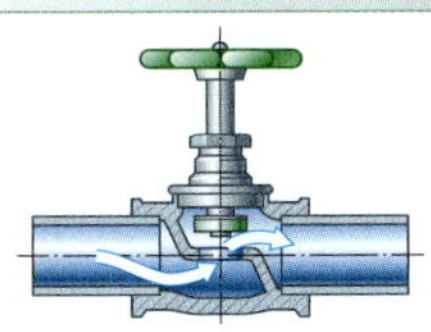		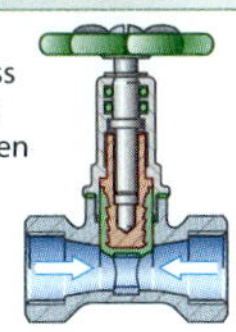	
Sinnbild nach DIN EN 806-1		 Anm.: Symbol gilt auch für Schieber	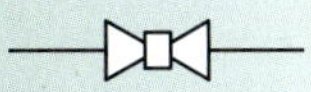	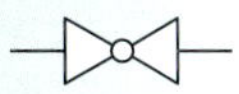
Durchflussrichtung vorgegeben?	ja	ja	nein	nein
Schließvorgang: zeitlich	langsam	langsam	langsam	schnell (i. d. R. 90°) Ausnahme: mit Übersetzung
Druckverlust bei voller Öffnung	groß	gering	gering	Sehr gering
Gefahr von Druckschlägen beim Schließvorgang	nein	nein	nein	Ja (Ausnahme: nein bei Übersetzung des Stellwinkels)
Eignung und Verwendung	Nur für Stockwerksabsperrung geeignet; nur wenn Ventil nach DIN 3512 und DIN EN 1213 ausgeführt wurde und genügend Druck in der Anlage vorhanden ist.	Für alle Anwendungen möglich, wenn das Ventil nach DIN 3502 und DIN EN 1213 ausgeführt wurde.	Für alle Anwendungen möglich, wenn der Schieber nach DIN 3500 und DIN 3546-1 ausgeführt wurde.	Allgemeine Zulassung möglich, wenn Hahn als Wartungsarmatur eingesetzt wird, sonst Schließvorgang mit Verzögerung (Übersetzung).

1 Absperrarmaturen in der Trinkwasserversorgung

Als Trinkwasserarmatur werden auch häufig Kolbenschieber (Bild 1) zum Absperren von Strängen verwendet. Bild 2 zeigt eine frostsichere Außenarmatur, die nach der Absperrung automatisch entleert wird. Dadurch kann auch bei längeren Stillstandsphasen (stationary periods) keine Verkeimung entstehen. Solche Armaturen werden mit besonders geringen Innenwiderständen gefertigt, damit die Auslauf-Volumenströme hoch sind und auch bei längeren Schlauchleitungen noch genügend Wasser verfügbar ist.

1 *Kolbenschieber für Wandeinbau*

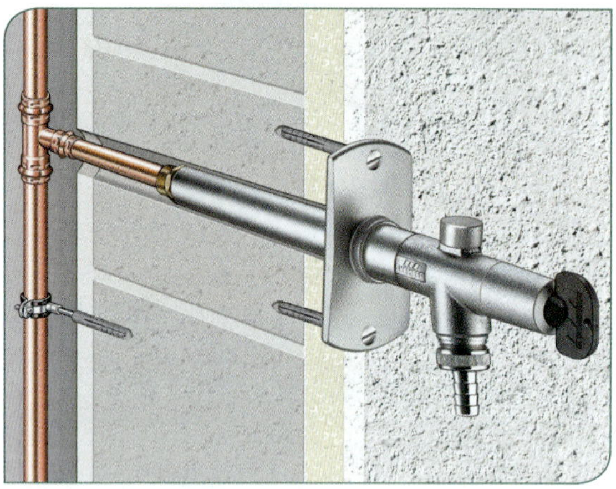

2 *Frostsichere Außenarmatur*

4.2.4 Leitungsverlegung

Trinkwasserleitungen können grundsätzlich in der Wand, vor der Wand, im Fußboden, unter der Decke und in Schächten verlegt werden. Die Installation der Leitungen im Baukörper ist aus statischen und schalltechnischen Gründen (vgl. Kap. 8.8 Lernfeld übergreifende Inhalte) problematisch, daher ist – wo immer möglich – die Vorwandinstallation (vgl. LF 8 Kap. 1.6) zu bevorzugen.

4.2.5 Verlegetechniken

4.2.5.1 Rohrleitungssysteme

Rohrleitungssysteme herkömmlicher Bauweise mit einer Vielzahl von Abzweig- und Stichleitungen (stub pipes) sollten in der heutigen Installation aus Hygienegründen vermieden werden, da hierbei Stagnationswasser nicht zu vermeiden ist (Bild 3).

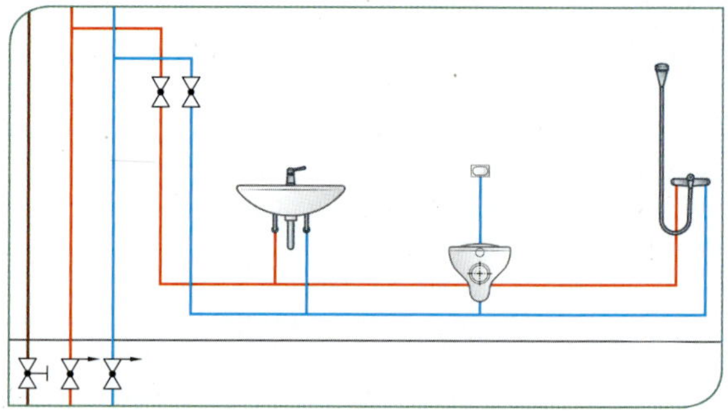

3 *Herkömmliches Rohrleitungssystem mit Stichleitungen*

Moderne Rohrinstallationen werden mit „eingeschleiften" Anschlüssen versehen und als Strangleitungs- oder Ringleitungssystem (closed pipe circuit) ausgeführt. Die Rohrschleifen benötigen Doppelanschlussstücke oder werden unmittelbar vor den Wandscheiben (wall disks) zusammengeführt.

- Bei Strangleitungssystemen (Bild 4) ist es sinnvoll, das am häufigsten benutzte Objekt an das Ende der Rohrleitung zu platzieren. Dadurch werden auch die Rohrleitungen der selten benutzten Objekte durchströmt.
- Beim Ringleitungssystem (Bild 5) ist davon auszugehen, dass unabhängig vom benutzten Objekt ständig Bewegung in der Rohrleitung (Ring) vorhanden ist. Allerdings ist die Intensität des Austausches nicht exakt planbar und hängt in hohem Maße vom Nutzerverhalten (behaviour habits) ab.

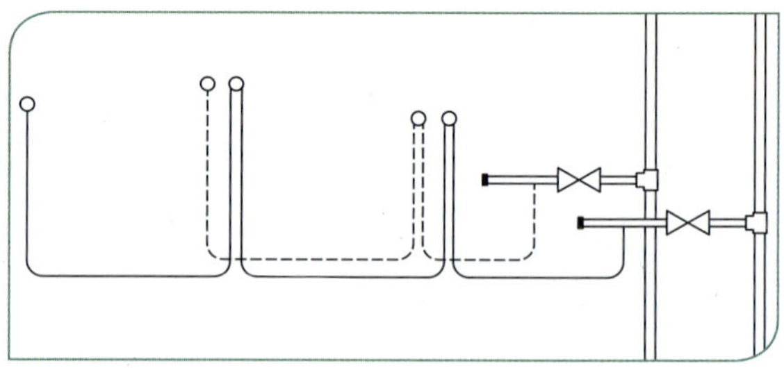

4 *Strangleitungssystem (DIN EN 806-4 S.17)*

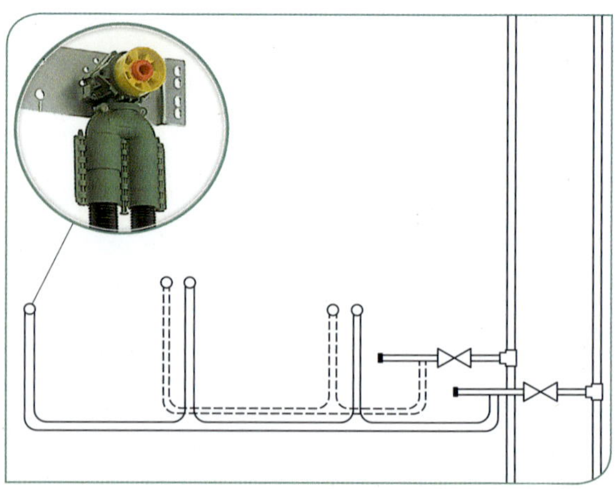

5 *Ringleitungssystem (DIN EN 806-4 S.17)*

Lernfeld 5

Um eine kontinuierliche Durchströmung (flow) sicherzustellen, werden z. B. Ringleitungssysteme mit Venturi-Strömungsteilern (VSt) eingesetzt. Soll z. B. ein selten genutztes Gäste-WC ständig zwangsdurchströmt werden, reicht der durch die Strömung in der Hauptleitung erzeugte minimale Druckunterschied (difference of pressure) zwischen der Zuleitung A und der Rückleitung B der Rohrschleife des WC's aus, um den Umtrieb (circulation) sicherzustellen (Bild 1).

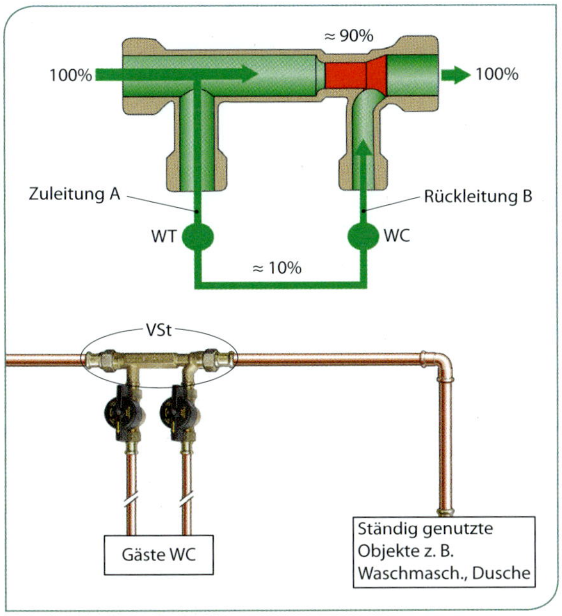

1 Funktion eines Venturi- Strömungsteilers

Der vom Hersteller als statisch (static) funktionierend bezeichnete Strömungsteiler kann durch ein zusätzliches Bauteil in einen dynamischen (dynamic) umgewandelt werden. Vorteil: Schon bei kleinsten Volumenströmen in der Hauptleitung wird ein Höchstmaß an Durchströmung im abzweigenden Rohrnetz (ca. 95 %) gewährleistet. Das eingebaute zusätzliche Ventil (Bild 2) läßt nur 5 % der insgesamt strömenden Wassermenge im Hauptstrang durch. Bei einer erhöhten Abnahme im Hauptstrang öffnet das Ventil (Bild 3) und lässt ca. 90 % direkt durch, während die restlichen 10 % die Rohrschleife (pipe circuit) versorgen.

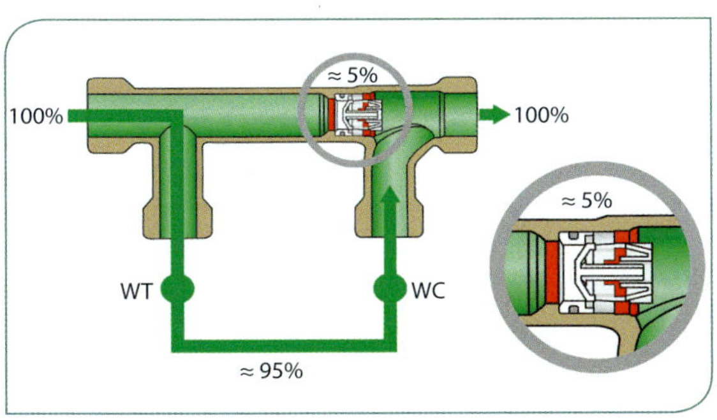

2 Dynamischer Strömungsteiler; kleine Entnahme im Hauptstrang

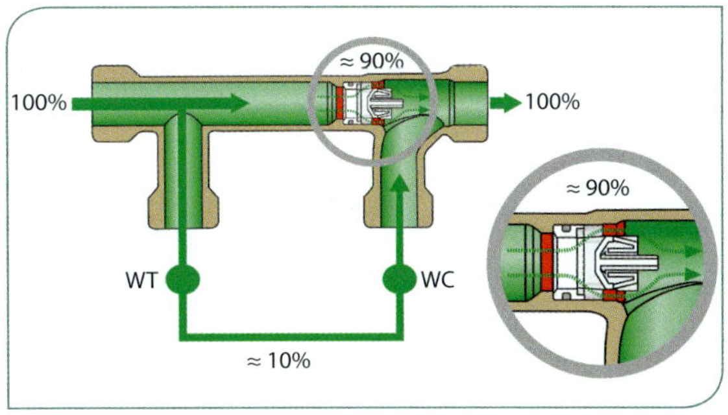

3 Dynamischer Strömungsteiler; größere Entnahme im Hauptstrang

4.2.5.2 Befestigungsabstände von Rohren

DIN EN 806-4 „Installation" gibt im Anhang Anhaltswerte über **Mindestbiegeschenkel** (minimum bending branch) bei Umlenkungen (redirections) sowie Befestigungsabstände (mounting distances) von Rohrleitungen.

Bei Umlenkungen muss zunächst über die bekannte Formel $\Delta L = L_o \cdot a \cdot \Delta\theta$ (vgl. Lernfeldübergreifende Inhalte Kap. 4 und Lernf. 7 Kap. 7.4.4) die Längenänderung ermittelt werden.

Für Metallrohre muss anschließend in Abhängigkeit des äußeren Durchmessers des zu installierenden Rohres und der errechneten Längenänderung das Maß des Biegeschenkels einer flexiblen Umlenkung aus der Tabelle Bild 4 entnommen werden.

Wärmeausdehnung ΔL		
d_a in mm	5 mm	10 mm
	Kompensation mit der Mindestlänge L_B für eine flexible Umlenkung	
12	475	670
15	503	750
18	580	820
22	640	910
28	725	1 025
35	810	1 145

4 Mittelwerte von Längen (Biegeschenkeln) flexibler Umlenkungen für metallene Rohre (aus: DIN EN 806-4)

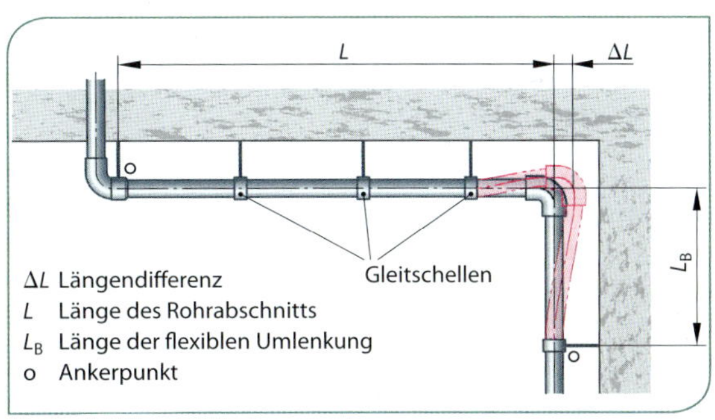

5 Ausgleich der Wärmeausdehnung ΔL mittels einer flexiblen Umlenkung (aus DIN EN 806-4)

Die Ausdehnung (extension/expansion) in der (hier) Senkrechten ($\Delta L'$, Bild 1) wird wie oben berechnet.

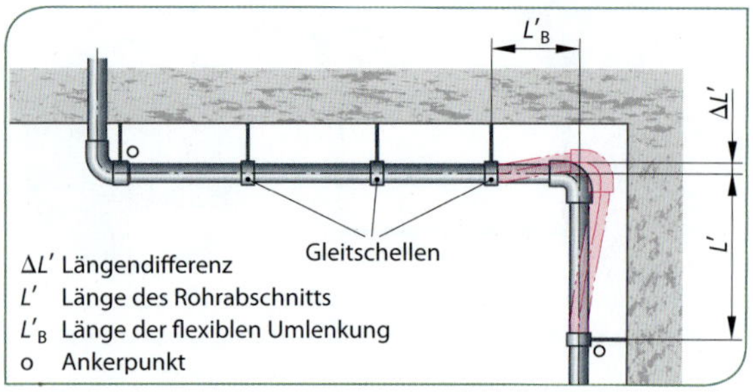

1 Ausgleich der Wärmedehnung $\Delta L'$ mittels einer flexiblen Umlenkung (aus DIN EN 806-4)

Beispiel:

Eine Trinkwasserleitung aus Kupferrohr 22 x 1 wurde im Winter bei –15 °C eingebaut. Nach Inbetriebnahme hat das Wasser eine Temperatur von +15 °C.

a) Welche Längendehnung ΔL erfährt das Rohr bei einer Einbaulänge $L_o = 6{,}50$ m?

b) Welche Länge L_B in mm muss der Biegeschenkel der Umlenkung haben?

c) Welche Länge L_B' muss der Rohrabschnitt von der letzten Gleitschelle vor der Umlenkung bis zur Umlenkung haben, wenn das Maß $L' = L_B$ des Biegeschenkels durch die Rechnung nach b) gegeben ist?

Lösung:

Geg.: äußerer Durchm. des Rohres $d_a = 22$ mm, $\theta_1 = -15$ °C, $\theta_2 = +15$ °C, $L_o = 6{,}50$ m; $\alpha_{Cu} = 0{,}0165 \frac{mm}{m \cdot K}$

Ges.: a) Längenänderung ΔL; b) Länge des Biegeschenkels L_B; c) Länge L_B'.

a) $\Delta L = L_o \cdot \alpha \cdot \Delta\theta = 6{,}50\ m \cdot 0{,}0165 \frac{mm}{m \cdot K} \cdot 30\ K = \underline{\underline{3{,}22\ mm}}$.

b) Aus Bild 4, vorherige Seite entnimmt man bei 5 mm Längenänderung (length extension) und einem Durchmesser von 22 mm einen Mindestbiegeschenkel der flexiblen Umlenkung von 640 mm.

c) Bei einem Maß $L' = 640$ mm für den Rohrabschnitt von der Umlenkung bis zum zweiten Festpunkt (Ankerpunkt) (thrust block) und den gleichen Bedingungen wie unter a) gerechnet wird die hier auftretende Längenänderung $\Delta L'$ deutlich geringer ausfallen als unter a) ermittelt. Daher kann auf den gleichen (weil geringsten) Wert in der Tabelle zurückgegriffen werden.
Lösung: 640 mm oder weniger.

Für **Kunststoffrohre** kann die Länge L_B der flexiblen Umlenkung nach der Gleichung

$L_B = C \cdot \sqrt{d_a \cdot \Delta L}$

berechnet werden mit

L_B = Länge der flexiblen Umlenkung in mm
C = Werkstoffkonstante nach Bild 2
d_a = Außendurchmesser in mm
ΔL = Längenänderung in mm (nach Gl. 4a Beispielaufg.)

Werkstoff	C
PE	27
PVC-U	34
PVC-C	34
PE-X	12
PP	20
PB	10
Mehrschichtsystem[a]	30

[a] Für einige Ausführungen von Mehrschichtverbundrohren gelten andere C-Werte. Der Hersteller der Mehrschichtverbundrohrsysteme gibt an, welcher C-Wert zu verwenden ist.

2 Werkstoffkonstanten C (aus DIN EN 806-4)

Beispiel:

Die Beispielaufgabe von Seite 1 wird mit unveränderten Werten, jedoch mit PP-Rohr $d_a = 25$ mm, verlegt. Zu berechnen sind die selben Größen wie unter a), b), c).
Geg.: als veränderlicher Wert $\alpha = 0{,}15 \frac{mm}{m \cdot K}$; $C = 20$ (Bild 2)

Lösung:

a) $\Delta L = 6{,}50\ m \cdot 0{,}15 \frac{mm}{m \cdot K} \cdot 30\ K = \underline{\underline{29{,}25\ mm}}$

b) $L_B = C\ x \cdot \sqrt{d_a \cdot \Delta L}$

$L_B = 20\ x\ \sqrt{25\ mm \cdot 29{,}25\ mm} = \underline{\underline{540{,}83\ mm}}$

c) Gesucht ist die Länge L_B'; dafür muss zunächst für die Ausgangslänge $L_B = 541$ mm (siehe Ergebnis unter a) die Längenänderung ΔL ermittelt werden:

$\Delta L = 0{,}541\ m \cdot 0{,}15 \frac{mm}{m \cdot K} \cdot 30\ K = \underline{\underline{2{,}43\ mm}}$

$L_B = 20\ x\ \sqrt{25\ mm \cdot 2{,}43\ mm} = \underline{\underline{155{,}9\ mm}}$

Die **Befestigungsabstände** (fixing distances) **zwischen den Schellen geradlinig verlaufender Rohre** können den folgenden Bildern 3, 1 und 2 nächste Seite entnommen werden.

Außendurchmesser des Rohren mm	L_1 mm	
	Kaltwasser	Warmwasser
≤ 16	750	400
> 16 bis ≤ 20	800	500
> 20 bis ≤ 25	850	600
> 25 bis ≤ 32	1 000	650
> 32 bis ≤ 40	1 100	800

3 Befestigungsabstände L_1

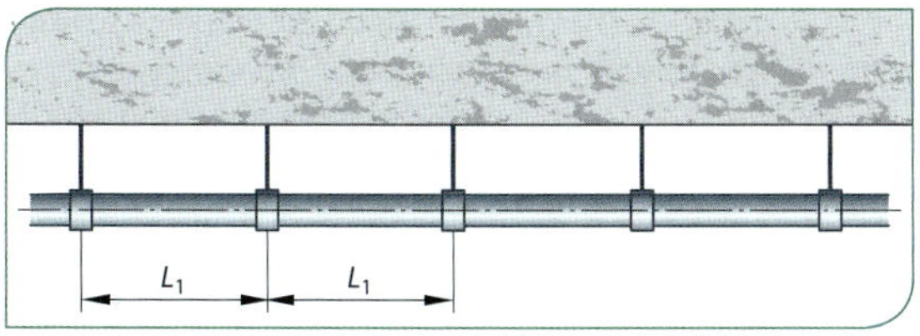

1 Befestigungsabstände L_1 von Kunststoffrohren zwischen Gleitrohrschellen (sliding hangers) oder zwischen Gleitrohrschellen und Festpunktschellen.

Werden Rohre durchgängig mit Tragekonstruktionen unterstützt, können die Schellenabstände entsprechend großzügiger ausgeführt werden (Abstandsmaße vgl. DIN EN 806-4).

Art der Rohrleitung	Nennweite des Rohres		Abstand für den horizontalen Rohrstrang[a] m	Abstand für den vertikalen Rohrstrang[a] m
Kupferrohre (EN 1057) und Rohre aus nichtrostendem Stahl (EN ISO 1127, EN 10312)	DN/ d_a	DN/ d_a		
	10	10	1,000	1,500
	12	12	1,200	1,800
	15	15	1,200	1,800
	22	20	1,800	2,400
	28	25	1,800	2,400
	35	32	2,400	3,000

[a] Aufgrund der unterschiedlichen Wanddicken und Härtegrade können die Abstände zwischen den Befestigungen für Kupferrohre in Abhängigkeit von den örtlich angewendeten Maßen schwanken.

2 Empfohlene Befestigungsabstände für Rohrleitungen aus Metall (aus DIN EN 806-4)

MERKE

Rohre müssen grundsätzlich so befestigt werden, dass die temperaturbedingte (temperature incluced) Längenänderung zerstörungsfrei aufgenommen werden kann und darüber hinaus genügend Freiraum zum Baukörper vorhanden ist.

Vgl. zu diesem Kap. auch:

- Längenausdehnung siehe Lernfeldübergreifende Inhalte Kap. 4,
- Dehnungsausgleich bei Rohren siehe LF 7 Kap. 7.4.4,
- Rohrverlegung im Mauerwerk siehe Lernfeld übergreifende Inhalte Kap. 7,
- Dämmung von Rohrleitungen siehe Lernfeld übergreifende Inhalte Kap. 6,
- Vorwandinstallation siehe LF8 Kap. 1.6.

4.2.5.3 Aussparungspläne

Laut DIN 18380 (VOB Teil C) hat der Auftraggeber dem Auftragnehmer vor Beginn der Bauarbeiten alle Angaben zu machen, die für den reibungslosen Einbau und ordnungsgemäßen Betrieb der haustechnischen Anlagen notwendig sind.

Sollen bei einem Bauvorhaben die Ver- und Entsorgungsleitungen durch Decken und Wände geführt oder im Mauerwerk verlegt werden, sind Aussparungen im Rohbau vorzusehen und dafür **vor Baubeginn** entsprechende **Aussparungspläne** zu erstellen.

Aussparungen sind **Schlitze** und **Durchbrüche** in Wänden und Decken und dienen zur Aufnahme von Rohrleitungen aller Art. Da sie u. U. die Tragfähigkeit von Wänden und Decken schwächen, sind sie rechtzeitig mit dem Statiker abzusprechen und festzulegen.

Ohne rechnerischen Nachweis dürfen Aussparungen nur ausgeführt werden, wenn die Grenzwerte nach DIN 1053-1 eingehalten werden (vgl. Lernfeldübergreifende Inhalte, Kap. 7).

Wenn die Tiefe einer Aussparung kleiner als die Tiefe des entsprechenden Baukörpers ist, wird sie als **Schlitz** bezeichnet. Entspricht die Tiefe der Aussparung der des Baukörpers, wird sie als **Durchbruch** bezeichnet.

Aussparungspläne werden im Maßstab 1:50 angefertigt und beinhalten neben den Grundrissen alle notwendigen Schnitte (Bilder 3 und 4).

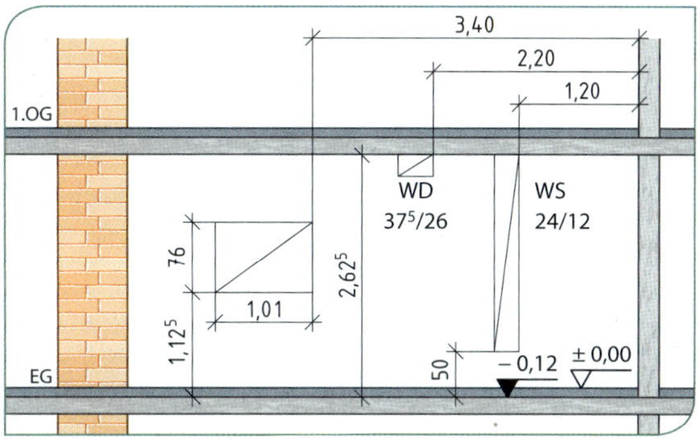

3 Wandschlitze und Durchbrüche im Schnitt

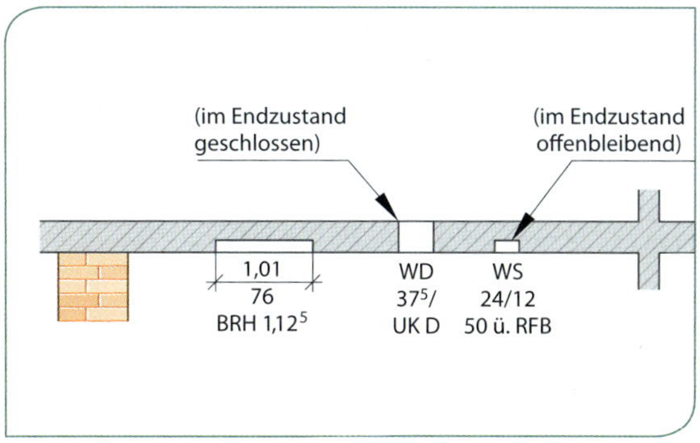

4 Wandschlitze und Durchbrüche im Grundriss

Die Aussparungen werden mit Symbolen dargestellt und durch folgende Angaben gekennzeichnet:

- Baukörper, in dem sich die Aussparung befindet, Wand (**W**), Decke (**D**), Fußboden (**FB**)
- Art der Aussparung, Durchbruch (**D**), Schlitz (**S**)
- Abmessung der Aussparung, Breite x Tiefe x Höhe
- Höhenlage der Aussparung bezogen auf ± 0,00 des jeweiligen Planes (z. B. OKRFB).

In Wänden und Decken werden Schlitze und Durchbrüche durch eine Diagonale und Abkürzungen wie z. B. **DD** (**D**ecken-**D**urchbruch) gekennzeichnet. Aussparungen in Decken werden immer im Grundriss des darunter liegenden Geschosses eingezeichnet. Die Umrisse der Aussparungen werden dabei als verdeckte Kanten gezeichnet, da sie vor der eigentlichen Schnittlinie liegen (Bild 1). Die Sinnbilder für Aussparungen in Ausführungszeichnungen enthält die DIN 1356-1.

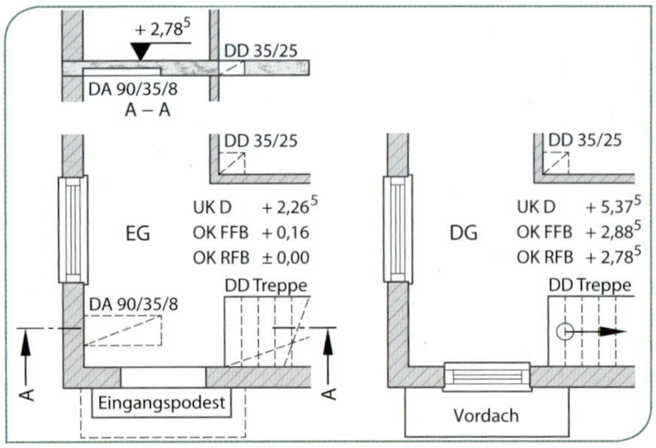

1 Aussparungen in Decken

4.2.6 Schallschutz

Bei der Installation von Trinkwasserleitungen ist der Schallschutz zu beachten. Hierbei sind insbesondere die Halterung der Rohrleitungen sowie die Wand- und Deckendurchführungen mit schalldämmenden und schalldämpfenden Elementen auszustatten (vgl. Kap. 8.8 Lernfeldübergreifende Inhalte sowie LF 7, Kap. 6.1 und LF 8, Kap. 2.2).

4.2.7 Potenzialausgleich

Hinsichtlich des Potenzialausgleichs siehe LF 8 Kapitel 3.3.

4.2.8 Arbeits- und Gesundheitsschutz

Bei der Installation der Rohrleitungen ist auf die Arbeitssicherheit und den Unfallschutz zu achten siehe Grundlagenband „Einführung in den Beruf" Kap. 5.

4.2.9 Druck und Strömung in Trinkwasseranlagen; Ermittlung der Rohrdurchmesser

Die Norm lässt bezüglich der Rohrnetzauslegung (pipe net design) zwei Methoden zu:

- Das vereinfachte (simplified method) Verfahren nach DIN EN 806-3 „Technische Regeln für Trinkwasserinstallationen; Teil 3: Berechnung der Rohrinnendurchmesser – vereinfachtes Verfahren".
- Das differenzierte Verfahren (sophisticated methods) nach nationalen Normen: für Deutschland nach DIN 1988-300 „Technische Regeln für Trinkwasserinstallationen; Teil 300: Ermittlung der Rohrdurchmesser".

Im Rahmen dieses Fachbuches wird nur auf das vereinfachte Verfahren eingegangen.

Abweichend von der Festlegung in der DIN EN 806-3, für Volumenströme (volume flows) den nach Norm ebenfalls gültigen Buchstaben *Q* zu benutzen, wird im Rahmen dieses Buches das in der Berufsschulliteratur überwiegend benutzte Kürzel $\dot{V}$ verwendet. Dieses geschieht aus Gründen der Eindeutigkeit, da das *Q* in der Wärmelehre die Wärmemenge beschreibt.

Der Anwendungsbereich dieser Norm umfasst Trinkwasserinstallationen innerhalb von Gebäuden und Grundstücken. Bild 2 enthält Begriffe und Definitionen, die für die Rohrnetzauslegung von Bedeutung sind:

Benennung	Zeichen	Einheit	Erklärung (Definition)
Mindest-Entnahmearmaturendurchfluss	$\dot{V}_{min}$	l/s	Entnahmedurchfluss, der zur Gebrauchstauglichkeit der Armatur gerade noch ausreicht
Entnahmearmaturendurchfluss	$\dot{V}_A$	l/s	Berechnungsdurchfluss für eine geöffnete Entnahmeeinrichtung
Spitzendurchfluss	$\dot{V}_D$	l/s	Für die hydraulische Berechnung maßgebender Durchfluss, unter Berücksichtigung der während des Betriebs auftretenden wahrscheinlichen Gleichzeitigkeit der Wasserentnahme
Ruhedruck	P_R	Pa	Statischer Druck an einer Messstelle in der Trinkswasseranlage, wenn kein Wasser fließt
Fließdruck	P_{FL}	Pa	Statischer Druck an einer Messstelle in der Trinkswasseranlage, während Wasser fließt
Mindestfließdruck	$P_{min\,FL}$	Pa	Erforderlicher statischer Druck an der Anschlussstelle einer Wasserentnahmearmatur bei ihrem Entnahmearmaturendurchfluss
Belastungswert (Loading unit)	*LU*	1	Faktor, der den Mindest-Entnahmearmaturendurchfluss, die Benutzungsdauer und die Häufigkeit der Benutzung berücksichtigt. Ein Belastungswert (1 = LU) entspricht einem Entnahmearmaturendurchfluss $\dot{V}_a$ von 0,1 l/s

2 Begriffe und Definitionen (aus DIN EN 806-3)

Das im Folgenden abgehandelte Berechnungsverfahren gilt für sog. **Normalinstallationen**; d. h. Entnahmearmaturendurchflüsse und Spitzendurchflüsse (peak flows) müssen den in den folgenden Tabellen angegebenen Werten entsprechen und Verbraucher werden zeitlich maximal 15 min lang versorgt.

Den Berechnungen liegen folgende weitere Bedingungen zugrunde:

- Die Ruhedrücke (at-rest pressures) an den Entnahmestellen dürfen maximal 500 kPa = 5 bar betragen; Ausnahme: Entnahmearmatur für Garten oder Garage mit max. 10 bar.
- Die Fließdrücke (flow pressures) an den Entnahmestellen müssen mindestens 100 kPa = 1 bar betragen. Sollten Armaturen einen höheren Fließdruck benötigen, so ist dieses bei den Berechnungen zu berücksichtigen.
- Den in der Tabelle Bild 1 genannten Belastungswerten LU liegen folgende Fließgeschwindigkeiten zugrunde:
  Für Sammelzuleitungen, Steigleitungen und Stockwerksleitungen max. 2 m/s;
  Für Einzelzuleitungen max. 4 m/s.
  (Nationale Forderungen diesbezüglich sind zu berücksichtigen)
- Es handelt sich um kleinere Gebäude.
- Die Berechnungsmethode (method of calculation) ist für Kalt- und Warmwasserleitungen, jedoch nicht für Zirkulationsleitungen geeignet.
- Gleichzeitigkeiten (simultaneities) bezüglich der Nutzung sind in den Tabellenwerten in Bild 1, nächste Seite berücksichtigt.

Entnahmestelle	$\dot{V}_A$	$\dot{V}_{min}$	Belastungswerte *LU*
	l/s	l/s	
Waschtisch, Handwaschbecken, Bidet, Spülkasten	0,1	0,1	1
Haushalt-Küchenspüle, -Waschmaschine, Geschirrspülmaschine, Ausgussbecken, Duschbrausekopf	0,2	0,15	2
Urinaldruckspüler	0,3	0,15	3
Badewannenauslauf	0,4	0,3	4
Entnahmearmatur für Garten/Garage	0,5	0,4	5
Gewerbe-Badewannenauslauf	0,8	0,8	8
Druckspüler DN 20	1,5	1,0	15

1 Durchflüsse (Volumenströme) und zugeordnete Belastungswerte (aus DIN EN 806-3)

Die Ermittlung der Rohrdurchmesser wird wie folgt durchgeführt:

- Das Rohrnetz wird in einzelne Streckenabschnitte (Teilstrecken) unterteilt.
- Ausgehend vom entferntesten Streckenabschnitt werden die Belastungswerte für die einzelnen Teilstrecken nach Tabelle Bild 1 ermittelt. Dabei werden die Belastungswerte entsprechend addiert.
- Anschließend werden unter Berücksichtigung der geplanten Rohrwerkstoffe die Innendurchmesser der Rohre in Abhängigkeit der addierten Belastungswerte aus Bild 1, nächste Seite ermittelt.

Lernfeld 5

Tabelle 3.1 – feuerverzinkte Stahlrohre

Max. Belastungswert	*LU*	6	16	40	160
Größter Einzelwert	*LU*	4	15		
d_i	mm	16	21,6	27,2	35,9
Max. Rohrlänge	m	10	6		

Tabelle 3.2 – Kupferrohre

Max. Belastungswert	*LU*	1	2	3	4	5	6	10	20	50	165
Größter Einzelwert	*LU*			2			4	5	8		
d_a x s	mm	12 x 1,0			15 x 1,0			18 x 1,0	22 x 1,0	28 x 1,5	35 x 1,5
d_i	mm	10,0			13,0			16,0	20,0	25	32
Max. Rohrlänge	m	20	7	5	15	9	7				

Tabelle 3.3 – Rohre aus nichtrostendem Stahl

Max. Belastungswert	*LU*	3	4	6	10	20	50	165
Größter Einzelwert	*LU*			4	5	8		
d_a x s	mm	15 x 1,0			18 x 1,0	22 x 1,2	28 x 1,2	35 x 1,5
d_i	mm	13,0			16,0	19,6	25,6	32
Max. Rohrlänge	m	15	9	7				

Tabelle 3.6 – PP-Rohre

Max. Belastungswert	*LU*	1	2	3	4	5	6	13	30	70
Größter Einzelwert	*LU*			2			4	5	8	
d_a x s	mm	16 x 2,7			20 x 3,4			25 x 4,2	32 x 5,4	40 x 6,7
d_i	mm	10,6			13,2			16,6	21,2	26,6
Max. Rohrlänge	m	20	12	8	15	9	7			

Tabelle 3.7 – PVC-C-Rohre

Max. Belastungswert	*LU*	3	4	5	10	20	45
Größter Einzelwert	*LU*			4	5	8	
d_a x s	mm	16 x 2,0			20 x 2,3	25 x 2,8	32 x 3,6
d_i	mm	12,0			15,4	19,4	24,8
Max. Rohrlänge	m	10	6	5			

Tabelle 3.8 – PEX/AL/PE-HD- bzw. PE-MD/AL/PE-HD-Rohre

Max. Belastungswert	*LU*	3	4	5	6	10	20	55
Größter Einzelwert	*LU*			4	5	5	8	
d_a x s	mm	16 x 2,25/16 x 2,0			18 x 2	20 x 2,5	26 x 3	32 x 3
d_i	mm	11,5/12,0			14	15	20	26
Max. Rohrlänge	m	9	5	4				

1 Belastungswerte und zugeordnete Rohr(innen)durchmesser (aus DIN EN 806-3)

Sind verwendete Rohrwerkstoffe nicht aufgeführt, so sind die jeweils ähnlichsten Werkstoffe und Durchmesser zu wählen.

4.2.10 Rohrnetzauslegung am Beispiel

Festlegung: Das Rohrnetz der geplanten Trinkwasseranlage des Musterhauses soll in Kupferrohr (copper pipe) ausgeführt werden.

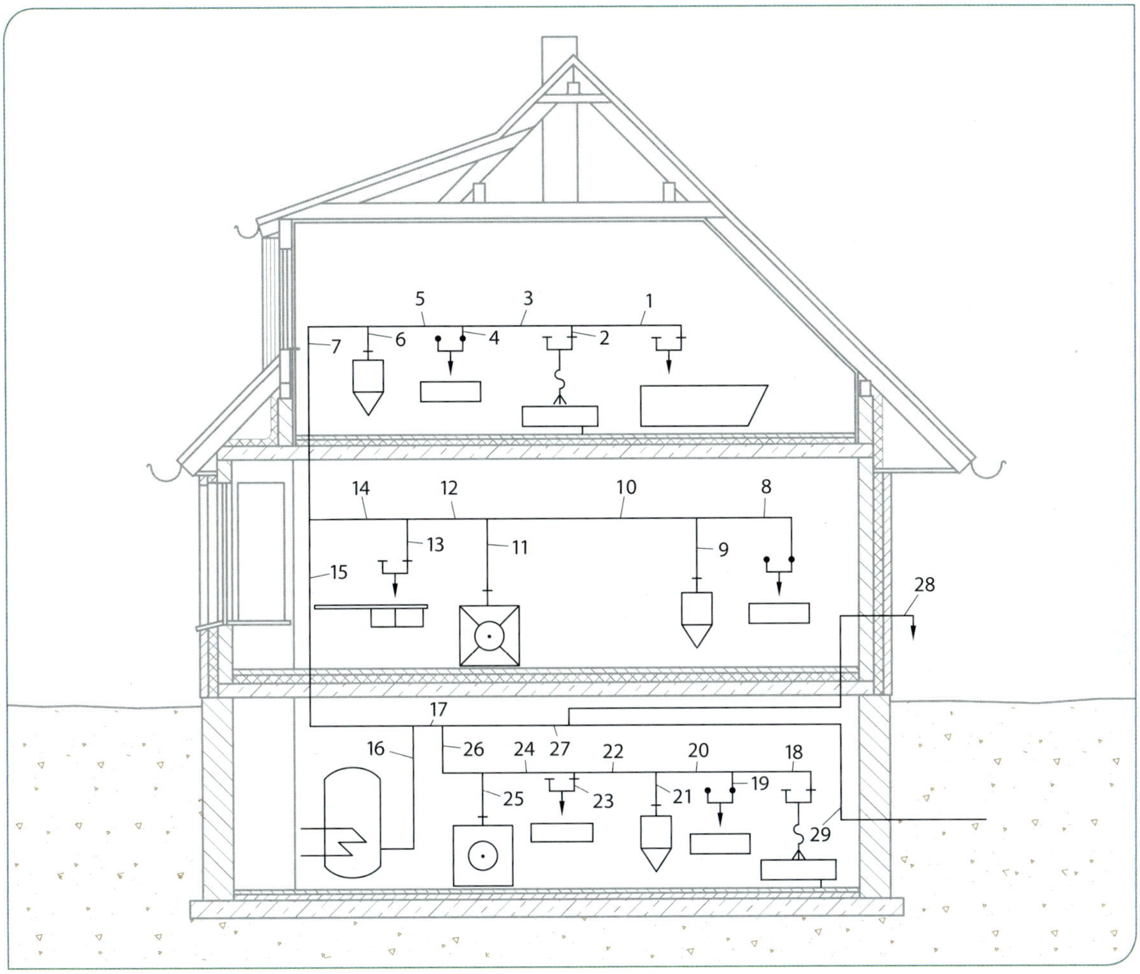

1 Einteilung des Rohrnetzes der Musteranlage in Teilstrecken

Teilstrang	Objektbezeichnung	Summe LU	Innendurchm. in mm	Zugeordneter DN lt. Tab.
1	Badewanne	4	13	12 (15x 1)
2	Dusche	2	10	10 (12 x 1)
3	Badew. u. Du.	6	13	12
4	Waschtisch	1	10	10
5	Badew./Du./Wascht.	7	16	15 (18 x 1)
6	WC mit Spülk.	1	10	10
7	Badew./Du./Wascht./WC	8	16	15
8	Handwaschbecken	1	10	10
9	WC mit Spülk.	1	10	10
10	Handwaschb./WC	2	10	10
11	Geschirrspülmasch.	2	10	10
12	Handwaschb./WC/Geschirrspülmasch.	4	13	12

Lernfeld 5

13	Küchenspüle	2	10	10
14	Handwaschb./WC/Geschirrspülmasch./Küchenspüle	6	13	12
15	Summe aus Teilstr. 7 und 14	14	20	20 (22x1)
16	Speicher siehe separate Aufstellung	15	20	20
17	Summe aus Teilstr. 15 und 16	29	25	25 (28 x 1,5)
18	Dusche	2	10	10
19	Handwaschb.	1	10	10
20	Dusche/Handwaschb.	3	10	10
21	WC mit Spülk.	1	10	10
22	Dusche/Handwaschb./WC mit Spülk.	4	13	12
23	Ausgussbecken	2	10	10
24	Dusche/Handwaschb./WC mit Spülk./ Ausgussbecken	6	13	12
25	Waschmaschine	2	10	10
26	Dusche/Handwaschb./WC mit Spülk./ Ausgussb./ Waschmasch.	8	16	15
27	Summe aus Teilstr. 17 und 26	37	25	25
28	Entnahmearmatur für Garten	5	16	15
29	Summe aus Teilstr. 27 und 28	42	25	25

1 Ermittelte Rohr(innen)durchmesser für die Musteranlage

Zu Teilstr. 16 (Speicher):
Der Trinkwarmwasserspeicher versorgt folgende Objekte

Geschoss	Objekt	LU
OG	Badewanne	4
	Dusche	2
	Waschtisch	1
EG	Handwaschbecken	1
	Küchenspüle	2
KG	Dusche	2
	Handwaschbecken	1
	Ausgussbecken	2
	Summe	15

Anmerkung: Die ermittelten Durchmesser stellen Mindestdurchmesser dar. So ist es aus z.B. Lagerhaltungs- oder Kostengründen möglich, die geringen Durchmesser der Einzelzuleitungen auf ein gängigeres Maß von DN 12 (15 x 1) zu erweitern. Allerdings sollte berücksichtigt werden, dass aus hygienischer Sicht „schlanke" Systeme mit möglichst wenig Wasserinhalt zu bevorzugen sind.

ÜBUNGEN

1) Nennen Sie mindestens 10 Regeln für das Verlegen von erdverlegten Leitungen (auch Hausanschlussleitungen).

2) Nennen Sie mindestens drei Werkstoffe, aus denen erdverlegte Leitungen bestehen können und zählen Sie jeweils einen Vorteil auf.

3) Zählen Sie mindestens fünf Verlegeregeln für Innenleitungen auf.

4) Ordnen Sie den im Trinkwasserbereich verwendeten Rohrwerkstoffen mindestens je zwei übliche Verbindungsarten zu.

5) Nennen Sie die Anforderungen, die an Rohrverbindungen gestellt werden.

6) Begründen Sie, warum Kupferrohre und Kupferfittings bis zu einem Außendurchmesser ≤ 28 mm im Trinkwasserbereich nicht hartgelötet werden dürfen.

7) Nennen und begründen Sie die Fließregel im Trinkwasserbereich.

8) Nennen Sie ein Misch-Installationssystem für metallene Leitungen, für das die Fließregel nicht angewendet werden kann.

9) Beschreiben Sie die Ausführung des Übergangs von Metall zu Metall bei einer Mischinstallation.

10) Nennen Sie mindestens drei unterschiedliche Konstruktionsprinzipien von Absperrorganen, die in der Trinkwassertechnik gebräuchlich sind und ordnen Sie ihnen deren maßgebliche Eigenschaften und ihre Verwendung zu.

11) Skizzieren Sie ein herkömmliches und ein modernes Rohrnetzsystem von Trinkwasser- Innenleitungen und stellen Sie Vorteile/ Nachteile dar.

12) Beschreiben Sie die Funktionsweise eines Strömungsteilers mittels einer Skizze und erläutern Sie dessen Vorzüge.

13) Eine Trinkwasserleitung aus Kupferrohr DN 20 für eine Außenzapfstelle wurde geradlinig 10 m im Keller unter der Decke im Winter bei – 20 °C montiert. Im Betrieb kann das Wasser eine maximale Temperatur von + 20 °C annehmen. Zu ermitteln sind die Längenänderung ΔL und $\Delta L'$ sowie die flexiblen Schenkel L_B und L_B'.

14) Wie müssen Rohre grundsätzlich am Baukörper befestigt werden?

15) Nennen Sie zwei Verfahren für die Berechnung der Rohrdurchmesser von Trinkwasserleitungen.

16) Was wird unter einer sog. „Normalinstallation“ verstanden?

17) Nennen Sie drei Bedingungen, die dem vereinfachten Berechnungsverfahren für Rohrdurchmesser von TW-Anlagen zugrunde liegen.

18) Beschreiben Sie anhand von drei Schritten die Ermittlung der Rohrdurchmesser.

5 Druckprüfung von Trinkwasseranlagen

In der DIN EN 806-4 wird gefordert, dass nach der Installation der Anlage aus hygienischer Sicht in der Reihenfolge

- die Druckprüfung (hydraulic pressure test) zu erfolgen hat und danach möglichst zeitnah (prompt)
- **unmittelbar vor der Inbetriebnahme** die Rohrleitungen zu spülen sind.

In Anlehnung an die in der Norm DIN EN 806-4 dargestellten Ausführungen zur Druckprüfung hat der ZVSHK ein Merkblatt zu „Dichtheitsprüfungen (leak test) von Trinkwasserinstallationen“ verfasst. Hierin werden die beiden grundsätzlich zu unterscheidenden Verfahren **Dichtheitsprüfung mit inerten** (inert) **Gasen oder mit Druckluft** (compressed air) und **Dichtheitsprüfung mit Wasser** beschrieben.

Im Einzelnen können durchgeführt werden eine:

- Dichtheitsprüfung mit inerten Gasen
  Sie wird angewendet, wenn die Hygieneanforderungen bei besonders sensiblen Trinkwasseranlagen für z. B. Krankenhäuser, Arztpraxen etc. besonders hoch sind und bei Verwendung von Luft die Gefahr der Wasserdampfkondensation (steam condensation) besteht.
- Dichtheitsprüfung mit Druckluft
  Sie ist der Dichtheitsprüfung mit Wasser vorzuziehen, wenn
  - eine längere Stillstandsphase (rest period) vor der Inbetriebnahme und möglicherweise durch erhöhte Umgebungstemperaturen eine Verkeimungsgefahr gegeben sind,
  - in Frostperioden bei längeren Überbrückungszeiten zwischen der Dichtheitsprüfung und der Inbetriebnahme die Anlage nur teilentleert werden kann,
  - Werkstoffe bei Teilentleerung einer möglichen Korrosionsgefahr unterliegen.

- Dichtheitsprüfung mit Wasser
  Sie wird angewendet, wenn die o. g. Risiken ausgeschlossen werden können und wenn sichergestellt ist, dass nur Wasser in Trinkwasserqualität genutzt wird.

Allgemeine Bedingungen:
- Die Anlage kann in kleinere Prüfabschnitte unterteilt werden.
- Apparate, Trinkwassererwärmer, Druckbehälter u. ä. sind von den Rohrleitungen zu trennen, sofern sich deren Volumen auf die Sicherheit und das Prüfergebnis negativ auswirken.
- Leitungsöffnungen müssen mit geeigneten Stopfen, Steckscheiben, Blindflanschen usw. verschlossen werden. Armaturen sind in diese Maßnahmen mit einzubeziehen.
- An geeigneten Stellen sind in ausreichender Zahl Entlüftungsarmaturen (deaeration valves) zu installieren, die ein gefahrloses Entlüften ermöglichen.
- Die Dichtheitsprüfung ist bei offen liegenden Leitungen durchzuführen.

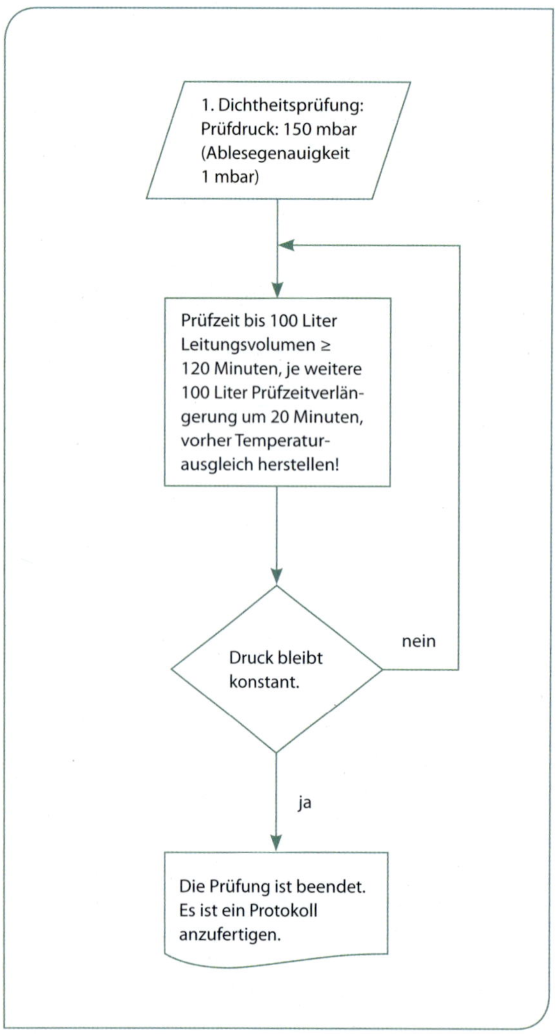

1 Programmablaufplan der Dichtheitsprüfung

5.1 Druckprüfung mit Druckluft oder Inertgas

Das folgende Bild 1 zeigt den Ablauf der 1. Stufe der Druckprüfung, der **Dichtheitsprüfung**.
Nach der Dichtheitsprüfung erfolgt die **Belastungsprüfung** (load test). Sie wird unter Berücksichtigung sicherheitsrelevanter Überlegungen auf 3 bar begrenzt. Danach soll der **Prüfdruck**
- bei Rohrdimensionen **bis einschließlich DN 50 max. 3 bar** und
- bei Rohrdimensionen **über DN 50 max. 1 bar** betragen.

Nach Erreichen des Prüfdruckes beträgt die **Prüfzeit 10 min.** Die Ablesegenauigkeit (accuracy of reading) des Manometers muss mindestens 0,1 bar betragen. Als Prüfmedien können verwendet werden
- ölfreie **Druckluft**,
- Inertgase wie z. B. Kohlendioxid und Stickstoff,
- und für Leckortungsverfahren **Formiergas** (forming gas) als Mischgas Stickstoff mit 5 % Wasserstoff.

Die Dichtheitsprüfung kann z. B. mit einem handelsüblichen Messgerät durchgeführt werden, das auch bei der Dichtheitskontrolle für Gasanlagen verwendet wird (Fachkenntnisse 2, LF 10, Leitungsanlagen). Für die Belastungsprüfung wird ein Kompressor mit ölfreier Druckluft benötigt.

5.2 Druckprüfung mit Wasser

In Anlehnung an das Prüfverfahren „B" nach DIN EN 806-4 wird aus Gründen der Praktikabilität (practicability) auf der Baustelle ein vom ZVSHK abgewandeltes Verfahren beschrieben. Danach ist:
- ein Druckmessgerät (Anzeigegenauigkeit 0,1 bar) an der niedrigsten (lowest) Stelle der Anlage einzubauen,
- jedes Leitungsende zu entlüften, wobei der Druckanstieg langsam zu erfolgen hat,
- ein Temperaturausgleich (temperature balance) herzustellen, wobei Temperaturdifferenzen von mehr als 10 K zwischen Umgebungs- und Wassertemperatur eine Wartezeit von mindestens 30 Minuten erfordern. Der Druck muss dann für mindestens 10 Minuten aufrecht erhalten werden. Anschließend beginnt die eigentliche Dichtheitsprüfung.

Bei der Druckprüfung mit Wasser wird unterschieden zwischen der:
- Prüfung von Metall-, Mehrschichtverbund- und PVC-Rohrleitungen und
- Prüfung von PP-, PE-, PE-X-, PB- Rohrleitungen sowie mit diesen kombinierte Installationen aus Metall- und Mehrschichtverbund- Rohrleitungen.

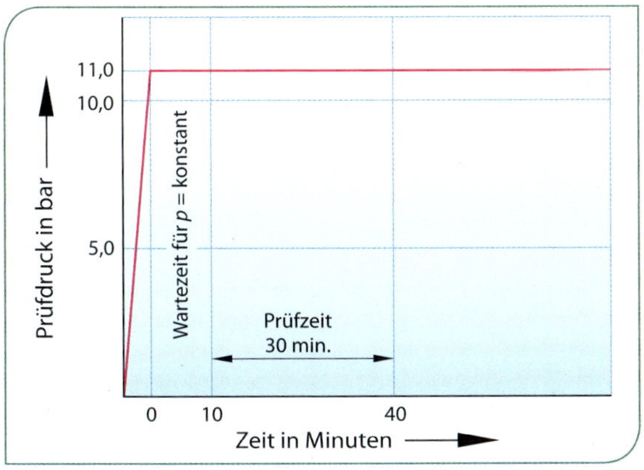

1 Druckprüfung von Metall-, Mehrschichtverbund- und PVC- Rohrleitungen

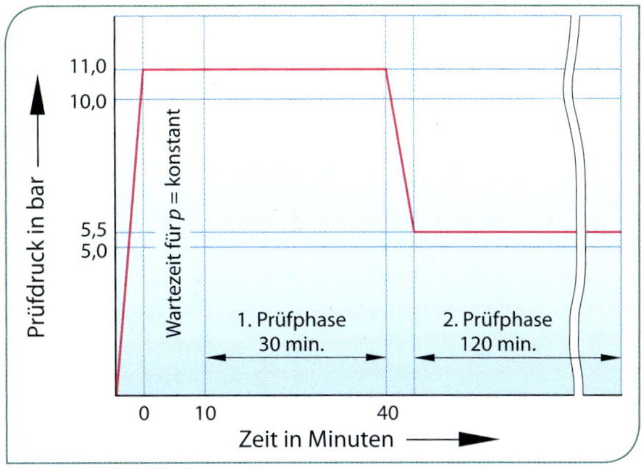

2 Druckprüfung von PP-, PE-, PE-X-, PB- Rohrleitungen sowie mit diesen kombinierte Installationen aus Metall- und Mehrschichtverbund- Rohrleitungen

Prüfung von Metall-, Mehrschichtverbund- und PVC-Rohrleitungen

Da der zulässige Betriebsdruck (maximum working pressure) 10 bar beträgt und der Prüfdruck das 1,1 fache des zulässigen Betriebsdruckes betragen muss, wird das Rohrsystem mit einem **Prüfdruck von 11 bar** belastet. Die **Prüfzeit** beträgt **30 Minuten** (Bild 1). Während dieser Prüfzeit darf kein Druckabfall (fall of pressure) erkennbar sein. Anderenfalls ist die undichte (leaky) Stelle zu orten, die Undichtheit zu beseitigen und eine erneute Dichtheitsprüfung durchzuführen.

Vor der eigentlichen Druckprüfung muss **bei Pressverbindungen** (compression joints) eine Dichtheitskontrolle bei einem maximalen **Prüfdruck** von **6 bar** oder nach Herstellerangaben geprüft werden, ob die Leitungen im unverpressten Zustand undicht sind. Die **Prüfzeit** soll **15 Minuten** betragen.

Prüfung von PP-, PE-, PE-X-, PB- Rohrleitungen sowie mit diesen kombinierte Installationen aus Metall- und Mehrschichtverbund- Rohrleitungen

Diese Prüfung besteht aus zwei Abschnitten:

Im ersten Teil wird wie bei der Prüfung von Metallrohren verfahren. Der **Prüfdruck** beträgt **11 bar bei einer Prüfzeit von 30 Minuten**.

Im daran anschließenden Teil wird der Prüfdruck durch Ablassen von Wasser aus dem System auf **5,5 bar abgesenkt** (0,5-facher Prüfdruck). Dieser Druck muss bei einer weiteren Prüfzeit von **120 Minuten** konstant bleiben (Bild 2).

Über die erfolgreich verlaufene Druckprüfung ist ein Protokoll (Bilder 1 und 2, nächste Seite) anzufertigen. Dieses ist von den beiden Vertragsparteien Auftraggeber und Installationsunternehmen zu unterzeichnen.

MERKE

Die Druckprüfung und das Spülen sind möglichst zeitnah hintereinander und unmittelbar vor der Inbetriebnahme durchzuführen. Ist das nicht realisierbar, muss die Druckprüfung mit Luft oder inerten Gasen erfolgen.

ÜBUNGEN

1) Nennen und begründen Sie die richtige Reihenfolge der Tätigkeiten „Inbetriebnahme“, „Druckprüfung“ und „Spülen“ an der Trinkwasseranlage.

2) Erläutern Sie, in welchen Fällen die Druckprüfung mit inerten Gasen durchzuführen ist.

3) Unter welchen Bedingungen kann die Druckprüfung mit Wasser erfolgen?

4) Beschreiben Sie den innerhalb der Druckprüfung mit Druckluft oder Inertgas geforderten Ablauf der Dichtheitsprüfung und den sich daran anschließenden Ablauf der Belastungsprüfung.

5) Beschreiben Sie den Ablauf einer Druckprüfung mit Wasser für eine Rohrleitung aus Polypropylen (PP).

6) Welcher besonderen Bedingung unterliegt die Prüfung in Aufgabe 5, wenn Pressverbindungen verwendet wurden?

Druckprobenprotokoll für die Trinkwasserinstallation mit dem Prüfmedium Druckluft oder Inertgas

Bauvorhaben: ____________________

Auftraggeber vertreten durch: ____________________

Auftragnehmer/verantwortlicher Fachmann vertreten durch: ____________________

Werkstoff des Rohrleitungssystems: ____________________

Verbindungsart: ____________________

Anlagendruck: ______ bar

Umgebungstemperatur ______ °C vom Prüfmedium ______ °C

Prüfmedium ☐ ölfreie Druckluft ☐ Stickstoff ☐ Kohlendioxid ☐ ______

Die Trinkwasseranlage wurde als ☐ Gesamtanlage ☐ in ___ Teilabschnitten geprüft.

Alle Leitungen wurden mit metallenen Stopfen, Kappen, Steckscheiben oder Blindflanschen geschlossen. Apparate, Druckbehälter oder Trinkwassererwärmer waren von den Leitungen getrennt. Eine Sichtkontrolle aller Rohrverbindungen auf fachgerechte Ausführung wurde durchgeführt.

☐ **Dichtheitsprüfung**
Prüfdruck 150 hPA (150 mbar)
Prüfzeit bis 100 Liter Leitungsvolumen mind. 120 Min.
Je weitere 100 Liter ist die Prüfzeit um 20 Min. zu erhöhen.

Leitungsvolumen ______ Liter Prüfzeit ______ Minuten

Temperaturabgleich und Beharrungszustand bei Kunststoffwerkstoffen wird abgewartet, danach begann die Prüfzeit.

☐ Während der Prüfzeit wurde kein Druckabfall festgestellt.

☐ **Belastungsprüfung mit erhöhtem Druck**

Prüfdruck ≤ 50 DN max. 0,3 MPa (3 bar) > 50 DN max. 0,1 MPa (1 bar)

Prüfzeit 10 Min.

Temperaturabgleich und Beharrungszustand bei Kunststoffen wird abgewartet, danach begann die Prüfzeit.

☐ Während der Prüfzeit wurde kein Druckabfall festgestellt.

☐ Die Rohrleitungen sind dicht.

Ort ______ Datum ______

Auftraggeber bzw. Vertreter ______ Auftragnehmer bzw. Vertreter ______

1 Druckprobenprotokoll für die TW-Installation mit dem Prüfmedium Luft oder Inertgas (aus: ZVSHK-Merkblatt Dichtheitsprüfungen)

Druckprobenprotokoll für die Trinkwasserinstallation mit dem Prüfmedium Wasser

Bauvorhaben: ____________________

Auftraggeber vertreten durch: ____________________

Auftragnehmer vertreten durch: ____________________

Spülung des Haus-/Bauwasseranschlusses Datum: ____________________

☐ Das Füllwasser wurde filtriert, die Leitungsanlagen vollständig entlüftet.
Der zulässige Betriebsdruck beträgt P_{zul} = 1 MPa (10 bar) / ____ MPa/____ bar (wenn höher)
Wassertemperatur ϑw = _____ °C; Umgebungstemperatur ϑu = ______ °C
$\Delta\vartheta = \vartheta u - \vartheta w$ = _____ K

Die Rohrleitung besteht aus

☐ **Metall-, Mehrschichtverbund- und PVC-Rohrleitungen**

1. ☐ $\Delta\vartheta \leq 10$ K Umgebungstemperatur zu Fülltemperatur.
2. Bei Pressverbindungen unverpresst undicht zunächst einen Prüfdruck mittels Versorgungsdruck aufbringen, max. 0,6 MPa (6 bar) oder Herstellerangaben.
   Prüfzeit 15 Min.
   Aufgebrachter Druck ____ MPa (____ bar).
3. Prüfdruck aufbringen mind. 1,1 MPa (11 bar)
   $P_{prüf} = P_{zul} \times 1{,}1$ = _____ MPa (____ bar)
4. Prüfzeit 30 Min.
5. Bewertung:
   Während dieser Zeit ist kein Druckabfall ($\Delta_P = 0$) eingetreten, Undichtheiten sind nicht erkennbar.

☐ Die Rohrleitungen sind dicht.

☐ **Kunststoffwerke PP, PE, PE-X, PB-Rohrleitungen sowie damit kombinierte Installationen aus Metall- und Mehrschichtverbundrohrleitungen**

1. ☐ $\Delta\vartheta \leq 10$ K Umgebungstemperatur zu Fülltemperatur.
2. Bei Pressverbindungen unverpresst undicht zunächst einen Prüfdruck mittels Versorgungsdruck aufbringen, max. 0,6 MPa (6 bar) oder Herstellerangaben.
   Prüfzeit 15 Min.
   Aufgebrachter Druck _____ MPa (____ bar).
3. Prüfdruck aufbringen mind. 1,1 MPa (11 bar)
   $P_{prüf} = P_{zul} \times 1{,}1$ = _____ MPa (____ bar)
4. Prüfzeit 30 Min.
5. Prüfung auf offensichtliche Undichtheiten, Sichtkontrolle und am Manometer
6. Absenkung des Drucks auf 0,5-fachen Prüfdruck bei 1,1 MPa (11 bar) auf 0,55 MPa (5,5 bar)
7. Weitere Prüfzeit 120 Min.
8. Bewertung:
   Während dieser Zeit ist kein Druckabfall ($\Delta_P = 0$) eingetreten, Undichtheiten sind nicht erkennbar.

☐ Die Rohrleitungen sind dicht.

Ort ______ Datum ______

Auftraggeber bzw. Vertreter ______ Auftragnehmer bzw. Vertreter ______

2 Druckprobenprotokoll für die TW- Installation mit dem Prüfmedium Wasser (aus: ZVSHK-Merkblatt Dichtheitsprüfungen)

6 Spülen von Trinkwasseranlagen

In der DIN EN 806-4 werden zwei Spülverfahren beschrieben. Zum einen ist es das wohl am häufigsten angewendete Verfahren „Spülen mit Wasser", zum anderen das bei hartnäckigeren Verschmutzungen wirksamere Verfahren „Spülen mit einem Wasser-/Luft-Gemisch". Grundsätzlich sind die Leitungen für Trinkkaltwasser und Trinkwarmwasser getrennt (seperately) zu spülen. Es ist mit Trinkwasser zu spülen, wobei das benutzte Wasser zu filtern ist. Dafür sind mechanisch wirkende Filter nach EN 13443-1 zu verwenden.

PRAXISHINWEIS

Da die in der vorgenannten EN- Norm beschriebenen Spülverfahren (flushing method) in ihrem Ablauf zu missverständlichen Interpretationen führen können, wird im Folgenden das im ZVSHK- Merkblatt „Spülen, Desinfizieren (desinfection) und Inbetriebnahme von Trinkwasser- Installationen" (Oktober 2004) dargestellte Verfahren vorgestellt, das dem Installateur schon seit längerer Zeit einen praktikablen Weg für das Spülen an die Hand gibt.

6.1 Spülen mit Wasser (flushing with water)

- Einbauteile wie Strahlregler (straighteners), Brauseköpfe (shower heads) oder Handbrausen, Siebe oder Durchflussregler sollten ausgebaut werden, um einen möglichst hohen Durchfluss zu erzielen. Hinsichtlich der eingebauten Armaturen und Apparate sind die Herstellerangaben zu beachten.
- Alle Wartungsarmaturen müssen während der Spülung vollständig geöffnet sein. Große Leitungsnetze können abschnittsweise (section by section) gespült werden. Die Rohrstranglänge soll 100 m nicht überschreiten.
- Eventuell vorhandene Druckminderer dürfen den Versorgungsdruck nicht reduzieren und sind erst nach dem Spülen einzuregulieren (to be adjusted).
- Das Spülen wird stockwerksweise (floor by floor) von unten nach oben in der Abfolge vom nächstgelegenen zum entferntesten Strang durchgeführt.
- In jedem Stockwerk ist eine Mindestanzahl von Entnahmestellen (Tab. Bild 1) vollständig für mindestens fünf Minuten zu öffnen, wobei mit der am weitesten von der Steigleitung entfernten Entnahmestelle zu beginnen ist.
- Nach der abgelaufenen Spüldauer an der zuletzt geöffneten Armatur werden die Entnahmestellen in umgekehrter Reihenfolge geschlossen.

Größte Nennweite der Sammelzuleitung DN im aktuellen Spülanschnitt	25	32	40	50
Mindestanzahl der zu öffnenden Entnahmestellen	2	4	6	8

1 Mindestanzahl der zu öffnenden Entnahmestellen, bezogen auf die größte Nennweite der Sammelzuleitung im aktuellen Spülabschnitt (Richtwerte)

Das folgende Bild 2 zeigt beispielhaft den Spülablauf, wobei es durchaus sinnvoll ist, bei einem Leitungssystem mit Stichleitungen über die Mindestanzahl der zu öffnenden Entnahmestellen hinausgehend alle Zapfstellen zu öffnen.

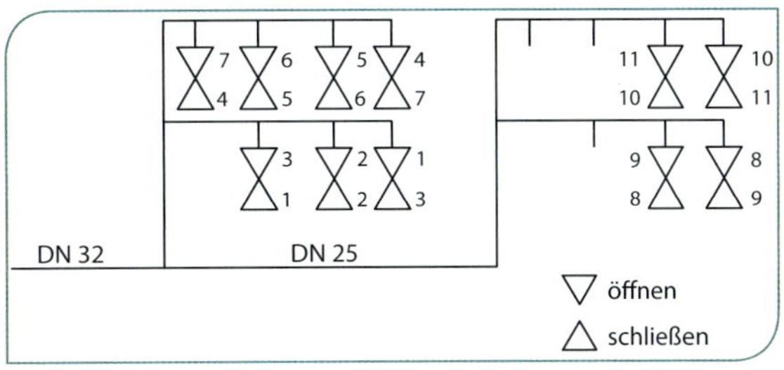

2 Spülfolge mit Mindestanzahl Entnahmestellen

6.2 Spülen mit einem Wasser-Luft-Gemisch

Die Bedingungen sind entsprechend den Ausführungen im Abschnitt 6.1 einzuhalten, jedoch sind die Anzahl der erforderlichen Entnahmestellen (Bild 3) sowie die Spülzeiten unterschiedlich.

Größte Nennweite der Sammelzuleitungen DN	25	32	40	50
Mindest-Volumenstrom bei voller Füllung der Sammelzuleitungen $\dot{V}$ in l/min	15	25	38	59
Mindestanzahl der zu öffnenden Entnahmestellen DN 15	1	2	3	4

3 Mindestanzahl und Mindestvolumenstrom der zu öffnenden Entnahmestellen bei einer Mindestfließgeschwindigkeit von 0,5 m/s

Die Spüldauer soll je laufenden Meter Leitungslänge im aktuellen Spülabschnitt 15 Sekunden nicht unterschreiten. An jeder Entnahmestelle muss die Spüldauer mindestens zwei Minuten betragen. Bei annähernd gleichem Wasser- und Luftdruck wird durch gleichzeitiges periodisches Öffnen und Schließen der Wasser- und Luftzufuhr infolge der sich einstellenden Druckimpulse (pressure impulses) eine intensive Spülwirkung erzielt. Bild 1, nächste Seite zeigt einen exemplarischen Aufbau einer derartigen Spüleinrichtung nach DIN EN 806-4, Bild 2 stellt eine industriell gefertigte Apparatur dar.

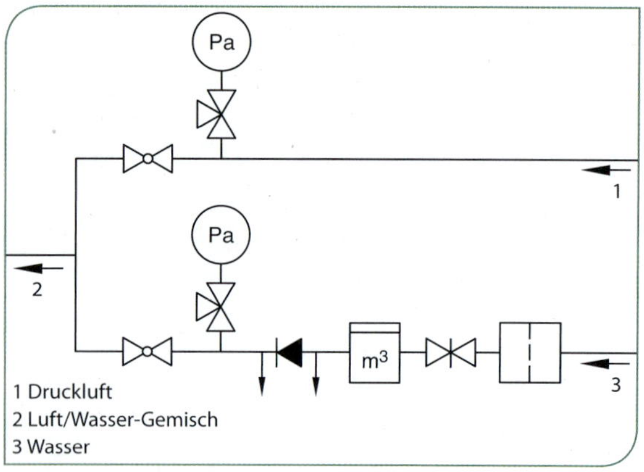

1 Spüleinrichtung mit einem Wasser-Luft-Gemisch

2 Industrielle Wasser-Luft-Spüleinrichtung

Das Spülen muss protokolliert werden. Das Protokoll (certificate) ist dem Auftraggeber mit den übrigen Unterlagen auszuhändigen (Bild 3):

ÜBUNGEN

1. Nennen Sie die beiden Spülverfahren und begründen Sie, warum in den meisten Fällen das einfachere „Spülen mit Wasser" angewendet wird.
2. Beschreiben Sie anhand der Trinkwasseranlage des Musterhauses die Durchführung des Spülens mit Wasser.

sanitär heizung klima

Spülprotokoll für die Trinkwasserinstallation

Spülverfahren: Wasser

Bauvorhaben: ______

Auftraggeber vertreten durch: ______

Auftragnehmer vertreten durch: ______

1. Die Druckprobe hat am ______ stattgefunden.
2. Verwendeter Werkstoff: ______
3. Tabelle: Richtwert für die Mindestzahl der zu öffnenden Entnahmestellen, bezogen auf die größte Nennweite der Verteilungsleitung

Größte Nennweite der Verteilungsleitung DN im aktuellen Spülabschnitt	25	32	40	50	65	80	100
Mindestanzahl der zu öffnenden Entnahmestellen DN 15	2	4	6	8	12	18	28
Zur Spülung	___	___	___	___	___	___	___

4. Innerhalb eines Geschosses werden die Entnahmestellen, mit der vom Steigstrang entferntesten Entnahmestelle beginnend, voll geöffnet.
   Nach der Spüldauer von 5 Minuten an der zuletzt geöffneten Spülstelle wurden die Entnahmestellen nacheinander geschlossen.
5. Das zur Spülung verwendete Trinkwasser wurde filtriert.
   Ruhedruck P_W = ______ bar.
6. Wartungsarmaturen (Etagenabsperrungen, Vorabsperrungen) wurden voll geöffnet.
7. Empfindliche Armaturen und Apparate wurden ausgebaut und durch Passstücke ersetzt bzw. flexible Leitungen überbrückt.
8. Luftsprudler, Perlatoren, Durchflussbegrenzer waren ausgebaut.
9. Eingebaute Schmutzfangsiebe und Schmutzfänger vor Armaturen wurden nach der Wasserspülung gereinigt.
10. Die Spülung erfolgte beginnend von der Hauptabsperrarmatur in der Spülfolge abschnittweise zur entferntesten Entnahmestelle.

Die Spülung der Trinkwasser-Installation ist ordnungsgemäß erfolgt:

______ Ort ______ Datum

______ Auftraggeber bzw. Vertreter ______ Auftragnehmer bzw. Vertreter

3 Spülprotokoll für das Spülen mit Wasser (aus: ZVSHK-Merkblatt Spülen, Desinfizieren und Inbetriebnahme von Trinkwasserinstallationen)

7 Instandhaltung von Trinkwasseranlagen

Allgemeine Hinweise zu Instandhaltungsmaßnahmen (maintenance measures) an Trinkwasseranlagen geben die VDI- Richtlinien 6023 Blatt 1 und 6024 Blatt 1. Es wird darauf verwiesen, dass hinter dem Hausanschluss (service connection) (nach dem Wasserzähler) der Anschlussnehmer, also der Hauseigentümer und u. U. der Betreiber, für den einwandfreien Betrieb der Trinkwasseranlage verantwortlich ist. In der DIN EN 806-5 werden die Instandhaltungsmaßnahmen präzisiert. Dort heißt es, dass neben den Rohrleitungen besonders die in Leitungsanlagen und Apparaten installierten Sicherheits- und Sicherungseinrichtungen in einem betriebssicheren (operationally reliable) Zustand gehalten werden müssen. Dem Betreiber wird daher empfohlen, mit einem Installationsunternehmen einen Wartungsvertrag für die Trinkwasseranlage abzuschließen. Im Anhang der Norm werden entsprechende Inspektions- und Wartungsarbeiten für infrage kommende Anlagenteile aufgeführt (Bild 1).

Diese Arbeiten sind vom Installationsunternehmen zu protokollieren und nach der Abnahme (approval) durch den Betreiber von diesem gegenzuzeichnen (to be countersigned).

Nr.	Anlagenbauteil und Einheit	Bezugsdokument	Inspektion	Routinemäßige Wartung
1	Ungehinderter freier Auslauf (AA)	EN 13076	halbjährlich	
2	Systemtrenner mit kontrollierbarer druckreduzierter Zone (BA)	EN 12729	halbjährlich	jährlich
3	Systemtrenner mit unterschiedlichen nicht kontrollierbaren Druckzonen (CA)	EN 14367	halbjährlich	jährlich
4	Nicht kontrollierbarer Rückflussverhinderer (EB)	EN 13959	jährlich	Austausch alle 10 Jahre
5	Brauseschlauchanschluss mit Rohrbelüfter (HB)	EN 15096	jährlich	
6	Automatischer Umsteller (HC)	EN 14506	jährlich	
7	Rohrbelüfter für Schlauchanschlüsse, kombiniert mit Rückflussverhinderer (HD)	EN 15096	jährlich	
8	Hydraulische Sicherheitsgruppe	EN 1487	halbjährlich	jährlich
9	Sicherheitsventil	EN 1489	halbjährlich	
10	Sicherheitsventil für Expansionswasser	EN 1491	halbjährlich	
11	Druckminderer	EN 1567	jährlich	
12	Filter, rückspülbar (80 µm bis 150 µm)	EN 13443-1	halbjährlich	
13	Filter, nicht rückspülbar (80 µm bis 150 µm)	EN 13443-1	halbjährlich	
14	Enthärter	EN 14743	alle 2 Monate	halbjährlich
15	Wassererwärmer	EN 12897	alle 2 Monate	jährlich
16	Leitungsanlage	EN 806-2 EN 806-4	jährlich	
17	Wasserzähler, kalt	MID [1]	jährlich	alle 6 Jahre
18	Wasserzähler, warm	MID [1]	jährlich	alle 5 Jahre

1 Inspektions- und Wartungsplan nach DIN EN 806-5 (Auszug)

8 Saving water at home

Water should be used **wisely** as it is one of nature's most **precious** resources. Although about 71 % of the earth's surface is covered by water, only **3 % is drinking** water and the rest is saltwater. There is no better place to start using water carefully than in and around your own home. The bathroom, for example, accounts for about 63 % of total water usage in private households, with toilets as the single greatest water users (picture 1).

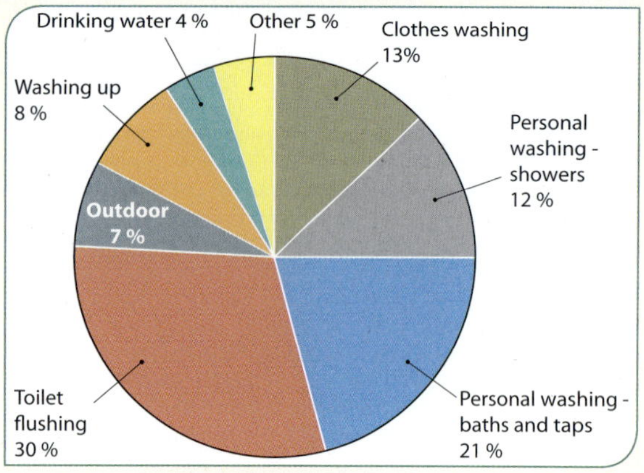

1 Water use in the home

2 Dripping tap

3 Aerator

There are many things people can do in and around their **own** homes to use **less** water, energy and help the environment, e.g.:

- check for **dripping** taps (picture 2), even a small drip can waste more than 90 litres of water a week,
- turn off taps **properly**,
- use aerators (picture 3) on your taps,
- **turn off** the water while brushing your teeth or washing your hands, leaving the tap running can waste almost 9 litres of clean drinking water a minute,
- **don't** wash fruit and vegetables under a running tap, use a partially filled sink instead,
- use the cooled water of **boiled eggs** to water your houseplants,
- don't use your **dishwasher** or your **washing machine** until you have a full load, half load cycles use much more than half the water and energy of a full load (picture 4) ,
- installing a **water meter** (picture 5) helps you **monitoring** how much water you use,
- taking a **shower** (not longer than 5 minutes) instead of a **bath** could save up to 400 litres a week,
- installing **low-flow showerheads** could save about 10 litres of water a minute (picture 1, p. 2),
- when you buy a new toilet, take a **low-flush** or **dual-flash** toilet (picture 2, p. 2) that uses only six litres for a full flush and four litres with a reduced flush,
- never flush **rubbish** of any kind down the toilet,
- always check **outside** taps and hoses for **leaks**.

4 Dishwasher

5 Water meter

6 Low-flow showerhead

7 Wall plate for dual flush

Exercises

1) Translate the first paragraph of chapter 8 "Saving water at home" into German. Use your reference book, the internet or a dictionary. Before you look up a word try to guess the word first, then check it.

2) What per cent of the earth's water is salt water?

3) Say whether the following statements are true or false. Correct the false statements.

   a) More than one third of the water consumption in the home is used for flushing the toilet.
   b) People use more water for taking a shower than for taking a bath.
   c) A twentieth of the water consumption is used for other applications.
   d) Washing up the dishes needs more water than washing clothes.

4) Put the following words into the correct order.
do | their | energy | things | people | help | use | own | the | are | many | There | around | in | environment | can | to | and | homes | water | and | less | , | .

5) Find out the German expressions for the following English words: dripping tap, aerator, properly, to turn off, running tap, dishwasher, water meter, monitoring, low-flow showerhead, dualflash toilet, outside taps, leaks. Use your reference book, a catalogue, the internet or a visual dictionary.

6) Name at least five different things you can do in and around your home to use less water.

7) Übernehmen Sie das folgende Schwedenrätsel in Ihr Heft und lösen Sie es, indem Sie die englischen Bezeichnungen für die folgenden deutschen Begriffe eintragen.

Schwedenrätsel

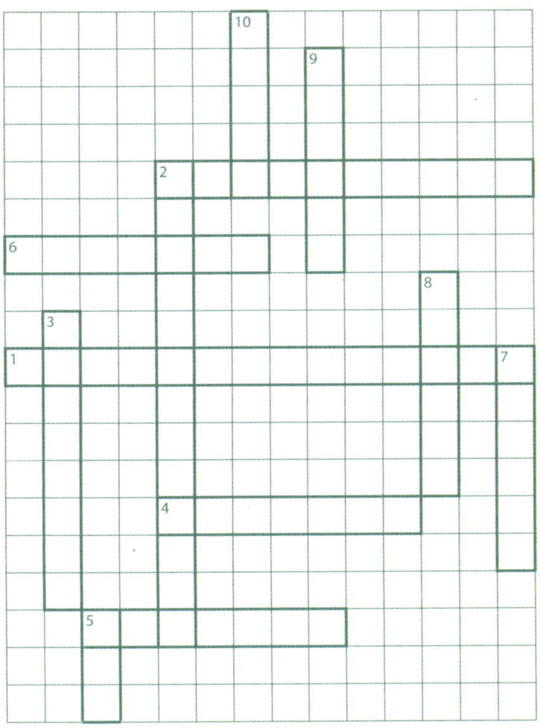

Waagerecht
1 Waschmaschine
2 Spülmaschine
4 Luftsprudler
5 abdrehen
6 Abfall

Senkrecht
2 Trinkwasser
3 Badezimmer
5 Hahn
7 Energie
8 Klosett
9 Dusche
10 Undichtigkeiten

Lernfeld 6:
Entwässerungsanlagen installieren

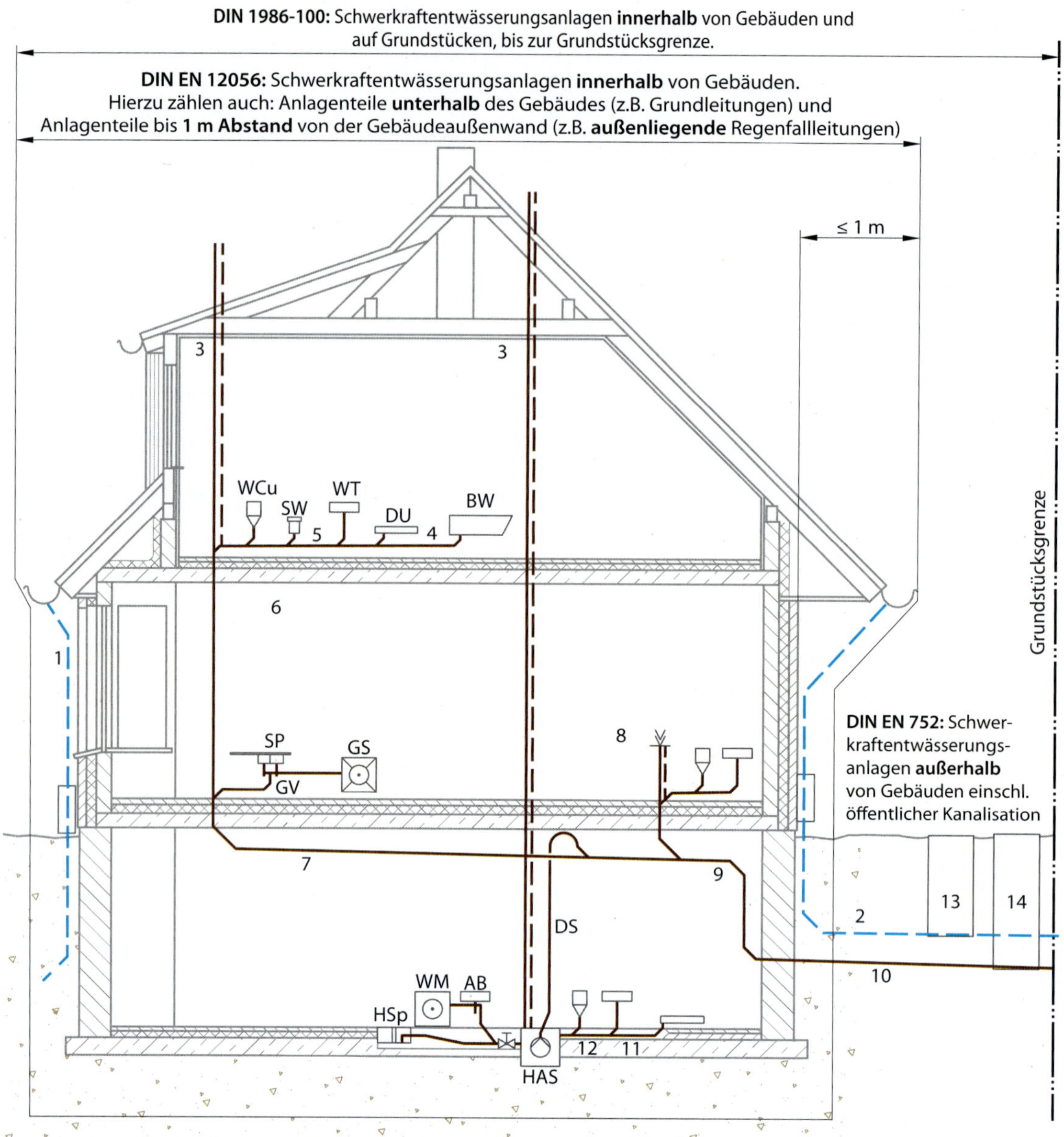

1	Regenwasserfallleitung	10	Schmutzwassergrundleitung	SW	Sitzwaschbecken (Bidet)
2	Regenwassergrundleitung	11	EAL als Grundleitung	WCu	Wasserklosett (Wandeinbau)
3	Lüftungsleitung	12	SAL als Grundleitung	SP	Spülbecken (doppelt)
4	Einzelanschlussleitung (EAL)	13	Schacht (Regenwasser)	GS	Geschirrspülmaschine
5	Sammelanschlussleitung (SAL)	14	Schacht (Schmutzwasser)	GV	Geruchverschluss
6	Schmutzwasserfallleitung	DS	Druckleitung (Schmutzwasser)	HSp	Bodenablauf mit Heizölsperre
7	Fallleitungsverzug	BW	Badewanne	WM	Waschmaschine
8	Belüftungsventil	DU[1]	Dusche	AB	Ausgussbecken
9	Sammelleitung	WT	Waschtisch	HAS	Hebeanlage (Schmutzwasser)

[1] DU ist die normgerechte Abkürzung für Dusche (VDI 6000-1). In der Praxis wird eher DW für Duschwanne verwendet.

1 Grundlagen der Entwässerung

1.1 Allgemeine Anforderungen

Entwässerungsanlagen (drainage/discharge systems) müssen so erstellt werden, dass die Ableitung von Abwasser (Schmutz- und Niederschlagswasser[1]) den hygienischen und sicherheitstechnischen Anforderungen gerecht wird. Es dürfen nur Abwässer (waste water) eingeleitet werden, die das Entwässerungssystem weder beschädigen, noch in seiner Funktion und seinem Betrieb beeinträchtigen.
Die sichere Funktion und Mängelfreiheit (free from faults) sind durch regelmäßige Instandhaltungsmaßnahmen von fachkundigem Personal jederzeit zu gewährleisten.
Das Entwässerungssystem muss so geplant werden, dass ein möglichst niedriger (low) Energie- und Wasserverbrauch sowie Mindestanforderungen an Dichtheit, Schallschutz, Brandschutz, Frostschutz sichergestellt sind.

Für die normgerechte Erstellung von Gebäude- und Grundstücksentwässerungsanlagen gelten **grundsätzlich** die beiden europäischen Normen DIN EN 12056 Teile 1 bis 5, Schwerkraftentwässerungsanlagen (gravity drainage systems) innerhalb von Gebäuden und DIN EN 752 Teile 1 bis 6 Schwerkraftentwässerungsanlagen außerhalb von Gebäuden.

In den verschiedenen Ländern haben sich jedoch vor Einführung der europäischen Normen im Jahre 2001 unterschiedliche Entwässerungssysteme entwickelt. Um diese nationalen und regionalen Vorschriften und technische Regeln zu berücksichtigen, wurden die Entwässerungsanlagen in **Systemtypen I bis IV** unterteilt, die sich in den jeweiligen zusätzlichen Landesnormen wiederfinden.
In Deutschland ist das **System I** maßgeblich und wird in der DIN EN 12056-2 wie folgt beschrieben:
„Sanitäre Entwässerungsgegenstände sind an teilbefüllte Anschlussleitungen angeschlossen. Die teilbefüllten Anschlussleitungen sind für einen Füllungsgrad von 0,5 (50 %) ausgelegt und sind an eine einzelne Schmutzwasserfallleitung angeschlossen" (vgl. S. 116 und Kap. 1.5).
Die Regelungen in den deutschen Normen sind wesentlich klarer und detaillierter abgestimmt und geben deshalb dem Anlagenmechaniker SHK auch verbindlichere Ausführungsregeln. Allerdings ergänzen sie lediglich die europäischen Festlegungen und dürfen ihnen nicht widersprechen.
Folgende deutsche DIN Normen sind vom Anlagenmechaniker SHK zu beachten:
- DIN 1986-100 Bestimmungen in Verbindung mit DIN EN 12056 und DIN EN 752,
- DIN 1986-30 Instandhaltung,
- DIN 1986-3 Regeln für Betrieb und Wartung,
- DIN 1986-4 Verwendungsbereiche von Abwasserrohren und Formstücken verschiedener Werkstoffe,

1.2 Einleitungsbestimmungen

Bevor häusliches Schmutzwasser und verunreinigtes Regenwasser **direkt** in Gewässer (Seen, Flüsse, Meere usw.) eingeleitet wird, muss es durch geeignete Maßnahmen in z. B. Kläranlagen gesäubert bzw. geklärt werden.
Darüber hinaus gibt es **Einleitungsverbote** für Abwasser, besonders aus Gewerbebetrieben mit bestimmten Inhaltsstoffen oder Eigenschaften, weil kommunale Klärwerke diese häufig nicht entfernen können oder die Funktion stören bzw. einschränken, wie z. B.:
- feuergefährliche oder explosionsfähige Stoffe wie z. B. Benzin, Benzol, Öl,
- giftige Stoffe wie z. B. Pflanzengiftmittel, Farblösemittel, teerhaltige Klebstoffe und Vorstriche,
- feste Stoffe wie z. B. Asche, Sand, Zement, Faserstoffe, Kunstharze, Teer, Pappe, Papier, Küchenabfälle, Fette sowie flüssige Stoffe, die bei Temperatursenkung erhärten,
- Säuren oder Laugen in größeren Mengen,
- Abwasser oder andere Stoffe, die infolge ihrer Zusammensetzung schädliche Ausdünstungen, Gase oder Dämpfe verbreiten können,
- Abwasser aus Dunggruben und Tierhaltung,
- Grundwasser,
- Abwasser, das wärmer als 35 °C ist,
- sonstige Abwässer oder Stoffe, die sich schädlich auf die Umwelt, das Wartungspersonal oder die Abwasseranlagen auswirken.

1.3 Öffentliche Abwasserentsorgung

1.3.1 Misch- und Trennsystem

Mischsystem
Beim Mischsystem (combined system) werden das Schmutzwasser aus den Gebäuden und das Niederschlagswasser (precipitation water) von Dächern und versiegelten Grundstücken über Abwasserleitungen in den öffentlichen Mischwasserkanal (combined sewer) eingeleitet (Bild 1, nächste Seite). Von dort fließt dieses Mischwasser in das zugehörige Klärwerk.

Das bestehende Mischsystem hat seinen Ursprung in den Anfängen der neuzeitlichen Abwasserentsorgung. Bei starken Niederschlägen sorgt das Regenwasser
a) für eine Selbstreinigung der Leitungen und Kanäle
b) für eine Verdünnung (dilution) des Schmutzwassers, da Klärwerke weitgehend unbekannt waren und das Abwasser in Gewässer, wie Flüsse und Seen, eingeleitet wurde.

[1] Niederschlagswasser kann sein: Regen, Tau sowie Eis, Schnee, Hagel, Reif (geschmolzen)

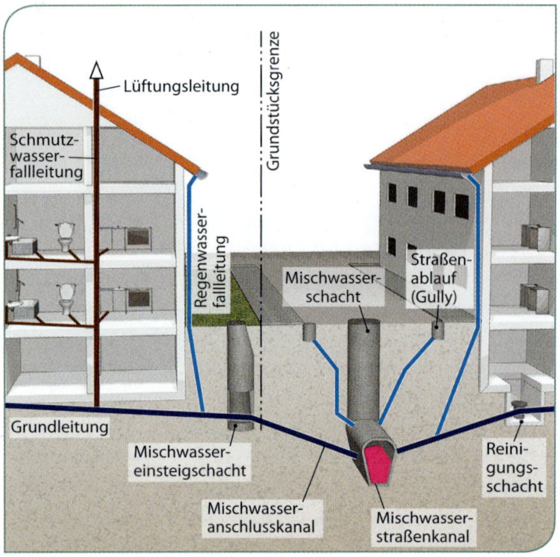

1 Abwassersystem im Mischsystem

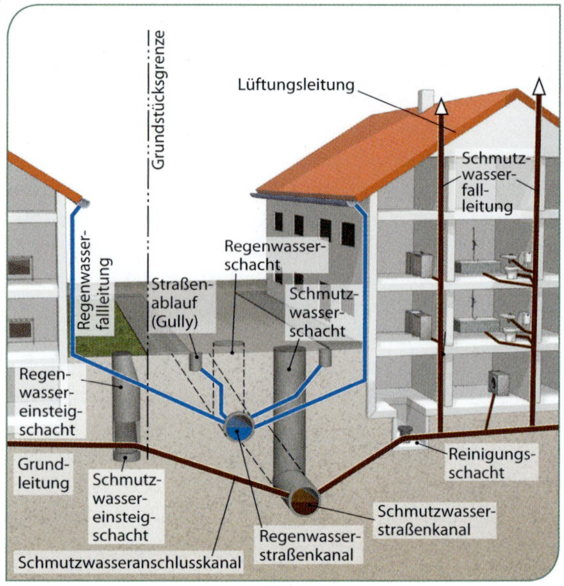

2 Abwassersystem im Trennsystem

Mit zunehmender Bevölkerung und damit steigenden Abwassermengen reichte die Selbstreinigungskraft (self-cleaning power) der Gewässer nicht mehr aus. Es wurde die Notwendigkeit zum Bau von Reinigungsanlagen (Kläranlagen) für Abwasser, insbesondere für Schmutzwasser, erkannt.

Die gemeinsame Ableitung mit dem nur leicht verschmutzten Regenwasser erwies sich als nachteilig, weil dadurch die Klärwerke (sewage treatment plant) groß dimensioniert werden müssen. Damit das Regenwasser direkt in die Gewässer abgeleitet werden kann, wurde das Trennsystem entwickelt.

Trennsystem

Beim Trennsystem (separate system) werden das Schmutzwasser und das Niederschlagswasser in getrennten Leitungen bzw. Kanälen zum Klärwerk bzw. in die Gewässer entsorgt (Bild 2). Beim Bau neuer öffentlicher Abwasserkanäle wird aus oben genannten Gründen das Trennsystem bevorzugt.

Der Anlagenmechaniker SHK muss vor der Erstellung seiner Entwässerungsanlage wissen, welches System in der öffentlichen Kanalisation vorliegt, um die entsprechenden Installationen vornehmen zu können (vgl. Kap. 6, Ableitung von Niederschlagswasser).

1.3.2 Kläranlage

Die kommunalen Klärwerke (Bild 3) haben in der Regel zwei Reinigungsstufen, die bis zu 95% der Schmutzstoffe (pollutants) aus dem Abwasser entfernen können:

- die mechanische (mechanical) und
- die biologische Reinigungsstufe (biological treatment).

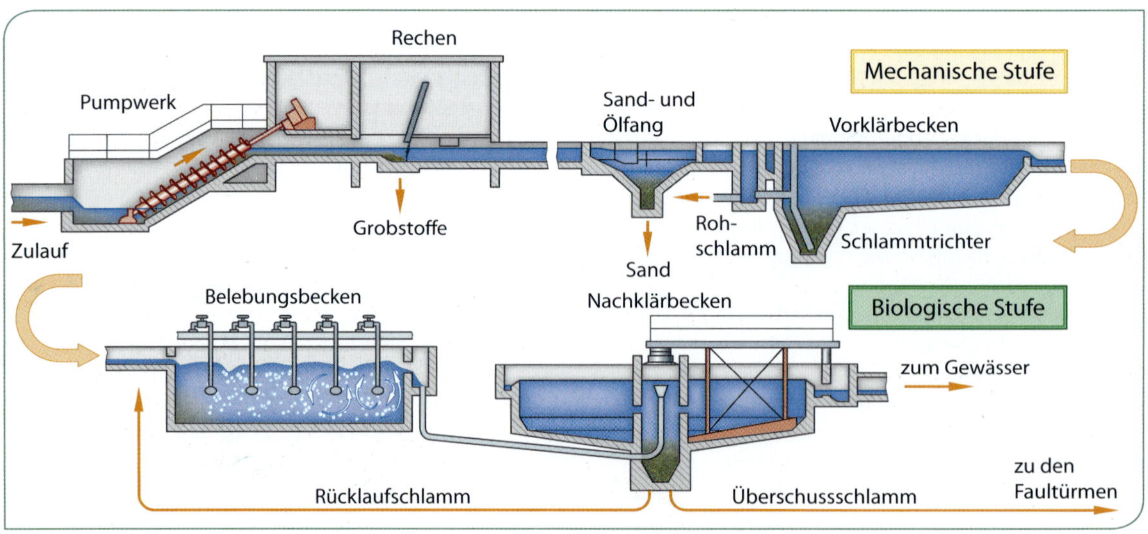

3 Schema einer kommunalen Kläranlage

Eine dritte chemische Reinigungsstufe ist bei kommunalen Kläranlagen eher unüblich, da sie mit sehr hohen Kosten verbunden ist. In Regionen mit vermehrtem Anfall problematischer Abwässer wird den verantwortlichen Betrieben die Direkteinleitung in die öffentliche Kanalisation untersagt. Die belasteten (polluted) Abwässer müssen vorher durch geeignete betriebseigene Reinigungsstufen aufbereitet werden. Die zuständige Behörde (authority) gibt die einzuhaltenden Grenzwerte vor und überprüft deren Einhaltung.

1.3.3 Aufbau und Funktion einer Kläranlage

Pumpwerk

Zunächst fließt das Abwasser des Einzugsgebietes über den Kanaleinlauf zum tiefsten Punkt des Klärwerkes, dem Abwasserpumpwerk (sewage pumping station). Dort wird es durch eine Förderschnecke auf das gewünschte Niveau gehoben (Bild 1).

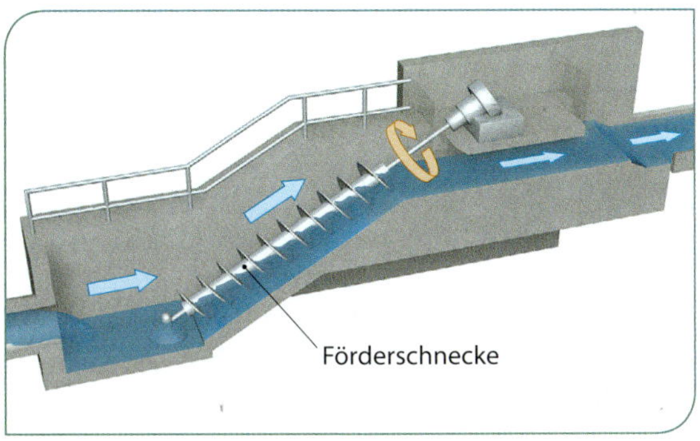

1 Zulauf mit Pumpwerk

Mechanische Reinigungsstufen

Der **Rechen** (rake) (Bild 2) besteht hauptsächlich aus senkrechten Gitterstäben. Diese halten die gröbsten Verschmutzungen wie z. B. Zigarettenschachteln, Getränkedosen oder Faserstoffe zurück. Diese Stoffe werden regelmäßig in einen Container entsorgt.

2 Rechen

Im **Sand- und Ölfang** (sand and oil catcher) (Bild 3) verringert sich die Fließgeschwindigkeit des Abwassers aufgrund der Querschnittvergrößerung des Beckens. Schmutzanteile mit größerer Dichte als Wasser (z. B. Sand) sinken zu Boden, die mit kleinerer Dichte (z. B. Öl) steigen an die Oberfläche und werden dort in regelmäßigen Abständen (regular intervals) abgeschöpft.

3 Sand- und Ölfang

Im **Vorklärbecken** (detritus basin) (Bild 4) wird durch die Größe des Beckens die Fließgeschwindigkeit weiter deutlich herabgesetzt. Auch hier werden die abgesunkenen bzw. aufgestiegenen Schwebstoffe (suspended matter) regelmäßig abgeschöpft.

4 Vorklärbecken

Biologische Reinigungsstufen

Im **Belüftungs- oder Belebungsbecken** (aeration tank) (Bild 5) zersetzen Bakterien die organischen Stoffe im Abwasser unter Zugabe von Luft oder reinem Sauerstoff zu Bakterien- bzw. „Belebtschlamm" (activated sludge).

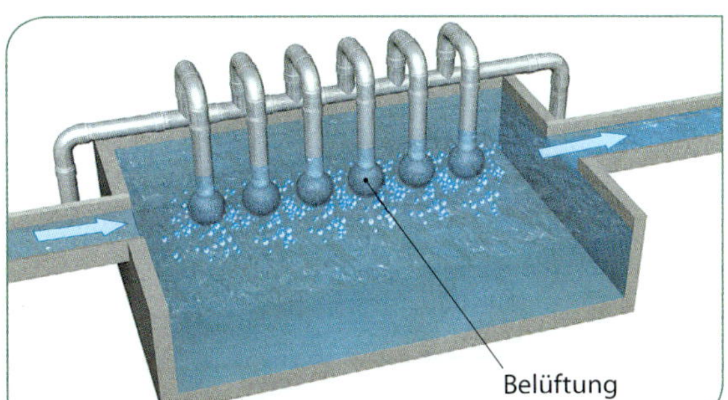

5 Belüftungs- bzw. Belebungsbecken

Im **Nachklärbecken** (final sedimentation tank) (Bild 1) wird ein Teil des Belebtschlamms zur Aufrechterhaltung des Zersetzungsprozesses wieder zurück zum Belüftungs- bzw. Belebungsbecken geführt (Rücklaufschlamm). Der Rest sinkt zu Boden und ist ohne Sauerstoffzugabe nicht mehr lebensfähig. Er wird abgeräumt und den Faultürmen (digestion towers) zugeführt (Überschussschlamm). Das Abwasser fließt am Ende des Nachklärbeckens in ein Gewässer. Es ist kein Trinkwasser!

In **Faultürmen** wird der Bakterienschlamm getrocknet. Freiwerdendes Methangas kann z. B. zur Stromerzeugung und Beheizung des Klärwerks verwendet werden. Der Klärschlamm (sewage sludge) wird je nach Schadstoffgehalt z. B. in der Landwirtschaft und im Straßenbau verwendet oder auf eine Sondermülldeponie (hazardous waste dump) entsorgt.

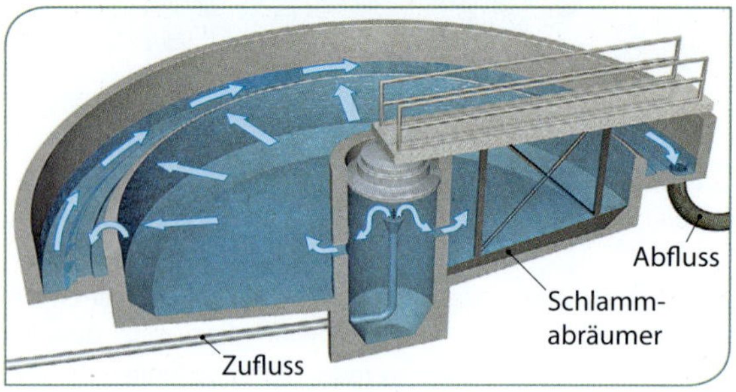

1 Nachklärbecken

ÜBUNGEN

1. Nennen Sie 5 Anforderungen an eine Entwässerungsanlage.
2. Beschreiben Sie den grundsätzlichen Unterschied zwischen dem Mischsystem und dem Trennsystem bei der Abwasserableitung.
3. Welchen Vorteil bietet das Trennsystem in der öffentlichen Abwasserbeseitigung?
4. Nennen und beschreiben Sie die mechanischen Reinigungsstufen eines Klärwerks.
5. Nennen und beschreiben Sie die biologischen Reinigungsstufen eines Klärwerks.

1.4 Zeichnerische Darstellung einer Entwässerungsanlage

1.4.1 Begriffsbestimmungen

Um Missverständnissen bei der Planung, der Herstellung und dem Betrieb von Entwässerungsanlagen vorzubeugen, ist die Festlegung einheitlicher Bezeichnungen und Fachbegriffe unerlässlich. Diese sind in der DIN 1986-100 und der DIN EN 12056-2 umfassend aufgeführt. Tabelle 1 zeigt eine Auswahl.

Zeichnung	Begriffe mit Beschreibungen
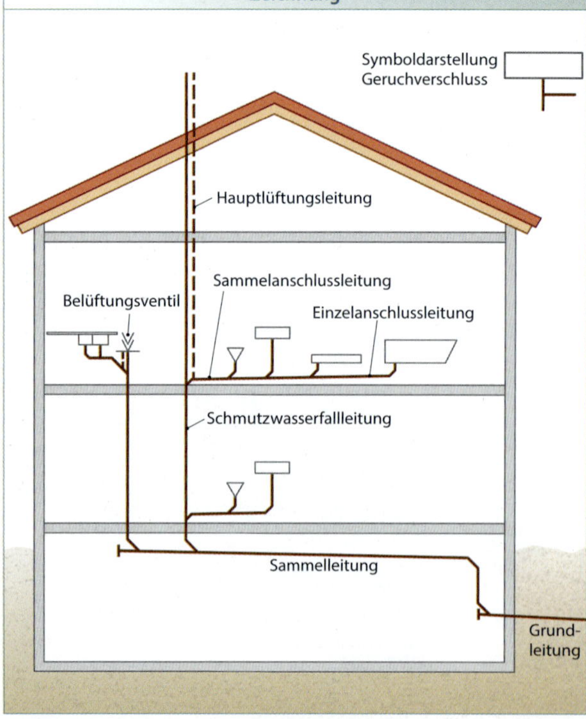	**Der Geruchverschluss** (drain trap) verbindet das Auslaufventil des Sanitärobjekts mit der Einzelanschlussleitung.
	Die Einzelanschlussleitung (single waste pipe) beginnt mit dem Anschlussformstück und leitet das Abwasser eines einzelnen Sanitärobjektes in eine weiterführende Leitung (z. B. Sammelanschlussleitung).
	Die Sammelanschlussleitung (collecting branch discharge pipe) beginnt hinter der Zusammenführung zweier Einzelanschlussleitungen und endet an einer weiterführenden Leitung (z. B. Fallleitung).
	Die Schmutzwasserfallleitung (main discharge stack) beginnt am höchstgelegenen Abzweig einer Anschlussleitung. Sie verläuft meist senkrecht durch die Geschosse und endet mit der Umlenkung in eine Sammel- bzw. Grundleitung.
	Die Hauptlüftungsleitung (main ventilating stack) ist die Verlängerung der Schmutzwasserfallleitung. Sie beginnt über dem höchstgelegenen Abzweig einer Anschlussleitung und endet meist über Dach.
	Das Belüftungsventil (air admittance valve) ist eine zusätzliche Belüftung in Leitungsbereichen, wo bei Spülvorgängen hauptsächlich mit negativem Überdruck gerechnet werden muss.
	Die Sammelleitung dient der Aufnahme des Abwassers aus mindestens 2 Fallleitungen und ist frei zugänglich.
	Die Grundleitung (house drain) ist eine unzugänglich im Erdreich verlegte Abwasserleitung. In besonderen Fällen kann sie auch im z. B. Plattenfundament verlegt werden.

1) HSp = Bodenablauf mit Heizölsperre (vgl. Kapitel 5.1)

Zeichnung	Begriffe mit Beschreibungen
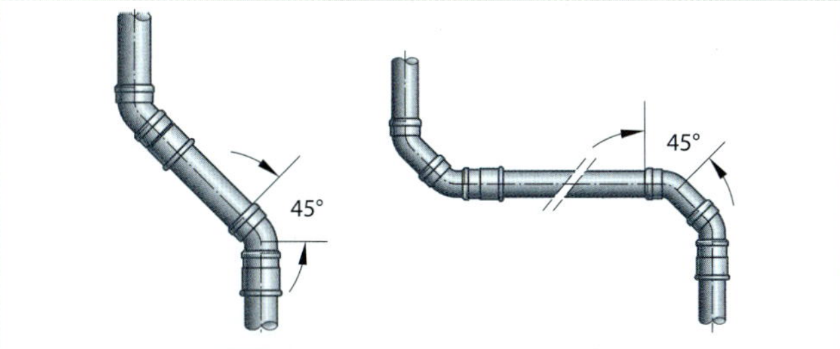	**Der Fallleitungsversprung** (stack benching) darf einen Achsabstand bis 1,0 m haben und wird mit einem Gefälle von 45° verlegt. Er dient der Umgehung kleinerer Hindernisse und kann auch als ein ganzes Formstück mit einem Achsabstand von 150 mm oder 250 mm eingebaut werden.
	Der Fallleitungsverzug (stack backdrop) ist der liegende Teil einer Fallleitung. Er wird erforderlich, wenn z. B. ein Träger den senkrechten Verlauf der Fallleitung behindert. Der Leitungsverzug wird mit dem üblichen Gefälle verlegt.
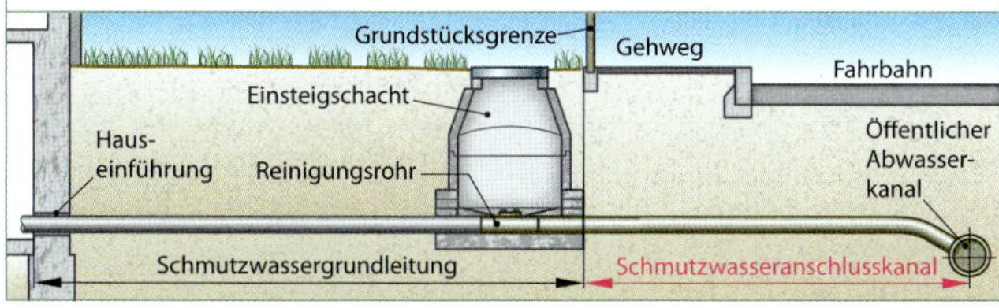	**Der Anschlusskanal** (connecting sewer) Ist die Verbindung zwischen der öffentlichen und privaten Entwässerungsanlage. Er beginnt am öffentlichen Abwasserkanal (Anschlusspunkt) und endet z. B. mit der Reinigungsöffnung im Einsteigschacht an der Grundstückgrenze.

1 Begriffsbestimmungen (Auswahl)

1.4.2 Darstellungsvorschriften und -regeln

Die zeichnerische Darstellung einer Entwässerungsanlage erfolgt im Schnitt und im Grundriss (top view) mit Sinnbildern und Zeichen nach DIN 1986-100 (Bild 2 und Bild 1, nächste Seite).

Mit Hilfe dieser beiden Darstellungen können die Länge und der Verlauf der Leitungen sowie die Lage (position) der Sanitärobjekte entnommen werden, da sie maßstäblich z. B. 1:100 gezeichnet werden (vgl. Grundlagenbuch HT3135, Technische Kommunikation, Kap. 2.5.5).

Dargestellt werden z. B.:

- Grundleitungen,
- Sammelleitungen,
- Reinigungsöffnungen,
- Rückstausicherungen,
- Schächte,
- Sanitärobjekte.

Die örtlichen Bauaufsichtsbehörden verlangen als Genehmigungszeichnung der Entwässerungsanlage

1. eine **Schnittzeichnung** (sectional drawing) (Bild 2) mit den Sanitärobjekten in den Geschossen sowie den Verläufen der Fall-, Lüftungs- und Anschlussleitungen, dem **Strangschema**. Die genaue Positionierung der Sanitärobjekte ist nicht vorgeschrieben. Sie wird in den Ausführungs-, Montage- und Bestandszeichnungen vorgenommen.
2. eine **Grundrisszeichnung** (top view drawing) (Bild 1, nächste Seite) mit der Darstellung:

- aller Anlagenteile außerhalb des Gebäudes,
- aller Anlagenteile innerhalb des Gebäudes unter- bzw. oberhalb des Fundaments (meist Keller).

Mit der Grundriss- und Schnittzeichnung können z. B. bei späteren Schadensfällen (cases of damages) die Ursachen schneller lokalisiert und größere Umweltschäden verhindert werden.

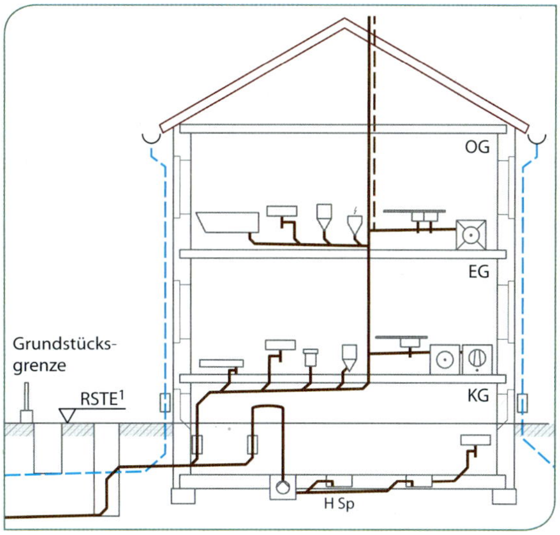

2 Schnittzeichnung mit Strangschema im Trennsystem

Genehmigungszeichnungen von Entwässerungsanlagen für Bauaufsichtsbehörden sind grundsätzlich in „schwarz/weiß" anzufertigen (wegen der Speicherung und eventuellen Vervielfältigung). Folgende Linienbreiten werden angewendet:

- Sanitärobjekte M 1:50 0,5 mm,
- Sanitärobjekte M 1:100 0,25 mm,
- Rohrleitungen M 1:50 1,0 mm,
- Rohrleitungen M 1:100 0,5 mm.

Für Schriften (fonts) wurde die Schriftform B, gerade, nach DIN 1451-2 gewählt. Die Schriftgröße beträgt für den:

- Maßstab 1:100 2,5 mm,
- Maßstab 1:50 5,0 mm.

[1] RSTE = Rückstauebene (vgl. Kap. 4)

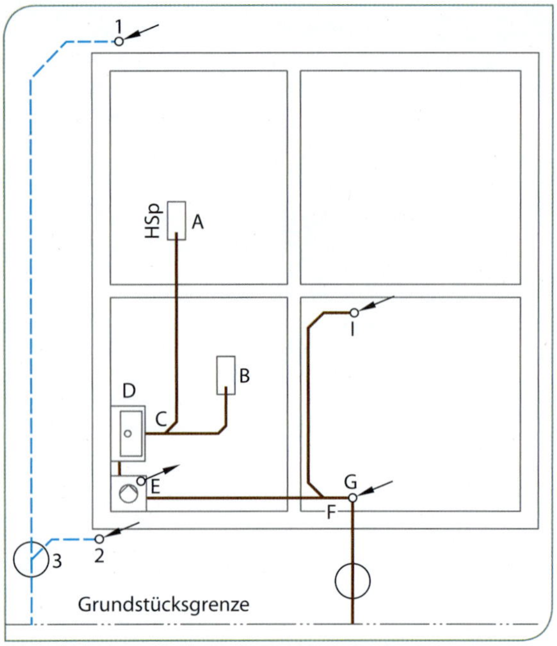

1 Grundrisszeichnung des Gebäudes Bild 2, vorige Seite mit Entwässerungsanlage im Keller (Trennsystem)

Symbol	Richtungshinweis	Erläuterung
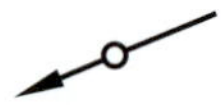	hindurchgehend	Die Leitung verläuft von oben kommend durch die Schnittebene weiter abwärts in z.B. untere Geschosse
	beginnend und abwärtsverlaufend	Die Leitung beginnt in der Schnittebene und verläuft weiter in untere Geschosse.
	von oben kommend und endend	Die Leitung verläuft von oben kommend und endet in der Schnittebene.
	beginnend und aufwärts verlaufend	Die Fließrichtung des Abwassers ist entgegengesetzt der Schwerkraft. Dieses Symbol wird ausschließlich für Druckleitungen von Hebeanlagen benutzt.

2 Richtungshinweise von senkrechten Abwasserleitungen

Bei der Anfertigung von Ausführungs-, Montage- und Bestandszeichnungen müssen alle Anlagenteile detailgenau (accurate in every detail) eingezeichnet sein. Zur besseren Lesbarkeit können folgende Leitungsfarben nach DIN 2425-4 Tabelle 3 angewendet werden:

- Regenwasserleitungen blau,
- Schmutzwasser- und Lüftungsleitungen braun,
- Mischwasserleitungen violett.

Diese Zeichnungen dienen dann dem ausführenden Anlagenmechaniker SHK als Montagezeichnung für z. B. ein Badezimmer.

Am Beispiel der Grundrissdarstellung Bild 1 für eine Genehmigungszeichnung der Schmutz- und Regenwasserleitungen im Trennsystem (Bild 1) gelten die folgenden Zeichen- und Verlegeregeln.

Zeichenregeln:

- Die Sanitärobjekte bzw. Ablaufstellen (drains) und Reinigungsschächte werden an der vorgesehenen Position innerhalb und außerhalb des Gebäudes mit Sinnbildern nach DIN 1986-100 eingezeichnet.
- Liegende Leitungen werden waagerecht oder senkrecht zueinander gezeichnet. Ihre Verbindungen (Anschlüsse) erfolgen immer unter einem Winkel von 45°.
- Mit Hilfe von Pfeilsymbolen (Bild 2) wird der senkrechte Leitungsverlauf (z. B. Fallleitungen) dargestellt. Von der Schnittebene ausgehend gelten für den Verlauf folgende Richtungshinweise in Fließrichtung (flow direction) des Abwassers:
- Sämtliche Einlaufstellen sowie Fallleitungen, Hebeanlagen und Abzweige werden folgendermaßen gekennzeichnet:

  a) **Großbuchstaben** (capital letters) für Schmutzwasser in alphabetischer Reihenfolge (A, B, C, …)
  b) **römische Zahlen** (Roman numerals) für Schmutzwasserfallleitungen in aufsteigender Folge (I, II, III, …
  c) **arabische Zahlen** (Arabic numerals) für Regenwasser in aufsteigender Folge (1, 2, 3, …)
  d) **Mischwasser** wird wie **Schmutzwasser** benannt
- Die Kennzeichnung der Entwässerungsanlage beginnt an der von der Grundstücksgrenze (site boundary) entferntesten (niveauhöchsten) Stelle mit A, I oder 1 und wird in Fließrichtung des Abwassers, wie am Beispiel in Bild 3 dargestellt, weitergeführt.
  Der Großbuchstabe I wird wegen der Verwechselungsgefahr mit der römischen „I" oder dem Großbuchstaben „J" nicht benutzt.

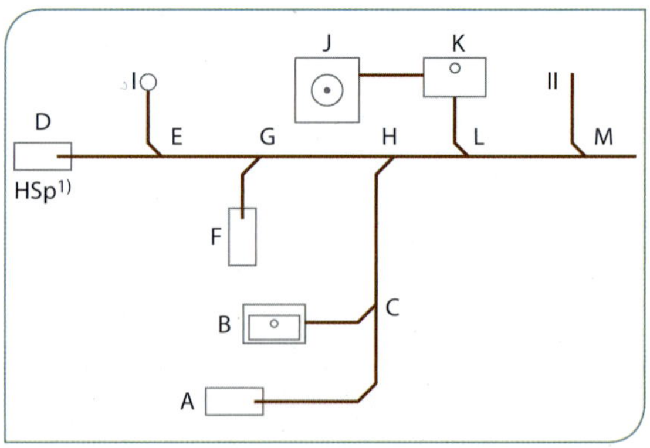

3 Kennzeichnung von Schmutzwasserleitungen (unmaßstäblich)

Verlegeregeln, die bei Übung 1 beachtet werden müssen:

- An der Grundstücksgrenze werden die Grundleitungsanschlüsse an die vorhandenen Schmutz- bzw. Regenwasseranschlusskanäle hergestellt.
- Die Regenwassergrundleitung (surface water house drain) wird durch den Regenwassereinsteigschacht verlegt und bis zu den Regenwasserfallleitungen geradlinig verlängert und angeschlossen.
- Die Schmutzwassergrundleitung (waste water house drain) wird durch den Schmutzwassereinsteigschacht verlegt und bis zur Hauseinführung an der Kelleraußenwand geradlinig verlängert.
- Nach der Hauseinführung wird die Schmutzwassergrundleitung als Sammelleitung (collecting main) unterhalb der Kellerdecke an der Wand bis zur Hebeanlage verlegt und angeschlossen.
- Die Sanitärobjekte im Kellergeschoss werden mit Grundleitungen an die Hebeanlage angeschlossen.
- Von der Fallleitung „I" wird eine Sammelleitung unterhalb der Kellerdecke an der Wand bis zur Hauseinführung verlegt und dort an die vorhandene Abwasserleitung angeschlossen.

ÜBUNGEN

1 a) Zeichnen Sie in den Ölheizungsraum des dargestellten Kellergrundrisses (siehe Anhang) folgende Anlagenteile:
- Bodenablauf mit Heizölsperre (Raummitte),
- Ausgussbecken (sink) mit angeschlossener Waschmaschine (rechte Wand, hinter Ölheizung),
- Abwasserhebeanlage (waste water pumping station) für fäkalienhaltiges Abwasser (rechte Wand, hinter Ausgussbecken und Waschmaschine).

b) Verbinden Sie **alle Ablaufstellen** im Keller mittels Grundleitungen mit der Hebeanlage.

c) Zeichnen Sie eine Sammelleitung von der Hebeanlage bis zur Hauseinführung im Gäste-WC.

d) Verbinden Sie die Küchenanschluss- und Fallleitung mit der Sammelleitung.

e) Kennzeichnen Sie Ihre Installation im Kellergeschoss normgerecht.

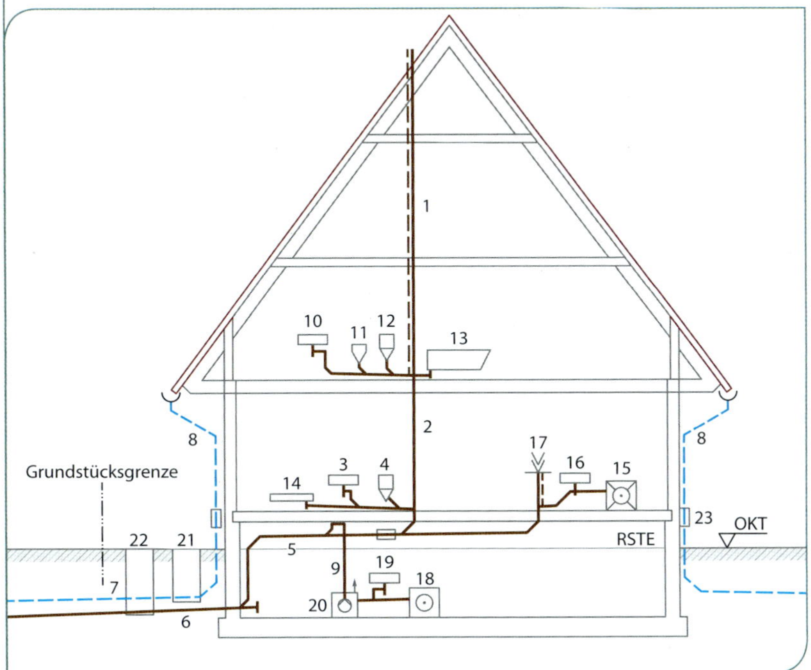

1 Strangschema einer Entwässerungsanlage

Hinweise und Empfehlungen:

- Fertigen Sie zunächst eine Handskizze (free-hand sketch) an,
- Verwenden Sie dabei anstelle der Symbole einfache Rechtecke oder Quadrate mit Kurzbezeichnungen.

2 Benennen Sie die mit Ziffern markierten Teile im Strangschema der Entwässerungsanlage (Bild 1) mit den richtigen Fachbezeichnungen unter Zuhilfenahme der Tabelle am Kapitelanfang.

3 Benennen Sie entsprechend der folgenden Beschreibungen die verschiedenen Leitungsabschnitte (pipe sections) und Bauteile einer Entwässerungsanlage.

a) Leitungsabschnitt auf privatem Grund, unzugänglich im Erdreich (auch unter dem Gebäude) oder im Plattenfundament verlegte Leitung.
b) Frei liegende Leitung über der Kellersohle, zur Aufnahme des Abwassers von Fallleitungen.
c) Lotrechte (senkrechte) Leitung, gegebenenfalls mit einem Verzug, die durch ein oder mehrere Geschosse führt, über Dach be- und entlüftet wird und das Abwasser einer Schmutzwassergrund- oder -sammelleitung zuführt.
d) Leitungsabschnitt einer Fallleitung, der nicht senkrecht verläuft.
e) Leitung vom Geruchverschluss eines Entwässerungsgegenstandes bis zur weiterführenden Leitung.
f) Leitung zur Aufnahme des Abwassers mehrerer Entwässerungsgegenstände bis zur weiterführenden Leitung.
g) Leitungsabschnitt zur Ableitung von Pumpenabwasser (Hebeanlage).
h) Leitung, die eine Entwässerungsleitung be- oder entlüftet, aber kein Abwasser aufnimmt.
i) Bauteil, das eine zusätzliche Belüftung ermöglicht.
j) Zusätzliche Abwasserleitung über einem Fallleitungsverzug bei höheren Gebäuden.
k) Bauteil, das den Austritt von Kanalgasen (sewer gases) in z. B. Sanitärräume verhindert.

1.5 Schwerkraftentwässerung

Das Abwasser muss grundsätzlich ohne Fremdenergie durch seine **Schwerkraft** (gravity) abgeleitet werden können. Wegen des sichtbaren Wasserspiegels (water level) bei liegenden Leitungen wird das Entwässerungsprinzip auch Freispiegelentwässerung genannt. Die Querschnitte der Leitungen müssen so bemessen sein, dass sie nur teilgefüllt sind. Dadurch ist eine vollständige Durchlüftung (aeration) aller Leitungsteile sicher gestellt und auftretende Kanalgase können ungehindert über Dach entweichen. Außerdem werden bei Spülvorgängen eventuell auftretende Druckunterschiede (differences of pressure) schnell ausgeglichen. Diese könnten sonst zum Verlust des Sperrwassers (sealing water) in den Geruchverschlüssen führen und ein Austreten von Kanalgasen in z. B. Sanitärräume ermöglichen, so dass es zu Geruchbelästigungen kommt (vgl. Kap. 2.1.3).
Wenn das Abwasser nicht durch Schwerkraft abgeführt werden kann, sind Hebeanlagen erforderlich. Diese sind jedoch nur zugelassen, wenn
- kein ausreichendes Gefälle (gradient/slope) zur öffentlichen Kanalisation vorliegt,
- tiefliegende Räume vor Überschwemmung durch rückstauendes Abwasser geschützt werden sollen.

Schwemmwirkung
Die Berechnung der Nennweiten von Abwasserleitungen basiert auf der Vorstellung einer stationär gleichförmigen Strömung. Das bedeutet, dass überall ein ausreichender Füllungsgrad h/d_i und eine ausreichende mittlere Fließgeschwindigkeit v vorhanden sein müssen, um die Inhaltsstoffe im Abwasser zu transportieren und sicher auszuschwemmen (Selbstreinigungsfähigkeit der Entwässerungsanlage). Die Rohrsohle der mit Gefälle verlegten Leitung und der Abwasserspiegel laufen somit parallel (Bild 1).

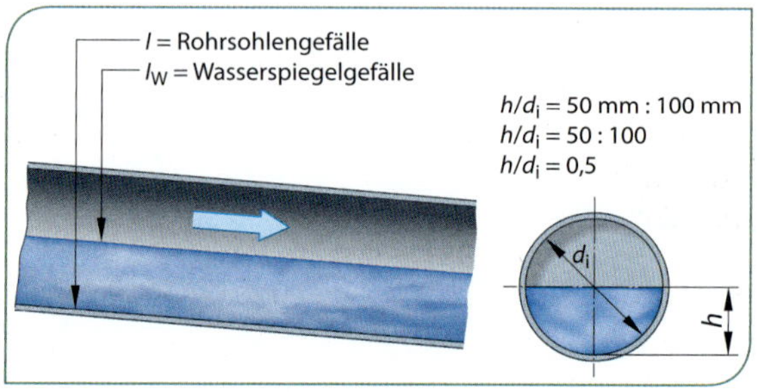

1 Füllungsgrad von Schmutzwasserleitungen

Die im Abwasser vorhandenen Feststoffe wie z. B. Fäkalien (faeces) werden bei einem Spülvorgang durch die flüssigen Bestandteile in der Abwasserleitung eine bestimmte Wegstrecke transportiert (geschwemmt), und bleiben dann liegen (Bild 1, nächste Seite). Weitere Spülvorgange – auch von anderen Abläufen – sorgen dafür, dass die abgelagerten Stoffe aufschwimmen und durch die Strömung des fließenden Abwassers meist nur schubweise weiter durch die Leitungen transportiert werden. Damit solche Betriebszustände (operating states) entstehen können, ist ein bestimmter Füllungsgrad (filling ratio) h/d_i in der Abwasserleitung notwendig.

Die Größe des Füllungsgrades h/d_i richtet sich unter anderem nach der Art des Abwassers (Schmutz-, Regen- oder Mischwasser) und ergibt sich immer aus dem Verhältnis der Füllhöhe h zum Innendurchmesser d_i (Bild 1, nächste Seite). Für die Berechnung der Nennweiten von Schmutzwasserleitungen innerhalb des Gebäudes wird ein Füllungsgrad von 0,5 zugrunde gelegt. Dieser darf nicht überschritten werden, da der verbleibende Querschnitt für den Lufttransport zur Be- und Entlüftung benötigt wird.

In der Praxis ist der vorgeschriebene Füllungsgrad nicht immer einzuhalten, da es eine Vielzahl von Störstellen gibt wie z. B.:

- Änderung des Rohrsohlengefälles,
- Richtungsänderungen (turns),
- Leitungszusammenführungen (Abzweige).

Dadurch kann sich in diesen Bereichen der Wasserspiegel anheben oder absenken. Zusätzlich treten in Schmutzwasserleitungen unregelmäßige Belastungen auf, d. h. es kommt zu kurzzeitigen Abflussspitzen besonders durch Überlagerungen von Klosettspülungen. Aber auch direkt hinter der Einlaufstelle kann es im Bereich von Sekunden zu solchen Spitzen kommen, bis sich der zulässige Füllungsgrad einstellt und schließlich bei zu geringem Füllungsgrad die Feststoffe liegen bleiben (Bild 1).

Durch fachgerechtes Verlegen der Leitungen durch den Anlagenmechaniker SHK entstehen planmäßige Betriebszustände, die diese Auswirkungen soweit begrenzen, dass sich keine kritischen (critical) Funktionsstörungen wie z. B. das „Verschließen" (clogging) des Leitungsquerschnitts einstellen.
In Sammel- und Grundleitungen kann sich die vorher beschriebene stationär gleichförmige Strömung eher einstellen. Hier fließt das Abwasser vieler Ablaufstellen. Das gilt besonders bei größeren Wohneinheiten mit vielen Benutzern (users).

Die Schwemmwirkung (flushing effect) in der Abwasserleitung hängt von folgenden Faktoren ab:

- Größe des Rohrinnendurchmessers,
- Größe des Gefälles,
- Länge der Leitung,
- Anzahl der Richtungsänderungen,
- Beschaffenheit der Rohrinnenflächen,
- Größe der Spülwassermenge,
- Form, Größe, Dichte, Wasseraufnahmefähigkeit, Oberflächenbeschaffenheit der Feststoffe.

ÜBUNGEN

1) Nennen Sie zwei Gründe, warum die Nennweiten von Abwasserleitungen so bemessen sein müssen, dass sie im Betrieb grundsätzlich nur teilgefüllt sind.

2) Abwasserleitungen müssen mit Gefälle verlegt werden, damit das Abwasser ohne Fremdenergie nur durch seine Schwerkraft abgeleitet wird.

   Nennen Sie zwei Ausnahmen von dieser Regel, so dass eine Hebeanlage erforderlich ist.

3) Die vorgeschriebene Teilfüllung von Abwasserleitungen wird auch Füllungsgrad (h/d) genannt.
   a) Wonach richtet sich hauptsächlich die Größe des Füllungsgrades (h/d).
   b) Nennen Sie drei Störstellen, wo der vorgeschriebene Füllungsgrad (h/d) eventuell kurzfristig nicht eingehalten werden kann.

4) Nennen Sie sechs Faktoren, von denen die Schwemmwirkung von Abwasserleitungen abhängt.

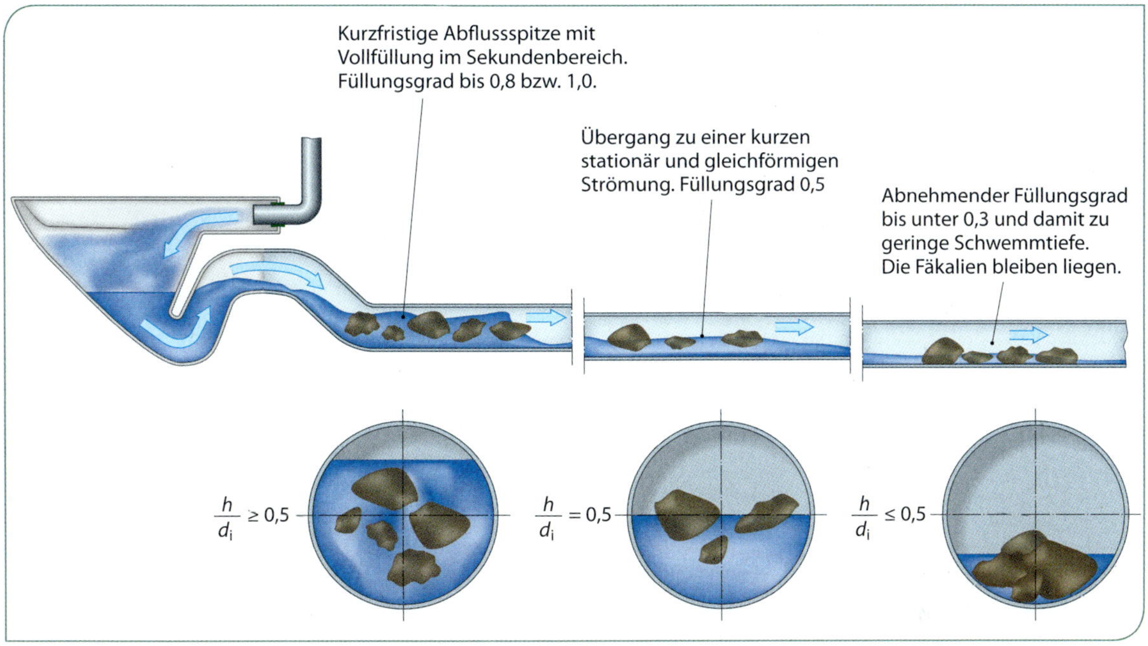

1 Schwemmwirkung bei einem WC-Spülvorgang

2 Entwässerungsanlagen für Schmutzwasser

2.1 Ablaufstellen und Geruchverschlüsse

2.1.1 Ablaufstellen

Ablaufstellen dienen der Sammlung (collection), Aufnahme und Ableitung von Abwasser. Für Schmutzwasser in Sanitär- bzw. Nassräumen[1] können es z. B. Sanitärausstattungsgegenstände (vgl. LF 8, Kap. 8.3), Ausgüsse, Bad-, Boden- und Deckenabläufe sein. Jede freie Zapfstelle (extraction point) innerhalb von Gebäuden muss grundsätzlich über eine Ablaufstelle verfügen.

Entfallen können sie bei
- Anschluss für Wasch- und Geschirrspülmaschine,
- pfützenfreiem Abfluss über wasserdichtem Fußboden zum nächstgelegenen Ablauf,
- Anschluss für Feuerlöschzwecke.

Ist keine freie Zapfstelle vorhanden, hängt der Einbau eines Bodenablaufes z. B. von der Art und Nutzung der Räume ab. In z. B. Keller-, Bade- und Klosetträumen von Wohnungen **kann** auf Bodenabläufe (floor drains) verzichtet werden (kleiner Benutzerkreis).

In Nassräumen (wet rooms) von Gebäuden mit wechselndem Personenkreis, die ständig zugänglich sind, wie z. B. Schulen, Hotels und Schwimmbädern, **müssen** sie installiert sein.

2.1.2 Bodenabläufe

Bodenabläufe besitzen lösbare Roste (grids) und sind so konstruiert, dass Ablagerungen und somit die Gefahr von Verstopfungen (obstructions) möglichst gering gehalten werden. Abläufe mit herausnehmbaren Schlammeimern, in denen sich grober Schmutz ablagern kann, unterstützen dies zusätzlich.

In den Herstellerkatalogen werden für Abläufe je nach Einbauort unterschiedliche Begriffe verwendet, wie z. B. **Bad-, Boden-, Decken- oder Kellerabläufe**. Welcher Ablauf tatsächlich geeignet ist, hängt von seinem Einbauort ab, wie z. B. in:
- Übergrunddecken (Decken gegen das Erdreich),
- Geschossdecken (Decken zwischen den Geschossen),
- Dachdecken (Decken die das Gebäude nach oben bzw. außen abschließen[2]).

Außerdem muss die Konstruktion (design) des gewählten Ablauftyps für den jeweiligen Deckenaufbau geeignet sein. Grundsätzlich lassen sich folgende 5 Konstruktionsmerkmale je nach Anforderungen unterscheiden:
- Einbau (installation) ohne Abdichtung (sealing),
- Einbau mit Abdichtung durch den Bodenbelag,
- Einbau mit Abdichtung durch Dichtungsbahn oder Dünnbettabdichtung,
- Einbau mit Abdichtung durch zwei Dichtungsbahnen,
- Einbau mit Abdichtung durch Dünnbettverfahren und Pressdichtungsflansch.

2.1.2.1 Einbau ohne Abdichtung

Diese Einbauvariante ist in Kellerbodenplatten üblich, wenn keine Bauwerksabdichtung vorgenommen werden muss. Daher werden sie dann auch Kellerabläufe genannt. Im Bodenaufbau befindet sich lediglich eine lose verlegte PE-Folie als Sperre (Bild 1 bis 3, nächste Seite). Der Einbau eines Kellerablaufs erfolgt meist im Wirtschaftsraum (utility room) (früher Waschküche), wo sich z. B. die Waschmaschine und das Ausgussbecken befinden.

Bei den meisten Herstellern lassen sich die Abläufe durch den Einbau entsprechender Funktionsteile zusätzlich auf die jeweiligen Erfordernisse umrüsten (Bild 1), wie z. B.:
- Schutz gegen rückstauendes Abwasser (vgl. Kap. 4),
- Schutz gegen einlaufendes Heizöl (vgl. Kap. 5),
- Verschluss zur Durchführung einer Dichtheitsprüfung der Grundleitung (vgl. Kap. 2.7.3),
- Einbau mit/ohne Geruchverschluss.

1 Kellerablauf mit lösbarem Rost, herausnehmbarem Schlammeimer, Geruchverschluss und Rückstauverschluss

[1] Als Nassraum werden alle Bereiche in Wohngebäuden oder Gewerbe verstanden, in denen regelmäßig große Mengen Wasser sowohl gasförmig (Wasserdampf) als auch flüssig auftreten wie z. B. Sauna, Hallenbad, Laboratorien, Großküchen, Lebensmittelverarbeitung. Sanitärräume wie z. B. Klosettraum, Badezimmer und Küche sind mit eingeschlossen.

[2] Abläufe in Dachdecken (Dachabläufe) dienen ausschließlich der Ableitung von Niederschlagswasser und werden im Kap. 6 behandelt.

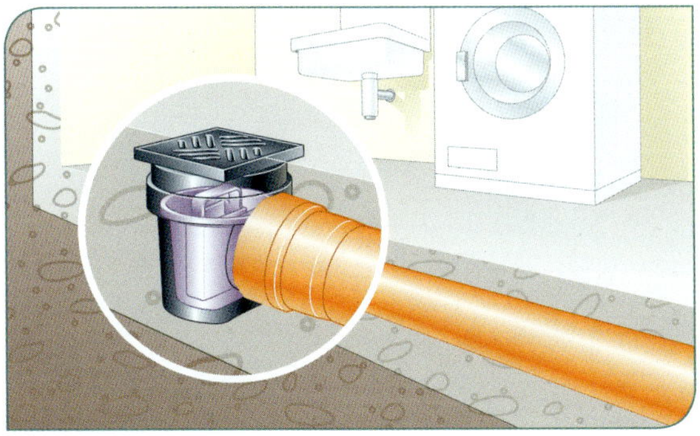

1 Kellerablauf ohne Rückstausicherung, mit Geruchverschluss

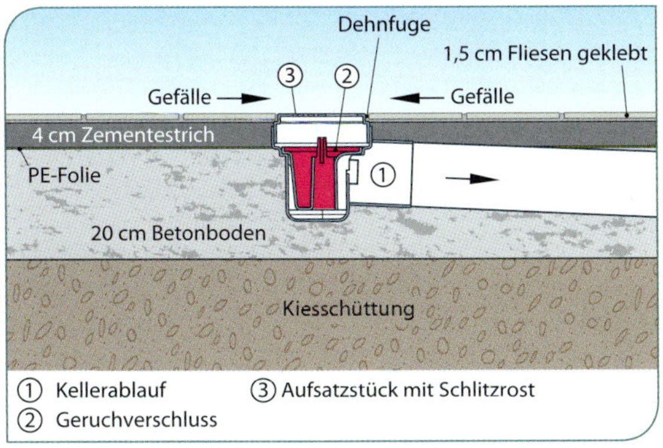

2 Aufbau der Kellerbodenplatte mit PE-Folie

Der Einbau erfolgt in 4 Schritten (Bild 3):

1. Ablaufstutzen an die Abwasserleitung anschließen
2. Ablauf und Leitung beschweren bzw. fixieren
3. Betonbodenplatte gießen
4. Aufsatzstück auf Niveau ausrichten (Fliesenraster beachten)

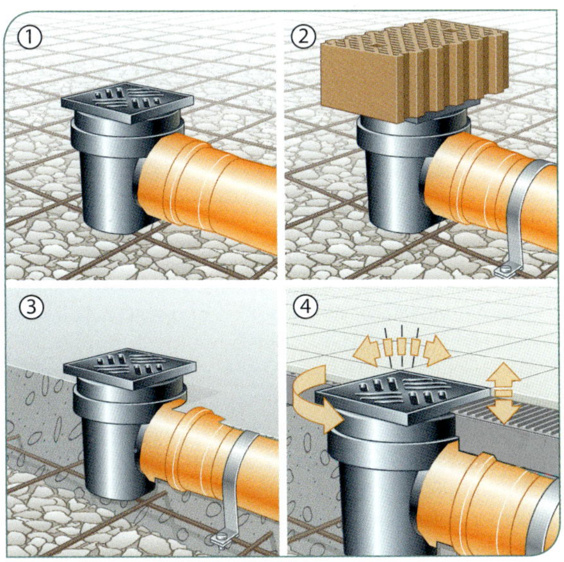

3 Einbauanleitung

Kellerabläufe wie auch andere Bodenabläufe haben häufig seitliche Zuläufe. Diese können serienmäßig vorhanden sein (Bild 4) oder nachträglich mit einer Lochsäge (hole saw) hergestellt werden (Bild 5). Die Abwässer der dort angeschlossenen Sanitärobjekte verhindern damit ein Austrocknen (drying-out) des Sperrwassers in den Geruchverschlüssen (vgl. Kap. 2.1.3). Diese können dann bei den Sanitärobjekten entfallen.

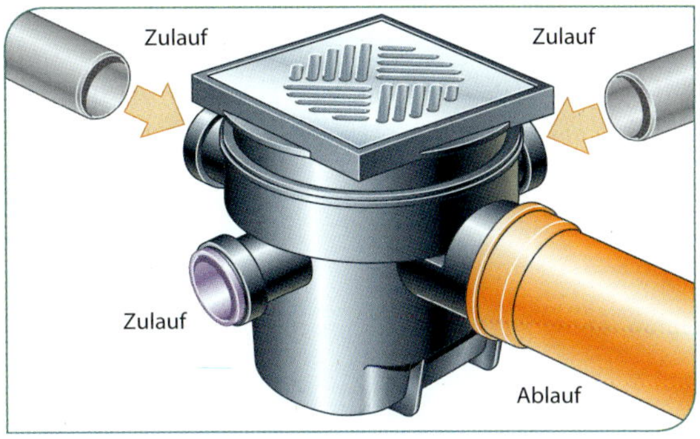

4 Serienmäßig angebrachte seitliche Zuläufe

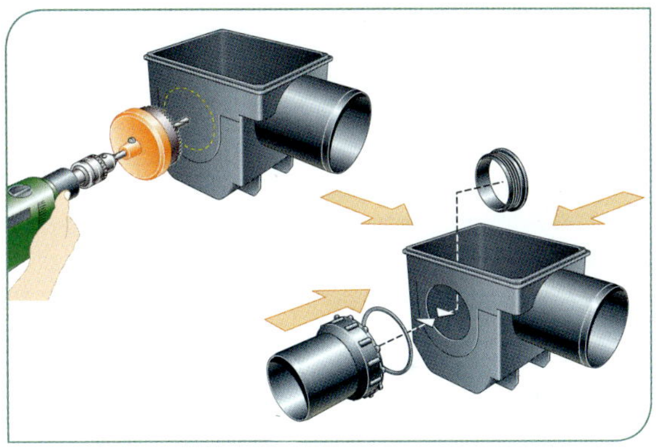

5 Nachträglich hergestellter seitlicher Zulauf

2.1.2.2 Einbau mit Abdichtung

Einbau mit Abdichtung durch den Bodenbelag

Dieser Ablauftyp (Bild 6) wird hier nicht näher beschrieben, da diese Bodenbelege (z. B. PVC, Linoleum) in Nassräumen eher unüblich sind.

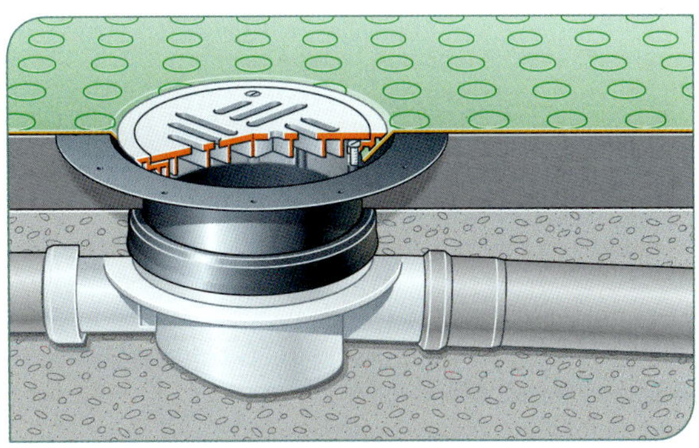

6 Ablauf mit Abdichtung durch Bodenbelag

Lernfeld 6

Einbau mit Abdichtung durch Dichtungsbahn oder Dünnbettabdichtung

Die Abdichtung durch eine **Dichtungsbahn** (waterproof sheeting) kann auf zwei unterschiedliche Arten erfolgen, entweder mit Klemmflansch oder Klebeflansch.
Bei dieser Abdichtungsart werden immer zwei Flansche (flanges) verwendet.

Klemmflansch

Der Ablauf mit Klemmflansch wird z.B. dann eingesetzt, wenn mit aufsteigender (ascending) Feuchtigkeit gerechnet werden muss. Das ist häufig beim Einbau in Decken über dem Erdreich (ground) der Fall. Die über der Dämmung (insulation) vorhandende Dichtungsbahn (Bild 1 und Bild 2) wird zwischen den beiden Flanschen eingeklemmt.

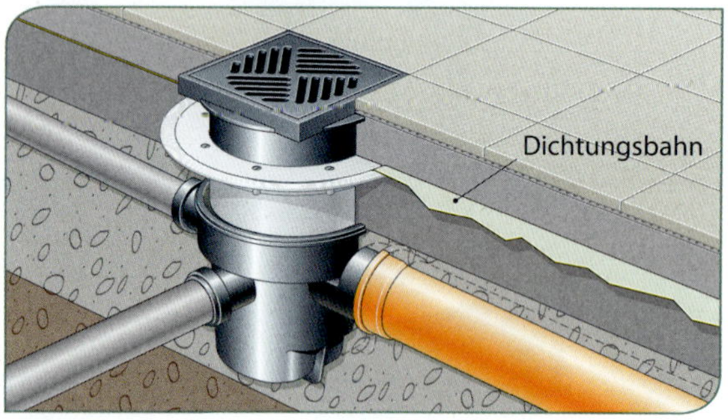

1 Kellerablauf mit Klemmflansch und seitlichen Zuläufen

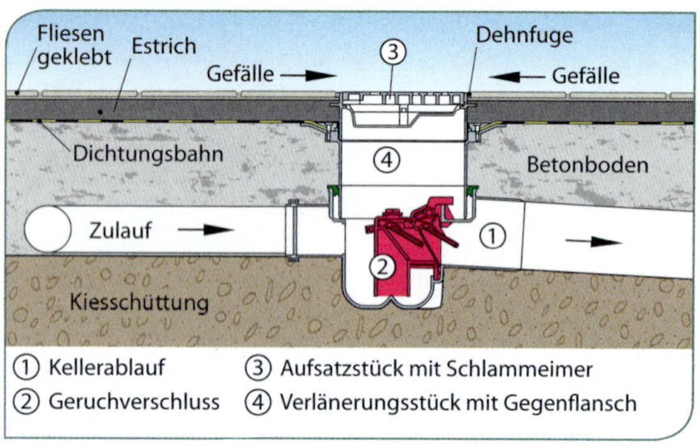

2 Aufbau der Kellerbodenplatte mit Dichtungsbahn

Der Einbau erfolgt in 4 Schritten (Bild 3):

1 Grundkörper einsetzen, Ablaufstutzen bzw. Zuläufe anschließen und Bodenplatte gießen.
2. Zwischenstück mit unterem Flansch aufsetzen.
3. Abdichtfolie (sealing sheet) in den unteren Dichtflansch einpassen und oberen Klemmflansch aufsetzen und verschrauben.
4. Einsetzen und Ausrichten des Aufsatzstücks.

Klebeflansch

Wenn beim Einbau von Abläufen in Bädern, Duschen und sonstigen Nassräumen in Geschossdecken das Einsickern (infiltration) von Wasser verhindert werden soll, ist ein Ablauftyp mit Klebeflansch erforderlich (Bilder 4 und 5).

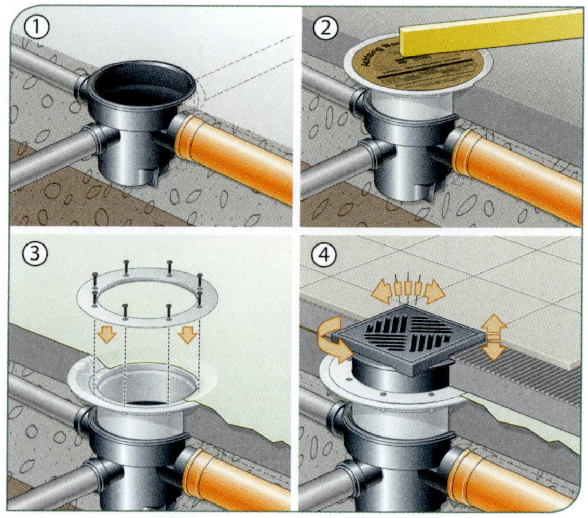

3 Einbauanleitung für Kellerablauf mit Klemmflansch

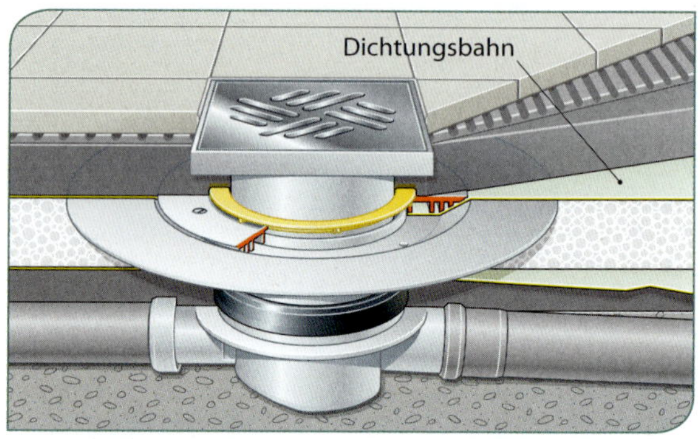

4 Badablauf mit Klebeflansch und seitlichem Zulauf

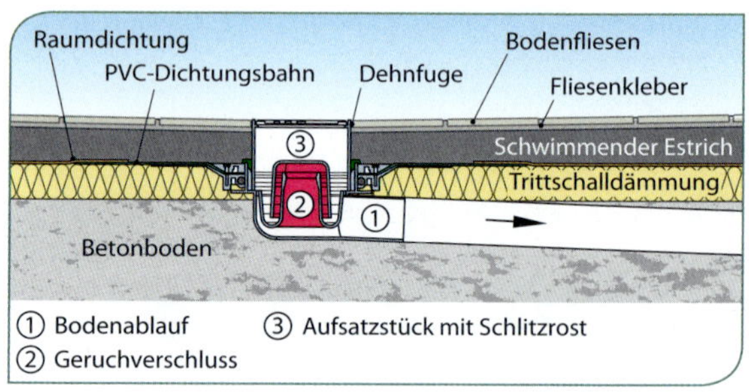

5 Aufbau einer Geschossdecke mit PVC-Dichtungsbahn

Der Einbau erfolgt in 4 Schritten (Bild 1, nächste Seite):

1. Grundkörper mit aufgesetztem oberen Flansch (Gegenflansch) einsetzen, Ablaufstutzen und evtl. Zuläufe anschließen und Bodenplatte gießen.
2. Gegenflansch abnehmen und PVC-Dichtbahn-Ausschnitt auf den unteren Flansch (Klebeflansch) kleben, Dichtungsfolie der Geschossdecke mit dem Ausschnitt verkleben, danach Gegenflansch aufschrauben.
3. Aufsatzstück mit Ringdichtung (sealing ring) auf Grundkörper aufsetzen, auf Höhenniveau bringen und nach Fliesenraster (tiles grid) ausrichten.
4. Fliesen mit Fliesenkleber verkleben.

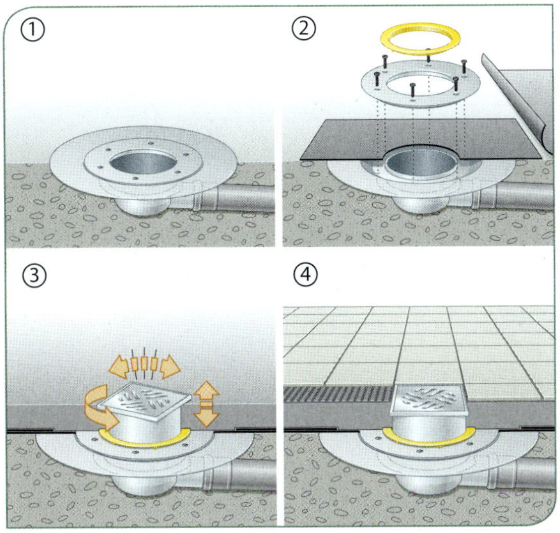

1 Einbauanleitung für Badablauf mit Klebeflansch

Einbau mit Abdichtung durch Dünnbettabdichtung

In den letzten Jahren hat sich das Dünnbettverfahren (thin mortar bed technique) als alternative Abdichtungsvariante durchgesetzt. Eine wasserdichte, flexible und rissüberbrückende Flüssigdichtung wird im Streich- oder Spachtelverfahren auf den Estrich (floor pavement) aufgetragen. Diese Abdichtung ist in Nassräumen mit nicht drückendem Wasser und in Sanitärräumen von Wohnungen einsetzbar (Bilder 2 und 3).

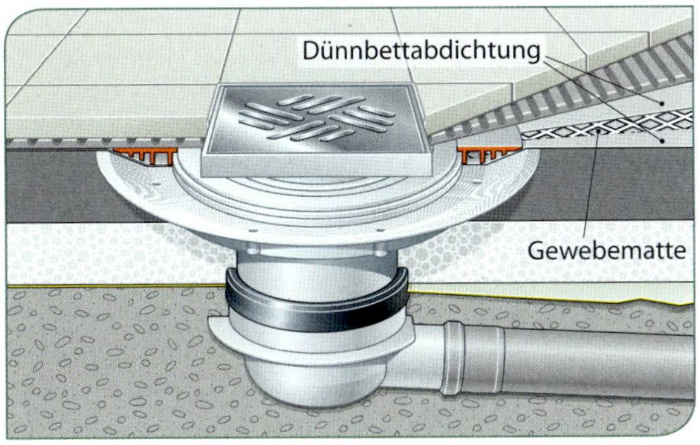

2 Badablauf mit Dünnbettabdichtung

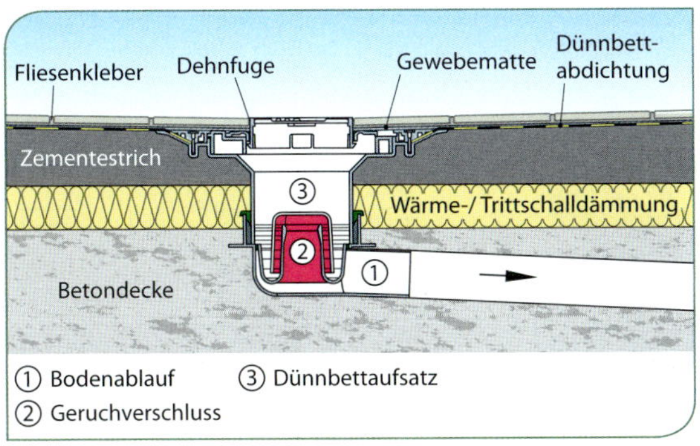

3 Aufbau einer Geschossdecke mit Dünnbettabdichtung

Der Einbau erfolgt in 4 Schritten (Bild 4):

1. Grundkörper einsetzen und Dünnbettaufsatz bündig mit dem Estrich einbauen.
2. Gewebematte (fabric ply/mat) mit der Flüssigdichtung in die gerillte untere Flanschfläche einarbeiten.
3. Nach Aushärtung der Dichtung Gegenflansch mit Rost am unteren Flansch verschrauben.
4. Rost auf Höhenniveau bringen und nach Fliesenraster ausrichten. Dauerelastische (permanently elastic) Fugen zwischen Rostaufnahme und Fliesen anbringen.

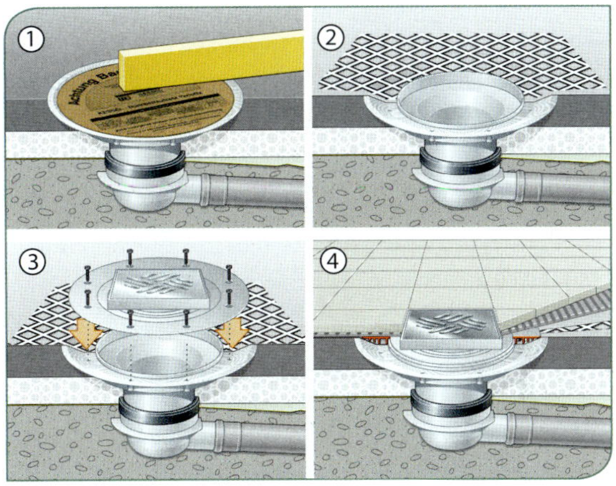

4 Einbauanleitung für Badablauf im Dünnbettverfahren

Bei besonderen Anforderungen an die Bauwerksabdichtung, wie z. B. bei drückendem Wasser (Kellerbodenplatte liegt im Grundwasserbereich) oder bei Flachdachabläufen (vgl. Kap. 6.2.2.), können folgende Abdichtungsmaßnahmen eingesetzt werden:

- Einbau mit Abdichtung durch zwei Dichtungsbahnen,
- Einbau mit Abdichtung durch Dünnbettverfahren und Pressdichtungsflansch.

Diese beiden Abdichtungsvarianten werden hier nicht näher beschrieben, da das Einbauprinzip dieser Abläufe den oben beschriebenen ähnlich ist. Weitere Informationen sind in Herstellerunterlagen und im Internet zu finden.

ÜBUNGEN

1) In Kellerfußböden werden meist Bodenabläufe ohne Abdichtung eingebaut.
Nennen Sie vier zusätzliche Funktions- bzw. Bauteile, mit denen diese Bodenabläufe je nach Erfordernissen umgerüstet bzw. aufgerüstet werden können.

2) Durch welche Maßnahme kann verhindert werden, dass in selten benutzten Bodenabläufen das Sperrwasser des Geruchverschlusses austrocknet?

3) Das Einsetzen eines Bodenablaufes im Dünnbettverfahren ist die häufigste Einbauvariante.
Beschreiben Sie in kurzen Sätzen die vier Arbeitsschritte des Einbaus in der richtigen Reihenfolge.

2.1.3 Geruchverschlüsse

2.1.3.1 Funktion und Bauarten

Alle Ablaufstellen innerhalb von Gebäuden müssen grundsätzlich gegen das Austreten von Kanalgasen und Krankheitserregern in z.B. Bädern und Küchen geschützt werden[1]. Diese Aufgabe übernimmt die Sperrwasservorlage (seal water) eines Geruchverschlusses[2] (Siphon), ohne den Spülvorgang zu behindern.

Die Sperrwasservorlage setzt sich immer aus dem Wassersack und der wirksamen Sperrwasserhöhe *H* (effective depth of seal water) zusammen. Diese beträgt für Schmutzwasser ≥50mm[3] (Bilder 1 bis 5). Die Sperrwasserhöhe darf nach einem Ablaufvorgang unter betriebsgemäßen Bedingungen 25 mm nicht unterschreiten.

MERKE

Der Wassersack einer Sperrwasservorlage zählt nicht zur wirksamen Sperrwasserhöhe.

Geruchverschlüsse (traps) können folgende Konstruktionen aufweisen:

- in die Sanitärkeramik **angeformt** (Bild 1),
- in das Ablaufventil **integriert** (Bild 2) oder
- hinter dem Ablaufventil des Sanitärobjektes **angeschlossen** (Bild 3 bis 5).

Die Bauformen (models/shapes) angeschlossener Geruchverschlüsse sind der Röhren-, Flaschen- und der Tauchwandgeruchverschluss.

Geruchverschlüsse müssen folgende Bedingungen erfüllen:

- die wirksame Sperrwasserhöhe ist zu gewährleisten,
- einpendeln des Sperrwasserstandes auf gleiche Höhe nach jedem Ablaufvorgang,
- die Nennweite des Geruchverschlusses muss eine Dimension kleiner als die weiterführende Leitung sein,
- zu reinigen bei möglichen Verstopfungen,
- größtmögliche Selbstreinigung.

Die letzte Bedingung wird dadurch erreicht, dass der Ablaufvolumenstrom, z.B. einer Badewanne, groß genug ist, um eine Vollfüllung vom Ablaufventil (waste valve) bis zur weiterführenden Leitung zu erreichen. Dann ist die Fließgeschwindigkeit ausreichend, um Schmutzteilchen mit zu reißen.

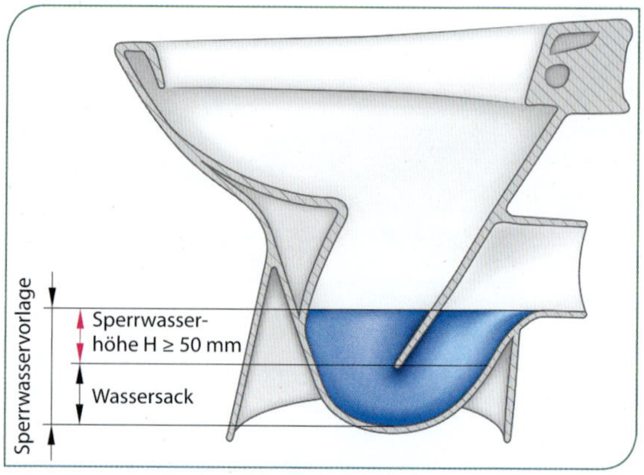

1 WC mit **angeformtem** Geruchverschluss

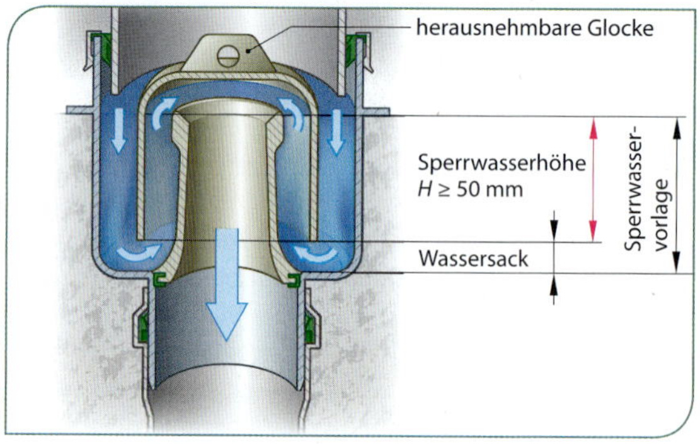

2 Bodenablaufventil mit **integriertem** Geruchverschluss

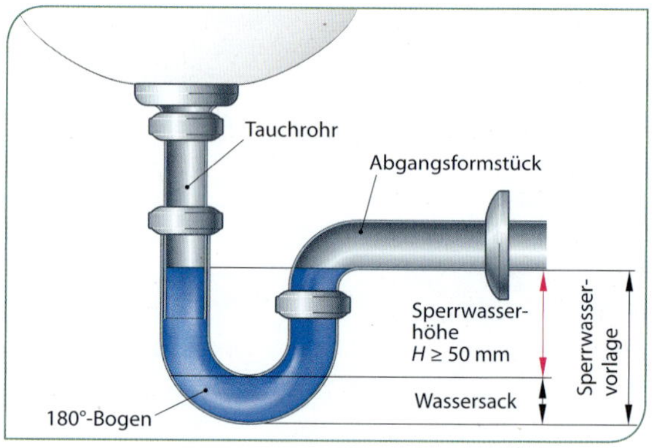

3 WT mit **angeschlossenem** Röhrengeruchverschluss

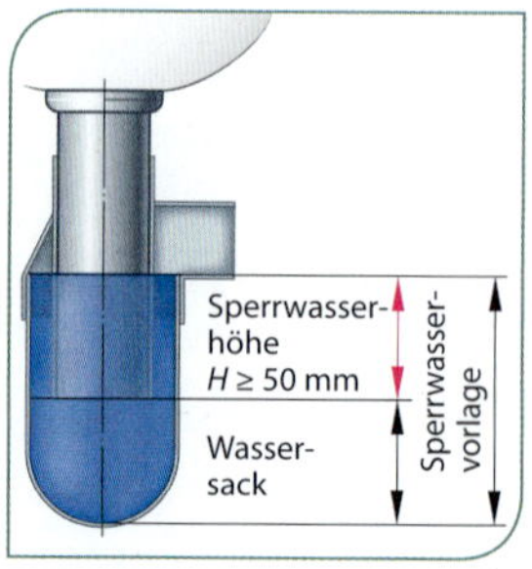

4 Flaschengeruchverschluss

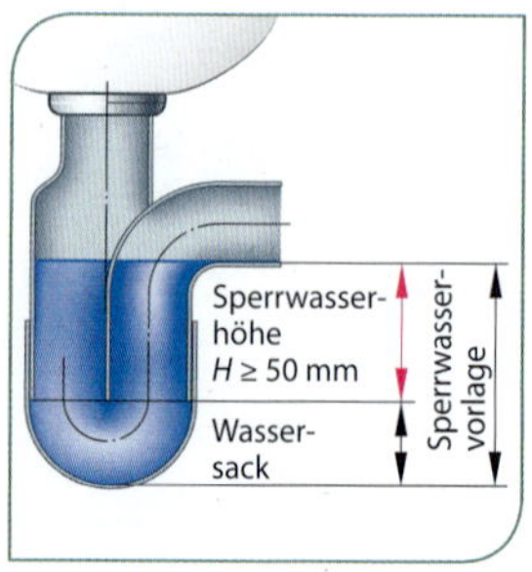

5 Tauchwandgeruchverschluss

[1] Für Ablaufstellen außerhalb von Gebäuden gelten abweichende Regeln (vgl. Kap. 6).
[2] Allgemeine Schreibweise laut Duden: Geruchsverschluss
[3] Geruchverschlüsse von Regenwasserabläufen im Mischsystem außerhalb von Gebäuden haben eine Mindestsperrwasserhöhe von 100mm, um auch bei länger andauernden Trockenperioden im Sommer bei erhöhter Verdunstung die Wirksamkeit zu gewährleisten (vgl. Kap. 6.4).

Im Fachhandel werden die an das Sanitärobjekt angeschlossenen Geruchverschlüsse und deren weitere notwendigen Teile auch als Ablaufgarnituren (combined waste and overflow fittings) bezeichnet (Bild 3, vorige Seite). Sie stellen die Verbindung zur Entwässerungsleitung her und bestehen im Wesentlichen aus

- Tauchrohr (Verbindungsleitung),
- Geruchverschluss (mit Sperrwasservorlage) und
- Abgangsformstück (gebogen oder gerade).

Ist das Ablaufventil verschließbar (z. B. Badewanne, Küchenspüle), gehört zusätzlich zu den aufgezählten Teilen noch ein Überlaufrohr (overflow pipe). Es leitet Überschusswasser in das Ablaufventil, wenn beim Befüllen des Sanitärobjektes ein bestimmtes Niveau überschritten wird. Bei z. B. Waschtischen kann das Rohr entfallen, da dort ein Überlaufkanal in die Sanitärkeramik angeformt ist.

In manchen Fällen kann bei einem Sanitärobjekt (sanitary appliance) auf den Geruchverschluss verzichtet werden, z. B. wenn die Verbindungsleitung eines häufig benutzten Ausgussbeckens an einen eher selten benutzten Bodenablauf angeschlossen wird (Bild 1). Das durch Verdunsten (Bild 2) reduzierte Sperrwasser seines Geruchverschlusses wird bei Spülvorgängen des Ausgussbeckens dann immer wieder aufgefüllt.

Es muss darauf geachtet werden, dass die Verbindungsleitung eine Länge von 4 m nicht überschreitet. Es könnte sonst im Laufe der Zeit durch Ablagerungen zu Geruchbelästigungen (annoyances caused by bad smell) kommen, je nach Zusammensetzung des Schmutzwassers. Deshalb sollte der Geruchverschluss immer so nahe wie möglich an das jeweilige Sanitärobjekt angeschlossen sein.

1 Gemeinsamer Geruchverschluss im Kellerablauf

[1] Fremdeinspülung = einspülendes Abwasser aus anderen Sanitärobjekten

2.1.3.2 Störungen der Funktion

Nach einem Spülvorgang (flushing) ist unter normalen Betriebsbedingungen zu erwarten, dass sich der Sperrwasserspiegel auf eine Höhe zwischen 25 mm … 50 mm einpendelt und der Geruchverschluss seine Funktion erhält.
Störungen (disturbances) sind jedoch nicht auszuschließen und können im ungünstigsten Fall bis zum völligen Verlust des Sperrwassers und damit der Funktion des Geruchverschlusses führen.

Eine **Verdunstung** (evaporation) (Bild 2) der Sperrwasservorlage findet immer statt. Ein Verlust der Sperrwasserhöhe beträgt je nach Umgebungstemperatur (ambient temperature) und Größe des Rohrquerschnitts 1 … 3 mm in 24 Stunden. Bei regelmäßigen Spülvorgängen ist jedoch eine Aufhebung der Sperrfunktion durch Austrocknung nicht zu erwarten.

Ein **negativer Überdruck** (Sog) (Bild 3) (below atmospheric pressure) am Ende eines Spülvorganges des angeschlossenen Sanitärobjektes tritt häufig auf. Dauert er z. B. durch Ablagerungen (sedimentations, depositions) oder fehlerhafter Installation länger an, ist ein Verlust des Sperrwassers bis zur Aufhebung der Funktion des Geruchverschlusses wahrscheinlich.
Ein **positiver Überdruck** (above atmospheric pressure) wird durch Spülvorgänge anderer (fremder) Sanitärobjekte (Fremdeinspülung[1], Bild 4) hervorgerufen. Deren Schmutzwasser (z. B. Fäkalien) kann im schlimmsten Fall bei fehlerhafter Installation in das angeschlossene Sanitärobjekt hineingedrückt werden. Die Ursachen der Druckunterschiede werden im Kap. 2.2.2 und im Kap. 2.2.4 beschrieben.

2 Verlust der Sperrwasserhöhe durch Verdunstung

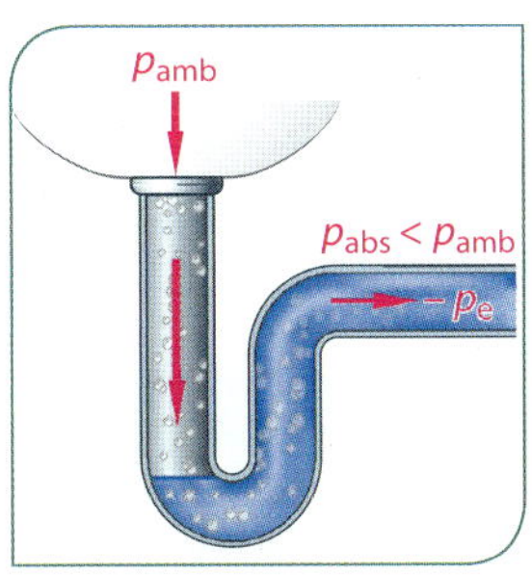

3 negativer Überdruck (Sog)

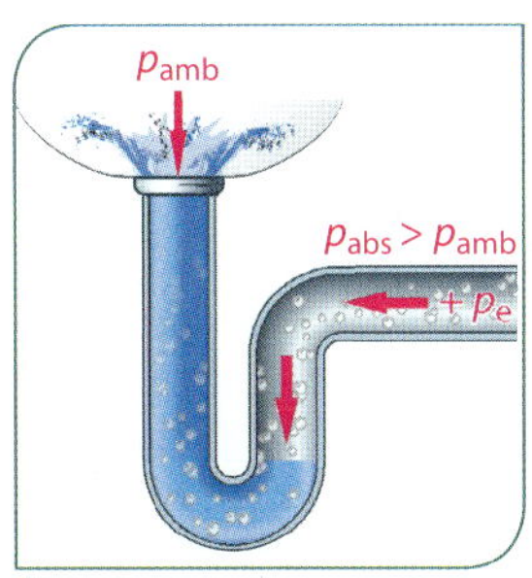

4 positiver Überdruck

Eine **Verstopfung** ist trotz Schmutzsieben vor den Ablaufventilen, strömungsgünstiger Konstruktion der Geruchverschlüsse und teilweiser Selbstreinigungskraft durch erhöhte Fließgeschwindigkeit nicht immer zu vermeiden.

Um Störungen der Geruchverschlüsse von Bodenabläufen einzuschränken, sollte der Anlagenmechaniker SHK immer die Nutzungshäufigkeit (frequency of use) hinterfragen und dabei folgende Aspekte berücksichtigen:

- kann bei einem selten benutzten Ablauf auf ihn verzichtet werden,
- ist der Einbau eines Geruchverschlusses mit deutlich größerer Sperrwasserhöhe sinnvoll,
- ist der seitliche Zulauf eines häufig genutzten Ablaufes (z. B. Duschwanne) zweckmäßig, um Austrocknung zu vermeiden,
- gibt es einen zuständigen Betreiber, um regelmäßige Kontrollen und das Auffüllen der Geruchverschlüsse sicher zu stellen?

ÜBUNGEN

1) Beschreiben Sie die Funktion eines Geruchverschlusses.
2) Nennen Sie drei Konstruktionen von Geruchverschlüssen.
3) Aus welchen Einzelteilen besteht die Ablaufgarnitur eines Waschtisches?
4) Wie groß muss die wirksame Sperrwasserhöhe eines Geruchverschlusses für Schmutzwasser mindestens sein?
5) Bis zu welcher Höhe ist ein Sperrwasserverlust unbedenklich?
6) In welchen Grenzen ist ein Sperrwasserverlust durch Verdunstung möglich?
7) Wie kann die Verdunstung von Sperrwasser z. B. eines selten benutzten Bodenablaufes verhindert bzw. verringert werden
8) Warum zählt das Wasser im Wassersack eines Geruchverschlusses nicht mit zur Sperrwasserhöhe?
9) Nennen Sie vier Bedingungen, die ein Geruchverschluss erfüllen muss.
10) Nennen Sie drei angeschlossene Geruchverschlussbauarten und beschreiben Sie ihre unterschiedlichen Konstruktionsmerkmale.
11) Warum sollte ein angeschlossener Geruchverschluss immer so nah wie möglich an der Ablaufstelle installiert werden?
12) Wodurch kann ein Totalsperrwasserverlust ausgelöst werden und welche Auswirkungen hat er?
13) Wodurch kann das Sperrwasser in ein Sanitärobjekt gedrückt werden und welche Folgen hat es?
14) Nennen Sie vier Aspekte, die vor dem Einbau z. B. eines Kellerablaufes vom Anlagenmechaniker SHK berücksichtigt werden sollten.

2.2 Anschlussleitungen

2.2.1 Allgemeine Beschreibung

Die Verbindung eines Sanitärobjektes mit der Entwässerungsanlage wird in den meisten Fällen durch die Ablaufgarnitur hergestellt. Das Abgangsformstück des Geruchverschlusses mündet dann in das eine Nennweite größere Anschlussformstück der Anschlussleitung (branch pipe), z. B. dem Siphonwinkel, wenn es sich um einen Bogen handelt (Bild 1).

Wie alle liegenden Leitungen einer Entwässerungsanlage darf auch die Anschlussleitung beim Ablaufvorgang nur teilgefüllt sein. Die Teilfüllung (partial filling) stellt sicher, dass mitgerissene Luft schnell wieder ersetzt und damit ein länger andauernder negativer Überdruck (Sog) mit zu großem Verlust von Sperrwasser vermieden wird. Diese benötigte Luft kann aber nach einem Spülgang nur **entgegengesetzt** der Fließrichtung (flow direction) des Abwassers in die Anschlussleitung strömen (Bild 2), da der Zugang auf der Zulaufseite durch das Sperrwasser des Geruchverschlusses verschlossen ist. Deshalb werden Anschlussleitungen als

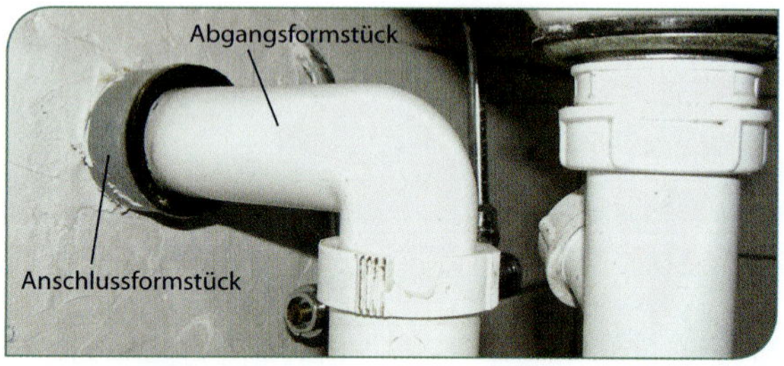

1 Anschlussformstück mit Dichtgummi

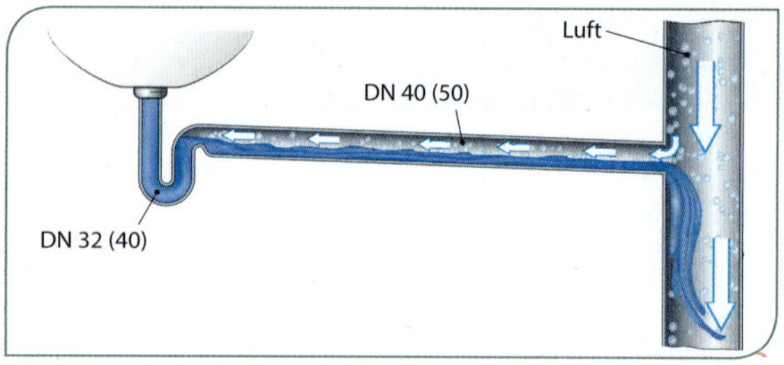

2 Anschlussleitung (teilgefüllt)

„unbelüftete" Leitungen bezeichnet, im Gegensatz zur Fall-, Sammel- oder Grundleitung, die nach beiden Seiten offen sind.

Während in der DIN EN 12056-2 lediglich der Begriff Anschlussleitung verwendet wird, unterscheidet die DIN 1986-100 zwischen der Einzel- und der Sammelanschlussleitung (Bild 1).

2.2.2 Einzelanschlussleitungen

Die Einzelanschlussleitung (EAL) leitet ausschließlich Abwasser **einer** Ablaufstelle weiter, und mündet z. B. in eine Hebeanlage, Sammelanschluss-, Fall-, Sammel- oder Grundleitung.

Im Wohnungsbau (house building) verlegt der Anlagenmechaniker SHK in den meisten Fällen „unbelüftete" Einzelanschlussleitungen. Dabei muss er die geltenden Installationsregeln (Anwendungsgrenzen) einhalten (Bild 2 und 3). Kann er dies nicht, muss die EAL „zusätzlich" belüftet werden und es gelten andere Regeln (Bild 3).

MERKE

Wird **eine** der Anwendungsgrenzen unbelüfteter Einzelanschlussleitungen nicht eingehalten, muss sie zusätzlich belüftet werden. Eine Vergrößerung der Nennweite ist **nicht zulässig**.

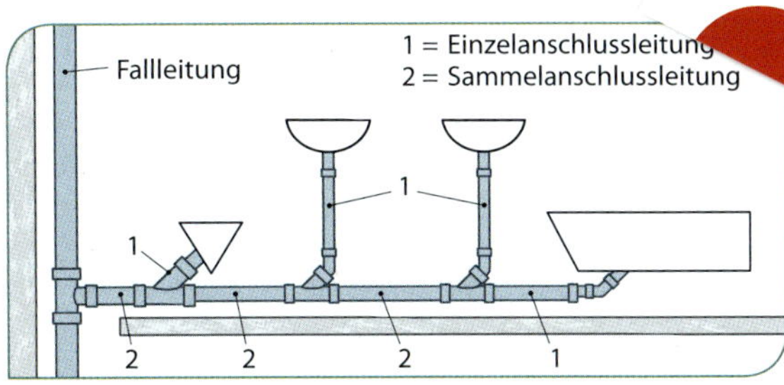

1 Einzel- (1) und Sammelanschlussleitungen (2)

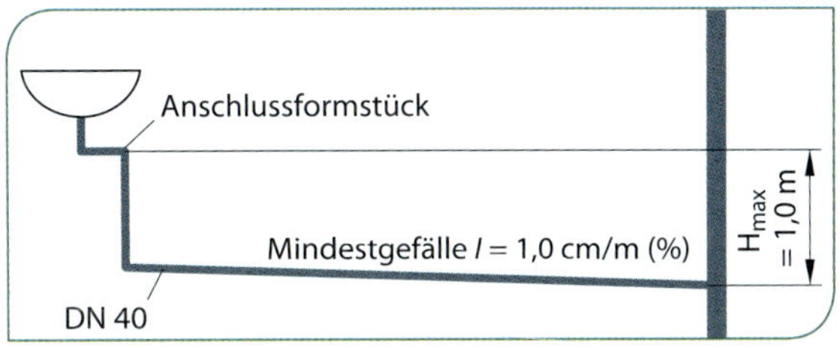

*2 Anwendungsgrenzen **„unbelüfteter"** EAL*

Einzelanschlussleitungen	unbelüftet	belüftet
Nennweite *DN*	abhängig vom Sanitärobjekt (Tabelle Bild 4)	
Leitungslänge *l*	≤ 4,0m	≤ 10,0m
Anzahl der 90°-Richtungsänderungen (ohne Anschlussformstück)	3	unbegrenzt
Höhendifferenz *H*	≤ 1,0m	≤ 3,0m
Gefälle *I*	1,0% ... 5,0%	0,5% ... 5,0%

*3 Anwendungsgrenzen **unbelüfteter** und **belüfteter** EAL*

Erläuterungen zu den Installationsregeln

Nennweite

Jeder Entwässerungsgegenstand hat entsprechend seiner Funktion ein bestimmtes Ablaufvolumen (discharge volume) pro Zeiteinheit ($\frac{l}{s}$). Diese Volumenströme, auch Anschluss- oder DU[1)]-Werte genannt, sind die Grundlage für die Bestimmung der Rohrdimension von Einzelanschlussleitungen (Bild 4). Der DU-Wert beruht auf Berechnungen mit sauberem Wasser. Deshalb ist der tatsächliche Ablaufvolumenstrom von Sanitärobjekten geringfügig kleiner. Der Grund für den größeren DU-Wert sind die im Abwasser enthaltenen Fest- und Schmutzstoffe (suspended solids and contaminants), die im Laufe der Zeit zu Verschlammungen und Verkrustungen führen und den freien Querschnitt in den Leitungen verringern.

Leitungslänge

Bei einem Spülvorgang (z. B. 6l-WC-Spülwassermenge) verringern sich mit zunehmender Leitungslänge der Füllungsgrad und damit die Schwemmtiefe (depth of flow), sowie die Fließgeschwindigkeit des Abwassers. Wird z. B. bei einer unbelüfteten Einzelanschlussleitung die vorgeschriebene Leitungslänge überschritten, können die Fest- und Schmutz-

Entwässerungsgegenstand	Anschlusswert DU	Einzelanschlussleitung
Waschbecken, Bidet	0,5	DN 40
Dusche ohne Stöpsel	0,6	DN 50
Dusche mit Stöpsel	0,8	DN 50
Einzelurinal mit Druckspüler	0,5	DN 50
Urinal ohne Wasserspülung	0,1	DN 50
Badewanne	0,8	DN 50
Küchenspüle und Geschirrspülmaschine mit gemeinsamen Geruchverschluss	0,8	DN 50
Küchenspüle, Ausgussbecken	0,8	DN 50
Geschirrspüler	0,8	DN 50
Waschmaschine bis 6 kg	0,8	DN 50
WC mit 6,0 Liter Spülkasten/ Druckspüler	2,0	DN 80 bis DN 100
WC mit 9,0 Liter Spülkasten/ Druckspüler	2,5	DN 100
Bodenablauf DN 50	0,8	DN 50
Bodenablauf DN 70	1,5	DN 70
Bodenablauf DN 100	2,0	DN 100

4 Anschlusswerte ausgesuchter Sanitärobjekte, sowie die zugeordneten Nennweiten der EAL

1) DU = Design Unit ($\frac{l}{s}$) ersetzt den (die) früheren Anschlusswert(e) AW(s)

Lernfeld 6

stoffe liegen bleiben, bevor sie in die weiterführende Leitung (z. B. Fallleitung) ausgeschwemmt werden. Durch solche Ablagerungen verringert sich der freie Leitungsquerschnitt und die Gefahr einer länger andauernden Vollfüllung der Leitung bei nachfolgenden Spülvorgängen steigt.

Richtungsänderungen liegender Leitungsabschnitte
In geraden Leitungsabschnitten fließt das Abwasser annähernd laminar (gleichmäßig ohne Störungen). Prallt es bei einer Richtungsänderung von z. B. 90° gegen die Rohrwand, entstehen Verwirbelungen (turbulences) und Querströmungen (turbulente Strömungen), die zum Verlust von Fließgeschwindigkeit durch Reibung (friction) führen. Hinter der Richtungsänderung geht das Abwasser dann wieder annähernd in eine laminare Strömung über (Bild 1).
Wird diese Richtungsänderung mit nur einem z. B. 88,5°-Bogen ausgeführt, kann es zu folgenden Situationen kommen:
- **Zunahme** des Füllungsgrades h/d_i bis zur Vollfüllung im Bereich der Richtungsänderung,
- **Abnahme** des Füllungsgrades h/d_i hinter der Richtungsänderung.

In beiden Fällen besteht die Gefahr, dass durch Vollfüllung in der Leitung ein schneller Druckausgleich behindert wird. Eine Abnahme des Füllungsgrades begünstigt eine Vollfüllung (complete filling) deshalb, weil Schmutz- und Feststoffe liegen bleiben und sich dadurch der freie Leitungsquerschnitt (free cross sectional area) nach einer bestimmten Anzahl von Spülvorgängen verringert.
Verstärkt wird dieses Problem durch mehrere 90°-Richtungsänderungen (ninety-degree turn), die z. B. bei einer Badinstallation auf Grund der Raumgeometrie oft notwendig ist (Bild 2).

PRAXISHINWEIS

Abhilfe schafft z. B. eine „Auflösung" der 90°-Richtungsänderungen mit z. B. zwei 45°-Bögen (Bild 3). Wenn die Platzsituation es zulässt, auch mit einem zusätzlichen Zwischenstück (connector, coupling piece) von z. B. 150 mm Länge (Bild 4).

Höhendifferenz
Die Höhendifferenz H ist immer der senkrechte Abstand (vertical distance) zwischen der Rohrsohle[1)] (pipe bottom) des Abgangsformstückes des Geruchverschlusses bzw. seines Sperrwasserspiegels und der Rohrsohle des Anschlussabzweiges der Fallleitung (Bild 1, nächste Seite).

Im senkrechten Leitungsteil der EAL ist die Fließ- (Fall-) geschwindigkeit des Abwassers immer größer als in einem liegenden Leitungsabschnitt (horizontal pipe section). Dementsprechend wird das Abwasser bei der Richtungsänderung vom senkrechten Leitungsabschnitt in den liegenden stark abgebremst (Bild 1, nächste Seite). Die Auswirkungen (effects) sind die Gleichen wie bei den vorher beschriebenen

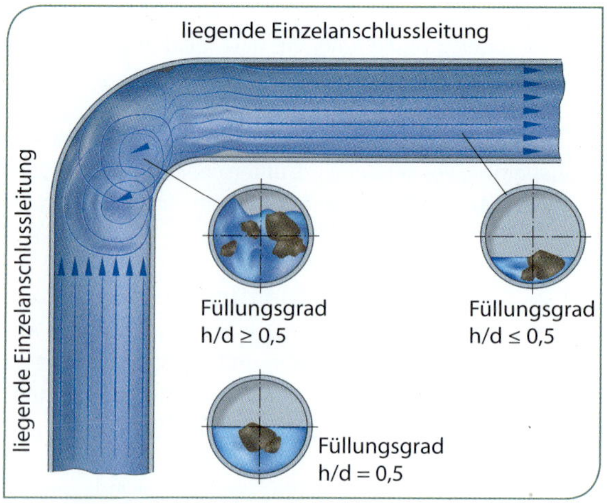

1 *Abwasserströmung im Bereich einer 90°-Richtungsänderung*

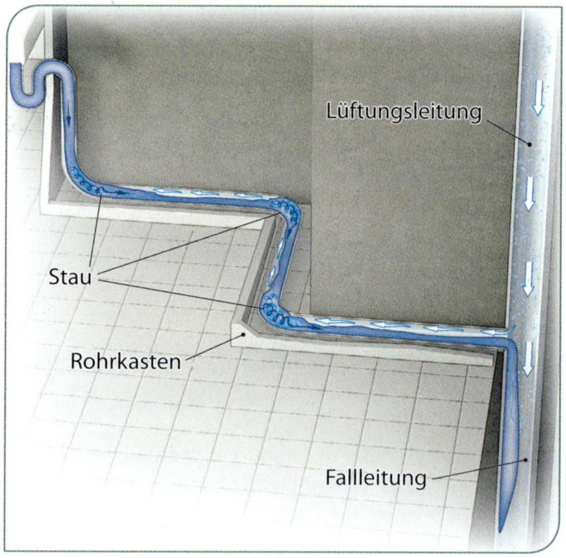

2 *Richtungsänderungen 90° mit z. B. 88,5°-Formstücken (Bögen)*

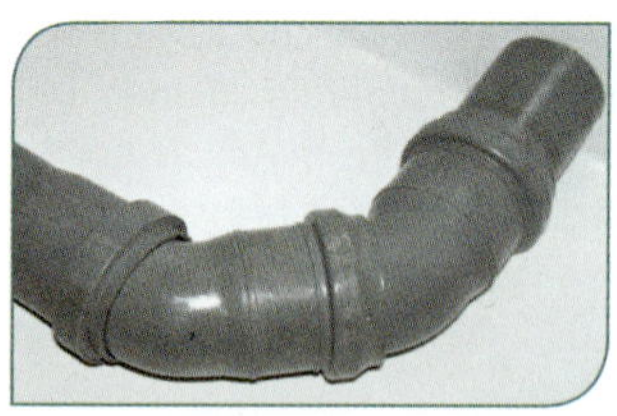

3 *Auflösung in 2 x 45°*

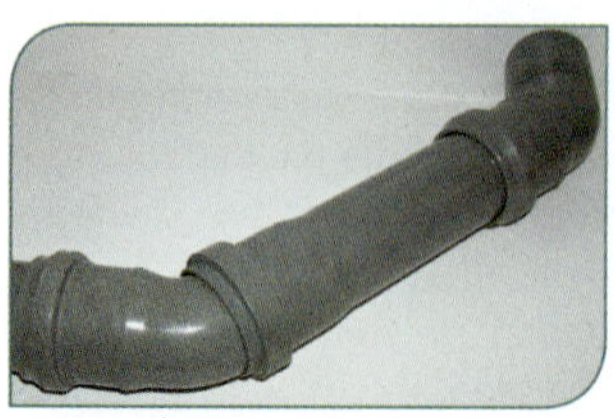

4 *Auflösung in 2 x 45° und Zwischenstück*

1) Die Rohrsohle ist der tiefste Bereich einer liegenden Abwasserleitung

liegenden Abschnitten. Sie werden größer mit zunehmender Länge des senkrechten Leitungsteils in der Anschlussleitung.

PRAXISHINWEIS

Abhilfe kann ein Übergang mit zwei Bögen je 45° von der senkrechten in die liegende Leitung schaffen (Bild 2).

Gefälle

Unbelüftete Einzelanschlussleitungen dürfen zwischen 1 cm/m (1%) Mindestgefälle (minimum gradient) und 5 cm/m (5%) Höchstgefälle (maximum gradient) verlegt werden. Die Höhe des Fußbodenaufbaus in Sanitärräumen lässt große Höhenunterschiede allerdings oftmals nicht zu. Deshalb ist meist eine Verlegung in den Gefällegrenzen von 1% ... 3% üblich.

Die Fließgeschwindigkeit der flüssigen Bestandteile des Abwassers beträgt in diesem Gefällebereich ≥ 0,5 m/s. Damit ist sie groß genug, die Schwemmwirkung (flushing effekt) aufrecht zu erhalten und ein Absinken der Schmutz- und Feststoffe auf die Rohrsohle und damit eine Verringerung der freien Rohrquerschnittfläche zu verhindern (Bild 3).

Wird das Mindestgefälle jedoch unterschritten, sinkt die Fließgeschwindigkeit unter 0,5 m/s und ein Absinken von Schmutz- und Feststoffen ist wahrscheinlich. Bei Werten ≤ 0,3m/s ist sogar mit Sicherheit davon auszugehen (Bild 4).

Wird umgekehrt die obere Anwendungsgrenze von 5% überschritten, ist damit zu rechnen, dass die flüssigen Bestandteile (liquid components) schneller abfließen als die festen. Dadurch verringert sich der Füllungsgrad (Schwemmtiefe) in der Leitung und Schmutz- und Feststoffe könnten ebenfalls auf der Rohrsohle liegen bleiben (Bild 5).

Weitere Installationsregeln bzw. -empfehlungen

Verringerung von Fremdeinspülungen

Die DIN 1986-100 schreibt vor, dass zwischen der Sohle des Abgangsformstücks – dem Sperrwasserspiegel des Geruchverschlusses – und der Sohle des Fallleitungsanschlusses ein Mindesthöhenunterschied von h ≥ DN vorhanden ist (Bild 1a, nächste Seite). Ist dies nicht der Fall, kann es zu der in Bild 1b (nächste Seite) beschriebenen Fremdeinspülung kommen. Neben der in Bild 1a auf der nächsten Seite gezeigten Lösung werden im Kapitel 2.4 weitere Konstruktionsmöglichkeiten aufgezeigt, den Mindesthöhenunterschied (level difference) herzustellen.

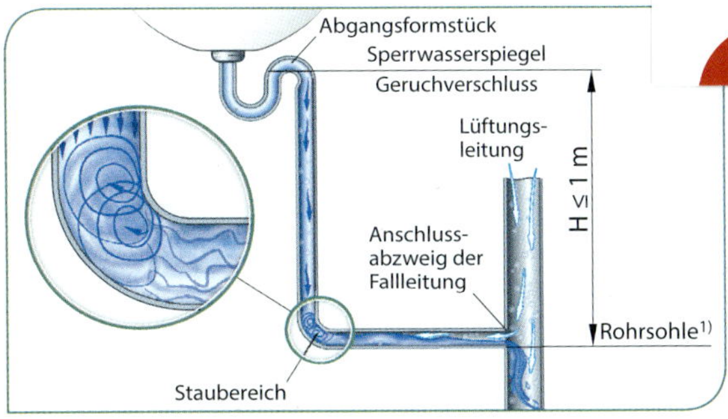

1 Zulässige Höhendifferenz einer Anschlussleitung

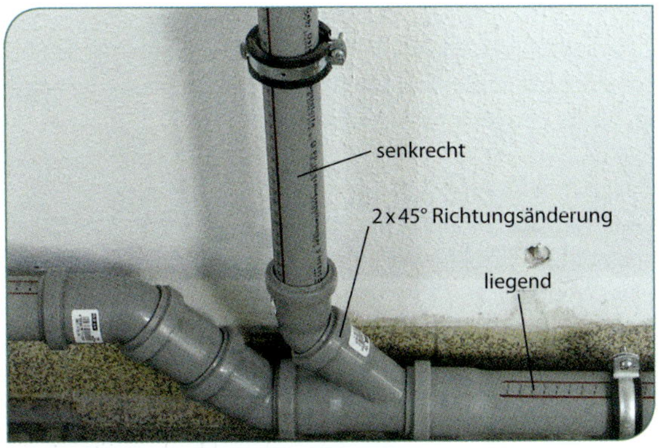

2 Auflösung einer 90°-Richtungsänderung

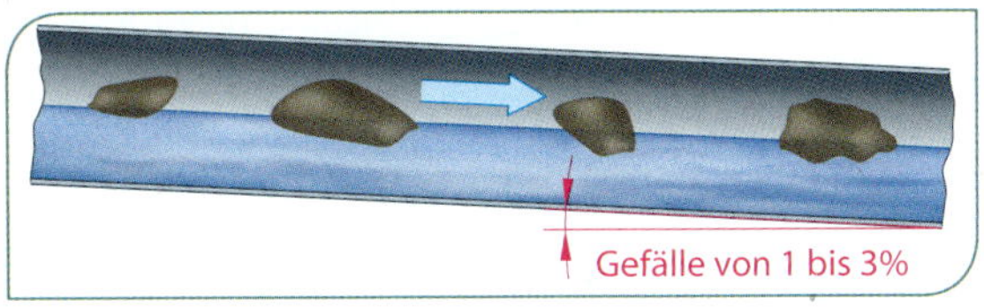

3 Schwemmwirkung bei einem Gefälle von 1 ... 3%

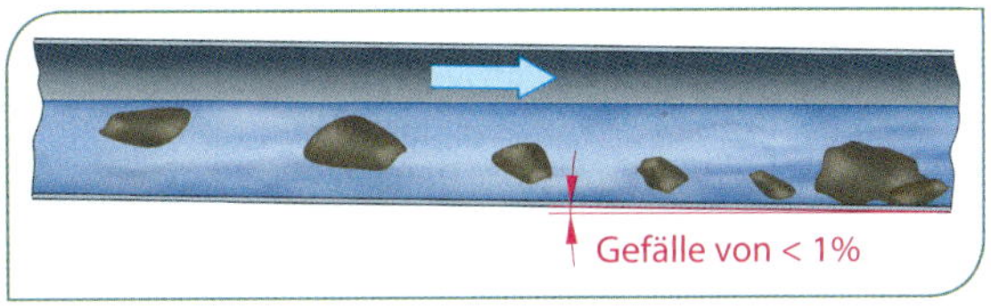

4 Ablagerungen von Feststoffen bei einem Gefälle < 1%

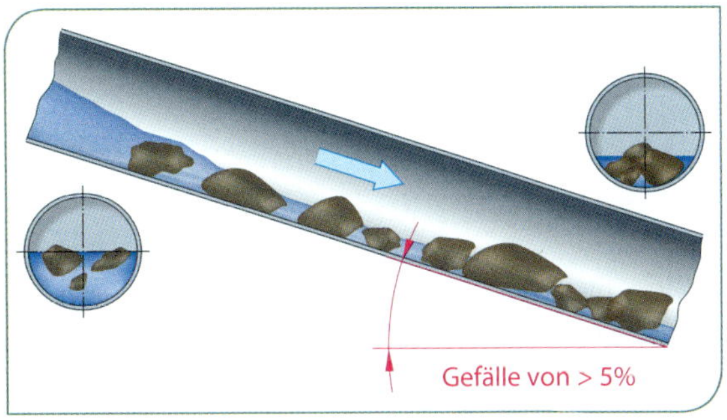

5 Ablagerungen von Feststoffen bei einem Gefälle > 5%

Lernfeld 6

Positionierung der Sanitärobjekte

Grundsätzlich sollte das WC so nah wie möglich an die Fallleitung installiert werden. Dadurch ergeben sich folgende Vorteile:

- Die Feststoffe werden mit dem ersten Spülvorgang bis zur Fallleitung ausgeschwemmt. Mögliche Ablagerungen in der Anschlussleitung werden dadurch minimiert.
- Regelmäßige Spülung der Sammelanschlussleitung durch die hinter dem WC installierten Sanitärobjekte, wie z. B. Dusch- oder Badewanne und Waschtisch.
- Installationsvorteile durch die kleinere Dimension der Sammelanschlussleitung, sollte diese im Fußbodenaufbau (floor structure) oder im Rohrkasten verlegt werden.

Letztendlich jedoch fällt der Auftraggeber (Bauherr) die Entscheidung und der Anlagenmechaniker SHK kann nur seine fachliche Empfehlung (recommendation) abgeben.

Zusammenfassung

Grundsätzlich bedeutet ein Verstoß (offence) gegen die Installationsregeln (Anwendungsgrenzen) immer die Gefahr einer Verringerung des freien Leitungsquerschnitts durch Ablagerungen von Fest- und Schmutzstoffen bzw. einer Vollfüllung in bestimmten Bereichen der Einzelanschlussleitung bei Spülvorgängen. Dadurch kann die Luft zum schnellen Druckausgleich den Geruchverschluss nicht rechtzeitig erreichen und Störungen seiner Funktionen können die Folge sein.

Werden die Regeln allerdings eingehalten und zusätzlich noch die oben angegeben Installationsempfehlungen (installation recommendations) berücksichtigt, sind bei bestimmungsgemäßer Benutzung der Sanitärobjekte und regelmäßiger Wartung (regular servicing) Störungen nahezu ausgeschlossen.

2.2.3 Sammelanschlussleitungen

Sammelanschlussleitungen beginnen immer an der Zusammenführung (junction) zweier Einzelanschlussleitungen, dem Anschlussabzweig und enden mit dem Anschluss an z.B. eine Hebeanlage, Fall-, Sammel- oder Grundleitung.

Wie bei den Einzelanschlussleitungen sind nur dann störungsfreie Ablaufvorgänge gewährleistet, wenn die Installationsregeln (Anwendungsgrenzen) für **unbelüftete** und **belüftete** Sammelanschlussleitungen eingehalten werden (Bild 2, Bild 3 und Bild 1, nächste Seite).

MERKE

Bei der Bestimmung der Länge einer **unbelüfteten** Sammelanschlussleitung wird die Einzelanschlussleitung des längsten Fließweges immer mit gemessen. (Bild 3)

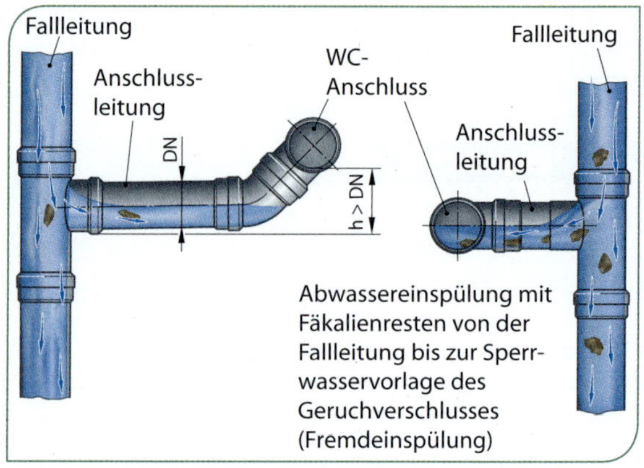

1a Vermeidung von Fremdeinspülung *1b Fremdeinspülung*

Sammelanschlussleitungen	unbelüftet	belüftet
Nennweite *DN*	Abhängig von der ΣDU-Werte der angeschlossenen Sanitärobjekte (Bild 1, nächste Seite)	
Leitungslänge *l*	Abhängig von der Nennweite (Bild 1, nächste Seite)	≤ 10m
Anzahl der 90°-Richtungsänderungen[1]	3	unbegrenzt
Höhendifferenz *H*	≤ 1,0m	≤ 3,0m
Gefälle *I*	1,0% … 5,0%	0,5% … 5,0%

[1] *ohne Abgangsformstück*

2 Anwendungsgrenzen von Sammelanschlussleitungen

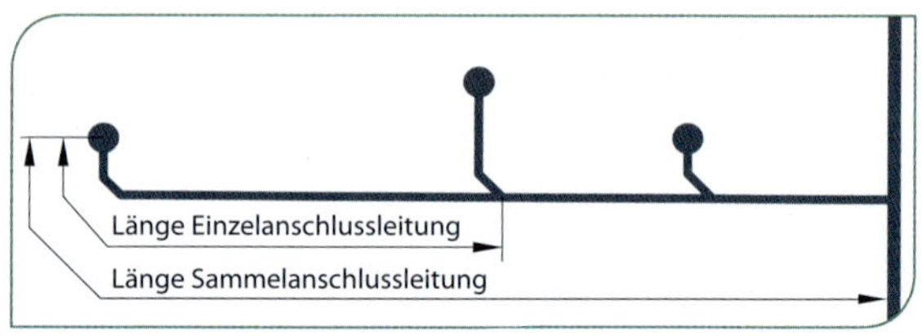

3 Abgewickelte Leitungslänge unbelüfteter SAL

MERKE

Wird **eine** der Anwendungsgrenzen unbelüfteter Sammelanschlussleitungen nicht eingehalten, muss sie zusätzlich belüftet werden. Eine Vergrößerung der Nennweite ist **nicht zulässig**.

Weitere Installationsregeln bzw. -empfehlungen

Anschlüsse an Sammelanschlussleitungen

Um **Überspülungen** (crossflows) in gegenüberliegende Leitungen zu vermeiden, sind Doppelabzweige (corner/double branches) in liegenden Sammelanschlussleitungen verboten (Bild 2, nächste Seite). Das gilt grundsätzlich auch für alle anderen liegenden Leitungen (vgl. Kap. 2.6, 2.7) .

Um **Einspülungen** (spillovers) von Abwasser aus Sammelanschlussleitungen in z. B. einmündende Einzelanschlussleitungen zu vermeiden bzw. zu verringern, sollten diese in einem Winkel von 15° … 45° angestellt sein (Bild 3).

Verlegung mit Scheitelgleichheit
Wenn Nennweitenänderungen der Sammelanschlussleitung notwendig sind, dann immer nach dem Anschluss (connection) eines weiteren Sanitärobjektes (Bild 4). In der Praxis werden meist nur exzentrische Formstücke (auch Reduzierungen genannt) verwendet. Sie werden oft nicht fachgerecht (scheitelgleich) eingebaut, sondern so gedreht, dass es „passt".

Grundsätzlich sind sie jedoch **scheitelgleich** (same vertex level) einzubauen (Bild 4). Das hat folgende Vorteile:

- Verbesserung der Luftführung im Scheitelbereich,
- Vermeidung von Lufteinschlüssen,
- Verminderung der Einspülung von Schmutzwasser zurück in den kleineren Rohrdurchmesser der Sammelanschlussleitung.

2.2.4 Störungen der Funktion

Ablaufstörungen in der Anschlussleitung sind auch bei Einhaltung aller Installationsregeln und -empfehlungen nicht immer auszuschließen. Die häufigste Folge ist **Sperrwasserabsaugung** (trap seal loss) im Geruchverschluss und damit die Aufhebung seiner Funktion. Zwei Arten der Absaugung werden unterschieden:

1. **Eigenabsaugung** durch den Ablaufvorgang des direkt angeschlossenen Sanitärobjekts (Bild 1, nächste Seite)
2. **Fremdabsaugung** durch den Ablaufvorgang eines anderen (fremden) Sanitärobjekts (Bild 2, nächste Seite)

Beispiel einer Eigenabsaugung (self siphonage)
Auch wenn der zulässige Höhenunterschied von H ≤ 1 m eingehalten wird besteht die Gefahr, dass es im Übergangsbereich zur liegenden Leitung durch die Verwendung eines 90°-Abzweigs und Schmutzablagerungen zum Stau kommt. Die Folge kann eine Vollfüllung bis zum Geruchverschluss sein (Bild 1, nächste Seite).
Die dadurch entstehende Saugheberwirkung[1] führt dazu, dass am Ende des Ablaufvorgangs eines z. B. gefüllten Waschtisches, das Sperrwasser aus dem Geruchverschluss „herausgesogen" wird.

Abhilfe:
Belüftung am höchsten Punkt der Leitung. Sobald durch Luftzufuhr die Flüssigkeitssäule (liquid column) unterbrochen wird, ist die Saugheberwirkung aufgehoben. Verschiedene Hersteller bieten deshalb Geruchverschlüsse mit Belüftungsventil an (vgl. Kap. 2.5.3).

[1] vgl. Lernfeldübergreifende Inhalte, Kap. 2.2.3

DN	$d_{i,min}$ mm	DU $\frac{l}{s}$ (unbelüftet)	DU[1] ($\frac{l}{s}$) (belüftet)	max. Rohrlänge (unbelüftet) m
50	44	1,0	2,25	4,0
56/60	49/56	2,0	9,0	4,0
70[a]	68	9,0	20,0	4,0
80	75	13,0[b]	36,0	10,0
90	79	13,0[b]	46,0	10,0
100	96	16,0	56,0	10,0

[a] keine Klosetts [b] maximal 2 Klosetts
[1] Die DU-Werte für belüftete Leitungen sind umgerechnete Näherungswerte und gelten für Gebäude mit unregelmäßiger Benutzung der Entwässerungsanlagen, wie z. B. in Wohngebäuden, Altersheimen, Pensionen, Büros. Im Zweifelsfall muss der genaue Volumenstrom berechnet (vgl. Lernfeldübergreifende Inhalte, Kap. 3.1) und mit Tabelle 7, S. 11, DIN EN 12056-2 verglichen werden.

1 Nennweite und Leitungslänge von Sammelanschlussleitungen

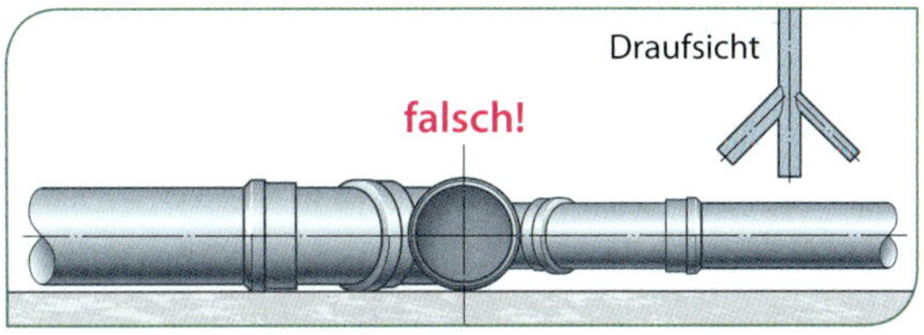

2 Unzulässiger Doppelabzweig

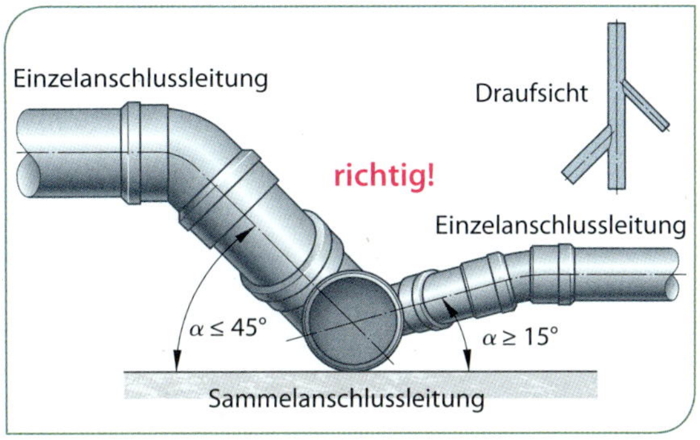

3 Anstellen von Abzweigen

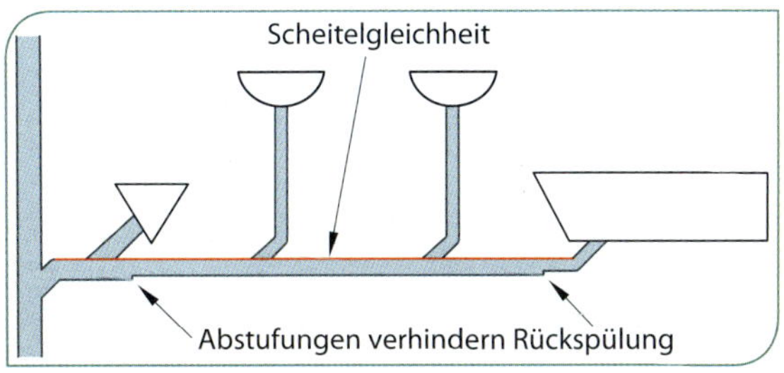

4 Scheitelgleiche Leitungsinstallation

Lernfeld 6

Beispiel einer Fremdabsaugung (induced siphonage)
Bei der Fremdabsaugung herrschen zunächst die gleichen negativen Bedingungen wie bei der Eigenabsaugung: im Mündungsbereich (pipe end) der liegenden Leitung staut sich das ablaufende Abwasser des Ausgussbeckens. Im ungünstigsten Fall staut es zurück in die Leitungen bis zur Höhe des Wasserspiegels im Ausguss (Bild 2).

Am Ende des Spülvorganges sinkt der Wasserspiegel in allen Leitungsteilen. **Oberhalb** des senkrechten Abzweigs zum Waschtisch entsteht dadurch in der Einzelanschlussleitung ein negativer Überdruck (Sog). Dieser Leitungsteil kann nicht belüftet (aerated) werden, da unterhalb des Abzweigs noch Vollfüllung herrscht. Als Folge wird ein Teil des Sperrwassers im Geruchverschluss des Waschtisches durch den Ablaufvorgang des Ausgussbeckens abgesogen.

Abhilfe:
Druckausgleich durch Verlängerung der senkrechten Leitung als Lüftungsleitung über Dach oder durch einen Geruchverschluss mit Belüftungsventil (aeration valve).

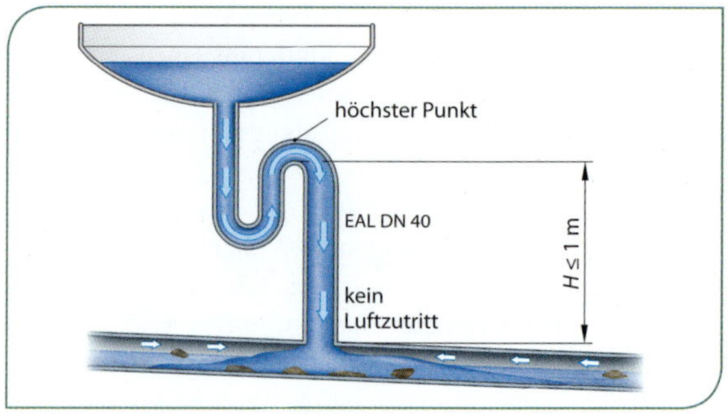

1 Eigenabsaugung durch Saugheberwirkung

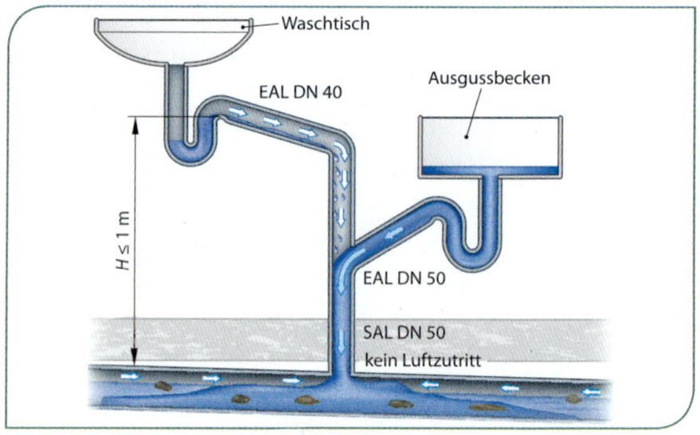

2 Fremdabsaugung durch fehlende Belüftung

ÜBUNGEN

1. Beschreiben und begründen Sie, wie ein negativer Überdruck (Sog) in der Anschlussleitung ausgeglichen werden kann.
2. Worin besteht der Unterschied zwischen einer Einzel- und einer Sammelanschlussleitung?
3. Nennen Sie vier Installationsregeln (Anwendungsgrenzen) von „unbelüfteten" EAL.
4. Welche Maßnahme muss ergriffen werden, wenn eine der Installationsregeln für „unbelüftete" EAL nicht eingehalten werden kann?
5. Wovon ist die Nennweite der Anschlussleitung eines Entwässerungsgegenstandes abhängig?
6. Was ist ein DU- Wert?
7. Warum sind 90°-Richtungsänderungen von EAL möglichst mit zwei 45°-Formstücken – evtl. mit einem zusätzlichen Zwischenstück - aufzulösen?
8. Warum ist die Verlegung von EAL mit einem Gefälle von 1% ... 3% anzustreben?
9. Wodurch wird eine Fremdeinspülung von der Fallleitung bis in die Sperrwasservorlage eines angeschlossenen Sanitärobjektes vermieden?
10. Nennen Sie drei Gründe, weshalb ein WC möglichst nahe der Fallleitung aufgestellt werden sollte.
11. Welche Gefahr besteht grundsätzlich immer, wenn gegen Installationsregeln für EAL verstoßen wird?
12. Worin unterscheidet sich die vorgeschriebene Leitungslänge der SAL von denen der EAL?
13. Nennen Sie zwei Installationsregeln, um Überspülungen bzw. Einspülungen in Anschlussleitungen zu verhindern.
14. Was bedeutet der Begriff „Scheitelgleichheit" bei Abwasserleitungen?
15. Nennen Sie drei Gründe, weshalb SAL grundsätzlich scheitelgleich zu verlegen sind.
16. Beschreiben Sie an einem Beispiel
    a) Eigenabsaugung
    b) Fremdabsaugung
17. Nennen Sie je ein unterschiedliches Beispiel für Abhilfe der
    a) Eigenabsaugung
    b) Fremdabsaugung

2.3 Fallleitungen

2.3.1 Allgemeine Beschreibung

Fallleitungen verlaufen vertikal (senkrecht) – evtl. mit Versprung oder Verzug (benching or backdrop) – durch ein oder mehrere Geschosse. Sie sind immer **belüftete Abwasserleitungen. Oberhalb** des höchst gelegenen Anschlusses werden sie als Lüftungsleitung (ventilating pipe) (vgl. Kap. 2.5) weiter geführt und enden „über Dach". **Unterhalb** des tiefst gelegenen Anschlusses münden sie in eine Sammel- oder Grundleitung (Bild 1). Eine Schmutzwasserfallleitung muss folgende Mindestvoraussetzungen erfüllen:

- senkrechte Höhe ≥ 3 m,
- Nennweite ≥ DN 70,
- keine Nennweitenänderung,
- Fortführung als Hauptlüftungsleitung „über Dach" (Ausnahme, vgl. Kap. 2.5.2 Lüftung).

Sie hat zwei Aufgaben zu erfüllen:

- **Ableitung** des Abwassers der angeschlossenen Einzel- oder Sammelanschlussleitungen in weiterführende Leitungen, z. B. Sammel- und Grundleitung,
- **Be- und Entlüftung** der Entwässerungsanlage (Druckausgleich).

Die Fließ- bzw. Fallgeschwindigkeit (flow or fall speed) des Abwassers ist je nach Fallleitungslänge um bis das 10-fache höher als in einem liegenden Leitungsabschnitt (z. B. Verzug, Sammel- oder Grundleitung). Es ergeben sich dadurch besondere Druckverhältnisse, so dass schon geringe Verstöße gegen Installationsregeln schnell zu Ablaufstörungen (discharge failures) in den Anschlussleitungen und damit zu Funktionsstörungen der Geruchverschlüsse führen können.

2.3.2 Strömungs- und Druckverhältnisse in Fallleitungen

Bei Spülvorgängen in Fallleitungen erreicht das Abwasser bei einer Fallleitungslänge von $l \approx 22$ m seine maximale Geschwindigkeit von $v = 12{,}0$ m/s (Bild 2).

Durch diese hohe Fallgeschwindigkeit wird Luft bis zum 35-fachen der Abwassermenge mitgerissen (Bild 3).

Das führt zunächst **unterhalb der Einlaufmündung** der Anschlussleitung zu einem **negativen Überdruck** (Sog) in der Fallleitung. Da sie aber immer in einen liegenden Leitungsabschnitt (Sammel- oder Grundleitung bzw. Verzug) übergeht, wird das Abwasser stark abgebremst und fließt mit einer geringeren Geschwindigkeit weiter (ca. $v = 1{,}0$ m/s). Durch diese Verzögerung wird der größte Teil der Strömungsenergie in statische Energie (static energy), ein geringerer in Wärme- und Schallenergie, umgewandelt. Zusätzlich wird ein Teil der mitgerissenen Luft komprimiert, da sie nicht gleichzeitig mit dem Abwasser von der liegenden Leitungen abgeführt werden kann. Diese beiden Vorgänge führen zu einer Erhöhung des statischen Drucks **(positiver Überdruck)** in der Fallleitung bis zu 2 m **oberhalb der Umlenkung** (Bild 4).

Wie aus dem Diagramm Bild 4 zu entnehmen ist, herrscht bis 2 m oberhalb der Umlenkung ein positiver Überdruck.

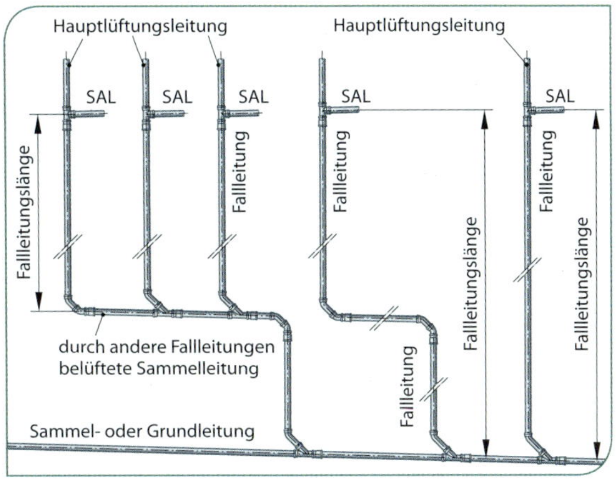

1 Beispiele von Fallleitungsinstallationen mit Fallleitungslänge

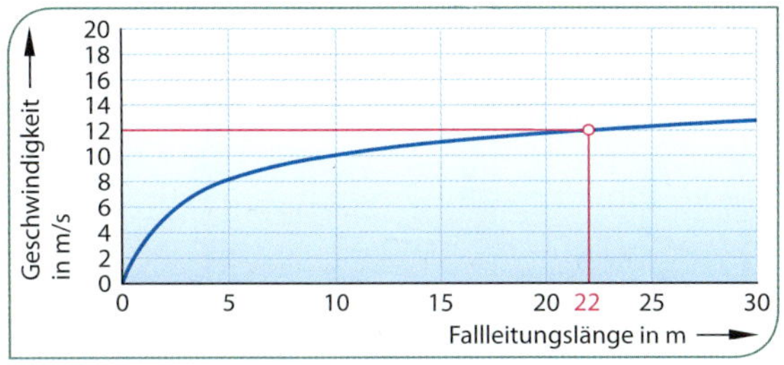

2 Fallgeschwindigkeit von Abwasser in Fallleitungen

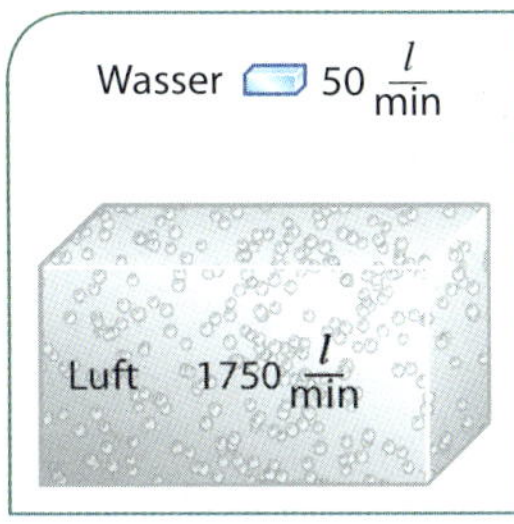

DN	$\dot{V}_{Wasser}$ in l/min	$\dot{V}_{Luft}$ in l/min	$\dot{V}_{Luft}/\dot{V}_{Wasser}$
70	60	610	10,2
	100	630	6,3
100	**50**	**1 750**	**35,0**
	100	2 340	23,4
	200	2 580	12,8
	300	2 700	9,0

3 Anteil der mitgerissenen Luftmengen

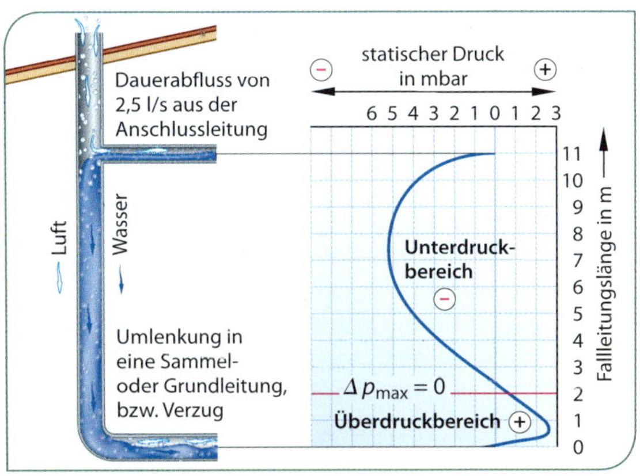

4 Druckverlauf in der Fallleitung

Lernfeld 6

Würden in diesem Bereich Leitungsanschlüsse (pipe connections) vorgenommen werden, könnte es zu Fremdeinspülungen bis in die angeschlossenen Sanitärobjekte kommen. Laborversuche, aber auch Praxiserfahrungen, haben jedoch gezeigt, dass bis zu einer Fallleitungslänge von 10 m (3 Geschosse) damit nicht zu rechnen ist, da die Größenordnung des Druckanstiegs unkritisch ist. Deshalb sind auch keine besonderen verlegetechnischen Maßnahmen erforderlich. Bei größeren Fallleitungslängen müssen allerdings die in der DIN 1986-100 definierten Installationslösungen (piping solutions) genau beachtet werden.
Außerdem entstehen im 90°-Umlenkungsbereich (deviation area) von der Fallleitung in die liegende Leitung Aufprallgeräusche (Kap. 2, LF8). Die Ausführungsart der Umlenkung hat Einfluss auf die akustischen und hydraulischen Effekte (acoustic and hydraulic effects). Die Ausführungen b) und c) in Bild 1 sind im Vergleich zu a) die besseren Lösungen.

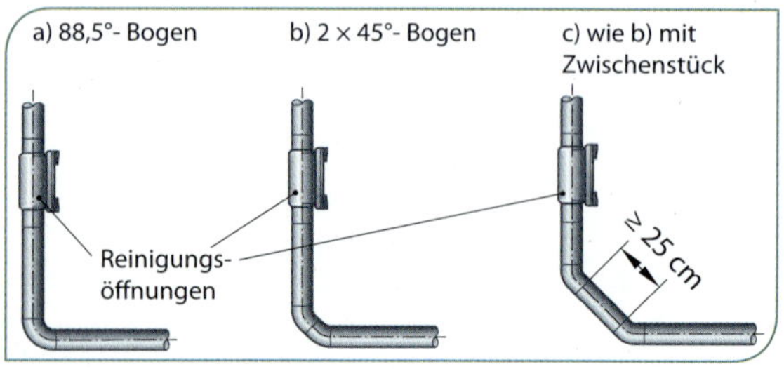

1 Ausführungsarten für 90°-Umlenkungen bis 10 m Fallleitungshöhe

2.4 Fallleitungsanschlüsse

2.4.1 Allgemeine Beschreibung

Neben den oben beschriebenen Druckverhältnissen in Fallleitungen spielen die Einströmverhältnisse (flow-in circumstances) von der Anschluss- in die Fallleitung eine entscheidende Rolle. Um Störungen der Sperrwasservorlagen in den Geruchverschlüssen der Sanitärobjekte zu vermeiden, muss sicher gestellt werden, dass eine ständige Be- und Entlüftung der Entwässerungsanlage gewährleistet ist. Vorrangig im Bereich der Fallleitungsabzweige (discharge stack junctions) müssen die Rohrleitungsquerschnitte von Anschluss- und Fallleitungen bei Spülvorgängen genügend Platz für Luftströmungen zum Druckausgleich bieten. Das Ziel muss sein, eine Vollfüllung („ein Zuschlagen") der Leitungen durch die Einhaltung von Installationsempfehlungen und die Auswahl geeigneter Formstücke (fittings) zu verhindern.

2.4.2 Einfache Anschlüsse

Die Nennweiten der Anschluss- und Fallleitung können **gleich** oder **ungleich** sein. **Gleiche Nennweiten** von Anschluss- und Fallleitung sind bei Entwässerungsanlagen in Wohngebäuden vorherrschend.
Folgende Abzweigformstücke sind üblich:
- 88,5°-Abzweig,
- 45°-Abzweig,
- 88,5°-Abzweig mit 45°-Einlaufwinkel.

Der 88,5°-Abzweig belüftet zwar die Anschlussleitung ausreichend, für die Be- und Entlüftung der Fallleitung ist er jedoch ungeeignet. Bei Spülvorgängen „schießt" das Abwasser aus der Anschlussleitung waagerecht gegen die Fallleitungswand (discharge stack wall), prallt zurück, verwirbelt und verschließt fast den gesamten Fallleitungsquerschnitt (cross section of the discharge stack). Dadurch wird die Be- und Entlüftung der Fallleitung behindert. Dies trifft vor allem bei WC-Spülungen zu. Die Be- und Entlüftung der Anschlussleitung bleibt davon relativ unberührt, die Funktion der Sperrwasservorlagen in den Geruchverschlüssen der angeschlossenen Sanitärobjekte bleibt weiter erhalten (Bild 2).

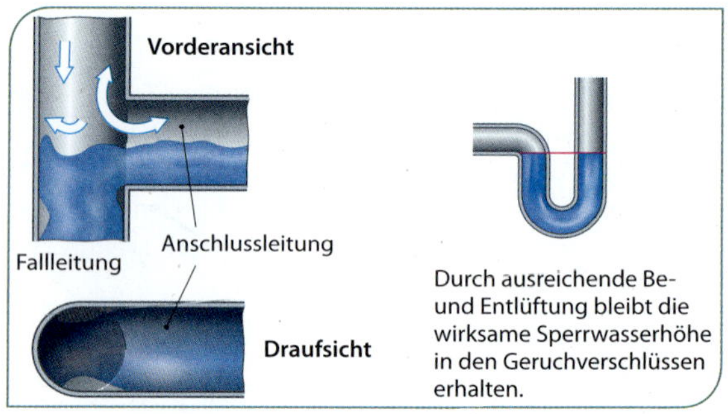

2 Strömungsverhältnisse eines 88,5° Fallleitungsabzweigs

Der 45°-Abzweig verbessert die Be- und Entlüftung der Fallleitung auf Grund des vergrößerten Strömungsraums (flow space) im Bereich des 45°-Anschlusses und der Umlenkung des Abwasserstromes in die senkrechte Richtung. Die Be- und Entlüftung für die Anschlussleitung wird nicht negativ beeinflusst (Bild 3). Im Gegensatz zum 88,5°-Abzweig wird dadurch allerdings der Einbau erschwert, da der Abzweig im Bereich der Rohdecke (bare ceiling) installiert werden muss, wenn die Anschlussleitung dicht über dem Fußboden verlegt werden soll (Bild 1a/b, nächste Seite).

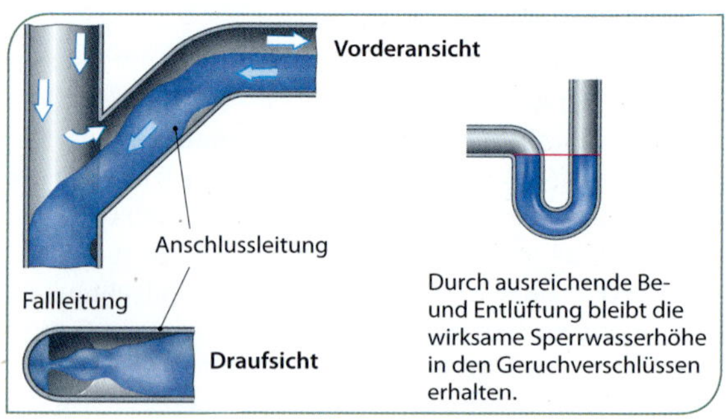

3 Strömungsverhältnisse eines 45°-Fallleitungsabzweigs

Der 88,5°-Abzweig mit 45°-Einlaufwinkel verbindet die konstruktiven Vorteile des 88,5°-Abzweigs mit den positiven Strömungseigenschaften (flow qualities) des 45°-Abzweigs optimal. Die Anschluss- wie auch die Fallleitung werden ausreichend be- und entlüftet (Bild 2, nächste Seite) und die Einbaubedingung (assembly condition) entspricht den Erfordernissen einer einfachen Montage.

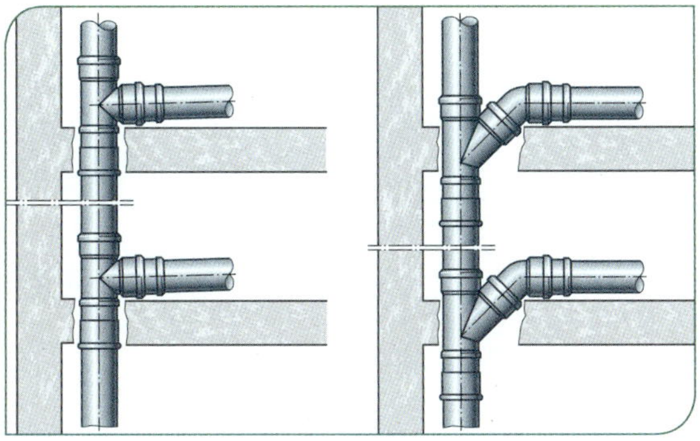

1a Fallleitungsabzweig 88,5°   1b Fallleitungsabzweig 45°

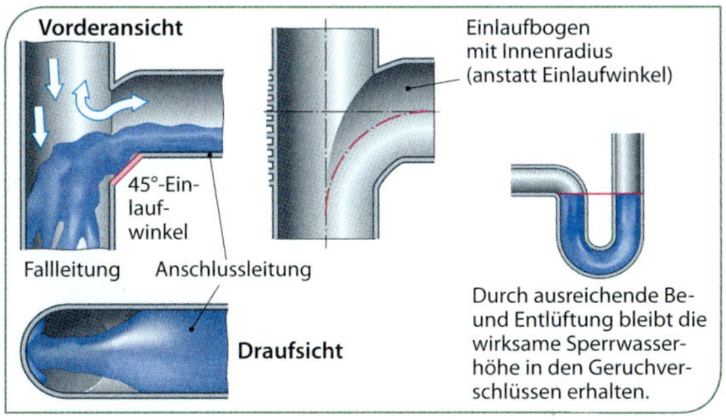

2 Strömungsverhältnisse eines 88,5°-Abzweigs entweder mit 45°- Einlaufwinkel oder mit Einlaufbogen mit Innenradius

Ungleiche Nennweiten von Anschluss- und Fallleitung sind z. B. bei der Anbindung einer Küchenspüle (kitchen sink) immer dann zu erwarten, wenn nur **eine** Fallleitung für die Entwässerung vorhanden ist. Die Nennweite der Fallleitung ist durch das größte angeschlossene Sanitärobjekt, dem WC, vorgegeben (z. B. DN 100). Die Nennweite der Anschlussleitung einer Küchenspüle ist mit DN 50 festgelegt.

Bei dieser Konstellation (constellation) hat sich ein 45°-Abzweig als ungünstig erwiesen. Zwar wird die Fallleitung ausreichend be- und entlüftet, aber im Bereich des 45°-Rohres kann es zur Vollfüllung kommen (Bild 3). Deshalb sind solche Abzweige verboten (DIN 1986-100). Ursache ist eine Erhöhung der Strömungsgeschwindigkeit durch die 45° Umlenkung, was zu einem „Verschließen" des Querschnitts führt. Die Folge ist ein negativer Überdruck (Sog), der nach dem Spülvorgang durch Absaugen (siphonage) von Sperrwasser die Funktion des Geruchverschlusses der Küchenspüle aufheben kann.

MERKE

In der Nennweite reduzierte 45°-Fallleitungsabzweige dürfen nicht verwendet werden (Bild 3).

Ein reduzierter 88,5°-Abzweig (reduced 88,5° T-joint) führt zu einer ausreichenden Be- und Entlüftung der Anschluss- und Fallleitung (Bild 4).

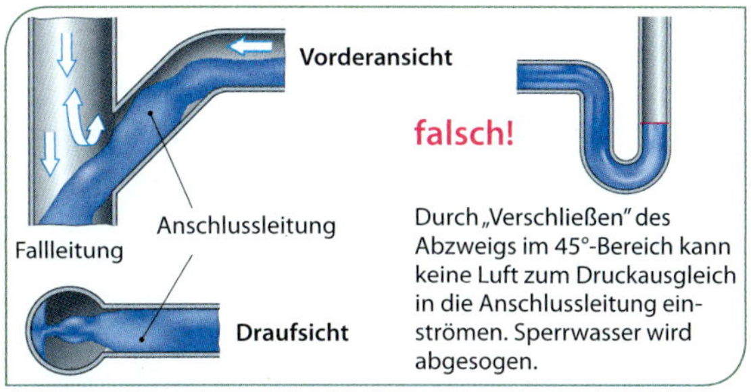

3 Strömungsverhältnisse eines reduzierten 45°-Abzweigs

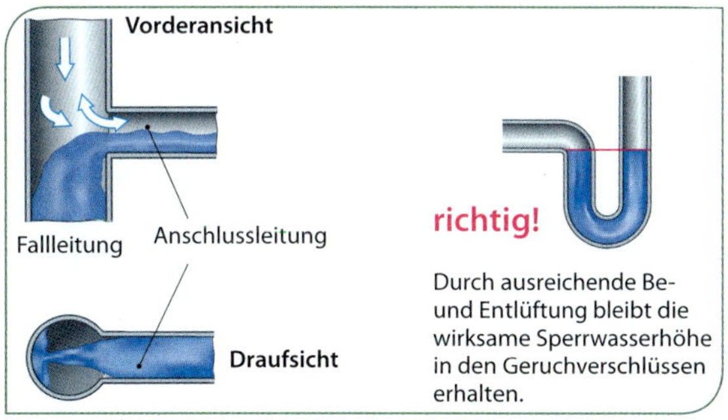

4 Strömungsverhältnisse eines reduzierten 88,5°-Abzweigs

Ist für die Entwässerung bis vier Küchenablaufstellen eine separate Fallleitung DN 70 vorgesehen, empfehlen sich die in Bild 5 und 6 dargestellten Anbindungen mit Nennweitenerweiterung (nominal width enlargement) und nennweitengleichen 88,5°- bzw. 45°-Abzweigen. Diese Abzweige erleichtern zusätzlich noch die Einhaltung der Forderung von h ≥ DN zwischen der Sohle des Fallleitungsanschlusses und des Abgangsformstückes des angeschlossenen Geruchverschlusses (Bild 6).

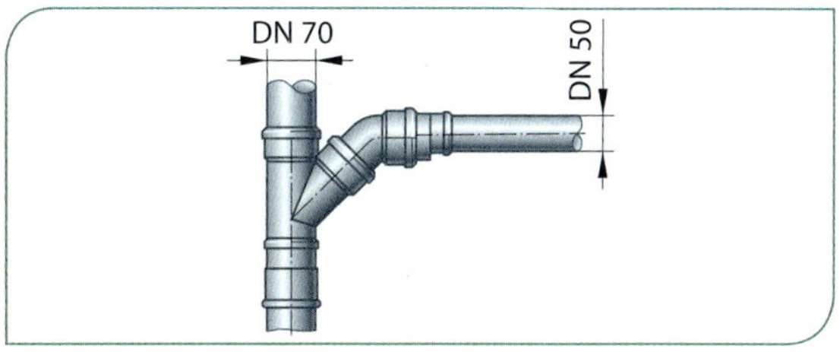

5 Anschluss einer Küchenspüle mit Nennweitenerweiterung und nennweitengleichem 45°-Abzweig

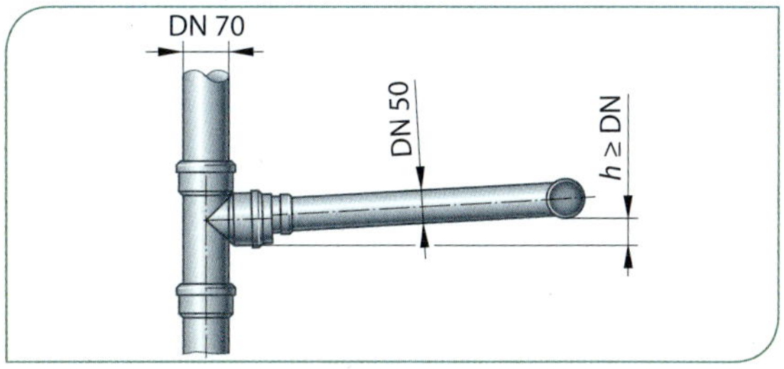

6 Anschluss einer Küchenspüle mit Nennweitenerweiterung und nennweitengleichem 88,5°-Abzweig

Lernfeld 6

2.4.3 Benachbarte Anschlüsse

Im Wohnungsbau ist für die Entwässerung von Sanitärräumen in der Regel **eine** Fallleitung ausreichend. Je nach Lage der Fallleitung zu den Sanitärobjekten können benachbarte Anschlüsse (adjoining branch connections) notwendig sein. Werden bestimmte Installationsregeln nicht beachtet, können Überspülungen (Fremdeinspülungen) die Folge sein (Bild 1). Dies ist besonders bei fäkalienhaltigem Abwasser aus der Badanschlussleitung mit einem angeschlossenen Klosettbecken in tieferliegende Sanitärobjekte unangenehm (z. B. Badablauf).

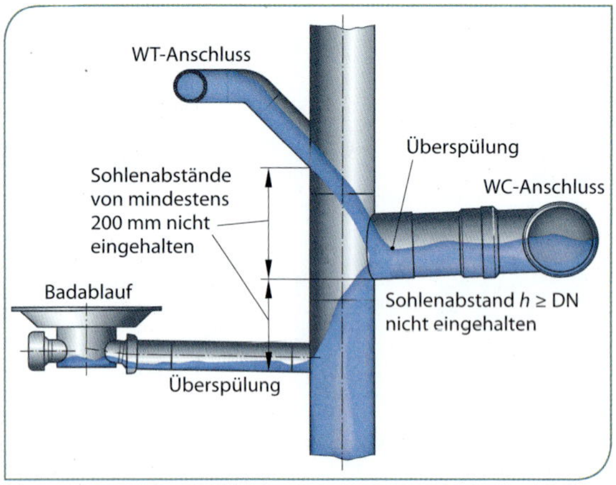

1 Fremdeinspülungen (Überspülungen) in Anschlussleitungen

Zur Vermeidung von Überspülungen (Fremdeinspülungen) sind die folgenden **Installationenvarianten** (piping variants) a) und b) möglich:

a) Spreizwinkel $\alpha = 0° \dots 90°$
Sohlenabstand $\geq$ 0mm

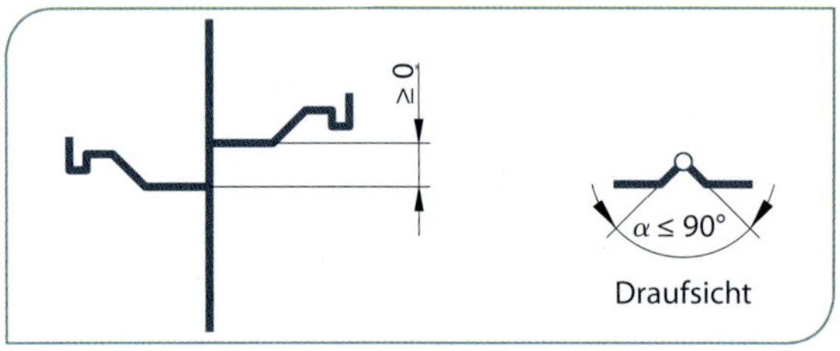

Bei dieser Anschlussvariante ist bei dem in der Praxis häufig gewählten 90°-Spreizwinkel (angle spread) die Anbindung beider Anschlussleitungen mit **einem Fallleitungsabzweig** (Eckdoppelabzweig) ohne Sohlenabstand (branch connection clearance) möglich (Bild 2).

PRAXISHINWEIS

Eckdoppelabzweige mit einem Spreizwinkel < 90° und ohne Sohlenabstand sind zwar zulässig, werden aber von Herstellern aus fertigungstechnischen Gründen nicht angeboten.

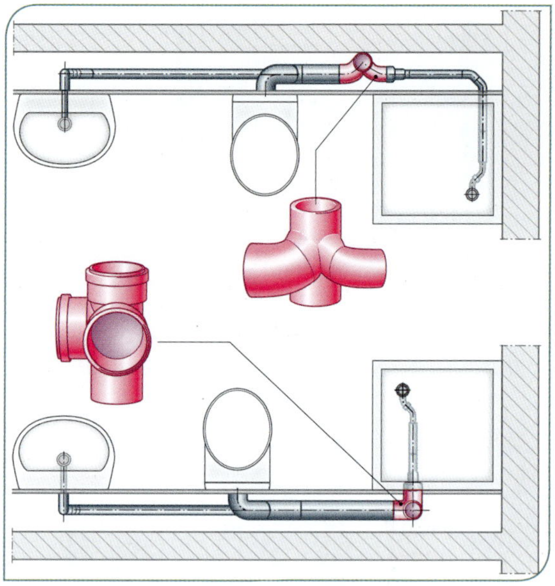

2 Anschlussbeispiele mit einem 90°-Eckdoppelabzweig

Wird auf gleicher Ebene (ohne Sohlenabstand) mit einem Kugeldoppelabzweig (Sonderformstück) angeschlossen, ist die Einhaltung des Spreizwinkels nicht zwingend vorgeschrieben. Überspülungen werden dadurch erschwert, dass im Anschlussbereich (joint area) durch die Kugelform ein größerer Querschnitt bzw. Abstand zwischen den Einmündungen (junctions) der beiden Anschlussleitungen vorhanden ist (Bild 3). Zusätzlich führt die Vergrößerung des Rohrquerschnitts im Anschlussbereich zur Verringerung von Einspülungen (spillovers) von der Fallleitung in die Anschlussleitungen und zu einer Verbesserung der Luftführung (air duct) in der Fallleitung.

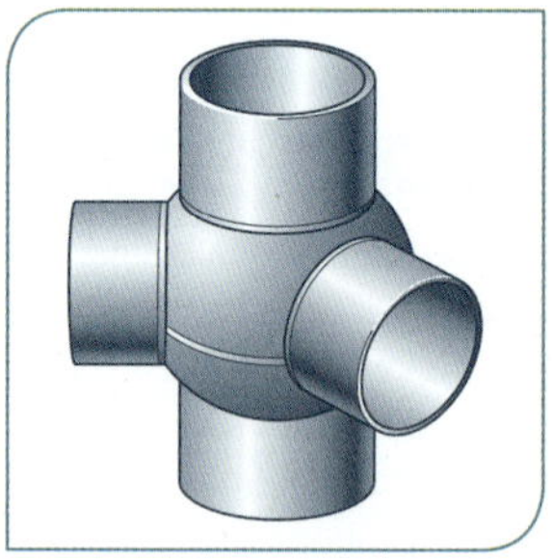

3 Kugeldoppelabzweig ≥ 90°, ohne Sohlenabstand

b) Spreizwinkel $\alpha = 90° \dots 180°$
Sohlenabstand $\geq$ 200mm

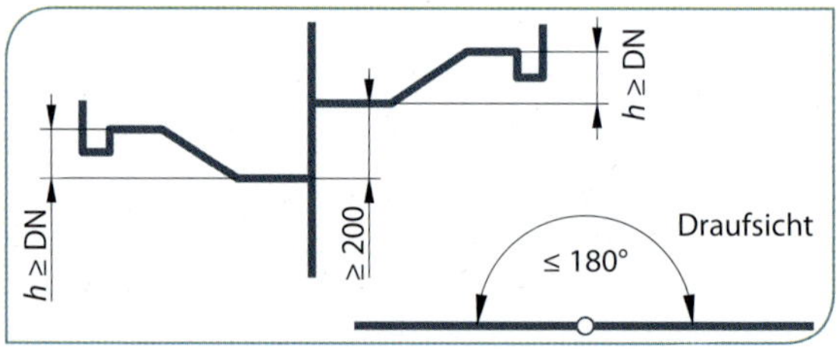

Bei dieser Anschlussvariante (connecting variant) sind immer **mindestens zwei Fallleitungsabzweige** notwendig. Der geforderte Sohlenabstand von mindestens 200 mm ergibt sich aus den Fertigungsmaßen (manufacturing sizes) der Formstücke (Bild 1).

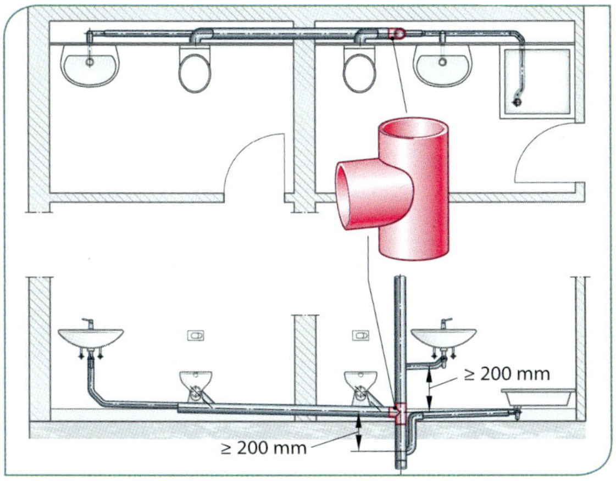

1 Anschlussbeispiel mit 88,5°- Abzweig mit Innenradius

Münden zwei **gegenüberliegende** Anschlussleitungen mit angeschlossenen WCs **ohne** Sohlenabstand und **mit** 180°-Spreizung in eine Fallleitung, sind drei Installationsvarianten zulässig. Diese sind davon abhängig, welche zusätzlichen Sanitärobjekte angeschlossen sind.

Variante 1

Einbau von 87° bis 88,5°-Doppelabzweigen **ohne** Innenradius bzw. 45°-Einlaufwinkel (Bild 2). Der zusätzliche Anschluss tiefliegender Sanitärobjekte wie z. B. Bade- oder Duschwanne ist verboten.

Begründung

Überspülungen (Fremdeinspülungen) in gegenüberliegende Waschtische und WCs sind nicht zu erwarten, da die vorgeschriebenen Anschlusshöhen der Anschlussleitungen an die Geruchverschlüsse dieses verhindern.

Variante 2

Einbau von 87° bis 88,5°-Doppelabzweigen **mit** Innenradius bzw. 45°-Einlaufwinkel (wie S. 141, Bild 2, jedoch doppelseitig). Der zusätzliche Anschluss tiefliegender Sanitärobjekte wie z. B. Bade- oder Duschwanne ist erlaubt.

Variante 3

Einbau von 45°-Doppelabzweigen (wie S. 141, Bild 5, jedoch doppelseitig). Der zusätzliche Anschluss tiefliegender Sanitärobjekte wie z. B. Bade- oder Duschwanne ist erlaubt.

Begründung

Das Abwasser wird vor dem Einlauf in die Fallleitung bereits im Doppelabzweig in die vertikale (senkrechte) Fließrichtung umgelenkt. Somit wird eine Überspülung in die gegenüberliegende Anschlussleitung verhindert bzw. erschwert.

c) Spreizwinkel $\alpha = 180°$
   Sohlenabstand ≥ 0mm

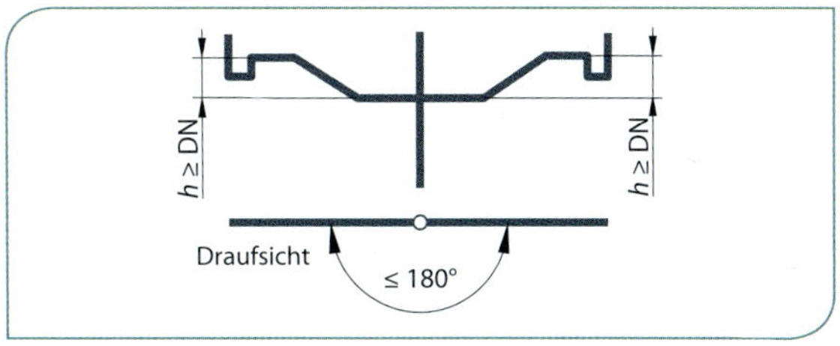

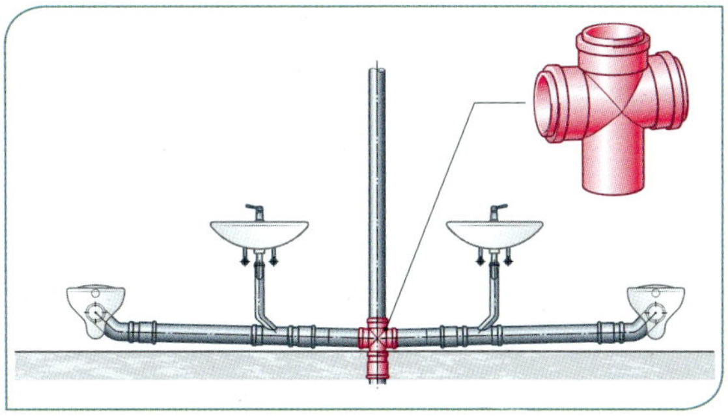

2 Ausnahmeregelung beim Anschluss von gegenüberliegenden WCs ohne tiefliegende Sanitärobjekte

MERKE

Grundsätzlich ist bei Anschlüssen an Fallleitungen immer so zu verfahren, dass Fremdeinspülungen (Bild 1, vorherige Seite) vermieden werden.

ÜBUNGEN

1. Nennen Sie drei Mindestvoraussetzungen, die an eine Fallleitung gestellt sind.
2. Beschreiben Sie den möglichen Verlauf einer Fallleitung.
3. Welches sind die beiden Aufgaben einer Fallleitung?
4. Erläutern Sie die Strömungs- und Druckverhältnisse bei Ablaufvorgängen innerhalb von Fallleitungen.
5. Skizzieren Sie die drei zulässigen Ausführungsarten von 90°-Umlenkungen von Fallleitungen bis 10 m Höhe und begründen Sie eine Auswahl hinsichtlich des Schallschutzes.
6. Begründen Sie ihre Auswahl eines Fallleitungsabzweigformstücks mit gleichen Nennweiten zur optimalen Be- und Entlüftung der Anschluss- und Fallleitung.
7. Begründen Sie das Verbot eines 45°-Fallleitungsabzweigformstücks mit ungleichen Nennweiten.
8. Beschreiben Sie die zwei überspülungssicheren Installationsmöglichen bei benachbarten Fallleitungsanschlüssen mit den notwendigen Maßangaben.
9. Warum sind bei benachbarten Fallleitungsanschlüssen mit Kugeldoppelabzweigen Überspülungen kaum zu erwarten?
10. Beschreiben und begründen Sie die Anschlussausnahmeregelung bei benachbarten Anschlüssen mit mindestens je einem Klosett.

Lernfeld 6

2.5 Lüftung der Entwässerungsanlage

2.5.1 Allgemeine Beschreibung

Die Lüftung (ventilation) einer Entwässerungsanlage hat drei Aufgaben zu erfüllen:

- Ausgleich von negativen und positiven Überdrücken,
- Ableitung von Kanalgasen (sewer gases),
- Luftsauerstoff-Zufuhr, um Fäulnisprozesse zu verringern.

Negative und positive Überdrücke entstehen bei Ablaufvorgängen aus den angeschlossenen Sanitärobjekten, wie bereits in den Kapiteln 2.2 und 2.3 besprochen. Die **Ableitung von Kanalgasen** – vor allem aus der öffentlichen Kanalisation – findet hauptsächlich beim Ausbleiben von Spülvorgängen (fail of dischargements) statt oder wenn nur geringe Abwassermengen (mean sewage water loads) fließen, z. B. die eines Waschtisches. Bei einem Dichteunterschied (varying density) des wärmeren Kanalgases zu der kälteren Außenluft steigen die Gase mit einer Geschwindigkeit von 1 m/s … 5 m/s je nach Temperaturdifferenz in senkrechten, nicht abwasserführenden Leitungen auf. Bei einer Leitung mit der Nennweite DN 100 können es bis zu $40 \frac{l}{s}$ sein.

Die **Luftsauerstoff-Zufuhr** soll Fäulnisprozesse (putrefaction processes) bzw. anaerobe Prozesse[1)] vermeiden bzw. verringern. Dadurch wird die Bildung von Gasen eingeschränkt, die aggressiv gegen Oberflächen von Rohrwerkstoffen wirken und das Abwasser bleibt geruchsarm (weak odour).

Um diese Aufgaben bewältigen zu können, muss eine ständige Durchlüftung (aeration) der Entwässerungsanlage gewährleistet sein. Das wird durch die Verbindung der abwasserführenden Leitungen mit der Atmosphäre erreicht und ergibt sich durch

- Verlängerung der Fallleitung oberhalb des höchsten Leitungsanschlusses als Lüftungsleitung bis über Dach (ventilation pipe terminating above roof),
- außenliegende Regenwasserabläufe (rainwater drains) bei einer Entwässerungsanlage im Mischsystem,
- Lüftungsöffnungen (ventilation openings) in Deckeln von Schächten mit offenem Durchfluss auf privatem und öffentlichem Grund.

Ausgehend von der öffentlichen Kanalisation (public sewerage), über die liegenden Grund- und Sammelleitungen bis zur Fallleitung und der Lüftungsleitung über Dach, darf die Durchlüftung nicht durch z. B. Geruchverschlüsse unterbrochen werden. Die in die Fallleitung einmündenden unbelüfteten Anschlussleitungen (unventilated branch pipes) werden, wie in Kap. 2.2 beschrieben, durch dieses System ausreichend belüftet. Entwässerungsanlagen ohne Fallleitungen, wie z. B. in eingeschossigen Einfamilienhäusern, müssen über eine Lüftungsleitung über Dach mit einer Mindestnennweite von DN 70 verfügen (Bild 1).

1) anaerober Prozess = chemische Reaktion unter Ausschluss von Sauerstoff

Die Lüftungsleitung darf nicht am Ende oder seitlich, sondern nur am Scheitel (apex) an liegende Leitungen angeschlossen werden (Bild 2). Diese Anschlussart tritt besonders bei Entwässerungsanlagen ohne Fallleitung auf. Sollte diese Anschlussregel nicht beachtet werden, könnten Schmutz- und Feststoffe bei Rückspülungen (backwashings) aus z. B. Sammelanschlussleitungen einschwemmen, sich ablagern und die Be- und Entlüftung behindern, da Lüftungsleitungen nicht durchspült werden.

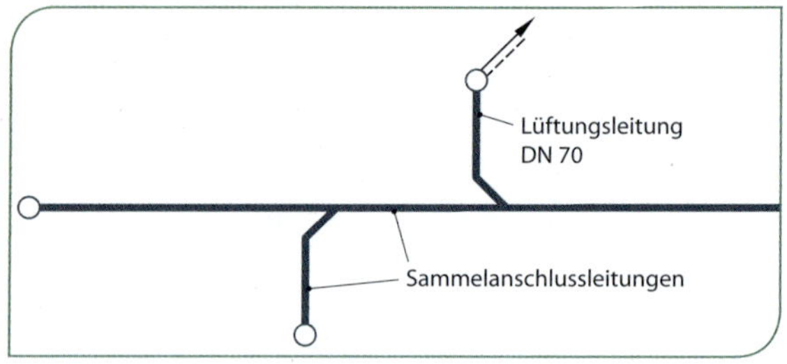

1 Lüftungsmaßnahme bei Entwässerungsanlagen ohne Fallleitung

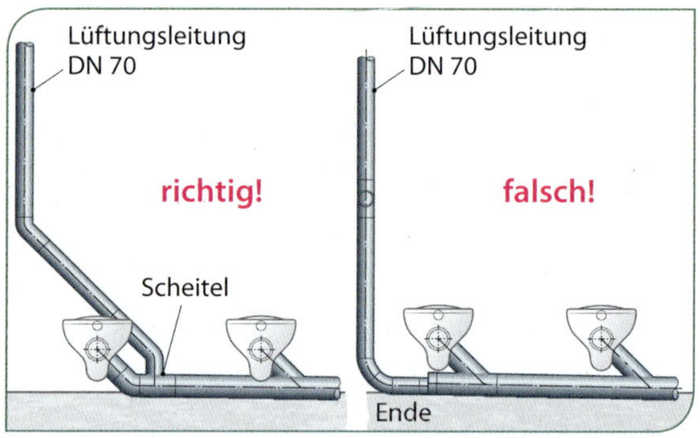

2 Beispiel eines richtigen und falschen Anschlusses einer Lüftungsleitung DN 70 an eine liegende Sammelanschlussleitung

2.5.2 Hauptlüftungsleitung

Das verlängerte Teil der Fallleitung über Dach wird als Hauptlüftungsleitung (main ventilating stack) bezeichnet. Sie ist die übliche Be- und Entlüftung einer Entwässerungsanlage. Sollten sich in Wohngebäuden mehrere Fallleitung befinden, können die einzelnen Hauptlüftungsleitungen unter Berücksichtigung bestimmter Regeln auch zu einer Sammellüftungsleitung (ventilating collector pipe) innerhalb des Gebäudes (meist im Dachraum) zusammengefasst und über Dach geführt werden (Bild 1, nächste Seite). Weitere Lüftungssysteme wie Nebenlüftung (secondary ventilation) und Umlüftung sind eher in gewerblichen Bereichen, wie z. B. Reihenklosettanlagen notwendig und werden nicht näher behandelt.

In Ein- und Zweifamilienhäusern ist meist nur eine Fallleitung für z. B. Bad und Küche notwendig, die dann, wie vorher beschrieben, als Hauptlüftungsleitung über Dach verlängert wird. Trotzdem kann manchmal eine zweite Fallleitung für z. B. ein Gäste-WC notwendig sein. Diese muss nicht zwingend als Lüftungsleitung fortgeführt, sondern kann mit einem Belüftungsventil versehen werden (Kap. 2.5.3).

Die Verlegeregeln für Hauptlüftungsleitungen entsprechen in etwa denen von Fallleitungen:
- keine Nennweitenänderung,
- möglichst senkrechter Leitungsverlauf,
- bei Verzug Verlegung mit dem üblichen Gefälle von liegenden Abwasserleitungen.

Die Verlegung von Verzügen mit Gefälle unterstützt den natürlichen Auftrieb (convection current) der warmen Kanalgase und sorgt für ein Abfließen von Kanalgaskondensaten. Diese bilden sich immer dann, wenn die Lüftungsleitung durch z.B. unbeheizte Dachbereiche verlegt und die Taupunkttemperatur[1] (dewpoint temperature) der relativ feuchtwarmen Kanalgase unterschritten wird. Kanalgaskondensate (sewer gas condensates) werden als chemisch aggressiv eingestuft und können in Lüftungsleitungen Korrosionsschäden verursachen.

Für die Dachdurchführung der Lüftungsleitung bieten Hersteller Lüftungsendrohre (ventilation tail pipe) als fertiges System an, so dass eine fachlich einwandfreie Anbindung an die bestehende Dachdeckung (roofing) gewährleistet ist. Um besonders bei Dächern mit Dachziegeln (roof tile) die Installation zu erleichtern, ist die Verwendung eines flexiblen Leitungsrohres anstelle von Formstücken bis 1 m Länge zulässig (Bild 2).

Das Lüftungsendrohr, das oberhalb der Dachfläche entsprechend den vorgeschriebenen Abstandsmaßen endet (Bild 2 und Bild 3), muss mindestens den gleichen Querschnitt aufweisen wie die Lüftungsleitung. Die Mündungsöffnung muss offen sein. Es darf keine Abdeckung (coverings/ventilation hood) eingesetzt werden, auch nicht aus optischen Gründen.

Für ein Lüftungsendrohr gelten folgende Verlegeregeln (Bild 3):
- senkrechte Verlegung durch die Dachfläche,
- senkrechter Abstand zwischen Dachfläche und Mündung mindestens 15 cm,
- seitlicher Abstand von Aufenthaltsräumen (living spaces) mindestens 2 m,
- Abstand vom Fenstersturz von Aufenthaltsräumen mindestens 1 m.

Weitere Regeln für die Lüftung von Entwässerungsanlagen:
- Verbot der Mitbenutzung von Lüftungsleitungen für die Raumentlüftung (room ventilation),
- Verbot der Mitbenutzung von Schornsteinen und Lüftungsschächten (ventilation shaft) für die Be- und Entlüftung,
- Nutzung von stillgelegten Schornsteinen (shut down chimneys) und Lüftungsschächten als Installationsschächte für Lüftungsleitungen nur unter bestimmten Voraussetzungen.

Sollte der letzte Fall in Frage kommen, müssen folgende Punkte beachtet werden:
- Zustimmung des Bezirksschornsteinfegers (district chimney sweep),
- Prüfung, ob die Nutzungsänderung (change of use) genehmigungsbedürftig ist,
- Einhaltung der Brandschutzanforderungen,
- sichere Leitungsbefestigung (safe pipe fixing) unter Beachtung der DIN 1986-100,
- wasserdichter Anschluss der Mündung der Lüftungsleitung an den Schornstein oder die Dachfläche,
- deutlich sichtbarer Hinweis auf die Sondernutzung (special use) des Schornsteins bzw. Lüftungsschachtes durch Schilder.

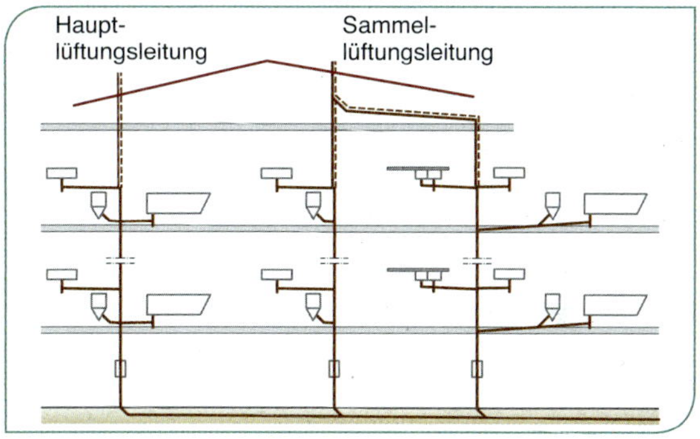

1 Haupt- und Sammellüftungsleitung

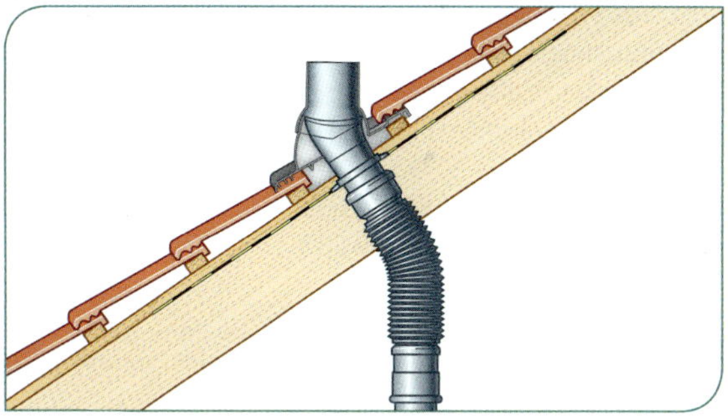

2 Lüftungsendrohr mit flexiblem Leitungsanschlussrohr

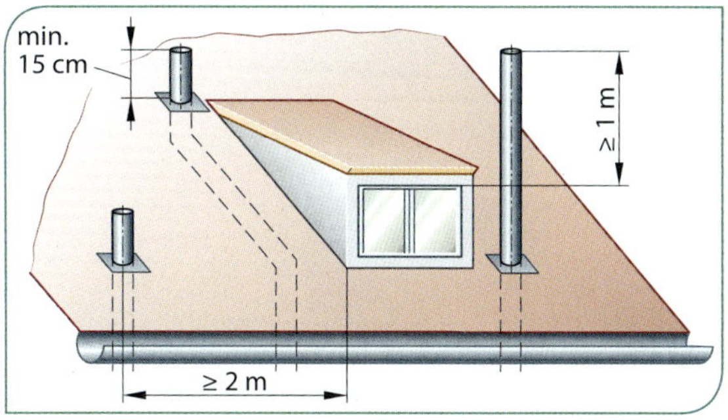

3 Verlegeregeln für Lüftungsendrohre

[1] Bei der Taupunkttemperatur kondensiert die in den Kanalgasen enthaltene Feuchtigkeit. Die relative Luftfeuchtigkeit entspricht dann 100%.

Lernfeld 6

2.5.3 Belüftungsventile

Belüftungsventile (Bild 2) sind kein Ersatz für das Hauptlüftungssystem. Da sie keine Entlüftung der Entwässerungsanlage zulassen, sind Belüftungsventile (air admittance valves) z. B. wie folgt einsetzbar:

- als nachträgliche Belüftungsmaßnahme (aeration/ventilation measure) bei bestehenden Entwässerungsanlagen, wenn z.B. ein Leersaugen von Geruchverschlüssen zu erwarten ist,
- anstelle einer zweiten Lüftungsleitung über Dach in Ein- und Zweifamilienhäusern, z. B. bei einem Gäste-WC.

Nur Belüftungsventile mit einer CE-Kennzeichnung erfüllen alle geforderten Eigenschaften. Sie sind so konstruiert, dass sie bei gleichem Innen- und Außendruck (internal and external pressure) geschlossen sind und übelriechende Kanalgase nicht ins Freie entweichen können (Bild 3a). Sobald durch Spülvorgänge ein negativer Überdruck (Sog) entsteht, öffnet sich das Ventil und es kommt zum schnellen Druckausgleich (Bild 3b). Danach schließt das Belüftungsventil wieder.

Die zum Druckausgleich (pressure compensation) erforderliche Luftmenge ist nur dann gewährleistet, wenn Belüftungsventile mit der gleichen Nennweite wie die zu belüftende Abwasserleitung installiert werden.

Bei der Auswahl eines Belüftungsventils spielt der Einbauort eine wichtige Rolle. Es wird unterschieden zwischen dem Einbau **unterhalb** (Belüftungsventil Typ A) und **oberhalb** (Belüftungsventil Typ B) des höchstmöglichen Schmutzwasserspiegels (highest possible sewage water level) des in Frage kommenden Sanitärobjektes (Bild 1 und 6). Zusätzlich wird für jeden Belüftungsventiltyp auch noch nach der Umgebungstemperatur am Einbauort unterschieden:

Bezeichnung I:	-20°C … +60°C
Bezeichnung II:	0°C … +60°C
Bezeichnung III:	0°C … +20°C

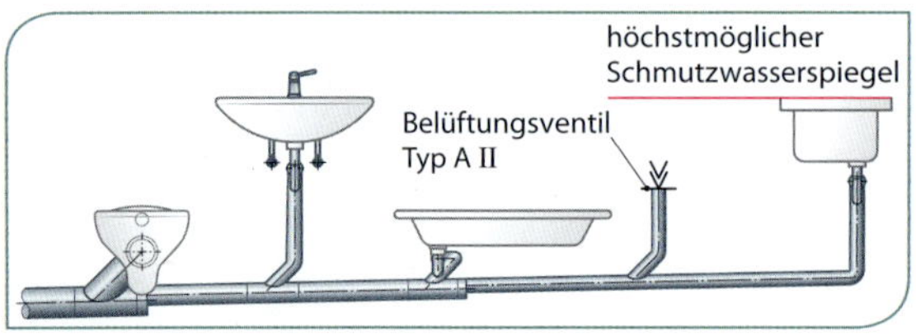

1 Einbauort für ein Belüftungsventil Typ AII

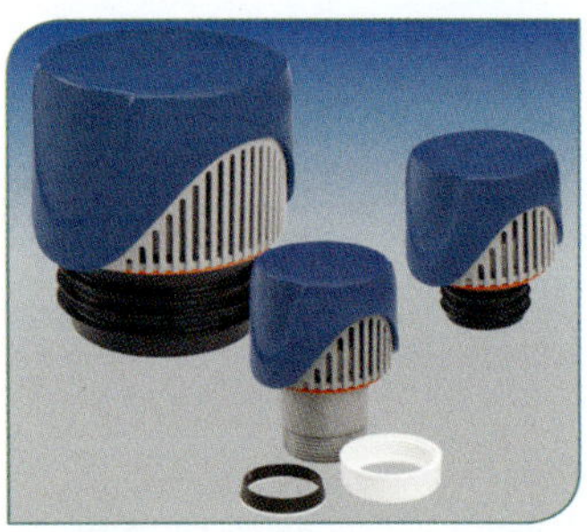

2 Belüftungsventile unterschiedlicher Nennweiten

Einbaustellen von Belüftungsventilen (Bild 6) sind entweder das Ende eines senkrechten Abwasserrohres (Bild 4) oder der Sonderabgangsbogen eines Geruchverschlusses (resealing traps) (Bild 5).

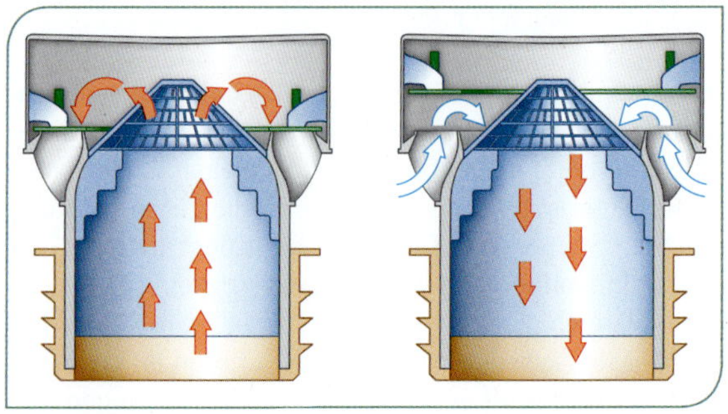

3a Belüftungsventil – geschlossen *3b Belüftungsventil – offen*

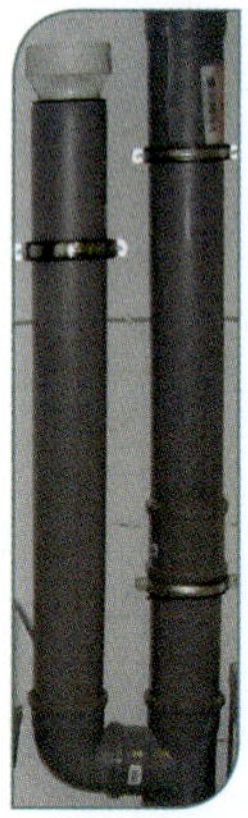

4 Aufgesetztes Belüftungsventil DN 100

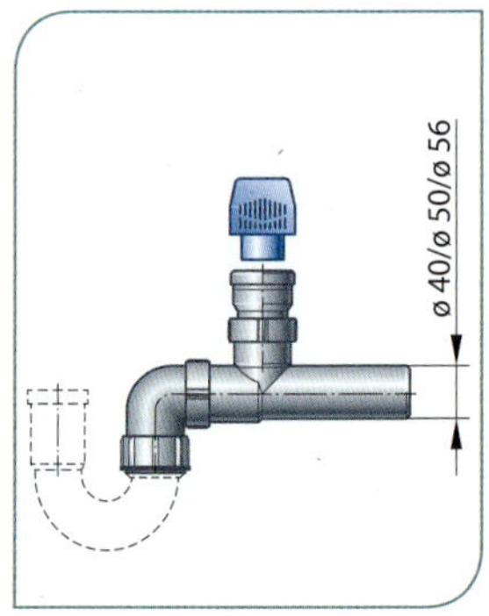

5 Geruchverschluss mit Belüftungsventil DN 40

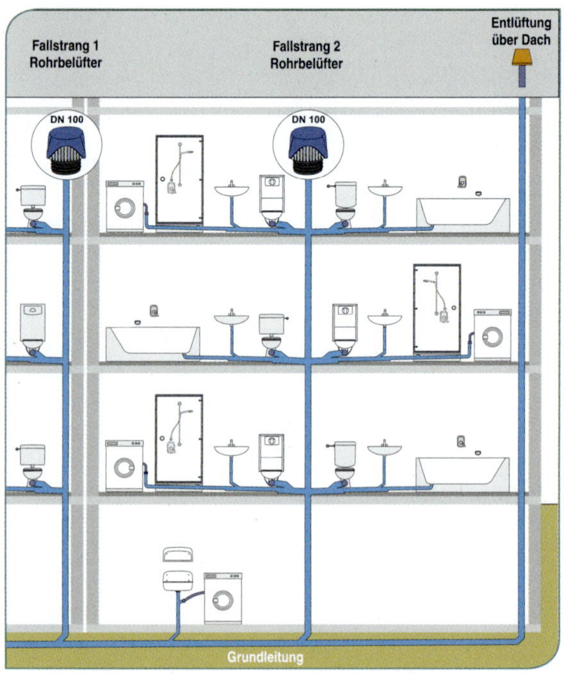

6 Einbauorte für ein Belüftungsventil Typ BIII

Weiterhin bieten Hersteller Wandeinbaukästen (wall embedded kits) mit Schattenfuge für ausreichende Luftzufuhr an (Bild 1). Für notwendige Inspektionen ist die Abdeckplatte (cover plate) leicht abnehmbar.

1 Wandeinbaukasten für Belüftungsventil DN 30 – DN 50

Weitere Regeln bzw. Empfehlungen für den Einbau von Belüftungsventilen:

- der Einbau muss immer senkrecht erfolgen,
- kein Einbau in Leitungen unterhalb der Rückstauebene mit direkter Verbindung zur öffentlichen Kanalisation, damit bei Rückstau kein Abwasser austreten kann
  Ausnahme:
  - Abwasserleitungen die an eine Hebeanlage angeschlossen werden (kein rückstaugefährdeter Bereich),
  - kein Einbau als Ersatz für Lüftungsleitungen von Hebe- und Abscheideranlagen, da keine Kanalgase abgeleitet werden können,
  - möglichst freier und unverbauter Einbau, damit das benötigte Luftvolumen ungehindert durch die Lufteintrittsöffnungen in die Abwasserleitung strömen kann
  - bei verdecktem Einbau muss die benötigte Luftzufuhr sichergestellt sein,
  - für Inspektionen und Reinigung der Ventile muss die Zugänglichkeit sicher gestellt sein.

ÜBUNGEN

1. Nennen und erläutern Sie die drei Aufgaben der Lüftung von Entwässerungsanlagen.
2. Welche Bedingungen müssen erfüllt sein, damit die in Aufgabe 1 gefragten Aufgaben bewältigt werden können?
3. Wie werden Gebäude ohne Fallleitung be- und entlüftet?
4. Warum dürfen Lüftungsleitungen beim Anschluss an liegende Leitungen nicht seitlich oder am Ende angeschlossen werden?
5. Beschreiben Sie den Verlauf einer Hauptlüftungsleitung und nennen Sie die zu beachtenden Verlegeregeln.
6. Worauf muss bei der Durchführung der Lüftungsleitung durch die Dachfläche geachtet werden.
7. Wie wird der Anschluss der Lüftungsleitung an das Lüftungsendrohr z. B. bei einer Dachdeckung mit Dachziegeln hergestellt?
8. Nennen Sie alle Abstandsmaße, die bei der Installation von Lüftungsendrohren eingehalten werden müssen.
9. Welche Punkte müssen beachtet werden, wenn stillgelegte Schornsteine und Lüftungsschächte als Installationsschächte für Lüftungsleitungen benutzt werden sollen?
10. Nennen Sie zwei Beispiele für den Einsatz von Belüftungsventilen in Ein- und Zweifamilienhäusern.
11. Beschreiben Sie die Unterscheidungsmerkmale von Belüftungsventilen Typ A und Typ B hinsichtlich des Einbauortes.
12. Nennen Sie die beiden Einbaustellen von Belüftungsventilen.
13. Nennen und begründen Sie vier weitere Regeln bzw. Empfehlungen für den Einbau von Belüftungsventilen.

2.6 Sammelleitungen

2.6.1 Allgemeine Beschreibung

Sammelleitungen (collecting mains) dienen der Aufnahme von Abwasser aus Fall- und Anschlussleitungen und werden zwischen Kellerdecke und -fußboden verlegt. Im Gegensatz zu früher wird bei unterkellerten Gebäuden (buildings with basement) ein Verzicht auf Grundleitungen (house drains) unterhalb des Gebäudefundaments (building foundation) empfohlen (DIN 1986-100). Stattdessen sollen Sammelleitungen aus folgenden Gründen verlegt werden:

- bessere Inspizierbarkeit,
- einfachere Sanierungsmöglichkeit,
- keine Dichtheitsprüfung notwendig.

Unabhängig von den oben genannten Gründen werden Sammelleitungen auch bei einem hochliegenden Straßenkanal (elevated sewer) gewählt. In diesem besonderen Fall kann mit einem Grundleitungssystem nicht in den vorgeschriebenen Gefällegrenzen (gradient limits) entwässert werden.
Neben den genannten Vorteilen sind aber auch folgende Nachteile bei einem Sammelleitungssystem zu beachten:

- Kellerabläufe (cellar drains) können nicht direkt über die Sammelleitungen entwässern, da sie tiefer liegen,
- an der Kellerwand befestigte Leitungen stören die Optik und es gehen eventuell Stellflächen verloren.

In Ein- und Zweifamilienhäusern wird meist auf Kellerabläufe verzichtet. Wurden früher Kellerräume hauptsächlich als Abstellräume, zur Brennstofflagerung (Kohle) und Waschküche (loundry) genutzt, dienen sie heute meist als Freizeit-, Hobby- und Wirtschaftsraum. Waschmaschinen und Ausgussbecken (butler/bucket sinks) z. B. entwässern bei einer hochliegenden Sammelleitung entweder in eine Kleinhebeanlage (WC macerator unit) oder direkt in die Sammelleitung bei Verlegung in geringer Höhe über dem Kellerfußboden (Bild 1). Die Vorschriften zur Vermeidung von Überschwemmungen durch Rückstau (back draught) (Kap. 4) sind in beiden Fällen zu beachten.

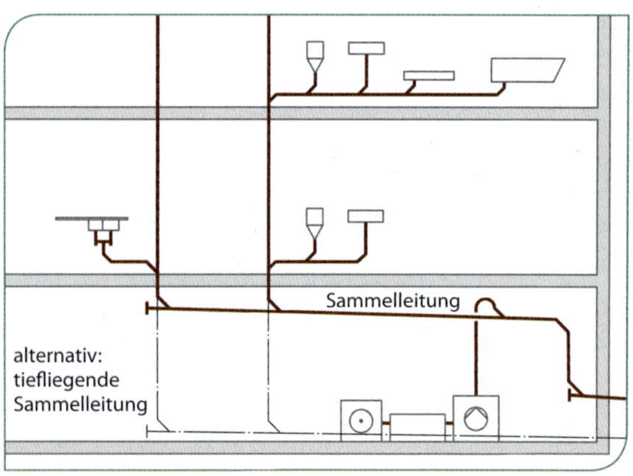

1 Beispiel einer Sammelleitungsinstallation, hoch-/tiefliegend

Sollte eine Entleerung der Heizungsanlage notwendig sein, kann diese über das Ausgussbecken erfolgen. Restheizungswassermengen unterhalb des Beckens sind meist sehr gering. Trotzdem muss auch bei einem Sammelleitungssystem nicht auf Bodenabläufe (floor drains) oder weitere tiefliegende Sanitärobjekte (low-lying sanitary appliances), wie z. B. Dusche oder Klosett zwangsläufig verzichtet werden. Hersteller bieten Systemlösungen mit Pumpe an (Kap. 4).

2.6.2 Verlege- und Bemessungsgrundlagen

Die Sammelleitung zählt zwar zu den liegenden Leitungen (horizontal pipes), sie kann aber auch senkrechte Abschnitte (vertical sections) enthalten, wie z. B. vor einem Kellerfenster oder vor dem Gebäudeaustritt durch die Kelleraußenwand (Bild 2).

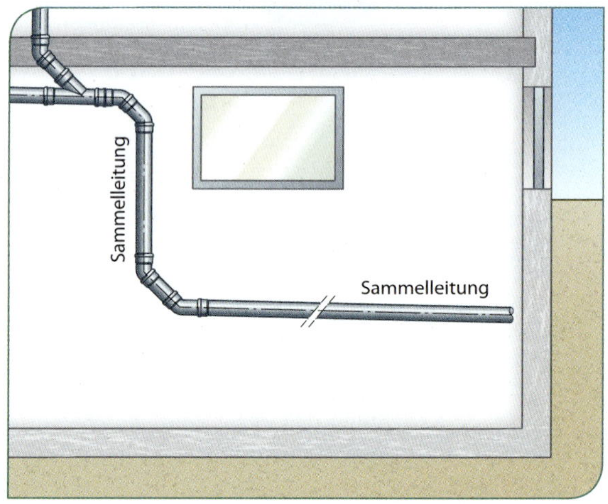

2 Beispiel einer Sammelleitungsinstallation mit senkrechten Abschnitten

Die folgenden Vorschriften gelten gleichermaßen für Sammel- und Grundleitungen und werden im Kapitel 2.7 Grundleitungen begründet:

- Mindestnennweite DN 80,
- Mindestgefälle I = 0,5cm/m (0,5 %),
- 90°-Richtungsänderungen und Abzweige nur mit Formstücken ≤ 45°, evtl. mit Zwischenstück,
- Doppelabzweige sind verboten,
- bei Nennweitenänderungen > DN 100 gilt Sohlengleichheit,
- Mindestabstand zwischen zwei aufeinanderfolgenden Abzweigen 5 x DN,
- möglichst geradlinige Leitungsführung ohne unnötige Richtungsänderungen.

Die Nennweiten von Fall- und Sammelleitungen sind bei Ein- und Zweifamilienhäusern in der Regel gleich groß und betragen meist DN 100.

2.6.3 Hauseinführungen

Die Hauseinführung (house lead-in) der Abwasserleitung kann durch die Bodenplatte (Fundament) oder die Kelleraußenwand erfolgen. Obwohl die Abwasserleitung in Fließrichtung gesehen immer aus dem Gebäude herausführt, wird das entsprechende Verbindungsbauteil (connection part) zwischen Innen- und Außenleitung als Hauseinführung bezeichnet.

An eine Hauseinführung wird eine Vielzahl von Anforderungen gestellt, wie z. B.:

- **Dichtigkeit** (impermeability) gegen Gas und Wasser,
- **Beständigkeit** (resitance) gegen Temperatur (Brandschutz) und Stoffe (z. B. Farben, Salzen, Mineralstoffen aus dem Boden),
- **Elastizität** (elasticity) z. B. wegen Setzungen, Vibrationen, Erschütterungen und Temperaturschwankungen,
- **Montagefreundlichkeit** (easy to install) (Trocken- oder Nasseinbau).

Nasseinbau (wet bedding)

In der Vergangenheit wurden Rohrleitungen häufig in die Kellerwand einfach eingemörtelt und damit die oben genannten Anforderungen nicht beachtet. Schäden wie z. B. das Eindringen von Feuchtigkeit waren vorprogrammiert (Bild 1).

1 Feuchtigkeitsschaden in der Kellerwand durch eine eingemörtelte Rohrleitung

Bei einem korrekten Nasseinbau wird der Raum zwischen Rohr und Kellerwand mit Quellmörtel (swelling mortar) oder Ein- bzw. Zwei-Komponenten-Harzen (sealing resin) gas- und wasserdicht verschlossen. Die Materialkosten des Nasseinbaus sind gegenüber dem Trockeneinbau zwar meist günstiger, der Zeitaufwand jedoch größer. Bei fehlerhaftem Verschluss gibt es außerdem so gut wie keine Möglichkeit der Nachbesserung.

Geräuschbildungen wie etwa Knack- oder Knirschgeräusche durch die Bewegungen der Rohrleitungen (z. B. Schwingungen und Ausdehnungen durch Temperaturunterschiede) sind bei Nasseinbauten jedoch nicht immer gänzlich zu vermeiden.

Trockeneinbau

Beim Trockeneinbau werden diese Geräusche durch die elastische Abdichtung (elastic sealing) unterbunden (Bild 2). Die Hauseinführung für eine Kelleraußenwand besitzt ein Mantel- bzw. Futterrohr (casing tube) z. B. aus asbestfreiem Faserzement (fibre cement) mit dem gleichen Ausdehnungskoeffizienten wie Beton. Spannungsrisse (stress crackings) sind somit ausgeschlossen. Das Rohr wird entweder während des Baufortschritts oder nachträglich in eine Kernlochbohrung (core hole) eingesetzt. Außen verfügt es über eine Spezialrillung und verbindet sich dauerhaft gas- und wasserdicht mit dem Beton. Innen ist die Oberfläche für einen optimalen Kontakt mit der Gummifläche des Dichtungssatzes ausgelegt. Dieser wird mit der Rohrleitung zusammen in das Mantel- bzw. Futterrohr hineingeschoben. Mittels Spannschrauben wird die elastische Dichtung gegen das Mantel- bzw. Futterrohr und die Rohrleitung gas- und wasserdicht verpresst (Bild 3a). Hauseinführungen gibt es auch mit zweiseitiger elastischer Abdichtung und Brandschutzmanschette (fire protection collar) (Bild 3b).

Weitere Vorteile des Systems sind die einfache Montage durch die mechanische Verschraubung (Verpressung) und die Nachspannmöglichkeit.

2 Beispiele für Hauseinführungen mit elastischer Abdichtung

3a Einseitige elastische Abdichtung
b Zweiseitige elastische Abdichtung mit Brandschutzmanschette

4 geteilte Hauseinführung

Für die nachträgliche Abdichtung gibt es auch geteilte Dichtungssätze (Bild 4).

ÜBUNGEN

1. Nennen Sie drei Gründe, warum bei unterkellerten Gebäuden die Installation von Sammelleitungen der Installation von Grundleitungen vorzuziehen ist.
2. Nennen Sie zwei Nachteile einer Installation von Sammelleitungen.
3. Nennen Sie die Mindestnennweite und das Mindestgefälle von Sammelleitungen.
4. Wie müssen 90°-Richtungsänderungen von Sammelleitungen ausgeführt werden?
5. Nennen Sie drei weitere Vorschriften für die Verlegung von Sammelleitungen.
6. Was ist eine Hauseinführung?
7. Nennen Sie drei Anforderungen an eine Hauseinführung.
8. Beschreiben Sie die Vorteile einer Hauseinführung im Trockeneinbau gegenüber der im Nasseinbau.

2.7 Grundleitungen

2.7.1 Allgemeine Beschreibung

Grundleitungen werden als unzugängliche Abwasserleitungen (inaccessible drains) bezeichnet und haben eine durchschnittliche Nutzungsdauer von 50 – 80 Jahre (im Extremfall 100 Jahre). Im Bereich von Gebäudegrundrissen (building ground plan/plot) verlaufen sie in den meisten Fällen im Erdreich unterhalb des Fundamentes. Sie dienen der Aufnahme des Abwassers aus Fallleitungen, Kellerablaufstellen und Ablaufstellen des untersten Geschosses von nicht unterkellerten Gebäuden (buildings without basement). Sollte in speziellen Fällen eine Verlegung innerhalb des Fundamentes notwendig sein, müssen die entsprechenden statischen Nachweise erbracht werden.

Grundsätzlich wird nochmals auf die Empfehlung der DIN 1986-100 hingewiesen:

MERKE

Grundleitungen innerhalb von Gebäudegrundrissen sollten aus Gründen der besseren Inspizierbarkeit und einfacheren Sanierungsmöglichkeit vermieden werden.
Ausnahme: Gebäude ohne Keller und Leitungen, die an Hebeanlagen angeschlossen werden.

In jedem Fall sollten Grundleitungen auf dem kürzesten Wege ohne unnötige Richtungsänderungen aus dem Gebäudegrundrissbereich herausgeführt werden. Dieses geschieht meist auf der dem öffentlichen Abwasserkanal zugewandten Gebäudeseite. Von dort wird die Grundleitung dann möglichst auf direktem Weg bis zum weiterführenden Anschlusskanal (connecting sewer) an der Grundstücksgrenze (plot boundary/property line) verlegt. Schmutzwasserablaufstellen eventueller Nebengebäude (outbuilding foul water drains) werden angeschlossen (Bild 1).

Sollte die öffentliche Kanalisation (public sewage system) vor dem Grundstück im Mischsystem entwässern, müssen auch vorhandene Regenwasserablaufstellen (surface water drains) mit angeschlossen werden (vgl. Kap. 6.4). Schmutz- und Regenwasser werden dann gemeinsam in den öffentlichen Mischwasserkanal eingeleitet. Bei Vorlage eines Trennsystems wird das Regenwasser der Ablaufstellen mittels einer separaten Regenwassergrundleitung in den öffentlichen Regenwasserkanal eingeleitet (vgl. Kap. 6.4).

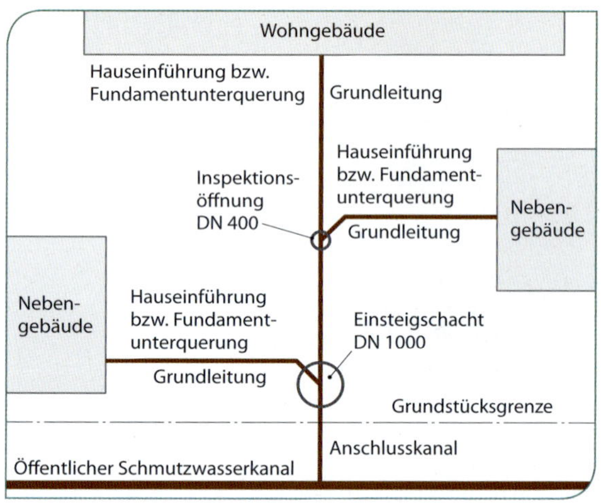

1 Grundrissdarstellung einer außenliegenden Grundleitungsverlegung

2.7.2 Allgemeine Verlegeregeln und -empfehlungen

Die in diesem Abschnitt aufgeführten Verlegeregeln und -empfehlungen (piping regulations and recommendations) für Schmutzwassergrundleitungen gelten grundsätzlich auch für Regen- und Mischwassergrundleitungen. Innerhalb des Gebäudegrundrissses sind Mischwassergrundleitungen allerdings verboten und Regenwassergrundleitungen möglichst zu vermeiden (vgl. Kap. 6.2).

Während bei unterkellerten Ein- und Zweifamilienhäusern fast ausschließlich Plattenfundamente (bedplates) üblich sind (Bild 1), werden bei ebenerdiger Bauweise oftmals Streifenfundamente (strip footings/foundations) gewählt (Bild 2).

1 *Plattenfundament (bewehrt)*

2 *Vorbereitung für ein Streifenfundament*

Die Verlegeregeln und -empfehlungen für Grundleitungen weichen je nach Fundamentart nur geringfügig voneinander ab. Gelten sie nur für eine Fundamentart, wird es nachfolgend dann entsprechend gekennzeichnet. Die zeichnerischen Darstellungen zeigen ausschließlich Streifenfundamente.

Verlegeregeln und -empfehlungen:

- **Mindestnennweite DN 100** (Ausnahmen vgl. Kap. 2.9),
- **Mindestgefälle innerhalb** 0,5 cm/m (0,5 %),
- **Mindestgefälle außerhalb1:DN**, z. B. 1:100 = 1 cm/100 cm (1 %). Je größer der Rohrdurchmesser desto kleiner das Mindestgefälle (minimum gradient),
- **15 cm Mindestsicherheitsabstand** (nearest approach) zwischen Oberkante (OK) Grundleitungsmuffe und Unterkante (UK) Fundament, damit bei Fundamentsetzungen (foundation settings) keine Kräfte direkt auf das Rohr wirken (Bild 3).

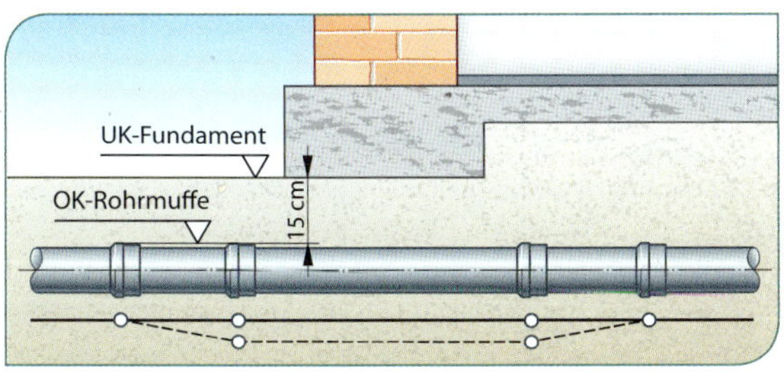

3 *Sicherheitsabstand und Gelenkstücke unter einem Streifenfundament*

- **Keine Rohrmuffen** (pipe bells) unterhalb von Fundamenten, um bei Undichtigkeiten Unterspülungen (washouts) zu vermeiden (Bild 3). Sind Rohrverbindungen aufgrund größerer Leitungslängen unvermeidbar, können andere Verbindungstechniken gewählt werden (vgl. Kap. 3.2).
- **Gelenkstücke** (kurze Rohrabschnitte) (hinge sections) im Bereich rechts und links von **Streifenfundamenten** (Bild 3), damit Setzungen der Abwasserleitung in den Muffen aufgefangen werden können. Das gilt auch für den Anschluss der Grundleitung an Baukörper wie z. B. Hauseinführungen und Schächte (vgl. Kap. 2.11.2).
- **Mantel- bzw. Futterrohr** mit dauerelastischer Masse zum Auffangen von Kräften bei **Streifenfundamentsetzungen**, wenn der Sicherheitsabstand nicht eingehalten werden kann (Bild 4).

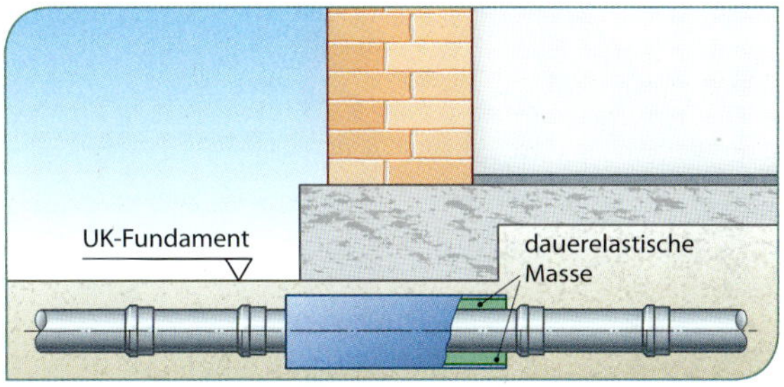

4 *Mantel- bzw. Futterrohr mit dauerelastischer Masse*

- **Verbot der Unterquerung** (no undergrade crossing) von Gebäudeteilen, wo besonders große Kräfte auftreten (z. B. Stützen, Pfeiler, Block- und Schornsteinfundamente sowie Gebäudeaußenecken bis 1,25 m Abstand) sowie von schwer zugänglichen Bereichen (z. B. Fahrstuhlschächte und Treppenhäuser).
- **Die Unterquerung von Streifenaußenfundamenten** sollte rechtwinklig (90°) erfolgen, um den Fundamentüberdeckungsbereich und damit mögliche Gebäudebelastungen auf den Scheitel der Grundleitung möglichst klein zu halten. Bei **Streifeninnenfundamenten** ist in begründeten Ausnahmefällen eine Unterquerung ≥ 45° zulässig **(Empfehlung)**.
- **Parallel zu Streifenaußenfundamenten verlegte Leitungen** (placed parallel to strip foundations) sollten beider-

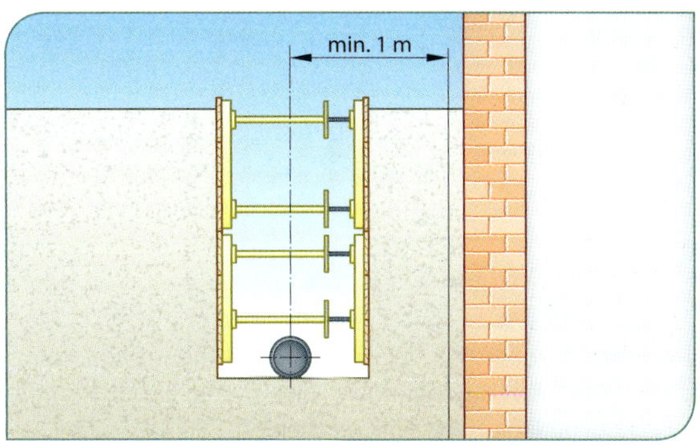

5 *Mindestabstand von parallel zu Streifenaußenfundamenten verlegten Grundleitungen*

Lernfeld 6

seits einen Mindestabstand (minimum clearance) von 1 m aufweisen (Bild 5, vorige Seite), von **Streifeninnenfundamenten** mindestens 0,5 m. Dadurch wird die Gefahr von Unterspülungen und Feuchtigkeitsschäden am Fundament bei Undichtigkeiten vermindert **(Empfehlung)**.

- **Formstücke (Bögen, Abzweige)** (bends, branches) sind nur ≤ 45° zulässig, um Ablagerungen und Fremdeinspülungen durch turbulente Strömungen zu vermeiden (Bild 1a/b). Zusätzlich wird die Inspektion durch ein ferngesteuertes Kanalauge (Kamera) erleichtert.

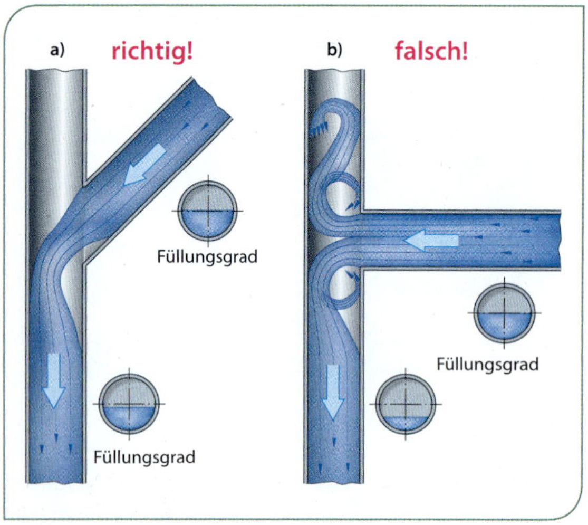

1a Draufsicht eines zulässigen 45°-Grundleitungsabzweigs
b Unzulässiger 90°-Grundleitungsabzweig

- **Zwischenstücke** (intermediate sections) (Bild 2) von 0,25 m bis 1,00 m Länge können sinnvoll sein **(Empfehlung)**.

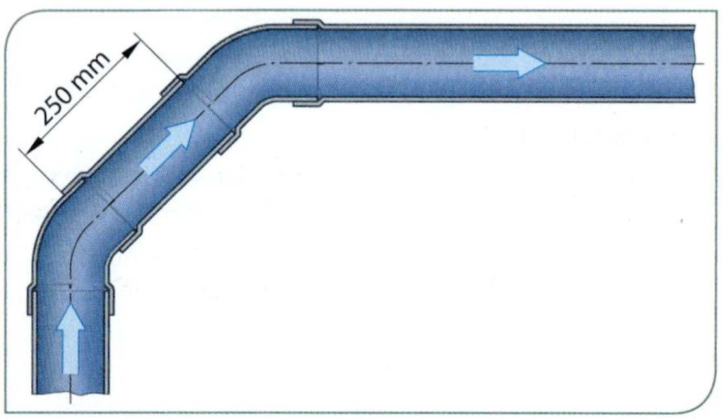

2 Richtungsänderung 90°mit zwei 45°-Bögen und 250mm Zwischenstück

- **Doppelabzweige** (twin/double branches) sind verboten (Ausnahme vgl. Kap. 2.11), um Überspülungen (cross-flows) in eine z. B. weniger durchspülte gegenüberliegende Nebengrundleitung und damit angetrocknete Schmutzablagerungen zu vermeiden (Bild 3a/b). Die Abzweige sollten einen Mindestabstand von 5 x DN aufweisen **(Empfehlung)**.

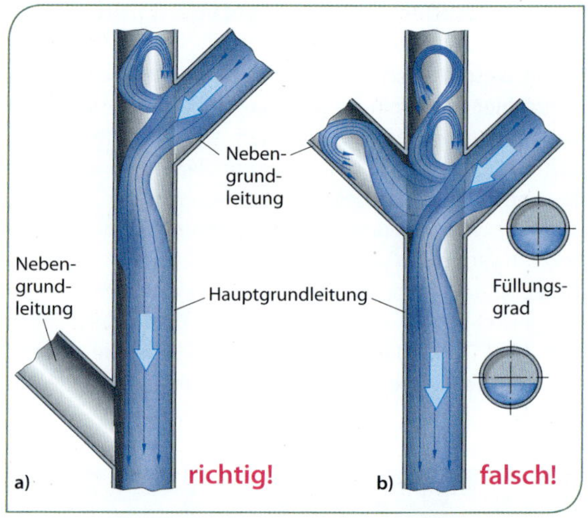

3a Gegenüberliegende Abzweige mit ausreichendem Abstand
b Unzulässiger Doppelabzweig

- **Abzweige** sind um 15° – 45° anzustellen (vgl. Kap. 2.2.4), um Fremdeinspülungen von der Hauptgrundleitung in einmündende Nebengrundleitungen zu vermeiden (Bild 4) **(Empfehlung)**.

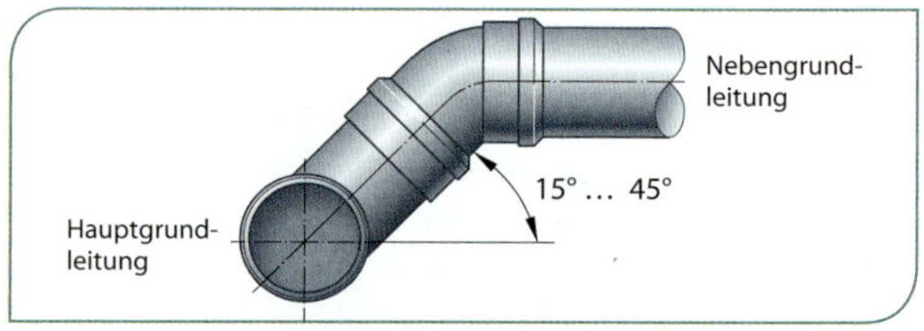

4 Anstellen einer einmündenden Nebengrundleitung (15° ... 45°)

- **Die Überdeckung (frostfreie Tiefe)** (frost-protected coverage) von Grundleitungen beträgt mindestens 0,80 m ab Oberkante Rohrmuffe (Bild 5). Eine tiefere Verlegung wie z. B. bei Trinkwasserleitungen (ca. 1,50 m) ist nicht erforderlich, da teilgefüllte Grundleitungen auf Grund ihres Verlegegefälles immer leerlaufen. Außerdem werden sie fortwährend von warmen Kanalgasen durchströmt.

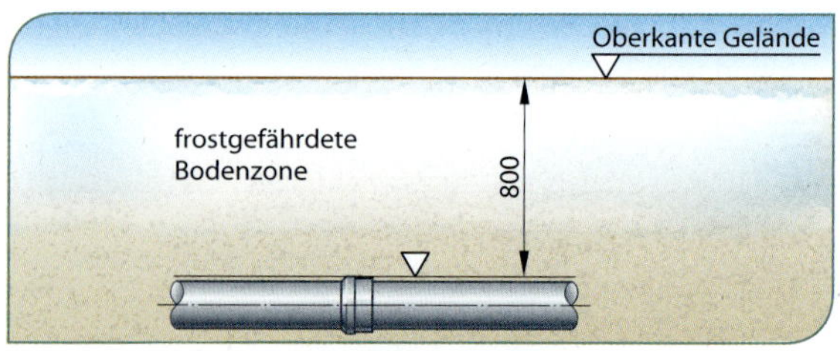

5 Überdeckung (frostfreie Tiefe) von teilgefüllten Abwasserleitungen

- **Senkrechte Gefällestürze** (backdrop connections) sind immer dann notwendig, wenn das größtmögliche Gefälle von I = 1:20 = 5 cm/m (5 %) nicht ausreicht, um vorhandene Höhenunterschiede zwischen dem Anfang (z. B. Hauseinführung) und dem Ende einer Grundleitung (Verbindung mit dem Anschlusskanal an der Grundstücksgrenze) auszugleichen (to balance distances between invert levels). Dieser Gefällesturz wird in Fließrichtung gesehen entweder unmittelbar vor oder im Einsteigschacht verlegt (vgl. Kap. 2.11.3).

MERKE

Grundleitungen sollen möglichst kurz und ohne unnötige Richtungsänderungen zur Grundstücksgrenze geführt werden. Eine parallele Verlegung zu Mauern und Fundamenten ist vorzuziehen, aber nicht zwingend vorgeschrieben.

ÜBUNGEN

1. Warum wird eine Grundleitung als unzugängliche Abwasserleitung bezeichnet?
2. Nennen Sie die Mindestnennweite (ohne Ausnahmen) und das Mindestgefälle innerhalb/außerhalb des Gebäudegrundrisses.
3. Nennen Sie drei Regeln, die eingehalten werden müssen, wenn Grundleitungen unter Fundamenten verlegt werden.
4. Welche Gebäudeteile dürfen nicht von Grundleitungen unterquert werden?
5. a) Warum muss ein Mindestabstand zwischen Streifenfundament und parallel dazu verlegten Grundleitungen eingehalten werden?
   b) Wie groß muss dieser Mindestabstand sein?
6. Welche Formstücke (Bögen, Abzweige) sind für Sammel- und Grundleitungen verboten? Begründen Sie dieses.
7. Begründen Sie die Empfehlung für den Einbau des Abzweigs einer einmündenden Nebengrundleitung in die Hauptgrundleitung.
8. a) Nennen Sie die Mindesttiefe, in der eine Grundleitung verlegt werden muss.
   b) Begründen Sie, warum diese Mindesttiefe ausreicht.
9. Wo sind eventuell notwendige senkrechte Gefällestürze vorgesehen?

2.7.3 Verlegung der Grundleitung im Erdreich

Für den Betreiber ist ohne technische Hilfsmittel eine optische Kontrolle der Grundleitungen nicht möglich. Störungen werden erst dann bemerkt, wenn nichts mehr „läuft". Schäden (Bild 1) und damit verbundene umfangreiche Aufgrabungsarbeiten (excavation works) für ihre Beseitigung, z. T. innerhalb von Überbauungen (superstructures), wie z. B. Garagen und befestigte Zufahrtswege, sind dann die Folge. Aber auch unbemerkte kleine Undichtigkeiten können über Jahre Feuchtigkeitsschäden an der Bausubstanz des Gebäudes bewirken.

Verursacht werden diese Schäden meist durch z. B.:
- Wurzeleinwüchse,
- seitliche Lageabweichungen,
- Setzungen oder Verdichtung des Bodens und
- Ablagerungen im Rohr.

Sie sind vermeidbar durch:
- eine bestimmungsgemäße Benutzung durch den oder die Betreiber (Eigentümer),
- die Verwendung von zugelassenen Rohrwerkstoffen und Leitungsverbindungen für z. B. im Erdreich verlegte Grundleitungen und
- die genaue Einhaltung der folgenden Verlegeregeln und -empfehlungen.

Grundleitungsauflagerung (house drain bedding)

Notwendiger Bodenaustausch: Bei kritischen Bedingungen wie z. B. moorigen oder steinigen Untergründen

1 Scheitelbruch einer Steinzeuggrundleitung

muss unter Umständen ein Bodenaustausch (soil replacement) erfolgen (z. B. Kies, Sand).

Verbotene Punkt- und Linienauflagerung (prohibited selective and linear bedding): die Grundleitung darf nicht auf einzelnen Punkten, den Muffen oder im Sohlenbereich auf einer schmalen Linie aufliegen. Dies wird durch Vertiefungen im Bereich der Muffen und sorgfältige Auflagerung im gesamten „Zwickelbereich" vermieden (Bild 2). Dadurch wird verhindert, dass durch auftretende Erdreichbelastung die Leitung durchbiegt (distortion) bzw. Schäden an ihr entstehen.

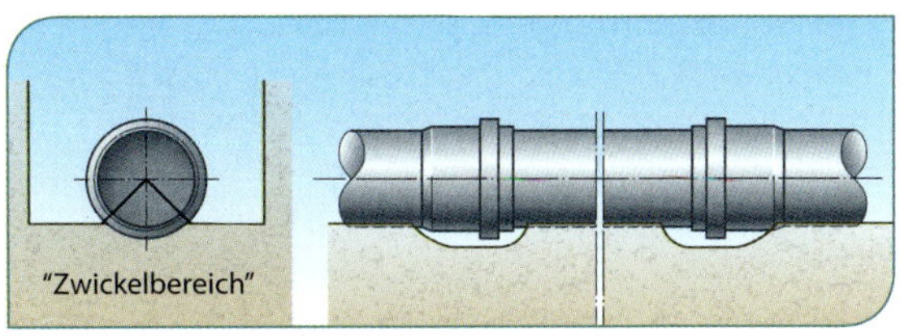

2 Richtige Auflagerung einer Grundleitung

Lernfeld 6

Verdichtung der Leitungszone (compaction of the pipe zone)

Als Leitungszone werden die unmittelbaren Bereiche unterhalb (**A** untere **B** obere Bettungsschicht), neben (**C** Seitenverfüllung) und oberhalb (**D** Abdeckung mindestens 30cm) der Grundleitung bezeichnet (Bild 1). Diese Bereiche sind besonders sorgfältig und vorsichtig von Hand, ohne schwere Geräte, zu verdichten (soft compaction). Als Verdichtungsmaterial ist Kies am besten geeignet. Durch diese Maßnahmen wird das Rohr in seiner Lage sicher fixiert.

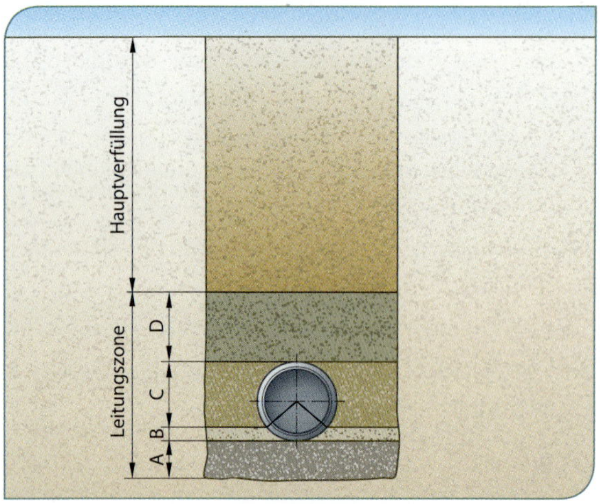

1 Leitungszone und Verfüllungsbereich eines Grundleitungsrohrgrabens

Verdichtung des Hauptverfüllungsbereichs (compaction of the main covering area)

Oberhalb der Leitungszone (Bild 1) muss der Rohrgraben mit geeignetem Verfüllungsmaterial aufgefüllt und in Lagen von 25 cm verdichtet werden. Auf schweres Verdichtungsgerät ist bis zu einer Überdeckung von 1 m zu verzichten.

Ungeeignet für die Verfüllung sind z. B.:

- **Lehmboden** (clayey soil), da er sich nur begrenzt verdichten lässt,
- **nicht verdichtbare** Stoffe (non-compressible materials) (Steine, Geröll, Bauschutt), da entweder beim Verdichten die Rohrleitung beschädigt werden kann oder Hohlräume entstehen können, in die später Erdreich nachsackt. Einzelne Steine kleiner 30 cm sind zulässig.
- **chemisch aggressive** Stoffe (aggressive chemical substances) (Säuren, Laugen, Zementreste), da sie bestimmte Rohrwerkstoffe oder Dichtungen zerstören können,
- **nicht raumbeständige** Stoffe (materials with instable constancy of volume) (Kartonagen, Essenreste, gefrorenes Erdreich), da sich durch Zersetzung oder Trocknung Hohlräume bilden können.

Da das Einschlämmen der Verfüllung nur in Ausnahmefällen bei bestimmten Materialien zulässig ist, sollte darauf verzichtet werden.

Rohrleitungsgräben parallel zu Streifenaußenfundamenten: Sollen Abwassergrundleitungen parallel zu Streifenaußenfundamenten verlegt werden (vgl. Kap. 2.7.2), müssen bestimmte Grabentiefen (trench depths) und seitliche Abstände (side clearances) des Rohrgrabens vom Fundament beachtet werden (Bild 2). Bei Missachtung dieser Vorgaben besteht die Gefahr eines Gründungsbruchs (foundation fail), d. h. aus dem 45°-Bereich unterhalb des Fundamentes (Bauwerkslastabtragung, roter Bereich) bricht das Erdreich nach links weg, wenn die seitliche Stützung (lateral support) durch Aufgrabung zu gering wird.

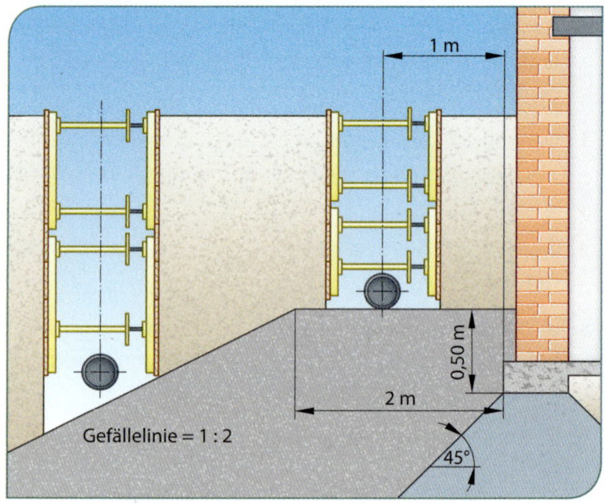

2 Parallele Grundleitungsverlegung zu Streifenaußenfundamenten

Erst ab einem seitlichen Abstand von 2 m darf die Tiefe der Rohrgrabensohle (botton of the pipe trench) in einem Verhältnis von 1:2 zum Abstand vom Fundament verändert werden. Das bedeutet z. B., dass bei einer Vergrößerung des Abstandes (distance enlargement) um 1 m von der Streifenfundamentaußenkante die Rohrgrabensohle 0,50 m tiefer liegen darf.

Ausnahme: Wird eine Baugrube ausgehoben die nicht länger als $\frac{1}{5}$ der Streifenaußenfundamentlänge (length of the external strip footings) ist, treten die oben genannten Regeln außer Kraft. Somit kann bei einer Gebäudelänge (building length) von z. B. 10 m für den Anschluss einer Abwassergrundleitung eine Baugrube von 2 m Länge hergestellt werden, deren Sohle tiefer als oben angegeben liegt.

2.7.4 Unfallverhütung beim Rohrleitungsgrabenbau

Rohrleitungsgräben (drainage trenches) bis zu einer Tiefe von 1,25 m bedürfen keiner besonderen Sicherungsmaßnahme (safety measure) gegen das Einstürzen der Grabenwände (trench walls). Es ist lediglich bis zu einer Tiefe von 0,80 m ein einseitiger, darüber ein beidseitiger waagerechter, 60 cm breiter Schutzstreifen (refuge strip) frei von Aushubmaterial (excavation material) und Gegenständen anzuordnen (Bild 2, nächste Seite).

Ungesicherte (unsecured) Leitungsgräben von mehr als 1,25 m Tiefe dürfen nicht betreten werden. Bis zu einer Tiefe von 1,75 m kommen je nach Bodenbeschaffenheit (soil condition) folgende Sicherungsmaßnahmen in Betracht: Abböschung (escarp) (Bild 1) sowie teilweiser oder ganzer Grabenverbau (trench sheeting) (Bild 2).

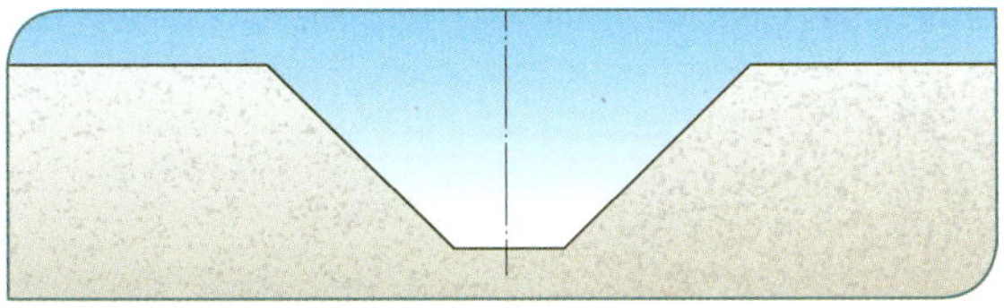

1 Abböschung bis zur Rohrgrabensohle bei geeignetem Boden

Waagerechter Grabenverbau:
Ist z. B. auf Grund der Bodenbeschaffenheit (Kies, Sand) eine Abböschung oder teilweiser Grabenverbau nicht möglich, muss ein Rohrgraben ab einer Tiefe von 1,25 m zur Sicherung gegen Einstürzen mit einem waagerechten Grabenverbau versehen werden.
Folgende Regeln sind dabei einzuhalten:

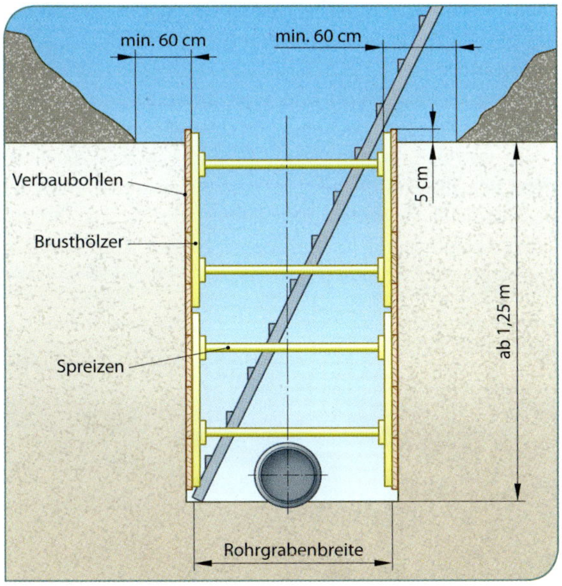

2 Waagerechter Grabenverbau

2.7.5 Dichtheitsprüfung von Grundleitungen

2.7.5.1 Allgemeine Beschreibung

Alle Grundleitungen für Schmutz-, Regen- und Mischwasser müssen auf Schäden bzw. Dichtheit geprüft werden (damage inspection/leaktest). Es reicht nicht, nur den liegenden Teil der Grundleitung abzudrücken. Auch senkrechte Grundleitungsabschnitte bis zur Gelände- bzw. Fundamentoberkante müssen geprüft werden.
Je nach Prüfart und Abwasserherkunftsbereich gibt es unterschiedliche Prüfverfahren und Prüfbedingungen (inspection/testing specifications).

Prüfarten (inspection/test types) sind:
- Erstprüfung direkt nach der Neuinstallation von Grundleitungen
- Erstprüfung von bestehenden (alten) Grundleitungen ohne Prüfnachweis (Prüfprotokoll)
- wiederkehrende Prüfungen von bestehenden Grundleitungen mit Prüfnachweis (Prüfprotokoll)

Abwasserherkunftsbereich (waste water source area) bedeutet z. B.:
- häusliches Abwasser,
- Regenwasser von befestigten Flächen,
- gewerbliches/industrielles Abwasser (wird hier nicht behandelt).

Prüfverfahren (inspection/test procedures) sind:
- Kanalfernsehuntersuchung (KA) und/oder
- Dichtheitsprüfung (DR) mit Luft und/oder Wasser

Die folgende Tabelle (Bild 3) zeigt eine Übersicht der Fristen (terms/time limits) und Prüfverfahren für die Erstprüfung von bestehenden (alten) Grundleitungen ohne Prüfnach-

Erstprüfung vorhandener (alter) Grundleitungen, für die kein Prüfnachweis (Prüfprotokoll) vorliegt			
Anlass/Prüfobjekt	KA	DR	Frist
1. Bei wesentlichen baulichen Veränderungen und/oder Erweiterungen, wie Sanierung/Totalumbau eines Gebäudes (**> 50 %**).	–	X	im Zuge der Baumaßnahmen
2. Anlagen, über die durch An- und Umbauten nur Teilstrecken der Entwässerungsanlage betroffen sind (**< 50 %**).	X	–	
3. Anlagen zur Ableitung von häuslichem Schmutz- oder Mischwasser einschließlich Anlagen mit geringen Erweiterungen, z. B. Dachgeschossausbauten.	X	–	bis zum 31. Dez. 2015
Wiederkehrende Prüfung von Grundleitungen, für die ein Prüfnachweis (Prüfprotokoll) vorliegt			
Anlass/Prüfobjekt	KA	DR	Frist
Maßnahmen wie Nr. 1, wenn die Prüfung (DR) älter als 5 Jahre ist.	–	X	im Zuge der Baumaßnahmen
Anlage zur Ableitung von häuslichem Schmutz- oder Mischwasser.	X	–	alle 20 Jahre
Die Fristen und Verfahren für Grundleitungen in **Wassergewinnungsgebieten** sind hier nicht aufgeführt. Sie können in der DIN 1986-30 nachgelesen werden.			
Regenwassergrundleitungen sind grundsätzlich von der Pflicht für wiederkehrende Prüfungen ausgenommen. Ausnahmen können in der DIN 1986-30 nachgelesen werden.			
Schächte und Inspektionsöffnungen sind wie Grundleitungen zu prüfen.			

3 Fristen und Verfahren bestimmter Dichtheitsprüfungen (Auszug DIN 1986-30)

Lernfeld 6

weis (inspection/test record) (Prüfprotokoll) und wiederkehrenden Prüfungen von bestehenden Grundleitungen mit Prüfnachweis (Prüfprotokoll).

Der Dichtheitsnachweis durch eine Kanalfernsehuntersuchung (TV drain inspection) (KA) ist bei bestehenden Grundleitungen in bestimmten Fällen zulässig (Bild 3, vorherige Seite). Sie gilt als dicht, wenn:

- sie rissfrei, ohne Rohrbruch und ohne relevanten Muffenversatz (pipe bell/muff displacement),
- sie frei und nicht verformt und
- kein Grundwassereinbruch (ground-water intrusion) erkennbar ist.

Die Schadensbewertung muss durch eine fachkundige Person durchgeführt werden.

2.7.5.2 Druckprobe mit Luft oder Wasser

Die Prüfung mit Luft (Verfahren „L") bietet gegenüber der Prüfung mit Wasser (Verfahren „W") folgende Vorteile:

- schnell und preiswert,
- unabhängig von der Bauwasserversorgung (structural water supply),
- keine Prüfwasserentsorgung,
- keine Prüfwassereinbrüche in den Rohrgraben bei Undichtigkeiten, Rohrbrüchen oder Auseinandergleiten (slip apart) der Rohrleitung,
- Einsatz auch im Winter bei Minusgraden möglich,
- gleicher Prüfdruck sowohl im Tief- als auch im Hochpunkt der Rohrleitung,
- schneller Aufbau und einfache Anwendung der Prüfeinrichtung.

Für die Durchführung dieser Prüfung sind allerdings fachkundiges Personal und zugelassene Prüfeinrichtungen (approved testing devices) notwendig. Da bei der Prüfung mit Luft relativ geringe Fehlertoleranzen (fault tolerances/allowances) zugelassen sind, kann nach einmaligem oder mehrmaligem Nichtbestehen der Druckprobe (pressure test failure) zum Verfahren „W" gewechselt werden, dessen Ergebnis dann allein gültig ist.

Bei Ein- und Zweifamilienhäusern sind Druckproben aus Wirtschaftlichkeitsgründen (economic reasons) nach dem Verfahren „W" üblich. Gründe sind die meist kurzen und geradlinigen Grundleitungslängen mit wenigen bis keinen Abzweigungen zu Nebengebäuden. Dadurch ergeben sich einfache Prüfungsabläufe (simple testing processes), die auch von kleinen und mittleren Betrieben ohne großen Aufwand durchgeführt werden können. Aus diesen Gründen wird in diesem Kapitel exemplarisch die Dichtheitsprüfung mit Wasser (Verfahren „W") abgehandelt. Letztendlich aber entscheidet der Auftraggeber, ob mit Luft oder Wasser geprüft werden soll. Hierbei kann ihm der Anlagenmechaniker SHK beratend zur Seite stehen. In einigen Bundesländern (z. B. Hamburg) dürfen allerdings nur zertifizierte Betriebe (accredited companies) die Dichtheitsprüfung von Grundleitungen vornehmen.

Prüfvorbereitungen

Die Prüfvorbereitungen der Verfahren „L" und „W" sind ähnlich. Die zu protokollierenden Druckproben dürfen nicht wie früher bei offenen, sondern nur bei verfüllten Rohrgräben vorgenommen werden. Stichproben (random tests/inspections) hatten ergeben, dass viele der geprüften Grundleitungen durch Unachtsamkeiten (carelessnesses) beim Entfernen des Verbaus (sheeting) und der Auffüllung des Rohrgrabens wieder undicht wurden. Um bei nicht bestandener Prüfung die gesamte Grundleitung nicht wieder frei zu legen, **kann** eine Vorprüfung bei unverfülltem Graben durchgeführt werden **(Empfehlung)**.

Das Problem bei der Vorprüfung ist die Lagefixierung (position fixture) der Rohrleitung. Die kann z. B. folgendermaßen erfolgen:

- **teilweise Einbettung und Überschüttung** zwischen den Verbindungsstellen (z. B. Muffen), um Lageveränderungen zu unterbinden.
- **Einschlagen von Pflöcken** (to peg) am Anfang und Ende der Leitung und bei Abzweigungen, um ein Auseinandergleiten in den Verbindungen (z. B. Muffen) zu vermeiden.

Sind allerdings bereits das Kellergeschoss und der Einsteigschacht (inspetion chamber) an der Grundstücksgrenze fertig, gestaltet sich die Lagefixierung einfacher (Bild 1, nächste Seite).

Vor Beginn der Prüfung sind alle Öffnungen zu schließen. Dies geschieht mit mechanischen oder pneumatischen Absperr- und Befüllblasen (shut-off bladder) (Bild 1). Es empfiehlt sich, die Grundleitung vor dem Installieren eventueller Bodenabläufe zu prüfen. Allerdings sind die meisten heutigen Abläufe extra für das Einsetzen von Absperrblasen konstruiert (vgl. Kap. 2.1.2.1).

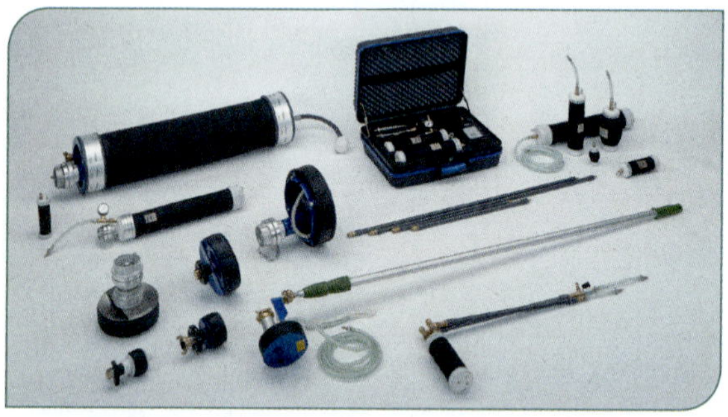

1 Mechanische und pneumatische Absperr- und Befüllblasen

Vorprüfung

Ein Anlagenmechaniker SHK sollte aus den oben genannten Gründen immer eine Vorprüfung (preliminary test/inspection) vornehmen. Die Norm trifft zwar keine Festlegung über Prüfdruck oder -zeit während der Vorprüfung, empfohlen wird jedoch eine Vorprüfzeit von einer Stunde. In dieser Zeit können eventuell vorhandene kleine Lufteinschlüsse (entrapped air) bzw. Luftbläschen langsam zum Hochpunkt der Rohrleitung wandern und entweichen. Auch kleine Setzungen (settlings) wie z. B. minimale Längenausdehnungen (thermal elongations) in den Muffen sind möglich. Da der Prüfaufbau möglichst ohne Veränderung auch für die Abnahmeprüfung verwendet werden soll ist es sinnvoll, sich an dem Abnahmeprüfdruck zu orientieren. Durch kontinuierliches Nachfüllen (continuous refilling) von Wasser muss die Wassersäule immer auf der erforderlichen Höhe gehalten werden. Die zulässige Gesamtzugabemenge (allowed amount of added quantity) muss errechnet werden (siehe Beispielaufgabe).

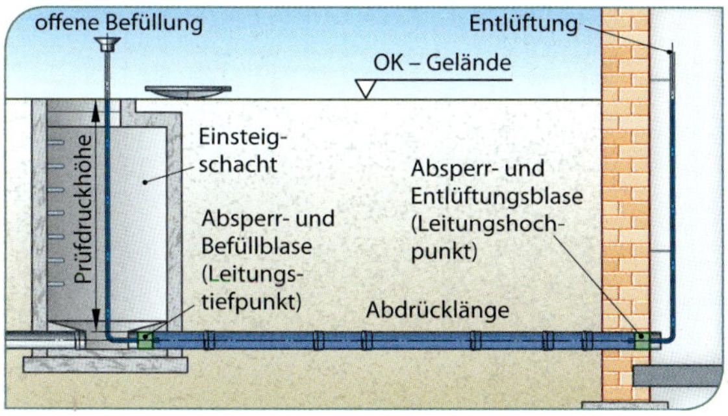

1 Einfacher Prüfaufbau für eine Druckprobe mit Wasser

Die Befüllung (filling) sollte langsam am Tiefpunkt erfolgen, damit die Luft am Hochpunkt der Grundleitung entweichen kann. Der Querschnitt der Entlüftung muss mindestens dem der Befüllungsleitung (filling pipe) entsprechen. Der zu prüfende Leitungsabschnitt ist drucklos zu befüllen, wie z. B. durch:

- **offene Befüllung** z. B. mit einem Trichter über einen Klarsichtschlauch mit einer Markierung der erforderlichen Prüfdruckhöhe (für kleine Bauvorhaben zu empfehlen),
- **elektronisch gesteuerte Befüllung** über ein Dichtheitsprüfgerät, das auch die Prüfungsergebnisse automatisch erfasst (ausgedruckt),
- **direkte Befüllung** aus dem Trinkwassersystem mit Rückflussverhinderer und Ausgleichsbehälter mit freiem Auslauf.

Sind Undichtigkeiten durch sichtbaren Wasseraustritt oder gleichmäßiges Abfallen der Wassersäule (water head) so groß, dass mit dem errechneten Wasserzugabewert (siehe Beispielaufgabe) die erforderliche Druckhöhe nicht gehalten werden kann, ist folgendermaßen zu verfahren:

- Prüfabschnitt (test section) vom Druck entlasten,
- Absperrelemente (shut-off elements) lösen,
- Fehler suchen und beseitigen,
- Vorprüfung wiederholen.

PRAXISHINWEIS

Auch die Absperr- und Befüllblasen können undicht sein und müssen auf unzulässigen Wasseraustritt überprüft werden

Prüfbedingungen der Abnahmeprüfung:

- **der Prüfdruck** (proof pressure) entspricht dem höchstmöglichen **Betriebsdruck** (operating pressure), d. h. Höhe bis zur Geländeoberkante bezogen auf den Rohrscheitel am tiefsten Punkt der Grundleitung, jedoch in den Grenzen 10 kPa = 0,1 bar = **1 m Wassersäule** bis 50 kPa = 0,5bar = **5 m Wassersäule**,
- Prüfzeit 30min $^{+}/_{-}$ 1min,
- **Wasserzugabewert (Wz)** (water allowance value) **nur** für Grundleitungen = 0,15 l pro m² benetzter Rohrinnenfläche,
- **Wasserzugabewert für** Grundleitungen **zusammen** mit Schächten bzw. Inspektionsöffnungen = 0,20 l pro m² benetzter Rohr-, und Schachtinnenfläche,
- **Wasserzugabewert nur** für Schächte bzw. Inspektionöffnungen = 0,40 l pro m² benetzter Rohr-, und Schachtinnenfläche.

Beispielaufgabe

Geg.: Leitungslänge $l = 10\,\text{m}$
Innendurchmesser Rohr $d = 0{,}096\,\text{m}$ (DN 100)
Wasserzugabewert $Wz = 0{,}15\,\text{l}$ pro m² benetzter Rohrinnenfläche

Ges.: Gesamtzugabemenge in 30 min $^{+}/_{-}$ 1 min

Lösung: $Wz_{gesamt} = l \cdot d \cdot \pi \cdot Wz$

$Wz_{gesamt} = 10\,\text{m} \cdot 0{,}096\,\text{m} \cdot 3{,}14 \cdot 0{,}15\,\text{l/m}^2$

$\underline{\underline{Wz_{gesamt} = 0{,}452\,\text{l}}}$

Während der Prüfzeit von 30 min $^{+}/_{-}$ 1min muss mit der errechneten Gesamtzugabemenge von 0,452 l Wasser der Prüfdruck von z. B. 0,2 bar innerhalb einer zulässigen Abweichung (allowance) von 1 kPa = 0,01 bar = 10 cm Wassersäule durch Nachfüllen aufrecht erhalten werden. Reicht die Wassermenge nicht aus, gilt die Grundleitung als undicht.

MERKE

Der gesamte Prüfverlauf muss protokolliert werden. Dafür wird ein Prüfprotokoll (Bild 1, nächste Seite) ausgefüllt, das der aufsichtführenden Behörde unterschrieben vorgelegt werden muss.

Lernfeld 6

Dichtigkeitsprüfprotokoll für neu verlegte Grundstücksentwässerungsleitungen
Prüfung mit Wasser nach DIN EN 1610

Stadt:		Ortsteil:	
Straße:		Haus-Nr.:	
Eigentümer:			
Aktenzeichen:		Datum:	. . 20

Rohwerkstoff:	☐ Kunststoff	☐ Steinzeug	☐ Guss
Leitungslängen:	L1: m	L2: m	L3: m
Rohrinnendurchmesser:	mm	mm	mm
Benetzte Rohrinnenfläche:	m²	m²	m²
Wasserverlust zulässig:	ltr	ltr	ltr
Wasserverlust tatsächlich:	ltr	ltr	ltr
Füllzeit der Leitung:	von bis Uhr	von bis Uhr	von bis Uhr
Prüfzeit der Leitung:	von bis Uhr	von bis Uhr	von bis Uhr
Tag der Prüfung:	. . 20	Protokollführer:	
Prüfung bestanden:	☐ ja	☐ nein	
Wiederholungsprüfung erforderlich:	☐ ja	☐ nein	

Kriterien Wasserdruckprüfung:

Prüfdruck:	**bis Geländeoberkante, min. 100 mbar, max. 0,5 bar**
Zulässige Wasserzugabe:	pauschal **0,15 l/m²** benetzter Rohrinnenfläche
Prüfzeit:	**30 Minuten**

Unterschrift Firma — Datum: . . 20

Protokollführer/Sachkundiger — Datum: . . 20

Dem Protokoll ist ein Lageplan über den Leitungsverlauf beizufügen!

1 Beispiel eines Prüfprotokolls für eine Druckprobe mit Wasser (Verfahren „W")

ÜBUNGEN

1. Nennen Sie vier Ursachen für Grundleitungsschäden.
2. Beschreiben Sie eine fachgerechte Grundleitungsauflagerung.
3. Beschreiben Sie die Aufgaben der vier Zonen A – D innerhalb der Leitungszone einer Grundleitung.
4. Wie ist die Verdichtung des Hauptverfüllungsbereiches vorzunehmen und welche Stoffe dürfen nicht eingebracht werden (mit Begründung)?
5. Nennen und begründen Sie die Abstandsmaße eines parallel zu einem Streifenaußenfundament verlaufenden Grundleitungsgrabens.
6. Bei welcher Baumaßnahme sind diese Abstandsmaße aufgehoben?
7. Ab welcher Rohrleitungsgrabentiefe müssen Sicherungsmaßnahmen vorgenommen werden?
8. Welche Regeln sind beim waagerechten Grabenverbau einzuhalten?
9. Nennen Sie drei Prüfarten für eine Dichtheitsprüfung von Grundleitungen.
10. Welche beiden Prüfverfahren werden unterschieden?
11. Nennen Sie drei Arten von Schäden an einer Grundleitung, die bei einer optischen Inspektion mit einem Kanalfernsehauge (KA) nicht zum Dichtheitsnachweis führen könnte.
12. Beschreiben Sie die Vorbereitungen für eine Dichtheitsprüfung mit Wasser für Grundleitungen.
13. Warum ist die Durchführung einer Vorprüfung sinnvoll?
14. Nennen Sie Prüfdruck, Prüfzeit und zulässige Wasserzugabe bei der Druckprobe nach Verfahren „W".
15. Berechnen Sie die Gesamtwasserzugabe folgender zu prüfenden Grundleitung:

    Nennweite DN 100 (d_i = 96 mm)

    Leitungslänge 18,60 m

2.8 Gefälleberechnung

Abwasserleitungen müssen in vorgegebenen Gefällegrenzen (within given gradient limits) verlegt werden. Während das Höchstgefälle mit 5 cm/m (5 %) grundsätzlich für alle Leitungsarten gleich ist, gibt es beim Mindestgefälle folgende Unterschiede:

- Anschlussleitungen unbelüftet 1 cm/m (1,0 %),
- Anschlussleitungen belüftet 0,5 cm/m (0,5 %),
- Sammelleitungen 0,5 cm/m (0,5 %),
- Grundleitungen innerhalb des Gebäudegrundrisses 0,5 cm/m (0,5 %),
- Grundleitungen außerhalb des Gebäudegrundrisses 1 : DN z. B. DN 100 = 1cm/m (1,0 %).

Wenn der Anlagenmechaniker SHK den vorhandenen Höhenunterschied Δh (level difference) zwischen Leitungsanfang und -ende kennt, kann er z. B. berechnen, ob die Abwasserleitung in den oben genannten Gefällegrenzen verlegt werden kann. Ist der Höhenunterschied zu gering, muss er möglicherweise eine Hebeanlage einplanen. Ist er zu groß, ist ein Gefällesturz notwendig (vgl. Kap. 2.11.3).

Größe	Formelzeichen	Einheit
Gefälle in Prozent	$I_{\%}$	%
Neigungsverhältnis	I_N	keine
Verhältniszahl	n	keine
Höhenunterschied	Δh	mm, cm, m
Längenprojektion l	l	mm, cm, m

Gefälledreieck

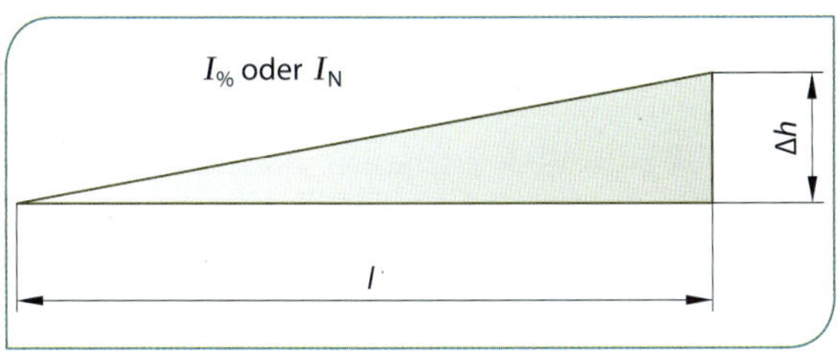

Gefälle in Prozent $I_{\%} = \frac{100\ \%\ \Delta h}{l}$

Umstellungen: $\Delta h = \frac{I_{\%} \cdot l}{100\ \%}$ $\quad I_{\%} = \frac{100\ \%\ \Delta h}{I_{\%}}$

Neigungsverhältnis: $I_N = 1 : \frac{l}{\Delta h}$ oder $I_N = 1 : n$

da $n = \frac{l}{\Delta h}$

Umstellungen: $\Delta h = I_N \cdot l$ $\quad l = \frac{\Delta h}{I^N}$

Beispielaufgaben:

1. Ermitteln Sie das Gefälle in Prozent.

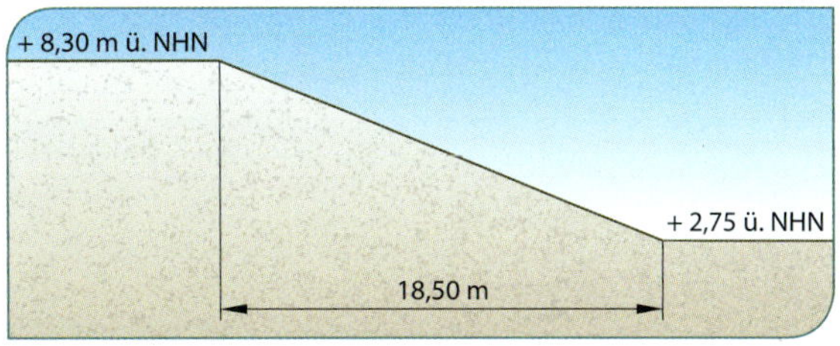

$I_{\%} = \frac{100\ \% \cdot \Delta h}{l}$ $\quad \Delta h = h_1 - h_2$

$I_{\%} = \frac{100\ \% \cdot 5{,}55\ \text{m}}{18{,}5\ \text{m}}$ $\quad \Delta h = 8{,}3\ \text{m} - 2{,}75\ \text{m}$

$\underline{\underline{I_{\%} = 30\ \%}}$ $\quad \underline{\Delta h = 5{,}55\ \text{m}}$

2. Legen Sie die erforderliche Höhe des Abzweiges fest.

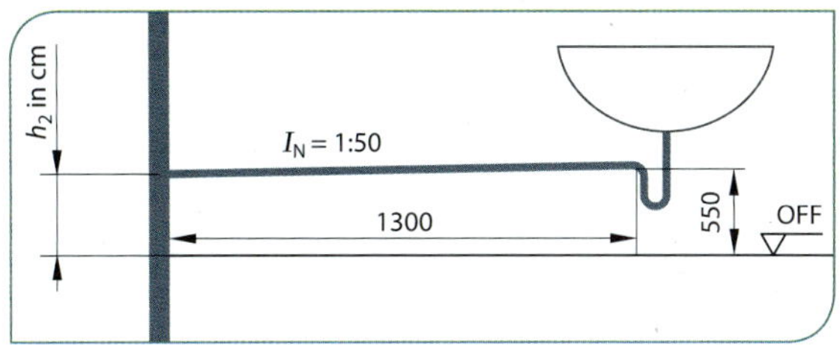

$h_2 = h_1 - \Delta h$ $\quad \Delta h = I_N \cdot l$

$h_2 = 55\ \text{cm} - 2{,}6\ \text{cm}$ $\quad \Delta h = \frac{1}{50} \cdot l$

$\underline{h_2 = 52{,}4}$ $\quad \Delta h = \frac{130\ \text{cm}}{50}$

$\underline{\Delta h = 2{,}6\ \text{cm}}$

ÜBUNGEN

1. Um wie viel cm steigt eine Leitung von 2 m Länge an, wenn sie mit 2,5% Gefälle verlegt ist?
2. Welches Gefälle ist am größten? 1 : 30; 1 : 60; 1 : 90
3. Welches Gefälle ist größer? $I_{\%} = 8\ \%$; $I_N = 1 : 30$
4. Berechnen Sie die erforderliche Höhe des Abzweigs.

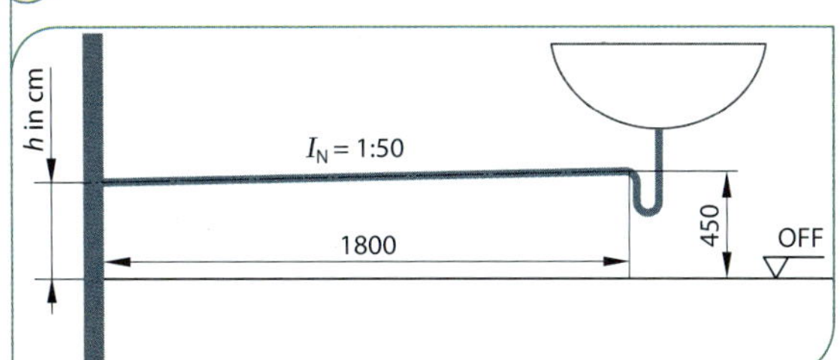

[1] m ü. NHN ist die Abkürzung für „Meter über Normalhöhennull". Sie ist die Ausgangshöhe für alle Höhenmessungen und ersetzt die alte Bezeichnung m NN „Meter Normal Null", die das tatsächliche Schwerefeld der Erde nicht berücksichtigte. Damit sind die Höhensysteme aller europäischen Länder vereinheitlicht.

Lernfeld 6

5) Bestimmen Sie für die Grundleitung das Neigungsverhältnis.
geg.: Zeichnungsmaße
ges.: I_N

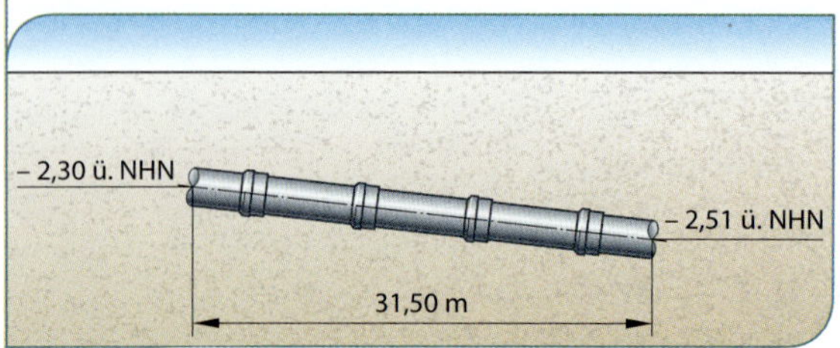

6) In welcher Tiefe muss das Rohr in den Kontrollschacht münden, wenn das Neigungsverhältnis der Leitung 1:100 beträgt?

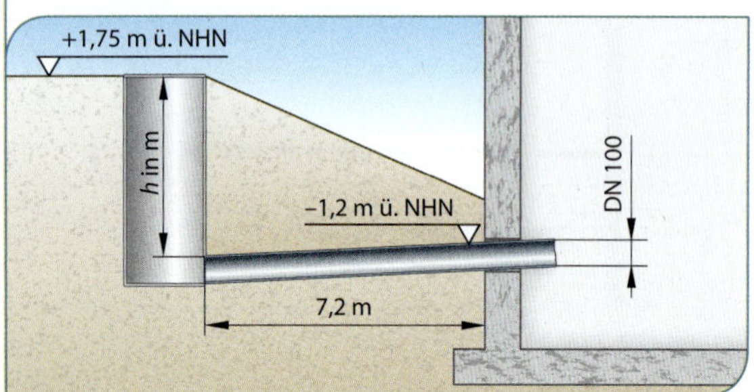

7) Eine Abwassergrundleitung hat ein Neigungsverhältnis von 1 : 40.
Das Wasser wird über eine Entfernung von 36,00 m abgeleitet.
a) Wie viel m fällt das Wasser?
b) Welches Gefälle in % hat diese Leitung?

8) Eine Abwasserleitung ist mit einem Neigungverhältnis von 1 : 35 verlegt worden.
Wie groß ist der Höhenunterschied in cm, wenn die Leitung 28,35 m lang ist?

9) Eine Grundleitung ist 15,5m lang und mit 1,5% Gefälle verlegt.
Um wie viel cm liegt sie am Leitungsende tiefer als am Anfang?

10) Die Rohre einer 70 m langen Entwässerungsleitung wurden mit 1,4 m Höhenunterschied zwischen Anfangs- und Endpunkt verlegt.
a) Wie viel Prozent Gefälle weist die Leitung auf?
b) Wie groß ist das Neigungsverhältnis?

11) Eine 6,5m lange Entwässerungsleitung hat zwischen Ein- und Auslauf einen Höhenunterschied von 5,2 cm. Berechnen Sie die Verhältniszahl n

12) Berechnen Sie für eine 12 m lange Entwässerungsleitung das Gefälle in % und die Verhältniszahl n. Der Anfang liegt 0,31 m, das Ende 0,49 m unter der Oberkante des fertigen Fußbodens (OKFF).

2.9 Nennweiten beim Einsatz wassersparender WCs

Die Verwendung der Nennweite DN 100 für Entwässerungsanlagen von Wohngebäuden ist auch heute noch sehr verbreitet. Bei den früher üblichen WCs mit einer Spülwassermenge (flush) von ca. 9 l wurde in den Anschlussleitungen ein ausreichender Füllungsgrad (filling level) erzielt, die Feststoffe weit genug transportiert und damit die Selbstreinigung in den Leitungen sichergestellt. Bei der heute üblichen Verwendung von wassersparenden (water saving) 6l -WCs ist dies nicht immer gewährleistet. Die DIN 1986-100 hat deshalb die Rohrdurchmesser für Anschlussleitungen um die Nennweiten DN 80/90 (Bild 1) ergänzt. Durch den geringeren Rohrquerschnitt wird trotz gesunkener Spülwassermenge ein ausreichender Füllungsgrad sichergestellt. Auf diese Vorteile sollte der Anlagenmechaniker SHK den Betreiber hinweisen. Trotzdem darf die Nennweite DN 100 weiterhin verwendet werden.
Da in Zukunft mit noch geringeren Spülwassermengen (amounts of flushing water) zu rechnen ist, wird bei der Verwendung von z.B. wassersparenden 4,0 l- bzw. 4,5 l-WCs die Nennweite DN80/90 **zwingend vorgeschrieben** (Bild 1).

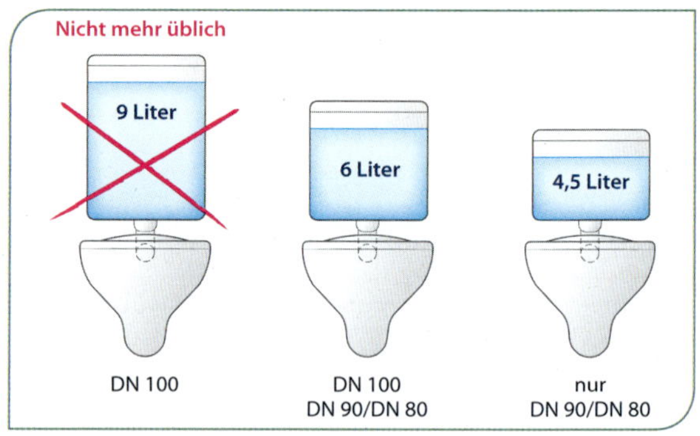

1 Nennweiten für unterschiedliche Spülwassermengen nach DIN 1986-100

Es mag unverständlich erscheinen, dass zusätzlich zwei Nennweiten erhältlich sind, die außerdem nur geringe Unterschiede in ihren Querschnitten aufweisen (Bild 2). Obwohl es bei Kunststoffrohren die Nennweite DN 90 für wassersparende WCs schon vorher gab, hat sich die Gussrohrindustrie aus z. B. Gewichts- und Platzersparnisgründen auf die Nennweite DN 80 festgelegt.

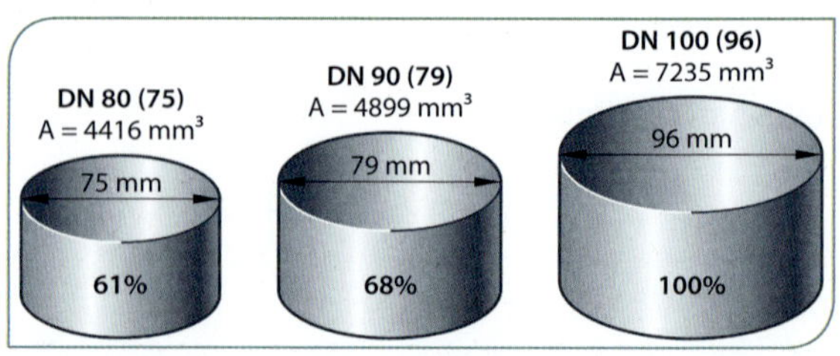

2 Querschnittsunterschiede bei Abwasserrohren mit unterschiedlicher Nennweite

PRAXISHINWEIS

Werden bei bestehenden Entwässerungsanlagen der Nennweite DN 100 die WCs mit z. B. 9,0 l Spülwassermenge durch wassersparende WCs mit z. B. 4,0 l oder 4,5 l ausgewechselt, ist im Einzelfall zu prüfen, ob die Selbstreinigung in den Leitungen der Nennweite DN 100 sichergestellt ist. Ist dies nicht der Fall, müssen die Spülwassermengen erhöht werden (deshalb nur Spülkästen verwenden, die eine Erhöhung ermöglichen).

Nach DIN EN 12056 ist es auch zulässig, Fall-, Sammel- und Grundleitungen mit den reduzierten Nennweiten (reduced nominal diameters) auszulegen. Ziel ist es letztlich, Entwässerungsanlagen in z. B. Ein- und Zweifamilienhäusern nur noch mit den beiden Nennweiten DN 50 und DN 80/90 auszuführen. (Bild 1). Die Nennweite DN 70 soll dann entfallen. Daraus ergeben sich folgende Vorteile:

- bessere Selbstreinigungsfähigkeit,
- besserer Schallschutz durch kleinere Nennweiten,
- geringerer Platzbedarf,
- einfachere Materialbestellung,
- vereinfachte Lagerhaltung,
- Gewichtsersparnis.

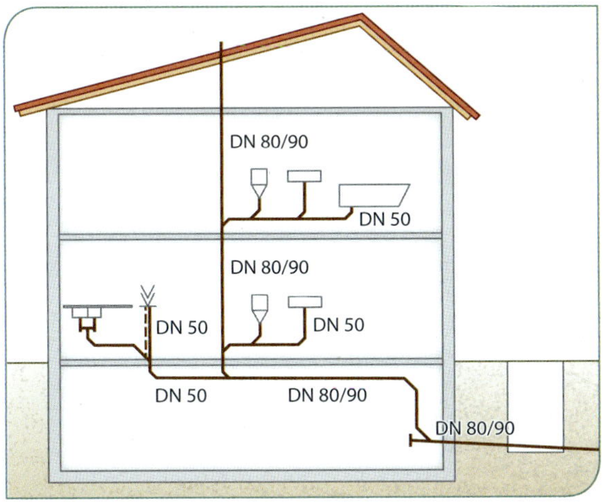

1 *Einfamilienhaus mit z. B. 4,5l- bzw. 6,0l-WCs*

Die Gussrohrindustrie hat sich deshalb schon 2003 verpflichtet, die Produktion der Nennweite DN 70 einzustellen und nur noch Lagerbestände abzubauen. Übergänge zu bestehenden Nennweiten DN 70 sowie Übergänge von WC-Anschlussbogen (outlet connector bent) DN 90 (mit Zulassungsbescheid, da Reduzierung) sind in das Lieferprogramm aufgenommen (Bild 2).

Berechnungen haben ergeben, dass je nach Ausstattung der Sanitärräume bis zu sechs Wohnungen mit wassersparenden WCs an Entwässerungsanlagen mit der Nennweite DN 80/90 angeschlossen werden können.

Die Grundleitung darf außerhalb des Gebäudegrundrisses in der gleichen Nennweite bis zum nächst gelegenen Schacht verlegt werden (Bild 1). Voraussetzung ist, dass eine ausreichende Zugänglichkeit (satisfactory accessibility) für die Inspektion und Reinigung sichergestellt ist.

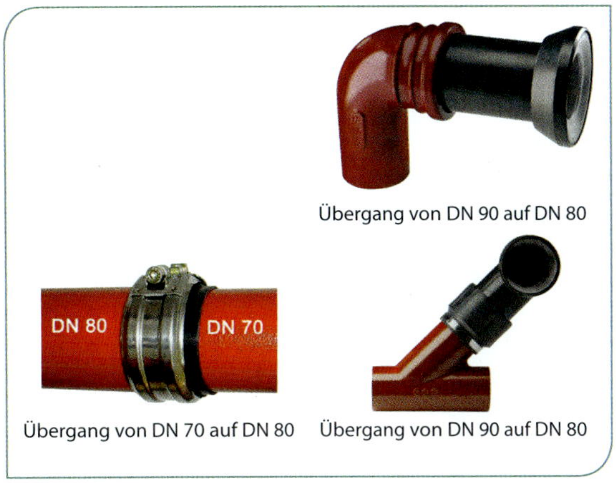

2 *Übergänge der Nennweiten DN 70 bzw. DN 90 auf gusseisernes Rohr DN 80*

Werden Anschluss-, Sammel- und Grundleitungen mit der Nennweite DN 80/90 verlegt, gelten grundsätzlich die gleichen Regeln wie für die Nennweite DN 100. Zusätzliche Bestimmungen bei der Verwendung wassersparender WCs sind:

- **maximal zwei wassersparende WCs** an eine Sammelanschlussleitung,
- **maximal sechs Sanitärobjekte** an eine Sammelanschlussleitung,
- **1,5 cm/m (1,5 %) Mindestgefälle** für Sammel- und Grundleitungen.

2.10 Verlegung und Befestigung von Abwasserleitungen

Abwasserleitungen sind spannungsfrei zu verlegen sowie ausreichend und sicher zu befestigen. Die allgemeinen Schall- und Brandschutzbestimmungen sind zu beachten. Durch Temperaturunterschiede und Spülvorgänge verursachte Längskräfte (longitudinal forces) dürfen nicht zu einem Auseinandergleiten oder einer Auslenkung der Rohrachse (deflection of the pipe axe) führen. Die Abstände und Anordnung der Befestigungspunkte (fastening / fixing points) müssen in Abhängigkeit ihrer Funktion (wie z. B. Fest-, Gleit- oder Umlenkpunkt) ausgeführt werden. Die Befestigungsuntergründe (fastening grounds) wie z. B. Mauerwerk, Betondecken und Holzkonstruktionen müssen den zusätzlichen Belastungen standhalten, die durch die Befestigung der Abwasserleitung verursacht wird.

Daneben sind die Verlege- und Montageanleitungen der Hersteller von Abwasserrohren und -formstücken zu beachten, wie z. B.:

- Anschluss an bestehende Leitungen,
- Austausch und Reparatur der Leitungen,
- Decken- und Wanddurchführungen,
- Ablängen der Rohre und bearbeiten der Schnittstellen.

Abwasserleitungen werden hauptsächlich mit Schraubrohrschellen (pipe clamps) (Bild 1) mittels Stockschraube und Kunststoffdübel (hanger bolt and plastic dowel) an Wänden oder Decken befestigt. Eine den gesamten Rohrumfang umfassende elastische Einlage (elastic inlay) und ein Abstand von 20 … 30 mm zwischen Rohr und Baukörper verhindert die Übertragung von Körperschall. Werden an Massivwänden (tragenden Wänden) von Aufenthaltsräumen Abwasserleitungen befestigt, so müssen sie eine flächenbezogene Masse von mindestens 220 kg/m² haben, um die Übertragung von Luftschall zu verhindern.

1 *Rohrschelle mit elastischer Einlage*

Die Wahl der Verlege- und Befestigungsart (piping and fastening methods) hängt auch von dem Leitungsabschnitt und dem Ort der Verlegung ab. Während Fall-, Lüftungs- und Sammelleitungen meist mit Schellen befestigt werden, ist dies bei Anschlussleitungen oftmals nicht notwendig oder möglich.

2.10.1 Verlegung und Befestigung von Anschlussleitungen

Verlegeorte von Anschlussleitungen in Sanitärräumen können sein:

- hinter einer Vorwand (Vorwandinstallation),
- hinter Sanitärobjekten (z.B. Badewanne),
- hinter einer Einbauküche,
- in einem waagerechten Rohrkasten,
- im Fußbodenaufbau,
- eingeschränkt in Schlitzen.

Hersteller von Vorwandsystemen (pre-wall installations) bieten meist eigene, auf das System abgestimmte Befestigungen an.

Werden Anschlussleitungen hinter z.B. Sanitärobjekten und Einbauküchen verlegt, sollten sie nach Möglichkeit mittels Schraubrohrschellen an der Wand oder auf dem Fußboden befestigt werden. Als **Festschelle** (anchoring clamp) wird sie in Fließrichtung gesehen direkt hinter der Muffe angebracht. An Formstücken (Bögen, Abzweige) sind sie immer als Festschelle anzubringen.

Der Abstand zur nächsten Rohrschelle (Stützweite) sollte das Zehnfache des Rohraußendurchmessers (10 x DN) nicht übersteigen. Diese wird dann als **Führungs- oder Losschelle** (guide/loose clamp) ausgebildet, damit eventuell auftretende Längenänderungen durch Wärmeausdehnung nicht behindert werden (Bild 2).

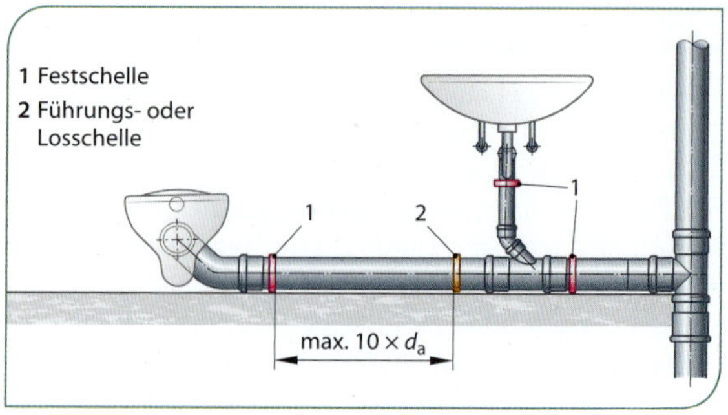

2 *Schellenbefestigung von Anschlussleitungen*

Bei Anschlussleitungen mit Muffenverbindungen können diese Längenänderungen in den Muffen aufgenommen werden. Deshalb sollte bei Rohrlängen > 500 mm das Spitzende ca. 10 mm aus der Muffe herausgezogen werden (Bild 3). Damit wird eine Dehnungsfuge geschaffen, die z.B. Wärmeausdehnungen von bis zu drei Meter langen Kunststoffrohren aufnehmen kann. Bei muffenlosen Rohren dürfen die Rohrenden nicht unmittelbar aufeinander stoßen, um eine thermische Längenänderung zu ermöglichen.

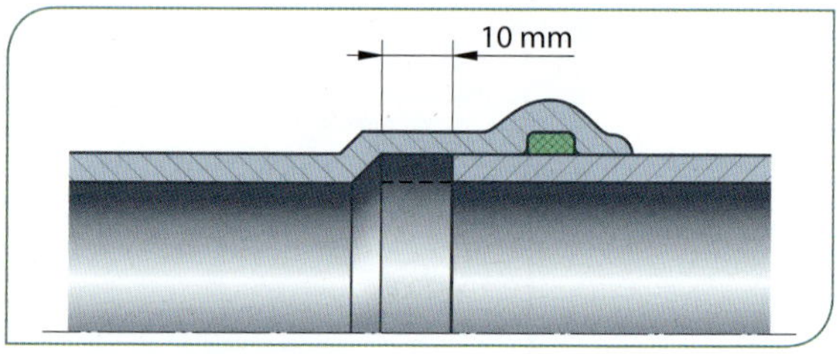

3 *Dehnungsfuge einer Muffenverbindung*

PRAXISHINWEIS

Das Spitzende des Rohres ganz in die Muffe hinein schieben, Einstecktiefe markieren, Spitzende 10 mm heraus ziehen. Einige Rohrhersteller versehen ihre Rohre bereits mit einer Zentimetermarkierung.

Zur Befestigung von Anschlussleitungen können aus z.B. Platzgründen auch Montagebänder (Bild 4a) oder Drahtseile (Bild 4b) verwendet werden.

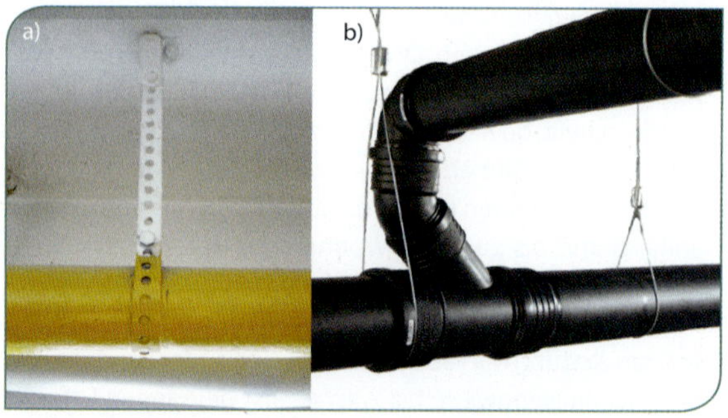

4 *a) Montageband bzw. b) Drahtseil für die Leitungsbefestigung*

Lernfeld 6

Beide Befestigungsarten müssen auf den Außendurchmesser der Abwasserrohre und -formstücke abgestimmt sein.

MERKE

Grundsätzlich sind die Befestigungsabstände der Rohrschellen so zu wählen, dass die Rohre und Formstücke nicht verschoben werden können.

Anschlussleitungen in Rohrkästen, im Fußbodenaufbau oder in Schlitzen können auch eingemörtelt, einbetoniert oder eingeputzt werden. In jedem Fall sollten die Leitungen vorher mit einer weichen Umhüllung (Binde) versehen werden, die der Schallentkopplung dient und ebenfalls die temperaturbedingte Längenänderung ermöglicht (Bild 1). Als Putzträger ist z. B. Streckmetall (metall lathing) zu verwenden.

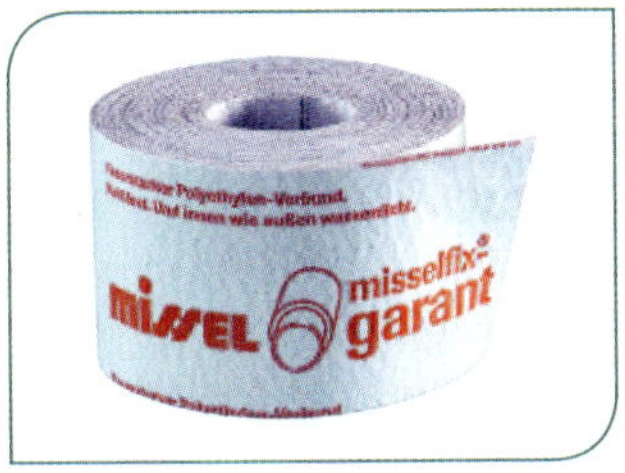

1 Wickelstreifen aus reißfesten Kunststofffasern und feuchtigkeitssperrender Außenhaut

Eine Verlegung von Anschlussleitungen in waagerechten Schlitzen ist nur eingeschränkt möglich. Eine Ausnahme bilden senkrechte Schlitze z. B. unter Waschtischen von maximal einem Meter Länge über dem Fußboden. Nach DIN 4053-1 dürfen sie ohne rechnerischen Nachweis bei Wanddicken ≥ 240 mm eine Tiefe von 80 mm und eine Breite von 120mm haben. Das ist für eine WT-Anschlussleitung mit der Mindestnennweite DN 40 ausreichend.

2.10.2 Verlegung und Befestigung von Fall- und Lüftungsleitungen

Lüftungs- und Fallleitungen werden im Wohnbereich meist in senkrechten Installationsschächten durch die Geschosse verlegt. Eine ausreichende Luftschalldämmung kann z. B. erreicht werden durch:

- eine flächenbezogene Mindestmasse von 220 kg/m^2 bei einem gemauerten Schacht,
- geeignetes Dämmmaterial bei Schächten in Trockenbauweise, oder
- Verwendung von schalldämmenden Rohrwerkstoff (vgl. Kap. 3)

Die Deckendurchführungen (ceiling/floor penetration) sind ebenfalls schalldämmend und zusätzlich feuchtigkeitsdicht herzustellen. Die Wandbefestigung der Rohre erfolgt durch Fest- und Losschellen, deren Abstand zwei Meter nicht überschreiten darf (Bild 2).

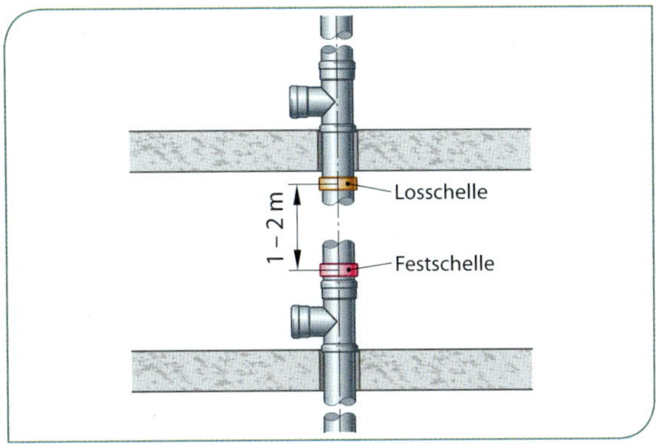

2 Schellenabstände bei der Befestigung von Fallleitungen

Bei Muffenverbindungen sollten die Festpunkte immer unterhalb der Rohrmuffe oder unterhalb des Formstückes angeordnet sein, um die Leitung senkrecht sicher zu fixieren. Ist dies nicht möglich, ist am Ende der Fallleitung eine Fallrohrstütze (discharge stack support) sinnvoll (Bild 3). Ab drei Geschossen wird sie von den meisten Herstellern gefordert, um die Schellen vom Rohrgewicht zu entlasten. Dies ist bei muffenlosen Gussrohren (z. B. SML) wegen ihres hohen Gewichtes besonders wichtig.

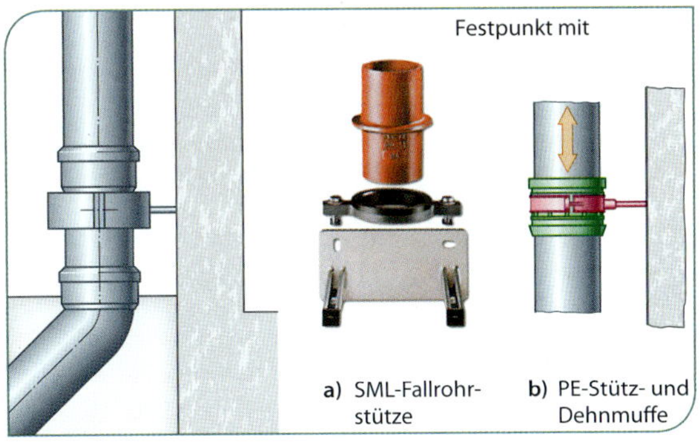

3 Fallrohrstützen verschiedener Ausführungen

2.10.3 Verlegung und Befestigung von Sammelleitungen

Durch die Forderung der DIN 1986-100, auf Grundleitungen innerhalb des Gebäudegrundrisses zu verzichten, werden in Kellerräumen (cellar rooms) vermehrt Sammelleitungen verlegt. Die allgemein gültigen Schallschutzbestimmungen für die Befestigung von Abwasserleitungen an Wänden von Aufenthaltsräumen (habitable rooms) gelten nicht in gleichem Maße für Kellerräume. Da jedoch bei Ein- und Zweifamilienhäusern Kellerräume zunehmend in den Wohnbereich mit einbezogen werden, kann auch hier eine Schalldämmung sinnvoll sein. Die Befestigung erfolgt üblicherweise mit Schraubrohrschellen mit elastischer Einlage zur Vermeidung von Körperschallübertragung. Die Luftschallübertragung wird durch die Verwendung eines schalldämmenden Rohrwerkstoffes (vgl. Kap. 3) reduziert.

Ob die Sammelleitung (collecting main) an der Wand oder der Decke befestigt wird kann optische, praktische, aber auch konstruktive Gründe haben. Das Verlegen unter der Decke ist bei niedrigen Kellern nur in solchen Bereichen sinnvoll, die nicht begangen werden können oder müssen, wie z. B. über Schränken, Regalen oder nahe der Wand. Aber auch eine Wandbefestigung kann aus konstruktiven Gründen schwierig sein, wenn z. B. Kellerfenster senkrechte Richtungsänderungen notwendig machen. Aus praktischen Gründen ist eine Wandbefestigung oftmals deshalb nicht erwünscht, weil Wandstellflächen (wall storage spaces) verloren gehen. Für die Befestigung der Sammelleitungen gelten hinsichtlich der Aufnahme von Längenänderung durch Wärmeausdehnung die gleichen Vorschriften wie bei den Anschlussleitungen, obwohl die Verlegelängen hier größer sind. Das ergibt sich aus den niedrigeren Abwassertemperaturen, da die Einlaufstellen (inlet/entry points) weiter entfernt sind und auch die Vermischung mit kaltem Wasser anderer Einlaufstellen zu erwarten ist.

Sollte die Leitungslänge zwischen zwei Formstücken > 10 x DN sein, sind alle der Festschelle folgenden Befestigungen als Losschellen auszuführen (Bild 1).

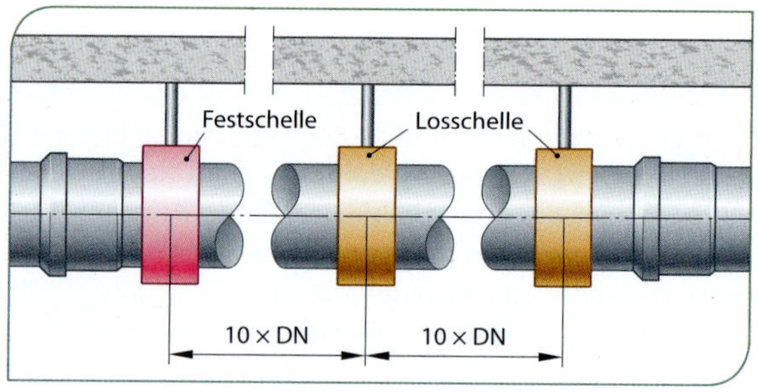

1 Befestigung einer Sammelleitung mit Fest- und Losschelle

ÜBUNGEN

1. Warum sind liegende Abwasserleitungen der Nennweite DN 100 für den Anschluss wassersparender WCs nur bedingt oder gar nicht geeignet?
2. Welche zwei Nennweiten sind für die Entwässerungsanlage von Ein- bis Zweifamilienhäuser ausreichend, wenn für die WC-Spülung z. B. ein 4,5 l Spülkasten verwendet wird?
3. Nennen Sie die drei zusätzlichen Bestimmungen bei der Verwendung der Nennweite DN 80/90 einer Entwässerungsanlage.
4. Welche Voraussetzungen müssen erfüllt sein, damit eine Grundleitung mit der Nennweite DN 80/90 bis zum ersten außen liegenden Schacht verlegt werden darf?
5. Welches ist die häufigste Befestigungsart von Abwasserleitungen?
6. Nennen Sie zwei Möglichkeiten der Schallentkopplung zwischen Abwasserrohr und Baukörper.
7. Warum müssen bei der Befestigung von z. B. Fall- und Sammelleitungen neben dem Festpunkt auch immer ein oder mehrere Lospunkte vorhanden sein?
8. Wie groß darf der Abstand zwischen Fest- und Lospunkt maximal sein:
   a) bei einer Fallleitung?
   b) bei einer Sammelleitung?
9. Welche Maße müssen eingehalten werden, um z. B. unterhalb eines Waschtisches einen Mauerschlitz für eine senkrechte Anschlussleitung DN 40 herzustellen?
10. Wie kann durch die Befestigung von Fallleitungen ein Herabgleiten verhindert werden:
    a) bei Muffenverbindungen?
    b) bei muffenlosen Verbindungen, z. B. gusseisernes Rohr (SML)?

2.11 Reinigungsöffnungen und Schächte

Reinigungsöffnungen (rodding points) dienen der Reinigung und Inspektion von Abwasserleitungen. Zusätzlich können sie bei der Dichheitsprüfung als Eingangsöffnung (entry point) für eine Kanalfernsehuntersuchung (KA) oder als Verschluss- bzw. Befüllöffnung für eine Druckprüfung verwendet werden.

Reinigungsöffnungen müssen jederzeit zugänglich (accessible) sein. Münden Fallleitungen in Grundleitungen, werden Reinigungsöffnungen kurz über dem Kellerfußboden eingebaut. Münden Fallleitungen in Sammelleitungen, erfolgt der Einbau meist kurz hinter der Umlenkung der Fallleitung in den liegenden Leitungsteil. Dadurch wird der Einbau im Wohnbereich vermieden. In beiden Fällen ist allerdings oftmals nur eine Kontrolle des unmittelbaren Übergangsbereiches (change-over region) von der Fall- zur Grund- bzw. Sammelleitung möglich. Das liegt daran, dass die Umlenkungen bei Gebäuden bis drei Geschossen mit 88°-Bögen zulässig sind und nicht alle Inspektions- und Reinigungsgeräte für solche engen Richtungsänderungen (narrow turns) geeignet sind.

Beim Einbau von Reinigungsöffnungen in Grundleitungen wird die Zugänglichkeit mit Hilfe von Schächten (chambers) erreicht. Die Positionen und maximalen Abstände der Reinigungsöffnungen sind in der DIN 1986-100 geregelt. Dies sind aber nur Mindestanforderungen. Grundsätzlich sind immer so viele Reinigungsöffnungen einzubauen, dass alle Leitungsteile der Entwässerungsanlage sicher gereinigt und inspiziert werden können. Das Entfernen von Sanitärobjekten sollte für solche Arbeiten die Ausnahme bleiben.

MERKE

Nicht zugelassen sind Reinigungsöffnungen in allen Bereichen, wo Nahrungsmittel gelagert oder be- und verarbeitet werden.

Auf Grund technischer Weiterentwicklungen bei Inspektions- und Reinigungsgeräten (inspection and cleaning equipments) können mittlerweile wesentlich längere Leitungsstrecken erfasst werden, auch bei mehreren Richtungsänderungen (several turns). Somit konnten die Abstände zwischen den einzelnen Reinigungsöffnungen gegenüber früher wesentlich erhöht werden (Kap. 2.11.3). Das trägt insbesondere bei Schächten zur Kosteneinsparung bei, da ihre Anzahl unter Umständen verringert werden kann.

2.11.1 Bauarten von Reinigungsöffnungen und deren Einsatzbereiche

Um allen Anforderungen an Inspektion und Reinigung der verschiedenen Leitungsabschnitte gerecht zu werden, nennt die DIN 1986-100 folgende Bauarten von Reinigungsöffnungen:

- Reinigungsrohre mit rechteckiger Öffnung (access fittings with squared opening),
- Reinigungsrohre mit runder/ovaler Öffnung (access fittings with circular/oval opening),
- Rohrendverschlüsse (rodding/cleaning eyes),
- offene Rohrdurchführungen in Schächten (open pipe sections in chambers),
- Reinigungsrohre als Schiebestücke (access fittings with sliding sleeves) (nur für außenliegende Regenfallleitungen),
- Reinigungsverschlüsse (rodding/cleaning seals) (hauptsächlich im öffentl. Wohnungsbau und in der Lebensmittelverarbeitung).

Reinigungsrohre mit rechteckiger Öffnung

Diese Reinigungsrohre (Bild 1a) dürfen in alle Leitungsabschnitte eingebaut werden. Vorzugsweise werden sie jedoch in Sammel- und Grundleitungen verwendet. Ihre vergleichsweise große Öffnung erlaubt auch die Einführung größerer Inspektions- und Reinigungsgeräte wie z. B. Kanalfernsehkamera, Fräse und Hochdruckreinigungsgerät.

Reinigungsrohre mit runder/ovaler Öffnung

Sie dürfen nur für Anschluss-, Fall- und Sammelleitungen (branch pipes, main discharge stacks and collecting mains) verwendet werden (Bild 1b). Anschlussleitungen in Sanitärräumen verfügen jedoch aus optischen Gründen eher selten über eine Reinigungsöffnung. Bei Störungen ist es daher üblich, durch den Abbau z. B. des Geruchverschlusses am Waschtisch Reinigungsgeräte in die Leitung einzuführen.

Auch wenn Reinigungsrohre mit runder/ovaler Öffnung in Sammelleitungen zulässig sind, sollten vorzugsweise rechteckige Öffnungen verwendet werden. Bei Störungen müssen wie bei Grundleitungen (house drains) auch hier häufig größere Inspektions- und Reinigungsgeräte verwendet werden. Es ist weiterhin darauf zu achten, dass der Verschlussdeckel im Rohrscheitel (pipe vertex) liegt und genügend Freiraum zur Decke vorhanden ist.

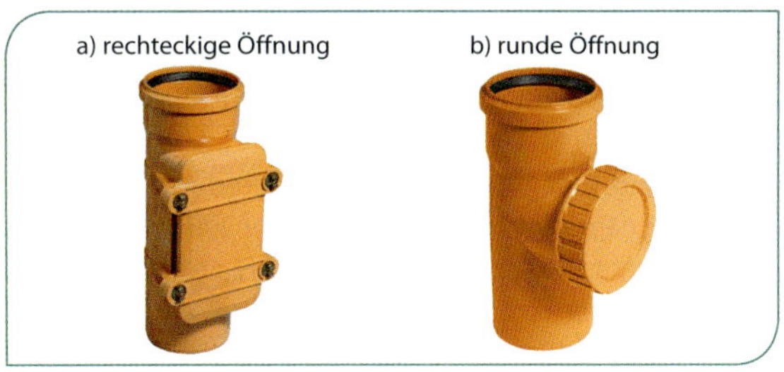

1 Reinigungsrohre rechteckig/rund

Rohrendverschlüsse

Diese Reinigungsöffnungen werden meist am höchsten Punkt von Leitungen gesetzt, wie z. B. am Beginn einer Sammelleitung vor der Umlenkung der Fallleitung (Bild 1b, nächste Seite). Ein großer Vorteil des Rohrendverschlusses ist es, dass er den gesamten Leitungsquerschnitt zur Inspek-

Lernfeld 6

tion und Reinigung frei gibt. Die Enddeckel (access covers) müssen nach Herstellerangaben sicher verschlossen werden (Bild 1a).

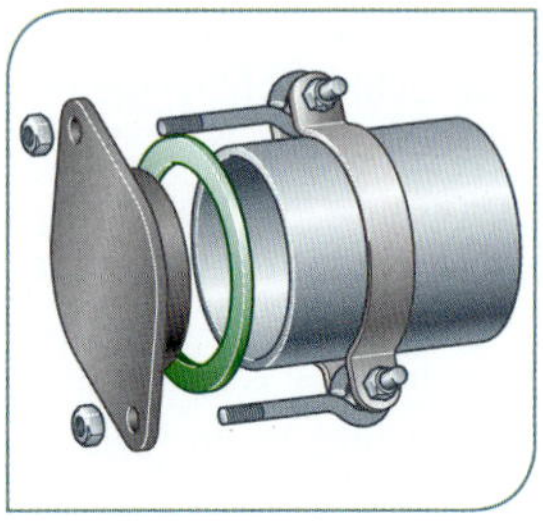

1a Rohrendverschluss gerade

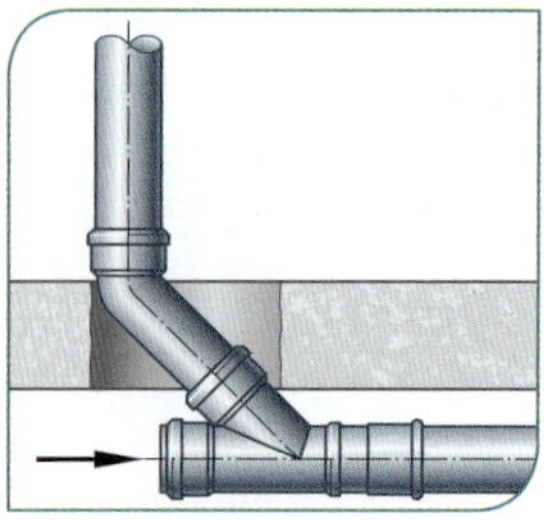

1b Rohrendverschluss als 45°-Abzweig

Offene Rohrdurchführungen in Schächten

Um die Be- und Entlüftung der Entwässerungsanlage zu unterstützen, sind in Schächten außerhalb des Gebäudes immer offene Rohrdurchführungen vorzuziehen (Bild 2).

2 Offene Rohrdurchführung in Schächten

Voraussetzung ist allerdings, dass die Schachtabdeckungen (manhole inspection covers) oberhalb der Rückstauebene (anti flood level) liegen, da sonst Abwasser bei Rückstau austreten könnte (vgl. Kap. 4). Eine offene Rohrdurchführung ist kein besonderes Formstück, sondern eine Halbschale (halfpipe). Sie ist entweder in den Schachtboden (chamber base) eingeformt oder das Abwasserrohr muss handwerklich in der notwendigen Länge hergestellt werden.

Da bei offenen Rohrdurchführungen Schachtabdeckungen mit Lüftungsöffnungen (vent openings) gewählt werden müssen, kann es zu Geruchsbelästigungen (odour nuisances) vor Türen und Fenstern von Wohngebäuden oder auf Terrassen kommen. Um dieses zu vermeiden, muss der Abstand zum Schacht ≥ 5 m betragen. Wird dieser Abstand unterschritten, muss ein geschlossenes Reinigungsrohr mit rechteckiger Öffnung und eine Schachtabdeckung ohne Lüftungsöffnungen eingebaut werden.

2.11.2 Schächte und Inspektionsöffnungen

Die Zugänglichkeit der Reinigungsöffnungen von Grundleitungen kann durch folgende Schächte hergestellt werden (Bild 3):

Bauart	Querschnitt		Tiefe
Kontrollschacht (innenliegend)	≥ 600mm x 800mm	▭	800mm
Einsteigschacht	≥ 750mm x 1200mm		≥ 1800mm
	d_i ≥ 1000mm	○	
	d_i ≥ 800mm bis d_i < 1000mm		≤ 3000mm nur für gelegentlichen Einstieg mit Gurt.
Inspektionsöffnung[1] (IÖ)	d_i ≥ 400mm bis d_i < 800mm	○	≤ 3000mm
	d_i ≥ 300mm bis d_i < 400mm		≤ 1500mm

3 Zugelassene Schächte und Inspektionsöffnungen

Innerhalb von Gebäuden verlieren Schächte an Bedeutung, da dort auf Grundleitungen verzichtet werden soll (vgl. Kap. 2.7). Außerhalb von Gebäuden werden Schächte aus Kunststoff oder Beton eingebaut. Eine elastische Dichtung zwischen den Betonschachtbauteilen (concrete chamber sections) sichert eine Gas- und Wasserdichtheit bis 0,5bar.

Der Anschluss der Grundleitungen an den Schacht muss mit kurzen Rohrstücken (Gelenkstücken) erfolgen, um z. B. Setzungen (settlings) in den Rohrmuffenverbindungen (push-fit joints) aufnehmen zu können (Bild 4).

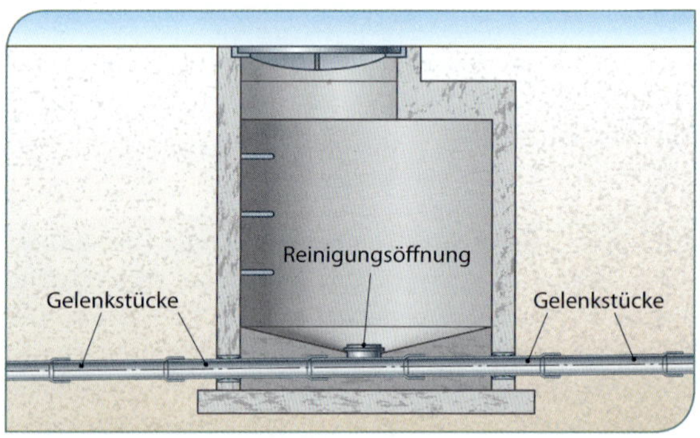

4 Grundleitungsanschluss an einen Schacht mit Gelenkstücken

Die Einführung der Grundleitung in den Schacht erfolgt z. B. mit Hilfe eines konischen (kegeligen) Schachtfutterrohres (chamber pipe liner), das in die vorhandene Öffnung der Schachtwandung gas- und wasserdicht einbetoniert wird.

[1] Inspektionsöffnungen sind **nicht besteigbare** Kontrollschächte. Reinigungs- bzw. Inspektionsgeräte wie z. B. Spülschlauch und Kanalfernsehkamera werden von oben herabgelassen und in die Abwasserleitung eingeführt.

Ein mittig eingelassener Dichtring sorgt für die ausreichende Dichtheit zur Abwassergrundleitung (Bild 1). Durch die leicht konische Form des Schachtfutters sind Abwinklungen (angular offsets) der eingeschobenen Abwassergrundleitung durch z. B. Setzungen bis 3° möglich.

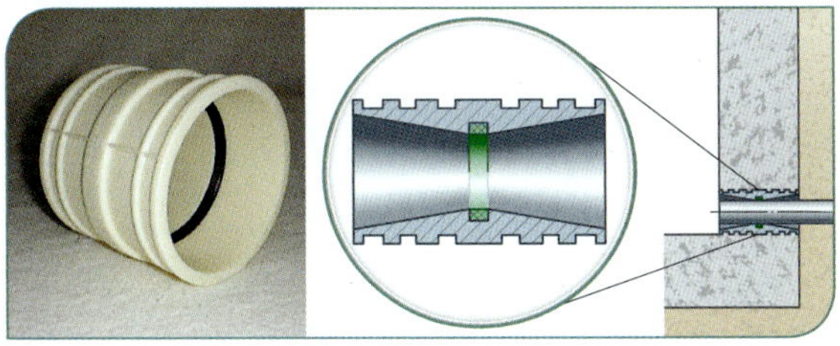

1 Konisches Schachtfutterrohr

Einsatzbereiche und Abstände von Schächten

Außerhalb von Gebäuden muss nahe der Grundstücksgrenze und nicht weiter als 15 m vom öffentlichen Straßenkanal (public sewer), eine Reinigungsöffnung in die Grundleitung installiert werden, die durch einen Einsteigschacht (manhole) mit einer Nennweite von z. B. DN 1000 zugänglich ist. Sollte der Abstand zum Keller des Hauses < 15 m sein, kann auf den Schacht verzichtet werden. Stattdessen wird eine Reinigungsöffnung innerhalb des Kellers unmittelbar nach der Hauseinführung eingebaut. Abweichend davon können Kommunen trotzdem einen Schacht für die Reinigungsöffnung fordern, wenn genügend Platz zwischen Anschlusskanal und Hauseinführung vorhanden ist. Damit will man einen ungehinderten Zugang vom Grundstück aus zur öffentlichen Kanalisation ermöglichen.

Ausgehend vom Einsteigschacht an der Grundstücksgrenze sind die Abstände zu weiteren Reinigungsöffnungen in Grundleitungen wie folgt geregelt (Bild 2).

Abstand	Bedingungen	Schachtart
nach 20 m	bei Richtungsänderung oder Abzweig > 30°	Einsteigschacht z. B. DN 1000 oder Inspektionsöffnung z. B. DN 400 (nicht besteigbar)
nach 40 m	bei ≤ DN 150, ohne Richtungsänderung oder Abzweig > 30°	Einsteigschacht, z. B. DN 1000
nach 60 m	bei ≥ DN 200, ohne Richtungsänderung oder Abzweig > 30° und offene Rohrdurchführung im Schacht	Einsteigschacht, z. B. DN 1000

2 Abstände der Schächte bzw. Reinigungsöffnungen

Die Abstände gelten auch für Reinigungsöffnungen innerhalb von Gebäuden. Dort sind allerdings Abwasserleitungen mit einer Länge ≥ 20 m eher selten anzutreffen.

Eine Reinigungsöffnung muss nach 20 m nicht zwingend durch einen Einsteigschacht zugänglich sein. Um Kosten zu sparen ist auch eine nicht besteigbare Inspektionsöffnung IÖ (not man-sized inspection opening) mit z. B. der Nennweite DN 400 zulässig. Sie sind aus Kunststoff und haben ein Schachtunterteil mit offener Rohrdurchführung. Dadurch ist es möglich, von oben die entsprechenden Inspektions- und Reinigungsgeräte in die Grundleitung einzuführen (Bild 3).

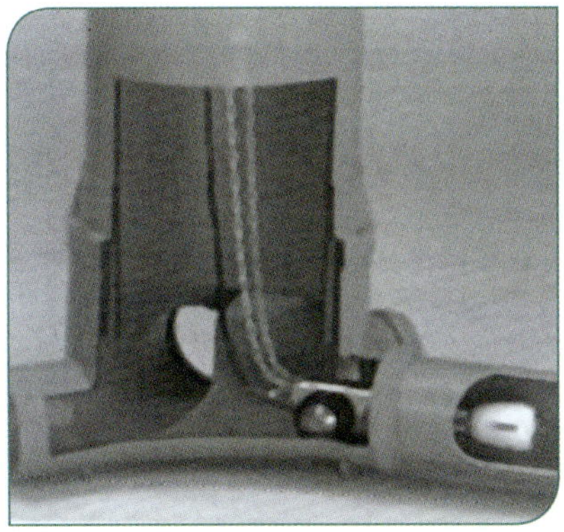

3 Unterteil einer Inspektionsöffnung mit Kanalfernsehkamera

Die Größe des Grundstückes, Anzahl und Lage der Nebengebäude (besonders bei rückwärtigen Bebauungen) und Art des Entwässerungssystems (Trenn- oder Mischsystem) bestimmen die Anzahl der Reinigungsöffnungen und die Möglichkeiten der Zugänglichkeit (Bild 4).

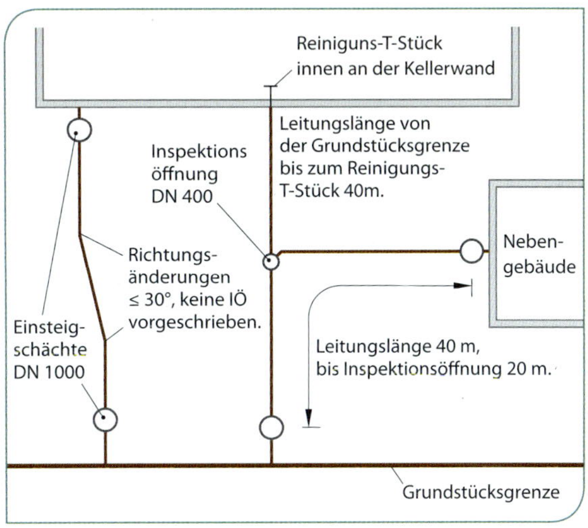

4 Lageplan der Grundleitungen mit Schachtausstattung

2.11.3 Gefällestürze in Schächten

Gefällestürze (backdrops) sind senkrechte Leitungsverläufe einer Abwasserleitung. Sie ergeben sich meist durch unterschiedliche Tiefenlagen (different depth levels) von Abwassergrundleitungen und die häufig tiefer liegende Anbindung an den Anschlusskanal an der Grundstücksgrenze. Weiterhin können mehrere Gefällestürze notwendig sein, wenn bei Gebäuden in Hanglage der Höhenunterschied zwischen der Hauseinführung und der Anbindung an den Anschlusskanal mit dem zulässigen Leitungsgefälle nicht ausgeglichen werden kann.

Außerhalb von Gebäuden wird bis zu einer Rohrnennweite von ≤ DN 125 der Absturz innerhalb von Schächten (fitted inside the chambers) bis zu einer Nennweite DN 1000 verlegt (Bild 1a). Bei größeren Rohrnennweiten muss aus Platzgründen entweder ein größerer Schacht gewählt oder der Gefällesturz unmittelbar außerhalb mit direkter Anbindung ausgeführt werden (Bild 1b).

Bei Gefällestürzen von Regenwasserleitungen kann auf geschlossene Rohrführungen innerhalb des Schachtes verzichtet werden. Bei Misch- und Schmutzwasserleitungen (combined or foul water drains) allerdings sollten die Rohrführungen und die Reinigungsöffnungen in geschlossener Bauweise (trapped construction) erfolgen, um ein Austreten von Fäkalien und anderen geruchsbildenden Stoffen in den Schacht zu unterbinden.

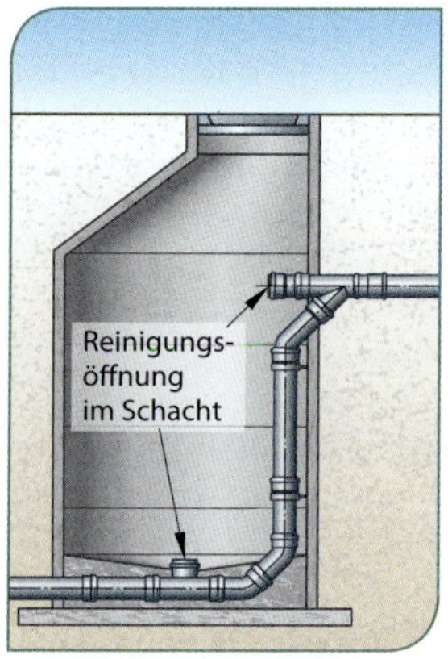

1a Gefällesturz innerhalb

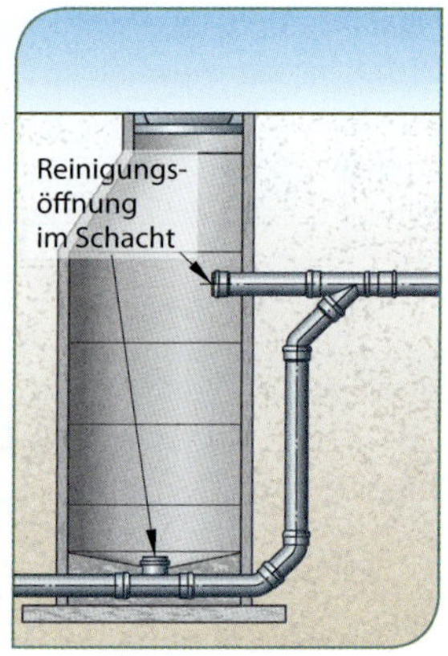

1b Gefällesturz außerhalb

ÜBUNGEN

1. Nennen Sie vier Bauarten von Reinigungsöffnungen.
2. Nennen Sie die Vorteile eines Reinigungsrohres mit rechteckiger Öffnung.
3. Warum ist in Schächten eine offene Rohrdurchführung vorzuziehen?
4. Welches Abstandsmaß zu z. B. Fenstern von Aufenthaltsräumen und Terrassen ist bei offenen Rohrdurchführungen einzuhalten?
5. Wie groß darf der Abstand zwischen zwei Reinigungsöffnungen bzw. Schächten maximal sein, wenn keine Richtungsänderungen > 30° vorhanden sind? Die Nennweite der Grundleitung beträgt DN 100.
6. a) Unter welcher Bedingung muss hinter einem Einsteigschacht in einem Abstand von maximal 20 m die nächste Reinigungsöffnung gesetzt werden?

   b) Welches ist die kostengünstigste Form der Zugänglichkeit?
7. Warum muss die Grundleitung mit Gelenkstücken an einen Schacht angeschlossen werden?
8. Wodurch wird auch im Schachtfutterrohr die Bewegungsmöglichkeit der Abwassergrundleitung sicher gestellt?
9. Beschreiben Sie die Ausführung eines Gefällesturzes für eine Grundleitung mit der Nennweite DN 150.

3 Werkstoffe und Verbindungsarten für Abwasserleitungen und -formstücke

Abwasserrohre und -formstücke (drain pipes and fittings) sowie deren Verbindungen müssen je nach ihren Einsatzbereichen folgenden allgemeinen Anforderungen (general requirements) genügen:

- dauerhafte chemische Beständigkeit (chemical resistance) gegen das jeweilige Abwasser und den daraus entstehenden Gasen und Dämpfen,
- dauerhafte thermische Beständigkeit (thermal resistance) gegenüber den zulässigen Abwassertemperaturen,
- dauerhafte Materialverträglichkeit (material compatibility) aller zugelassenen Werkstoffe untereinander,
- Vermeidung von Inkrustationen[1] (avoid incrustations) durch glatte Rohrinnenoberflächen,
- Gas- und Wasserdichtheit (gas- and water tightness) bei Über- und Unterdrücken bis 0,5 bar, auch bei zulässigen Verformungen unter Belastung,
- Gas- und Wasserdichtheit bei Abwinklungen bis 2° (entspricht einer Auslenkung der Rohrachse von ca. 3 cm/m),
- uneingeschränkte Austauschbarkeit (interchangeability) von Abwasserrohren und -formstücken der verschiedenen zugelassenen Kunststoffe bei gleicher Nennweite.

3.1 Werkstoffe für Abwasserrohre und -formstücke sowie deren Zulassungsbereiche

Aufgrund langjähriger Praxiserfahrungen ist davon auszugehen, dass die in der DIN 1986-4 aufgeführten und bauaufsichtlich zugelassenen Werkstoffe für Abwasserrohre und -formstücke für das Ableiten aller häuslichen Abwässer **ohne Vorbehandlung** (pretreatment) geeignet sind. Lediglich bei der Einleitung **nicht vorbehandelter** (nicht neutralisierter) Kondensate aus Gas- oder Ölfeuerungsanlagen muss die Säurebeständigkeit (acid resistance) des Kondensat ableitenden Leitungsabschnitts sicher gestellt sein (vgl. Kap. 5.1).

Zur Ableitung häuslichen Abwassers aus Wohngebäuden und Niederschlagwassers von Dächern und Plätzen werden hauptsächlich Rohrleitungen aus Kunststoff oder Metall verwendet. Die folgende Tabelle 1 gibt einen Überblick der nach DIN 1986-4 zugelassenen und im Wohnungsbau am häufigsten verwendeten Werkstoffe für Abwasserrohre und -formstücke:

Nr.	Werkstoff	Zulassung nach DIN-Norm	Verbindungs- und Anschluss-leitung	Fall- und Sammel-leitung	Grund-leitung im Fundament	Grund-leitung im Erdreich	Lüftungs-leitung	Regen-wasser-leitung im Gebäude	Regen-wasser-leitung im Freien
1	Gusseisernes Rohr	DIN 19522 DIN EN 877	+	+	+	+	+	+	+
2	Stahlrohr, verzinkt	DIN EN 1123-1 1123-2	+	+	+	+ nur mit Korrosions-schutz	+	+	+
3	Rohr aus nicht rosten-dem Stahl	DIN EN 1124-1 1124-2 1124-3	+	+	+	+ nur mit Korrosions-schutz	+	+	+
4	Blechrohre (Titanzink, Kupfer, Aluminium, verz. Stahl)	DIN EN 612	–	–	–	–	–	–	+ nicht als Standrohr
5	PVC-U Rohr	DIN EN 1401-1 DIN 19534-3	–	+ bis 45 °C Abwasser-temperatur	+	+ wenn mindestens S4 (d. h. 4 kN/m² Nennring-steifigkeit[2])	–	+	–

(Fortsetzung nächste Seite)

[1] Inkrustationen sind mineralische Ablagerungen, die sich mit der Rohrinnenoberfläche fest verbinden.

[2] Die Nennringsteifigkeit ist eine Flächenlast. Bis zu dem angegebenen Wert bleibt innerhalb einer Toleranz der Nennquerschnitt des Abwasserrohres (z. B. DN 100) erhalten.

Lernfeld 6

Nr.	Werkstoff	Zulassung nach DIN-Norm	Verbindungs- und Anschluss-leitung	Fall- und Sammel-leitung	Grund-leitung im Fundament	Grund-leitung im Erdreich	Lüftungs-leitung	Regen-wasser-leitung im Gebäude	Regen-wasser-leitung im Freien
6	PVC-C Rohr	DIN 19538-10 DIN EN 1566-1	+	+	+	+	+	+	+ nicht als Standrohr
7	PE-HD Rohr (KG)	DIN 19537-1 DIN19537-2 DIN EN 12666-1	–	–	+	+	–	–	–
8	PE-HD Rohr (HT)	DIN 19535-10 DIN EN 1519-1	+	+	+	–	+	+	+
9	PE Rohr mineral-verstärkt	Zulassung[1]	+	+	+	–	+	+	–
10	PP Rohr	DIN 19560-10 DIN EN1451-1	+	+	+	–	+	+	–
11	PP Rohr mineral-verstärkt	Zulassung[1]	+	+	+	+	+	+	–
12	ABS/ASA/ PVC Rohr mit mineralver-stärkter Au-ßenschicht	Zulassung[1]	+	+	+	–	+	+	–

1 Werkstoffe für Abwasserrohre und –formstücke und deren Zulassungsbereiche (+/–)

3.2 Eigenschaften von HT-Rohren und Formstücken sowie deren Verbindungsarten

Der Anlagenmechaniker SHK kennt in der Praxis Abwasserrohre bzw. -formstücke oft nur mit ihrem Handelsnamen (trade name). Mit der Bezeichnung **HT**[2] z. B. verbindet er meist ein graues Kunststoffabwasserrohr oder -formstück. Tatsächlich bedeutet diese Bezeichnung jedoch, dass ein Abwasserrohr bzw. -formstück für die Ableitung von Abwässern bis mindestens 90 °C geeignet ist. Die Bezeichnung **HT** trifft damit eigentlich auch für geeignete andersfarbige Kunststoffabwasserohre bzw. -formstücke zu.

Um mit den guten Schalldämmwerten (sound insulation values) von z. B. gusseisernen Abwasserrohren (SML) konkurrieren zu können, haben viele Hersteller ihren HT-Kunststoffprodukten Mineralien beigemengt[3] (mineralverstärkt, vgl. Tab. 1).

Die folgende Tabelle zeigt eine Übersicht der Werkstoffe und Handelsnamen von gängigen HT-Abwasserrohren bzw. -formstücken, deren Eigenschaften[4] sowie zugeordnete Verbindungsarten[5]:

1) Zulassung vom Deutschen Institut für Bautechnik (DIBt)

2) Die Bezeichnung „HT“ kommt ursprünglich aus dem Englischen (Hot Tube), was so viel bedeutet wie: „heißes Rohr“.

3) Durch Einlagerung des Minerals Baryt (Schwerspat) erhöht sich die Dichte deutlich. Außerdem wird durch die kristalline Struktur der Schall an der Weiterleitung gehindert

4) vgl. „Grundkenntnisse Anlagenmechaniker SHK“, III Lernfeldübergreifende Inhalte, Kap. 1.6.4.7.

5) vgl. „Grundkenntnisse Anlagenmechaniker SHK“, LF3 Kap. 2.2.2.2.2, Kap. 2.2.3.4. und Kap. 2.2.3.6

Werkstoff/ Handelsname	Brandverhalten Temperaturbeständigkeit Wärmeausdehnung	Mechanische Eigen-schaften	Beständigkeit gegen UV-Strahlung und chemischen Belastungen	Verbindungstechnik
PP (Polypropylen) **HT-Abflussrohr bzw. Formstück** mittelgrau	**B 1** (schwer entflammbar). **Heißwasserbeständig** bis 95 °C. **Wärmeausdehnung** z.B. 6mm/m bei 50 °C Temperaturdifferenz. Gutes Rückstellvermögen[1)].	Hohe mechanische Festigkeit, gute Reiß- und Zugfestigkeit.	Nicht UV-beständig Resistent gegenüber anorganischen Salzen. Wird von organischen Lösemitteln nicht gelöst. Beständig gegen Kondensate aus Feuerungsanlagen	 Muffenverbindung
PP (Polypropylen mineralverstärkt, dadurch schalldämmend) **Wavin AS Rohr bzw. Formstück** lichtweiß	**B 2** (normal entflammbar). **Heißwasserbeständig** bis 90 °C. Kurzzeitige Spitzentemperaturen (max. 1 Minute) bis 95 °C zulässig. **Wärmeausdehnung** z. B. 4,5 mm/m bei 50 °C Temperaturdifferenz.	Zugfestigkeit: 13N/mm^2 Hohe Bruchdehnung, da eine Zerstörung erst bei 29 % Längenänderung eintritt.	Beständig gegen Kondensate aus Feuerungsanlagen	 Muffenverbindung
PE-HD (Polyethylen hoher Dichte) **PE-Rohr bzw. Formstück** schwarz	**B 2** (normal entflammbar). **Heißwasserbeständig** bis 80°C. Kurzzeitige Spitzentemperaturen (max. 1 Minute) bis 100 °C zulässig sowie kältefest bis – 40 °C. **Wärmeausdehnung** z. B. 4,5 mm/m bei 50 °C Temperaturdifferenz	Hohe Elastizität. Bei üblichen Verarbeitungs- und Raumtemperaturen nahezu unzerbrechlich. Zulässiger Innendruck 1,5 bar bis 30 °C.	UV-beständig Unlöslich gegenüber allen organischen und anorganischen Lösungsmitteln bei 20 °C. Erst bei über 90 °C durch bestimmte Kohlenwasserstoffe löslich. Beständig gegen Kondensate aus Feuerungsanlagen.	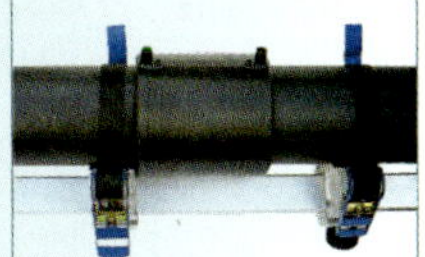 Elektromuffen-verbindung
PE-HD (Polyethylen hoher Dichte, mineralverstärkt, dadurch schalldämmend) **Geberit–dB 20 Rohr bzw. Formstück** schwarz	**B 2** (normal entflammbar). **Heißwasserbeständig** bis 60 °C. Kurzzeitige Spitzentemperaturen (max. 1 Minute) bis 95 °C zulässig. **Wärmeausdehnung** maximal 10 mm/m.	Durch die hohe Elastizität bleiben auch eingefrorene Leitungen nach dem Auftauen intakt. Bei üblichen Verarbeitungs- und Raumtemperaturen nahezu unzerbrechlich. Zulässiger Innendruck 1,5 bar bis 30 °C.	Unlöslich gegenüber allen organischen und anorganischen Lösungsmitteln bei 20 °C. Erst bei über 90 °C durch bestimmte Kohlenwasserstoffe löslich. Beständig gegen Kondensate aus Feuerungsanlagen	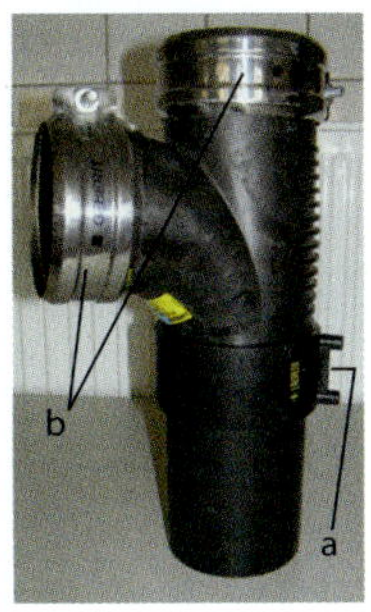 a Elektromuffen-verbindung, b Spann-verbindung
ABS/ASA/PVC-U (Acrylnitril-Butadien-Styrol/ Acrylester-Styrol-Acrylnitril/ Polyvinilchlorid) (Formstücke, gelbe Rohrinnenschicht) **PVC-U** (mineralverstärkt, dadurch schalldämmend) Rohraußenschicht **Friaphonrohr bzw. Formstück** (anthrazit)	**B 2** (normal entflammbar). **Heißwasserbeständig** bis 90 °C. Kurzzeitige Spitzentemperaturen (max. 1 Minute) bis 95 °C zulässig. **Wärmeausdehnung** z. B. 4 mm/m bei 50 °C Temperaturdifferenz	Zulässiger Innendruck 0,5 bar	UV-beständig Beständig gegen Kondensate aus Feuerungsanlagen	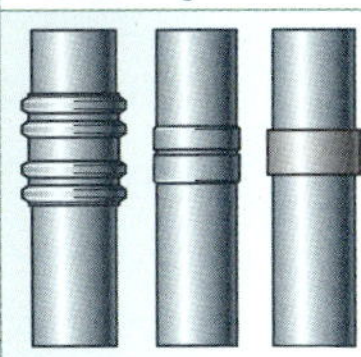 Doppelmuffe, Klebemuffe, Spannverbinder

1 Werkstoffeigenschaften und Verbindungsarten von HT-Rohren und Formstücken

1) Eigenschaft des Kunststoffrohres, die ursprünglichen Maße ganz oder teilweise wieder anzunehmen, nachdem die Kräfte aufgehoben wurden, welche die Verformung verursacht haben. (DIN EN 26927)

3.3 Eigenschaften von KG-Rohren und Formstücken sowie deren Verbindungsarten

Mit der Bezeichnung **KG** verbindet der Anlagenmechaniker SHK meist die orange-braunfarbenen Kunststoffabwasserrohre bzw. -formstücke aus PVC-U für Grundleitungen. Die Buchstaben **KG** sind die Abkürzung für **K**anal**G**rundrohr. Allerdings sind diese Kunststoffabwasserrohre bzw. -formstücke unter bestimmten Voraussetzungen auch als Fall-, Sammel- und innenliegende Regenfallleitung zugelassen (vgl. Tabelle 1, Seite 169).

Da PVC auf Grund der chemischen Zusammensetzung bei der Entsorgung jedoch als Sondermüll (toxic waste) gilt und damit den Handwerksbetrieben höhere Kosten verursacht, setzen sich zunehmend die orangefarbenen oder die grünen Abwasserrohre bzw. -formstücke aus PP durch.

Oftmals werden auch Grundleitungsrohre aus PE-HD (schwarz) verlegt. Das bietet sich besonders dann an, wenn besonders großer Wert auf die Dichtheit der Verbindungen gelegt wird, wie z. B. beim Einbetonieren in die Fundamentplatte. PE-HD Rohre und Formstücke werden entweder durch Spiegelschweißen (electric butt welding) oder Elektromuffenschweißen (electrofusion welding) unlösbar miteinander verbunden (vgl. Tabelle vorherige Seite).

Die folgende Tabelle 1 zeigt eine Übersicht der Werkstoffe bzw. Handelsnamen von gängigen KG-Abwasserrohren bzw. -formstücken, deren Eigenschaften[1] sowie zugeordnete Verbindungsarten[2]:

Werkstoff/ Handelsname	Brandverhalten Temperaturbeständigkeit Wärmeausdehnung	Mechanische Eigenschaften	Beständigkeit gegen UV-Strahlung und chemischen Belastungen	Verbindungstechnik
PVC-U (Polyvynilchlorid) **KG-Rohr bzw. Formstück** orangebraun	**B 1** (schwer entflammbar). Heißwasserbeständig bis 45 °C. Kurzfristig bis 60 °C. **Wärmeausdehnung** ohne Bedeutung, da Grundleitung	Spröde und bruchempfindlich unter 0 °C. Ringsteifigkeit **SN 4** (d. h. 4 kN/m²)	Nicht UV-beständig. Beständig gegen Kondensate aus Feuerungsanlagen	 Steck- und Klebemuffenverbindung
PP (Polypropylen) mineralverstärkt **KG 2000-Rohr bzw. Formstück** grün	**B 2** (normal entflammbar). **Heißwasserbeständig** bis + 90 °C, sowie kältefest bis – 20 °C **Wärmeausdehnung** ohne Bedeutung, da Grundleitung	Hohe Abriebfestigkeit Ringsteifigkeit **SN 8** (d. h. 8 kN/m²)	Beständig gegen Kondensate aus Feuerungsanlagen	 Steckmuffenverbindung

1 Werkstoffeigenschaften und Verbindungsarten von KG-Rohren und -formstücken

3.4 Eigenschaften von Metall-Rohren und Formstücken sowie deren Verbindungsarten

Sollen Abwasserrohre bzw. -formstücke aus Metall eingesetzt werden, verwendet der Anlagenmechaniker SHK in erster Linie gusseiserne SML-Rohre oder Formstücke (cast iron pipes/fittings). Der Begriff „SML" leitet sich ab von der Bezeichnung **S**uper **M**etallit **L**ieferprogramm. Innerhalb von Gebäuden werden sie meist aus Brand- oder Schallschutzgründen gewählt.

Bei der Verwendung als Abwassergrundleitung empfehlen die Hersteller gusseiserne Rohre bzw. Formstücke mit Sonderbeschichtung (TML=Terra Metallit Lieferprogramm). Die Werkstoffe ihrer Verbindungselemente sind aus Korrosionsschutzgründen nicht die gleichen wie für SML-Rohre, sondern entweder aus Kunststoff (SVE-Verbinder aus PP, Bild 2) oder aus einem speziellen nicht rostenden Stahl (CE-Verbinder aus Chrom-Nickel-Stahl, Bild 3).

2 SVE-Verbinder aus PP

3 CE-Verbinder aus Cr-Ni-St

[1] vgl. „Grundkenntnisse Anlagenmechaniker SHK", III Lernfeldübergreifende Inhalte, Kap. 1.6.4.7.

[2] vgl. „Grundkenntnisse Anlagenmechaniker SHK", LF 3 Kap. 2.2.2.2.2, Kap. 2.2.3.4 und Kap. 2.2.3.6

Aus optischen Gründen werden vor allem für außenliegende Regenfallleitungen neben den Blechrohren (sheet metal pipes) häufig Rohre aus nicht rostendem Stahl (Edelstahlrohre) (stainless steel pipes) verlangt. Verzinkte Stahlrohre (galvanised steel pipes) finden meist als Standrohr Verwendung, da die Blechrohre auf Grund ihrer geringen Wanddicken in zugänglichen Bereichen leichter beschädigt werden können (vgl. Kap. 6.1).

Die folgende Tabelle zeigt eine Übersicht der Werkstoffe bzw. Handelsnamen von gängigen Metallabwasserrohren bzw. -formstücken, deren Eigenschaften[1] sowie zugeordnete Verbindungsarten[1]

Werkstoff/ Handelsname	**Brandverhalten Wärmeausdehnung**	**Mechanische Eigenschaften**	**Beständigkeit gegen chemische Belastungen**	**Verbindungstechnik**
Gusseisen mit Lamellengraphit **SML-Rohr** (Super-Metallit-Lieferprogramm) rotbraun	**A 1** (nicht brennbar) **Wärmeausdehnung** z. B. 5,25 mm/m bei 50 °C Temperaturdifferenz	Hohe Zugfestigkeit. Leicht zu bearbeiten durch relativ geringe Brinellhärte (210). Durch besonderes Elektrotauchverfahren Schutz gegen mechanische Einwirkungen.	Gelbe Innenbeschichtung. Nur eingeschränkt beständig gegen Kondensate aus Feuerungsanlagen (mindestens 25-fache planmäßige Verdünnung durch anderes Abwasser erforderlich)	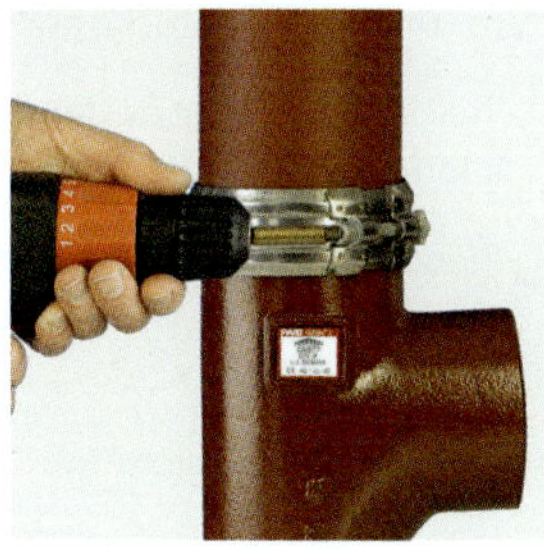 Spannverbindung
unlegierter Stahl, verzinkt **Loro-X** metallisch grau gescheckt	**A 1** (nicht brennbar) **Wärmeausdehnung** z. B. 5,5 mm/m bei 50 °C Temperaturdifferenz	Stoßfest und formstabil. Ausknickfeste Verbindung durch stabile Steckmuffe.	Korrosionsschutz durch allseitige Feuerverzinkung. Zusätzliche Korrosionsschutzbinde bei Einsatz als Grundleitung. Rotbraune Innenbeschichtung. Nur eingeschränkt beständig gegen Kondensate aus Feuerungsanlagen (mindestens 25-fache planmäßige Verdünnung durch anderes Abwasser erforderlich).	 Steckmuffenverbindung
nicht rostender Stahl (Edelstahl) **Loro-XCL** metallisch glänzend	**A 1** (nicht brennbar) **Wärmeausdehnung** z. B. 8,0 mm/m bei 50 °C Temperaturdifferenz	Stoßfest und formstabil. Ausknickfeste Verbindung durch stabile Steckmuffe.	Beständig gegen Kondensate aus Feuerungsanlagen. Als Grundleitung nur zulässig mit Korrosionsschutzbinde.	 Steckmuffenverbindung
Blechrohre (Aluminium, Titanzink, Kupfer, verz. Stahl)	**A 1** (nicht brennbar) **Wärmeausdehnung** z. B. bei 50 °C: Aluminium = 11,9mm/m Titanzink = 10,0mm/m Kupfer = 8,25mm/m verz. Stahl = 5,5mm/m	Dünnwandig (0,7 mm dick), dadurch anfällig gegenüber Verformungsbelastungen.	Nicht beständig gegen Kondensate aus Feuerungsanlagen	 Steckmuffenverbindung

1 Werkstoffeigenschaften und Verbindungsarten von Rohren und Formstücken aus Metall

Es sind in den oben aufgeführten Tabellen nicht alle Eigenschaften der Abwasserrohre und -formstücke aufgeführt. Weitere verbindliche Angaben sind den Verlege- und Montageanleitungen der Hersteller zu entnehmen. Weiterhin entwickeln die Hersteller immer wieder neue Rohrprodukte und beantragen deren Zulassung beim Deutschen Institut für Bautechnik (DIBt). Der Anlagenmechaniker SHK sollte sich deshalb regelmäßig beim Großhandel oder bei den einschlägigen Herstellern von Abwasserleitungen und -formstücken informieren, welche neuen zugelassenen Produkte angeboten werden.

[1] vgl. „Grundkenntnisse Anlagenmechaniker SHK", III Kap. 1.6.4.3, Kap. 1.6.4.4 und Kap. 1.6.4.5.

ÜBUNGEN

1) In welche zwei Gruppen können Werkstoffe für Abwasserrohre und -formstücke für die Installation von Entwässerungsanlagen in Wohngebäuden unterteilt werden?

2) Nennen Sie fünf allgemeine Anforderungen an Abwasserrohre und -formstücke sowie deren Verbindungen.

3) Welche besondere Eigenschaft zeichnet HT-Abwasserrohre und -formstücke aus?

4) Welche besondere Beständigkeit müssen Werkstoffe von kondensatführenden Abwasserleitungen aufweisen?

5) Wodurch erreichen die Hersteller von Kunststoffabwasserrohren und -formstücken einen höheren Schalldämmwert dieser Produkte?

6) Nennen Sie vier gängige Verbindungsarten von Abwasserrohren- und formstücken.

7) Welcher Werkstoff kann geklebt werden?

8) Warum wird zunehmend der Werkstoff PP für Kunststoffgrundleitungen verwendet?

9) Was muss bei der Verwendung eines gusseisernen Werkstoffes als Grundleitung beachtet werden?

10) Warum dürfen Blechrohre nicht als Standrohre eingesetzt werden?

4 Schutz vor Überschwemmung durch Rückstau

Rückstau (backup) kann jederzeit auftreten, da öffentliche Abwasserkanäle nach DIN EN 752 planmäßig auch im Zustand der Überlastung betrieben werden dürfen. Tritt eine Überlastung (surcharging) der öffentlichen Kanalisation ein, kann Abwasser in die angeschlossenen privaten bzw. gewerblichen Entwässerungsanlagen eindringen (sewage overflow).
Die dafür innerhalb des öffentlichen Abwasserkanals infrage kommenden Ursachen können vielfältig sein, wie z.B. Überlastung durch:

- Starkregenereignisse (intense rain),
- Löschwasser der Feuerwehr (fire-fighting water),
- Reinigungsarbeiten (z. B. Spülung) (cleaning),
- Verstopfungen (blockages),
- Schäden (damages).

Je nach Größe und Dauer der Überlastung kann das rückstauende Abwasser innerhalb des öffentlichen und privaten Abwasserleitungssystems bis zu den Ventilationslöcher der Straßenschächte bzw. den Öffnungen der Straßenabläufe (road gullies) ansteigen (Prinzip der kommunizierenden Gefäße). Hier tritt das Abwasser aus und verteilt sich auf der Straße. Diese Höhe wird Rückstauebene RSTE genannt (level of backed-up water) (Bild 1, nächste Seite).

MERKE

Laut DIN EN 12056-4 ist die Rückstauebene die Straßenoberkante an der Anschlussstelle (Anschlusspunkt) der privaten bzw. gewerblichen Entwässerungsanlage an die öffentliche Kanalisation, wenn die zuständige Behörde nichts anderes festgelegt hat.

Der Anlagenmechaniker SHK ist verpflichtet, den Auftraggeber bzw. Betreiber darauf hinzuweisen, dass Rückstau aus der öffentlichen Kanalisation jederzeit auftreten kann. Eventuell auftretende Schäden durch austretendes Abwasser aus nicht rückstaugesicherten Ablaufstellen (not backup-safe drains) unterhalb der Rückstauebene der privaten Entwässerungsanlage können der zuständigen Behörde nicht in Rechnung gestellt werden (Bild 1, nächste Seite).

Die Hauptursache von Rückstau sind Überlastungen des öffentlichen Straßenkanals durch Starkregenereignisse. Die Bemessung von öffentlichen Regenwasser- bzw. Mischwasserkanälen richtet sich aus Kostengründen hauptsächlich nach durchschnittlichen Regenereignissen (average rainfalls). Aufgrund Jahrzehnte langer Aufzeichnungen wurden für alle Regionen in der Bundesrepublik Deutschland Niederschlagsreihen (precipitation amounts) erstellt, die immer wieder aktualisiert werden. Wurde z. B. ein öffentlicher Regen- oder Mischwasserkanal auf der Grundlage eines statistisch gesehen nur einmal in 30 Jahren vorkommenden Regenereignisses bemessen, würde es bei einem 50- oder 100-Jahresregen wahrscheinlich zu einem Rückstau kommen.
Beim **Trennsystem** (separate system) sind nur die unterhalb der RSTE liegenden Regenwasserablaufstellen (rainwater gullies) von einem durch Starkregen eventuell ausgelösten Rückstau betroffen. Beim Anschluss der Entwässerungsanlage an ein öffentliches **Mischsystem** (combined system) jedoch zusätzlich auch alle unterhalb der RSTE liegenden Schmutzwasserablaufstellen (foul and waste water drains) (Bild 1, nächste Seite).

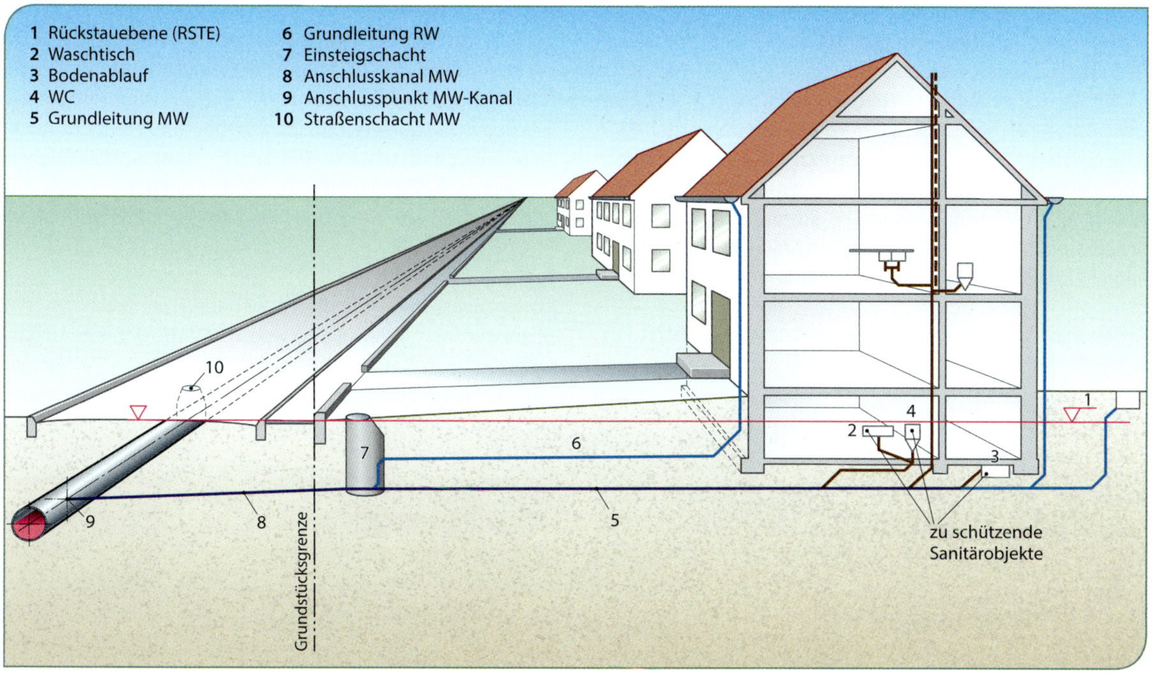

1 Abwasseraustritt aus ungesicherten Ablaufstellen unterhalb der RSTE bei Rückstau

MERKE

Liegen bei Ablaufstellen **mit** Geruchverschluss (z. B. Waschtisch, Toilette) der Ruhewasserspiegel und bei Ablaufstellen **ohne** Geruchverschluss (z. B. Regenwasserablauf im Trennsystem) die Oberkante des Rostes unterhalb der Rückstauebene (RSTE), müssen sie gegen auslaufendes Abwasser, verursacht durch Rückstau, gesichert werden.

Um das Auslaufen von rückstauendem Abwasser unterhalb der Rückstauebene zu vermeiden, muss das Abwasser der infrage kommenden Ablaufstellen grundsätzlich mit Hilfe einer Hebeanlage (sewage pump/lifting system) der öffentlichen Kanalisation zugeführt werden (vgl. Kap.4.2). Besteht ein ausreichendes Gefälle zum öffentlichen Abwasserkanal, dürfen in Ausnahmefällen auch Verschlüsse angewendet werden.

4.1 Rückstauverschlüsse

Rückstauverschlüsse (backflow stoppers/anti-flood valves) sind entweder direkt in die Rohrleitung einer Entwässerungsanlage (drain pipe) eingebaut oder in einen Bodenablauf (floor drain) oder einer Ablaufgarnitur (drainage device) integriert. Die Verschlüsse arbeiten selbsttätig, indem die Austrittsöffnungen der Ablaufstellen mit Hilfe des rückströmenden Abwassers **mechanisch** oder **automatisch** verschlossen werden. Zwei wesentliche Nachteile schränken die Anwendungsbereiche dieser Sicherungseinrichtung ein:

- Die Ablaufstellen sind während eines Rückstaus nicht benutzbar.
- Durch Verschmutzungen und mangelnde Wartungen kann Abwasser auch in unzulässigen Mengen austreten.

Aus diesen Gründen dürfen Rückstauverschlüsse nur eingesetzt werden, wenn folgende Bedingungen erfüllt sind:

- **kleiner Benutzerkreis** (z. B. Einfamilienhäuser mit eventueller Einliegerwohnung) bei **Ablaufstellen** für fäkalienhaltiges Abwasser, wenn den Benutzern oberhalb der Rückstauebene ein WC zur Verfügung steht,
- **untergeordnete Nutzung der Räume**, d. h. es sind keine bedeutenden Sachwerte gelagert und die Gesundheit der Bewohner ist bei einem unzulässigen Schmutzwasseraustritt durch Rückstau nicht gefährdet,
- **untergeordnete Nutzung von fäkalienfreien Ablaufstellen** (z. B. Bodenablauf, Ausgussbecken), d. h. im Rückstaufall kann auf die Ablaufstelle verzichtet werden (gilt nicht, wenn der Benutzerkreis groß ist, z. B. Mehrfamilienhaus mit Waschmaschinen unterhalb der Rückstauebene).

Abläufe kleiner Flächen ($\leq 5 m^2$) außerhalb des Gebäudes, wie z. B. Kellergarageneinfahrten (basement garage entry) und Kellerniedergänge dürfen auch über Verschlüsse gesichert werden, obwohl im Rückstaufall bei Niederschlägen eigentlich nicht auf sie verzichtet werden kann. Es sei denn, dass eine Möglichkeit der Speicherung des Niederschlagswassers für die Dauer des Verschlusses vorhanden ist. Dies können z. B. besonders tiefe und breite Entwässerungsrinnen (drainage channels) vor Kellergarageneinfahrten und höhere Schwellen bei außenliegenden Kellereingangstüren sein. Bestehen allerdings Zweifel hinsichtlich eines ausreichenden Speichervolumens für das anfallende Regenwasser während der Dauer eines Rückstaus, muss eine Abwasserhebeanlage installiert werden.

Es dürfen nur Ablaufstellen gegen Austritt von rückstauendem Abwasser gesichert werden, die unterhalb der RSTE liegen. Diese Sicherung kann zentral oder einzeln vorgenommen werden. Entscheidend ist, dass das Abwasser der Ablaufstellen oberhalb der RSTE störungsfrei mit natürlichem Gefälle bis in den öffentlichen Abwasserkanal fließen kann (Bild 1).

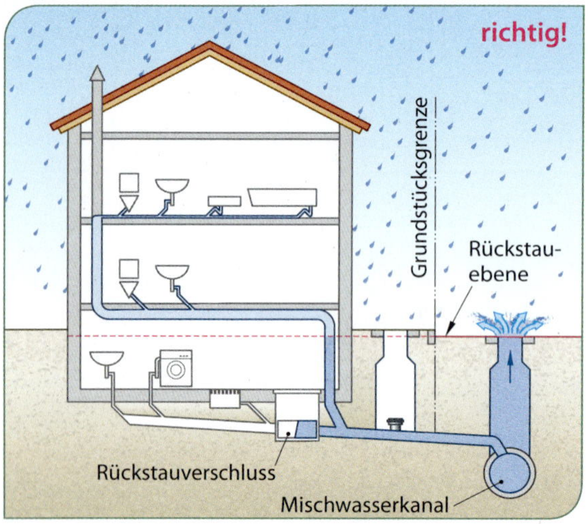

*1 **Zulässiger** zentraler Rückstauverschluss für Ablaufstellen unterhalb der RSTE*

Verboten ist eine gemeinsame zentrale Rückstausicherung z.B. im Einsteigschacht an der Grundstücksgrenze. Dadurch würde im Rückstaufall das Abwasser aus den Sanitärobjekten oberhalb der RSTE nicht mehr frei ablaufen können, so dass bei Benutzung dieser Sanitärobjekte es zu einer Überflutung auch von Räumen in den oberen Geschossen durch Abwasser aus der eigenen Entwässerungsanlage käme (Bild 2).

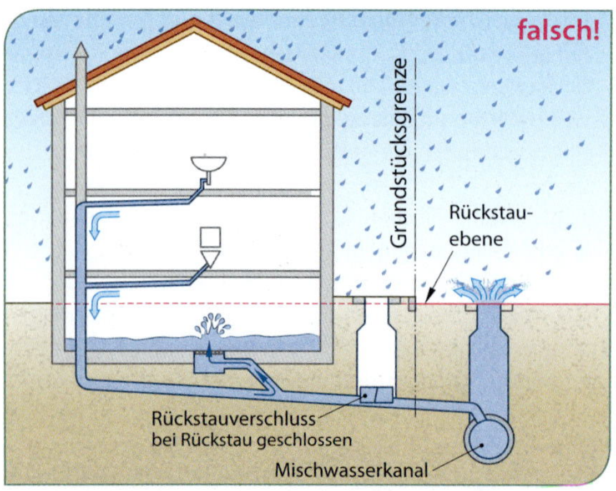

*2 **Unzulässiger** gemeinsamer zentraler Rückstauverschluss für **alle** Ablaufstellen*

4.1.1 Rückstauverschlusstypen

Die selbsttätigen Verschlüsse können in Form eines Schwimmers in Kugelform (Ballstau) oder einer Klappe (ball type float or flap valve) konstruiert sein und sind laut EN 13564-1 Teil des Rückstauverschlusses, der bei auftretendem Rückstau selbsttätig schließt. Die Norm nennt 6 Rückstauverschlusstypen, von denen in Deutschland nur die Typen 2, 3 und 5 zugelassen sind und definiert sie folgendermaßen:

Typ 2:

Rückstauverschluss für die Verwendung bei fäkalienfreiem Abwasser (faecal-free waste water) in horizontalen Abwasserleitungen mit zwei selbsttätigen Verschlüssen (self-actuating stoppers) und einem Notverschluss (emergency closure), der mit einem der beiden kombiniert sein darf (Bild 3).

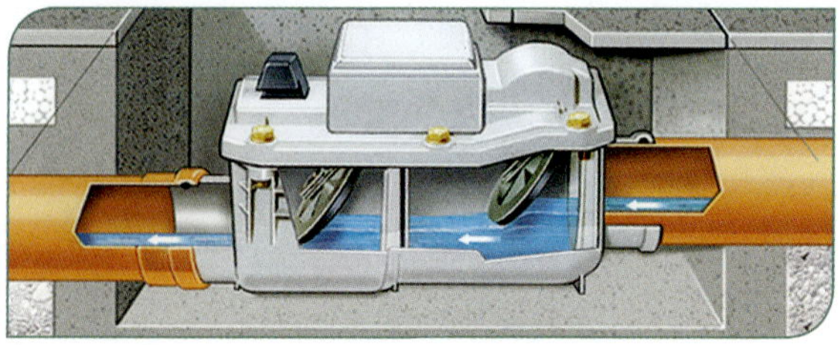

3 Rückstauverschluss Typ 2 für fäkalienfreies Abwasser direkt in die Abwasserleitung eingebaut (Einbausituation geöffnet)

Typ 3:

Rückstauverschluss für die Verwendung von fäkalienfreiem **und** fäkalienhaltigem Abwasser (waste and soil water) (dann mit der Kennzeichnung „F") in horizontalen Abwasserleitungen mit einem durch Fremdenergie (auxiliary energy/ power) (elektrisch, pneumatisch oder andere) betriebenen selbsttätigen Verschluss und einem von diesem unabhängigen Notverschluss (Bild 4). Beim Ausfall der elektrischen Anlage sorgen ein Akku oder Batterien für die Notstromversorgung (emergency power supply) (Wartung vgl. HT3135, LF 4, Kap. 1.2.1)

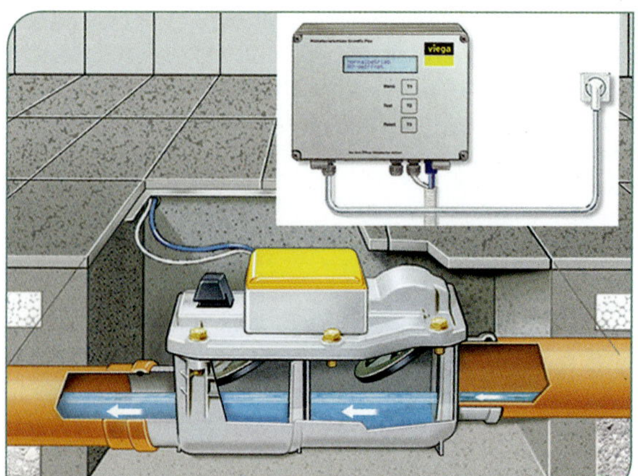

4 Rückstauverschluss Typ 3 für fäkalienfreies und fäkalienhaltiges („F") Abwasser direkt in die Abwasserleitung eingebaut mit optischem und akustischem Signal bei Rückstau (Einbausituation geöffnet)

Typ 5:
Rückstauverschluss, der in Bodenabläufen oder Ablaufgarnituren eingebaut ist, mit zwei selbsttätigen Verschlüssen und einem Notverschluss, der mit einem der beiden kombiniert sein darf (Bilder 1 und 2).

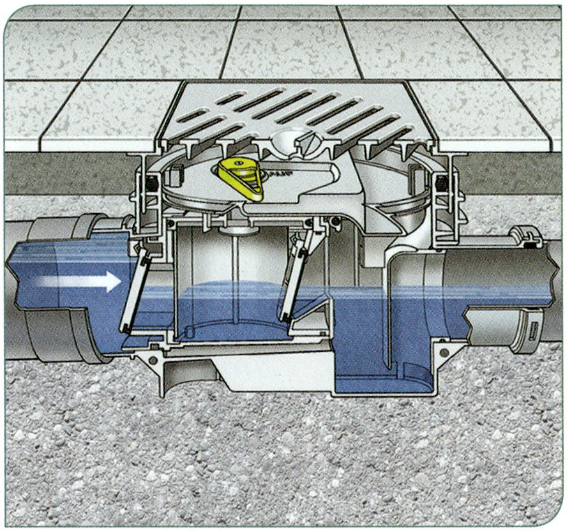

1 Rückstauverschluss Typ 5 in einen Bodenablauf integriert mit seitlichem Zulauf (Einbausituation geöffnet)

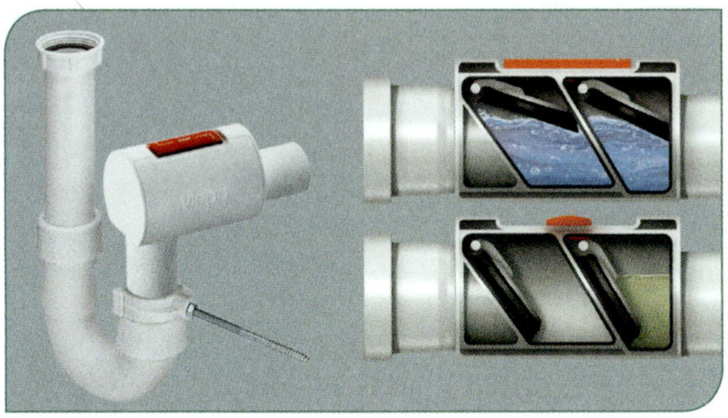

2 Rückstauverschluss Typ 5 in einer Ablaufgarnitur integriert (Einbausituation geöffnet)

Nach dem Einbau von Rückstauverschlüssen ist in unmittelbarer Nähe das von den Herstellern beigelegte Hinweisschild (indicating label) mit der Bedienungs-, Wartungs- und Prüfanleitung (operating, maintenance and inspection manual) anzubringen. Außerdem ist der Betreiber (user) auf die Verpflichtung einer regelmäßigen Wartung hinzuweisen, um eine dauerhafte Funktionsfähigkeit (enduring operability) und damit ausreichenden Schutz vor Überschwemmung durch Rückstau sicher zu stellen.

Beispiel für die zulässige Verwendung (permitted use) eines Rückstauverschlusses Typ 3 „F" (Bild 4, vorherige Seite): In einem Einfamilienhaus wird im Keller im Rahmen eines Saunaeinbaus ein WC, WT und DW installiert. In der dazu gehörigen Wohnung steht im Erd-bzw. Obergeschoss ein weiteres WC oberhalb der RSTE zur Verfügung.

Beispiel für die unzulässige Verwendung (unlawful use) eines Rückstauverschlusses Typ 3 „F" (Bild 4, vorherige Seite): In einem Mehrfamilienhaus befindet sich eine in sich abgeschlossene Souterrainwohnung, deren Sanitärobjekte gegen Rückstau gesichert werden sollen. Auch wenn die Mitbenutzung des WCs einer in sich geschlossenen Wohnung im Obergeschoss „angeboten" wird, darf der Rückstauverschluss nicht installiert werden. In sich abgeschlossene Wohnungen unterliegen einem besonderen Rechtsschutz. Bei z. B. einem Mieterwechsel kann eine Mitbenutzung des WCs oberhalb der RSTE nicht erzwungen werden. Die Wohnung wäre nicht nutzbar (not utilizable) und ein baurechtswidriger Zustand (condition contrary to building and constructing law) wäre eingetreten. Es muss in diesem Fall also eine Hebeanlage installiert werden.

4.1.2 Dichtheitsprüfung von Rückstauverschlüssen

Wurde ein Wartungsvertrag (maintenance contract) abgeschlossen, sind Rückstauverschlüsse auf Dichtheit zu prüfen (test the leak-tightness). Zuvor sind die Verschlüsse zu reinigen und eventuell beschädigte Dichtelemente (sealing parts) auszutauschen. Die Wartung ist bei den meisten Rückstauverschlüssen durch einen herausnehmbaren Verschlusssatz problemlos durch zu führen. Folgende **Prüfbedingungen** (testing conditions) sind einzuhalten:

- Prüfintervall 2x jährlich,
- Prüfzeit 10 Minuten,
- zulässige Wasserzugabemenge 500 ml (0,5 l),
- Prüfdruck ≥ 10 cm WS (10 mbar).

Prüfablauf:

- Der Notverschluss ist zu verschließen.
- Ein genormtes Prüfrohr (test tube) ist in die ½"-Prüföffnung des Verschlusssatzes einzuschrauben, nach dem der Verschlussstopfen entfernt wurde (Bild 3a).
- Die Prüfkammer (test chamber) ist bis zur Oberkante des Prüfrohres mit Wasser blasenfrei aufzufüllen (Bild 3b).
- Während der gesamten Prüfzeit muss mit der zulässigen Wasserzugabemenge die Prüfhöhe gehalten werden

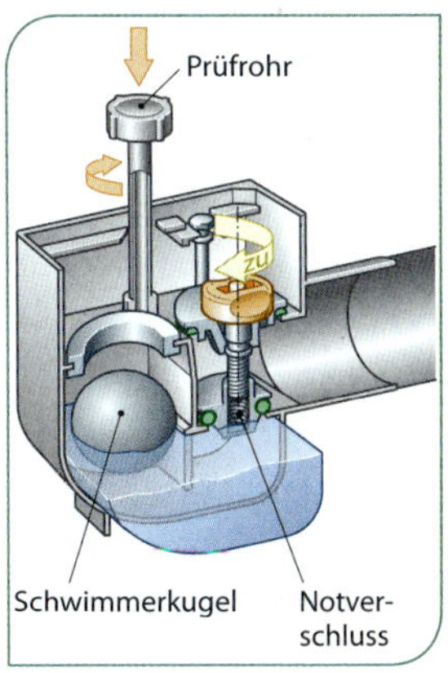

3a Einschrauben des Prüfrohres

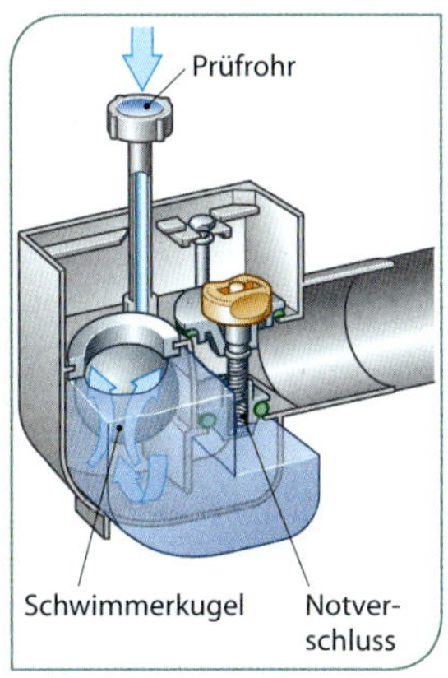

3b Auffüllen mit Wasser

Lernfeld 6

4.2 Abwasserhebeanlagen

Abwasserhebeanlagen (waste water lifting systems[1]) sammeln fäkalienhaltiges und fäkalienfreies Abwasser (waste water with/without faeces) in geschlossenen oder offenen Behältern und heben es in einer Druckleitung mittels einer automatisch arbeitenden Fördereinrichtung (Pumpe) über die Rückstauebene. Die Druckleitung (pressure pipe) muss über die Rückstauebene und dann zurück an den Anschluss der tiefer liegenden teilgefüllten Abwasserleitung geführt werden (Bild 1).

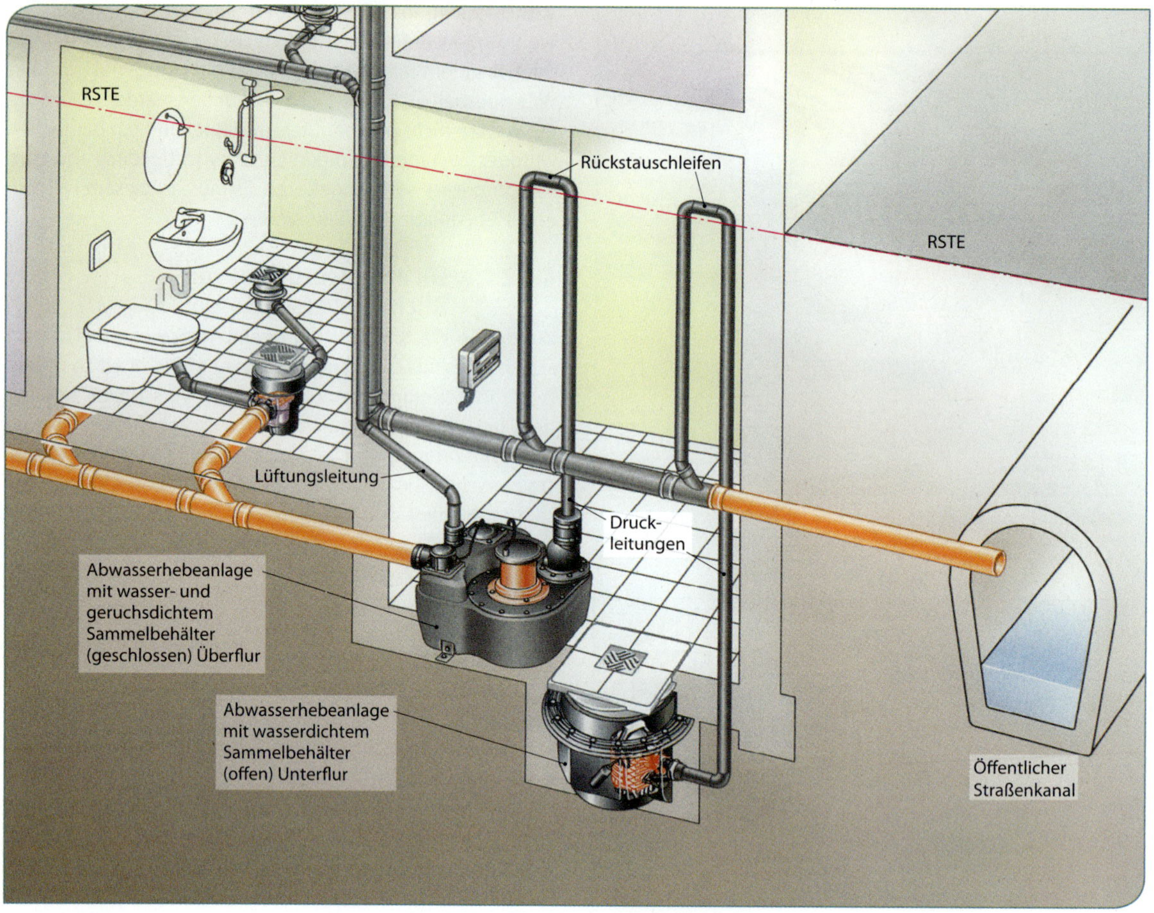

1 Beispiel einer Abwasserhebeanlageninstallation für fäkalienhaltiges und fäkalienfreies Abwasser

Die Verwendung einer Abwasserhebeanlage als Schutz gegen Überschwemmung (flooding) durch rückstauendes Abwasser ist aus zwei Gründen zu empfehlen:

- Durch den Druckleitungsverlauf besteht ein 100%-iger Schutz gegen Überschwemmung bei Rückstau. Bevor das Abwasser den Scheitel der Druckleitung (Rückstauschleife) erreicht hat, fließt es z.B. aus den Ventilationslöchern der Straßenschächte oder den Öffnungen der Straßenabläufe. Selbst bei einem Ausfall der Pumpen bleibt diese Sicherheit erhalten.
- Die an die Sammelbehälter angeschlossenen Sanitärobjekte bleiben bei einem Rückstau auch weiter benutzbar, im Gegensatz zu der Verwendung von Rückstauverschlüssen. Selbst beim Ausfall der Pumpen (z.B. elektrischer Kurzschluss) sind die Sanitärobjekte meist weiter benutzbar, da geringe Abwassermengen über einen kurzen Zeitraum im Abwassersammelbehälter (collecting sump/tank) gespeichert werden können. Zusätzlich sind viele Hebeanlagen mit einer Notpumpe (Handpumpe) ausgerüstet.

Abwasserhebeanlagen müssen auch immer dann eingesetzt werden, wenn kein ausreichend natürliches Gefälle zum öffentlichen Straßenkanal besteht.

Meist werden die Anlagen in einem Pumpenschacht (pump shaft) innerhalb oder außerhalb des Gebäudes installiert. In Ein- und Zweifamilienhäusern werden zunehmend auch Hebeanlagen zur begrenzten Verwendung (Kleinhebeanlagen) eingesetzt, die nicht in einem Schacht, sondern meist mit dem Ablaufstutzen des WCs fest installiert sind, an die aber auch weitere Sanitärobjekte angeschlossen werden können (vgl. Kap. 4.2.3).

[1] auch: sewage pumpstation/sewage lifting system

4.2.1 Abwasserhebeanlagen für fäkalienhaltiges Abwasser

Hebeanlagen nach DIN EN 12050-1 fördern das unterhalb der Rückstauebene anfallende Abwasser ohne Zerteilung der Feststoffanteile (macerating the solid matter) durch eine Druckleitung mit einer Nennweite von ≥ DN 80 über die Rückstauebene in eine weiterführende Abwasserleitung. Hebeanlagen können in einem Schacht bzw. tieferliegendem Raum **Unterflur**[1] (Bild 1, vorherige Seite) oder auf dem Kellerfußboden **Überflur** (Bild 1) installiert werden. Sie müssen so konstruiert sein, dass sich keine Feststoffe ansammeln können.

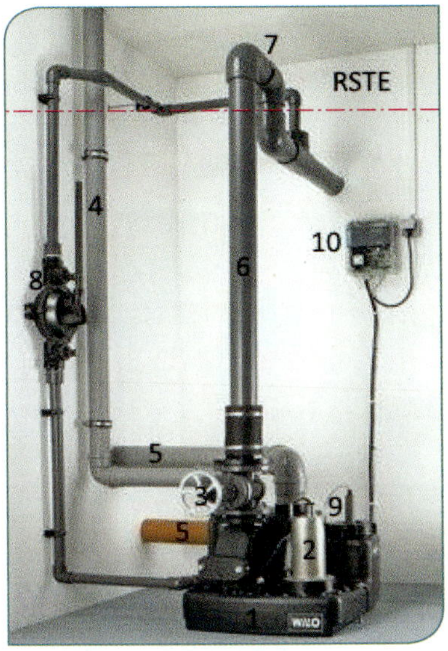

1 Installation einer kompakten Hebeanlage „Überflur"

Die abgebildete Anlage besteht aus folgenden Teilen:
1) geruchsdichter druckloser Abwassersammelbehälter mit Zulauf-, Ablauf- und Lüftungsanschluss,
2) Fördereinrichtung (Pumpe),
3) Absperreinrichtung mit Rückflussverhinderer,
4) Lüftungsleitung,
5) Zulaufleitungen,
6) Druckleitung mit Anschlusskompensator,
7) Rückstauschleife über Rückstauebene (RSTE),
8) Entleerungspumpe Handbetrieb,
9) Sensor für Niveauregelung,
10) Schaltvorrichtung zur selbsttätigen Steuerung der Pumpe mit der Möglichkeit einer Handschaltung und Störmeldeeinrichtung (fault indicator).

Sammelbehälter

Der Sammelbehälter muss ein förderbares Volumen (Nutzvolumen) zwischen dem Einschalt- und Ausschaltniveau (switch-on/switch-off level) von mindestens 20 l haben. Damit ist sichergestellt, dass mindestens das Volumen von zwei WC-Spülungen sicher aufgenommen werden kann. Grundsätzlich wird für den Instandsetzungsfall auf der Zulaufseite die Installation eines Absperrschiebers (gate valve) empfohlen, auf der Ablaufseite (Druckleitung) ab der Nennweite ≥ DN 80 sogar vorgeschrieben.

Lüftung

Die Nennweite von Lüftungsleitungen der geschlossenen Abwassersammelbehälter betragen bei einem Fördervolumen bis 12 $\frac{l}{s}$ DN 50, darüber DN 70. Die Lüftungsleitung ist entweder separat über Dach zu führen oder an die Hauptlüftung anzuschließen.

Druckleitung

Druckleitungen dürfen nicht an Fallleitungen angeschlossen werden. Durch das Einpumpen des Abwassers könnten die Leitungsquerschnitte verschließen, es kann zu unkalkulierbaren Druckverhältnissen kommen und die angeschlossenen Geruchverschlüssen können leergesaugt werden. An die Druckleitung dürfen bis zum Anschluss an die mindestens eine Nennweite größere Sammel- oder Grundleitung keine Sanitärobjekte angeschlossen werden. Bei Nennweiten ≥ DN 80 muss die Druckleitung im Instandsetzungsfall über einen Schieber absperrbar sein, da das in der Druckleitung vorhandene Schmutzwasser eventuell nicht in vollem Umfang vom Sammelbehälter aufgenommen werden kann. Sollte in Ausnahmefällen die Abwasserhebeanlage mit einer Fäkalienzerteilung (shredder unit) versehen sein, beträgt die Mindestnennweite der Druckleitung DN 32.

Grundsätzlich ist das Einleiten von Abfällen in Sanitärobjekte verboten, da besonders organische Abfälle durch erhöhte Zersetzungsprozesse (decomposition process) die Bausubstanz der öffentlichen Abwasserkanäle stark beanspruchen. Hinzu kommen eine höhere Belastung der öffentlichen Klärwerke und eine stärkere Vermehrung von Ratten.

Rückflussverhinderer

Der Rückflussverhinderer (RV) (backflow stopper) befindet sich am Anfang der Druckleitung und ist beim Fördervorgang geöffnet (Bild 2a). Nach dem Fördervorgang verhindert er das Rückfließen des Abwassers aus der Druckleitung in den Sammelbehälter, indem er bei Stillstandzeiten die Druckleitung verschließt (Bild 2b). Der RV muss eine

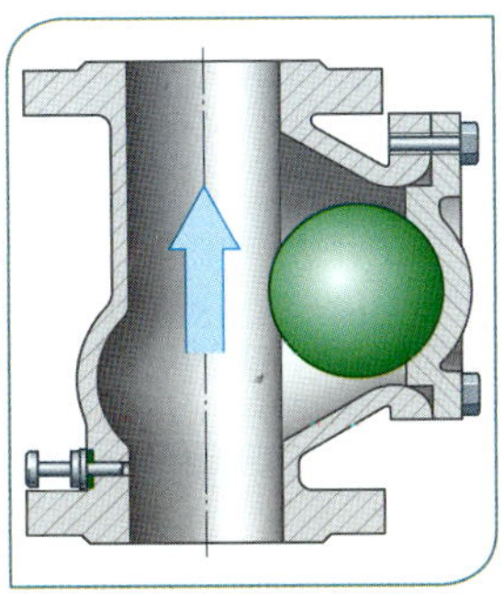

2a RV im geöffneten Zustand

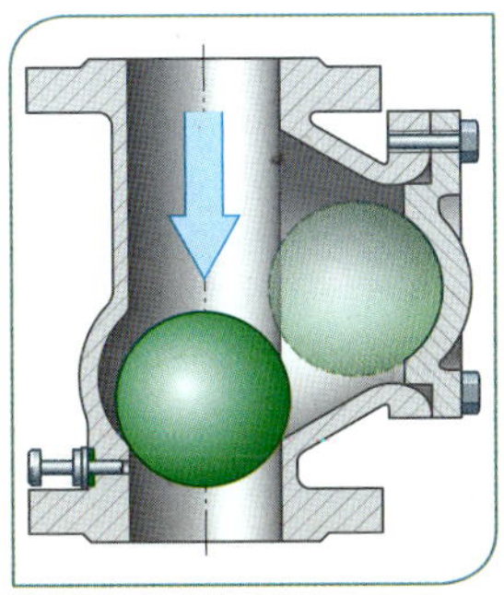

2b RV in geschlossenem Zustand

[1] „Unterflur" (under floor) bedeutet unterhalb des z. B. Kellerfußbodens, im Gegensatz zu „Überflur" (floor/surface mounted)

Anlüftevorrichtung (lifting device) haben (Bild 1), wenn bei Druckleitungen < DN 80 kein Absperrschieber vorhanden ist. Die Anlüftevorrichtung lässt für eine Reparatur der Druckleitung eine Entleerung zu und sorgt außerdem für die Entlüftung der Fördereinrichtung. Der Verschluss kann über eine Schwimmerkugel (float ball) oder Rückstauklappe (swing flap) (Bild 2) erfolgen.

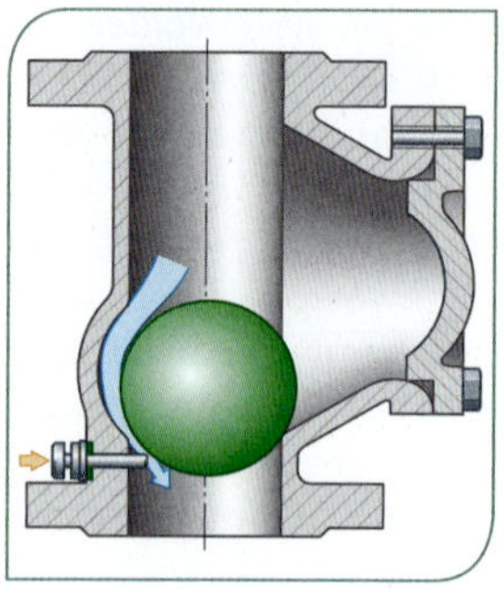

1 Anlüftevorrichtung des RVs

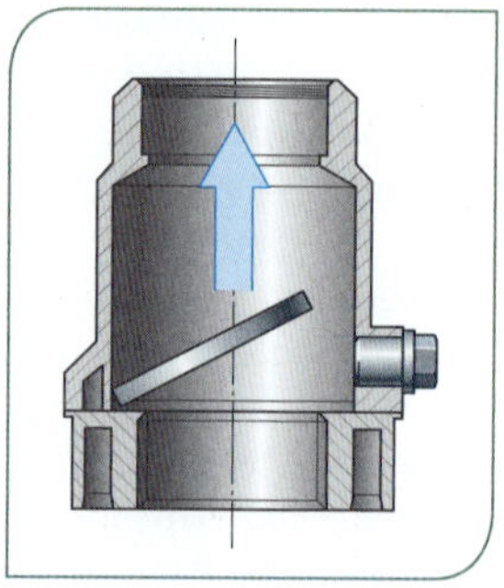

2 Rückstauklappe in geöffnetem Zustand

MERKE

Ein Rückflussverhinderer kann nicht die Funktion des Rückstauschutzes übernehmen.

Anforderungen

Bereits während der Planungsphase der Entwässerungsanlage muss genau geprüft werden, ob ein WC unterhalb der RSTE notwendig ist. Denn die Verwendung einer Fäkalienhebeanlage kann einen erheblichen Aufwand erfordern. Neben der Erstellung einer ausreichend großen Räumlichkeit (z. B. Schacht) müssen Leitungen für den Zu- und Ablauf (Druckleitung) sowie der Lüftung installiert werden. Dabei ist darauf zu achten, dass ihre Anschlüsse und Befestigungen zur Vermeidung von Geräusch- und Spannungsübertragungen flexibel und spannungsfrei ausgeführt sind. Weiterhin sind die betrieblichen Aufwendungen wie z. B. Inspektion und Wartung nicht unerheblich. In Ein- und Zweifamilienhäusern haben sich deshalb z. B. Hebeanlagen zur begrenzten Verwendung (Kleinhebeanlagen) bewährt (vgl. Kap. 4.2.3).

4.2.2 Abwasserhebeanlagen für fäkalienfreies Abwasser

Der entscheidende Unterschied zwischen Abwasserhebeanlagen nach DIN EN 12050-1 (fäkalienhaltig) und DIN EN 12050-2 (fäkalienfrei) besteht darin, dass der Abwassersammelbehälter nur wasser- und nicht geruchsdicht sein muss (Bild 3). Eine separate Lüftungsleitung ist somit nicht notwendig. Allerdings müssen die Öffnungen der Abdeckung des Sammelbehälters eine ausreichende Lüftung gewährleisten.

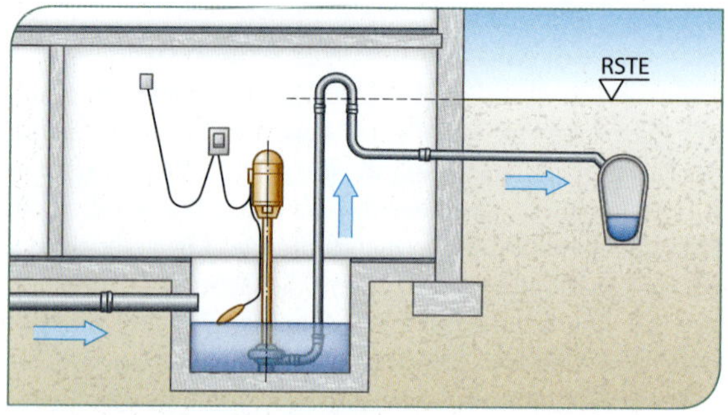

3 Abwasserhebeanlage für fäkalienfreies Abwasser „Unterflur" in einem Schacht mit Abdeckplatte

Der Abwassersammelbehälter kann ein wasserdichter Schacht oder Kunststoffbehälter sein. In den meisten Fällen ist er ein Bodenablauf mit integrierter Fördereinrichtung (Pumpe, Bild 4).

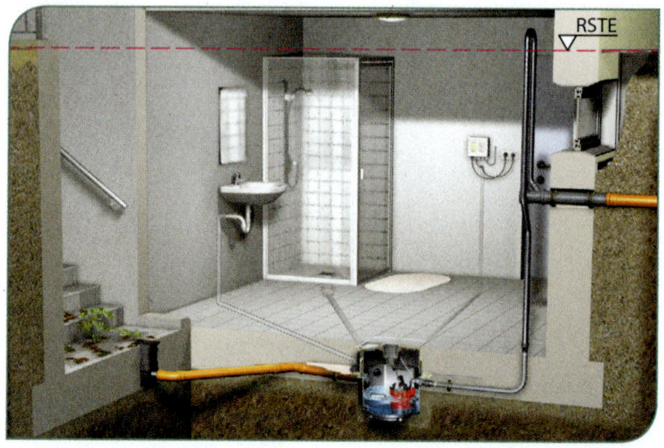

4 Abwasserhebeanlage „Unterflur" für fäkalienfreies Abwasser als Bodenablauf mit integrierter Pumpe und weiteren Anschlüssen

PRAXISHINWEIS

Auch **fäkalienfreies** Grauwasser kann Gerüche entwickeln. Deshalb sollte bei der Auswahl der Hebeanlage immer sorgfältig überlegt werden, ob es nicht vorteilhafter wäre, eine Anlage mit wasser- **und** geruchsdichtem (water- and odour tight) Abwassersammelbehälter zu wählen. Dies gilt besonders dann, wenn Grauwasser von Waschmaschinen anfällt.

4.2.3 Abwasserhebeanlagen zur begrenzten Verwendung (Kleinhebeanlagen)

Abwasserhebeanlagen zur begrenzten Verwendung nach DIN EN 12050-3, auch Kleinhebeanlagen (pump and macerator/shredder unit) genannt (Bild 1), haben einen mit einem Lüftungsventil versehenen wasser- und geruchsdichten Behälter zur Aufnahme der Förder- und Steuereinrichtung (pumping and controlling equipment) und sind steckerfertig (230 V) für die Überfluraufstellung einsetzbar.

Sie arbeiten wie die vorher beschriebenen Abwasserhebeanlagen, unterliegen bei ihrem Einsatz jedoch folgenden Einschränkungen (restrictions):

- bei unmittelbar angeschlossenem Einzel-WC muss oberhalb der RSTE ein weiteres WC zur Verfügung stehen,
- zusätzlich dürfen maximal ein Handwasch- bzw. Ausgussbecken, eine Dusche und ein Bidet angeschlossen werden,
- der Benutzerkreis muss klein sein, d. h. die Bewohner eines Einfamilienhauses mit eventueller Einliegerwohnung (granny-flat),
- die Anlage muss sich mit allen angeschlossenen Sanitärobjekten im gleichen Raum unterhalb der RSTE befinden.

Somit unterliegen die Abwasserhebeanlagen zur begrenzten Anwendung im Prinzip mindestens den gleichen Einschränkungen wie Rückstauverschlüsse für fäkalienhaltiges Abwasser. Im Vergleich zu den vorher beschriebenen Hebeanlagen dürfen die Nennweiten der Druckleitung auf Grund der eingeschränkten Einsatzmöglichkeiten (field of applications) kleiner sein: bei Anlagen mit Fäkalienzerteilung mindestens 20 mm, sonst 25 mm.

Auf eine separate Lüftungsleitung kann aus folgendem Grund verzichtet werden:

Der Behälter (holding tank) einer Kleinhebeanlage ist kein Abwassersammelbehälter im Sinne der vorherigen Fäkalienhebeanlagen. Er hat ein geringes Raumvolumen und der Fördervorgang (emtying) beginnt bereits während oder kurz nach dem Spülvorgang z. B. eines angeschlossenen WCs. Der Behälter wird bis auf ein kleines Vorlagevolumen (seal volume) sofort geleert. Deshalb ist ein Be- und Entlüftungsventil mit Aktivkohlefilter (ventilating valve with activated carbon filter) für den Ausgleich der beim Spülvorgang entstehenden geringen Druckunterschiede im Behälter ausreichend. Die aufwändige Installation einer separaten Lüftungsleitung entfällt.

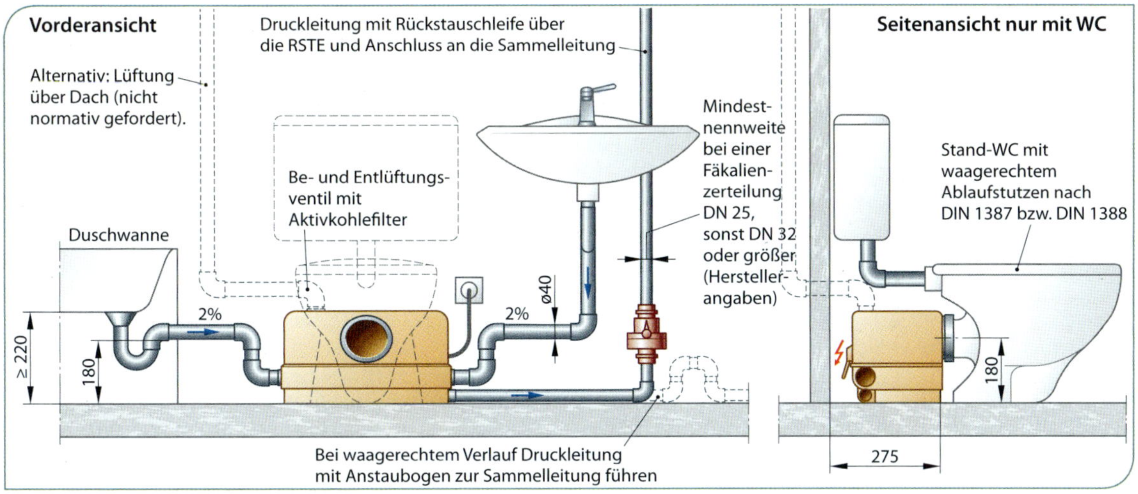

1 Hebeanlage zur begrenzten Verwendung (Kleinhebeanlage) für fäkalienhaltiges Abwasser

4.2.4 Rückstaupumpanlage

Einige Hersteller bieten auch steckerfertige Rückstaupumpanlagen (ready-to-connect backpressure pumping set/station) an, die anfallendes fäkalienfreies Abwasser nicht mittels einer Druckleitung über die RSTE heben, sondern in die angeschlossene Grundleitung gegen den Rückstau drücken (Bild 1, nächste Seite). Dies ist z. B. für Kellerniedergänge (cellar descents) im Außenbereich eine praktikable Lösung sein. Es muss jedoch deutlich darauf hingewiesen werden, dass diese Anlagen den gleichen Einschränkungen wie Rückstauverschlüsse vom Typ 5 unterliegen (vgl. Kap. 4.1). Beim Ausfall der Pumpe ist die Gefahr einer Überschwemmung durch rückstauendes Abwasser innerhalb des Gebäudes größer als bei Abwasserhebeanlagen. Auch auf die Benutzung der angeschlossenen Ablaufstellen muss dann verzichtet werden.

1 Rückstaupumpanlage innerhalb des Gebäudes

MERKE

Der Funktionsumfang von Rückstaupumpanlagen als Schutz gegen Überschwemmung durch rückstauendes Abwasser reduziert sich beim Ausfall der Pumpe auf den von Rückstauverschlüssen.

ÜBUNGEN

1) Nennen Sie vier Ursachen für eine Überlastung des öffentlichen Abwasserkanals.

2) Weshalb ist bei einem Mischsystem die Gefahr von Überschwemmungen durch Rückstau innerhalb von Gebäuden größer als beim Trennsystem?

3) Ab welcher Einbauposition müssen Ablaufstellen mit oder ohne Geruchverschluss gegen auslaufendes Abwasser, verursacht durch Rückstau, gesichert werden?

4) Nennen Sie zwei wesentliche Nachteile von Rückstauverschlüssen.

5) Beschreiben Sie die drei Bedingungen, unter denen Rückstauverschlüsse eingebaut werden dürfen.

6) Worauf muss geachtet werden, wenn Flächen $\leq 5m^2$ außerhalb von Gebäuden durch Rückstauverschlüsse geschützt werden?

7) Was kann passieren, wenn Sanitärobjekte oberhalb der RSTE über einen zentralen Rückstauverschluss (z. B. im Einsteigschacht an der Grundstücksgrenze) gegen Überschwemmungen durch Rückstau geschützt werden?

8) Nennen Sie mindestens drei Verschlussmechanismen von Rückstauverschlüssen?

9) Welches besondere Funktionsmerkmal muss ein Rückstauverschluss haben, der auch für fäkalienhaltiges Abwasser zulässig ist?

10) Beschreiben Sie die Dichtheitsprüfung eines Rückstauverschlusses.

11) Warum ist eine Hebeanlage der sicherste Schutz gegen Überschwemmungen durch Rückstau?

12) Welchen entscheidenden Vorteil haben Ablaufstellen im Falle von rückstauendem Abwasser aus der öffentlichen Kanalisation, wenn sie durch Hebeanlagen statt Rückstauverschlüsse gesichert sind?

13) Wodurch unterscheiden sich die Behälter zur Aufnahme des Abwassers bei Hebeanlagen für fäkalienhaltiges Abwasser, fäkalienfreies Abwasser und Hebeanlagen zur begrenzten Verwendung?

14) Wie unterscheidet sich die Be- und Entlüftung der in Frage 13 genannten Hebeanlagen?

15) Wie wird ein Rückfließen des Abwassers aus der Druckleitung in den Abwassersammelbehälter nach Beendigung des Fördervorgangs verhindert?

16) Nennen Sie die vier Einschränkungen bei der Verwendung einer Hebeanlage zur begrenzten Verwendung gegenüber einer Hebeanlage für fäkalienhaltiges Abwasser.

17) Welche Ablaufstellen können mit einer „Überflur"-Abwasserhebeanlage nicht entwässert werden?

18) Warum ist eine Hebeanlage als Schutz gegen Überschwemmung durch rückstauendes Abwasser einer Rückstaupumpanlage vorzuziehen?

5 Schutz vor Einleitung schädlicher Stoffe

Eine Vorbehandlung der ausschließlich häuslichen Abwässer (domestic sewage) ist vor der Einleitung in Entwässerungsanlagen nach DIN 1986-100 für Wohngebäude bzw. in die öffentliche Kanalisation nicht vorgeschrieben. Die im Haushalt eingesetzten Pflege- und Reinigungsmittel (polishing and cleaning agents) werden von der Gesamtmenge des anfallenden Abwassers ausreichend verdünnt (diluted/weakened) und neutralisiert, so dass dadurch keine besonderen Schäden zu erwarten sind.

Ausnahmen bilden das **unplanmäßige** Auslaufen von Heizöl einer Ölheizungsanlage in einen Bodenablauf, sowie das **planmäßige** Einleiten von Kondensat einer erdgasbetriebenen Brennwertheizungsanlage.

5.1 Bodenablauf mit Heizölsperre

Befindet sich z. B. in einem Aufstellraum für Ölheizungen (oil heating systems) im Keller eines Einfamilienhauses ein Bodenablauf, muss dieser neben einem Rückstauverschluss auch eine Sperre für auslaufendes Heizöl aufweisen (Bild 1). Der Betreiber ist dafür verantwortlich, dass bei einem Ölunfall (z. B. Platzen der Heizölleitung) kein Heizöl in die öffentliche Kanalisation gelangt.

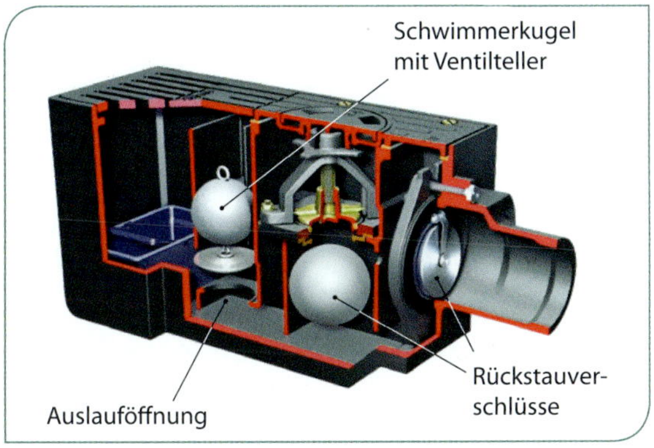

1 Bodenablauf mit Heizölsperre und Rückstauverschluss

Die Heizölsperre (fuel oil trap) ist lediglich eine Schwimmerkugel mit einem Ventilteller, die sich über der Ablauföffnung in einer separaten Kammer befindet. Ist der Bodenablauf mit Abwasser gefüllt, schwimmt die Kugel mit dem Teller auf, da ihre Masse kleiner als die des verdrängten Wassers ist (Bild 1).

Bei einem Ölunfall müssen je nach Größe des Bodenablaufs 3 l … 5 l Heizöl hineinfließen, um das vorhandene Abwasser zu verdrängen. Die Kugel mit dem Ventilteller schwimmt nicht im Heizöl, da ihre Masse größer als die des verdrängten Heizöls ist. Der Ventilteller liegt dann auf der Auslauföffnung und dichtet sie ab, so dass kein Heizöl in die öffentliche Kanalisation fließen kann.

MERKE

Nach einer Neuinstallation, Wartung oder einem Ölunfall muss der Bodenablauf mit Wasser aufgefüllt werden und die Schwimmerkugel mit dem Ventilteller von der Auslauföffnung angehoben werden, da die Sperre nicht eigenständig aufschwimmt.

Grundsätzlich sollte jedoch auf einen Bodenablauf in Heizölräumen verzichtet werden, da Praxiserfahrungen gezeigt haben, dass Heizölsperren kaum gewartet werden.

5.2 Kondensateinleitung

Brennwertheizungsanlagen (calorific value heating systems) produzieren bei der Nutzung der Restwärme im Abgas säurehaltiges (acidic) Kondenswasser (Kondensat). Die Einleitung in die Entwässerungsanlage ist unproblematisch, wenn z. B. bei Neuinstallationen von Entwässerungsanlagen ein kondensatbeständiger (condensate-proof) Werkstoff für die betroffenen Leitungsabschnitte gewählt wird (vgl. Kap. 3.2).

Wird bei bestehenden Entwässerungsanlagen eine alte Heizungsanlage gegen eine neue Brennwertanlage ausgetauscht, ist ein Auswechseln der betroffenen, nicht kondensatbeständigen Leitungsteile oftmals sehr schwierig oder aufwändig. Häufig wird aus Unkenntnis das Kondensat verbotenerweise z. B. in einen gusseisernen (cast-iron) Bodenablauf oder eine gusseiserne Fall- bzw. Grundleitung eingeleitet. Dieser nicht kondensatbeständige Werkstoff weist bereits nach kurzer Zeit Lochkorrosion (pitting corrosion) auf und Undichtigkeiten sind vorprogrammiert. Um dieses zu vermeiden, bleibt als einziger Ausweg nur eine Neutralisation des Kondensatwassers (Bild 2).

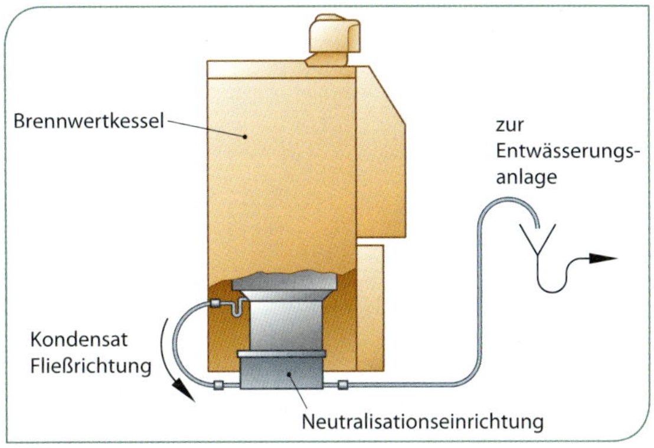

2 Neutralisationsanlage für Kondensat aus Brennwertheizungsanlagen

Lernfeld 6

Der Handel bietet für diesen Zweck Neutralisationseinrichtungen (neutralizing facilities/appliances) an. Zwischen der Kondensataustrittsöffnung am Brennwertgerät und dem Eintritt (Trichter) in das Abwassersystem wird eine Neutralisationsbox installiert. Sie ist mit einem alkalischen[1] Granulat (alkaline granulates) gefüllt und neutralisiert beim kontinuierlichen Durchströmen die Säure im Kondenswasser.

Die Wirkungsweise der Neutralisationseinrichtung sollte mindestens einmal im Jahr mit einem pH-Indikator (pH-tracer), z. B. Lackmus-Papier (litmus paper), überprüft werden. Bei Bedarf muss das Neutralisationsmittel (Granulat) aufgefüllt werden.
Wird das Kondenswasser direkt über die RSTE gefördert, sind im Handel säurebeständige Kondensathebeanlagen erhältlich.

6 Ableitung von Niederschlagswasser

Als Niederschlag werden nach DIN 4049-3 aus der Lufthülle ausgeschiedenes Wasser wie z. B. Regen, Schnee, Nebel oder Tau bezeichnet. Von allen versiegelten Flächen (covered areas) eines Wohngrundstückes, wie z. B. Flachdächern oder geneigten Dächern (flat or pitched roofs) sowie Verkehrsflächen müssen diese Niederschläge abgeleitet werden, um Überschwemmungen oder Schäden an Gebäuden zu vermeiden.
Die in der Vergangenheit ausschließlich praktizierte Ableitung von Niederschlag in die öffentliche Kanalisation ist teilweise überholt. Heutige wasserwirtschaftliche Zielvorgaben (water economy aims/targets) sind:

- die Abflussspitzen (discharge peaks) in hochbelastete öffentliche Kanäle, besonders in Ballungsgebieten, zu reduzieren,
- die Grundwasserneubildung (ground-water replenishment) zu fördern,
- die Verdunstungsrate (evaporation rate) zu erhöhen.

Um das zu erreichen werden folgende Maßnahmen ergriffen:

- Regenwassernutzung (rainwater utilisation),
- Regenwasserversickerung (rainwater percolation),
- verzögerte Ableitung von Regenwasser (delayed rainwater drainage),
- dezentrale Regenwasserrückhaltung (rainwater retention).

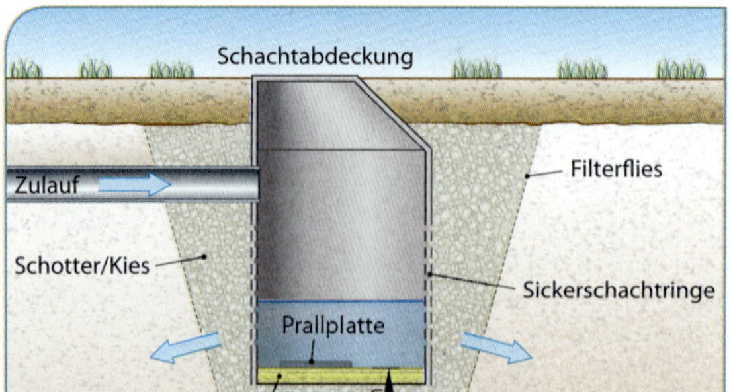

1 Beispiel einer Regenwasserschachtversickerung

[1] vgl. lernfeldübergreifende Inhalte, Kap. 1

Für Ein- und Zweifamilienhäuser auf kleineren Grundstücken bis z. B. ≤ 800m² ist eine Kombination aus Regenwassernutzung (vgl. Kap. 7) und Regenwasserschachtversickerung (rainwater soakaway) (Bild 1) besonders optimal.

Schachtversickerung

Bevor eine solche Versickerung geplant wird, muss der Betreiber ein hydrogeologisches Gutachten (hydrogeological report/expertise) über die Versickerungsfähigkeit (percolation/infiltration capability) des Untergrundes einholen. Diese Art der Versickerung eignet sich wegen der relativ kleinen Fläche eines Schachtes nur für begrenzte Niederschlagsmengen. Das Niederschlagswasser von Dachflächen bzw. Überschusswasser (excess water) einer Regenwassernutzungsanlage sollte auch weiterhin über Fall-, Sammel- und Grundleitungen der öffentlichen Kanalisation zugeführt werden.
Bei den Regenwasserfallleitungen (rainwater down/drain pipes) wird unterschieden, ob sie durch das Innere des Gebäudes (**innenliegende Dachentwässerung**) oder außen, direkt an der Gebäudewand (**außenliegende Dachentwässerung**), verlaufen (internal/external pipe run). Nach DIN EN 12056 zählen jedoch beide zu den innenliegenden Leitungen (vgl. Bild Entwässerungsanlage, Seite 116).

6.1 Entwässerung geneigter Dachflächen durch außenliegende Regenwasserfallleitungen

Die Installation von Dachrinnen (eaves gutters) und deren unterschiedliche Verbindungsrohrformen zur senkrechten Regenwasserfallleitung (Bild 1, nächste Seite) ist dem Beruf des Klempners oder Spenglers vorbehalten und kommt somit im Berufsbild des Anlagenmechanikers SHK nicht vor.
Geneigte Dächer, z. B. Satteldächer (double pitch/gabled roofs) haben für die Ableitung des anfallenden Niederschlagswassers in der Regel für jede Dachhälfte mindestens eine Regenwasserfallleitung, die direkt an der Gebäudeaußenwand installiert sind. Der vorgeschriebene Notüberlauf (emergency overflow) erfolgt über den Wulst der tieferliegenden Dachrinnenvorderkante (beaded gutter rim). Der Werkstoff der Fallleitungen ist meist Metall und sollte aus

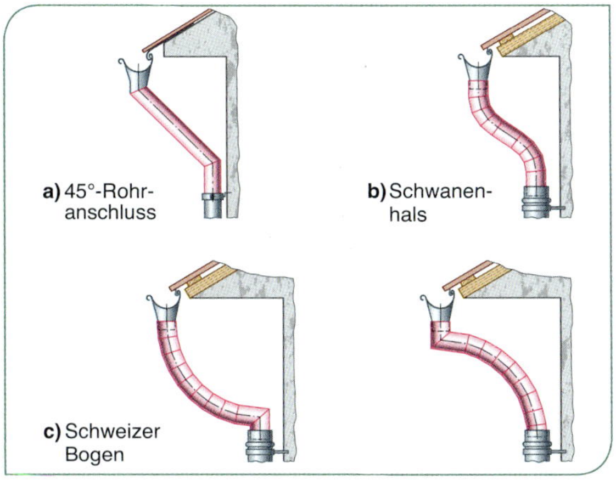

1 Verbindungsrohrformen vom Rinnenstutzen zur senkrechten Regenwasserfallleitung

Korrosionsschutzgründen dem der Rinnen mit ihren Verbindungsrohren entsprechen (vgl. Kap. 3.4). Werden Regenwasserfallleitungen aus Kunststoff verwendet, müssen sie UV-beständig sein, was für einige HT- und KG- Rohrwerkstoffe nicht zutrifft (vgl. Kap. 3.2 und Kap. 3.3).

Regenfallrohre aus Metall weisen folgende Eigenschaften auf:

- Lieferlängen 2 m, maschinell längsnahtgeschweißt (longitudinally welded),
- Steckmuffe (socket joint) als Verbindungsart mit mindestens 50 mm Einstecktiefe (Bild 2),
- angelötete Halbrundwulst (Bild 2), angeformte Sicke[1)] (bead) (Bild 3) oder angenieteter Blechstreifen als Anschlag (stopper) für die Rohrschelle zur Verhinderung des Abrutschens,
- runde oder viereckige Querschnitte

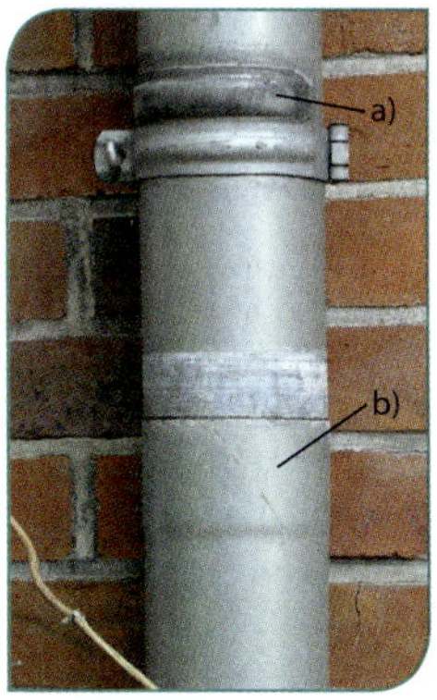

2 Regenfallrohr mit a) angelöteter Halbrundwulst und b) Steckmuffe

3 Maschinell hergestellte Rohrsicke

1) Maschinell hergestellte Vertiefung bzw. Erhöhung in Blechen, meist zur Erhöhung der Steifigkeit.

Die Befestigung erfolgt meist mittels einer Rohrschelle (pipe bracket/clamp) mit gekröpftem Einschlagstift (knock-in pin). Die Regenwasserfallleitung muss einen Abstand vom Mauerwerk von mindestens 20 mm haben. Beim Einschlagen des Einschlagstiftes ist darauf zu achten, dass dieser sich oberhalb der Schelle befindet (Bild 4). Sollte überlaufendes Wasser an der Regenwasserfallleitung herabfließen, kann es somit nicht über den Stift an die Außenwand geleitet werden.

Damit eine Beschädigung der Blechrohre im Bereich von Verkehrsflächen vermieden wird (z. B. Eindrücken durch rückwärtiges Einparken), mündet die Regenwasserfallleitung i. d. R. in ein widerstandsfähiges Standrohr aus z. B. Gusseisen oder Stahl (cast iron/steel gutter pipe). An der Einführung des Blechrohres in das Standrohr wird abschließend eine Abdeckung angebracht (Bild 5).

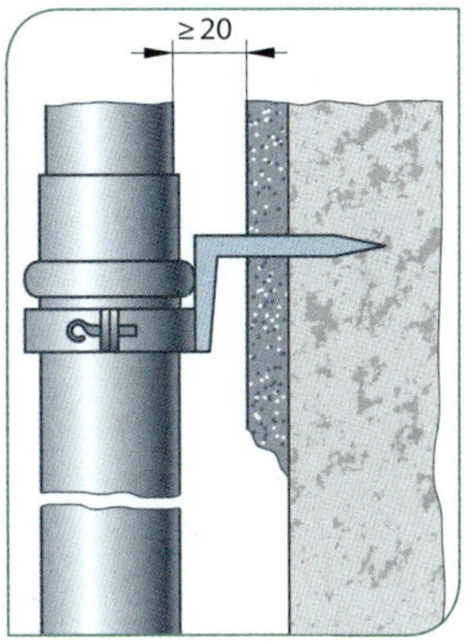

4 Rohrschelle mit gekröpftem Einschlagstift

5 Abdeckung beimÜbergang vom Blechrohr zum Standrohr

MERKE

Eine Abdichtung zwischen Blechrohr und Standrohr ist nicht zulässig, damit bei Starkregen das sich aufstauende Regenwasser zumindest teilweise entweichen kann.

Eine sehr einfache und beliebte Regenwassernutzung im Ein- und Zweifamilienhausbereich wird durch den Einbau einer Regenwasserklappe (rainwater flap) ermöglicht (Bild 6). Hier kann Regenwasser für die Garten- oder Rasenbewässerung entnommen werden.

6 Regenwasserklappe mit Speichertonne

Lernfeld 6

6.2 Entwässerung von Balkonen, Loggien und Terrassen

Balkone, Loggien und Terrassen werden entweder durch einen Bodenablauf oder eine vorgehängte Rinne entwässert. Das Niederschlagswasser darf in Ausnahmefällen wie auch von Dächern direkt über Wasserspeicher oder Tropfleisten (z. B. Ketten) auf das Grundstück abgeleitet werden. Voraussetzung ist allerdings, dass z. B. Nachbarn nicht beeinträchtigt sind und eine ausreichende Versickerung auf dem Grundstück sicher gestellt ist.

Von entscheidender Bedeutung für die Ableitung des Niederschlagswassers ist es, ob die Balkone, Loggien und Terrassen entweder eine umseitig **geschlossene** oder z. B. zwischen Brüstung und Fußboden **offene** Brüstung aufweisen.

Geschlossene Brüstung

Die Bodenabläufe oder vorgehängten Rinnen von Balkonen, Loggien und Terrassen mit geschlossener Brüstung müssen durch die Anschlussleitung an eine eigene Regenwasserfallleitung angeschlossen werden, welche an ihrem Ende in die Grundleitung mündet. Der Anschluss an eine vorhandene Regenwasserfallleitung der Dachentwässerung ist verboten.

Zusätzlich ist ein Notablauf vorgeschrieben, dessen Mindestdurchmesser 40 mm betragen muss.

Offene Brüstung

In diesem Fall darf die Anschlussleitung der Balkone, Loggien und Terrassen grundsätzlich an die vorhandene Regenwasserfallleitung der Dachentwässerung angeschlossen werden. Voraussetzung dafür ist allerdings, dass im Überflutungsfall das Regenwasser ungehindert abfließen kann.

Ausnahme

Die Anschlussleitungen von Balkonen, Loggien und Terrassen im **Erdgeschoss** sollten bei beiden Brüstungsarten direkt in die Grundleitung münden. Dadurch wird ein wesentlich größeres Überflutungsrisiko unmittelbar oberhalb der Rückstauebene durch rückstauendes Regenwasser bei Überlastung der Regenwassergrundleitung während eines Starkregens vermieden.

Der Anschluss sollte allerdings erst nach einem Entspannungspunkt, z. B. nach einem Hofablauf oder offenem Schacht mit Lüftungsöffnungen erfolgen.

Kann das Niederschlagswasser von einer ebenerdigen Terrassenfläche schadlos in das umgebende Gelände abfließen, muss der Fußboden ein ausreichendes Gefälle dorthin aufweisen.

6.3 Entwässerung von Flachdächern durch innenliegende Regenwasserfallleitungen

Bei bestimmten Dachkonstruktionen (meist Flachdächer) muss das Regenwasser über Regenwasserfallleitungen entsorgt werden, die durch das Innere des Gebäudes zunächst senkrecht bis z. B. in den Keller verlaufen. Im Falle eines Mischsystems dürfen sie dort nicht an eine vorhandene Schmutzwasserleitung angeschlossen werden. Auf Grund von Starkregen (intense rain) können Keller überschwemmt werden. Deshalb muss nach DIN EN 12056-1 der Anschluss an eine Schmutzwasserleitung immer außerhalb des Gebäudes vorgenommen werden (Bild 1a), mit Ausnahme bei einer Grenzbebauung (Bild 1b).

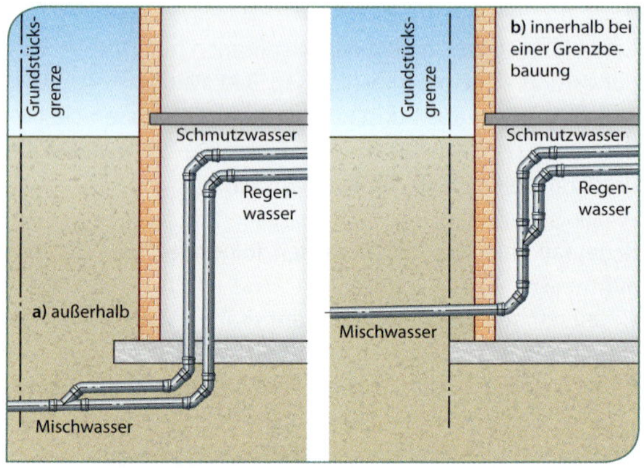

1 Zusammenführung von Schmutz- und Regenwasserleitungen bei einem Mischsystem

6.3.1 Regenwasserleitungen

Die Auswahl der Werkstoffe und Verbindungsarten für innenliegende Regenwasserleitungen wird durch folgende Faktoren beeinflusst:

- **Anstauen** (backup/swell) von Abwasser aus dem öffentlichen Kanal bei Rückstau oder einem Starkregenereignis bis mindestens zur RSTE,
- **Schwitzwasserbildung** (condensate formation) an der Rohraußenfläche, wenn kaltes Regenwasser durch das warme Gebäudeinnere abgeführt wird,
- **Schallübertragung** (sound transmission) der Fließgeräusche in Wohnbereiche.

Verschiedene Hersteller bieten Lösungen an, die den geforderten Ansprüchen an Schallschutz, Wärmedämmung und sichere Verbindungsarten bei höherem Druck entsprechen (Bilder 1 bis 2, nächste Seite). Blechrohre sind für innenliegende Regenwasserleitungen verboten.

Weitere zugelassene Abwasserrohre für die innenliegende Dachentwässerung (vgl. Kap. 3) müssen je nach Bedarf nachträglich gedämmt werden. Alle innenliegenden Regenwasserfallleitungen können auch mit einer Rohrbegleitheizung (pipe heat tracing) ausgerüstet werden. Das gilt auch für Flachdachabläufe.

1 Stahlrohr, schall- und schwitzwassergeschützt

2 Zusätzliche Sicherungsschelle für gusseisernes Rohr bei höheren Drücken

6.3.2 Flachdachabläufe

Die meisten Flachdächer von Ein- und Zweifamilienhäusern haben **keinen** durchlüfteten Dachboden (non-ventilated/aerated attic). Es sind einschalige Warmdächer (single-walled warm roofs/non-ventilated flat roofs), d.h. über der letzten Geschossdecke befinden sich eine Wärmedämmung mit nach innen liegender Dampfsperre, sowie die nach außen liegende Dachhaut (Bild 3).

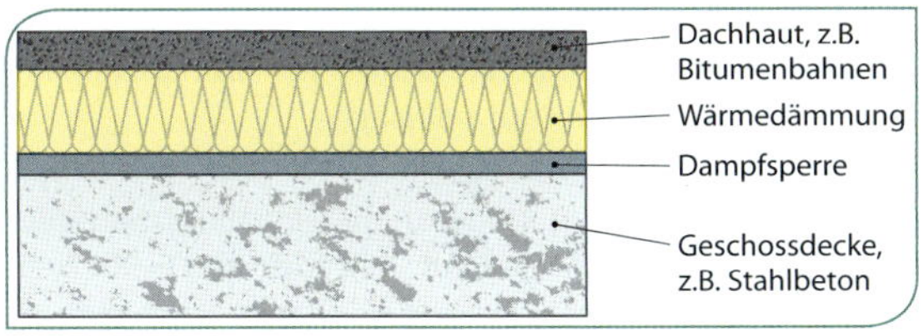

3 Aufbau eines Warmdaches

Daher werden im Folgenden auch nur Flachdachabläufe (flat roof drains) für Warmdächer dargestellt. Sie müssen an der tiefsten Stelle der Dachoberfläche installiert und wasserdicht mit der Dampfsperre und Dachhaut (roof cladding) verbunden werden. Dieses geschieht entweder mit einem Klemm- oder Klebeflansch (clamping/adhesive flange) (Bild 4 und Bild 5). Die Flansche müssen mit ihren Außenkanten einen Abstand ≥ 30cm zu anderen Durchdringungen (roof penetrations) z.B. Schornsteinen, Fugen, Dachaufbauten (z.B. Giebelwand) oder anderen aufgehenden Bauteilen haben.

Sollte in bestimmten Fällen das planmäßige Abfließen über den regulären Dachablauf (Bild 6a) eingeschränkt sein (z.B. Überlastung, eingeschränkter Rohrquerschnitt durch Verschmutzung) und lässt die Dachgeometrie eine Notentwässerung über die Fassade nicht zu, muss mindestens ein Notablauf (emergency drain) vorgesehen werden. Seine Einlaufhöhe liegt höher als die Stauhöhe (banked-up water level) des regulären Dachablaufes (Bild 6b). Das abfließende überschüssige Niederschlagswasser wird meist durch die Dachumrandung (roof boarder) mit freiem Auslauf auf das Grundstück abgeführt (Bild 1, nächste Seite).

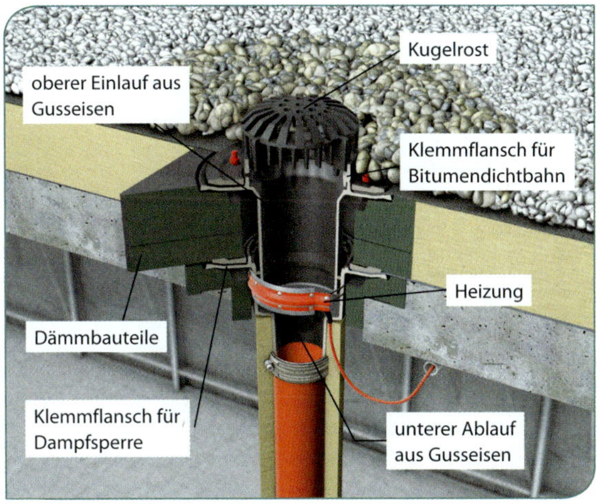

4 Gusseiserner Flachdachablauf mit Klemmflansch (Einbaubeispiel)

5 Dachablauf aus Polyurethan (PUR) mit Klebeflansch

MERKE

Um eine Überlastung der öffentlichen Kanalisation zu vermeiden, müssen Notabläufe ins Freie entwässern und nicht in das Entwässerungssystem.

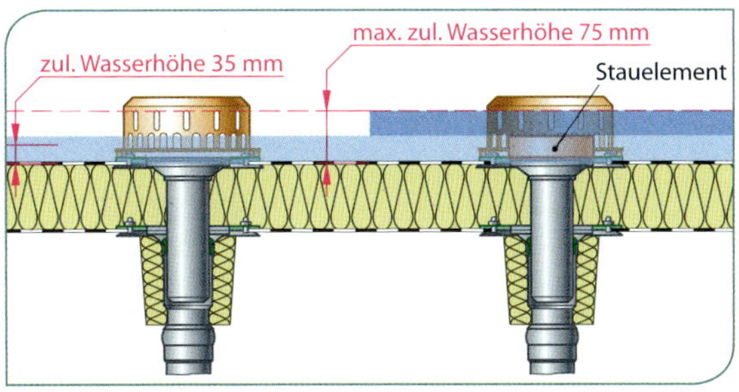

6a Hauptablauf *6b Notablauf (Einzelheit)*

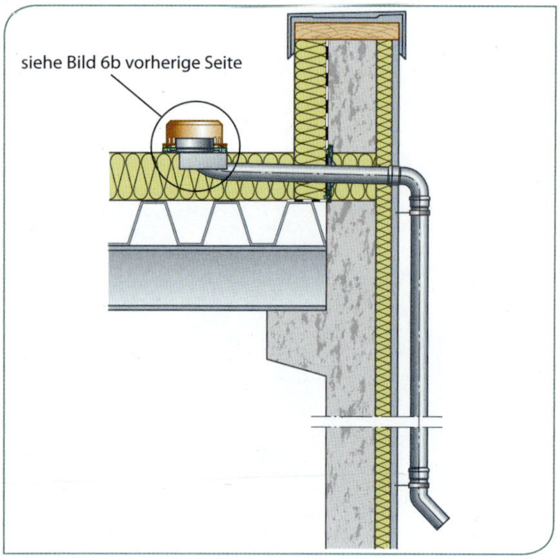

1 Notablauf durch die Flachdachumrandung mit freiem Auslauf

2 Anlegeleiter

3 fahrbares Kleingerüst

6.4 Unfallverhütung bei Dacharbeiten

Das Anbringen einer außenliegenden Regenwasserfallleitung und das Besteigen eines Flachdaches zur Installation eines Dachablaufes nehmen meist nicht viel Zeit in Anspruch. Deshalb sind große Gerüste als Absturzsicherungen (fall protections) für länger andauernde Arbeiten, wie sie z. B. bei der Installation einer vorgehängten Dachrinne üblich sind, nicht erforderlich.

Folglich kann das Besteigen eines Flachdaches bzw. die Installation einer Regenwasserfallleitung über Anlegeleitern (ladders) (Bild 2) und Kleingerüsten (small-sized scaffolds) (Bild 3) erfolgen.

6.5 Entwässerung erdbodengleicher Flächen

Die Entwässerung erdbodengleicher Flächen erfolgt durch Bodenabläufe (yard gullies) oder Entwässerungsrinnen (drainage channels) (Bilder 4 bis 7). Bei der Installation sind folgende Faktoren zu beachten:

- Einbau an der tiefsten Stelle der Fläche,
- unbefestigte Flächen müssen im Umkreis (periphery) von mindestens 0,5 m des Bodenablaufs befestigt werden, um Schmutzeinspülungen zu vermeiden bzw. zu verringern (Bild 7),
- liegt die Oberkante des Bodenablaufrostes (gully grating) unterhalb der Rückstauebene, muss eine Hebeanlage eingebaut werden (Ausnahme: bei Flächen von $\leq 5\ m^2$ sind auch Rückstauverschlüsse zulässig),
- Abläufe die an ein Mischsystem angeschlossen sind und deren Abstand $\leq 2\,m$ zu Türen und Fenstern bewohnter Räume bzw. Terrassen beträgt, müssen einen Geruchverschluss in frostfreier Tiefe von mindestens 0,8 m haben.

4 Bodenablauf einer befestigten Fläche

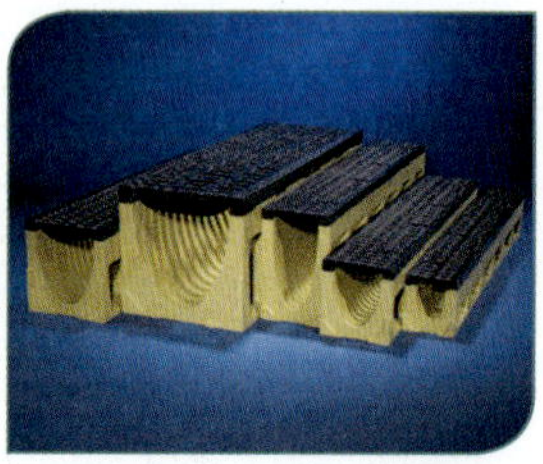

5 Auswahl von Entwässerungsrinnen

6 Installation einer Rinne

7 Bodenablauf einer unbefestigten Fläche mit Pflasterung

Lernfeld 6

ÜBUNGEN

1) Nennen Sie zwei Abwasserinhaltsstoffe, bei deren Einleitung in die Entwässerungsanlage besondere Maßnahmen ergriffen werden müssen.

2) Beschreiben Sie die Funktionsweise eines Bodenablaufs mit Heizölsperre.

3) Welche Maßnahme muss der Anlagenmechaniker SHK nach der Neuinstallation, der Wartung und eines Ölunfalls am Bodenablauf mit Heizölsperre immer durchführen?

4) Nennen Sie zwei Möglichkeiten, um Schäden an den Abwasserrohren bei Einleitung von Kondensat aus öl- oder gasbefeuerten Brennwertanlagen zu vermeiden.

5) Nennen Sie drei Gründe, warum die Einleitung von Niederschlag in die öffentliche Kanalisation vermieden bzw. verringern werden sollte.

6) Nennen Sie vier Maßnahmen, wie die Einleitung von Niederschlag in die öffentliche Kanalisation vermieden oder verringert werden kann.

7) Nennen Sie drei Merkmale von Regenwasserfallrohren aus Metall.

8) Wie wird verhindert, dass am Regenwasserfallrohr herabfließendes überschüssiges Regenwasser über die Einschlagstifte an die Fassade gelangt?

9) Was ist ein Standrohr und welche Aufgabe hat es?

10) Warum darf im Falle eines Mischsystems bei innenliegenden Regenwasserleitungen kein Anschluss an eine Schmutzwasserleitung innerhalb des Gebäudes erfolgen?

11) Wovon wird die Auswahl der Werkstoffe und Verbindungsarten bei innenliegenden Regenwasserleitungen beeinflusst?

12) Nennen Sie zwei Bauarten von Flachdachabläufen und beschreiben Sie ihre Abdichtung zur Dachfläche.

13) Wohin müssen Notabläufe das Regenwasser ableiten? Begründen Sie Ihre Antwort.

14) Erläutern Sie die Regeln für die Ableitung des Regenwassers von Balkonen und Loggien.

15) Nennen Sie vier Faktoren, die beim Einbau von Bodenabläufen in erdbodengleiche Flächen zu beachten sind.

7 Regenwassernutzung

In erster Linie dient das Sammeln, Bevorraten und Verteilen von Regenwasser der Schonung vorhandener Trinkwasserressourcen (drinking water resources). Wegen der relativ hohen Anschaffungs- und Wartungskosten werden der Kauf und der Einbau solcher Anlagen in einigen Bundesländern subventioniert. Der Einbau von Regenwassernutzungsanlagen (rainwater utilisation system) (Bild 1) ist meldepflichtig. Die Trinkwasserverordnung, AVB Wasser V[1] und die kommunalen Abwassersatzungen sind zu berücksichtigen.

Trinkwasserentnahmestellen (drinking water tapping points), die zur Reinigung von Lebensmitteln und Geschirr (z. B. Küchenspüle, Geschirrspüler) und der Körperhygiene (z. B. Waschtische, Duschen) dienen, dürfen **nicht** mit Regenwasser versorgt werden.

Deshalb kommen für die Regenwassernutzung nur folgende Entnahmestellen infrage:

- Gartenzapfstelle,
- Ausgussbecken, z. B. im Keller,
- Waschmaschine mit zusätzlicher Möglichkeit eines Trinkwasseranschlusses (zweite Leitung),
- Klosett- und Urinalspülung.

1 Regenwassernutzungsanlage im Trennsystem

[1] AVB Wasser V: Verordnung über Allgemeine Bedingungen für die Versorgung mit Wasser.

PRAXISHINWEIS

Ist an solchen Entnahmestellen auch ein Trinkwasseranschluss vorhanden, muss das Abstandsmaß zwischen den beiden Anschlüssen größer bzw. kleiner als das Montagemaß einer Mischarmatur sein. Dadurch wird eine verbotene Installation zumindest erschwert und die direkte Verbindung von Trinkwasser mit Nichttrinkwasser verhindert.

Innerhalb des Gebäudes ist in der Nähe der Trinkwasserhauseinführung (drinking water house lead-in) oder des Wasserzählers ein Hinweis auf die Regenwassernutzungsanlage anzubringen (Bild 1).

1 Hinweisschild für die Regenwassernutzungsanlage

MERKE

Regenwasserleitungen müssen mit dem Hinweis **„Kein Trinkwasser"**, **„Regenwasser"** oder **„Betriebswasser"**, Regenwasserentnahmestellen mit **„Kein Trinkwasser"** gekennzeichnet werden.

Sammeln von Regenwasser

Das nutzbare Regenwasser ist Wasser aus natürlichem Niederschlag, das auf gering belasteten Auffangflächen (low polluted collecting areas), üblicherweise Dächern, gesammelt wird und somit nicht durch Gebrauch verunreinigt ist. Verkehrsflächen (exterior common/traffic areas) sind häufig ungeeignet, da das Regenwasser stärker verschmutzt sein könnte. Folgende Dachoberflächenbeschaffenheiten sind im Einzelfall auf ihre Eignung zum Sammeln von Regenwasser zu prüfen:

- Gründächer (green roofs), die langfristig eine Braunfärbung des Regenwassers bewirken,
- Bitumendächer (bituminized roofs), die zu einer Gelbfärbung des Regenwassers führen können,
- Dächer aus Faserzement (fiber cement roofs), die langfristig Fasern in das Regenwasser emittieren,
- unbeschichtete Metalldächer (uncoated metal roofs), aus z. B. Kupfer- oder Titanzinkblech, bei denen nach der Neuerstellung stark erhöhte Metallkonzentrationen im Regenwasser auftreten können,
- verwitterte raue Dachflächen (weather-beaten roofs), auf denen sich während der Trockenzeiten Feststoffe ansammeln, die mit dem Regenwasser abgespült werden.

Bei Ein- und Zweifamilienhäusern sollten möglichst alle verfügbaren Auffangflächen genutzt werden, die qualitativ geeignet sind.

Bevorraten (speichern) von Regenwasser

Das im Speicher gesammelte Regenwasser sollte weitestgehend frei von Schmutzstoffen sein. Dies kann durch folgende Maßnahmen erreicht werden:

- regelmäßige Reinigung der Dachflächen und der zugehörigen Dachrinnen,
- Anbringung eines Laubfangkorbes (leaves trap/strainer) im Einlauf des Rinnenstutzens,
- Einbau von Schmutzfeinfilter (fine dirt filter/strainer) für weitere Schmutzstoffreste.

Die infrage kommenden Filter unterscheiden sich nach unterschiedlichen Filterprinzipien und Einbauorten. Einbauorte können in der Regenwasserfallleitung (rainwater down pipe), in der Zulaufleitung (inlet/feed pipe) außerhalb des Speichers und in der Zulaufleitung innerhalb des Speichers sein.

Der Einbau eines Filters in die Regenwasserfallleitung ist die einfachste Form der Installation (Bild 2). Angeboten werden diese Feinfilter ohne und mit Laubfang.
Eine weitere Möglichkeit ist der Erdeinbau eines Feinfilters **vor** dem Speicher (Bild 3). Es werden Wirbel- und Volumenfeinfilter unterschieden.

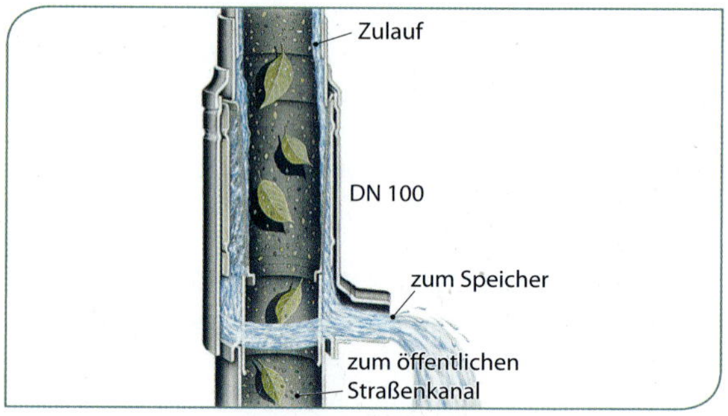

2 Feinfilter ohne Laubfang aus Kupfer oder nichtrostendem Stahl

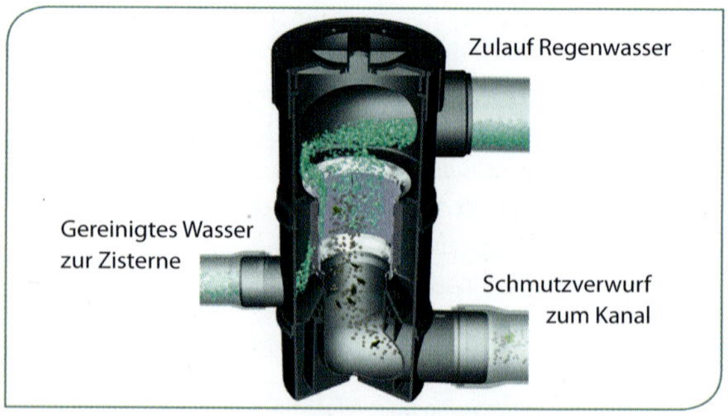

3 Wirbel-Fein-Filter, Gehäuse aus Kunststoff (PP)

Eine dritte Möglichkeit ist der Einbau eines Feinfilters in den Speicher. Hierbei werden häufig Wechselsprungfilter[1] mit Skimmer[2] und Überlauf sowie integrierter Rückstauklappe und Kleintiersperre (small animal block) (Bild 1) verwendet.

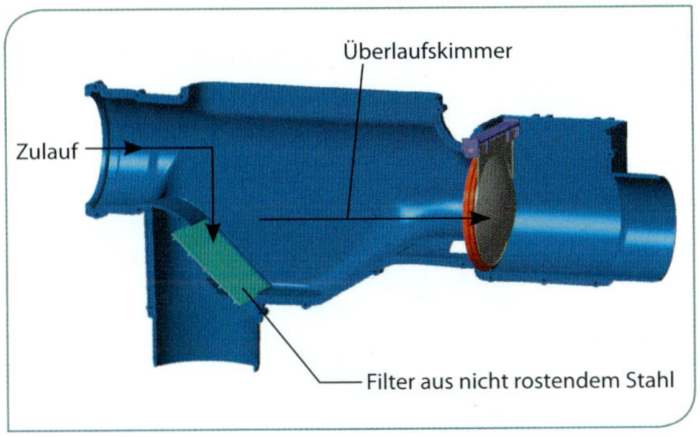

1 Wechselsprungfilter mit Überlauf, Rückstauklappe und Kleintierschutz

Da sich im Regenwasser trotz Filterung immer Schwebstoffe (suspended matters) befinden, müssen sie sich im Speicher ablagern können. Der Zulauf sollte beruhigt erfolgen und die Entnahme durch die Saugleitung so geregelt sein, das ein Mindestrückhaltevolumen (minimum retain volume) die Mitnahme von Ablagerungen (deposits) verhindert. Bei Wartungsarbeiten werden sie entfernt und wirken sich erfahrungsgemäß in den Zwischenzeiten nicht nachteilig auf die Wasserqualität aus.

Speicher bestehen meist aus Kunststoff (Bild 2a) oder Stahlbeton (Bild 2b). Sie werden überwiegend unterirdisch eingebaut, können aber auch oberirdisch oder im Keller aufgestellt werden. Der Aufstellort ist so zu wählen, dass das gespeicherte Regenwasser gegen starke Wärmeeinwirkung, Lichteinfall und Frost geschützt ist.

2a Erdspeicher aus Kunststoff

2b Erdspeicher aus Stahlbeton

Zur Überbrückung langer Trockenzeiten (dry seasons) muss die Regenwassernutzungsanlage über eine Nachspeisung (backfeed) von Trinkwasser verfügen. Diese erfolgt automatisch entweder in den Speicher durch eine Nachspeiseeinrichtung (Bild 3) oder in den Behälter eines Nachspeisemoduls und von dort in die Saugleitung einer Pumpe (Bild 4). Bei der Nachspeisung in den Speicher durch eine Nachspeiseeinrichtung muss die Oberkante des Einlauftrichters (feed hopper) oberhalb der Rückstauebene installiert werden (Empfehlung: ≥ 20cm höher), um ein Austritt von rückstauendem Abwasser zu verhindern.

Um ein Rücksaugen von Regenwasser in die Trinkwasseranlage zu verhindern, erfolgt die Nachspeisung in beiden Fällen durch freien Auslauf:

- entweder in einen Einlauftrichter der Nachspeiseleitung (Bild 3) oder
- in den Behälter des Nachspeisemoduls (Bild 4).

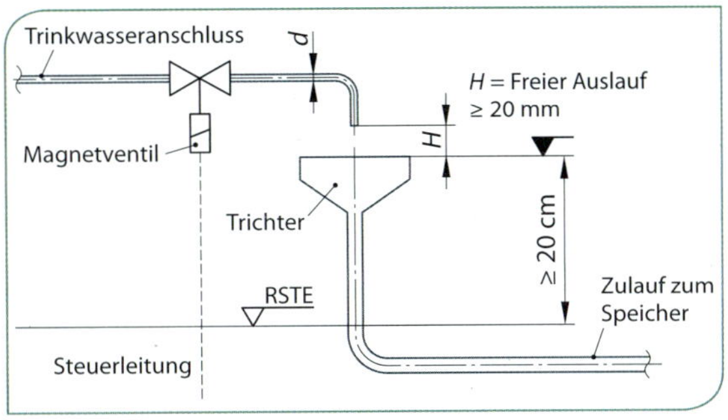

3 Nachspeisung über einen freien Auslauf in den Speicher

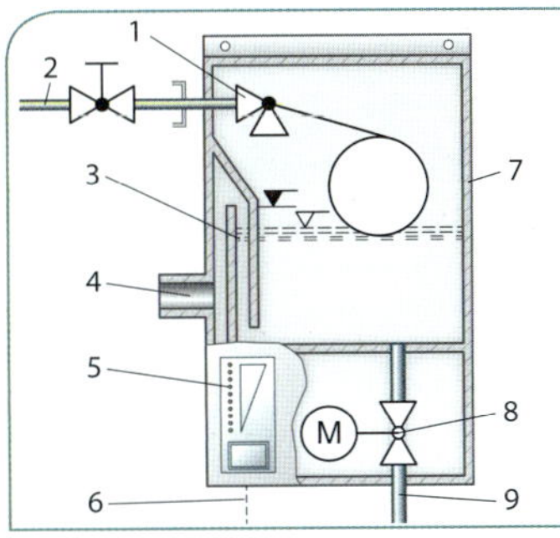

1 Schwimmerventil mit Schwimmerkugel
2 Trinkwasseranschluss
3 Integrierter Geruchverschluss
4 Kanalanschluss
5 Steuereinheit mit Füllstandsanzeige
6 Steuerleitung
7 Nachspeisebehälter
8 Motorgesteuerter Kugelhahn
9 Saugleitung der Pumpe

4 Nachspeisung über einen freien Auslauf in den Nachspeisebehälter

Da häufig mehr Regenwasser gesammelt als benötigt wird, muss jeder Speicher mit einem Überlauf (overflow) ausgestattet sein. Dieser kann je nach Einbaulage über oder unter der Rückstauebene (RSTE) liegen. Liegt der Überlauf unterhalb der RSTE, sind als Schutz gegen rückstauendes Abwasser folgende Installationen notwendig:

- bei Ableitung in den öffentlichen Mischwasserkanal **muss immer** eine Hebeanlage eingebaut werden.
- bei Ableitung in den öffentlichen Regenwasserkanal **muss nur** dann eine Hebeanlage eingebaut werden, wenn der Speicher im Keller (unterhalb der RSTE) aufgestellt ist.
- bei Ableitung in den öffentlichen Regenwasserkanal **darf** bei Erdspeichern ein Rückstauverschluss eingebaut werden.

  Verschiedene Hersteller bieten ihn mit Betriebsverschluss (duty seal/lock), Geruchverschluss und Kleintiersperre an

[1] Fließt das Regenwasser vom höheren Zulaufniveau zum niedrigeren vor dem Filter, entsteht ein abrupter Fließrichtungswechsel (Wechselsprung, hydraulic jump). Bei größeren Niederschlagsmengen entsteht dadurch eine starke Spülwirkung, wodurch der Filter reinigt wird.

[2] Der Skimmer (skimmer) ist eine Vorrichtung, um Schmutz von der Regenwasseroberfläche abzusaugen.

(Bild 1). Bei diesen Rückstauverschlüssen (Typ O) ist ein Notverschluss nicht erforderlich, da er nur für Regenwassernutzungsanlagen zugelassen ist.

Wird das überschüssige Regenwasser zur Versickerung auf ein Grundstück abgeleitet, ist der Einbau einer „Froschklappe" am Ende der Überlaufleitung sinnvoll (Bild 2).

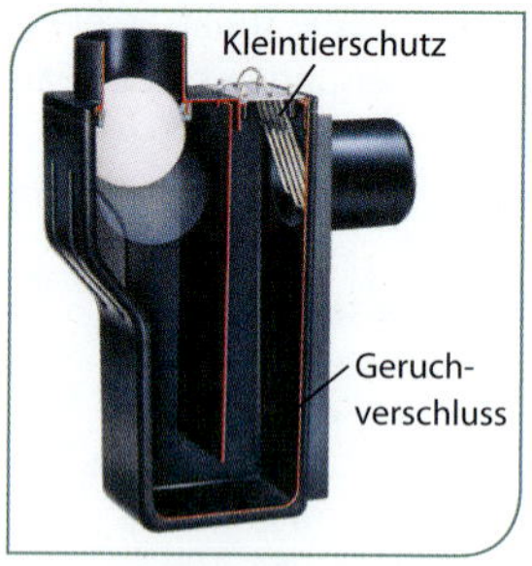

1 Rückstau- und Geruchverschluss mit Kleintiersperre

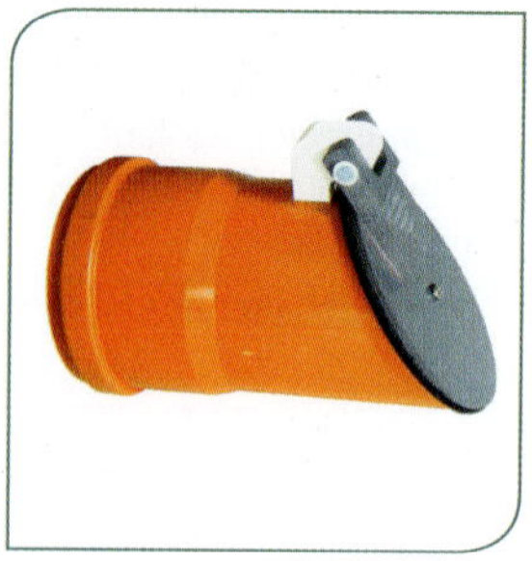

2 Froschklappe mit Steckmuffe

Verteilen von Regenwasser

Über eine Saugleitung wird das Regenwasser vom Speicher der Druckerhöhungsanlage (booster station) zu geführt (Bild 3). Sie erzeugt den notwendigen Druck in den Regenwasserversorgungsleitungen (rainwater supply pipes). Da die Druckerhöhungsanlage beim Druckaufbau Schwingungen erzeugt, sollte sie schwingungsgedämpft (vibration cushioned) aufgestellt und die Anschlüsse der Leitungen mit flexiblen Schläuchen (flexible hoses) hergestellt werden (Bild 3).

Da Regenwasser auf Grund der Schadstoffaufnahme (absorption of noxious matters) in der Luft leicht sauer ist (saurer Regen, pH-Wert bis 5,0), sollten nur säurebeständige Rohrwerkstoffe verwendet werden. Neben Kunststoffrohren eignen sich auch Rohre aus nichtrostendem Stahl (Edelstahlrohre).

Der Einbau bzw. die nachträgliche Einbaumöglichkeit eines Wasserzählers ist aus zwei Gründen notwendig bzw. sinnvoll, weil:

- manche Kommunen ihn verlangen, da die Berechnung der Abwassergebühr über die Trinkwasserentnahme erfolgt und
- eine Kontrolle der verbrauchten Regenwassermenge für die Kosten- Nutzenrechnung der Anlage von Bedeutung ist.

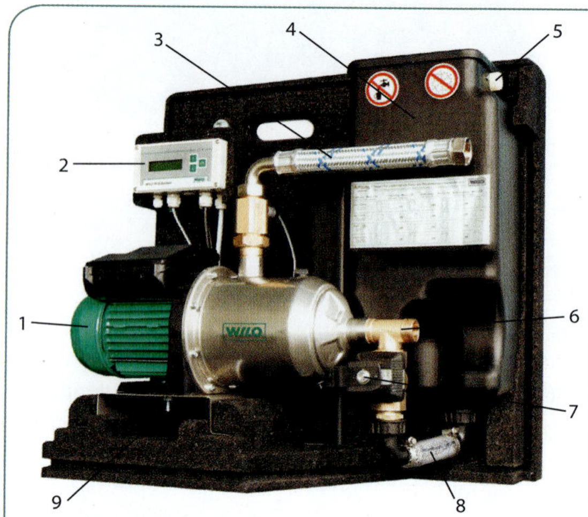

1 Versorgungspumpe
2 Steuerung
3 flexibler Anschluss für Druckleitung
4 Nachspeisemodul
5 Trinkwasseranschluss für die Nachspeisung
6 Anschluss für die Saugleitung
7 motorgesteuerter Kugelhahn
8 flexibler Anschluss für die Nachspeisung
9 Schwingungsdämpfung

3 steckerfertige Druckerhöhungsanlage

ÜBUNGEN

1. Welche Trinkwasserentnahmestellen dürfen nicht mit Regenwasser versorgt werden?
2. Nennen Sie vier Entnahmestellen, die einen Regenwasseranschluss haben dürfen.
3. Wie kann der verbotene Anschluss einer Mischarmatur an einen Regenwasser- und z.B. Trinkwarmwasseranschluss erschwert werden?
4. Welche Hinweisschilder müssen bei der Verwendung einer Regenwassernutzungsanlage vorhanden sein?
5. Welche Dachoberflächen müssen auf ihre Eignung zum Sammeln von Regenwasser geprüft werden? Begründen Sie die Prüfung.
6. Nennen Sie drei Maßnahmen zur Reinigung von Regenwasser.
7. Nennen Sie drei Einbauorte für Regenwasserfeinfilter.
8. Wie wird verhindert, dass es während einer Nachspeisung zum Rücksaugen von Regenwasser in die Trinkwasseranlage kommt?
9. Wie müssen Überlaufleitungen gegen rückstauendes Abwasser aus der öffentlichen Kanalisation gesichert werden?
10. Warum sollten die Regenwasserversorgungsrohre säurebeständig sein.
11. Nennen Sie zwei Gründe für den Einbau eines Regenwasserzählers.

8 Rohrweitenberechnung – Beispielaufgabe

In den beiden folgenden Zeichnungen ist die Entwässerungsanlage des Musterhauses im Trennsystem abgebildet. Bild 1 zeigt die Anlage als Strangschema im Gebäudeschnitt. Bild 2 im Grundriss von Keller und der Grundstücksfläche.

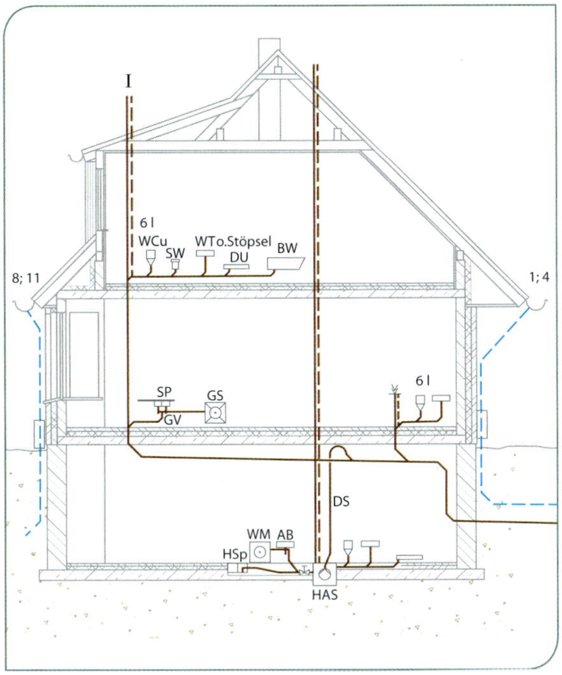

1 Schnittzeichnung mit Strangschema – unmaßstäblich

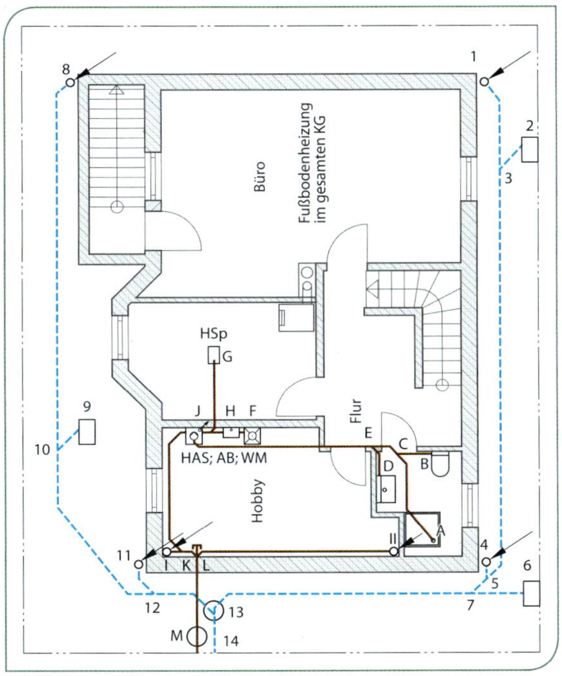

2 Grundrisszeichnung mit Entwässerungsanlage – unmaßstäblich

Alle für die Bemessung notwendigen Angaben sind den Zeichnungen und folgenden Tabellen sowie den Verweisen zu entnehmen. Weiterführende Angaben finden Sie in einschlägigen Tabellenbüchern.

8.1 Berechnung der Schmutzwasserleitungen

Anschlussleitungen

Die Nennweiten von Einzelanschlussleitungen werden durch das angeschlossene Sanitärobjekt bestimmt. Die Nennweiten der Sammelanschlussleitungen sind abhängig von der Anzahl der angeschlossenen Sanitärobjekte und der Summe ihrer Anschlusswerte (Bild 1).

Die DU-Werte und Nennweiten der Anschlussleitungen des Musterhauses müssen den Tabellen 4, Seite 133 und 1, Seite 137 entnommen werden und ergeben sich wie folgt:

Einzelanschlussleitungen		
Sanitärobjekt	DU-Wert	Nennweite (DN)
BW	0,8	50
DU	0,6	50
WT	0,5	40
SW	0,5	40
WCu	2,0	80 – 100
Spüle m. GS	0,8	50
AB m. WM	0,8	50
HSp	2,0	100
Sammelanschlussleitungen		
BW+DU	1,4	56/60
BW+DU+WT	1,9	56/60
BW+DU+WT+SW	2,4	70
BW+DU+WT+ SW+WCu	4,4	80 - 100

Fallleitungen

Abweichend von der Festlegung in der DIN EN 12056-1 und DIN 1986-100, für Volumenströme den Buchstaben Q zu benutzen, wird im Rahmen dieses Buches das in der Berufsschulliteratur überwiegend benutzte Kürzel $\dot{V}$ verwendet. Dieses geschieht aus Gründen der Eindeutigkeit, da das Q in der Wärmelehre die Wärmemenge beschreibt. Gleichwohl wird in manchen Tabellenbüchern auch die Normbezeichnung Q angewendet.

Die Nennweiten von Fallleitungen werden auf der Grundlage der Summe der DUs **aller** angeschlossenen Sanitärobjekte ermittelt. Da sie jedoch **nicht gleichzeitig** entwässern, muss dies berücksichtigt werden. Das geschieht durch die

Anwendung der folgenden Berechnungsformel zur Ermittlung des Volumenstroms:

Berechnung des Volumenstroms

$\dot{V}_{WW} = k \cdot \sqrt{\Sigma DU}\ \frac{l}{s}$

Die Abflusskennzahl *k* berücksichtigt unterschiedliche Gebäudearten und beträgt für Wohngebäude 0,5 $\frac{l}{s}$.
Die ΣDU aller an die Fallleitung des Musterhauses angeschlossenen Sanitärobjekte beträgt 5,2 (siehe Tabelle vorherige Seite).

$\dot{V}_{WW} = 0{,}5 \cdot \sqrt{5{,}2}\ \frac{l}{s}$

$\dot{V}_{WW} = 0{,}5 \cdot 2{,}28\ \frac{l}{s}$

$\underline{\underline{\dot{V}_{WW} = 1{,}14\ \frac{l}{s}}}$

MERKE

Ist der errechnete Wert kleiner als der DU-Wert des größten angeschlossenen Sanitärobjektes, so ist letzterer maßgebend.

In diesem Beispiel ist das größte angeschlossene Sanitärobjekt ein WC mit 6 l Spülvolumen. Der zugeordnete DU-Wert beträgt 2,0 $\frac{l}{s}$ und ist somit größer.
Mit diesem Volumenstrom ist die zugeordnete Nennweite der Tabelle zu entnehmen (Bild 1).

DN	d_i (mm)	$\dot{V}_{max}$ ($\frac{l}{s}$)
60	56	0,5
70*	68	1,5
80**	75	2,0
90**	79	2,7
100***	96	4,0
125	113	5,8
150	146	9,5
200	184	16,0

* max. 4 Küchenablaufstellen
** Mindestnennweite bei Anschluss von Klosetts (6 l)
*** Mindestnennweite bei Anschluss von Klosetts (9 l)

1 Tabelle für die Nennweitenbestimmung von Schmutzwasserfallleitungen mit Hauptlüftung:

Ergebnis:
Laut Tabelle ist bei Anschluss eines WCs mit 6 l Spülwasservolumen eine Nennweite von **DN 80** bzw. **DN 90** vorgeschrieben. Es ist jedoch auch die Nennweise **DN 100** zulässig.

Sammel- und Grundleitungen
Die Nennweiten liegender Leitungen werden abschnittsweise beginnend am Ende einer Fallleitung immer bis zu weiteren neuen Abzweigen ermittelt. Für diese Leitungsabschnitte müssen die Volumenströme mit der bekannten Formel $\dot{V}_{WW} = k \cdot \sqrt{\Sigma DU}\ \frac{l}{s}$ immer dann neu berechnet werden, wenn sich die Summe der DUs erhöht.

Die Auswahl der Nennweitentabellen ist abhängig von den zulässigen unterschiedlichen Füllgungsgraden, und zwar:

- Leitungen innerhalb von Gebäuden mit der Tabelle $h/d_i = 0{,}5$,
- Leitungen außerhalb von Gebäuden mit der Tabelle $h/d_i = 0{,}7$,
- Hinter dem Anschluss der Druckleitung einer Hebeanlage erhöht sich der Füllungsgrad um eine Stufe.
- Alle liegenden Leitungen des Musterhauses werden mit 1 cm/m (1 %) Gefälle verlegt.

Grundleitungen vor der Hebeanlage:
Alle Leitungen der Sanitärobjekte im Keller, die vor der Hebeanlage verlegt sind, werden hier nicht berechnet. Da es Grundleitungen sind, müssen sie immer eine Mindestnennweite zwischen DN 80 und DN 100 aufweisen (bessere Inspizierbarkeit der Leitungen). Dies ist für die angeschlossenen Sanitärobjekte ausreichend.

Sammelleitung vom Ende der Fallleitung bis zum Abzweig Druckleitung
Da sich die Summe der DUs nicht verändert, wird mit dem bereits errechneten Volumenstrom der Fallleitung ($\dot{V}_{WW}$ = 1,14 $\frac{l}{s}$) die Nennweite der entsprechenden Tabelle entnommen (Bild 2).

Gefälle	DN 70 d_i = 68 mm	DN 80 d_i = 75 mm	DN 90 d_i = 79 mm	DN 100 d_i = 96 mm	DN 125 d_i = 113 mm	DN 150 d_i = 146 mm
J	$\dot{V}$	$\dot{V}$	$\dot{V}$	$\dot{V}$	$\dot{V}$	$\dot{V}$
cm/m	$\frac{l}{s}$	$\frac{l}{s}$	$\frac{l}{s}$	$\frac{l}{s}$	$\frac{l}{s}$	$\frac{l}{s}$
0,50				1,8	2,7	5,4
0,60			1,1	1,9	3,0	5,9
0,70	0,8	1,1	1,2	2,1	3,2	6,4
0,80	0,9	1,1	1,3	2,2	3,5	6,8
0,90	0,9	1,2	1,4	2,4	3,7	7,3
1,00	1,0	1,3	1,5	2,5	3,9	7,7
1,10	1,0	1,4	1,6	2,6	4,1	8,0
1,20	1,1	1,4	1,6	2,7	4,2	8,4
1,30	1,1	1,5	1,7	2,9	4,4	8,7
1,40	1,2	1,5	1,8	3,0	4,6	9,1
1,50	1,2	1,6	1,8	3,1	4,7	9,4

2 Nennweitentabelle (Auszug) für liegende Leitungen (h/di=0,5)

Ergebnis:
Laut Tabelle reicht eine Nennweite von **DN 80**. Wurde jedoch für die senkrechte Fallleitung die zulässige Nennweite **DN 90 oder DN 100** gewählt, darf die anschließende liegende Leitung nicht kleiner sein.

MERKE

Reduzierungen der Nennweiten in Fließrichtung sind verboten!

Sammelleitung vom Abzweig der Druckleitung bis zum Abzweig des Gäste-WCs

Pumpenvolumenströme dürfen zu Schmutzwasservolumenströmen ($\dot{V}_{WW}$) adiert werden. Sie werden wie „Dauerläufer" behandelt. Die Förderleistung der Pumpe des Musterhauses beträgt $\dot{V}_P = 45\,\frac{l}{s}$ (Volumenstrom). Der Gesamtschmutzwasservolumenstrom $\dot{V}_{tot}$ der liegenden Leitung zwischen dem Anschluss der Druckleitung und dem nächsten Anschluss des Gäste-WCs beträgt somit:

$\dot{V}_{tot} = \dot{V}_{WW} + \dot{V}_P$

$\dot{V}_{tot} = 1{,}14\,\frac{l}{s} + 4{,}5\,\frac{l}{s}$

$\dot{V}_{tot} = 5{,}64\,\frac{l}{s}$

Die Nennweite wird der entsprechenden Tabelle entnommen (Bild 1)

Gefälle	DN 70 $d_i = 68$ mm	DN 80 $d_i = 75$ mm	DN 90 $d_i = 79$ mm	DN 100 $d_i = 96$ mm	DN 125 $d_i = 113$ mm	DN 150 $d_i = 146$ mm
J	$\dot{V}$	$\dot{V}$	$\dot{V}$	$\dot{V}$	$\dot{V}$	$\dot{V}$
cm/m	$\frac{l}{s}$	$\frac{l}{s}$	$\frac{l}{s}$	$\frac{l}{s}$	$\frac{l}{s}$	$\frac{l}{s}$
0,50		1,5	1,7	2,9	4,6	9,0
0,60	1,3	1,7	1,9	3,2	5,0	9,9
0,70	1,4	1,8	2,1	3,5	5,4	10,7
0,80	1,5	1,9	2,2	3,7	5,8	11,5
0,90	1,6	2,1	2,4	4,0	6,1	12,2
1,00	1,7	2,2	2,5	4,2	6,5	12,8
1,10	1,7	2,3	2,6	4,4	6,8	13,5
1,20	1,8	2,4	2,7	4,6	7,1	14,1
1,30	1,9	2,5	2,8	4,8	7,4	14,6
1,40	2,0	2,6	2,9	5,0	7,7	15,2
1,50	2,0	2,7	3,1	5,1	7,9	15,7

1 Nennweitentabelle (Auszug) für liegende Leitungen (h/d_i=0,7)

Ergebnis:

Laut Tabelle muss eine Nennweite von **DN 125** gewählt werden.

Sammelleitung vom Abzweig des Gäste-WC's bis zur Kelleraußenwand

$\Sigma\,DU = 5{,}2 + 2{,}5$

$\Sigma\,DU = 7{,}7$

$\dot{V}_{WW} = k \cdot \sqrt{\Sigma DU}\,\frac{l}{s}$

$\dot{V}_{WW} = 0{,}5 \cdot \sqrt{7{,}7}\,\frac{l}{s}$

$\dot{V}_{WW} = 1{,}39\,\frac{l}{s}$

Die Nennweite wird der entsprechenden Tabelle entnommen (Bild 1)

$\dot{V}_{tot} = \dot{V}_{WW} + \dot{V}_P$

$\dot{V}_{tot} = 1{,}39\,\frac{l}{s} + 4{,}5\,\frac{l}{s}$

$\dot{V}_{tot} = 5{,}89\,\frac{l}{s}$

Ergebnis:

Laut Tabelle muss eine Nennweite von **DN 125** gewählt werden.

Grundleitung außerhalb des Gebäudes.

Da keine weiteren Volumenströme hinzukommen, wird mit dem gleichen $\dot{V}_{tot}$ die Nennweite aus der entsprechenden Tabelle für liegende Leitungen mit $h/d_i = 1{,}0$ ermittelt (Bild 2).

Gefälle	DN 70 $d_i = 68$ mm	DN 80 $d_i = 75$ mm	DN 90 $d_i = 79$ mm	DN 100 $d_i = 96$ mm	DN 125 $d_i = 113$ mm	DN 150 $d_i = 146$ mm
J	$\dot{V}$	$\dot{V}$	$\dot{V}$	$\dot{V}$	$\dot{V}$	$\dot{V}$
cm/m	$\frac{l}{s}$	$\frac{l}{s}$	$\frac{l}{s}$	$\frac{l}{s}$	$\frac{l}{s}$	$\frac{l}{s}$
0,50				3,5	5,4	10,8
0,60			2,3	3,9	6,0	11,8
0,70	1,6	2,1	2,5	4,2	6,5	12,8
0,80	1,8	2,3	2,6	4,5	6,9	13,7
0,90	1,9	2,4	2,8	4,7	7,3	14,5
1,00	2,0	2,6	3,0	5,0	7,7	15,3
1,10	2,1	2,7	3,1	5,2	8,1	16,1
1,20	2,2	2,8	3,2	5,5	8,5	16,8
1,30	2,3	2,9	3,4	5,7	8,8	17,5
1,40	2,3	3,1	3,5	5,9	9,2	18,2
1,50	2,4	3,2	3,6	6,1	9,5	18,8

2 Nennweitentabelle (Auszug) für liegende Leitungen (h/d_i=1,0)

Ergebnis:

Laut Tabellenauszug muss eine Nennweite von **DN 125** gewählt werden.

8.2 Berechnung der Regenwasserleitungen

Bei der Berechnung der Regenwasservolumenströme $\dot{V}_r = r_{D;T} \cdot C_s \cdot A$ müssen zunächst die unterschiedlichen Niederschlagsmengen der verschiedenen Regionen berücksichtigt werden. Diese **Berechnungsregenspenden** ($r_{D;T}$) sind in entsprechenden Tabellen aufgeführt und können den oben angegebenen Normen und einschlägigen Tabellenbüchern entnommen werden. Bei der Berechnung von Dachflächen wird die Regenspende eines gleichmäßigen Fünfminuten-Regens verwendet, der statistisch gesehen **einmal** in fünf Jahren vorkommt (z. B. fünfjährige Berechnungsregenspende in Hamburg, $r_{5;5} = 0{,}0266\,\frac{l}{s \cdot m^2}$). Weiterhin muss die Art der Dachoberfläche **C_s = Spitzenabflussbeiwert** und die Größe der wirksamen Dachfläche (Hausgrundrissfläche) **A** berücksichtigt werden.

Regenwasserfallleitungen 1; 4; 8; 12

Vorgaben:

- Es entwässern vier Fallleitungen die gleiche Fläche.
- Die Gesamtdachfläche beträgt $240\,m^2$.
- Der Abflussbeiwert der Ziegelbedachung beträgt $C_s = 1{,}0$.

$\dot{V}_r = r_{5;5} \cdot C_s \cdot A$

$\dot{V}_r = 0{,}0266\,\frac{l}{s \cdot m^2} \cdot 1{,}0 \cdot 60\,m^2$

$\dot{V}_r = 1{,}6\,\frac{l}{s}$

Die Nennweite ist der entsprechenden Tabelle zu entnehmen (Bild 1).

Volumenstrom $\dot{V}_r$ ($\frac{l}{s}$)	**Nennweite *(DN)***
0,8	40
1,4	50
1,7	56
2,3	60
3,8	70
5,0	80
5,7	90
9,6	100
14,9	125

1 Nennweitentabelle (Auszug) für Regenwasserfallleitungen

Ergebnis:
Laut Tabellenauszug muss eine **Nennweite** von **DN 56** gewählt werden.

Regenwassergrundleitungen
Die Volumenströme von Grundleitungen, die das Regenwasser von erdbodengleichen Flächen ableiten, werden mit einer Regenspende von $r_{5;2} = 0{,}0206\ \frac{l}{s \cdot m^2}$ (zweijährige Berechnungsregenspende) berechnet. Die Auswahl der Nennweite erfolgt mit der Tabelle mit dem **Füllungsgrad 0,7**. Nach Hebeanlagen ergeben sich andere Füllungsgrade (s. Tabellenbücher). Die unterschiedlichen Volumenströme werden anders als beim Schmutzwasser immer addiert, da die Niederschläge alle Abläufe gleichzeitig belasten.

Vorgabe zur Berechnung der Musterhausleitungen:
Für alle erdbodengleichen Flächen beträgt der C_s-Wert 0,6 (gepflasterte Flächen mit Fugenanteil > 15 %).

Folgende Leitungsabschnitte haben den gleichen Volumenstrom und somit die gleiche Nennweite:
1 bis 3; 4 bis 5; 8 bis 10 und 11 bis 12.

Diese Grundleitungsabschnitte beginnen hinter den Fallleitungen und nehmen keine neuen Volumenströme auf. Deshalb kann mit dem bereits errechneten Volumenstrom der Regenwasserfallleitung ($\dot{V}_r = 1{,}6\ \frac{l}{s}$) die Nennweite aus der entsprechenden Tabelle ermittelt werden (Bild 1, vorherige Seite).

Ergebnis:
Laut Nennweitentabelle reicht eine Nennweite von DN 70. Tatsächlich müssen jedoch Leitungen der Nennweite **DN 80 … DN 100** installiert werden, da es sich um Grundleitungen handelt.

Folgende Leitungsabschnitte haben den gleichen Volumenstrom und somit die gleiche Nennweite:
2 bis 3; 6 bis 7 und 9 bis 10.

Zu entwässernde Flächen, je A = 50 m²

$\dot{V}_r = A \cdot r_{5;2} \cdot C_s$

$\dot{V}_r = 0{,}0206\ \frac{l}{s \cdot m^2} \cdot 0{,}6 \cdot 50\ m^2$

$\dot{V}_r = 0{,}62\ \frac{l}{s}$

Ergebnis:
Laut Nennweitentabelle reicht eine Nennweite von DN 70. Tatsächlich müssen jedoch Leitungen der Nennweite **DN 80 … DN 100** installiert werden, da es sich um Grundleitungen handelt.

Leitungsabschnitte 3 bis 5 und 10 bis 12:

$\dot{V}_r = 1{,}6\ \frac{l}{s} + 0{,}62\ \frac{l}{s}$

$\dot{V}_r = 2{,}22\ \frac{l}{s}$

Die Nennweite beträgt DN 90.

Leitungsabschnitte 5 bis 7 und 12 bis 13:

$\dot{V}_r = 2{,}22\ \frac{l}{s} + 1{,}6\ \frac{l}{s}$

$\dot{V}_r = 3{,}82\ \frac{l}{s}$

Die Nennweite beträgt DN 100.

Leitungsabschnitt 7 bis 13:

$\dot{V}_r = 3{,}82\ \frac{l}{s} + 0{,}62\ \frac{l}{s}$

$\dot{V}_r = 4{,}44\ \frac{l}{s}$

Die Nennweite beträgt DN 125.

Leitungsabschnitt 13 bis 14:

$\dot{V}_r = 4{,}44\ \frac{l}{s} + 3{,}82\ \frac{l}{s}$

$\dot{V}_r = 8{,}26\ \frac{l}{s}$

Die Nennweite beträgt DN 150.

9 Drainage

9.1 Drainage systems

The drain system is principally divided into two groups: the surface water and the waste water drainage (sewerage) system. Surface water is the precipitation (rain) water from roofs and the surrounding ground. Waste water is the polluted water from sanitary appliances which are used for washing purposes or for the removal of solid and liquid excreta (the latter is also called foul or soil water).The combined drainage system is used to convey the surface and waste water in a below-ground house drain away from the building to the public waste water sewer. All the water from this sewer system has to be treated at the sewage treatment plant. In a separate drainage system (1) the waste water and the surface water are conveyed in separate below-ground house drains to the public waste water and surface water sewers. The surface water sewer may discharge into a local water course because it does not need to be treated.

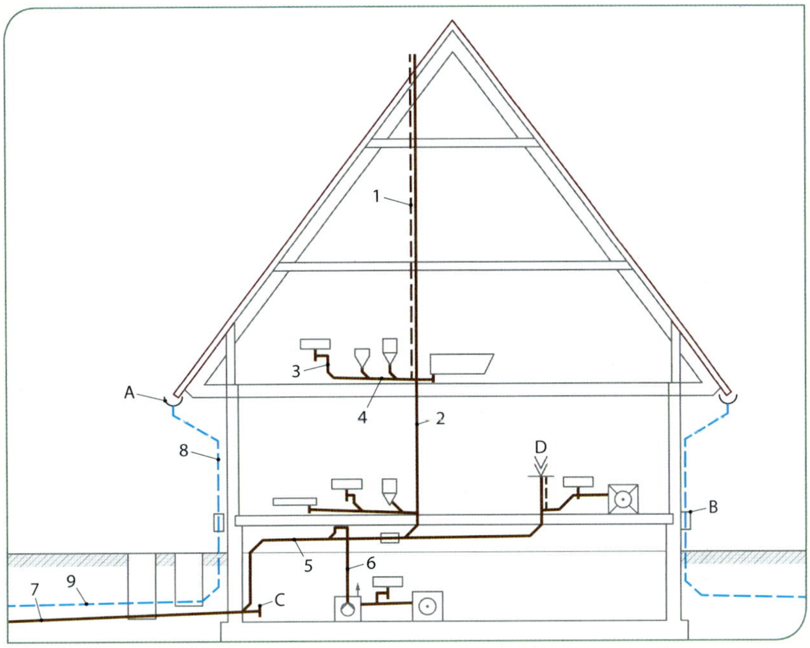

1 Sectional drawing with separate drainage system

Exercises

1) Find the corresponding English technical terms in the text above for: Niederschlagswasser, Oberflächenwasser, Abwasser, Schmutzwasser, Gebäude- und Grundstücksentwässerung, Entwässerungsanlage, Mischsystem, Trennsystem, Grundleitung, Abwasserkanal, Regenwasserkanal, Klärwerk.
2) List the English technical terms for the drain system sections No. 1 – 9
3) List the sanitary appliances shown in the sectional drawing of the house.
4) Find the corresponding English technical terms for the parts A – D.
5) Explain the difference between surface water and waste water.
6) Which water has to be treated at the sewage treatment plant? Explain why.

9.2 House drainage

The sanitary drainage pipework is designed to remove all the waste water from the different sanitary appliances to the below-ground house drain leading to the main public sewer. Kitchen sinks, wash basins, bidets, baths, showers, bowl urinals and WC pans are connected to the vertical main discharge stacks or soil pipes via trap, single waste pipes and branch discharge pipes (1). Branch discharge pipes should connect to the main discharge stack in such a way to avoid any cross flow into other waste or branch connections beneath (2).

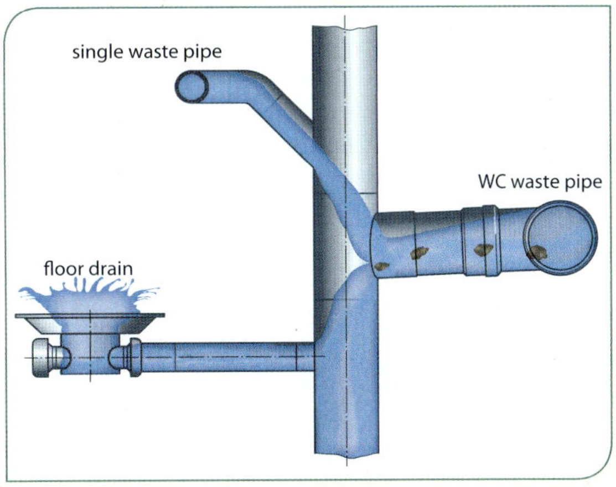

2 Cross flow in a discharge stack

Discharge and drainage pipes must be vented in order to prevent any build up or accumulation of foul gases. Ventilating the discharge pipes also prevents the trap seal water from being siphoned by pressure fluctuations within the pipe system (self-siphonage).

The main ventilating stack is the extension of the main discharge stack and terminates above the roof. Discharge stacks may also terminate within the house when fitted with an air admittance valve. These valves allow fresh air to enter the ventilating pipe but prevent foul gases escaping.

Rainwater drain pipes are used to convey the surface water collected from the roof to the surface water drain. In the most cases they are fixed vertically outside of the building and connected with the running outlet of the eaves gutter. Rainwater pipes usually run directly into the below ground drain or may sometimes terminate at ground level, discharging the rainwater into a gully hopper.

Exercises

1) Find the corresponding English technical terms in the text above for:
Sanitärobjekte, Geruchverschluss, Einzelanschlussleitung, Sammelanschlussleitung Schmutzwasserfallleitung, Hauptbelüftungsleitung, Belüftungsventil, Regenwasserfallleitung, Dachrinne, Ablaufstelle.

2) Describe possible cross flow disturbances as shown in picture No. 2.

3) Link the missing sentence parts to form a complete sentence:
   a) Single waste pipes and branch discharge pipes …
   b) Ventilated discharge pipes …
   c) Rainwater drain pipes convey …
   d) Every sanitary appliance …
   - the surface water from the roof to the house drain.
   - has its own waste pipe.
   - are connected to a main discharge stack.
   - prevent the spreading of foul gases.

4) Translate the completed sentences of exercise 3 into German.

5) Describe how the seal water of the trap can be siphoned out (see picture No. 1 and chapter 2.1.3.2, 2.2.1 and 2.2.2)

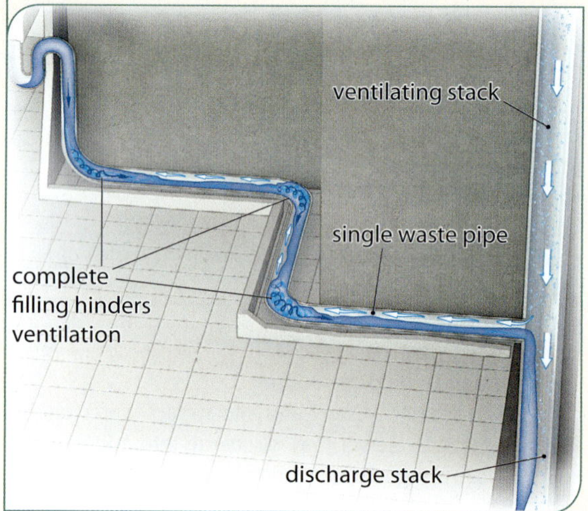

1 Self–siphonage in a waste pipe

9.3 Waste pipe materials

Different types of plastic are used for the sanitary drainage pipework, such as PVC, PE, PP or ABS, each with its own special characteristics. Common methods to connect detachable waste pipes and fittings are compression joints (picture 2), push fit joints (picture 3) and clamping sleeves. Non-detachable joints may be solvent-weld joints and joints made by electric butt or electric fusion welding.

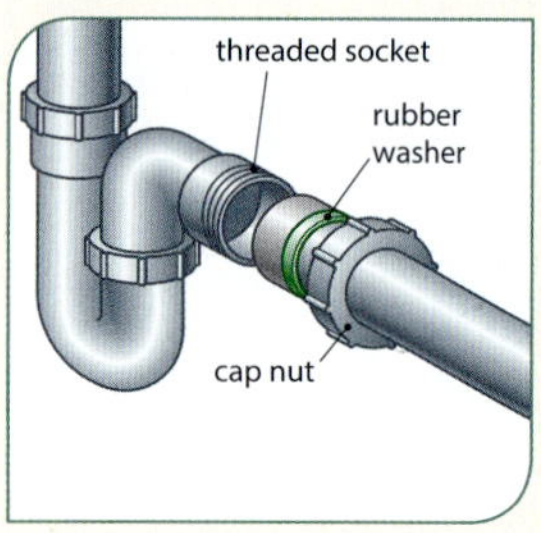

2 Trap with compression joints

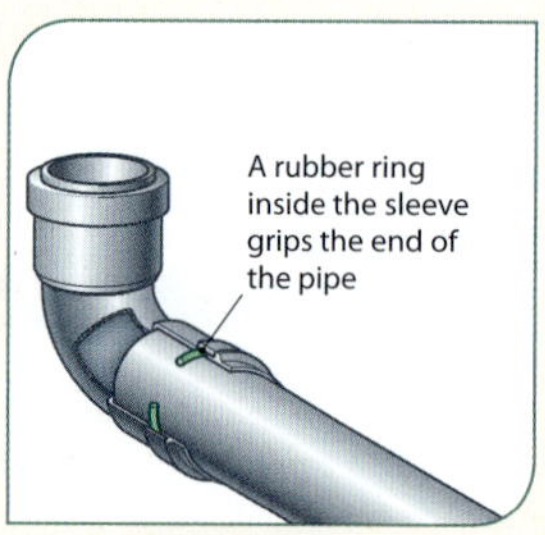

3 Bend with push-fit joints

Exercises

1) Find the corresponding English technical terms in the text and pictures for:
Rohrwerkstoffe, Eigenschaften, Kunststoffarten, lösbare Verbindung, Spannverbinder, Steckverbindungen, Klemmverschraubungen, Klebeverbindung, Spiegelschweißen, Heizwendelschweißen, Gewindemuffe, Gummidichtung.

2) Look for metal drain pipe materials in chapter 3.

3) Which drain pipes can be a) solvent welded, b) electric butt or fusion welded?

4) Describe the making of connections with a) compression joints and b) push-fit joints.

9.4 Traps, floor drainage and backflow stoppers

Sanitary appliances are connected to the drainage pipework of the house by installing a waste fitting, a trap fitting (when required) and a single waste pipe.
A trap is a fitting or an integral part of an appliance, containing standing water to prevent the passage of noxious sewer gases (foul gases). There are different designs of trap fittings, the most common are the tubular traps, such as the "S" trap with a vertical outlet and the "P" trap (picture 2) or the bottle trap (picture 1) with a horizontal outlet. The seal water in the trap must be maintained stable, but water loss can result from leakages, evaporation or pressure fluctuations (picture 2).

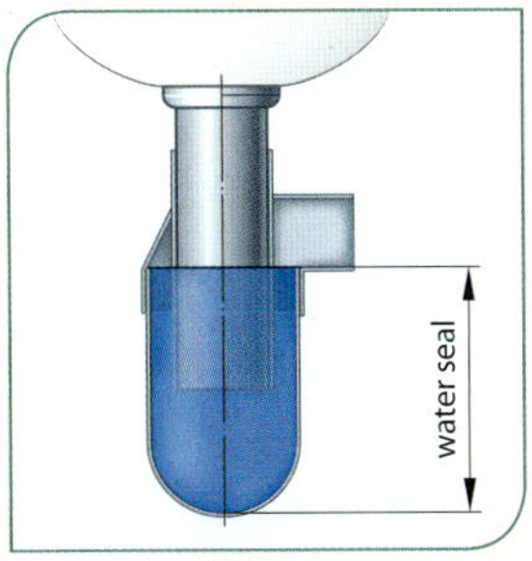

1 *Bottle trap with seal water and horizontal outlet*

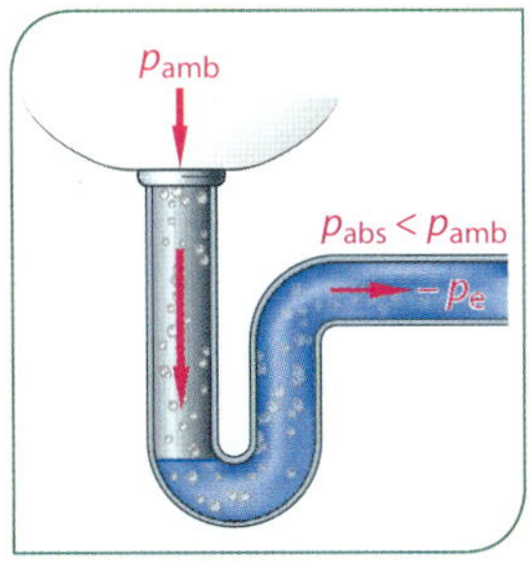

2 *"P" trap with seal water los by partial vacuum (siphonage)*

Floor drains (picture 3) are drainage fittings with integrated traps designed to receive and convey surface water from bathrooms, utility rooms or cellars. The inlet on floor level is covered by a grid and the casing box may have one, two or three other inlets for discharge pipes from closely grouped washing appliances (e.g. wash basins, bidets, showers). Some floor drains include a sediment bucket to collect any dirt or silt.

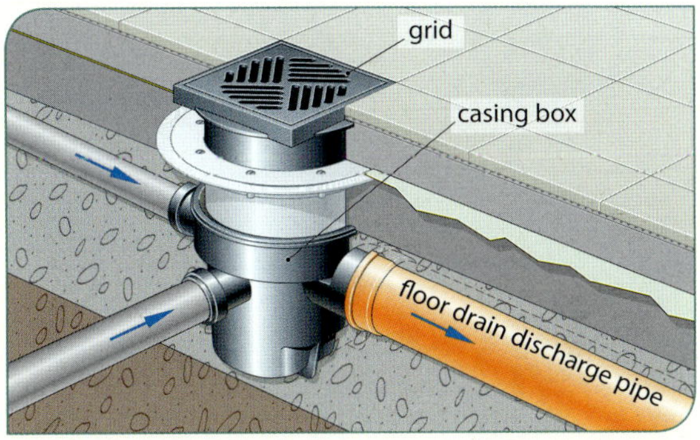

3 *Floor drain with two additional discharge pipe inlets*

The purpose of backflow stoppers (anti-flood valves) is to prevent the overflowing of discharge points situated below the level of back-up water, such as floor drains and sanitary appliances in cellars (picture 4). A backup or backflow can be caused by surcharged or blocked house drain pipes and sewer systems.

Exercises

1. Find the corresponding English technical terms in the text above for:
   Röhrengeruchsverschluss, Flaschengeruchsverschluss, Sperrwasser, Wasserverluste, Kanalgase, Druckschwankungen, Verdunstung, Bodenabläufe, Rost, Gehäuse, Schlammeimer, Rückstauverschlüsse, Überlastung, Rückstau, Rückfluss ,Rückstauebene, Kellerabläufe.
2. Explain the function of the standing water in traps?
3. Describe the main differences between the P- and the S- trap.
4. Where can we find floor drains in a house? Give three examples.
5. Translate the text passage about the floor drains into German.
6. Describe the waste water flow in the floor drain presented in picture 3.
7. Find out in chapter 4 where backflow stoppers may be integrated.
8. List up the English technical terms for the marked parts in picture 4.
9. Describe the functioning of a backflow stopper in the situation presented in picture 4.

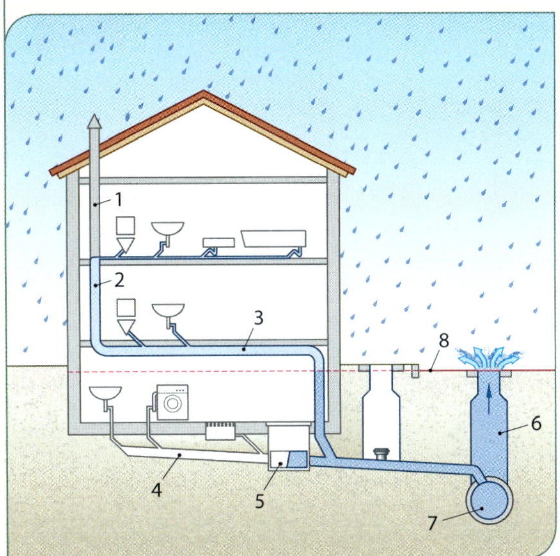

4 *Backflow in a house*

Lernfeld 6

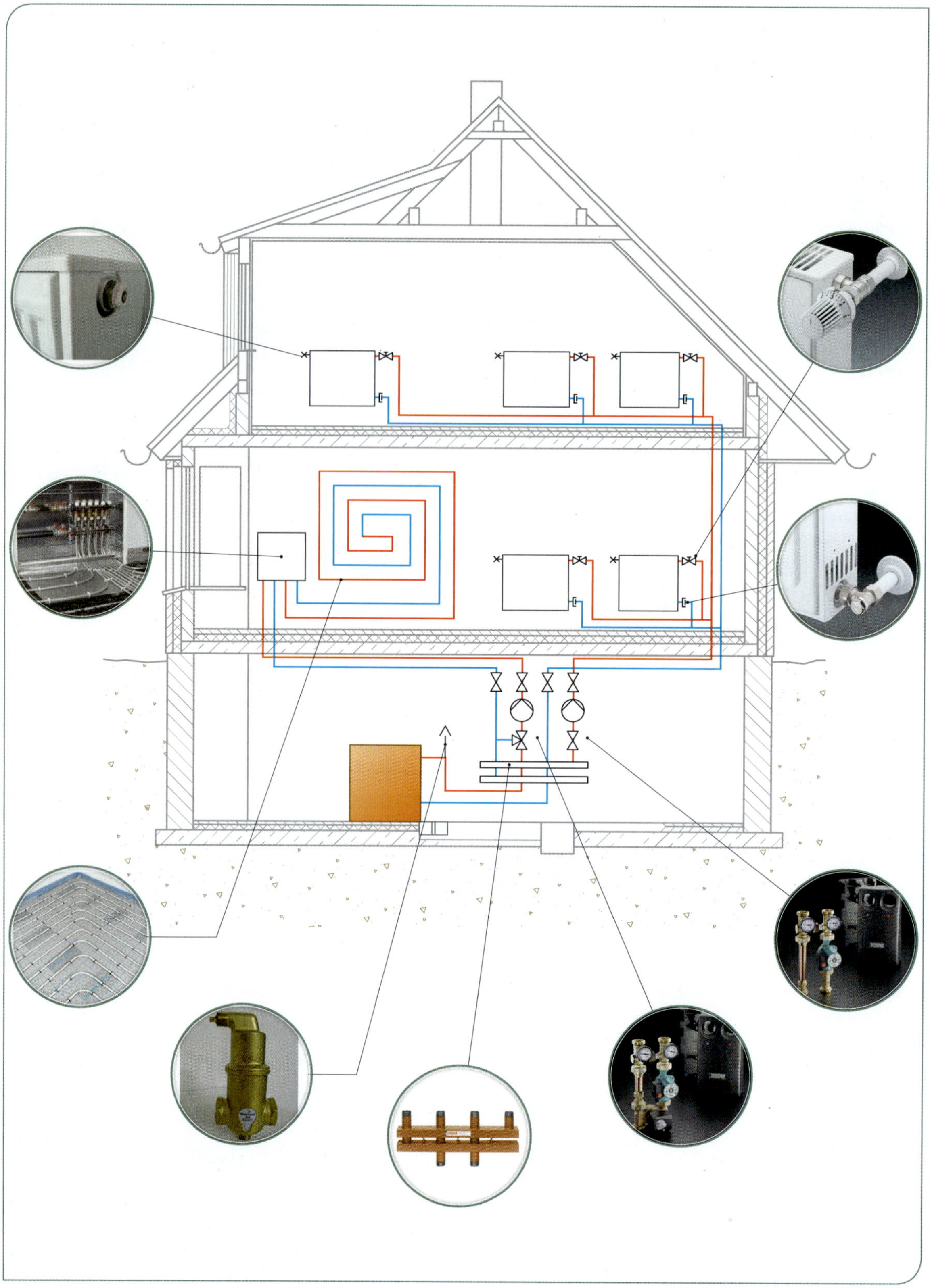

1 Grundlagen der Wärmeverteilung

1.1 Allgemeine Anforderungen

Die Beheizung (heating) der Gebäude erfolgt heute hauptsächlich durch Pumpen-Warmwasserheizungen (pumped hot water heating systems). Dabei wird das im Wärmeerzeuger erwärmte Wasser über ein Rohrverteilungssystem zu den Wärmeverbrauchern (Heizflächen) geführt, gibt dort Wärme ab und strömt zum Wärmeerzeuger zurück. Die für den Wärmetransport erforderliche Zirkulation bewirkt eine Umwälzpumpe. Diese erzeugt den notwendigen Druck, um die Rohrnetzwiderstände zu überwinden. Wärmeverluste der Rohrleitungen werden durch entsprechende Dämmmaßnahmen begrenzt. Die Wärmeübertragung in den Räumen erfolgt je nach Art der Heizflächen durch Wärmestrahlung und/oder Konvektion (vgl. Kap. 4.7, S. 33)

Bei der Auswahl, Auslegung, Montage, Einstellung und Inbetriebnahme der einzelnen Komponenten (Anlagenteile) sind neben den technischen Anforderungen auch wirtschaftliche und ökologische Gesichtspunkte zu berücksichtigen.

1.1.1 Verordnungen, Normen, Vorschriften

Folgende Verordnungen, Normen und Vorschriften sind für die Installation von Wärmeverteilanlagen zu beachten:

- DIN 1053-4 Mauerwerk
- DIN EN 1996 Mauerwerk
- DIN 4102 Brandverhalten von Baustoffen und Bauteilen
- DIN 4108 Wärmeschutz und Energieeinsparung in Gebäuden
- DIN 4109 Schallschutz im Hochbau
- DIN 4703- 1 u. 3 Raumheizkörper
- DIN 4713- 1 u. 5 Verbrauchsabhängige Wärmekostenabrechnung
- DIN 4724 Kunststoff-Rohrleitungssysteme für Warmwasser-Fußbodenheizung und Heizkörperanbindung
- DIN 4726 Warmwasser-Flächenheizungen und Heizkörperanbindungen – Kunststoffrohr- und Verbundrohrleitungssysteme
- DIN 18380 VOB Vergabe- und Vertragsordnung für Bauleistungen Teil C; Allgemeine Technische Vertragsbedingungen für Bauleistungen (ATV); Heizungsanlagen und zentrale Wassererwärmungsanlagen
- DIN EN 1717 Schutz des Trinkwassers vor Verunreinigungen in Trinkwasserinstallationen und allgemeine Anforderungen an Sicherheitseinrichtungen zur Verhütung von Trinkwasserverunreinigungen durch Rückfließen
- DIN EN 215 Thermostatische Heizkörperventile; Anforderungen und Prüfung
- DIN EN 442- 1...2 Radiatoren und Konvektoren
- DIN EN 1264- 1...5 Raumflächenintegrierte Heiz- und Kühlsysteme mit Wasserdurchströmung
- DIN EN 1434- 1...6 Wärmezähler
- DIN EN 835 Verdunstungsverteiler
- DIN EN 12828 Heizungssysteme in Gebäuden; Planung von Warmwasser-Heizungsanlagen
- DIN EN 12831 Heizungssysteme in Gebäuden; Verfahren zur Berechnung der Norm-Heizlast
- DIN EN 16297- 1...3 Umwälzpumpen in Nassläuferbauart – Allgemeine Anforderungen und Verfahren zur Prüfung und Berechnung des Energieeffizienzindexes (EEI)
- EnEG Gesetz zur Einsparung von Energie in Gebäuden (Energieeinsparungsgesetz)
- EnEV Verordnung über energieeinsparenden Wärmeschutz und energiesparende Anlagentechnik bei Gebäuden (Energieeinsparverordnung)
- VDI 2035 Vermeidung von Schäden in Warmwasser-Heizungsanlagen
- VDI 4100 Schallschutz im Hochbau – Wohnungen – Beurteilung und Vorschläge für erhöhten Schallschutz
- VDI 6030 Auslegung von freien Raumheizflächen; Grundlagen; Auslegung von Raumheizkörpern

1.2 Rohrverteilungssysteme

Rohrverteilungssysteme (distribution pipe systems) verbinden Wärmeerzeuger mit den Heizflächen. Sie sind so auszuführen und zu dimensionieren, dass die Heizflächen entsprechend ihrem Wärmebedarf mit Warmwasser versorgt werden.

Man unterscheidet

- nach der Lage der Hauptverteilung untere Verteilung, obere Verteilung, Stockwerkverteilung und etagenweise Verteilung,
- nach der Wasserführung in den Rohrleitungen Zweirohrsystem und Einrohrsystem.

1.2.1 Untere Verteilung

Bei der unteren Verteilung (lower distribution) werden die Vorlaufverteilungs- und die Rücklaufsammelleitung unterhalb der Heizkörper auf dem Rohfußboden (base concrete floor), in bzw. hinter Sockelleisten (baseboards), in Bodenkanälen oder an der Kellerdecke (cellar ceiling) verlegt. Von den Verteilungs- und Sammelleitungen zweigen die senkrechten Steigleitungen zu den Heizkörpern in den einzelnen Geschossen ab (Bild 1). Gegenüber der oberen Verteilung erfordert diese Verteilungsart weniger Rohrmaterial und ist somit preisgünstiger.

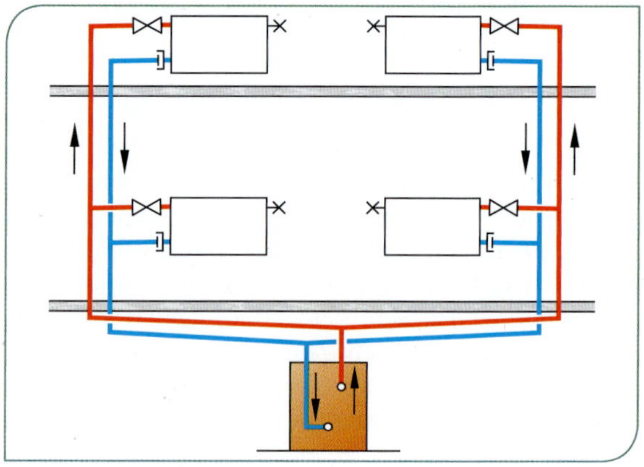

1 Untere Verteilung – Zweirohrsystem

1.2.2 Obere Verteilung

Das Heizwasser wird vom Kessel in einem Steigstrang (flow stack) bis über die obersten Heizkörper (Dachgeschoss) geführt, von dort zu den Fallsträngen (return stack) verteilt und von oben nach unten den Heizkörpern zugeleitet. Nach der Wärmeabgabe wird das Heizwasser über Fallstränge und Sammelleitungen dem Kessel wieder zugeführt.

Die obere Verteilung (upper distribution) findet Anwendung bei Anlagen mit Dachheizzentralen (Bild 2). Man findet sie noch bei Altanlagen mit Schwerkraftbetrieb. Bei Dachheizzentralen (attic heating centrals) strömt das Heizwasser vom Wärmerzeuger über die waagerechten Vorlaufverteilungsleitungen, die auf dem obersten Rohfußboden verlegt werden, und den Fallsträngen zu den Heizflächen und über die Steigstränge und Sammelleitungen zum Wärmeerzeuger zurück.

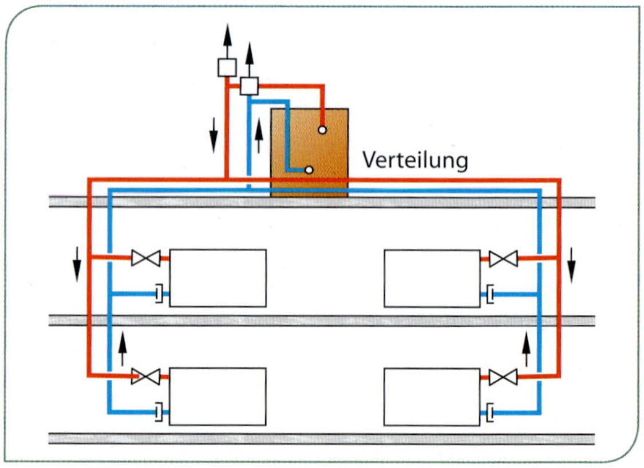

2 Obere Verteilung – Zweirohrsystem mit Dachheizzentrale

1.2.3 Etagenheizung

Bei der Etagenheizung (single-story heating), auch Stockwerksheizung genannt, befinden sich der Wärmeerzeuger und die Heizkörper im gleichen Stockwerk (Bild 3). Die Wärmeerzeuger können z. B. in der Küche oder im Flur aufgestellt werden.

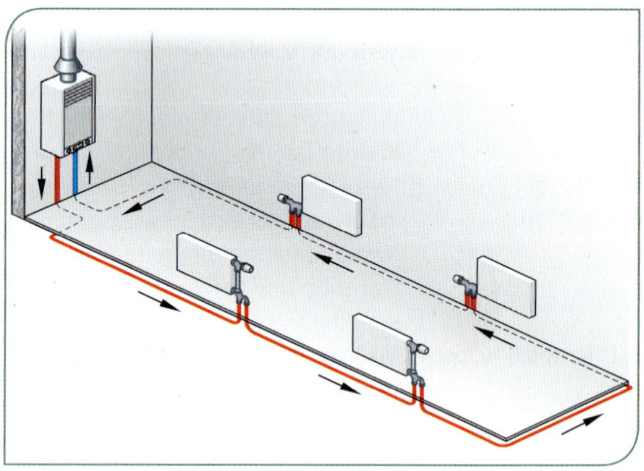

3 Etagenheizung im Einrohrsystem

1.2.4 Etagenweise Verteilung

Bei der in Bild 1, nächste Seite dargestellten Verteilung wird in jeder Etage bzw. Wohnung ein Vorlaufverteiler (flow distributor) und Rücklaufsammler (return colletor) mit einem Wärmemengenzähler installiert. Die Heizkörper innerhalb der Etage bzw. Wohnung können im waagerechten Einrohr- bzw. Zweirohrsystem angeschlossen werden. Vorteil dieses Systems ist, dass eine wohnungsweise Wärmemengenmessung (heat metering) vereinfacht wird. Der Wärmeerzeuger befindet sich üblicherweise im Keller.

1.2.5 Zweirohrsystem

Beim Zweirohrsystem (two pipe system) strömt das Heizwasser über die Vorlaufleitung (flow pipe) zu den Heizkörpern und von dort abgekühlt über die Rücklaufleitung (return pipe) zum Wärmeerzeuger zurück. Dadurch hat jeder Heizkörper annähernd die gleiche Vorlauftemperatur. Heizkörper gleicher Größe erbringen folglich bei gleicher Temperaturdifferenz zwischen Vorlauf und Rücklauf (Spreizung) die gleiche Wärmeleistung. Außerdem beeinflussen sich die Heizkörper gegenseitig nur wenig, d. h. bei Absperrung einzelner Heizkörper wird die Wärmeleistung der übrigen kaum beeinträchtigt (Bild 2).

Tichelmann-System

Das Tichelmann-System ist eine besondere Form des Zweirohrsystems. Die Summe der Rohrlängen von Vor- und Rücklauf vom Wärmeerzeuger ausgehend zu jedem Heizkörper bzw. Steigstranganschluss ist etwa gleich. Ein Heizkörper bzw. Steigstranganschluss mit kurzem Vorlauf hat folglich einen langen Rücklauf, ein Heizkörper bzw. Steigstranganschluss mit langem Vorlauf hat einen kurzen Rücklauf (Bild 3). Dadurch ergeben sich für jeden Heizkörperanschluss (Steigstranganschluss) gleiche Druckverluste (pressure losses) und alle Heizkörper werden etwa gleich schnell warm. Außerdem ist ein hydraulischer Abgleich nicht erforderlich.

1.2.6 Einrohrsystem

Beim Einrohrsystem (one pipe system) (Bild 4) fließt das Vorlaufwasser zum ersten Heizkörper, vermischt sich mit dessen Rücklaufwasser und wird zum Vorlaufwasser des folgenden Heizkörpers.

Mehrere in Reihe geschaltete, durch eine Ringleitung (circular pipe) verbundene Heizkörper bilden einen **Heizkreis**. Die Heizkörper werden über Vor- und Rücklaufleitung an die Ringleitung angeschlossen (Reitende Anordnung, **Nebenschlusssystem**).

Da sich die Heizwassertemperatur (heating water temperature) nach jedem Heizkörper verringert, müssen die folgenden Heizkörper vergrößert werden, um die gleiche Wärmeleistung (thermal power) zu erreichen. Außerdem beeinflussen sich die Heizkörper gegenseitig, d. h. bei Absperrung eines Heizkörpers verändert sich die Wärmeleistung der anderen.

Die Rohrführung kann waagerecht (waagerechte Einrohrheizung) oder senkrecht (senkrechte Einrohrheizung) erfolgen. Daneben sind auch Kombinationen untereinander und mit anderen Systemen möglich.

Gegenüber dem Zweirohrsystem erfordert das Einrohrsystem geringeren Rohrbedarf und Montageaufwand. Da die Wasserumlaufmenge (circulating water quantity) in einem Heizkreis (Ringleitung) nahezu konstant ist, führen abgesperrte oder gedrosselte Heizkörper zu keiner Beeinträchtigung der Druckverhältnisse. Allerdings muss bei geschlossenen Heizkörperventilen die gesamte Wassermenge in der Ringleitung umgewälzt werden. Nachteile des Einrohrsystems sind der größere Heizflächenbedarf (heating surface requirement)

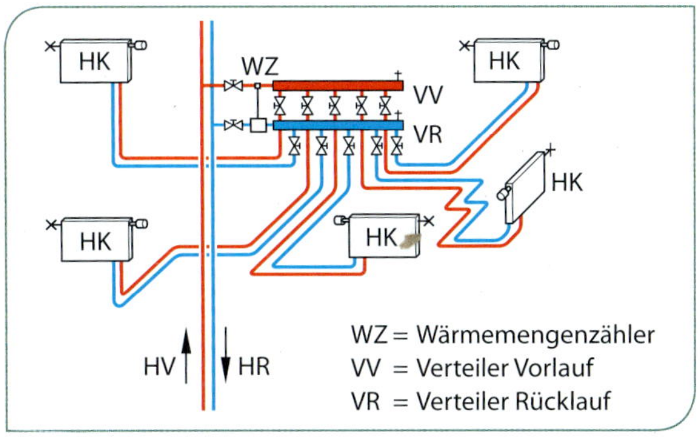

1 Etagenweise Verteilung

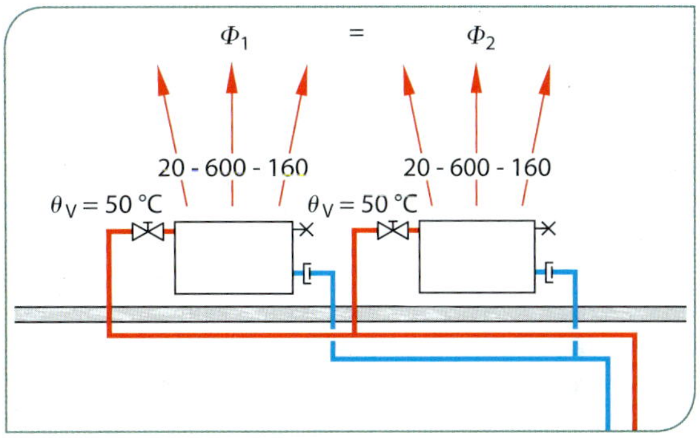

2 Zweirohrsystem

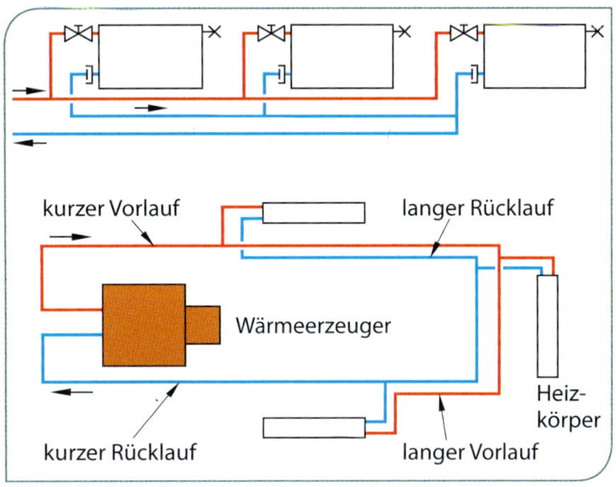

3 Tichelmannsystem

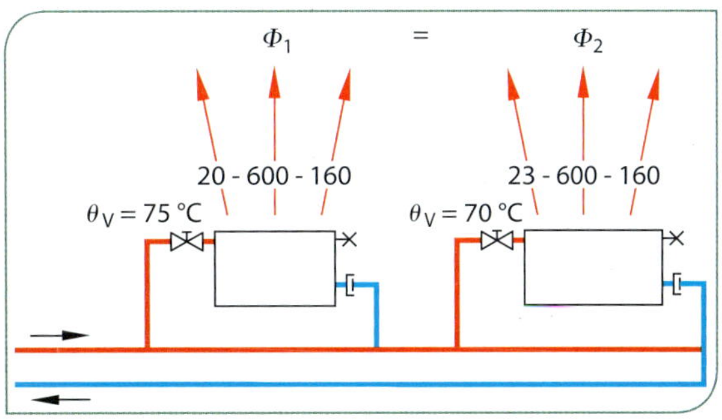

4 Einrohrsystem

bei gleicher Wärmeleistung mit zunehmender Entfernung vom Vorlaufanschluss (Heizkreisanfang) und die gegenseitige Beeinflussung der Heizkörper in der Wärmeleistung.

1.2.6.1 Waagerechte Einrohrheizung

Bei der waagerechten Einrohrheizung (horizontal one pipe heating) werden die Rohrleitungen in Neubauten meist im Fußbodenaufbau bzw. auf der Rohdecke verlegt. Im Rahmen der Altbausanierung werden sie häufig in den Sockelleisten bzw. Abdeckprofilen (Bild 1) untergebracht. Bei letzterer Verlegeart sind allerdings oft Türunterführungen erforderlich.

Die waagerechte Einrohrheizung ermöglicht eine vereinfachte Erweiterung (Gebäudeaufstockung), eine geschossweise Absperrung und Regelung sowie eine erleichterte Wärmemengenmessung.

1.2.6.2 Senkrechte Einrohrheizung

Bei der senkrechten Einrohrheizung (vertical one pipe heating) (Bild 2) wird der Steigstrang bis zum obersten Geschoss bzw. Dachgeschoss (roof floor) geführt und dort zu den einzelnen Fallsträngen verteilt. Gegenüber dem Zweirohrsystem mit oberer Verteilung erfordert die senkrechte Einrohrheizung weniger Montage- und Materialaufwand.

PRAXISHINWEIS

Bei Etagenheizungen, der etagenweisen Verteilung und waagerechten Einrohrheizung ist jeder Heizkörper **einzeln zu entlüften.**

1 Abdeckprofil für die Rohrleitung einer Einrohrheizung

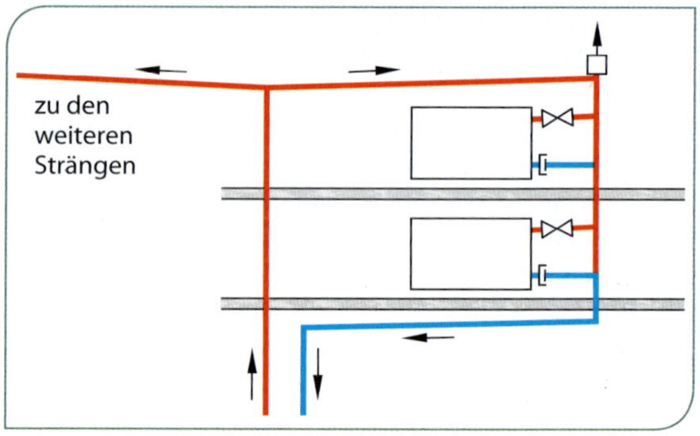

2 Senkrechte Einrohrheizung

ÜBUNGEN

1) Welche Rohrverteilungssysteme unterscheidet man
   a) nach der Lage der Hauptverteilung?
   b) nach der Wasserführung in den Rohrleitungen?
2) Beschreiben Sie die Rohrführung
   a) bei der unteren Verteilung;
   b) bei der oberen Verteilung.
3) Was ist eine Etagenheizung?
4) Erläutern Sie das Zweirohrsystem.
5) Erläutern Sie die Rohrverlegung beim Tichelmann-System und nennen Sie zwei Vorteile dieses Systems.
6) Nennen Sie vier Merkmale des Einrohrsystems.
7) Welche Vor- und Nachteile hat das Einrohrsystem gegenüber dem Zweirohrsystem?
8) Beschreiben Sie die Rohrführung a) bei der waagerechten Einrohrheizung b) bei der senkrechten Einrohrheizung.
9) Nennen Sie Vorteile der waagerechten Einrohrheizung.

1.3 Zeichnerische Darstellung einfacher Wärmeverteilungsanlagen

Bei der Darstellung von einfachen Heizungssystemen werden die **waagerecht** verlegten Rohrleitungen maßstäblich in die **Gebäudegrundrisse** eingezeichnet (Bild 1).
Die **senkrecht** verlegten Rohrleitungen (die Stränge) werden zur Veranschaulichung in flächenhaften Strangschemas (piping view sections) (Bild 2) dargestellt, wobei nur die Höhen der Geschosse, Heizkörper und Kessel maßstäblich (true-to-scale) sein müssen. Die waagerechte Ausdehnung ist frei wählbar und sollte der Blattgröße angepasst werden. Für besonders komplizierte Details (z. B. Heizkörperanbindungen oder beim Aufeinandertreffen von Rohrleitungen verschiedener Gewerke) werden **isometrische Strangschemas** (isometric piping views) gezeichnet (Bild 3). Bei der isometrischen Darstellung müssen alle Details, also auch die waagerechte Ausdehnung, maßstäblich gezeichnet werden.

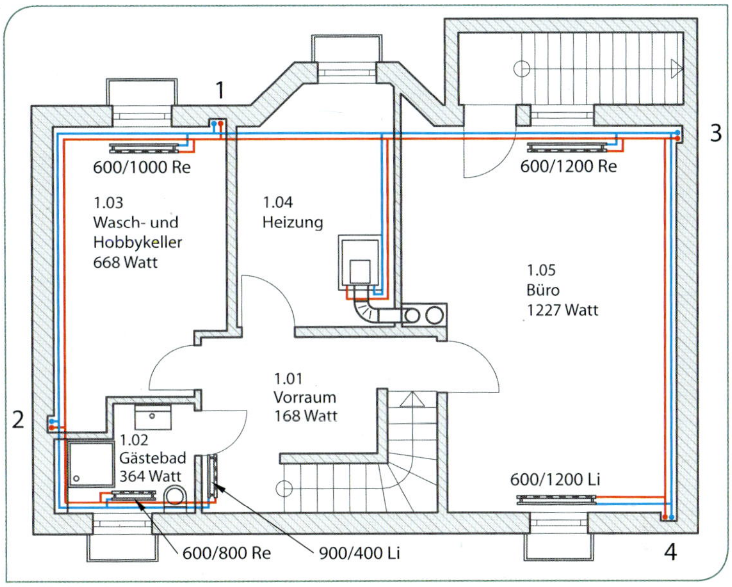

1 Waagerechte Verteilung im Grundriss Kellergeschoss

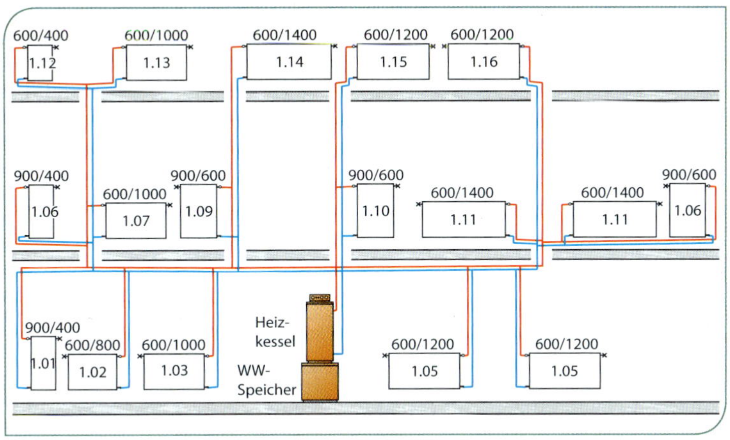

2 Flächenhaftes Strangschema des gesamtes Gebäudes

1.3.1 Flächenhafte Strangschemas

Der Anlagenmechaniker SHK benötigt eindeutige Angaben, um Heizkessel, Rohrleitungen, Heizkörper und sonstige Anlagenteile fachgerecht einbauen zu können. Da in Grundrisszeichnungen (ground plain drawings) nur die horizontalen Leitungen maßstäblich eingezeichnet sind (Bild 1, nächste Seite), werden zur Festlegung der genauen Höhenlagen von z. B. Verteilern und Heizkörperanbindungsleitungen flächenhafte Strangschemas gezeichnet (Bild 2, nächste Seite).

Bei der Entwicklung eines **flächenhaften** Strangschemas ist Folgendes zu beachten:

- Alle Anlagenteile werden in **eine Ebene** geklappt (die **Blickrichtung** ist festzulegen und zu beachten), Raumecken bleiben unberücksichtigt (Bild 1, nächste Seite).
- Nur Höhenmaße (height measures) werden maßstäblich gezeichnet (Bild 2, nächste Seite).
- Horizontale Abstände (horizontal distances) und Heizkörperbaulängen (radiator length) werden **unmaßstäblich** gezeichnet (genaue Maße sind der Grundrisszeichnung zu entnehmen).

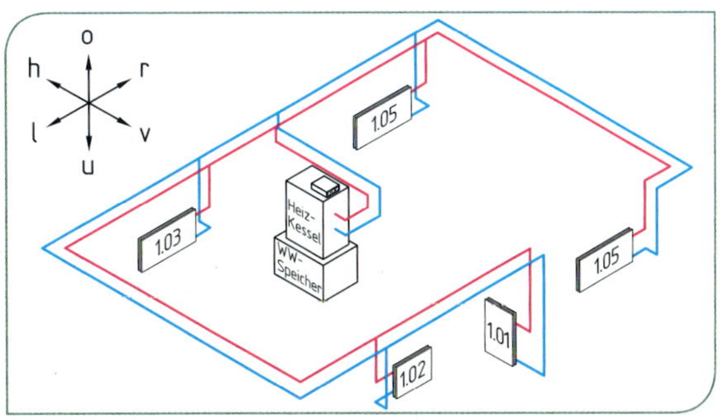

3 Isometrisches Strangschema Kellergeschoss

- Strangabstände und Heizkörperbaulängen werden möglichst **gleichmäßig** gezeichnet.
- Strangnummern werden aus dem Grundriss entnommen und von **links** nach **rechts** im Strangschema angeordnet.
- Hintereinander liegende Leitungen werden **nebeneinander** gezeichnet.
- In **Montagezeichnungen** (assembly drawings) werden in das Strangschema Raumnummern, Heizkörpergrößen, Ventil- und Rohrnennweiten eingetragen (Bild 3).

1.3.2 Isometrische Strangschemas

Isometrische Strangschemas werden nur dann gezeichnet, wenn aus der flächenhaften Darstellung der genaue Rohrverlauf nicht genau genug zu entnehmen ist. Dies ist insbesondere beim Aufeinandertreffen von Rohrleitungen verschiedener Gewerke (z. B. Feuerlöschleitungen, Trinkkaltwasserleitungen, Trinkwarmwasserleitungen, Zirkulationsleitungen, Heizwasserleitungen und Kühlwasserleitungen) der Fall (Bilder 4 und 5).

Zu beachten ist (Bild 5):

- Alle in der flächenhaften Darstellung **waagerechte Leitungen** (horizontal pipes) werden unter einem Winkel von 30° gezeichnet. Alle in der flächenhaften Darstellung **senkrechten Leitungen** (vertical pipes) bleiben senkrecht.
- Gefälle und Steigungen (descending and ascending gradients/slopes) bleiben **unberücksichtigt**.
- Heizkörper und alle Rohrleitungen werden **maßstäblich** gezeichnet.

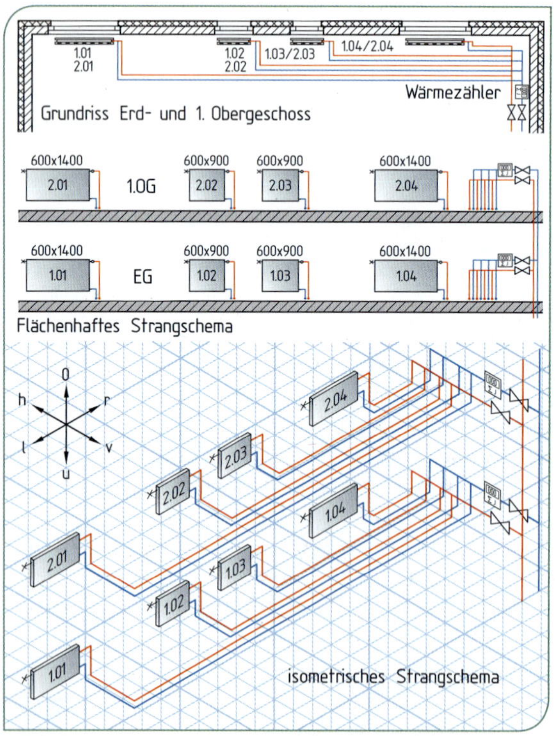

5 Rohrverteilung über den Fußboden – Stangschema und Grundriss

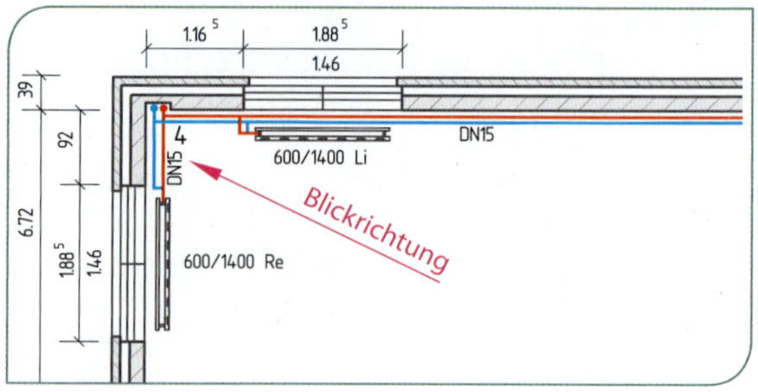

1 Grundrisszeichnung

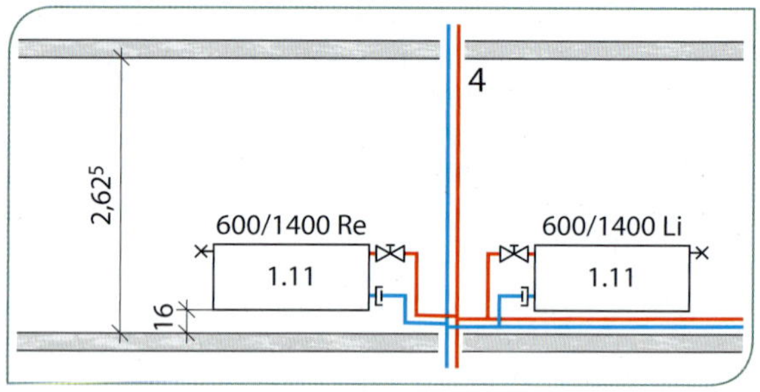

2 Flächenhaftes Strangschema zu Grundrisszeichnung Bild 3

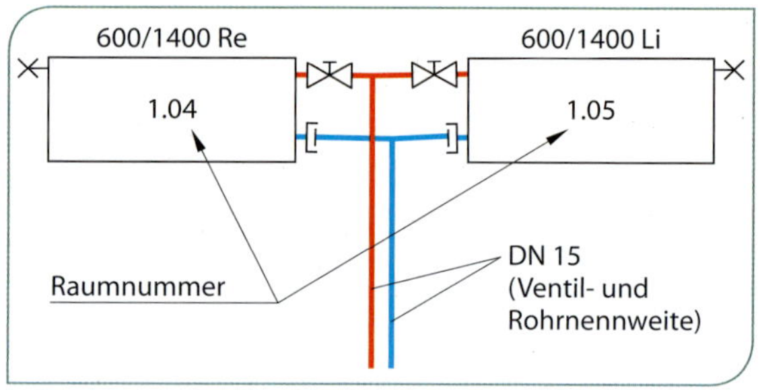

3 Eintragungen in Montagezeichnung (Plattenheizkörper)

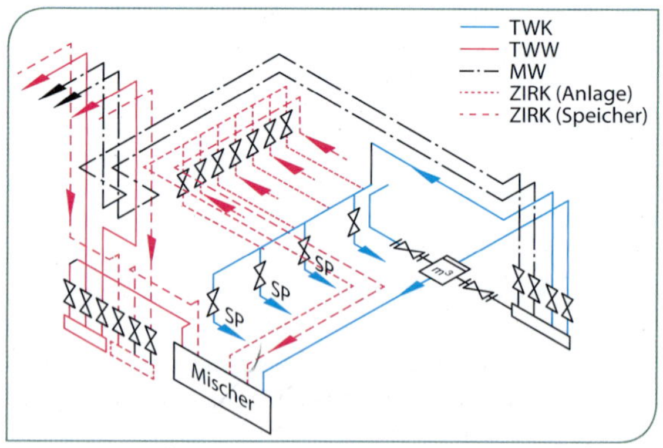

4 Isometrisches Strangschema

ÜBUNGEN

1) Zeichnen Sie in den Kellergeschossgrundriss (Kopiervorlage im Anhang) die Heizkörper im Maßstab 1:100 ohne Bemaßung sowie die Heizungsstränge nach Vorlage Bild 1, Seite 105. Verbinden Sie die Heizkörper und die Heizstränge 1 bis 4 mit dem Heizkessel im Tichelmannsystem.

2) Vervollständigen Sie das nachfolgende Strangschema auf einem gesonderten DIN A4-Blatt. Der Höhenmaßstab soll 1:100 betragen, die Stockwerkshöhen 2,8 m. Alle Heizkörper sind gleich groß mit einer Höhe von 500 mm zu zeichnen. Die Stränge 1 und 2 sind mit dem Kessel und den Heizkörpern zu verbinden:
   a) als geschlossenes Zweirohrsystem mit unterer Verteilung und Einzelentlüftung.
   b) als geschlossenes, senkrechtes Einrohrsystem mit Strangentlüftung (Strang 1) und Einzelentlüftung (Strang 2).

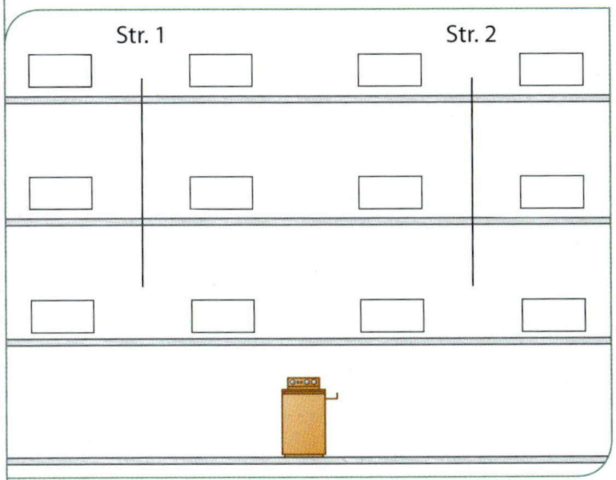

3) a) Die im Grundriss dargestellten Flachheizkörper und die auf dem Fußboden verteilten Rohrleitungen sollen in isometrischer Darstellung im Maßstab 1:50 gezeichnet werden. Der Verteiler liegt auf einer Höhe von 50 cm und der Sammler auf einer Höhe von 30 cm, gemessen von Oberkante Rohfußboden.
   b) Ermitteln Sie die Länge der benötigten Rohrleitungen.

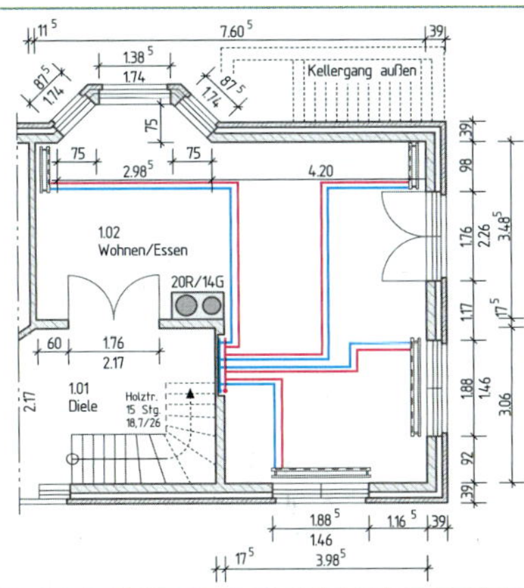

2 Rohrleitungen und Rohrverlegung

2.1 Rohrleitungen

Für die Installation von Wärmeverteilanlagen steht eine Reihe von Rohrarten bzw. Rohrwerkstoffen (pipe classes/pipe materials) zur Auswahl.
Man unterscheidet hierbei:

- **Stahlrohre:** Rohre aus unlegiertem Stahl (low carbon steel pipes) mit Eignung zum Schweißen und Gewindeschneiden (Gewinderohre), geschweißte u. nahtlose Stahlrohre (Siederohre), Präzisionsstahlrohre,
- **Kupferrohre:** Blanke Ausführung, mit PVC-Stegmantel, mit werkseitiger Wärmedämmung,
- **Kunststoffrohre:** Vernetztes Polyethylen (PE-X), Polybuten (PB), Polypropylen (PP),
- **Mehrschichtverbundrohre:** Verbund von Kunststoffen und Metall (Aluminium).

Entscheidend für ihre Verwendung sind häufig neben dem Preis der Rohre der Arbeitsaufwand und damit die Arbeitskosten, die für das Verlegen anfallen. Die Wasserqualität hat bei Heizungsrohren (heating pipes) zwar nicht die Bedeutung wie bei Trinkwasserinstallationen, bestimmte Bestandteile im Heizungswasser können aber auch in Heizungsanlagen (Wärmeverteilanlagen) Korrosion verursachen oder durch Steinbildung (furring) die Wärmeübertragung beeinträchtigen. Deshalb muss auch bei der Auswahl der Rohre auf die Wasserqualität geachtet werden.

2.2 Rohrverlegung

2.2.1 Verlegung senkrechter Rohrleitungen

Die senkrechten Wärmeverteilungsleitungen (heat distributing pipes) werden in der Regel in Wandschlitzen (wall grooves/chases) oder in Installationsschächten (in- and outlet pipe pits) verlegt. In Haustechnikräumen werden sie meist sichtbar vor der Wand angeordnet (Bild 1). Diese Art der Verlegung kann z. B. aus wirtschaftlichen Gründen auch in Keller-, Abstell- oder Hobbyräumen in Frage kommen.

Bei der Unterputz- bzw. Schlitzinstallation (flush or groove piping) müssen die Aussparungen und Schlitze in ihrer Anordnung, Anzahl und Ausführung den Vorgaben der DIN EN 1996 entsprechen (vgl. Lernfeldübergreifende Inhalte, Kap. 7.2). Können diese Vorgaben z. B. aufgrund der von der EnEV vorgeschriebenen Mindestdämmschichtdicken, Montageabstände, Abzweige oder Leitungskreuzungen (minimum insulation thikness, mountig clearances, branchings or pipe crossings) nicht eingehalten werden, müssen die Rohre in Installationsschächten (Bild 2 und 3) untergebracht werden.

Vorteile dieser Verlegeart, die im Wohnungsneubau zunehmend Anwendung findet, sind u. a.

- Keine Schwächung des Mauerquerschnitts,
- Einfachere Montage und kürzere Montagezeiten,
- Besserer Schallschutz,
- Bessere Zugänglichkeit bei Reparaturen, Änderungen und Modernisierungsmaßnahmen.

Bei der Bemessung (dimensioning) der Installationsschächte sind u. a. zu berücksichtigen:

- Abmessungen der Rohre und Armaturen,
- Mindestdämmschichtdicken der Rohre nach EnEV,
- Montageabstände,
- Abzweige und Leitungskreuzungen,
- Befestigungselemente.

2.2.2 Verlegung waagerechter Rohrleitungen

Die waagerechten Wärmeverteilungsleitungen werden unterhalb der Rohdecke (bare ceiling), auf dem Rohfußboden (bare floor) bzw. im Fußbodenaufbau (floor construction), hinter bzw. in Sockelleisten (skirting board ducts) oder in Bodenkanälen (floor ducts) verlegt.

Erfolgt die Anbindung der einzelnen Heizkörper in den Geschossen über senkrechte Steigleitungen, werden die waagerechten Verteilungsleitungen meist **unterhalb der Kellerdecke** (cellar ceiling) abgehängt (Bild 4).

Die Leitungen werden

- mit einem Achsabstand von etwa 15 bis 20 cm,
- in einem Abstand von 20 bis 25 cm unter der Rohdecke
- und in einem Abstand von circa 20 cm parallel zu den Wänden

verlegt und können durch eine abgehängte Decke (lowered ceiling) verkleidet werden.

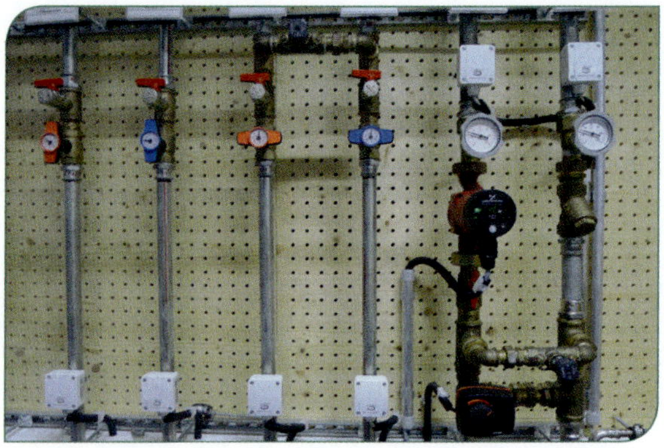

1 *Haustechnikraum – Heizungsverteilung*

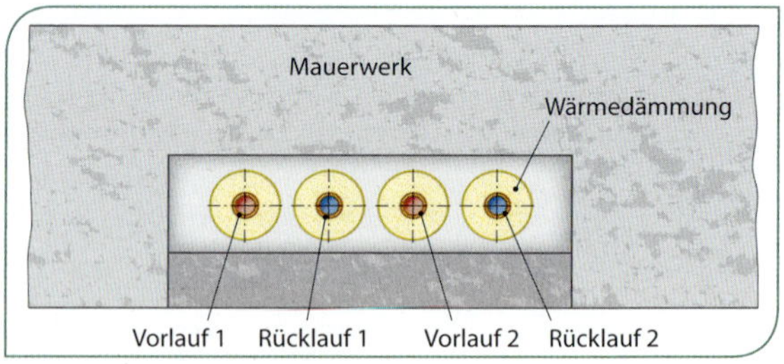

2 *Installationsschacht*

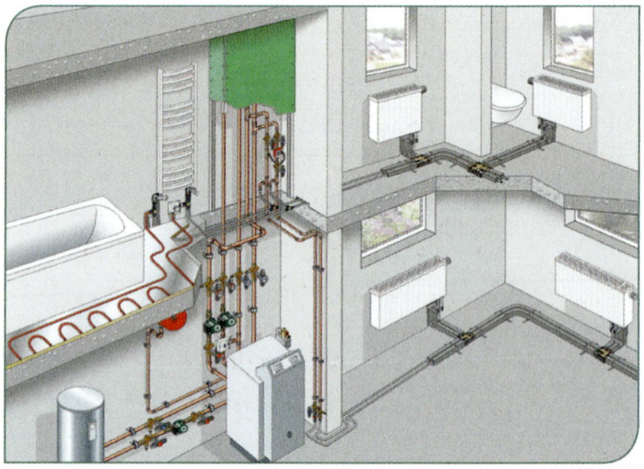

3 *Verlegung der senkrechten Wärmeverteilungsleitungen in einem Vorwand-Installationsschacht*

4 *Leitungsverlegung unterhalb der Rohdecke*

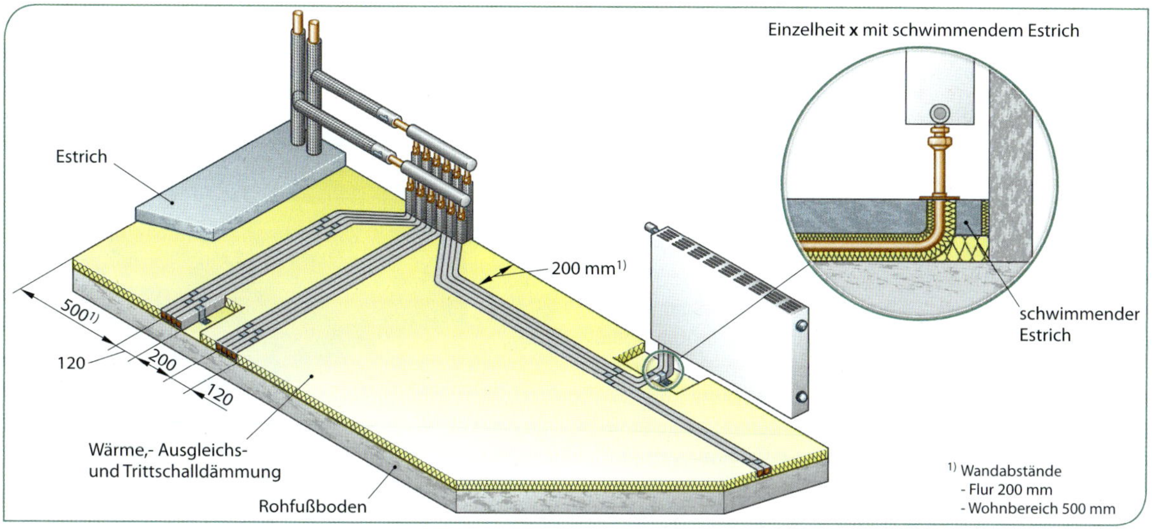

1 Fachgerechte Verlegung von gedämmten Rohrleitungen auf dem Rohfußboden

Im Wohnungsneubau setzt sich immer mehr die Verlegung im Fußbodenaufbau (floor piping) durch, wobei die waagerechten Wärmeverteilungsleitungen unter dem Estrich innerhalb der Dämmschicht verlegt werden. Folgende Verlegeregeln sollten dabei eingehalten werden:

- Die Rohre sollten geradlinig und parallel bzw. rechtwinklig zu den umgebenden Wänden verlegt werden (Bild 1). Dadurch können die Wärme- und Trittschalldämmung (thermal and impact sound insulation) wesentlich leichter und schneller zwischen den Rohren eingebracht und der Leitungsverlauf später leichter nachvollzogen werden. Werden nach oben hin abgerundete Rohrdämmungen verwendet, müssen die entstehenden Hohlräume (voids) durch Schüttung, z. B. Perlit, ausgeglichen und darüber eine zusätzliche Trittschalldämmung angebracht werden, um spätere Estrichschäden zu vermeiden. Bei Verwendung von rechteckigen Dämmprofilen kann auf eine Ausgleichsschüttung (equalizing filling) verzichtet werden (Bild 2).
- Die Rohrleitungen sind kreuzungsfrei zu verlegen.
  Dies erfordert eine sorgfältige Planung der Leitungsführung. Ist eine Kreuzung nicht zu vermeiden, können platzsparende Rohrkreuzungsfittings (cross-over fittings) verwendet werden (Bild 3).
- Um Wanddurchbrüche (cutting through of walls) zu vermeiden werden die Rohrleitungen häufig durch Türöffnungen verlegt.
- Werden mehrere Rohrleitungen nebeneinander verlegt, soll die Gesamtbreite 120 mm nicht überschreiten, da sonst die gleichmäßige Belastung des Estrichs (constant load of floor pavement) nicht mehr gewährleistet ist und Risse, Absenkungen und Verformungen der Estrichplatte entstehen können. (Bild 1)
- Die Abstände zwischen Rohrleitungen und Wänden sowie zwischen parallel geführten Rohrleitungsbündeln sollten den Herstellerangaben entsprechen (Bild 1).

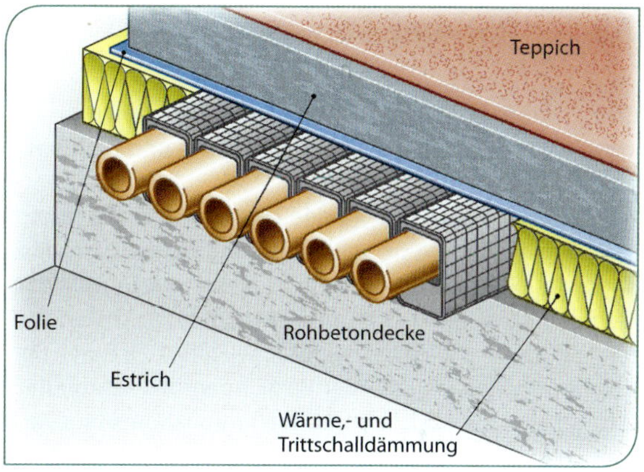

2 Fußbodenaufbau

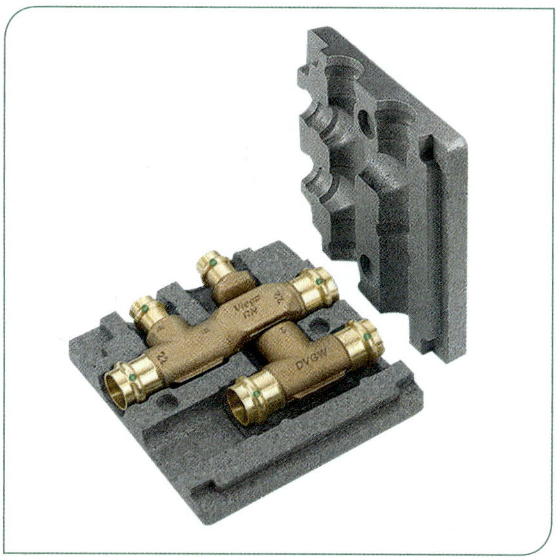

3 Kreuzungs-T-Stück

Die Verlegung der Wärmeverteilungsleitungen **hinter bzw. in Sockelleisten** (Bild 1) findet bei nachträglichem Einbau einer Zentralheizungsanlage oder bei Sanierungsmaßnahmen Anwendung.
Es werden Sockelleistensysteme aus Holz oder Kunststoff zur Verkleidung von an der Wand verlegten Rohrleitungen angeboten. Für Ecken und Übergänge gibt es passende Formteile (matched structural parts). Die Systembestandteile sind genau aufeinander abgestimmt und ermöglichen eine einfache und schnelle Montage.
Problematisch bezüglich Wärme- und Trittschalldämmung sowie der Optik sind bei dieser Verlegeart die Türöffnungen, da hier die Rohrleitungen in den Fußbodenaufbau abgesenkt werden müssen (lowered into the floor construction).

Die Verlegung der Wärmeverteilungsleitungen in **Bodenkanälen** kommt vorwiegend in nicht unterkellerten Gebäuden (non-basement buildings) zur Anwendung. Bei Ein- und Zweifamilienhäusern stellt diese Verlegeart eher die Ausnahme dar.

1 Leitungsverlegung in Sockelleisten

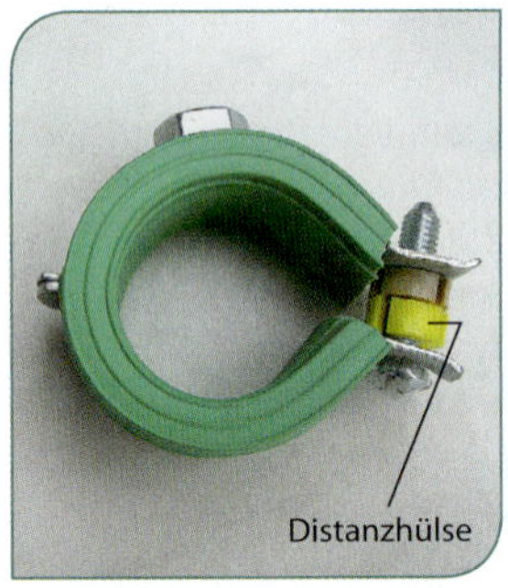

2 Schelle mit Distanzhülse

3 Rohrbefestigung einer Steigleitung an der Wand

2.3 Rohrbefestigung

Grundsätzlich ist bei den Rohrbefestigungen (pipe fastenings/clampings) zwischen Gleitbefestigung und Festpunktbefestigung zu unterscheiden.
Gleitbefestigungen (GB) (guide clampings/sliding fastenings) ermöglichen eine temperaturbedingte Längsbewegung des Rohres. Spezielle Rohrschellen ermöglichen in Verbindung mit einer Distanzhülse oder eines Abstandhalters ein Gleiten des Rohres in der Schelle (Bild 2). Durch Entfernen der Distanzhülse oder Wegkippen des Abstandhalters können sie von Gleit- auf Klemmfunktion umgestellt werden.

Festpunktbefestigungen (FB) (grip clampings/anchoring fastenings) lenken temperaturbedingte Längenänderungen der Rohrleitungen in die gewünschte Richtung und unterteilen längere Rohrstrecken in einzelne Dehnungsabschnitte. Die auftretenden Ausdehnungen können durch Richtungsänderungen im Rohrverlauf oder durch Einbau von Kompensatoren ausgeglichen werden (vgl. Kap. 2.4.2).

Festpunkte (lock/anchoring points) müssen die auftretenden Kräfte aufnehmen und über die entsprechenden Befestigungselemente in den Baukörper ableiten (Bild 3).
Festpunktschellen verhindern bei fest angezogenen Spannschrauben ein Gleiten des Rohres in der Schelle (clamp). Die Bewegung der Rohrschelle muss mit einer starren Verankerung im Baukörper verhindert werden. Dazu sind geeignete und richtig dimensionierte Befestigungselemente (fastening elements) erforderlich.
Schallschutzvorkehrungen (sound insulating precautions) müssen in die Rohrbefestigung integriert sein. Es handelt sich dabei um eingearbeitete Kunststoffteile, die den Schall nicht übertragen.

2.4 Dehnungsausgleich bei Rohren

Die Rohrleitungen einer Heizungsanlage dehnen sich bei Erwärmung aus und ziehen sich bei Abkühlung zusammen (vgl. Lernfeldübergreifende Inhalte Kap. 4.2). Werden diese temperaturbedingten Längenänderungen (change of length) nicht ausgeglichen (kompensiert), verspannt sich die Rohrleitung und die auftretenden Schub- oder Zugkräfte (thrust or tensile forces) führen zu Beschädigungen der Anlage und/oder des Gebäudes, z. B. Risse in den Wänden, die Rohrbefestigung wird verformt oder aus der Verankerung gedrückt.

2.4.1 Natürlicher Dehnungsausgleich

In kleineren Heizungsanlagen werden die auftretenden Längenänderungen von geraden Rohrstrecken durch **Richtungsänderungen** im Rohrverlauf (turns in the pipe run), z. B. 90°-Bogen, T-Abzweig, ausgeglichen. Die Längenänderung wird hierbei durch eine elastische Ausbiegung (elastic bend-out) ausgeglichen (Bild 1, nächste Seite).
Da in diesen Fällen keine Kompensatoren eingebaut werden müssen, spricht man vom „natürlichen" Dehnungsausgleich

(natural extension compensation). Um die elastische Ausbiegung ausführen zu können, muss der bewegliche **Biegeschenkel** (flexible bent pipe) eine bestimmte Länge aufweisen.
Die erforderliche Biegeschenkellänge hängt ab:
- vom Rohrwerkstoff,
- von den Rohrabmessungen sowie
- von der auszugleichenden Längenänderung

und kann mithilfe entsprechender Herstellertabellen und -diagramme ermittelt werden (Bild 2). Bei Verwendung dieser Unterlagen muss von der größten zu erwartenden Temperaturdifferenz mit der entsprechenden Längenänderung ausgegangen werden.

Neben der sorgfältigen Bestimmung der Biegeschenkellänge ist auch das fachliche Setzen der (expert setting of ...) Gleit- und Festpunktbefestigungen Voraussetzung für den sicheren Dehnungsausgleich. Mit der ermittelten Biegeschenkellänge erhält man auch den Mindestabstand zum Anbringen der **Festpunktbefestigung (FB)** beim Biegeschenkel (Bild 1).

Beispiel

Bei einer 30 m langen Heizungsleitung aus unlegiertem Präzisionsstahlrohr DIN EN 10305 - 35 x 1,5 beträgt die zu erwartende Längenausdehnung bei der höchstzulässigen Temperatur ca. 25 mm.
Ermitteln Sie die Biegeschenkellänge.

Lösung:
geg.: $d_a = 35$ mm; $\Delta l = 25$ mm
ges.: l_B in m
Den gesuchten Wert für die Biegeschenkellänge erhält man mithilfe des Diagramms Bild 2.
$l_B = 1{,}3$ m

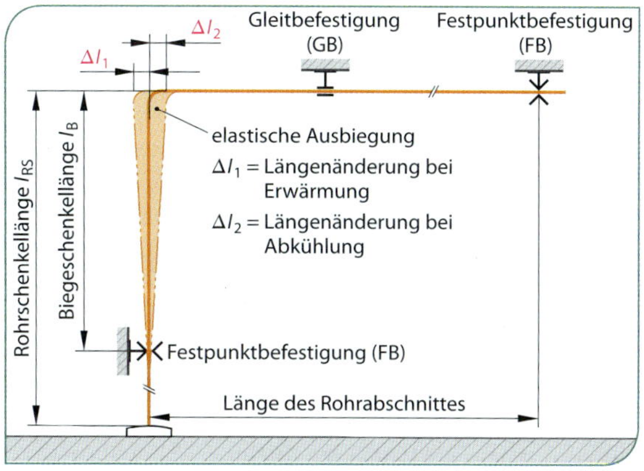

1 Längenausgleich bei 90°-Bogen

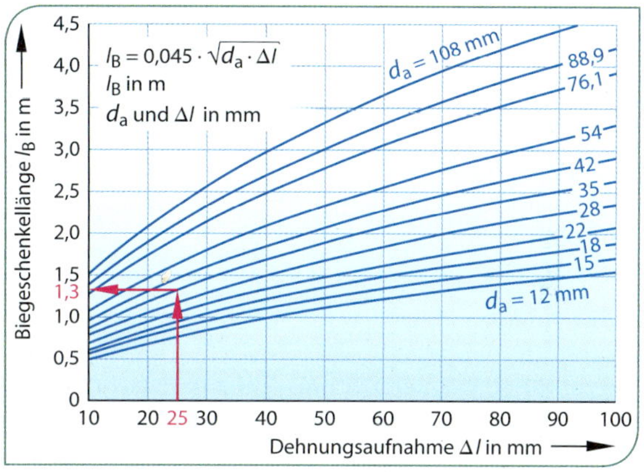

2 Ermittlung der Biegeschenkellänge l_B für den Rohrschenkel-Dehnungsausgleicher bei unlegierten Präzisionsstahlrohren

2.4.2 Kompensatoren (Dehnungsausgleicher)

Bei größeren Längenänderungen gerade verlaufender Rohrleitungen werden Kompensatoren (Dehnungsausgleicher) (compensators, expansion joints) eingebaut. Man unterscheidet folgende Bauarten:
- **Wellrohrkompensatoren (Metallbalgkompensatoren)** (expansion bellows) aus Kupfer, Messing oder Edelstahl mit und ohne innerem Führungs- oder Mantelrohr (Schutzrohr) (guide or sheating tube) (Bild 3). Zum Ausgleich der Längenänderungen verkleinern bzw. vergrößern sich die Abstände zwischen den Balgwellen.
- **Gummikompensatoren** (rubber expansion joints) mit Stahl- und Textilgewebeeinlagen (steel and textile fabric plies/layers) zur Verstärkung des Gummikörpers (rubber body reinforcement). Zum Ausgleich der Längenänderung wird der Gummibalgkörper zusammengedrückt oder auseinander gezogen. Im Gegensatz zu den anderen Dehnungsausgleichern haben Gummikompensatoren schall- und vibrationsdämmende Wirkung (sound and vibration absorbing effect). Sie werden deshalb in Heizungsanlagen z. B. zur Schalldämmung hinter Umwälzpumpen (circulation pumps) eingebaut (Bild 4).

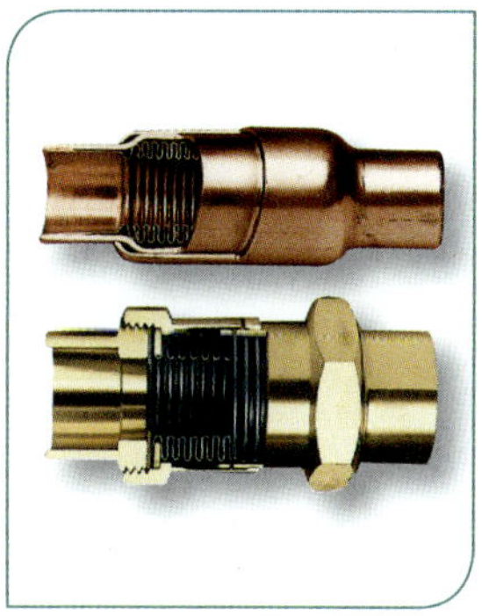
3 Wellrohrkompensator

4 Gummikompensatoren

Zur Verhinderung möglicher **Schäden** müssen Kompensatoren anforderungsgerecht ausgewählt (selected to meet the demands) und beim Einbau die herstellerspezifischen Montagehinweise beachtet werden.
- Grundsätzlich sollten Kompensatoren an gut zugänglichen Stellen (accessible points) des Leitungsabschnittes eingebaut werden und dürfen nicht durch andere Teile in ihrer Funktionsfähigkeit beeinträchtigt werden.

- Der Einbau eines Kompensators muss stets zwischen zwei Festpunkten erfolgen.
- Um die Gesamtdehnung nutzbar zu machen, werden die Kompensatoren um 50% ihrer Gesamtdehnung vorgespannt (prestressed with 50% of total extension), d.h. beim Einbau a) auseinander gezogen, wenn sich die Rohrleitung im Betrieb ausdehnt oder b) zusammengedrückt, wenn sich die Rohrleitung im Betriebszustand (operating/running state) verkürzt (Bild 1).

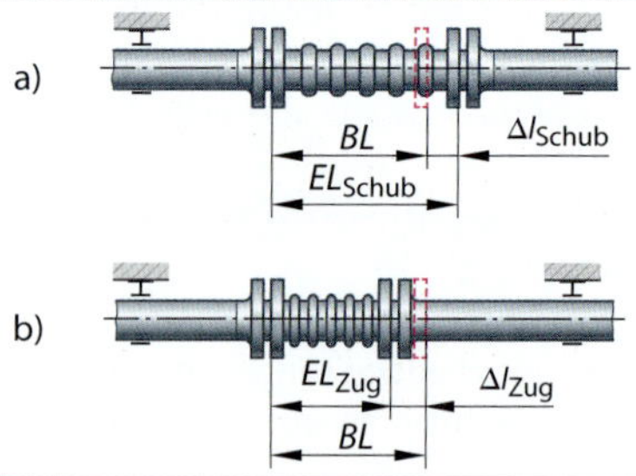

1 Einbaulängen mit Vorspannung

Beispiel

Die Baulänge eines Kompensators beträgt 250 mm, die maximale Dehnungsaufnahme 20 mm. Ermitteln Sie das Einbaumaß. Ermitteln Sie das Einbaumaß, wenn sich die Rohrleitung im Betrieb ausdehnt.

Lösung:

geg.: $l_K = 250$ mm; $\Delta l = 20$mm
ges.: L in m

$$L = l_K + \frac{\Delta l}{2}$$

$$L = 250\text{ mm} + \frac{20\text{ mm}}{2} \qquad \underline{\underline{L = 260\text{ mm}}}$$

		Balg PN 16		nominale Dehnungsaufn.	
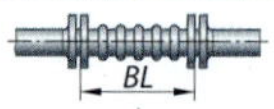 DN	BL in mm	Anzahl Wellen	Wandstärke in mm	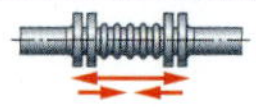 axial ± in mm	Δl_{ges} mm
32	120	20	0,4	15,0	30,0
40	125	20	0,4	15,0	30,0
50	150	20	0,5	22,5	45,0
65	155	20	0,5	22,5	45,0
80	165	17	0,6	22,5	45,0
100	170	17	0,6	22,5	45,0

2 Abmessungen und Ausgleichsmöglichkeiten von Wellrohrkompensatoren (zu Aufgabe 14)

Lernfeld 7

ÜBUNGEN

1. Zählen Sie vier Rohrarten auf, die für die Installation von Wärmeverteilungsanlagen zur Auswahl stehen.
2. Warum werden Rohrleitungen kaum noch in Wänden verlegt?
3. Wovon ist die Bemessung eines Installationsschachtes abhängig?
4. Welche Mindestabstände sollen unter der Kellerdecke verlegte Verteilungsleitungen a) zur Decke b) zu parallel liegenden Wänden haben?
5. Erläutern Sie fünf Verlegeregeln für die Installation von Rohren im Fußbodenaufbau.
6. Beschreiben Sie die Aufgaben von Gleit- und Festpunktbefestigungen.
7. Erklären Sie, weshalb bei Wärmeverteilungsleitungen ein Dehnungsausgleich erforderlich ist.

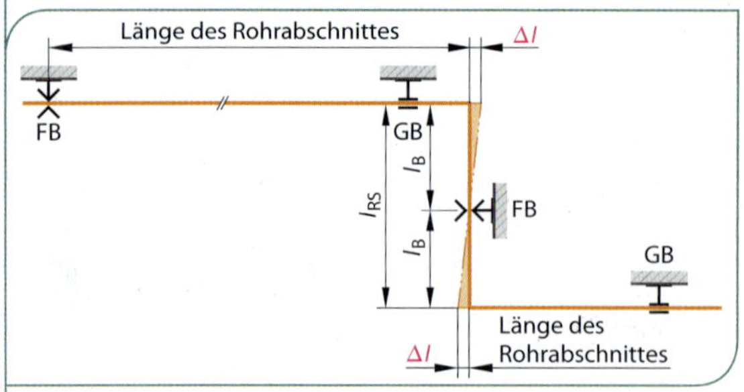

3 Z-Dehnungsausgleicher; zu Aufgabe 10

8. Beschreiben Sie, wie bei einer Rohrleitungsanlage ein natürlicher Dehnungsausgleich ermöglicht wird.
9. Wovon ist die Biegeschenkellänge l_B beim natürlichen Dehnungsausgleich abhängig?
10. Bei einer 38 m langen Heizungsleitung aus unlegiertem Präzisionsstahlrohr EN 305-1 – 28 x 1,5 mit zweifacher 90°-Richtungsänderung in Z-Form (Bild 3) sollen die Längenänderungen der geraden Teilrohrstrecken von 24 m ($\Delta l = 20$ mm) und 12 m ($\Delta l = 10$ mm) durch natürlichen Dehnungsausgleich im 2 m langen Rohrschenkel aufgefangen werden.
    a) Bestimmen Sie die erforderlichen Biegeschenkellängen in m für die beiden Teilstrecken.
    b) Prüfen Sie, ob die vorhandene Länge des Rohrschenkels l_B für beide Biegeschenkellängen ausreicht.
    c) Bestimmen Sie die Position der Festpunktbefestigung (FB) im Rohrschenkel.
11. Welche zusätzliche Verwendungsmöglichkeit bieten Gummikompensatoren?
12. Warum werden Kompensatoren mit 50% Vorspannung eingebaut?
13. Nennen Sie drei Montageregeln für Kompensatoren.
14. Ermitteln Sie für einen Wellrohrkompensator die nominale Dehnungsaufnahme bei Längenausdehnung einer Stahlrohrleitung DN 32 und die erforderliche Einbaulänge bei 50 % Vorspannung (Bild 2).

3 Armaturen

Absperrarmaturen			
Absperrventil	Absperrschieber	Absperrhahn	Absperrklappe
Kap. 3.3.1 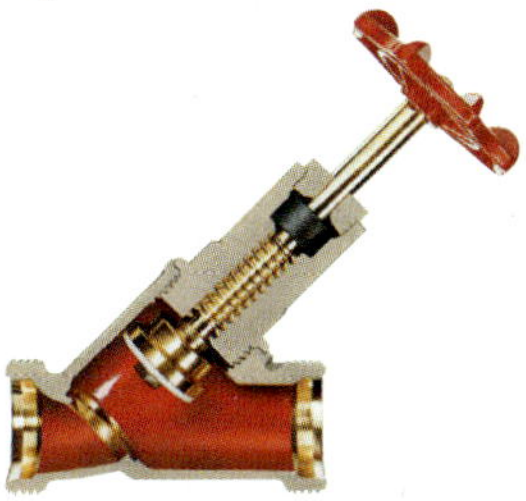	Kap. 3.3.2 	Kap. 3.3.3 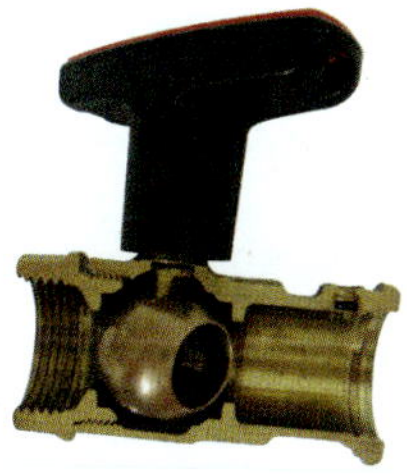	Kap. 3.3.4 
Rückflussverhinderer			
Disco- Rückschlagventil	Schwerkraftbremse	Pumpenkugelhahn mit Schwerkraftbremse	Rückschlagklappe
Kap. 3.4.1 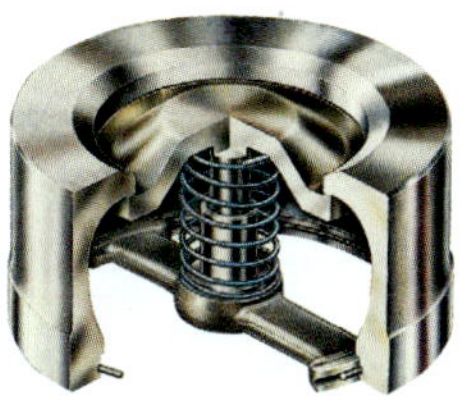	Kap. 3.4.3 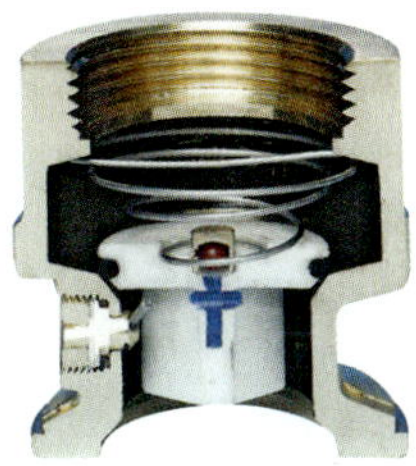	Kap. 3.4.3 	Kap. 3.4.2 
Regelarmaturen			
Strangregulierventil oder Überströmventil	Mischer	HK-Anschlussarmatur Thermostatventil	Rücklauftemperaturbegrenzer
Kap. 9.2.3 	Kap. 3.5.2 	Kap. 3.5.1 	Kap. 11.1.3 
Sonstige Armaturen			
Schwimmerentlüfter	Mikroblasenabscheider Luftabscheider	Wärmemengenzähler	Schmutzfänger
Kap. 7.2 	Kap. 7.2 	Kap. 12.1 	Kap. 6.2 

Lernfeld 7

3.1 Aufgaben und Einteilung der Armaturen

Armaturen sind Baueinheiten für Rohrleitungssysteme und Anlagenteile. Der ordnungsgemäße und sichere Betrieb von Heizungsanlagen ist erst durch den Einbau verschiedener Armaturen möglich.
Die Einteilung der Armaturen in Gruppen gibt schon einen ersten Hinweis auf ihre Aufgaben:

- **Absperrarmaturen** (shut-off fittings/devices) sperren den Durchfluss oder geben ihn frei.
- **Sicherheitsarmaturen** (safety devices) schützen die Anlage oder Anlagenteile vor Überlastung und Fehlfunktionen. Dadurch werden auch mögliche Gefahren für Per-sonen vermieden.
- **Mess- und Anzeigearmaturen** (measuring devices/units) erfassen Betriebszustandsgrößen (z. B. Füllstand, Durchflussmenge) und zeigen diese Werte an oder leiten sie als Signal zur Registrierung oder Weiterverarbeitung weiter.
- **Regelarmaturen** (control units) vergleichen physikalische Größen (z. B. Temperatur, Druck) mit festgelegten Vorgaben und bewirken Stellvorgänge an Einrichtungen, um einen erwünschten Zustand im technischen System zu erreichen.

Darüber hinaus gibt es eine Vielzahl weiterer Armaturen, die in den verschiedenen Anlagen besondere Aufgaben erfüllen und deshalb nicht zu einer Gruppe zusammengefasst werden können (z. B. Schmutzfänger, Luftabscheider).

3.2 Anforderungen an Heizungsarmaturen

Damit die Armaturen ihre unterschiedlichen Aufgaben dauerhaft und zuverlässig erfüllen können, werden besondere Anforderungen an sie gestellt:

- **Korrosionsbeständigkeit** (corrosion resistance)
  Die Armaturenteile müssen widerstandsfähig gegen korrosive Angriffe durch das hindurchfließende Medium und durch die Umgebung sein.
- **Hohe Standzeit, Wartungs- und Reparaturfreundlichkeit** (high endurance, repair und service facilities)
  Erwartet werden eine möglichst lange Einsatzzeit der Verschleißteile (wearing parts) (z. B. der Dichtungen), keine oder nur geringe Wartungsarbeiten (z. B. wartungsfreie Spindelabdichtungen) und einfache Instandsetzungsmöglichkeiten (z. B. durch Austauschbausätze und Normteile).
- **Leichte und sichere Bedienbarkeit** (easy and safe handling)
  Es muss sichergestellt sein, dass bewegliche Teile nicht klemmen oder sich festsetzen (seize up) können. Außerdem dürfen keine Verletzungsgefahren von der Armatur ausgehen.
- **Geringe Druckverluste** (low pressure drops)
  Durch strömungsgünstige Armaturen soll das fließende Medium so wenig wie möglich behindert werden.
- **Geräuscharmut** (low noise level)
  Vermeidung von Strömungsgeräuschen durch geeignete Armaturenkonstruktion, Gestaltung der Fließräume und Werkstoffauswahl.
- **Montagefreundlichkeit** (easy assembly)
  Die Verwendung genormter Anschlussmaße- und komponenten ermöglicht einen flexiblen Einsatz und problemlosen Austausch (replacement).

3.3 Absperrarmaturen

Mit Absperrarmaturen kann man den Durchfluss des Mediums in Rohrleitungen nach Bedarf absperren, freigeben oder drosseln (turn off, unblock or throttle the flow).
Sie werden an Stellen eingebaut, an denen aus Funktions- oder Sicherheitsgründen eine Absperrung, Öffnung oder Änderung des Medienstroms erforderlich ist, z. B. vor oder hinter einer Pumpe, bei Verteilern, vor Wärmeerzeugern. Für den Einbau in Rohrleitungen erhalten Absperrarmaturen genormte **Gewinde-, Flansch- oder Pressfittinganschlüsse** (Bild 1).

1 Armaturenanschlüsse

Damit der Druckabfall (pressure decrease) und die Strömungsgeräusche möglichst klein bleiben, sollen Absperrarmaturen im geöffneten Zustand dem Durchflussmedium einen möglichst geringen Widerstand (low flow resistance) entgegensetzen. Strömungstechnisch günstig gestaltete Armaturen haben fast den gleichen Durchgangsquerschnitt wie die Rohrleitung und bewirken keine Richtungsänderungen des Mediums.
Alle Absperrarmaturen können von Hand oder durch geeignete **Stellantriebe** (actuators) betätigt werden, z. B. Magnetventile.

Absperrarmaturen lassen sich in vier Gruppen einteilen:

- **Ventile** (globe valves),
- **Schieber** (gate valves),
- **Hähne und** (cocks),
- **Klappen** (butterfly valves).

Die **Auswahl** einer bestimmten Absperrarmatur richtet sich nach:

- den Betriebsbedingungen,
- dem Verwendungszweck und
- dem Preis.

Die folgende Übersicht fasst die Armaturen und ihre Merkmale zusammen:

Bezeichnung	Ventile	Schieber	Hähne	Klappen
Sinnbild				
Vereinfachte und bildliche Darstellung	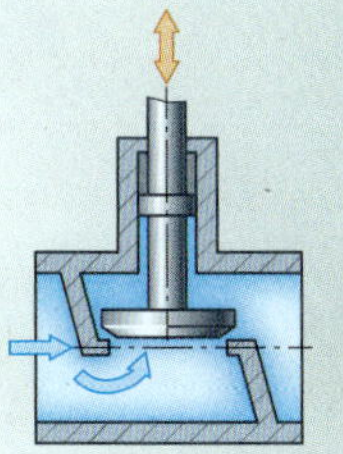	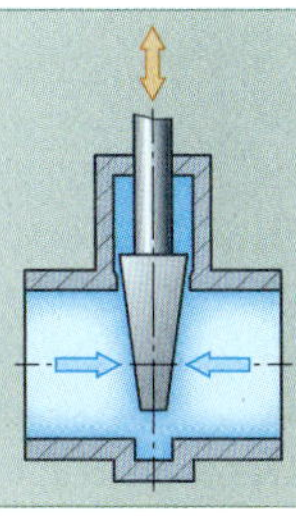	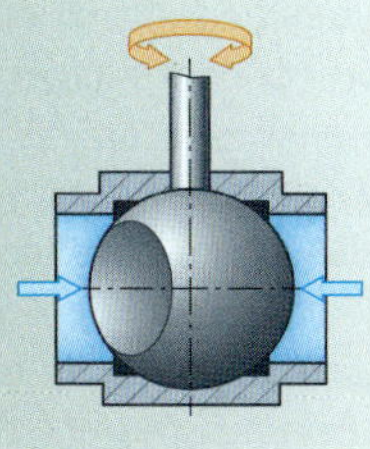	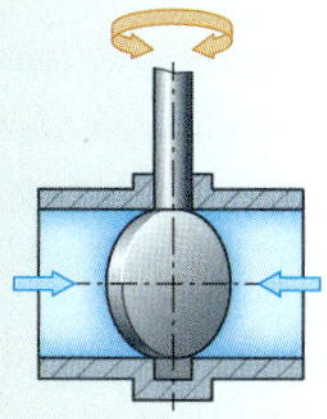
Einbaurichtung vorgegeben?	ja	nein	nein	nein
Welche Durchströmungsrichtung?	nur in einer Richtung	in beiden Richtungen	in beiden Richtungen	in beiden Richtungen
Ist schnelles Schließen möglich?	nein	nein	ja	ja
Gefahr von Druckschlägen beim Schließvorgang?	nein	nein	ja	ja
Armatur zur Drosselung geeignet?	ja (mit Zulassung)	nein	nein	ja
Durchflusswiderstand im geöffneten Zustand	groß	gering	sehr gering	gering

3.3.1 Absperrventile

Ventile sind aufgrund ihrer guten Abdichtfähigkeit (obturating/sealing capability) (auch bei hohen Drücken) und ihrer Drosseleignung die am meisten verwendeten Absperr- und Stellarmaturen.
Sie bestehen im Wesentlichen aus einem Gehäuseteil (body), einem Deckel bzw. Kopfstück (bonnet/headgear), dem Abschlusskörper (jumper) und einer Spindel (spindle) mit Handrad (handwheel) oder Stellantrieb.
Die Durchflussrichtung ist bei Absperrventilen vorgegeben: Das Medium strömt gegen den Abschlusskörper, die Absperrung erfolgt gegen die Strömungsrichtung. Üblicherweise ist die Durchflussrichtung (flow direction) durch einen Pfeil auf dem Ventilgehäuse gekennzeichnet.

Nach der **Gehäuseform** (body shape) unterscheidet man
- Durchgangsventile (in-line/straight-way valves) und
- Eckventile (corner valves)

Bei den Durchgangsventilen durchströmt das Medium die Armatur in Achsrichtung der Rohrleitung. Bei dem Eckventil wird das Medium in der Armatur um 90° umgelenkt.

Nach der **Stellung des Ventilsitzes** unterscheidet man
- Geradsitzventile (screw-down valves) und
- Schrägsitzventile (slanted seat valves)

Durch die wesentlich geringeren Umlenkungen am Ventilsitz sind die Druckverluste bei Schrägsitzventilen deutlich kleiner. Noch strömungsgünstiger sind die Freiflussventile (free flow valves) (Bild 1, nächste Seite). Durch die besondere Gestaltung des Ventilsitzes findet kaum eine Umlenkung oder Einschnürung des Medienstromes statt.

Absperrventile sind bei laufendem Betrieb geöffnet und werden nur bei betriebsbedingten Unterbrechungen oder in Notfällen geschlossen.
Sie sind mit und ohne Entleerung (drain) erhältlich. Absperrventile mit Entleerung werden in die Ausdehnungsleitung vor dem Ausdehnungsgefäß (expansion vessel) eingebaut, um eine einwandfreie Funktionsprüfung des Ausdehnungsgefäßes zu ermöglichen. In diesem Anwendungsfall müssen sie allerdings gegen unbeabsichtigtes Schließen gesichert werden (Bild 2, nächste Seite).

3.3.2 Absperrschieber

Schieber (Bild 3) werden vorwiegend als Absperrorgan zur Sperrung oder Freigabe des Durchflussmediums eingesetzt. Bei geöffnetem Schieber steht der volle Durchflussquerschnitt (full-passage) zur Verfügung und ermöglicht einen ungehinderten Durchfluss mit sehr geringen Strömungsverlusten. Beim Absperren wird der Abschlusskörper senkrecht zur Strömungsrichtung abgesenkt und an die Gehäusedichtflächen gedrückt. Als Abschlusskörper werden **Keilschieberplatten** oder **Parallelschieberplatten** (wedge gates or slide gates) verwendet. Mit Keilschieberplatten ist aufgrund ihrer Form eine bessere Dichtheit zu erzielen als mit Parallelschieberplatten. Allerdings besteht bei beiden Ausführungen die Gefahr, dass bei längeren Betriebszeiten durch Schmutzablagerungen die Platten nicht mehr ganz dicht schließen. Als **Muffenschieber** sind sie von DN 10... DN 100 und als **Flanschenschieber** von DN 40...DN 1000 erhältlich. Vor allem bei größeren Nennweiten werden sie wegen der kleineren Einbaulängen, des geringeren Gewichtes und des niedrigeren Preises den Ventilen vorgezogen, sofern dies vom Einsatz her möglich ist.

Bei Schiebern ist die Einbaurichtung nicht festgelegt (optional working position), da Gehäuse, Dichtflächen (seat sealing) und Platte symmetrisch sind. Das Heben und Absenken der Schieberplatte erfolgt mithilfe einer steigenden oder nicht steigenden Spindel (rising or non-rising stem/spindele).

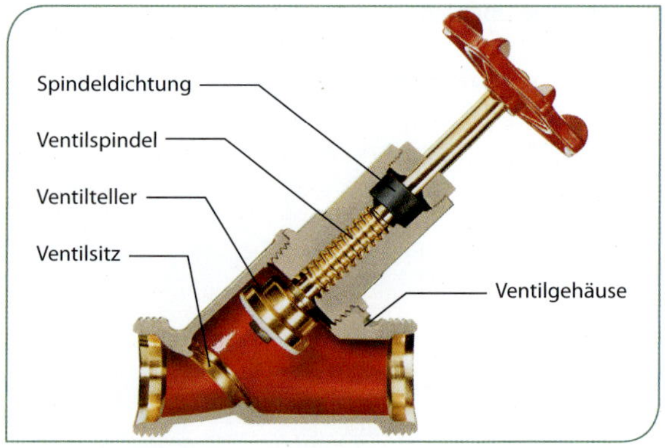

1 Freiflussventil

2 Kappenventil durch Plombe gesichert und mit Entleerung

3 Absperrschieber

3.3.3 Absperrhähne

Absperrhähne (cocks, quarter-turn valves) haben kugelförmige oder konische Abschlusskörper (circular ball or tapered plug) mit einer strömungsgünstigen Durchgangsöffnung (Bild 4). Durch eine Viertelumdrehung des Abschlusskörpers wird ein schnelles Öffnen und Schließen ermöglicht. Während bei Gasleitungen ein schnelles Schließen (z. B. bei einem Störfall) erwünscht ist, führt dieser Vorgang bei flüssigen Medien zu Druckschlägen in der Rohrleitung. Deshalb muss bei Flüssigkeiten der Absperrvorgang langsam erfolgen. Absperrhähne werden in Heizungsvor- und -rücklaufleitungen sowie als Füll- und Entleerungshähne (KFE-Hähne) eingesetzt.

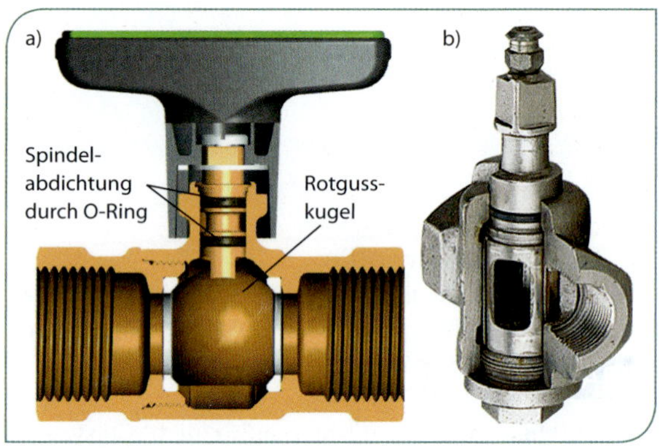

4 a) Kugelhahn b) Kegelhahn

3.3.4 Absperrklappen

Absperrklappen besitzen einen kreisförmigen Abschlusskörper (disc), der durch eine mittig angeordnete Drehachse (hinge shaft) im Durchflussquerschnitt des Gehäuses unterschiedlich positioniert werden kann (Bild 5). Wie beim Absperrhahn ist auch hier durch eine Viertelumdrehung ein schnelles Öffnen und Schließen möglich. Absperrklappen können auch als Drosselklappen (throttle butterfly valves) eingesetzt werden. Sie dienen der Begrenzung des Medienstromes und können keine besonders hohe Anforderungen an einen dichten Abschluss erfüllen (low leak thightness requirements).

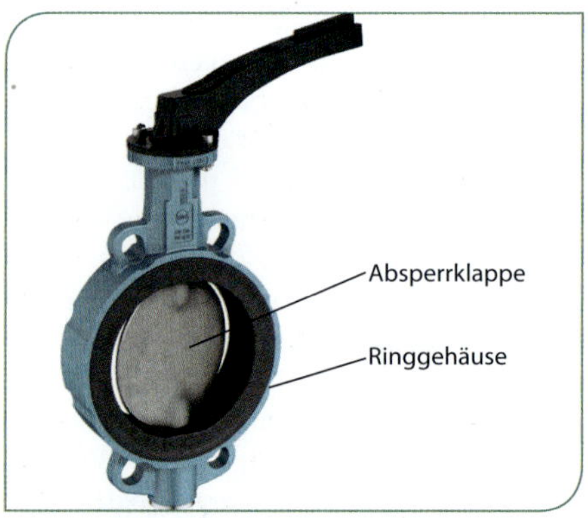

5 Absperrklappe

3.4 Rückflussverhinderer

3.4.1 Rückschlagventile

Rückschlagventile (check valves) (Bild 1) sind Rückflussverhinderer, die den Durchfluss in nur einer Richtung ermöglichen. Geöffnet werden Rückschlagventile durch den Strömungsdruck (streaming pressure) des in die erwünschte Richtung fließenden Mediums. Sie schließen selbsttätig bei Strömungsstillstand (streaming standstill) oder wenn in der Rohrleitung durch Änderung der Fließrichtung ein Rückstrom (backflow) entsteht (Bild 3).

Rückschlagventile gibt es in verschiedenen Ausführungen:

- mit oder ohne Schließfeder,
- mit teller-, kegel-, kugel- oder scheibenförmigen Abschlusskörpern,
- aus unterschiedlichen metallischen Legierungen oder Kunststoffen.

Das Gehäuse kann mit Flanschen oder einem Anschlussgewinde versehen sein. In Kurzbaulängen werden Rückschlagventile als **Zwischenflanscharmatur** zwischen zwei Flanschen verschraubt (used between flanges) (Bild 3).

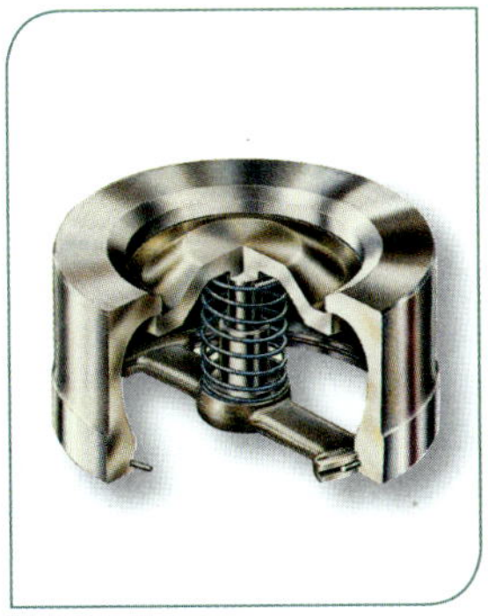

1 *Disco-Rückschlagventil*

2 *Rückschlagklappe in Einklemmbauart*

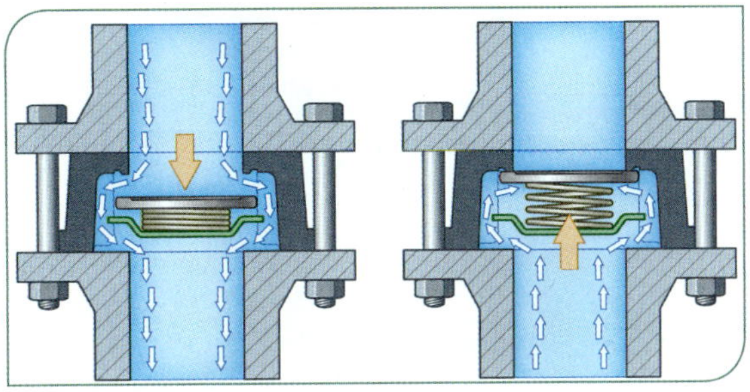

3 *Einbau und Funktionsweise eines Disko-Rückschlagventils*

3.4.2 Rückschlagklappen

Rückschlagklappen (swing check valves) erfüllen die gleiche Aufgabe wie Rückschlagventile. Sie verhindern den Rückfluss eines Mediums in einer Rohrleitung. Rückschlagklappen gibt es mit ein- oder zweiteiligem Klappenkörper (butterfly wafer), mit oder ohne Schließfeder oder Schließgewicht (shut spring or weight). Verstärkt wird der Schließvorgang durch den Strömungsdruck des zurückfließenden Mediums. Die Klappen können aus Korrosionsschutzgründen oder zur besseren Abdichtung kunststoffbeschichtet (plastic-coated) oder aus Kunstgummi bestehen. Neben den konventionellen Flanschausführungen gibt es sie auch in Kurzbaulängen (short face-to-face dimensions) als Einklemmarmatur (Bild 2).

PRAXISHINWEIS

Bei der Montage von Rückschlagklappen ist auf die Einbaurichtung (Fließrichtung) zu achten!
In Rohrleitungen sind sie so einzubauen, dass sie waagerecht oder von unten angeströmt werden.

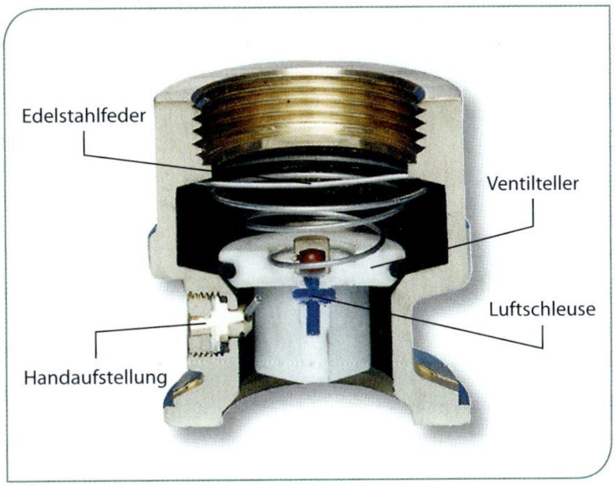

4 *Schwerkraftbremse mit Luftschleuse*

3.4.3 Schwerkraftbremsen

Schwerkraftbremsen (Sperrventile) (anti-gravity valves) sind spezielle Ausführungen von Rückschlagventilen. Sie verhindern Schwerkraftzirkulation (gravity circulation) bei Pumpenstillstand und sind nicht als dicht schließende Rückflussverhinderer einsetzbar. Schwerkraftbremsen werden mit und ohne automatischer Entlüftung (air release) angeboten. Bei Ausführungen ohne automatische Entlüftung besteht allerdings die Gefahr, dass sich z. B. im Sommer bei laufender Speicherladepumpe Luftblasen (air bubbles) im Pumpenraum der still stehenden Heizungspumpe ansammeln und durch Korrosion das Pumpenrad (pump impeller) blockieren, wenn der Einbau auf der Druckseite der Pumpe (delivery side of the pump) erfolgt. Damit Luft aus dem Pumpenraum der Umwälzpumpe entweichen kann, ist eine Schwerkraftbremse mit automatisch arbeitendem Entlüftungsventil (automatic air release valve/lock) bzw. Luftschleuse (Bild 4) auf der Druckseite der Pumpe einzubauen.

Bei der abgebildeten Ausführung ist der Ventilteller mit einem Loch versehen, auf dem sich eine Kugel in einem Käfig befindet. Luft hebt die Kugel an und entweicht nach oben. Wasser strömt nach und füllt den Pumpenraum. Dadurch werden Verschleiß (wear) und Schädigung (damage) der Pumpe vermieden.

Schwerkraftbremsen, die von außen aufstellbar (external opening) sind (Handaufstellung), erleichtern das Entleeren, Füllen und Entlüften der Anlage.

Zunehmend Anwendung finden Schwerkraftbremsen, die in Absperrarmaturen wie Kugelhähnen und Ventilen integriert (integrated) sind (Bild 1). Dadurch entfällt eine abzudichtende Verbindungsstelle; außerdem erreicht man eine geringere Bauhöhe (overall height).

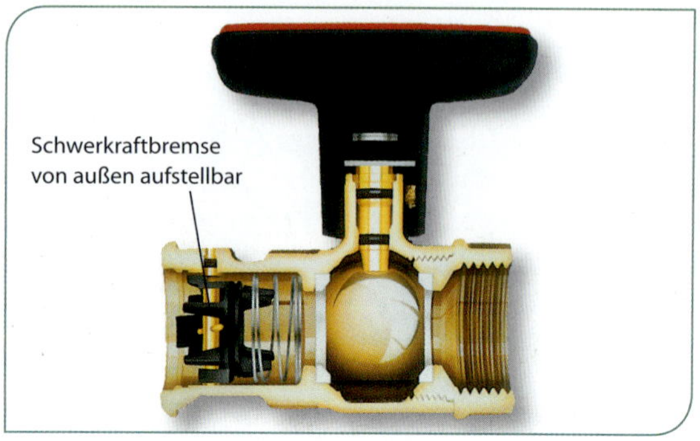

1 Schwerkraftbremse in Absperrhahn integriert

3.5 Regelarmaturen

3.5.1 Thermostatventile

Thermostatventile (thermostatic radiator valves, TRV) nach DIN EN 215-1 halten die vorgegebene (eingestellte) Raumtemperatur durch Veränderung des Volumenstromes im Rahmen einer zulässigen Regelabweichung konstant.

Sie bestehen aus der **Heizkörperanschlussverschraubung** (union tail connector), dem **Ventilunterteil** (valve body), dem **Ventiloberteil** (head gear) und dem **Thermostatkopf** (temperature adjusting head) (Regler).

Im Thermostatkopf befindet sich ein Fühler (heat sensor), der die Raumtemperatur erfasst. Dieser Fühler ist mit einem Dehnstoff (Flüssigkeit, Gas oder Paste) mit jeweils großem Wärmeausdehnungskoeffizienten (thermal esxpansion coeffient) gefüllt. Bei steigender Raumtemperatur dehnen sich diese Stoffe stark aus und drücken ein Wellrohrelement (Faltenbalg) zusammen. Die Hubbewegung des Wellrohrelementes (the lift of the expansion bellow) wird auf die Ventilspindel (valve stem/pin) übertragen. Diese bewegt den Ventilteller (valve disc/plate) gegen die Kraft einer Rückstellfeder (pull-back spring) in Richtung Ventilsitz (valve face), so dass der Durchfluss des Heizmediums verringert bzw. abgesperrt wird (Bild 2). Bei Unterschreitung der am Thermostatkopf eingestellten Raumtemperatur (preset room temperature) wird je nach Größe der Regeldifferenz (actuating variable) das Ventil durch die Federkraft mehr oder weniger stark geöffnet. Je mehr sich die Raumlufttemperatur dem eingestellten Wert nähert, desto höher wird der Druck im Dehnstoff (expansion agent) und das Ventil ist nur mehr 50 % geöffnet. Bei Erreichen der oberen Regeldifferenz ist der Durchflussquerschnitt des Ventils vollständig geschlossen (Bild 3).

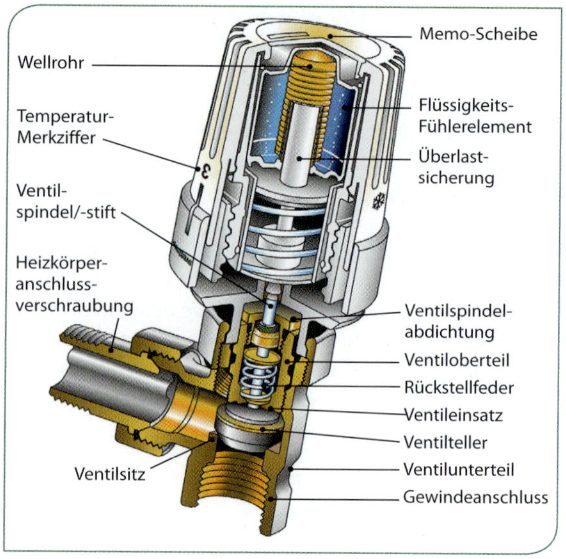

2 Thermostatventil ohne Hilfsenergie

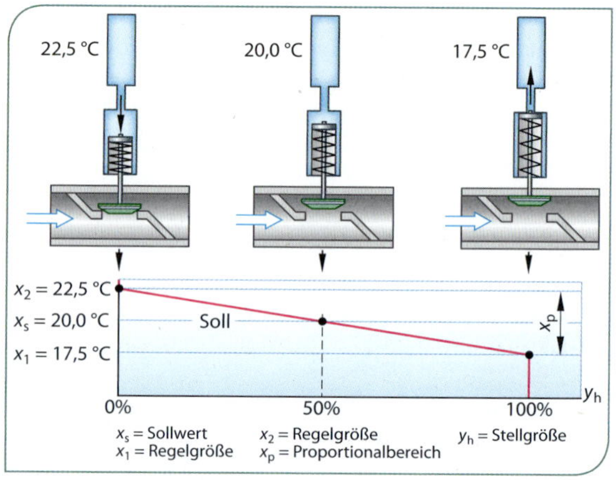

3 Funktionsprinzip eines Thermostatventils

3.5.2 Dreiwegearmaturen

Dreiwegearmaturen (three-port valves) haben drei Anschlüsse und werden in Heizungsanlagen (Wärmeverteilungsanlagen) als Hähne oder Ventile zum **Mischen**, **Verteilen** und **Umschalten** (to mix, to distribute and to divert) von Volumenströmen eingesetzt.

Ihre jeweilige Funktion hängt von der Einbaulage in Bezug zur Umwälzpumpe und vom verwendeten Stellantrieb (actuator) ab:

- Wird die Dreiwegearmatur in Fließrichtung vor der Pumpe eingebaut, hat sie Mischfunktion bzw. arbeitet sie als Mischarmatur (Dreiwegemischer, 3-port mixing valve). Dabei werden Vorlaufwasser und Rücklaufwasser (flow and return water) in der Armatur zusammengeführt und gemischt. Im Verbraucherkreis ergibt sich dadurch ein konstanter Volumenstrom bei variabler Vorlauftemperatur (Bild 1a). Dreiwegearmaturen mit Mischfunktion werden zur Vorlauftemperaturregelung (flow temperature control) in Anlagen mit mehreren Heizkreisen verwendet, die unterschiedliche Vorlauftemperaturen erfordern, z. B. Fußboden- und Heizkörperheizkreise.

- Bei Anordnung in Fließrichtung nach der Pumpe hat die Dreiwegearmatur eine Verteilfunktion. Dabei wird der in die Armatur eintretende Gesamtvolumenstrom auf zwei Teilvolumenströme (partial volume flows) aufgeteilt. Im Verbraucherkreis ergibt sich ein variabler Volumenstrom (Mengenregelung) bei konstanter Vorlauftemperatur (Bild 1b). Dreiwegearmaturen mit Verteilfunktion werden z. B. zur Mengenregelung bei Lufterhitzern eingesetzt, um eine konstante Ausblastemperatur zu erzielen.
- In Kombination mit einem entsprechenden Stellantrieb finden Dreiwegeventile als Umschaltarmaturen (diverter valve) Anwendung.

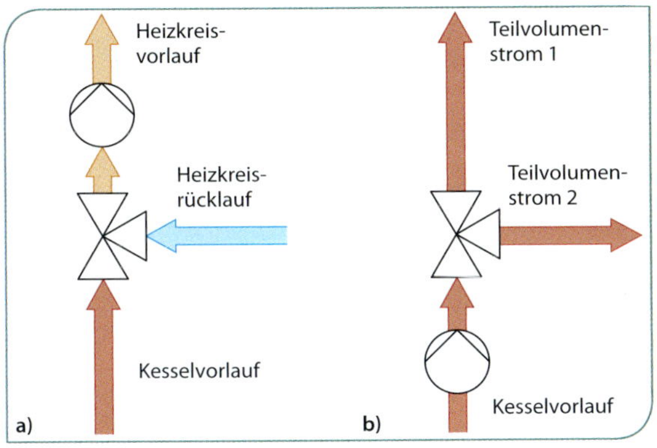

1 Dreiwegearmatur mit a) Mischfunktion b) Verteilfunktion

3.5.2.1 Dreiwegeventile

Bei Dreiwegeventilen (3-port globe valves) dienen Ventilteller bzw. Ventilkegel (valve disc/cone) zur Regulierung der Volumenströme. Sie ändern sich in Abhängigkeit vom Abstand des Ventiltellers bzw. Ventilkegels zum jeweiligen Ventilsitz (valve face) (Bild 2).

Dreiwegeventile besitzen eine größere Regelgenauigkeit (control accuracy) als Dreiwegehähne, sind allerdings teurer. Neben dem Einsatz als Misch- und Verteilarmaturen werden Dreiwegeventile in Kombination mit einem entsprechenden Stellantrieb auch zur Umschaltung der Volumenströme bei verschiedenen Wärmeerzeugern, z. B. Öl-/Gasheizkessel, Festbrennstoffkessel, Wärmepumpe (Bild 3 a) oder Wärmeverbrauchern, z. B. bei der Speichervorrangschaltung für die Trinkwassererwärmung eingesetzt (Bild 3 b).

Bei Stellantrieben in der Ausführung „stromlos geöffnet" („currentless open") ist der gerade Durchgang (straight-way outlet) des Dreiwege-Umschaltventils geöffnet und der abgewinkelte Abgang (branch outlet) geschlossen, wenn keine Spannung anliegt.

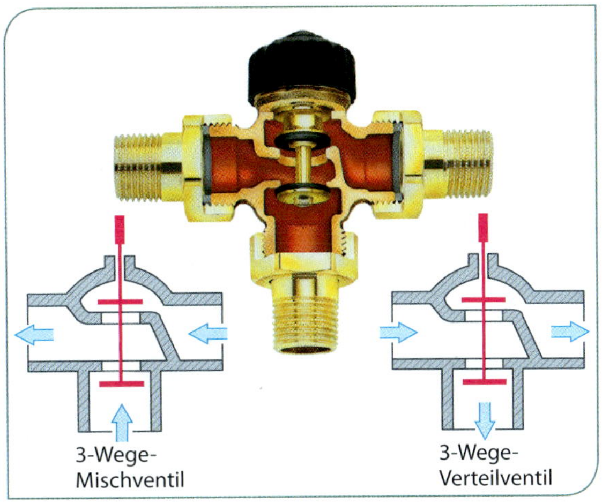

2 Dreiwegeventil ohne Stellantrieb

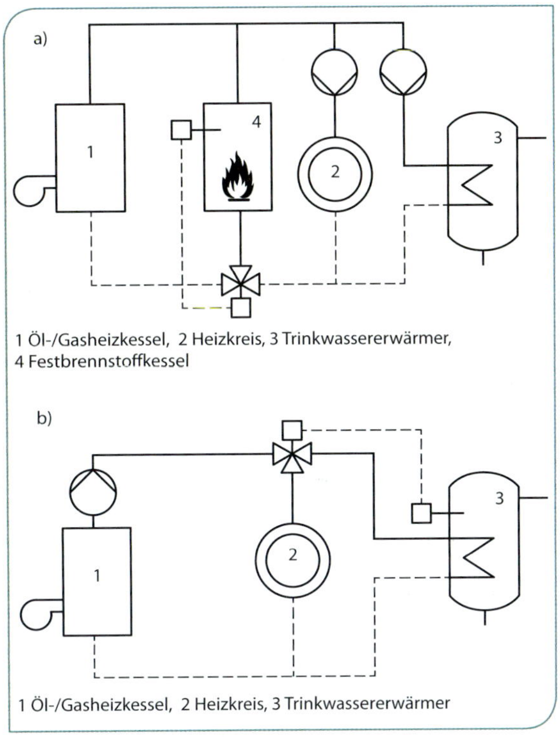

3 Umschaltung zwischen a) Wärmeerzeugern, b) Wärmeverbrauchern

Beim Einbau von Dreiwegeventilen ist auf die Durchflussrichtung (flow direction) zu achten. Diese ist auf dem Ventilkörper angegeben.

3.5.2.2 Dreiwegehähne

Dreiwegehähne (3-port cocks) besitzen einen besonders gestalteten Drehkörper (Küken, pivoted body/plug), mit dem die Durchgänge (ways) offen gehalten oder geschlossen werden. Sie können wie Dreiwegeventile je nach Einbaulage Misch- oder Verteilfunktion übernehmen. In Kombination mit einem Stellmotor werden Dreiwegemischhähne häufig für die gleitende Vorlauftemperaturregelung eingesetzt (Bild 1 und 2). Die Vorlauftemperatur des Heizkreises hängt von den Temperaturen des Kesselvorlauf- und Heizkreisrückwassers sowie vom Mischungsverhältnis und damit von der Stellung des Drehkörpers ab.

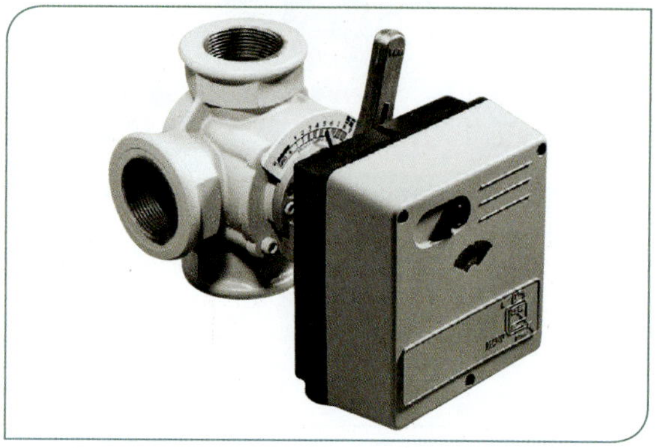

1 *Dreiwege-Mischer mit Stellmotor*

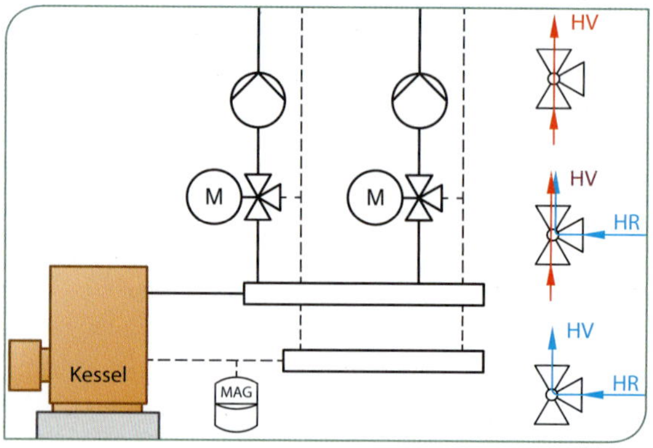

2 *Dreiwegemischhähne – Einbau, Mischerstellungen*

3.5.3 Vierwegemischer

Wie die Dreiwegearmaturen können Vierwegemischer (four port mixing valve) in Kombination mit einem Stellmotor (Bild 3) zur Vorlauftemperaturregelung eingesetzt werden. Sie besitzen einen Drehkörper, dessen Geometrie sowohl das Vermischen als auch das Trennen (separation) der Volumenströme zweier Kreisläufe (Kesselkreislauf/Heizungskreislauf) ermöglicht (Bild 4). Dadurch kann die Kesselrücklauftemperatur angehoben und Taupunktkorrosion (dewpoint corrosion) bei Standard-Heizkesseln verhindert werden.

Da bei den Niedertemperaturkesseln (low-temperature boiler) keine Rücklauftemperaturanhebung (increase of return temperature) notwendig ist und bei Brennwertgeräten (calorific value boiler) niedrige Rücklauftemperaturen für die Nutzung der Kondensationswärme erforderlich sind, haben die Vierwegemischer in den letzten Jahren an Bedeutung verloren.

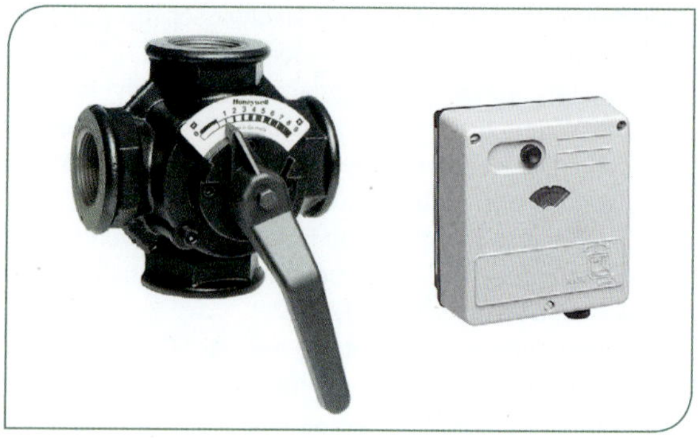

3 *Vierwegemischer und Stellmotor in nicht zusammengebautem Zustand*

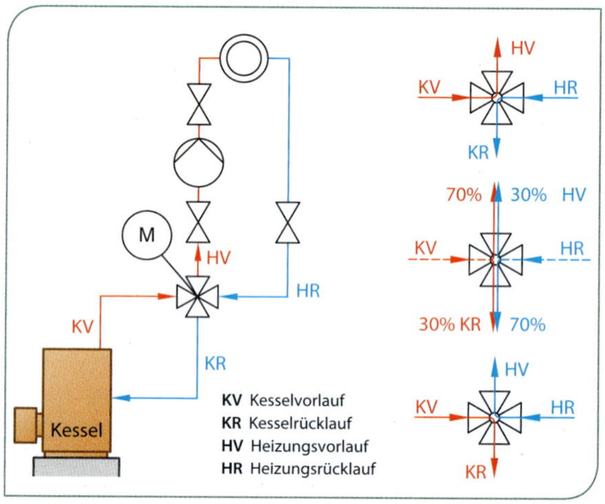

4 *Vierwegemischer- Einbau, Mischerstellungen*

ÜBUNGEN

1) Welche Gruppeneinteilung gibt es bei den Armaturen?

2) Erläutern Sie vier verschiedene Anforderungen an Armaturen.

3) Welche Absperrarmaturen werden in Heizungsanlagen verwendet?

4) Nennen Sie drei Kriterien für die Auswahl einer Armatur.

5) Vergleichen Sie die Absperrarmaturen bezüglich Einbaurichtung, Durchströmungsrichtung, Druckschläge beim Schließvorgang und Durchflusswiderstand.

6) Welche Absperrventile unterscheidet man
a) nach der Gehäuseform?
b) nach der Stellung des Ventilsitzes?

7) Geben Sie mindestens drei Unterscheidungsmerkmale von Absperrschiebern und Absperrventilen an.

8) Nennen Sie zwei Einbaubeispiele für Absperrhähne.

9) Beschreiben Sie den Aufbau einer Absperrklappe.

10) Vergleichen Sie die Öffnungs- und Schließbewegungen bei Absperrhähnen, Absperrklappen und Absperrschiebern.

11) Welche Aufgabe haben Rückflussverhinderer in Heizungsanlagen?

12) Worauf ist bei der Montage von Rückschlagklappen zu achten?

13) Warum ist eine Schwerkraftbremse mit automatischer Entlüftung bzw. Luftschleuse zu verwenden, wenn sie auf der Druckseite der Pumpe eingebaut wird?

14) Nennen Sie zwei Vorteile von Schwerkraftbremsen, die in Absperrarmaturen wie Kugelhähnen integriert sind.

15) Beschreiben Sie die Aufgabe eines Heizkörper-Thermostatventils.

16) Beschreiben Sie stichwortartig die Funktionsweise eines Heizkörper-Thermostatventils.

17) Benennen Sie die nummerierten Bauteile eines Heizkörper-Thermostatventils (Bild 1).

18) Erläutern Sie die zwei Funktionen, die Dreiwegearmaturen in Abhängigkeit von ihrer Einbaulage bezogen auf die Pumpe übernehmen können.

19) Nennen Sie die Aufgaben, die Vierwegemischer erfüllen.

20) Warum haben Vierwegemischer in den letzten Jahren an Bedeutung verloren?

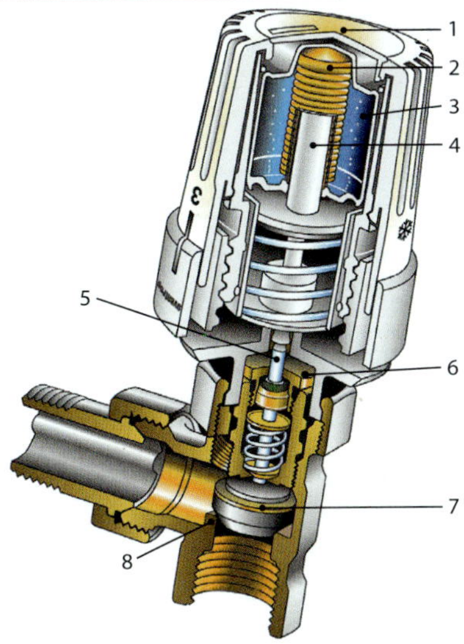

1 zu Aufgabe 17

4 Vorlaufverteiler und Rücklaufsammler

Bei Zentralheizungen wird das im Wärmeerzeuger er-wärmte Heizungswasser über Vorlaufverteiler (flow distributer/ manifold) den einzelnen Heizkreisen (Verbraucherkreisen) zugeführt. Diese versorgen die Wärmeverbraucher, z. B. Heizkörper und Flächenheizungen, mit unterschiedlichen Masseströmen und Vorlauftemperaturen. In Rücklaufsammlern (return collector) wird das Rücklaufwasser der verschiedenen Heizkreise (heating circuits) zusammengeführt und an den Wärmeerzeuger weitergeleitet.

Häufig werden vorgefertigte Vorlaufverteiler und Rücklaufsammler als Kesselverteiler aus Stahl, Kupfer oder Kunststoff (PP) für die Wandmontage oder zur Direktmontage am Wärmeerzeuger verwendet (Bild 2). Sie sind mit nebeneinander oder übereinander sowie mit und ohne Zwischenraum hergestellten Vor- und Rücklaufkammern (flow and return chambers) erhältlich (Bild 2, und Bild 1, 2 nächste Seite). Die Abstände zwischen den Anschlussstutzen (connecting branches) sind so gewählt, dass handelsübliche Fertigbaugruppen bzw. Kompaktstationen (pre-fabricated assembly

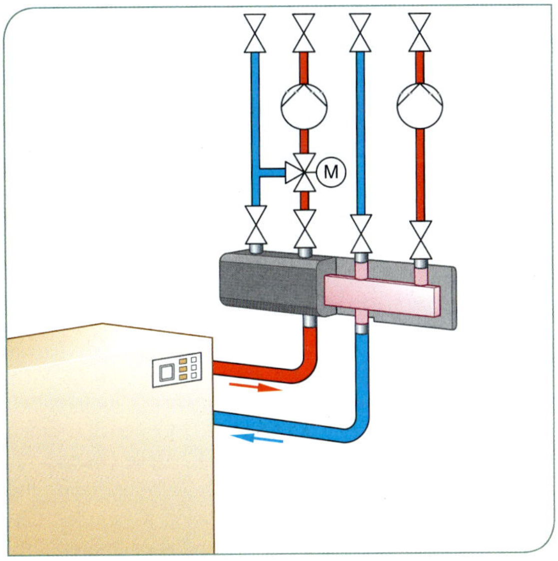

2 Kesselverteiler (Vorlaufverteiler und Rücklaufsammler)

Lernfeld 7

groups/compact sub-stations) bestehend aus Umwälzpumpe, Mischer, Absperreinrichtungen, Schwerkraftbremsen und Thermometern montiert werden können (Bild 3).

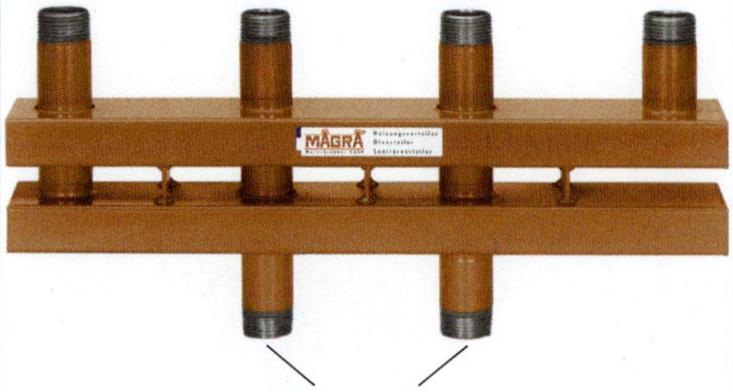

1 Kombinierter Vorlaufverteiler und Rücklaufsammler mit übereinander angeordneten Kammern

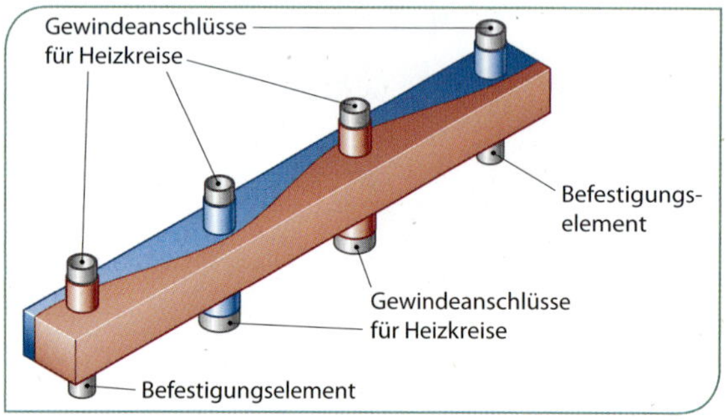

2 Kombinierter Vorlaufverteiler und Rücklaufsammler mit nebeneinander angeordneten, durch sinusförmige Trennwand geteilte Kammern

3 Kompaktstation/Armaturengruppe bestehend aus Umwälzpumpe, Mischer mit Stellmotor, Absperreinrichtungen mit Thermometern und Schwerkraftbremse

Es gibt aber auch Situationen, in denen der Anlagenmechaniker SHK in der Werkstatt oder vor Ort einen passenden Vorlaufverteiler und Rücklaufsammler herstellen muss.
Bei Nennweiten bis DN 50 lassen sich Vorlaufverteiler und Rücklaufsammler aus fertigen Formteilen (Gewinde-, Löt- oder Schweißfittings) und entsprechend abgelängten Rohren herstellen (Bild 4).

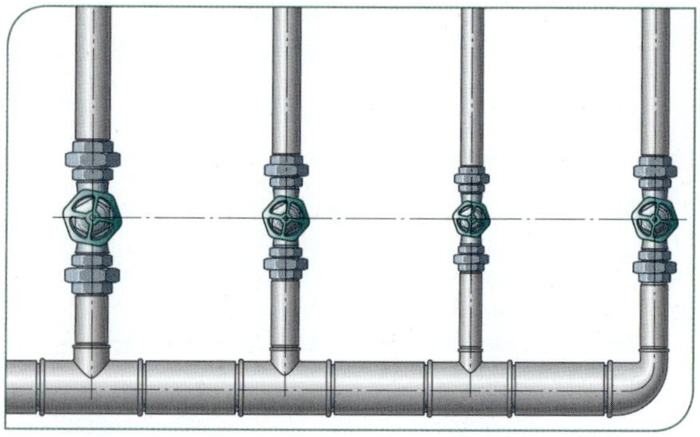

4 Verteiler aus Gewindefittings

Dabei sollten folgende Richtwerte beachtet werden:
- Der freie Querschnitt (free cross section) des Verteilers bzw. Sammlers sollte mindestens 1 ,2 ...1,5 mal größer sein als die Summe der freien Querschnitte der abgehenden bzw. zulaufenden Anschlüsse (outgoing and incoming branches) und die Summe aller abgehenden bzw. zulaufenden Querschnitte darf nicht größer sein als der freie Querschnitt des Kesselanschlusses.
- Die Einbauhöhe (installation height) des Verteilers bzw. Sammlers ist so zu wählen, dass die Absperrarmaturen, Pumpen, Rückflussverhinderer, Schmutzfänger u. ä. bequem montiert werden können.
- Die Mitten der Handräder (centre of the hand wheels) der ersten Armaturenreihe bei den Verteileranschlüssen sollten auf gleicher Höhe, zwischen 1,0 m ... 1,3 m über dem Fußboden liegen.
- Die Länge eines Verteilers bzw. Sammlers hängt im Wesentlichen von der Anzahl der Verteilerabgänge bzw. Sammlerzugänge ab.
- Die Mittenabstände (center distances) zwischen den einzelnen Stutzen sind ausreichend groß zu bemessen, so dass eine fachgerechte Wärmedämmung ermöglicht wird und die Armaturen gut zu bedienen sind.

ÜBUNGEN

1) Beschreiben Sie verschiedene Ausführungen von vorgefertigten Vorlaufverteilern und Rückllaufsammlern.
2) Nennen Sie drei Richtwerte, die bei der Herstellung von Vorlauf- und Rücklaufsammlern aus fertigen Formteilen zu beachten sind.
3) Wovon hängt die Länge eines Verteilers bzw. Sammlers im Wesentlichen ab?
4) Wovon hängen die Mittenabstände der einzelnen Stutzen ab?

5 Pumpen und Druckverhältnisse in Warmwasserheizungen

Damit in einer Heizungsanlage die zum Wärmetransport erforderliche Zirkulation des Heizwassers zustande kommt, ist ein **Umtriebsdruck** notwendig, der die Rohrnetzwiderstände überwindet. Bei Pumpenheizungen wird dieser Druck durch eine **Umwälzpumpe** (circulation pump) erzeugt.

Die in Warmwasserheizungen eingesetzten Umwälzpumpen gehören zu den **Kreiselpumpen** (centrifugal pump). Bei diesen wird das Wasser von den Laufradschaufeln (impeller blades) radial nach außen in das Spiralgehäuse geschleudert. Die Fliehkräfte bewirken beim Durchströmen des Schaufelbereiches sowohl eine Erhöhung des Fließdruckes als auch der Strömungsgeschwindigkeit. Bedingt durch die Gehäusekonstruktion vermindert sich die Strömungsgeschwindigkeit des Wassers im Spiralgehäuse (spiral casing). Dadurch wird Bewegungsenergie in Druckenergie umgewandelt und der statische Druck weiter erhöht. Über den Druckstutzen gelangt das Wasser in das Rohrnetz. In der Mitte des Laufrades entsteht ein negativer Überdruck. Dieser bewirkt, dass das Wasser durch den Saugstutzen axial angesaugt wird. Der Druckunterschied zwischen Druck- und Saugstutzen (delivery and suction sockets connections) ergibt den **Pumpendruck**.

5.1 Bauarten und Konstruktionsmerkmale von Pumpen

In Warmwasserheizungsanlagen kommen zwei Bauarten von Kreiselpumpen zum Einsatz:

- **Nassläuferpumpen** (wet running pump) (Spaltrohrpumpen) in kleineren und mittleren Anlagen,
- **Trockenläuferpumpen** (dry running pump) in Inline-Bauweise (Inline-Pumpen) oder in Grundplattenausführung (Normpumpen) in größeren Anlagen; sie werden hier nicht behandelt.

5.1.1 Nassläuferpumpen

Nassläuferpumpen (Bild 1) sind durch eine kompakte Bauweise von Motor- und Pumpengehäuse gekennzeichnet. Alle rotierenden Bauteile von Motor und Pumpe (z. B. Rotor, Rotorwelle) und die Lager (bearings) sind vom Wasser umspült. Das geförderte Wasser dient damit gleichzeitig zur Schmierung und Kühlung (lubrication and cooling) der Gleitlager sowie Kühlung des Motors. Der Strom führende Teil des Motors (Stator mit Wicklung) ist vom Wasser durch ein abgedichtetes dünnes Spaltrohr aus hochlegiertem Stahl getrennt, daher die Bezeichnung **Spaltrohrpumpe** (canned motor pump).

Pumpen dieser Bauart sind geräuscharm und wartungsfrei. Sie haben allerdings relativ niedrige Wirkungsgrade.

Nassläuferpumpen werden bis zu einer Anschluss-Nennweite (nominal bore) von DN 32 als Rohrverschraubungspumpen angeboten. Größere Pumpen werden mit Flanschanschlüssen gefertigt.

5.1.2 Hocheffizienz-Pumpen

Die neueste Generation der Nassläuferpumpen erreicht wesentlich höhere Wirkungsgrade und ermöglicht bis zu 80 % Stromeinsparung gegenüber den bisher verwendeten Nassläuferpumpen. Diese Hocheffizienzpumpen (high efficiency pumps) (Bild 2) besitzen einen Permanentmagnetmotor (permanent magnet motor), so dass das erforderliche Magnetfeld nicht erst mit Verlusten erzeugt werden muss. Vor allem im Teillastbereich (bis zu 98 % der Betriebszeit) wird dadurch der Wirkungsgradabfall stark reduziert und der Effizienzunterschied im Vergleich zu einer Standard-Nassläuferpumpe besonders deutlich. Darüber hinaus werden die Motorverluste (motor power lost) reduziert und damit der Gesamtwirkungsgrad verbessert durch

- die Verkleinerung des Luftspaltes (clearance) zwischen Stator und Rotor sowie
- der Verwendung eines neuartigen Spaltrohrmaterials, z. B. Kohlefaserverbundwerkstoff, mit geringerem magnetischen Widerstand (Bild 1, nächste Seite).

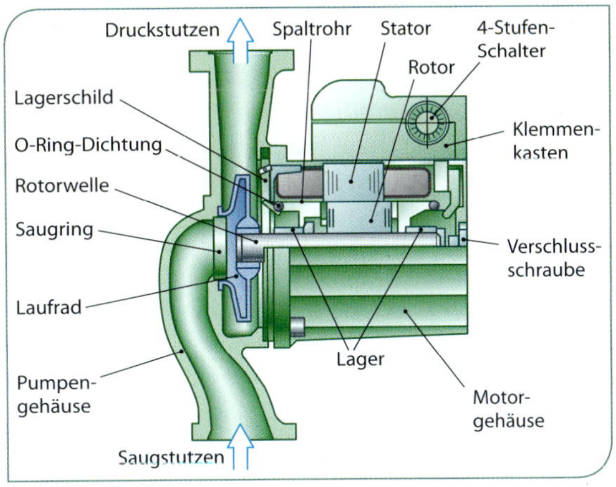

1 Nassläuferpumpe (Rohreinbaupumpe mit Verschraubungsanschluss)

2 Hocheffizienzpumpe

Lernfeld 7

Laufräder (pump impeller) mit dreidimensional gekrümmten Schaufeln und glatterer Oberfläche verringern die Reibungsverluste und verbessern den hydraulischen Wirkungsgrad.

Am Display dieser Hocheffizienzpumpen kann die jeweils aktuelle Leistungsaufnahme (power draw) in Watt und bei manchen Bauarten auch der Gesamtstromverbrauch in kWh abgelesen werden. (Bild 2, vorige Seite). Außerdem kann mit Hilfe des Displays die Einstellung der Pumpe, z. B. Förderhöhe (Pumpendruck), Regelmodus sowie die Aktivierung der automatischen Nachtabsenkung vorgenommen werden (vgl. Kap. 5.6.3).

Manche Ausführungen von Hocheffizienzpumpen verfügen über eine automatische Entlüftungsfunktion (venting function). Dadurch werden Leistungseinbußen, Verschleiß und Geräusche durch Luftansammlungen (air accumulations) im Rotorraum verhindert und ein manuelles Entlüften überflüssig.

Durch die zum 1. Januar 2013 in Kraft getretene **ErP-Richtlinie** (Energy related Products = Energie verbrauchsrelevante Produkte) dürfen in Heizungsanlagen nur noch externe Nassläufer-Umwälzpumpen mit einem Energieeffizienz-Index (EEI) von höchstens 0,27 eingebaut werden. Seitdem kommen dafür ausschließlich Hocheffizienzpumpen zum Einsatz, da nur diese die neuen Effizienzanforderungen erfüllen, die weit über die Anforderungen der früheren Energieeffizienzklasse A hinausgehen. Hocheffizienzpumpen werden deshalb nicht mehr mit dem Energielabel „A" bis „G", sondern mit dem Kürzel „ErP READY" gekennzeichnet (Bild 2). Seit 1. August 2015 beträgt der zulässige EEI nur noch 0,23. Er gilt auch für integrierte Nassläufer-Umwälzpumpen, die z. B. in neu installierten Wärmeerzeugern oder Solarstationen eingebaut sind (integrierte Pumpen). Ab 2020 gelten die Vorgaben auch für den Austausch integrierter Pumpen in bestehenden Wärmeerzeugern. Besonders effiziente Pumpenmodelle erreichen bereits heute einen Energieeffizienz-Index ≤ 0,20.

1 Kunststoffspaltrohr (a), Rotor (b) und Stator (c)

ErP READY
APPLIES TO EUROPEAN DIRECTIVE FOR ENERGY RELATED PRODUCTS

2 Energiekennzeichnung für Heizungspumpen

5.2 Einbau und Inbetriebnahme

Um einen störungsfreien Betrieb (trouble free running) und eine hohe Lebensdauer der Nassläuferpumpe zu gewährleisten, sind einige Besonderheiten bei der Montage und Inbetriebnahme zu beachten:

- Der Einbau der Pumpe sollte spannungsfrei erfolgen (Platz für Dichtungen beachten).
- Die Pumpe sollte zwischen Absperrarmaturen (isolating valves) eingebaut werden, damit ein späterer Austausch problemlos möglich ist.
- Der Montageort (installation point) der Pumpe sollte gut zugänglich sein.
- Die Pumpe muss vor Tropf- und Schwitzwasser (drip- and perspiration proof) geschützt werden.
- Die Pumpenwelle (pump shaft) sollte stets waagerecht angeordnet sein, um erhöhten Lagerverschleiß und vorzeitigen Ausfall der Pumpe zu vermeiden (Bild 3).
- Beim Spülen (flush) von Rohrsystemen sollte die Pumpe durch ein gerades Rohrpassstück gleicher Nennweite ersetzt werden, um sie vor Verschmutzung zu schützen.
- Bei Inbetriebnahme (putting into operation/starting) von durch Drehstrom angetriebenen Pumpen ist die Drehrichtung zu kontrollieren.
- Die Pumpe ist bei Bedarf zu entlüften.
- Nassläuferpumpen nie trocken, d. h. ohne Wasser laufen lassen.

3 Einbau von Nassläuferpumpen

5.3 Pumpen- und Rohrnetzkennlinien

Jeder einzelne Pumpentyp hat eine eigene Charakteristik, die durch die Kennlinie (characteristic curve) ausgedrückt wird. Vom Verlauf (course/march) der Kennlinie kann man die Eignung der Pumpe für bestimmte Einsatzbedingungen ableiten. Sind die hydraulischen Parameter durch Messung oder Berechnung ermittelt, kann auch vom Rohrnetz eine Kennlinie erstellt werden.

5.3.1 Pumpenkennlinie

Die Pumpenkennlinie (pump characteristic) (Bild 1) zeigt den Zusammenhang zwischen **Volumenstrom (Förderstrom) $\dot{V}$** und **Pumpendruck p (Förderhöhe h)** bei konstanter Drehzahl. Sie gibt somit an, welcher Volumenstrom bei einem bestimmten Pumpendruck erreicht wird, bzw. welcher Pumpendruck (pump delivery pressure) sich bei einem bestimmten Volumenstrom einstellt.

Jede Änderung des Pumpendruckes hat stets eine Änderung des Volumenstromes (volume flow) und umgekehrt zur Folge. Mit zunehmendem Volumenstrom sinkt der Pumpendruck, weil mehr Bewegungsenergie (kinetic energy) benötigt wird. Nimmt der Volumenstrom ab, steigt der Pumpendruck. Ist keine Bewegung vorhanden, z. B. Pumpe läuft gegen geschlossenes Ventil, erreicht die Pumpe ihren maximalen Druck.

Die Kennlinien der einzelnen Pumpentypen werden durch Messung am Prüfstand ermittelt und sind den Unterlagen der Pumpenhersteller zu entnehmen.

Der Verlauf der **Pumpenkennlinie** (Bild 2) ist maßgebend bei der Beurteilung aller anwendungstechnischen Fragen (assesment of all technical applications).

Bei Pumpen mit **flacher Kennlinie** ändert sich der Pumpendruck auch bei größeren Volumenstromänderungen (change of volume flow) relativ wenig. Solche Pumpen eignen sich wegen des geringeren Druckanstieges bei gedrosselten bzw. geschlossenen Ventilen besonders für Zweirohr-Heizungen mit Thermostatventilen.

Bei Pumpen mit **steiler Kennlinie** bewirken bereits kleine Volumenstromänderungen verhältnismäßig große Pumpendruckänderungen. Solche Pumpen eignen sich für Anlagen, in denen keine bzw. nur geringe Änderungen des Volumenstromes auftreten, z. B. Einrohrheizungen.

5.3.2 Rohrnetzkennlinie

Die Rohrnetzkennlinie (pipe system/piping characteristic) zeigt den Zusammenhang zwischen dem **Volumenstrom** und dem sich dabei ergebenden **Druckverlust** (pressure drop) in einem Rohrnetz. Bei einer Änderung des Volumenstromes verändert sich der Druckverlust **quadratisch** (Bild 3).

$$\Delta p_2 = \Delta p_1 \cdot \left(\frac{\dot{V}_2}{\dot{V}_1}\right)^2 \qquad \frac{\Delta p_1}{\Delta p_2} = \left(\frac{\dot{V}_1}{\dot{V}_2}\right)^2$$

Δp_1, Δp_2: Pumpendruck in mbar
$\dot{V}_1$, $\dot{V}_2$: Volumenstrom in $\frac{m^3}{h}$

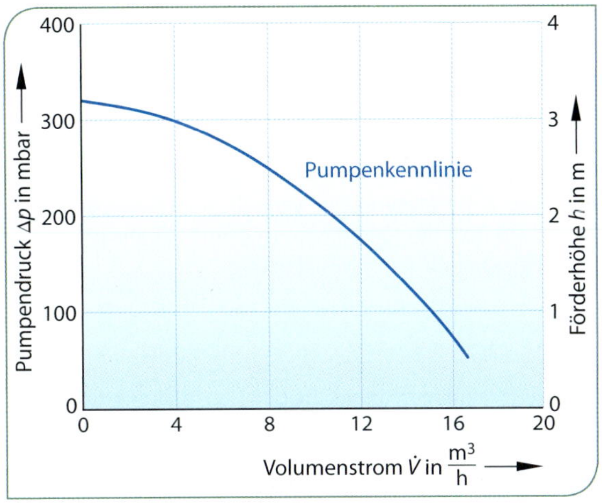

1 Pumpenkennlinie

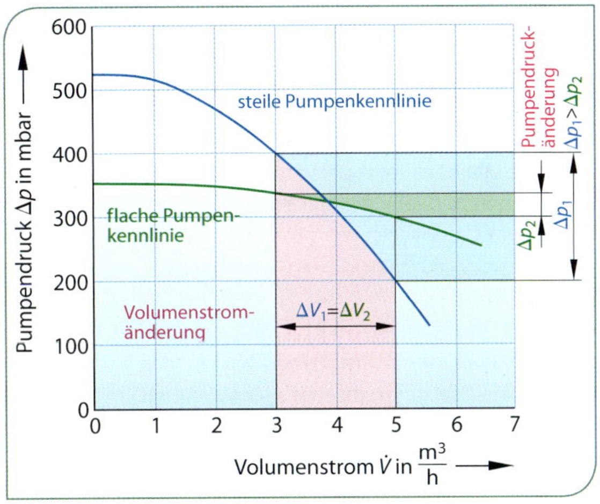

2 Flache und steile Pumpenkennlinie

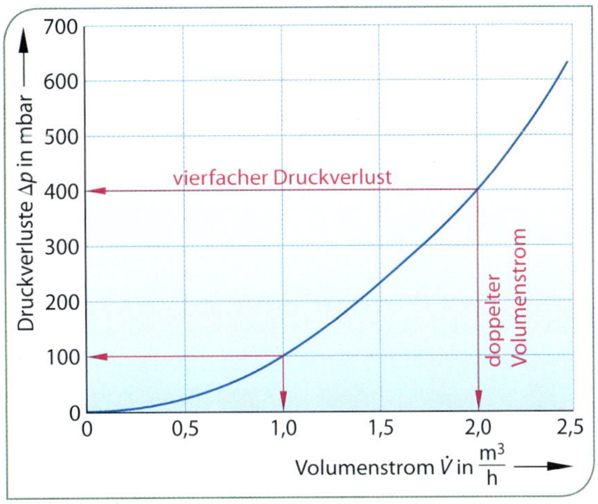

3 Rohrnetzkennlinie

Verdoppelt sich z. B. der Volumenstrom, so steigt der Druckverlust auf den vierfachen Wert an.
Sind von einem Rohrnetz (pipe system) ein bestimmter Volumenstrom und der dazugehörige Druckverlust bekannt, so können mit der angegebenen Formel weitere Punkte der Kennlinie berechnet und die Rohrnetzkennlinie erstellt werden. Die Rohrnetzkennlinie verläuft üblicherweise durch den Nullpunkt des Koordinatensystems (origin of coordinates) und hat die Form einer Parabel.

MERKE

Rohrnetzkennlinien unterscheiden sich in ihrer Steilheit (steepness) (Bild 1).

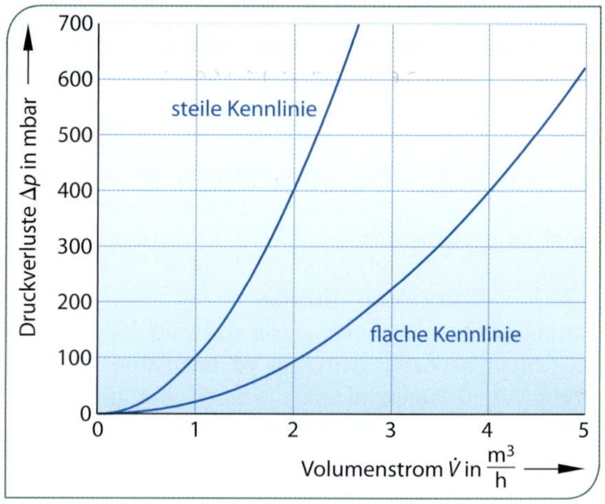

1 Steilheit von Rohrnetzkennlinien

Rohrnetze mit großen Rohrweiten, glatten Rohrwandungen, geringer Länge und strömungsgünstigen Armaturen und Fittings (geringe Umlenkungen) haben **flache Kennlinien**, da der Druckverlust bei zunehmendem Volumenstrom und damit größer werdender Fließgeschwindigkeit verhältnismäßig wenig ansteigt.
Rohrnetze mit **steiler Kennlinie** dagegen weisen, bedingt durch z. B. kleinere Rohrquerschnitte und engere Radien, bereits bei einem relativ kleinen Volumenstrom einen großen Druckverlust auf.

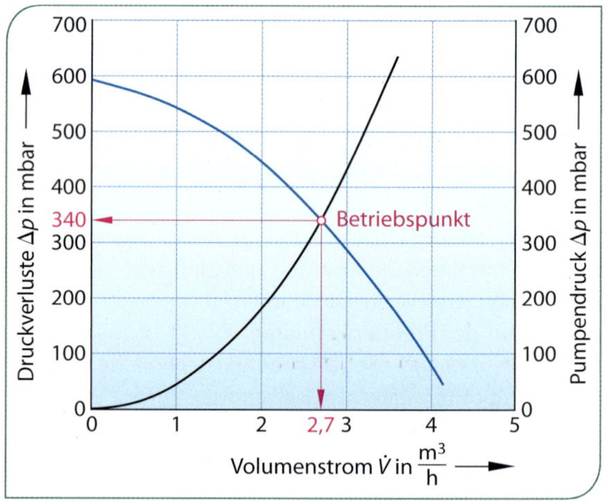

2 Betriebspunkt

5.3.3 Betriebspunkt

Zeichnet man die Rohrnetzkennlinie in das Pumpendiagramm ein, dann ergibt der Schnittpunkt (intersecting point) der beiden Kennlinien den Betriebspunkt (operating point) der Pumpe (Bild 2).

MERKE

Der Betriebspunkt einer Pumpe ist der Schnittpunkt der Pumpenkennlinie mit der Rohrnetzkennlinie.

In diesem Punkt ist der Pumpendruck stets so groß wie der Druckverlust (Durchflusswiderstand (frictional resistance to flow) der Anlage. Danach richtet sich der geförderte Volumenstrom der Pumpe.

5.3.3.1 Betriebspunktverschiebung

Ändert sich der Druckverlust (Durchflusswiderstand) im Rohrnetz, verschiebt sich der Betriebspunkt auf der Pumpenkennlinie (Bild 3). Steigt der Durchflusswiderstand z. B. durch Drosseln oder Schließen von Heizkörper-Thermostatventilen, so ergibt sich eine steilere Rohrnetzkennlinie. Der Betriebspunkt verschiebt sich entlang der Pumpenkennlinie nach links vom ursprünglichen Betriebspunkt. Der Pumpendruck steigt, der Volumenstrom nimmt ab.

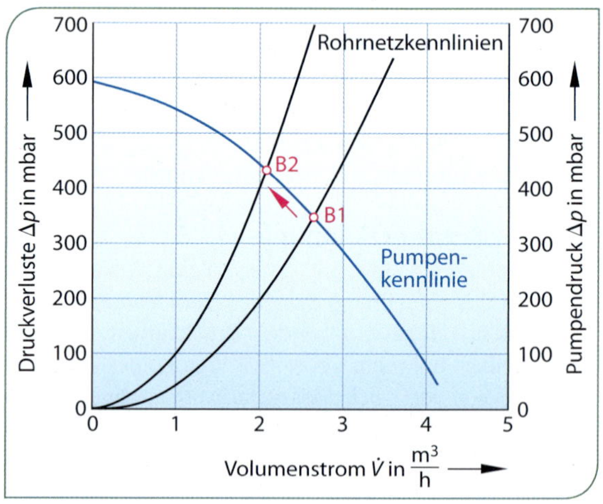

3 Änderung des Betriebspunktes

Beispiel

Für eine Warmwasserheizungsanlage wird ein Volumenstrom von $\dot{V} = 5\,\frac{m^3}{h}$ und ein Druckverlust von $\Delta p = 200$ mbar ermittelt. In die Anlage soll eine Umwälzpumpe mit den aus der nachfolgenden Tabelle zu entnehmenden Werten eingebaut werden.

$\dot{V}$ in $\frac{m^3}{h}$	0	1	2	3	4	4,7
Δp in mbar	650	610	530	420	260	50

a) Zeichnen Sie ein Pumpen-/Rohrnetzdiagramm mit folgenden Vorgaben:
   1 cm $\triangleq$ 1 $\frac{m^3}{h}$; 1 cm $\triangleq$ 100 mbar
b) Zeichnen Sie die Pumpenkennlinie in das Diagramm ein.
c) Berechnen Sie die Druckverluste im Rohrnetz für folgende Volumenströme:
   $\dot{V} = 0\,\frac{m^3}{h}; 1\,\frac{m^3}{h}; 2\,\frac{m^3}{h}; 3\,\frac{m^3}{h}; 4\,\frac{m^3}{h}; 5\,\frac{m^3}{h}; 6\,\frac{m^3}{h}; 7\,\frac{m^3}{h}; 8\,\frac{m^3}{h}$
d) Erstellen Sie eine Wertetabelle und zeichnen Sie die Rohrnetzkennlinie in das Diagramm ein.
e) Bestimmen Sie den Betriebspunkt ($\dot{V}$, Δp).
f) Ermitteln Sie den neuen Betriebspunkt, wenn der Volumenstrom aufgrund geschlossener Thermostatventile um 2 $\frac{m^3}{h}$ zurückgeht.

Lösung:

geg.: Messwerte der Umwälzpumpe am Prüfstand;
Rohrnetzwerte: $\dot{V} = 5\,\frac{m^3}{h}$; $\Delta p = 200$ mbar

ges.: a) Pumpen-/Rohrnetzdiagramm
b) Pumpenkennlinie
c) Rohrnetzkennlinie
d) Betriebspunkt B_1
e) Betriebspunkt B_2

a) …c)

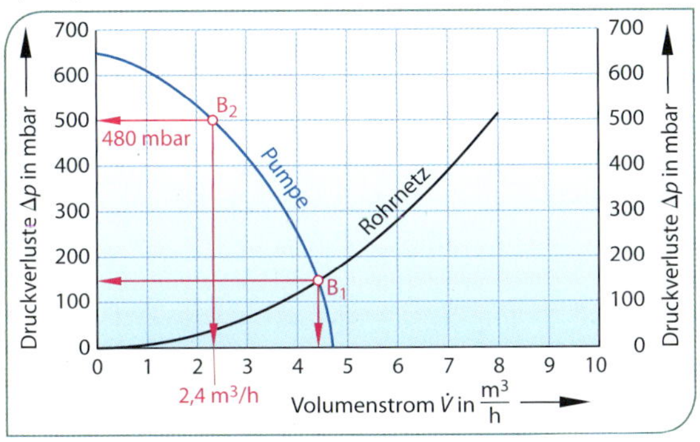

c) $\Delta p_2 = \Delta p_1 \cdot \left(\frac{\dot{V}_2}{\dot{V}_1}\right)^2$

z. B. $\dot{V} = 1\,\frac{m^3}{h}$

$\Delta p_2 = 200 \text{ mbar} \cdot \left(\frac{1\,m^3 \cdot h}{5\,m^3 \cdot h}\right)^2$

$\Delta p_2 = 200 \text{ mbar} \cdot \left(\frac{1}{5}\right)^2$

$\Delta p_2 = 200 \text{ mbar} \cdot \frac{1}{25}$

$\underline{\underline{\Delta p_2 = 8 \text{ mbar}}}$

d)

$\dot{V}$ in $\frac{m^3}{h}$	0	1	2	3	4	5	6	7	8
Δp in mbar	0	8	32	72	128	200	288	392	512

e) Betriebspunkt B_1: $\dot{V} = 4{,}4\,\frac{m^3}{h}$; $\Delta p = 150$ mbar

f) Betriebspunkt B_2: $\dot{V} = 2{,}4\,\frac{m^3}{h}$; $\Delta p = 480$ mbar

ÜBUNGEN

1) Welche Pumpenarten werden bei Pumpen Warmwasserheizungen verwendet?
2) Beschreiben Sie die Arbeitsweise einer Kreiselpumpe.
3) Bezeichnen Sie die gekennzeichneten Bauteile der abgebildeten Nassläufer-Umwälzpumpe.

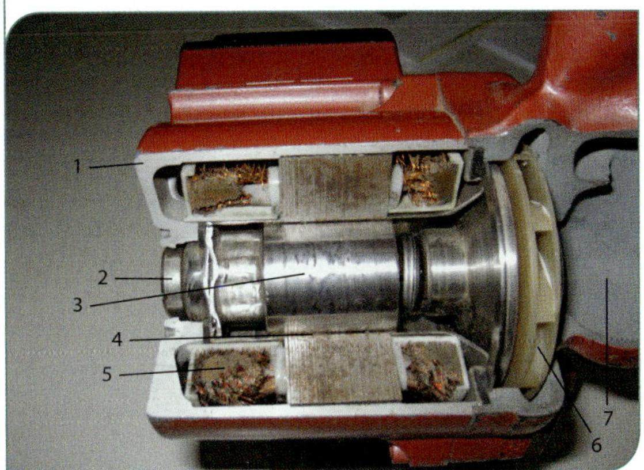

4) Beschreiben Sie die konstruktiven Merkmale einer Nassläufer-Umwälzpumpe und nennen Sie zwei Vorteile dieser Bauart.
5) Erläutern Sie die Besonderheiten der Hocheffizienzpumpen.
6) Worauf ist beim Einbau und bei der Inbetriebnahme einer Umwälzpumpe zu achten?
7) Welchen Zusammenhang zeigt eine Pumpenkennlinie?
8) Beschreiben Sie das Betriebsverhalten von Umwälzpumpen
   a) mit flacher Kennlinie
   b) mit steiler Kennlinie
   und leiten Sie daraus mögliche Anwendungen ab.
9) Welcher Zusammenhang wird durch die Rohrnetzkennlinie dargestellt?
10) Was lässt sich aus dem Verlauf einer Rohrnetzkennlinie ableiten?
11) Nennen Sie die Definition des Betriebspunktes einer Umwälzpumpe.

12) Wie verändert sich der Betriebspunkt einer Pumpen-Warmwasserheizung, wenn einige Thermostatventile geschlossen sind?

13) In einer Warmwasser-Heizungsanlage werden stündlich 3 m³ Heizwasser umgewälzt. Der Druckverlust im ungünstigsten Stromkreis beträgt 150 mbar.
In die Anlage soll eine Umwälzpumpe mit den aus der nachfolgenden Tabelle zu entnehmenden Werten eingebaut werden.

$\dot{V}$ in $\frac{m^3}{h}$	0	1	2	3	4	5	5,5
Δp in mbar	430	420	400	350	260	130	0

a) Zeichnen Sie ein Pumpen-/Rohrnetzdiagramm mit folgenden Vorgaben:
1 cm ≙ 1 $\frac{m^3}{h}$; 1 cm ≙ 100 mbar
b) Zeichnen Sie die Pumpenkennlinie in das Diagramm ein.
c) Berechnen Sie die Druckverluste im Rohrnetz für folgende Volumenströme:
$\dot{V} = 0\,\frac{m^3}{h}; 1\,\frac{m^3}{h}; 2\,\frac{m^3}{h}; 3\,\frac{m^3}{h}; 4\,\frac{m^3}{h}; 5\,\frac{m^3}{h}; 6\,\frac{m^3}{h}$
d) Erstellen Sie eine Wertetabelle und zeichnen Sie die Rohrnetzkennlinie in das Diagramm ein.
e) Bestimmen Sie den Betriebspunkt ($\dot{V}$, Δp).

14) In einer Heizungsanlage ist eine Umwälzpumpe mit drei manuell einstellbaren Drehzahlstufen eingebaut.
a) Bestimmen Sie für die 3 Drehzahlstufen jeweils den Betriebspunkt, wenn das Rohrnetz bei geöffneten Thermostatventilen den im Diagramm mit A gekennzeichneten Kennlinienverlauf aufweist.
b) Ermitteln Sie den Betriebspunkt, wenn die Umwälzpumpe auf maximale Drehzahl eingestellt ist und das Rohrnetz aufgrund teilweise geschlossener Thermostatventile den im Diagramm mit B gekennzeichneten Kennlinienverlauf aufweist.

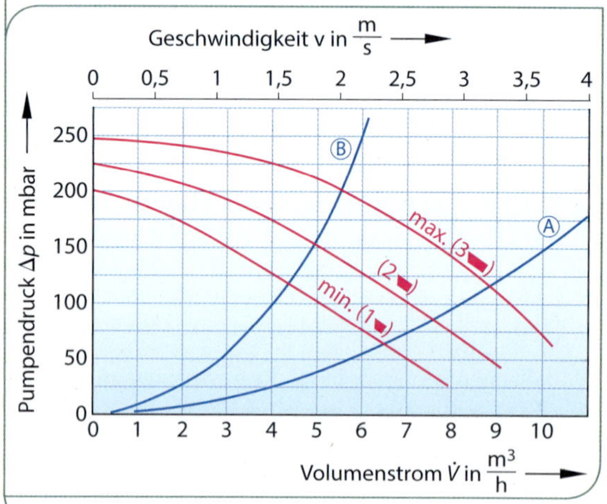

5.4 Pumpenleistung

5.4.1 Abgegebene Pumpenleistung

Die abgegebene **Pumpenleistung (Förderleistung** (pumping capacity)) P_{ab} ist die von der Pumpe an das Wasser übertragene Leistung. Sie ergibt sich aus dem Produkt des geförderten Volumenstroms $\dot{V}$ und dem Pumpendruck Δp.

$$P_{ab} = \dot{V} \cdot \Delta p$$

P_{ab}: Abgegebene Pumpenleistung in W
$\dot{V}$: Volumenstrom in $\frac{m^3}{s}$
Δp: Pumpendruck in Pa bzw. $\frac{N}{m^2}$

Beispiel

Die Umwälzpumpe einer Warmwasser-Heizungsanlage fördert bei einem Pumpendruck von $\Delta p = 220$ mbar einen Volumenstrom von $\dot{V} = 5{,}4\,\frac{m^3}{h}$.
Berechnen Sie die abgegebene Leistung der Pumpe in Watt.

Lösung:

geg.: $\Delta p = 220$ mbar; $\dot{V} = 5{,}4\,\frac{m^3}{h}$
ges.: P_{ab} in W

$$P_{ab} = \dot{V} \cdot \Delta p$$
$$P_{ab} = \frac{5{,}4\,m^3 \cdot h}{h \cdot 3600\,s} \cdot \frac{220\,mbar \cdot 100\,N}{mbar \cdot m^2}$$
$$P_{ab} = 0{,}0015\,\frac{m^3}{s} \cdot 22000\,\frac{N}{m^2}$$
$$P_{ab} = 33\,\frac{Nm}{s} = 33\,\frac{Ws}{s} = 33\,W$$

5.4.2 Wirkungsgrad der Pumpe

Bei einer Umwälzpumpe treten Verluste sowohl in der Pumpe als auch im Elektromotor auf. Deshalb gibt es zwei Wirkungsgrade:

- **Motorwirkungsgrad** η_M (elektrischer Teil)
- **Pumpenwirkungsgrad** η_P (hydraulischer Teil)

Das Produkt der beiden Wirkungsgrade ergibt den **Gesamtwirkungsgrad** η_{ges}.

$$\eta_{ges} = \eta_M \cdot \eta_P$$

η_{ges}: Gesamtwirkungsgrad (overall efficiency)
η_M: Motorwirkungsgrad (motor efficiency)
η_P: Pumpenwirkungsgrad (pump efficiency)

Beispiel

Eine Umwälzpumpe hat einen Motorwirkungsgrad von 82 % und einen Pumpenwirkungsgrad von 55 %.
Berechnen Sie den Gesamtwirkungsgrad dieser Pumpe.

Lösung:

geg.: $\eta_M = 0{,}82$; $\eta_P = 0{,}55$
ges.: η_{ges}

$$\eta_{ges} = \eta_M \cdot \eta_P$$
$$\eta_{ges} = 0{,}82 \cdot 0{,}55$$
$$\eta_{ges} = 0{,}45 = 45\,\%$$

Bei Nassläuferpumpen bilden Pumpe und Motor eine Einheit und sind optimal aufeinander abgestimmt. Deshalb kann für diese Pumpen der Gesamtwirkungsgrad η_{ges} genau

Lernfeld 7

festgelegt werden. Die Wirkungsgrade sind nicht nur bei den Pumpenbauarten und Pumpengrößen sehr unterschiedlich, sondern verändern sich auch entlang der Pumpenkennlinie. Die besten Wirkungsgrade liegen im mittleren Drittel der Pumpenkennlinie (Bild 1).

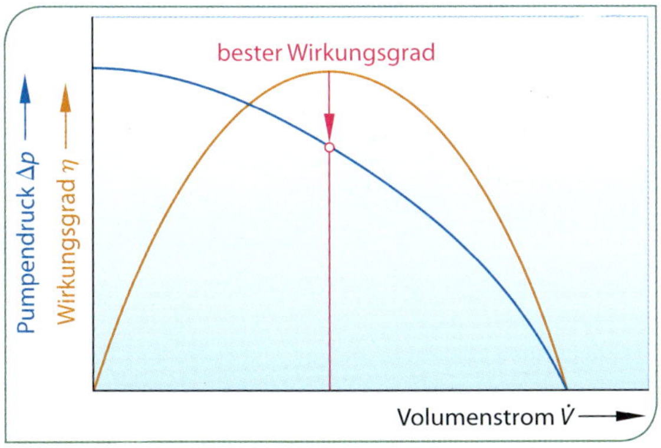

1 Pumpenkennlinie und Wirkungsgradverlauf

5.4.3 Zugeführte elektrische Leistung

Die **zugeführte elektrische Leistung P_{zu} (Leistungsaufnahme des Antriebsmotors** (electric power draw)**)** ergibt sich aus dem Verhältnis der abgegebenen Pumpenleistung zum Gesamtwirkungsgrad.

$$P_{zu} = \frac{P_{ab}}{\eta_{ges}} \qquad P_{zu} = \frac{\dot{V} \cdot \Delta p}{\eta_{ges}}$$

P_{zu}: zugeführte elektrische Leistung in W
P_{ab}: abgegebene Pumpenleistung in W
$\dot{V}$: Volumenstrom in $\frac{m^3}{s}$
Δp: Pumpendruck in Pa bzw. $\frac{N}{m^2}$
η_{ges}: Gesamtwirkungsgrad

Beispiel

Eine Umwälzpumpe fördert bei einem Pumpendruck von 280 mbar stündlich 3,6 m³ Heizungswasser. Berechnen Sie die zugeführte elektrische Leistung in W, wenn der Gesamtwirkungsgrad der Pumpe 50 % beträgt.

Lösung:

geg.: $\Delta p = 280$ mbar; $\dot{V} = 3{,}6\ \frac{m^3}{h}$; $\eta_{ges} = 0{,}50$
ges.: P_{zu} in W

$$P_{zu} = \frac{\dot{V} \cdot \Delta p}{\eta_{ges}}$$

$$P_{zu} = \frac{3{,}6\ m^3 \cdot h}{h \cdot 3600\ s} \cdot \frac{280\ mbar \cdot 100\ N}{mbar \cdot m^2 \cdot 0{,}50}$$

$$P_{zu} = \frac{0{,}001\ m^3 \cdot h}{s} \cdot \frac{28000\ N}{m^2 \cdot 0{,}50} = \frac{28\ Nm}{s \cdot 0{,}50}$$

$$\underline{\underline{P_{zu} = 56\ W}}$$

Die Leistungsaufnahme (power input) wird wie die hydraulische Leistung (hydraulic power) von Pumpen in Diagrammen dargestellt.

Häufig sind die Pumpen- und Leistungskennlinien in Katalogen untereinander angeordnet (Bild 2), damit die Zusammenhänge gut erkennbar sind.
Der Kennlinienverlauf zeigt, dass die Leistungsaufnahme mit zunehmendem Volumenstrom steigt und bei maximalem Volumenstrom ihren Maximalwert erreicht.

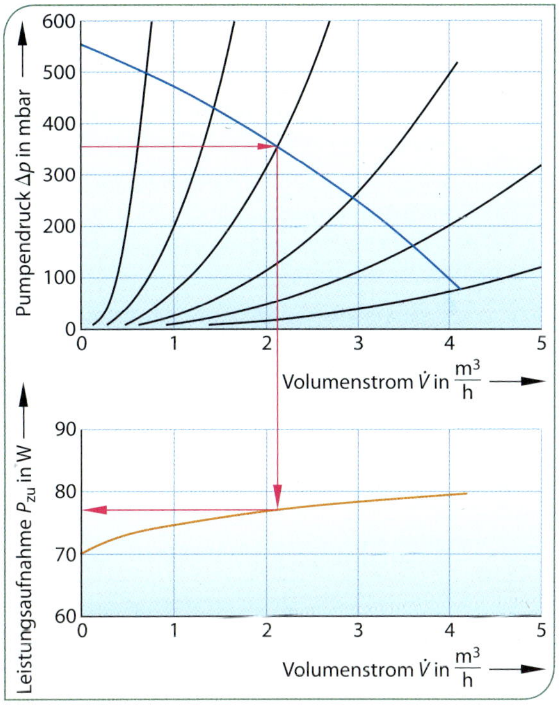

2 Pumpenkennlinie und Leistungskennlinie

Beispiel

Eine Heizkreispumpe wälzt bei einem Differenzdruck (Pumpendruck) von 350 mbar stündlich 2,1 m³ Heizungswasser um.

a) Ermitteln Sie mit Hilfe von Diagramm Bild 2 die Leistungsaufnahme (zugeführte elektrische Leistung) der Pumpe in Watt.
b) Berechnen Sie den Gesamtwirkungsgrad der Pumpe bei diesem Betriebspunkt.

Lösung:

geg.: $\Delta p = 350$ mbar; $\dot{V} = 2{,}1\ \frac{m^3}{h}$;
ges.: a) P_{zu} in W   b) η_{ges}

a) Nach Diagramm Bild 2
$P_{zu} = 77$ W

b) $P_{zu} = \frac{V \cdot \Delta p}{\eta_{ges}}$

$$\eta_{ges} = \frac{\dot{V} \cdot \Delta p}{P_{zu}}$$

$$\eta_{ges} = \frac{2{,}1\ m^3 \cdot h \cdot 350\ mbar \cdot 100\ N \cdot s}{h \cdot 3600\ s \cdot mbar \cdot m^2 \cdot 77\ Nm}$$

$$\eta_{ges} = \frac{20{,}4}{77}$$

$$\underline{\underline{\eta_{ges} = 0{,}265 = 26{,}5\ \%}}$$

Lernfeld 7

Lernfeld 7

ÜBUNGEN

1. Nennen Sie jeweils eine Formel zur Berechnung
   a) der abgegebenen Pumpenleistung,
   b) der zugeführten Leistung der Pumpe.

2. Eine Umwälzpumpe fördert in einer Stunde 3,2 m³ Heizungswasser bei einem Pumpendruck von 120 mbar. Berechnen Sie die abgegebene Leistung in Watt.

3. Die abgegebene Leistung einer Heizkreispumpe beträgt 65 W bei einem Pumpendruck von 130 mbar. Wie viele m³ Heizungswasser werden stündlich umgewälzt?

4. Die Umwälzpumpe einer Warmwasser-Heizungsanlage hat einen Gesamtwirkungsgrad von 50 %. Berechnen Sie den Pumpenwirkungsgrad, wenn der Motorwirkungsgrad 85 % beträgt.

5. Eine Umwälzpumpe fördert bei einem Pumpendruck von 250 mbar einen Volumenstrom von 8,2 $\frac{m^3}{h}$. Berechnen Sie die dem Pumpenmotor zugeführte Leistung in W, wenn der Motorwirkungsgrad 84 % und der Pumpenwirkungsgrad 55 % betragen.

5.5 Energiekosten

Die Energiekosten (energy costs) einer Umwälzpumpe hängen ab von:

- der zugeführten Leistung (Leistungsaufnahme),
- der Betriebsdauer (running period/time) und
- dem Energiepreis.

$$K = P_{zu} \cdot t \cdot k$$

K: Energiekosten in €
P_{zu}: zugeführte Leistung (Leistungsaufnahme) in kW
t: Betriebsdauer in h
k: Energiepreis in $\frac{€}{kWh}$

Beispiel

Die Umwälzpumpe der Warmwasser-Heizungsanlage eines Einfamilienhauses ist während der Heizperiode an 240 Tagen in Betrieb. Die zugeführte elektrische Leistung beträgt 65 W.

a) Berechnen Sie die anfallenden Energiekosten, wenn der Energiepreis 0,27 $\frac{€}{kWh}$ beträgt.

b) Berechnen Sie die Energiekosten, die je Heizperiode eingespart werden können, wenn die Pumpe durch eine Hocheffizienzpumpe ersetzt wird, deren zugeführte durchschnittliche elektrische Leistung 12 W beträgt.

Lösung:

geg.: $t = 240$ Tage; $P_{zu1} = 65$ W; $P_{zu2} = 12$ W;
$k = 0{,}27\ \frac{€}{kWh}$

ges.: a) K_1 in € b) ΔK

a) $K_1 = P_{zu1} \cdot t \cdot k$
$K_1 = 0{,}065\ \text{kW} \cdot 5760\ \text{h} \cdot 0{,}27\ \frac{€}{kWh}$
$\underline{\underline{K_1 = 101{,}09\ €}}$

b) $K_2 = P_{zu2} \cdot t \cdot k$
$K_2 = 0{,}012\ \text{kW} \cdot 5760\ \text{h} \cdot 0{,}27\ \frac{€}{kWh}$
$\underline{\underline{K_2 = 18{,}66\ €}}$
$\Delta K = K_1 - K_2$
$\Delta K = 101{,}09\ € - 18{,}66\ €$
$\underline{\underline{\Delta K = 82{,}43\ €}}$

ÜBUNGEN

1. Die Umwälzpumpe der Warmwasser-Heizungsanlage eines Zweifamilienhauses ist an 250 Tagen in Betrieb. Berechnen Sie die jährlichen Energiekosten bei einem Energiepreis von 0,27 $\frac{€}{kWh}$ und einer Leistungsaufnahme der Pumpe von 125 W.

2. In die Warmwasser-Heizungsanlage eines Einfamilienhauses ist eine Umwälzpumpe mit drei Drehzahlstufen eingebaut. Sie ist pro Heizperiode an 240 Tagen in Betrieb. Der Energiepreis beträgt 0,27 $\frac{€}{kWh}$.
   a) Berechnen Sie die jährlichen Energiekosten, wenn die Pumpe auf maximale Drehzahl eingestellt ist und die Leistungsaufnahme dabei 125W beträgt.
   b) Berechnen Sie die Energiekosten, die jährlich eingespart werden können, wenn die Pumpe auf die ausreichende minimale Drehzahl eingestellt wird und dabei eine Leistung von 80 W aufnimmt.

3. Die Heizungs-Umwälzpumpe eines Einfamilienhauses ist während der Heizperiode an 245 Tagen in Betrieb. Der Energiepreis beträgt 0,27 $\frac{€}{kWh}$.
   a) Berechnen Sie die jährlichen Energiekosten, wenn die Leistungsaufnahme der Pumpe 95W beträgt.
   b) Berechnen Sie die Energiekosten, die je Heizperiode eingespart werden können, wenn die Pumpe durch eine elektronisch geregelte Umwälzpumpe mit automatischem Absenkbetrieb ersetzt wird, die während des angehobenen Heizbetriebs eine durchschnittliche Leistung von 30 W aufnimmt und während des 8-stündigen Nachtabsenkbetriebs die Leistungsaufnahme auf 7 W reduziert.

4. Der Heizkessel eines Zweifamilienhauses hat eine Wärmeleistung von 20 kW, die Heizwassertemperaturen betragen 70/55 °C. Im Rohrnetz entsteht ein Druckverlust von 180 mbar.
   a) Berechnen Sie den Volumenstrom in $\frac{m^3}{h}$; (1 kg ≙ 1 l).
   b) Berechnen Sie die Leistungsaufnahme der Umwälzpumpe in Watt, wenn der Gesamtwirkungsgrad der Pumpe 40 % beträgt.
   c) Berechnen Sie die jährlichen Energiekosten in € bei einer Betriebszeit von 240 Tagen und einem Energiepreis von 0,27 $\frac{€}{kWh}$.

5.6 Pumpenanpassung an die Anlagenbedingungen

Bei den heutigen Zentralheizungen handelt es sich überwiegend um Anlagen mit variablem Volumenstrom (variable volume flow). Der Grund dafür ist der Einsatz von Regeleinrichtungen zur Anpassung der Wärmemenge an den Bedarf, z. B. Thermostatventile zur Raumtemperaturregelung.
Das durchschnittliche Belastungsprofil dieser Anlagen weist nur eine kurze Betriebsdauer mit maximalem Volumenstrom (Volllast) auf. In der meisten Zeit werden diese Anlagen im Teillastbereich (partial load) betrieben, wobei der Leistungsbedarf wesentlich geringer ist. Außerdem steigt bei verringertem Volumenstrom der Pumpendruck bei ungeregelten Pumpen. An den Thermostatventilen entstehen Geräusche. Durch Anpassung der Pumpenleistung an die Anlagenbedingungen lassen sich Thermostatventilgeräusche vermeiden und der Stromverbrauch (power consumption) und damit die bei der Stromerzeugung entstehenden CO_2-Emissionen beträchtlich verringern.
EnEV §14 (3) schreibt deshalb für Umwälzpumpen in Heizkreisen von Zentralheizungsanlagen mit $\Phi_{NL}>25$ kW eine **selbsttätige** und **mindestens dreistufige Leistungsregelung** (three-stage power control) vor.
Wegen des enormen Energieeinspareffektes (energy economizing effect) und der damit verbundenen CO_2-Reduzierung sollten geregelte Pumpen auch in Ein- und Zweifamilienhäusern mit Heizleistungen <25 kW eingesetzt werden, auch wenn dies der Gesetzgeber nicht ausdrücklich vorschreibt.

5.6.1 Leistungsanpassung durch Drehzahländerung

Da der geförderte Volumenstrom, der Pumpendruck und der Leistungsbedarf unmittelbar von der Drehzahl[1] der Pumpe abhängen, können durch deren Verringerung sowohl die Antriebsleistung (driving power) als auch die hydraulische Leistung verringert werden (Bild 1).
Energieverschwendende Einrichtungen wie z. B. Überströmventile werden überflüssig.

Proportionalitätsgesetze:
Die Abhängigkeit der Parameter Volumenstrom, Pumpendruck und Leistungsbedarf von der Drehzahl[1] (speed) beschreiben folgende Gesetze:

- **Der Volumenstrom $\dot{V}$ ändert sich proportional zur Drehzahl *n*.**

$$\frac{\dot{V}_1}{\dot{V}_2} = \frac{n_1}{n_2}$$

$\dot{V}_1, \dot{V}_2$: Volumenstrom 1 und 2 in $\frac{m^3}{h}$
n_1, n_2: Drehzahl 1 und 2 in $\frac{1}{min}$

Beispiel

$$\frac{n_1}{n_2} = \frac{1000}{500} = 2 \rightarrow \dot{V}_2 = \frac{\dot{V}_1}{2}$$

- **Der Pumpendruck Δp ändert sich proportional zum Quadrat der Drehzahl *n*.**

$$\frac{\Delta p_1}{\Delta p_2} = \left(\frac{n_1}{n_2}\right)^2$$

$\Delta p_1, \Delta p_2$: Pumpendruck 1 und 2 in mbar
n_1, n_2: Drehzahl 1 und 2 in $\frac{1}{min}$

Beispiel

$$\left(\frac{n_1}{n_2}\right)^2 = \left(\frac{1000}{500}\right)^2 = 4 \rightarrow \Delta p_2 = \frac{\Delta p_1}{4}$$

- **Der Leistungsbedarf *P* ändert sich annähernd proportional zur dritten Potenz der Drehzahl *n*.**

$$\frac{P_1}{P_2} = \left(\frac{n_1}{n_2}\right)^3$$

P_1, P_2: zugeführte Leistung in 1 und 2 (Leistungsbedarf 1 und 2) in W
n_1, n_2: Drehzahl 1 und 2 in $\frac{1}{min}$

Beispiel

$$\left(\frac{n_1}{n_2}\right)^3 = \left(\frac{1000}{500}\right)^3 = 8 \rightarrow P_2 = \frac{P_1}{8}$$

Bei halber Drehzahl (vgl. Rechenbeispiel) verringert sich der geförderte Volumenstrom auf die Hälfte, der Pumpendruck auf ein Viertel und die erforderliche Antriebsleistung auf etwa ein Achtel.
Die in der Praxis gemessenen Werte weichen von den mit Hilfe der **Proportionalitätsgesetze** (proportional laws) ermittelten theoretischen Werte ab.

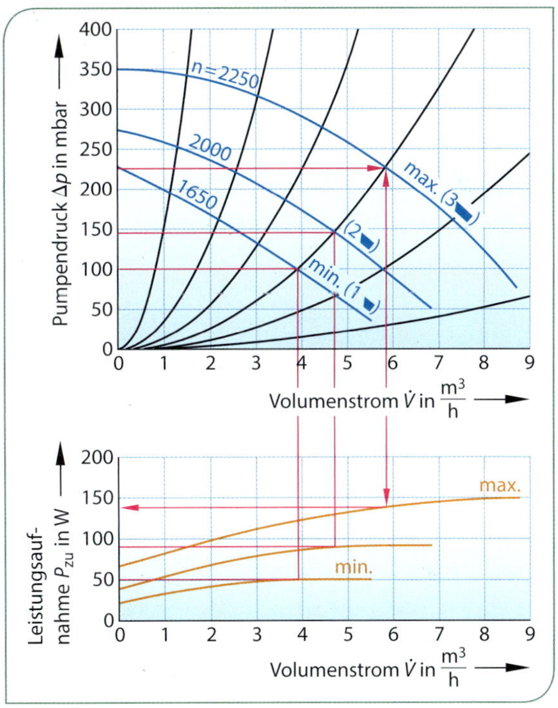

1 Kennlinien einer Nassläuferpumpe mit drei Drehzahlstufen

[1] Der korrekte Begriff für „Drehzahl" lautet nach DIN „Umdrehungsfrequenz"

Beispiel

Eine Umwälzpumpe fördert bei einer Drehzahl von $n_1 = \frac{1700}{\text{min}}$ stündlich 3,5 m^3 Heizungswasser. Sie erzeugt dabei einen Differenzdruck (Pumpendruck) von Δp = 300 mbar. Die zugeführte elektrische Leistung P_{zu} beträgt 110 W.

Berechnen Sie den Volumenstrom, den Pumpendruck und die zugeführte Leistung, wenn die Drehzahl auf $n_2 = \frac{1200}{\text{min}}$ verringert wird.

Lösung:

geg.: $n_1 = \frac{1700}{\text{min}}$; $\dot{V}_1 = 3{,}5\,\frac{\text{m}^3}{\text{h}}$; $\Delta p_1 = 300$ mbar; $P_{zu1} = 125$ W; $n_2 = \frac{1200}{\text{min}}$

ges.: $\dot{V}_2$ in $\frac{\text{m}^3}{\text{h}}$; Δp_2 in mbar; P_{zu2} in W

$$\dot{V}_2 = \dot{V}_1 \cdot \frac{n_2}{n_1}$$

$$\dot{V}_2 = 3{,}5\,\frac{\text{m}^3}{\text{h}} \cdot \frac{1200\,\text{min}}{1700\,\text{min}}$$

$$\underline{\underline{\dot{V}_2 = 2{,}47\,\frac{\text{m}^3}{\text{h}}}}$$

$$\frac{\Delta p_1}{\Delta p_2} = \left(\frac{n_1}{n_2}\right)^2$$

$$\Delta p_2 = \Delta p_1 \cdot \left(\frac{n_2}{n_1}\right)^2$$

$$\Delta p_2 = 300\,\text{mbar} \cdot \left(\frac{1200}{1700}\right)^2$$

$$\underline{\underline{\Delta p_2 = 211{,}8\,\text{mbar}}}$$

$$\frac{P_{zu1}}{P_{zu2}} \approx \left(\frac{n_1}{n_2}\right)^3$$

$$P_{zu2} \approx P_{zu1} \cdot \left(\frac{n_2}{n_1}\right)^3$$

$$P_{zu2} \approx 125\,\text{W} \cdot \left(\frac{1200}{1700}\right)^2$$

$$\underline{\underline{P_{zu2} \approx 44\,\text{W}}}$$

5.6.2 Gestufte und stufenlose Drehzahländerung

Die Drehzahländerung wird durch Änderung der Motorspannung und/oder -frequenz erreicht; sie kann **stufenweise** oder **stufenlos** (stepwise or continously variable) erfolgen. Bei Pumpen mit stufenweiser Drehzahländerung können 3 oder 4 Drehzahlstufen (speed stages) manuell oder automatisch eingestellt werden. Eine jederzeit optimale Anpassung an die Anlagenbedingungen ist damit nicht möglich. Deshalb wird die Stufenschaltung (multiple step switching) zunehmend durch die stufenlose Drehzahlregelung verdrängt. Pumpen mit integrierter stufenloser Drehzahlregelung weisen ein Kennlinienfeld auf (Bild 1). Sie können im Bereich des Kennlinienfeldes jeden Betriebspunkt in Abhängigkeit von der Einstellung, z. B. variabler Differenzdruck (variable differential pressure), annehmen und sich dadurch optimal an den jeweils aktuellen Bedarf (current requirement) der Anlage anpassen.

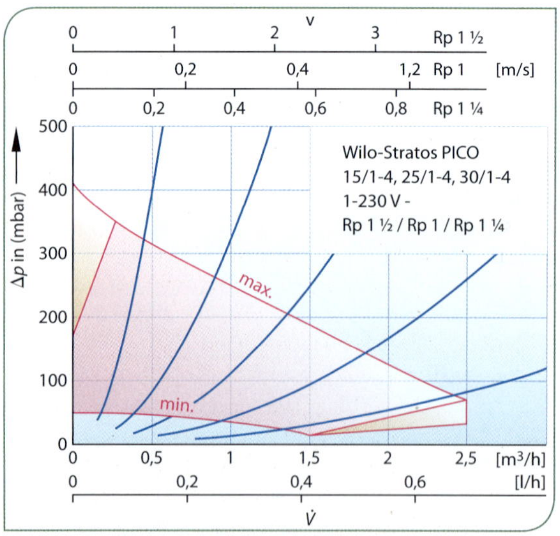

1 Kennlinienfeld einer Hocheffizienzpumpe

5.6.3 Regelungsarten

Die Drehzahlregelung kann erfolgen in Abhängigkeit von

- der **Zeit** (Ein-/Ausschaltung, Max./Min.-Schaltung),
- der **Vorlauftemperatur** (flow temperature),
- der **Differenztemperatur** (temperature difference) zwischen Vorlauf und Rücklauf,
- dem **Differenzdruck** (differential pressure),
- anderen anlagenspezifischen Parametern (system-dependent parameters/values).

In der Praxis wird in den weitaus meisten Fällen die differenzdruckabhängige Drehzahlregelung (differential pressure dependent speed control) angewendet. Sie kann als Regelung nach konstantem Differenzdruck Δp-c (Konstantdruckregelung), als Regelung nach variablem, dem Volumenstrom angepassten Differenzdruck Δp-v (Proportionaldruckregelung) oder als temperaturgeführte Differenzdruck-Regelung Δp-T gewählt werden.

Bei der Regelung **nach konstantem Differenzdruck (Δp-c-Regelung)** (Bild 2) hält die Elektronik den Differenzdruck Δp der Pumpe im zulässigen Volumenstrombereich konstant auf dem eingestellten Differenzdruck-Sollwert Δp_s (set point). Jede anlagenseitige Verringerung des Volumenstromes, die eine Anhebung des Betriebspunktes und damit eine Erhöhung des Pumpendruckes bewirken würde, führt zu einer Drehzahlverringerung.

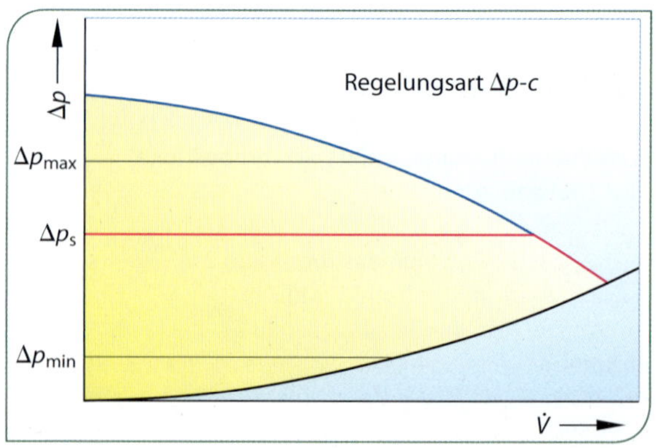

2 Regelung nach konstantem Differenzdruck Δp-c

Lernfeld 7

Bei der **Regelung nach variablem Differenzdruck (Δ*p*-*v*-Regelung)** (Bild 1) verändert die Elektronik den Differenzdruck Δp an der Pumpe im zulässigen Volumenstrombereich (volume flow range) proportional zum Volumenstrom zwischen dem eingestellten Differenzdruck-Sollwert Δp_s und der Hälfte dieses Wertes. Bei sinkendem Volumenstrom nimmt der Differenzdruck Δp ab.

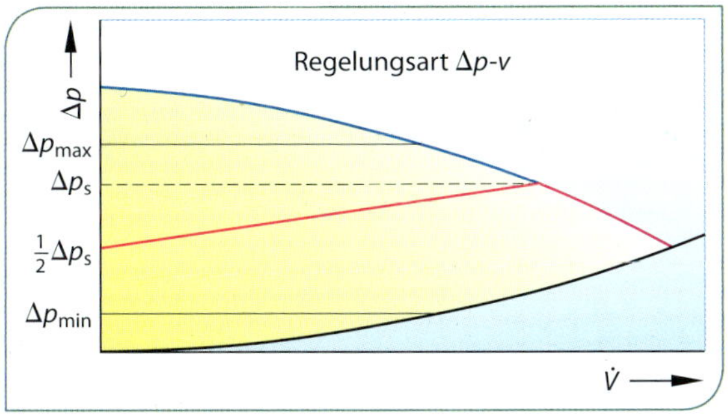

1 *Regelung nach variablem Differenzdruck Δp-s*

Die Regelung nach konstantem und variablem Differenzdruck ist in Anlagen mit variablem Volumenstrom, z. B. Zweirohr- oder Fußbodenheizungen mit Thermostatventilen, einsetzbar.

Bei der **temperaturgeführten Differenzdruck-Regelung (Δ*p*-*T*-Regelung)** (Bild 2) verändert die Elektronik den Differenzdruck Δp in Abhängigkeit von der Temperatur des Fördermediums (in dependence on pumping medium temperature). Dabei sind zwei Varianten zu unterscheiden:

- Der Differenzdruck-Sollwert wird mit steigender Temperatur des Fördermediums erhöht. Diese Regelungsart ist in Anlagen mit gleitender Vorlauftemperatur (sliding flow temperature) sowohl bei variablem als auch bei konstantem Volumenstrom (z. B. Einrohrheizung) einsetzbar.
- Der Differenzdruck-Sollwert wird mit steigender Temperatur des Fördermediums abgesenkt. Diese Regelung wird in Anlagen angewendet, bei denen eine bestimmte Rücklauftemperatur (back flow temperature) nicht überschritten werden soll, z. B. bei Anlagen mit Brennwertkesseln.

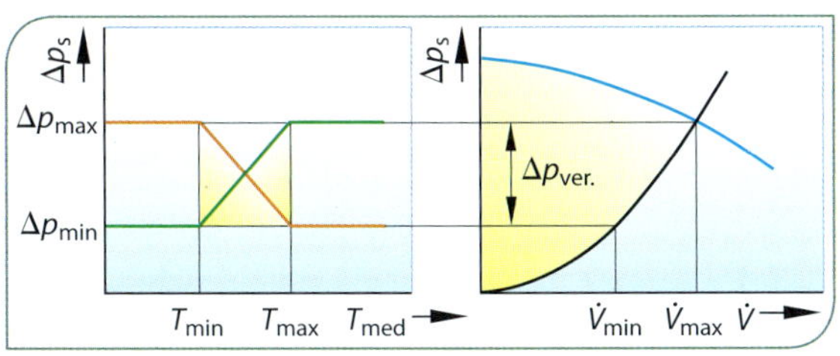

2 *Temperaturgeführte Differenzdruckregelung Δp-T*

Bei Pumpen mit **Absenkautomatik** (Autopilot) (Bild 3) schaltet die Regelelektronik bei abgesenktem Heizbetrieb (z. B. Nachtabsenkung) (descending heating mode) selbständig auf eine Minimaldrehzahl. Dabei wird der Energieverbrauch der Pumpe auf ein Minimum reduziert.

Elektronische Umwälzpumpen der neuesten Generation passen sich **automatisch dem aktuellen Bedarf** der Anlage an. Sie verändern ihre Drehzahl so, dass sie immer auf dem effizientesten Betriebspunkt laufen (Bild 4).

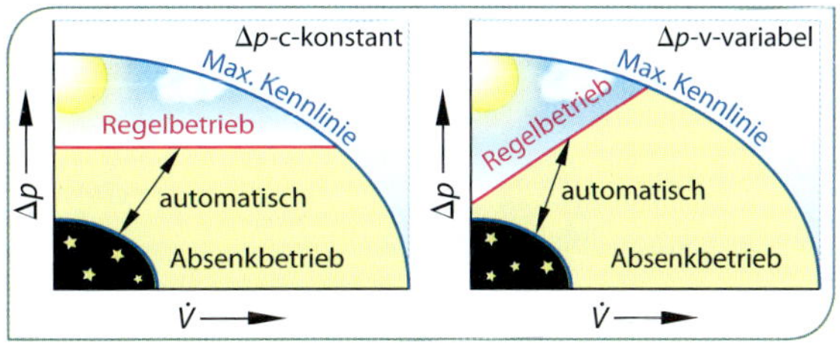

3 *Absenkbetrieb*

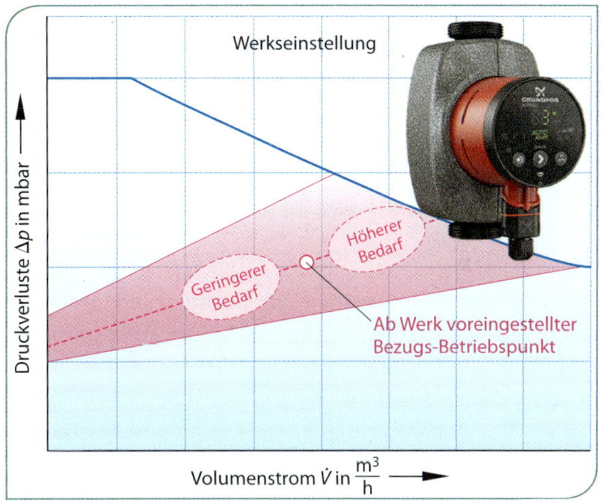

4 *Automatische Einstellung der optimalen Regelkennlinie*

5.7 Pumpenauswahl

Die Auswahl der Umwälzpumpe richtet sich nach der **Anlagenart** sowie nach dem erforderlichen **Volumenstrom** und dem **Druckverlust** der Anlage, d. h. nach dem **Auslegungsbetriebspunkt** (dimensioning operating point).
In der Heizungstechnik ist für die Pumpenauswahl (pump selection) die Unterscheidung folgender Anlagenarten von Bedeutung:

- Heizungsanlagen mit **konstantem Volumenstrom**, z. B. Kesselkreise, Solarkreise, Einrohrheizungen,
- Heizungsanlagen mit **variablem Volumenstrom**, z. B. Zweirohrsysteme mit Thermostatventilen.

Der zu fördernde Volumenstrom kann mit der folgenden Formel berechnet werden, wenn aus der Heizlastberechnung nach DIN EN 12831 die Normheizlast des zu beheizenden Gebäudes bekannt ist. Anderenfalls kann die erforderliche Heizleistung (required heating capacity) überschlägig (roughly estimated) mit der spezifischen Heizlast (heat specific demand) und der zu beheizenden Fläche (heated surface) ermittelt werden (Bild 1).

$$\dot{V} = \frac{\Phi_{HL}}{c \cdot \rho \cdot \Delta\theta}$$

$$\Phi_{HL} = q_{max} \cdot A$$

$\dot{V}$: Volumenstrom in $\frac{m^3}{s}$
Φ_{HL}: Normheizlast in W
q: spezifische Heizlast in $\frac{W}{m^2}$
A: Wohnfläche in m^2
c: spezifische Wärmekapazität in $\frac{Wh}{kg} \cdot K$
ρ: Dichte in $\frac{kg}{m^3}$
$\Delta\theta$: Temperaturdifferenz in K

Gebäudearten/-altersklassen	$\frac{W}{m^2}$
Haus vor 1984	>75
Haus nach Wärmeschutzverordnung (WSchV) 1984	60–75
Haus nach Wärmeschutzverordnung (WSchV) 1995	50–60
Niedrigenergiehaus	35–50
Passivhaus	10–15

1 Spezifische Heizlast

Den Druckverlust erhält man üblicherweise aus der Rohrnetzberechnung (pipe system calculation) (ungünstigster Stromkreis). Bei bestehenden Anlagen, für die keine Berechnungsgrundlagen mehr vorliegen, kann man den Druckverlust annäherungsweise mithilfe von Diagrammen ermitteln.

$$\Delta p = R \cdot l + Z$$

Δp: Druckverlust in mbar
R: Druckgefälle in $\frac{mbar}{m}$
l: Rohrlänge in m
Z: Druckverluste in den Einzelwiderständen in mbar

Die **Umwälzpumpe** ist grundsätzlich so auszuwählen, dass der errechnete Betriebspunkt (= Auslegungsbetriebspunkt) auf der Pumpenkennlinie der maximalen Motordrehzahl (maximum motor speed) oder in nächster Nähe bzw. im Kennlinienfeld der Pumpe sowie im Bereich des besten Wirkungsgrades liegt bzw. sich während der Betriebszeiten dorthin verschiebt. Dieser Bereich befindet sich meist im mittleren Drittel (middle third) der Pumpenkennlinie bzw. des Kennlinienfeldes (Bild 2 und 4). Wenn der Auslegungsbetriebspunkt **zwischen** zwei Pumpenkennlinien liegt, ist stets die **kleinere Pumpe** zu wählen (Bild 3). Gemäß der Heizlastberechnung nach DIN EN 12831 wird die Förderleistung für den 100%-Lastbedarf ermittelt, der fast nie auftritt. Hinzu kommt, dass bei der Heizlast- und Rohrnetzberechnung Sicherheitszuschläge (increased safety margins) verwendet werden, weshalb die tatsächliche Heizlast fast immer kleiner als der errechnete Wert ist und sich beim Betrieb der Anlage oft eine flachere Rohrnetzkennlinie als geplant ergibt.

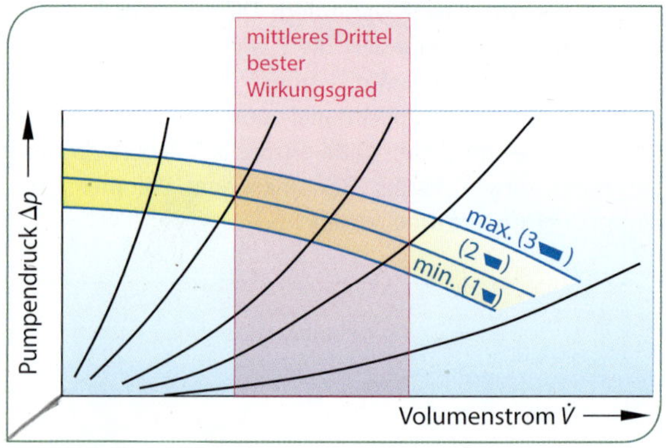

2 Auswahl von Pumpen mit gestufter Drehzahlregelung (3 Drehzahlstufen)

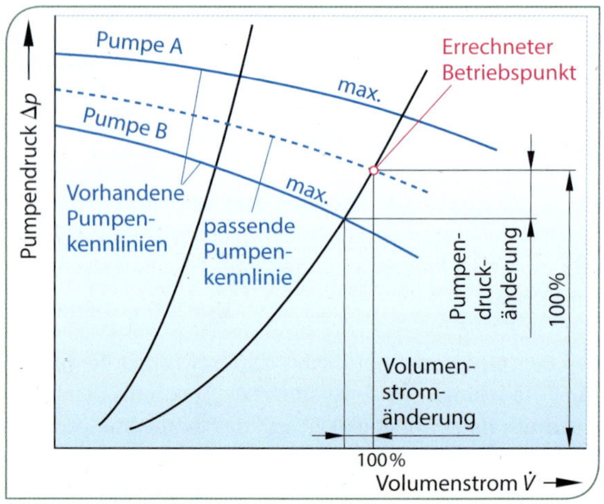

3 Errechneter Betriebspunkt liegt zwischen zwei Pumpenkennlinien

Werden **Umwälzpumpen** in Anlagen mit variablen Volumenstrom eingebaut, sollte der Auslegungsbetriebspunkt rechts vom mittleren Drittel der Pumpenkennlinie bzw. des Kennlinienfeldes liegen, da der Betriebspunkt bei abnehmendem Volumenstrom in das mittlere Drittel der Pumpenkennlinie bzw. des Kennlinienfeldes wandert und dort nahezu während der gesamten Betriebszeit verbleibt (Bild 4).

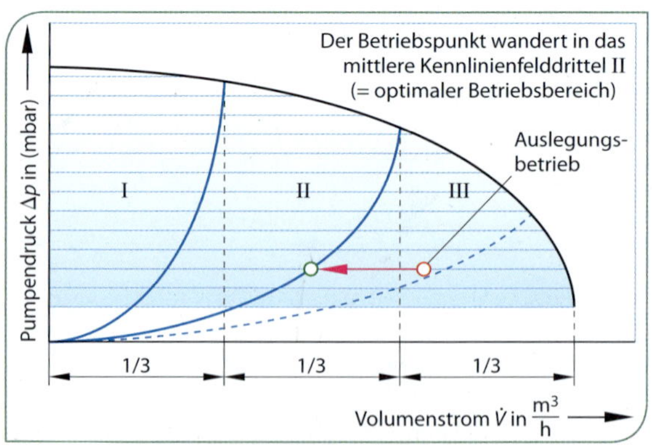

4 Auswahl von Pumpen mit stufenloser Drehzahlregelung (Kennlinienfeld) bei variablem Volumenstrom

5.8 Störungen im Pumpenbetrieb – Ursachen und Abhilfemaßnahmen

Hohe Betriebssicherheit, lange Lebensdauer, wartungsfreier, geräuscharmer und energiesparender Betrieb sind die Hauptforderungen (main requests), die an Umwälzpumpen gestellt werden. Die heutige Pumpengeneration erfüllt zwar diese Anforderungen, es können aber trotzdem Störungen (faults, interruptions) auftreten, die beseitigt werden müssen. In der folgenden Tabelle werden mögliche Störungen, deren Ursachen (causes) und geeignete Maßnahmen (appropriate measures) zu deren Behebung (remedying of faults) angegeben.

Pumpe läuft nicht			
Störung	Beschreibung	Mögliche Ursachen	Maßnahmen zur Behebung der Störung
Elektrische Spannung an der Pumpe vorhanden	Pumpe blockiert	Fremdkörper im Laufrad	Fremdkörper entfernen
		Ablagerung im Spaltrohr	Am Rotorwellenende deblockieren
	Rotor lässt sich leicht drehen	Kondensator defekt; Wicklung defekt	Kondensator bzw. Pumpe austauschen
Keine elektrische Spannung an der Pumpe vorhanden	Schutzschalter oder Motorvollschutzauslösegerät hat ausgelöst	Zu schwach eingestellt	Auf den in der Betriebsanleitung angegebenen Wert einstellen
		Drehzahlstufe der Pumpe geändert ohne Schutzschalter-Korrektur	Anderen Schutzschalter oder anderes Motorvollschutzauslösegerät einbauen
		Motorschutzschalter defekt	Sicherungen kontrollieren
		Wicklungsschaden	Pumpe austauschen
	Sicherung hat ausgelöst	Leitungskurzschluss; Wackelkontakt; Absicherung zu schwach; RCD; Regelung	Alle Möglichkeiten gründlich überprüfen; Elektrofachkraft hinzuziehen

Pumpe läuft			
Störung	Beschreibung	Mögliche Ursachen	Maßnahmen zur Behebung der Störung
Mechanische Geräusche	Schleifen, Schlagen	Lagerverschleiß	Pumpe wechseln
	Klickern	Fremdkörper im Gehäuse oder Laufrad	Pumpe reinigen
Fließgeräusche	Gluckern	Luft in der Anlage	Anlage entlüften; Druckhaltung prüfen
	Rauschen	Pumpenleistung zu groß	niedrigere Drehzahl einstellen
Kavitationsgeräusche	Prasseln	Kavitation (Dampfbildung innerhalb der Pumpe) bei negativem Überdruck	stat. Anlagendruck erhöhen; Pumpe mit geringerem Mind.-Zulaufdruck wählen
Undichtigkeit	zwischen Motor und Pumpengehäuse	Motor- oder Spaltrohrdichtungen defekt	Pumpe austauschen
	an Flansch oder Verschraubung	verspannter Einbau; Verschraubungs- oder Flanschdichtungen defekt	Dichtungen erneuern
Pumpenleistung zu schwach	falsche Drehrichtung	elektrischer Anschluss falsch	nach Einbauanleitung richtig verdrahten
	falsche Förderrichtung	Druck- und Saugstutzen verwechselt	Pumpe um 180° verdreht einbauen
	Ansaugöffnung des Laufrades verstopft	Fremdkörper oder Anlagenschmutz wurde angesaugt	Fremdkörper entfernen; Laufrad säubern; Pumpe reinigen
	Luft in der Anlage	Wasserverlust; defektes MAG	Verlustursache ermitteln; Ausdehnungsgefäß überprüfen; Nachfüllen
	geringe Fördermenge	Drehzahlstufe falsch gewählt	Drehzahlschalter auf höhere Stufe drehen

PRAXISHINWEIS

Alle elektrischen Arbeiten dürfen nur von Fachkräften nach VDE-Richtlinien ausgeführt werden!

ÜBUNGEN

1) Welche Vorteile ergeben sich durch den Einbau drehzahlgeregelter Umwälzpumpen?

2) Welchen Zusammenhang beschreiben die Proportionalitätsgesetze?

3) Erläutern Sie die Regelung
   a) nach konstantem Differenzdruck
   b) nach variablen Differenzdruck

4) Erläutern Sie die zwei Varianten der temperaturgeführten Differenzdruck-Regelung.

5) Welchen Vorteil haben Umwälzpumpen mit Absenkautomatik (Autopilot)?

6) Eine Umwälzpumpe fördert bei einer Drehzahl $n_1 = \frac{2800}{\text{min}}$ stündlich 18 m^3 Heizungswasser. Sie erzeugt dabei einen Differenzdruck (Pumpendruck) Δp = 520 mbar. Die zugeführte elektrische Leistung P_{zu} beträgt 580 W. Berechnen Sie den Volumenstrom, den Pumpendruck und die zugeführte Leistung, wenn die Drehzahl auf $n_2 = \frac{2150}{\text{min}}$ verringert wird.

7) In einer Heizungsanlage ist eine Umwälzpumpe mit drei manuell einstellbaren Drehzahlstufen eingebaut.

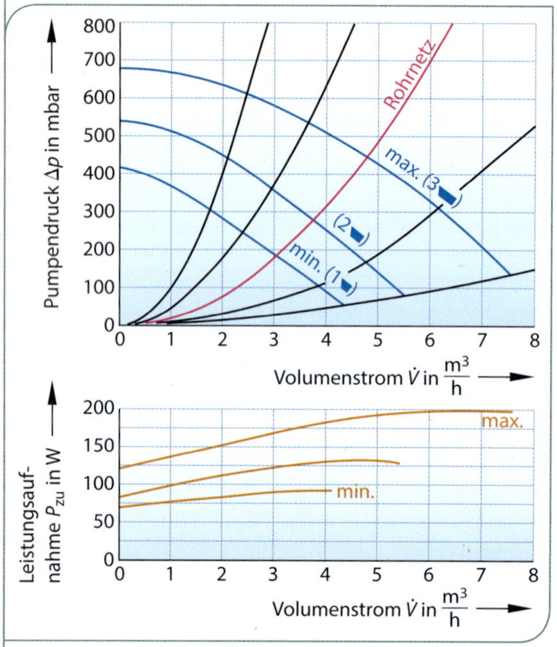

a) Bestimmen Sie für die drei Drehzahlstufen jeweils den Betriebspunkt, wenn das Rohrnetz den im Diagramm gekennzeichneten Kennlinienverlauf aufweist.
b) Ermitteln Sie aus dem Diagramm für jeden Betriebspunkt den jeweiligen Volumenstrom und Pumpendruck sowie die dem Pumpenmotor jeweils zugeführte Leistung.

8) In einer Heizungsanlage wird eine elektronisch geregelte Umwälzpumpe eingebaut und auf die Regelungsart $\Delta p - c$ (Δp = konstant) sowie auf die berechnete Förderhöhe (Pumpendruck) von 3 m eingestellt.
   a) Ermitteln Sie die zugeführte Leistung (Leistungsaufnahme) in W bei einem Volumenstrom von 1,3 $\frac{m^3}{h}$.
   b) Ermitteln Sie die Förderhöhe (Pumpendruck) in mbar und den Volumenstrom in $\frac{m^3}{h}$ während der Nachtabsenkung.
   c) Bestimmen Sie die zugeführte Leistung (Leistungsaufnahme) in W während der Nachtabsenkung.

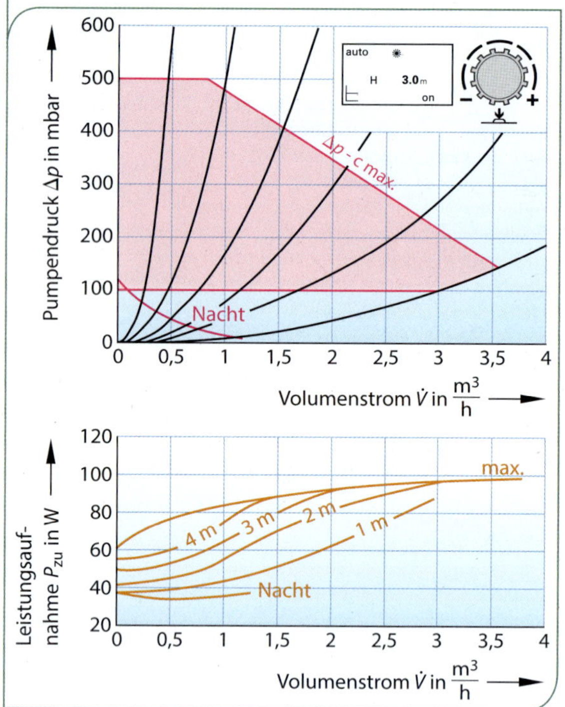

9) Eine Heizkreispumpe mit stufenloser Drehzahlregelung wird auf einen konstanten Druck von 0,3 bar eingestellt. Die Abbildung zeigt das Kennlinienfeld der Pumpe.
   a) Ermitteln Sie die Fördermenge bei Volllast (alle Heizkörper-Thermostatventile sind geöffnet).
   b) Bestimmen Sie den Pumpendruck in mbar, wenn einige Thermostatventile schließen und der Förderstrom dadurch auf 2 $\frac{m^3}{h}$ sinkt.
   c) Geben Sie drei Vorteile an, die eine drehzahlgeregelte Pumpe gegenüber einer Pumpe mit gleichbleibender Drehzahl hat.

10) Nach welchen Gesichtspunkten erfolgt die Auswahl einer Umwälzpumpe?

11) Nennen Sie jeweils eine Formel zur Berechnung
   a) des Volumenstroms,
   b) des Druckverlustes im Rohrnetz.

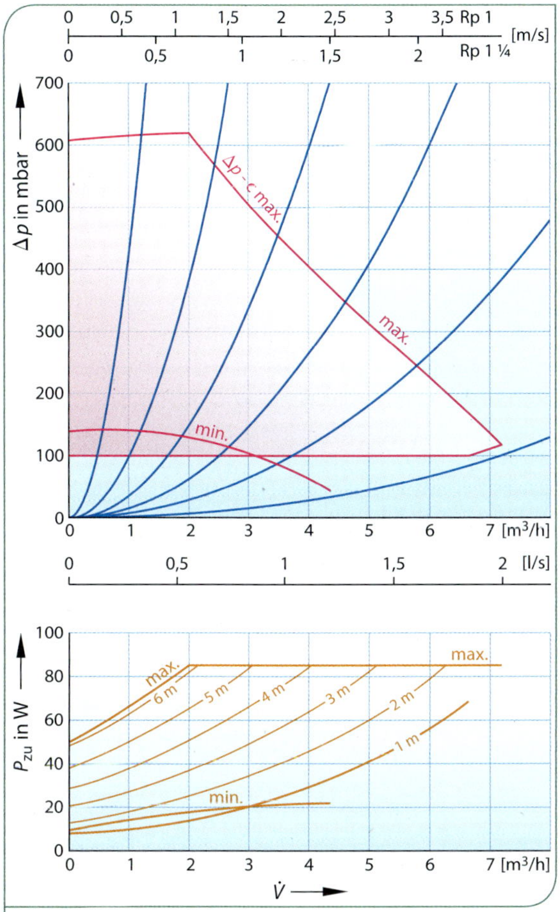

zu Aufgabe 9

(12) Wie groß ist die max. spezifische Heizlast eines Hauses, das 1998 unter Einhaltung der Vorgaben der Wärmeschutzverordnung 1995 errichtet wurde?

(13) Bei einem Kunden soll eine Umwälzpumpe (Typ RS 25/50/r) durch eine Hocheffizienzpumpe ersetzt werden.

a) Wählen Sie mit Hilfe von Herstellerkatalogen (Austauschspiegel) oder über das Internet eine geeignete Umwälzpumpe aus.

b) Schildern Sie die einzelnen Arbeitsschritte in der richtigen Reihenfolge, die zum Auswechseln der Pumpe erforderlich sind.

(14) Eine Warmwasserheizungsanlage hat eine Nennwärmeleistung von 21 kW und wird mit einer Vorlauftemperatur von 70 °C und einer Rücklauftemperatur von 50 °C betrieben. Der Druckverlust der Anlage beträgt 2,5 mWS. Ermitteln Sie eine geeignete Umwälzpumpe (Anschlussnennweite DN 25) und geben Sie den Förderstrom an. Verwenden Sie dafür Pumpenauswahldiagramme der Hersteller.

(15) Sie stellen fest, dass die Umwälzpumpe eine der nachfolgend beschriebenen Störungen aufweist. Nennen Sie mögliche Ursachen und geben Sie Maßnahmen zur Behebung dieser Störungen an

a) Pumpe läuft nicht. Keine elektrische Spannung an der Pumpe vorhanden. Sicherung hat ausgelöst.

b) Pumpe läuft nicht. Elektrische Spannung an der Pumpe vorhanden, Pumpe blockiert.

c) Pumpe läuft. Schleif- und Rattergeräusche wahrnehmbar.

5.9 Druck in Pumpen-Warmwasserheizungen

Der Gesamtdruck (total pressure) an einer bestimmten Stelle einer Pumpen-Warmwasserheizung setzt sich aus dem statischen Druck (hydrostatischer Druck, Druck durch das Ausdehnungsgefäß) und dem dynamischen Druck (Pumpendruck) zusammen (Bild 1). Da die Umwälzpumpe eine Druck- und eine Saugseite (delivery and suction side) hat, befindet sich ein Teil des Rohrnetzes im Druck- und ein Teil im Saugbereich der Pumpe.

MERKE

Im Druckbereich der Pumpe (positiver Überdruck) wird der Gesamtdruck erhöht, im Saugbereich der Pumpe (negativer Überdruck) wird der Gesamtdruck verringert.

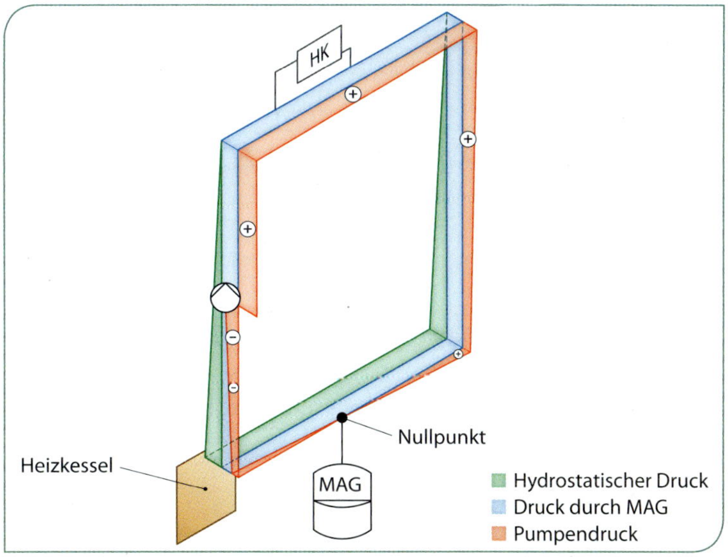

1 Druckanteile in einer geschlossenen Pumpen-Warmwasserheizung

Lernfeld 7

Der **Übergang vom Druck- in den Saugbereich** wird als **Nullpunkt** (Nulldruckpunkt) (pressure zero point) bezeichnet. Im Nullpunkt der Anlage herrscht immer die gleiche Druckdifferenz gegenüber der Atmosphäre, unabhängig davon, ob die Pumpe in oder außer Betrieb ist. Die Druckverteilung (pressure distribution) im Rohrnetz hängt ab vom Einbauort der Umwälzpumpe.

Bei **geschlossenen Pumpen-Warmwasserheizungen** (fully pumped unvented/sealed domestic heating) befindet sich der Nullpunkt am Anschluss des Ausdehnungsgefäßes (expansion tank). Ist die Umwälzpumpe im Vorlauf eingebaut (Bild 1), wird bei laufender Pumpe ein zusätzlicher positiver Überdruck zwischen Pumpe und Ausdehnungsgefäß erzeugt, ein geringer negativer Überdruck nur in dem kurzen Abschnitt danach (positive/negative pressure above atmospheric). Folglich herrscht in nahezu der gesamten Anlage bei laufender Pumpe ein höherer Druck. Ein Ansaugen von Luft ist ausgeschlossen. Der Heizkessel dient als Schmutzfänger.

Ist die Umwälzpumpe im Rücklauf in Fließrichtung vor dem Ausdehnungsgefäß installiert (Bild 2), wird bei laufender Pumpe ein negativer Überdruck zwischen Ausdehnungsgefäß und Pumpe erzeugt. In nahezu der gesamten Anlage herrscht bei laufender Pumpe ein geringerer Druck. In den oberen Rohrabschnitten kann der Druck kleiner als der atmosphärische Druck werden. Dadurch kann Luft, z.B. über Verschraubungen, angesaugt werden (air intake), was zu Korrosion in der Anlage führen kann. Außerdem kann es bei hohen Heizwassertemperaturen zu Dampfbildung (steam formation) kommen.

MERKE

Die Umwälzpumpe sollte in geschlossenen Pumpenwarmwasserheizungen in Fließrichtung nach dem Ausdehnungsgefäß möglichst im Vorlauf eingebaut werden. Eine Ausnahme bilden Anlagen mit Zwangsumlauf-Wärmeerzeugern (Umlauf-Gaswasserheizer); hier erfolgt der Einbau der Pumpe im Rücklauf.

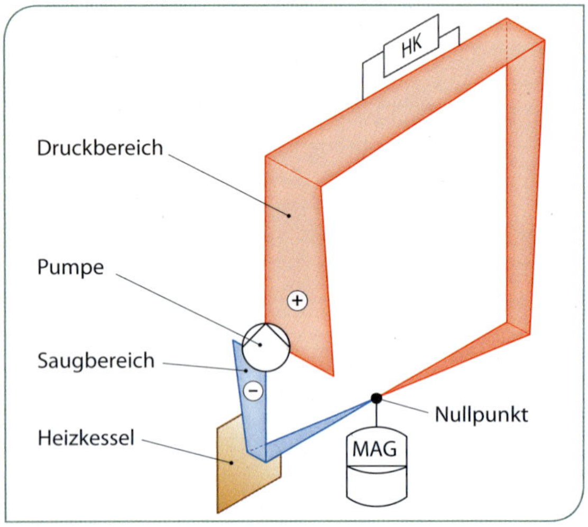

1 Geschlossene Anlage, Pumpe im Vorlauf

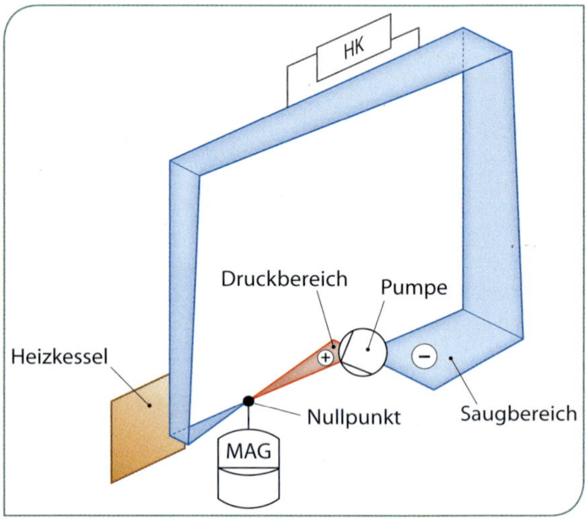

2 Geschlossene Anlage, Pumpe im Rücklauf

ÜBUNGEN

1. Woraus setzt sich der Gesamtdruck an einer bestimmten Stelle einer geschlossenen Pumpen-Warmwasserheizung zusammen?
2. Was ist der Nullpunkt einer Pumpen-Warmwasserheizung?
3. Wo befindet sich der Nullpunkt einer geschlossenen Pumpen-Warmwasserheizung?
4. Beschreiben Sie die Druckänderungen bei laufender Pumpe, wenn die Pumpe in einer geschlossenen Warmwasserheizung
   a) im Vorlauf,
   b) im Rücklauf eingebaut ist.
5. Erklären Sie, weshalb die Umwälzpumpe bei einer geschlossenen Warmwasserheizung in den Vorlauf eingebaut wird.

6 Schall- und Korrosionsschutzmaßnahmen

6.1 Schallschutz

In Warmwasserheizungsanlagen entstehen Geräusche, z. B. Wirbelgeräusche (swirl noises) durch zu hohe Strömungsgeschwindigkeiten des Heizwassers in zu klein dimensionierten Rohrleitungen, strömungsungünstigen Fittings und Armaturen, Schleifgeräusche (abrade noises) bei defekten Pumpen, Gluckergeräusche (gurgle noises) in nicht entlüfteten Heizkörpern, Pfeifgeräusche (whistling noises) an Heizkörperventilen durch zu hohe Pumpenleistungen oder Rauschen und Surren (whirring and buzzing) bei zu lauten Brennern (Bild 1).

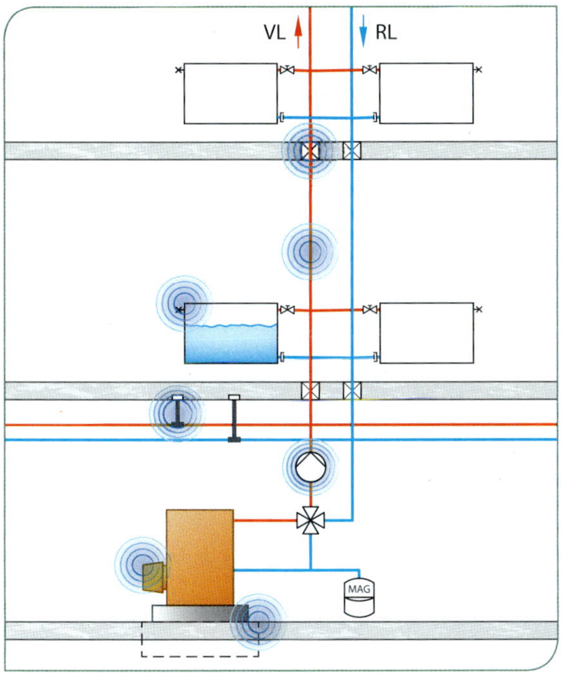

1 Geräuschquellen in Warmwasserheizungsanlagen

Die Geräusche können durch folgende Maßnahmen vermindert bzw. verhindert werden:

- richtige Dimensionierung der Rohrleitungen, Fittings und Armaturen,
- richtige Dimensionierung (dimensioning) der Pumpen bzw. Einbau von drehzahlgeregelten Pumpen ,
- umgehende Behebung von Pumpenstörungen,
- Verwendung von Rohrschellen mit Dämmeinlagen,
- Ummantelung der Rohrleitungen mit elastischen Dämmmaterialien bei Wand- und Deckendurchführungen,
- Kontrolle der Druckhaltung (pressure maintenance), d. h. Funktionsprüfung des Membranausdehnungsgefäßes und des Sicherheitsventils,
- regelmäßige Entlüftung der Heizkörper bzw. der Heizungsanlage,
- Verwendung leiser, schallgedämmter Gebläsebrenner (Schalldämmhaube, noise dampening hood) oder atmosphärischer Brenner bei Gas als Brennstoff,
- Heizkessel auf schallgedämmtes Fundament stellen.

6.2 Schutz gegen Schäden durch Korrosion

Die Korrosionsgefahr ist bei geschlossenen Warmwasserheizungen im Vergleich zu Trinkwasser- und Trinkwarm-wasseranlagen gering, wenn das Heizwasser nicht ständig erneuert und der vorhandene Sauerstoffanteil (oxygen portion) mit der Zeit ausgeschieden wird. Wenn allerdings ständig Wasser nachgefüllt wird und Sauerstoff durch z. B. Undichtigkeiten an Verschraubungen und nicht sauerstoffdiffusionsdichte Rohre in die Anlage gelangt, zeigt die Praxis, dass korrosionsanfällige Wärmeerzeuger (corrodible heat generators) manchmal nach relativ kurzer Zeit ausge-tauscht werden müssen, dass Rostschlamm (rust sludge) Thermostatventile verstopft oder die Laufräder der Wärmezähler blockiert und Fußbodenheizungen infolge fortschrei-tender Verschlammung (sludge accumulation) zuwachsen (clog). Deshalb sind auch bei Warmwasserheizungsanlagen vorbeugende Maßnahmen erforderlich, um Störungen und Schäden durch Korrosion zu verhindern:

- Sauerstoffdichte Kunststoffrohre z. B. bei Fußbodenheizungen verwenden, um Korrosionsschäden in Form von Verschlammung und als Folgeerscheinung ein Zuwachsen der Rohre zu vermeiden.
- Bei Flächenheizungen mit sauerstoffdurchlässigen Werkstoffen ist eine Systemtrennung (system separation) erforderlich.
- Schmutzfänger (Bild 2) einbauen, um zu verhindern, dass z. B. nicht entfernte Montagerückstände, lose Ablagerungen oder Korrosionspartikel die Regel- und Absperreinrichtungen verstopfen oder andere Störungen in der Anlage verursachen, z. B. Korrosions- oder Lagerschäden bei Pumpen. Wichtig für einen störungsfreien Betrieb ist aber nicht nur der Einbau dieser Armatur, sondern auch die regelmäßige Kontrolle und Reinigung des Schmutzfängers.
- Mit einem kombinierten Luft- und Schlammabscheider (air and sludge separator) (Bild 1a, nächste Seite) können

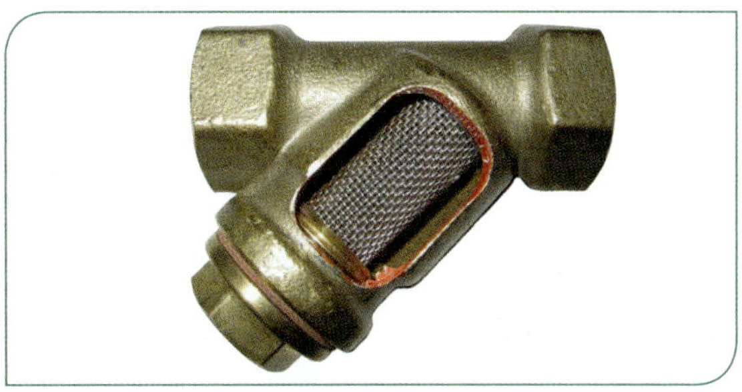

2 Schmutzfänger

Lernfeld 7

sowohl Verunreinigungen bzw. Schlammpartikel als auch Luft aus dem Anlagenwasser entfernt werden. Durch das Öffnen des Ablasshahns (drain cock) werden die angesammelten Verschmutzungen vom Heizwasser nach außen gedrückt.

- Rückspülbare Heizungsfilter und Rückspülfilter (back-flushing filters) mit automatischem Entlüftungssystem (Bild 1b) müssen in regelmäßigen Zeitabständen zurückgespült werden. Dazu sind je nach Verschmutzungsgrad ca. 3 Liter Rückspülwasser notwendig. Für den Rückspülvorgang muss ein Trinkwasseranschluss nach DIN EN 1717 hergestellt werden (vgl. Kap. 7.1).

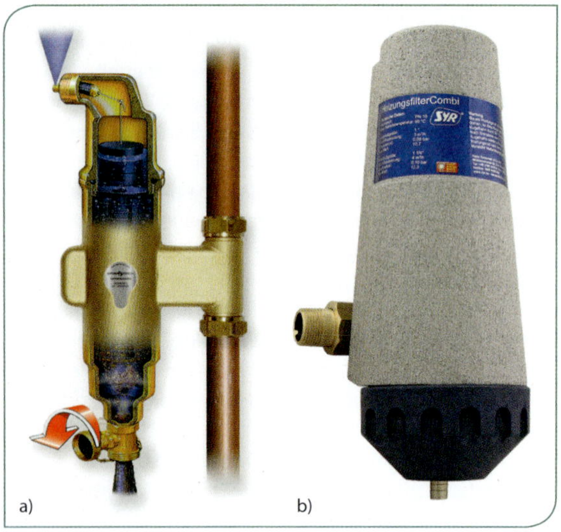

1a Kombinierter Luft- und Schlammabscheider
b Rückspülfilter mit automatischem Entlüftungssystem

- Entlüftungseinrichtungen (venting facilities) an den Stellen vorsehen, an denen sich Luft sammelt oder ausgeschieden wird; Anlage regelmäßig entlüften (vgl. Kap. 7.2).
- Wärmeverteilanlage vor Inbetriebnahme gründlich spülen (rinse out), um Rückstände von den Montagearbeiten, z. B. Hanf, Späne, Schweißreste zu entfernen und eine einwandfreie Funktion aller Bauteile und Armaturen sicherzustellen. Empfindliche Bauteile, z. B. Wärmemengenzähler, sind vor dem Spülvorgang (rinsing process) durch ein Rohrpassstück zu ersetzen.
  Füll- und Entleerungshähne am Heizkreisverteiler von Fußbodenheizungen ermöglichen das Spülen der Fußbodenheizkreise (Bild 2). Spül-Befüllarmaturen ermöglichen das Befüllen, Entleeren und Spülen von Anlagen und Anlageteilen (Bild 3).
- Aus Gründen des Korrosionsschutzes sollte gemäß VDI 2035 Blatt 2 der pH-Wert (pH-value) des Heizwassers zwischen 8,2 und 9,5 liegen. Sofern die Warmwasserheizungsanlage Bauteile aus Aluminiumwerkstoffen enthält, sollte der pH-Wert 8,5 nicht überschritten werden; bei Aluminiumlegierungen werden auch pH-Werte bis max. 9,0 toleriert. Im Normalfall werden diese Werte erreicht und ein Zusatz von Chemikalien ist nicht erforderlich.

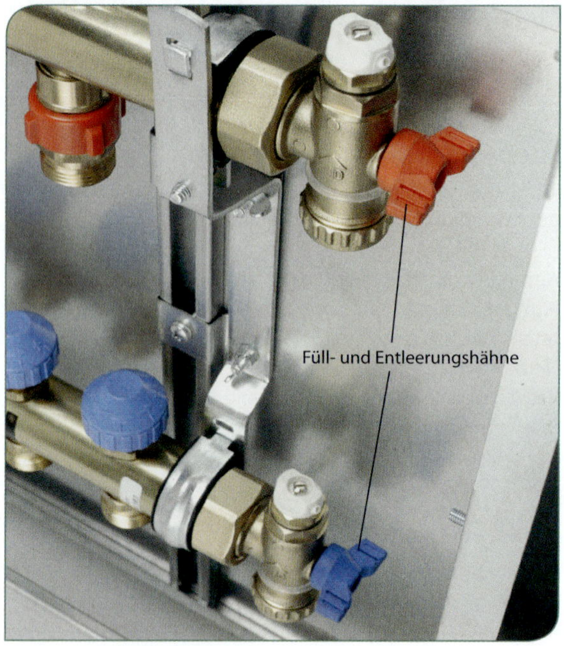

2 Füll- und Entleerungshähne am Fußboden-Heizkreisverteiler

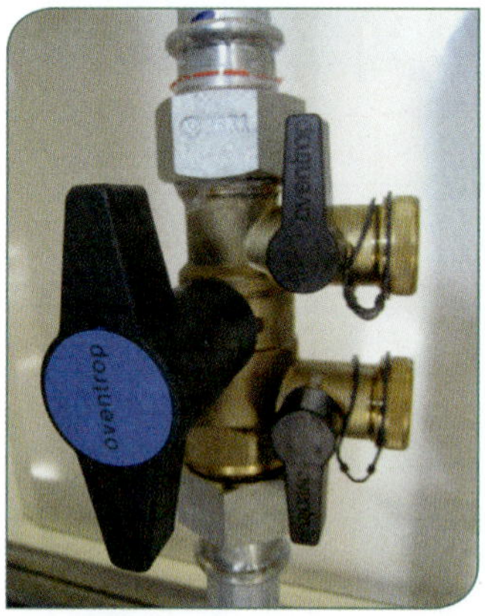

3 Spül-Befüllarmatur

- Druckverhältnisse in regelmäßigen Zeitabständen überprüfen und gegebenenfalls Wasser nachfüllen bzw. vollautomatische Nachspeiseeinrichtung (full automatic backfeed facilities) installieren. Der Sauerstoff, der mit dem Nachfüllwasser bei den üblichen Wasserverlusten in die Anlage gelangt, stellt keine Korrosionsgefahr dar. Verliert die Anlage ständig übermäßig Wasser, sind die Ursachen, z. B. defektes Ausdehnungsgefäß oder Sicherheitsventil, umgehend zu beseitigen.
- Membranausdehnungsgefäß (diaphragm expansion tank) jährlich überprüfen und eventuell Vordruck (Anfangsdruck) anpassen.
- Heizungsanlage nur in dringenden Fällen, z. B. bei Erweiterungs- und Reparaturarbeiten (extension and repair works), entleeren. Die Entleerung ist möglichst auf die notwendigen Rohrnetzabschnitte zu beschränken (vgl. Kap. 7.3).

ÜBUNGEN

1) Nennen Sie sechs Maßnahmen, um Geräusche in Warmwasserheizungsanlagen zu mindern bzw. zu verhindern.

2) Nennen Sie sechs Maßnahmen, um in Warmwasserheizungsanlagen Störungen oder Schäden durch Korrosion zu verhindern.

3) Nennen Sie zwei Maßnahmen, um bei Fußbodenheizungsanlagen ein Zuwachsen der Rohre durch Verschlammung zu vermeiden.

4) Nennen und erläutern Sie drei Einrichtungen, mit denen Verunreinigungen, lose Ablagerungen und Korrosionspartikel aus der Heizungsanlage entfernt werden können.

5) Warum sollte eine Wärmeverteilungsanlage vor Inbetriebnahme gründlich gespült werden?

6) In welchem Bereich sollte der pH-Wert des Heizungswassers gemäß VDI 2035 Blatt 2 liegen?

7 Füllen, Entlüften und Entleeren von Warmwasserheizungen

7.1 Füllen

Für das **Füll- und Ergänzungswasser** sind die Richtwerte der VDI 2035 Blatt 1 einzuhalten, um Schäden durch Steinbildung und Korrosion zu vermeiden und eine energieeinsparende und umweltschonende Betriebsweise der Heizungsanlage zu ermöglichen. Ansonsten ist eine entsprechende Wasseraufbereitung vorzunehmen. Bevorzugte Verfahren dafür sind die Enthärtung und die Entsalzung des Füll- und Ergänzungswassers.

Bei der **Enthärtung** werden dem Wasser die Härtebildner Calcium und Magnesium entzogen und gegen Natrium ausgetauscht. Im Gegensatz zur Enthärtung werden bei der **Entsalzung** alle Salze aus dem Wasser entfernt und die Wasserhärte auf etwa 0 °dH herabgesetzt. Dadurch wird die elektrische Leitfähigkeit des Wassers reduziert und die Korrosionsgefahr erheblich verringert. Insbesondere Hersteller von Wärmeerzeugern, die Bauteile aus Aluminium oder Aluminiumlegierungen enthalten, fordern oft eine Entsalzung des Heizwassers.

Die **zulässige Härte** des Füll- und Ergänzungswassers gemäß VDI 2035 (Bild 1) hängt von der Heizleistung und dem spezifischen Anlagenvolumen ($\frac{\text{Anlagevolumen in l}}{\text{Heizleistung in kW}}$) ab.

Kleinere Heizungsanlagen (Gesamtheizleistung ≤ 50 kW, spezifisches Anlagenvolumen < 20 $\frac{l}{kW}$) werden in der Regel mit unbehandeltem Trinkwasser (untreated potable water) befüllt. Allerdings sollten auch bei diesen Anlagen die Vorgaben der Heizgerätehersteller bezüglich der Wasserqualität beachtet werden. Bei Nichteinhaltung besteht ein erhöhtes Gewährleistungsrisiko. Erfolgt die Beheizung mit einem Umlaufwasserheizer (circulatory water heater), ist nach VDI 2035 eine Wasserhärte bis maximal 16,8 °dH zulässig und unter Umständen eine Befüllung mit aufbereitetem (enthärtetem) Wasser (treated / softened water) erforderlich. Bei Heizungsanlagen bis 50 kW und einem spezifischen Anlagenvolumen (system /plant volume) von mehr als 20 $\frac{l}{kW}$ (z. B. Ein- und Zweifamilienhäuser mit Pufferspeicher und Fußbodenheizung) ist die maximale Härte des Füllwassers auf 11,2 °dH zu begrenzen.

	Gesamthärte [°dH] in Abhängigkeit vom spezifischen Anlagenvolumen		
Gesamtheizleistung	< 20 l/kW	≥ 20 l/kW und < 50 kW	≥ 50 l/kW
≤ 50 kW	≤ 16,8 °dH bei Umlaufwasserheizern	≤ 11,2 °dH	< 0,11°dH
> 50 kW ≤ 200 kW	≤ 11,2 °dH	≤ 8,4 °dH	< 0,11°dH
> 200 kW ≤ 600 kW	≤ 8,4 °dH	≤ 0,11°dH	< 0,11°dH
> 600 kW	< 0,11°dH	< 0,11°dH	< 0,11°dH

1 Zulässige Härte des Füll- und Ergänzungswassers gemäß VDI 2035

Um die Gefahr von Korrosionsschäden in Warmwasserheizungsanlagen zu minimieren, sieht die VDI-Richtlinie 2035-2 für das Heizwasser eine **maximale elektrische Leitfähigkeit** vor von:

- 100 $\frac{\mu S}{cm}$ bei einem Sauerstoffgehalt < 0,1 $\frac{mg}{l}$
- 1500 $\frac{\mu S}{cm}$ bei einem Sauerstoffgehalt < 0,02 $\frac{mg}{l}$

Bei fachgerechter Installation und regelmäßiger Wartung ist davon auszugehen, dass sich der Sauerstoffgehalt auf Werte unter 0,02 $\frac{mg}{l}$ einstellt. Auf einen Nachweis kann verzichtet werden, wenn die Leitfähigkeit des Füllwassers unter 1500 $\frac{\mu S}{cm}$ liegt.

Das **Befüllen** (filling) der Heizungsanlage muss bei geöffneten Entlüftungseinrichtungen (venting devices / facilities) und abgeschalteter Umwälzpumpe langsam erfolgen, damit die Luft entweichen kann und Lufteinschlüsse vermieden werden. Der Anschluss des Ausdehnungsgefäßes ist vor Wassereintritt zu entlüften. Der Anlage ist so lange Wasser zuzuführen, bis der erforderliche Fülldruck (filling pressure) erreicht ist. Bei Warmwasserheizungen bis 100 °C ist es der hydrostatische Druck der Wassersäule zwischen Anschluss des Ausdehnungsgefäßes und dem höchsten Punkt der Anlage plus 0,3 bar.

Gemäß DIN EN 1717 ist eine Verbindung der Heizungsanlage mit der Trinkwasseranlage ohne besondere Sicherungsmaßnahmen (safety measures) nicht mehr zulässig. Auch ein

Schlauchanschluss mit Rückflussverhinderer ist nicht mehr erlaubt. Das **Befüllen** und **Nachfüllen** (re-filling) von Heizungsanlagen muss demnach mit einer zwischen Heiz- und Trinkwassersystem installierten Sicherungseinrichtung erfolgen, welche das Rückfließen (back flow) des Heizungswassers in das Trinkwasserrohrnetz zuverlässig verhindert. Je nach Gefährdungsgrad (degree of endangerment) fordert die Norm den Einsatz entsprechender Rohr- bzw. Systemtrenner (pipe disconnector) (vgl. Lernfeld 5, Kap. 2.2). Zur Befüllung von Heizungsanlagen mit Heizungswasser ohne Zusatzstoffe (Gefährdungskategorie 3 – gering giftige Stoffe) werden vorzugsweise Systemtrenner CA (in DIN EN 1717 als Rohrtrenner CA bezeichnet) (Bild 1) eingesetzt. Den Anforderungen der Norm genügen in diesem Fall auch Rohrtrenner GA.
Bei Heizungswasser mit Zusatzstoffen, z. B. Frostschutzmittel, (Gefährdungskategorie 4 – giftige, sehr giftige, krebserregende und radioaktive Stoffe) kommen vor allem Systemtrenner BA (nach DIN EN 1717 als Rohrtrenner BA bezeichnet) zum Einsatz. Alternativ können auch Rohrtrenner des Typs GB verwendet werden.

1 *Systemtrenner CA*

MERKE

Grundsätzlich gilt, dass ein höherwertiges als in DIN EN 1717 beschriebenes Schutzniveau jederzeit angewendet werden kann, ohne gegen die allgemein anerkannten Regeln der Technik zu verstoßen.

Kombiarmaturen (combined mountings) **zum Be- und Nachfüllen** von Heizungsanlagen bestehen aus Systemtrenner mit integriertem Abblasventil und Rückflussverhinderer, Schmutzfänger, Druckminderer, Manometer, Ablauftrichter sowie eine manuelle ein- und ausgangsseitige Absperrung (Bild 2).
Sie werden fest zwischen Heiz- und Trinkwassersystem installiert. Der erforderliche Fülldruck kann am Druckminderer (pressure reducer) eingestellt werden. Sinkt der Versorgungsdruck (supply pressure) während des Füllvorgangs unter den Druck des Heizungssystems, unterbindet der Systemtrenner das Zurückfließen in die Trinkkaltwasserleitung. Nach erfolgtem Füllvorgang ist bei dieser Armatur die ausgangsseitige Absperrung (output side shutoff) zu schließen, um eine unkontrollierte Nachbefüllung z. B. bei einer Leckage zu verhindern.

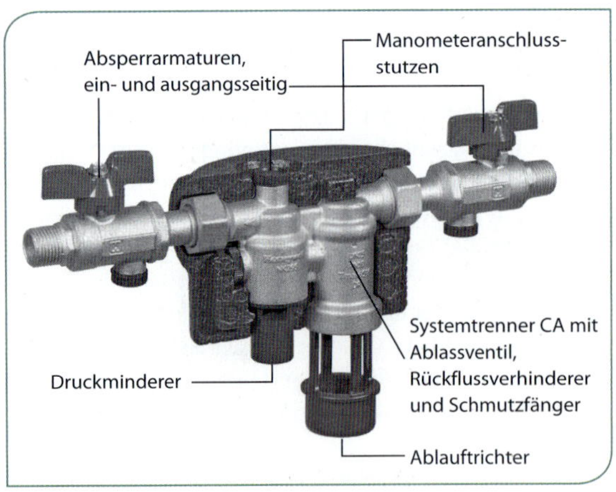

2 *Füllkombination CA mit Festanschluss zum Befüllen von Heizungsanlagen*

Vollautomatische Nachspeisesysteme (full automatic backfeed systems) mit festem Anschluss an das Heiz- und Trinkwassersystem und integriertem Systemtrenner, Drucksensor und motorgesteuerter Absperreinrichtung werden auch für Kleinanlagen (Ein- und Zweifamilienhäuser) empfohlen (Bild 3a). Nach Eingabe des Fülldruckes erfolgt die Befüllung der Anlage vollautomatisch. Während des Entlüftens werden die Wasserverluste zeitgleich ausgeglichen. Bei Druckabfall während des Heizbetriebes aufgrund kleinerer Wasserverluste wird automatisch Wasser nachgefüllt und dadurch der Druck in der Anlage aufrechterhalten. Bei größeren Wasserverlusten z. B. durch einen Rohrbruch wird die Nachspeisung gesperrt.
Speziell für Kleinanlagen entwickelte Enthärtungsarmaturen (softening mountings / water softeners) (Bild 3b) werden bei Bedarf in die Nachspeisestrecke (backfeed run / line) nach dem Systemtrenner (Kombiarmatur) bzw. dem vollautomatischen Nachspeisesystem eingebaut.

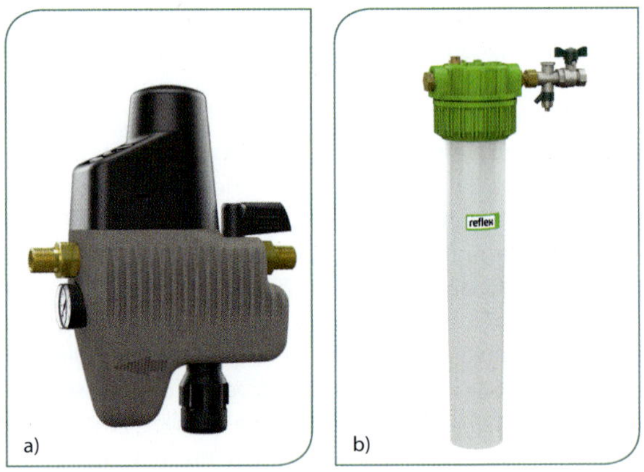

3a *Vollautomatische Nachspeisestation „Fillcontrol"*
b *Enthärtungsarmatur „Fillsoft"*

Neben fest eingebauten Füll- und Wasseraufbereitungseinrichtungen können zum Befüllen und Nachfüllen von Heizungsanlagen auch mobile Heizungsfüllanlagen verwendet werden. Diese sind mit Feinfilter, Systemtrenner, Druckminderer, Druckschalter, Wasserzähler und Enthärtungs- bzw. Entsalzungsmodul ausgestattet (Bild 1, nächste Seite).

1 Mobile Heizungsfüllanlage mit Entsalzungsmodul (Umkehrosmoseanlage)

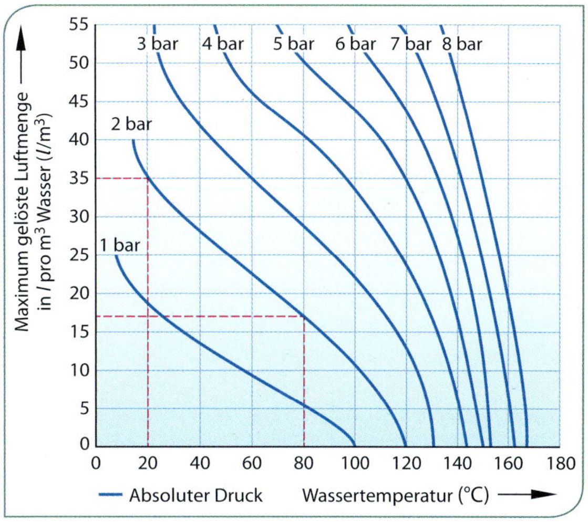

2 Löslichkeit der Luft in Wasser – Luftsättigungskurven von Wasser in Abhängigkeit von Druck und Temperatur

7.2 Entlüften

Luft (Sauerstoff) in einer Pumpen-Warmwasserheizung verursacht:

- Zirkulationsstörungen,
- Gluckergeräusche,
- Korrosionsschäden,
- eine verminderte Wärmeabgabe im Heizkessel und in den Heizkörpern,
- Verschleiß und Schädigung der Umwälzpumpe.

Luft gelangt beim Füllen und Nachfüllen in die Anlage. Außerdem kann Luft insbesondere im oberen Bereich der Heizungsanlage, z.B. über nicht gasdichte (not gasproof) Armaturen, angesaugt werden, wenn dort ein negativer Überdruck herrscht (Pumpe im Rücklauf, Wasserverlust, defektes Ausdehnungsgefäß). Ferner kann Luft (Sauerstoff) über gasdurchlässige (permeable to gas) Bauteile, z.B. Fußbodenheizungsrohre aus Kunststoff, Gummimembrane des Ausdehnungsgefäßes, in die Anlage gelangen. Bei unsachgemäßer Rohrführung können sich Luftsäcke (air pockets) bilden.
Außerdem ist die Luftmenge, die das Heizwasser in sich aufnehmen kann, abhängig von der Temperatur und dem Druck (Henry-Dalton-Gesetz, Bild 2).

Da sich die Heizwassertemperaturen (Vorlauf, Rücklauf, witterungsgeführte Vorlauftemperaturregelung, Nachtabsenkung) und die Drücke (Pumpendruck, Kellergeschoss und Obergeschosse) ständig ändern, verändert sich folglich auch der Gehalt an freier bzw. gelöster Luft (free or solute air) in einer Heizungsanlage. Bei steigender Temperatur und sinkendem Druck scheidet das Heizungswasser Luft ab.

Um die Luft aus der Anlage zu entfernen,

- sind die Rohre mit Steigung (ascending slope) zur Entlüftungseinrichtung zu verlegen,
- sind an Stellen, an denen sich Luft sammelt (z.B. an den obersten Heizkörpern) oder ausgeschieden wird (z.B. am Heizkessel) Entlüftungseinrichtungen (deaeration devices/facilities) vorzusehen,
- ist die Anlage in regelmäßigen Zeitabständen zu entlüften.

Die Entlüftung kann erfolgen als

- **örtliche Entlüftung** (local deairing) an den einzelnen Heizkörpern,
- **Strangentlüftung** (pipe run deairing) am höchsten Punkt eines Steigstranges,
- **zentrale Entlüftung** (central deairing) an der höchsten Stelle der Anlage.

Als Entlüftungseinrichtungen werden verwendet:

- **Entlüftungsstopfen** (air bleeding/vent plug) (Bild 3) dienen der manuellen Heizkörperentlüftung. Sie werden mit Hilfe eines Entlüftungsschlüssels geöffnet und erst dann wieder geschlossen, wenn nur noch Wasser austritt. Das während des Entlüftungsvorgangs austretende Wasser ist mit einem Behälter aufzufangen.

3 Entlüftungsstopfen mit Entlüftungsschlüssel

- **Automatische Entlüftungsventile** (Bild 1, nächste Seite) (automatic air bleed/vent valve) werden zum selbsttätigem Entlüften von z.B. Heizkörpern und Fußbodenhei-

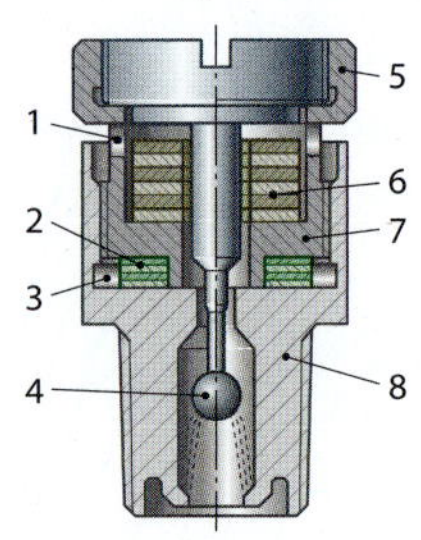

1 Automatisches Entlüftungsventil (Schnittzeichnung)

zungsverteilern eingesetzt. Ihre Funktionsweise basiert auf der Quellfähigkeit (swelling capacity) der Scheiben im Ventilsitz. Bei Kontakt mit Wasser quellen die Scheiben auf, verschließen das Ventil und verhindern dadurch den Austritt des Wassers. Sammelt sich Luft an, trocknen die Quellscheiben (swell discs), ziehen sich zusammen und lassen die Luft entweichen. Zum schnelleren Füllen der Anlage kann das Ventil von Hand geöffnet werden.

- **Automatische Schnellentlüfter** (automatic quick bleeder/deaerator) (Bild 2) werden vielfach für die Strang- und Kesselentlüftung verwendet. Ein Schwimmer (floater) im Innern des Schnellentlüfters öffnet in Abhängigkeit vom Wasserstand über einen Hebel das Entlüftungsventil.

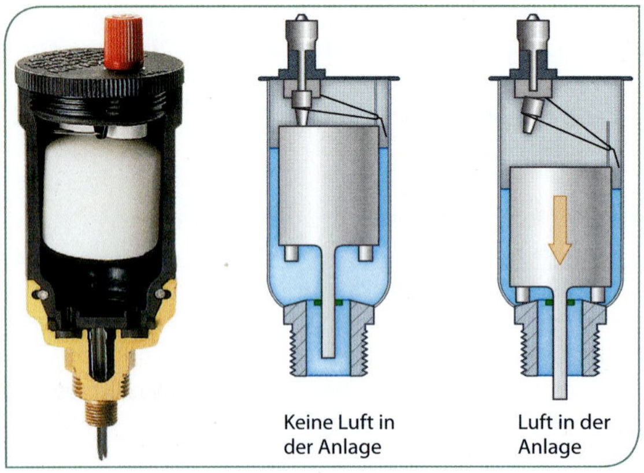

2 Automatischer Schnellentlüfter (Schwimmerentlüfter)

- **Luftsammelgefäße (Lufttöpfe)** (Bild 3) werden an den höchsten Anlagenpunkten eingebaut. Auch Vorlaufverteiler und Rücklaufsammler können durch einen Lufttopf (air vessel) zentral entlüftet werden.
  Im Lufttopf (Beruhigungsstrecke) steigen die im Wasser vorhandenen Luftblasen aufgrund der langsamen Fließgeschwindigkeit in den oberen Bereich und können dort über einen automatischen Schnellentlüfter aus der Anlage entweichen.
- **Mikroluftblasenabscheider / Absorptionsluftabscheider** (microbubble air bleeder / separator) (Bild 4) können nicht nur wie Schnellentlüfter und Luftabscheider die größeren Luftblasen abscheiden, sondern sind darüber hinaus auch in der Lage, Mikroblasen aus der Heizungsanlage zu entfernen. Ihr Einsatz ist deshalb auch bei kleineren Anlagen sinnvoll.
  Je nach Fabrikat enthalten diese Luftabscheider zur Vergrößerung der Oberfläche im Durchflussbereich eine Füllung aus Metalldrahtgeflecht (metal mesh), ringförmigen Metallgranulat (metal granulates / pellets) oder anderen Feststoffen, an denen die Luftbläschen aufgrund der geringen Strömungsgeschwindigkeit haften bleiben. Sie verbinden sich in dieser beruhigten Zone zu größeren Luftblasen, steigen in die darüber liegende Luftkammer (air chamber) auf und werden über einen Schwimmerentlüfter (floater-type air bleeder) aus der Anlage entfernt.
  Voraussetzung für eine effiziente Arbeitsweise ist allerdings, dass dieser Abscheider direkt nach dem Wärmeerzeuger im Vorlauf eingebaut wird. Aufgrund der hohen Temperatur kommt es an den Wärmeübertragungsflächen von Brennkammer und Heizungswasser zu einer thermischen Entgasung in Form von Mikroblasen. Durch die Anordnung des Abscheiders unmittelbar nach dem Wärmeerzeuger können die Mikroblasen abgeschieden werden, bevor sie wieder in Lösung gehen, d.h. wieder vom Wasser aufgenommen werden.

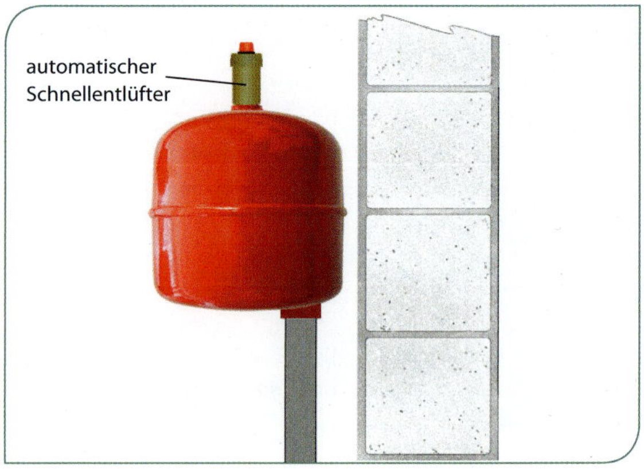

3 Lufttopf

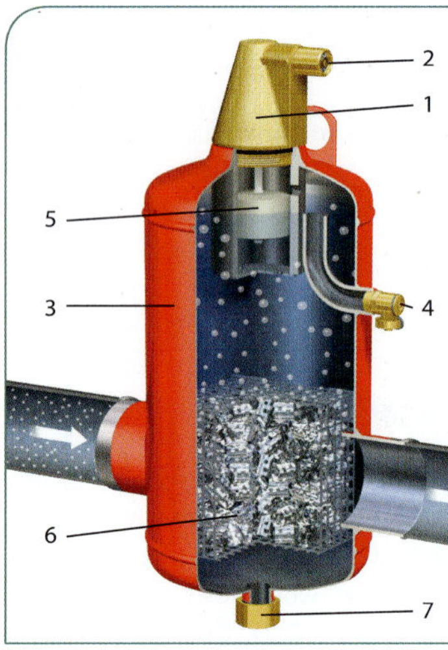

4 Absorptions-Luftabscheider

- **Zentrifugalluftabscheider** (centrifugal air bleeder) (Bild 1) nutzen die unterschiedliche Dichte von Wasser und Luft zur Abscheidung der Luft. Das Heizwasser wird durch die tangential angeordneten Behälteranschlüsse in eine Rotationsbewegung (rotary motion) versetzt. Dabei wird das schwerere Heizwasser gegen die Behälterwand gedrückt. Die mitgeführte leichtere Luft sammelt sich an der Rotationsachse, steigt nach oben und wird über einen automatischen Schnellentlüfter aus der Anlage entfernt.
- Damit Luft aus dem Pumpenraum der Umwälzpumpe entweichen kann, ist grundsätzlich eine **Schwerkraftbremse mit Luftschleuse** (air lock) nach der Pumpe einzubauen (vgl,. Kap. 5.4.3).

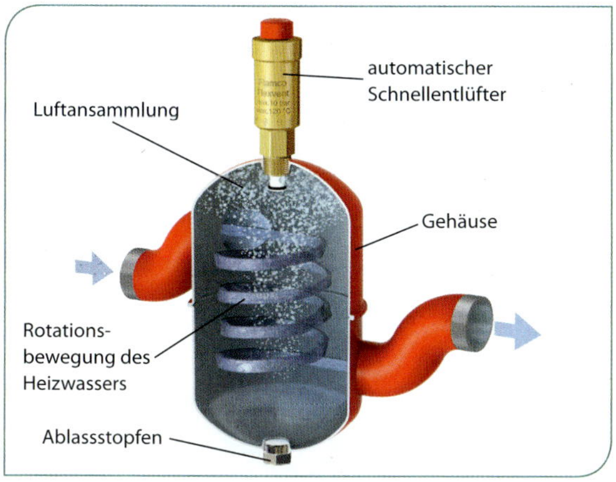

1 Zentrifugalluftabscheider

7.3 Entleeren

Eine Heizungsanlage sollte grundsätzlich nur dann entleert (emptied) werden, wenn es unbedingt erforderlich ist, z.B. bei Reparaturarbeiten im Schadensfall oder bei Umbau- und Erweiterungsmaßnahmen, da mit dem Füllwasser Luft in die Anlage gelangt. Sofern entsprechende Absperrarmaturen vorhanden sind, z.B. Strangabsperrarmaturen, Absperrarmaturen vor und nach Umwälzpumpen, sollte stets nur der betroffene Teilabschnitt der Anlage entleert werden. Um eine Teilentleerung (partial emptying) zu ermöglichen sollten gemäß VDI 2035 bereits bei der Planung bzw. Installation einer Heizungsanlage entsprechende Absperr- und Entleerungsarmaturen vorgesehen werden.

Vor dem Entleeren der Heizungsanlage oder Teilabschnitten davon sind der Wärmeerzeuger und die Heizkreispumpen auszuschalten. Wegen der Verbrühungsgefahr sollte man das Heizwasser möglichst auf Temperaturen unter 60 °C abkühlen lassen. Nach dem Öffnen der entsprechenden Entleerungsarmatur (drain tap / valve), z.B. KFE-Hahn am Heizkessel (Bild 2), ist die Anlage bzw. der zu entleerende Teilbereich zu belüften. Dies erfolgt durch Öffnen der obersten Entlüftungseinrichtungen, z.B. Heizkörperentlüftungsventile bzw. -stopfen, die beim Entleeren als Belüftungsarmaturen dienen. Ohne Belüftung (aeration) verhindert der atmosphärische Druck die vollständige Entleerung der Anlage bzw. des entsprechenden Leitungsabschnittes.

2 KFE-Hahn

ÜBUNGEN

1) Auf welche maximale Härte ist das Wasser beim Befüllen von Heizungsanlagen bis 50 kW und einem spezifischen Anlagenvolumen < 20 $\frac{l}{kW}$ zu begrenzen?

2) Eine Warmwasserheizungsanlage mit einem 20 kW-Festbrennstoffkessel und Pufferspeicher hat ein Wasservolumen von 820 l.
   a) Bestimmen Sie das spezifische Anlagenvolumen in $\frac{l}{kW}$.
   b) Auf welche maximale Härte ist das Füllwasser zu begrenzen?

3) Beschreiben Sie die Vorgehensweise beim Befüllen einer Warmwasserheizungsanlage.

4) Welche Sicherungsarmatur ist beim Befüllen und Nachfüllen einer Warmwasserheizungsanlage nach DIN EN 1717 zu verwenden?

5) Welche Einzelarmaturen enthält eine Füllkombination zum Be- und Nachfüllen von Warmwasserheizungsanlagen?

6) Welche Vorteile haben vollautomatische Nachspeisesysteme?

7) Welche Nachteile bewirkt Luft in einer Warmwasserheizung?

8) Wie gelangt Luft in die Heizungsanlage?

ÜBUNGEN

(9) Wovon hängt die Löslichkeit der Luft in Wasser ab?

(10) Nennen Sie die drei Möglichkeiten zur Entlüftung von Pumpen-Warmwasserheizungsanlagen.

(11) Nennen Sie fünf Entlüftungseinrichtungen und geben Sie deren jeweilige Verwendung an.

(12) Erklären Sie die Funktionsweise von automatischen Entlüftungsventilen mit Quellscheiben.

(13) Erklären Sie das Funktionsprinzip eines automatischen Schnellentlüfters.

(14) Erklären Sie die Funktionsweise eines Mikroluftblasenabscheiders/Absorptionsluftabscheiders.

(15) Warum werden Mikroluftblasenabscheiders/Absorptionsluftabscheiders nach dem Wärmeerzeuger im Heizungsvorlauf eingebaut?

(16) Erklären Sie Funktionsweise eines Zentrifugalabscheiders.

(17) Welche Besonderheit sollte eine Schwerkraftbremse aufweisen, damit Luft aus dem Pumpenraum der Umwälzpumpe entweichen kann?

(18) Wann sollte eine Heizungsanlage grundsätzlich nur entleert werden?

(19) Beschreiben Sie die notwendige Vorgehensweise beim Entleeren einer Warmwasserheizungsanlage.

(20) Warum muss die Heizungsanlage beim Entleeren belüftet werden?

8 Dichtheitsprüfung von Warmwasserheizungen

Für die Prüfung der Dichtheit (leaktest) einer Heizungsinstallation ist nach der Vergabe- und Vertragsordnung für Bauleistungen (VOB) / Teil C: Allgemeine Technische Vertragsbedingungen für Bauleistung (ATV)-DIN 18380 vor dem Überdecken (covering) der Leitungen eine Druckprüfung (hydraulic pressure test) durchzuführen. Wasserheizungen sind mit einem Druck zu prüfen, der dem Ansprechdruck des Sicherheitsventils (set pressure oft the safety valve) entspricht. Einrichtungen und Armaturen, die für den Prüfdruck nicht ausgelegt sind, werden erst nach der Druckprüfung eingebaut und durch Passrohrstücke (fitting tube parts) oder Rohrverschlüsse ersetzt.

Über die Druckprüfungen sind Protokolle mit folgenden Angaben zu erstellen:

- Prüfungsdatum,
- wesentliche Anlagendaten, wie z. B. Aufstellungsort, höchstzulässiger Betriebsdruck,
- Prüfdruck,
- Prüfdauer ,
- Bestätigung der Dichtheit der Anlage.

Vordrucke für Druckprüfungsprotokolle (pressure test records) sind in der Regel bei den Herstellerfirmen erhältlich (Bild nächste Seite).
Bei der Durchführung der Druckprüfung sind die Vorgaben der Herstellerfirmen einzuhalten, um die Gewährleistung nicht zu gefährden.
Zur exakten und schnellen Druckprüfung bzw. Dichtigkeitsprüfung von Rohrleitungssystemen in der Heizungsinstallation werden spezielle Druckprüfgeräte (pressure testing sets) verwendet (Bild 1).

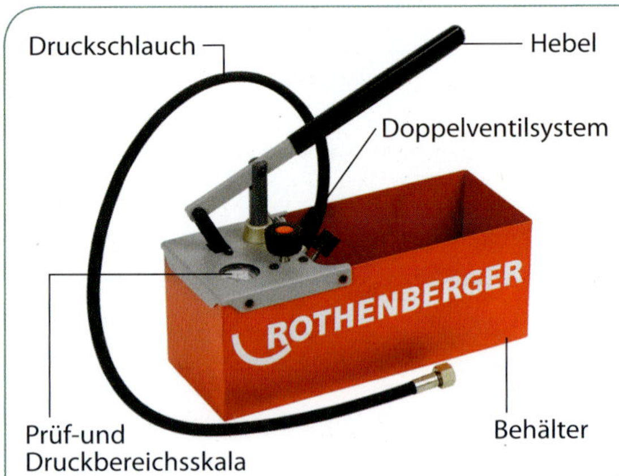

1 *Druckprüfgerät für Rohrleitungen in der Heizungsinstallation*

ÜBUNGEN

(1) Mit welchem Druck ist die Dichtheitsprüfung einer Warmwasserheizungsanlage nach VOB DIN 18380 durchzuführen?

(2) Wann ist die Dichtheitsprüfung der Warmwasserheizungsanlage nach VOB DIN 18380 durchzuführen?

(3) Welche Angaben sollte das Protokoll über die Dichtheitsprüfung enthalten?

REHAU®
Unlimited Polymer Solutions

19.2 Druckprüfungsprotokoll: System RAUTITAN von REHAU (Heizungsinstallation)

Kopiervorlage

1. Anlagedaten

Bauvorhaben:

Bauherr:

Straße/Hausnummer:

Postleitzahl/Ort:

Maximaler Betriebsdruck:

Maximale Betriebstemperatur:

Geodätische Höhe:

2. Druckprüfung durchführen

Für die Prüfung der Dichtheit einer Heizungsinstallation mit dem System RAUTITAN führen Sie eine Druckprüfung durch:

1. Sicherheits- und Zähleinrichtungen ggf. ausbauen und durch Rohrstücke oder Rohrleitungsverschlüsse ersetzen.
2. Heizungsinstallation mit filtriertem Wasser füllen und entlüften.
3. Druckprüfgerät anschließen und Heizungsinstallation mit Prüfdruck beaufschlagen: Prüfdruck muss dem Ansprechdruck des Sicherheitsventils entsprechen. Mindestprüfdruck: 1 bar
4. Nach 2 Stunden Prüfdruck noch einmal aufbringen, da ein Druckabfall durch Ausdehnung der Leitungen möglich ist.
5. Prüfdruck mindestens 3 Stunden in der Heizungsinstallation anstehen lassen und beobachten.
6. Zusätzlich komplette Heizungsinstallation durch Sichtkontrolle auf Dichtheit prüfen:
   An keiner Stelle der Heizungsinstallation darf Wasser austreten.
7. Möglichst im Anschluss an die Druckprüfung Heizungsinstallation auf die maximale Betriebstemperatur aufheizen und erneut durch Sichtkontrolle auf Dichtheit prüfen.

ⓘ Beim Einbringen des Estrichs muss der maximale Betriebsdruck in der Heizungsinstallation anliegen, damit Undichtheiten sofort erkannt werden können.

3. Bestätigung

Die Dichtheitsprüfung wurde ordnungsgemäß durchgeführt. Bei der Prüfung ist keine Undichtheit festgestellt worden.

Prüfdruck: Prüfdauer:

Auftraggeber: Unterschrift:

Auftragnehmer: Unterschrift:

Ort: Datum:

90

1 Beispiel eines Prüfprotokolls für eine Druckprobe mit Wasser (Verfahren „W“)

9 Hydraulischer Abgleich und hydraulische Weiche

9.1 Grundlagen des hydraulischen Abgleichs

In Pumpenwarmwasserheizungen ist zur Überwindung der Rohrnetz- und Einzelwiderstände (pipe system and single resistances) ein entsprechender Pumpendruck erforderlich. Dieser richtet sich nach dem Druckverlust des ungünstigsten Leitungskreises (most adverse piping circuit). In den Kreisen mit geringeren Druckverlusten (pressure losses) bewirkt dieser Pumpendruck, dass die Heizkörper mit größeren Volumenströmen versorgt werden als erforderlich. Die Leitungskreise mit den größten Druckverlusten dagegen werden unterversorgt. Diese nicht bedarfsgerechte (not according to demand) Heizwasserverteilung hat zur Folge, dass Räume in der Nähe des Wärmeerzeugers überheizt werden, Heizkörperventile Geräusche verursachen bzw. nicht bei der gewünschten Temperatur öffnen bzw. schließen sowie weit vom Wärmeerzeuger entfernte Heizkörper nicht ausreichend warm werden.

Grundsätzlich gibt es zwei Möglichkeiten, Beeinträchtigungen bzw. Störungen dieser Art zu vermeiden. Die eine ist die Rohrverlegung nach Tichelmann (vgl. Kap. 1.2.5).

Durch das Tichelmann-System ergeben sich für jeden Heizkörperanschluss gleiche Druckverluste und alle Heizkörper werden etwa gleich schnell warm. Allerdings ist das Tichelmann-System auf Grund des größeren Rohrbedarfs teurer als andere Systeme und nachträgliche Änderungen wirken sich automatisch auf die Längen der Vor- und Rücklaufleitungen aus. Außerdem sind bestehende Anlagen meist nicht im Tichelmann-System ausgeführt. Deshalb kommt heute vorwiegend die zweite Möglichkeit, der **hydraulische Abgleich** (hydraulic balancing), zur Anwendung.

MERKE

Durch den hydraulischen Abgleich sind die Druckverhältnisse und Volumenströme einer Heizungsanlage so zu regulieren, dass jeder Wärmeverbraucher entsprechend seines Wärmebedarfs mit Heizwasser versorgt wird.

Der hydraulische Abgleich ist Grundvoraussetzung für eine komfortabel und wirtschaftlich arbeitende Heizungsanlage. Nur in einer hydraulisch abgeglichenen Heizungsanlage können die Vorteile der Technik der Elektronikpumpen zur Reduzierung des Stromverbrauchs und des Geräuschpegels (noise level) genutzt werden. Außerdem ist der hydraulische Abgleich mittlerweile Voraussetzung für Fördermaßnahmen (promotion measures) zur Modernisierung und Erneuerung von Heizungsanlagen. Eine Förderung wird nur gewährt, wenn die Durchführung des hydraulischen Abgleichs von der ausführenden Firma bestätigt und ein Einstellprotokoll (setting record) mit den Berechnungsergebnissen vorgelegt wird (Bild 1, nächste Seite).

MERKE

Nach VOB DIN 18380 und den anerkannten Regeln der Technik ist die Heizungsfachfirma verpflichtet, den hydraulischen Abgleich der installierten Heizungsanlage durchzuführen. Auch die Energieeinsparverordnung (EnEV) verlangt für Wohngebäude (Vorgaben für das Referenzgebäude) ein hydraulisch abgeglichenes Rohrnetz.

9.2 Einrichtungen für den hydraulischen Abgleich

Die Regulierung der hydraulischen Verhältnisse in einer Heizungsanlage kann zentral (Bild 1) oder dezentral (Bild 2) erfolgen.

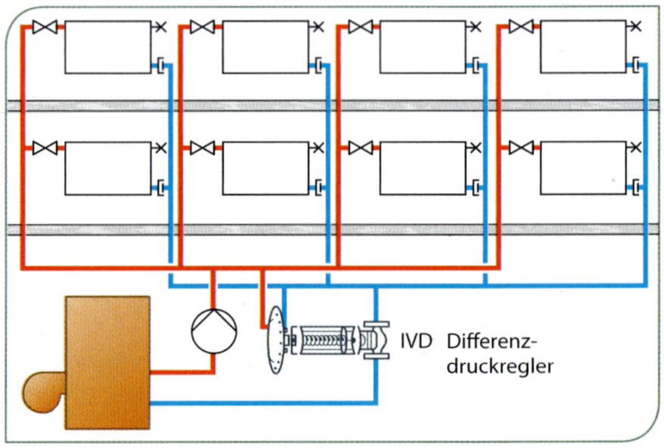

1 Zentrale Regulierung der hydraulischen Verhältnisse

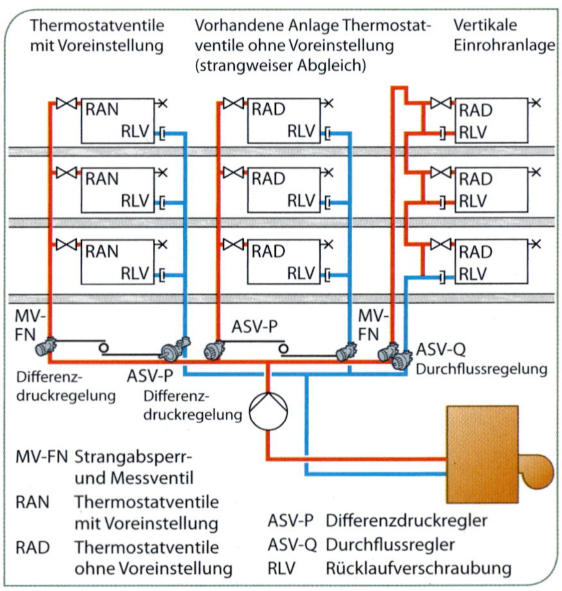

2 Dezentrale Regulierung der hydraulischen Verhältnisse

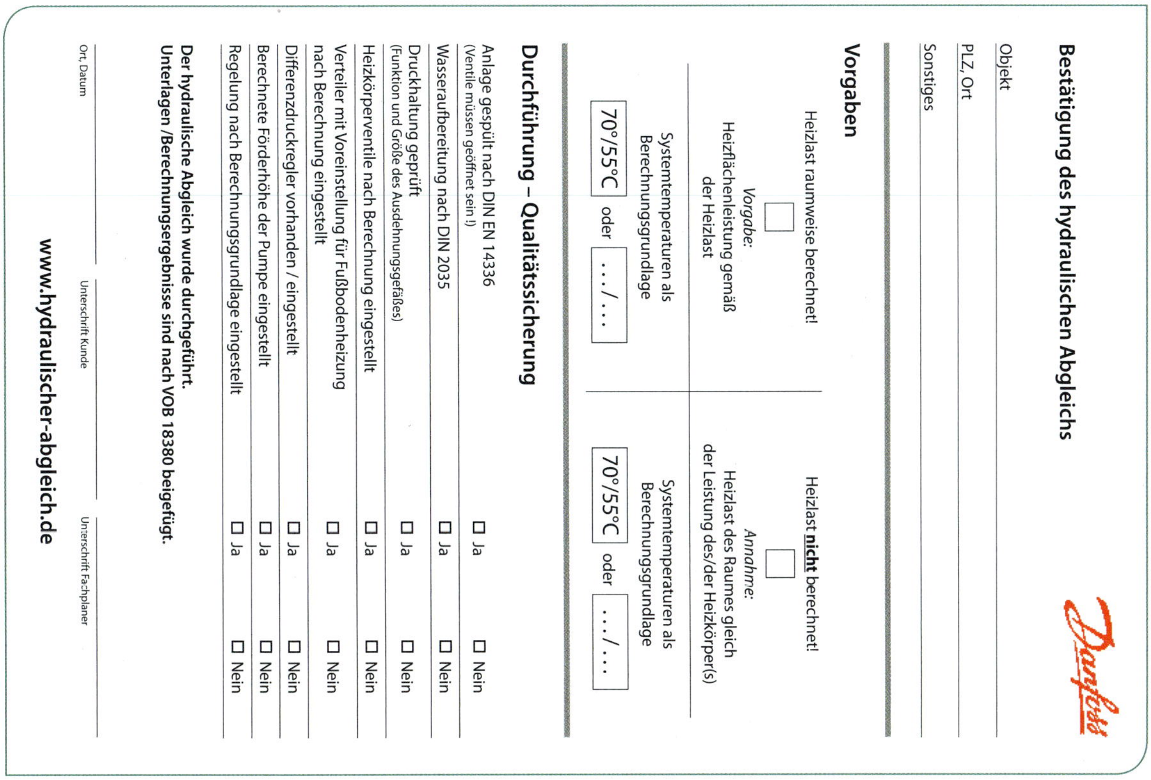

Bestätigung des hydraulischen Abgleichs

Objekt

PLZ, Ort

Sonstiges

Vorgaben

Heizlast raumweise berechnet! ☐	Heizlast **nicht** berechnet! ☐
Vorgabe: Heizflächenleistung gemäß der Heizlast	*Annahme:* Heizlast des Raumes gleich der Leistung des/der Heizkörper(s)
Systemtemperaturen als Berechnungsgrundlage	Systemtemperaturen als Berechnungsgrundlage
70°/55°C oder .../...	70°/55°C oder .../...

Durchführung – Qualitätssicherung

Anlage gespült nach DIN EN 14336 (Ventile müssen geöffnet sein !)	☐ Ja	☐ Nein
Wasseraufbereitung nach DIN 2035	☐ Ja	☐ Nein
Druckhaltung geprüft (Funktion und Größe des Ausdehnungsgefäßes)	☐ Ja	☐ Nein
Heizkörperventile nach Berechnung eingestellt	☐ Ja	☐ Nein
Verteiler mit Voreinstellung für Fußbodenheizung nach Berechnung eingestellt	☐ Ja	☐ Nein
Differenzdruckregler vorhanden / eingestellt	☐ Ja	☐ Nein
Berechnete Förderhöhe der Pumpe eingestellt	☐ Ja	☐ Nein
Regelung nach Berechnungsgrundlage eingestellt	☐ Ja	☐ Nein

Der hydraulische Abgleich wurde durchgeführt.
Unterlagen /Berechnungsergebnisse sind nach VOB 18380 beigefügt.

Ort, Datum — Unterschrift Kunde — Unterschrift Fachplaner

www.hydraulischer-abgleich.de

1 Formblatt- Bestätigung des hydraulischen Abgleichs (Fa. Danfoss)

Der hydraulische Abgleich kann durch Begrenzung der **Durchflussmenge** (flow volume/rate) und durch Regulierung des **Differenzdruckes** (differential pressure) vorgenommen werden.

Als Einrichtungen für die Durchfluss- und Differenzdruckregulierung werden verwendet:
- voreinstellbare Thermostatventile,
- einstellbare Rücklaufanschlüsse,
- Strangregulierventile,
- Durchflussregler,
- Differenzdruckregler,
- Differenzdruckregler mit Durchflussbegrenzung,
- Überströmventile.

Zum Anschluss der Impulsleitungen (impulse pipe) von Durchfluss- und Differenzdruckreglern können Strangabsperrventile (section shut-off valve) verwendet werden.

9.2.1 Voreinstellbare Thermostatventile

Die Voreinstellung (presetting) bei Thermostatventilen (Bild 2) bietet die Möglichkeit, durch Verkleinerung des freien Durchflussquerschnittes den maximalen Heizkörpermassenstrom (Volumenstrom) innerhalb eines bestimmten Bereiches zu begrenzen bzw. an den Wärmebedarf (Heizlast) anzupassen. Mit der Querschnittsverringerung (reduction of cross section) erhöht sich der Strömungswiderstand (flow

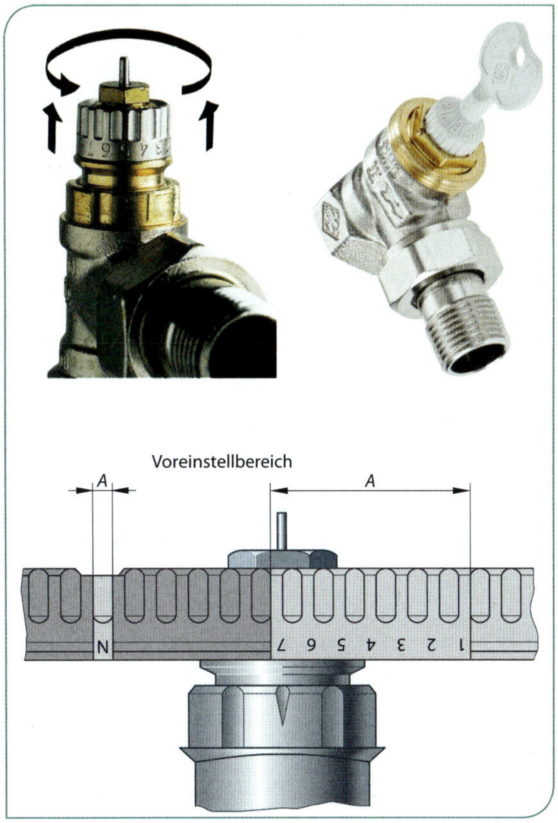

2 Thermostatventil-Voreinstellung

resistance) bzw. der Druckverlust und die Druckdifferenz wird abgebaut bzw. abgeglichen.
Die erforderlichen **Einstellwerte** (set points) können in Abhängigkeit von Massen- bzw. Volumenstrom, Druckverlust und Ventiltyp den entsprechenden Herstellerdiagrammen entnommen werden (Bild 1).

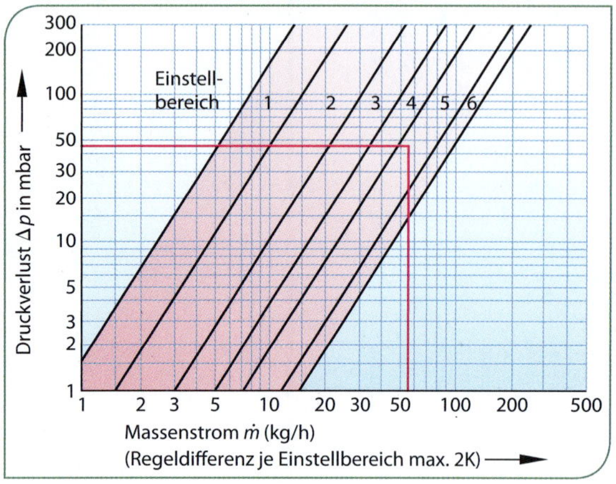

1 Einstellwerte mittels Ventilkennliniendiagramm

Zur Bestimmung der Druckverluste müssen allerdings die Struktur des Rohrnetzes erkennbar oder entsprechende Rohrnetzpläne (pipe network plans) vorhanden sein und aufwändige Berechnungen durchgeführt werden.
Der Massen- bzw. Volumenstrom hängt von der Wärmeleistung eines Heizkörpers und der Temperaturdifferenz zwischen Vor- und Rücklauf ab und kann mit folgender Formel bestimmt werden:

$$\dot{m} = \frac{\Phi}{c \cdot \Delta\theta}$$

Φ = Wärmeleistung in W
$\dot{m}$ = Massenstrom in $\frac{\text{kg}}{\text{h}}$
c = spez. Wärmekapazität in $\frac{\text{Wh}}{\text{kg} \cdot \text{K}}$
$\Delta\theta$ = Temperaturdifferenz zwischen Vor- und Rücklauf in K

Der ermittelte Einstellwert kann je nach Fabrikat z. B. mit einem Schlüssel, der am Ventiloberteil aufgesetzt wird, oder durch Anheben und Verdrehen eines Einstellringes (setting ring) eingestellt werden. (Bild 1).

Beispiel 1
Ermitteln Sie mithilfe des Diagramms Bild 1 den Einstellwert, wenn die Heizlast Φ = 1280 W, die Temperaturspreizung $\Delta\theta = 20$ K und der Druckverlust des Thermostatventils $\Delta p = 44$ mbar betragen.

Lösung:
geg.: $\Phi = 1280$ W; $\Delta\theta = 20$ K; $\Delta p = 44$ mbar
ges.: Einstellwert

$$\dot{m} = \frac{\Phi}{c \cdot \Delta\theta}$$

$$\dot{m} = \frac{1280\ \text{W}}{1{,}163\ \frac{\text{Wh}}{\text{kg}} \cdot 20\ \text{K}}$$

$$\dot{m} = 55 \frac{\text{kg}}{\text{h}}$$

Nach Diagramm Bild 1 ergibt sich der Einstellwert 5.

Beispiel 2
Ermitteln Sie mithilfe des Datenschiebers (Bild 2) den Einstellwert für ein Thermostatventil V-exakt max. 2 K Regeldifferenz, wenn der abzudrosselnde Druck 24 mbar, die Wärmeleistung des Heizkörpers $\Phi = 800$ W und die Temperaturspreizung $\Delta\theta = 20$ K betragen.

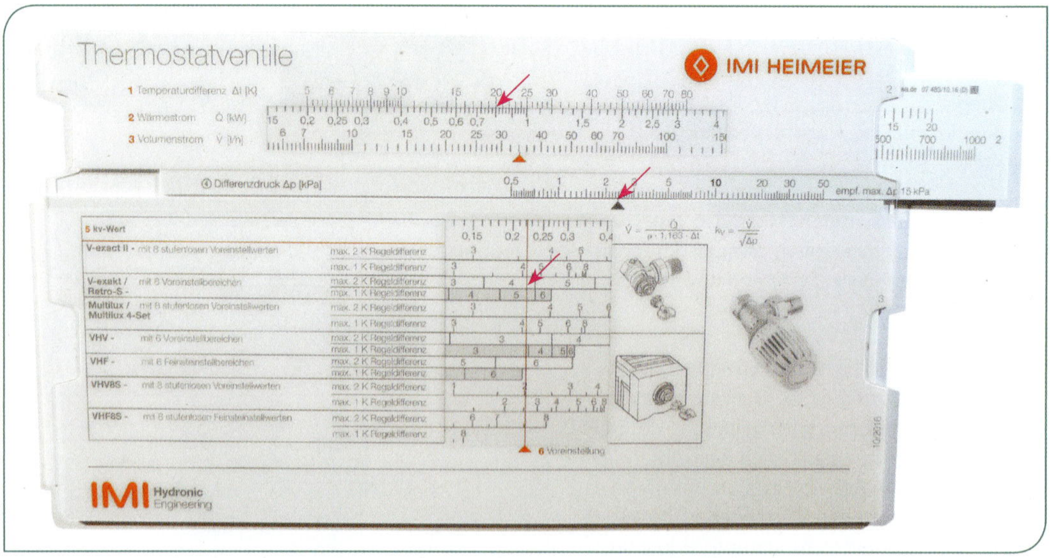

2 Einstellwerte mittels Datenschieber (Fa. Heimeier)

Lernfeld 7

Lösung:
geg.: $\Phi = 800$ W; $\Delta\theta = 20$ K; $\Delta p = 24$ mbar
ges.: Einstellwert

Gemäß Datenschieber (Bild 2, vorherige Seite) ist der Einstellwert 4 zu wählen.

Beispiel 3
Nach dem hydraulischen Abgleich der skizzierten Zweirohranlage mit den Systemtemperaturen 70/55 °C soll der Gesamtdruckverlust in jedem Leitungskreis 50 mbar betragen (= Druckverlust des ungünstigsten Leitungskreises inklusive Druckverlust am Thermostatventil).

a) Bestimmen Sie die Druckverluste durch Rohrreibung in den Teilstrecken 1 – 8. (Vgl. Kap. 3.7.1). Die Rohrleitungen bestehen aus Kupferrohr EN 1057.
b) Bestimmen Sie die Druckverluste durch Einzelwiderstände in den Teilstrecken 1 – 8. (Vgl. Kap. 3.7.2)
c) Berechnen Sie den Gesamtdruckverlust (ohne Thermostatventil) des Leitungskreises von Heizkörper 1.
d) Ermitteln Sie den abzudrosselnden Druck am voreinstellbaren Thermostatventil des Heizkörpers 1, sowie den erforderlichen Einstellwert mithilfe des Ventilkennliniendiagramms (Bild 1, vorherige Seite).

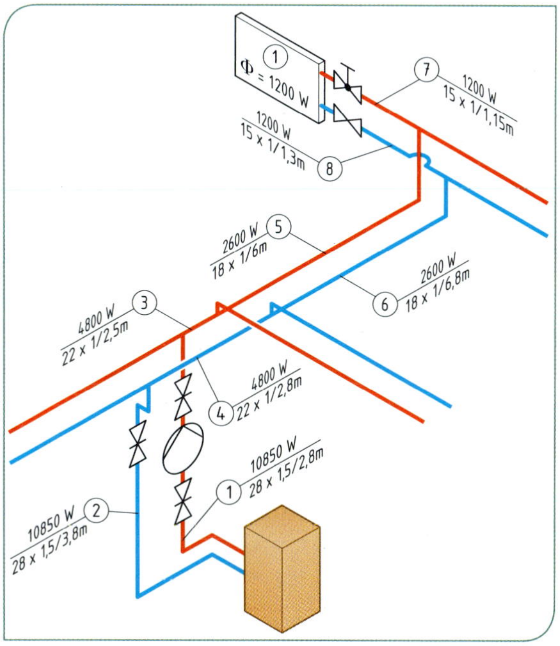

1 Anlagenschema, Skizze zu Beispiel 3

Lösung:
geg.: Skizze, $\Delta p = 50$ *mbar*, $\Delta\theta = 15$ K
ges.: a) Δp_R b) Z c) Δp_{HK1} d) $\Delta p_{Thermostatventil}$, Einstellwert

a) Druckverluste durch Rohrreibung

Teilstrecke TS	Wärmeleistung Φ in W	Massenstrom $\dot{m}$ in $\frac{kg}{h}$	Nennweite DN (d_a x s)	Rohrlänge l in m	Strömungsgeschwindigkeit v in $\frac{m}{s}$	Druckgefälle R in $\frac{mbar}{m}$	Druckverlust durch Reibung $\Delta p_R = R \cdot l$ in mbar
1	10850	622	25 (28 x 1,5)	2,8	0,36	0,65	1,82
2	10850	622	25 (28 x 1,5)	3,8	0,36	0,65	2,47
3	4800	275	20 (22 x 1)	2,5	0,25	0,45	1,13
4	4800	275	20 (22 x 1)	2,8	0,25	0,45	1,26
5	2600	149	15 (18 x 1)	6	0,21	0,45	2,70
6	2600	149	15 (18 x 1)	6,8	0,21	0,45	3,06
7	1200	69	12 (15 x 1)	1,15	0,16	0,35	0,40
8	1200	69	12 (15 x 1)	1,3	0.16	0,35	0,46
							$\Sigma\Delta p_R = \underline{\underline{13,3}}$

b) Druckverluste durch Einzelwiderstände

Teilstrecke TS	Einzelwiderstände						
	Art	Anzahl	Widerstandsbeiwerte ζ	Summe der Widerstandsbeiwerte $\Sigma\zeta$		Druckverlust z_1 für $\zeta = 1$ in mbar	Druckverlust durch Einzelwiderstände $Z = \Sigma\zeta \cdot z_1$ in mbar
1	Heizkessel K 90°-Bogen Bo Schieber S-DN25	1 2 2	2,5 0,5 0,5	2,5 1,0 1,0	4,5	0,66	2,97
2	90°-Bogen Bo Schieber S-DN25	4 1	0,5 0,5	2,0 0,5	2,5	0,66	1,65
3	T-Stück Gegenlauf TG	1	3,0	3,0	3,0	0,33	0,99
4	T-Stück Gegenlauf TG	1	3,0	3,0	3,0	0,33	0,99
5	T-Stück Durchgang Trennung TDT 90°-Bogen Bo	1 1	0,5 0,5	0,5 0,5	1,0	0,23	0,23
6	T-Stück Durchgang Vereinigung TDV 90°-Bogen Bo	1 1	0,5 0,5	0,5 0,5	1,0	0,23	0,23
7	T-Stück Gegenlauf TG Heizkörper HK	1 1	3,0 2,5	3,0 2,5	5,5	0,14	0,77
8	T-Stück Gegenlauf TG Überbogen ÜBo Rücklaufventil Durchgang DN 15	1 1 1	3,0 1,0 8,5	3,0 1,0 8,5	12,5	0,14	1,75
							$\Sigma Z = 9{,}58$

c) $\Delta p = \Sigma \Delta p_R + \Sigma Z = 13{,}3\text{ mbar} + 9{,}58\text{ mbar} = \underline{\underline{22{,}88\text{ mbar}}}$

d) $\Delta p_{\text{Thermostatventil}} = 50\text{ mbar} - \Delta p = 50\text{ mbar} - 22{,}88\text{ mbar} = \underline{\underline{27{,}12\text{ mbar}}}$

$\dot{m} = \frac{\Phi}{c \cdot \Delta\theta}$ TS 7/TS 8 (Heizkörper 1): $\dot{m} = \frac{1200\text{W}}{1{,}163\,\frac{\text{Wh}}{\text{kg}} \cdot 15\text{ K}}$ $\dot{m} = \underline{\underline{69\,\frac{\text{kg}}{\text{h}}}}$

Nach Diagramm (Bild 1, Seite 250) ist der Einstellwert 6 zu wählen.

Kann auf exakte Druckverlustwerte nicht zurückgegriffen werden wird für die überschlägige Ermittlung (approximate setting) des Einstellwertes bei vorgegebener Heizkörperleistung und Temperaturspreizung ein **mittlerer Differenzdruck** (average differential pressure) **von 100 mbar** empfohlen. Bei Anlagen mit großer horizontaler Ausdehnung ist allerdings eine Differenzierung (differentiation) des Druckverlustes erforderlich, z. B. 50 mbar für Ventile an entfernt liegenden Heizkörpern, 100 mbar für Ventile an Heizkörpern, die sich im mittleren Bereich befinden und 150 mbar für Ventile an Heizkörpern in der Nähe des Wärmeerzeugers (Bild 1).

Beispiel

Ermitteln Sie a) mithilfe von Tabelle Bild 1 b) mithilfe des Rechenschiebers (Bild 1, nächste Seite) für ein Thermostatventil der Baureihe AV 6 den Voreinstellwert bei einer Heizkörperleistung $\Phi = 800$ W, einer Temperaturspreizung $\Delta\theta = 20$K und einem Druckverlust am Ventil $\Delta p = 100$ mbar.

Lösung:

a) Nach Tabelle Bild 1 ist der Voreinstellwert 3 zu wählen.

b) Gemäß Rechenschieber Bild 1, nächste Seite ist für die Baureihe AV 6 der Voreinstellwert 2 zu wählen.

Heizkörperleistung Φ in W	Temperaturspreizung								
	$\Delta\theta = 10$ K			$\Delta\theta = 15$ K			$\Delta\theta = 20$ K		
	Druckverlust Δp in mbar								
	50	100	150	50	100	150	50	100	150
200	2	2	1	2	1	1	1	1	
250	3	2	2	2	1	1	2	1	1
300	3	2	2	2	2	1	2	1	1
400	3	3	2	3	2	2	2	2	1
500	4	3	3	3	2	2	2	2	2
600	4	4	3	3	3	2	3	2	2
700	5	4	3	4	3	3	3	2	2
800	5	4	4	4	3	3	3	3	2
900	5	5	4	4	4	3	4	3	3
1000	6	5	4	5	4	3	4	3	3
1200	6	5	5	5	4	4	4	4	3
1400		6	5	5	5	4	5	4	3
1600		6	5	6	5	5	5	4	4
1800			6	6	5	5	5	5	4
2000			6		6	5	6	5	4

1 Voreinstellwerte bei unterschiedlicher Heizkörperleistung, Temperaturspreizung und unterschiedlichem Druckverlust

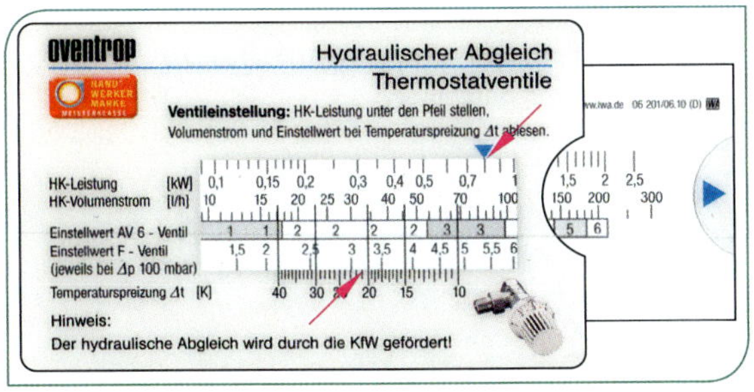

1 *Einstellwerte mittels Rechenschieber für Δp = 100 mbar (Fa. Oventrop)*

9.2.2 Einstellbare Rücklaufanschlüsse

An einstellbaren Rücklaufanschlüssen (radiator lockshield valve) (Bild 2) kann wie bei den voreinstellbaren Thermosatventilen der maximale Massenstrom durch den Heizkörper begrenzt und die Druckdifferenz abgebaut bzw. abgeglichen werden.

Bevor die eigentliche Einstellung erfolgen kann, müssen der Verschlussdeckel abgeschraubt und der Absperr- sowie der Regulierkegel mit einem Sechskantschlüssel (allen key) bzw. Schraubendreher durch Rechtsdrehen geschlossen bzw. bis zum Anschlag eingeschraubt werden. Die stufenlose Voreinstellung erfolgt durch anschließendes Linksdrehen des Regulierkegels (Bild 2). Die Anzahl der Umdrehungen, die erforderlich sind, um den gewünschten Massenstrom einzuregulieren, kann den Herstellerdiagrammen (manufacturer's diagrams) entnommen werden (Bild 3). Anschließend ist der Absperrkegel durch Linksdrehen bis zum Anschlag zu öffnen und der Verschlussdeckel anzubringen.

Beispiel

Ermitteln Sie mithilfe von Diagramm Bild 3 die für die Voreinstellung der Rücklaufverschraubung notwendige Anzahl der Umdrehungen, wenn die Heizlast $\Phi = 2000$ W, die Temperaturspreizung $\Delta\theta = 20$ K und die abzudrosselnde Druckdifferenz $\Delta p = 82$ mbar betragen.

$$\dot{m} = \frac{\Phi}{c \cdot \Delta\theta}$$

$$\dot{m} = \frac{2000\,\text{W}}{1{,}163\,\frac{\text{Wh}}{\text{kg}} \cdot 20\,\text{K}} \qquad \underline{\underline{\dot{m} = 86\,\frac{\text{kg}}{\text{h}}}}$$

Für die Voreinstellung ist laut Diagramm Bild 3 **eine Umdrehung** erforderlich.

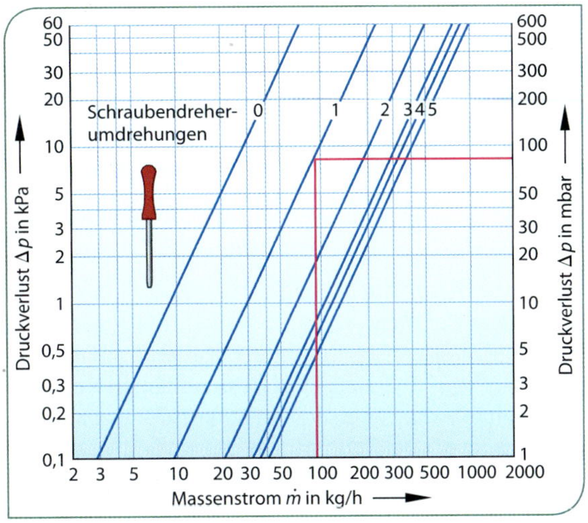

3 *Einstellumdrehungen*

9.2.3 Strangregulierventile

Strangregulierventile (section regulating valve) (Bild 4) ermöglichen den hydraulischen Abgleich der Stränge untereinander und können wahlweise im **Vor**- oder **Rücklauf** (flow

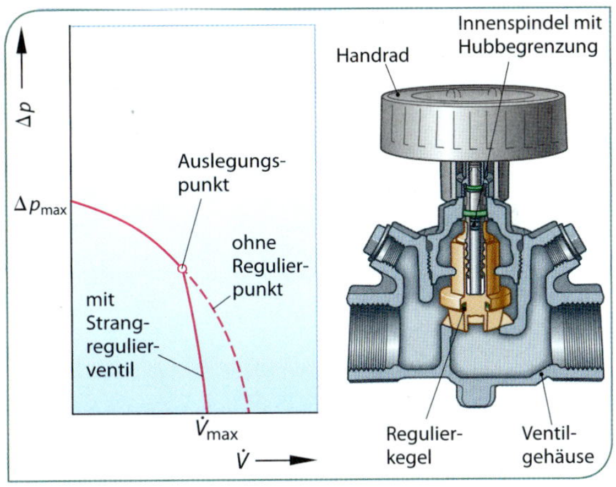

4 *Strangregulierventil*

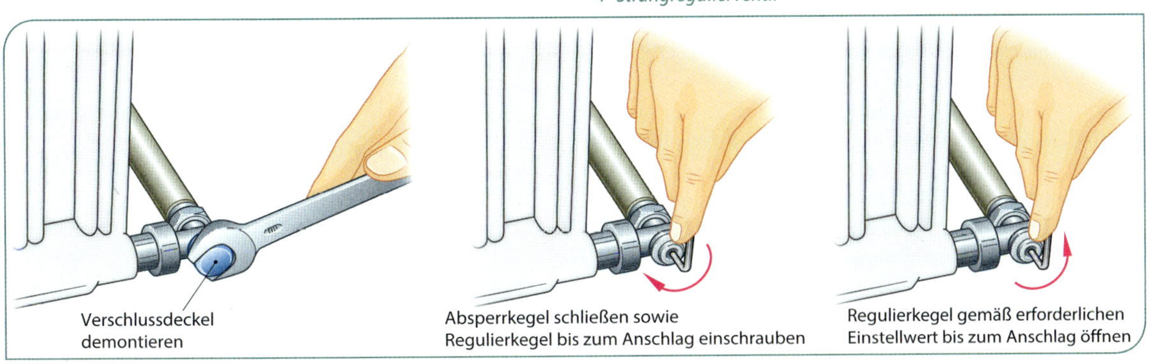

2 *Voreinstellung am Rücklaufanschluss*

or return pipe) eingebaut werden. Sie werden auf den **Volllast-Betriebszustand** (full load operating mode) ausgelegt. Im Teillastbereich (part-load operational range) verlieren sie jedoch ihre Wirksamkeit, da sie sich wie hydraulische Festwiderstände verhalten und an Differenzdruck verlieren. Es kommt zu einem Anstieg des Differenzdruckes über den Thermostatventilen und unter Umständen zu Geräuschstörungen. Die erforderlichen Einstellwerte der Strangregulierventile können den Herstellerdiagrammen entnommen werden.

9.2.4 Durchflussregler

Durchflussregler (flow regulator) (Bild 1) regeln den Volumenstrom in einem Strang bzw. in der Anlage auf den berechneten und eingestellten Wert **unabhängig von den Druckverhältnissen** (pressure conditions). Der Einbau kann im Vor- oder Rücklauf erfolgen. Allerdings gibt es Ausführungen, die ab Werk zur Montage im Rücklauf vorbereitet sind, sodass bei Einbau im Vorlauf Armaturenteile ausgetauscht werden müssen. Der abgebildete Regler kann durch Umbau auch als Differenzdruckregler arbeiten. Bevorzugte Anwendungsbereiche sind Verbrauchergruppen (consumer groups) mit größeren Volumenströmen sowie Einrohranlagen, weil in diesen nahezu konstante Differenzdrücke herrschen und sie gegenüber Differenzdruckreglern mit Durchflussbegrenzung kostengünstiger sind.

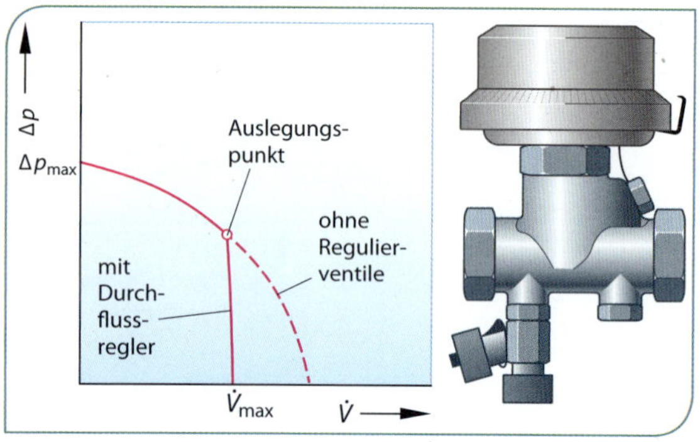

1 Durchflussregler

9.2.5 Differenzdruckregler

Differenzdruckregler (differential pressure regulator) halten den Differenzdruck im Strang unter allen Betriebsbedingungen innerhalb ihres Regelbereiches konstant. Sie werden im **Rücklauf** eingebaut und durch eine Impulsleitung mit jeweils einem im Vorlauf installierten **Strangabsperr-** und **Messventil** (section shut-off and metering valve) verbunden (Bild 2). In Verbindung mit voreinstellbaren Thermostatventilen werden Wassermengenüberschreitungen (water volume exceedances) im Strang sowie Differenzdruckanstieg bei Teillastbetrieb verhindert. Dadurch werden Geräuschprobleme, wie sie z. B. in Thermostatventilen bei hohen Pumpendrücken auftreten können, vermieden.

Differenzdruckregler eignen sich deshalb vor allem für den hydraulischen Abgleich von Zweirohranlagen mit voreinstellbaren Thermostatventilen.

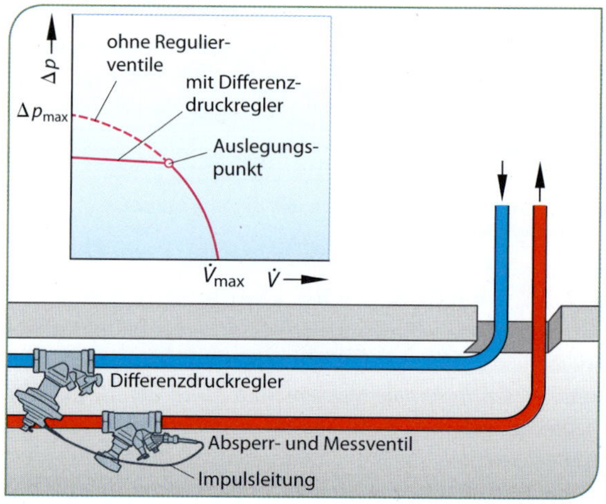

2 Differenzdruckregler

9.2.6 Differenzdruckregler mit Durchflussbegrenzung

Differenzdruckregler mit Durchflussbegrenzung (flow limitation) halten den Differenzdruck im Strang konstant und begrenzen darüber hinaus den Durchfluss auf den berechneten Auslegungsvolumenstrom (calculated flow rating) (Bild 3). Sie gewährleisten somit unter allen Betriebsbedingungen ein ideales hydraulisches Gleichgewicht und eignen sich insbesondere für Anlagen mit Heizkörper-Thermostatventilen ohne Voreinstellung.

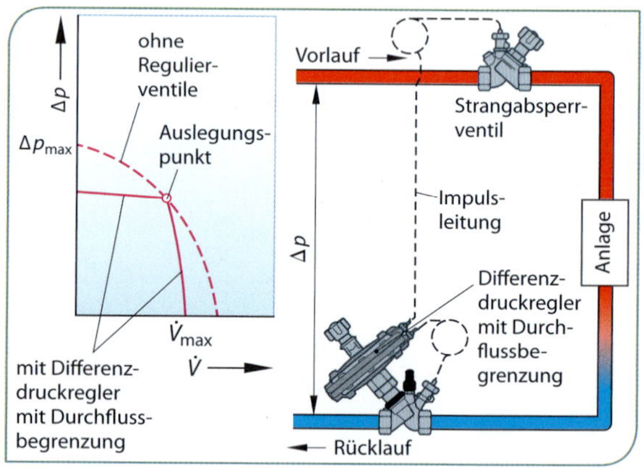

3 Differenzdruckregler mit Durchflussbegrenzung

9.2.7 Überströmventile

Überströmventile (Bild 1, nächste Seite) begrenzen den Pumpendruck auf den eingestellten Wert (Pumpendruck bei Volllast). Sie verhindern dadurch in Anlagen ohne drehzahlgeregelte Pumpen Fließgeräusche im Teillastbereich (z. B.

bei gedrosselten Thermostatventilen). Im Gegensatz zu drehzahlgeregelten Pumpen (speed controlled pumps) lässt sich mit Überströmventilen (overflow valves) allerdings keine Energieeinsparung erzielen, da der von der Pumpe geförderte Volumenstrom konstant bleibt. Bei Wärmeerzeugern mit geringem Wasserinhalt, z.B. Umlauf-Gaswasserheizer (gas-fired circulatory type water heater), wird auch bei geschlossenen Thermostatventilen die Mindest- Umlaufwassermenge (minimum circulating water volume) sichergestellt.
Der Einbau der Überströmventile erfolgt zwischen Vorlauf und Rücklauf (Bild 1a und b). Bei Anlagen ohne Mischer ist der Einbau auch zwischen Druck- und Saugstutzen (suction and delivery side) der Pumpe möglich (Bild 1c).
Verringert sich der Volumenstrom in der Anlage, steigt der Pumpendruck und das Überströmventil öffnet. Ein Teil des Heizwassers strömt über die Bypassleitung z.B. zum Rücklauf. Dadurch wird der Pumpendruck konstant gehalten und ein Mindest- Volumenstrom durch den Wärmeerzeuger aufrecht erhalten.

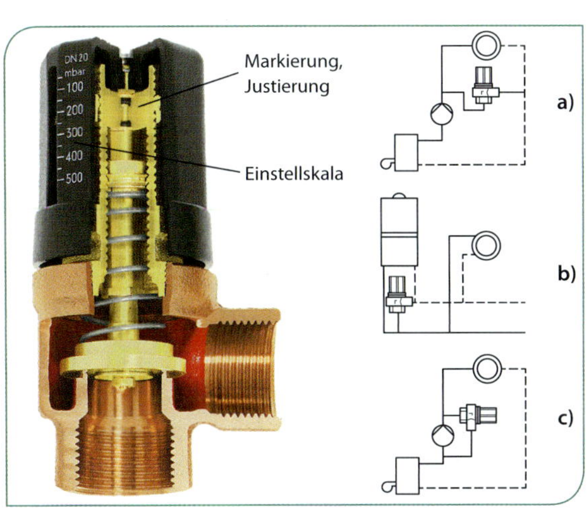

1 Überströmventil mit Einbaumöglichkeiten

9.3 Vorgehensweise beim hydraulischen Abgleich

In der folgenden Übersicht ist die Vorgehensweise beim hydraulischen Abgleich von Alt- und Neuanlagen beschrieben. Voraussetzung dafür ist die sorgfältige Berechnung der erforderlichen Daten bzw. deren Ermittlung durch entsprechende Messungen. Für die Berechnung können Diagramme, Datenschieber oder Software der Hersteller verwendet werden.

Neuanlagen

1. Heizlastberechnung nach DIN EN 12831
2. Festlegung der Temperaturspreizung, z.B. 70/50
3. Auslegung der Heizflächen, z.B. Raumheizflächen nach VDI 6030
4. Berechnung der Heizkörpervolumenströme
5. Dimensionierung des Rohrnetzes
Druckgefälle Δp sollte zwischen 30 und 100 $\frac{Pa}{m}$ liegen
6. Ermittlung der Voreinstellwerte der Thermostatventile und/oder Rücklaufverschraubungen je Heizkörper mittels $\dot{V}$ und Δp
Planungswerte sollten zwischen 30 und 100 mbar liegen
7. Dimensionierung der Heizungs-Umwälzpumpe – Pumpendruck (Förderhöhe) und Volumenstrom (Förderstrom)
8. Einsatz von Differenzdruckreglern - Empfohlen bei Einstellung der Pumpe auf eine Förderhöhe > 1,5 m
9. Voreinstellung der Thermostatventile bzw. Rücklaufverschraubungen

Altanlagen

1. Ermittlung der Heizlast
2. Messung der Vor- und Rücklauftemperaturen
Ermittlung der Temperaturspreizung
3. Überprüfung der Heizflächen
4. Ermittlung des Heizwasser-Volumenstroms
   - über vorhandenen Wärmemengenzähler
   - Anzeige an der Umwälzpumpe
   - Berechnung mittels Heizlast und Temperaturspreizung
5. Überprüfung des Rohrnetzes zur Ermittlung der Rohrreibungsverluste und Druckverluste durch Einzelwiderstände, z.B. Ventile, Regelarmaturen, Mischer
6. Überprüfung und gegebenenfalls Anpassung der Umwälzpumpe hinsichtlich des Volumenstromes und des Pumpendruckes
7. Ermittlung der Voreinstellwerte der Thermostatventile und/oder Rücklaufverschraubungen
Annahme von 100 mbar für den Druckverlust am Ventil, falls auf exakte Druckverluste nicht zurückgegriffen werden kann.
8. Voreinstellung der Thermostatventile bzw. Rücklaufverschraubungen

9.4 Hydraulischer Abgleich durch Thermostatventile mit Durchflussregler

Thermostatventile mit Durchflussregler (Bild 1) ermöglichen einen einfachen und schnellen hydraulischen Abgleich sowohl bei Neuanlagen als auch bei Altanlagen mit bekanntem oder unbekanntem Rohrnetz.

Mit der kostenlosen App des Herstellers können die Raumheizlast (Vereinfachtes Verfahren nach DIN EN 12831 Beiblatt 3) und der notwendige Durchfluss des gewählten Heizkörpers bestimmt werden.

Die Einstellung des Durchflusses erfolgt mit einem Voreinstellschlüssel, der auf das Handrad des Ventils aufgesetzt wird.

Der eingestellte Durchfluss bleibt auch bei stark schwankenden Anlagendifferenzdrücken, die z. B. beim Zu- und Abschalten anderer Heizkörper bzw. Heizkreise entstehen können, innerhalb der Regelabweichung konstant.

Mithilfe des Thermostaten kann im Teillastbetrieb der Durchfluss bis hin zu dem eingestellten maximalen Wert geregelt und damit die Raumtemperatur dem Bedarf angepasst werden.

1 *Thermostatventil mit Durchflussregler*

9.5 Dezentrales Pumpensystem

Bei dem dezentralen Pumpensystem (local pumping system) (Bild 2) ersetzen Miniaturpumpen an den Heizflächen bzw. Heizkreisen die Thermostatventile/Temperaturregulierventile. Diese sehr kleinen Pumpen sind mit der stromsparenden Motorentechnologie der Hocheffizienzpumpen (high efficiency pumps) ausgerüstet (vgl. Kap. 5.1.2) und so leise, dass sie in Wohn- und Schlafräumen betrieben werden können. Sie laufen nur dann, wenn im entsprechenden Raum tatsächlich Wärme benötigt wird.

Die dezentralen Heizungspumpen sind im Rücklauf zu installieren (Bild 3). Im Vorlauf müssen zusätzlich Rückflussverhinderer vorgesehen werden. In der Rohinstallationsphase werden allerdings zunächst nur die Pumpenadapter montiert.

Erst bei Fertigstellung werden die Pumpen aufgesetzt und mit der Pumpenelektronik (pump electronics) verbunden, die in der Nähe der Pumpen installiert wird.

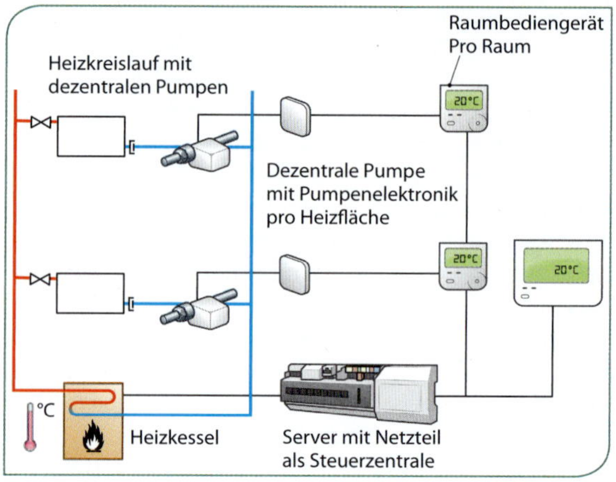

2 *Dezentrales Pumpensystem*

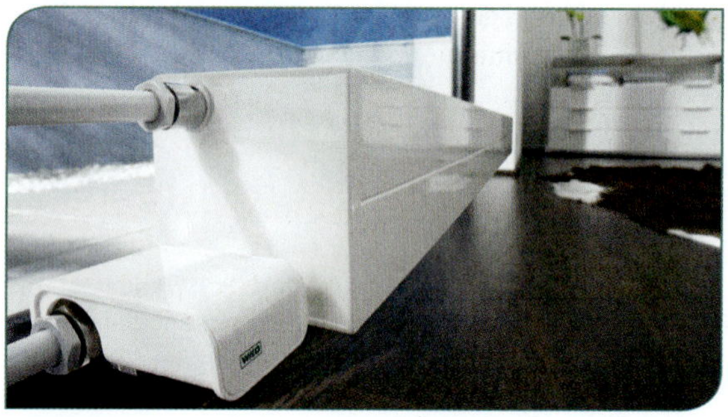

3 *Anordnung der Miniaturpumpe*

Raumbediengeräte (room control panel) ermöglichen die Vorgabe der gewünschten Raumtemperaturen im Tages- und Wochenverlauf.

Ein weiterer wesentlicher Bestandteil des dezentralen Pumpensystems ist die zentrale Steuereinheit (central control unit) mit Schnittstelle zum Wärmeerzeuger. Sie übernimmt die Vorgaben (input requirements) aus den Raumbediengeräten und sorgt dafür, dass alle Räume bedarfsgerecht mit Wärme versorgt werden, indem sie über die Pumpenelektronik die Pumpendrehzahlen sowie die Vorlauftemperatur des Heizsystems und des Wärmeerzeugers entsprechend anpasst.

Je nach Gebäudeart und -alter ergeben sich durch das dezentrale, bedarfsoptimierte Pumpensystem (optimised tailored pump system) Energieeinsparungen von bis zu 20 %. Die Möglichkeit, jedem Raum unterschiedliche Heizzeiten und Temperaturen zuzuordnen, bietet außerdem ein Maximum an Komfort. Ein weiterer bedeutender Vorteil des dezentralen Pumpensystems ist der automatische hydraulische Abgleich mithilfe der Projektierungssoftware (projection software), die der Hersteller zur Verfügung stellt. Anhand der Anlagendaten, z. B. Massenströme der Heizflächen und Druckverluste, werden die Drehzahlen der Pumpen in der Projektierung so aufeinander abgestimmt, dass stets ein optimales hydraulisches System realisiert wird und die Pumpen zu jedem Zeitpunkt genau den erforderlichen Massenstrom fördern. Ein zusätzlicher manueller hydraulischer Abgleich ist nicht mehr erforderlich.

Lernfeld 7

9.6 Hydraulische Weiche

Weichen in einer Heizungsanlage die durch die Kesselkreispumpe(n) und die Heizkreispumpen geförderten Volumenströme voneinander ab, kann es zu Problemen in der Wasserverteilung und der Differenzdruckhaltung sowie zu Strömungsgeräuschen kommen.

Durch den Einbau einer hydraulischen Weiche (Bild 1) werden **Wärmeerzeuger** und **Wärmeverbraucher** (heat generator/heat consumer) **hydraulisch entkoppelt** und damit wird eine Beeinflussung der kesselseitig (Kesselkreis, Primärkreis) und verbraucherseitig (Heizkreis, Sekundärkreis) fließenden Volumenströme vermieden (Bild 2).

Die Hydraulische Weiche (hydraulic deflector) ermöglicht somit eine genaue Auslegung der Heizkreispumpen und Regelventile auf die in den jeweiligen Heiz- bzw. Regelkreisen auftretenden Volumenströme. Eine gegenseitige Beeinflussung (mutual influence) der einzelnen Heiz- bzw. Regelkreise (heating/control circuits) findet auch bei Zu- und Abschalten von Verbrauchergruppen nicht statt.

Darüber hinaus ergeben sich durch die Verwendung einer hydraulischen Weiche weitere Vorteile:

- Aufgrund der geringen Fließgeschwindigkeiten ermöglicht sie die Abscheidung (separation) mitgeführter Gase und Schmutzteilchen. Während die Gase nach oben steigen und über eine Entlüftungseinrichtung, z. B. einen automatischen Schwimmerentlüfter entweichen, sammeln sich mitgeführte Schmutzteilchen am Boden und können von dort über eine Entleerungseinrichtung aus der Anlage entfernt werden (Bild 1).
- Bei Brennwertgeräten (condensing boilers), die in Altanlagen eingebaut werden, verhindern die Magnetitabscheider (magnitite separator) der Weiche eine Verschlammung durch Ablagerungen aus dem Rohrleitungssystem und den Heizflächen (Bild 1). Sie sichern dadurch Störungsfreiheit und eine hohe Lebensdauer dieser hochwertigen Geräte.
- Ein weiterer Vorteil ist die Erhöhung der Energieeffizienz durch Verringerung der benötigten Pumpenleistung und Vermeidung des „Taktens" (pulsing) insbesondere bei Wärmeerzeugern mit geringem Wasserinhalt.

Im Prinzip ist die hydraulische Weiche nichts anderes als eine stark vergrößerte Verbindungsleitung zwischen Vor- und Rücklauf. Um eine einwandfreie Funktion zu gewährleisten, ist sie so zu **dimensionieren**, dass in ihr nur vernachlässigbar kleine Druckverluste zwischen Vor- und Rücklauf entstehen. Deshalb sollte bei der Auslegung (dimensioning) einer hydraulischen Weiche beachtet werden, dass eine Fließgeschwindigkeit von 0,2 $\frac{m}{s}$ über den gesamten Querschnitt nicht überschritten wird.

Ein empfohlener Richtwert zur Auslegung von Kleinweichen ist der Abstand zwischen Vor- und Rücklaufstutzen, der zehnmal so groß sein sollte wie der Durchmesser der Anschlussleitung (Bild 3).

Bei Großweichen sollte der Abstand zwischen Vor- und Rücklaufstutzen (flow and return pipe connections) mindes-

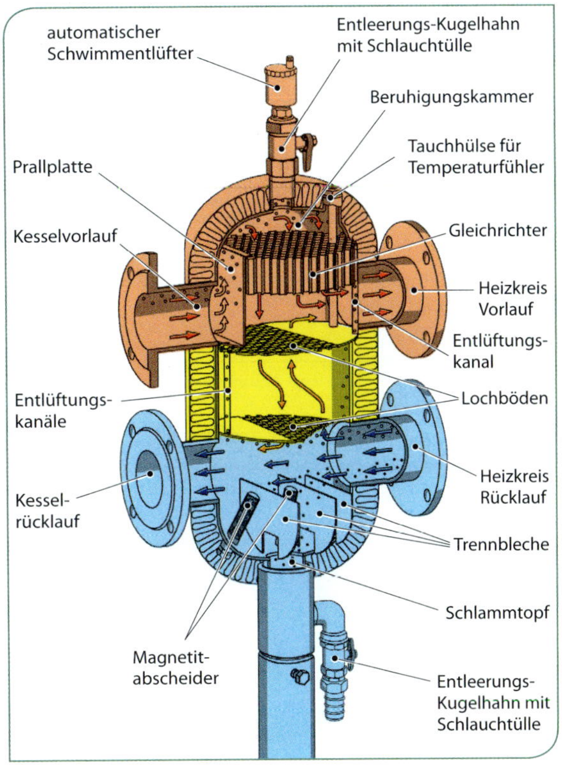

1 Hydraulische Weiche

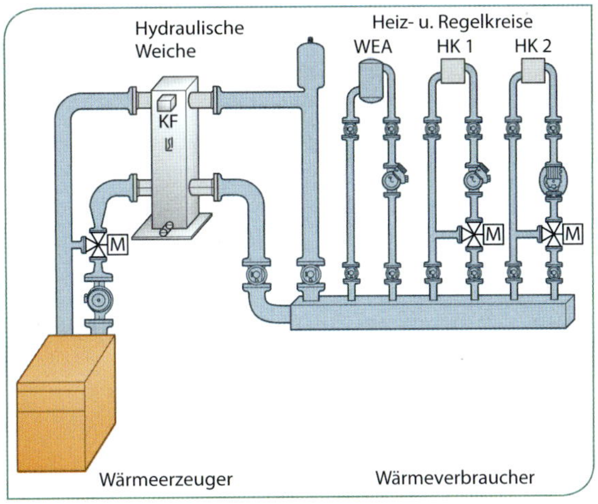

2 Wärmeerzeuger mit hydraulischer Weiche und Kompaktverteiler

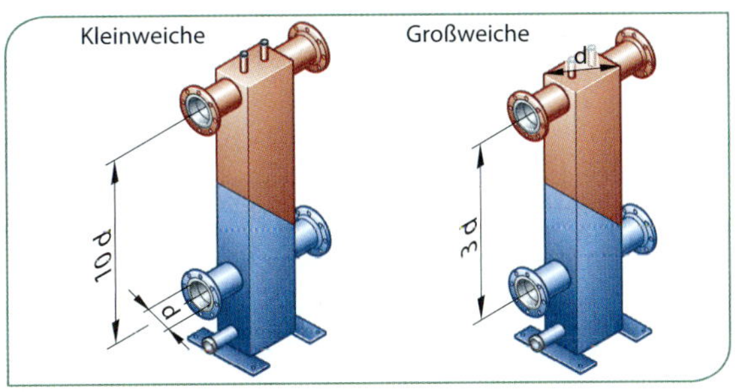

3 Dimensionierung der Hydraulischen Weiche

Lernfeld 7

tens dreimal so groß sein wie die Diagonale bzw. der Durchmesser des Weichenkörpers (Bild 3, vorherige Seite).

Es sind folgende **drei Betriebssituationen** (operating situations) zu unterscheiden:

A) Verbraucher-Volumenstrom $\dot{V}_V$ (Heizkreis) entspricht dem Wärmeerzeuger-Volumenstrom $\dot{V}_W$ (Kesselkreis) (Bild 1). In diesem Fall bleibt die hydraulischen Weiche funktionslos (without function).
Die Temperaturen im Kesselkreis entsprechen den Temperaturen im Heizkreis.

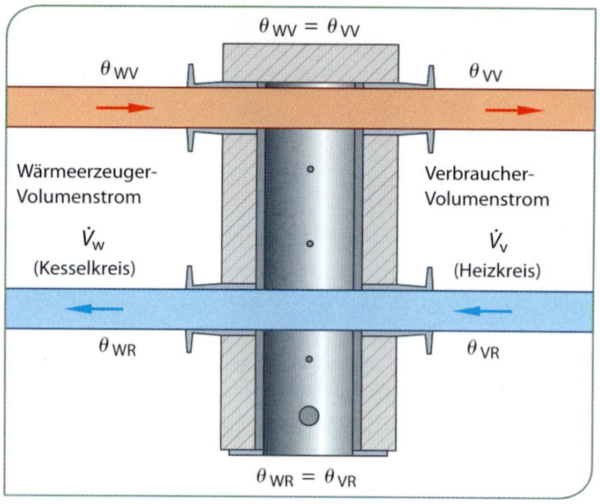

1 $\dot{V}_W$ *(Kesselkreis) entspricht* $\dot{V}_V$ *(Heizkreis)*

B) Wärmeerzeuger-Volumenstrom (Kesselkreis) $\dot{V}_W$ ist kleiner als der Verbraucher-Volumenstrom $\dot{V}_V$ (Heizkreis) (Bild 2), z. B. während der Aufheizphase nach abgesenktem Heizbetrieb. Die Differenzwassermenge (difference of water volume) $\dot{V}_V - \dot{V}_W$ strömt über die hydraulische Weiche vom Verbraucherrücklauf zum Verbrauchervorlauf und wird dem Verbrauchervorlaufwasser beigemischt.
Die Temperatur des Verbrauchervorlaufs Θ_{VV} ist folglich niedriger als die des Wärmeerzeugervorlaufs Θ_{WV}.

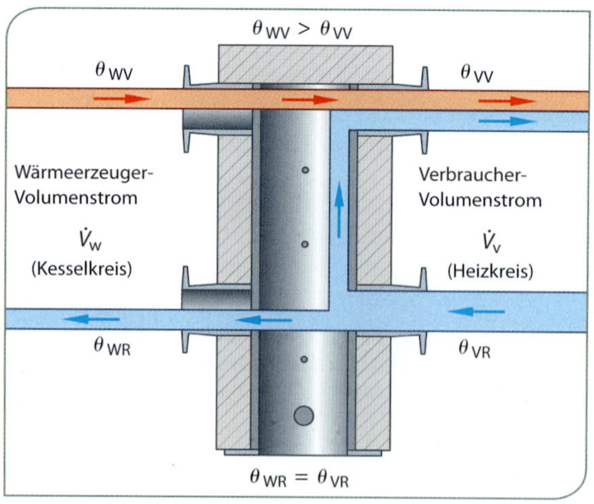

2 $\dot{V}_W$ *(Kesselkreis) <* $\dot{V}_V$ *(Heizkreis)*

C) Wärmeerzeuger-Volumenstrom (Kesselkreis) $\dot{V}_W$ ist **größer** als der Verbraucher-Volumenstrom $\dot{V}_V$ (Heizkreis) (Bild 3), z. B. bei ganz oder teilweise geschlossenen Thermostatventilen.
Die Differenzwassermenge $\dot{V}_W - \dot{V}_V$ strömt über die hydraulische Weiche vom Wärmeerzeugervorlauf zum Wärmeerzeugerrücklauf und wird dem Verbraucherrücklaufwasser beigemischt (admixed).
Die Temperatur des Wärmeerzeugerrücklaufs Θ_{WR} ist folglich höher als die des Verbraucherrücklaufs Θ_{VR}.

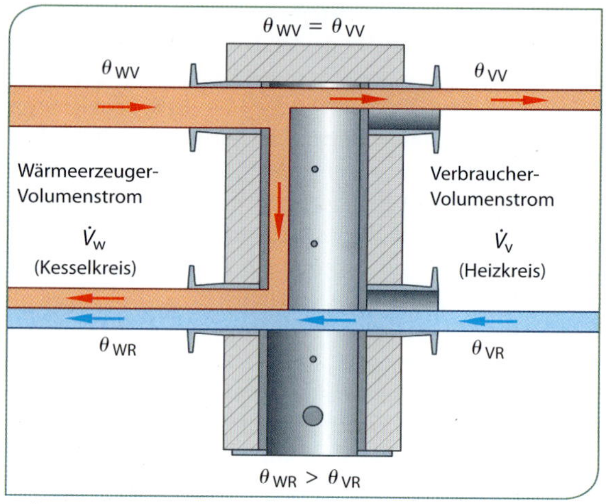

3 $\dot{V}_W$ *(Kesselkreis) >* $\dot{V}_V$ *(Heizkreis)*

Der **Einsatz** (application) der hydraulischen Weiche ist empfehlenswert bzw. erforderlich bei:

- Ein- und Mehrkesselanlagen mit mehreren Verbraucherkreisen (Heiz- bzw. Regelkreisen).
- Wärmeerzeugern mit geringem Wasserumlaufvolumenstrom, z. B. wandhängenden Brennwertgeräten.

Ist die Wasserumlaufmenge (circulating water volume) der Wärmeverbraucher größer als die des Wärmeerzeugers bzw. der Wärmeerzeuger, z. B. bei Ausrüstung bestehender Anlagen mit modernen Wärmeerzeugern mit geringerem Wasserumlaufvolumenstrom, können durch den Einbau einer ausreichend dimensionierten hydraulischen Weiche eine Unterversorgung (undersupply) vermieden und die erforderlichen Wassermengen für die einzelnen Verbraucherkreise (Heizkreise) sichergestellt werden. Zwingend erforderlich ist allerdings eine richtig ausgelegte Kesselkreispumpe, die den erforderlichen Volumenstrom zur hydraulischen Weiche fördert.

Bei Mehrkesselanlagen (multiple boiler plants) gleicht die hydraulische Weiche die hier besonders stark auftretenden unterschiedlichen Wassermengen beim Ab- und Zuschalten von Heizkesseln ab und versorgt alle Verbraucherkreise mit den notwendigen Wassermengen.

ÜBUNGEN

1) Was versteht man unter hydraulischem Abgleich einer Wärmeverteilungsanlage?

2) Nennen Sie drei Vorteile hydraulisch abgeglichener Heizungsanlagen.

3) Welche Verordnung schreibt den hydraulischen Abgleich vor?

4) a) Nennen Sie alle Einrichtungen für die Durchfluss- und Differenzdruckregelung von Heizungsanlagen.
   b) Welche werden nur für die Differenzdruckregelung verwendet?

5) Erklären Sie den hydraulischen Abgleich mit
   a) voreinstellbaren Thermostatventilen
   b) einstellbaren Rücklaufanschlüssen

6) Ermitteln Sie mithilfe eines Herstellerdiagramms den Einstellwert eines Thermostatventils, wenn die Heizlast $\Phi = 980$ W, die Temperaturspreizung $\Delta\theta = 15$ K und der Druckverlust des Thermostatventils $\Delta p = 55$ mbar betragen.

7) Nach dem hydraulischen Abgleich der skizzierten Zweirohranlage (Bild 1) mit den Systemtemperaturen 70/50 °C soll der Gesamtdruckverlust in jedem Leitungskreis 60 mbar betragen (= Druckverlust des ungünstigsten Leitungskreises inklusive Druckverlust am Thermostatventil).
Bestimmen Sie den abzudrosselnden Druck am voreinstellbaren Thermostatventil des Heizkörpers 2 sowie den erforderlichen Einstellwert mithilfe des Ventilkennliniendiagramms Bild 1 Seite 250.

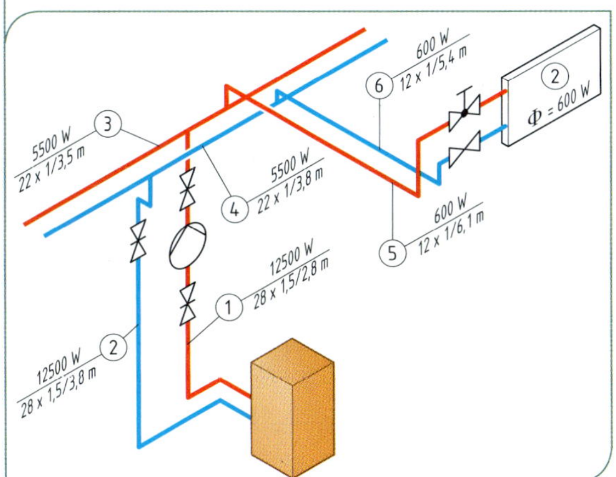

1 zu Aufgabe 7

8) Ermitteln Sie mithilfe von Tabelle Bild 1 Seite 252 den Voreinstellwert eines Thermostatventils bei einer Heizkörperleistung $\Phi = 1200$ W, einer Temperaturspreizung $\Delta\theta = 15$ K und einem Druckverlust am Ventil $\Delta p = 100$ mbar.

9) Ermitteln Sie für die dargestellte Heizungsanlage (Bild 2) die Voreinstellwerte der Heizkörper-Thermostatventile mithilfe von Tabelle Bild 1 Seite 252 bei einer Temperaturspreizung $\Delta\theta = 20$ K und einem Druckverlust an den Ventilen von $\Delta p = 100$ mbar.

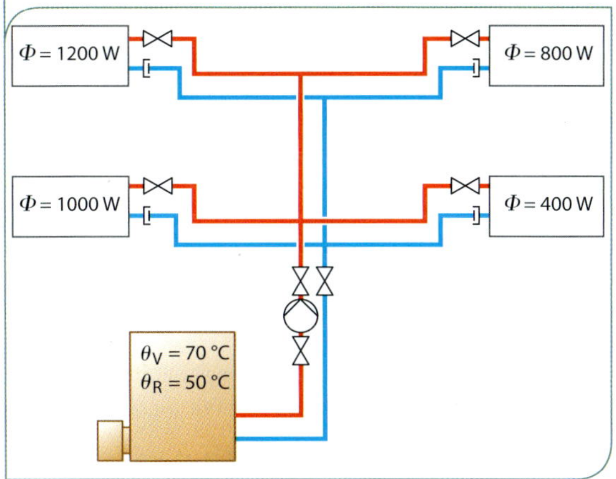

2 zu Aufgabe 9

10) Ermitteln Sie mithilfe eines Herrstellerdiagramms die für die Voreinstellung der Rücklaufverschraubung notwendige Anzahl der Umdrehungen, wenn die Heizlast $\Phi = 1280$ W, die Temperaturspreizung $\Delta\theta = 15$ K und die abzudrosselnde Druckdifferenz $\Delta p = 32$ mbar betragen.

11) Erläutern Sie den Einsatz von
   a) Strangregulierventilen
   b) Differenzdruckreglern
   für den hydraulischen Abgleich von Heizungsanlagen.

12) Beschreiben Sie die Funktionsweise eines
   a) Differenzdruckreglers mit Durchflussbegrenzung
   b) Durchflussreglers

13) Was ist eine hydraulische Weiche?

14) Welche Vorteile ergeben sich durch den Einbau einer hydraulischen Weiche?

15) Was ist bei der Dimensionierung der hydraulischen Weiche zu beachten?

16) Beschreiben Sie stichwortartig das dezentrale Pumpensystem.

10 Raumheizkörper

Raumheizkörper (room heaters) sind gemäß DIN EN 442-2 Einrichtungen zur Wärmeübertragung (heat transfer), um bestimmte Raumtemperaturen in einem Gebäude zu erzielen. Sie sind in Abhängigkeit vom verwendeten Werkstoff für Temperaturen bis 120 °C zugelassen und müssen die Anforderungen der oben genannten Norm erfüllen.
Zu den Raumheizkörpern zählen die Guss- und Stahlradiatoren, Stahlröhrenradiatoren, Plattenheizkörper, Konvektoren sowie Sonderbauformen wie z. B. Badheizkörper (Handtuch-Wärmekörper).

10.1 Wärmeabgabe der Raumheizkörper

Die Raumheizkörper geben die Wärme durch **Konvektion** (Wärmemitführung) (convection) und **Wärmestrahlung** (radiant heat) ab (Bild 1).
Je nach Art des Heizkörpers überwiegt Wärmestrahlung (z. B. **Plattenheizkörper**) oder Konvektion (z. B. **Stahlradiatoren, Konvektoren**).
Die Wärmeabgabe der Heizkörper wird durch ihre **Normwärmeleistung** (vgl. Kap. 10.6), die aus Herstellertabellen ermittelt oder berechnet werden kann, bestimmt. Der Einbau in Nischen, die Aufstellung hinter Gardinen, Vorhängen, Möbeln, Heizkörperverkleidungen, Farbanstriche der Heizkörper und fehlender hydraulischer Abgleich mindern die Wärmeabgabe (heat emission). Einfluss auf die Wärmeabgabe haben auch die Abstände der Heizkörper vom Fußboden, zur Rückwand und zur Fensterbank bei freier Aufstellung.

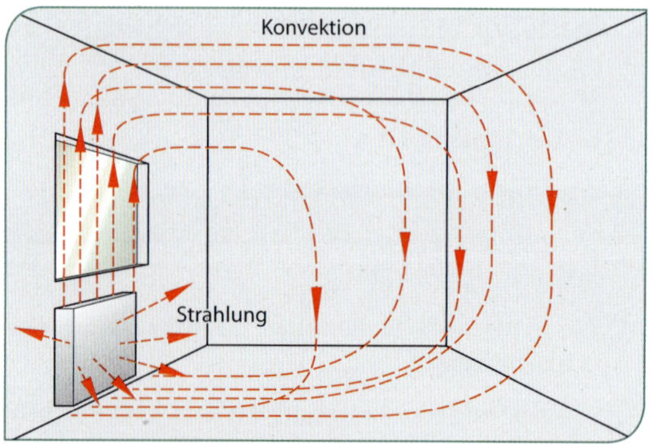

1 Wärmeabgabe eines Heizkörpers

10.2 Anforderungen an Raumheizkörper

Raumheizkörper haben die Aufgabe, die im Heizwasser gespeicherte Wärmeenergie an den jeweiligen Raum abzugeben, um ein Raumklima (room air conditions) zu erzeugen, das der Mensch als thermisch behaglich (thermal comfortable) empfindet. Darüber hinaus sollen sie folgende Anforderungen erfüllen:

- Die Raumheizkörper sollten optisch in den Raum hineinpassen.
- Sie sollten möglichst klein sein, aber gleichzeitig eine hohe und möglichst gleichmäßige Wärmeabgabe haben.
- Die Wärmeabgabe sollte gut regelbar (adjustable) sein, d. h. schnell an den jeweils aktuellen Wärmebedarf (heat demand) anzupassen sein.
- Sie sollten keine scharfen Kanten aufweisen, um Unfall- und Verletzungsgefahren auszuschließen.
- Sie sollten gut zu reinigen sein (Hygiene).
- Sie sollten eine gute Korrosionsbeständigkeit aufweisen.
- Sie sollten preiswert sein.
- Sie müssen für Niedertemperatursysteme geeignet sein (suitable for low-temperature systems).
- Sie sollten leicht und schnell montierbar sein.

10.3 Anordnung der Raumheizkörper

Trotz verbesserter Wärmedämmung werden die besten Voraussetzungen für die thermische Behaglichkeit durch Heizkörper geschaffen, die unterhalb eines Fensters bzw. vor einem Fenster angeordnet sind und deren Baulängen mindestens der Fensterbreite entsprechen (Bild 2). Bei dieser Anordnung wird die abfallende kältere Raumluft mit der am Heizkörper erwärmten, aufsteigenden Raumluft vermengt und erwärmt. Es wird eine natürliche Umwälzströmung (circulation flow) erzeugt, die eine gleichmäßigere Temperaturverteilung (temperature distribution) im Raum zur Folge hat.

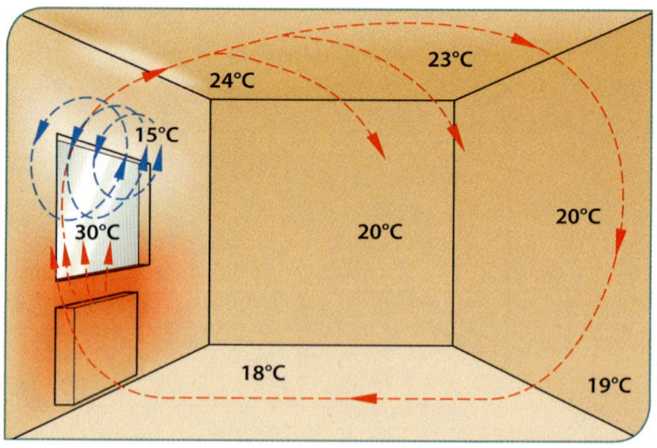

2 Umwälzströmung bei einem Heizkörper am Fenster

Wird der Heizkörper an der Innenwand aufgestellt, haben die kältere und wärmere Raumluft die gleiche Zirkulationsrichtung (Bild 1, nächste Seite). Dies bewirkt, dass die Temperaturen am Fußboden erheblich niedriger sind als bei der Anordnung des Heizkörpers unter bzw. vor dem Fenster

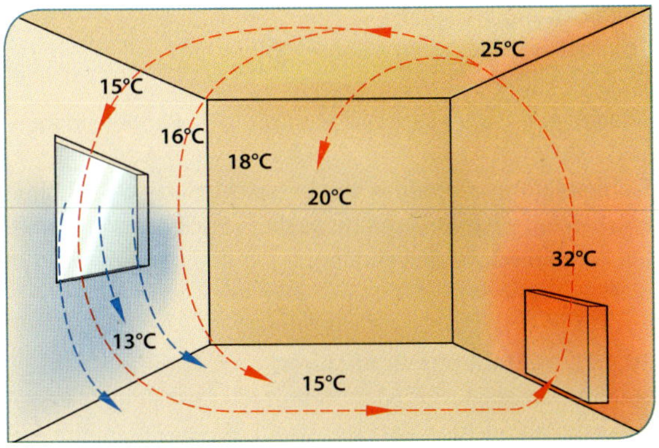

1 Umwälzströmung bei einem Heizkörper an der Innenwand

oder an der Außenwand. Der Raum wird **fußkalt** (cold under foot).

Von großer Bedeutung für die thermische Behaglichkeit sind auch die Oberflächentemperaturen der Raumumschließungsflächen (enclosing room areas), weil sie den Strahlungsaustausch (interchangement of heat radiation) mit den im Raum befindlichen Menschen beeinflussen. Bereits eine Temperaturdifferenz von 5...7 °C zwischen gegenüberliegenden Wänden empfindet der Mensch als unbehaglich. Durch Heizkörperanordnung (arrangement of the room heaters) vor dem Fenster oder an der Außenwand wird die Temperaturdifferenz zwischen den gegenüberliegenden Wandflächen (opposing wall areas) verringert und der Mensch fühlt sich behaglicher.
Neben der thermischen Behaglichkeit können auch andere Aspekte eine Rolle bei der Wahl des Aufstellortes (placement) spielen. Zum Beispiel spricht für die Heizkörperanordnung vor bzw. unter dem Fenster, dass dieser Platz häufig nicht anderweitig genutzt werden kann. Auch ästhetische Gründe können die Heizkörperinstallation beeinflussen.

10.4 Bauarten

Je nach Verwendungszweck und Anforderung stehen unterschiedliche Bauarten und Bauformen von Heizkörpern zur Verfügung.

Radiatoren (radiators) sind gemäß DIN EN 442-2 Heizkörper, die die Wärme durch Strahlung und Konvektion übertragen. Sie können aus Grauguss, Gussaluminiumlegierungen und unlegiertem Stahlblech sowie in verschiedenen Ausführungen hergestellt werden, z. B. Plattenheizkörper und Röhrenradiatoren.

Bei **Konvektoren** (convectors) erfolgt die Wärmeübertragung fast ausschließlich durch Konvektion. Sie enthalten mindestens eine wärmeabgebende Fläche und ein Gehäuse, das einen Konvektionsschacht (convector shaft) bildet.

Gliederheizkörper (sectional radiators) bestehen aus einzelnen formgleichen Gliedern (structural elements). Zum Erreichen der gewünschten Wärmeleistung werden die Glieder zu Einheiten (units) zusammengefügt.

Heizkörpermodule haben unterschiedliche Baulängen. Bei Gliederheizkörpern stimmt das Modul mit einem Heizkörperglied überein. Plattenheizkörper und Konvektoren mit 1 m Baulänge werden auch als Module bezeichnet.

Die Hersteller müssen neben der **höchstzulässigen Wassertemperatur** und dem **höchstzulässigen Betriebsdruck** folgende Angaben über den Heizkörper machen:
- Baulänge (overall lencth),
- Bautiefe (overall breadth),
- Bauhöhe (overall heigth) bzw. Höhe des Konvektorschachtes,
- Größe, Art und Lage der Anschlüsse (connections),
- Leergewicht (empty weight),
- Wasserinhalt (water content).

Für Gliederheizkörper sind die Maße der Glieder anzugeben und für modulare Heizkörper die Maße des Moduls.

10.4.1 Gliederheizkörper

Gliederheizkörper sind Radiatoren, die aus einzelnen identischen Gliedern bestehen. Zu den Gliederheizkörpern werden hauptsächlich Gussradiatoren, Stahlradiatoren und Stahlröhrenradiatoren gerechnet.
Gliederheizkörper werden grund- oder endlackiert geliefert. Der hierbei verwendete Lack darf unter Betriebsbedingungen keine giftigen Dämpfe und keinen Geruch abgeben. Zu beachten ist, dass bei der Verwendung von metallischen Lacken eine Verminderung der Strahlungsabgabe (radiant heat emission) der Heizkörper bis zu 10 % möglich ist.

10.4.1.1 Gussradiatoren

Gussradiatoren (cast iron radiators) (Bild 1, nächste Seite) bestehen aus Grauguss und zeichnen sich durch eine hohe Korrosionsbeständigkeit aus. Sie haben jedoch ein hohes Gewicht und sind stoß- und schlagempfindlich (shock-sensitive). Bei der Montage werden die einzelnen Glieder durch Gewindenippel (threaded nipple) miteinander verbunden. Dadurch ist es möglich, den Heizkörper auf der Baustelle nach den jeweiligen Erfordernissen, z. B. Baulänge und Wärmeleistung zu montieren. Gussradiatoren sind für Warmwasser-, Heißwasser- und Dampfheizungen zugelassen. Mit dem Rückgang der Dampf- und Heißwasseranlagen haben sie an Bedeutung verloren. Die Bezeichnung der Gussradiatoren erfolgt nach der Gliederzahl (number of elements), der Bauhöhe und der Bautiefe. Bei Gussradiatoren ist die Bauhöhe um 80 mm größer als der Nabenabstand (boss spacing).

Die **Baulänge eines Gliedes** beträgt **60 mm**.

Bezeichnungsbeispiel:

Gussradiator 16 – 580 x 160

Gliederzahl – Bauhöhe in mm – Bautiefe in mm

Gussradiatoren werden in fünf unterschiedlichen Bauhöhen angeboten, die jeweils mit bis zu vier verschiedenen Bautiefen kombiniert werden können.

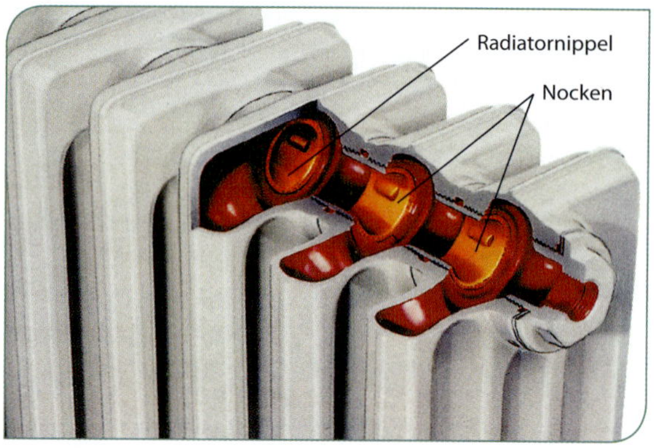

1 Gussradiator

10.4.1.2 Stahlradiatoren

Stahlradiatoren (Bild 2) werden aus **Stahlblech** (steel sheet) mit einer Mindestblechdicke von 1,11 mm gefertigt. Ihre Masse beträgt ca. 50 % der Masse von Gussradiatoren. Ihre kantige Bauform (edged shape) stellt eine Verletzungsgefahr vor allem für Kinder dar. Heizkörper bis zu 20 Gliedern werden meist werkseitig zu Blöcken zusammengeschweißt geliefert. Bei einer höheren Gliederzahl werden sie auf der Baustelle durch Gewindenippel miteinander verbunden.
Die Bezeichnung der Stahlradiatoren erfolgt ebenfalls nach der Gliederzahl, der Bauhöhe und der Bautiefe. Bei Stahlradiatoren ist dabei die Bauhöhe um 100 mm größer als der Nabenabstand. Die **Baulänge eines Gliedes** beträgt **50 mm**.

2 Stahlradiator

Bezeichnungsbeispiel:

Stahlradiator 18 – 600 x 220

Gliederzahl – Bauhöhe in mm – Bautiefe in mm

Stahlradiatoren werden in vier unterschiedlichen Bauhöhen angeboten, die jeweils mit bis zu drei verschiedenen Bautiefen kombiniert werden können.

10.4.1.3 Stahlröhrenradiatoren

Stahlröhrenradiatoren (steel tube radiators) (Bild 3) bestehen aus senkrechten Präzisionsstahlrohren mit 25 mm Außendurchmesser, die mit einem Verteiler- und Sammelrohr (distributing and assembling conduit) verschweißt sind. Die Wanddicke der Rohre darf nicht kleiner als 0,8 mm sein. Sie werden in Bauhöhen von 190 mm bis 2800 mm und in Bautiefen von 32 mm bis 227 mm in ein- bis sechssäuliger Ausführung angeboten (available in up to six tube construction types).
Die **Baulänge eines Gliedes** beträgt **46 mm**. Die einzelnen Glieder werden zu Blöcken verschweißt. Bauseitig können die Blöcke durch Nippel zusammengefügt werden.
Röhrenradiatoren ähneln in ihrem Aufbau den Stahl- und Gussradiatoren. Ihre Herstellung verursacht jedoch vergleichsweise höhere Kosten. Dennoch werden sie aber aus architektonischen Gründen oft eingesetzt. Durch ihre abgerundeten Kanten (rounded edges) vermindert sich das Verletzungsrisiko. Da sie leicht zu reinigen sind, erfüllen sie hohe hygienische Anforderungen. Ihre Wärmeleistung ist im Vergleich zu Stahl- und Gussradiatoren etwas höher. Außerdem eignen sie sich für höhere Drücke.

Bezeichnungsbeispiel:

Stahlröhrenradiator 20 – 500 x 183 (Typ 42)

Gliederzahl – Bauhöhe in mm – Bautiefe in mm – 4-Säuler (2 gebogene u. 2 gerade Rohre)

3 Stahlröhrenradiator

10.4.1.4 Nippelung der Gliederheizkörper

Radiatorenglieder bzw. Radiatorenblöcke werden durch Radiatorennippel mit Rechts- und Linksgewinde R 1¼ zusammengesetzt (Bild 1). Die Stahlnippel haben an der Innenseite zwei gegenüberliegende Nasen (Nocken; Bild 1, vorherige Seite), an denen man den Nippelschlüssel ansetzt. Zwischen Stirnfläche und Nabe muss eine Flachdichtung eingesetzt werden.

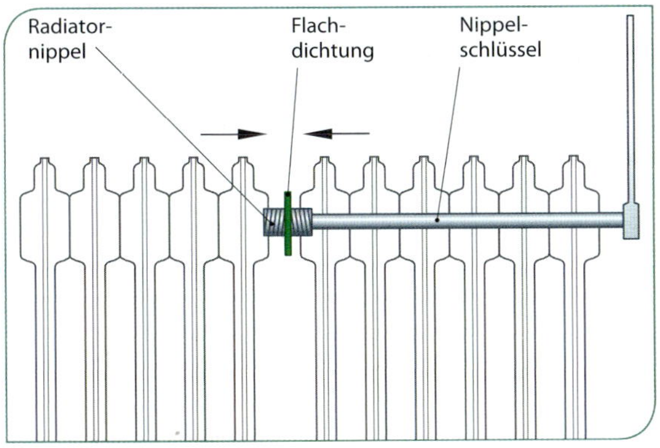

1 Nippelung von Radiatoren

10.4.2 Plattenheizkörper/ Flachheizkörper

Plattenheizkörper (panel radiators) (Bild 2) werden wegen ihrer geringen Bautiefe (25 mm – 155 mm) auch als Flachheizkörper bezeichnet. Sie werden meist aus Stahlblech von mindestens 1,25 mm Dicke in glattwandiger oder senkrecht profilierter Ausführung hergestellt (plain or profiled steel panel). Ihre Anordnung kann dabei ein-, zwei- oder dreireihig sein (double or triple type). Zur Erhöhung der Wärmeleistung können an den einzelnen Platten Konvektionsbleche (convector fins) angeschweißt werden (Bild 3).

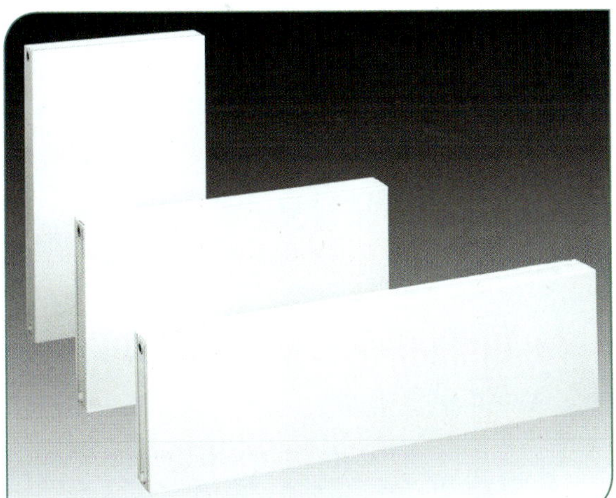

2 Plattenheizkörper

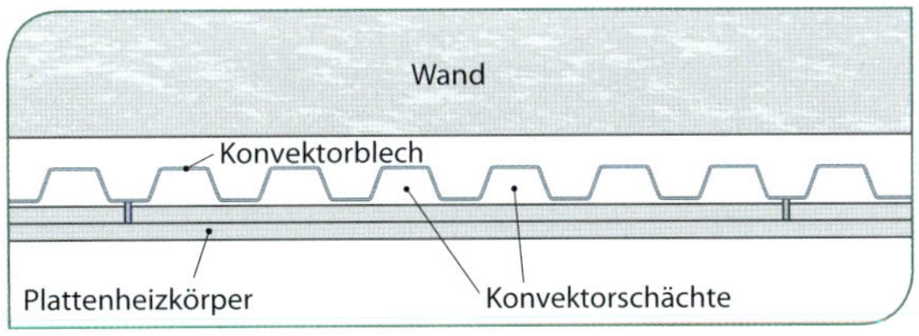

3 Konvektorblech

Die Wärmeleistung des Flachheizkörpers ist abhängig von:

- der Bauhöhe,
- der Baulänge,
- dem Oberflächenprofil (glatt oder profiliert),
- der Anzahl der Konvektorbleche,
- der Anzahl der Platten,
- den Abständen der Platten zueinander.

Einreihige Flachheizkörper geben die Wärme überwiegend durch Strahlung ab. Mit der Anzahl der Platten und Konvektionsbleche sinkt der Strahlungsanteil deutlich. Bei dreireihigen Flachheizkörpern mit drei Konvektorblechen beträgt er noch ca. 10 % von der Gesamtwärmeabgabe.

Um mehrreihigen Flachheizkörpern ein gefälliges Aussehen zu verleihen, werden sie mit seitlichen Verkleidungen (side covering) und einer oberen, luftdurchlässigen Gitterabdeckung (grating) versehen. Dadurch sind sie aber schwerer bzw. umständlicher zu reinigen.

Flachheizkörper gibt es in vielen Abmessungen und Farben. Sie sind kostengünstig und aufgrund des geringen Wasserinhalts gut regelbar. Weitere Vorteile sind ihr geringes Gewicht sowie die schnelle und einfache Montage.

Bezeichnungsbeispiel:

Flachheizkörper Typ 22 – 600 x 1200
Anzahl der Platten ◄ → Baulänge in mm
Anzahl der Konvektorbleche ◄ → Bauhöhe in mm

10.4.3 Fertigheizkörper/ Ventilheizkörper

Fertig- bzw. Ventilheizkörper (complete panel radiators) werden anschlussfertig mit integrierter Ventilgarnitur (lockshield valve), werkseitig montiertem Ventileinsatz ohne Thermostatkopf (radiator valve without thermostatic head) sowie eingeschraubten Blind- und Entlüftungsstopfen (bleed plug and bleed valve) geliefert (Bild 1, nächste Seite). Vielfach wird der Ventileinsatz, abhängig von der jeweiligen Heizleistung des Heizkörpers, im Werk voreingestellt (preset). Der Thermostatkopf kann entweder direkt oder mit Hilfe eines Adapters an den Ventileinsatz angeschlossen werden. Fertig- bzw. Ventilheizkörper werden von unten angeschlossen und sind sowohl bei Ein- als auch bei Zweirohrsystemen einsetzbar. Die kürzere Montagezeit stellt einen besonderen Vorteil dieser Heizkörper dar. Da keine Anschlussrohre seitlich des Heizkörpers hochgeführt werden müssen, verbessert sich der optische Eindruck.

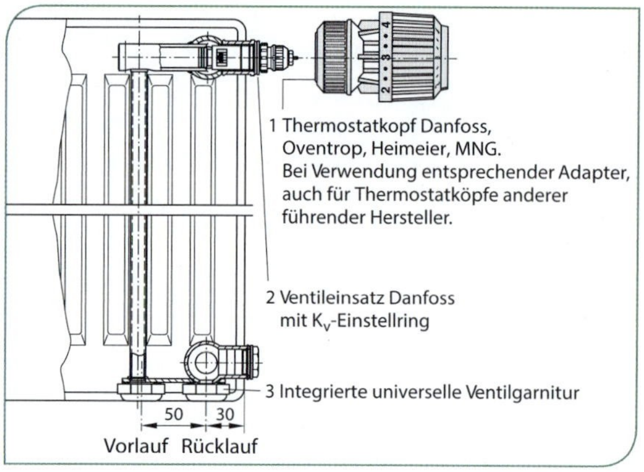

1 Fertig- bzw. Ventilheizkörper mit integrierter Ventilgarnitur

Energiespar-Ventilheizkörper (energy saving panel radiators) arbeiten mit einer seriellen Durchströmung (serial flow), d. h. die Frontplatte wird mit den dahinter angeordneten Platten in Reihe geschaltet und dadurch zuerst vom Vorlauf durchströmt (Bild 2). Im Teillastbetrieb (part-load running) mit geringen Massenströmen wird nur die Frontplatte durchströmt. Ihre höhere Oberflächentemperatur bewirkt, dass sich der Strahlungsanteil bei der Wärmeabgabe im Raum erhöht. Die nachgeschaltete Platte (subsequent panel) dient dabei als Strahlungsschirm (radiation shield) und trägt erst bei steigendem Wärmebedarf (increasing heat demand) mit zusätzlicher Konvektionsleistung zur schnelleren Raumerwärmung bei. Bedingt durch die geringere mittlere Oberflächentemperatur der Rückplatte, ist der Strahlungsverlust (radiation loss) an die Außenflächen geringer als bei herkömmlichen Ventilheizkörpern. Der werkseitig eingebaute (factory provided), voreingestellte und auf die jeweilige Heizleistung abgestimmte Ventileinsatz bringt zusätzlich eine deutliche Zeitersparnis, da ein hydraulischer Abgleich vor Ort in den meisten Fällen nicht mehr notwendig ist. Außerdem wird durch die Voreinstellung und die größere Temperaturdifferenz zwischen Vor-und Rücklauf eine höhere Energieeffizienz erreicht.

2 Energiespar-Ventilheizkörper

10.4.4 Sonderausführungen von Radiatoren

Zu den Sonderausführungen (special designs) von Radiatoren zählen z.B. Rohrschlangen und Rohrheizflächen als Rohrregister, die in unterschiedlichen Formen, Farben und Größen angeboten werden.

Rohrheizflächen in Registerbauweise (register type pipework radiators) sind als **Handtuch-Wärmekörper** (Bild 3) bekannt. Sie bestehen aus senkrechten Vierkantprofilen und waagerecht angeordneten geraden oder bogenförmigen glatten Rundrohren. Da sie neben ihrer eigentlichen Funktion als **Badheizkörper** auch gerne zum Trocknen von Handtüchern genutzt werden, werden sie häufig auch als **Handtuchtrockner** bezeichnet. Aufgrund der geringen Wärmeleistung ist zur Deckung der Heizlast ein zusätzlicher Heizkörper oder eine zusätzliche Flächenheizung erforderlich. Für den Sommerbetrieb können sie mit einer Elektro-Heizpatrone (electric cartidge type heater) ausgerüstet werden.

Rohrschlangen-Radiatoren (serpentine pipe radiators) (Bild 4) kommen hauptsächlich aus optischen Gründen in Bädern und Gäste-WCs zum Einsatz. Sie sind ebenfalls mit einem Elektro-Heizstab ausrüstbar und bequem als Handtuchhalter bzw. -trockner nutzbar.

3 Handtuch-Wärmekörper

4 Rohrschlangen-Radiator

10.4.5 Konvektoren

Konvektoren werden aus verzinktem Stahlblech oder Kupfer hergestellt. Sie bestehen aus runden oder ovalen Rohren, auf denen rechteckige Lamellen (fins / lamellar plates) zur Vergrößerung der Heizflächen befestigt sind (Bild 1). Konvektoren übertragen ihre Wärme an den Raum fast ausschließlich durch **Luftumwälzung** (convection).

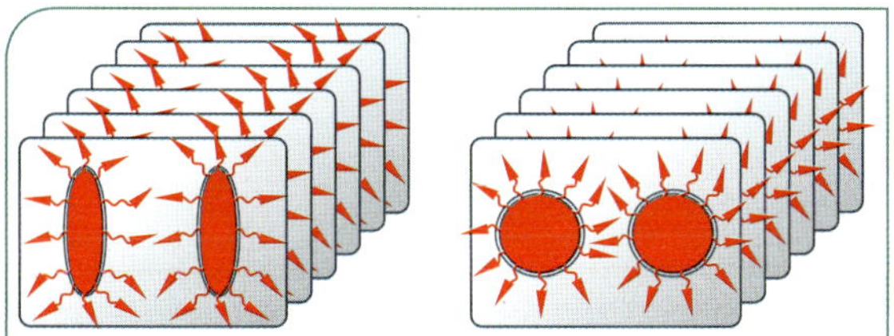

1 Bauformen von Konvektoren

Damit die Luft ausreichend zirkuliert, werden sie in einen Schacht eingebaut. Dieser wirkt wie ein Kamin (chimney / stack effect), in dem die erwärmte Luft nach oben steigt und die kalte Luft von unten angesaugt wird (Bild 2). Wie beim Kamin gilt auch hier das Prinzip: Je höher der Schacht ist, desto besser ist die Zugwirkung (natural draught). Die Abmessungen des Schachtes sowie der Ein- und Auslassöffnungen sind den entsprechenden Herstellertabellen zu entnehmen.

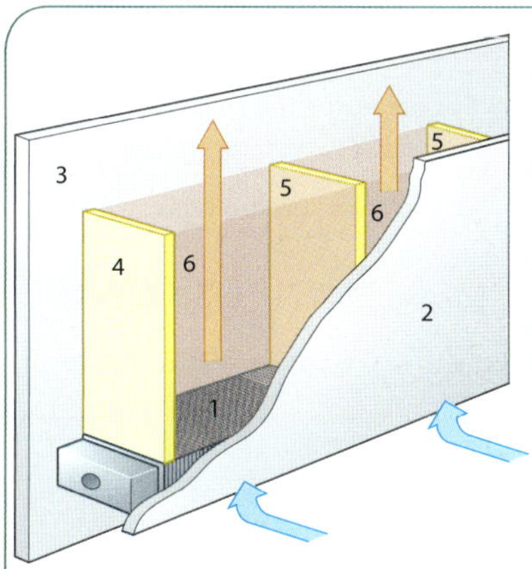

2 Kaminwirkung des Schachtes

Moderne Konvektoren werden mit fertigen Verkleidungen aus Stahlblech (steel sheeting) geliefert (Bild 3). Bei Konvektoren mit integriertem Strahlungsschirm ist eine Wärmedämmung auf der Konvektorrückseite angebracht, die die Wärmeabstrahlung (heat dissipation) zur Fensterfläche verhindert.

3 Konvektor

Konvektoren werden auch in **Fußbodenschächten** als **Unterflurkonvektoren** (underfloor convectors) z. B. vor Terassenausgängen eingebaut (Bild 4).

Eine Sonderform der Konvektoren stellen die **Sockelkonvektoren** (scirting convectors), auch **Fußleistenkonvektoren** genannt, dar, die an den Außenwänden im Raum anstelle der Sockelleisten (scirting-board) montiert werden (Bild 1, nächste Seite). Für den Türbereich gibt es spezielle Profile mit Abdeckung. Sockelkonvektoren sorgen aufgrund ihrer Anordnung an den kalten Außenwänden für eine gute Wärmeverteilung im Raum.

Allerdings wird der Stellplatz für die Möbel eingeschränkt. Sockelkonvektoren werden bei der Altbausanierung (refurbishing) eingesetzt.

4 Unterfluranordnung eines Konvektors

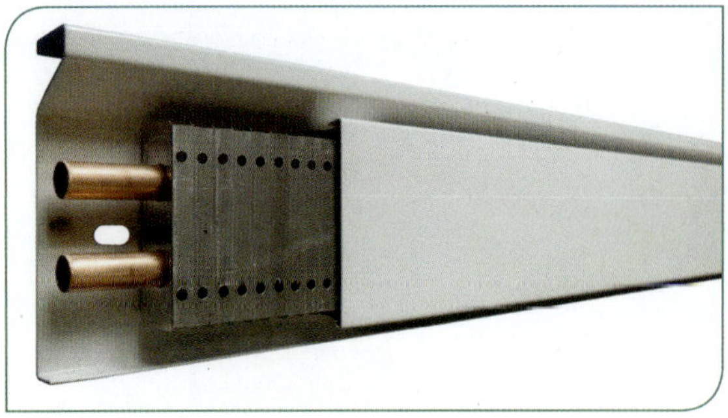

1 Sockelkonvektor

Vorteile der Konvektoren sind:
- geringe Masse,
- geringer Wasserinhalt,
- geringe Aufheizzeit,
- kleine Einbaumaße,
- unterschiedliche Einbaumöglichkeiten.

Nachteile von Konvektoren sind:
- starke Staubaufwirbelung,
- schlechte Reinigungsmöglichkeit (Lufthygiene),
- hohe Anschaffungskosten.

ÜBUNGEN

1. Wie übertragen Raumheizkörper die Wärme an den Raum?
2. Nennen Sie fünf Ursachen für eine Leistungsminderung des Heizkörpers.
3. Warum sollen Heizkörper bevorzugt unter dem Fenster aufgestellt werden?
4. Beschreiben Sie folgende Heizkörper:
   a) Radiatoren b) Konvektoren c) Gliederheizkörper
5. Was versteht man unter einem Heizkörpermodul?
6. Erläutern Sie die wesentlichen Unterschiede zwischen Guss- und Stahlradiatoren.
7. Nennen Sie drei Vorteile von Stahlradiatoren gegenüber Gussradiatoren.
8. Erklären Sie die Bezeichnung 16 – 600 x 160 eines Radiators.
9. Nennen Sie drei Vorteile des Stahlröhrenradiators.
10. Erklären Sie die Bezeichnung 18 – 1000 x 139 (Typ 32) eines Stahlröhrenradiators.
11. Erklären Sie die Nippelung eines Radiators.
12. Ermitteln sie die Baulänge eines Stahlradiators mit 20 Gliedern.
13. Wovon hängt die Wärmeleistung eines Flachheizkörpers (Plattenheizkörpers) ab?
14. Wie erfolgt die Wärmeabgabe bei Flachheizkörpern?
15. Erklären Sie die Bezeichnung Typ 10 – 600 x 1200 eines Flachheizkörpers.
16. Was sind Fertigheizkörper/Ventilheizkörper?
17. Erläutern Sie die Besonderheiten eines modernen Energiespar-Ventilheizkörpers.
18. Nennen Sie zwei Sonderausführungen von Radiatoren und geben Sie jeweils ein Verwendungsbeispiel an.
19. Beschreiben Sie den grundsätzlichen Aufbau eines Konvektors.
20. Nennen Sie drei unterschiedliche Konvektorbauarten.
21. Nennen Sie je drei Vor- und Nachteile der Konvektoren.

10.5 Heizkörpermontage

Heizkörper können an der Wand- oder an Standkonsolen befestigt werden (Bilder 1 und 3). **Standkonsolen** (footing brackets) werden auf dem Fußboden montiert. Zusätzlich zum Heizkörper können auch Verblendungen (facings) befestigt werden. Zur Befestigung z.B. von Flach- und Ventilheizkörpern bis 1600 mm Baulänge sind zwei Standkonsolen, ab 1800 mm Baulänge drei Standkonsolen erforderlich. Der Abstand der äußeren Befestigungspunkte (outer mounting/fastening points) von der Außenkante des Heizkörpers hängt vom Typ des Heizkörpers ab (Bild 2). Zur Befestigung von Gliederheizkörpern mit z.B. maximal 15 Gliedern werden zwei Konsolen und zwei Halter (retainer/support) benötigt. Die Konsolen werden meist zwischen dem 2. und 3. Glied von außen angebracht.

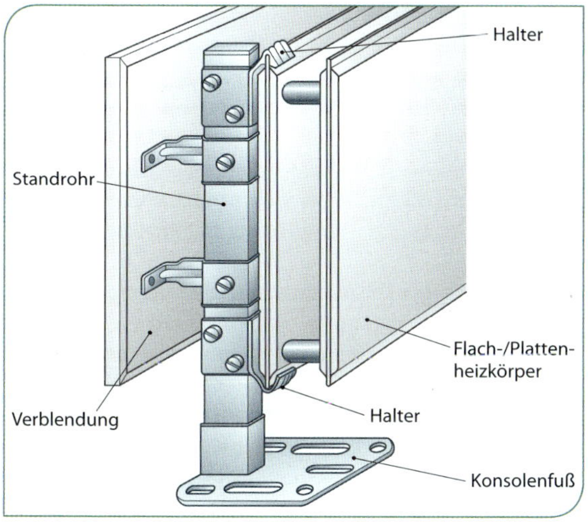

1 Außenliegende Standkonsole

Typ	Abstand Befestigungspunkt – Außenkante Heizkörper in mm	
	Ventilseite	Entlüftungsseite
Flachheizkörper Typ 10-33	118 mm	118 mm
Ventilheizkörper Typ 10-33	151 mm	118 mm
Ventilheizkörper mit Mittelanschluss Typ 11-33	85 mm	85 mm

2 Abstand zwischen Befestigungspunkt und Außenkante des Heizkörpers bei Flach-/Ventilheizkörpern

Für die Befestigung an der Wand werden **Bohrkonsolen** verwendet (Bild 3). Sie sind für alle gängigen Baustoffe als Befestigung einsetzbar. Allerdings darf sich der Spreizbereich (spreading range) der Konsole nicht vollständig im Hohlraum des verwendeten Baumaterials befinden. Bei einem Wandvorbau (wall cladding) wie z.B. einer Dämmplatte verkürzt sich der maximale Wandabstand (50 mm) um die Dicke des Vorbaus. Die Länge der Bohrkonsole ist so zu wählen, dass sich mindestens 2/3 der Konsole in der tragenden Wand (supporting wall) befindet.

Durch Exzenter (eccentric knob) können die Konsolen waagerecht ausgerichtet (align) werden. Auf die untere Lasche (hanger) des Heizkörpers aufgeklipste Wandabstandhalter (spacer) halten ihn auf den gewünschten Wandabstand. Sicherungsbügel (safety hanger) verhindern ein Lösen des Heizkörpers von der Bohrkonsole.

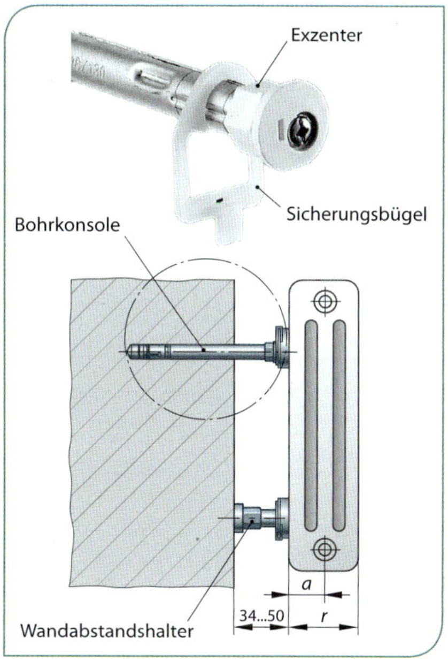

3 Bohrkonsole

Einstückkonsolen (one piece brackets) (Bild 4) sind in drei Richtungen verstellbar (adjustable). Fehlen z.B. bei Flach- und Ventilheizkörpern die Laschen, so können die Heizkörper mit Einstückkonsolen von oben, an den Seiten und von unten gehalten werden.

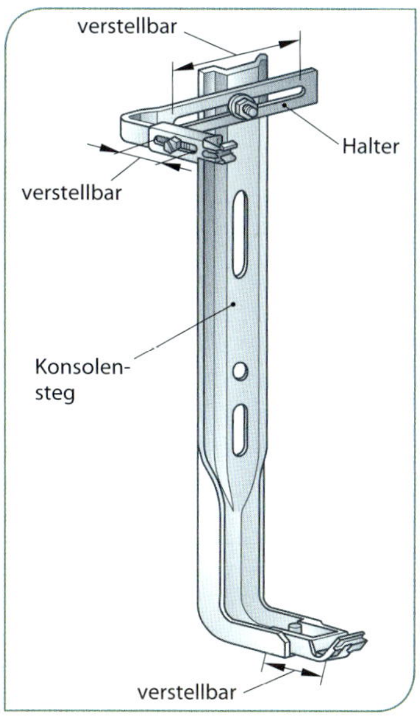

4 Einstückkonsole

Lernfeld 7

ÜBUNGEN

1) Nennen und erläutern Sie drei Befestigungsmöglichkeiten eines Heizkörpers.

2) Übertragen Sie den Grundriss im Maßstab 1:50 ohne Maßangaben auf ein A4-Blatt und zeichnen Sie die Heizkörper an den geeigneten Stellen maßstäblich als Rechtecke ein. Schlafzimmer: Flachheizkörper Typ 22/600/1000 (Bautiefe 100 mm), Flur: Flachheizkörper Typ 21/600/800 (Bautiefe 100 mm), Bad: Flachheizkörper Typ 11/600/800 (Bautiefe 61 mm), Kinderzimmer: Flachheizkörper Typ 22/600/1200 (Bautiefe 100 mm)

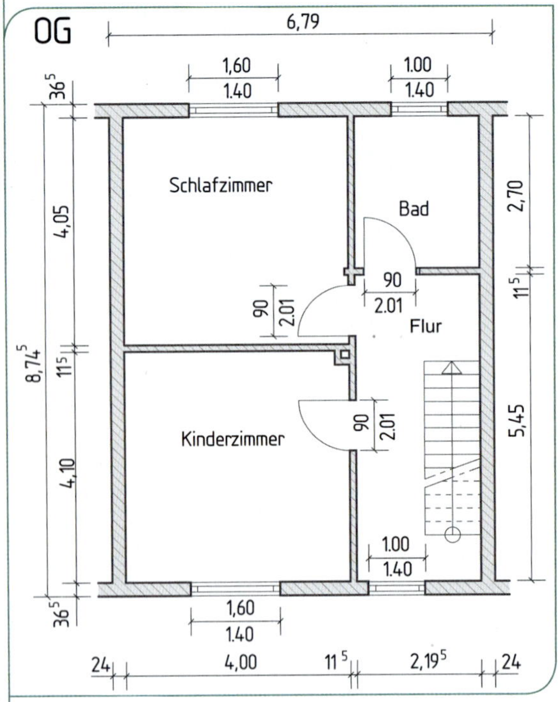

3) Zeichnen Sie im Maßstab 1:5 einen Montageplan für die Anbringung von Halter und Konsolen, wenn daran ein Stahlradiator 10/600/160 montiert werden soll. Die Nischenhöhe über dem Fertigfußboden beträgt 80 cm.

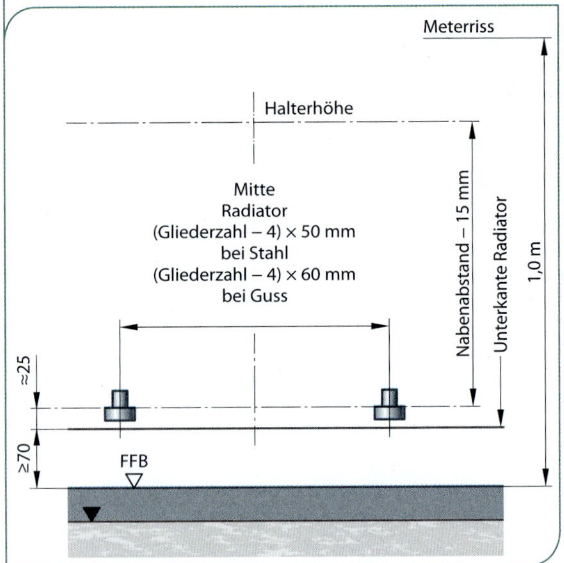

4) Ein Heizkörper soll mit Einstückkonsolen montiert werden.
a) Zählen Sie die Werkzeuge auf, die Sie dazu benötigen.
b) Schildern Sie die Arbeitsschritte, die zum Befestigen der Konsole an der Wand notwendig sind.

5) Ein Flachheizkörper Typ 21, 600 mm Bauhöhe, 800 mm Baulänge, soll mit der nebenstehend abgebildeten Standkonsole montiert werden. Erläutern Sie die einzelnen Arbeitsschritte.

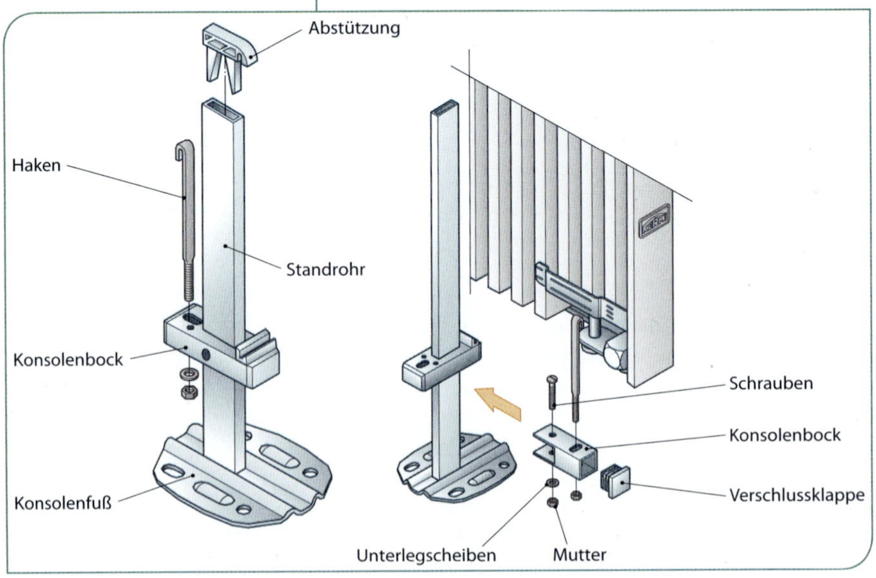

10.6 Heizkörperanbindung

10.6.1 Heizkörperanschlussarten

Heizkörper werden auf vielfältige Art und Weise angeschlossen. Zu den häufigsten Anschlussarten gehören:

- **Gleichseitiger Anschluss** (Bild 1a)
  Bei gleichseitigem Anschluss (equal-sided connection/attachment) wird der Vorlauf oben und der Rücklauf unten an den Heizkörper angeschlossen. Wie durch entsprechende Messungen nachgewiesen wurde, verursacht der gleichseitige Anschluss von Heizkörpern bis zu 3 m Baulänge keine Leistungseinbußen.
- **Wechselseitiger Anschluss** (Bild 1b)
  Der Vorlauf wird auf der einen Seite oben und der Rücklauf auf der gegenüberliegenden Seite unten angeschlossen. Ein wechselseitiger Anschluss (reciprocal connection/connection on both sides) kann z. B. bei Austausch von Heizkörpern aufgrund des geringeren Montageaufwands vorteilhaft sein.
- **Gleichseitiger Anschluss/Einrohrsystem** (Bild 1c)
  Beim Einrohrsystem mit seitlichem Vor- und Rücklaufanschluss befinden sich entweder beide Anschlüsse an der gleichen Stelle unten oder der Vorlauf wird mit einem Steigrohr (riser tube) nach oben geführt. Die Kurzschlussstrecke (bypass) ist im Einrohrventil integriert.
- **Reitender Anschluss** (Bild 1d)
  Beim reitendem Anschluss (astride connection) bei Einrohrheizungen mit Kurzschlussstrecke wird der Vorlauf auf der einen Seite unten und der Rücklauf auf der gegenüberliegenden Seite unten angeschlossen. Eine gleichmäßige Durchströmung des Heizkörpers wird durch zwangsweises Hochführen (forced rising) des Vorlaufwassers erreicht. Dies kann z. B. bei einem Flachheizkörper durch eine Stauscheibe (Prallblech, baffle plate) oder bei Gliederheizkörpern durch Verschließen (lock) der Nabe nach dem ersten Glied erfolgen.
- **Unterer Anschluss** (Bilder 1e, f)
  Beim unteren Anschluss (lower connection) wird der Vor- und Rücklauf von unten an den Heizkörper angeschlossen. Der Heizungsvorlauf wird innerhalb des Heizkörpers durch eine integrierte Ventilgarnitur (integrated valve mounting) nach oben geführt und dadurch eine gute und gleichmäßige Durchströmung (constant pass) des Heizkörpers erzielt. Der untere Anschluss kann mittig (Bild 1e) oder rechts bzw. links (Bild f) erfolgen.

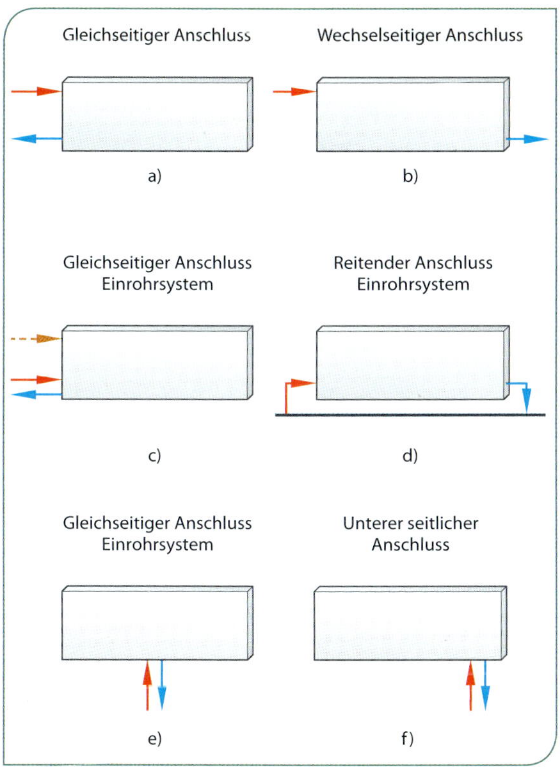

1 Heizkörperanschlussarten

Durch die heute bevorzugt zur Anwendung kommende etagenweise Verteilung und dem zunehmenden Einsatz der Fertig- bzw. Ventilheizkörper gewinnt der untere Anschluss immer mehr an Bedeutung.

10.6.2 Heizkörperanschlussarmaturen

10.6.2.1 Heizkörperanschlüsse für Vor- und Rücklauf

Damit die gewünschte bzw. erforderliche Heizwassermenge durch den Heizkörper strömt, ist eine geeignete Heizkörperanbindung (heat emitter connection) an die Leitungen des Heizungssystems (pipework of the heating system) erforderlich. Abhängig davon, ob die Heizkörper an das Ein- oder Zweirohrsystem angeschlossen werden, kommen unterschiedliche Ausführungen von Anschlussarmaturen (connectors) zum Einsatz.

Beim Zweirohrsystem werden die Vor- und Rücklaufleitungen und die Anschlussarmaturen häufig seitlich mithilfe von Verschraubungen an den Heizkörper angeschlossen.

Beim **Vorlaufanschluss** bilden das Thermostatventilunterteil (thermostatic valve body) und die Heizkörperanschlussverschraubung eine Montageeinheit (Bild 1, nächste Seite).

Die Thermostatventilunterteile werden mit und ohne Voreinstellung (presetting) sowie mit Feinsteinstellung (fine adjustment) für den Einsatz bei Anlagen mit geringen Massenströmen oder mit hoher Temperaturspreizung angeboten. Ausführungen mit besonders geringem Widerstand sind z. B. bei Zweirohr-Niedertemperaturheizungen mit kleiner Temperaturspreizung (temperature spread) zu verwenden. In Anbetracht der Bedeutung des hydraulischen Abgleichs sollte grundsätzlich nur ein voreinstellbares Thermostatventilunterteil verwendet werden.

Der **Rücklaufanschluss** sollte auch stets absperrbar sein (lockable). Hier bilden die Anschlussverschraubung und eine Absperrarmatur eine Montageeinheit, die in Herstellerunterlagen oft als **Heizkörperrücklaufverschraubungen** (lockshield valves) bezeichnet werden (Bild 2, nächste Seite). Diese Bezeichnung ist jedoch irreführend, da es sich hier nicht um eine reine Heizkörperverschraubung handelt. Im

Gegenteil: bei voreinstellbaren Ausführungen ermöglicht der im Absperrkegel integrierte Regulierkegel (adjustment cone) den hydraulischen Abgleich (hydraulic balancing) durch Voreinstellung.

Absperrbare Rücklaufanschlüsse ermöglichen die Demontage von einzelnen Heizkörpern ohne Entleerung (to drain) oder Beeinträchtigung anderer Systembereiche auch während des Heizbetriebes.

Die Vor- und Rücklaufanschlüsse werden in Durchgangs- und Eckform (straight and angle/corner type) aus Messing (CuZn) und Rotguss (CuSnZn) angeboten (Bilder 1 und 2).

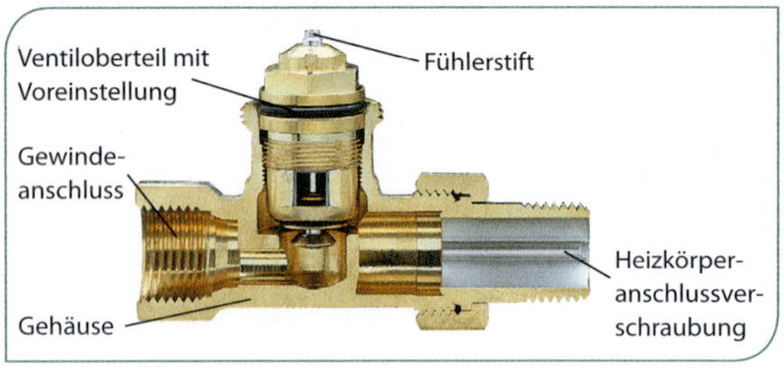

1 Thermostatventil-Unterteil mit Voreinstellung und Heizkörperanschlussverschraubung

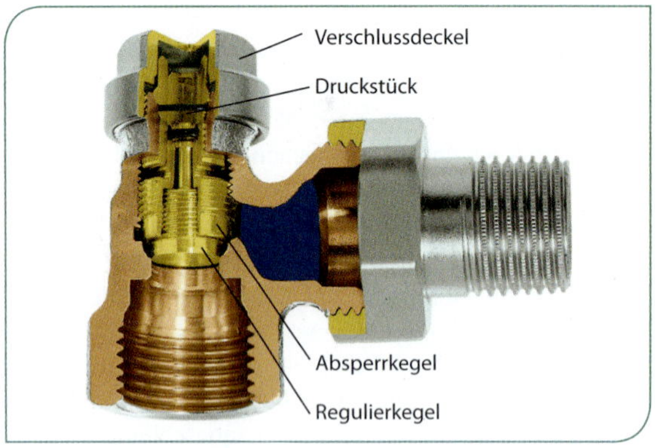

2 Voreinstellbares Rücklaufeckventil mit Anschlussverschraubung

Saugfittings (injectors) (Bild 3) saugen bei Einrohrheizungen die erforderliche Wassermenge durch den Heizkörper.

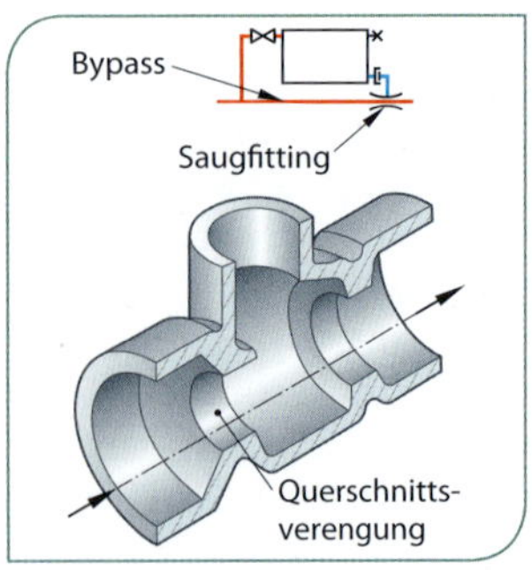

3 Saugfitting

Dies beruht auf dem **Venturi-Prinzip**. Durch die Querschnittverengung erhöht sich die Strömungsgeschwindigkeit und damit der dynamische Druck. Der statische Druck im Bereich der Einmündung der Heizkörper-Rücklaufleitung ist kleiner als in der Heizkörper-Anschlussleitung. Dadurch entsteht Saugwirkung und die Durchströmung des Heizkörpers wird unterstützt.

10.6.2.2 Dreiwege-Heizkörperventile

Dreiwege-Thermostatventile (tree-port thermostatic valve) lassen eine beliebige, von der Ventilstellung abhängige Heizwassermenge durch den Heizkörper strömen. Bei schließendem Thermostatventil wird der Durchfluss durch den Heizkörper verringert und die Umlenkung durch den Bypass (bypass) erhöht und umgekehrt (Bild 4). Neben den Dreiwegeventilen für Einrohrheizungen, die hauptsächlich als Ersatz für die baumaßgleichen Handregulierventile (manual/handwheel valve) in den neuen Bundesländern verwendet werden, gibt es auch Ausführungen, die sowohl in Ein- als auch Zweirohrheizungen eingebaut werden können. Da bei geschlossenem Heizkörpervorlauf (radiator flow) der Bypass zum Rücklauf voll geöffnet ist, wird kein zusätzlicher Druck aufgebaut und dadurch der Druck in der Anlage annähernd konstant gehalten.

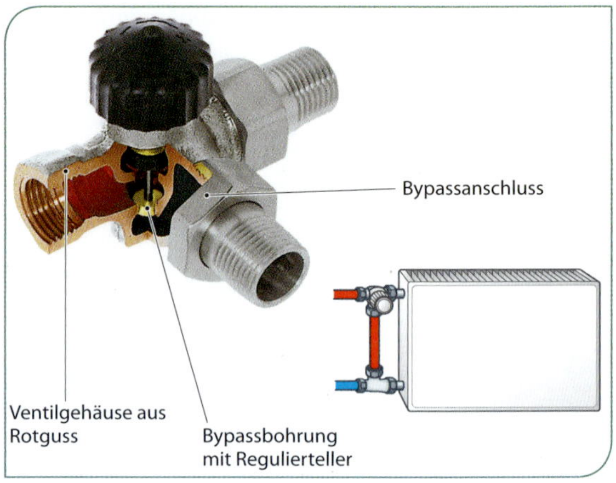

4 Dreiwegeventil mit automatischer Bypass-Steuerung

10.6.2.3 Steigrohrventilgarnituren

Steigrohrventilgarnituren (valve sets with riser tubes) ermöglichen die Heizkörperanbindung an Etagen-Heizkreisverteilern vom Fußboden oder von der Sockel- bzw. Abdeckleiste (skirting board) aus. Angeboten werden spezielle Ventilgarnituren für Zweirohr- und Einrohrheizungen. Es gibt auch solche, die für beide Rohrsysteme einsetzbar sind.

Die Steigrohrventilgarnitur für Zweirohrheizungen besteht aus einem Anschlussformteil **(Zweirohrverteiler bzw. Anschlusskupplung)** mit den Anschlussverschraubungen (tap connectors) für Vor- und Rücklauf und dem integrierten Absperr- (und Regulier-)ventil (integrated stopp and control valve), einem Steigrohr und dem Thermostatventilunterteil (Bild 1). In der Ausführung mit eingebautem Regulierkegel ermöglichen sie den hydraulischen Abgleich direkt am Heizkörper. Dazu muss zunächst der Regulierkegel mit einem Sechskantschlüssel durch Linksdrehen bis zum Anschlag (limit stopp) geöffnet werden. Anschließend ist die lt. Diagramm erforderliche Voreinstellung durch Rechtsdrehen vorzunehmen. Durch Rechtsdrehen des Regulierkegels bis zum Anschlag kann der Heizkörperrücklauf abgesperrt werden, so dass der Heizkörper bei geschlossenem Thermostatventil ohne Entleerung der Anschlussleitungen abgenommen werden kann.

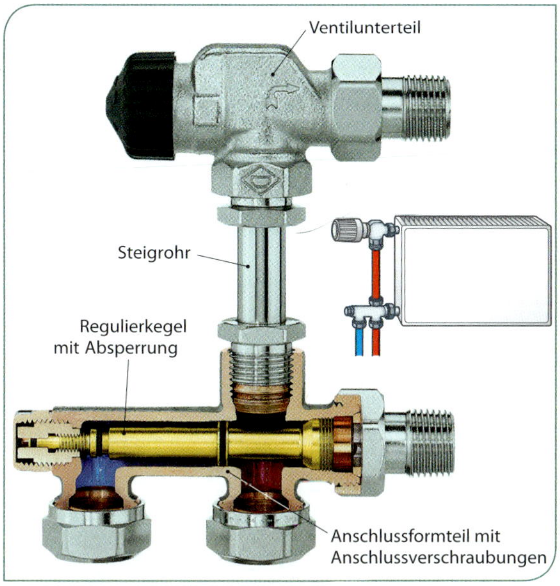

1 Ventilgarnitur für Zweirohrheizungen

PRAXISHINWEIS

Vor der Rücklaufabsperrung sollte die evt. vorhandene Voreinstellung durch Linksdrehen des Regulierkegels ermittelt werden (Anzahl der Umdrehungen), um nach der Montage des (neuen) Heizkörpers den ursprünglichen Zustand wieder herstellen zu können.

Die **Steigrohrventilgarnitur für Ein- und Zweirohrrohrheizungen** hat einen ähnlichen Aufbau (similar design), kann aber durch eine Verstellung im Anschlussformteil (**Anschlusskupplung / Verteilergehäuse**) umgestellt werden (Bild 2). In diesem Formteil befinden sich der **Bypass** und das **Umstellventil** (switch / changeover valve). Im Zweirohrbetrieb muss der Bypass geschlossen sein. Bei der abgebildeten Ventilgarnitur geschieht dies durch Linksdrehen des Reguliertellers bis zum Anschlag. Im Einrohrbetrieb (one-pipe operation) muss der Bypass geöffnet sein. Wird oben am Heizkörper der Heizungsvorlauf durch das Thermostatventil gedrosselt (throttled) oder gesperrt, kann er über den geöffneten Bypass in den herausführenden Rohranschluss umgeleitet werden.

Die Zirkulation des Heizwassers in der Ringleitung wird somit nicht unterbrochen. Durch Rechtsdrehen des Reguliertellers bis zum Anschlag kann der Heizkörperrücklauf abgesperrt werden und der Heizkörper bei geschlossenem Thermostatventil ohne Entleerung der Anschlussleitungen abgenommen werden.

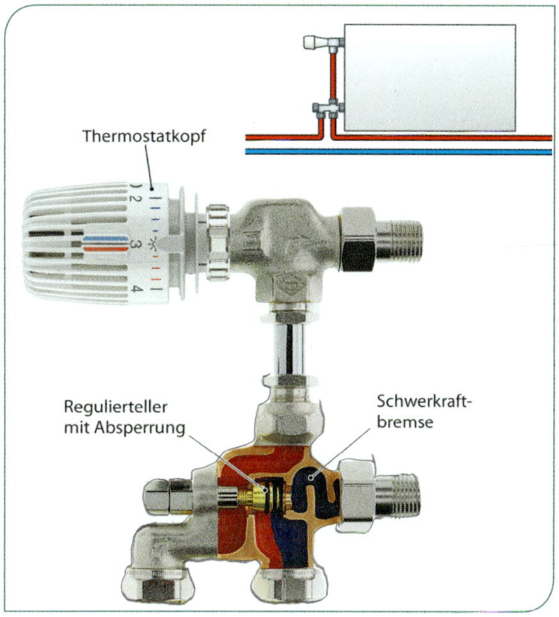

2 Ventilgarnitur für Einrohrheizungen mit Umstellung

10.6.2.4 Lanzen- bzw. Tauchrohrventile

Lanzen- bzw. Tauchrohrventile werden für Heizkörper mit seitlichem und unterem Einpunktanschluss (single-point connection) wie z. B. Badheizkörper verwendet. Sie sind für Ein- und Zweirohrheizsysteme mit Wand- oder Bodenanschluss erhältlich. Bei diesen Anschlussarmaturen strömt das Vorlauf- oder Rücklaufwasser durch die Lanze bzw. das Tauchrohr (dip / immersion tube) in bzw. aus dem Heizkörper. Die Lanze bzw. das Tauchrohr sind nach Einbauanleitung des Heizkörperherstellers einzubauen. Die am Ventilgehäuse markierten Fließrichtungen (marked flow directions) sind zu beachten, da der Heizkörper bei vertauschten Anschlüssen nicht durchströmt wird.

Bei dem Beispiel für die Zweirohrheizung (Bild 1, nächste Seite) wird der Heizungsvorlauf von unten über die Lanze- bzw. das Tauchrohr in den Heizkörper geführt. Das Rücklaufwasser strömt zwischen Verschraubungskörper und Lanze bzw. Tauchrohr aus dem Heizkörper. Der Thermostatkopf kann direkt am Ventilkörper angebracht werden. Ein Absperr- und Regulierventil auf der Austrittsseite des Ventilkörpers ermöglicht den hydraulischen Abgleich und die Absperrung des Heizkörpers.

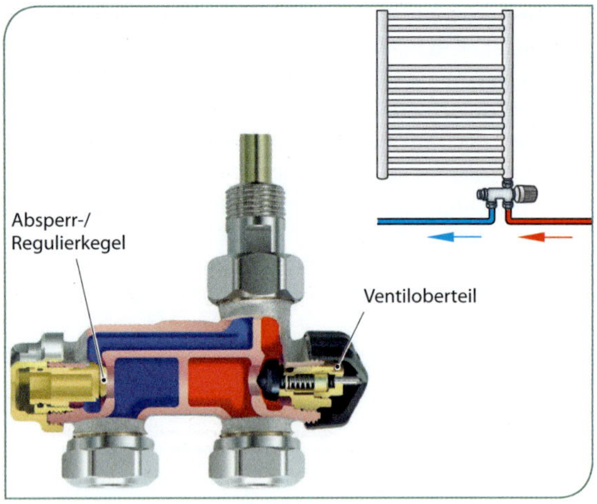

1 Lanzen- bzw. Tauchrohrventil für Zweirohrheizungen und Heizkörper mit unterem Einpunktanschluss

Bei dem Beispiel für die Einrohrheizung (Bild 2) strömt das Rücklaufwasser (return flow) durch das Tauchrohr aus dem Heizkörper. Die Vor- und Rücklaufanschlüsse am Ventilkörper sind absperrbar, wodurch auch hier der Heizkörper ohne Entleerung der Anschlussleitungen abgenommen werden kann. Das Thermostatventil regelt den Durchfluss des Heizungsvorlaufs zum Heizkörper und mit dem Regulierventil wird der Durchfluss am Bypass eingestellt. Beim Einrohrbetrieb und während der Absperrung bleibt der Bypass geöffnet, so dass der Heizungsvorlauf durch das Lanzen- bzw. Tauchrohrventil wieder in die Ringleitung strömen kann.

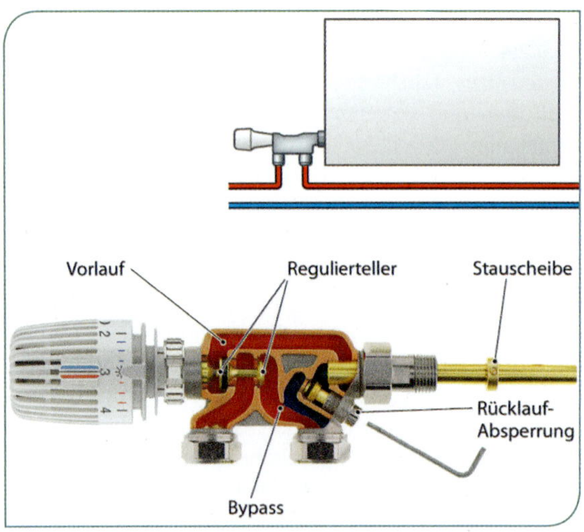

2 Lanzen- bzw. Tauchrohrventil für Einrohrheizungen und Heizkörper mit seitlichem Einpunktanschluss

10.6.2.5 Ventile für untere Zweipunktanschlüsse

Ventile für Heizkörper mit unterem Zweipunktanschluss wie z.B. Badheizkörper gibt es für das Einrohr- und Zweirohrsystem sowie in Eck- und Durchgangsform.

Bei Ausführungen für das Zweirohrsystem (Bild 3) sind Vor- und Rücklauf absperrbar und der im Rücklaufabsperrventil integrierte Regulierkegel ermöglicht den hydraulischen Abgleich. Durch eine 180° Drehung kann das Ventil der Fließrichtung des Heizungsvorlaufwassers entsprechend an den Heizkörper angeschlossen werden. Überkreuzungen der Anschlussleitungen können somit vermieden werden. Die Ventilkörper für die Einrohrausführungen müssen einen Bypass haben, damit bei geschlossenem oder gedrosseltem Thermostatventil der Heizungsvorlaufwasser über den Austrittsanschluss in die Ringleitung weiter fließen kann.

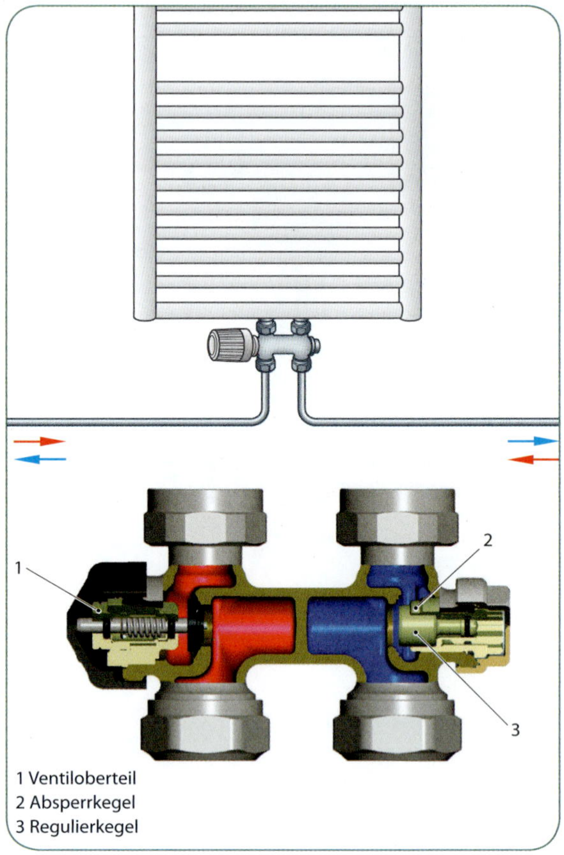

3 Zweirohr-Thermostatventilunterteil für unteren Zweipunktanschluss

10.6.2.6 Anschlussarmaturen für Ventil-/Fertigheizkörper

Für die Anbindung von Ventil- und Fertigheizkörper (Heizkörper mit komplett integrierter Ventilgarnitur) an Ein- oder Zweirohrheizsysteme werden Anschlussarmaturen in Eck- und Durchgangsform sowie für den Rechts-, Links- und Mittelanschluss (right, left and center attachment point) am Heizkörper angeboten. Die Durchgangsform wird z. B. für den Rohranschluss senkrecht zum Boden verwendet. Ist Bodenfreiheit (floor clearance) erforderlich, wird die Eckform für den Wandanschluss eingesetzt.

Diese Anschlussarmaturen werden in der Praxis oft als Anschlussverschraubung bezeichnet, obwohl es hier – wie in den Bildern 1 und 2 deutlich erkennbar - um komplexe Armaturen geht.

Bei der im Bild 1 dargestellten Anschlussarmatur können die Durchgänge für den Vor- und Rücklauf parallel in einem Arbeitsgang (single step) abgesperrt werden. Das in der Spindel (spindle) integrierte Entleerungsventil (drain valve) ermöglicht das Entleeren des Heizkörpers über die Zweipunktanschlüsse. Dadurch verbleiben keine Restwassermengen im Heizkörper, z. B. im integrierten Vorlauf-Steigrohr. Durch diese Absperrmöglichkeit der einzelnen Heizkörper ergeben sich die schon bei den anderen Ventilen bzw. Ventilgarnituren erwähnten Vorteile.

Bei den Anschlussarmaturen mit zwei Kugelhähnen (ball valves) (auch **Kugelhahnverschraubung** bzw. **Kugelhahnblock** genannt), kann eine separate Absperrung der Vor- und Rücklaufanschlüsse erfolgen. Es gibt sie auch in Ausführungen ohne Entleerung oder mit integriertem Bypass für die Anbildung an das Ein- oder Zweirohrheizsystem (Bild 2). Im Einrohrbetrieb kann die Wassermenge zum Heizkörper über das Bypassventil stufenlos eingestellt werden. Die Umstellung vom Einrohrbetrieb auf den Zweirohrbetrieb erfolgt durch das Schließen des Bypassventils. Bei abgesperrtem Vor- und Rücklauf und geöffnetem Bypass kann die Anlage ohne montierte Heizkörper abgedrückt und bei Frostgefahr in Betrieb genommen werden. Vor- und Demontage der Heizkörper, Herumtragen der Heizkörper auf der Baustelle, verbunden mit der Gefahr der Beschädigung, entfallen.

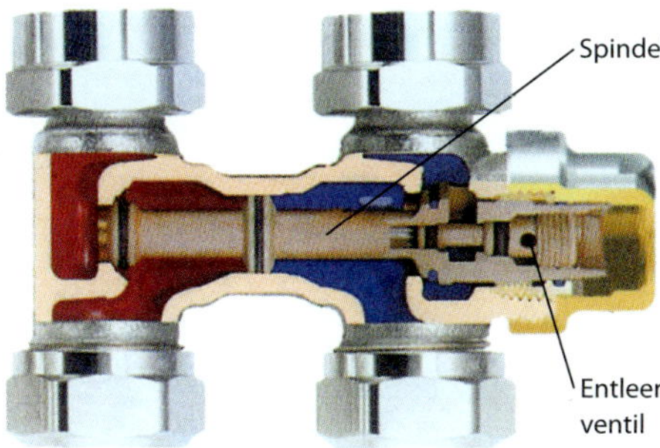

1 Anschlussarmatur für Ventilheizkörper in Zweirohrsystemen

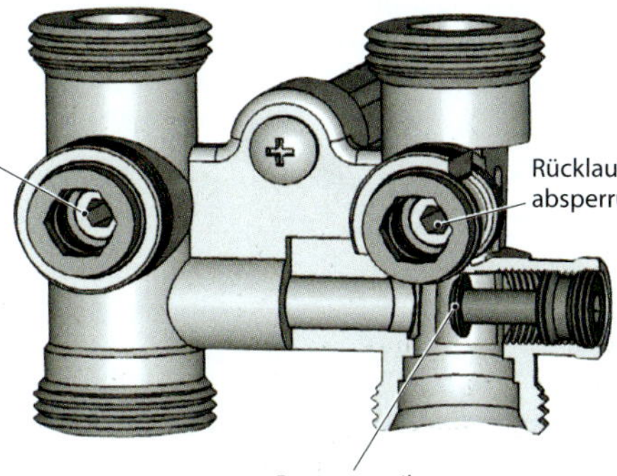

2 Anschlussarmatur für Ventilheizkörper in Ein- und Zweirohrsystemen (Kugelhahnblock)

ÜBUNGEN

1. Beschreiben Sie fünf Heizkörperanschlussarten.
2. Beschreiben Sie die Funktionsweise
   a) eines Dreiwegeventils b) eines Saugfittings
3. Nennen und erläutern Sie drei Heizkörperanschlussarmaturen für Zweirohrheizungsanlagen.
4. Nennen Sie die Hauptbestandteile von Steigrohrventilgarnituren.
5. Beschreiben Sie den hydraulischen Abgleich bei einer Steigrohrventilgarnitur für Zweirohrheizsysteme.
6. Wie kann der Heizkörperrücklauf bei Ventilgarnituren für Zweirohrheizsysteme abgesperrt werden?
7. Es gibt Ventilgarnituren, die sowohl für Einrohr- als auch Zweirohrheizsysteme geeignet sind. Beschreiben Sie die Umstellung vom Einrohr- auf den Zweirohrbetrieb.
8. Erläutern Sie den Heizwasserdurchfluss beim Lanzen- bzw. Tauchrohrventil.
9. Welche Anschlussarmaturen gibt es für die Anbindung von Ventil- und Fertigheizkörpern?
10. Nennen Sie mindestens drei Ausführungen von Anschlussarmaturen für Ventilheizkörper.

10.6.3 Heizkörperregelarmaturen

Nach EnEV § 14 (2) sind heizungstechnische Anlagen mit **selbsttätig wirkenden** Einrichtungen (self-operating devices) zur **raumweisen Temperaturregelung** auszurüsten. Für die Einzelraumtemperaturregelung werden folgende Einrichtungen verwendet:

- Thermostatventile ohne Hilfsenergie,
- Elektronische Thermostatventile mit Hilfsenergie,
- Einzelraum-Regelsysteme, z. B. mit Thermostatventilunterteilen, die mit Stellantrieb ausgerüstet und über einen Bus (Leitsystem) mit einer zentralen Programmeinheit verbunden sind.

10.6.3.1 Thermostatventile ohne Hilfsenergie

Thermostatventile ohne Hilfsenergie (TRV[1] without accessory energy) bestehen aus dem Ventilgehäuse mit Heizkörperanschlussverschraubung und dem Thermostatkopf (Bild 1 und Kap. 3.5.1). Der Thermostatkopf (Regler) wird direkt oder über einen Adapter auf das Ventilgehäuse montiert.

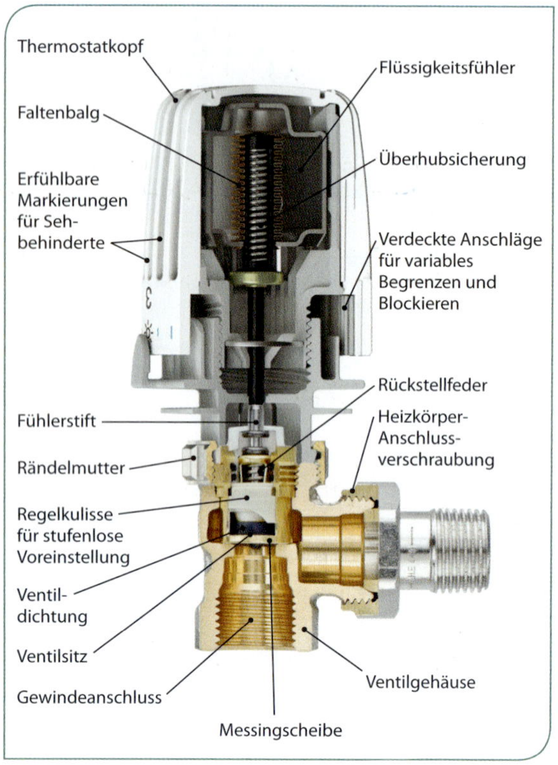

1 Thermostatventil

Um eine hohe Regelgenauigkeit (control accuracy) sicherzustellen, muss der Fühler die Raumlufttemperatur genau erfassen. Der Thermostatkopf muss deshalb ungehindert von der Raumluft umspült werden können (Bild 2 a).

Wird er jedoch von Vorhängen, Gardinen oder Verkleidungen verdeckt, kann ein Wärmestau (heat build-up) entstehen und es kann zu Fehlmessungen (faulty measurements) kommen. In diesem Fall muss ein vom Thermostatkopf getrennter Temperaturfühler (Fernfühler) verwendet werden (Bild 2 b).

Dieser ist so anzuordnen, dass er die Raumlufttemperatur ungehindert erfassen kann. Bei der Montage ist darauf zu achten, dass das Kapillarrohr (capillary tube) nicht beschädigt wird.

Ist zusätzlich der Sollwert schwer einstellbar, z. B. wenn sich der Thermostatkopf hinter einer fest verschraubten Holzverkleidung oder bei Unterflurkonvektoren unter einem Gitterrost befindet, ist ein Fernfühler mit Sollwertsteller (remote sensor with set-point adjustmrent) zu verwenden (Bild 2 c).

2 a) Thermostatventil mit eingebautem Fühler

2 b) Thermostatventil mit Fernfühler

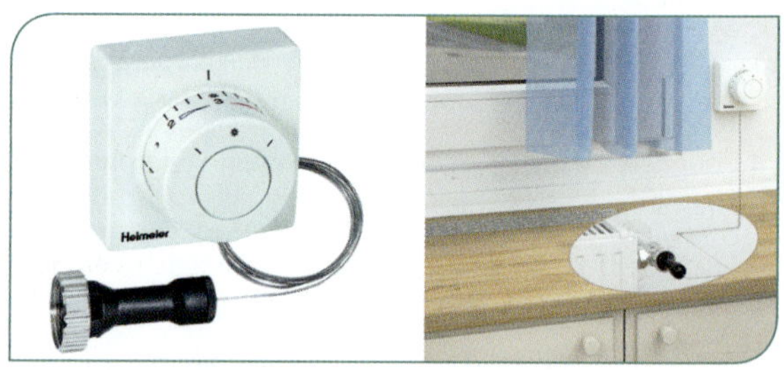

2 c) Fernfühler mit Sollwertsteller

10.6.3.2 Elektronische Thermostatventile mit Hilfsenergie

Elektronische Thermostatventile (electronic TRV) mit Hilfsenergie sind Weiterentwicklungen der Thermostatventile ohne Hilfsenergie. Der Thermostatkopf enthält zusätzlich eine Schaltuhr und einen Mikroprozessor, sodass zahlreiche nützliche Einstellungen möglich werden wie z. B.:

[1] TRV = thermostatic radiator valve

- Temperaturabsenkung bei Nacht oder zu anderen Tageszeiten,
- Frostschutzfunktion,
- Ventil schließt bei geöffnetem Fenster,
- Anzeige von Fehlfunktionen,
- individuelle Temperatur- und Zeitprogramme.

Elektronische Thermostatventile können mit einem thermischen (elektromechanisch arbeitenden) oder einem elektromotorischen (elektronisch arbeitenden) Stellantrieb ausgerüstet sein.

Bei einem thermischen Stellantrieb (thermal actuator) wird das Ventil mit Hilfe eines elektrisch beheizten Ausdehnungselementes verstellt und die notwendige Hilfsenergie dem normalen Stromnetz entnommen (Bild 1).

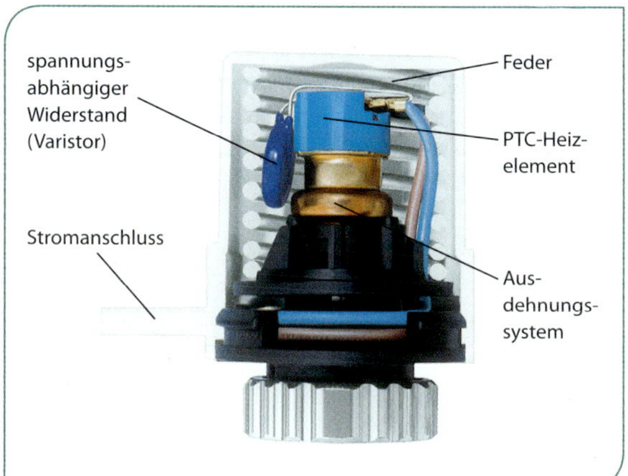

1 Thermischer Stellantrieb

Elektronische Heizkörperventile mit **elektromotorischem Stellantrieb** (electromotive actuator) benötigen keinen Netzanschluss. Sie werden mit Batterien versehen, die nach ca. zwei Heizperioden ausgewechselt werden müssen (Bild 2). Sie ermöglichen eine Tages- und Wochenprogrammierung

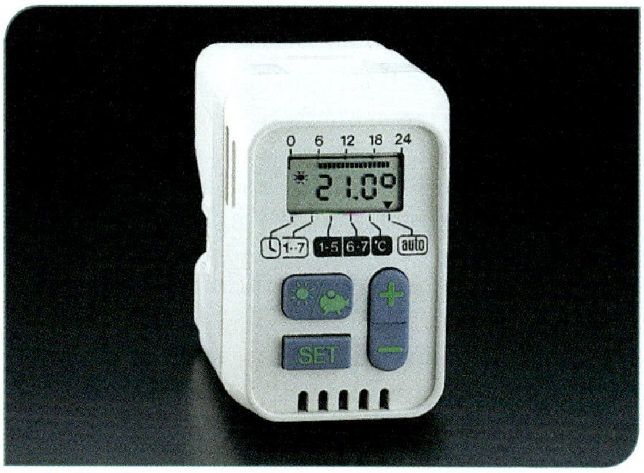

2 Elektronisches Thermostatventil mit elektromotorischem Stellantrieb

(day / week programming), so dass die Temperatur den individuellen Nutzungsbedingungen der Räume optimal angepasst werden kann. Ausführungen mit automatischer „Fenster-auf-Erkennung" („window-open" recognition) registrieren den raschen Abfall der Umgebungstemperatur und schalten für z. B. 15 Minuten auf den Absenkbetrieb bzw. schließen das Ventil.

In Verbindung mit Thermostatventilen können Zeitadapter (timing adaptors) zur zeitabhängigen Einzeltemperaturregelung eingesetzt werden. Die Montage bzw. Nachrüstung des Zeitadapters erfolgt zwischen Ventilunterteil und Thermostatkopf (Bild 3). Bei der abgebildeten Ausführung kann durch Drücken des Aufheizknopfes (rot) bzw. Absenkknopfes (blau) die Raumtemperatur je nach Bedarf und Nutzungssituation angehoben oder abgesenkt werden. Alternativ dazu ist eine Wochenprogrammierung möglich, die auch am PC durchgeführt werden kann. Die Daten können anschließend mittels Stick auf den Zeitadapter übertragen werden. Mit einem internen Schiebeschalter (slide switch) kann der Zeitadapter von Tag- auf Wochenprogramm umgestellt werden.

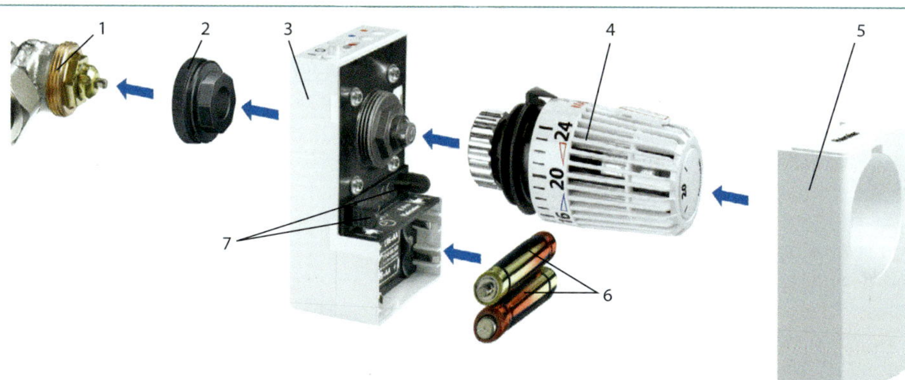

1 Ventilunterteil
2 Anschlussstück
3 Steuereinheit
4 Thermostat-Kopf K (kein Lieferumfang)
5 Abdeckung
6 Batterien LR6 (AA) Alkaline
7 Rasthebel

3 E-Pro Zeitadapter – Einbau bzw. Nachrüstung

Lernfeld 7

10.6.3.3 Einzelraumregelsysteme

Einzelraumregelsysteme (single-room control systems) ermöglichen die individuelle **zentrale** Steuerung und Programmierung von Thermostatventilen, die z. B. über einen Bus (Datenleitung) mit einer zentralen Bedienungsebene (centralized programmer) verbunden sind (Bild 1). Die einzelnen Thermostatventile sind mit elektrischen Stellantrieben ausgerüstet, die über ein zweiadriges Kabel von der zentralen Bedienungsebene Befehle zum Schließen und Öffnen erhalten. Derart optimierte Regelsysteme sind zwar teuer in der Anschaffung, sparen aber andererseits erhebliche Energiemengen ein.

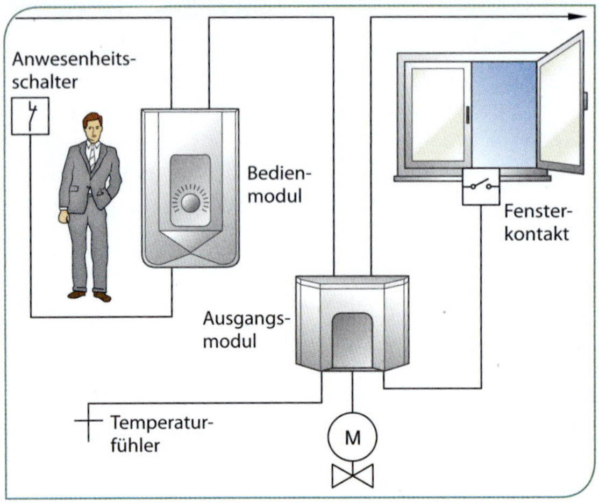

1 Raumebene eines Einzelraumregelsystems

10.6.3.4 Auswahl und Dimensionierung der Thermostatventile

Um eine optimale Raumtemperaturregelung (room temperature control) zu erzielen, müssen die Thermostatventile richtig ausgewählt bzw. auf die hydraulischen Gegebenheiten, das heißt auf die Druckverluste und Massenströme, abgestimmt werden. Im Folgenden werden die Grundlagen der Ventildimensionierung (valve dimensioning) erläutert.

k_v-Wert

Der k_v-Wert, auch Ventil- bzw. Durchflusskoeffizient (valve / flow factor) genannt, gibt den Volumenstrom durch das Ventil in m³/h bei einem bestimmten Ventilhub/Öffnungshub (Regeldifferenz) und einem Druckverlust von 1 bar an.

Der k_v-Wert dient zur Auswahl und Dimensionierung der Ventile und kann in Abhängigkeit vom Volumenstrom und Druckverlust mit der folgenden vereinfachten Formel berechnet werden.

$$k_v = \frac{\dot{V}}{\sqrt{\frac{\Delta p_v}{p_{amb}}}}$$

k_v: Ventilkenngröße in $\frac{m^3}{h}$ bei einer bestimmten Regeldifferenz
$\dot{V}$: Volumenstrom in $\frac{m^3}{h}$
Δp_v: Druckverlust des Ventils in bar
p_{amb}: Atmosphärischer Druck 1 bar

k_{vs}-Wert

Der k_{vs} – Wert gibt den Volumenstrom bei vollständig geöffnetem Ventil an.

Bei voreinstellbaren Thermostatventilen gibt es für jeden Voreinstellwert einen k_v-Wert und einen k_{vs}-Wert.

Regeldifferenz

Thermostatventile mit Flüssigkeitsfüllung arbeiten in der Regel mit einer spezifischen Ausdehnung von $\frac{0{,}22 \text{ mm}}{\text{K}}$. Wird das Thermostatventil bei einer Raumtemperatur von 20 °C mit einem Öffnungshub (opening lift) von 0,44 mm betrieben, schließt es bei einer Erhöhung der Raumtemperatur um 2 K – also bei 22 °C. Die Regeldifferenz (actuating variable) beträgt somit 2 K. (Bild 2)

Selbstverständlich ist es auch möglich, das Thermostatventil auf einen größeren oder kleineren Öffnungshub als 0,44 mm auszulegen, das heißt auf eine größere bzw. kleinere Regeldifferenz als 2 K.

Um eine genaue Raumtemperaturregelung zu erzielen, sollte der Ventilhub (Öffnungshub) im Auslegungszustand (Soll-Raumtemperatur) so groß sein, dass das Ventil bei einem Anstieg der Raumtemperatur um 1 bis 2 K (= Regeldifferenz des Ventils) schließt.

Die Herstellerfirmen der Thermostatventile geben die Regeldifferenzen und die zugehörigen k_v-Werte in Tabellen an (Bild 1, nächste Seite).

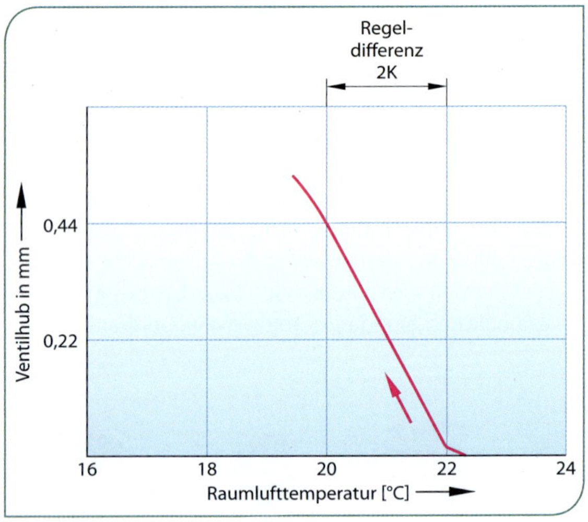

2 Öffnungskennlinie eines Thermostatventils bei 2 K Regeldifferenz

Wie der Tabelle zu entnehmen ist, steigen mit größer werdenden Regeldifferenzen und damit größer werdenden Öffnungshüben die k_V-Werte an.

Bei voreinstellbaren Thermostatventilen gibt es für jeden Voreinstellwert einen k_v-Wert und k_{vs}-Wert (Bild 2).

Ventilunterteil mit Thermostatkopf			k_V-Wert [$\frac{m^3}{h}$] Regeldifferenz [K] 1,0	1,5	2,0	2,5	3,0	k_{VS}-Wert [$\frac{m^3}{h}$] ET DT AT	WET
DN 10 (3/8")[1]	ET (Eck.) DT (Durchg.)	WET (Winkeleck) AT (Axial)	0,25	0,37	0,49	0,58	0,66	1,25	1,10
DN 15 (1/2")[1]	ET (Eck.) DT (Durchg.)	WET (Winkeleck) AT (Axial)	0,25	0,37	0,49	0,58	0,66	1,35	1,15
DN 20 (3/4")	ET (Eck.) DT (Durchg.)		0,40	0,60	0,79	0,98	1,26	2,50	
DN 25 (1")	ET (Eck.) DT (Durchg.)		0,70	1,04	1,35	1,65	1,90	5,70	
DN 32 (1 1/4")	ET (Eck.) DT (Durchg.)		0,80	1,10	1,60	2,00	2,35	6,70	
DN 10 (3/8")	Daten mit kvs-Blende für mit [1] gekennzeichnete Ventile		0,22	0,29	0,33	0,36	0,38	0,41	0,41
DN 15 (1/2")	Daten mit kvs-Blende für mit [1] gekennzeichnete Ventile		0,25	0,37	0,47	0,54	0,59	0,73	0,73

1 Kenngrößen von Thermostatventilen

Ventilunterteil mit Thermostatkopf			Voreinstellung 1	2	3	4	5	6
DN 10/15 3/8"/1/2") ET, DT, AT, WET DN 20 (3/4") ET, DT	Regeldiff. xp min. 0,4 K bis **max. 1,0 K**	min. k_V-Wert max.	0,019 – 0,038	> 0,038 – 0,076	> 0,076 – 0,126	> 0,126 – 0,180	> 0,180 – 0,234	> 0,234 – 0,262
	Regeldiff. xp min. 0,5 K bis **max. 2,0 K**	min. k_V-Wert max.	0,025 – 0,047	> 0,047 – 0,098	> 0,098 – 0,161	> 0,161 – 0,234	> 0,234 – 0,364	> 0,364 – 0,468
		k_{VS}-Wert [$\frac{m^3}{h}$]	0,054	0,104	0,174	0,247	0,459	0,730
		Durchflusstoleranz ± [%]	20	15	10	8	7	6

2 Kenngrößen von voreinstellbaren Thermostatventilen

Ventilautorität

Die Ventilautorität a ist das Verhältnis des Druckverlustes Δp_V des Ventils zum gesamten Druckverlust Δp der Anlage bzw. des Heizkreises.

$$a = \frac{\Delta p_V}{\Delta p}$$

a: Ventilautorität
Δp_V: Druckverlust des Ventils in mbar bzw. Pa
Δp: Gesamtdruckverlust der Anlage in mbar bzw. Pa

Ist der Druckverlust des Ventils im Vergleich zum Gesamtdruckverlust relativ groß, wirken sich Druckschwankungen in der Anlage am Ventil wenig aus.
Um ein gutes Regelverhalten (regulating performance) zu erzielen, sollen sich die Ventilautoritäten bei Thermostatventilen zwischen 0,3 und 0,7 bewegen. Bei Ventilautoritäten kleiner 0,3 besteht die Gefahr, dass der Regelkreis instabil wird und das Ventil nur noch im Auf-Zu-Betrieb arbeitet.

Beispiel 1

In einer Heizungsanlage 70/55 °C beträgt die Wärmeleistung eines Heizkörpers 1200 W, der Druckverlust am Thermostatventil $\Delta p_V = 72$ mbar und der gesamte Druckverlust $\Delta p = 180$ mbar.

a) Berechnen Sie den k_V- Wert des Thermostatventils.

b) Bestimmen Sie die Ventilautorität.

Lösung:

geg.: Temperaturdifferenz zwischen Vor- und Rücklauf $\Delta\theta = 15$ K, Wärmeleistung $\Phi = 1200$ W, Druckverlust am Thermostatventil $\Delta p_V = 72$ mbar; Gesamtdruckverlust $\Delta p = 180$ mbar,

ges.: a) k_V-Wert des Thermostatventils b) Ventilautorität a

a) $$k_V = \frac{\dot{V}}{\sqrt{\frac{\Delta p_V}{p_{amb}}}}$$

$$k_V = \frac{0{,}0688\ \frac{m^3}{h}}{\sqrt{\frac{0{,}072\ bar}{1\ bar}}}$$

$$k_V = 0{,}26\ \frac{m^3}{h}$$

$$\dot{m} = \frac{\Phi}{c \cdot \Delta\theta}$$

$$\dot{m} = \frac{1200\ W}{1{,}163\ \frac{Wh}{kgK} \cdot 15\ K}$$

$$\dot{m} = 68{,}8\ \frac{kg}{h} \quad \dot{V} = 0{,}0688\ \frac{m^3}{h}$$

b) $$a = \frac{\Delta p_v}{\Delta p}$$

$$a = \frac{72\ mbar}{180\ mbar}$$

$$a = 0{,}4$$

Beispiel 2

Bestimmen Sie mit Hilfe des k_v-Wertes und der Herstellertabelle ein geeignetes Thermostatventil für einen Druckverlust von $\Delta p_v = 7$ kPa und einen Massenstrom von $\dot{m} = 100\ \frac{kg}{h}$.

Lösung:

geg: Massenstrom $\dot{m} = 100\ \frac{kg}{h}$

Druckverlust $\Delta p_v = 7$ kPa $= 70$ mbar

ges: Thermostatventil

$$\dot{m} = 100\ \frac{kg}{h}$$

$$\dot{V} = 100\ \frac{l}{h}\ (1\ \frac{kg}{h} \text{ entspricht } 1\ \frac{l}{h})$$

$$\dot{V} = 0{,}1\ \frac{m^3}{h}$$

Da sich Massen- und Volumenströme bei Niedertemperaturheizungen nur unwesentlich unterscheiden, kann auf eine exakte Umrechnung in den meisten Fällen verzichtet werden.

$$k_V = \frac{\dot{V}}{\sqrt{\frac{\Delta p_V}{p_{amb}}}}$$

$$k_V = \frac{0{,}1\ \frac{m^3}{h}}{\sqrt{\frac{0{,}07\ bar}{1\ bar}}}$$

$$k_V = 0{,}38\ \frac{m^3}{h}$$

Nach Bild 2, vorherige Seite sind zwei Ventile geeignet:

Ventil DN 10 $k_{vs} = 1{,}25$; Regeldifferenz 1,5 K und
Ventil DN 15 $k_{vs} = 1{,}35$; Regeldifferenz 1,5 K

Nach Bild 3, vorherige Seite eignet sich das voreinstellbare Ventil DN 20; Regeldifferenz min. 0,5 K bis max. 1,0; Einstellung 6; kvs = 0,73

Beispiel 3

Für einen Heizkreis wurde ein Gesamtdruckverlust von 120 mbar ermittelt. Wählen Sie für den Heizkörper mit 1250 W Wärmeleistung und 15 K Temperaturspreizung ein Ventil mit einer Ventilautorität von $a = 0{,}4$ und einer Regeldifferenz von 1 bis 2 K aus.

Lösung:

geg: Wärmestrom (Wärmeleistung) $\Phi = 1250$ W

Temperaturdifferenz zwischen Vor- und Rücklauf $\Delta\theta = 15$ K

Gesamtdruckverlust $\Delta p = 120$ mbar

ges: Thermostatventil

$$\dot{m} = \frac{\Phi}{c \cdot \Delta\theta}$$

$$\dot{m} = \frac{1250\ W}{1{,}163\ \frac{Wh}{kgK} \cdot 15\ K}$$

$$\dot{m} = 71{,}6\ \frac{kg}{h}$$

$$\Delta p_v = \frac{120\ mbar \cdot 0{,}4}{1 - 0{,}4}$$

$$\Delta p_v = 80\ mbar = 8\ kPa$$

$$a = \frac{\Delta p_v}{\Delta p}$$

$$a = \frac{80\ mbar}{80\ mbar + 120\ mbar}$$

$$a = \frac{80\ mbar}{200\ mbar}$$

$$a = 0{,}4$$

Thermostat-Ventilunterteil aus Diagramm Bild 1, nächste Seite DN 15 Regeldifferenz 1 K

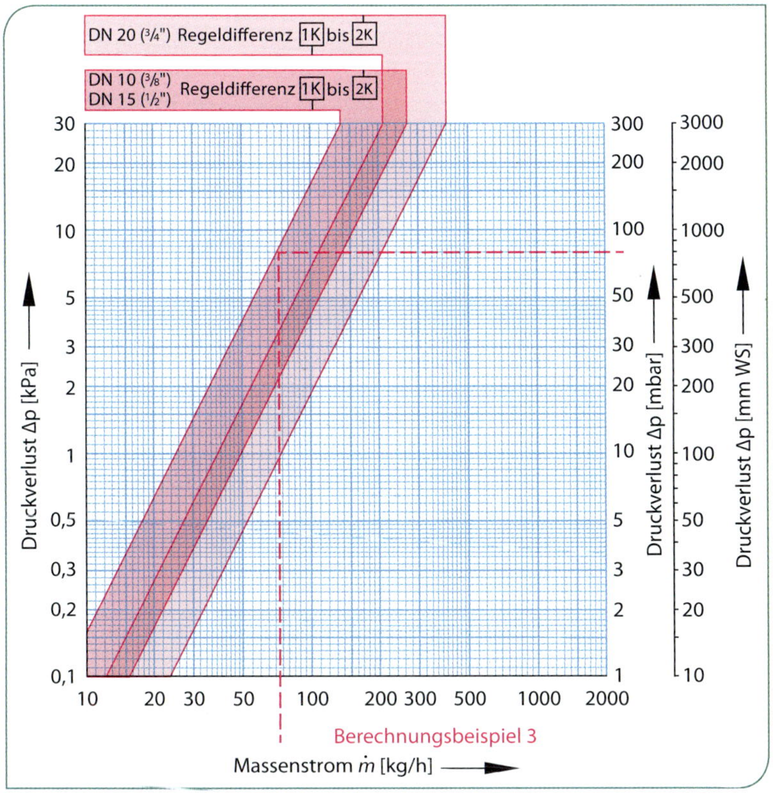

1 Diagramm Ventilunterteil mit Thermostatkopf DN 10 (3/8") bis DN 20 (3/4")

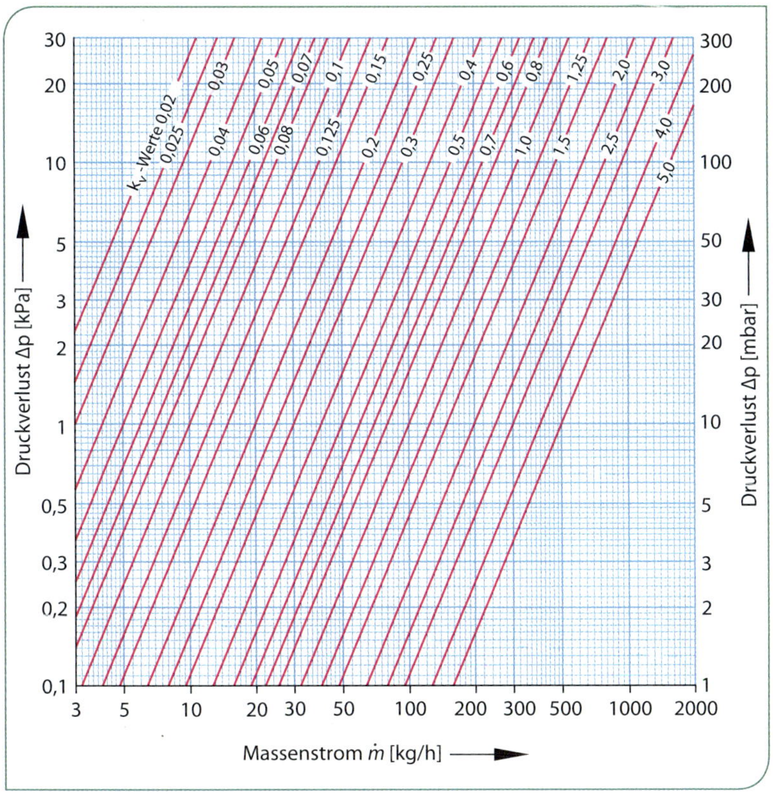

2 Diagramm zur Bestimmung des k_v-Wertes

ÜBUNGEN

1) Welche Regeleinrichtungen sind nach EnEV §14 (2) für heizungstechnische Anlagen vorgeschrieben?

2) Nennen und erläutern Sie drei Ausführungen von Thermostatventilen ohne Hilfsenergie.

3) Erläutern Sie den Unterschied zwischen einem thermischen Stellantrieb und einen elektromotorischen Antrieb bei Thermostatventilen mit Hilfsenergie.

4) Durch ein Thermostatventil strömen stündlich 100 l Heizwasser (1 l = 1 kg).
   a) Berechnen Sie den Druckverlust des Thermostatventils bei einem k_v- Wert von 0,4 $\frac{m^3}{h}$.
   b) Ermitteln Sie den Druckverlust des Ventils mit Hilfe des Herstellerdiagramms (Bild 2).

5) Ein Heizkörper hat eine Wärmeleistung von 2095 W.
   a) Berechnen Sie den Massenstrom bei einer Temperaturspreizung von 15 K.
   b) Ermitteln Sie den Druckverlust des Thermostatventils DN 20 bei einer Regelfrequenz von 2 K mit Hilfe des Diagramms Bild 1.

6) Ermitteln Sie mit Hilfe des k_v-Wertes ein geeignetes Thermostatventil ohne Voreinstellung für einen Druckverlust von $\Delta p_v = 0{,}04$ bar und einen Massenstrom von $\dot{m} = 80\,\frac{kg}{h}$.

7) In einer Heizungsanlage betragen der gesamte Druckverlust $\Delta p = 100$ mbar und der Druckverlust des Thermostatventils $\Delta p_v = 50$ mbar.
   Bestimmen Sie die Ventilautorität und beurteilen Sie das zu erwartende Regelverhalten des Ventils.

10.7 Auswahl und Auslegung der Raumheizkörper

Die Auslegung bzw. Größenbestimmung (sizing) der Raumheizkörper erfolgt nach den Vorgaben der VDI-Richtline 6030, der Norm-Heizlast nach DIN EN 12831 und den Bestimmungen der DIN EN 442.

10.7.1 Heizkörperauslegung nach VDI 6030

Nach VDI 6030 sollen je nach Anforderungsstufe neben der Deckung der Normheizlast auch mögliche Behaglichkeitsdefizite (comfort deficits / shortcommings), z. B. aufgrund kalter Raumumfassungsflächen oder Fenster, durch entsprechende Anordnung, Abmessung und Übertemperatur der Raumheizkörper ganz oder teilweise beseitigt werden.
Da die entsprechenden Berechnungen sehr aufwändig sind, wird die Auslegung nach VDI 6030 in diesem Buch nicht behandelt.

10.7.2 Überschlägige Heizkörperauslegung

10.7.2.1 Auslegungs-Wärmeleistung

Im Rahmen der überschlägigen Auslegung wird ein Raumheizkörper so ausgewählt bzw. dimensioniert , dass er die nach DIN EN 12831 ermittelte Normheizlast bzw. Auslegungsheizlast des jeweiligen Raumes deckt. Seine **Auslegungs-Wärmeleistung** (designed heat emission) Φ_H entspricht der **Normheizlast** (standard heating load) Φ_{HL} bzw. der **Auslegungsheizlast** $\Phi_{H, Ausl}$ (designed heating load), wenn eine Zusatzaufheizleistung Φ_{RH} berücksichtigt wird (Anforderungsstufe 3 nach VDI 6030). Räume mit unterbrochenem Heizbetrieb benötigen eine zusätzliche Aufheizleistung, um die geforderte Norm-Innentemperatur nach einer Temperaturabsenkung innerhalb einer bestimmten Zeit zu erreichen. Diese Zusatzaufheizleistung ist nicht Bestandteil der Normheizlast. Sie ist zwar nicht zwingend vorgeschrieben, sollte aber mit dem Bauherrn vereinbart werden.

$$\Phi_H = \Phi_{HL}$$

$$\Phi_H = \Phi_{HL, Ausl}$$

$$\Phi_{HL, Ausl} = \Phi_{HL} + \Phi_{RH}$$

Φ_H = Auslegungs-Wärmeleistung des Heizkörpers in W
Φ_{HL} = Normheizlast in W
$\Phi_{HL, Ausl}$ = Auslegungsheizlast in W
Φ_{RH} = Zusatzaufheizleistung in W

Die erforderliche Heizlast eines Raumes kann überschlägig mit der **spezifischen Heizlast *q*** (specific heating load) (vgl. Kap. 5.7) und der Grundfläche *A* des Raumes bestimmt werden.

$$\Phi_{HL} = A \cdot q$$

Φ_{HL} = Norm-Heizlast in W
q = Spezifische Heizlast (Wärmestromdichte) in $\frac{W}{m^2}$
A = Grundfläche des Raumes in m^2

10.7.2.2 Norm- Wärmeleistung

Die an einen Raum abgegebene Wärmeleistung wird hauptsächlich von der **Bauart** (construction) und den **Abmessungen** (sizes) des Heizkörpers sowie der Übertemperatur bestimmt. Die Übertemperatur ist der Temperaturunterschied zwischen der **mittleren Heizwassertemperatur** (mean heating water temperature) und der **Innentemperatur** und kann vereinfacht wie folgt berechnet werden:

$$\Delta\theta = \theta_m - \theta_i$$

$$\theta_m = \frac{\theta_V + \theta_R}{2}$$

$\Delta\theta$: Übertemperatur in °C
θ_m: mittlere Heizwassertemperatur in °C
θ_i: Innentemperatur (Raumlufttemperatur) in °C
θ_V: Vorlauftemperatur in °C
θ_R: Rücklauftemperatur in °C

Die **Norm-Wärmeleistung Φ_S** (standard heat emission) ist die unter Normbedingungen abgegebene Wärmeleistung eines Heizkörpers. Ihr liegen nach DIN EN 442 folgende **Normtemperaturen** (standard temperatures) zugrunde:

- Heizwasser-Vorlauftemperatur: $\theta_V = 75$ °C
- Heizwasser-Rücklauftemperatur: $\theta_R = 65$ °C
- Norm-Innentemperatur (Norm-Raumlufttemperatur): $\theta_i = 20$ °C
- Norm-Übertemperatur: $\Delta\theta = 50$ °C

Die Norm-Wärmeleistungen von Raumheizkörpern werden bei genau festgelegten Einbaubedingungen (mounting conditions) nach DIN EN 442 (Bild 1) ermittelt und können den Herstellerkatalogen entnommen werden.

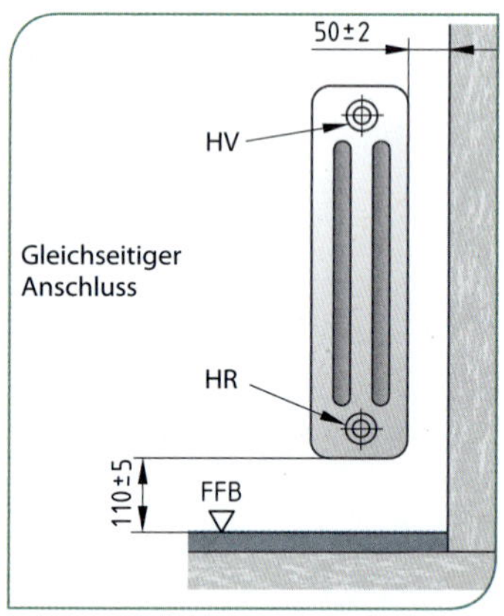

1 Einbaubedingungen nach DIN EN 442

Beziehen sich die Leistungsangaben (capacity ratings) auf ein Heizkörperglied (Stahlradiatoren, Stahlröhrenradiatoren) oder auf die Baulänge von 1m (Flachheizkörper, Konvektoren), kann die Norm-Wärmeleistung des Heizkörpers wie folgt berechnet werden (Bilder nächste Seiten):

Gliederheizkörper (Stahlradiatoren, Stahlröhrenradiatoren)

$$\Phi_S = n \cdot \Phi_L \quad ^{1)}$$

Flach-, Bad-, Fertigheizkörper, Konvektoren

$$\Phi_S = l \cdot \Phi_L \quad ^{1)}$$

Φ_S: Norm-Wärmeleistung des Heizkörpers in W
Φ_L: Norm-Wärmeleistung des Moduls in $\frac{W}{Glied}$ bzw. $\frac{W}{m}$
n: Anzahl der Glieder
l: Baulänge des Heizkörpers in m

Beispiel

Welche Norm-Wärmeleistung liefert ein 2 m langer und 500 mm hoher, profilierter Plattenheizkörper Typ 10.

Lösung:

geg.: H = 500 mm; l = 2 m; Typ 10
ges.: Φ_S
$\Phi_L = 532 \frac{W}{m}$
$\Phi_S = l \cdot \Phi_L$
$\Phi_S = 2\ m \cdot 532 \frac{W}{m} = \underline{\underline{1064\ W}}$

Badheizkörper/Handtuchtrockner

Bauhöhe H in mm	Baulänge L in mm	Bautiefe T in mm	Heizkörperexponent n	Heizleistung E-Stab in W	Wärmeleistung Φ_S in W
805	429	51	1,249	300	358
805	578	60	1,249	300	460
805	728	69	1,249	300	558
1173	429	51	1,281	300	517
1173	578	60	1,281	615	670
1173	728	69	1,281	615	820
1771	429	51	1,275	615	789
1771	578	60	1,275	920	1022
1771	728	69	1,275	920	1249

1 Norm-Wärmeleistung Φ_S in W von Badheizkörpern nach DIN EN 442 bei 75/65/20 °C

[1)] In den Herstellerunterlagen erscheint Φ_L meist als $\dot{q}_n$

Flachheizkörper

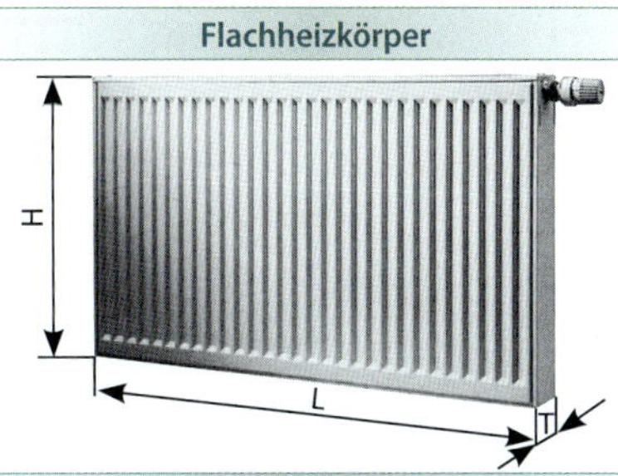

Baulängen: 400, 500 ... 1200; 1400, 1600 ... 2000; 2300, 2600, 3000

Typenbezeichnung: z. B. 21
– 1: Anzahl der Konvektorbleche
– 2: Anzahl der Platten

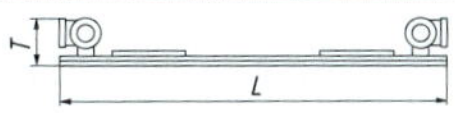

Typ 10
einreihig
ohne Konvektorblech
T = 61 mm

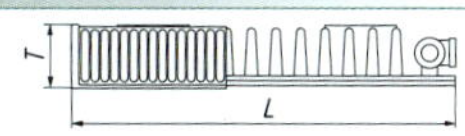

Typ 11
einreihig
ein Konvektorblech
T = 61 mm

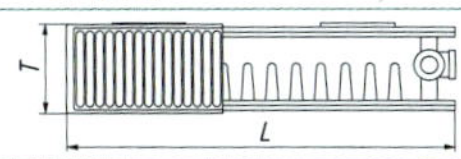

Typ 21
zweireihig
ein Konvektorblech
T = 100 mm

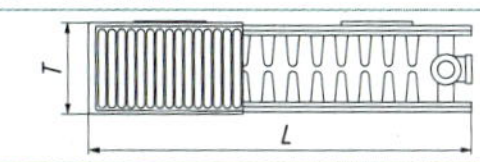

Typ 22
zweireihig
zwei Konvektorbleche
T = 100 mm

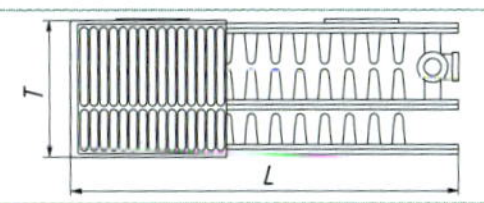

Typ 33
dreireihig
drei Konvektorbleche
T = 155 mm

Höhe H in mm	Nabenabstand N in mm	Typ	Exponent n	Wärmeleistung Φ_L in $\frac{W}{m}$
350	300	10	1,28	383
		11	1,26	579
		21	1,30	858
		22	1,32	1052
		33	1,31	1507
500	450	10	1,29	532
		11	1,30	780
		21	1,27	1141
		22	1,32	1404
		33	1,32	1998
600	550	10	1,29	630
		11	1,27	909
		21	1,33	1324
		22	1,32	1628
		33	1,33	2307
900	850	10	1,31	915
		11	1,29	1281
		21	1,33	1861
		22	1,33	2266
		33	1,35	3150

2 Wärmeleistung des Moduls Φ_L in $\frac{W}{Glied}$ von Flach-/Plattenheizkörpern nach DIN EN 442 bei 75/65/20 °C

Stahlröhrenradiatoren				
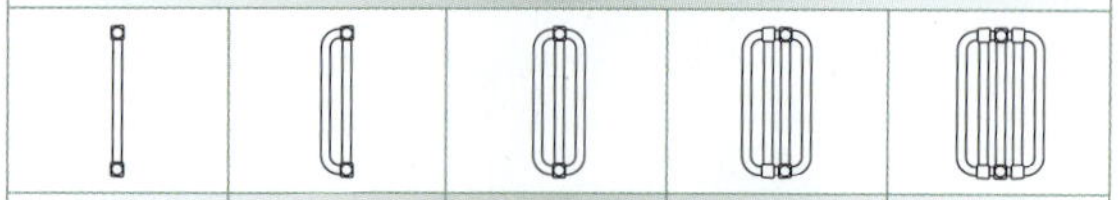				
Typ 10	Typ 21	Typ 32	Typ 42	Typ 52
1-Säuler	2-Säuler 1 gerades Rohr 1 gebogenes Rohr	3-Säuler 1 gerades Rohr 2 gebogene Rohre	4-Säuler 2 gerade Rohre 2 gebogene Rohre	5-Säuler 3 gerade Rohre 2 gebogene Rohre
Bautiefen in mm				
32	85	139	183	227

Bauhöhen in mm	Typ 10 $\frac{W}{Glied}$	Typ 21 $\frac{W}{Glied}$	Typ 32 $\frac{W}{Glied}$	Typ 42 $\frac{W}{Glied}$	Typ 52 $\frac{W}{Glied}$
200	12,10	19,10	26,30	34,30	42,30
300	16,20	27,10	37,60	48,30	58,80
350	18,10	30,90	43,10	55,00	66,70
400	20,00	34,70	48,50	61,60	74,50
450	22,00	38,40	53,80	68,10	82,10
500	23,90	42,10	59,10	74,50	89,60
550	25,80	45,80	64,30	80,90	97,00
600	27,70	49,40	69,40	87,20	104,00
750	33,50	60,10	84,60	106,00	126,00
900	39,40	70,60	99,50	124,00	147,00
1000	43,50	77,60	109,00	136,00	161,00
1200	52,40	91,40	129,00	159,00	194,00
1500	65,50	112,00	157,00	194,00	241,00
1800	78,60	133,00	185,00	229,00	284,00
2000	87,20	147,00	203,00	252,00	311,00

1 Wärmeleistung des Moduls Φ_L in $\frac{W}{Glied}$ von Stahlröhrenradiatoren nach DIN EN 442 bei 75/65/20 °C

Stahlradiatoren				
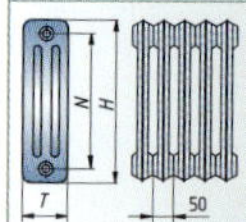	Höhe H in mm	Nabenabstand N in mm	Tiefe T in mm	Wärmeleistung Φ_L in $\frac{W}{Glied}$ (Exponent $n = 1{,}3$)
	300	200	250	58
	450	350	160 220	56 75
	600	500	110 160 220	55 75 96
	1000	900	110 160 220	92 118 154

2 Wärmeleistung des Moduls Φ_L in $\frac{W}{Glied}$ von Stahlradiatoren nach DIN EN 442 bei 75/65/20 °C

Konvektoren				
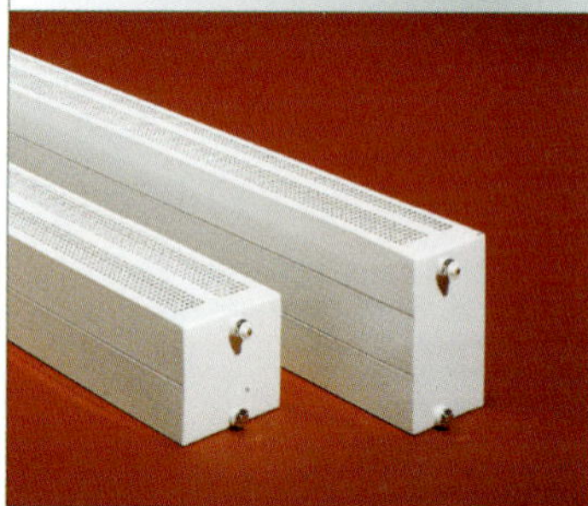	Baulängen: 500, 600 ... 2000 mm 2200, 2400 ... 5800, 6000			
Typ	ACW23	ACW35	ACW47	ACW59
		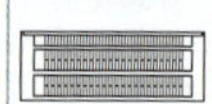	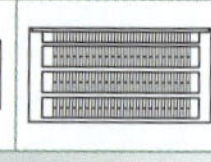	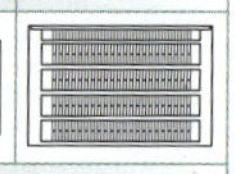
Bauhöhe 70 mm				
HK-Exponent T in mm Φ_L in W/m	1,204 123 422	1,191 194 686	1,225 265 903	1,197 336 1248
Bauhöhe 140 mm				
HK-Exponent T in mm Φ_L in W/m	1,260 123 705	1,254 194 1117	1,288 265 1498	1,241 336 1857
Bauhöhe 210 mm				
HK-Exponent T in mm Φ_L in W/m	1,315 123 935	1,316 194 1474	1,351 265 2004	1,288 336 2409
Bauhöhe 280 mm				
HK-Exponent T in mm Φ_L in W/m	1,327 123 1129	1,328 194 1784	1,372 265 2453	1,338 336 2955

3 Wärmeleistung des Moduls Φ_L in $\frac{W}{m}$ von Konvektoren nach DIN EN 442 bei 75/65/20 °C

Lernfeld 7

10.7.2.3 Auslegung bei Normbedingungen

Bei Normbedingungen ist die Auslegungs-Wärmeleistung Φ_H eines Raumheizkörpers gleich der Norm-Wärmeleistung Φ_S.

$$\Phi_S = \Phi_H$$

Φ_S = Norm-Wärmeleistung des Heizkörpers in W
Φ_H = Auslegungs-Wärmeleistung des Heizkörpers in W

Der Raumheizkörper kann in den Herstellerkatalogen in Abhängigkeit von der Norm-Wärmeleistung ausgewählt werden. Enthält der Herstellerkatalog die Leistungsangaben der Heizkörperglieder oder der Baulängen von 1 m, kann die Gliederzahl (number of elements) bzw. Baulänge (overall length) wie folgt berechnet werden:

$$n = \frac{\Phi_S}{\Phi_L} \text{ in } \frac{WGlied}{W} \qquad l = \frac{\Phi_S}{\Phi_L} \text{ in } \frac{Wm}{W}$$

Beispiel

Für das Arbeitszimmer in einem Einfamilienhaus wurde eine Auslegungsheizlast von 1295 W berechnet. Der Raum soll von einem Stahlradiator mit 600 mm Bauhöhe und 220 mm Bautiefe beheizt werden.

a) Ermitteln Sie die Norm-Wärmeleistung eines Radiatorgliedes.

b) Berechnen Sie die erforderliche Gliederanzahl, wenn die Heizwassertemperaturen 75/65°C und die Innentemperatur 20°C betragen und die Einbaubedingungen nach DIN EN 442 erfüllt sind.

Lösung:

geg.: $\Phi_{HL,\,Ausl} = 1295$ W; $H = 600$ mm; $T = 220$ mm;
$\theta_V = 75$ °C; $\theta_R = 65$ °C; $\theta_i = 20$ °C

ges.: a) Φ_L in $\frac{W}{Glied}$; b) n

a) $\Phi_L = 96 \frac{W}{Glied}$ (Bild 2, vorherige Seite)

b) $\Phi_{HL,\,Ausl} = \Phi_H = \Phi_S$ (Normbedingungen)

$\Phi_S = n \cdot \Phi_L$

$n = \frac{\Phi_S}{\Phi_L}$

$n = \frac{1295\ W \cdot Glied}{96\ W}$

$n = 13{,}48$, gewählt 14 Glieder

10.7.2.4 Auslegung bei von der Norm abweichenden Bedingungen

Weichen die Auslegungs- von den Normbedingungen ab, muss die Auslegungs-Wärmeleistung des Heizkörpers auf die Norm-Wärmeleistung umgerechnet werden, um den entsprechenden Heizkörper in den Herstellerkatalogen auswählen zu können.

a) Temperatur-Korrekturfaktor

Die Abweichung der Auslegungstemperaturen von den Norm-Temperaturen wird durch den **Temperatur-Korrekturfaktor f_T** (temperature correction factor) erfasst. Die Werte dafür können unter Berücksichtigung des entsprechenden Heizkörper-Exponenten[1)] Tabellen entnommen werden (Bild 1).

Vorlauf-temperatur Φ_V in °C	Rücklauf-temperatur Φ_R in °C	Norm-Innentemperatur Φ_i in °C						
		10	12	15	18	20	22	24
90	80	0,59	0,61	0,64	0,68	0,71	0,74	0,77
	75	0,62	0,64	0,68	0,72	0,75	0,78	0,82
	70	0,65	0,67	0,72	0,76	0,80	0,83	0,87
	65	0,68	0,71	0,76	0,81	0,85	0,89	0,93
	60	0,72	0,76	0,81	0,87	0,91	0,96	1,01
	55	0,77	0,81	0,87	0,93	0,98	1,04	1,10
	50	0,83	0,87	0,93	1,01	1,07	1,14	1,21
85	75	0,64	0,67	0,71	0,75	0,79	0,82	0,86
	70	0,68	0,70	0,75	0,80	0,83	0,88	0,92
	65	0,72	0,75	0,80	0,85	0,89	0,94	0,99
	60	0,76	0,79	0,85	0,91	0,96	1,01	1,07
	55	0,81	0,85	0,91	0,98	1,04	1,10	1,16
	50	0,87	0,91	0,98	1,07	1,13	1,21	1,29
80	70	0,71	0,74	0,79	0,84	0,88	0,93	0,97
	60	0,80	0,83	0,89	0,96	1,01	1,07	1,13
	50	0,91	0,96	1,04	1,13	1,20	1,28	1,37
	40	1,07	1,14	1,25	1,39	1,50	1,63	1,78
75	65	0,79	0,82	0,88	0,95	1,00	1,05	1,12
	60	0,84	0,88	0,94	1,02	1,08	1,14	1,21
	55	0,89	0,94	1,01	1,10	1,17	1,24	1,32
	50	0,96	1,01	1,10	1,20	1,28	1,37	1,47
70	60	0,88	0,93	1,00	1,08	1,15	1,22	1,30
	55	0,94	0,99	1,08	1,17	1,25	1,33	1,42
	50	1,01	1,07	1,17	1,28	1,37	1,47	1,58
65	55	1,00	1,05	1,15	1,26	1,34	1,43	1,54
	50	1,08	1,14	1,25	1,37	1,47	1,59	1,71
	45	1,17	1,24	1,37	1,52	1,64	1,78	1,94
60	55	1,07	1,13	1,23	1,36	1,45	1,56	1,68
	50	1,15	1,22	1,34	1,48	1,60	1,73	1,87
	45	1,25	1,33	1,47	1,65	1,78	1,94	2,13
	40	1,37	1,47	1,64	1,86	2,03	2,24	2,50
55	50	1,23	1,31	1,45	1,62	1,75	1,90	2,07
	45	1,34	1,43	1,60	1,80	1,96	2,15	2,37
	40	1,47	1,59	1,78	2,03	2,24	2,48	2,78
	35	1,64	1,78	2,03	2,36	2,64	2,99	3,43
50	45	1,45	1,56	1,75	1,98	2,17	2,40	2,67
	40	1,60	1,73	1,96	2,25	2,50	2,79	3,15
	35	1,78	1,94	2,24	2,63	2,96	3,38	3,92
	30	2,03	2,24	2,64	3,20	3,70	4,39	5,39
45	40	1,75	1,90	2,17	2,53	2,83	3,19	3,66
	35	1,96	2,15	2,50	2,96	3,37	3,89	4,58
	30	2,24	2,48	2,96	3,63	4,25	5,11	6,38
	25	2,64	2,99	3,70	4,84	6,08	8,26	13,93

1 Korrekturfaktor f_T bei abweichenden Auslegungstemperaturen auf Grundlage von DIN EN 442, Heizkörper Exponent n = 1,3

1) Nach DIN EN 442 muss in den Herstellerkatalogen neben der Norm-Wärmeleistung auch der Exponent des jeweiligen Heizkörpertyps (Bild 2, nächste Seite) angegeben werden. Er wird auf dem Prüfstand ermittelt und gibt die Abhängigkeit der Wärmeleistung von der Übertemperatur an. $f_T = \left(\frac{\Delta\theta_n}{\Delta\theta}\right)^n$ $\Delta\theta_n$: logarithmisch gemittelte Übertemperatur bei Normbedingungen in K

Lernfeld 7

Heizkörperart	Exponent *n*
Stahlradiator	1,3
Stahlröhrenradiator	1,3
Flach-/Plattenheizkörper	1,26 … 1,35
Badheizkörper	1,20 … 1,30
Konvektor	1,30 … 1,50

1 Heizkörper-Exponenten

Beispiel
Ermitteln Sie den Temperatur-Korrekturfaktor f_T bei folgenden Auslegungstemperaturen:
Vorlauftemperatur $\theta_V = 70$ °C, Rücklauftemperatur $\theta_R = 55$ °C, Innentemperatur $\theta_i = 22$ °C.

Lösung:
geg.: $\theta_V = 70$ °C; $\theta_R = 55$ °C; $\theta_i = 22$ °C
ges.: f_T
$\underline{\underline{f_T = 1{,}33}}$ (Bild 1, vorherige Seite)

b) Leistungsminderungsfaktor
Die in den Herstellerunterlagen angegebenen Norm-Wärmeleistungen der Heizkörper beziehen sich entsprechend DIN EN 442 auf genau festgelegte Einbaubedingungen (Bild 1, Kap.10.7.2.2). Weichen die vorliegenden Einbaubedingungen davon ab, sind Leistungsminderungen (efficiency losses) zu berücksichtigen.

Beim **Nischeneinbau** (niched mounting) wirkt sich vor allem der Abstand zwischen Heizkörperoberkante und darüber liegender Nischenkante (Fensterbankunterkante) auf die Wärmeleistung aus (Bild 2). Besonders bei mehrreihigen Flachheizkörpern führt ein zu geringer Abstand (< 100 mm) zu einer erheblichen Leistungsminderung. Leistungsmindernd wirkt sich auch ein zu geringer Boden- und Wandabstand (floor / wall distance) des Heizkörpers aus. Um die Leistungseinbußen zu minimieren, sollten bei Nischeneinbau des Heizkörpers Mindestabstände eingehalten werden (Bild 3).

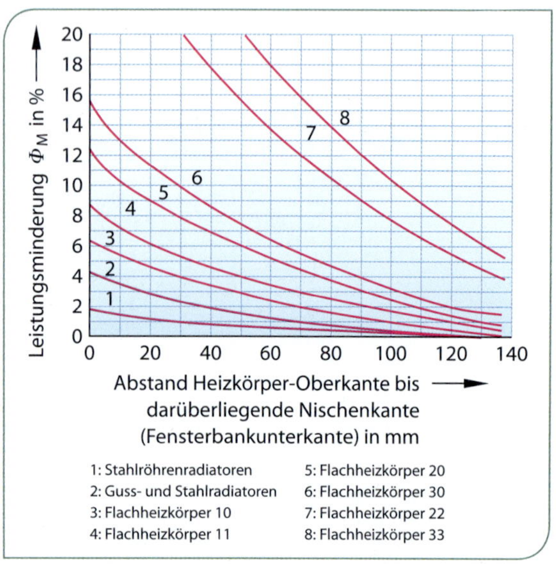

2 Leistungsminderungen verschiedener Heizkörper beim Nischeneinbau

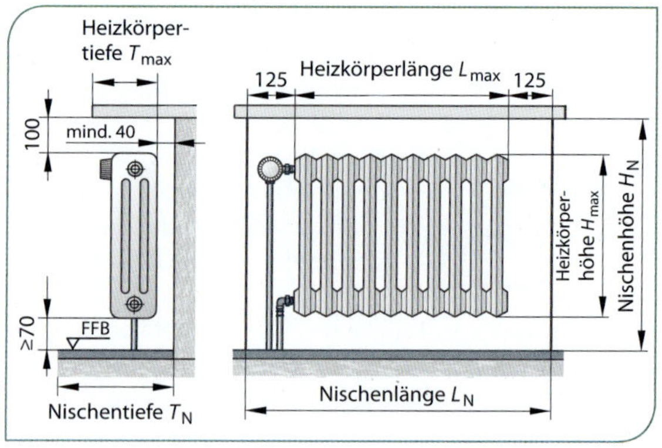

3 Richtmaße bei Nischeneinbau nach Herstellerangaben

Heizkörperverkleidungen (radiator sheetings) beeinträchtigen vor allem die Leistungsabgabe bei Heizkörpern mit großem Strahlungsanteil (Bild 4).

Heizkörpertyp	Leistungsminderung in %
Gliederheizkörper	0 … 8
Einreihiger Flach-/Plattenheizkörper ohne Konvektorblech	5 … 10
Einreihiger Flach-/Plattenheizkörper mit Konvektorblech	4 … 8
Mehrreihiger Flach-/Plattenheizkörper	3 … 5

4 Leistungsminderung durch Heizkörperverkleidung

Leistungsminderungen bis **35 %** verursachen **Heizkörperbeschichtungen** bzw. **-anstriche mit Aluminiumbronze** und **Metallic-Lack.**

Beeinträchtigungen (drawbacks) durch das Aufstellen von Möbeln und das Vorhängen von Gardinen vor Heizkörpern sind messtechnisch schwer erfassbar und werden deshalb bei der Heizkörperauslegung nur durch einen pauschalen prozentualen Zuschlag (additional percentage charge) zur Heizkörperleistung berücksichtigt.
Bei Konvektoren führen Abdeckungen insbesondere bei Unterfluranordnung zu Leistungseinbußen (Herstellerangaben beachten).

Die Leistungsminderungen werden in Prozent angegeben. Diese Prozentangabe ist zum **Leistungsminderungsfaktor** f_M (efficiency loss factor) wie folgt umzurechnen.

$$f_M = 1 + \frac{\Phi_M}{100\,\%}$$

f_M: Leistungsminderungsfaktor als Dezimalzahl
Φ_M: Leistungsminderung in %

Sind mehrere Leistungsminderungen zu berücksichtigen, wird der Gesamtfaktor durch Multiplikation der einzelnen Leistungsminderungsfaktoren bestimmt.

$$f_M = f_{M1} \cdot f_{M2} \cdot \ldots$$

Beispiel

Ein profilierter Flachheizkörper Typ 22 ist in eine Nische eingebaut. Der Abstand zwischen Heizkörper-Oberkante und Fensterbrettunterkante beträgt 70 mm. Wegen der vorhängenden Gardinen wird eine Leistungsminderung von 3 % angenommen. Bestimmen Sie den Leistungsminderungsfaktor.

Lösung:

geg.: $f_{M1} = 12\ \%$ (Bild 2, vorherige Seite)
$f_{M2} = 3\ \%$
ges.: f_M

$f_M = f_{M1} \cdot f_{M2}$

Nische

$$f_{M1} = 1 + \frac{\Phi_{M1}}{100\ \%}$$
$$f_{M1} = 1 + \frac{12\ \%}{100\ \%}$$
$$f_{M1} = 1 + 0{,}12$$
$$f_{M1} = 1{,}12$$

Gardine

$$f_{M2} = 1 + \frac{\Phi_{M2}}{100\ \%}$$
$$f_{M2} = 1 + \frac{3\ \%}{100\ \%}$$
$$f_{M2} = 1 + 0{,}03$$
$$f_{M2} = 1{,}03$$

$f_M = 1{,}12 \cdot 1{,}03$
$\underline{\underline{f_M = 1{,}15}}$

c) Bestimmung der Norm-Wärmeleistung

Die für die Auswahl des Heizkörpers in Herstellerunterlagen erforderliche **Norm-Wärmeleistung Φ_S** des Heizkörpers ergibt sich durch Multiplikation der **Auslegungs-Wärmeleistung Φ_H** des Heizkörpers mit dem Temperatur- bzw. Leistungsminderungs-Korrekturfaktur.

$$\Phi_S = \Phi_H \cdot f_T \cdot f_M$$

Φ_S: Norm-Wärmeleistung des Heizkörpers in W
Φ_H: Auslegungs-Wärmeleistung des Heizkörpers in W
f_T: Temperatur-Korrekturfaktor als Dezimalzahl
f_M: Leistungsminderungsfaktor als Dezimalzahl

d) Auswahl des Heizkörpers aus Herstellerkatalogen

Der Raumheizkörper kann in den Herstellerkatalogen in Abhängigkeit von der berechneten Norm-Wärmeleistung ausgewählt werden.

Manche Herstellerkataloge (manufacturer catalogues) beinhalten neben den Norm-Wärmeleistungen bei Normtemperaturen auch die Wärmeleistungen bei anderen gängigen Systemtemperaturen (heating system temperatures) (Bild 1).

Wärmeleistung in W Typ 21								**Vorlauftemp. 70 °C Rücklauftemp. 55 °C**
Raumtemperatur	Bauhöhe	Baulänge						
		500	600	700	800	900	1000	1100
15 °C	300	386	463	541	618	695	772	850
	400	490	588	685	783	881	979	1077
	500	591	709	827	945	1063	1181	1299
	600	688	826	964	1101	1239	1377	1514
	900	956	1147	1338	1530	1721	1912	2103
18 °C	300	355	426	497	568	693	711	782
	400	450	540	630	720	810	900	990
	500	543	652	760	869	977	1086	1194
	600	633	759	886	1012	1139	1265	1392
	900	877	1052	1227	1403	1578	1753	1929
20 °C	300	335	402	469	536	603	670	737
	400	424	509	594	679	764	849	934
	500	512	614	716	819	921	1023	1126
	600	596	715	834	954	1073	1192	1311
	900	825	990	1155	1319	1484	1649	1814
24 °C	300	291	350	408	466	525	583	641
	400	369	443	517	591	664	738	812
	500	445	534	623	712	801	890	979
	600	518	622	725	829	932	1036	1140
	900	714	857	1000	1143	1285	1428	1571

1 Wärmeleistung in Watt bei senkrecht profilierten Flachheizkörpern

In diesem Fall können die Heizkörpergrößen (radiator sizes) bei vorgegebenen Auslegungstemperaturen ohne Rechenaufwand direkt aus den Herstellerunterlagen entnommen werden.

Beispiel 1

Für ein Wohnzimmer wurde nach DIN EN 12831 eine Auslegungsheizlast von 1600 W berechnet. Zur Beheizung des Raumes ist ein profilierter Flachheizkörper vorgesehen, der auf eine Raumtemperatur von 22 °C ausgelegt und in eine Fensternische mit 2,25 m Länge, 78 cm Höhe und 20 cm Tiefe eingebaut werden soll. Dabei sind die Richtmaße für den Nischeneinbau einzuhalten. Aufgrund des Nischeneinbaus und der möglichen Anbringung von Gardinen vor dem Heizkörper wird eine Leistungsminderung von 10 % angenommen. Die Vorlauftemperatur des Heizwassers beträgt 70 °C, die Rücklauftemperatur 50 °C.

a) Berechnen Sie die Norm-Wärmeleistung des Heizkörpers in W.
b) Bestimmen Sie den passenden Flachheizkörper.
c) Bezeichnen Sie den gewählten Flachheizkörper fachgerecht.

Lösung:

geg.: $\Phi_{HL,Ausl} = 1600$ W; $\Phi_M = 10\ \%$; $l_N = 2250$ mm;
$h_N = 780$ mm; $t_N = 200$ mm;
$\theta_V = 70$ °C; $\theta_R = 50$ °C; $\theta_i = 22$ °C;
ges.: a) Φ_S in W; b) Flachheizkörper;
c) Bezeichnung

Lernfeld 7

a) $\Phi_S = \Phi_H \cdot f_T \cdot f_M$
$\Phi_S = 1600\,W \cdot 1{,}47 \cdot 1{,}1$
$\Phi_S = 2587{,}2\,W$

$\Phi_{HL,\,Ausl} = \Phi_H$
$f_T = 1{,}47$ (Bild 1, Seite 283)

$$f_M = 1 + \frac{\Phi_M}{100\,\%}$$

$$f_M = 1 + \frac{10\,\%}{100\,\%}$$

$f_M = 1{,}1$

b) $H_{max} = h_N - 70\,mm - 100\,mm$
$H_{max} = 780\,mm - 70\,mm - 100\,mm$
$H_{max} = 610\,mm$ **gewählt 600 mm**

$T_{max} = t_N - 40\,mm$
$T_{max} = 200\,mm - 40\,mm$
$T_{max} = 160\,mm$

$L_{max} = l_N - 2 \cdot 0{,}125\,m$
$L_{max} = 2{,}25\,m - 2 \cdot 0{,}125\,m$
$L_{max} = 2\,m$

$$\Phi_{L,\,erf} = \frac{\Phi_S}{\Phi_L}$$

$$\Phi_{L,\,erf} = \frac{2587{,}2\,W}{2\,m}$$

$\Phi_{L,\,erf} = 1293{,}6\,\frac{W}{m}$ **gewählt:** Typ 21 $\Phi_L = 1324\,\frac{W}{m}$
$T = 100\,mm < T_{max} = 160\,mm$
(Bild 2, Seite 281)

$$l = \frac{\Phi_S}{\Phi_M}$$

$$l = \frac{2587{,}2\,W \cdot m}{1324\,W}$$

$L = 1{,}95\,m$ **gewählt:** 2 m

c) Typ 21-600 x 2000

Beispiel 2

Herr Winter möchte das Gästezimmer, das eine Länge von 3,80 m und eine Breite von 3,40 m aufweist, mit einem Flachheizkörper beheizen. Der Heizkörper soll unter ein Fenster mit der Brüstungshöhe 820 mm und einer Fensterbreite von 1000 mm montiert, auf eine Raumtemperatur von 20 °C ausgelegt und an die vorhandenen Heizungsleitungen angeschlossen werden.

Die Heizungsanlage wird mit einer Vorlauftemperatur von 70 °C und einer Rücklauftemperatur von 55 °C betrieben. Für das Gästezimmer wird eine spezifische Heizlast von 60 $\frac{W}{m^2}$ zu Grunde gelegt. Eine Zusatzaufheizleistung ist nicht zu berücksichtigen.

a) Berechnen Sie die Auslegungs-Wärmeleistung des Heizkörpers.
b) Geben Sie die maximale Höhe des Heizkörpers an, wenn zum Fußboden und zur Fensterbankunterkante jeweils ein Mindestabstand von 100 mm eingehalten werden soll.
c) Ermitteln Sie den passenden Flachheizkörper mit Hilfe Bild 1, vorige Seite.

Lösung:

geg.: $q = \frac{60\,W}{m^2}$; $l_{Fenster} = 1000\,mm$; BRH = 820 mm;
$l = 3{,}80\,m$; $b = 3{,}40\,m$;
$\theta_V = 70\,°C$; $\theta_R = 55\,°C$; $\theta_i = 20\,°C$;
ges.: a) Φ_H in W; b) H_{max}; c) Flachheizkörper;

a) $\Phi_H = \Phi_{HL} = A \cdot q$
$\Phi_H = \Phi_{HL} = 12{,}92\,m^2 \cdot 60\,\frac{W}{m^2}$
$\Phi_H = \Phi_{HL} = 775{,}2\,W$
$A = l \cdot b$
$A = 3{,}80\,m \cdot 3{,}40\,m$
$A = 12{,}92\,m^2$

b) $H_{max} = h_N - 100\,mm - 100\,mm$
$H_{max} = 820\,mm - 100\,mm - 100\,mm$
$H_{max} = 620\,mm$ **gewählt 600 mm**

c) Typ 21 – 600 x 700

10.7.2.5 Tatsächliche Wärmeleistung eines Raumheizkörpers

Die auf Normbedingungen korrigierte Wärmeleistung ist ein Auswahlkriterium (selection criterion) für den Heizkörper. Die tatsächliche Wärmeleistung (effective heat emission) eines Heizkörpers deckt die Norm- bzw. Auslegungsheizlast des Raumes und kann mit folgenden Formeln berechnet werden.

Gliederheizkörper (Stahlradiatoren, Stahlröhrenradiatoren)

$$\Phi_H = \frac{n \cdot \Phi_L}{f_T \cdot f_M}$$

Flach-, Bad-, Kompakt-, Fertigheizkörper, Konvektoren

$$\Phi_H = \frac{l \cdot \Phi_L}{f_T \cdot f_M}$$

Φ_H: Tatsächliche Wärmeleistung des Heizkörpers in W
Φ_L: Norm-Wärmeleistung des Moduls in $\frac{W}{Glied}$ bzw. $\frac{W}{m}$
n: Anzahl der Glieder
l: Baulänge des Heizkörpers in m
f_T: Temperatur-Korrekturfaktor als Dezimalzahl
f_M: Leistungsminderungsfaktor als Dezimalzahl

Beispiel:

Ein 3-säuliger Stahlröhrenradiator, Typ 32, mit 600 mm Bauhöhe und 25 Gliedern befindet sich in einem Kinderzimmer. Er ist auf eine Raumtemperatur von 20 °C ausgelegt.

a) Bestimmen Sie die Norm-Wärmeleistung dieses Heizkörpers in W.
b) Welche Wärmeleistung gibt dieser Heizkörper ab, wenn die Heizwassertemperaturen 65/55 °C betragen und we-

gen der vorhängenden Gardinen eine Leistungsminderung von 3 % verursacht wird?

Lösung:

geg.: $\Phi_L = 69{,}4\,\frac{W}{Glied}$ (Bild 1, Seite 282)

$n = 25$ Glieder; $\Phi_M = 3\,\%$; $\theta_V = 65\,°C$

$\theta_R = 55\,°C$; $\theta_i = 20\,°C$

a) $\Phi_S = n \cdot \Phi_L$

$$\Phi_S = \frac{25\,Glieder \cdot 69{,}4\,W}{Glied}$$

$$\underline{\underline{\Phi_S = 1735\,W}}$$

b) $\Phi_H = \dfrac{n \cdot \Phi_L}{f_T \cdot f_M}$

$f_T = 1{,}34$ (Bild 1, Seite 283)

$$f_M = 1 + \frac{\Phi_M}{100\,\%}$$

$$f_M = 1 + \frac{3\,\%}{100\,\%}$$

$$f_M = 1{,}03\,\%$$

$$\Phi_H = \frac{25\,Glieder \cdot 69{,}4\,W}{1{,}34 \cdot 1{,}03 \cdot Glied}$$

$$\underline{\underline{\Phi_H = 1257\,W}}$$

ÜBUNGEN

1) Bestimmen Sie die Norm-Wärmeleistung eines Stahlradiators 25/1000/160.

2) Bestimmen Sie die Norm-Wärmeleistung eines 1,2 m langen zweireihigen Flachheizkörpers mit zwei Konvektorblechen und der Bauhöhe von 500 mm.

3) Für ein Kinderzimmer wurde nach DIN EN 12831 eine Normheizlast von 1420 W berechnet. Eine Zusatzaufheizleistung wird nicht vereinbart. Der Raum soll von einem Stahlradiator mit 600 mm Bauhöhe und 160 mm Bautiefe beheizt werden.
   a) Ermitteln Sie die Norm-Wärmeleistung eines Radiatorgliedes.
   b) Berechnen Sie die erforderliche Gliederanzahl, wenn der Heizkörper auf eine Raumtemperatur von 20 °C ausgelegt wird und die Heizwassertemperaturen 75/65 °C betragen.

4) Ein Flur mit 1040 W Auslegungsheizlast soll von einem Stahlradiator mit 1000 mm Bauhöhe und 110 mm Bautiefe auf 15 °C aufgeheizt werden. Die Heizwassertemperaturen betragen 70/50 °C.
   a) Berechnen Sie die erforderliche Gliederanzahl.
   b) Geben Sie die Länge des Stahlradiators in mm an.

5) Für ein Badezimmer wurde eine Auslegungsheizlast von 840 W ermittelt. Zur Beheizung des Raumes ist ein Badheizkörper vorgesehen, der auf eine Innentemperatur von 24 °C ausgelegt werden soll.
   a) Berechnen Sie die Norm-Wärmeleistung in W, wenn die Heizwassertemperaturen 75/60 °C betragen.
   b) Wählen Sie einen geeigneten Badheizkörper aus.

6) Herr Herrlich möchte sich im Dachgeschoss seines Einfamilienhauses einen Fitnessraum mit 4,5 m Länge und 4 m Breite einrichten. Es soll deshalb ein passender Flachheizkörper unter dem Fenster montiert und an die bereits vorhandenen Heizungsleitungen angeschlossen werden. Die Fensterbreite beträgt 1000 mm, die Brüstungshöhe 800 mm. Der Heizkörper soll auf eine Innentemperatur von 18 °C ausgelegt werden. Die Vorlauftemperatur beträgt 70 °C, die Rücklauftemperatur 55 °C. Für den Fitnessraum wird eine spezifische Heizlast von 70 W/m² zu Grunde gelegt.
   a) Bestimmen Sie die Auslegungs-Wärmeleistung des Heizkörpers.
   b) Geben Sie die maximale Höhe des Heizkörpers an, wenn die Richtmaße des Nischeneinbaus zu Grunde gelegt werden.
   c) Ermitteln Sie den passenden Flachheizkörper mit Hilfe Bild 1, Seite 285.
   d) Bezeichnen Sie den gewählten Flachheizkörper fachgerecht für die Bestellung.

7) Ein profilierter Flachheizkörper Typ 33 ist in eine Nische eingebaut. Der Abstand Heizkörper-Oberkante und Fensterbrettunterkante beträgt 90 mm. Wegen der vorgesehenen Verkleidung wird eine Leistungsminderung von 5% angenommen.
   Bestimmen Sie den Leistungsminderungsfaktor.

8) Ein Hobbyraum soll von einem Konvektor mit 140 mm Bauhöhe und 194 mm Bautiefe beheizt werden. Die ermittelte Auslegungsheizlast beträgt 2050 W. Der Konvektor ist auf eine Norm-Innentemperatur von 20 °C auszulegen. Die Heizwassertemperaturen betragen 75/65 °C. Wegen der Gitterabdeckung wird eine Leistungsminderung von 8 % angenommen.
   Berechnen Sie die erforderliche Baulänge des Konvektors.

9) Ein Kinderzimmer hat eine Normheizlast nach DIN EN 12831 von 1540 W. Eine Zusatzaufheizleistung wird nicht vereinbart. Zur Beheizung des Raumes ist ein profilierter 600 mm hoher Flachheizkörper, Typ 22 vorgesehen, der auf eine Innentemperatur von 22 °C ausgelegt und in eine Fensternische mit 1,85 m Länge, 80 cm Höhe und 15 cm Tiefe eingebaut werden soll. Dabei ist ein Abstand von 110 mm zum fertigen Fußboden einzuhalten. Die Abstände zu den seitlichen Nischenkanten sollten

ÜBUNGEN

den Richtmaßen entsprechen. Die Vorlauftemperatur des Heizwassers beträgt 70 °C, die Rücklauftemperatur 60 °C.

a) Berechnen Sie die Norm-Wärmeleistung des Heizkörpers in W.

b) Bestimmen Sie die erforderliche Heizkörperlänge in mm.

(10) Ein Arbeitszimmer wird von einem 4-säuligen Stahlröhrenradiator, Typ 42, mit 900 mm Bauhöhe und 20 Gliedern beheizt.

a) Bestimmen Sie die Norm-Wärmeleistung dieses Heizkörpers in W.

b) Bestimmen Sie die tatsächliche Wärmeleistung des Heizkörpers, wenn die Vorlauftemperatur des Heizwassers 70 °C, die Rücklauftemperatur 50 °C und die Raumtemperatur 20 °C betragen.

(11) Der 18-gliedrige verkleidete Stahlradiator mit 450 mm Bauhöhe und 160 mm Bautiefe eines Badezimmers soll bei gleichen Systemtemperaturen 75/65/24 °C durch einen Badheizkörper ersetzt werden, der mindestens um 30 cm kürzer ist. Die Verkleidung des Stahlradiators verursachte eine Leistungsminderung von 5 %.

a) Berechnen Sie die tatsächliche Norm-Wärmeleistung des Stahlradiators.

b) Ermitteln Sie einen passenden Badheizkörper.

(12) Für ein Wohnzimmer wurde eine Auslegungsheizlast von 2020 W ermittelt. Zur Beheizung des Raumes ist ein Stahlradiator vorgesehen, der auf eine Innentemperatur von 22 °C ausgelegt und in eine Fensternische mit 2,05 m Länge, 74 cm Höhe und 20 cm Tiefe eingebaut werden soll. Dabei ist ein Mindestabstand von 70 mm zum fertigen Fußboden einzuhalten. Die Abstände zu den seitlichen Nischenkanten sollten den Richtmaßen entsprechen. Wegen der vorgesehenen Verkleidung wird eine Leistungsminderung von 4 % angenommen. Die Vorlauftemperatur des Heizwassers beträgt 75 °C, die Rücklauftemperatur 65 °C.

a) Berechnen Sie die Norm-Wärmeleistung des Stahlradiators in W.

b) Bestimmen Sie den passenden Stahlradiator.

c) Berechnen Sie die tatsächliche Wärmeleistung des Stahlradiators.

(13) Für ein Esszimmer wurde eine Auslegungsheizlast von 1280 W berechnet. Zur Beheizung des Raumes ist ein Stahl-Röhrenradiator vorgesehen, der auf eine Innentemperatur von 20 °C ausgelegt und in eine Fensternische mit 1,45 m Länge, 85 cm Höhe und 18 cm Tiefe eingebaut werden soll. Dabei sind die Richtmaße für den Nischeneinbau einzuhalten. Die Heizwassertemperaturen betragen 75/55 °C.

a) Berechnen Sie die Norm-Wärmeleistung des Stahlröhrendadiators in W.

b) Bestimmen Sie den passenden Stahlröhrenradiator.

c) Berechnen Sie die tatsächliche Wärmeleistung des Stahlröhrenradiators.

11 Flächenheizungen

Im Gegensatz zu den Raumheizkörpern sind Flächenheizungen (radiant panel heating) in die Raumumschließungsflächen integriert. Als Heizflächen dienen Fußböden, Wände und Decken. Bei Flächenheizungen wird die Wärme fast ausschließlich durch Strahlung übertragen. Dadurch ergibt sich eine günstigere Temperaturverteilung und ein angenehmeres Raumklima (indoor climate). Aufgrund des geringen Konvektionsanteils wird kaum Staub aufgewirbelt. Weitere Vorteile der Flächenheizungen sind:

- Platzersparnis (space-saving) durch den Wegfall der Heizkörper,
- Geringere Wärmeverluste durch niedrigere Heizwassertemperaturen,
- Energieeinsparung und Umweltentlastung (environmental relief) durch Einsatz von Brennwertgeräten sowie Anlagen zur Nutzung regenerativer Energien, z.B. Wärmepumpen, Solarunterstützte Heizung,
- Kühlmöglichkeit im Sommer.

Nachteile der Flächenheizungen sind die träge, langsame Regelbarkeit (controllability) aufgrund der großen Wassermassen, die hohen Anschaffungskosten (acquisition costs), sowie der hohe Arbeits- und Kostenaufwand bei Reparaturen. Außerdem wird die Kaltluft an den Fenstern schlechter aufgefangen. Bei Wandheizungen dürfen beheizte Wände nicht mit Möbeln verstellt werden.

11.1 Fußbodenheizung

Die am häufigsten installierte Flächenheizung ist die **Warmwasser-Fußbodenheizung** (underfloor heating), da sie dem Bedürfnis des Menschen nach Wärme im Fußbereich besonders entspricht. Als Heizrohre werden verwendet:

- Mehrschichtverbundrohre aus Kunststoff und Aluminium,
- Kunststoffrohre aus PE-X, PP und PB,
- Kupferrohre mit Kunststoffmantel,
- Präzisionsstahlrohre mit Kunststoffmantel.

Die Rohre mit einem äußeren Durchmesser von 12…20 mm sollen sauerstoffdiffusionsdicht (resistant against oxygen diffusion) und leicht biegbar sein.

Sauerstoffdiffusion

Bei nicht **sauerstoffdiffusionsdichten Rohren** gelangt durch die Rohrwandungen ständig Sauerstoff in den Wasserkreislauf. Dieser Sauerstoff kann zu Korrosionserscheinungen mit Rostbildung an Kessel, Heizkörpern und Stahlrohren führen. Innerhalb weniger Jahre kann die Heizungsanlage **durchrosten** (rust through) und der Fußbodenheizkreis und die Armaturen können **verschlammen** (silt up). Diese Schäden lassen sich vermeiden durch:

- Inhibitoren (inhibitors) (Chemikalien, die den Sauerstoff binden),
- diffusionsdichte (diffusion-proof / -tight) Kunststoffrohre,
- Mehrschichtverbundrohre,
- Systemtrennung (system separation) von Fußbodenheizung und übriger Heizungsanlage durch einen korrosionsbeständigen Wärmeübertrager (z. B. aus nicht rostendem Stahl).

Bei der Systemtrennung muss der Fußbodenheizkreis durch ein federbelastetes Sicherheitsventil und ein Membranausdehnungsgefäß abgesichert und ein Füll- und Entleerungseinrichtung eingebaut werden (Bild 1).

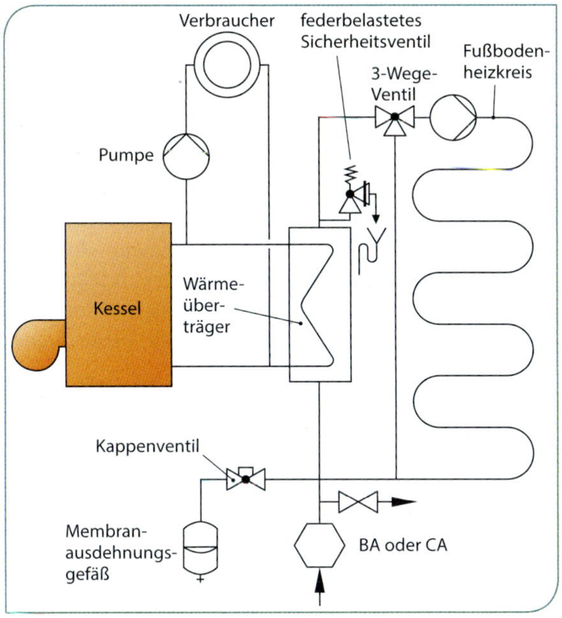

1 Systemtrennung durch einen Wärmeüberträger

11.1.1 Verlegung

Bezüglich des Bodenaufbaus (floor construction) unterscheidet man nach DIN EN 1264

- die Typen A und C, bei denen die Rohre vollständig oder teilweise vom Estrich (floor screed / pavement) umschlossen sind (**Nassverlegung** (wet laying), Bilder 2, 3).
- Typ B, bei dem die Rohre in der Dämmschicht unterhalb des Estrichs und der Abdeckung (Folie) verlegt werden (**Trockenverlegung** (dry laying); Bild 4).

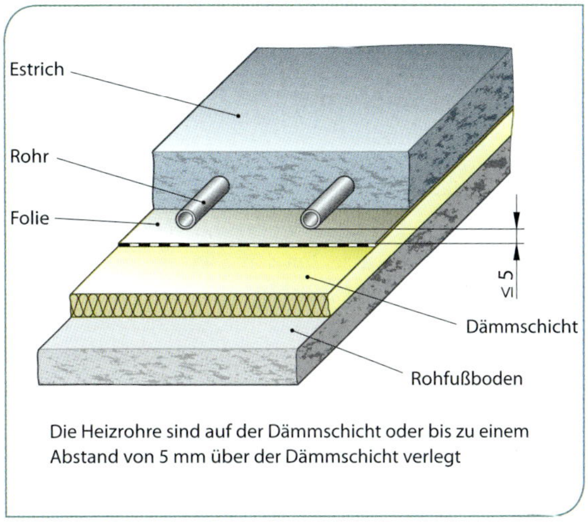

2 Fußbodenheizung Typ A

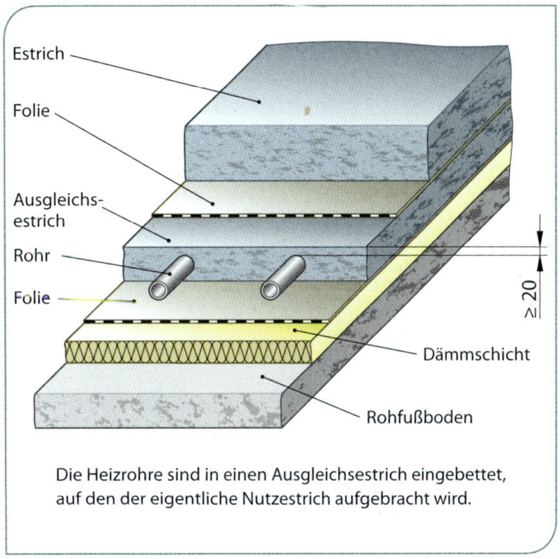

3 Fußbodenheizung Typ C

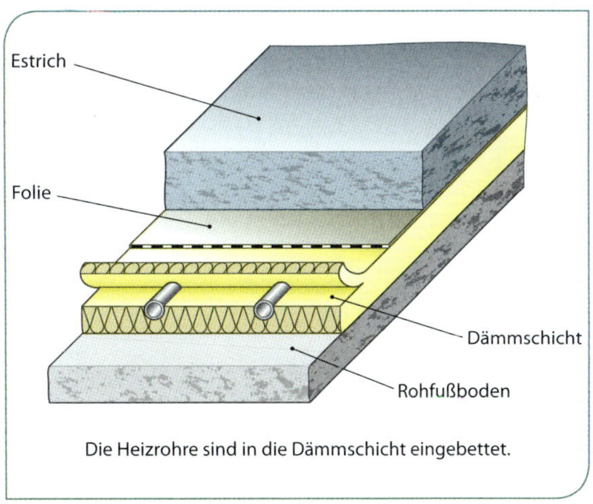

4 Fußbodenheizung Typ B

Lernfeld 7

Nach der Art der Rohrführung (pipe routeing) unterscheidet man spiralförmige (schneckenförmige) und mäanderförmige (schlangenförmige) Verlegung.
Bei der **spiralförmigen Verlegung** (spiral layout) (Bild 1) liegen Vorlauf und Rücklauf abwechselnd nebeneinander. Dadurch wird eine gleichmäßigere Temperaturverteilung erreicht.
Bei der **mäanderförmigen Verlegung** (meander layout) (Bild 2) tritt das Heizwasser mit dem Vorlauf an einer Raumseite ein und kühlt bei Durchströmen der Rohrschleifen (tube loops) kontinuierlich bis zur gegenüberliegenden Raumseite ab. Im Bereich des Heizwassereintritts herrschen somit höhere Fußboden-Oberflächentemperaturen.
Die **Rohrteilungen** (Verlegeabstände) (tube/layout spacings) liegen in der Praxis zwischen 50 mm und 300 mm. Durch geringere Heizrohrabstände werden gleichmäßigere Fußboden-Oberflächentemperaturen (floor surface temperatures) und höhere Wärmeleistungen erzielt. Dies wird besonders im Randbereich (max. 1 m) vor Außentüren wie z. B. Balkon- bzw. Terrassentüren praktiziert, um den erhöhten Wärmeentzug zu kompensieren. Die Randzone (border zone) kann dabei als eigener Heizkreis ausgeführt oder in den bestehenden Heizkreis integriert werden. Die Rohrführung kann spiralförmig oder mäanderförmig erfolgen.

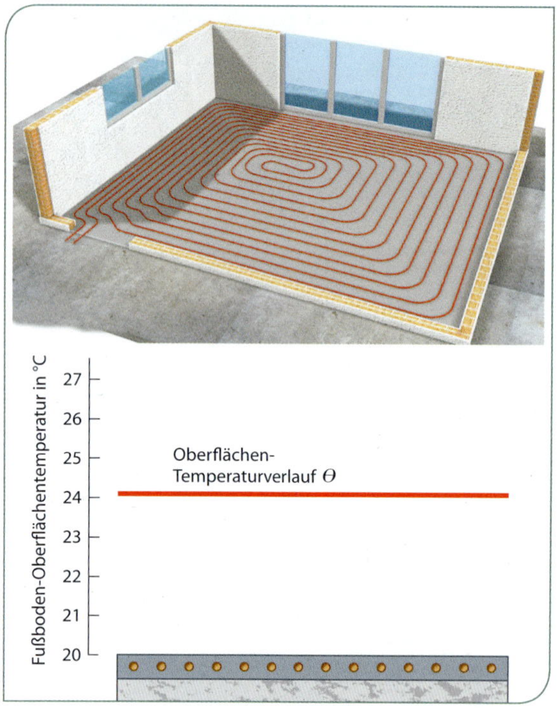

1 *Rohrführung und Oberflächentemperaturverlauf bei spiralförmiger Verlegung*

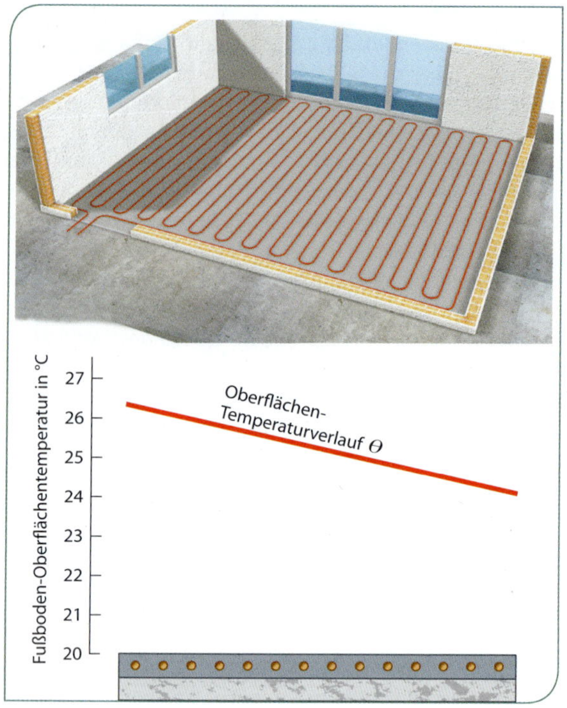

2 *Rohrführung und Oberflächentemperaturverlauf bei mäanderförmiger Verlegung*

Montagehinweise bei der Nassverlegung

Vor der Montage der Fußbodenheizung sollten der Wandputz (wall plaster) angebracht und alle Installationsarbeiten abgeschlossen und geprüft sein. Die Verlegung sollte nach einem **Verlegeplan/Fugenplan** (layout plan) erfolgen. Die Heizkreise und Estrichfelder (heating circuits and pavement panels) sind aufeinander abzustimmen und bei der Verlegung einzuhalten.
Nach Reinigung der Bodenfläche sind die **Randdämmstreifen** (edge insulation strips) an den Wänden, Säulen und Türzargen anzubringen. Ausführungen mit Klebestreifen (glue strip) an der Rückseite erleichtern das Anbringen vor allem an Wandecken und Vorsprüngen. Eine saubere Eckenausbildung wird erreicht, wenn man die Randdämmstreifen von hinten etwa bis zur halben Stärke einschneidet. Die Folie am Randdämmstreifen dichtet die Fuge zwischen Randdämmstreifen und Dämmplatten ab. Die Randdämmstreifen nehmen die Wärmeausdehnung des Estrichs auf und verhindern die Schallübertragung auf das Mauerwerk. Da Heizestriche aufgrund der Wärmebeanspruchung eine größere Ausdehnung als unbeheizte Fußbodenaufbauten haben, ist eine allseitige Ausdehnungsmöglichkeit (expansion possibility) von mindestens 5 mm erforderlich (Bild 1, nächste Seite).
Anschließend sind die **Wärme- und Trittschalldämmplatten** (heat und impact sound insulating boards) auszulegen. Bei zweilagiger Verlegung muss die zweite Lage fugenversetzt (with displaced junctures) zur ersten Lage verlegt werden. Bei Stoßkanten ohne überlappenden Stufenfalz ist die Stoßfuge mit Klebeband (Tackerplatten) bzw. Verbindungs-

profil (Noppenplatten) abzudichten, um ein Eindringen des Estrichs unter die Dämmung zu verhindern. Bei Verwendung von Dämmplatten ohne Feuchtigkeitsschutzschicht (moisture-proof protective layer) sind diese mit einer Folie (foil) abzudecken. Dabei ist auf eine ausreichende Überlappung (overlapping) (mindestens 80 cm) zu achten.

Die **Heizrohre** werden, beginnend am Heizkreisverteiler, entsprechend den vorgesehenen Rohrteilungen (Verlegeabständen) auf den Dämmplatten verlegt. Eine Unterschreitung der Mindestbiegeradien (minimum bending radius) (≥ 5 · d_a) ist nicht zulässig. Werden die Heizrohre durch Dehnungsfugen (expansion joints), Wand- und Deckendurchbrüche geführt, sind Schutzrohre vorzusehen (Bild 2).

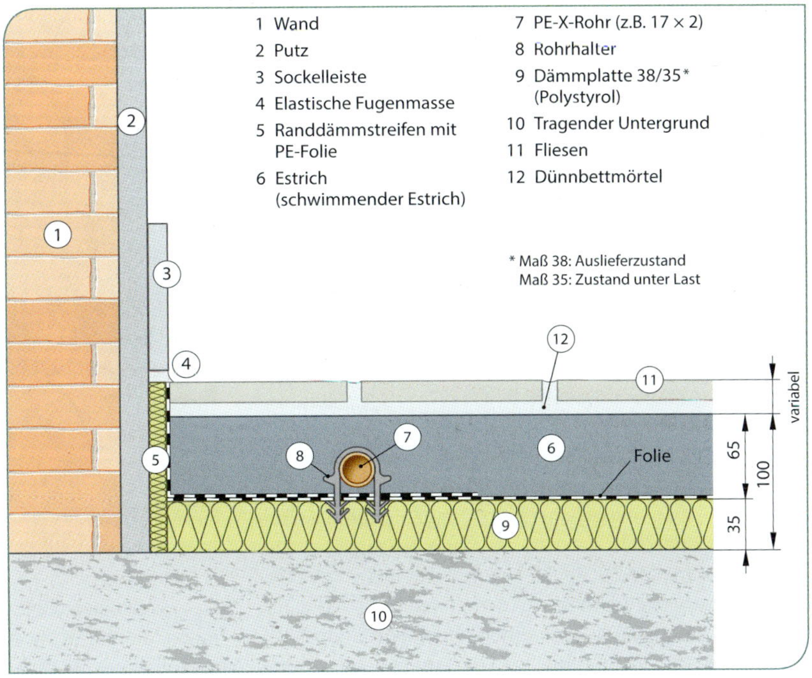

1 Aufbau einer nassverlegten Fußbodenheizung

Die Heizrohre können mit selbstklebenden oder mit Haltenadeln fixierten Klemmschienen (clamping rails) (Bild 3) oder Anker-Clips (anchor-clips) an der Dämmplatte oder an vorher ausgelegten Trägermatten mit Stahlgitter (metal mesh carrier mats) befestigt werden (Bild 1, nächste Seite). Bei Verwendung von Noppenplatten (knob slabs) wird das Heizrohr einfach durch Eindrücken zwischen den Rohrhaltenoppen befestigt (Bild 2).

Vor Einbringen des Estrichs sind die Heizkreise einer **Dichtheitsprüfung** (leak test) nach DIN EN 1264-4 zu unterziehen. Diese kann mit Wasser oder Druckluft durchgeführt werden. Wird die Druckprüfung mit Wasser durchgeführt, darf der Prüfdruck nicht weniger als 4 bar und nicht mehr als 6 bar betragen. Erfolgt die Druckprüfung mit Druckluft, beträgt der Prüfdruck maximal 3 bar. Der Prüfdruck muss während des Einbringens des Estrichs aufrecht erhalten bleiben. Bei Gussasphalt müssen die Rohre während des Einbringens des Asphaltes drucklos sein. Die Dichtheit und der Prüfdruck müssen in einem Prüfprotokoll dokumentiert werden. Wird die Dichtheitsprüfung mit Waser durchgeführt, sind bei Frostgefahr (frost danger) geeignete Gegenmaßnahmen zu treffen, z.B. Einsatz von Frostschutzmitteln (antifreezers), Beheizung des Gebäudes. Zur Überprüfung der Funktion der Fußbodenheizung ist das Funktionsheizen (heating test) gemäß DIN EN 1264-4 durchzuführen und zu dokumentieren.

Aufheizbeginn (heat-up start) frühestens:

- 21 Tage nach Einbringen von Zementestrichen (cement screeded floors),
- 7 Tage nach Einbringen von Calciumsulfat-Estrichen (calcium sulphate screed),
- 1 Tag nach Einbringen von Gussasphalt (mastic asphalt).

Aufheizdauer (heat-up duration) und Temperaturen:

- Mind. 3 Tage mit max. 20 – 25 °C Vorlauftemperatur, danach,
- Mind. 4 Tage mit max. Auslegungstemperatur (max. 55 °C).

2 Noppenplatten mit Dehnungsprofil und Schutzrohr

3 Klemmschienen mit Haltenadeln fixiert

Lernfeld 7

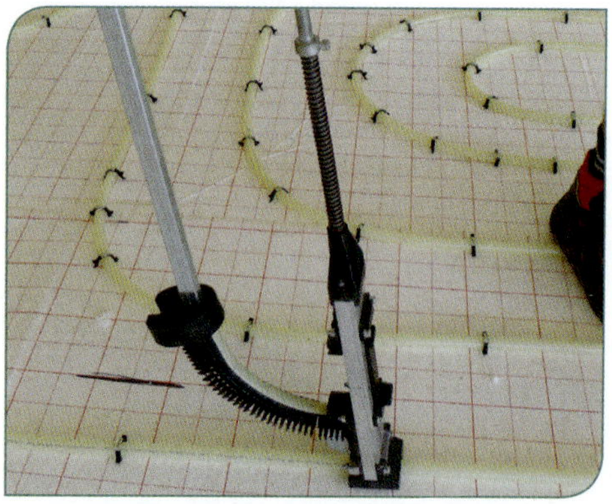

1 Heizrohre auf Trägermatte mit Anker-Clips (Rohrhalter) fixiert

11.1.2 Heizkreisverteilung

Die Rohre der einzelnen Heizkreise einer Wohnung oder Etage werden in einem möglichst zentral angeordneten **Verteilerschrank** (manifold cabinet) an einen Heizkreisverteiler angeschlossen (Bild 2).

Der **Heizkreisverteiler** (heating circuit manifold) (Bilder 2, 3) beinhaltet den Vorlaufverteiler (flow distributor), den Rücklaufsammler (return collector), die Füll- und Entleerungshähne zum Füllen und Spülen der Heizkreise, die Entlüftungsventile zum Entlüften beim Befüllen und gegebenenfalls während des Betriebes sowie die Absperr-, Regulier- und Regeleinrichtungen (Stellantriebe) für die einzelnen Heizkreise. An den Reguliereinsätzen bzw. -ventilen (regulating inserts or valves) können die Durchflussmengen (flow volumes) entweder am Handrad manuell einreguliert oder mittels Stellantrieb selbsttätig geregelt werden. Bei Ausführungen mit Durchflussmengenmessern bzw. -anzeigern (flow meters or indicators) kann der eingestellte bzw. aktuelle Wert abgelesen werden.

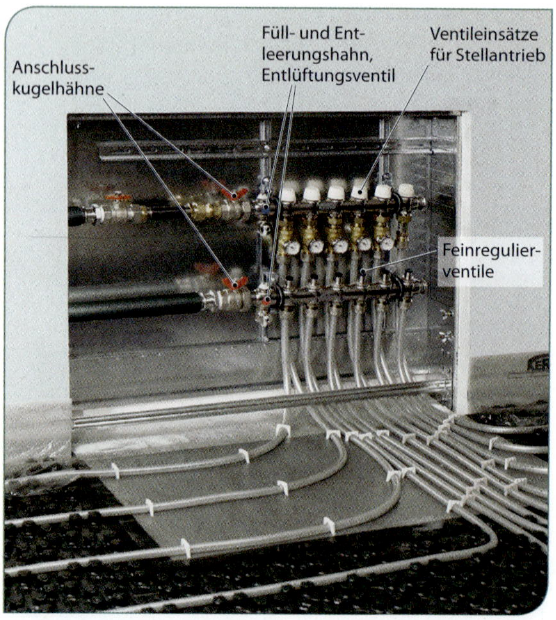

2 Verteilerschrank – Anbindung der Heizrohre an Vorlaufverteiler und Rücklaufsammler

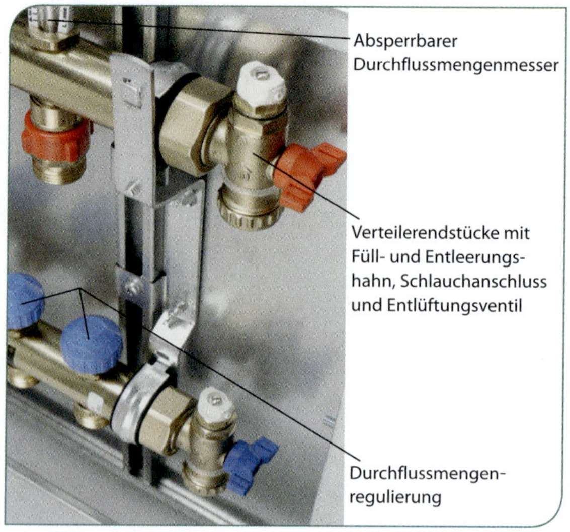

3 Heizkreisverteiler

Der Heizkreisverteiler sollte mit Absperreinrichtungen, z. B. Kugelhähnen, an die Vor- und Rücklaufleitung der Heizungsanlage angeschlossen werden, um diese z. B. bei Wartungsarbeiten absperren zu können (Bild 2).

Vor Montage der Stellantriebe (actuators) sind die Schutzkappen am Verteiler zu entfernen. Danach können die Ventiladapter aufgeschraubt und die Stellantriebe aufgeclipst und verdrahtet (wired) werden (Bild 4).

Der hydraulische Abgleich kann je nach Bauart an den im Vorlaufverteiler oder Rücklaufsammler integrierten Feinregulierventilen (fine regulating valves) oder an den Durchflussmess- und Reguliereinsätzen (flow measuring and regulating inserts) vorgenommen werden (Bild 1, nächste Seite).

Die erforderliche Größe des Heizkreisverteilers hängt von der Anzahl der Heizkreise ab.

Bei Einsatz eines Wärmemengenzählers und/ oder einer Verteilerregelstation sind die entsprechenden Einbaumaße bei der Auswahl des Verteilerschrankes zu berücksichtigen.

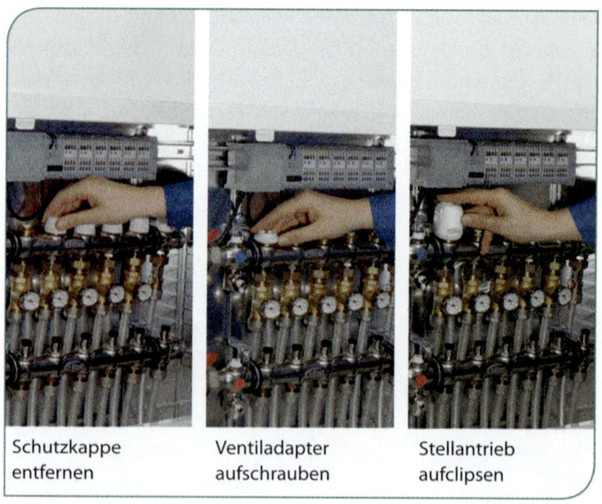

4 Montage der Stellantriebe

Die Heizkreise (heating circuits) sind möglichst aus einer Rohrlänge zu verlegen. Falls Kupplungen (couplings) unvermeidbar sind, sollten sie in der geraden Rohrstrecke eingebaut werden. Die maximale Heizkreislänge sollte aus Gründen des zulässigen Druckverlustes 120 m nicht überschreiten. Daraus ergeben sich je nach Verlegeabstand maximale Heizkreisflächen bis etwa 40 m². Bei höherer Heizlast (heating load) eines Raumes müssen mehrere Heizkreise verlegt werden.

Bild a: Feinregulierventile

Bild b: Durchflussmess- und Reguliereinsätze

1 *Hydraulischer Abgleich an den Feinregulierventilen (Bild a) und den Durchflussmess- u. Reguliereinsätzen (Bild b).*

11.1.3 Regelung

Nach § 14 (2) der Energieeinsparverordnung (energy saving decree) müssen heizungstechnische Anlagen mit Wasser als Wärmeträger beim Einbau in Gebäude mit selbsttätig wirkenden Einrichtungen zur raumweisen Regelung (roomwise control) der Raumtemperatur ausgerüstet werden.

Dazu können **Reguliereinsätze bzw. Regulierventile** mit **elektrothermischen** (Bild 2) oder **motorischen Stellantrieben** (electrothermal or motor-driven actuators) in Verbindung mit **Raumthermostaten** (roomstat/thermostat) eingesetzt werden. Die Raumthermostate erfassen die Raumtemperatur und regeln die Wärmezufuhr im Raum. Raumthermostate mit Temperaturabsenkung (Bild 3) bzw. mit programmierbarer Schaltuhr (time switch/timer) ermöglichen die Zuordnung von unterschiedlichen Heizintervallen, z. B. abgesenkter Heizbetrieb an bestimmten Wochentagen bzw. zu bestimmten Tageszeiten. Die Ansteuerung der Stellantriebe kann drahtgebunden oder drahtlos (wire-bound or wireless) über Funk erfolgen.

Eine raumweise Temperaturregelung kann auch mit einem **Thermostatventil** und/oder **Rücklauftemperaturbegrenzer (RTL)** (return temperature limiter) erreicht werden.

Im Handel werden dafür Unterputzkästen (in-wall boxes), in dem das Ventilgehäuse und das Entlüftungsventil (air-bleed valve) untergebracht sind, zusammen mit einer Abdeckplatte und dem Thermostatkopf als kompakte Einheit angeboten (Bild 1, nächste Seite). Bei Ausführungen mit einem Thermostatventil muss die Vorlauftemperatur z. B. am Heizkreisverteiler vorgemischt oder begrenzt werden (Bild 1a, nächste Seite).

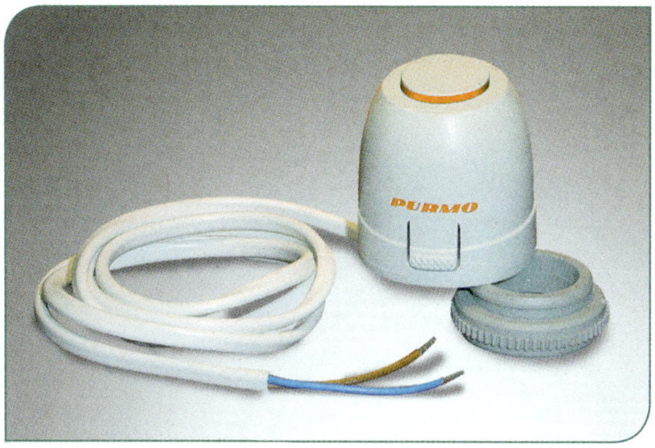

2 *Elektrothermischer Stellantrieb*

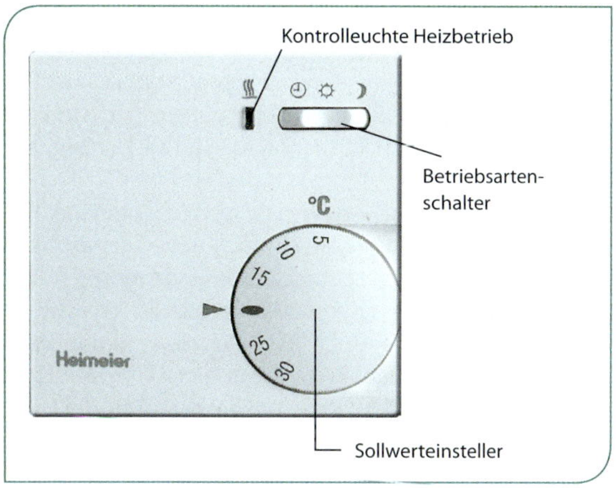

3 *Raumthermostat mit Temperaturabsenkung*

Ausführungen mit Thermostatventil (Lufttemperatur) und Rücklauftemperaturbegrenzer (Wassertemperatur) für den Einsatz bei kombinierten Fußboden-Heizkörperheizungsanlagen erfordern keine Begrenzung bzw. Vormischung (premixing) der Vorlauftemperatur (Bild 1b, nächste Seite).

Rücklauftemperaturbegrenzer (RTL) werden bei kombinierten Fußboden-Heizkörperheizungsanlagen zur Temperierung kleiner Fußbodenflächen (bis max. 15 m²) eingesetzt. Sie arbeiten ähnlich wie Thermostatventile. Die zu regelnde Größe (controlled value) ist dabei nicht die Raumlufttemperatur, sondern die Rücklaufwassertemperatur des Fußbodenheizkreises. Wird der eingestellte Sollwert erreicht, schließt das Ventil und öffnet erst dann wieder, wenn dieser Wert unterschritten wird (Bild 4 und 1c, nächste Seite).

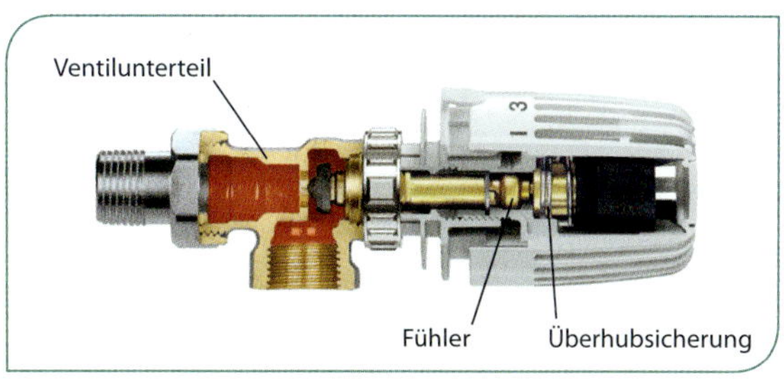

4 *RTL- Rücklauftemperaturbegrenzer*

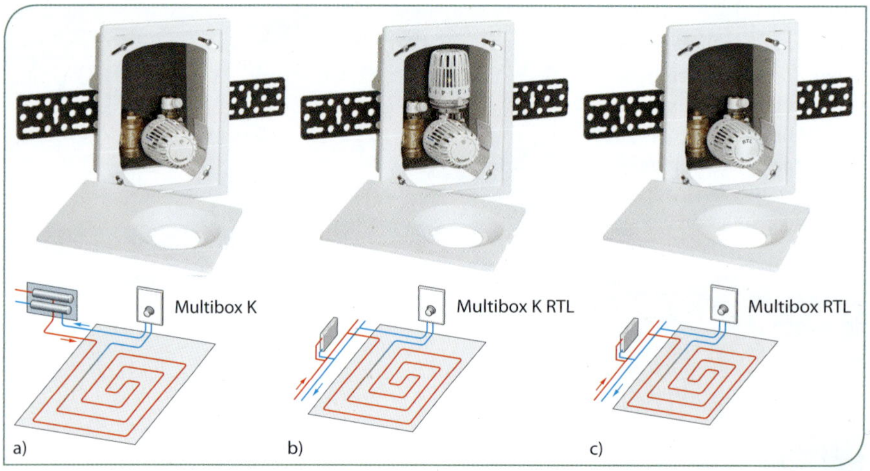

1 Einzelraumregelung mit Thermostatventil (a), Thermostatventil und Rücklauftempereaturbegrenzer (b) und Rücklauftemperaturbegrenzer (c)

Verteilerregelstationen (manifold control stations) werden dezentral in den Verteilerschrank eingebaut und ermöglichen den Anschluss der Flächenheizung an die Heizungsanlage.

Die abgebildete Regelstation hält die Vorlauftemperatur durch Beimischung von Rücklaufwasser mittels Temperaturregler mit Anlegefühler (contact sensor) und Dreiwegeventil (three-way/port valve) auf einem konstanten Wert (Festwertregelung (set-value control)). Das Heizwasser in den Heizkreisen der Flächenheizung wird von einer elektronischen Pumpe umgewälzt. Die Pumpenelektronik regelt die Pumpenleistung nach dem aktuellen Heizwasserbedarf (heating water demand). Das elektrische Anlegethermostat (Pumpenabschaltmodul (pump switch-off module)) schützt, z. B. bei Ausfall des Temperaturreglers, den Flächenheizkreis vor unzulässig hohen Temperaturen, indem es die Umwälzpumpe ausschaltet (Bild 2).

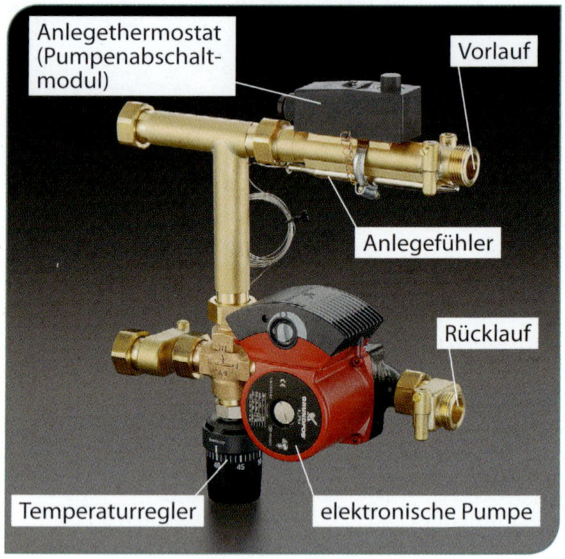

2 Festwert-Verteilerregelstation

ÜBUNGEN

1. Nennen Sie jeweils drei Vor- und Nachteile der Fußbodenheizung.
2. Welche Rohrwerkstoffe werden für Warmwasser-Fußbodenheizungen verwendet?
3. Erläutern Sie die Sauerstoffdiffusion bei Fußbodenheizungsanlagen.
4. Nennen Sie drei Möglichkeiten, Schäden durch Sauerstoffdiffusion in Fußbodenheizungen zu vermeiden.
5. Erläutern Sie die Verlegung von Fußbodenheizungen
   a) nach Typ A und C
   b) nach Typ B
6. Welche zwei Rohrverlegearten unterscheidet man bei Fußbodenheizungen?
7. Erläutern Sie die einzelnen Arbeitsschritte bei der Nassverlegung einer Fußbodenheizung.
8. Welche Armaturen und Einrichtungen beinhaltet ein Heizkreisverteiler.
9. Nennen Sie drei Anforderungen an Fußbodenheizkreise.
10. Übertragen Sie den Grundriss im Maßstab 1:50 ohne Maßangaben auf ein A4-Blatt. Zeichnen Sie die Rohre der Fußbodenheizung nach folgenden Angaben ein und schließen Sie sie an den Verteiler an.
    a) Küche: 2 Heizkreise
       1. Heizkreis: 1 m breite Randzone an der Fensterseite, spiralförmige Verlegung, Rohrteilung 10 cm
       2. Heizkreis: Aufenthaltszone (restliche Fußbodenfläche), spiralförmige Verlegung, Rohrteilung 20 cm.

ÜBUNGEN

b) Wohnzimmer: 1 Heizkreis
Spiralförmige Verlegung, Rohrteilung 15 cm.

c) WC: 1 Heizkreis
Mäanderförmige Verlegung, Rohrteilung 10 cm.

d) Flur im Bereich zwischen Außentür und Treppe:
1 Heizkreis
Mäanderförmige Verlegung, Rohrteilung 15 cm

11) Nennen und erläutern Sie Einrichtungen zur raumweisen Regelung der Raumtemperatur bei Fußbodenheizungen.

12) Beschreiben Sie die Arbeitsweise von Rücklauftemperaturbegrenzern.

13) Wofür werden Rücklauftemperaturbegrenzer verwendet?

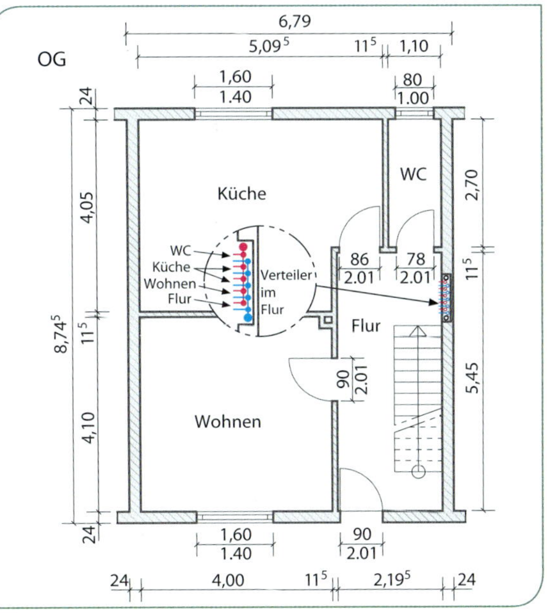

1 zu Aufgabe 10

11.1.4 Auslegung und Wärmeleistung von Fußbodenheizungen

Die Auslegung (concept / layout) der Fußbodenheizung erfolgt nach DIN EN 1264-3 auf der Basis der nach DIN EN 2831 ermittelten Normheizlast (nominal heating load) des jeweiligen Raumes. Vereinfacht kann die Fußbodenheizung auch mit Hilfe von Herstellertabellen ausgelegt werden (vgl. Kap. 11.1.4.2).

11.1.4.1 Auslegung nach DIN EN 1264-3

Bei der Auslegung der Fußbodenheizung nach DIN EN 1264-3 ist wie folgt vorzugehen:

A) Berechnung der Auslegungs-Wärmeleistung Φ_H

Die **Auslegungs-Wärmeleistung Φ_H** (concept heat capacity) der Fußbodenheizung ergibt sich, indem man von der Normheizlast Φ_{HL} den Transmissionswärmeverlust Φ_T des Fußbodens subtrahiert.

$$\Phi_H = \Phi_{HL} - \Phi_T$$

Φ_H: Auslegungs-Wärmeleistung der Fußbodenheizung in W
Φ_{HL}: Normheizlast in W
Φ_T: Transmissionswärmeverlust des Fußbodens in W

Beispiel

Die nach DIN EN 12831 ermittelte Normheizlast des Kinderzimmers eines Einfamilienhauses beträgt 810 W.
Bestimmen Sie die Auslegungs-Wärmeleistung der Fußbodenheizung in W, wenn der Transmissions-Wärmeverlust (transmission heat loss) des Fußbodens 70 W beträgt.

Lösung:

geg.: $\Phi_{HL} = 810\,W$
ges.: Φ_H

$$\Phi_H = \Phi_{HL} - \Phi_T$$
$$\Phi_H = 810\,W - 70\,W$$
$$\Phi_H = \underline{\underline{740\,W}}$$

B) Berechnung der Auslegungs-Wärmestromdichte q_{des}

Die zur Deckung der Auslegungs-Wärmeleistung Φ_H eines fußbodenbeheizten Raumes erforderliche Wärmeleistung, bezogen auf die heizende Fußbodenoberfläche, wird als **Auslegungs-Wärmestromdichte q_{des}** bezeichnet.

$$q_{des} = \frac{\Phi_H}{A_F}$$

q_{des}: Auslegungs-Wärmestromdichte in $\frac{W}{m^2}$
Φ_H: Auslegungs-Wärmeleistung der Fußbodenheizung in W
A_F: Fußbodenoberfläche in m^2

Gegebenenfalls ist die Wärmeleistung einer zusätzlichen Heizeinrichtung, z. B. eines Heizkörpers, von der Auslegungs-Wärmeleistung Φ_H zu subtrahieren. Nicht beheizte Flächen wie z. B. Bodenflächen unter Duschen und Badewannen sind von der Fußbodenfläche des Raumes abzuziehen. Befinden sich auf mehr als 25 % der beheizten Fußbodenfläche Möbel, sind nach Herstellerempfehlung nur 85 % dieser Fläche bei der Berechnung zu berücksichtigen.

Bei einer **Aufteilung der Heizfläche** z. B. in eine Aufenthalts- und eine Randzone ist die Auslegungs-Wärmestromdichte flächenanteilig auf die beiden Zonen aufzuteilen:

$$q_{des} = \frac{A_R}{A_F} \cdot q_R + \frac{A_A}{A_F} \cdot q_A$$

q_{des}: Auslegungs-Wärmestromdichte in $\frac{W}{m^2}$
q_R: Wärmestromdichte der Randzone in $\frac{W}{m^2}$
q_A: Wärmestromdichte der Aufenthaltszone in $\frac{W}{m^2}$
A_R: Fußbodenoberfläche der Randzone in m^2
A_A: Fußbodenoberfläche der Aufenthaltszone in m^2
A_F: Fußbodenoberfläche in m^2

Beispiel 1
Die Auslegungs-Wärmeleistung der Fußbodenheizung eines Kinderzimmers mit 10 m² Fläche beträgt 740 W.
Berechnen Sie die Auslegungs-Wärmestromdichte.

Lösung:
geg.: $A_F = 10\ m^2$; $\Phi_H = 740\ W$
ges.: q_{des}

$$q_{des} = \frac{\Phi_H}{A_F}$$

$$q_{des} = \frac{740\ W}{10\ m^2}$$

$$\underline{\underline{q_{des} = 74\ \frac{W}{m^2}}}$$

Beispiel 2
Die Fußbodenheizfläche eines Esszimmers wird in eine Aufenthaltszone mit 6,5 m² Fläche und eine Randzone mit 5,5 m² Fläche aufgeteilt. Die Wärmestromdichte der Aufenthaltszone beträgt 75 $\frac{W}{m^2}$, die der Randzone 85 $\frac{W}{m^2}$.
Bestimmen Sie die Auslegungs-Wärmestromdichte des Esszimmers.

Lösung:
geg.: $q_R = 85\ \frac{W}{m^2}$; $q_A = 75 \frac{W}{m^2}$; $A_R = 5{,}5 m^2$
$A_A = 6{,}5\ m^2$
ges.: q_{des} in $\frac{W}{m^2}$

$$q_{des} = \frac{A_R}{A_F} \cdot q_R + \frac{A_A}{A_F} \cdot q_A$$

$$q_{des} = \frac{5{,}5\ m^2}{12\ m^2} \cdot 85\ \frac{W}{m^2} + \frac{6{,}5\ m^2}{12\ m^2} \cdot 75\ \frac{W}{m^2}$$

$$q_{des} = 38{,}96\ \frac{W}{m^2} + 40{,}63\ \frac{W}{m^2}$$

$$\underline{\underline{q_{des} = 79{,}6\ \frac{W}{m^2}}}$$

C) Festlegung der Innentemperatur (Raumtemperatur) θ_i

Die Innentemperaturen (Raumtemperaturen) θ_i sind von der Nutzung der Räume abhängig. Für den Wohnbereich (Aufenthalts- und Randzonen) werden 20 °C, für Bäder und WCs 24 °C und für Flure 15 °C zugrunde gelegt.

D) Kontrolle der mittleren Fußboden-Oberflächentemperatur $\theta_{F,m}$

Die Wärmestromdichte einer Fußbodenheizung hängt vom Wärmeübergangskoeffizienten α (heat transmission coefficient), der mittleren Fußbodenoberflächentemperatur $\theta_{F,m}$ und der Innentemperatur (Raumtemperatur) ab. Nimmt man für den Wärmeübergangskoeffizienten α den in der Praxis üblichen Wert 11 $\frac{W}{m^2 \cdot K}$ an, kann die Wärmestromdichte vereinfacht mit folgender Formel berechnet werden.

$$q_F = \alpha \cdot (\theta_{F,m} - \theta_i)$$

$$\theta_{F,m} = \frac{q_F}{\alpha} + \theta_i$$

q_F: Wärmestromdichte der Fußbodenheizung in $\frac{W}{m^2}$
α: Wärmeübergangskoeffizient in $\frac{W}{m^2 \cdot K}$
$\alpha = 11\ \frac{W}{m^2 \cdot K}$
$\theta_{F,m}$: mittlere Fußbodenoberflächentemperatur in °C
θ_i: Innentemperatur in °C

Soll die Fußbodenheizung eine bestimmte Wärmeleistung übertragen, so ist eine entsprechende Fußboden-Oberflächentemperatur (floor surface temperature) erforderlich. Aus physiologischen und medizinischen Gründen sind die Fußboden-Oberflächentemperaturen allerdings begrenzt. Die **maximal zulässigen Oberflächentemperaturen** sind in DIN EN 1264-2 festgelegt.
Bei der Überprüfung muss anstelle von q_F die Auslegungs-Wärmestromdichte q_{des} eingesetzt werden.

MERKE

Aufenthaltszonen: $\theta_{F,max} \leq 29\ °C$
Randzone (1 m breit): $\theta_{F,max} \leq 35 °C$
Bäder: $\theta_{F,max} \leq 33 °C$

Die höheren Fußbodenoberflächentemperaturen an den Randzonen dienen zum Ausgleich der Wärmeverluste insbesondere bei großflächigen Verglasungen. Sie können durch eine kleinere Rohrteilung erreicht werden.

Durch die jeweils maximal zulässige Fußboden-Oberflächentemperatur wird die Wärmeleistung einer Fußbodenheizung begrenzt. Man bezeichnet die flächenbezogene Wärmeleistung bei der maximal zulässigen Fußboden-Oberflächentemperatur als **Grenzwärmestromdichte q_G**.

$$q_G = \alpha \cdot (\theta_{F,max} - \theta_i)$$

q_G: Grenzwärmestromdichte in $\frac{W}{m^2}$
$\theta_{F,max}$: maximal zulässige Fußboden-Oberflächentemperatur in °C
α: Wärmeübergangskoeffizient
θ_i: Innentemperatur in °C

Beispiel
Die Fußbodenheizung eines Kinderzimmers soll auf eine Innentemperatur von 20 °C und auf eine Wärmestromdichte von 74 $\frac{W}{m^2}$ ausgelegt werden.

a) Berechnen Sie die mittlere Fußboden-Oberflächentemperatur.
b) Überprüfen Sie, ob die errechnete Fußboden-Oberflächentemperatur des Kinderzimmers zulässig ist.
c) Überprüfen Sie, ob die Auslegungs-Wärmestromdichte die Grenzstromdichte überschreitet.

Lösung:
geg.: $q_{des} = 74\,\frac{W}{m^2}$; $\theta_i = 20\,°C$; $a = 11\,\frac{W}{m^2 \cdot K}$
ges.: a) $\theta_{F,m}$; b) Zulässigkeit c) q_G

a) $\theta_{F,m} = \frac{q_{des}}{a} + \theta_i$

$\theta_{F,m} = \frac{74\,W \cdot m^2 \cdot K}{m^2 \cdot 11 \cdot W} + 20\,°C$

$\theta_{F,m} = 6{,}7\,K + 20\,°C$

$\theta_{F,m} = 6{,}7\,°C + 20\,°C$

$\underline{\underline{\theta_{F,m} = 26{,}7\,°C}}$

b) $\theta_{F,m} = 26{,}7\,°C < \theta_{F,max} = 29\,°C \Rightarrow \theta_{F,m}$ zulässig

c) $q_G = a \cdot (\theta_{F,max} - \theta_i)$

$q_G = 11\,\frac{W}{m^2 \cdot K} \cdot (29\,°C - 20\,°C)$

$q_G = 11\,\frac{W}{m^2 \cdot K} \cdot 9\,K$

$\underline{\underline{q_G = 99\,\frac{W}{m^2} > q_{des} = 74\,\frac{W}{m^2}}}$

E) Berechnung einer erforderlichen Zusatzheizleistung Φ_{zus}

Wird bei der berechneten Auslegungs-Wärmestromdichte die maximal zulässigen Fußboden-Oberflächentemperatur $\theta_{F,m}$ überschritten, muss die Fußboden-Oberflächentemperatur neu festgelegt und die Wärmestromdichte q_F neu berechnet werden. Die zur Deckung der Auslegungs-Wärmeleistung Φ_H erforderliche Zusatzheizleistung Φ_{zus} (Heizkörper) kann mit folgender Formel bestimmt werden.

$$\Phi_{zus} = \Phi_H - q_F \cdot A_F$$

Φ_{zus}: Zusatzheizleistung in W
Φ_H: Auslegungs-Wärmeleistung in W
q_F: Wärmestromdichte in $\frac{W}{m^2}$
A_F: Fußbodenoberfläche in m^2

Beispiel
Die Auslegungs-Wärmeleistung eines Hobbyraums mit 20 m^2 Fläche beträgt 2200 W. Der Raum soll auf eine Innentemperatur von 20 °C ausgelegt werden. Da bei der Auslegungs-Wärmestromdichte von 110 $\frac{W}{m^2}$ die maximal zulässige Fußbodenoberflächentemperatur überschritten wird, legt man die mittlere Oberflächentemperatur auf 26 °C fest.
a) Berechnen Sie die Wärmestromdichte q_F bei einer mittleren Fußbodenoberflächentemperatur von 26 °C.
b) Berechnen Sie die erforderliche Zusatzheizleistung eines Heizkörpers in W.

Lösung:
geg.: $q_{des} = 110\,\frac{W}{m^2}$; $\theta_i = 20\,°C$; $\theta_{F,m} = 26\,°C$;
$a = 11\,\frac{W}{m^2 \cdot K}$;
ges.: a) q_F ; b) Φ_{zus}

a) $q_F = a \cdot (\theta_F - \theta_i)$

$q_F = 11\,\frac{W}{m^2 \cdot K} \cdot (26\,°C - 20\,°C)$

$q_F = 11\,\frac{W}{m^2 \cdot K} \cdot 6\,K$

$\underline{\underline{q_F = 66\,\frac{W}{m^2}}}$

b) $\Phi_{zus} = \Phi_H - q_F \cdot A_F$
$\Phi_{zus} = 2200\,W - 66\,\frac{W}{m^2} \cdot 20\,m^2$
$\Phi_{zus} = \underline{\underline{880\,W}}$

F) Festlegung des Wärmeleitwiderstands $R_{\lambda,B}$ des Bodenbelages

Bei der Auslegung der Fußbodenheizung ist der Wärmeleitwiderstand $R_{\lambda,B}$ des Bodenbelags zu berücksichtigen.
Nach DIN EN 1264-3 wird ein einheitlicher Wärmeleitwiderstand des Bodenbelages von $R_{\lambda,B} = 0{,}10\,m^2 \cdot K/W$ für den Wohnbereich (Aufenthaltsräume) und $R_{\lambda,B} = 0{,}0\,m^2 \cdot K/W$ für Bäder angenommen, da im Planungsstadium die Beschaffenheit der Bodenbeläge häufig noch nicht eindeutig feststeht und außerdem ein späterer Belagwechsel nicht auszuschließen ist. Höhere R-Werte sind gesondert zu vereinbaren; $R_{\lambda,B} = 0{,}15\,m^2 \cdot K/W$ darf nicht überschritten werden.

G) Ermittlung der Rohrteilung T (Verlegeabstand VA) und der Auslegungs-Heizwasserübertemperatur $\Delta\theta_{H,des}$ aus Herstellerdiagrammen

Die **Rohrteilung T (Verlegeabstand VA** (layout spacing)**)** hängt von der erforderlichen Wärmestromdichte, der Heizwasserübertemperatur, dem Bodenbelag, der Rohrüberdeckung, dem Rohrdurchmesser und dem Rohrwerkstoff ab. Die Abhängigkeit dieser Parameter wird durch Kennlinien bzw. Tabellen in Herstellerunterlagen beschrieben.
Die für die Auslegungs-Wärmestromdichte eines Raumes erforderliche Rohrteilung und die entsprechende Auslegungs-Heizwasserübertemperatur können somit dem jeweiligen Hersteller-Diagramm (manufaturer's diagrams) entnommen werden (Bilder 1, 2, nächste Seite). Die Rohrteilung ist dabei so zu wählen, dass auf keinen Fall die maximale Oberflächentemperatur (Grenzkurven) überschritten wird.
In der Praxis bewegen sich die Rohrteilungen von 5 cm bis 30 cm, wobei im Aufenthaltsbereich 15 cm wegen der maximalen Fußbodenoberflächentemperatur nicht unterschritten und 30 cm wegen der Temperaturwelligkeit des Fußbodens nicht überschritten werden sollen.
Die **Auslegungs-Heizwasserübertemperatur $\Delta\theta_{H,des}$** ist die Differenz zwischen der mittleren Heizwassertemperatur θ_m und der Innentemperatur θ_i.

Lernfeld 7

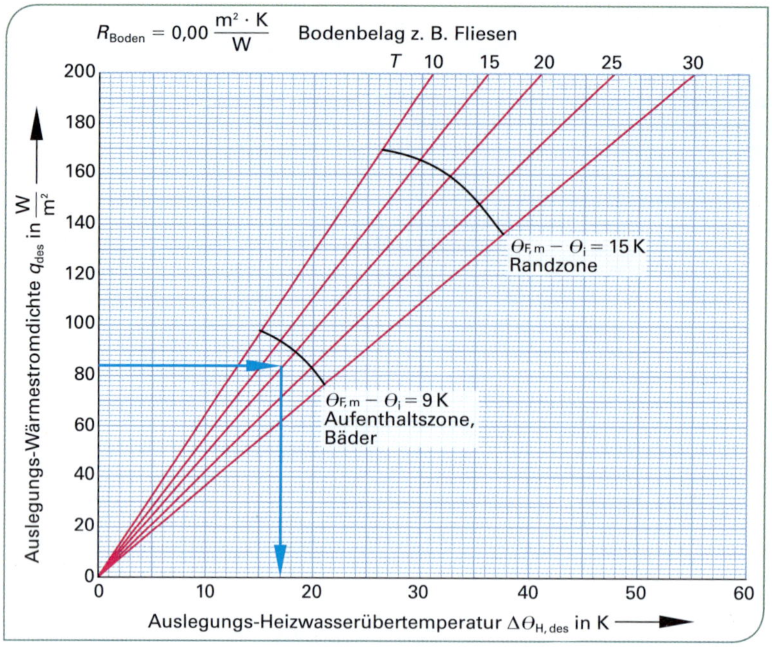

1 *Auslegungsdiagramm $R_{\lambda,B} = 0,0\ m^2 \cdot \frac{K}{W}$ PE-X-Heizrohr 14/16 x 2 mit 45 mm Rohrüberdeckung*

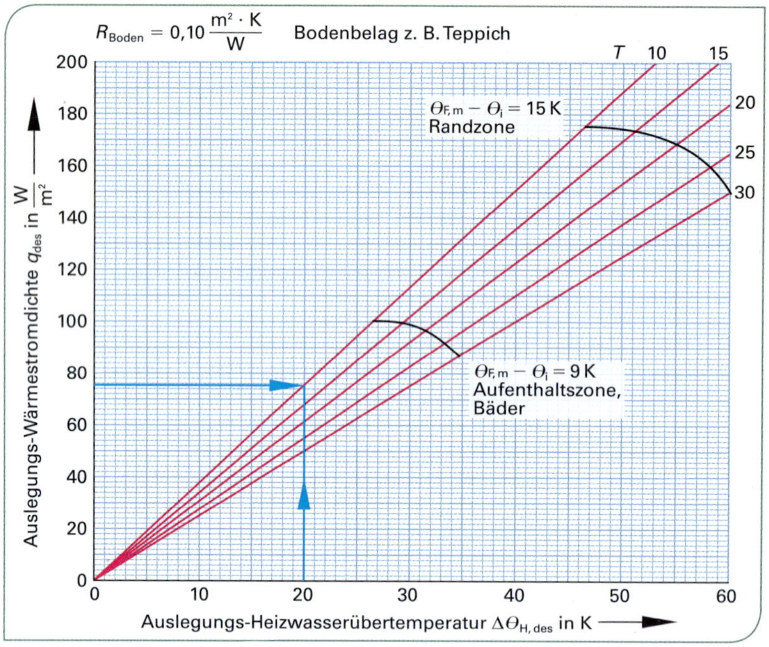

2 *Auslegungsdiagramm $R_{\lambda,B} = 0,1 \frac{m^2 \cdot K}{W}$ PE-X-Heizrohr 14/16 x 2 mit 45 mm Rohrüberdeckung*

$$\Delta\theta_{H,des} = \theta_m - \theta_i$$

$$\theta_m = \frac{\theta_V + \theta_R}{2}$$

$\Delta\theta_{H,des}$: Auslegungs-Heizwasserübertemperatur in K
θ_m: Mittlere Heizwassertemperatur in °C
θ_i: Innentemperatur in °C
θ_V: Heizwasser- Vorlauftemperatur in °C
θ_R: Heizwasser-Rücklauftemperatur in °C

Die Auslegungs-Heizwasserübertemperaturen liegen in der Praxis meist zwischen 15 °C und 25 °C.

Beispiel 1

Die Auslegungs-Wärmestromdichte für ein Badezimmer ($R_{\lambda,B}$ = 0,0 m² · K/W) beträgt 84,2 $\frac{W}{m^2}$. Für die Auslegung der Fußbodenheizung wird eine Innentemperatur von 24°C zugrunde gelegt.

a) Ermitteln Sie die Rohrteilung und die Auslegungs-Heizwasserübertemperatur mit Hilfe des Herstellerdiagramms Bild 1.

b) Bestimmen Sie die mittlere Heizwassertemperatur.

Lösung:

geg.: $q_{des} = 84,2 \frac{W}{m^2}$; $\theta_i = 24$ °C

ges.: a) T in cm; $\Delta\theta_{H,des}$ in K; b) θ_m

a) $\underline{T = 20\ cm}$ (Bild 1)

$\underline{\underline{\Delta\theta_{H,des} = 17\ K}}$ (Bild 1)

b) $\Delta\theta_{H,des} = \theta_m - \theta_i$

$\theta_m = \Delta\theta_{H,des} + \theta_i$

$\theta_m = 17\ K + 24\ °C$

$\underline{\underline{\theta_m = 41\ °C}}$

Beispiel 2

Die Auslegungs-Wärmestromdichte für ein Kinderzimmer ($R_{\lambda,B}$ = 0,10 $\frac{m^2 \cdot K}{W}$) beträgt 74 $\frac{W}{m^2}$. Für die Auslegung der Fußbodenheizung werden eine Innentemperatur von 20 °C, eine Heizwasservorlauftemperatur von 45 °C und eine Heizwasserrücklauftemperatur von 35 °C zugrunde gelegt.

a) Bestimmen Sie die Auslegungs-Heizwasserübertemperatur.

b) Ermitteln Sie die Rohrteilung (Verlegeabstand) mithilfe des Herstellerdiagramms Bild 2.

Lösung:

geg.: $q_{des} = 74 \frac{W}{m^2}$; $\theta_i = 20$ °C; $\theta_V = 45$ °C; $\theta_R = 35$ °C

ges.: a) $\Delta\theta_{H,des}$ b) T in cm;

a) $\theta_m = \frac{\theta_V + \theta_R}{2}$

$\theta_m = \frac{45\ °C + 35\ °C}{2}$

$\underline{\underline{\theta_m = 40\ °C}}$

$\Delta\theta_{H,des} = \theta_m - \theta_i$
$\Delta\theta_{H,des} = 40\ °C - 20\ °C$
$\Delta\theta_{H,des} = \underline{\underline{20\ °C}}$

b) T = 10 cm (Diagramm Bild 2, vorherige Seite)

H) Bestimmung der Auslegungs-Vorlauftemperatur $\theta_{V,\,des}$ und der Spreizung σ

Die Auslegungs- Vorlauftemperatur $\theta_{V,des}$ (concept flow temperature) kann wie folgt berechnet werden:

Auslegungs-Vorlauftemperatur

$$\theta_{V,\,des} = \Delta\theta_{H,\,des} + \frac{\sigma}{2} + \theta_i$$

$\theta_{V,\,des}$: Auslegungs-Vorlauftemperatur in °C
$\Delta\theta_{H,\,des}$: Auslegungs-Heizwasserübertemperatur in K
θ_i: Innentemperatur in °C
σ: Spreizung $\theta_V - \theta_R$ in K

Bei der Auslegung der Fußbodenheizung eines Wohngebäudes ist für den Raum mit der höchsten Auslegungs-Wärmestromdichte aus dem entsprechenden Auslegungsdiagramm (Bilder 1 und 2 voherige Seite) die Rohrteilung T und die Heizwasserübertemperatur $\Delta\theta_{H,\,des}$ zu entnehmen und anschließend die Auslegungs-Vorlauftemperatur $\theta_{V,des}$ zu berechnen. Die Spreizung σ (temperature spread) wird für diesen Raum auf 5K (Randzonen 3K) festgelegt.
Die Auslegungs-Vorlauftemperatur ist für die gesamte Anlage, d. h. für alle Räume bzw. Heizkreise zugrunde zu legen.

Anschließend sind die Rohrteilungen T und die Heizwasserübertemperaturen $\Delta\theta_{H,des}$ der anderen Räume im Auslegungsdiagramm abzulesen und die Temperaturspreizung σ zu berechnen.
Für $\frac{\sigma}{\Delta\theta_{H,\,des}} < 0{,}5$ kann die **Spreizung** mit folgender Formel berechnet werden:

$$\sigma = 2 \cdot (\theta_{V,\,des} - \theta_i - \Delta\theta_{H,\,des})$$

σ: Spreizung $\theta_V - \theta_R$ in K
$\theta_{V,\,des}$: Auslegungs- Vorlauftemperatur in °C
$\Delta\theta_{H,\,des}$: Auslegungs- Heizwasserübertemperatur in K
θ_i: Innentemperatur in °C

Beispiel
Das Wohnzimmer ($R_{\lambda,B} = 0{,}10\ \frac{m^2 \cdot K}{W}$) hat mit 92 $\frac{W}{m^2}$ die höchste Auslegungs- Wärmestromdichte eines Einfamilienhauses. Die Fußbodenheizung dieses Raumes soll auf eine Innentemperatur von 20 °C ausgelegt werden.

a) Ermitteln Sie die Rohrteilung und die Auslegungs- Heizwasserübertemperatur aus dem entsprechendem Leistungsdiagramm.
b) Bestimmen Sie die Auslegungs-Vorlauftemperatur.
c) Bestimmen Sie die Auslegungs-Heizwasserübertemperatur und die erforderliche Spreizung für den Heizkreis des Kinderzimmers ($R_{\lambda,B} = 0{,}10\ \frac{m^2 \cdot K}{W}$), wenn die Auslegungs-Wärmestromdichte 74 $\frac{W}{m^2}$ beträgt, eine Rohrteilung von 20 cm gewählt wird und die Fußbodenheizung dieses Raumes auf eine Raumtemperatur von 20°C ausgelegt wird.

Lösung:
geg.: $q_{des} = 92\ \frac{W}{m^2}$; $\theta_i = 20\ °C$; $\sigma = 5\ K$
$q_{des,Ki} = 74\ \frac{W}{m^2}$; $T_{Ki} = 20\ cm$; $\theta_{i,Ki} = 20\ °C$;
ges.: a) T in cm; $\Delta\theta_{H,des}$ in K; b) $\theta_{V,\,des}$; c) $\Delta\theta_{H,des,Ki}$ in K; σ_{Ki}

a) $\Delta\theta_{H,des} = 27\ K$ (Diagramm Bild 2, vorherige Seite)
$T = 15\ cm$ (Diagramm Bild 2, vorherige Seite)

b) $\theta_{V,\,des} = \Delta\theta_{H,\,des} + \frac{\sigma}{2} + \theta_i$
$\theta_{V,\,des} = 27\ K + \frac{5}{2}\ K + 20\ °C$
$\theta_{V,\,des} = 27\ °C + \frac{5}{2}\ °C + 20\ °C$
$\theta_{V,\,des} = \underline{\underline{49{,}5\ °C}}$

c) $\Delta\theta_{H,des} = 24\ K$ (Diagramm Bild 2, vorherige Seite)
$\sigma_{Ki} = 2 \cdot (\theta_{V,\,des} - \theta_{i,Ki} - \Delta\theta_{H,des,Ki})$
$\sigma_{Ki} = 2 \cdot (49{,}5\ °C - 20\ °C - 24\ K)$
$\sigma_{Ki} = 2 \cdot (49{,}5\ °C - 20\ °C - 24\ °C)$
$\sigma_{Ki} = 2 \cdot (5{,}5\ °C)$
$\sigma_{Ki} = \underline{\underline{11\ °C = 11\ K}}$

I) Bestimmung der Rohrlänge eines Heizkreises

Die Rohrlänge l_R eines Heizkreises (tube length of a heating cicuit) ergibt sich aus der ermittelten Rohrteilung.

$$l_R = \frac{A_F}{T}$$

l_R: Rohrlänge in m
A_F: Heizfläche in m²
T: Rohrteilung in m

Beispiel
Die Rohrteilung der Fußbodenheizung eines Kinderzimmers mit 10 m² Fläche soll 20 cm betragen.
Berechnen Sie die erforderliche Rohrlänge.

Lösung:
geg.: $A_F = 10\ m^2$; $T = 0{,}20\ m$
ges.: l_R

$l_R = \frac{A_F}{T}$
$l_R = \frac{10\ m^2}{0{,}20\ m}$
$\underline{\underline{l_R = 50\ m}}$

Lernfeld 7

11.1.4.2 Schnellauslegung einer Fußbodenheizung (mit Hilfe von Herstellertabellen)

Herstellertabellen (Bild 1) ermöglichen eine einfache und schnelle Ermittlung des erforderlichen Verlegeabstandes, der maximalen Verlegefläche, der Heizkreislänge und der notwendigen Anzahl der Heizkreise pro Raum.

Vorgehensweise:

- Bestimmung der Wärmestromdichte.
- Festlegung der Innentemperatur (Raumtemperatur).
- Festlegung der Vorlauftemperatur, z. B. 35, 40, 45 oder 50 °C; diese Temperatur gilt für die gesamte Anlage.
- Wahl der passenden Tabelle, z. B. Noppensystem, Tackersystem, Fußbodenbelag (Teppich 6 mm, $R_{\lambda B} = 0{,}10\ \text{m}^2 \cdot \frac{\text{K}}{\text{W}}$), Heizrohr (PE-Xc-Systemrohr 16 x 2,0 mm, Estrichüberdeckung (45 mm).
- Überprüfen, ob die max. zulässige Fußboden-Oberflächentemperatur bei der erforderlichen Wärmestromdichte nicht überschritten wird.
- Ablesen des empfohlenen Verlegeabstandes, der maximalen Verlegefläche je Heizkreis und der maximalen Heizkreislänge. Übersteigt die benötigte Verlegefläche die in der Tabelle angegebene maximale Heizkreisfläche, sind zwei bzw. mehr Heizkreise notwendig.

Beispiel :

In einem Einfamilienhaus soll im Esszimmer mit 18 m² Fußbodenfläche eine Fußbodenheizung verlegt werden. Folgende Auslegungsdaten stehen Ihnen zur Verfügung: Bodenbelag Teppich 6 mm, $R_{\lambda B} = 0{,}10\ \text{m}^2 \cdot \frac{\text{K}}{\text{W}}$, 16x2 mm PE-$X_c$-Systemrohr, 45 mm Estrichüberdeckung, Auslegungs- Wärmestromdichte 65 $\frac{\text{W}}{\text{m}^2}$, Raumtemperatur 20 °C.
Legen Sie die Fußbodenheizung mithilfe der abgebildeten Auslegungstabelle (Bild 1) aus.

Lösung:

Vorlauftemperatur	45 °C
Mittlere Fußbodenoberflächentemperatur	26,5 °C
Empfohlene Rohrteilung T (Verlegeabstand VA)	16,5 cm
Maximale Verlegefläche je Heizkreis	18,1 m²
Verlegefläche 18 m²	1 Heizkreis mit $T = 16{,}5$ cm

11.1.4.3 Wärmeleistung der Fußbodenheizung

Die Wärmeleistung (heat capacity) der Fußbodenheizung ist das Produkt der Wärme abgebenden Fußbodenoberfläche und der dazugehörigen Wärmestromdichte.

$$\Phi_F = A_F \cdot q_F$$

$$\Phi_F = A_R \cdot q_R + A_A \cdot q_A$$

Φ_F: Wärmeleistung der Fußbodenheizung in W
q_F: Wärmestromdichte der Fußbodenoberfläche in $\frac{\text{W}}{\text{m}^2}$
q_R: Wärmestromdichte der Randzone in $\frac{\text{W}}{\text{m}^2}$
q_A: Wärmestromdichte der Aufenthaltszone in $\frac{\text{W}}{\text{m}^2}$
A_F: Fußbodenoberfläche in m²
A_R: Fußbodenoberfläche der Randzone in m²
A_A: Fußbodenoberfläche der Aufenthaltszone in m²

Beispiel

Die Fußbodenheizung eines Wohnzimmer ist in zwei Teilzonen aufgeteilt. Die Aufenthaltszone weist eine Fläche von 18 m² und eine Wärmestromdichte von 42 $\frac{\text{W}}{\text{m}^2}$ auf, die Randzone hat eine Fläche von 14 m² und eine Wärmestromdichte von 46 $\frac{\text{W}}{\text{m}^2}$. Berechnen Sie die Wärmeleistung der gesamten Fußbodenfläche in W.

Lösung:

geg.: $A_R = 14\ \text{m}^2$; $A_A = 18\ \text{m}^2$; $q_R = 46\ \frac{\text{W}}{\text{m}^2}$; $q_A = 42\ \frac{\text{W}}{\text{m}^2}$
geg.: Φ_F in W

$$\Phi_F = A_R \cdot q_R + A_A \cdot q_A$$

$$\Phi_F = 14\ \text{m}^2 \cdot 46\ \frac{\text{W}}{\text{m}^2} + 18\ \text{m}^2 \cdot 42\ \frac{\text{W}}{\text{m}^2}$$

$$\Phi_F = 644\ \text{W} + 756\ \text{W}$$

$$\underline{\underline{\Phi_F = 1400\ \text{W}}}$$

Raumtemperatur	Vorlauftemperatur	25	30	35	40	45	50	55	60	65	70	75	80	85	90	95	100	
	Aufenthaltszone			24			25		26			27		28			29	Mittlere FBH-Oberflächentemp. /°C
	← Wärmestromdichte (Watt/m²)	25	30	35	40	45	50	55	60	65	70	75	80	85	90	95	100	
20 °C	35 °C	**27,5**	**22**	**16,5**	**16,5**	**11**	**11**	**5,5**	**5,5**									VA (Verlege-Abstand) / cm
		30,8	24,6	18,5	18,5	12,3	7,6	6,2	3,4									max. Fläche / m² je Heizkreis
		102	103	104	104	103	64	104	57									max. Heizkreislänge / m
	40 °C		**27,5**	**27,5**	**22**	**22**	**16,5**	**16,5**	**11**	**11**	**11**	**5,5**	**5,5**					VA (Verlege-Abstand) / cm
			30,8	30,8	24,6	24,6	18,5	18,5	12,3	10,1	6,1	5,5	2,8					max. Fläche / m² je Heizkreis
			102	102	103	103	104	104	103	85	51	92	47					max. Heizkreislänge / m
	45 °C			**33**	**27,5**	**27,5**	**22**	**22**	**16,5**	**16,5**	**16,5**	**11**	**11**	**11**	**5,5**	**5,5**		VA (Verlege-Abstand) / cm
				37,0	30,8	30,8	24,6	24,6	18,5	18,1	14,5	12,3	11,6	6,7	6,2	4,6		max. Fläche / m² je Heizkreis
				104	102	102	103	103	104	101	81	103	97	56	104	77		max. Heizkreislänge / m
	50 °C					**33**	**27,5**	**27,5**	**22**	**22**	**16,5**	**16,5**	**16,5**	**16,5**	**11**	**11**	**11**	VA (Verlege-Abstand) / cm
						37,0	30,8	30,8	24,6	24,6	18,5	18,5	18,5	13,4	12,3	11,4	10,0	max. Fläche / m² je Heizkreis
						104	102	102	103	103	104	104	104	75	103	96	84	max. Heizkreislänge / m

1 Auslegungstabelle XNETC11 Noppensystem und X NET C12 Tackersystem für 16x2,0 mm PE-X_c Systemrohr $R_{\lambda B} = 0{,}1\ \frac{\text{m}^2 \cdot \text{K}}{\text{W}}$, z. B. Teppich 6 mm

ÜBUNGEN

1. Die nach DIN EN 12831 ermittelte Normheizlast einer Diele mit 8,6 m² Fläche beträgt 750W.
   a) Bestimmen Sie die Auslegungs-Wärmeleistung der Fußbodenheizung in W, wenn der Transmissions-Wärmeverlust des Fußbodens 90 W beträgt.
   b) Berechnen Sie die Auslegungs-Wärmestromdichte in $\frac{W}{m^2}$.

2. Bestimmen Sie die Wärmestromdichte einer Fußbodenheizung bei 22 °C Innentemperatur und 27 °C mittlerer Fußboden-Oberflächentemperatur.

3. Für ein Arbeitszimmer wurde eine Wärmestromdichte von 62 $\frac{W}{m^2}$ berechnet. Die Innentemperatur soll 20 °C betragen. Berechnen Sie die erforderliche mittlere Fußboden-Oberflächentemperatur.

4. Die Auslegungs-Wärmeleistung der Fußbodenheizung eines Wohnzimmers beträgt 1360 W. Welche Fußbodenoberfläche in m² ist mindestens erforderlich, wenn die Innentemperatur 20 °C betragen soll?

5. Für ein Badezimmer mit 9,40 m² Fußbodenoberfläche wurde nach DIN EN 12831 eine Normheizlast von 840 W berechnet. Für den Fußboden wurde dabei ein Transmissions-Wärmeverlust von 70 W berücksichtigt. Die Fußbodenheizung soll auf eine Innentemperatur von 24 °C ausgelegt werden.
   a) Bestimmen Sie die Auslegungs-Wärmeleistung der Fußbodenheizung in W.
   b) Berechnen Sie die erforderliche Auslegungs-Wärmestromdichte in $\frac{W}{m^2}$.
   c) Berechnen Sie die Fußboden-Oberflächentemperatur in °C und prüfen Sie, ob der errechnete Wert zulässig ist.

6. Ein Badezimmer benötigt bei 24 °C eine Wärmeleistung von 1380 W. Die Fußbodenoberfläche beträgt 10,3 m². Da die Bade- und Duschwanne auf dem Rohbetonboden aufgestellt sind, können 2,1 m² davon nicht als Heizfläche genutzt werden.
   a) Berechnen Sie die maximale Wärmeleistung der Fußbodenheizung.
   b) Welche Wärmeleistung muss mindestens durch einen zusätzlichen Heizkörper abgedeckt werden?

7. In der Küche (3,00 m x 2,40 m) eines Einfamilienhauses soll eine Fußbodenheizung verlegt werden. Folgende Auslegungsdaten stehen Ihnen zur Verfügung:
   Auslegungs-Wärmeleistung der Fußbodenheizung 650 W; Auslegungs-Raumtemperatur 20 °C; Vorlauftemperatur 45 °C; Spreizung 10 °C.
   a) Bestimmen Sie die Fußbodenfläche in m².
   b) Berechnen Sie die Wärmestromdichte in $\frac{W}{m^2}$.
   c) Ermitteln Sie die Heizwasserübertemperatur in K.
   d) Bestimmen Sie den Verlegeabstand in cm mithilfe des abgebildeten Auslegungsdiagramms (Bild 1).

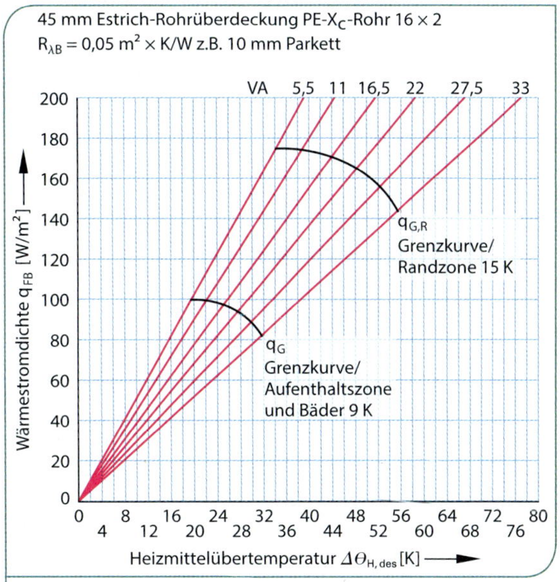

1 Auslegungsdiagramm Fußbodenheitzung

8. Die Auslegungs-Wärmeleistung der Fußbodenheizung eines Wohnzimmers mit 26 m² Fläche beträgt 3600 W. Die Fußbodenheizung wird auf eine Innentemperatur von 20 °C ausgelegt. Die gesamte Fußbodenfläche wird in zwei Heizkreise unterteilt, wobei die Randzone eine Fläche von 8 m² aufweist.
   a) Bestimmen Sie die maximale Wärmestromdichte der Randzone in $\frac{W}{m^2}$.
   b) Berechnen Sie die Wärmeleistung der Randzone in W.
   c) Berechnen Sie die Wärmestromdichte der Aufenthaltszone und vergleichen Sie diesen Wert mit dem der maximal zulässigen Wärmestromdichte (Grenzwärmestromdichte).
   d) Berechnen Sie die Wärmeleistung in W, die durch die Fußbodenheizung maximal abgedeckt werden kann.
   e) Bestimmen Sie gegebenenfalls die Mindestwärmeleistung eines zusätzlichen Heizkörpers.

9. Für die Fußbodenheizung des Kinderzimmers mit 14,2 m² Fläche und Teppich als Bodenbelag ($R_{\lambda B} = 0{,}10\ \frac{m^2 \cdot K}{W}$) wurde eine Auslegungs-Wärmeleistung von 980 W berechnet. Die Fußbodenheizung (PE-X-Rohr 16 x 2) ist auf eine Innentemperatur von 20 °C auszulegen.
   a) Berechnen Sie die Wärmestromdichte in $\frac{W}{m^2}$.
   b) Ermitteln Sie die Rohrteilung und die Auslegungs-Heizwasserübertemperatur bei 45 mm Rohrüberdeckung.
   c) Berechnen Sie die mittlere Heizwassertemperatur.
   d) Ermitteln Sie die Fußbodenoberflächentemperatur und überprüfen Sie, ob der Wert zulässig ist.
   e) Berechnen Sie die erforderliche Rohrlänge für den Heizkreis des Kinderzimmers.

ÜBUNGEN

10 Eine Küche mit Fliesen als Bodenbelag ($R_{\lambda B} = 0{,}0\ \frac{m^2 \cdot K}{W}$) hat eine Fläche von 12,2 m². Die Auslegungs-Wärmeleistung der Fußbodenheizung (PE-X-Rohr 16 x 2) beträgt 960 W.

a) Berechnen Sie die Wärmestromdichte in $\frac{W}{m^2}$.

b) Bestimmen Sie die mittlere Fußboden-Oberflächentemperatur bei einer Innentemperatur von 20 °C.

c) Ermitteln Sie die Auslegungs-Heizwasserübertemperatur bei einer Rohrteilung von 0,25 m.

d) Berechnen Sie die erforderliche Rohrlänge für den Heizkreis in m.

11 Für eine Einliegerwohnung ist die Fußbodenheizung (PE-X-Rohr 16 x 2) zu berechnen. Die Daten der einzelnen Räume sind der Tabelle zu entnehmen.

Raum	Φ_H in W	Θ_i in °C	A_F in m²
Küche	920	20	13,1
Wohnzimmer	1420	20	19,2
Schlafzimmer	960	20	14,2
Diele	640	18	11
Bad	520	24	6,5

a) Berechnen Sie die Auslegungs-Wärmestromdichte der einzelnen Räume.

b) Bestimmen Sie für den Raum mit der größten Auslegungs-Wärmestromdichte die Rohrteilung, die Auslegungs-Heizwasserübertemperatur und die Auslegungs-Vorlauftemperatur.

c) Bestimmen Sie für alle Räume:

- die mittlere Fußboden-Oberflächentemperatur; überprüfen Sie, ob der max. zulässige Wert unterschritten wird,
- die Auslegungs-Heizwasserübertemperatur und die Rohrteilung,
- die Spreizung,
- die mittlere Heizwassertemperatur,
- die erforderliche Rohrlänge für den Heizkreis.

12 Für ein Wohnzimmer mit 20 m² Fläche und Teppich als Bodenbelag ($R_{\lambda B} = 0{,}10\ \frac{m^2 \cdot K}{W}$) wurde eine Auslegungs-Wärmeleistung von 1300 W berechnet. Die Fußbodenheizung (PE-X_c-Systemrohr 16 x 2) ist auf eine Raumtemperatur von 20 °C und eine Vorlauftemperatur von 40 °C auszulegen. Bestimmen Sie mithilfe der abgebildeten Auslegungstabelle (Bild 1) die mittlere Fußbodenoberflächentemperatur, die Rohrteilung (Verlegeabstand) und die maximale Verlegefläche je Heizkreis.

Wärmestromdichte in W/m²					35	40	45	50	55	60	65	70	75	80	85	90	95	100
Mittlere Oberflächentemperatur bei einer Raumtemperatur von 20 °C					23,8	24,3	24,7	25	25,2	25,7	26,1	26,5	26,9	27,3	27,8	28,2	28,6	29,0
Mittlere Oberflächentemperatur bei einer Raumtemperatur von 24 °C					27,8	28,3	28,7	29,0	29,2	29,7	30,1	30,5	30,9	31,3	31,8	32,2	32,6	33,0
Vorlauftemperatur 40 °C	Raumtemperatur 20 °C	$R_{\lambda,B}$= 0,02 (m²K)/W	Fliesen	VA in mm	250	250	250	200	200	150	150	150	100	100	100	100	100	100
				$A_{max.}$ in m²	40	37,8	35,6	32,4	28,2	25,1	22,1	19,2	17,3	15,3	13,4	11,4	9,4	8,3
		$R_{\lambda,B}$= 0,05 (m²K)/W	Parkett	VA in mm	250	250	200	200	150	150	100	100	100	100	100			
				$A_{max.}$ in m²	38,1	35,3	32,5	27,9	24,4	20,5	18	15,5	12,9	10,3	9,2			
		$R_{\lambda,B}$= 0,10 (m²K)/W	Teppich	VA in mm	250	200	200	150	150	100	100	100						
				$A_{max.}$ in m²	34,1	30,9	25,7	21,1	16,6	14,2	10,5	9,8						
		$R_{\lambda,B}$= 0,15 (m²K)/W	dicker Teppich	VA in mm	200	200	150	100	100									
				$A_{max.}$ in m²	29,8	25	19,7	15,4	11,6									
	24 °C	$R_{\lambda,B}$= 0,02 (m²K)/W	Fliesen	VA in mm	200	200	200	150	150	100	100	100	100	100				
				$A_{max.}$ in m²	35,5	30,5	25,8	22,5	19,1	16,7	14,3	12	9,7	9,1				

1 Auslegungstabelle für die Schnellauslegung, PE-X_c-Systemrohr 16 x 2 mm (aus: Oventrop Broschüre Armaturen + Systeme)

Lernfeld 7

11.2 Wandheizung

Wandheizungen (panel heating) sorgen für wohltemperierte Umgebungsflächen (surrounding areas) und schaffen durch den hohen Strahlungsanteil (radiation share) ein gleichmäßiges behagliches Raumklima. Damit die von der Wandheizung abgegebene Wärmestrahlung (thermal radiation) wirksam genutzt werden kann, sind genügend große freie Wandflächen erforderlich, die z. B. nicht durch Möbel verstellt sind. Um den Raum ausreichend zu beheizen, werden Wandoberflächentemperaturen (wall surface temperatures) von ca. 25 … 35 °C benötigt. Die dafür erforderlichen niedrigen Heizwassertemperaturen bedeuten weniger Wärmeverluste und ermöglichen den Einsatz umweltfreundlicher Wärmeerzeugungsanlagen wie z. B. Wärmepumpen, Solarheizungen sowie eine besonders wirtschaftliche Betriebsweise von Brennwertgeräten. Außerdem bewirken Wandheizungen eine besonders schnelle Austrocknung (drying-out) der Baufeuchte (building moisture) bei Neubauten. Bei bestehenden Gebäuden wird der Feuchtegehalt (moisture content) der Außenwände reduziert und dadurch die Bausubstanz erhalten bzw. verbessert. Darüber hinaus können Wandheizungen im Sommer zur Kühlung genutzt werden.

Wird die Wandheizung an einer Außenwand angebracht, ist eine entsprechende Wärmedämmung vorzusehen, um den von der Energieeinsparverordnung (EnEV) geforderten U-Wert, derzeit 0,28 $\frac{W}{m^2 \cdot K}$) einzuhalten.

Wandheizungen können im Nass- oder Trockensystem ausgeführt werden.

Beim **Nasssystem** (Bild 1) werden die Rohre z. B. mittels Klemmschienen direkt auf dem Mauerwerk, auf der Dämmung oder vorgefertigten Dämmelementen befestigt und in Putzmörtel (plaster) eingebettet. Um Risse zu vermeiden wird zwischen den Putzschichten eine Bewehrung (reinforcement) aus Metall, mineralischen Fasern oder Kunststofffasern eingelegt. Bei Dämmmaterialien als Untergrund werden die Rohre mit einem Putzträger (plaster base), z. B. Streckmetallgitter (metal lathing), überspannt, um den Putzmörtel den erforderlichen Halt zu geben.

Beim **Trockensystem** werden die Rohre oder Rohrregister (tube register) und Wärmeleitbleche z. B. mit Holzkonstruktionen an der Wand befestigt und eine raumseitige Verkleidung aus Gipsplatten vorgesetzt. Die Rohre und die Wärmeleitbleche (thermal conduction plates) erwärmen den Hohlraum (hollow space) zwischen Wand und Verkleidung. Von der Verkleidung wird sie an den Raum übertragen. Inzwischen werden auch Verbundelemente (composite elements) in verschiedenen Abmessungen mit eingelegten Rohren bzw. Rohrregistern und Wärmeleitblechen angeboten, die vor der Wand montiert und verspachtelt werden. Die glatten Wandoberflächen können tapeziert oder gestrichen werden.

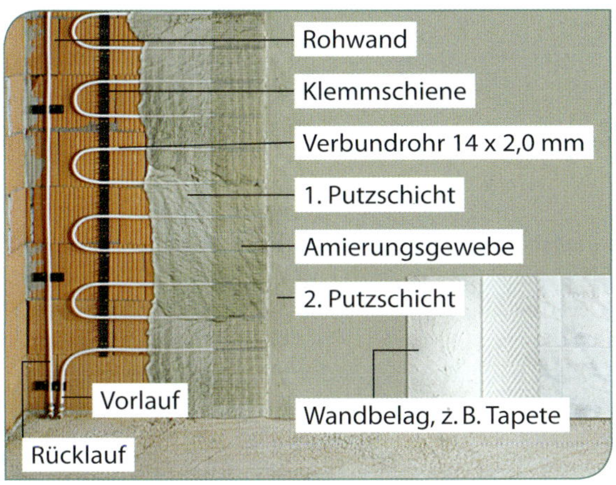

1 Wandheizung Nasssystem

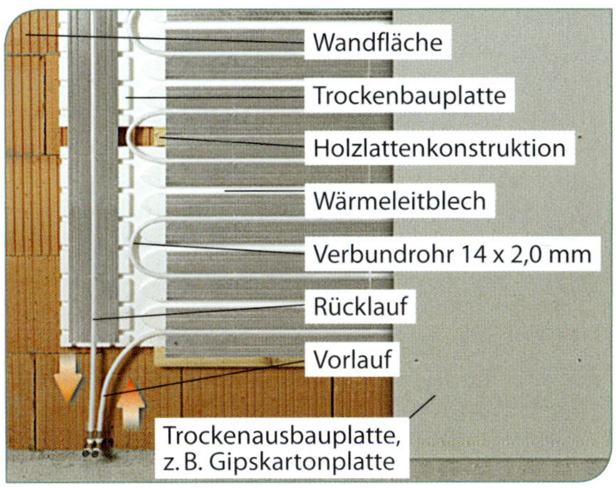

2 Wandheizung Trockensystem

ÜBUNGEN

1) Erläutern Sie vier Vorteile der Wandheizung.

2) Welche spezielle Maßnahme erfordert das Anbringen einer Wandheizung an Außenmauern?

3) Wandheizungen können im Nass- und Trockensystem ausgeführt werden. Beschreiben Sie a) das Nasssystem b) das Trockensystem.

12 Wärmemengenzähler und Heizkostenverteiler

Wärmemengenzähler und Heizkostenverteiler werden zur verbrauchsabhängigen (consumption based accounting) Abrechnung der Heizkosten nach dem Energieeinsparungsgesetz eingesetzt. In allen Mehrfamilienhäusern mit mehr als zwei Wohnungen müssen die Heizkosten (heating costs) getrennt für jede Wohnung erfasst und abgerechnet werden.

Zu den Heizkosten zählen:

- Brennstoffkosten,
- Stromkosten für den Betrieb der Anlage,
- Schornsteinfegerkosten,
- Wartungskosten ohne Instandsetzung,
- Tankreinigungskosten bei Ölfeuerungen,
- Erfassungs- und Abrechnungskosten.

12.1 Wärmemengenzähler (eichpflichtig)

Wärmemengenzähler (heat meter) nach DIN EN 1434-1...6 müssen geeicht (calibrated) und bauartzugelassen sein. Die Eichung wird von der Eichbehörde (calibration authority) vorgenommen. Nach fünf Jahren muss eine Überprüfung des Gerätes stattfinden. Beim Einbau ist deshalb auf gute Zugängigkeit (accessibility) zu achten.

Wärmemengenzähler können die abgegebene (verbrauchte) Wärmemenge nicht direkt messen. Das Wirkprinzip (active principle) aller Wärmemengenzähler beruht auf der Messung von Heizwassermenge und der Temperaturdifferenz zwischen Vor- und Rücklauf. Ein in das Gerät integriertes Rechenwerk (calculator) ermittelt die abgegebene Wärmemenge durch Bildung des Produktes von **Heizwassermenge** und **Temperaturdifferenz** unter Berücksichtigung der **Dichte ρ** und der **spezifischen Wärmekapazität *c*** (specific heat capacity).

$$Q = m \cdot c \cdot \Delta\theta$$

$$m = \rho \cdot V$$

Q: abgegebene Wärmemenge in kWh
m: Heizwassermasse in kg
c: spezifische Wärmekapazität in $\frac{\text{kWh}}{\text{kg} \cdot \text{K}}$
$\Delta\theta$: Temperaturdifferenz zwischen Vor- und Rücklauf in K
V: Heizwasservolumen in dm^3
ρ: Dichte in $\frac{\text{kg}}{\text{dm}^3}$

Die Produktbildung erfolgte früher rein mechanisch, z. B. durch ein Differenzialgetriebe. Heute erfolgt sie überwiegend elektronisch (Bild 1), wodurch eine Fernablesung (telemetering) ermöglicht wird. Ältere Geräte arbeiten mechanisch, z. B. mit Drehkörpermessern oder Flügelradzählern, deren Umdrehungen über ein Zahnradgetriebe direkt auf ein Messwerk übertragen werden. Die Temperaturdifferenz wird durch Ausdehnungsfühler oder Thermoelemente gemessen. Bei neueren Geräten wird die Heizwassermenge von Induktions- oder Ultraschalldurchflussmessern gemessen und die Vor- und Rücklauftemperatur z. B. von Widerstandstemperaturfühlern erfasst.

Wärmemengenzähler arbeiten mit einer relativ hohen Messgenauigkeit (metering precision) von 97...100 % und sind für Einrohrheizungen und horizontale Zweirohrheizungen (Stockwerksheizung, etagenweise Verteilung, vgl. Kap. 1.2) geeignet. Der Einbau ist in waagerechten und senkrechten Leitungen möglich.

1 Wärmemengenzähler

12.2 Heizkostenverteiler (nicht eichfähig)

Heizkostenverteiler (heat cost allocators) erfassen nicht direkt die in einer Heizperiode von einem Heizkörper abgegebene („verbrauchte") Wärmemenge, da sie keinen Volumenstrom messen. Die Ablesewerte, z. B. Striche einer Skala, sind nur ein Maß für den Anteil des Verbrauches am Gesamtwärmeverbrauch, der mit einem Wärmemengenzähler (eichpflichtig) bestimmt wird. Erst nach der Ermittlung aller Ablesewerte (readings) und Kosten eines Abrechnungsobjektes (billing object) während einer Heizperiode können die Einzelkosten bestimmt werden. Heizkostenverteiler werden nach jeder Heizperiode von einer beauftragten Firma abgelesen.

Es gibt zwei Typen von Heizkostenverteilern:

- Verdunstungsverteiler und
- elektronische Heizkostenverteiler

12.2.1 Verdunstungsverteiler

Verdunstungsverteiler (evaporimeter) nach DIN EN 835 bestehen aus einem am Heizkörper befestigten Rückteil, einem Glasröhrchen, gefüllt mit einer Spezialflüssigkeit mit hohem Siedepunkt und einem Metallgehäuse mit Strichskala (Bild 1, nächste Seite). Die im Laufe einer Heizperiode verdunstete Flüssigkeitsmenge kann an der Skala abgelesen werden und ist ein Maß für den Verbrauch (consumption rate). Verdunstungsverteiler müssen auf den jeweiligen Heizkörpertyp abgestimmt sein (matched with / adapted to) und werden bis zu einer Heizkörperauslegungstemperatur von ca. 55 °C eingesetzt. Die Messgenauigkeit ist nicht sehr hoch und liegt zwischen 90...95 %. Nachteilig ist weiterhin, dass die Messflüssigkeit (measuring fluid) auch dann verdunstet, wenn keine Wärme abgenommen wird, also bei abgestelltem Heizkörper. Manche Hersteller berücksichtigen diese Kaltverdunstung (evaporation loss), indem sie ihre Verdunstungsverteiler überfüllen.

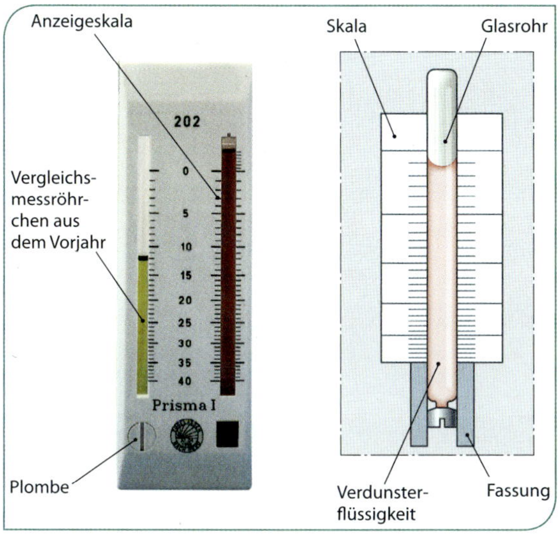

1 Verdunstungsverteiler

12.2.2 Elektronische Heizkostenverteiler

Elektronische Heizkostenverteiler (electronic heat cost allocator) nach DIN EN 834 haben Fühler, die z. B. die Heizkörper- und die Raumtemperatur erfassen (Zweifühlergerät, Bild 2). Die gemessenen Werte werden von einem Mikroprozessor (microprocessor) verarbeitet und können am Gerät oder von fern abgelesen werden. Neuere Geräte verfügen über Schnittstellen (interface) zur Übertragung der Messwerte (measured values) an einen Computer. Außerdem sind das Ablesen von gespeicherten Daten von Stichtagen, Zwischenwerten usw. und auch Geräteselbsttests möglich. Da elektronische Heizkostenverteiler besser an die jeweilige Heizkörperkennlinie (radiator characteristic line) angepasst werden können, arbeiten sie genauer als Verdunstungsverteiler (Messgenauigkeit 95...100 %). Sie werden für Heizungsanlagen mit Heizkörperauslegungstemperaturen über 35 °C eingesetzt.

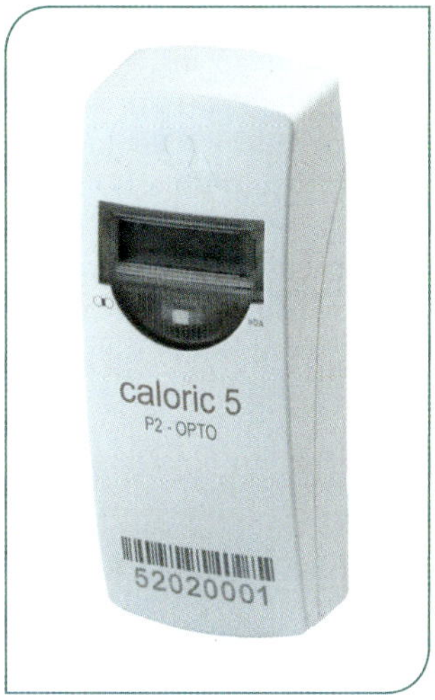

2 Elektronischer Heizkostenverteiler

ÜBUNGEN

1) Aus welchen Gründen ist eine Heizkostenerfassung notwendig?

2) Aus welchen einzelnen Posten setzen sich die Heizkosten zusammen?

3) Erklären Sie die grundsätzlichen Unterschiede zwischen Wärmemengenzählern und Heizkostenverteilern.

13 Domestic central heating

13.1 Two pipe central heating system

In a domestic central heating system hot water serves as a medium to carry the heat from a central heat source (e.g. boiler) to all the heat emitters in the building.
In the representative plan of a sealed two pipe system (1) the hot water from the boiler is driven by a circulating pump through the rising main flow pipe to the flow distributor and from there to the radiator or convector heaters, where the heat from the water is transferred to the rooms. The cooled water then circulates back to the return collector and descends through the main return pipe to the boiler to be reheated. The hot water from the boiler is often also used to heat up potable hot water in a storage tank.
In many new buildings underfloor heating systems are used to meet the customer´s heating requirements, often combined with a radiator system for bathrooms, attic floors or basement rooms.

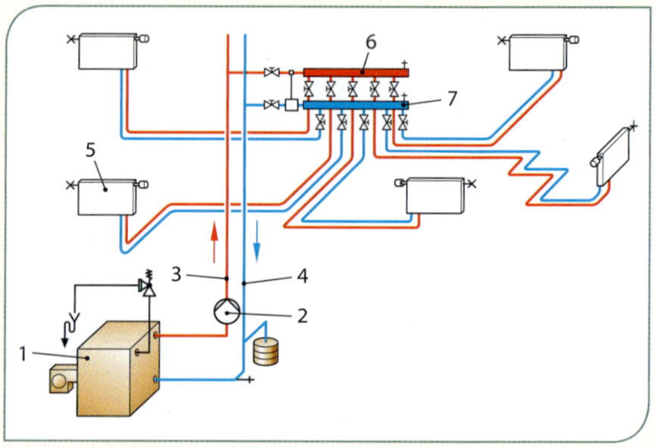

1 Two pipe central heating system

Exercises

1) Name the marked parts of the central heating system in picture 1.

2) Find the corresponding German terms for : *domestic central heating, heat source, heat emitter, representative plan, sealed two pipe system, circulating pump, flow pipe, flow distributor, radiator heater, return collector, return pipe, potable hot water, storage tank, underfloor heating system, heating requirements, attic floors, basement rooms, even temperature, low temperature boiler, condensate boiler.*

3) Answer the following questions in complete sentences:
a) What do we use hot water in a central heating system for?
b) How does the hot water from the boiler reach the heaters?
c) What happens with the hot water in a radiator?
d) Which are the functions of the flow distributor and the return collector?

13.2 Central heating components

13.2.1 Room heaters

There are two main types of room heaters: radiators and convectors. You can find them in several designs, colours and sizes. The larger they are, the greater their heat emission to the surrounding air in a room. A radiator placed beneath the window causes a circulation flow of the room air by natural convection so that the room gets gradually heated up by the warmed air (2). Standardized cast iron and steel radiators are **sectional radiators**. They are composed of a selected number of particular shaped elements joined to modular units (1, next page). **Panel radiators** are made of pressed steel or aluminium panels with optional convection fins attached to their rear faces (2, next page). The heat emission can be increased by using double or triple panels, exposing a greater surface to the surrounding air.

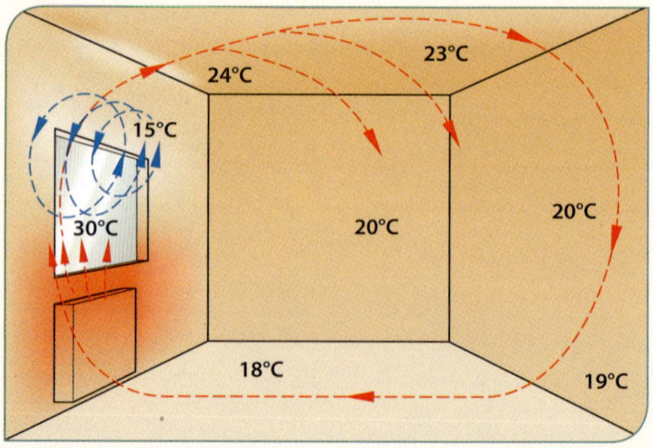

2 Circulation flow in a heated room

1 Standardized steel radiator

2 Panel radiators

3 Convector heater with finned pipes

Convector heaters have one or two closely finned heating pipes inside the heater covering (3). The fins or lamellar plates warm up by conduction and transfer the heat to the air that passes through, setting up a natural convection. Fan-assisted convector heaters use a fan to accelerate the air circulation. Underfloor convectors and skirting convectors are special space-saving constructions (look up chapter 10.4.5). Radiator and convector heaters must have a thermostatic valve at one end to control the flow of the hot water automatically according to the heat demand of the room. A lockshield valve at the other end is used to balance out the room heaters ensuring the optimal distribution of the heating water in the system. Both valves can also be placed on the same end of a room heater and can be shut down, if for any reason the heater has to be removed. A bleed valve at a top corner of the room heater is used to release the accumulated entrapped air.

Exercises

1. Name six different room heaters.
2. Find the corresponding German terms for: *several designs and sizes, heat emission, surrounding air, natural convection, circulation flow, standardized cast iron and steel radiators, sectional radiators, particular shaped elements, convection fins, greater surface, closely finned heating pipes, heater covering, warm up by conduction, fan assisted, to accelerate the air circulation, space-saving constructions, thermostatic valve, heat demand, lockshield valve, to balance out, optimal distribution, bleed valve, entrapped air.*
3. Which kind of valves must radiator and convector heaters have?
4. Explain the functions of the valves mentioned in question No. 3.
5. Look at picture No. 2, in the preceding page and describe the circulation flow of the air in the room.

Lernfeld 7

13.2.2 Underfloor heating

The underfloor heating pipework is incorporated in the floor construction and can be divided in separate zones. The continuous flexible heating copper or plastic tubes form parallel spiral or meander loops on the entire floor area and are fixed at the required spacing (1). Each loop is connected to the multi-valve flow and return manifolds and the heating circuits are thermostatically controlled. Underfloor heating systems effect a more even temperature throughout the rooms and are more energy efficient because they are operated by low temperature or condensing boilers.

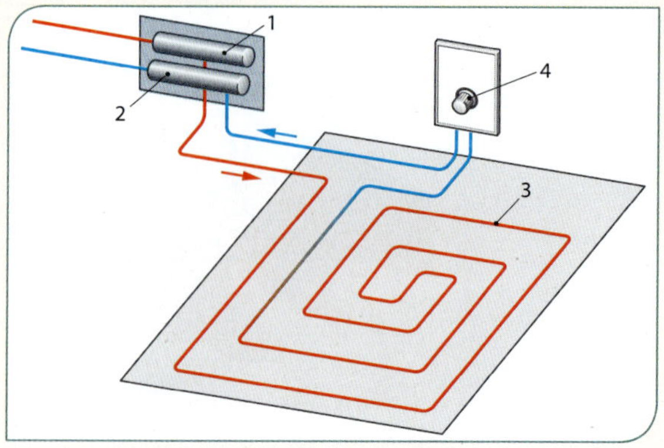

1 Underfloor heating

Exercises

1. Find the corresponding German terms for: *floor construction, spiral loops, floor area, required spacing, flow and return manifolds, heating circuits, even temperature, low temperature or condensing boilers.*
2. Find the right terms for the marked parts in picture 1.
3. Describe the flow of the water in the underfloor heating circuit in picture 1.
4. List some advantages of underfloor heating systems.
5. Translate the text of chapter 13.2.2 into German.

13.2.3 Circulating pumps

Domestic circulating pumps are fitted to the pipework of the central heating system to achieve an efficient circulation of the heating water. Normally they are placed in the main flow pipe near the boiler in order to give a positive pressure within the heating circuit (look up chapter 5.9). In this arrangement the pump sucks the hot water from the boiler and forces it through the pipes, room heaters and underfloor heating circuits, whence it returns to the boiler.

The circulating pump is composed of two main parts: the pump with a spiral casing and a rotating impeller to produce the centrifugal acceleration of the heating water and the electric motor with a fixed or variable speed for the drive. The water coming from the inlet/suction connection of the pump flows axially into the rotating impeller, which draws it out with high velocity. This kinetic energy produces an increase in pressure at the outlet/pressure connection (2). The delivery pressure of a pump should overcome the resistance of the circuit offering the greatest frictional resistance to the flow of the heating water. If not, or if the pump is not working properly, the result will be insufficient circulation.

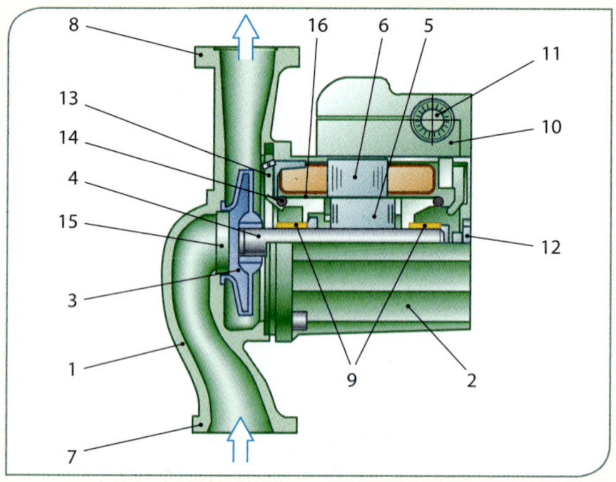

2 Domestic circulating pump

The circulating pump should be mounted with the drive shaft in horizontal position and with service (isolating) valves on each side of the pump. Besides it should be protected against dripping water and be easily accessible for maintenance.

Exercises

1. Match the marked parts of the pump with the right terms: *bearing shield, bleed screw, suction ring, motor casing, stator, impeller, bearings, suction connection, partition jacket/canning, rotor shaft, pump casing, 4-stage switch, rotor, O-ring seal, pressure connection, phase terminal box.*
2. Which of the marked parts rotate when the pump runs?
3. Why is the circulating pump in picture 2 a "wet running pump"? (Look up chapter 5.1)
4. What is the function of the 4-stage switch? (Look up chapter 5.6.1)

13.2.4 Valves

The purpose of a valve is to adjust or to prevent the passage of a medium (e.g. water, gas). There are several kinds of valves and the differences are matters of design and mode of operation. They all have to meet requirements such as: easy and safe handling, high endurance, easy assembly and corrosion resistance.

Globe valves and gate valves are screwdown valves.
They are characterised by a plate or a gate which shut or open slowly by turning a handwheel (1 a). Ball valves work by the quarter-turn of a operating handle (1 b).

Check valves prevent backflow in case of streaming standstill or change of flow direction. The valve body remains closed on the valve seating until a minimum streaming pressure overcomes the force of the pressure spring.

Anti-gravity valves are fitted vertically in central heating pipes to prevent unwanted gravity circulation in the system pipework (2).

Three port/way valves are thermostatically or electrically operated valves. A three port diverter valve opens and closes the waterway in two directions and the water can flow in either one way or the other. In a midway position the water can flow in both directions (3).

In a three port mixing valve two flow directions are assembled in the valve casing and can be mixed with different mixture proportions. The final positions allow only one flow passage.

Automatic air bleed valves can be used for pipe deairing (bleeding) or the central deairing of a heating sector. A simple form of float in a casing opens the air vent to release the accumulated air and shuts it when the water rises (4).

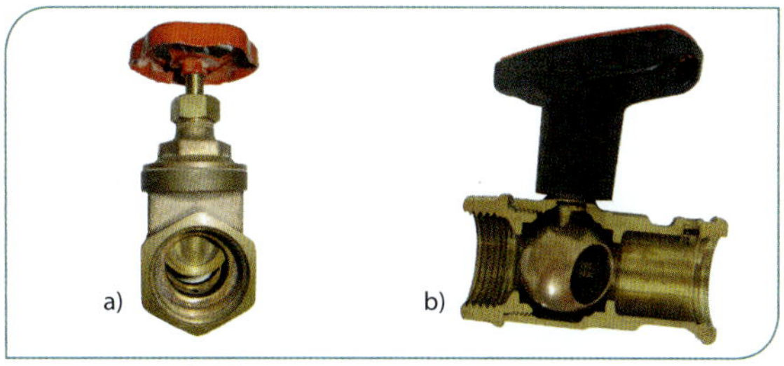

1 Gate valve and ball valve

2 Anti-gravity valve

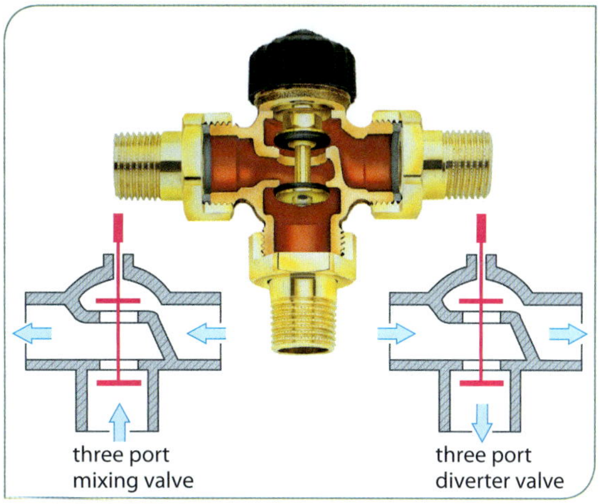

3 Three port/way valves

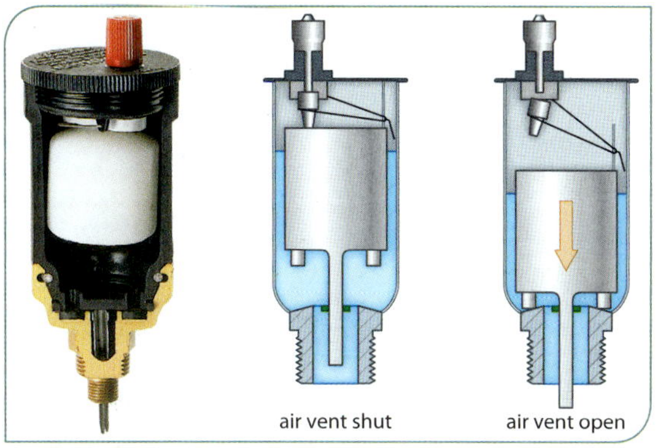

4 Automatic air bleed valve

Exercises

1. Find the corresponding German terms for: *adjust the passage, mode of operation, easy and safe handling, high endurance, easy assembly, corrosion resistance, globe valve, gate valve, screwdown valve, ball valves, quarter turn, operating handle, check valve, prevent backflow, streaming standstill, flow direction, valve body, valve seating, streaming pressure, overcome, pressure spring, anti-gravity valve, unwanted gravity circulation, three way valves, diverter valve, midway position, mixing valve, mixture proportions, final positions, air bleed valves, pipe deairing, float, air vent.*
2. List some more requirements valve have to meet. (Look up chapter 3.2)
3. Describe the main differences between a globe valve and a thermostatic radiator valve.

Lernfeld 7

Lernfeld 8:
Sanitärräume ausstatten

1 Computerdarstellung Badezimmer

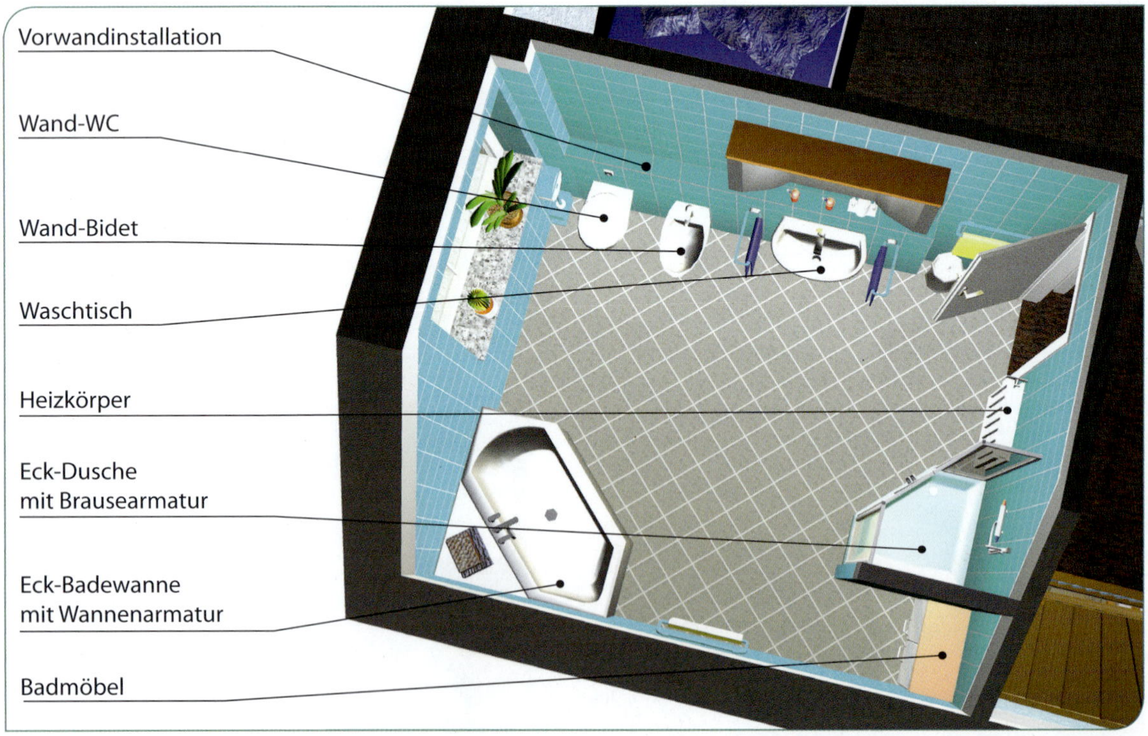

2 Computerdarstellung Badezimmer

1 Planungsgrundlagen von Sanitärräumen

Sanitärräume (sanitary facilities) spielen eine wichtige Rolle für die Hygiene, die Ernährung und die Hausarbeit. Sie haben deshalb einen großen Einfluss auf die Wohnqualität und auf das Wohlbefinden der Bewohner. Laut VDI 6000-1 gehören zu den Sanitärräumen: Bad (bathroom), WC, Gästetoilette (cloakroom), Küche (kitchen), Waschküche (laundry room) und Hausarbeitsräume (utility rooms). Um den gestiegenen Anforderungen (increased expectations) an Hygiene, Komfort und Wirtschaftlichkeit gerecht zu werden, sind bei der Planung viele wichtige Einflussfaktoren zu beachten, wie z. B.:

- Umbau oder Neubau,
- bauliche Gegebenheiten wie z. B. Himmelsrichtung, Fenster und Türen,
- Raumzuordnung,
- einfache Ausstattung oder Komfortausstattung,
- Anzahl der Personen,
- Ausstattungsobjekte und Zubehör,
- Stell- und Bewegungsflächen,
- Schall- und Brandschutz,
- Wasser- und Energieeinsparungen sowie
- flexible Planung und Ausführung.

1.1 Verordnungen, Normen, Vorschriften

Bei der Planung (planning and design) und Ausführung (installation) von Sanitärräumen sind insbesondere folgende Verordnungen, Normen und Vorschriften zu beachten:

- BauO – Landesbauordnungen der einzelnen Länder
- FeuVo – Feuerungsverordnung der Länder
- TrinkwV – Trinkwasserverordnung
- VDI 3807/3 – Wasserverbrauchskennwerte für Gebäude und Grundstücke
- VDI 6000 – Ausstattung von und mit Sanitärräumen Wohnungen
- VOB – Vergabe- und Vertragsordnung für Bauleistungen
- DIN 1988 – Technische Regeln für Trinkasser-installationen (TRWI)
- DIN EN 806 – Technische Regeln für Trinkwasser-installationen (TRWI)
- DIN 4102 – Brandverhalten von Baustoffen und Bauteilen
- DIN 4109 – Schallschutz im Hochbau
- DIN 18015 – Elektrische Anlagen in Wohngebäuden
- DIN 18040-2 – Barrierefreies Bauen – Planungsgrundlagen: Wohnungen
- DIN 18017 – Lüftung von Bädern und Toilettenräumen ohne Außenfenster
- DIN 68935 – Koordinationsmaße für Badmöbel, Geräte und Sanitärobjekte

1.2 Ausstattungsbedarf

Der Ausstattungsbedarf (equipment required) in Sanitärräumen hängt von der Anzahl der Personen (Bild 1), die in der Wohnung oder dem Haus wohnen und vom Komfortanspruch (Bilder 1 und 1, S. 312) der Bewohner ab. Wohnen mehrere Personen in einer Wohnung, dann sind z. B. ein zweites vom Bad getrenntes WC und ein zweiter Waschtisch (washbasin) zweckmäßig. Im Wohnungsbau mit gehobenen Ansprüchen sind zusätzlich noch ein Sitzwaschbecken und ein Urinal empfehlenswert.

Anzahl der Personen	Duschwanne DU	Badewanne BW	Waschbecken WB	Klosettbecken WC	Urinalbecken UB	Sitzwaschbecken (Bidet) SWB	Spülbecken SP	Waschmaschine WM
einfache Ausstattung								
1–2		1	1	1			1	1
3–4	1	1	1	2			1	1
gehobene Ausstattung								
1–2	1	1	1	1		1	1	1
3–4	1	1	2	2		1	2	1
komfortable Ausstattung								
1–2	1	1	1	1	1	1	2	1
3–4	1	1	2	2	1	1	2	1

1 Bedarfszahlen und Komfortstufen im Wohnungsbau

Sind in einem Haus keine Waschküche (laundry room) oder kein Hausarbeitsraum (utility room) für Waschmaschine (washing machine) oder Wäschetrockner (dryer) vorhanden, müssen im Bad hierfür Stellflächen und Anschlüsse vorgesehen werden.

	einfache Ausstattung Bad	gehobene Ausstattung Bad	komfortable Ausstattung Bad
Klosettanlage	Papierrollenhalter Klosettbürste	Papierrollenhalter Klosettbürste mit Halterung	Papierrollenhalter Klosettbürste mit Halterung Papiervorratsbox Abfallbehälter
Waschtischanlage	Ablage Spiegel	Ablage Spiegel Handtuchhalter	große Ablage großer Spiegel Handtuchhalter Gläser mit Halter
Badewanne	Haltegriff Haken	Haltegriff Badetuchhalter	Haltegriff Badetuchhalter
Dusche	Haltegriff Duschabtrennung Haken	Haltegriff Duschabtrennung Badetuchhalter	Haltegriff Duschabtrennung klappbarer Sitz Badetuchhalter
Sitzwaschbecken		Handtuchhalter	Handtuchhalter

1 Zusätzlicher Ausstattungsbedarf in Wohnungen nach VDI 6000-1

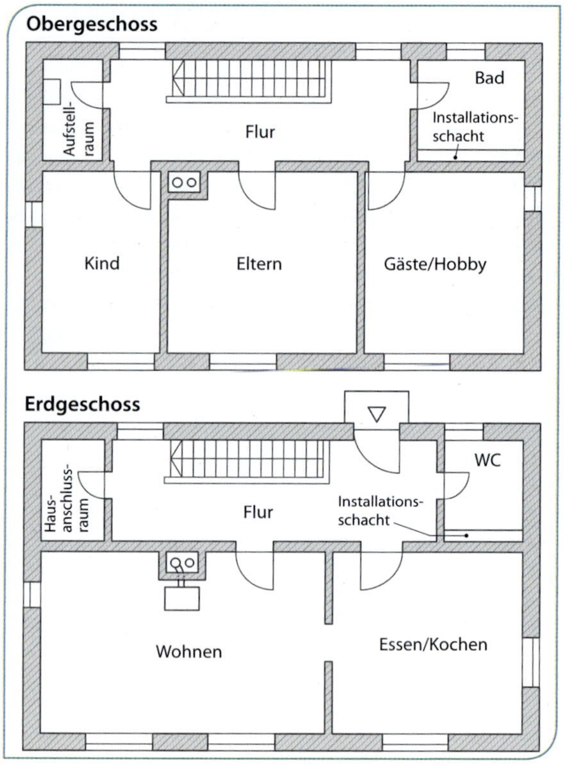

2 Anordnung von Wohnräumen

1.3 Anordnung von Sanitärräumen

Sanitärräume sollen so geplant und angeordnet werden, dass der Wohn- und Schlafbereich nicht durch störende Geräusche (noise) beeinträchtigt wird. Dies bedeutet, dass Wohn- und Schlafräume möglichst nicht an Bäder, WCs und Küchen angrenzen und vom Flur (entrance hall) aus zugänglich sind. Wenn möglich sollten für Bad und WC getrennte (separate) Räume vorgesehen werden. Aus wirtschaftlichen und installationstechnischen Gründen empfiehlt es sich, für Bad, WC und Küche einen gemeinsamen Installationsschacht (installation shaft) vorzusehen, ebenso bei mehrgeschossigen (multi-storey) Gebäuden (Bild 2). Vorteilhaft ist es, wenn Bad und WC natürlich belüftet und belichtet werden, also nicht innenliegend sind. Innenliegende (fensterlose) Toiletten sind nur dann zugelassen, wenn sie mit einer wirksamen Entlüftung (ventilation) (min. 4-facher Luftwechsel) ausgestattet sind. Wenn sich Sanitärräume getrennter Wohnungen gegenüberliegen und an einen gemeinsamen Fallstrang angeschlossen werden, müssen die Brand- und Schallschutzbestimmungen beachtet werden.

1.4 Stellflächen, Abstände und Bewegungsflächen

Damit eine ausreichende Bewegungsfreiheit (freedom of motion) in einem Sanitärraum gegeben ist, benötigt jedes Sanitärobjekt eine bestimmte Stellfläche (floor space). Darüber hinaus sind eine bestimmte Breite und Tiefe des Objektes, ein gewisser Abstand (distance) zum nächsten Objekt und eine ausreichende Bewegungsfläche (Bild 3, Bilder 1 bis 4, Seite 313) erforderlich. Bewegungsflächen (movement areas) dürfen sich überschneiden, wenn nicht mit einer gleichzeitigen Nutzung zu rechnen ist.

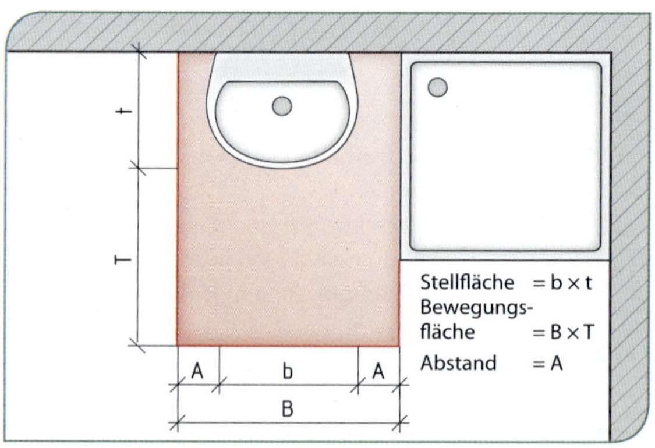

3 Stellflächen, Abstände und Bewegungsflächen

Kurzbezeichnung	Objekt	Breite in cm	Tiefe in cm
WB	Einzelwaschbecken	60	55
DWB	Doppelwaschbecken	120	55
EWT	Einbauwaschtisch	70	60
EDWT	Einbauwaschtisch mit 2 Becken	140	60
HWB	Handwaschbecken	45	35
SWB	Sitzwaschbecken (Bidet)	40	60
WCa	Klosettbecken, Spülung vor der Wand	40	75
WCu	Klosettbecken, Spülung für Wandeinbau	40	60
UB	Urinalbecken	40	40
DU	Duschwanne	80	80
BW	Badewanne	170	75
WM/TR	Waschmaschine/Trockner	60	60
AB	Ausgussbecken	50	40
SP	Spüle (Einfach-/Doppelspüle)	90 120	60

1 Empfohlene Abmessungen (Stellflächen) von Sanitärobjekten in Bad und WC nach VDI 6000 -1

Kurzbezeichnung	Objekt	Breite cm	Tiefe cm	Montagehöhe über OKFF[1] in cm
WB	Einzelwaschbecken	90	55	85 – 90
EWT	Einbauwaschtisch	90	55	85 – 90
HWB	Handwaschbecken	70	45	85 – 90
SWB	Sitzwaschbecken (Bidet)	80	60	42
WCa	Klosettbecken, Spülung vor der Wand	80	60	42
WCu	Klosettbecken, Spülung für Wandeinbau	80	60	42
UB	Urinalbecken	80	60	65
DU	Duschwanne	80, 70[2]	75	
BW	Badewanne	90	75	
Wenn Sanitärobjekte sich gegenüberliegen oder bei Anordnung der Objekte vor Wänden und Stellflächen, ist ein Mindestabstand von 75 cm vorzusehen.				

3 Mindestbewegungsflächen und Montagehöhen nach VDI 6000-1

Kurzbezeichnung	WT	DWT	EWT	EDWT	HWB	SW	WC	UR	DU	BW	WMTR
	seitliche Mindestabstände in cm										
WB						25	20	20	20	20	20
DWB						25	20	20	20	20	20
EWT/ EDWT						25	20	20	15	15	20
HWB						25	20	20	20	20	20
SWB	25	25	25	25	25		25	25	25	25	25
WCa/ WCu	20	20	20	20	20	25		20	20	20	20
UB	20	20	20	20	20	25	20		20	20	20
DU	20	20	15	15	20	25	20	20			3
BW	20	20	15	15	20	25	20	20			3
WM/TR	20	20	15	15	20	25	20	20	3	3	
Wand	20	20			20	25	20	20			20

2 Seitliche Mindestabstände von Sanitärobjekten in Bad und WC nach VDI 6000 -1

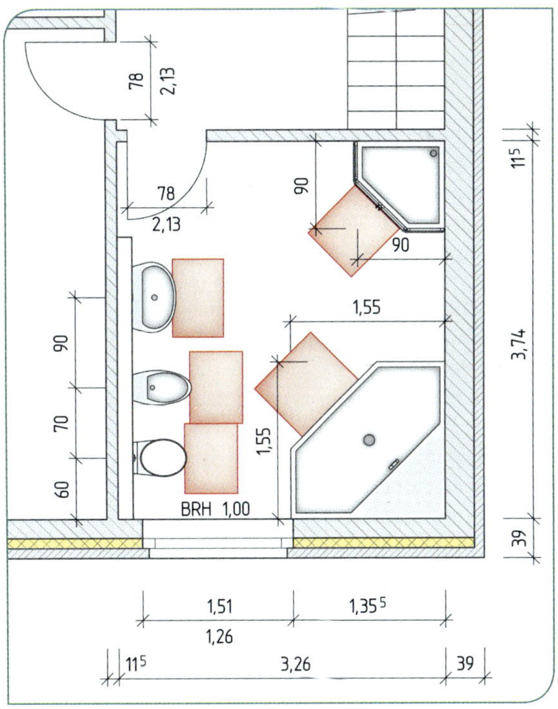

4 Beispiel Mindestbewegungsflächen

1) OKFF= Oberkante Fertigfußboden
2) bei Eckeinstieg

Lernfeld 8

Aus den Stellflächen, den Abstandsmaßen (distance measurements) und den Bewegungsflächen der Sanitärobjekte ergibt sich der Flächenbedarf für einen Sanitärraum (Bild 1). Aus installationstechnischen Gründen ist es ratsam, die Objekte so anzuordnen, dass kurze Verbindungsleitungen (connecting lines) möglich sind. Bei Um- oder Altbauten können die in der VDI 6000-1 vorgegebenen Mindestmaße nicht immer eingehalten werden.

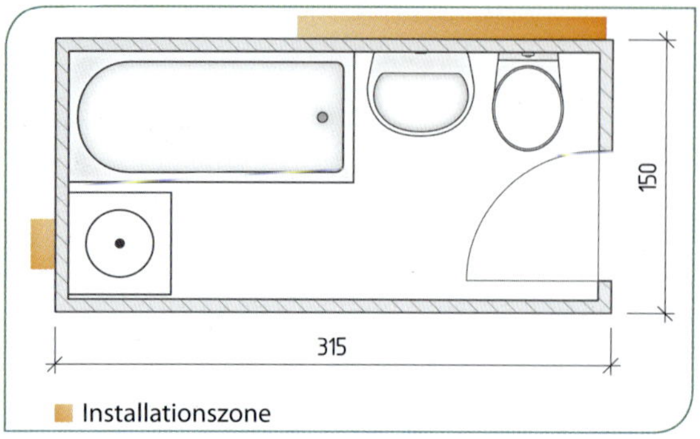

1 Beispiele Mindestflächenbedarf

1.4.1 Senioren- und behindertengerechte Stellflächen, Abstände und Bewegungsflächen

Die Lebenserwartung (life expectancy) der Bevölkerung der Bundesrepublik Deutschland steigt immer mehr an und die Geburten gehen immer weiter zurück. Dies hat dazu geführt, dass der Anteil der über 65-jährigen Personen in der Bundesrepublik heute mehr als 17% beträgt. Mit steigendem Alter nimmt die Beweglichkeit (mobility) ab und die Behinderungen (handicaps) nehmen zu. Durch senioren- und behindertengerechte (suitable for elderly and disabled people) Sanitärräume kann diesen Menschen das Leben erleichtert werden und in vielen Fällen kann der Umzug in ein Pflegeheim verhindert werden. Senioren- und behindertengerechte Sanitärräume sind barrierefrei (without barriers) (Bild 2) und es sind andere Maße von Sanitärobjekten, größere Abstände zwischen den Objekten und größere Bewegungsflächen notwendig (Bild 3). Dies bedeutet, dass die Räume grundsätzlich ohne besondere Erschwernis und fremde Hilfe zugänglich und nutzbar sein müssen.

Planungsgrundlagen für barrierefreie (barrierereduzierte) Wohnungen ist die **DIN 18040-2 –Barrierefreies Bauen – Planungsgrundlagen: Wohnungen** (Bild 2 u. 1, S. 315). Die DIN 18040-2 gilt für Wohnungen für:

- ältere Menschen,
- Hörgeschädigte und Gehörlose,
- Gehbehinderte,
- Sehbehinderte und Blinde,
- Menschen mit sonstigen Behinderungen,
- Klein- und großwüchsige Menschen, Kinder.

2 Barrierefreies Bad

	DIN 18040-2 barrierefrei nutzbare Wohnungen	DIN 18040-2 R[1] barrierefrei und uneingeschränkt mit dem Rollstuhl nutzbare Wohnungen
Mindestgröße Bewegungsfläche	120 cm x 120 cm vor den einzelnen Sanitärobjekten	150 cm x 150 cm vor den einzelnen Sanitärobjekten
WC	seitlicher Mindestabstand von 20 cm ist einzuhalten	Höhe WC-Becken einschl. Sitz 46–48 cm über Oberkante Fertigfußboden (OFF) Ausreichende Bewegungsflächen neben dem WC-Becken sind: • mind. 70 cm tief, von der Beckenvorderkante bis zur rückwärtigen Wand • mind. 90 cm breit an der Zugangsseite und für Hilfspersonen mind. 30 cm breit an der gegenüberliegenden Seite
Bedienelemente und Stützen		• mit der Hand oder dem Arm bedienbare Spülung • Rückenstütze 55 cm hinter Vorderkante des WC-Beckens • zwei hochklappbare Stützklappgriffe
Waschtisch	Waschplätze müssen auch im Sitzen nutzbar sein. Wird erreicht durch: • Beinfreiraum unter dem Waschtisch • die Möglichkeit einen mind. 100 cm hohen Spiegel unmittelbar über dem Waschtisch anzuordnen	• Vorderkantenhöhe des Waschtisches max. 80 cm über OFF. • Unterfahrbarkeit des Waschtisches von min. 55 cm Tiefe • 100 cm hoher Spiegel unmittelbar über dem Waschtisch
Dusche	Duschplätze müssen z. B. auch mit Rollator oder Rollstuhl nutzbar sein. Wird erreicht durch: • rutschhemmende Bodenbeläge im Duschbereich • bodenebene Dusche, max. 2 cm Absenkung Die Fläche des Duschplatzes kann in die Bewegungsfläche des Sanitärraumes einbezogen werden, wenn der Übergang zum Duschplatz bodengleich ist und die erforderliche Entwässerungsneigung max. 2 % beträgt.	• Nachrüstmöglichkeit für einen Dusch-Klappsitz, Sitzhöhe 46–48 cm • beidseitig des Dusch-Klappsitzes Nachrüstmöglichkeit für hochklappbare Stützgriffe, deren Oberkante 28 cm über der Sitzhöhe liegt • Einhebel-Duscharmatur mit Handbrause muss in 85 cm Höhe über OFF aus der Sitzposition erreichbar sein
Badewanne	Das nachträgliche Aufstellen einer Badewanne z. B. im Bereich der Dusche sollte möglich sein.	Das nachträgliche Aufstellen einer Badewanne z. B. im Bereich der Dusche muss möglich und mit einem Lifter nutzbar sein.

[1] R = zusätzliche oder weitergehende Anforderungen an Wohnungen nach DIN 18040-2

3 Planungsgrundlagen DIN 18040-2

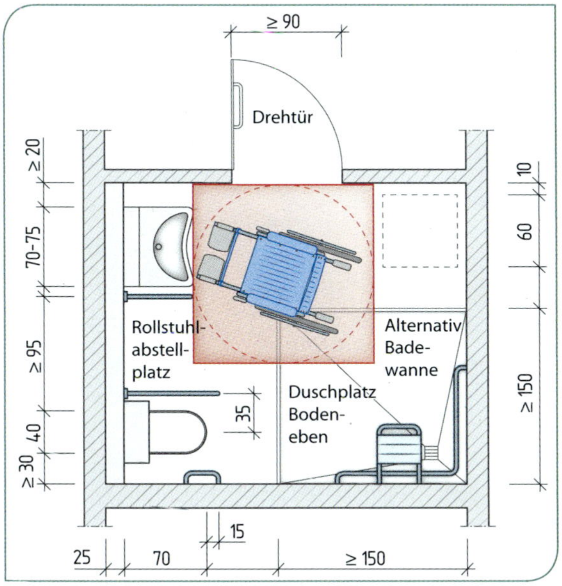

1 Rollstuhlgerechtes Bad

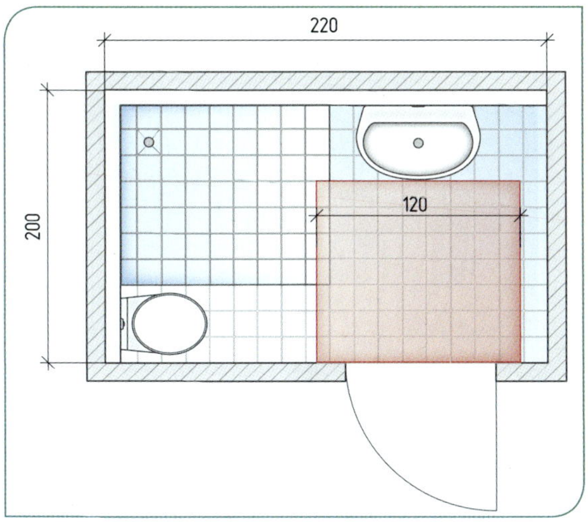

2 Seniorengerechtes Bad nach DIN 18040-2

1.5 Fliesengerechte Installation

Als Wand- und Bodenbeläge in Sanitärräumen werden häufig keramische Fliesen (tiles) verwendet, da sie die besonderen Anforderungen an z. B. Wasserundurchlässigkeit, Wasseraufnahme, Abriebfestigkeit und Chemikalienbeständigkeit sehr gut entsprechen.

Das Fliesenraster (tiles grid) gestaltet einen Raum optisch wesentlich mit, daher muss es auf den Grundriss (ground plan) und die Einrichtungsgegenstände sorgfältig abgestimmt werden (Bild 3).

Damit der optische Eindruck durch die sanitären Einrichtungsgegenstände, die Installationsauslässe für Gas, Wasser und Abwasser, die Armaturen und das Zubehör nicht beeinträchtigt wird, werden sie entweder mittig zu den Fliesen,

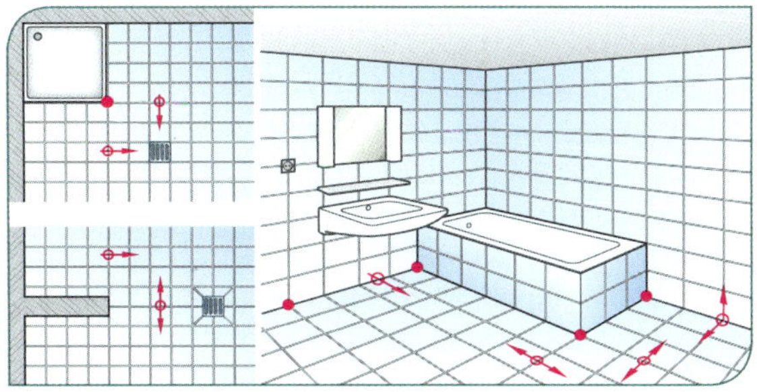

3 Bezugspunkte für Fliesenraster

mittig zu den Fliesenachsen oder auf Fugenkreuzen (joint crossings) angeordnet (Bild 4).

Für eine fliesengerechte Installation ist eine rechtzeitige und genaue Abstimmung zwischen allen beteiligten Gewerken notwendig.

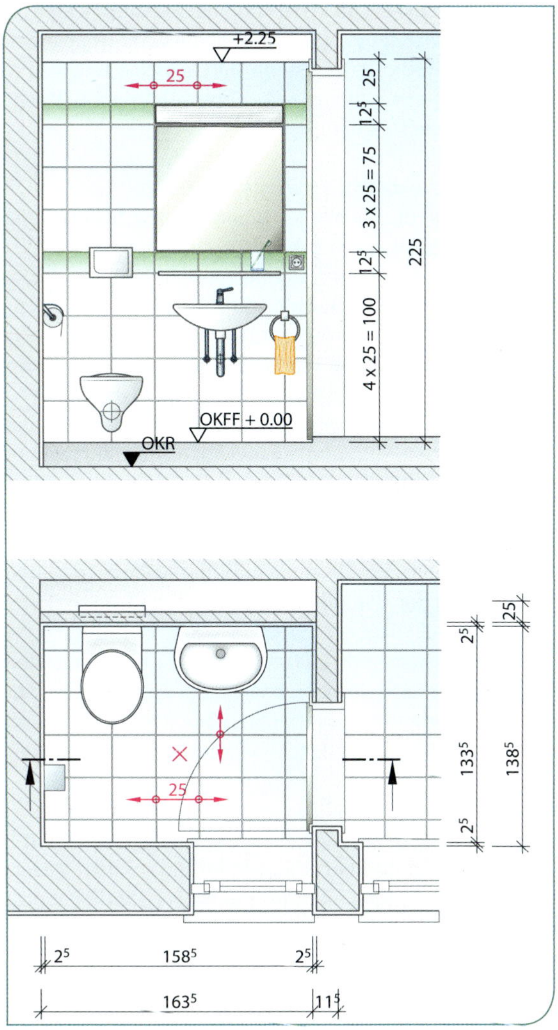

4 Beispiel Fliesenplan WC

1.6 Vorwandinstallation

Die gestiegenen Anforderungen (demands) an den Wärme-, Feuchte-, Schall- und Brandschutz lassen nur noch in wenigen Fällen eine Rohrverlegung (piping) in der Wand (wall) zu. Gleichzeitig werden höhere Ansprüche an die optische Wirkung, den Komfort und die Variabilität der Sanitäranlagen bzw. -objekte gestellt. Dies und nicht zuletzt die gestiegenen Lohnkosten (wage costs) haben dazu geführt, dass die Versorgungsleitungen immer mehr **vor** den Wänden verlegt werden bzw. werden müssen.

Da bei dieser als **Vorwandinstallation (Vor-der-Wand-Installation)** (front-wall installation) bezeichneten Montageart die sanitären Objekte (z. B. Waschtisch, WC) vor den Wänden installiert bzw. befestigt werden, befinden sich auch deren Anschlussleitungen in der Regel vor den Wänden. Hierdurch ist eine klare Trennung (separation) zwischen Bauwerk (building) und Installation gegeben und eine eindeutige Arbeitsteilung zwischen Rohbau- und Ausbauarbeiten wird möglich. Die Vorwände sind in vielen Fällen so in die Wohnung integriert, dass sie schon fast als „Einrichtung" gesehen werden können.

1 Praktische Ablageflächen

Weitere Vorteile der Vorwandinstallation sind:

- alle Wände des Gebäudes können ohne Schwächung (weakening) erhalten bleiben,
- leichte Einhaltung der o. g. Schutzvorschriften,
- Schlitzarbeiten, Wegräumen von Bauschutt und das Verschließen der Schlitze (slits) entfällt,
- die Montagezeiten für Vor- und Fertigmontage sind kürzer,
- bei Reparaturen, Änderungen oder Modernisierung muss die Bausubstanz (fabric of a building) nicht beeinträchtigt werden,
- praktische und architektonisch ansprechende Ablageflächen (storage trays) entstehen (Bild 1),
- die Installationswände können als Trennwände (partition walls) ausgeführt werden, so dass die Aufteilung der Sanitärräume sehr flexibel ist (Bild1),
- Vorwandsysteme, in denen sich alle Versorgungsleitungen befinden (Bild 2), können im Werk vorgefertigt werden und müssen auf der Baustelle (construction site) nur noch befestigt und stockwerksweise verbunden werden.

2 Vorgefertigtes Vorwandsystem

Die vorgeschriebenen speziellen Schall- und Brandschutzmaßnahmen für die Rohrverlegung im und vor dem Mauerwerk (masonry) sind in den jeweiligen Landesbauordnungen geregelt und entsprechend zu beachten.

Ausführungsvarianten

Es werden drei Varianten (variations) unterschieden:
- die **konventionelle** (conventional) Vorwandinstallation, bei der meist eine Wandschale vorgemauert wird, an der die Sanitärobjekte befestigt werden (Bild 1).
- die Vorwandinstallation mit **Montagegerüsten** (erecting frames), bei der die Installationsgegenstände auf Montageschienen und -winkeln befestigt werden, was wesentlich schneller geht als bei der konventionellen Methode (Bild 2).
- die Vorwandinstallation mit Installationsblöcken (bathroom pods), die aus vorgefertigten Elementen mit allen Anschlüssen und Befestigungen bestehen, für meist ein wandhängendes Sanitärobjekt (Bild 3).

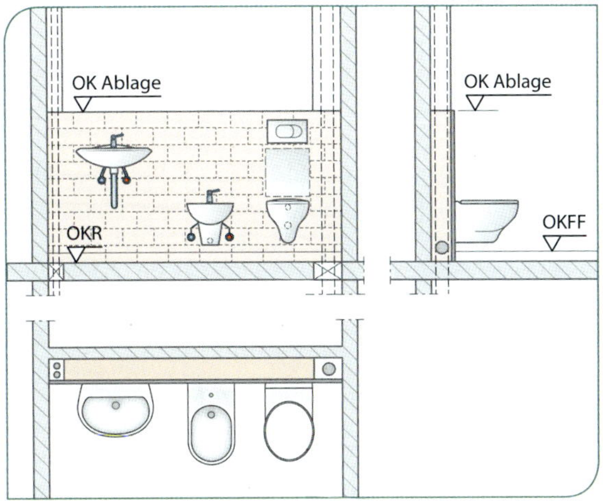

1 konventionelle Vorwandinstallation

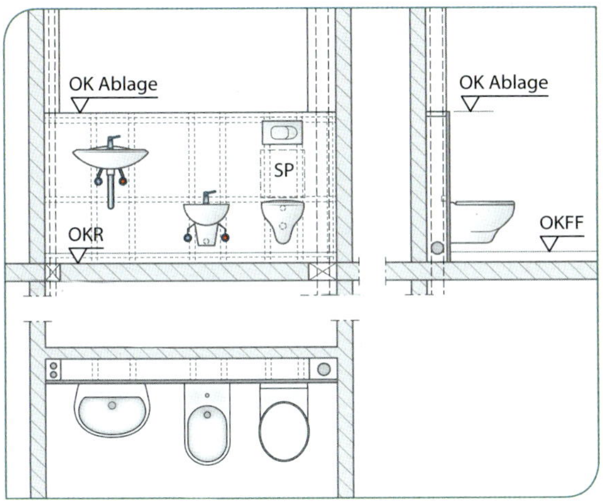

2 Vorwandinstallation mit Montagegerüsten

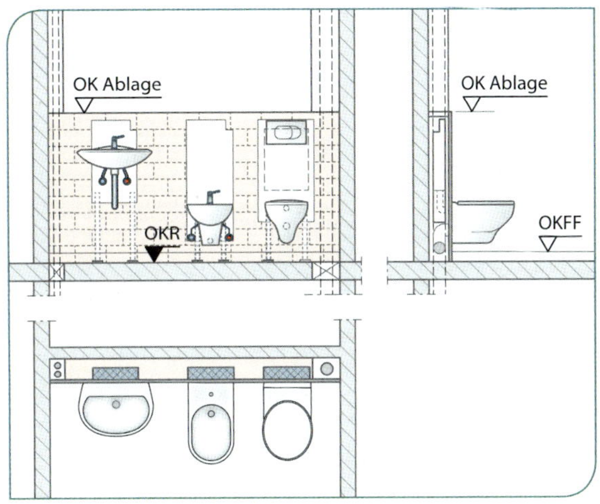

3 Vorwandinstallation mit Installationsblöcken

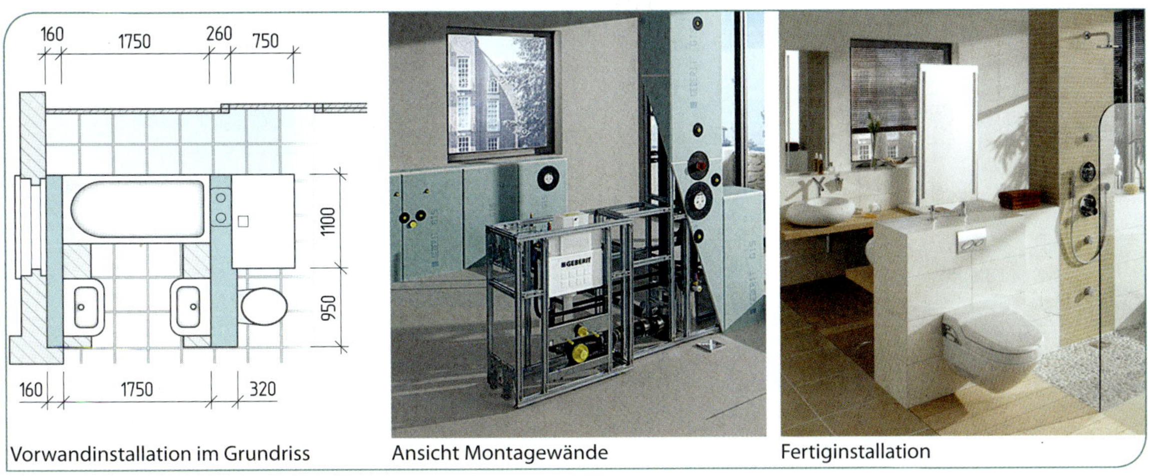

4 Vom Grundriss zur Fertiginstallation

1.7 Fugen- und Flächenabdichtungen

Im Bauwesen sind die häufigsten Schäden (damages) auf mangelnden Feuchtigkeitsschutz zurückzuführen. Im Spritzwasserbereich (splash water area) von z. B. Bädern und Duschen können über undichte Abläufe, Wanddurchführungen und Fugen (joints) Feuchtigkeitsschäden entstehen.

In der Regel werden Sanitärräume mit Fliesen oder Platten (z. B. Granitplatten) ausgestattet. Diese können als wasserdicht (watertight) bezeichnet werden, durch die Fugen kann jedoch trotzdem Wasser in die Wände oder Böden gelangen, weil Fugen reißen können.

Die Art des Feuchtigkeitschutzes hängt maßgeblich von der Beanspruchung der Wände oder Böden ab. Es wird zwischen hoch beanspruchten Flächen in z. B. öffentlichen Duschen und Bädern (Klasse A1, A2, B, C) und mäßig beanspruchten Flächen (Klasse 0, A01, A02, B0) in häuslichen Bädern unterschieden (Bild 1).

Durch Spritzwasser beanspruchte Flächen müssen abgedichtet werden (Bild 1, nächste Seite). Dazu muss die Abdichtung nach DIN 18195-5 an den Rändern in der Regel 15 cm über die Oberkante des Bodenbelages (floor covering) hochgeführt werden. Bei Wannen und Duschen ist die Abdichtung 20 cm über die Armaturen (fittings) zu führen (Bild 1, nächste Seite).

Die Randfuge zwischen dem Bodenbelag und der unteren Fliesen-Sockelleiste (baseboard) muss mindestens 5 mm breit sein und mit einer dauerelastischen Fugendichtungsmasse (z. B. Silikon) verschlossen werden (Bild 2, nächste Seite).

Klasse	Beanspruchung	Anwendungsbeispiel	Abdichtungsmaßnahme	
			nicht zwingend erforderlich bei folgenden Bedingungen	zwingend erforderlich bei folgenden Bedingungen
0	Wand- und Bodenflächen, die nur zeitweise und kurzfristig mit Spritzwasser **geringfügig** beansprucht sind	Wände und Böden in häuslichen Bädern **ohne Bodenablauf** mit Bade- oder Duschwanne	**Wand** außerhalb Spritzwasserbereich: • Gipsbaustoffe (Gipsputz P IV oder Gipsplatten) im Spritzwasserbereich: • Kalkzementputz P II **Boden** feuchtigkeitsunempfindliche Untergründe wie • Zementestrich auf Dämmung, • Beton nach DIN 1045 • Gussasphaltestrich • PS-Verbundelemente, bemörtelt und bewehrt	**Wand** im Spritzwasserbereich: • Gipsbaustoffe (Gipsputz P IV oder Gipsplatten) **Boden** • Gips-/faserverstärkte Gipsplatten • Calciumsulfatestriche
A01	Wandflächen, die nur zeitweise und kurzfristig mit Spritzwasser **mäßig** beansprucht sind	**Wände**, spritzwasserbelastet, in häuslichen Bädern **mit Bodenablauf**	außerhalb Spritzwasserbereich: feuchtigkeitsunempfindliche Untergründe wie z. B. • Kalkzementputz P II	im Spritzwasserbereich und im Sockelbereich außerhalb: feuchtigkeitsunempfindliche Untergründe wie z. B. • Kalkzementputz P II • Beton nach DIN 1045 • Kalksandstein-Planblocksteine
A02	Bodenflächen, die nur zeitweise und kurzfristig mit Spritzwasser **mäßig** beansprucht sind	**Böden**, spritzwasserbelastet, in häuslichen Bädern **mit Bodenablauf**		feuchtigkeitsunempfindliche Untergründe wie • Zementestrich auf Dämmung, • Beton nach DIN 1045 • Gussasphaltestrich • PS-Verbundelemente, bemörtelt und bewehrt
B0	Bauteile im Außenbereich mit **nicht drückender** Wasserbeanspruchung	**Balkone und Terrassen** (nicht über genutzten Räumen)		**Wand** • Kalkzementputz P II • Zementputz P III • Beton nach DIN 1045 • Kalksandstein-Planblocksteine **Boden** • Beton nach DIN 1045 • Zementestrich nach DIN 18560

1 Feuchtigkeitsbeanspruchungsklassen im bauaufsichtlich nicht geregeltem Bereich (mäßige Beanspruchung)

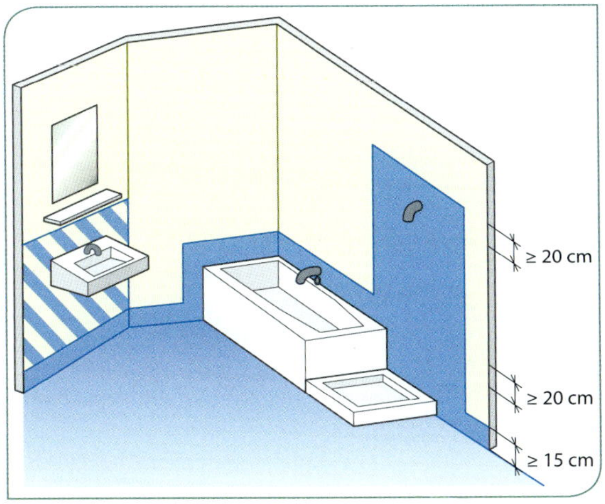

1 Abzudichtende Flächen

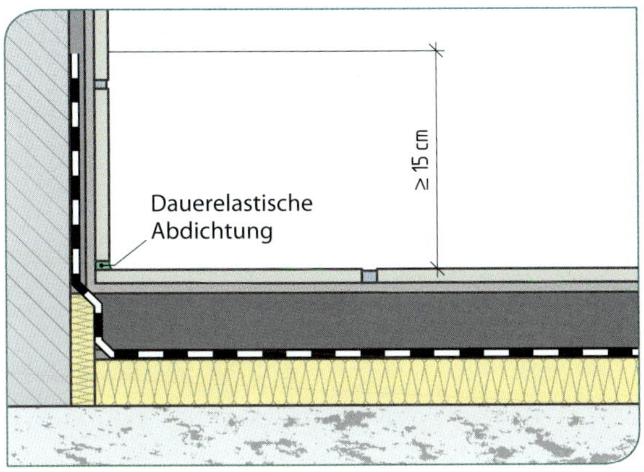

2 Randabschluss

Auch die Berührungsstellen (points of contact) von Sanitärobjekten an Vorwandinstallationen oder Wänden werden mit einer dauerelastischen (permanently elastic) Fugendichtungsmasse verschlossen.

1.8 Sinnbilder für Sanitärobjekte

	Grundriss	Aufriss
Badewanne		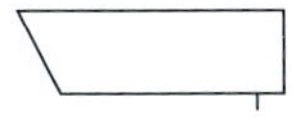
Duschwanne	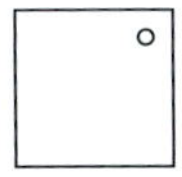	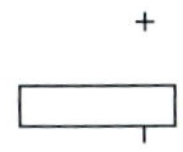
Waschtisch, Handwanschbecken	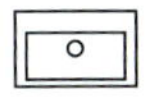	
Sitzwaschbecken	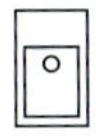	
Urinal		
Klosett 1) mit Druckspüler 2) mit Spülkasten vor der Wand	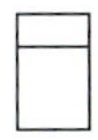	
Ausgussbecken, rechteckig	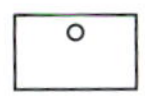	
Spültisch, einfach	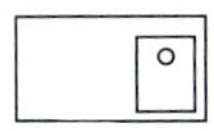	
Doppelspültisch	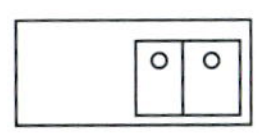	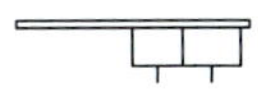

3 Sinnbilder für Sanitärobjekte

ÜBUNGEN

1) Welche Räume gehören laut VDI 6000-1 zu den Sanitärräumen?
2) Warum haben Sanitärräume einen großen Einfluss auf die Wohnqualität und das Wohlbefinden der Bewohner?
3) Nennen Sie mindestens 5 Einflussfaktoren, die bei der Planung von Sanitärräumen zu beachten sind.
4) Warum sollen Wohn- und Schlafräume möglichst nicht an Bäder, WCs und Küchen angrenzen und vom Flur aus zugänglich sein?
5) Warum benötigt jedes Sanitärobjekt eine bestimmte Stellfläche?
6) Wann dürfen sich Bewegungsflächen überschneiden?
7) Woraus ergibt sich der Flächenbedarf eines Sanitärraums?
8) Wie müssen senioren- und behindertengerechte Sanitärräume grundsätzlich beschaffen sein?
9) Erläutern Sie den Begriff „fliesengerechte Installation".
10) Warum werden Rohre kaum noch in Wänden verlegt?
11) Nennen Sie mindestens 5 Vorteile der Vorwandinstallation.
12) Worauf sind die häufigsten Schäden im Bauwesen zurückzuführen?

2 Schallschutz in Sanitärräumen

2.1 Entstehung von Geräuschen

Bei der Planung und Einrichtung eines Bades muss auf eine konsequente **Schalldämmung** (sound insulation) geachtet werden, denn die bei der Benutzung von Sanitärobjekten und Armaturen entstehenden Geräusche (Bild 1) sind eine der häufigsten Ursachen für Beschwerden. Sie können das Wohlbefinden der dort lebenden Menschen erheblich beeinträchtigen und zu gesundheitlichen Schäden führen. Die **zulässigen** (permissible) Schalldruckpegel in schutzbedürftigen Räumen (Wohn- und Schlafräume) sind in der **DIN 4109 Schallschutz im Hochbau** festgelegt. Hierbei handelt es sich allerdings nur um Mindestanforderungen, die in der **VDI-Richtlinie 4100** nochmals erhöht wurden (vgl. Lernfeldübergreifende Inhalte, Kapitel 8.8 Schallschutz).

Die Schallschutzanforderungen beziehen sich ausschließlich (exclusively) auf die Schallübertragung zwischen **fremdgenutzten Wohnungen**. Sie beziehen sich nicht auf den eigenen Wohnbereich (living area) und auch nicht auf Räume, die nicht für den ständigen Aufenthalt vorgesehen sind (z. B. Bäder, Küchen, Flure).

Kurzzeitige **Geräuschspitzen** (noise peaks), die z. B. durch das Betätigen von Wasserarmaturen oder die Betätigung der WC-Spülung (flushing) entstehen, bleiben genauso unberücksichtigt, wie das Schließen eines WC-Deckels.

Generell verbreitet sich Schall als **Luft-, Wasser- oder Körperschall**. Die **Stärke** (strength) der Geräusche hängt ab von:

- der **Anordnung** (grouping) **der Sanitärräume** (vgl. Lernfeldübergreifende Inhalte, Kapitel 8.8 Schallschutz und LF 8, Kapitel 1.3),
- der **Baukonstruktion** – je schwerer die Wand, desto geringer die übertragenen Anlagengeräusche; Vorwandinstallation (vgl. Lernfeldübergreifende Inhalte, Kapitel 8.8 Schallschutz und LF 8, Kapitel 1.6),
- der **Auswahl** (selection) und dem **Einbau** der Armaturen und Sanitärobjekte.

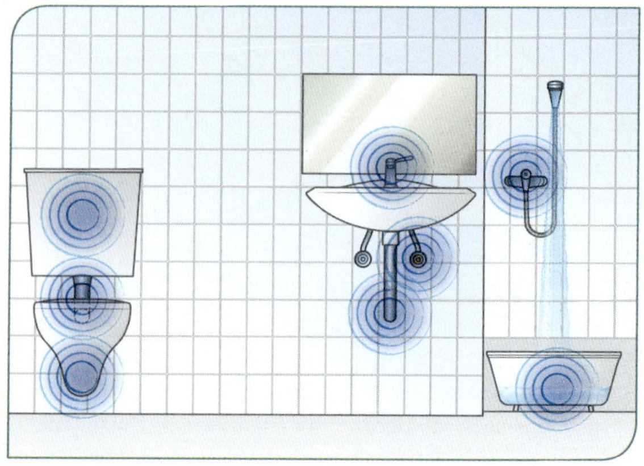

1 Entstehungspunkte von Geräuschen

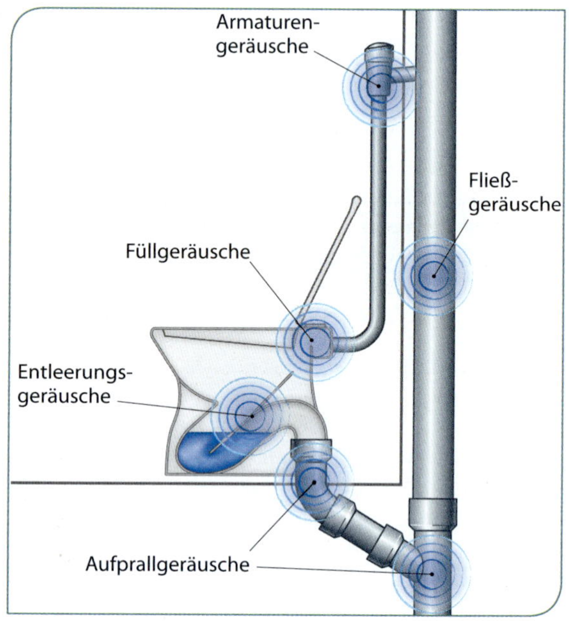

2 Entstehungspunkte von WC- Geräuschen

Insbesondere die in Bädern durch z. B. WC-Spülungen und beim Baden und Duschen auftretenden Geräusche (Bilder 1 und 2) werden als **störend** (annoying) empfunden. Sie setzen sich meist zusammen aus:

- **Armaturengeräuschen** (vgl. Kapitel 2.1.1),
- **Fließgeräuschen**, die insbesondere in Trink- und Abwasserleitungen bei zu hohen Fließgeschwindigkeiten auftreten (vgl. LF 5 und 6, Schallschutzmaßnahmen),
- **Füllgeräuschen**, die durch das auf die Sanitärobjekt- bzw. Wasseroberfläche aufprallende Wasser hervorgerufen werden,
- **Entleerungsgeräuschen**, die durch Verwirbelungen des ablaufenden Wassers und Luftansaugungen in den Ablaufventilen und Geruchverschlüssen der Sanitärobjekte entstehen und
- **Aufprallgeräuschen**, die in Fallleitungen vor allem durch Richtungsänderungen entstehen.

Lernfeld 8

2.2 Maßnahmen zur Geräuschminderung

Grundsätzlich lassen sich Geräuschminderungen (noise attenuations) durch Maßnahmen an der **Geräuschquelle**, z. B. geräuscharme Armaturen, und durch **Verringerung der Schallübertragung** von der Geräuschquelle (noise source) über den Baukörper in den schutzbedürftigen Raum (z. B. Körperschallentkopplung) erreichen.

2.2.1 Armaturengeräusche

Geräuscharme Armaturen (fittings) werden nach DIN 4109 in zwei Gruppen eingeteilt (Bild 1). Die Armaturen der **Geräuschgruppe 1** sind 10 dB leiser als Armaturen der **Gruppe 2**. Die Geräuschbildung von Armaturen wird wesentlich beeinflusst durch den **Fließdruck**, die **Konstruktion** der Armatur und den **Durchfluss** (Volumenstrom). Durch die **Halbierung** (bisection) des Volumenstroms kann eine Verminderung der Betriebsgeräusche um **12 dB** erreicht werden (vgl. LF 7). In Wohnungen werden heute fast ausschließlich Armaturen der Geräuschgruppe 1 installiert.

2.2.2 Körperschallentkopplung

Um Körperschallübertragungen (transmission of structure-borne noise) über den Baukörper (Wände und Decken) zu vermeiden, muss die gesamte Sanitärinstallation **körperschallentkoppelt** werden (Bild 5, S. 322). Das bedeutet, dass sich der Baukörper und die Sanitärelemente an **keiner Stelle** berühren (touch) dürfen, um Schallbrücken zu vermeiden. Bei der Installation von Sanitärelementen bzw. Baugruppen (z. B. Rohren, Dusch- und Badewannen, Waschtischen, Armaturen, Spülkästen) sollten folgende Maßnahmen unbedingt beachtet werden:

- Rohrleitungen nur mit Schellen (clamps) mit elastischer Einlage befestigen (Bild 2), bei Verlegung im Fußboden, in Wandschlitzen oder bei Wanddurchführungen Rohre vollständig mit Dämmstoff ummanteln
- Wanneneinläufe strömungsgünstig (streamlined) unter etwa 15° ausführen, um Aufprallgeräusche zu vermindern (Bild 2, S. 322)
- wandhängende Sanitärobjekte mit handelsüblichen Schallschutzsets (Bild 3, S. 322) an der Wand befestigen
- bodenstehende Sanitärobjekte auf schwimmenden Estrich (floor pavement) stellen und befestigen
- Dusch- oder Badewanne mit Wannenträger auf Dämmmatte (insulation mat) und/oder schwimmenden Estrich stellen (Bild 4, S. 322)
- Dusch- und Badewanne körperschallgedämmt an Wandanschluss und auf Stützen installieren (Bild 1 und 4, S. 322)
- Fugen zwischen Wand, Dusch- oder Badewanne dauerelastisch ausführen (Bild 1 und 4, S. 322)
- Wandscheiben (wall disks) und Wandrosetten mit weichfedernden dauerelastischen Materialien hinterlegen.

Art der Armatur	Armaturengeräuschpegel L_{an} für kennzeichnenden Fließdruck[1] oder Durchfluss nach DIN ISO 3822-1[2]	Geräuschgruppe der Armatur (Armaturengruppe)
Auslaufarmaturen Geräteanschlussarmaturen Druckspüler Spülkästen Durchflusswassererwärmer	≤ 20 dB (A)	I
Durchgangsarmaturen (z. B. Absperrventile, Eckventile, Rückflussverhinderer) Drosselarmaturen Druckminderer Brausen	≤ 30 dB (A)	II
Auslaufvorrichtungen[3], die direkt angeschlossen werden, wie Strahlregler, Durchflussbegrenzer, Kugelgelenke	≤ 15 dB (A) ≤ 25 dB (A)	I II

[1] Zu Grunde liegender Mindestfließdruck: 3 bar
[2] DIN EN ISO 3822 Akustik-Prüfung des Geräuschverhaltens von Armaturen und Geräten der Wasserinstallation im Laboratorium – Teil 1: Messverfahren
[3] Für Auslaufarmaturen mit Auslaufvorrichtungen und für Eckventile sind Durchflussklassen für Auslaufvorrichtungen festgelegt

1 Geräuschgruppen von Armaturen

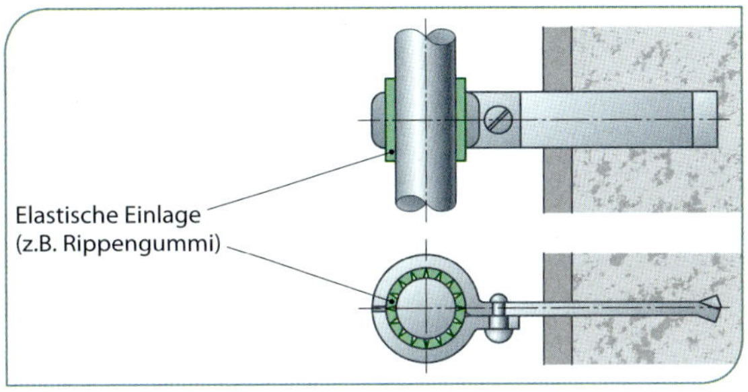

2 Elastische Einlage

Lernfeld 8

1 Wannenkörperschallentkoppelung

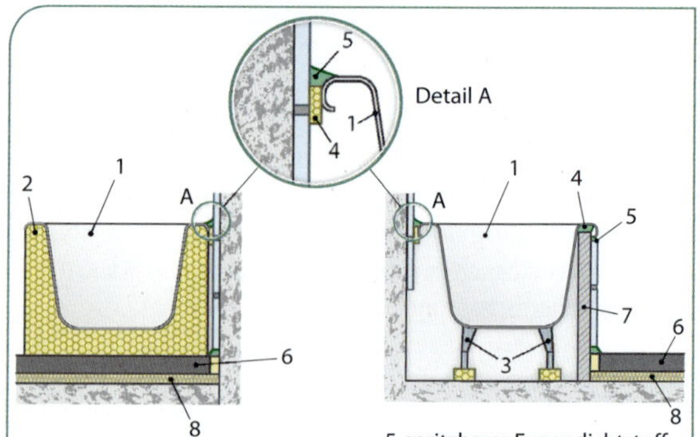

1 Wanne
2 Wannenträger
3 elastisch gelagerte Stützen
4 elastische Dämmschicht
5 spritzbarer Fugendichtstoff (dauerelastisch)
6 schwimmender Estrich
7 Aufmauerung
8 Dämmschicht

4 Badewanneneinbau

2 Wanneneinlauf

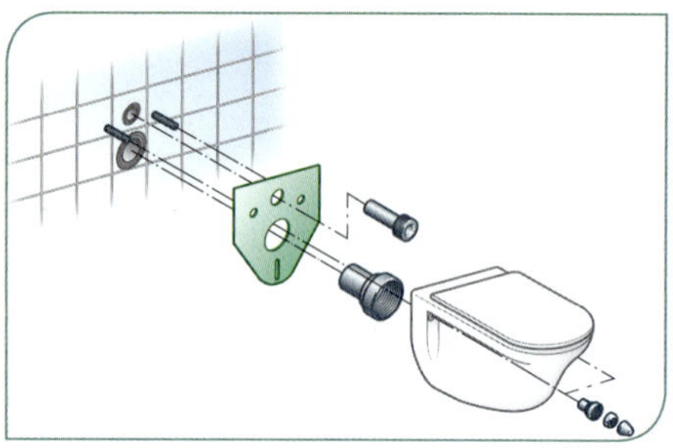

3 Schallschutzset

5 Körperschalldämmung

ÜBUNGEN

1. Warum muss bei der Planung und Einrichtung eines Bades auf eine konsequente Schalldämmung geachtet werden?
2. Wie hoch ist der zulässige Schalldruckpegel in schutzbedürftigen Räumen nach VDI-Richtlinie 4100?
3. Worauf beziehen sich die Schallschutzanforderungen?
4. Was sind schutzbedürftige Räume?
5. Wie verbreitet sich der Schall?
6. Wovon hängt die Stärke von Geräuschen in Sanitärräumen ab?
7. Woraus setzen sich die in Sanitärräumen entstehenden Geräusche meist zusammen?
8. Wie lassen sich Geräuschminderungen grundsätzlich erreichen?
9. Wie wirkt sich die Verminderung des Armaturendurchflusses auf die Verminderung der Betriebsgeräusche aus?
10. Erklären Sie den Begriff Körperschallentkopplung.
11. Nennen Sie mindestens vier Maßnahmen zur Körperschallentkopplung.

3 Elektrotechnik in Sanitärräumen

3.1 Elektrische Schutzbereiche

Räume mit **Dusche** (shower) und/oder **Badewanne** (bath tub) sind während ihrer Nutzung meist **feucht** (humid). Dadurch ist der Mensch einer erhöhten Gefährdung durch den elektrischen Strom ausgesetzt, denn Wasser auf der Haut (insbesondere auf Füßen und Händen) verringert den elektrischen Hautwiderstand (skin resistance) und das Unfallrisiko durch einen elektrischen Schlag ist besonders groß. Um das Unfallrisiko zu senken, sind nach DIN VDE 0100-701 (2008-10) elektrische **Schutzbereiche** (ranges of protection) vorgeschrieben, in denen besonders strenge Sicherheitsvorschriften und Einschränkungen für **Elektroinstallationen** (electric installations) gelten.
Es werden die Schutzbereiche 0, 1und 2 unterschieden.

- Der Schutzbereich **0** entspricht dem Inneren einer Bade- oder Duschwanne (Bild 1). Für Duschen ohne Wanne (bodengleiche Dusche) ist in Deutschland kein Bereich **0** vorgesehen (Bild 2).
- Für den Bereich **1** gilt die Oberkante des Fertigfußbodens (finished floor) als untere Begrenzung. Nach oben wird der Bereich **1** durch eine waagerechte Fläche in 225 cm Höhe oder durch eine waagerechte Fläche in Höhe eines fest angebrachten Wasserauslasses begrenzt, je nachdem was höher ist (Bild 3). Seitlich wird der Bereich durch angenommene (oder reale) senkrechte Flächen an den Außenkanten (outer edges) von Dusch- oder Badewanne begrenzt (Bild 3). Für Duschen ohne Wanne gilt ein Abstand von 120 cm vom Mittelpunkt des festen Wasserauslasses aus als Begrenzung (Bild 2).
- Für den Bereich **2** gilt die Oberkante des Fertigfußbodens als untere Begrenzung. Nach oben wird der Bereich **2** durch eine waagerechte Fläche in 225 cm Höhe oder durch eine waagerechte Fläche in Höhe eines fest angebrachten Wasserauslasses begrenzt, je nachdem was höher ist (Bild 3).
  Seitlich erstreckt sich der Bereich **2** von den realen oder angenommenen senkrechten Flächen des Bereiches **1** bis zu der dazu parallelen, fiktiven Fläche im Abstand von 60 cm (Bilder 1 und 1, S. 324).
  Für Duschen ohne Wanne (tray) ist kein Bereich **2** vorgesehen.

Für WCs (water closets, toilets), Waschtische (washbasins), Bidets (bidets) und ähnliche Sanitäreinrichtungen sind **keine** Schutzbereiche vorgesehen.

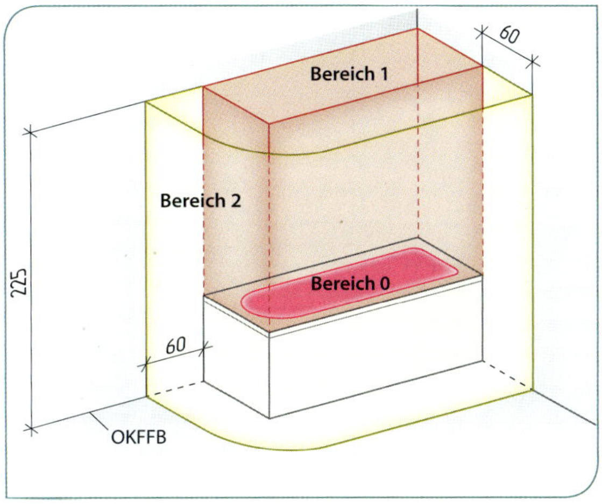

1 Schutzbereiche einer Badewanne

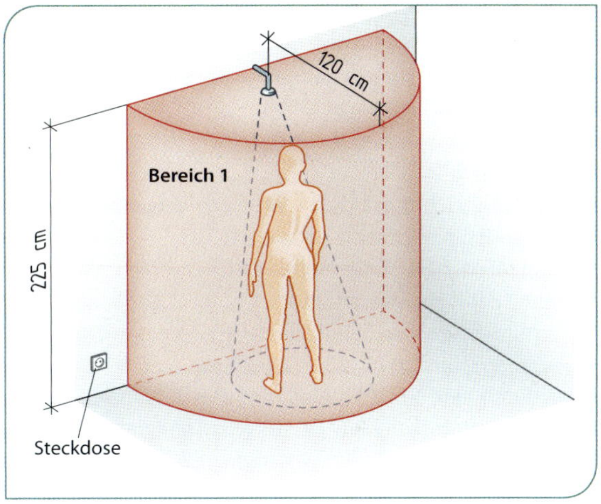

2 Schutzbereich einer Dusche ohne Wanne

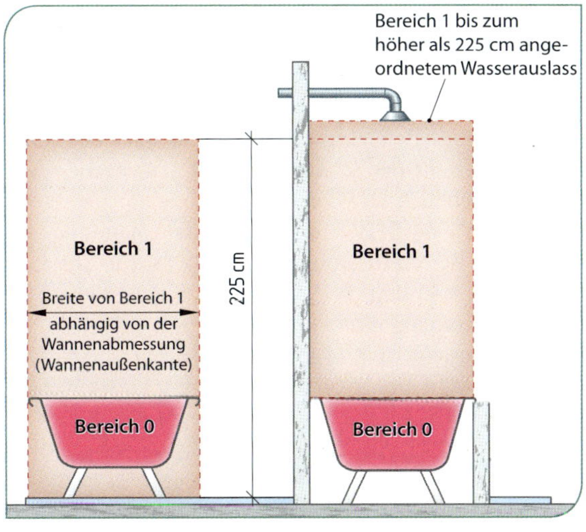

3 Höhenausdehnung Bereich 1

Lernfeld 8

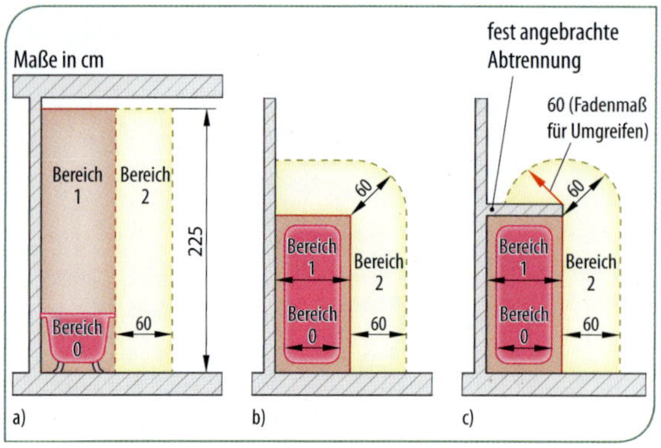

1 Schutzbereiche

3.2 Elektrische Anschlüsse

In den Schutzbereichen **0**, **1** und **2** sind **keine** Schalt- und Steuergeräte zulässig (Bild 2). **Schaltgeräte** (switching devices) sind ein- oder mehrpolige Geräte (z. B. Schalter, Relais und Sicherungen) zum Einschalten oder Ausschalten eines elektrischen Stromkreises (electric circuit). **Steuergeräte** (control devices) sind Schaltgeräte in Steuer- und Hilfsstromkreisen.

Schutzbereich 0

Im Schutzbereich **0** sind nur elektrische Verbrauchsmittel[1] (current using equipment) zugelassen:

- wenn sie nach Herstellerunterlagen (manufacturer's documents) dafür zugelassen sind,
- sie mindestens der Schutzklasse IPX7 entsprechen (vgl. Grundlagenbuch HT 3135, S. 221),
- sie durch eine **SELV**[2]**-Kleinspannung** mit max. 12V AC (Wechselstrom) oder 30V DC (Gleichstrom) geschützt sind und die **Stromquelle** (power source) für die Kleinspannungsversorgung mittels SELV außerhalb der Schutzbereiche 0 und 1 liegt,
- sie **ortsfest** montiert und **fest** angeschlossen sind.

Schutzbereich 1

Im Schutzbereich **1** sind nur elektrische Verbrauchsmittel zugelassen:

- wenn sie nach Herstellerunterlagen dafür geeignet sind,
- sie mindestens der Schutzklasse IPX4 entsprechen (vgl. Grundlagenbuch HT 3135, S.221),
- sie durch eine **SELV**- oder **PELV**[3]**-Kleinspannung** mit max. 12V AC (Wechselstrom) oder 60V DC (Gleichstrom) geschützt sind und die **Stromquelle** für die Kleinspannungsversorgung mittels SELV oder PELV außerhalb der Schutzbereiche 0 und 1 liegt,
- sie **ortsfest** (stationary) montiert und fest angeschlossen sind.

Erlaubte Verbrauchsmittel sind z. B.:

- elektrische Handtuchtrockner (electric towel dryers) einschließlich der notwendigen Anschluss- und Verbindungsdosen,
- Duschpumpen,
- Elektrische Wassererwärmer (electric water heaters),
- Zu- und Abluftventilatoren (fresh air and exhaust fans) und
- Whirlpooleinrichtungen.

Schutzbereich 2

Im Schutzbereich **2** dürfen außer **Steckdosen** (sockets) alle elektrischen Verbrauchsmittel (neuerdings auch Lichtschalter und Lichttaster) montiert oder installiert werden, wenn sie mindestens der Schutzklasse IPX4 entsprechen.

Außerhalb des Schutzbereiches 2 sind **alle** Steckdosen und elektrischen Verbrauchsmittel erlaubt. Die Schutzklasse richtet sich nach der Nutzung (use) des Bereiches.

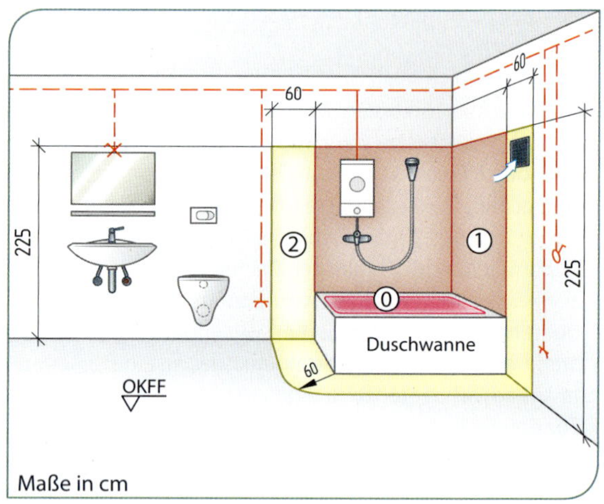

2 Schutzbereiche für Räume mit Dusche und/oder Wanne nach DIN VDE 0100 T 701

1) Verbrauchsmittel sind elektrische Betriebsmittel, die elektrische Energie in eine andere Energieform umwandeln, z.B. in mechanische Arbeit oder Wärme.
2) SELV = Safety Extra Low Voltage
3) PELV = Protective Extra Low Voltage

3.3 Elektrische Schutzeinrichtungen

Alle **Kabel** (cables) und **Leitungen** in Räumen mit Dusche oder Wanne, die die elektrischen Verbrauchsmittel mit Strom versorgen, müssen einen Schutzleiter (earth conductor) enthalten und durch eine **Fehlerstrom-Schutzeinrichtung** (RCD, vgl. Grundlagenbuch HT 3135, S. 223) mit einem Bemessungsdifferenzstrom $I_N \leq$ 30mA geschützt sein. Folgende **Ausnahmen** (exceptions) sind zu beachten.

Kein Schutzleiter wird gefordert für:
- SELV- und PELV- Stromkreise und
- Stromkreise mit Schutztrennung

Schutz durch Schutztrennung sind Schutzmaßnahmen gegen Berührung (contact) unter Spannung stehender Teile und gegen zu hohe Berührungsspannungen beim Auftreten von z. B. Isolationsfehlern oder Erdschluss.

Fehlerstrom-Schutzeinrichtungen (RCDs) werden nicht gefordert für:
- SELV- und PELV- Stromkreise,
- Stromkreise mit Schutztrennung und
- Stromkreise, die ausschließlich der Versorgung von fest angeschlossenen Wassererwärmern dienen.

Potenzialausgleich

In Gebäuden bilden die Elektroinstallation sowie die Heizungs-, Trinkwasser-, Abwasser- und Gasinstallationssysteme oft ein weit verzweigtes Netz, das teilweise miteinander in Verbindung steht (sich berührt).

Entsteht z. B. durch eine schadhafte (faulty) Isolation eines Strom führenden Leiters eine elektrisch leitende Verbindung zu einer metallischen (metallic) Rohrleitung, treten lebensgefährliche (mortal) Berührungsspannungen auf (Bild 2). Um dies zu verhindern, müssen alle metallischen Rohrsysteme durch den Potenzialausgleichsleiter (equipotential bonding conductor) elektrisch leitend miteinander verbunden werden (Bild 3). Hierdurch wird sichergestellt, dass im Fehlerfall keine gefährlichen Spannungen auftreten können.

Der Hauptpotenzialausgleich (main equipotential bonding) wird meist an zentraler Stelle im Hausanschlussraum (room for house connections) vorgenommen (Bild 1, Bild 1, S. 326). Alle metallischen Rohrsysteme, der Hauptschutzleiter PEN des elektrischen Leitungsnetzes, der Haupterdungsleiter und die Antennen-, Blitzschutz- und Fernsprechanlagen werden über Potenzialausgleichsleiter an die Haupterdungsschiene (main equipotential busbar) angeschlossen. Diese ist mit dem in das Fundament (foundation) des Gebäudes eingelegten Fundamenterder verbunden.

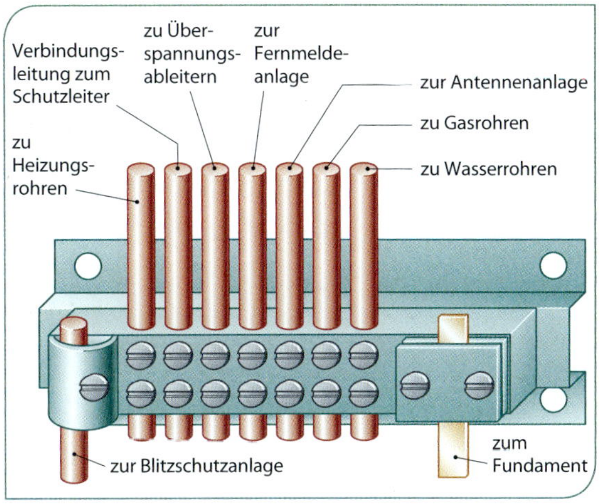

1 Haupterdungsschiene

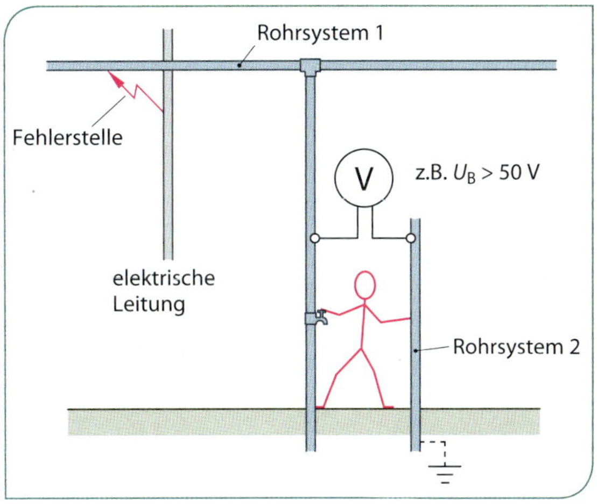

2 Gefährliche Berührungsspannung

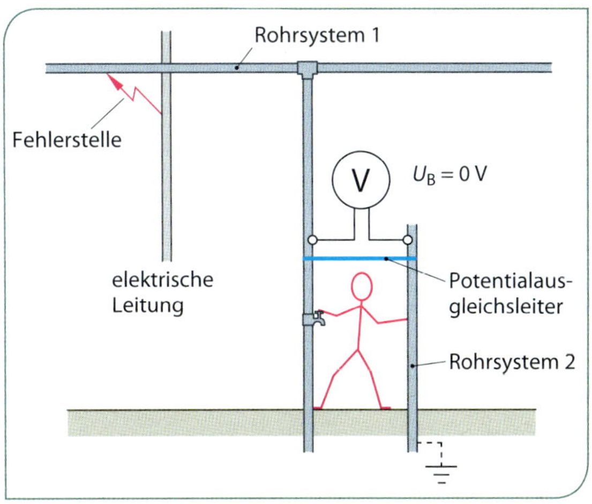

3 Potenzialausgleich

Lernfeld 8

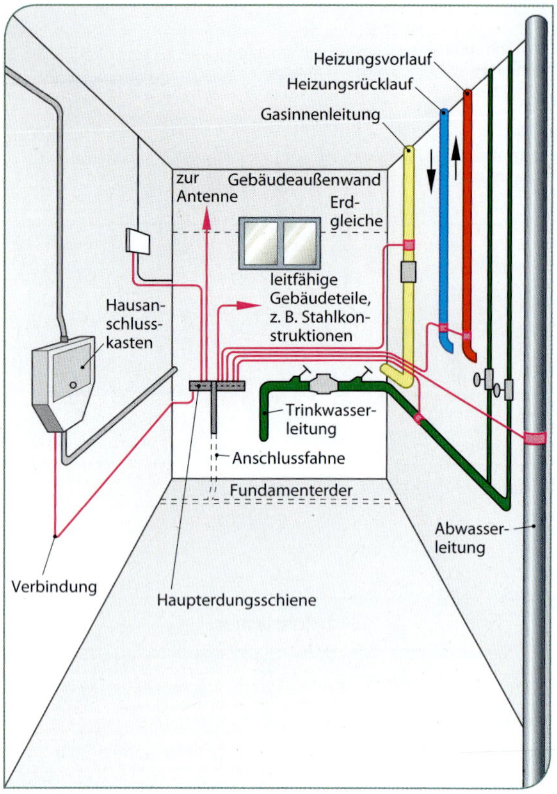

1 Hausanschlussraum mit Hauptpotenzialausgleich

In Gebäuden, in denen ein Schutzpotenzialausgleich für die gesamte Hausinstallation über die Haupterdungsschiene vorhanden ist, wird nach der **Neufassung der VDE 0100-701** für Räume mit Dusche oder Badewanne kein zusätzlicher Schutzpotenzialausgleich gefordert (Bild 2). Leitfähige Duschen, Badewannen oder andere leitfähige Teile dürfen aber weiterhin angeschlossen werden. Bei Renovierungsarbeiten darf ein vorhandener Potenzialausgleich nicht entfernt werden. Auch wenn die Wanne ausgetauscht wird, muss er wieder hergestellt werden.

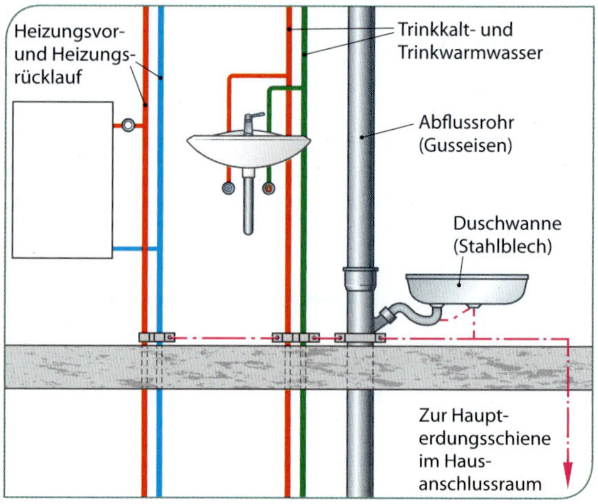

2 Kein zusätzlicher Schutzpotenzialausgleich

ÜBUNGEN

1. Warum ist der Mensch in Räumen mit Dusche oder Badewanne einer erhöhten Gefahr durch den elektrischen Strom ausgesetzt?
2. Welche Schutzbereiche sind vorgeschrieben, um das Unfallrisiko zu senken?
3. Beschreiben Sie die räumliche Ausdehnung der einzelnen Schutzbereiche.
4. Für welche Sanitäreinrichtungen sind keine Schutzbereiche vorgesehen?
5. Was sind elektrische Verbrauchsmittel?
6. Welche Verbrauchsmittel dürfen im Schutzbereich 0 installiert werden?
7. Erläutern Sie die Abkürzungen SELV und PELV.
8. Was bedeutet die Schutzklasse IPX4?
9. Welche elektrischen Betriebsmittel dürfen im Schutzbereich 2 nicht installiert werden?
10. Was müssen alle Kabel und Leitungen in Räumen mit Dusche oder Wanne, die die elektrischen Verbrauchsmittel mit Strom versorgen, enthalten?
11. Für welche Stromkreise wird kein Schutzleiter gefordert?
12. Was bedeutet Schutz durch Schutztrennung?
13. Erläutern Sie die Funktion einer Fehlerstrom-Schutzeinrichtung (RCD).
14. Warum müssen alle metallischen Rohrsysteme in einem Gebäude elektrisch leitend miteinander verbunden werden?
15. Was wird an die Haupterdungsschiene angeschlossen?
16. Für welche Räume wird kein zusätzlicher Schutzpotenzialausgleich mehr gefordert?

4 Farbgestaltung in Sanitärräumen

Farben können sich direkt auf die Psyche des Menschen auswirken. Sie werden schon sehr lange dafür eingesetzt, bestimmte **Empfindungen** (emotions) hervorzurufen oder zu verstärken.

Allerdings gibt es keine **allgemeingültigen** (generally accepted) Regeln, denn das individuelle Farbempfinden ist nicht nur von den eigenen Erfahrungen (experiences), sondern z. B. auch vom Kulturkreis (society) abhängig. So bedeutet im englischsprachigen Raum die Farbe Blau, dass ein Mensch betrübt oder depressiv ist. Im deutschsprachigen Raum hingegen, dass er betrunken ist.

Nach der **traditionellen Farbsymbolik** (colour symbolism) assoziieren[1)] Farben gewisse Empfindungen und Stimmungen:

- Rot vermittelt z. B. Dynamik, Leidenschaft, Wärme und Gefahr,
- Gelb Optimismus, Wärme und Freundlichkeit,
- Grün Naturverbundenheit, Durchsetzungsvermögen, Frische und Ruhe,
- Weiß Reinheit, Seriosität und Ordnung,
- Grau/Schwarz Funktionalität, Nüchternheit, Neutralität und Luxus,
- Orange Lebhaftigkeit, Wärme und Aktivität,
- Braun/Beige Bequemlichkeit, Gemütlichkeit und Sinnlichkeit,
- Blau und Türkis Kühle und Erfrischung.

Wie oben beschrieben, lässt sich unschwer erkennen, dass es keine **Standardfarben** (standard colours) für Sanitärräume gibt und die individuellen Wünsche und Nutzungsgewohnheiten der Kunden berücksichtigt werden müssen.

Mit einer geschickten und bewussten **Farbgestaltung** (colour composition) kann die **optische** Größe und die Wirkung eines Raumes beeinflusst werden. Dunkle Farben lassen einen Raum **kleiner**, helle Farben hingegen **größer** erscheinen (Bild 1). Hohe Räume erscheinen durch dunkle Decken **niedriger** (lower) und schlauchartige Räume lassen sich durch dunkle Decken und Rückwände optisch **verbreitern** (widen). Um die Farbwirkung zu überprüfen, können großflächige, auf die jeweiligen Farben abgestimmte Kartons vor den Wänden eines Sanitärraumes platziert werden. Ein **harmonisches** (well-balanced) Gesamtbild wird erreicht, wenn die Farben der Sanitärobjekte und des Zubehörs auf die Farben der Wände, Decken und Böden abgestimmt (adjust) werden. Herstellerkataloge helfen bei der Auswahl der Farben (Bild 2).

1 Helle Farben

bianco	calypso	candel	capri
elfenbein	jasmin	key west	manhattan
schwarz	soft-cream	star white	whisper blau

2 Auswahl üblicher Sanitärobjektfarben, Bezeichnungen sind herstellerabhängig

ÜBUNGEN

1. Wofür werden Farben schon sehr lange eingesetzt?
2. Wovon ist das individuelle Farbempfinden abhängig?
3. Nennen Sie die Farben, die die Empfindung Wärme auslösen können.
4. Erklären Sie die Wirkungen von hellen und dunklen Farben auf die optische Größe eines Raumes.
5. Wodurch erreicht man ein harmonisches Gesamtbild bei der Ausstattung von Sanitärräumen?

[1)] assoziieren = gedanklich verbinden/verknüpfen

5 Werkstoffe für Sanitärobjekte

Die Materialien und Oberflächen (surfaces) von Sanitärobjekten (sanitary appliances) unterliegen vielfältigen Beanspruchungen und müssen deshalb z. B.:

- jegliches Eindringen von Schmutz und Wasser verhindern,
- abriebfest,
- leicht zu reinigen (Lotuseffekt),
- unempfindlich gegenüber Reinigungsmitteln,
- stoß- und schlagfest,
- dauerbelastbar und
- farb- und lichtecht sein.

Zur Herstellung von Sanitärobjekten im Wohnungsbau werden hauptsächlich Sanitärkeramik, emaillierter Stahl (enamelled steel), nicht rostender Stahl (stainless steel), Kunststoffe und Verbundstoffe (composites) verwendet (vgl. HT 3135, Lernfeld übergreifende Inhalte, Kap. 1).

1 Bidet und Toilettenspülbecken aus Sanitärkeramik

5.1 Sanitärkeramik

Viele Sanitärobjekte im Wohnungsbau wie z. B. Waschtische, Urinale, Bidets und Toilettenspülbecken (Bild 1 und 2) werden aus Sanitärkeramik hergestellt (vgl. HT 3135, Lernfeld übergreifende Inhalte, Kap. 1.4.2.1).
Sanitärkeramik ist ein idealer Werkstoff für Sanitärobjekte mit hohem Anspruch an Hygiene, Aussehen und Oberflächenfestigkeit (surface bonding strength). Alle Objekte sind mit einer sehr harten und glatten Glasur (enamel) überzogen.

2 Sanitärkeramik

5.1.1 Lotuseffekt

Neben der herkömmlichen Glasur gibt es eine weiterentwickelte Glasur mit **Lotuseffekt**.
Der Lotuseffekt hat seinen Namen von der **Lotusblume** erhalten. Diese Blume ist schon sehr lange dafür bekannt, dass ihre Blätter (leaves), auch wenn sie aus schlammigem Wasser auftauchen, stets sauber sind. Die Blattoberfläche der Lotuspflanze ist nicht glatt (smooth), sie hat sehr viele kleine Erhebungen und eine feine Schicht aus wasserabweisenden Wachskristallen. Durch diese besondere Oberflächenbeschaffenheit liegen Schmutzpartikel nicht auf der ganzen Oberfläche auf, sondern nur auf wenigen Spitzen, wodurch ihre Haftung (adhesive strength) auf der Oberfläche sehr gering sind. Die Schmutzpartikel werden so leicht mit z. B. Regentropfen vollständig entfernt. Dieser Effekt der Selbstreinigung (self-cleaning) ist ein rein physikalisches Phänomen und wird von einigen Sanitärkeramikherstellern nachgeahmt.
Die neu entwickelten Oberflächen mit Lotuseffekt sind lange haltbar, schmutzabweisend (dirt-repelling) und pflegeleicht. Wasser perlt (drips off) auf der Oberfläche ab und nimmt dabei Schmutz- und Kalkpartikel mit (Bild 3).

3 Lotuseffekt

5.2 Metallische Werkstoffe

Emailliertes Stahlblech

Stahlblech (sheet steel) wird fast ausschließlich für Dusch- und Badewannen verwendet (Bild 1), manchmal auch für Spül- und Ausgussbecken. Um die Oberfläche gegen vielfältige Beanspruchungen zu schützen, wird sie mit einer glasartigen (glass-like), sehr harten und glatten Emailleschicht – ähnlich wie bei der Sanitärkeramik – überzogen.

Nicht rostender Stahl

Nicht rostende Stähle werden im Wohnungsbau hauptsächlich für Küchenspülen (Bild 2) verwendet, aber z. B. auch für besonders exklusive Ausstattungen (Bild 3) in privaten Badezimmern. Wegen seiner hohen Beständigkeit wird nicht rostender Stahl überwiegend in öffentlichen sanitären Anlagen eingesetzt.

5.3 Kunststoffe und Verbundstoffe

Viele Sanitärobjekte, aber auch Kleinteile (small parts) wie z. B. Halterungen, Duschköpfe und WC-Sitze, werden heute aus Kunststoff hergestellt. Hauptsächlich verwendet werden Acrylglas (Bild 1, nächste Seite) und **Verbundstoffe** aus **Acrylglas** mit Beimengungen (addition) von natürlichen Mineralstoffen wie z. B. Quarz und Marmor.

Acrylglas

Acrylglas (acrylic glass) – auch Plexiglas genannt – ist die umgangssprachliche (colloquial) Bezeichnung für **Polymethylmethacrylat** (PMMA). Es ist ein thermoplastischer Kunststoff, der weitgehend schlag- und stoßunempfindlich ist. Weitere Vorteile (advantages) von Acrylglas sind z. B. sein geringes Montagegewicht, die geringe Wärmeleitfähigkeit, die glatte (smooth) Oberfläche und die hohe Beständigkeit gegenüber Chemikalien. Lösungsmittel (solvents),wie z. B. Nagellackentferner, greifen die Oberfläche aber an, sie ist auch nicht kratzfest (scratchproof) und nicht gegenüber Zigarettenglut beständig. Kleinere defekte Stellen können mit speziellen Reparatursets ausgebessert werden.
Da die Oberfläche von Acrylglasobjekten weniger stark belastbar ist als bei Keramik- oder Stahlsanitärobjekten, werden sie in öffentlichen (public) Sanitärräumen kaum verwendet.

Verbundstoffe

Verbundstoffe (Bild 2, nächste Seite) aus Acrylglas mit Beimengungen von natürlichen Mineralstoffen (minerals) wie z. B. Quarz oder Marmor verbessern die Eigenschaften von einfachem Acrylglas:

- sie haben eine größere Härte,
- lassen sich leichter bearbeiten und verkleben,
- sind widerstandsfähiger gegenüber Chemikalien in Reinigungsmitteln,
- vertragen kurzzeitige Erhitzungen (heating) durch Zigarettenglut,
- haben eine bessere schalldämmende Wirkung und
- können mit geeigneten Scheuermitteln (abrasive cleaners) gereinigt werden.

1 Emaillierte Stahlbadewanne

2 Edelstahlspüle

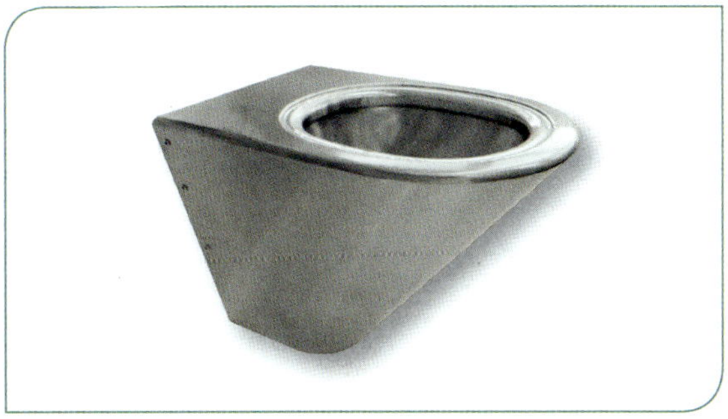

3 WC aus Edelstahl

Lernfeld 8

1 Acrylglasbadewanne

2 Verbundstoffbadewanne

5.4 Sand und Bindemittel

Die neueste Entwicklung in der Sanitärbranche sind Sanitärprodukte, die mittels 3D-Drucker ganz individuell nach Kundenwunsch hergestellt werden können. Dafür wird Sand mit einem besonderen Bindemittel verwendet. Eine spezielle Beschichtung macht die Objekte schlagfest, kratzfest, reinigungsmittelresistent und UV-beständig.

ÜBUNGEN

1. Nennen Sie mindestens vier Eigenschaften, die Materialien und Oberflächen von Sanitärobjekten haben müssen.
2. Welche Werkstoffe werden hauptsächlich für die Herstellung von Sanitärobjekten im Wohnungsbau verwendet?
3. Was sind die besonderen Eigenschaften von Sanitärkeramik?
4. Erläutern Sie den Lotuseffekt.
5. Wie wird die Oberfläche von Sanitärobjekten aus Stahlblech geschützt?
6. Nennen Sie mindestens drei Vorzüge von Verbundstoffen aus Acrylglas mit Beimengungen von Mineralstoffen gegenüber Acrylglas.

6 Sanitärobjekte

6.1 Waschtische und Handwaschbecken

Waschtische und Handwaschbecken dienen der **Körperreinigung**. Die vergleichsweise kleinen Handwaschbecken werden oft nur zum **Händewaschen** benutzt, Waschtische hingegen werden auch zum Waschen von **Händen**, **Kopf** und **Oberkörper**, sowie zum **Zähneputzen** und zur **Haar-** und **Bartpflege** genutzt.

6.1.1 Einteilung

Waschtische und Handwaschbecken werden in vielen, sich ständig den modischen Trends anpassenden Formen und Farben, hergestellt. Waschtische mit einer Breite unter etwa **600 mm** werden als **Handwaschbecken** (Bild 1) bezeichnet; eine eindeutige Festlegung gibt es nicht. Bei besonders beengten Verhältnissen kommen **Eckhandwaschbecken** (Bild 2) zum Einsatz.

1 Handwaschbecken

2 Eckhandwaschbecken

Waschtische werden eingeteilt in (Bild 3):
- Vorbauwaschtische (semi-recessed washbasins),
- Aufsatzwaschtische (surface-mounted washbasins),
- Unterbauwaschtische (undercounter washbasins),
- Einbauwaschtische (built-in washbasins) und
- Schrank- oder Möbelwaschtische (washbasins combined with furniture) (Bild 4).

3 Einteilung von Waschtischen

4 Schrankwaschtisch

6.1.2 Anschluss- und Montagemaße, Abmessungen

Anschluss- und **Montagemaße** von Handwaschbecken und Waschtischen können den Herstellerunterlagen entnommen werden (Bild 5).

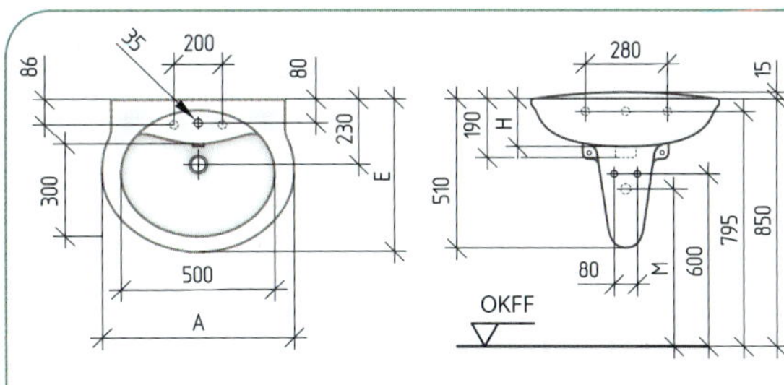

	A	E	H	M	Hahnlöcher
E 7480...	700	540	165	540	○●○
E 7470...	650	520	165	540	○●○
E 7460...	600	490	165	540	○●○

5 Montagemaße für einen Waschtisch aus Herstellerunterlagen

Lernfeld 8

Abmessungen und übliche Montagehöhen
Nach VDI 6000 Blatt 1 sollten die Mindestmaße und die übliche Montagehöhe eines **Handwaschbeckens** folgender Tabelle entsprechen (Bild 1).

Handwaschbecken	Breite b in cm	Tiefe t in cm	Höhe h in cm über OKFF
empfohlenes Maß	45	35	85
Eckhandwaschbecken haben eine Diagonale von etwa 50cm und eine Schenkellänge von etwa 35cm			

1 Empfohlene Abmessungen nach VDI 6000 Blatt 1

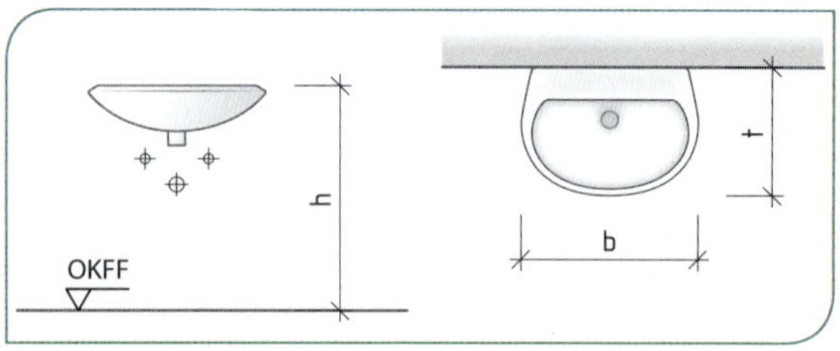

2 Abmessungen

Nach VDI 6000 Blatt1 sollten die Mindestmaße und die übliche Montagehöhe von **Waschtischen** folgender Tabelle entsprechen (Bild 3).

Waschtische	Breite b in cm	Tiefe t in cm	Höhe h in cm über OKFF
empfohlenes Maß			
Einzelwaschtisch	60	55	85
Doppelwaschtisch	120	55	85
Einbauwaschtisch mit 1 Becken	70	60	85
Einbauwaschtisch mit 2 Becken	140	60	85

3 Empfohlene Abmessungen nach VDI 6000 Blatt 1

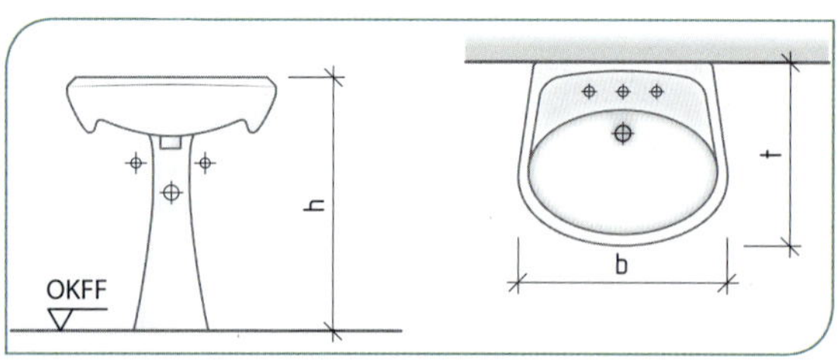

4 Abmessungen

6.1.3 Auslaufarmaturen

Auslaufarmaturen (outlet fittings) werden in einer fast unüberschaubaren Vielfalt hergestellt und sind immer mehr zu einem wichtigen Gestaltungselement geworden (Bild 5).

Grundsätzlich können **Auslaufarmaturen** eingeteilt werden nach:

- Art der **Anbringung**, Standmodell (Bild 5), Wandmodell (Bild 4, S. 334) , Aufputz- oder Unterputzmontage,
- Art der **Trinkwarm- und Trinkkaltwasserzuführung**, Ein-, Zwei- und Dreilochbatterien (Bild 6, 7, 8),
- **Ausführung**, Auslaufventil, Eingriff-, Zweigriff- und Thermostatmischbatterie und
- **Bedienung**, manuell, elektronisch (Bild 1, Seite 335) oder berührungslos gesteuert.

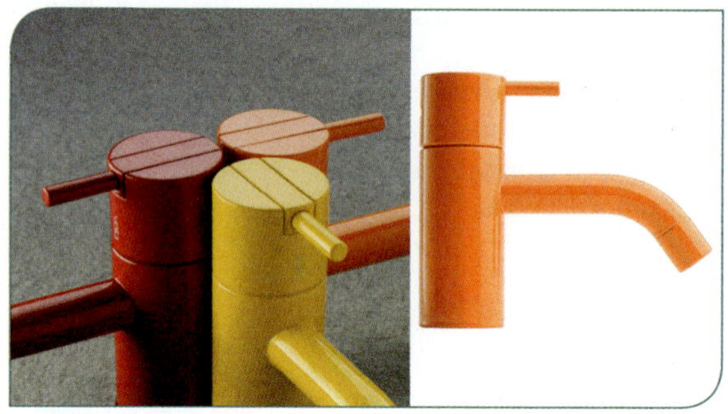

5 Designarmatur

6 Einlocharmatur

7 Zweilocharmatur

8 Dreilocharmatur

6.1.3.1 Auslaufventile

Handwaschbecken in Gäste-WCs erhalten häufig nur ein Auslaufventil mit **Trinkkaltwasser- oder Trinkwarmwasseranschluss** (Bild 1) und besitzen keine Vorrichtung für die Mischung (mixing) von kaltem und warmem Trinkwasser. Durch die erhöhten Komfortansprüche der Kunden werden allerdings immer mehr **Eingriff-** oder **Zweigriffmischbatterien** mit Trinkwarm- und Trinkkaltwasseranschluss installiert. **Waschtische** werden immer mit Mischbatterien angeschlossen.

1 Auslaufventil Standmodell

6.1.3.2 Mischbatterien

Mischbatterien werden an die Trinkwarm- und Trinkkaltwasserleitung angeschlossen und mischen das Wasser auf die **gewünschte Temperatur**. Es wird dabei zwischen Eingriff-, Zweigriff- und Thermostatmischbatterien unterschieden. Bei Ein- und Zweigriffarmaturen wird die Temperatur **von Hand** eingestellt, bei Thermostatmischbatterien **selbsttätig** geregelt.

2 Einhebelmischer mit Keramikkartusche

6.1.3.2.1 Eingriffmischbatterien

Bei Eingriffmischbatterien (**Einhebelmischer** (single-lever mixer)) werden die Temperatur und der Wasserfluss durch die Betätigung eines Griffes (Hebels) von Hand eingestellt (Bild 2).

Durch das **Auf- und Abbewegen** des Hebels wird die **Wassermenge stufenlos** eingestellt. Wird der Hebel nach **rechts** bewegt, **verringert** sich die Temperatur, wird er nach **links** bewegt **steigt** die Temperatur. Die Mischung des Wassers erfolgt heute in der Regel über zwei in eine Kartusche (cartouch) eingebaute keramische (ceramic) Scheiben. Die untere, mit Öffnungen versehene Scheibe (disk), ist fest eingebaut, die obere bewegliche Scheibe verschließt je nach Bedarf die Öffnungen der unteren Scheibe (Bild 3).

Einige Einhebelmischer ermöglichen das Einsparen von Wasser (Bild 4) und die Begrenzung der maximalen Wassertemperatur durch z.B. Einschränkung des Schwenkbereiches (swivelling range) des Hebels (Bild 2, Seite 334).

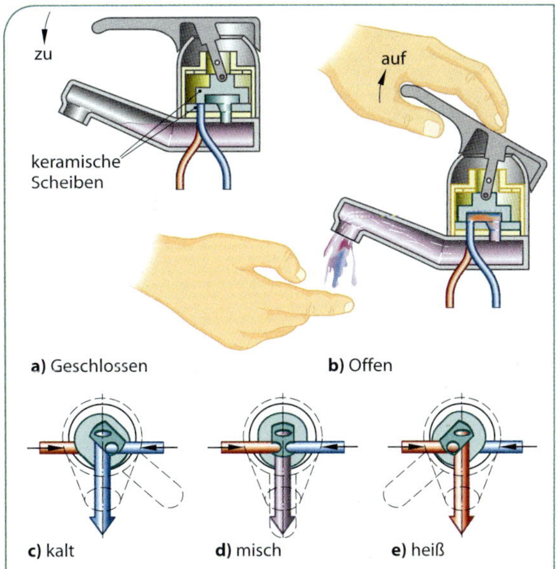

Wasserdurchfluss und Mischtemperatur können stufenlos mit einer Hand reguliert werden. Die untere Scheibe mit den Zu- und Ablauföffnungen für Kalt-, Warm- und Mischwasser liegt fest, die obere mit der Mischkammer ist dagegen verschiebbar.

3 Einhebelmischer mit Keramikkartusche

Einsparen von Wasser

Wird der Hebel der Armatur aus Bild 4 bis zum **Click** (Widerstand) angehoben, bleibt das ausströmende Wasservolumen auf 50% **beschränkt**. Nach Überwindung des Widerstandes kann die Durchflussmenge beliebig zwischen 50% und 100% eingestellt werden.

Bei der Armatur aus Bild 1, Seite 334 wird die Wassermenge durch einen flexiblen Präzisions-O-Ring auf einen konstant niedrigen Wert einreguliert.

Der O-Ring (o-ring) verringert bei hohem Druck den Querschnitt der Durchflussöffnung und vergrößert ihn wieder bei geringerem Druck. Zusätzlich wird dem Wasser durch einen Perlator noch Luft beigemischt (Bild 1, nächste Seite).

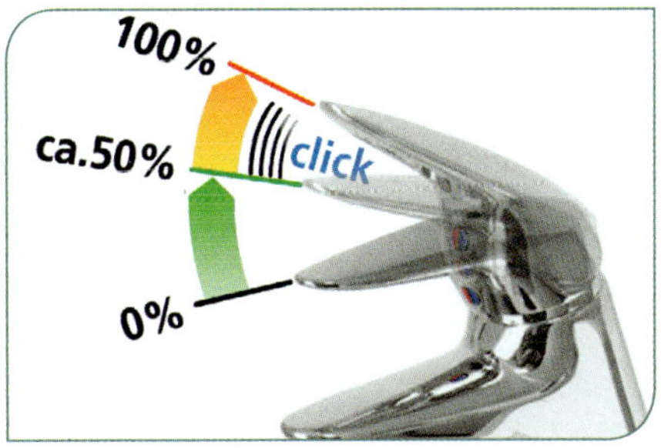

4 Einhebelmischer mit „click"

1 Begrenzung der Wassermenge mittels O-Ring

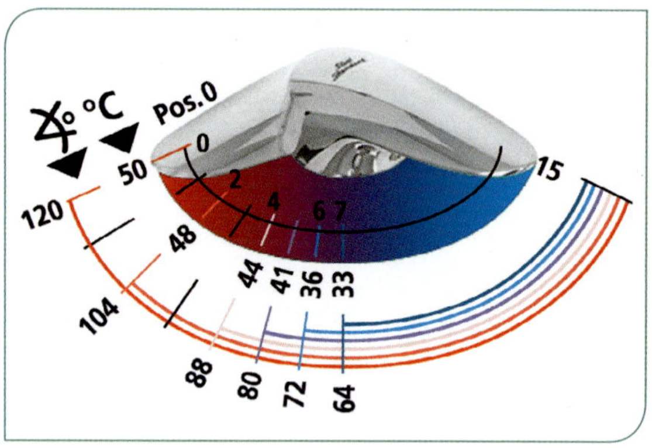

2 Begrenzung der Wassertemperatur

6.1.3.2.2 Zweigriffmischbatterien

Bei Zweigriffmischbatterien (two-handle mixers) werden die Temperatur und der Volumenstrom durch Betätigung von **zwei Griffen** eingestellt (Bild 3 und 4). Temperatur und Volumenstrom müssen immer wieder neu eingestellt werden, was zu Energie- und Wasserverlusten führen kann. Auch **Druckschwankungen** (pressure variations) im Netz können zu Änderungen der Auslauftemperatur und des Volumenstroms führen.

3 Zweigriffmischbatterie mit schwenkbarem Auslauf Standmodell

4 Zweigriffmischbatterie mit Unterputzventilkörper Wandmodell

6.1.3.2.3 Thermostatmischbatterien

Thermostatmischbatterien (Bild 5) halten die einmal am Temperaturwahlgriff eingestellte Wassertemperatur **unabhängig** von der am Auslaufventil eingestellten Wassermenge durch **eine interne Regeleinrichtung** (z.B. Dehnstoffregelelement) ein (Bild 6). Die meisten Thermostatmischbatterien besitzen eine **Temperaturverriegelung** bei ca. 38°C und bieten dadurch einen guten Schutz gegenüber

5 Thermostatbatterie Wandmodell

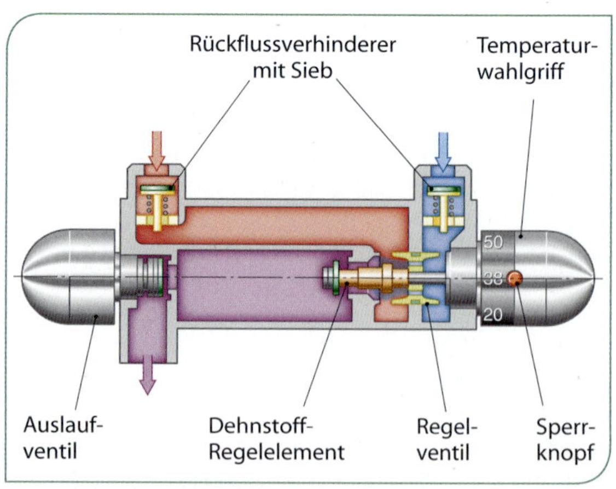

6 Aufputzthermostat mit Dehnstoffregelelement

Verbrühungen. Nur durch das **Lösen** eines Sperrknopfes können höhere Temperaturen eingestellt werden. Sie sind auch **wassersparender**, da das langwierige Einstellen der gewünschten Temperatur entfällt. Thermostatmischbatterien arbeiten weitgehend unabhängig von Druckschwankungen.

6.1.3.2.4 Elektronisch gesteuerte Mischbatterien

Elektronisch gesteuerte Mischbatterien sind die neuesten Entwicklungen auf dem Markt (Bild 1). Sie werden mittels Sensortasten (sensor keys) links und rechts neben dem Auslauf bedient. Die Farbe des Wasserstrahls wird abhängig von der Wassertemperatur von Leuchtdioden stufenlos in den Farben Rot bis Blau verändert.

1 Elektronisch gesteuerte Mischbatterie

6.1.4 Ablaufarmaturen

Bei Handwaschbecken und Waschtischen bestehen die Ablaufarmaturen aus dem **Ablaufventil** (waste valve) und einem **Geruchverschluss** (trap). Im Fachhandel werden Ablaufventil und Geruchverschluss als Ablaufgarnitur bezeichnet.

6.1.4.1 Ablaufventile

Ablaufventile verbinden das Handwaschbecken oder den Waschtisch mit dem Geruchverschluss. Sie werden **nicht verschließbar** und **verschließbar** hergestellt. Sind sie verschließbar, muss unbedingt ein Überlauf im Becken vorhanden sein (Bild 2).

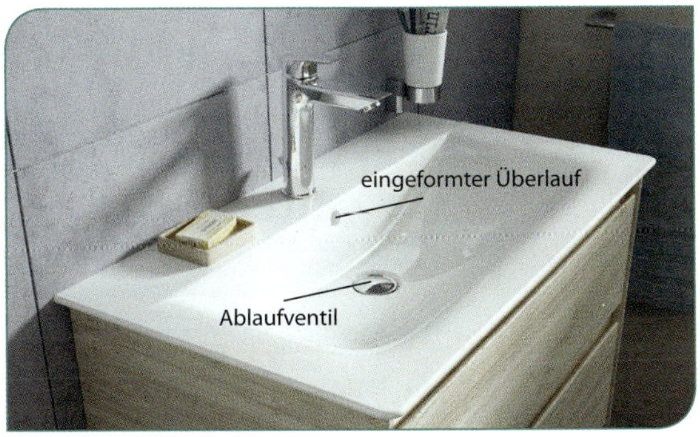

2 Waschtisch mit Überlauf und verschließbarem Ablaufventil

Weiterhin werden Ablaufventile unterschieden in:

- **Universalablaufventile** mit Sieb, Stopfen oder Standrohr (Bild 3 a, b)
- **Schaftablaufventile** mit Sieb (Bild 4 a), Haube oder Stopfen und
- Ablaufventile mit Betätigung durch ein **Gestänge** (Bild 4 b) und
- Ablaufventile, die durch einfachen **Fingerdruck** zu schließen sind (Bild 5).

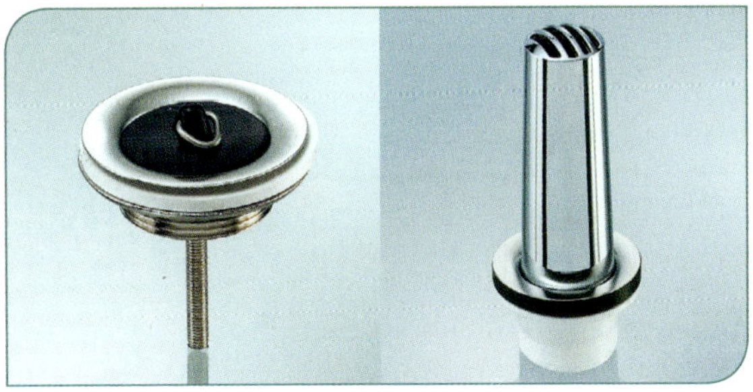

3 Universalablaufventile mit a) Stopfen und b) Standrohr

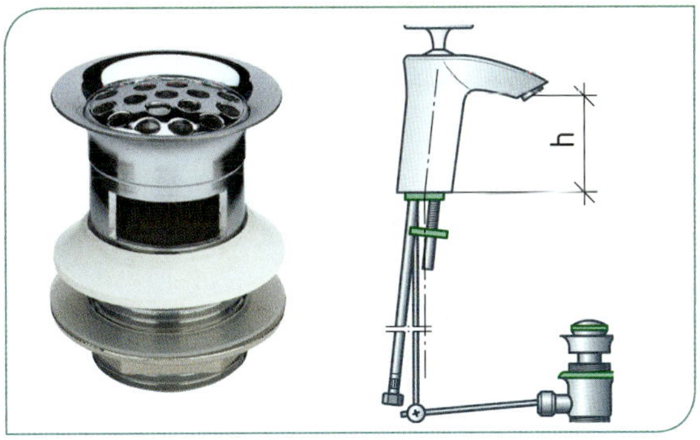

4 a) Schaftablaufventil mit Sieb b) Ablaufventil mit Betätigung durch Gestänge

5 Pushablaufventil

Lernfeld 8

6.1.4.2 Geruchverschlüsse

Geruchverschlüsse (vgl. LF 6, Kapitel 2.1.3) verbinden das Ablaufventil mit der **Abwasserleitung**. Sie verhindern das Austreten von Kanalgasen durch eine entsprechende Sperrwasservorlage (seal water) in einem besonders geformten Ablauf. Es gibt sie in verschiedenen Bauformen, für Handwaschbecken und Waschtische kommen meist Röhren- und Flaschengeruchverschlüsse (S, P and bottle traps) zum Einsatz (Bild 1 und 2).

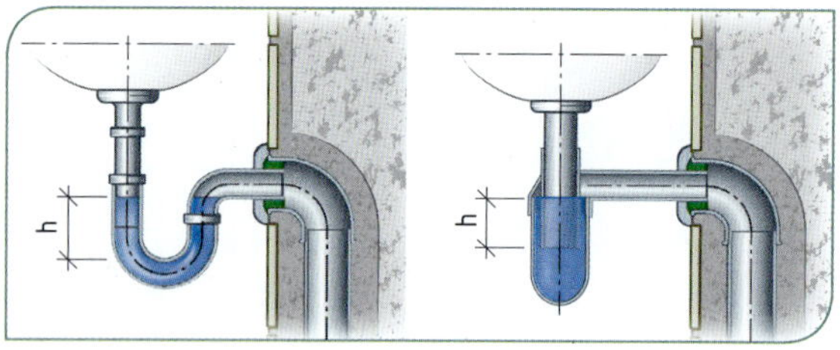

1 Geruchverschlüsse Schnittdarstellung

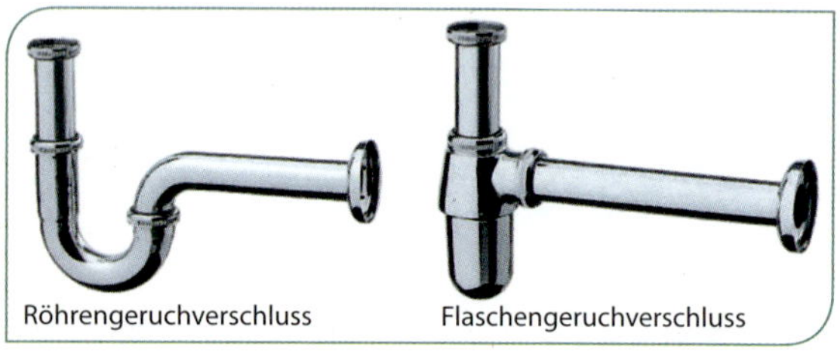

2 Geruchverschlüsse Realbilder

Ist der Wandabstand gering, muss der Geruchverschluss evtl. gedreht werden (Bild 3).

Für **beengte** Platzverhältnisse (z. B. Waschmaschine unter dem Waschbecken), für **Rollstuhlfahrer** (wheel-chair patients) und für die **Optik** gibt es auch Unterputz-Geruchverschlüsse (Bild 4 und 5).

3 Gedrehter Geruchverschluss

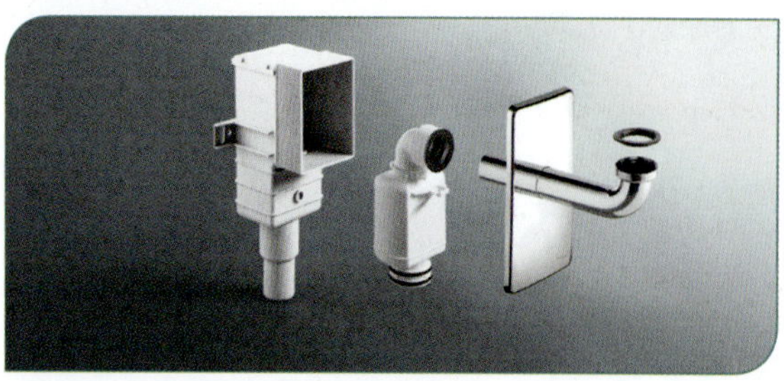

4 Unterputz-Geruchverschluss Einzelteile

5 Unterputz-Geruchverschluss in eingebautem Zustand

6.1.5 Zubehör

Das **Zubehör** (accessories) ist sehr vielfältig und muss so ausgewählt werden, dass es in Form und Farbe zum jeweiligen Sanitärobjekt und/oder den Wänden passt (Bild 6).

Angeboten werden z. B.:

- Spiegel und Spiegelschränke,
- Ablageflächen,
- Seifenhalter und Seifenspender,
- Handtuchhalter,
- Zahnputzbecherhalter,
- Handtuch- und Waschlappenhaken,
- Leuchten.

6 Zubehör

6.1.6 Montage und Anschluss an die Trinkwasserleitung

Montageanleitungen (mounting instructions) wandhängender Handwaschbecken oder Waschtische können z. B. **Herstellerunterlagen** entnommen werden (Bild 3).
Die Montagemaße (Bild 1) sind immer rechtzeitig mit dem Kunden **abzusprechen**. So sind z. B. für **ältere Menschen, Kinder** (Waschtisch/Handwaschbecken 65 – 70 cm) und Rollstuhlfahrer andere Montagehöhen erforderlich. Waschtische für **Rollstuhlfahrer** müssen **unterfahrbar** sein und eine flache Bauform aufweisen.

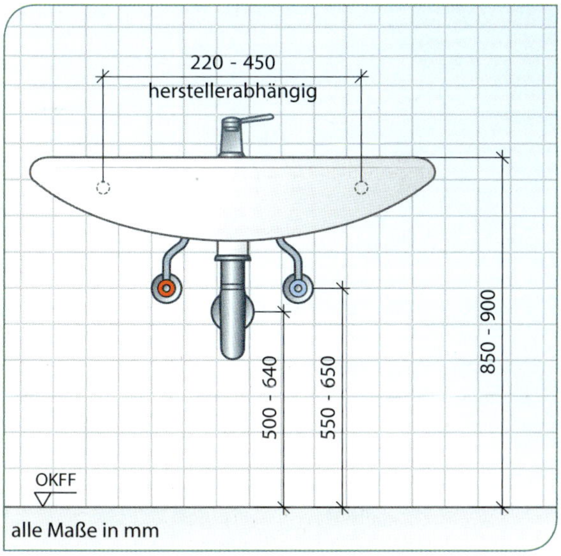

1 Übliche Montagemaße von Handwaschbecken und Waschtischen

Bevor ein Waschtisch oder Handwaschbecken an der Wand befestigt wird, sollte die Standarmatur (pillar tap) **montiert** werden (Bild 2), da das Handwaschbecken/der Waschtisch jetzt noch von allen Seiten zugänglich ist.

2 Montage Standarmatur

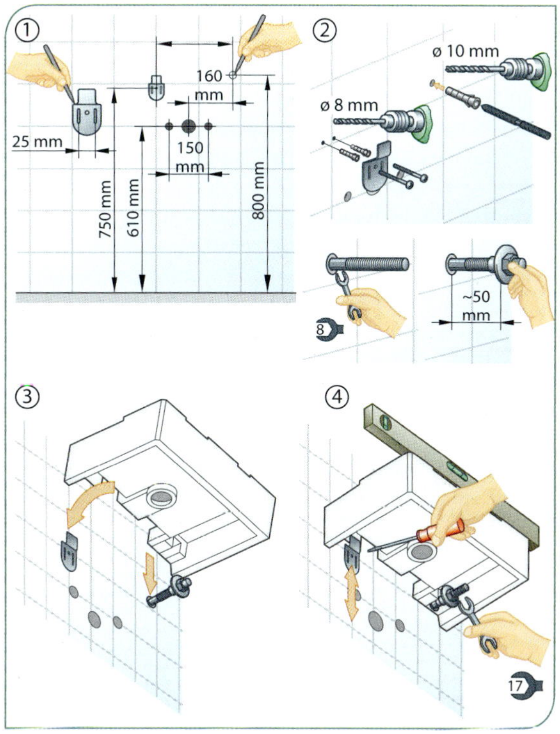

3 Montageanleitung

Ist das vorgeformte **Ventilloch** für die Auslaufarmatur noch nicht geöffnet, muss es mit einem Fliesenmeißel von der **Glasurseite her** vorsichtig geöffnet werden. Dann werden die den Herstellerunterlagen zu entnehmenden Montagemaße (Bild 1) auf die Wand übertragen und die entsprechenden Dübellöcher (dowel-holes) mit einem Steinbohrer gebohrt. Danach werden die Dübel eingesetzt und 2 **Stockschrauben** (universal spacing screws) eingedreht. Um die Stockschrauben leichter eindrehen zu können, sollten sie zwei passende Muttern auf das Ende der Stockschraube aufschrauben und gegeneinander festdrehen (Bild 4). Manchmal werden zur Befestigung auch Stockschrauben und Aufhängelaschen verwendet (Bild 3).

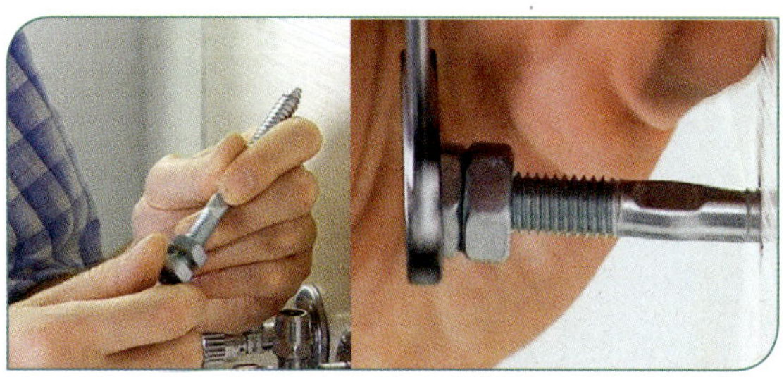

4 Eindrehen von Stockschrauben

Nun kann das Handwaschbecken auf die Stockschrauben aufgesetzt, ausgerichtet und befestigt werden. Dabei muss beachtet werden, dass die Schrauben nicht zu fest angezogen werden, um eine Beschädigung der Sanitärkeramik zu vermeiden.

Um Körperschallübertragungen zu vermeiden und Unebenheiten auszugleichen, werden Handwaschbecken (Waschtische) mit handelsüblichen Schallschutzsets an der Wand befestigt (vgl. Kapitel 2.1.2). Der Spalt zwischen Wand und Becken wird mit einer dauerelastischen Dichtmasse (permanently elastic cement) ausgefüllt.

Nach der Montage des Handwaschbeckens/des Waschtisches wird die Standarmatur mit biegsamen Anschlussrohren oder Schläuchen an die Eckventile (angle valves) Trinkkalt- und/oder Trinkwarmwasser (Bild 1) angeschlossen. Dabei ist zu beachten, dass das **linke** Ventil den Trinkwarmwasseranschluss darstellt und das **rechte** Ventil den Trinkkaltwasseranschluss.

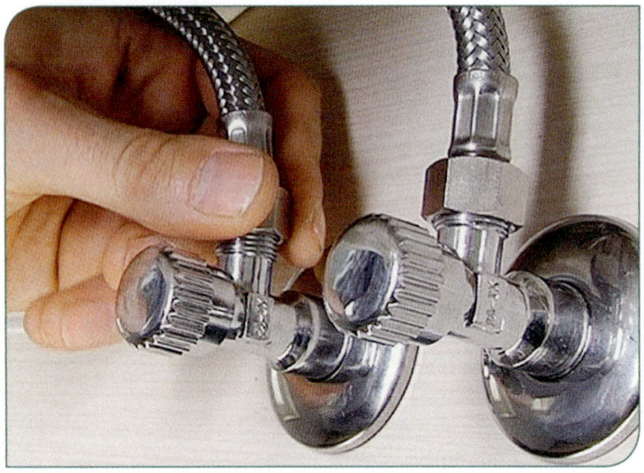

1 *Anschluss an Trinkkalt- und Trinkwarmwasser*

Als nächstes erfolgt nun die Montage von Ablaufventil und Geruchverschluss (Ablaufgarnitur). Dazu wird das Ablaufventiloberteil mit einem Dichtring oder Kitt durch die Ablauföffnung (waste hole) geführt und danach das Ablaufventilunterteil ebenfalls mit einem Dichtring (washer) oder Kitt von der Beckenunterseite her fest auf das Oberteil aufgeschraubt (Bild 2).

2 *Montage Ablaufventil*

Falls es sich um eine Standarmatur mit Exzentergestänge (eccentric rods) handelt, muss dieses noch mit dem Ablaufventil verbunden werden (Bild 3, 4).

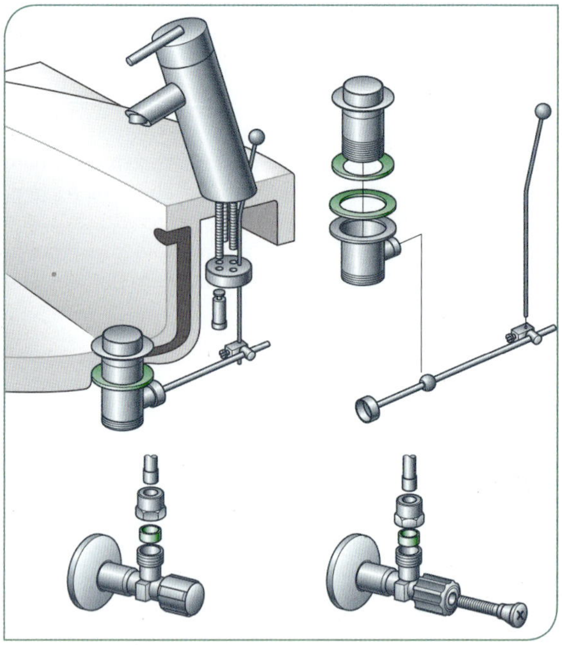

3 *Montage- und Installationsanleitung Waschtisch-Einhebelmischer*

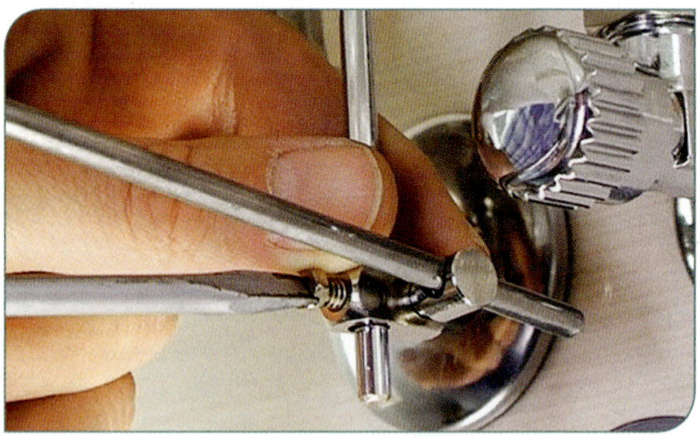

4 *Befestigung des Excentergestänges*

Als letztes wird der Geruchverschluss mit Abwasserrohr und Ablaufventil verbunden. Auf der Seite mit Überwurfmutter (sleeve nut) wird eine Dichtung eingelegt und dann mit dem Ablaufventil verschraubt. Auf der anderen Seite des Geruchverschlusses wird eine Rosette aufgeschoben und dieses Ende nach Einlegen eines Dichtringes (o-ring) in das Anschlussformstück zum Abwasserrohr etwa 3–5 cm tief in das Anschlussformstück gesteckt (Bild 5).

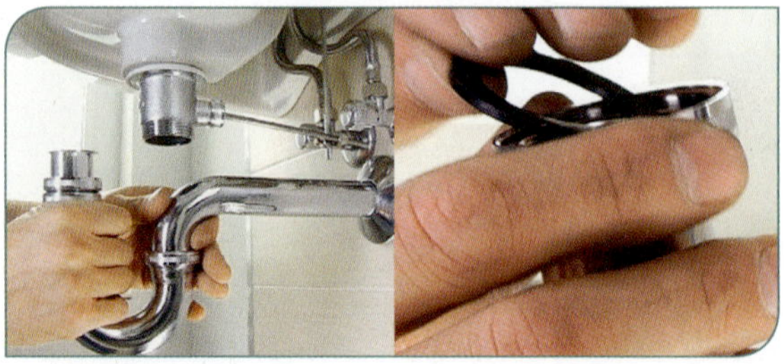

5 *Montage Geruchverschluss*

Lernfeld 8

ÜBUNGEN

1) Wozu dienen Handwaschbecken und Waschtische?
2) Nach welchen Kriterien wird ein Waschtisch als Handwaschbecken bezeichnet?
3) Wann kommen Eckhandwaschbecken zum Einsatz?
4) Unterscheiden Sie einen Aufbauwaschtisch von einem Vorbauwaschtisch.
5) Warum unterscheiden sich die Breite von Handwaschbecken und Waschtischen, die Montagehöhen aber nicht?
6) Wie können Auslaufarmaturen grundsätzlich eingeteilt werden?
7) Erklären Sie den Unterschied zwischen einem Einhebelmischer und einer Zweigriffmischbatterie.
8) Wie kann bei Einhebelmischern Wasser eingespart werden?
9) Welche Vorteile haben Einhebelmischer gegenüber Zweigriffmischbatterien?
10) Erläutern Sie die Funktion einer Thermostatmischbatterie.
11) Wie wird bei elektronisch gesteuerten Mischbatterien die Temperatur eingestellt?
12) Welche Teile werden durch Ablaufventile verbunden?
13) Wann müssen Handwaschbecken und Waschtische unbedingt einen Überlauf haben?
14) Wie werden Ablaufventile unterschieden?
15) Erläutern Sie die Funktion eines Geruchverschlusses.
16) Nennen Sie mindestens drei unterschiedliche Geruchverschlüsse, die für Waschtische und Handwaschbecken zum Einsatz kommen.
17) Nach welchen Kriterien muss das Zubehör für eine Waschtischanlage ausgesucht werden?
18) Welches Zubehör gehört zu einer gut ausgestatteten Waschtischanlage?
19) Warum sind die Montagehöhen von Waschtischen und Handwaschbecken immer rechtzeitig mit dem Kunden abzusprechen?
20) Erläutern Sie die Montage eines Handwaschbeckens und den Anschluss an die Trinkwasserleitung.
21) Wie werden Körperschallübertragungen von wandhängenden Handwaschbecken und Waschtischen an die Wand verhindert?

6.2 Spülen und Ausgussbecken

Spülen (sinks) und Ausgussbecken gehören zu den Einrichtungsgegenständen von **Küchen** und **Hausarbeitsräumen**. Sie dienen z. B. zum **Vorbereiten** (preparation) von Speisen, zum **Waschen** von Geschirr und zum **Ausgießen** von Schmutzwasser. Da diese Einrichtungsgegenstände täglich stark beansprucht werden, müssen das Material und die Oberflächen sehr widerstandsfähig sein, das Eindringen von Schmutz und Wasser verhindern und leicht zu reinigen sein. Übliche Materialien für Spül- und Ausgussbecken sind nichtrostender Stahl, emailliertes Stahlblech, Keramik und Verbundstoffe mit einem hohen Anteil von natürlichen Mineralstoffen wie z. B. Granit.

1 Formen von Spülen und Ausgussbecken

6.2.1 Einteilung

Spülen und Ausgussbecken werden in vielen unterschiedlichen Materialien, Formen und Farben hergestellt (Bild 1). Die Auswahl sollte gut überlegt sein und an die Arbeiten, die üblicherweise an einer Spüle oder einem Ausgussbecken anfallen, angepasst werden. Als Spüle wird von der VDI 6000-1 eine Doppelspüle (double bowl) mit Abtropffläche links empfohlen, wenn keine Spülmaschine vorhanden ist (Bild 1, nächste Seite). Diese Anordnung gilt für Rechtshänder, für Linkshänder wird die Anordnung getauscht. Da in den meisten Haushalten inzwischen eine Geschirrspülmaschine (dish washer) zur Ausstattung gehört, reicht ein Einzelspülbecken (Bild 2, nächste Seite).

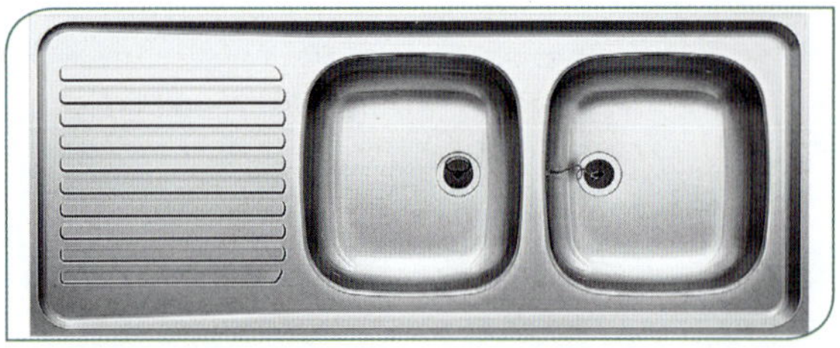

1 Doppelspüle mit Abtropffläche

2 Einzelspüle mit Abtropffläche

Spülen werden grundsätzlich in Einzel- und Doppelspülen und nach der Einbauart eingeteilt:

- Einbauspülen (surface-mounted sinks),
- Einbauspülen für flachbündigen Einbau (build-in sinks),
- Unterbauspülen (undercounter sinks) und
- Spülmodule (sit-on sinks).

Einbauspülen

Einbauspülen werden von oben in einen vorbereiteten Ausschnitt in eine Arbeitsplatte eingepasst (Bild 3).

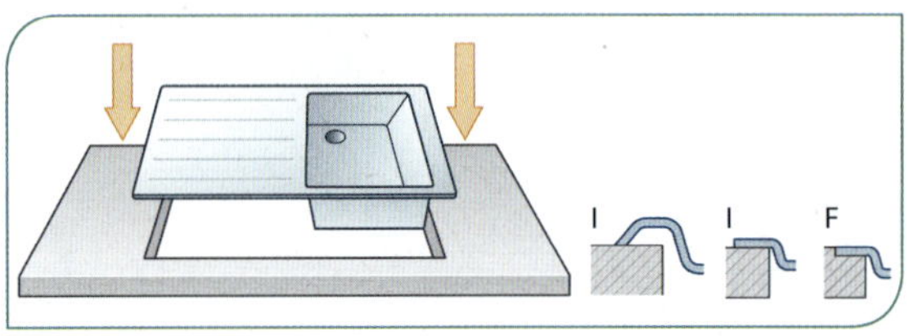

3 Einbauspüle

Einbauspülen für flachbündigen Einbau

Bei Einbauspülen für flachbündigen Einbau bilden die Arbeitsplatte und die Spüle eine stufenlose Oberfläche ohne störende Übergänge (Bild 4).

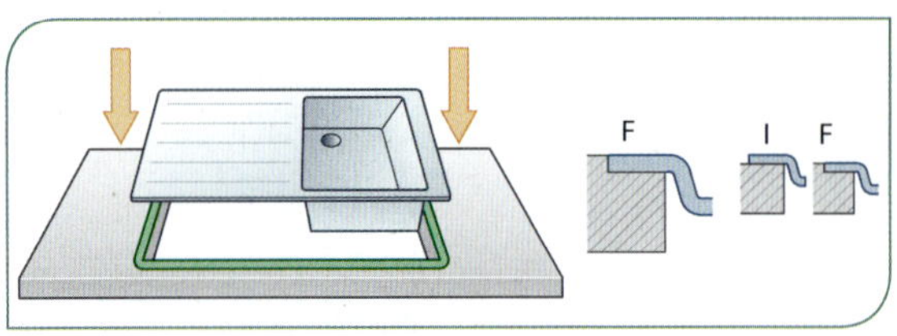

4 Flachbündig eingebaute Spüle

Unterbauspülen

Unterbauspülen werden unter der Arbeitsplatte angebracht (Bild 5).

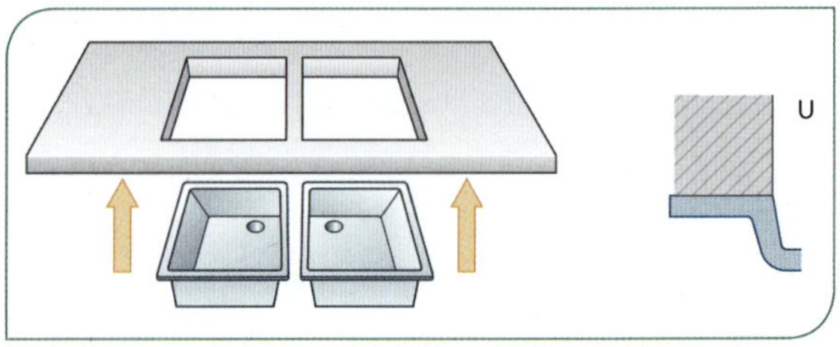

5 Unterbauspüle

Spülmodule

Spülmodule werden auf einen Unterschrank montiert (Bild 6), ein Teil der Arbeitsplatte (work top) kann eingespart werden und sie muss nicht ausgeschnitten werden.

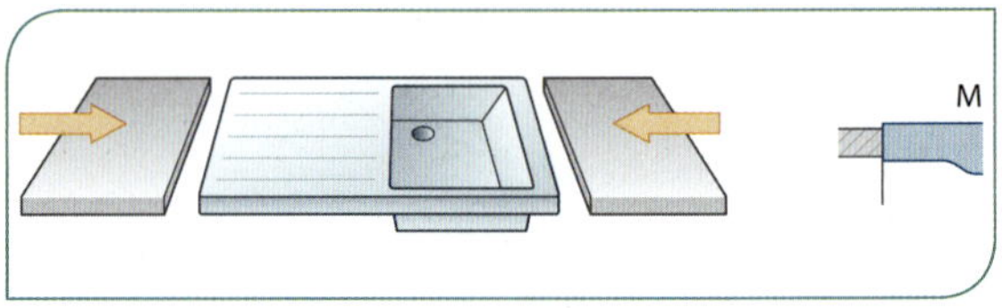

6 Spülmodul

Ausgussbecken

Ausgussbecken gehören häufig zur Einrichtung von Hausarbeitsräumen und dienen zum Zapfen von Trinkkaltwasser für z. B. Reinigungszwecke und zum Ausguss von Schmutzwasser. Um das Füllen von Behältern zu erleichtern, sind Klapproste (hinged grates) angebracht (Bild 7). Die Höhen von Beckenrand und Armatur müssen so ausgelegt sein, dass das Füllen und Entleeren von Behältern problemlos möglich ist.

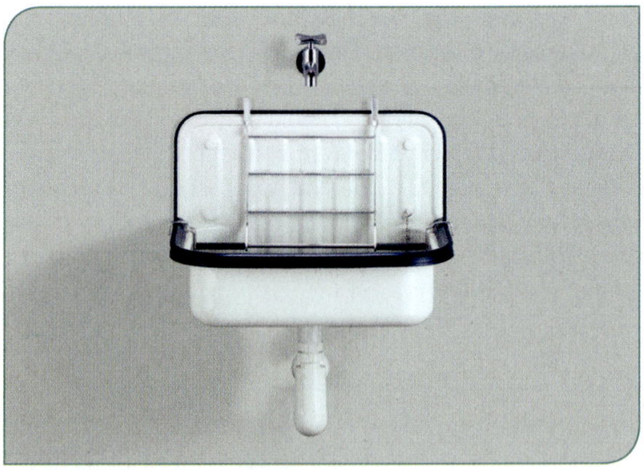

7 Ausgussbecken mit Klapprost

6.2.2 Anschluss- und Montagemaße, Abmessungen

Anschluss- und Montagemaße von Spülen und Ausgussbecken können den Herstellerunterlagen entnommen werden (Bild 1, 2).

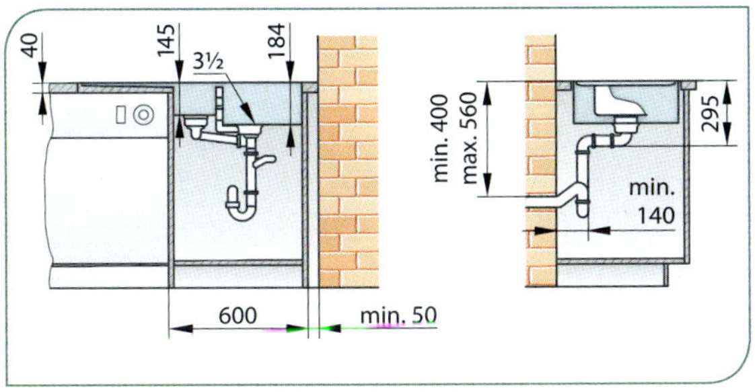

1 Anschluss- und Montagemaße einer Spüle aus Herstellerunterlagen

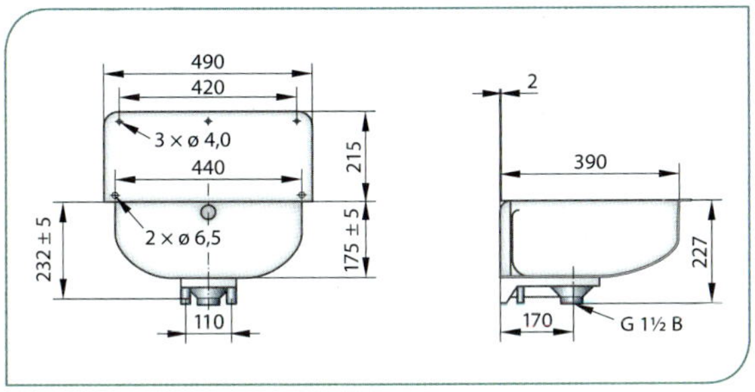

2 Anschluss- und Montagemaße eines Ausgussbeckens aus Herstellerunterlagen

Abmessungen und übliche Montagehöhen

Nach VDI 6000 Blatt 1 sollten die Mindestmaße und die übliche Montagehöhe von **Spülen** folgender Tabelle entsprechen (Bild 3).

Spülen	Breite b in cm	Tiefe t in cm	Höhe h in cm über OKFF
empfohlenes Maß			
Einfachspüle	90	60	85/92
Doppelspüle	120	60	85/92

3 Empfohlene Abmessungen nach VDI 6000 Blatt 1

Nach VDI 6000 Blatt 1 sollten die Mindestmaße und die übliche Montagehöhe von **Ausgussbecken** folgender Tabelle entsprechen (Bild 4).

Ausgussbecken	Breite b in cm	Tiefe t in cm	Höhe h in cm über OKFF
empfohlenes Maß	50	40	65

4 Empfohlene Abmessungen nach VDI 6000 Blatt1

6.2.3 Auslaufarmaturen

Als Auslaufarmaturen für Spülen eignen sich **Eingriff- oder Zweigriffmischbatterien** (Bild 5) als Stand- oder Wandmodell. Für Ausgussbecken **Auslaufventile** (meist als Wandmodell) mit Trinkkaltwasser- oder Trinkwarmwasseranschluss ohne Vorrichtung für die Mischung von kaltem und warmem Trinkwasser.

5 Zweigriffmischbatterie Wandmodell

6.2.3.1 Mischbatterien

Eingriffmischbatterien sind den Zweigriffmischbatterien **vorzuziehen**. Sie sind energie- und wassersparender und können Temperaturänderungen durch Druckschwankungen besser ausgleichen (vgl. Kap. 6.1.3.2).

Eingriffmischbatterien werden z. B.:

- mit schwenkbarem (slewable) Auslauf und Wassersparvorrichtung (vgl. Kap. 6.1.3.2),
- mit schwenkbarem Auslauf und Geräteabsperrventil für Anschluss von Spül- oder Waschmaschine,
- mit ausziehbarer Schlauchbrause,
- umklappbar für die Montage vor dem Fenster und
- als Thermostatmischbatterien hergestellt.

(Bilder 1 – 3, nächste Seite)

MERKE

Mischbatterien mit ausziehbarer Schlauchbrause müssen gegen das Rücksaugen von Schmutzwasser gesichert sein.

Erfolgt die Trinkwarmwasserversorgung über **drucklose** (depressurized) Untertischspeicher müssen spezielle Niederdruckarmaturen verwendet werden (Bild 4, nächste Seite). Sie unterscheiden sich von Hochdruckarmaturen dadurch, dass sie drei Anschlüsse haben (Bild 5, nächste Seite).

1 Eingriffmischbatterie mit schwenkbarem Auslauf und Geräteabsperrventil für Anschluss von Spül- oder Waschmaschine

2 Eingriffmischbatterie mit ausziehbarer Schlauchbrause

3 Eingriffmischbatterie für die Montage vor dem Fenster

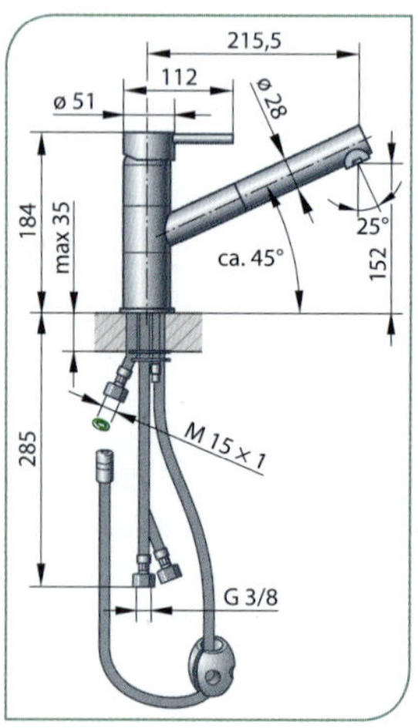

4 Niederdruckspültischarmatur

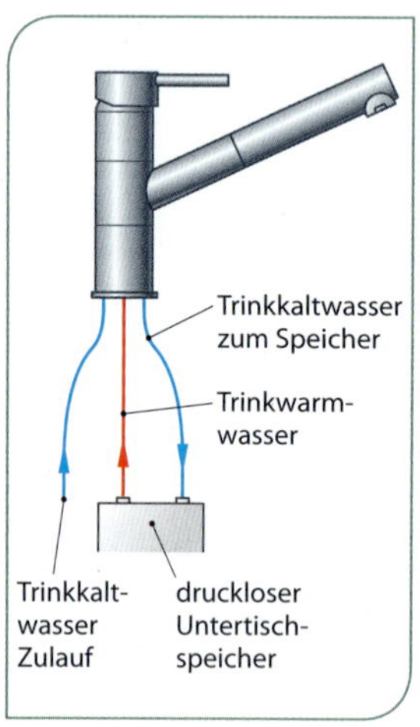

5 Anschlussprinzip Niederdruckarmatur

6.2.3.2 Auslaufventile

Auslaufventile für Ausgussbecken (Bild 6) werden meist als Wandmodell ausgeführt und haben nur einen Trinkkaltwasseranschluss. Für den Anschluss einer Waschmaschine oder eines Schlauches (tube) haben sie eine Schlauchverschraubung und sie sind mit **Rückflussverhinderer** und **Rohrbelüfter** ausgestattet.

6 Auslaufventil

6.2.4 Ablaufarmaturen

6.2.4.1 Spülbecken

Spülbecken werden mit **Universalablaufventilen** in der Nennweite DN 40 oder DN 50 mit Siebkorb (Bild 7), Stopfen oder Standrohr (vgl. 6.1.4.1) und **Fertigablaufgarnituren** für ein, zwei oder drei Becken ausgestattet. Spülen mit zwei oder drei Becken werden über eine Doppel- oder Dreifachablaufverbindung an einen **gemeinsamen** Geruchverschluss angeschlossen, für den Anschluss von Geschirr- oder Waschmaschine sind häufig **Anschlussstutzen** vorgesehen (Bild 8). Bei Verschluss der Spüle mit einem Siebkorb oder Stopfen, muss ein Überlauf vorhanden sein. **Raumsparende** (space-saving) Spültischabläufe ermöglichen die volle Nutzung des Raumes unter der Spüle (Bild 1, nächste Seite).

7 Siebkorb

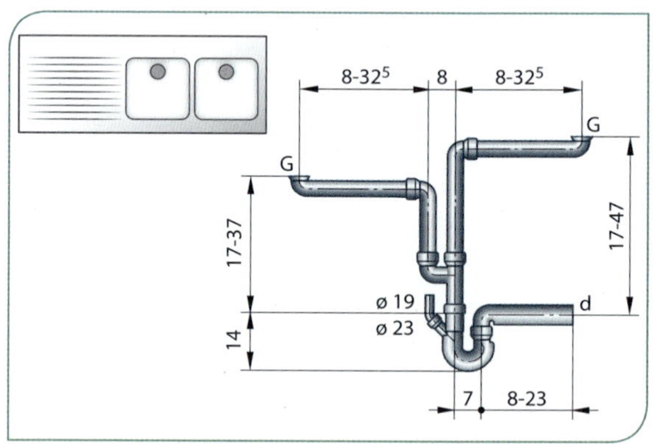

8 Montagemaße Fertigablaufgarnituren mit Anschlussstutzen für Geschirrspüler oder Waschmaschine

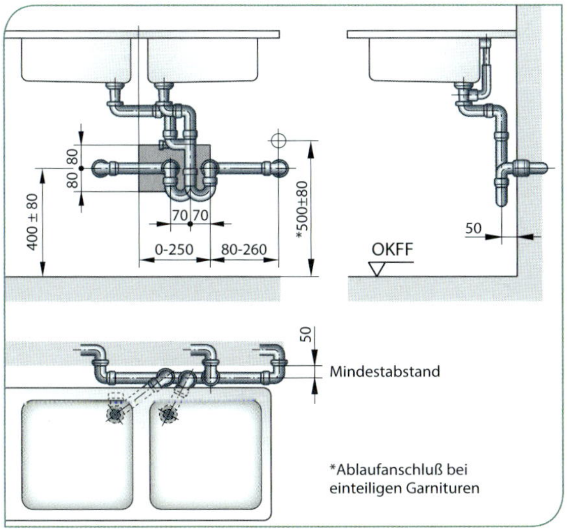

1 Raumsparender Spültischablauf, zweiteilig mit Überlauf

6.2.4.2 Ausgussbecken

Auch Ausgussbecken werden mit **Universalablaufventilen**, meist in der Nennweite DN 40 oder DN 50, mit Überlauf, Sieb und Stopfen (Bild 2) und einem Röhrengeruchverschluss (vgl. 6.1.4.2) an die Abwasserleitung angeschlossen.

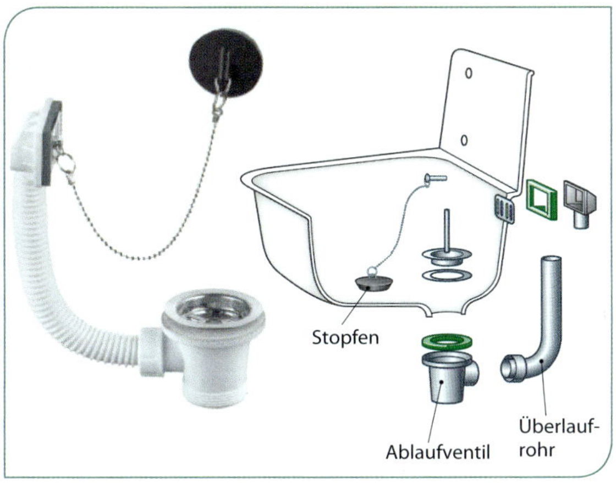

2 Überlauf mit Sieb und Stopfen

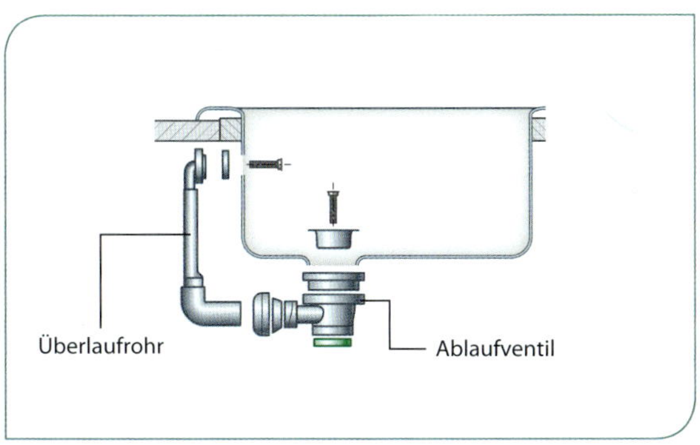

3 Montage Ablaufventil und Überlauf

6.2.5 Zubehör

Als Zubehör für Spülen gibt es z. B. passende Schneidbretter (chopping boards), Geschirrkörbe, Restebecken und Abtropfständer (Bild 4). Für Ausgussbecken Klapproste (Bild 8, Seite 340), die das Abstellen von z. B. Eimern (buckets) ermöglichen.

4 Zubehör

6.2.6 Montage und Anschluss an die Trinkwasserleitung

Bei der Fertigmontage von Spülbecken muss häufig auch die **Arbeitsplatte** passgenau ausgeschnitten werden. Die erforderlichen Maße sind den Herstellerunterlagen zu entnehmen. Bevor das Spülbecken in die Arbeitsplatte eingesetzt und abgedichtet wird, müssen die **Spültischarmatur**, das **Ablaufventil** und der **Überlauf** mit den erforderlichen Dichtungen montiert werden (Bild 3).

Danach kann das Spülbecken eingesetzt und die Standarmatur mit den Eckventilen verbunden werden (vgl. 6.1.6). Es sollte darauf geachtet werden, dass die Eckventile gut zugänglich sind und nicht von der Ablaufgarnitur verdeckt werden. Als letzter Schritt erfolgen die Montage des Geruchverschlusses und die Verbindung mit der Abwasserleitung (Bild 5). Die Nennweite von Anschlussleitungen für Spülbecken sollte mindestens DN 50 betragen.

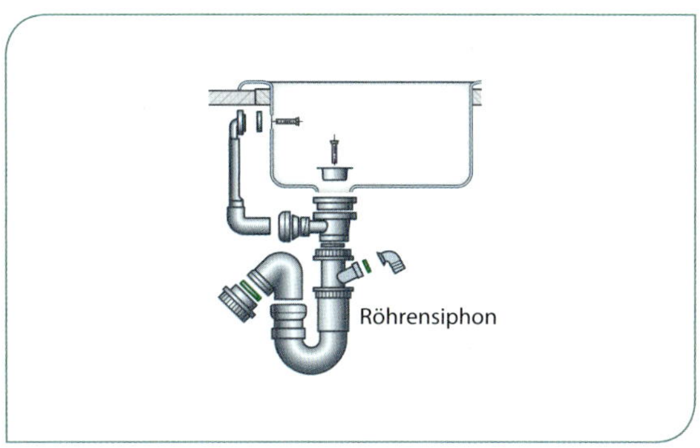

5 Montage von Siphon und Anschluss an die Abwasserleitung

Lernfeld 8

ÜBUNGEN

1) Warum müssen Material und Oberflächen von Spül- und Ausgussbecken sehr widerstandsfähig sein?
2) Wie werden Spülen eigeteilt?
3) Nennen Sie den Unterschied zwischen Einbau- und Unterbauspülen.
4) Wozu dienen Ausgussbecken?
5) Welche Abmessungen und Montagemaße sind bei Spülen zu beachten?
6) Warum sind Eingriffmischbatterien den Zweigriffmischbatterien vorzuziehen?
7) Wogegen müssen Mischbatterien mit ausziehbarer Schlauchbrause gesichert sein?
8) Wie unterscheiden sich Niederdruckarmaturen von Hochdruckarmaturen?
9) Warum werden Auslaufventile für Ausgussbecken meist als Wandmodell ausgeführt?
10) Wann müssen Spülen und Ausgussbecken mit Überläufen versehen werden?
11) Nennen Sie vier Zubhörteile einer Spüle.
12) Erläutern Sie die Montage und den Anschluss an die Trinkwasserleitung einer Spüle.

6.3 Klosettanlagen

Klosettanlagen (WC suites) dienen der Entsorgung von Fäkalien (Kot und Urin). Im Wohnungsbau werden fast ausschließlich Spülklosetts (flush toilets) verwendet, bei denen die Fäkalien (faeces) durch eine Wasserspülung in die Abwasserleitung geschwemmt werden. In Ein- oder Zweifamilienhäusern bestehen sie hauptsächlich aus Sanitärkeramik, bei hoher Beanspruchung, z.B. in öffentlichen WC-Anlagen, wird auch oft nicht rostender Stahl verwendet (vgl. LF8, Kap. 5.2).

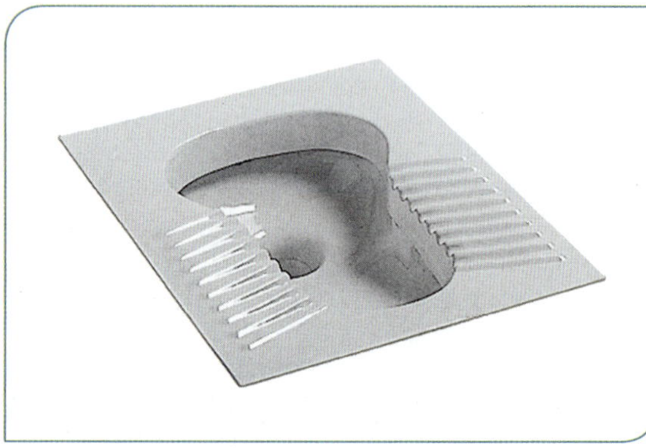

1 Hockklosett aus Sanitärkeramik

6.3.1 Einteilung

Spülklosetts werden eigeteilt nach:

- Art der Nutzung: Hock- oder Sitzklosett,
- Art der Montage: Stand- oder Wandmodell,
- Form des Beckens: Flachspülklosett, Tiefspülklosett, Zungenklosett und Absaugeklosett und
- Art der Spüleinrichtung: Spülkasten oder Druckspüler.

6.3.1.1 Hockklosetts

Hockklosetts (squatting toilets) werden häufig in südli-chen Ländern, wie z.B. Frankreich und Italien verwendet (Bild 2). In Deutschland werden sie nur in Ausnahmefällen für an Hockklosetts gewöhnte ausländische Mitbürger installiert. Die Hockklosettschalen aus Sanitärkeramik (Bild 1) oder rostfreiem Stahl mit erhöhten Fußtritten (steps) werden im Fußboden des Sanitärraumes eingelassen und mit einer Anschlussmanschette und einem Geruchverschluss an die Abwasserleitung angeschlossen. Die Fäkalien werden mittels Druckspüler (flushing valve) oder hochhängendem Spülkasten (flushing cistern) weggeschwemmt. Hockklosetts sind hygienischer als Sitzklosetts, da es kaum Berührungen (contact) mit dem Sanitärobjekt gibt. Nachteilig sind sie für ältere Menschen, die nicht mehr so einfach in die Hocke gehen können.

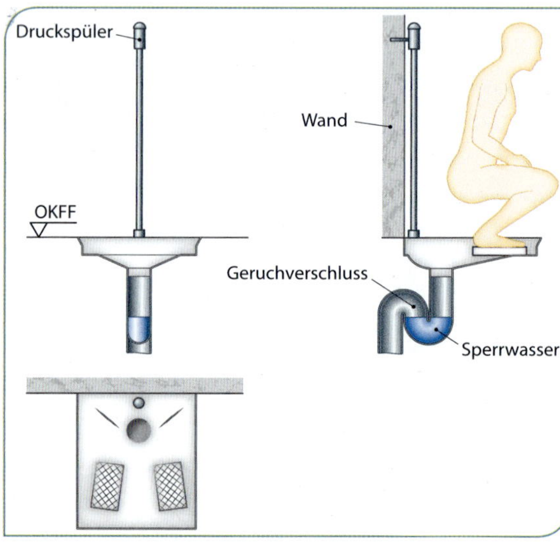

2 Hockklosett mit Druckspüler

6.3.1.2 Sitzklosetts

Sitzklosetts werden im Sitzen genutzt und schon in der Planungsphase sollten die Montagehöhen (mounting levels) und Abmessungen (dimensions) mit dem Nutzer abgestimmt werden. Nach Art der Montage werden Sitzklosetts in Wand- und Standmodelle (wall- and floor-mounted models) unterschieden (Bilder 1 und 2).

1 Wand-WC

2 Stand-WC

Wandmodelle sind den Standmodellen vorzuziehen, da der Fußboden leichter zu reinigen ist und sie gut für die Vorwandinstallation geeignet sind. Um ein vorhandenes Standmodell durch ein Wandmodell zu ersetzen, gibt es flache Etagenböden (swan-neck bends) von z. B. 60mm Höhe (Bild 3), die den unsichtbaren (invisible) Anschluss im Fußboden von der vorhandenen Abwasserleitung in die Vorwand ermöglichen (Bild 4).

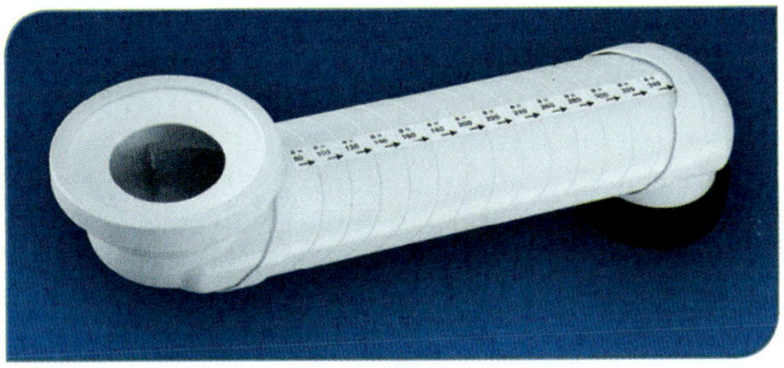

3 Versprungbogen

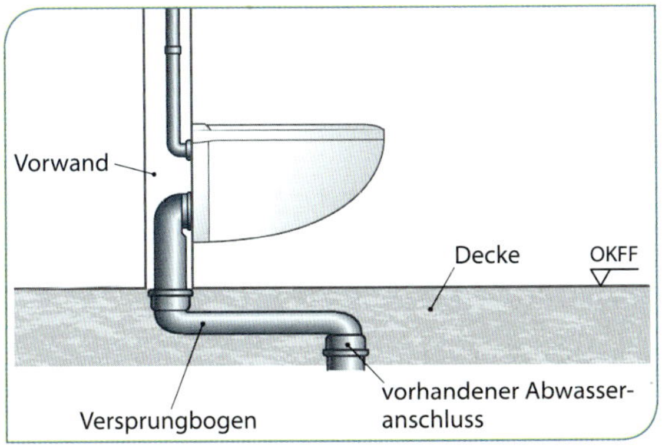

4 Versprungbogen im Fußboden

6.3.2 Anschluss- und Montagemaße, Abmessungen

Anschluss- und **Montagemaße** von Klosettbecken (toilet bowls; WC pans) können den Herstellerunterlagen entnommen werden (Bild 5).

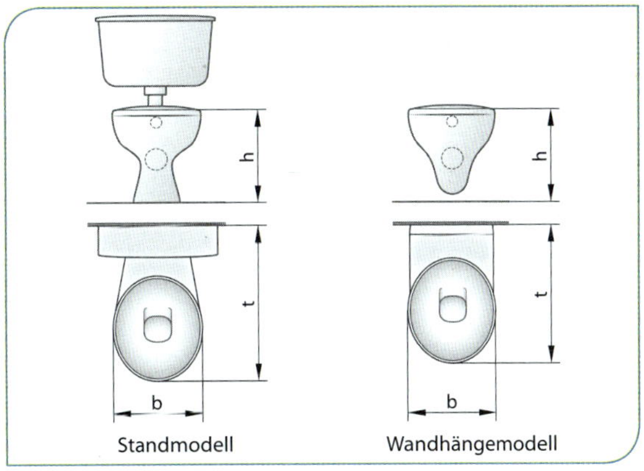

5 Montagemaße für Wand- und Stand-WC

Abmessungen und übliche Montagehöhen

Nach VDI 6000 Blatt 1 sollten die Mindestmaße und die übliche Montagehöhe von **Klosettbecken** folgender Tabelle entsprechen (Bild 6 und 7).

Klosettbecken	Breite b in cm	Tiefe t in cm	Höhe h[1] in cm über OKFF
empfohlenes Maß			
Spülung vor der Wand	40	75	42[2]
Spülung für Wandeinbau	40	60	42[2]

[1] Oberkante Klosettbecken für Rollstuhlbenutzer, einschließlich Sitz, 48cm, DIN 18025 Teil 1
[2] Oberkante Klosettbecken bei Wandmodell (Wandmodelle sind wegen leichterer Reinhaltung zu bevorzugen!)

6 Empfohlene Abmessungen nach VDI 6000 Blatt 1

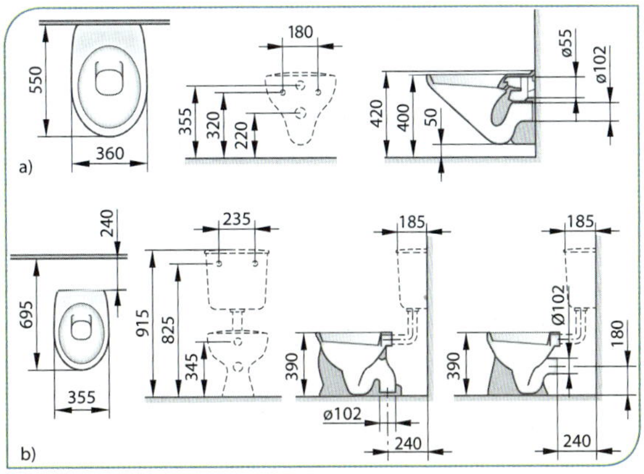

7 Abmessungen

Lernfeld 8

6.3.3 Beckenformen

Klosettbecken werden nach der Beckenform unterschieden in:

- Tiefspülklosetts,
- Kaskadenklosetts,
- Flachspülklosetts und
- Absaugeklosetts.

6.3.3.1 Tiefspülklosetts

Tiefspülklosetts (washdown toilets) sind so geformt, dass die Fäkalien sofort in das Sperrwasser (seal water) des Geruchverschlusses fallen (Bild 1c). Eine Geruchsbelästigung (offensive smell) wird hierdurch erheblich vermindert und der Beckeninnenraum weniger verschmutzt. Allerdings ist die Kontrolle des Stuhlgangs (bowel movement) schlecht möglich und auch das Hochspritzen (squirting, spraying) von Wasser kann nicht immer vermieden werden. Im Wohnungsbau werden heute zunehmend Tiefspülklosetts eingebaut.

6.3.3.2 Kaskadenklosetts

Kaskadenklosetts besitzen im Gegensatz zu den Tiefspülklosetts eine angeformte Zunge (Bild 1b), die das Hochspritzen von Wasser verhindert. Auch die Kontrolle des Stuhlgangs ist durch eine etwas veränderte Sitzhaltung (sitting posture) möglich. Geruchsbelästigungen werden auch bei Kaskadenklosetts vermindert.

6.3.3.3 Flachspülklosetts

Das Flachspülklosett (flat pan water toilet) hat eine flache Mulde, in die die Fäkalien fallen (Bild 1a). Der Stuhlgang ist deshalb gut zu beobachten und die Erkennung von Erkrankungen im Darmtrakt, wie z. B. Blutungen oder Wurmerkrankungen, wird erleichtert. Die Geruchsbelästigung und auch die Verschmutzung (soiling) sind jedoch größer als bei Tiefspülklosetts und eine ausreichende Belüftung (ventilation) des Sanitärraumes ist empfehlenswert.

6.3.3.4 Absaugeklosetts

Bei den Absaugeklosetts (single trap siphonic toilets) wird der gesamte Beckeninhalt (bis 14 l Wasser) durch Heberwirkung (vgl. Lernfeldübergreifende Inhalte, Kap. 2.2.3) abgesaugt (Bild 2). Da der Wasserverbrauch (water consumption) erheblich höher ist als bei Tiefspül- und Flachspülklosetts, werden Absaugeklosetts in Deutschland kaum noch eingebaut.

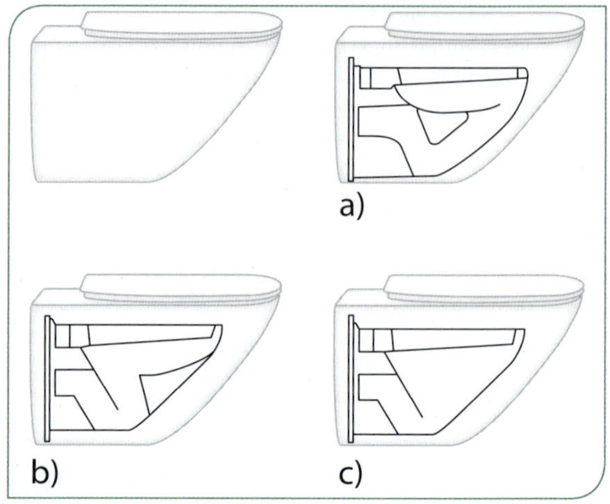

1 *Beckenformen Spülklosetts*

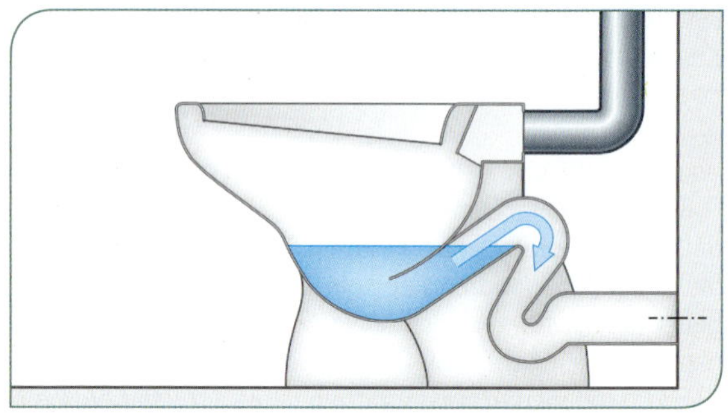

2 *Absaugeklosett*

6.3.4 Duschklosett

Duschklosetts sind noch nicht sehr häufig in privaten Wohnungen in Deutschland verbreitet, finden aber durch die gestiegenen Komfortansprüche und höhere Ansprüche an die Hygiene zunehmend Verwendung. Sie sind sowohl als Wand- oder Standmodell und mit aufgesetztem oder eingebautem Spülkasten erhältlich (Bild 3).

3 *Dusch-WC*

Die Reinigung des Analbereichs erfolgt berührungslos mittels eines integrierten **Duscharmes** (Bild 1), der jedoch nur bei Sitzkontakt und Drücken eines **Bedienelementes** (operational control) aus seiner geschützten Stellung ausfährt. Die Temperatur und die Stärke des Duschstrahles lassen sich individuell regulieren. Wird das Bedienelement nicht mehr gedrückt, fährt der Duscharm zurück und reinigt sich selbst. Gleichzeitig erfolgt die **Trocknung** des Analbereichs durch ein Warmluftgebläse (hot-air blower); **Toilettenpapier** wird somit überflüssig. Üble Gerüche werden direkt abgesaugt (evacuated) und ins Freie entsorgt oder mittels Aktivkohlefilter (activated carbon filter) neutralisiert. Die Betätigung aller Funktionen, einschließlich der Spülung, erfolgt über ein seitlich angeordnetes Bedienelement bzw.eine Fernbedienung (Bild 2).

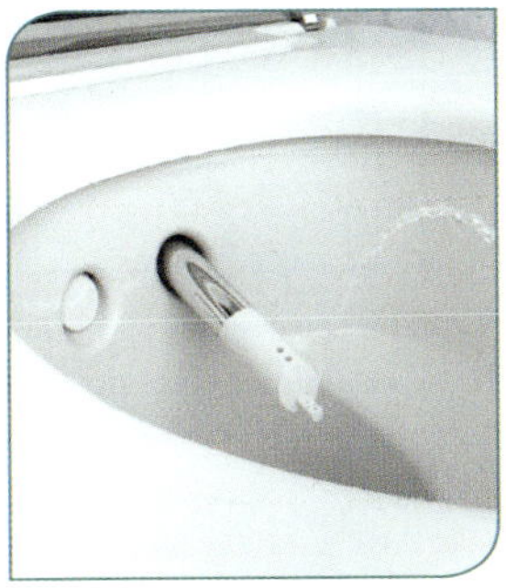

1 Duscharm

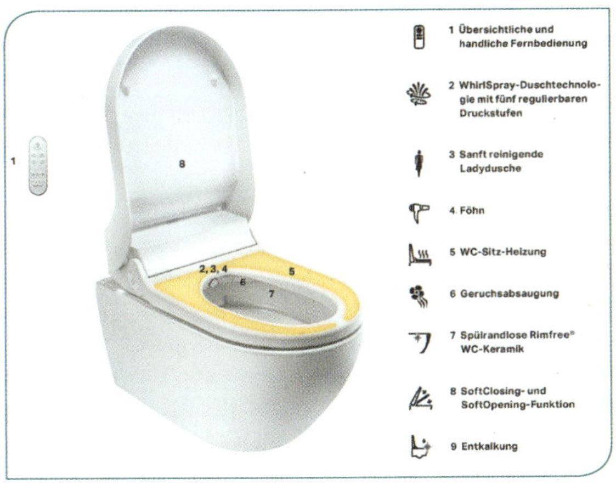

2 Beispiel vom Aufbau eines Dusch-WC's

6.3.5 Spüleinrichtungen

Zum **Spülen** von Klosetts kommen **Druckspüler** (flushing valves) nach DIN EN 12541 und Spülkästen (flushing cisterns) nach DIN 19542 und DIN EN 14055 (Entwurf) zum Einsatz. Beide Spülsysteme gibt es sowohl für die Aufputzmontage (surface mounting) (Bild 3) als auch für die Unterputzmontage (flush mounting) (Bild 4).

Spülwassermenge

Ältere Klosettanlagen benötigen zur Spülung 9 l Wasser und die Dimension der Abwasseranschlussleitung (discharge pipe) muss DN 100 entsprechen. Neuere Klosettanlagen benötigen nur noch 3,5 l – 6 l Spülwasser (flushing water) und sparen deshalb eine erhebliche Menge kostbares Trinkwasser ein. Auch die Abwasseranschlussleitung kann mit DN 80 bzw. DN 90 kleiner dimensioniert werden.

3 Aufputzspülsysteme

4 Unterputzspülsysteme

6.3.5.1 Druckspüler

Druckspüler (Bild 6) sind durch den Wasserdruck in der Trinkkaltwasserleitung gesteuerte Ventile, die selbsttätig schließen. Sie benötigen einen Mindestfließdruck (minimum flow pressure) und müssen nach DIN EN 12541 bestimmten Anforderungen genügen (Bild 5). Nach dem Schließen darf der Ruhedruck (at-rest pressure) maximal 2 bar höher sein, als der Druck während des Spülvorgangs.

Nennweite DN	Spülwasservolumen	Spülzeit	Spülstrom	Empfohlener Fließdruck
15	6 l	–	0,7 – 1,0 l/s	1,0 – 4,0 bar
20	6 – 9 l	5 – 8 s	1,0 – 1,3 l/s	1,0 – 4,0 bar

5 Anforderungen

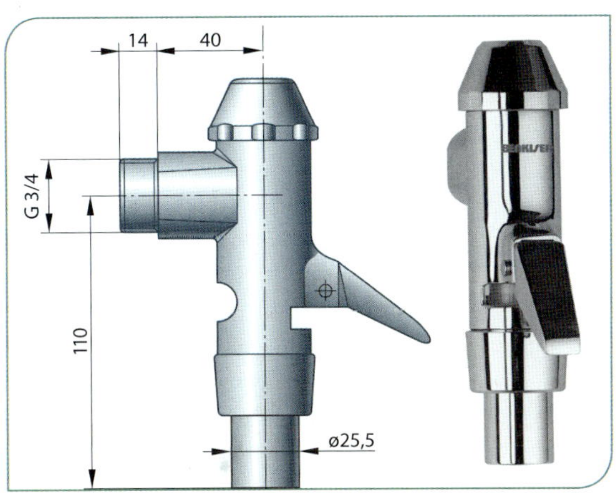

6 Druckspüler mit Hebel

Moderne Druckspüler der **Geräuschgruppe 1** (vgl. Kap. 2.2.1 Armaturengeräusche, Schallschutz in Sanitärräumen) sind wesentlich **leiser** als ältere Modelle und die Geräuschentwicklung (noise production) kann der von Spülkästen gleichgesetzt werden. Im Unterschied zu Spülkästen sind Druckspüler schon nach kurzer Zeit wieder spülbereit, sie werden deshalb besonders für häufig benutzte öffentliche Anlagen empfohlen.

Funktion eines Druckspülers

Durch Betätigung des Hebels (lever) wird die Hebelhülse angehoben und damit das Hilfsventil (Detail A, Bild 1) gegen die Kolbenfeder geöffnet. Der im Ruhezustand unter Netzdruck (Leitungsdruck) stehende, sich innerhalb und oberhalb des Kolbens (piston) befindliche Kolbenraum wird somit druckentlastet. Dann wird der Kolben mittels des Hebels vollständig nach oben gedrückt und der Spülvorgang beginnt. Beim Loslassen des Hebels verschließt das Hilfsventil den Kolbenraum wieder. Dieser füllt sich nun über die Druckausgleichsbohrung (Detail A, Bild 1) wieder auf, wobei der Kolben in Richtung Ventilsitz (valve face) gedrückt wird. Im Kolbenraum baut sich erneut der Netzdruck als Ruhedruck auf und der Spülvorgang ist beendet (Bild 1).

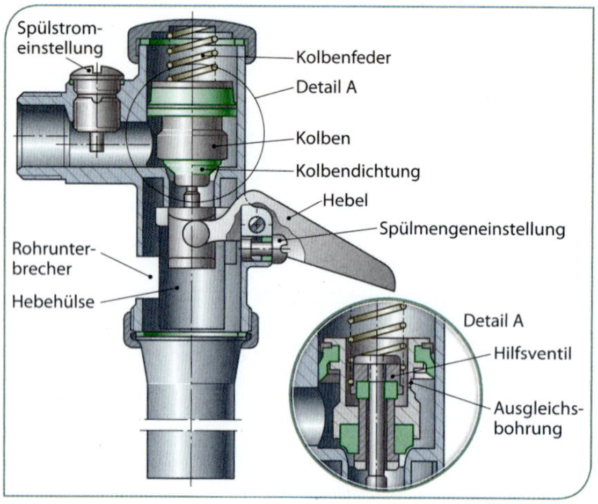

1 Druckspüler

MERKE

Druckspüler müssen über einen Rohrunterbrecher (vgl. LF 5, Kap. 3.2.2.5) verfügen, damit das Trinkwasser vor Verschmutzungen durch Rücksaugen geschützt ist.

Montage von Druckspülern

Druckspüler sollten aus hygienischen und optischen Gründen immer unter Putz installiert werden. Der Druckspüler sollte auf einer Höhe von 950 – 1000 mm über Oberkante Fertigfußboden OKFF montiert werden (Bild 2). Die Verbindung zwischen Druckspüler und Klosettbecken wird durch ein Spülrohr von 28 mm Durchmesser und einen Gumminippel (Bild 3) hergestellt.

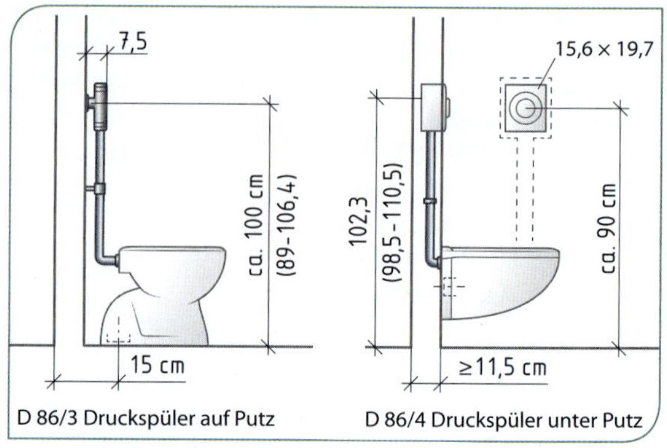

2 Druckspüler

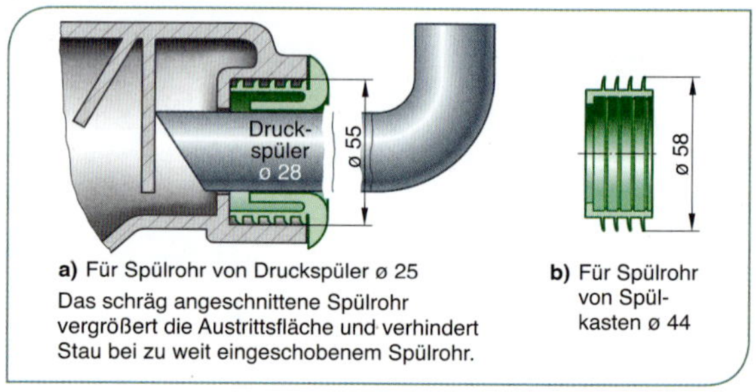

3 Spülrohrinnenverbinder

6.3.5.2 Spülkästen

Spülkästen sind im Gegensatz zu Druckspülern **nicht** vom Wasserdruck in der Trinkkaltwasserleitung abhängig und speichern die zum Spülen benötigte Wassermenge von 6 – 9 l.

Im Wesentlichen bestehen sie aus:

- einem Behälter (Kasten)
- einem Füllventil (charging valve) mit Schwimmer (float)
- einer Ablaufgarnitur mit Betätigung und einem Deckel (Bild 1, nächste Seite).

Spülkästen müssen sich selbsttätig (automatically) füllen und hinsichtlich ihres Geräuschverhaltens mindestens der Geräuschgruppe 2 entsprechen (vgl. Kap. 2.2.1 Armaturengeräusche, Schallschutz in Sanitärräumen).

Sie entleeren (empty, discharge) sich beim Spülvorgang sehr schnell und erzeugen eine gute Spülwirkung. Das Wiederauffüllen des Spülkastens dauert jedoch eine gewisse Zeit, so dass **nicht**, wie bei Druckspülern, jederzeit die maximale Spülwassermenge zur Verfügung steht. Sie eignen sich deshalb nicht so gut für öffentliche Gebäude mit häufig benutzten WC-Anlagen, wie z. B. Schulen.

Nach **DIN 19542** dürfen bei einem Fließdruck von 0,5 bar die Füllzeiten von:

- 120 s bei 6 l,
- 180 s bei 9 l

nicht überschritten werden.

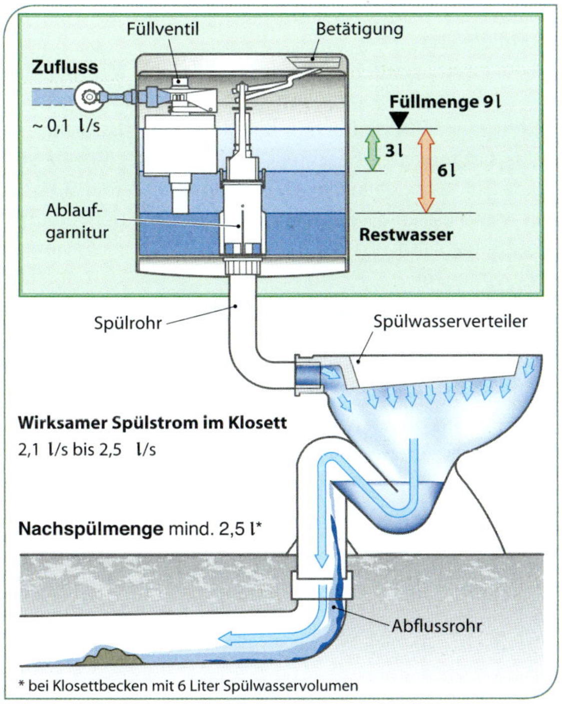

1 WC-Spülung mit Spülkasten

Wasser sparen

Alle neueren Spülkästen haben Vorrichtungen, wie z. B. zwei Tasten (Bild 2 und 3) oder eine Start/Stoptaste (Bild 4), um die Spülwassermenge zu verringern.

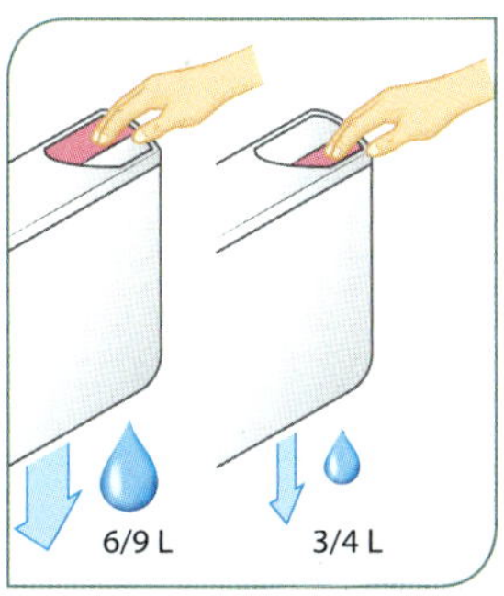

2 Spülkasten mit zwei Auslösetasten

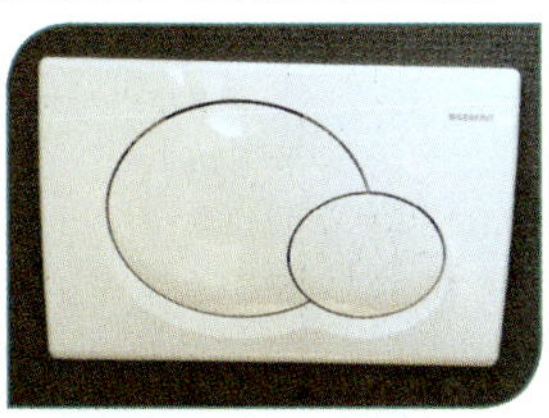

3 Abdeckplatte mit zwei Funktionen

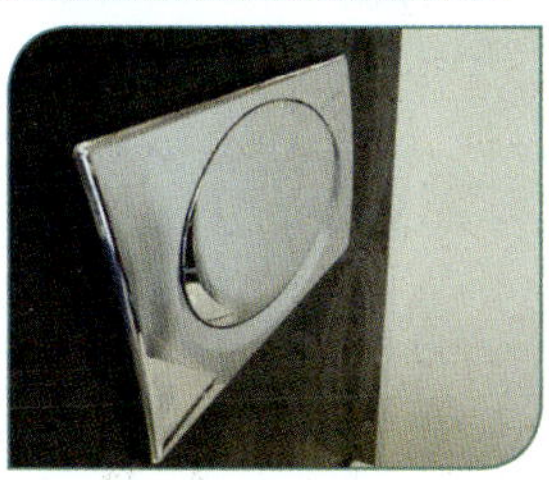

4 Start-/Stopptaste

Funktion eines Spülkastens

Der Spülkasten (Bild 5) wird über ein Absperrventil mit der Trinkkaltwasserleitung verbunden. Über die Füllarmatur, die im Wesentlichen aus dem Füllventil und einem Schwimmer besteht, wird der Spülkasten befüllt. Der Schwimmer verschließt mittels eines Gestänges bei Erreichen der eingestellten Füllhöhe das Füllventil. Die Füllhöhe kann durch Anheben oder Absenken des Schwimmers mittels einer Einstellschraube korrigiert werden.

Über die Ablaufgarnitur, die im Wesentlichen aus Auslösetasten, Heberglocke und Ablaufventil besteht, wird der Spülkasten entleert.

Durch Betätigen einer der Tasten des Spülkastens wird das Ablaufventil angehoben und der Spülvorgang eingeleitet. Der Schwimmer der Heberglocke hält das Ablaufventil so lange offen, bis die gewünschte Wassermenge (6 l oder 3 l) abgeflossen ist. Danach beginnt der Füllvorgang von neuem.

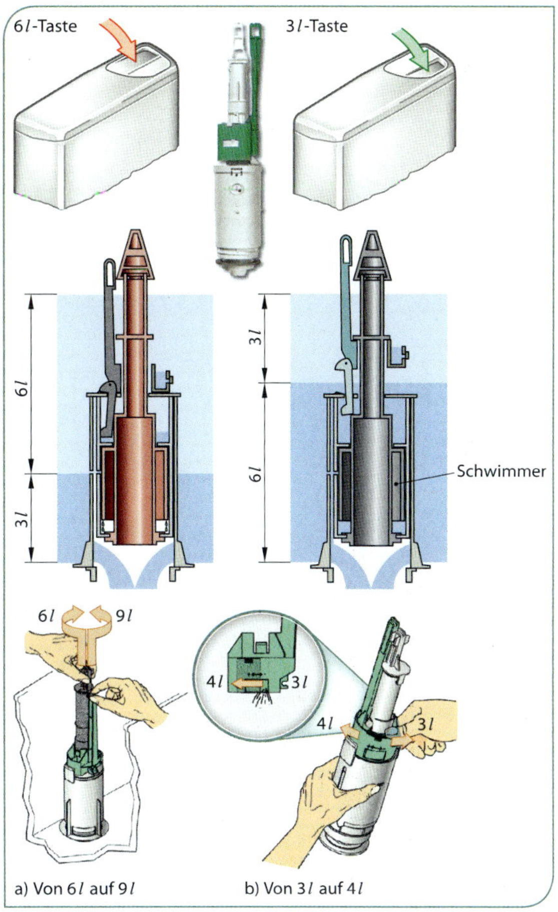

5 Auslösetasten und Heberglocke einer Ablaufgarnitur für 2-Mengen-Spülung mit Ablaufventil und Umstellen der Spülmenge

MERKE

Das Trinkwasser muss gegen das Rücksaugen von verschmutztem Wasser geschützt werden. Das wird entweder dadurch erreicht, dass Spülkästen über einen freien Auslauf verfügen, der mindestenes 20 mm über der höchstmöglichen Füllhöhe liegt, oder durch einen Rohrunterbrecher.

Montage und Ausführungsarten von Spülkästen

Auch Spülkästen sollten wie Druckspüler aus hygienischen und optischen Gründen immer unter Putz (Wandeinbau-Spülkästen) installiert werden.

Nach der Art der Ausführung werden unterschieden (Bild 1):

- tiefhängende Spülkästen,
- halbhochhängende Spülkästen,
- hochhängende Spülkästen,
- Wandeinbau-Spülkästen,
- aufgesetzte Spülkästen und
- angeformte Spülkästen.

a		Tiefhängender Spülkasten
b		Wandeinbau-Spülkasten
c		Halbhochhängender Spülkasten
d		Hochhängender Spülkasten
c		Zweistückanlage, Spülkasten aufgesetzt
d		Einstückanlage, Spülkasten angeformt

1 Ausführungsarten von Spülkästen nach DIN 19542

6.3.6 Zubehör von Klosettanlagen

Zu der Mindestausstattung einer Klosettanlage gehören:

- der Klosettsitz mit Deckel,
- ein Toilettenpapierhalter auf 700 – 750 mm Höhe seitlich des Klosettbeckens und
- eine Klosettbürste mit Behälter.

6.3.7 Montage von Klosettbecken

Standklosetts

Standklosetts werden in der Regel mit zwei Messingholzschrauben (brass wood screws) und Kunststoffdübeln (plastic plugs) im Fertigfußboden befestigt. Der Schallschutz ist dabei besonders zu beachten, da Klosettanlagen eine störende Geräuschquelle bilden können (vgl. LF8, Kap. 2.1).

Der Anschluss an die Abwasserleitung ist von der Form des Klosettablaufstutzens (WC-pan outlet) abhängig. Es werden unterschieden:

Standklosetts mit waagerechtem Ablaufstutzen (Bild 2 a und 3) und

Standklosetts mit innerem (verdecktem), senkrechten (Bild 2 b) oder waagerechtem Ablaufstutzen (Bild 3).

Standklosetts mit innerem (inside) Ablaufstutzen (Bild 3) sind aus ästhetischen Gründen Standklosetts mit äußerem Ablaufstutzen vorzuziehen.

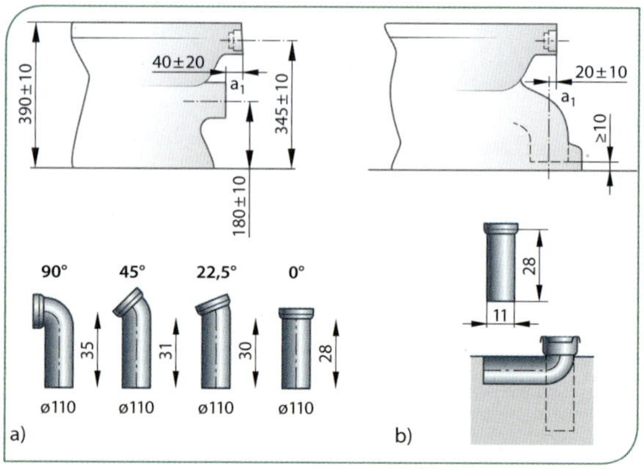

2 Anschlussmaße und Ablaufanschlussstücke von Standklosetts

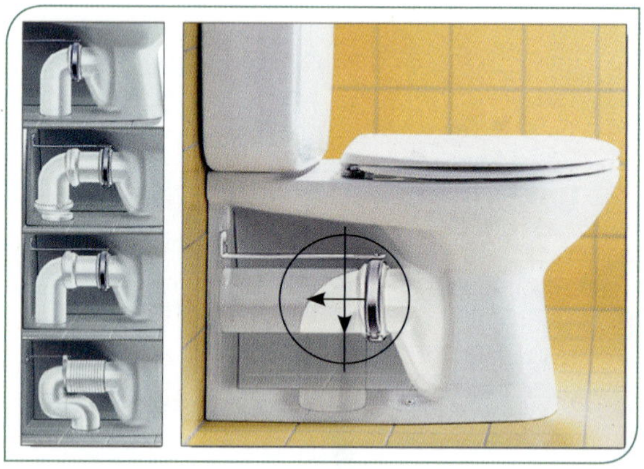

3 Innerer Ablaufstutzen und Ablaufanschlussstücke eines Standklosetts

Wandklosetts

An tragenden Wänden (load-bearing walls; main walls) erfolgt die Befestigung (fixing) von Wandklosetts mit z. B. zwei Stockschrauben (universal spacing screws) und Kuststoffdübeln oder mit Gewindestäben (threaded rods) und Messingspreizdübeln (brass expansion plugs). Zur Schalldämmung sollten Schalldämmmatten zwischen Wand und Sanitärobjekt eingefügt werden (vgl. LF8, Kap. 2.2.2). Bei nicht tragenden Wänden, wie z. B. bei leichten Trennwänden (dividing walls) aus Gipskarton oder Leichtbausteinen und bei Wänden dünner als 11,5 cm, werden die Klosetts an Trägergerüsten aus Stahl (steel stands) befestigt. Bei der Vorwandinstallation werden häufig vorgefertigte Montageelemente mit fixierten Anschlüssen für Zu- und Abfluss verwendet (Bild 1).

Der Anschluss von wandhängenden Klosetts an das Spülrohr und an den Ablaufbogen erfolgt mit einer Anschlussgarnitur (Bild 2).

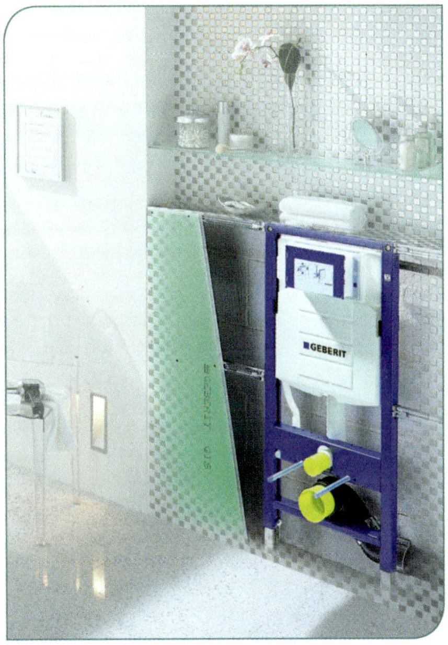

1 Montageelemente für Wandklosetts

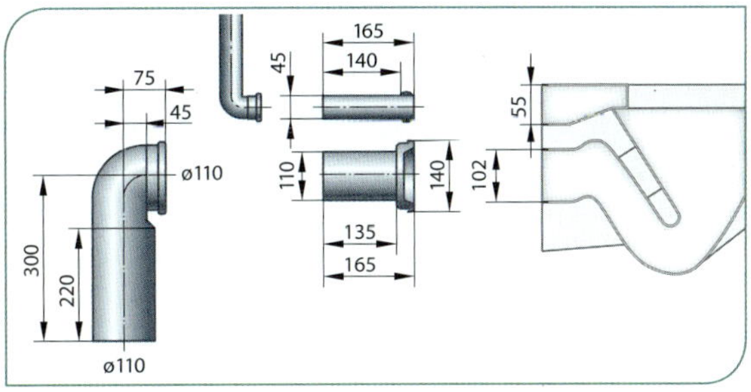

2 Anschlussgarnitur

Lernfeld 8

ÜBUNGEN

1. Wozu dienen Klosettanlagen?
2. Nennen Sie 4 Kriterien, nach denen Spülklosetts eingeteilt werden.
3. In welchen Ländern werden Hockklosetts häufig verwendet?
4. Wie unterscheiden sich Hockklosetts von Sitzklosetts?
5. Warum sind Hockklosetts hygienischer als Sitzklosetts?
6. Nennen Sie 2 Kriterien, warum Wandklosetts den Standklosetts vorzuziehen sind.
7. Wie erleichtern flache Etagenbögen den Austausch eines Standklosetts gegen ein Wandklosett?
8. Wie werden Klosettbecken nach ihrer Beckenform unterschieden?
9. Nennen Sie je 2 Vor- und Nachteile von Tiefspülklosetts.
10. Erläutern Sie die Funktionsweise eines Duschklosetts.
11. a) Welche unterschiedlichen Spüleinrichtungen kommen zum Spülen von Klosetts zum Einsatz?
    b) Nennen Sie mindestens 3 wesentliche Unterscheidungsmerkmale.
12. Warum sollen Spüleinrichtungen grundsätzlich unter Putz installiert werden?
13. Erklären Sie die Funktion eines Spülkastens.
14. Nennen Sie mindestens 4 unterschiedliche Ausführungsarten von Spülkästen.
15. Welches Zubehör gehört zur Mindestausstattung einer Klosettanlage?
16. Erläutern Sie a) die Montage von Standklosetts und b) die Montage von Wandklosetts.

6.4 Bidets

Bidets[1] (Sitzwaschbecken) werden zur Reinigung des Unterkörpers, der Füße und als Kleinkinderbadewanne genutzt. Sie sind in südlichen Ländern weit verbreitet und werden zunehmend auch bei uns in gut ausgestatteten Wohnungsbädern installiert. Sie werden in den unterschiedlichsten Formen, jeweils **angepasst** an das **Klosettbecken**, aus Sanitärkeramik hergestellt (Bild 1).

1 Sitzwaschbecken und Klosettbecken

Es werden Wand- und Standmodelle (wall mounted and floorstanding types) unterschieden. Wandmodelle sind zu bevorzugen, da der Fußboden leichter zu reinigen ist und sie gut für die Vorwandinstallation geeignet sind.

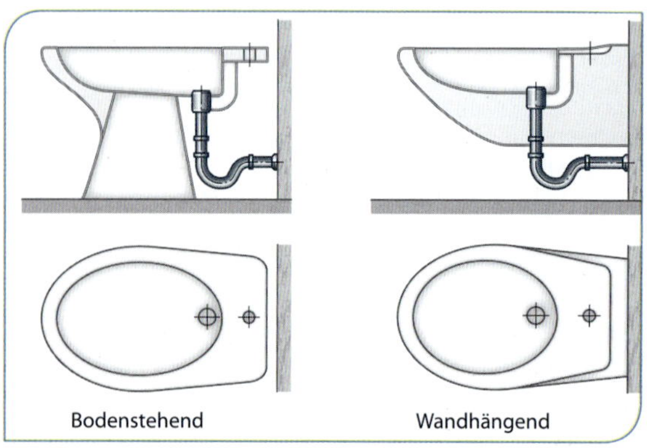

2 Wand- und Standmodell

Bidets werden sitzend entweder mit dem Gesicht (face) oder Rücken (back) zur Wand genutzt (Bild 3). Es ist darauf zu achten, dass ein Mindestabstand von 25 cm zu Wänden oder anderen Sanitärobjekten eingehalten wird, damit das Bidet (bidet) ungehindert benutzt werden kann (vgl. Kap. 1 Planungsgrundlagen).

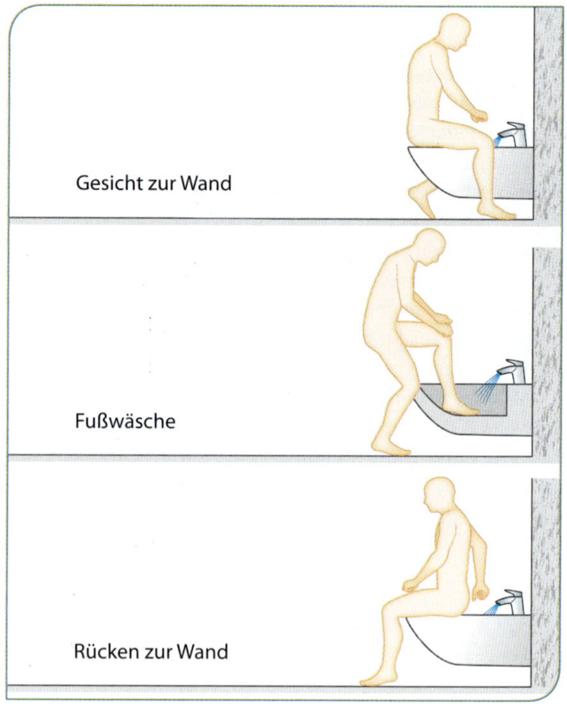

3 Waschpositionen

6.4.1 Anschluss- und Montagemaße, Abmessungen

Anschluss- und Montagemaße von Bidets können den Herstellerunterlagen entnommen werden (Bild 4).

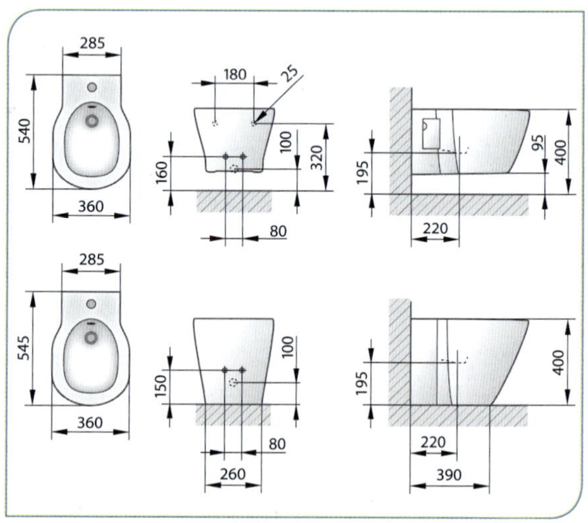

4 Wand- und Standmodell

[1] Bidet (franz.): Sitzwaschbecken, eigentl. = kleines Pferdchen

Abmessungen und übliche Montagehöhen

Nach VDI 6000 Blatt1 sollten die Mindestmaße und die übliche Montagehöhe von **Sitzwaschbecken** folgender Tabelle entsprechen (Bilder 1 und 2).

Sitzwaschbecken	Breite b in cm	Tiefe t in cm	Höhe h in cm über OKFF
empfohlenes Maß	40	60	42 [1)]

[1)] Oberkante Sitzwaschbecken bei Wandmodell (Wandmodelle sind wegen leichterer Reinhaltung zu bevorzugen!)

1 Empfohlene Abmessungen nach VDI 6000 Blatt 1

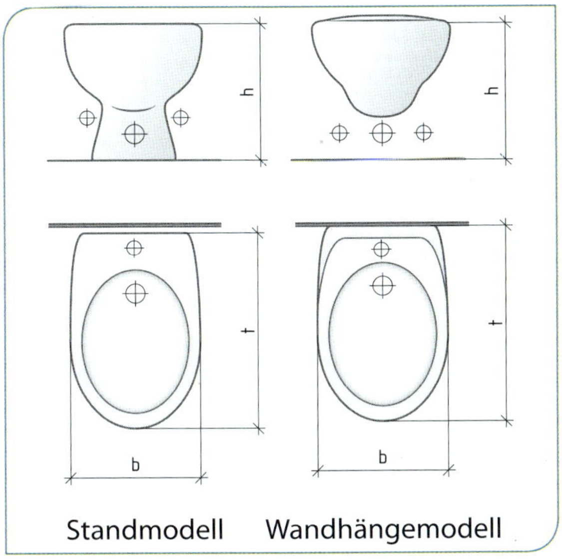

2 Abmessungen

6.4.2 Auslaufarmaturen

Die Armaturen von Sitzwaschbecken werden immer an die Trinkkalt- und Trinkwarmwasserleitung angeschlossen. Da nach DIN EN 1717 ein freier Auslauf (air gap) gefordert wird, muss der Wasseraustritt der Auslaufarmatur so hoch angeordnet sein, dass kein Rücksaugen (Rückfließen) von verunreinigtem Wasser möglich ist. Ältere Sitzwaschbecken mit Unterdusche sind nicht mehr zulässig, da sie keinen freien Auslauf haben.

Damit sich die Benutzer nicht mit heißem Wasser verbrühen (scald), sollten Armaturen mit einer Temperaturbegrenzung oder Thermostatmischbatterien verwendet werden. Es werden z.B. die folgenden Ausführungen unterschieden (vgl. Kap. 6.1.3):

- Eingriffmischbatterien mit Kugelgelenkstrahlregler (Bild 3a),
- Zweigriffmischbatterien mit Kugelgelenkstrahlregler (Bild 3b),
- Dreilochmischbatterien mit Kugelgelenkstrahlregler (Bild 4a),
- Digitale Einlochmischbatterie mit Digitalkontroller (Bild 5),
- Thermostatmischbatterie Unterputz mit Einlochstandarmatur.

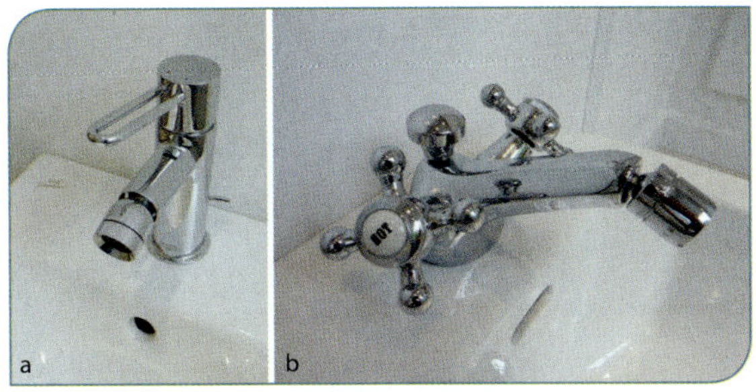

3a Eingriffmischbatterie (Einloch) mit Kugelgelenkstrahler
b Zweigriffmischbatterie (Einloch) mit Kugelgelenkstrahler

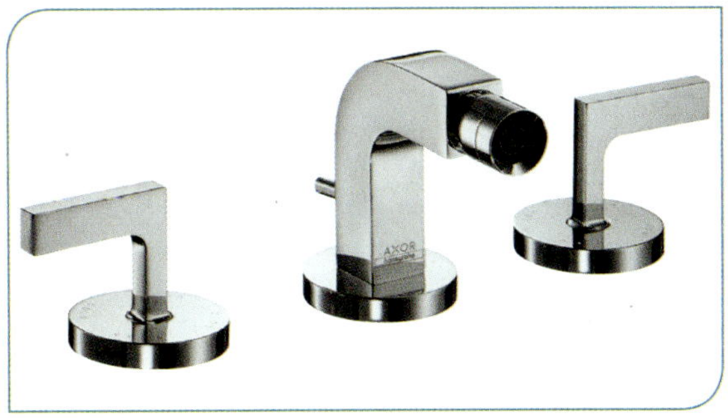

4 3-Lochmischbatterie mit Kugelgelenkluftsprudler

5 Digitale Einlochmischbatterie mit Digitalkontroller

6.4.3 Ablaufarmaturen

Die Ablaufarmaturen (DN 32) bei Sitzwaschbecken bestehen genau wie bei Handwaschbecken und Waschtischen aus Ablaufventil und Geruchverschluss. Die Ablaufventile entsprechen den Ventilen von Handwaschbecken und Waschtischen (vgl. Kap. 6.1.4). Für Sitzwaschbecken mit integriertem Überlauf werden meist Ablaufventile mit Betätigung durch ein Gestänge verwendet (Bild 1, nächste Seite). Aus hygienischen Gründen sollten Sitzwaschbecken mit eingeformtem Überlauf vermieden werden, da sich dort Schmutz ansammeln könnte. Zu bevorzugen sind Sitzwaschbecken ohne Überlauf mit nicht verschließbarem Ablaufventil mit Siebplatte (vgl. Kap. 6.1.4). Die Geruchverschlüsse von Sitzwaschbecken (meist Röhren- oder

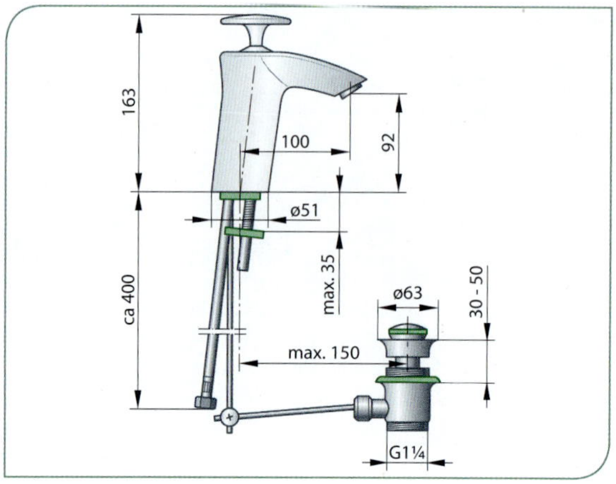

1 Ablaufventil mit Betätigung durch Gestänge

Flaschengeruchverschlüsse, vgl. Kap. 6.1.4.2) sind etwas flacher (flatter) gebaut (Bild 2) als die von Waschbecken, da die Höhe des Ablaufanschlusses des Sitzwaschbeckens nur etwa 100 mm über Fertigfußboden liegt (Bild 3).

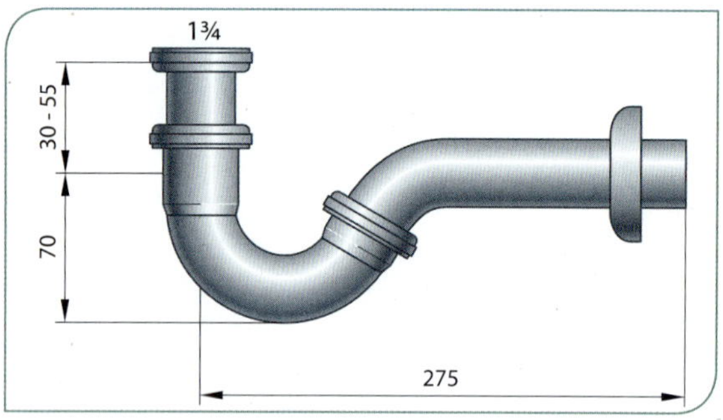

2 Röhrengeruchverschluss

6.4.4 Zubehör

Das Zubehör für Sitzwaschbecken sollte bestehen aus:

- einer Seifenschale (soap dish),
- einem Handtuchhalter (towel rack) bzw. Handtuchhaken,
- Haltegriffen (handles) und eventuell
- einer Ablageschale.

Alles Zubehör ist so anzubringen (fix), dass es bequem im Sitzen zu erreichen ist (Bild 3).

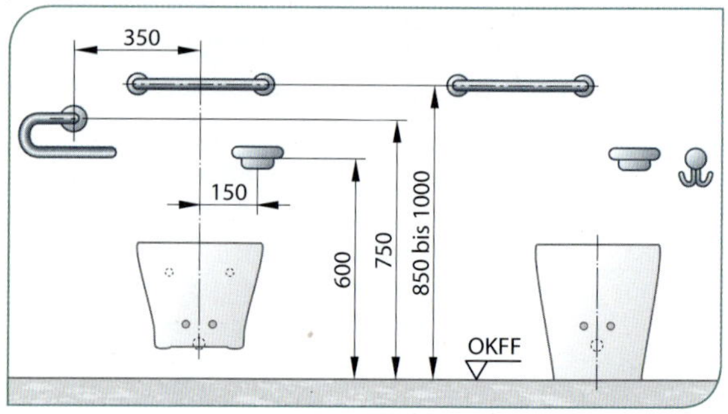

3 Montagemaße Zubehör Sitzwaschbecken

6.4.5 Montage und Anschluss an die Trinkwasserleitung

Die Montage und der Anschluss an die Trinkwasserleitung entspricht der Montage von Handwaschbecken und Waschtischen (vgl. Kap. 6.1.6). Stand- und Wandsitzwaschbecken werden wie Stand- und Wandklosetts, auch auf der gleichen Höhe, befestigt (vgl. Kap. 6.3.7). Auf eine gute Schalldämmung ist zu achten.

ÜBUNGEN

1) Wozu werden Sitzwaschbecken genutzt?
2) Nennen sie zwei Kriterien, warum Wandsitzwaschbecken den Standsitzwaschbecken vorzuziehen sind.
3) Wie werden Sitzwaschbecken genutzt?
4) Warum muss auf einen ausreichenden Mindestabstand von 25 cm zu Wänden oder anderen Sanitärobjekten geachtet werden?
5) Nennen sie die empfohlene Montagehöhe von Sitzwaschbecken nach VDI 6000-1.
6) Welche Sicherheitsmaßnahme nach DIN 1717 wird für Sitzwaschbecken gefordert.
7) Warum sind ältere Sitzwaschbecken mit Unterdusche nicht mehr zulässig?
8) Nennen sie mindestens 4 unterschiedliche Auslaufarmaturen für Sitzwaschbecken.
9) Was ist zu beachten, dass sich Benutzer nicht mit heißem Wasser verbrühen?
10) Woraus bestehen die Ablaufarmaturen eines Sitzwaschbeckens?
11) Warum sollten Sitzwaschbecken mit eingeformten Überlauf vermieden werden?
12) Warum sind Geruchverschlüsse von Sitzwaschbecken etwas flacher als Geruchverschlüsse von Waschtischen?
13) Nennen sie mindestens drei Zubehörteile für Sitzwaschbecken.
14) Erläutern sie die Montage und den Anschluss an die Trinkwasserleitung.

6.5 Urinale

Urinale (urinals) werden hauptsächlich in öffentlichen Gebäuden wie z. B. Schulen, Bürogebäuden, Hotels, Gaststätten und Bahnhöfen installiert. In Ein- oder Zweifamilienhäusern haben sich Urinale noch nicht vollständig durchgesetzt, obwohl sie mehrere Vorteile (advantages) bieten:
- geringer Wasserverbrauch von 1 l bis 3 l,
- platzsparender als WCs und
- hygienischer, da ohne Körperkontakt.

Urinalbecken im Wohnungsbau werden hauptsächlich aus Sanitärkeramik und in öffentlichen Gebäuden aus nicht rostendem Stahl oder glasfaserverstärktem Kunststoff hergestellt.
Aus optischen Gründen sollten in Privathaushalten nur wandhängende Urinalbecken mit **Deckel** (Bild 1) verwendet werden. Um Urinspritzer (urinal splashes) zu vermeiden, bieten manche Hersteller Urinalbecken mit einer eingebrannten Fliege (fly) als Zielpunkt (aiming point) an (Bild 2).

1 Urinalbecken mit Deckel

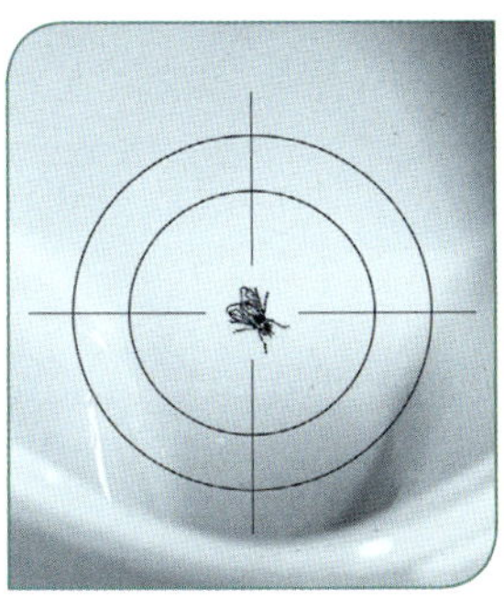

2 Urinal mit Fliege

3 Urinal Sondermodell

6.5.1 Einteilung von Urinalbecken

Grundsätzlich werden Urinale in wassergespülte Absaugurinale und wasserlose Urinale eingeteilt. Die Hersteller bieten inzwischen eine große Auswahl an Urinalen an (Bild 4), so dass unterschiedlichste Wünsche und Vorstellungen erfüllt werden können.

4 Formenvielfalt

6.5.1.1 Wassergespülte Urinale

Bei den wassergespülten Absaugurinalen unterscheidet man:
- Urinale mit sichtbarem Wasserzulauf von oben,
- Urinale mit verdecktem Wasserzulauf von hinten,
- Urinale mit eingeformtem Geruchverschluss, Abgang nach unten (Bild 5a),
- Urinale mit eingeformtem Geruchverschluss, Abgang waagerecht,
- Urinale mit frei liegendem, unter dem Becken angebrachtem Geruchverschluss (Bild 5b),
- Urinale mit Absaugformstück und waagerechtem Abgang (Bild 1a, nächste Seite) und
- Urinale mit Absaugformstück und senkrechtem Abgang (Bild 1b, nächste Seite).

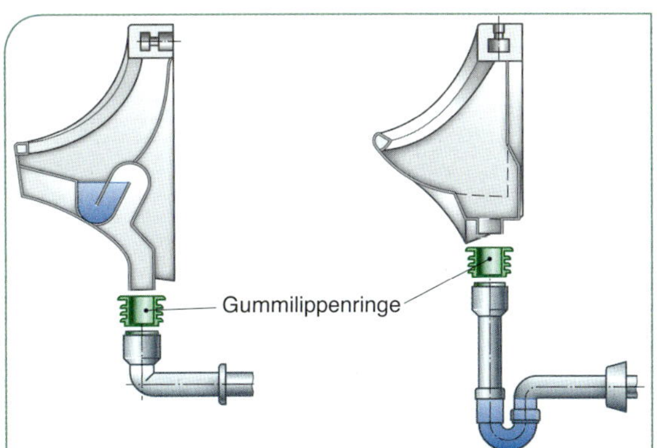

5 Urinale mit eingeformtem und freiliegendem Geruchverschluss

Lernfeld 8

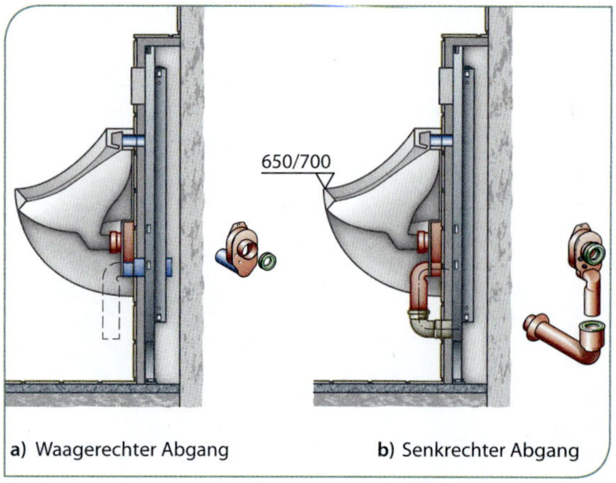

1 Urinale mit Absaugformstücken

Der Geruchverschluss (auch Absaugformstück genannt) von Absaugurinalen ist so konstruiert, dass bei jeder Spülung der gesamte Inhalt des Absaugformstückes (Bild 1) leergesaugt wird (siphoned out) und nachlaufendes Spülwasser den Geruchverschluss wieder auffüllt.

6.5.1.2 Wasserlose Urinale

Wasserlose Urinale benötigen keine **Spüleinrichtungen** und funktionieren entweder mit:

- Geruchverschluss und Sperrflüssigkeit (sealing liquid),
- Geruchverschluss und Auftriebskörper (float) oder
- Geruchverschluss und Membranen (membranes).

Sie werden wie herkömmliche Urinale an der Wand montiert und Wasser wird nur zur Reinigung der Urinale benötigt. Dies bedeutet, dass erhebliche Wassermengen und Abwassergebühren eingespart werden können.

Urinale mit Sperrflüssigkeit

Sie haben einen speziell geformten Einsatz, der als Geruchverschluss dient (Bilder 2), oder einen eingeformten Geruchverschluss aus Keramik (Bild 3). Der GV enthält eine besondere Sperrflüssigkeit, die leichter als Urin, nicht wasserlöslich und biologisch abbaubar ist.

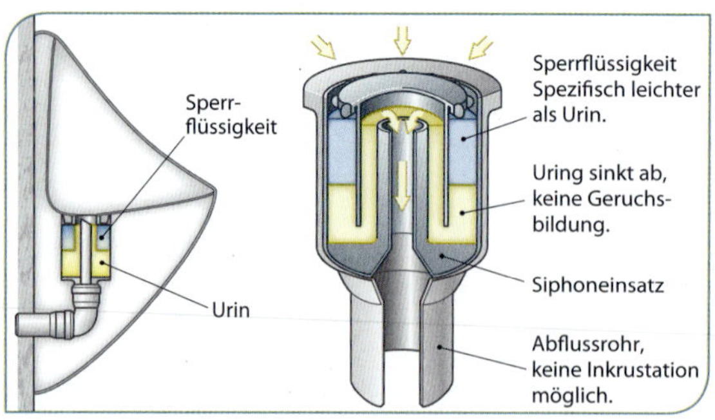

2 Geruchverschluss mit Sperrflüssigkeit

Da die Sperrflüssigkeit leichter als Urin ist, fließt der Urin hindurch und es entstehen keine unangenehmen Gerüche (odours). Allerdings muss die Flüssigkeit nach Angaben des Herstellers in bestimmten Abständen getauscht (replaced) werden, damit es nicht zu Geruchsbelästigungen kommt.

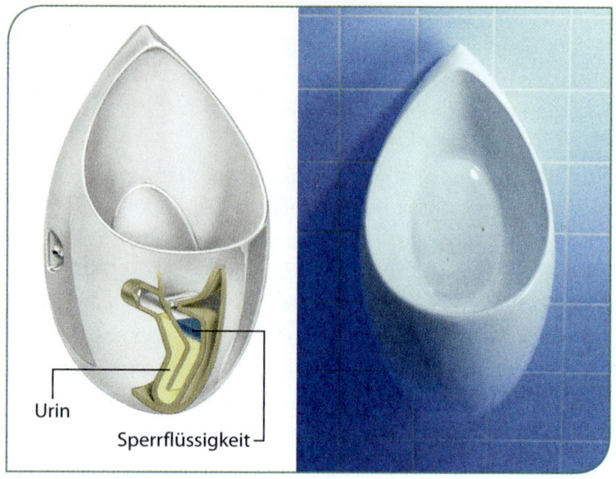

3 Urinal mit Keramiksiphon

Urinale mit Auftriebskörper

Urinale mit Auftriebskörper benötigen einen elektrischen Anschluss, da der Geruchverschluss mit einem Auftriebskörper mit Magneten (magnet) ausgerüstet ist. Dieser wird von einer Elektrospule (coil) angezogen, wenn die integrierte Elektronik bei Annäherung (approach) einer Person durch einen Sensor aktiviert wird (Bild 4).

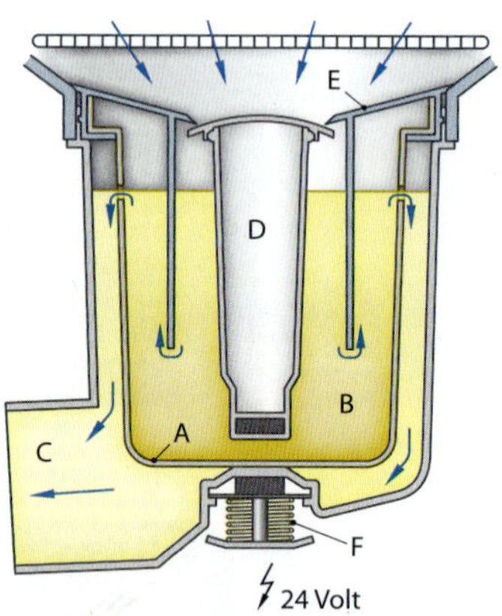

A – Geruchverschluss-Einsatz
B – zylinderförmiges Innenstück des Siphons
C – Überlaufraum
D – Auftriebskörper
E – flexible Dichtlippe
F – Elektrospule

4 Geruchverschlusseinsatz mit Auftriebskörper

Funktionsbeschreibung:
- Der patentierte Geruchverschluss-Einsatz **A** garantiert einen reibungslosen Betrieb ohne Sperrflüssigkeit. Er wird in die dafür vorgesehene Öffnung des Urinals eingesetzt.
- Der Urin gelangt ins Innenstück **B** des Siphons und von dort nach erreichen der Überlaufhöhe durch Öffnungen in den Überlaufraum **C** und dann in die Kanalisation.
- Die Einlassöffnung des Siphons wird durch den Auftriebskörper **D** geschlossen.
- Die flexible Dichtlippe **E** hält Gerüche unter Verschluss.
- Vor, während und nach jeder Benutzung zieht durch die elektronische Auswertung eines kapazitiven Sensorfeldes, ein Magnet prozessorgesteuert den Auftriebskörper **D** nach unten, um den Urin restlos in den Siphon und von dort in die Kanalisation zu leiten.

Urinale mit Membranen

Urinale mit Membranen benötigen keine Elektronik. Silikonmembranen lassen den Urin durch einen Klappen- (Bild 1) oder Lippenmechanismus (Bilder 2a und 2b) rückstausicher abfließen. Kanalgerüche werden wirkungsvoll zurückgehalten.

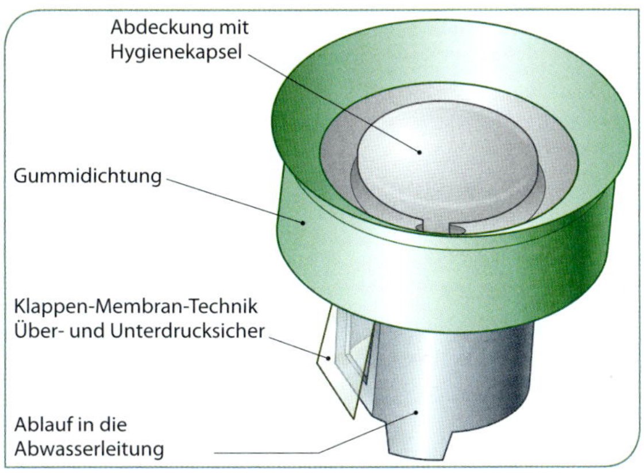

1 Geruchverschluss mit Klappenmembranen

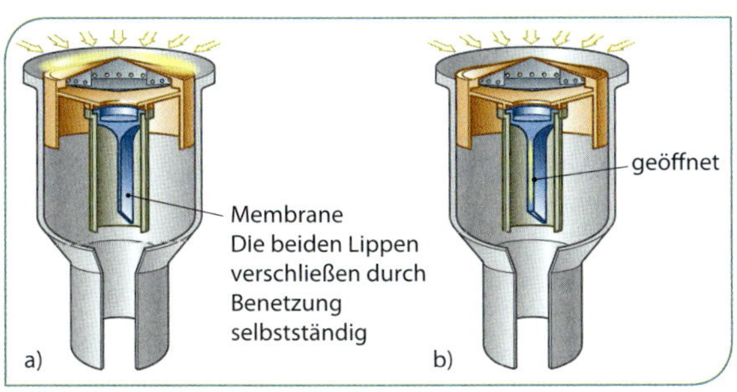

2 Geruchverschluss mit Lippenmembranen a) geschlossen b) geöffnet

Reinigung und Wartung von wasserlosen Urinalen

Wasserlose Urinale werden ähnlich wie wassergespülte Urinale gereinigt. Es muss lediglich beachtet werden, dass bei Systemen mit Sperrflüssikeit und häufiger Nutzung (öffentliche Anlagen) 1 mal pro Woche etwas Sperrflüssigkeit nachgefüllt (refilled) wird. Bei Urinalen mit Membranen muss regelmäßig mit klarem Wasser gespült werden, da die Funktion der Membranen durch Verschmutzungen und Ablagerungen (deposits) beeinträchtigt werden könnte. Innenliegende Einsätze können meist problemlos ohne Demontage des Urinals ausgetauscht werden (Bild 3).

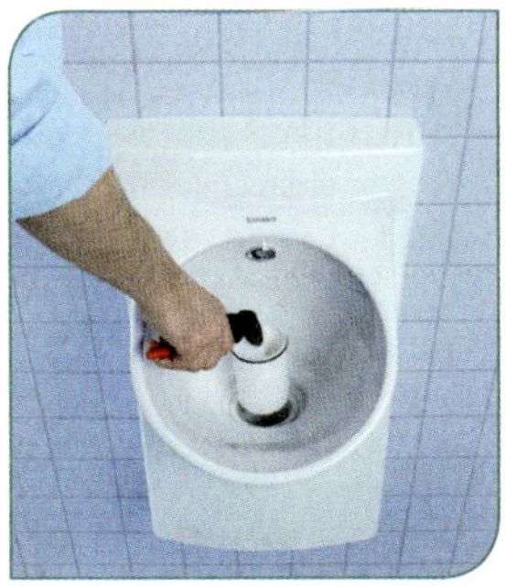

3 Austausch eines Einsatzes

6.5.2 Anschluss- und Montagemaße, Abmessungen

Anschluss- und **Montagemaße** von Urinalbecken (urinal bowls) können den Herstellerunterlagen entnommen werden (Bild 4, Bild 1 und 3 nächste Seite). Wegen ihrer geringen Abmessungen können Urinale auch in kleinsten Räumen installiert werden.

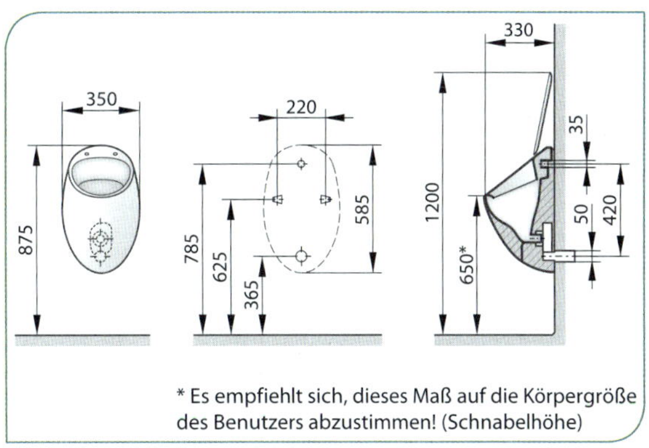

4 Montagemaße für Urinalbecken

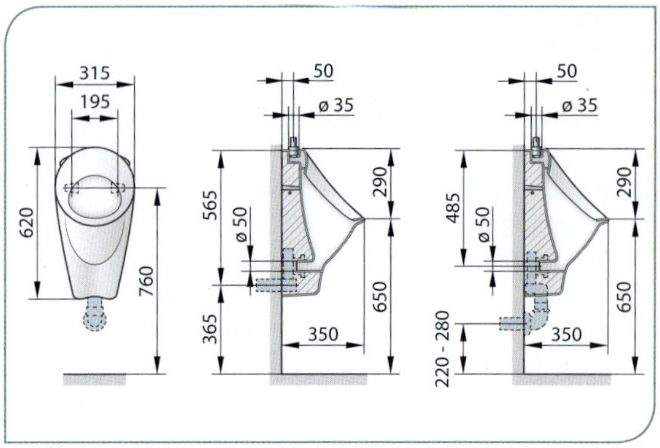

1 Montagemaße für Urinalbecken

Abmessungen und übliche Montagehöhen
Nach VDI 6000 Blatt 1 sollten die Mindestmaße und die übliche Montagehöhe von Urinalbecken folgender Tabelle entsprechen (Bild 2).

Urinalbecken	Breite *b* in cm	Tiefe *t* in cm	Höhe *h* in cm über OKFF
empfohlenes Maß	40	40	65

2 Empfohlene Abmessungen nach VDI 6000 Blatt 1

Es empfiehlt sich, die Schnabelhöhe (Montagehöhe) des Beckens (Bild 4, vorige Seite) mit dem Kunden abzusprechen.

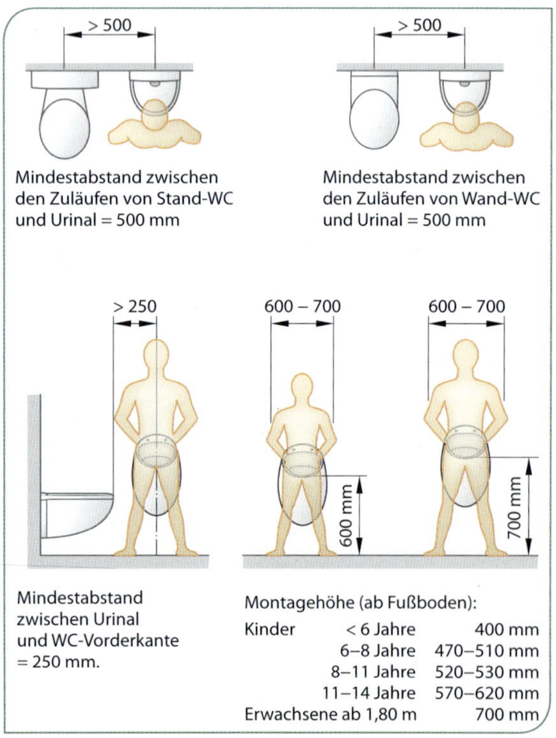

3 Planungsdaten und Richtwerte im privaten Bereich

6.5.3 Spüleinrichtungen

Zum Spülen von Urinalen im Wohnungsbau kommen sowohl handbetätigte als auch berührungslos (contactless) gesteuerte Druckspüler DN 15 nach DIN EN 12541 zum Einsatz. Es werden Aufputzspülsysteme (Bild 4) und Unterputzspülsysteme (Bild 5) unterschieden.

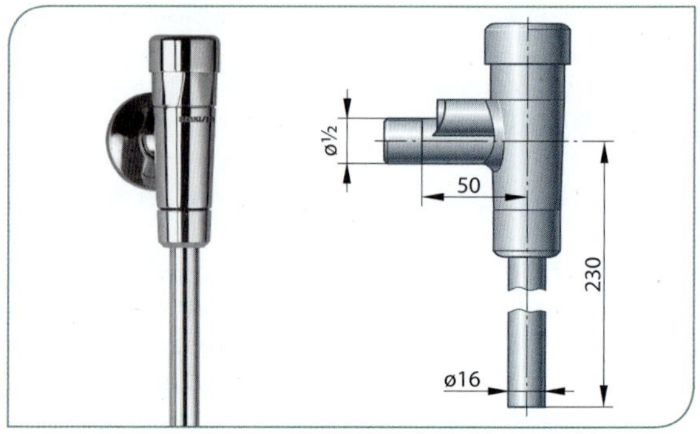

4 Urinaldruckspüler (Aufputz) mit Druckknopfbetätigung

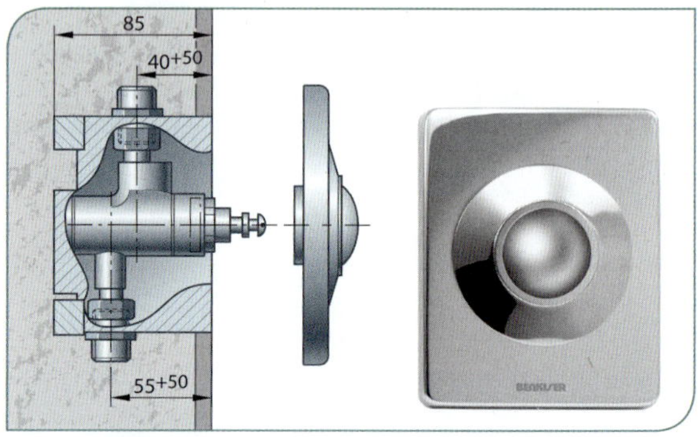

5 Urinaldruckspüler (Unterputz) mit Druckknopfbetätigung

Spülwassermenge
Urinale für den privaten Gebrauch benötigen zur Spülung 1,5 l – 4 l Wasser. Die Dimension der Abwasseranschlussleitung (discharge pipe) entspricht DN 50.

6.5.3.1 Druckspüler

Auch Urinaldruckspüler (Bild 4) sind durch den Wasserdruck in der Trinkkaltwasserleitung gesteuerte Ventile, die selbsttätig schließen (vgl. Kap. 6.3.5.1). Sie benötigen einen Mindestfließdruck und müssen nach DIN EN 12541 bestimmten Anforderungen genügen (Bild 6).

Nennweite DN	Spülwasser-volumen	Mindest-spülstrom	Empfohlener Fließdruck
15	1,5 – 4,0 l	0,3 l/s	1,0 – 4,0 bar
20	3,0 – 6,0 l	0,5 l/s	1,0 – 4,0 bar

6 Anforderungen

6.5.3.1.1 Berührungslos gesteuerte Spülarmaturen

Aus hygienischen Gründen sollten berührungslos gesteuerte Spülarmaturen eingesetzt werden. So wird sichergestellt, dass nach jeder Benutzung gespült wird und der Spülvorgang eingeleitet wird, ohne dass die Armatur berührt werden muss. Kontaktinfektionen (contact infections) werden vermieden und die zuverlässige und regelmäßige Spülung verhindert bzw. vermindert Geruchsbelästigungen, Verschmutzungen und Verkalkungen. Hauptbestandteile einer berührungslos gesteuerten Armatur sind der Sensor (sensor, detector) oder Messwertaufnehmer, das Steuergerät (controller) und das Magnetventil (Stellglied).

Nach der **Arbeitsweise** des Sensors oder Messwertaufnehmers bei Urinalspülungen werden folgende Ausführungen unterschieden:

- die opto-elektronische (optoelectronic) Steuerung,
- die radar-elektronische (radarelectronic) Steuerung,
- die thermoelektrische (thermoelectric) Steuerung,
- die pH-Wert- Elektronik und die
- Leitwert (conductance)-Elektronik.

Opto-elektronische Steuerung

Bei einer opto-elektronischen Steuerung strahlt eine Sendediode unsichtbares (invisible) Infrarotlicht aus. Trifft dieses Licht auf eine Person, wird es reflektiert (reflected), vom Fotoempfänger im Sensor registriert und in ein elektrisches Signal umgewandelt.

Die Sendeeinheit darf sich nicht hinter einer Wand befinden, da das Infrarotlicht diese nicht durchdringen kann (Bild 1).

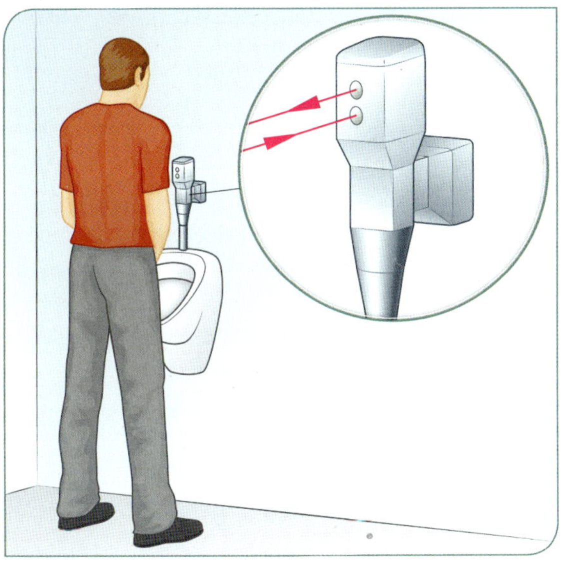

1 *Infrarotsteuerung*

Radar-elektronische Steuerung

Radar-elektronische Steuerungen arbeiten ähnlich wie opto-elektronische Steuerungen. Allerdings werden ständig hochfrequente (high frequency), elektromagnetische Mikrowellen (Radarwellen) ausgestrahlt und empfangen. Befindet sich eine Person im Bereich dieser Radarwellen, ergibt sich ein Frequenzunterschied, der in ein elektrisches Signal umgewandelt wird. Radarwellen (radar waves) können Fliesen (tiles) und Putz (plaster) durchdringen, weswegen Sender und Empfänger für den Benutzer unsichtbar und vandalensicher (protected against vandalism) hinter den Fliesen oder dem Urinal angebracht werden können (Bild 2).

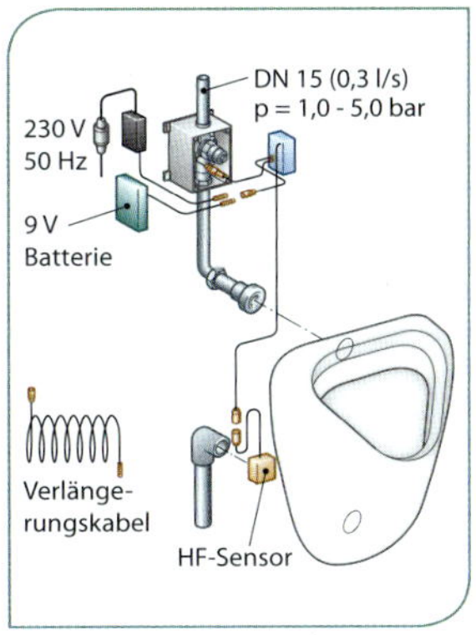

2 *Verdeckte radar-elektronische Steuerung*

Thermoelektrische Steuerung, pH-Wert-Elektronik, Leitwert-Elektronik

Die Sensoren dieser Steuerungen befinden sich im Geruchverschluss des Urinals. Sie reagieren auf pH-Wert-, Temperatur- oder Leitwertänderung (Bild 3) des Sperrwassers im Geruchverschluss und lösen über die Steuerelektronik die Spülung aus.

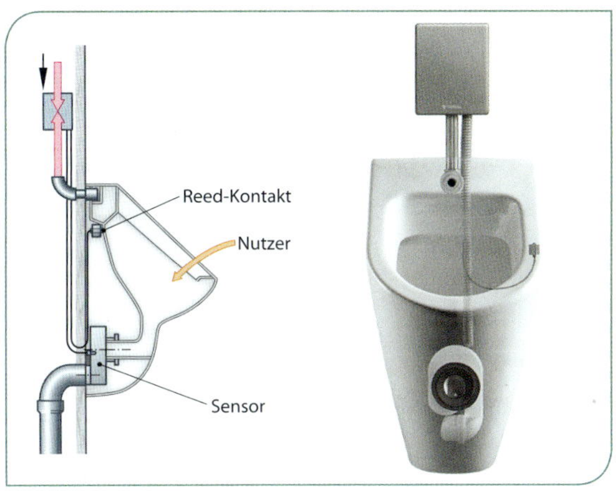

3 *Strömungs- und Temperaturwerterkennung im Abwasser*

6.5.4 Zubehör von Urinalanlagen

Zu der Mindestausstattung einer privaten Urinalanlage sollten gehören:

- ein Deckel,
- ein Waschbecken,
- ein Handtuchhalter und
- eine Bürste mit Behälter.

6.5.5 Montage von Urinalbecken

Urinale werden entweder mit zwei Steinschrauben (wall screws) und gegebenenfalls Einhängelaschen (clevis type connectors) unmittelbar an einer festen Wand (Bild 1) oder mit Hilfe von Montagelementen installiert (Bild 2). Der Schallschutz ist dabei besonders zu beachten, da Urinalanlagen eine störende Geräuschquelle bilden können (vgl. LF8, Kap. 2.1).

Der Anschluss an die Abwasserleitung ist mindestens in DN 50 auszuführen und erfolgt über den Geruchverschluss (Bild 2). Die Verbindungen zwischen Urinal, Geruchverschluss, Ablaufbogen und Abwasserleitung bzw. Urinal und Spülrohr (Bild 3, Seite 348) werden meist mit Gummilippenringen hergestellt (Bild 5, Seite 355).

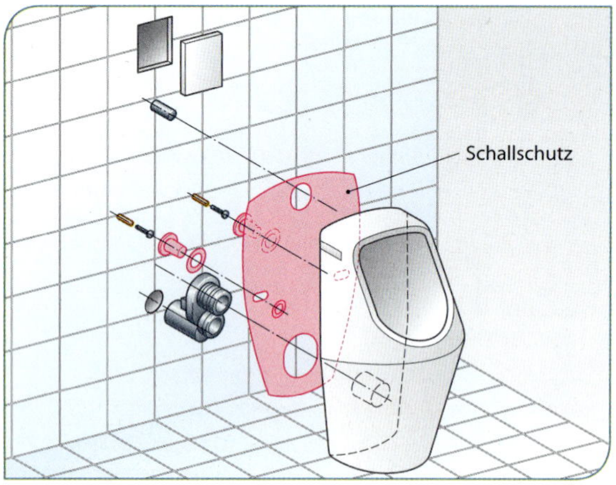

1 Befestigung unmittelbar an der Wand

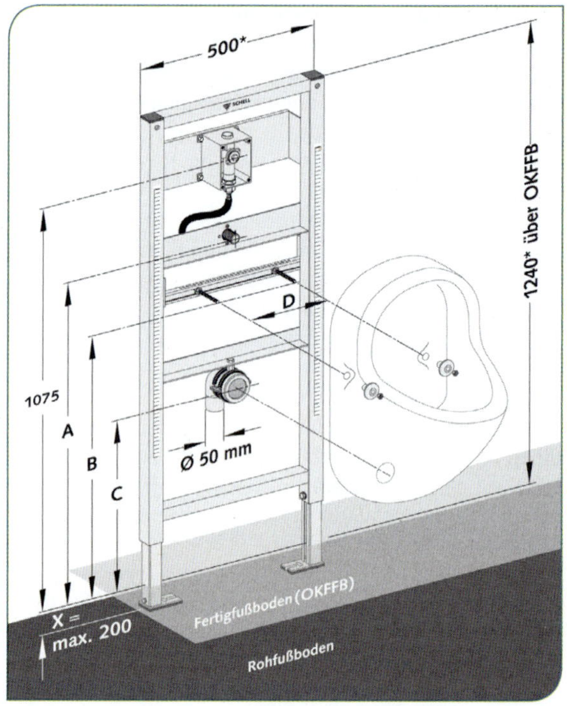

2 Befestigung mit Montageelement

ÜBUNGEN

1) Nennen Sie drei Vorteile von Urinalen gegenüber WCs.
2) Aus welchem Material werden Urinale im Wohnungsbau hergestellt?
3) Warum ist in manchen Urinalen eine Fliege eingebrannt?
4) Wie werden Urinale grundsätzlich eingeteilt?
5) Was ist die Besonderheit der Geruchverschlüsse von Absaugurinalen?
6) Warum benötigen wasserlose Urinale keine Spülung?
7) Erläutern Sie die Funktion von Urinalen a) mit Auftriebskörper und b) mit Membranen.
8) Nennen Sie die Mindestmaße eines Urinalbeckens nach VDI 6000 Blatt 1.
9) Erläutern Sie den Begriff Schnabelhöhe.
10) Welche Spüleinrichtungen kommen zum Spülen von Urinalen im Wohnungsbau zum Einsatz?
11) Nennen Sie die Hauptbestandteile einer berührungslos gesteuerten Spülarmatur.
12) Aus welchen Gründen sind berührungslos gesteuerte Spülarmaturen zur Spülung von Urinalanlagen vorzuziehen?
13) Warum sollen in kleineren Gäste-WCs handbetätigte Spülarmaturen verwendet werden?
14) Erklären Sie die Funktion einer opto-elektronischen Urinalsteuerung.
15) Wie unterscheiden sich opto-elektronische von radarelektronischen Steuerungen?
16) Welches Zubehör gehört zur Mindestausstattung einer Urinalanlage?
17) Erläutern Sie die Montage eines Urinalbeckens.

6.6 Badewannen

Eine Badewanne (bath tub) gehört nach VDI 6000-1 zur normalen Ausstattung eines größeren Bades. Sie dient der Körperhygiene (personal hygiene) und der Entspannung (relaxation). Ist die Wanne mit Düsen (nozzles) ausgestattet (Whirlpoolbadewanne), kann sie auch zur Körpermassage genutzt werden. Für ältere oder körperbehinderte Menschen gibt es Sitzbadewannen mit seitlicher Tür (Bild 1). Als Materialien für Badewannen werden häufig emailliertes Stahlblech, Acrylglas und Verbundstoffe aus Acrylglas mit Beimengungen von natürlichen Mineralstoffen verwendet (vgl. Kap. 5).

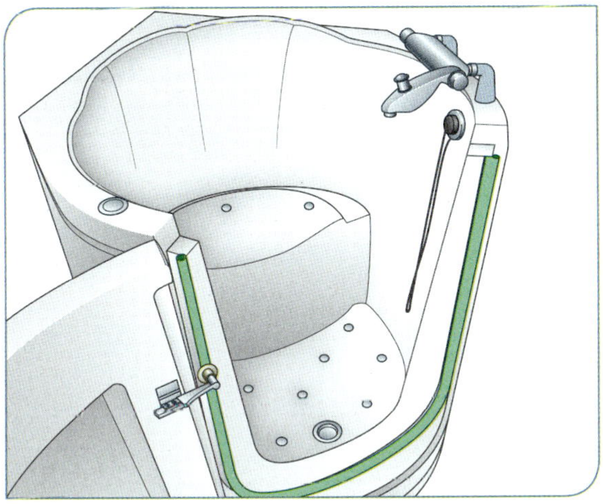

1 *Sitzbadewanne*

6.6.1 Einteilung

Badewannen gibt es in vielen, den modischen Trends angepassten Formen (Bild 2) und Farben.

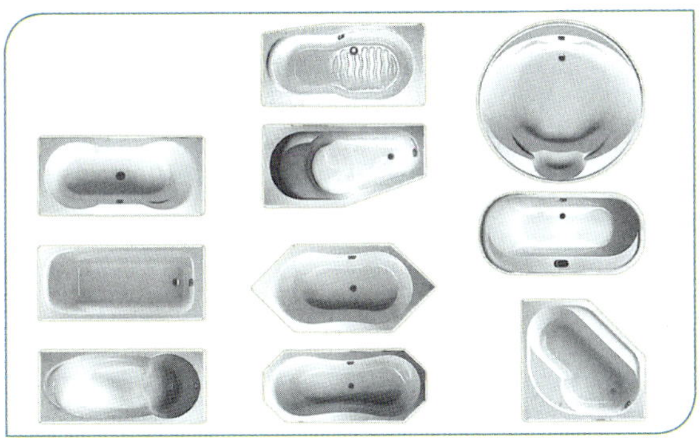

2 *Badewannenformen*

Badewannen werden eingeteilt nach:

- der **Form** (Bild 2), z.B. Normalformwanne, Körperformwanne, Eckwanne, asymmetrische Wanne, Ovalwanne und Rundwanne,
- der Größe (Bild 3 und 4), z.B. Normalwanne, Großwanne, Kurzwanne, Stufenwanne (Sitzwanne) und Großraumwanne,
- dem Material, z.B. emaillierter Stahl, emailliertes Gusseisen, Acrylglas, Verbundstoff und Holz (Bild 5),
- der Aufstellweise, z.B. freistehend (Bild 5) oder eingebaut und
- der Ausstattung, z.B. mit Düsen (Whirlpool), Licht, integrierten Griffen.

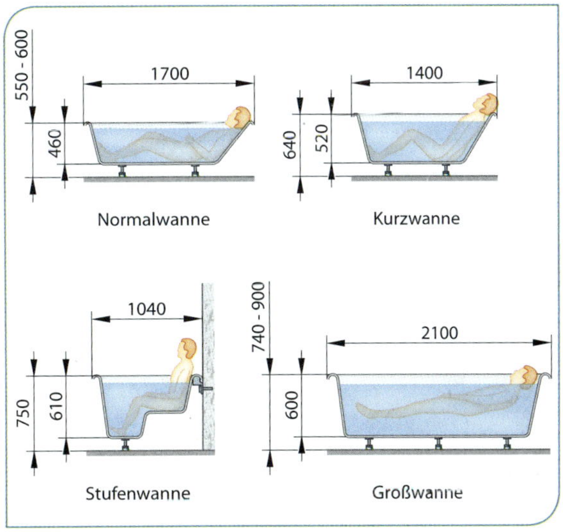

3 *Badewannengrößen*

4 *Großraumbadewanne*

5 *Freistehende Holzbadewanne*

Lernfeld 8

6.6.1.1 Whirlpools

Whirlpools sind Badewannen (Bilder 1 und 2) mit am Boden (bottom) und auf den Seiten (sides) eingebauten Düsen (Bild 3), über die mittels einer Pumpe (pump) und/oder eines Gebläses (fan) Luft, Wasser oder ein Gemisch (mixture) aus beiden ins Badewasser strömt. Durch die Massagewirkung der Düsen können z. B. angespannte Muskeln gelockert, das Hautgewebe gestrafft und Stress abgebaut werden. Die meisten Whirlpools sind mit vollautomatischen Reinigungssystemen ausgestattet, so dass nach Ablaufen des Badewassers (bathwater) z. B. alle Leitungen gespült und mit Luft trocken geblasen werden. Nachteilig (disadvantageous) zu einer normalen Badewanne sind der relativ hohe Preis und der elektrische Energiebedarf (power consumption).

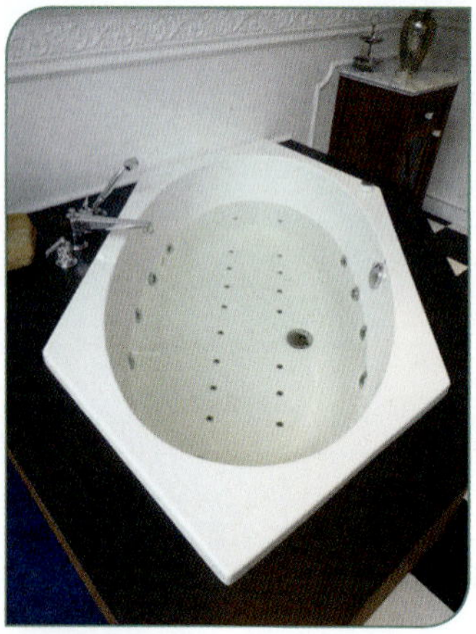

1 Whirlpoolbadewanne

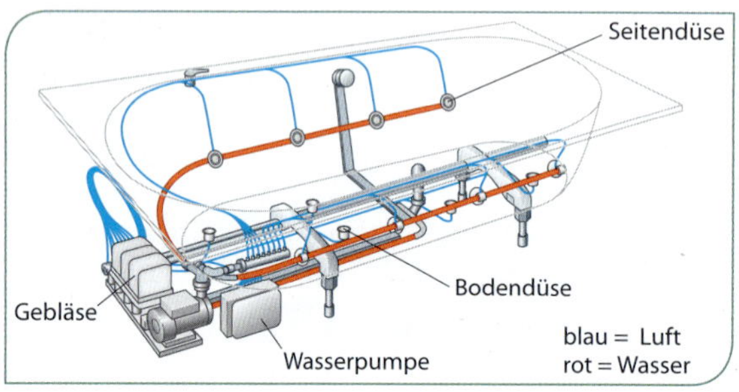

2 Funktionsschema Whirlpool

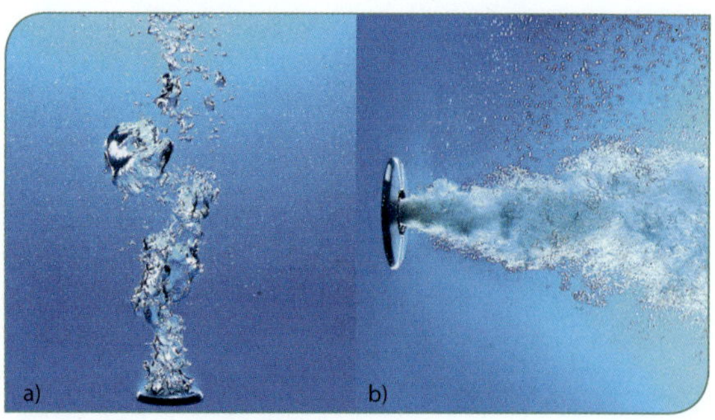

3a) Bodendüse b) Seitendüse

6.6.2 Anschluss- und Montagemaße, Abmessungen

Anschluss- und Montagemaße von Badewannen können den Herstellerunterlagen entnommen werden (Bild 4 u. 5).

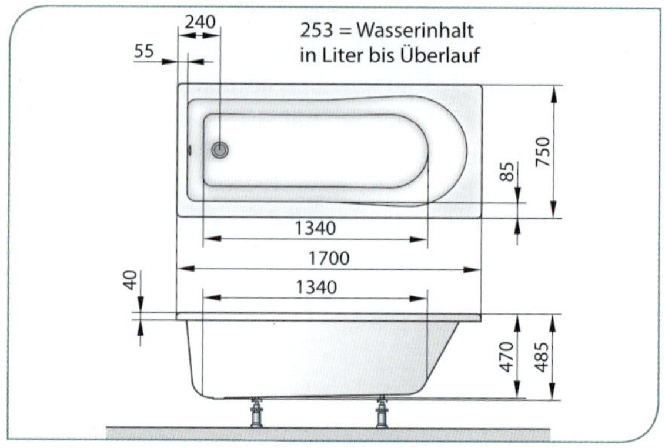

4 Montagemaße Körperform-Badewanne

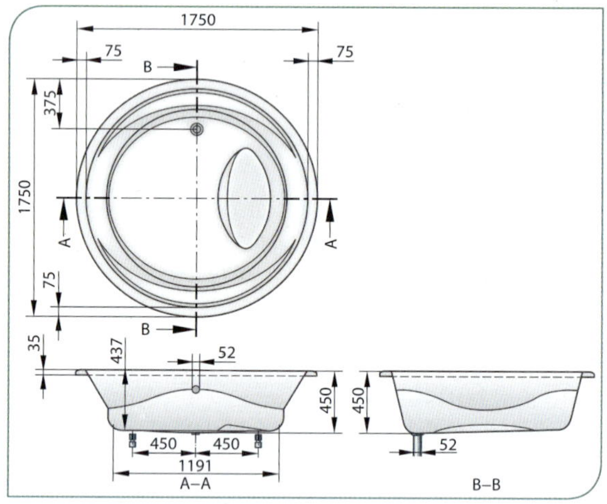

5 Montagemaße Großraumbadewanne

Abmessungen

Nach VDI 6000 Blatt1 sollten die Mindestmaße einer **Normalbadewanne** folgender Tabelle entsprechen (Bild 6).

Badewanne	Länge *l* in cm	Breite *b* in cm
empfohlenes Maß	170	75

6 Empfohlene Abmessungen nach VDI 6000 Blatt 1

Die **Größe** einer Badewanne richtet sich in erster Linie nach der Körpergröße (height) der Benutzer. Sie sollen möglichst frei liegen und genügend Abstand (distance) zu den Wandungen haben (Bild 1, nächste Seite). Ist die Wanne zu groß gewählt, findet der Benutzer keinen richtigen Halt (hold). Kürzere Bauformen, z. B. für beengte Platzverhältnisse, gleichen die geringere Länge oft durch eine größere Höhe aus (Bild 2, nächste Seite).

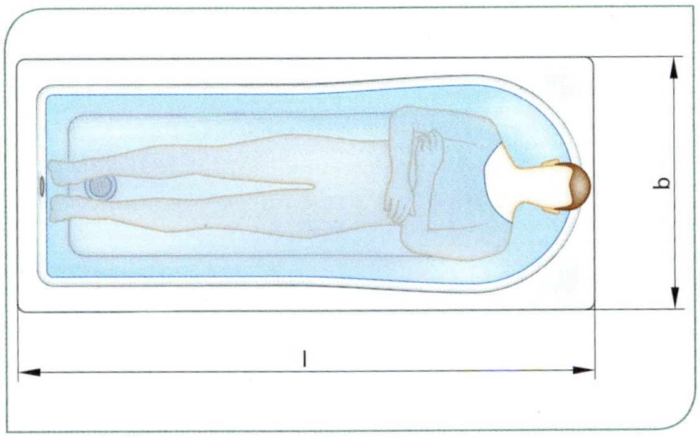

1 Badewannengröße

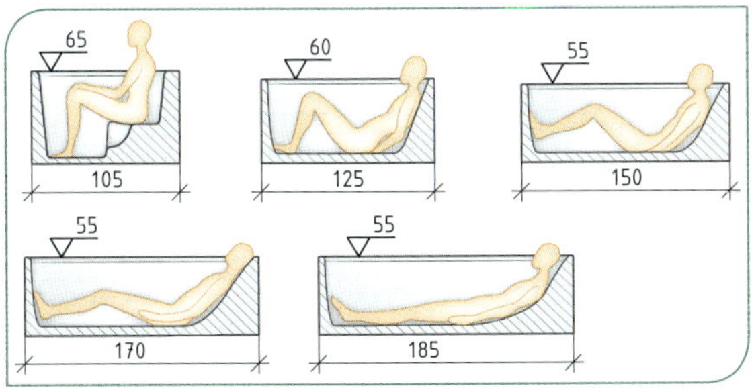

2 Längen von Badewannen

Montagehöhe

Die übliche Montagehöhe (mounting height) von Badewannen im Wohnungsbau liegt bei etwa 490 mm – 650 mm (Bild 2 und 3). Sie wird bestimmt von der Höhe der Badewanne, vom Platzbedarf (space requirement) für den Abwasseranschluss (Unterkante Wanne bis OKFF etwa 130 mm) und vom Fliesenraster, wenn es sich um eine Einbauwanne (built-in tub) handelt. Die **Oberkante** (top edge) einer Einbauwanne sollte mit der **Unterkante** (lower edge) einer waagerechten Fliesenfuge abschließen.

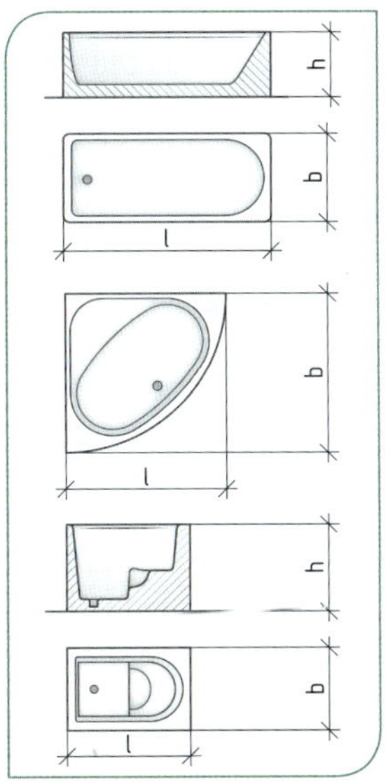

3 Badewannenabmessungen

6.6.3 Auslaufarmaturen

Für das Füllen von Badewannen werden als Auslaufarmaturen **Wannenbatterien** (bath mixing valves) verwendet, die meist mit einer Schlauchbrause kombiniert sind (Bild 4). Die Umstellung von Füllen auf Schlauchbrause (flexible hose and spray head) erfolgt durch z. B. Ziehen eines Knopfes oder Umstellen eines Hebels.

4 Wannenbatterie mit Schlauchbrause

Wannenbatterien werden z. B. unterschieden (vgl. Kap. 6.1.3) in:

- Aufputz- und Unterputzbatterien (Bild 5),
- Wand- und Standbatterien,
- Wannenrand- , Fliesenrand- oder Bodenbatterien (Bild 6),
- Zwei-, Drei- und Vierlochbatterien,
- Eingriff-, Zweigriffbatterien und
- Thermostatbatterien.

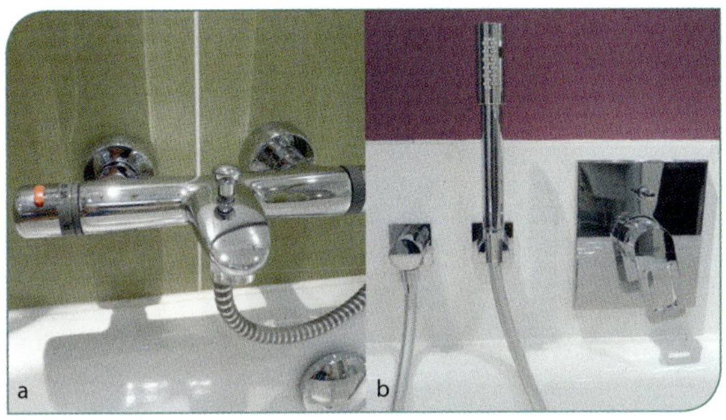

5a) Aufputzbatterie *5b) Unterputzbatterie*

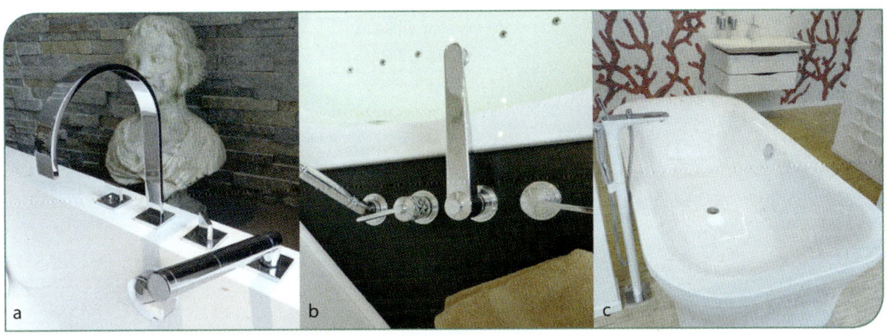

6a) Wannenrandbatterie *6b) Fliesenrandbatterie* *6c) Bodenbatterie*

Lernfeld 8

Der Auslauf (outlet) von Wannenfüllbatterien sollte im Fußbereich (near the foot of the bath) der Wanne installiert werden, um den Körperkontakt (bodily contact) mit heißem Badewasser möglichst zu verhindern. Bedienarmaturen ohne Auslauf sollten mittig an der Längsseite der Wanne angeordnet werden. Dabei ist auf eine symmetrische Anordnung im Fliesenraster zu achten. Um bei Schlauchbrausen sowie Ab- und Überlaufgarnituren mit integriertem Wanneneinlauf (Bild 1) bei einem negativen Überdruck (low pressure) in der Trinkwasserleitung das **Rückfließen** (backflow) von verschmutztem Wasser in die Trinkwasserleitung zu verhindern, ist nach DIN EN 1717 eine Sicherungseinrichtung vorgeschrieben (vgl. LF5, Kap. 2.2.2.10). Für die Schlauchbrause wären das z. B. ein **Rohrbelüfter** mit **Rückflussverhinderer** und für den integrierten Wanneneinlauf ein **Rohrunterbrecher** (Bild 2), der höher als (>) 150 mm über dem nachfolgendem höchstmöglichen Wasserspiegel anzubringen ist (vgl. LF5, Kap. 2.2.2). Einige Hersteller bieten Wannenbatterien mit eingebauter Sicherungskombination an (Bild 1).

1 *Ab- und Überlaufgarnitur mit a) integriertem Wanneneinlauf und b) integrierter Sicherungskombination*

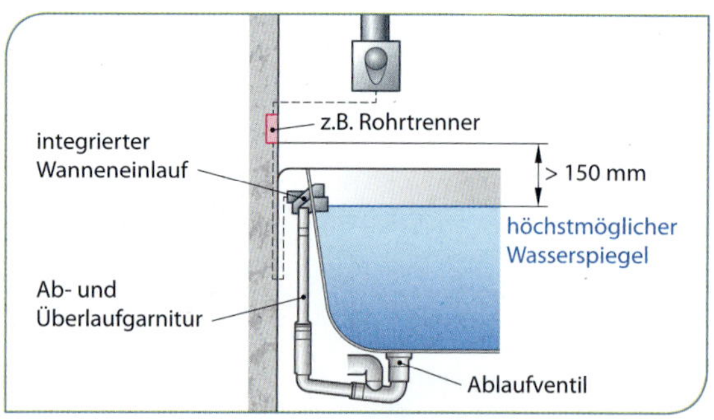

2 *Badewannenab- und -überlaufgarnitur mit z. B. Rohrtrenner*

6.6.4 Ablaufarmaturen

Die **Ablaufarmatur** einer Badewanne (auch als Badewannenab- und -überlaufgarnitur bezeichnet) besteht aus dem Ablaufventil DN 40, dem Überlauf (overflow) und einem Geruchverschluss mit 45°-Ablaufbogen und einem Übergang auf DN 50 für den Anschluss an die Abwasserleitung (Bild 3).

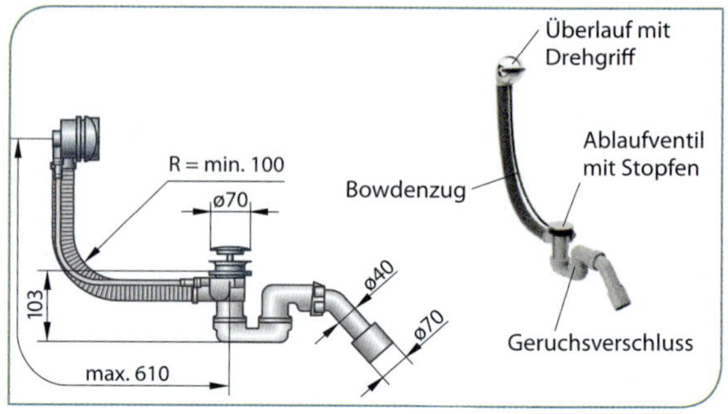

3 *Badewannenab- und -überlaufgarnitur*

Zum **Füllen** der Badewanne wird das Ablaufventil mittels Stopfen (plug) und Bowdenzug (Bowden pull wire) durch Drehen am Überlauf geschlossen. Erreicht der Wasserspiegel (water level) den Überlauf, läuft das Wasser über diesen wieder ab. Der Anschluss des Überlaufs muss so groß ausgeführt werden, dass mindestens so viel Wasser abläuft wie zufließt.

6.6.5 Zubehör

Zur Mindestausstattung einer Badewanne sollten gehören:

- ein Haltegriff (handle), der das Ein- und Aussteigen erleichtert (insbesondere für ältere und gebrechliche Menschen),
- eine Seifenschale,
- ein Badetuchhalter,
- wenn im **Stehen** geduscht werden soll eine Duschstange mit verstellbarem Halter für die Schlauchbrause und
- ein Spritzschutz (splash guard) entweder als Duschvorhang oder als klappbare Wannenabtrennung (Bild 4).

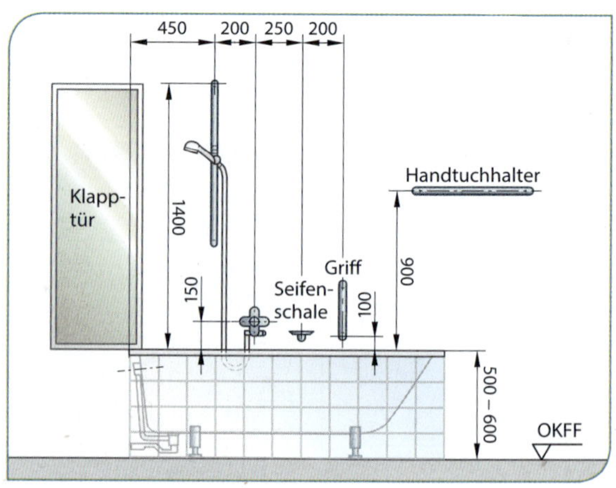

4 *Badewanne mit Zubehör*

6.6.6 Montage

Bei der Montage von Badewannen ist besonders auf einen guten **Feuchtigkeitsschutz** (moisture-proof) (vgl. Kap. 1.7) und eine gute **Schalldämmung** (vgl. Kap. 2) zu achten, denn die häufigsten Mängel (shortcomings) sind auf deren Nichtbeachtung zurückzuführen.

Einbauwannen werden meist auf höhenverstellbaren, körperschallgedämmten **Fußgestellen** (pedestals) (Bild 1), oder mithilfe von **Wannenträgern** (bath tub supports) aus **Hartschaum** (Bild 2) montiert. Wannenträger aus Hartschaum (rigid foam) sind besonders geeignet, weil sie eine schnelle **Wasserabkühlung** verhindern, eine gute **Schalldämmung** gewährleisten und Fliesen direkt auf den Wannenträger geklebt werden können.

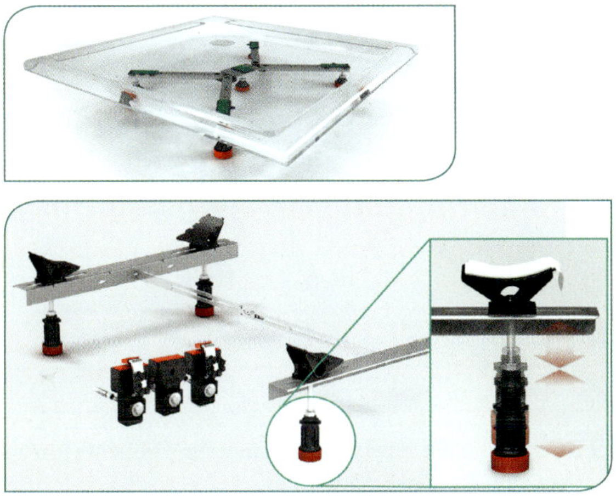

1 Wannenfüße

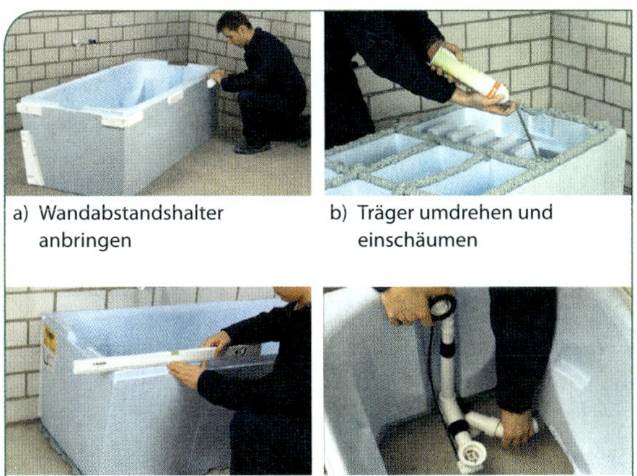

a) Wandabstandshalter anbringen
b) Träger umdrehen und einschäumen
c) Träger setzen und ausrichten
d) Ab-und Überlaufgarnitur einsetzen
e) Wanne in den Träger setzen
f) Träger fliesen

2 Aufstellen einer Badewanne mithilfe eines Wannenträgers

Bevor der Wannenträger fest montiert wird, müssen zwei Öffnungen in den Träger geschnitten werden. Eine für die Verbindung der Ab- und Überlaufgarnitur mit der Abwasserleitung (Bild 3) und eine Revisionsöffnung (access eye) an der Vorderseite des Wannenträgers, um die Dichtigkeit (tightness) der Ab- und Überlaufgarnitur überprüfen zu können. Ist alles dicht, kann diese Öffnung später wieder fest verschlossen werden.

3 Zugang im Wannenträger

Werden Badewannen auf höhenverstellbaren, körperschallgedämmten **Fußgestellen** an einer Wand montiert, muss der mit einem Schalldämmband (sound absorbing ribbon) beklebte **Wannenrand** mit z. B. schallgedämmten Wannenankern oder schallgedämmten Wannenleisten an der Wand befestigt werden (Bild 4). Denn die Druck- und Zugkräfte, die bei der Nutzung der Wanne entstehen, sind erheblich und müssen aufgefangen werden (Bild 1, nächste Seite).

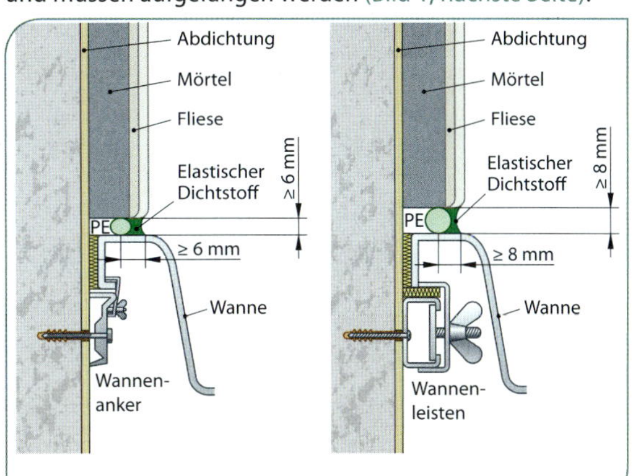

Anschlussfuge Stahlwanne
Anschlussfuge Acrylwanne

4 Befestigungen

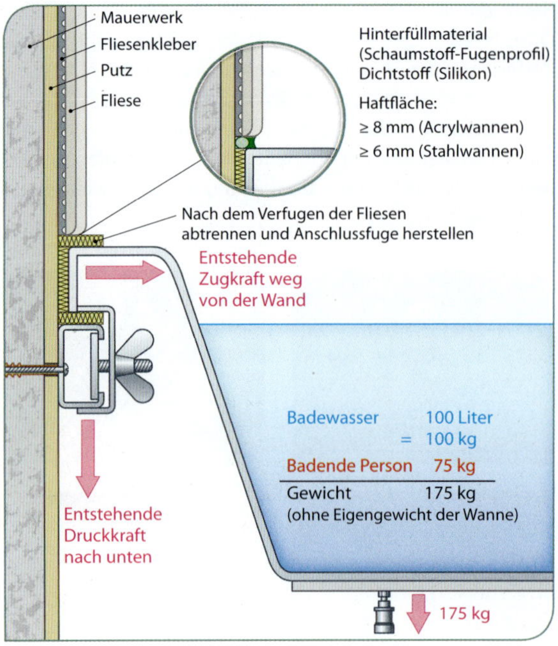

1 Auftretende Kräfte

ÜBUNGEN

1. Wozu dienen Badewannen?
2. Aus welchen Materialien werden Badewannen hauptsächlich hergestellt?
3. Nennen sie mindestens vier Kriterien, nach denen Badewannen eingeteilt werden können.
4. Wodurch unterscheiden sich Whirlpoolbadewannen von normalen Wannen?
5. Nennen sie die Mindestmaße einer Normalbadewanne nach VDI 6000-1.
6. Wodurch wird die übliche Montagehöhe einer Badewanne bestimmt?
7. Welche Auslaufarmaturen werden für das Füllen von Badewannen verwendet?
8. Nennen sie mindestens vier Kriterien, nach denen Auslaufarmaturen eingeteilt werden können.
9. Warum sollen Auslaufarmaturen im Fußbereich von Wannen installiert werden?
10. Welche Sicherheitseinrichtungen sind nach DIN EN 1717 für Schlauchbrausen und Ab- und Überlaufgarnituren mit integriertem Wanneneinlauf vorgeschrieben?
11. Aus welchen Teilen besteht eine Ab- und Überlaufgarnitur?
12. Worauf ist bei der Montage von Badewannen zu achten?
13. Warum eignen sich Wannenträger aus Hartschaum besonders für die Montage von Badewannen?
14. Erklären sie, warum Badewannen auf höhenverstellbaren Fußgestellen bei Montage an einer Wand sicher an dieser befestigt werden müssen.

6.7 Duschen

Da das **Duschen** (having a shower) einen geringeren Zeitaufwand, weniger Wasser und Energie als ein Wannenbad benötigt und der Körper mit fließendem (flowing) Wasser gereinigt wird, gehört das Duschbad (Bild 1) zur täglichen Routine der meisten Menschen. Ist die Dusche mit Massagedüsen ausgestattet, kann sie auch zur **Entspannung** (relaxation) nach z. B. sportlicher Betätigung genutzt werden. Das Duschen mit wechselnden Wassertemperaturen regt den Kreislauf (circulation) an und weckt die **Lebensgeister**.
Ein weiterer Vorteil ist, dass Duschen im Gegensatz zu Badewannen weniger Platz benötigen und viele kleinere Wohnungen deshalb nur noch mit einer Dusche ausgestattet sind.
Für ältere oder körperbehinderte (handicapped) Menschen gibt es rollstuhlbefahrbare, bodengleiche, z. B. geflieste (tiled) Duschanlagen ohne Duschwanne (shower tub) (Bild 2), die allerdings aufwendig abgedichtet werden müssen, um Wasserschäden (damages caused by water) zu vermeiden (vgl. LF 6, Kap.2.1.2.2).
Als Materialien für Duschwannen werden häufig emailliertes Stahlblech, Acrylglas und Verbundstoffe aus Acrylglas mit Beimengungen von natürlichen Mineralstoffen, aber auch Sanitärkeramik verwendet (vgl. Kap. 5).

1 Dusche mit Duschwanne

2 Bodengleich geflieste Duschanlage

6.7.1 Einteilung

Duschwannen gibt es in vielen, den modischen Trends angepassten Formen (Bild 3) und Farben.

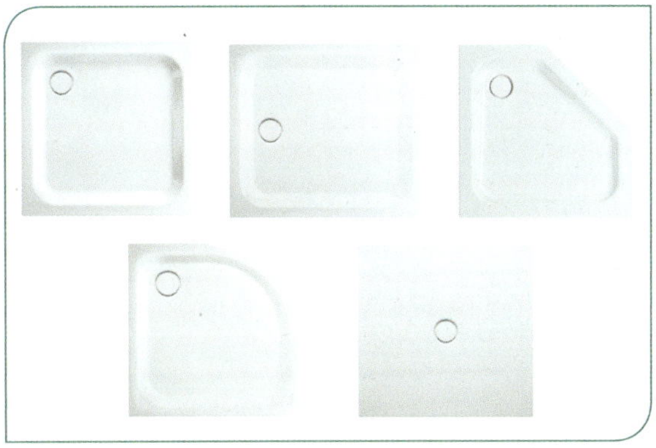

3 Duschwannenformen

Duschwannen werden eingeteilt nach:
- der **Form** (Bild 3), z. B. quadratisch, rechteckig, fünfeckig (pentangular) und rund,
- der **Größe** (Bild 4, nächste Seite),
- dem **Material**, z. B. emaillierter Stahl, Acrylglas, Verbundstoff und Sanitärkeramik,
- der **Aufstellweise**, freistehend (Bild 4) oder eingebaut.

4 Freistehende Dusche

Lernfeld 8

6.7.2 Anschluss- und Montagemaße, Abmessungen

Anschluss- und Montagemaße von Duschwannen können den Herstellerunterlagen entnommen werden (Bild 1 u. 2).

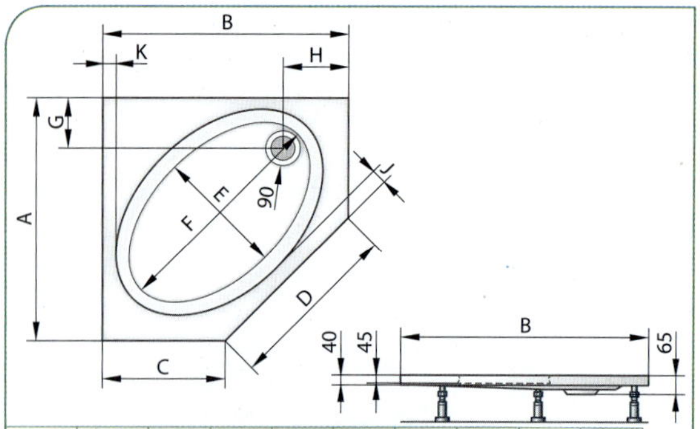

A	B	C	D	E	F	G	H	J	K
1 000	1 000	540	640	590	860	225	275	65	60
900	900	445	640	470	805	190	240	60	45

1 Fünfeck-Duschwanne

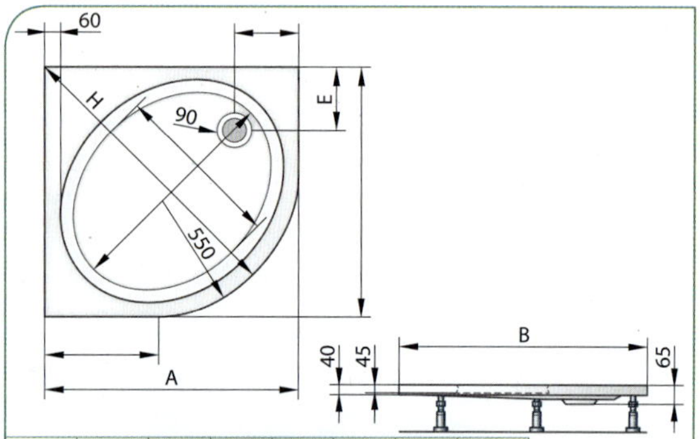

A				E			H
1 000	1 000	400	240	240	670	890	1 160
900	900	350	225	225	635	790	1 040

2 Viertelkreis-Duschwanne

Abmessungen

Nach VDI 6000 Blatt 1 werden für Duschwannen die Abmessungen 800 mm x 800 mm empfohlen. Von den Herstellern werden eine Vielzahl verschiedener Wannengrößen angeboten (Bild 3).

Breite b in cm	Tiefe t in mm	Höhe h in mm
700	800	25
750	800	35
800	800	130
900	750	25 – 150
900	900	25 – 280
1 000	1 000	25 – 65
1 200	1 200	25 – 65

3 Auszug üblicher Duschwannengrößen

Bei der Auswahl der Breite und Tiefe einer Duschwanne sollten die **persönlichen** Duschgewohnheiten beachtet werden. So benötigen bewegungseingeschränkte Menschen mehr Platz als sehr bewegliche (Bild 4). Die Höhe der Duschwanne hängt z. B. auch davon ab, ob der Benutzer gerne ein Fuß- oder Sitzbad nehmen möchte (Bild 5). Niedrige Bauhöhen erleichtern den Einstieg.

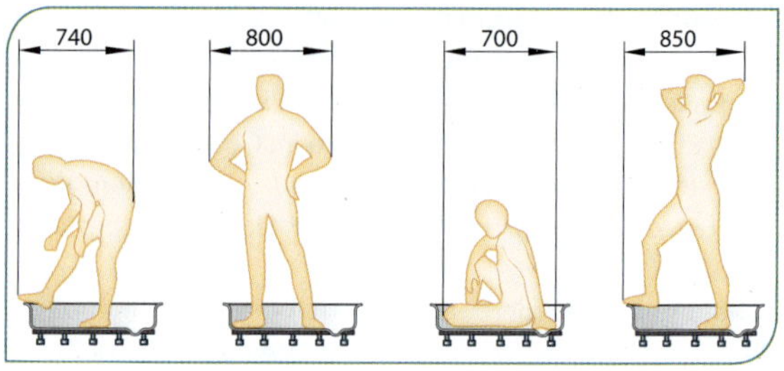

4 Körperstellungen und Bewegungstiefen beim Duschen

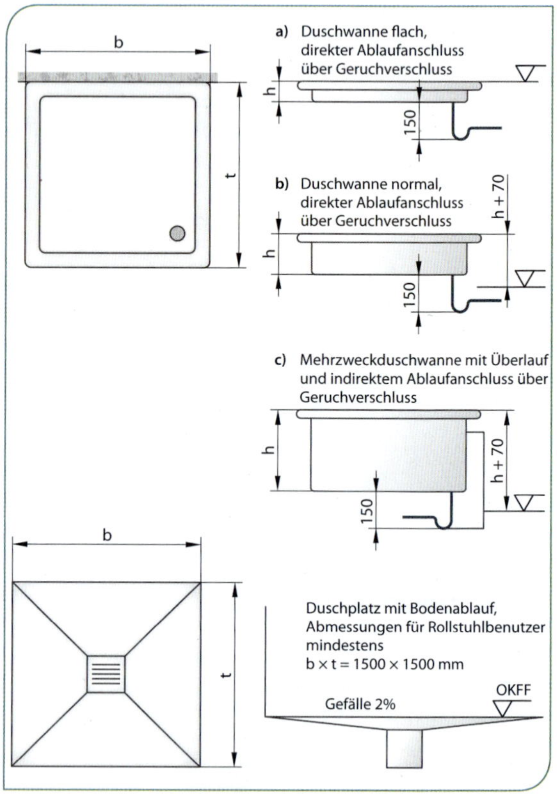

5 Darstellung von Duschwannen in Grundriss und Schnitt

Lernfeld 8

6.7.3 Duscharmaturen

Zu den Duscharmaturen gehören die **Auslaufarmaturen** und die **Seiten-, Hand- und Kopfbrausen**.

6.7.3.1 Auslaufarmaturen

Als **Auslaufarmaturen** werden Mischbatterien in Unterputz- und Aufputzausführung verwendet (Bild 1). Unterputzarmaturen eignen sich besonders für beengte (cramped) Verhältnisse. Die Armaturen sollten so angeordnet werden, dass sie für z. B. Reinigungsarbeiten (cleaning) auch von außen gut erreichbar und zu bedienen sind, ohne dass man nass wird. Wie bei den Badewannenbatterien kommen Eingriff-, Zweigriff- und Thermostatbatterien zum Einsatz (vgl. Kap.6.6.3). Um Wasser und Energie **zu sparen**, sind Thermostatbatterien vorzuziehen, denn das Einregulieren (adjustment) der gewünschten Mischwassertemperatur mit einer Eingriff- oder Zweigriffarmatur nimmt immer etwas mehr Zeit in Anspruch. Fast alle Thermostatbatterien sind mit einer Temperatursperre (Verbrühschutz) versehen, so kann wirksam die Gefahr durch Verbrühen (scalding) vermieden werden. Da der Brausekopf (shower head) einer Schlauchbrause bei geschlossenem Ablaufventil im Schmutzwasser liegen könnte, muss nach DIN EN 1717 verhindert werden, dass das verschmutzte Wasser in die Trinkwasserleitung zurückfließen kann (vgl. LF 5, Kap. 2.2.2 und LF 8, Kap. 6.6.3).

1 Unterputz- und Aufputzbatterie

6.7.3.2 Seiten-, Hand- und Kopfbrausen

Brauseköpfe (Duschköpfe) verteilen das Wasser auf viele kleine Einzelstrahlen (single jets). Sie können beweglich mittels eines Schlauches (Schlauch- oder Handbrause) oder fest mit der Mischbatterie verbunden sein (Bild 2).

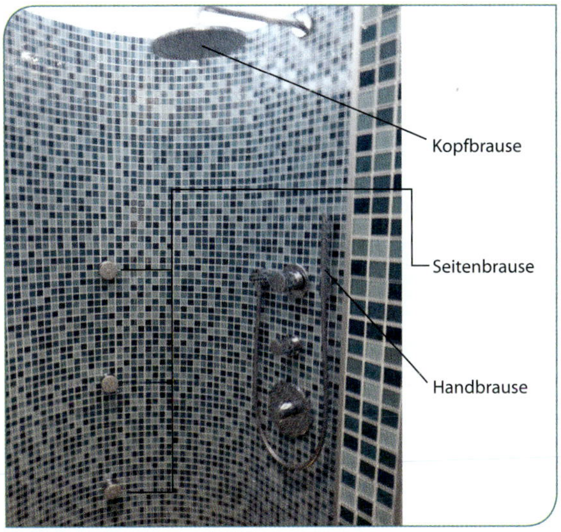

2 Seiten-, Hand- und Kopfbrause

Schlauchbrausen gibt es in fast jedem Bad; sie sind meist in der Höhe verstellbar an einer Wandstange (wall mounted bracket) abnehmbar befestigt (Bild 1). Bei allen neueren Brauseköpfen können die Wasserstrahlen unterschiedlich eingestellt werden (Bild 3 u. 4), z. B.:

- als Nadelstrahl zur Belebung (invigorating jet) für alle Tageszeiten,
- als Massagestrahl zur Entspannung nach dem Sport,
- als besonders weicher Strahl (soft bubbly stream) zum Haarewaschen und für Kleinkinder oder
- als Schwall (deluge).

3 Nadel-, Massage- und Softstrahl

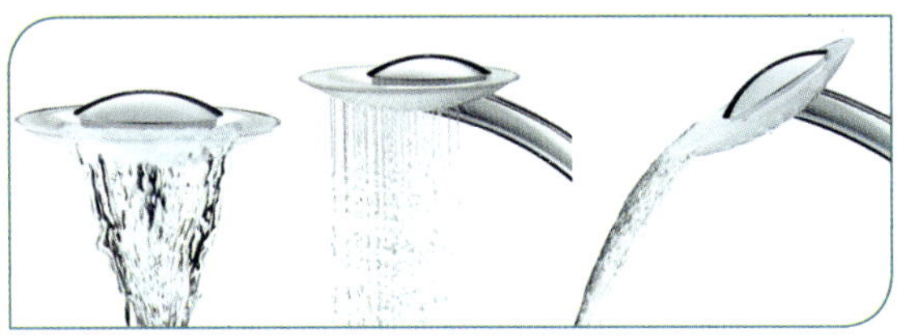

4 Nadel- und Schwallbrause

Da die kleinen Düsen (jets) der Brauseköpfe bei kalkhaltigem (calcareous) Wasser leicht verstopfen (clog), sind die Brauseköpfe häufig mit Silikondüsen mit Antikalkfunktion ausgestattet (Bild 1, nächste Seite). Kalkrückstände (chalk residues) können durch einfaches Rubbeln (rubbing) der Oberfläche entfernt werden.

1 Silikondüsen mit Antikalkfunktion

Komfortduschen

Komfortduschen sind mit mehreren Brauseköpfen wie z. B. Seitenbrausen, Kopfbrause und Handbrause (Bild 3) oder mit einem Duschpaneel ausgestattet (Bild 4). Geschlossene Duschkabinen mit Kopfbrause (head shower), Seitenbrausen (side shower), Sitzen und Dampferzeuger (steam generator) (Bild 2) ermöglichen auch ein entspannendes Dampfbad.

2 Dampfdusche

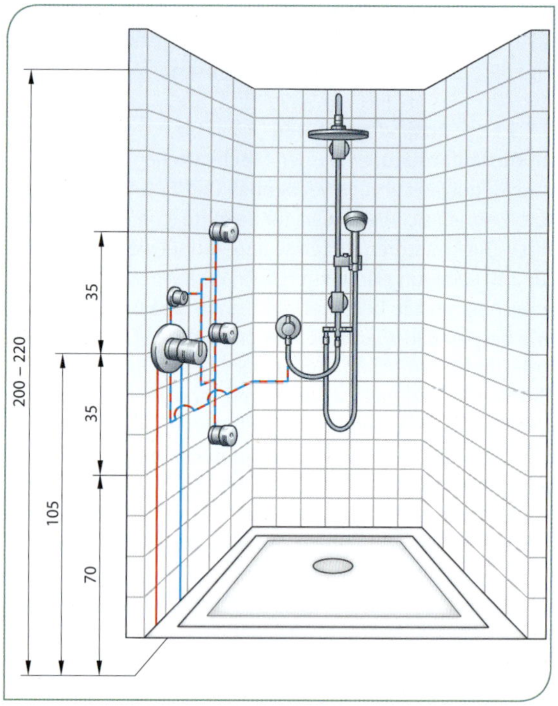

3 Komfortdusche mit Richtmaßen

4 Duschpaneel und Richtmaße

Montagemaße

Alle Duscharmaturen sind grundsätzlich so zu installieren und auf eine Person **durchschnittlicher** (average) Größe abzustimmen, dass alle Bedienelemente (operating equipment) gut erreichbar sind. Bei Komfortduschen sind die obere und untere Seitenbrause etwa auf Schulter- bzw. Gesäßhöhe anzubringen (Bilder 2 und 3).

Lernfeld 8

6.7.4 Ablaufarmaturen

Die Ablaufarmaturen von Duschwannen werden nach der Höhe der Wanne ausgesucht und bestehen meist aus **Ablaufventil**, **Geruchverschluss** und einem **Anschluss** DN 50 für den Anschluss an die Abwasserleitung. Duschwannen mit einer Höhe (Tiefe) ab ca. 250 mm besitzen einen Überlauf und werden wie Badewannen mit einer Ab- und Überlaufgarnitur an die Abwasserleitung angeschlossen (vgl. Kap. 6.6.4). **Flache Duschwannen** haben keinen Überlauf und werden entweder mit Geruchverschluss direkt an die Abwasserleitung oder ohne Geruchverschluss an einen Bodenablauf (vgl. LF 6, Kap.2.1.2) angeschlossen. Ab einer Höhe von ca. 150 mm besteht bei Duschwannen die Möglichkeit mittels eines herausziehbaren Standrohrs (lift-out dip tube) das Wasser auf ca. 90 mm anzustauen (Bild 1a). Das Standrohr dient auch als Überlauf und darf deshalb die obere Kante (edge) der Duschwanne nicht überragen. Um Überschwemmungen im Bad zu vermeiden, haben Abläufe von flachen Wannen einen Durchmesser von 90 mm (Bild 1b), höhere Wannen einen Durchmesser von 52 mm (Bild 1c). Die Abläufe von flachen (flat) Wannen dürfen nicht verschließbar sein. Die meisten Abläufe sind mit herausnehmbaren Geruchverschlüssen ausgestattet, so dass Revisionsöffnungen (access eyes) entfallen können.

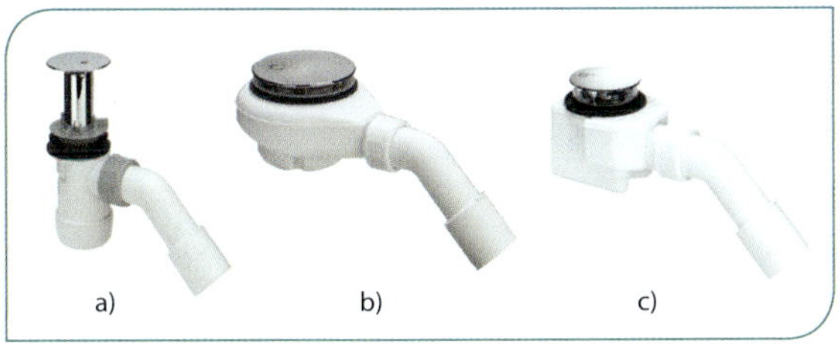

1 Ablaufarmaturen für Duschwannen mit herausziehbaren Geruchverschlüssen

Geflieste, bodengleiche (ground level) Duschanlagen werden mit besonderen Bodenabläufen (Bild 2) mit angesetzten Flanschen (flanges) zur Abdichtung gegenüber Estrich und Fliesen (vgl. LF 6, Kap. 2.1.2.2) ausgestattet.

2 Bodenabläufe für geflieste Duschanlagen

Immer häufiger kommen in Designbädern **Duschrinnen** zum Einsatz (Bilder 3 u. 4). Sie können z. B. direkt an der Wand, am Eingang oder in der Mitte der Dusche installiert werden (Bild 5).

3 Duschrinne

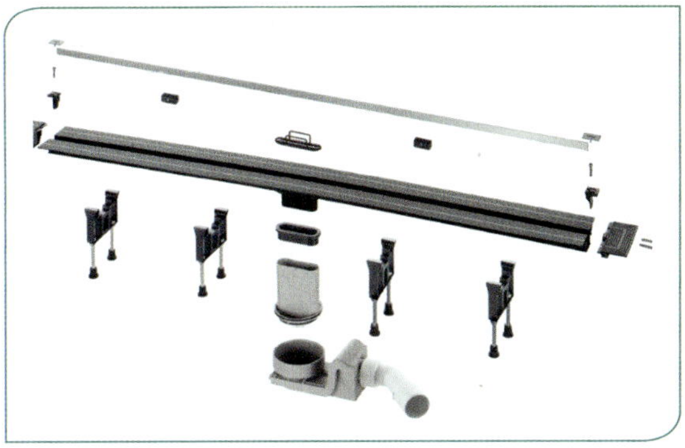

4 Duschrinne für Bodenmontage

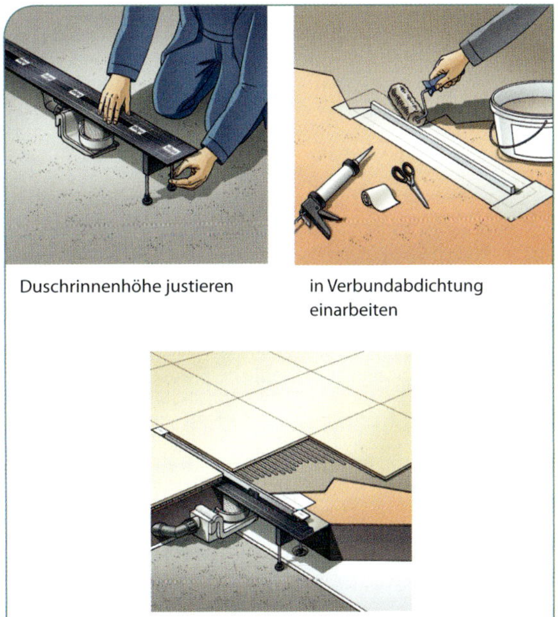

5 Duschrinne für Bodenmontage

Lernfeld 8

6.7.5 Zubehör

Das Mindestzubehör einer Duschanlage sollte bestehen aus:

- einem **Duschvorhang** (shower curtain) (Bild 4, Seite 367) als Spritzschutz oder
- **Duschtrennwänden** aus Acrylglas oder Sicherheitsglas (Bild 1, Seite 367),
- einer **Seifenschale**, die entweder am Gestänge der Handbrause oder an der Wand angebracht wird,
- einem **Badetuchhalter** und
- einem **Abzieher** (wiper) für die Trennwände.

6.7.6 Montage

Duschwannen werden nach den gleichen Prinzipien wie Badewannen montiert (vgl. Kap. 6.6.6). Es ist besonders auf einen guten Feuchtigkeitsschutz und eine gute Schalldämmung zu achten.

1 Zubehör

ÜBUNGEN

1. Nennen sie drei Vorteile eines Duschbades gegenüber einem Wannenbad?
2. Aus welchen Materialien werden Duschwannen hauptsächlich hergestellt?
3. Nennen sie mindestens vier Kriterien nach denen Duschwannen eingeteilt werden können.
4. Was muss bei der Auswahl einer Duschwanne beachtet werden?
5. Wovon hängt die Höhe einer Duschwanne ab?
6. Welche Auslaufarmaturen werden für Duschanlagen verwendet?
7. Wie sollten die Armaturen angeordnet sein?
8. Warum sollten Thermostatmischbatterien den Mischarmaturen vorgezogen werden?
9. Wie kann bei Schlauchbrausen verhindert werden, dass verschmutztes Wasser in die Trinkwasserleitung zurückfließt?
10. Nennen sie drei unterschiedliche Brausetypen.
11. Was ist die Hauptaufgabe eines Brausekopfes?
12. Nennen sie die unterschiedlichen Strahlarten von Brauseköpfen?
13. Durch welche konstruktive Maßnahme können Kalkrückstände eines Brausekopfes relativ einfach entfernt werden?
14. Was unterscheidet eine Komfortdusche von einer einfachen Dusche?
15. Nennen sie die Montagerichtmaße von Seitenbrausen, Kopfbrause und Mischbatterie.
16. Nach welchen Kriterien sind Duscharmaturen zu installieren?
17. Woraus bestehen die Ablaufarmaturen von Duschwannen?
18. Wonach werden die Ablaufarmaturen von Duschwannen ausgesucht?
19. Welche Duschwannen haben keinen Überlauf?
20. Warum kann bei vielen Duschanlagen auf eine Revisionsöffnung verzichtet werden?
21. Nennen sie das Mindestzubehör einer Duschanlage.
22. Warum eignen sich Wannenträger aus Hartschaum besonders für die Montage von Duschwannen?

7 Lüftung von innen liegenden Sanitärräumen

Nach der **Energieeinsparverordnung** (EnEV) sollen alle neu zu bauenden Gebäude möglichst **luftdicht** (air tight), mit dichten Fenstern und Türen ausgestattet werden, um unnötige Wärmeverluste (heat losses) zu vermeiden. Die EnEV fordert neben der Gebäudedichtheit aber auch einen ausreichenden Mindestluftwechsel, damit Feuchtigkeit (humidity), Schimmelbildung (formation of mildew) und unangenehme Gerüche vermieden werden und genügend frische Luft nachströmt. Besonders bei innen liegenden (fensterlosen) Bädern und WCs muss deshalb auf eine ausreichende Luftzufuhr geachtet werden. Die früher übliche Schachtlüftung (shaft ventilation) ohne Ventilator ist für moderne Gebäude **nicht mehr zulässig.** Grundlegende Normen für die Entlüftung (aeration) innen liegender Bäder und WCs, Küchen und Kochnischen mit Fenstern, sind die **DIN 18017-3, Ausgabe 09/2009** und die **VDI 6000-1, Ausgabe Februar 2008**.

MERKE

Sanitärräume in barrierefreien Wohnungen für Rollstuhlbenutzer müssen auch dann maschinell entlüftet werden, wenn sie ein Fenster besitzen.

In der DIN 18017-3 wird gefordert, dass alle Gebäude, die keinen hohen Wärmeschutz gewährleisten und wenn in den Bädern Wäsche getrocknet wird, mit einem stetigen Abluftvolumenstrom (exhaust air flow rate) mittels Ventilatoren (Bild 1) entlüftet werden müssen. Nur wenn der Wärmeschutz besser als die **WSVO 95** (Wärmeschutzverordnung) ist oder deren Mindestanforderungen entspricht und **keine** Wäschetrocknung in den Bädern stattfindet, darf der Ventilator mit 15 Minuten Nachlauf bei 60 m³/h **abschaltbar** ausgeführt werden (Bild 2).

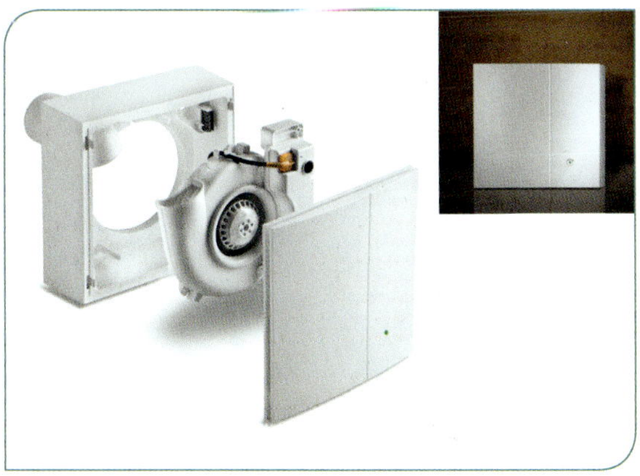

1 *Aufputzabluftventilator*

Raum	Mindestabluftvolumenstrom	
	Lüftungsdauer **ständig**[1]	Lüftungsdauer **bedarfsgeführt**[2]
Bäder	40 m³/h	60 m³/h
Toilettenräume[3]	20 m³/h	30 m³/h

[1] (in Zeiten geringen Luftbedarfs, z. B. nachts, darf der Mindestabluftvolumenstrom für nicht mehr als 12h/d um die Hälfte reduziert werden)
[2] (Mindestabluftvolumenstrom darf in Zeiten geringen Luftbedarfs auf 0 reduziert werden)
[3] (der Mindestabluftvolumenstrom darf in Toilettenräumen um die Hälfte reduziert werden)

2 *Mindestabluftvolumenströme nach DIN 18017-3*

Wegen der hohen Gebäudedichtigkeit, müssen Außenluftdurchlässe (external air intakes) vorgesehen werden, durch die Frischluft nachströmen kann (Bilder 3, 4 und Bild 1, nächste Seite). Über nicht verschließbare Überströmluftdurchlässe (over flow passages) in den Türen der innen liegenden Sanitärräume wird der notwendige Zuluftvolumenstrom sichergestellt (Bild 1, nächste Seite). Der freie Querschnitt der Überströmöffnung für einen Volumenstrom von 60m³/h muss mindestens 150 cm² betragen.

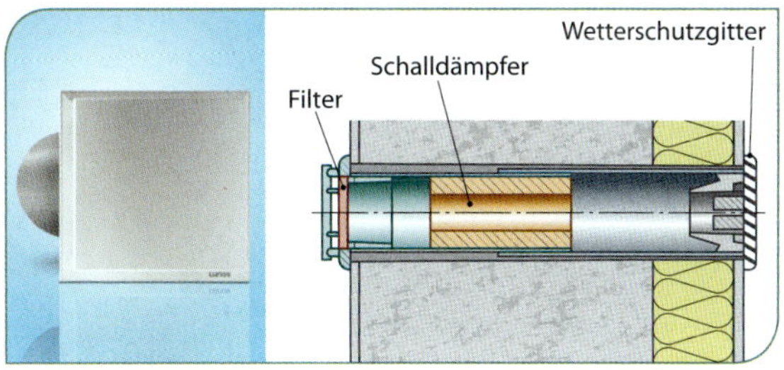

3 *Außenluftdurchlass mit Filter, Schalldämpfer und Wetterschutzgitter für Wandeinbau*

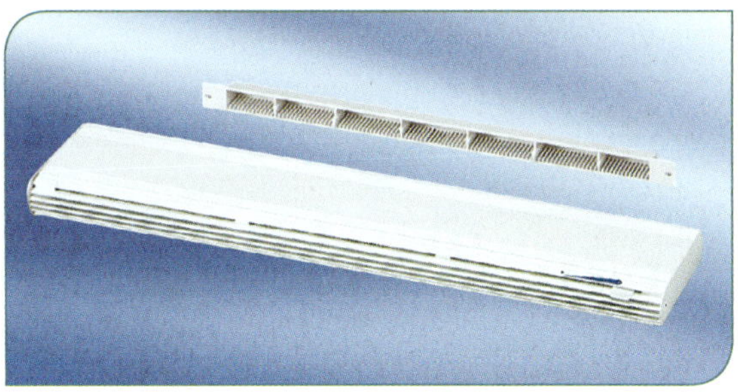

4 *Außenluftdurchlass schallgedämmt für Fenstereinbau*

Lernfeld 8

Abluftleitungen
Alle Abluftleitungen (exhaust air ducts) müssen dicht, standsicher, leicht zu reinigen und so beschaffen oder wärmegedämmt sein, dass Kondensatschäden nicht entstehen können.

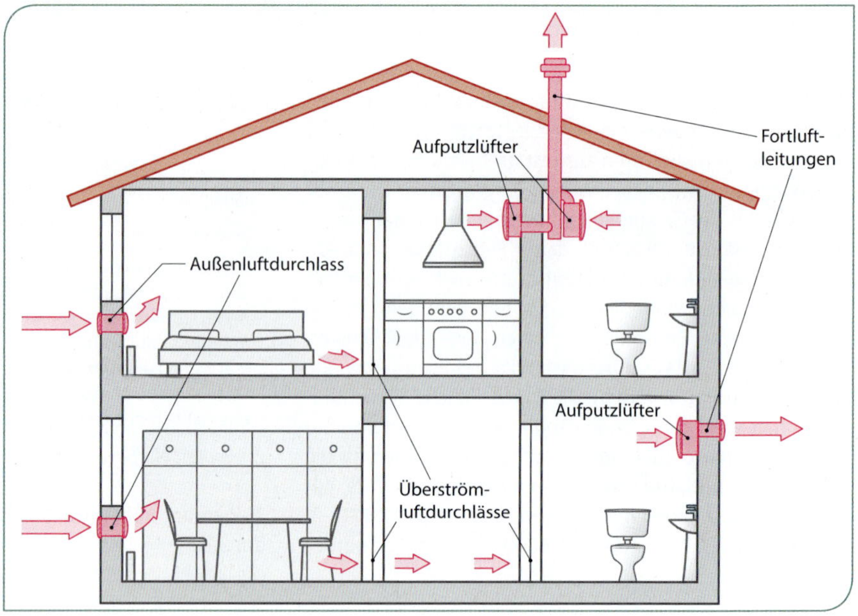

1 Luftströme in einem Einfamilienhaus

ÜBUNGEN

1) Warum muss bei innen liegenden Sanitärräumen auf eine ausreichende Luftzufuhr geachtet werden?
2) Nennen sie die grundlegenden Normen für die Entlüftung innen liegender Bäder und WCs.
3) Wann dürfen Abluftventilatoren abschaltbar ausgeführt werden?
4) Nennen sie den freien Mindestquerschnitt einer Überströmöffnung für einen Volumenstrom von 60 m^3/h.
5) Welche Bedingungen müssen Abluftleitungen erfüllen?

8 In the bathroom

Here are the names of the objects in the bathroom in alphabetical order.

Bathtub, bidet, bin (waste basket AM.), mirror, shower head, shower screen, shower tray, sill, tap (faucet Am.), thermostatic mixer, toilet, toilet brush, towel rail, wash basin, window

Exercises

1) Match the English names of the objects in the picture with the correct numbers of the pictures.

2) Find the appropriate German translations and write the results into your exercise book. Use your reference books, the internet or a dictionary. Before you look up a word try to guess the word first, then check it.

3) Look at the picture above to find the objects that are described below.

a) You can hang your towel on this: …
b) You use this to mix cold and warm water: …
c) This object is used to clean the toilet: …
d) You look into this to comb your hair: …
e) This keeps the waste you produce in a bathroom: …
f) This object is used to wash your feet in: …
g) You can open this to let fresh air in: …
h) This is used instead of the bathtub to save water: …
i) You turn this on to let water into the wash basin: …

Lernfeld 8

8.1 Zones for bathrooms

The Wiring Regulations by the Institution of Electrical Engineers **(IEE Wiring Regulations)** define zones in bathrooms, where specific safety precautions apply. They also describe what type of electrical appliances are allowed to be installed in each zone and what routes cables must take.
All bathrooms containing a bathtub or a shower are divided into **three** zones.
Zone 0 is the **interior** of a bathtub or a shower tray which can hold water.
Zone 1 is the area directly **above** the bathtub or the shower tray, up to a height of 2.25 m from the floor.
Zone 2 is the area within 0.6 m **horizontally** from the bathtub or the shower tray, up to a height of 2.25 m from the floor.
Zone 2 also includes any recessed window with a sill next to the bathtub or shower tray (picture 1).

Caution

All electrical circuits within bathrooms must be protected by Residual Current Devices (RCD) not extending 30 mA.

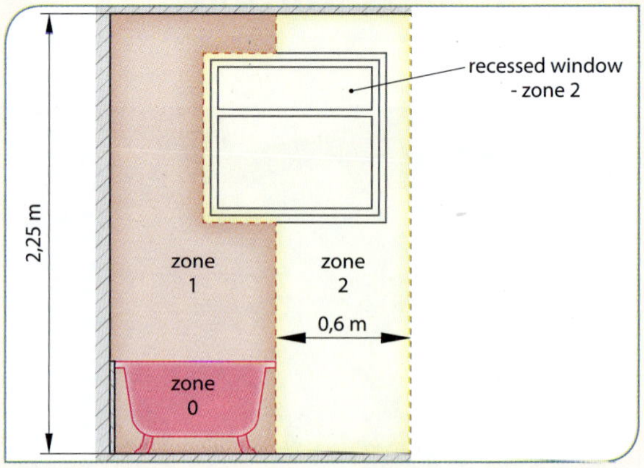

1 Bathroom zones

Zone	allowed
0	electrical products with SELF and rated IPX7 (Protection from immersion in water)
1	electrical products with SELF and rated IPX4 (Protection from splashing water) for example: • electrical water heaters • shower pumps • exhaust fans • fresh air fans
2	all electrical products allowed in zone1 and e.g. • lighting • shaver sockets

2 Products allowed

Exercises

1) Translate the first paragraph of Zones for bathrooms. Use your reference book, the internet or a dictionary. Before you look up a word try to guess the word first, then check it.

2) Match the following English words that you find in the table above (picture 2) with their appropriate German expressions and write the results into your exercise book.
electrical water heater, shower pump, exhaust fan, fresh air fan, lighting, shaver socket
Duschpumpe, Beleuchtung, elektrischer Wassererwärmer, Abluftventilator, Steckdose für Rasierer, Zuluftventilator

3) Complete the following sentences with the appropriate parts that you find in the text Zones for bathrooms and write the results into your exercise book.
A. Zones are rooms where …
B. Regulations also describe …
C. All … containing … are divided into three zones.
D. … is the area above the shower tray.
E. Zone … interior of …

4) Why are bathrooms in terms of electricity the most dangerous areas in your home?

5) What are Residual Current Devices. Use your reference book, the internet or a dictionary. Before you look up a word try to guess the word first, then check it.

1 Projektaufgabe

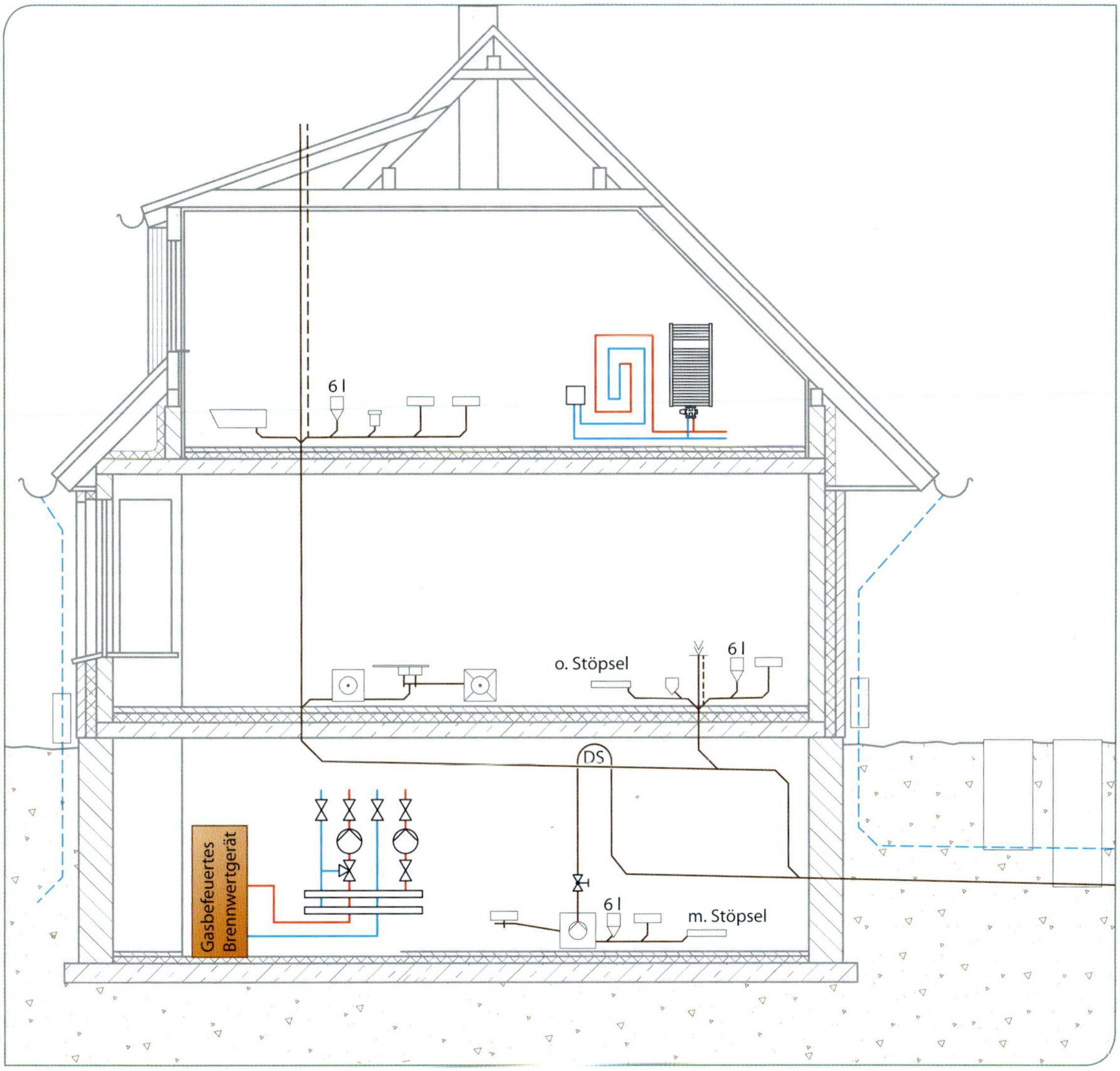

1 Schnittdarstellung des Hauses mit den haustechnischen Änderungen

Kundenauftrag

Das in den einzelnen Lernfeldern dieses Buches vorgestellte Haus ist verkauft worden. Der neue Eigentümer möchte eine Vielzahl von Änderungen durchführen lassen, die auch die haustechnischen Anlagen betreffen (Bild 1).

Dachgeschoss:

Die Duschwanne wurde entfernt und dafür soll ein zweiter baugleicher Waschtisch installiert werden.
Außerdem sollen der vorhandene Flachheizkörper durch einen Badheizkörper ersetzt und eine Fußbodenerwärmung (-temperierung) installiert werden.

Erdgeschoss:

In der Küche wird neben dem Geschirrspüler eine Haushaltswaschmaschine für 6 kg Wäsche aufgestellt.

Im Gäste-WC werden zusätzlich eine Duschwanne und ein Urinal installiert. Der Waschtisch erhält eine berührungslos gesteuerte Mischarmatur.

Keller:

Die ölbefeuerte Heizungsanlage wird gegen eine gasbefeuerte Brennwertanlage ausgetauscht. Der Bodenablauf mit Heizölsperre wird vollständig entfernt. Aus Gründen der Energieeinsparung wird die Umwälzpumpe des Heizkörperheizkreises durch eine Hocheffizienzpumpe ersetzt und die Verteilungsleitungen im Keller nach ENEV mit einer 100 %igen Wärmedämmung versehen.
Der Hobbyraum und das angrenzende Bad werden zu einem Saunaraum zusammengelegt.
Die vorhandene Hebeanlage wird durch eine Kleinhebeanlage „überflur" ersetzt. Ihr Fördervolumen beträgt $\dot{V} = 1{,}5\ l/s$

Lernfeldübergreifendes Projekt

bei einer Förderhöhe von 2 m. Die separate Lüftungsleitung entfällt, da sie nicht vorgeschrieben ist.
Die Waschmaschine wird in die Küche verlegt.
Die Duschwanne mit den Maßen 80 cm x 80 cm wird gegen eine 120 cm x 80 cm große Wanne getauscht, um neben der Duscharmatur Platz für eine zusätzliche Schwallbrause zum Abkühlen nach einem Saunagang zu haben.
Aus Schallschutzgründen werden im Kellerbereich schalldämpfende Kunststoffabwassersammelleitungen verlegt. Das Verlegegefälle beträgt 2 cm/m (2 %).

Dach:
Die vorhandene schadhafte Dachdeckung aus Dachsteinen wird durch eine Metalldeckung aus Kupferblechen erneuert. Aus optischen Gründen werden Dachrinnen und Regenwasserfallleitungen ebenfalls aus Kupfer gewählt.

Befestigte Flächen:
Die Pflasterung der Zugangswege rechts und links des Gebäudes ist schadhaft und wird durch in Sand verlegtes Natursteinpflaster 60 cm x 60 cm ausgetauscht. Durch den geringeren Fugenanteil vermindert sich die Versickerungsfähigkeit der Gesamtfläche, so dass der Abflussbeiwert C = 0,7 beträgt.

1.1 Trinkkaltwasseranlage (LF 5)

Sie sollen im Rahmen des Kundenauftrages die im Bild 1 dargestellten Sanitärobjekte trinkkaltwasserseitig neu anschließen. Die Warmwasserseite bleibt an dieser Stelle unberücksichtigt. Dazu müssen Sie ausgehend vom bereits vorhandenen Steigestrang die Leitungsverlegung zu den einzelnen Objekten planen.

1. a) Zeichnen Sie in den Grundriss des Erdgeschosses (siehe Anhang) unter Berücksichtigung der Bewegungsflächen und seitlichen Mindestabstände (maßstäblich) die Objekte ein und legen Sie eine fachgerechte Leitungsführung ohne Stichleitungen fest.
   b) Planen Sie Sicherheits- und Sicherungsarmaturen nach heutigem Standard ein.
   c) Kennzeichnen Sie die benötigten Befestigungspunkte für die Rohrleitungen symbolhaft.

2. a) Erstellen Sie ein Strangschema im Maßstab 1:50.
   b) Legen Sie die Dämmschichtdicken fest und kennzeichnen Sie diese im Strangschema normgerecht.
3. Legen Sie nach dem vereinfachten Verfahren die Rohrdimensionen fest.

4. Erstellen Sie einen Materialauszug für die geplante Installation und ermitteln Sie auf Grundlage der Großhändlerkataloge bzw. mithilfe des Internets ungefähre Materialkosten.

5. Erstellen Sie für die Installation einen Montageablaufplan mit einem ungefähren Zeitraster und kalkulieren Sie die dafür anfallenden Montagekosten mit einem aktuellen Stundenverrechnungssatz für Handwerker (vgl. Grundkenntnisse, Lernfeld 2b, Kap. 4).

6. Beschreiben Sie den Ablauf der Dichtheitsprüfung und der sich anschließenden Belastungsprüfung mit Druckluft.

7. Beschreiben Sie die grundsätzliche Vorgehensweise beim Spülen einer Leitungsanlage und schildern Sie auf der Grundlage der von Ihnen geplanten Trinkkaltwasseranlage den zeitlichen Ablauf. Zeichnen Sie hierfür eine Skizze (vergl. Kap. 6.1).

1.2 Entwässerungsanlage (LF 6)

Es sind die Nennweiten sämtlicher Leitungsabschnitte der geänderten Schmutz- und Regenwasserentwässerungsanlage zu ermitteln. Ausgenommen ist lediglich die Druckleitung der Kleinhebeanlage. Lösen Sie die Aufgabe unter Zuhilfenahme der Angaben in der Beispielaufgabe (Musterhaus) und im Kundenauftrag sowie der entsprechenden Textstellen und Tabellen dieses Buches.

1. Ermitteln Sie die DU-Werte und Nennweiten der Einzel- und Sammelanschlussleitungen und tragen Sie diese in eine Tabelle ein.
   Erstellen Sie je eine Tabelle für das Bad, die Küche, das Gäste-WC und den Keller nach unten stehendem Muster.

Dachgeschoss (Bad)

Einzelanschlussleitungen		
Sanitärobjekt	DU-Wert	Nennweite (DN)
Sammelanschlussleitungen		
Sanitärobjekte	DU-Wert	Nennweite (DN)

2. Berechnen Sie mit Hilfe des Tabellenbuches den Schmutzwasservolumenstrom der Fallleitung und ermitteln Sie die Nennweite aus der entsprechenden Tabelle.

3. Ermitteln Sie die Volumenströme und Nennweiten der Sammelleitungen.

4. Überprüfen Sie, ob eine Änderung der Nennweite der Schmutzwassergrundleitung notwendig ist.

5. Ermitteln Sie den Volumenstrom und die Nennweite der Regenwasserfallleitungen.
Bei Steildächern über 30° mit Metallbedachung wird wegen der größeren Ablaufgeschwindigkeit des Niederschlagwassers empfohlen, den errechneten Regenwasservolumenstrom mit einem 50 %-igen Aufschlag zu versehen. Berücksichtigen sie dies bei der Ermittlung der Nennweite der neuen Kupferfallleitungen.

6. Ermitteln Sie die Volumenströme und Nennweiten der Regenwassergrundleitungen.
Prüfen Sie, ob die Nennweiten der vorhandenen Regenwassergrundleitungen für die erhöhten Regenwasservolumenströme groß genug sind. Sollte dies nicht der Fall sein und deshalb eine Neuverlegung notwendig, ermitteln Sie die Nennweiten bei einem Verlegegefälle von 1,5cm/m (1,5 %).

1.3 Wärmeverteilanlage (LF 7)

1. Das Badezimmer des Einfamilienhauses soll mit einer Fußbodenheizung (PE-X-Rohre 16 x 2) und einem Badheizkörper (Handtuchtrockner) beheizt werden. Die nach DIN EN 12831 ermittelte Normheizlast des Raumes beträgt 1380 W. Für den Fußboden wurde dabei ein Transmissions-Wärmeverlust von 22 W berücksichtigt. Ein Auslegungszuschlag wird nicht vereinbart. Für die Fußbodenheizung ist ein Wärmedurchlasswiderstand $R_{\lambda,B} = 0{,}0\ m^2 \cdot K/W$ zugrunde zu legen. Die Fußbodenoberfläche beträgt 10,3 m². Da die Bade- und Duschwanne auf dem Rohbetonboden aufgestellt sind, können 3,2 m² davon nicht als Heizfläche genutzt werden. Die Heizungsanlage wird auf eine Vorlauftemperatur von 45 °C, eine Spreizung von 10 °C und eine Raumtemperatur von 24 °C ausgelegt.
   a) Berechnen Sie die maximale Wärmestromdichte (Grenzwärmestromdichte) der Fußbodenheizung in W/m².
   b) Berechnen Sie die maximale Wärmeleistung der Fußbodenheizung in W.
   c) Ermitteln Sie die erforderliche Rohrteilung (Verlegeabstand).
   d) Ermitteln Sie die erforderliche Rohrlänge für den Heizkreis des Badezimmers.
   e) Welche Wärmeleistung muss mindestens durch einen zusätzlichen Heizkörper abgedeckt werden?
   f) Wählen Sie einen geeigneten Badheizkörper aus, wenn man als Auslegungs-Systemtemperaturen 75/65/24 zugrunde legt.

2. Der vorhandene Plattenheizkörper wird durch einen Badheizkörper ersetzt und an gleicher Stelle montiert.
   a) Zeichnen Sie im Maßstab 1:10 einen Montageplan und tragen Sie die erforderlichen Maße ein.
   b) Geben Sie die notwendigen Zubehörteile an.
   c) Nennen Sie die Werkzeuge, die zur Montage des Badheizkörpers erforderlich sind.
   d) Zählen Sie die einzelnen Arbeitsschritte in der richtigen Reihgenfolge auf.

3. Übertragen Sie den Grundriss des Badezimmers im Maßstab 1:20 ohne Maßangaben auf ein A-4-Blatt und zeichnen Sie die Heizrohre der Fußbodenheizung nach folgenden Angaben ein: 1 Heizkreis, spiralförmige Verlegung, Rohrteilung (Verlegeabstand) 15 cm.

4. Die Fußbodenheizung soll an die bestehenden Heizkörperleitungen angeschlossen werden. Nennen Sie verschiedene Lösungsmöglichkeiten.

5. Die bisher ungedämmten Verteilungsleitungen aus Kupferrohr DN 20 im Keller müssen nach EnEV mit einer 100 %igen Wärmedämmung (Lambda 0,035 $\frac{W}{m \cdot K}$) versehen werden. Der Abstand der Rohrmitten beträgt 92 mm.
   a) Ermitteln Sie die erforderliche Dicke der Wärmedämmung in mm.
   b) Berechnen Sie den Abstand zwischen den gedämmten Rohren in mm.
   c) Tragen Sie die fehlenden Maße in die Skizze ein.

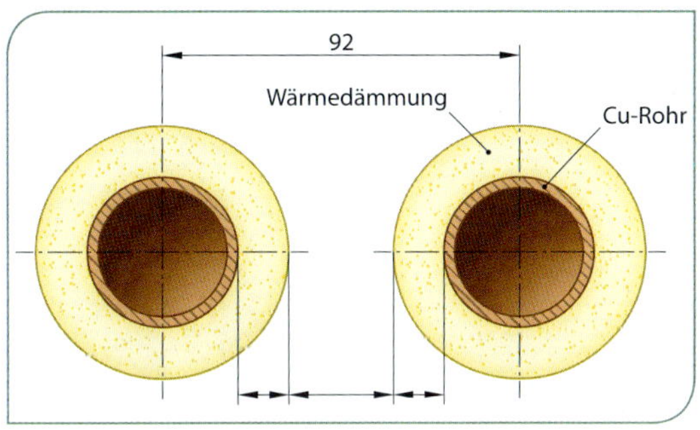

6. Aus Gründen der Energieeinsparung soll in dem Einfamilienhaus die Umwälzpumpe (Typ RS 25-2) des Heizkörperheizkreises durch eine Hocheffizienzpumpe ersetzt werden.
   a) Wählen Sie mit Hilfe von Herstellerunterlagen oder über das Internet eine geeignete Hocheffizienzpumpe aus.
   b) Schildern Sie die einzelnen Arbeitsschritte in der richtigen Reihenfolge, die zum Auswechseln der Umwälzpumpe erforderlich sind.

7. Nach Installation der Fußbodenheizung, des Badheizkörpers und der Umwälzpumpe muss die Heizungsanlage nachgefüllt und entlüftet werden. Beschreiben Sie die richtige Vorgehensweise.

1.4 Angebotserstellung für das Bad (LF 8)

Für das in (Bild 1) dargestellte Bad soll ein Angebot für eine gehobene Ausstattung erstellt werden. Zu berücksichtigen sind:

- alle Sanitärobjekte inklusive Badheizkörper und Fußbodenheizung (-temperierung).
- alle Auslauf- und Ablaufarmaturen einschließlich Zubehör für den Anschluss an Trinkwasser- und Abwasserleitungen
- und das übliche Zubehör (Assessoires).

Erstellen Sie anhand dieses Auszuges eine Stückliste und ermitteln Sie z. B. mithilfe von Großhändlerkatalogen bzw. des Internets die Einzelpreise. Die notwendigen Montagezeiten sind abzuschätzen oder mittels vorgegebener Zeiten zu erfassen. Weiterhin sind alle notwendigen Zuschläge zu berücksichtigen wie z.B. Lohnnebenkosten, Gemeinkosten, Rabatte, Skonti sowie die jeweils gültige Mehrwertsteuer.

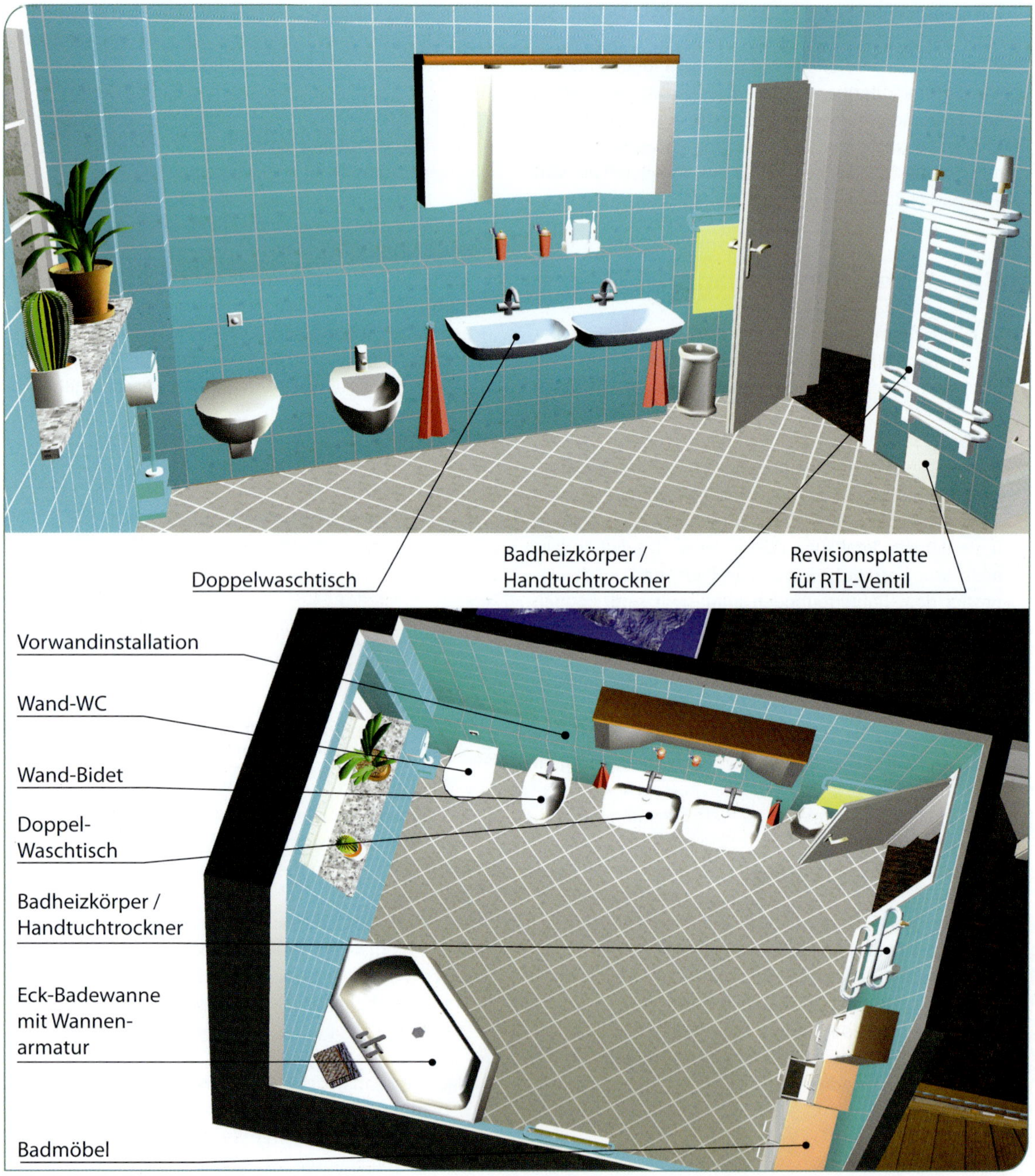

1 Umgebautes Bad

Englisch-deutsche Vokabelliste

Englisch-deutsche Vokabelliste

colour composition – Farbgestaltung 327
colour symbolism – Farbsymbolik 327
colourless, odourless, tasteless – farb-, geruch- und geschmacklos 2
combined mounting – Kombiarmatur 242
combined or foul water drain – Misch- und Schmutzwasserleitung 168
combined sewer – Mischwasserkanal 117
combined system – Mischsystem 117, 174
combined waste and overflow fitting – Ablauf- und Überlaufgarnitur 131
comfort deficits / shortcomming – Behaglichkeitsdefizit 280
communicated vessels or pipes – miteinander verbundene Gefäße, Rohre und Kanäle 9
compaction of the main covering area – Verdichtung des Hauptverfüllungsbereichs 154
compaction of the pipe zone – Verdichtung der Leitungszone 154
compensators, expansion joints – Kompensatoren, Dehnungsausgleicher 211
complete filling – Vollfüllung 134
complete panel radiator – Fertig- bzw. Ventilheizkörper 263
component – Bauteil, Bestandteil 63, 83
composite element – Verbundelement 303
composite tube – Mehrschichtverbundrohr 94
composite – Verbundstoff 328
composition of the ground – Bodenbeschaffenheit 93
composition – Zusammensetzung 90
compressed air – Druckluft 107
compressible – kompressibel 10
compression joint – Pressverbindung 109
concealed installation – Unterputzverlegung 53
concealed – unter Putz 53
concentration – Konzentration 79
concept / layout – Auslegung 295
concept flow temperature – Auslegungs- Vorlauftemperatur 299
concept heat capacity – Auslegungs-Wärmeleistung 295
concrete chamber section – Betonschachtbauteil 166
condensate formation – Schwitzwasserbildung 186
condensate-proof – kondensatbeständig 183
condensation point – Kondensationspunkt 24
condense – kondensieren 31
condensing boiler – Brennwertgerät 257
condition contrary to building and constructing law – baurechtswidriger Zustand 177
conductance – Leitwert 359
conducted – weitergeleitet 58
conductors – Stromleiter 28
connecting branches – Anschlussstutzen 221
connecting line – Verbindungsleitung 314
connecting sewer – Anschlusskanal 121, 150
connecting variant – Anschlussvariante 143
connection part – Verbindungsbauteil 149
connection – Anschluss, Verbindung 77, 137, 261
connector, coupling piece – Verbinder, Zwischenstück 134
connector – Anschlussarmaturteil 269
constant load of floor pavement – gleichmäßige Belastung des Estrichs 209
constant pass – gleichmäßige Durchströmung 269
constellation – Konstellation 141
construction site – Baustelle 316
construction – Bauart 280
constructional drawing – Bauzeichnung 53
consumer group – Verbrauchergruppe 254
consumer – Verbraucher 3
consumption based accounting – verbrauchsabhängige Abrechnung 304
consumption rate – Verbrauch 305
consumption related – verbrauchsbezogen 40
consumption – Verbrauch 2
contact corrosion – Kontaktkorrosion 96
contact infection – Kontaktinfektion 359
contact sensor – Anlegefühler 294
contact – Berührung 78, 325, 344
contactless – berührungslos 358
contagious diseases – übertragbare Krankheiten 78
contamination – Verunreinigung 78
content – Inhaltsstoff 3
continuous refilling – kontinuierliches Nachfüllen 157
control accuracy – Regelgenauigkeit 76, 219, 274
control devices – Steuergeräte 324
control unit – Regler, Regelarmatur 27, 214
controllability – Regelbarkeit 288
controlled value – regelnde Größe 293
controller – Steuergerät 359
convection current – Auftrieb 145
convection – Konvektion (Wärmemitführung) 260
convection – Luftumwälzung 265
convector fin – Konvektionsblech 263
convector shaft – Konvektionsschacht 261
convector – Konvektor 261
conventional – konventionelle 317
cooling – Abkühlung 26
copper pipe – Kupferrohr 105
core hole – Kernlochbohrung 149
corner valve – Eckventil 215
corner/double branche – Doppelabzweig 136
corrodible heat generator – korrosionsanfälliger Wärmeerzeuger 239
corrosion phenomina – Korrosionserscheinung 4
corrosion resistance – Korrosionsbeständigkeit 214
corrossion stimulating – korrosionsfördernd 3
corrugated plate – gewellte Platte 12
count of a counter – Zählerstand 74
countersign – gegenzeichnen 113
coupling – Kupplung 293
course/march – Verlauf 225
cover plate – Abdeckplatte 147
covered areas – versiegelte Flächen 184
covering – überdecken, abdecken 246
covering/ventilation hood – Lüftungs-Abdeckung 145
cramped – beengt 369
critical – kritisch 125
cross section of the discharge stack – Fallleitungsquerschnitt 140
cross-over fitting – Rohrkreuzungsfitting 209
cross-sectional area – Öffnungsquerschnitt, Querschnittsfläche 9, 65
crossflow – Überspülung 136, 152

current meter – Stromzähler 74
current requirement – aktueller Bedarf 232
current using equipment – Verbrauchsmittel 324
currentless open – stromlos geöffnet 219
cutting through of wall – Wanddurchbruch 209

D

damage inspection/leaktest – Schadens- bzw. Dichtheitprüfung 155
damage – Schädigung 218
damages caused by water – Wasserschäden 367
damages – Schäden, Beschädigungen 74, 174, 318
day / week programming – Tages- und Wochenprogrammierung 275
deaeration valves – Entlüftungsarmaturen/ -ventile 108
decomposition process – Zersetzungsprozess 179
defensive – abwehrend 62
deflection of the pipe axe – Auslenkung der Rohrachse 161
degree of endangerment – Gefährdungsgrad 242
degrees of hardness – Härtegrade 87
delayed rainwater drainage – verzögerte Regenwasserableitung 184
delivery and suction side – Druck- und Saugseite 237
delivery and suction socket connection – Druck- und Saugstutzen 223
delivery pipe – Förderrohr 10
delivery side of the pump – Druckseite der Pumpe 217
deluge – Schwall 369
demand related – bedarfsbezogen 40
demand – Bedarf, Anforderung 40, 316
density – Dichte 2, 8
deposit – Ablagerung 191, 357
depressurized – drucklos 341
depth of flow – Schwemmtiefe 133
depth/length of chases – Schlitztiefen bzw. Schlitzlängen 54
descending and ascending gradient/ slope – Gefälle und Steigung 206
descending heating mode – abgesenkter Heizbetrieb 233
design – Konstruktion 126
designed heat emission – Auslegungs-Wärmeleistung 280
designed heating load – Auslegungsheizlast 280
desinfection – Desinfizieren, Keimtötung 92, 111
destruction – Zerstörung 65
determination – Ermittlung 40
detritus basin – Vorklärbecken 119
deviation area – Umlenkungsbereich 140
dewpoint corrosion – Taupunktkorrosion 220
dewpoint temperature – Taupunkttemperatur 145
diaphragm expansion tank – Membranausdehnungsgefäß 240
diaphragm pressure gauge – Plattenfeder-Manometer 12
difference in temperature – Temperaturdifferenz 25
difference of pressure – Druckunterschied 99, 124
difference of water volume – Differenzwassermenge 258
different depth level – unterschiedliche Tiefenlage 167
different – unterschiedlich 28
differential pressure dependent speed control – differenzdruckabhängige Drehzahlregelung 232
differential pressure regulator – Differenzdruckregler 254
differential pressure – Differenzdruck 232, 249
differentiation – Differenzierung 252
diffusion-proof /-tight – diffusionsdicht 289
digestion tower – Faulturm 120
diluted/weakened – verdünnt 183
dilution – Verdünnung 117
dimension – Abmessung 345
dimensioning operating point – Auslegungsbetriebspunkt 233
dimensioning – Auslegung, Bemessung, Dimensionierung 208, 239, 257
dip / immersion tube – Lanze bzw. Tauchrohr 271
direction – Richtung 63, 83
dirt-repelling – schmutzabweisend 328
disadvantageous – nachteilig 362
disc – kreisförmiger Abschlusskörper 216
discharge failure – Ablaufstörung 139
discharge peaks – Abflussspitzen 184
discharge pipe – Abwasseranschlussleitung 347, 358
discharge stack junction – Fallleitungsabzweig 140
discharge stack support – Fallrohrstütze 163
discharge stack wall – Fallleitungswand 140
discharge volume – Ausflussvolumen, Ablaufvolumen 14, 133
disconnecting – abschrauben 82
dish washer – Geschirrspülmaschine 339
disinfect – desinfizieren 90
disk – Scheibe 333
disposable gloves – Einweghandschuhe 88
dissolved – gelöst 90
distance enlargement – Vergrößerung des Abstandes 154
distance measurement – Abstandsmaß 314
distance – Abstand 312, 362
distance – Entfernungsangabe 71
distilled water – destilliertes Wasser 4
distortion – Durchbiegung 153
distributing and assembling conduit – Verteiler- und Sammelrohr 262
distribution pipe system – Rohrverteilungssystem 201
distribution pipe – Verteilleitung 44
district chimney sweep – Bezirksschornsteinfeger 145
disturbance – Störung 131
diverter valve – Umschaltarmatur/ -ventil 219
dividing wall – Trennwand 351
document – dokumentieren 3
domestic engineering – Haustechnik 40
domestic sewage – häusliche Abwässer 183
double amount – doppelter Betrag 10
double bowl – Doppelspüle 339
double or triple type – zwei- oder dreireihig 263
double pitch/gabled roof – Satteldach 184
dowel-hole – Dübelloch 337
drain cock – Ablasshahn 240
drain pipe and fitting – Abwasserrohr und -formstück 169
drain pipe – Entwässerungs-, Abwasserrohr 175
drain tap / valve – Entleerungsarmatur 245
drain trap – Geruchverschluss 120
drain valve – Entleerungsventil 273

Englisch-deutsche Vokabelliste

evaporation rate – Verdunstungsrate 184
evaporation – Verdunstung 131
evaporimeter – Verdunstungsverteiler 304
ex works insulation – werkseitig angebrachte Wärmedämmung 46
excavation material – Aushubmaterial 154
excavation work – Aufgrabungsarbeit 153
exceeding – Überschreitung 88
exception – Ausnahme 325
excess pressure – Überdruck 7
excess water – Überschusswasser 184
excessive noise – Lärm 56
exclusively – ausschließlich 320
exhalation – Ausgasung 93
exhaust air duct – Abluftleitung 374
exhaust air flow rate – Abluftvolumenstrom 373
expand – expandieren, ausdehnen 2, 32, 65
expansion agent – Dehnstoff 218
expansion bellow – Wellrohrkompensator (Metallbalgkompensator) 211
expansion joint – Dehnungsfuge 291
expansion possibility – Ausdehnungsmöglichkeit 290
expansion tank/vessel – Ausdehnungsgefäß 215, 238
experience – Erfahrung 327
expert setting of … – das fachliche Setzen und Anbringen 211
extension and repair work – Erweiterungs- und Reparaturarbeit 240
extension/expansion – Ausdehnung 100
exterior common/traffic area – Verkehrsfläche 190
external air intake – Außenluftdurchlass 373
external opening – von außen zu öffnen 218
extraction point – Zapfstelle 126

F

fabric of a building – Bausubstanz 316
fabric ply/mat – Gewebematte 129
face – Gesicht 352
facility – Entlüftungseinrichtung 243
facing – Verblendung 267
factory provided – werkseitig eingebaut 264
faecal-free waste water – fäkalienfreies Abwasser 176
faeces – Fäkalien 124, 344
fail of dischargements – Ausbleiben von Spülvorgängen 144
fall of pressure – Druckabfall 109
fall protection – Absturzsicherung 188
fan – Gebläse 362
fastening / fixing point – Befestigungspunkt 161
fastening element – Befestigungselement 210
fastening ground – Befestigungsuntergrund 161
fault indicator – Störmeldeeinrichtung 179
fault tolerance/allowance – Fehlertoleranz 156
fault, interruption – Störung 235
faulty measurement – Fehlmessung 274
faulty – schadhaft 325
feed hopper – Einlauftrichter 191
felt – Filz 47
fiber cement roof – Dach aus Faserzement 190
fibre cement – Faserzement 149
field of application – Einsatzmöglichkeit 181
filling level – Füllungsgrad 160
filling pipe – Befüllungsleitung, Füllleitung 81, 157
filling pressure – Fülldruck 241
filling ratio – Füllungsgrad 124
filling time/discharging time – Füll- bzw. Entleerungszeit 14
filling – Befüllung 87, 157, 241
filter – Filter 87
final sedimentation tank – Nachklärbecken 120
fine adjustment – Feinsteinstellung 269
fine dirt filter/strainer – Schmutzfeinfilter 190
fine regulating valve – Feinregulierventil 292
finished floor – Fertigfußboden 323
fins / lamellar plates – Lamellen 265
fire lobby – Brandabschnitt 63
fire protection collar – Brandschutzmanschette 149
fire protection packing – Brandschutzmanschette 65
fire protection regulation – Brandschutzvorschrift 53
fire protection – Brandschutz 62
fire resistant – feuerbeständig 63
fire resisting – feuerhemmend 64
fire-fighting water – Feuerlöschwasser 174
fitted inside the chambers – innerhalb von Schächten 168
fitting level – Einbauhöhe 84
fitting position – Einbaulage 74
fitting tube part – Passrohrstück 246
fitting – Armatur, Formstück 20, 140, 318, 321
fix – anbringen 354
fixed period – festgelegter Zeitraum 63
fixed – fest, befestigt 28
fixing distances – Befestigungsabstände 100
fixing – Befestigung, Festlegung 61, 351
flange – Flansch 128, 371
flat or pitched roof – Flach- oder geneigtes Dach 184
flat pan water toilet – Flachspülklosett 346
flat roof drain – Flachdachablauf 187
flat, apartment – Wohnungseinheit 63
flat – flach 371
flatter – flacher 354
flexible bent pipe – beweglicher Biegeschenkel 211
flexible hose and spray head – bewegliche Schlauchbrause 363
flexible hose – flexibler Schlauch 192
flexible spray head – Schlauchbrause 84
flexible – flexibel, beweglich 84
float ball – Schwimmerkugel 180
float – Auftriebskörper, Schwimmer 348, 356
floater-type air bleeder – Schwimmerentlüfter 244
flooding – Überflutung, Überschwemmung 82, 178
floor / wall distance – Boden- und Wandabstand 284
floor by floor – stockwerksweise 111
floor clearance – Bodenfreiheit 272
floor construction – Fußbodenaufbau 45, 208, 289
floor covering – Bodenbelag 318
floor drain – Bodenablauf 126, 148, 175
floor duct – Bodenkanal 208
floor level – Fußbodenhöhe 79
floor piping – Verlegung im Fußbodenaufbau 209
floor screed / pavement – Estrich 129, 289, 321
floor space – Stellfläche 312
floor structure – Fußbodenaufbau 136

Englisch-deutsche Vokabelliste

Englisch-deutsche Vokabelliste

Englisch-deutsche Vokabelliste

replaced – getauscht, ersetzt 356
replacement – Austausch 214
required heating capacity – erforderliche Heizleistung 233
resealing trap – Geruchverschluss 146
residential building – Wohngebäude 40
resistance thermometer – Widerstandsthermometer 28
resistant against oxygen diffusion – sauerstoffdiffusionsdicht 288
resitance – Beständigkeit 149
responsibility – Verantwortung 87
rest period – Stillstandsphase 107
restriction – Einschränkung 181
retainer / support – Halter 267
retrofittable – nachrüstbar 88
return colletor – Rücklaufsammler 202, 221
return flow – Rücklaufwasser 272
return pipe – Rücklaufleitung 203
return stack – Fallstrang 202
return temperature limiter – Rücklauftemperaturbegrenzer (RTL) 293
reverse order – Umkehrfall 83
reverse osmosis – Umkehrosmose 90
right, left and center attachment point – Rechts-, Links- und Mittelanschluss 272
rigid foam – Hartschaum 365
rinse out – spülen 240
rinsing process – Spülvorgang 240
rise of pressure – Druckerhöhung 77
riser tube – Steigrohr 269
rising or non-rising stem/spindle – steigende oder nicht steigende Spindel 216
road gully – Straßenablauf 174
rock or glass wool – Stein- oder Glaswolle 47
rodding point – Reinigungsöffnung 165
rodding/cleaning eye – Rohrendverschluss 165
rodding/cleaning seal – Reinigungsverschluss 165
Roman numerals – römische Zahlen 122
roof boarder – Dachumrandung 187
roof cladding – Dachhaut 187
roof floor – Dachgeschoss 204
roof penetration – Dachdurchdringung 187
roof tile – Dachziegel 145
roofing – Dachdeckung 145
room air condition – Raumklima 260
room control panel – Raumbediengerät 256
room for house connection – Hausanschlussraum 325
room heater – Raumheizkörper 260
room temperature control – Raumtemperaturregelung 276
room ventilation – Raumentlüftung 145
roomstat/thermostat – Raumthermostat 293
roomwise control – raumweise Regelung 293
rotary motion – Rotationsbewegung 245
rotation motion – Rotationsbewegung, Drehbewegung 73
rotation – Rotation 16
roughly estimated – überschlägig, geschätzt, veranschlagt 233
rounded edge – abgerundete Kante 262
route ribbon – Trassenband 72
routinely – routinemäßig 91
rubber body reinforcement – Verstärkung des Gummikörpers 211
rubber buffer – Gummipuffer 60
rubber expansion joint – Gummikompensator 211
rubber plies – Gummieinlage 60
rubbing – rubbeln 369
running out – auslaufen 80
running period/time – Betriebsdauer 230
rust sludge – Rostschlamm 239
rust through – durchrosten 289

S

S, P and bottle trap – Röhren- und Flaschengeruchverschluss 336
safe pipe fixing – sichere Leitungsbefestigung 145
safety device – Sicherheitsarmatur, Sicherungseinrichtung 78, 214
safety hanger – Sicherungsbügel 267
safety measure – Sicherungsmaßnahme 154, 241
safety valve – Sicherheitsventil 75
saline solution – Salzlösung 90
same vertex level – scheitelgleich 137
sand and oil catcher – Sand- und Ölfang 119
sanitary appliance – Sanitärobjekt 131, 328
sanitary facility – Sanitärraum 311
satisfactoriy accessibility – ausreichende Zugänglichkeit 161
scald – verbrühen 353, 369
scale – Skala 27
science – Wissenschaft 24
scirting convector – Sockelkonvektor 265
scirting-board – Sockelleiste 265
scratchproof – kratzfest 329
screw-down valves – Geradsitzventile 215
sea level – Meereshöhe 7
seal volume – Vorlagevolumen 181
seal water – Sperrwasser, Sperrwasservorlage 130, 336, 346
sealed – abgedichtet 55
sealing liquid – Sperrflüssigkeit 356
sealing part – Dichtelement 177
sealing resin – Ein- bzw. Zwei-Komponenten-Harz 149
sealing ring – Ringdichtung 128
sealing sheet – Abdichtfolie 128
sealing water – Sperrwasser 124
sealing – Abdichtung 126
seat sealing – Dichtfläche 216
secondary ventilation – Nebenlüftung 144
section by section – abschnittsweise 111
section regulating valve – Strangregulierventil 253
section shut-off and metering valve – Strangabsperr- und Messventil 254
section shut-off valve – Strangabsperrventil 249
sectional drawing – Schnittzeichnung 121
sectional radiator – Gliederheizkörper 261
secundary circulation – Zirkulationskreislauf 45
security of supply – Versorgungssicherheit 70
sedimentation, deposition – Ablagerung 131
seize up – sich festsetzen 214
selected to meet the demands – anforderungsgerecht ausgewählt 211
selection criterion – Auswahlkriterium 286
selection – Auswahl 65, 85, 320
self damping – Eigendämpfung 60
self siphonage – Eigenabsaugung 137
self-actuating stopper – selbsttätiger Verschluss 176
self-cleaning power – Selbstreinigungskraft 118

Englisch-deutsche Vokabelliste

softening mounting / water softener – Enthärtungsarmatur 242
softening salt – Regeneriersalz 89
soil condition – Bodenbeschaffenheit 155
soil particles – Schmutzteilchen 76, 87
soil replacement – Bodenaustausch 153
soiling – Verschmutzung 346
solar system – Solaranlage 45
solid – fest 2, 31
solidification heat – Erstarrungswärme 32
solidify – erstarren 31
solvents – Lösungsmittel 329
sophisticated methods – differenzierte Verfahren 102
sound absorbing ribbon – Schalldämmband 365
sound and vibration absorbing effect – schall- und vibrationsdämmende Wirkung 211
sound frequency – Schallfrequenz 57
sound insulating precaution – Schallschutzvorkehrung 210
sound insulation value – Schalldämmwert 170
sound insulation – Schalldämmung 60, 320
sound intensity level – Schalldruckpegel 57
sound level meter – Schallpegelmesser 58
sound pressure level – Schalldruckpegel 59
sound propagation – Ausbreitung des Schalls 56
sound transmission – Schallübertragung 186
sound wave – Schallwelle 56
sound – Akustik 56
source of sound – Schallquelle 56, 59
space requirement – Platzbedarf 363
space-saving – Platzersparnis 288
space-saving – raumsparend 342
spacer – Wandabstandhalter 267
special design – Sonderausführung 264
special part – Sonderbauteil 64
special use – Sondernutzung 145
specific heat capacity – spezifische Wärmekapazität 304
specific heating load – spezifische Heizlast 280
specific tool – Spezialwerkzeug 94
specification – Anforderung 83
spectrum of soundpower – Schallleistungsspektrum 59
speed controlled pump – drehzahlgeregelt Pumpe 255
speed stage – Drehzahlstufe 232
speed – Drehzahl 231
spillover – Einspülung 137, 142
spindle – Spindel 215, 273
spiral casing – Spiralgehäuse 223
spiral layout – spiralförmige Verlegung 290
splash guard – Spritzschutz 364
splash water area – Spritz-wasserbereich 318
spreading range – Spreizbereich 267
spreading – Ausbreitung 62
squared opening – rechteckige Öffnung 165
squatting toilet – Hockklosett 344
squirting, spraying – hochspritzen 346
stack backdrop – Fallleitungsverzug 121
stack benching – Fallleitungsversprung 121
stagnation – Stagnation 79
stainless steel pipes – Rohre aus nicht rostendem Stahl (Edelstahlrohre) 173
stainless steel – nicht rostender Stahl 328
standard colour – Standardfarbe 327
standard heat emission – Norm-Wärmeleistung 280
standard heating load – Normheizlast 280
standard temperature – Normtemperatur 280
state of aggregation – Aggregatzustand 31
statement – Aussage 97
static energy – statische Energie 139
static pressure – Ruhedruck, statischer Druck 17, 75
static – statisch 99
stationary period – Stillstandsphase 98
stationary – ortsfest 324
steam condensation – Wasserdampfkondensation 107
steam formation – Dampfbildung 238
steam generator – Dampferzeuger 370
steel and textile fabric plies/layers – Stahl- und Textilgewebeeinlagen 211
steel sheet – Stahlblech 262
steel sheeting – Stahlblechverkleidung 265
steel stands – Stahlträger 351
steel tube radiator – Stahlröhrenradiator 262
steepness – Steilheit 226
step – Fußtritt, Maßnahme 62, 344
stepwise or continously variable – stufenweise oder stufenlos verstellbar 232
storage effect, depot effect – Speicherwirkung (Depotwirkung) 92
storage tray – Ablagefläche 316
storey, floor – Geschoss 66
straight and angle/corner type – Durchgangs- und Eckform 270
straight pipe section – gerade Rohrstrecke 19
straight-way outlet – gerader Durchgang 219
straighteners – Strahlregler 111
streaming pressure – Strömungsdruck 217
streaming standstill – Strömungsstillstand 217
streamlined – strömungsgünstig 321
strength – Stärke 320
stress cracking – Spannungsriss 149
strip footing/foundation – Streifenfundament 151
strong solution – konzentrierte Lösung 90
structural elements – formgleiche Glieder 261
structural water supply – Bauwasserversorgung 156
structurally similar – baugleich 83
structure-borne noise – Körperschall 58
stub pipe – Abzweig- und Stichleitung 71, 98
subsequent panel – nachgeschaltete Platte 264
subsequent treatment – Nachbehandlung 5
suction and delivery side – Saug- und Druckstutzen 255
suction and emptying hose – Saugheber 9
suction height – Saughöhe 10
suction pipe – Saugrohr 10
suction – Saugwirkung 19
suitable for elderly and disabled people – senioren- und behindertengerecht 314
suitable for low-temperature system – geeignet für Niedertemperatursystem 260
superstructure – Überbauung 153
supply grid – Versorgungsnetz 70

U

V

W

Y

Sachwortverzeichnis

Lernfeldübergreifende Inhalte

Lernfeldübergreifende Inhalte

Lernfeldübergreifende Inhalte

Bildquellen

Autoren und Verlag danken den genannten Firmen, Institutionen und Personen für die Überlassung von Vorlagen bzw. Abdruckgenehmigungen folgender Abbildungen:

3P Technik Filtersysteme GmbH, Bad Überkingen: S. 189.1

ACO Passavant GmbH, Stadtlengsfeld: S. 183.1; 187.4

ACO Tiefbau Vertrieb GmbH, Büdelsdorf: S. 188.3, 6

AFG Arbonia-Forster-Riesa GmbH, Riesa (Prolux): S. 33.2 rechts

Alape GmbH, Goslar: S. 340.7

Albers (Joachim), Fintel: S. 12.4; 71.2; 72.1, 2; 73.2, 4; 82.3, 4; 84.2, 4; 95.Tab. 1, 4; 112.2

Allmess GmbH, Oldenburg: S. 75.1

AQUA NOVA GmbH & Co. KG, Innovative Wasseraufbereitung, Stephanskirchen: S. 90.2

aquatherm GmbH, Attendorn: S. 95. Tab. 9

Arkema GmbH Niederlassung ALPHACAN Omniplast, Ehringshausen: S. 167.3

ARMACELL GmbH, Münster: S. 46.3; 49.1; 52.1 unten

Baudekoration Gustav Wille GmbH, Biebertal 1: S. 66.5

BAUHAUS AG, Mannheim: S. 337.2, 4; 338.1, 2, 4, 5; 365.2, 3

BENKISER ARMATURENWERK GmbH, Burglengenfeld: S. 347.3 rechts, 6; 358.4, 5

Bette GmbH & Co. KG, Delbrück: S. 367.3a–e

BEULCO GmbH & Co. KG, Attendorn: S. 95.Tab. 6, 8

BLANCO GmbH + Co KG, Oberderdingen : S. 329.2; 339.1a–j; 340.1, 2; 342.1–3; 343.4a–d

Blumenberg GmbH, Willensen: S. 361.5

boehm-at, Hirschberg: S. 191.2a

Bosch Thermotechnik GmbH, Buderus, Wetzlar: S. 245.2; 262.1, 2; 281.2 oben; 307.1

BWT Wassertechnik GmbH, Schriesheim: S. 143.1

Clarkmade, San Fransico, USA: S. 355.3

Clever Products Industrievertretungen GmbH, Schwetzingen: S. 192.2

commons.wikimedia.org: S. 29.5 (Lamel J. Hinton)

Danfoss GmbH, Offenbach Main: S. 249.2 oben links

DEUTSCHE ROCKWOOL GmbH, Gladbeck: S. 47.2; 63.2

Dommel (Rainer), Freiburg: S. 322.2

Dornbracht (Aloys F.) GmbH & Co. KG, Iserlohn: S. 332.7

Doyma GmbH & Co., Oyten: S. 65.3; 73.1; 149.3a, b, 4

DURAVIT AG, Hornberg: S. 327.1; 328.1, 2; 336.3; 345.1, 2; 350.3; 352.1; 355.2, 4; 356.3; 357.3

EBRO ARMATUREN Gebr. Bröer GmbH, Hagen: S. 213.4; 216.5

Enßle (Friedemann), Backnang: S. 318.1

Flamco Wemefa GmbH, Velbert: S. 244.3, 4; 245.1

Franke Aquarotter AG, Ludwigsfelde: S. 329.3; 343.2 links

Geberit Vertriebs GmbH, Pfullendorf: S. 66.2, 3; 95.Tab. 2; 163.3; 316.1, 2; 317.4 Mitte und rechts; 346.3; 347.1, 2; 351.1

Gebr. Ostendorf Kunststoffe GmbH, Vechta: S. 165.1; 171.1 Tab. 1; 172.1 Tab. 1, 2

Georg Fischer GmbH, Albershausen: S. 98.5; 171.1 Tab. 3

Gestra AG, Bremen: S. 213.5, 8; 217.1, 2

Gripple Deutschland GmbH, Baden-Baden: S. 162.4b

GROHE Deutschland Vertriebs GmbH, Porta Westfalica: S. 114.6; 347.4; 353.5

Grömminger (Erich W.), Innovative Heizsysteme, München: S. 266.1

Grünbeck Wasseraufbereitung GmbH, Höchstädt a.d. Donau: S. 92.3

GRUNDFOS GMBH, Erkrath: S. 233.4

HANSA Metallwerke AG, 70567 Stuttgart: S. 341.5; 369.3, 4; 370.4

Hansgrohe AG, Schiltach: S. 333.1; 334.1; 335.1, 5; 336.2; 353.4; 364.1; 369.1 links

Härke GmbH & Co. KG, Remscheid: S. 156.1

Hauff-Technik GmbH & Co. KG, Herbrechtingen: S. 149.1, 2

Hilti Deutschland AG, Kaufering: S. 66.1

Honeywell GmbH, Mosbach: S. 89.1–3; 213.10; 220, 3; 242.2; 244.2; 309.4

Hydro Shop fbw GmbH Hydropath Technology, Hamburg: S. 91.2

Ideal Standard GmbH, Bonn: S. 333.4; 334.2; 335.2; 336.6

IMI Hydronic Engineering Deutschland GmbH, Erwitte: S. 213.7, 11, 12; 214.1c; 216.4a; 218.1; 219.2; 249.2 oben rechts; 250.2; 255.1; 270.2, 4; 271.1, 2; 272.1–3; 273.1; 274.1; 274.2a–c; 275.1, 3; 293.3, 4; 294.1a–c; 309.1b, 3

INTEWA GmbH, Aachen: S. 191.1

IVT GmbH & Co. KG, Rohr: S. 95. Tab. 7

IZEG Informationszentrum Entwässerungstechnik Guss e.V., Bonn: S. 161.2

JUST LEITERN AG, A-Zeiselmauer: S. 188.5

Kaldewei (Franz) GmbH & Co. KG, Ahlen: S. 327.2; 329.1; 362.3; 367.4

Kaufmann (Wilhelm), Norderstedt: S. 58.3, 4; 59.1; 60., 21; 214.1b; 216.4b

Kemper (Gebr.) GmbH + Co. KG, Metallwerke, Olpe: S. 97.1 links Mitte, 2; 98.2; 99.1–3; 213.1; 214.1a; 216.1

Keramag AG, Ratingen: S. 361.2

KERMI GmbH, Plattling: S. 200.3; 262.3; 264.2–4; 265.3; 281.1 oben; 282.1 Mitte, 3; 292.2, 4; 293.1b; 303.1, 2; 307.3; 367.1, 2; 372.1

Kersten (Winfried), Naunheim: S. 66.4

KESSEL AG, Lenting: S. 126.1; 127.1–6; 128.1–5; 129.1–4; 180.4; 182.1; 199.3

KME Germany GmbH & Co. KG, Osnabrück: S. 46.2; 52.1 Mitte

Kolektor Missel Schwab GmbH, Fellbach Stuttgart: S. 163.1; 322.1, 5

Kröner GmbH Armaturen und Dichtungstechnik, Hochdorf Plochingen: S. 167.1

LOROWERK K.H.Vahlbrauk GmbH & Co.KG, Bad Gandersheim: S. 173.1 Tab. 2–4

Lucas (Wolfgang), Hannover: S. 151.1, 2; 166.2

LUNOS Lüftungstechnik GmbH, Berlin: S. 373.1, 3

MAGRA Maile + Grammer GmbH, Rottenburg a.N.: S. 200.7; 222.1

Maico Elektroapparate-Fabrik GmbH, Villingen-Schwenningen: S. 373.4

manfredwalterhermann e.K., Stahnsdorf: S. 191.2b

MEFA Befestigungs- und Montagesysteme GmbH, Kupferzell: S. 51.2

Meibes System – Technik, Gerichshain: S. 211.3; 213.6; 217.4; 309.2

MEPA – Pauli und Menden GmbH, Rheinbreitbach: S. 365.1a, b

Minimax GmbH & Co. KG, Bad Oldesloe: S. 62.2 rechts

Montaldo-Ventsam (Henry), Hamburg: S. 47.3; 95. Tab. 3

NEOPERL GmbH, Müllheim: S. 114.3

NMC Deutschland GmbH, Heppenheim: S. 46.4; 48.2a, b, 3, 4

Oventrop GmbH & Co. KG, Olsberg: S. 216.2; 218.2; 221.1; 222.3; 240.3; 253.1; 256.1, 2; 270.1; 275.2; 293.1a; 294.2; 302.1

perma-trade Wassertechnik GmbH, Leonberg: S. 4.2; 91.1

Pusch (Peter), Hamburg: S. 28.4 unten; 62.1, 2 links, 3; 67.1; 95 Tab. 10; 131.1; 132.1; 134.3, 4; 135.2; 146.4; 153.1; 171.1 Tab. 4; 185.2, 5; 187.1; 188.2, 7; 190.1

QUNDIS GmbH, Mühlhausen: S. 305.2

Reflex Winkelmann GmbH + Co. KG, Ahlen: S. 242.3a, b

REHAU AG + Co, Erlangen: S. 240.2; 247.1; 291.2, 3; 292.3

REMS GmbH & Co KG, Waiblingen: S. 33.2 Mitte

repaBAD GmbH, Wendlingen: S. 330.1

RETTIG Germany GmbH, www.purmo.de, Vienenburg: S. 293.2

RKG Energietechnik GmbH, Wien: S. 211.4

ROTHENBERGER Werkzeuge GmbH, Kelkheim: S. 246.1

SAINT-GOBAIN HES GmbH, Köln: S. 173.1 Tab. 1; 187.2, 5

Sanitärtechnik Eisenberg GmbH, Eisenberg: S. 146.2, 6; 147.1; 345.3

Sasserath (Hans) GmbH & Co. KG, Korschenbroich: S. 87.1, 2; 88.1, 2, 4; 240.1b; 242.1

Scheithauer (Bernd), Mühlheim: S. 249.1

SCHELL GmbH & Co. KG Armaturentechnologie, Olpe: S. 359.3; 360.2

SCHÜTZ GmbH & Co. KGaA, Selters: S. 290.1, 2

Seppelfricke Armaturen, Gelsenkirchen: S. 98.1

Simplex Armaturen & Systeme GmbH, Argenbühl – Eisenharz: S. 204.1

sopra AG Schwimmbad- und Freizeittechnik, Koblenz: S. 93.1

Spirotech bv, Düsseldorf: S. 240.1a

Steinberg-Armaturen GmbH, Düsseldorf: S. 333.2; 334.3, 4

Thermaflex Isolierprodukte GmbH, Döschwitz: S. 52.1 oben

Vaillant GmbH, Remscheid: S. 47.1

Viega GmbH & Co. KG, Attendorn: S. 50.1; 71.1; 176.3, 4; 177.1, 2; 208.3; 209.3; 335.4a; 336.4, 5; 371.1a–c, 2–4, 5a–c

Viessmann Werke GmbH & Co. KG, Allendorf: S. 263.2; 307.2

Villeroy & Boch AG, Mettlach: S. 314.2; 328.3; 330.2; 331.1–4; 344.1

VOLA GmbH, München: S. 332.5, 6

Wagner (Josef), Salzweg: S. 28.4 Mitte; 162.1; 208.4; 210.2, 3; 213.2; 216.3; 227.2; 239.2; 243.3; 292.1; 309.1a;

Wavin GmbH, Twist: S. 171.1 Tab. 2

WDV-MOLLINÉ GmbH, Stuttgart: S. 74.2; 213.15; 304.1

WESA-Armaturen GmbH, Winterbach: S. 97.1 rechts

WILO SE, Dortmund: S. 179.1; 192.3; 223.2; 224.1, 2; 256.3;

WISY AG, Kefenrod: S. 190.3; 192.1

ZARGES GmbH, Weilheim: S. 188.4

ZENNER International GmbH & Co. KG, Saarbrücken: S. 305.1 links

Zentralverband Sanitär Heizung Klima, St. Augustin: S. 110.1, 2; 112.3

Schnittzeichnung

Grundriss KG

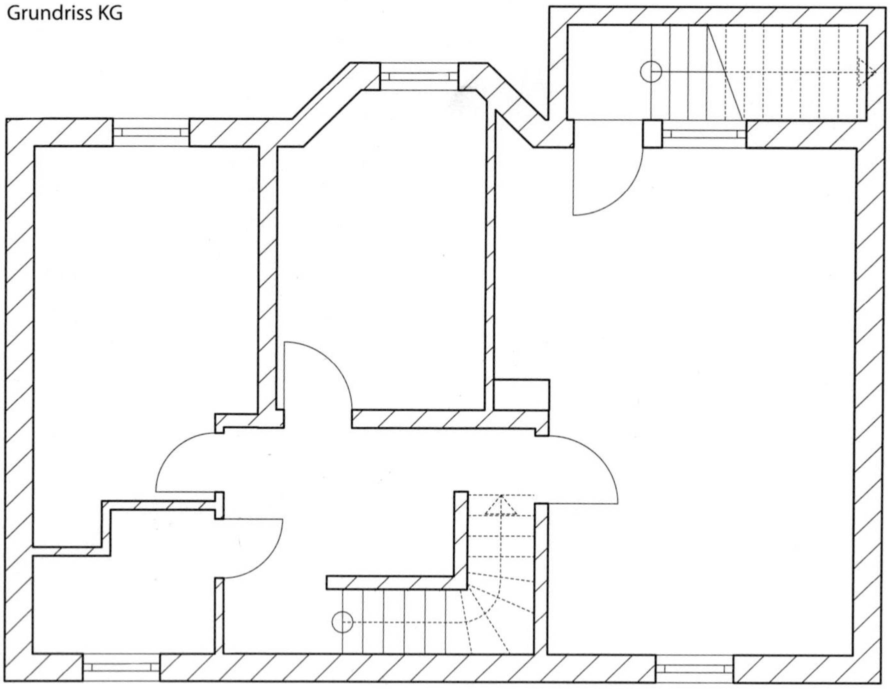

Maßstab 1:100

Grundriss EG

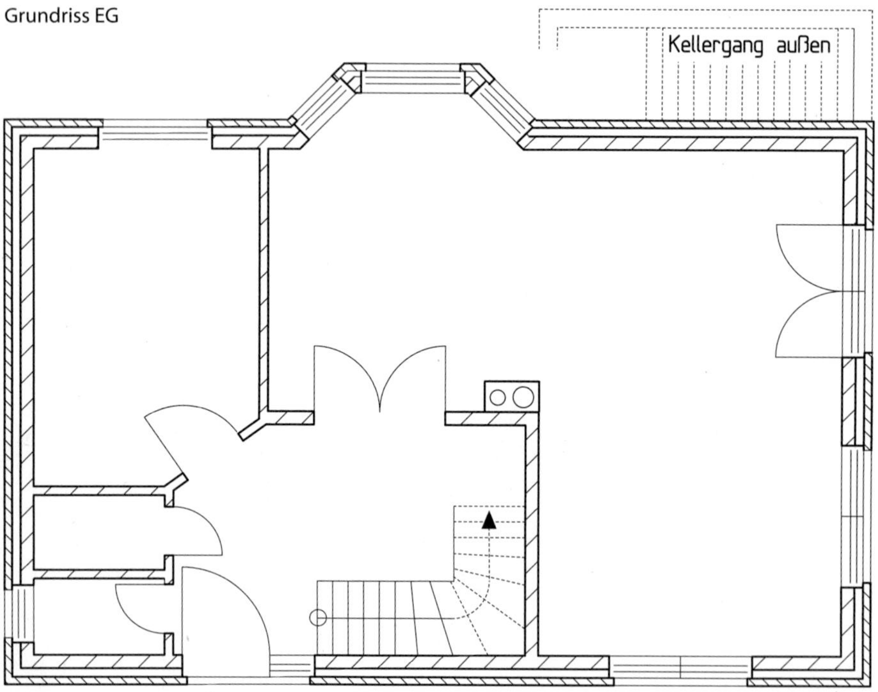

Maßstab 1:100

Grundriss DG

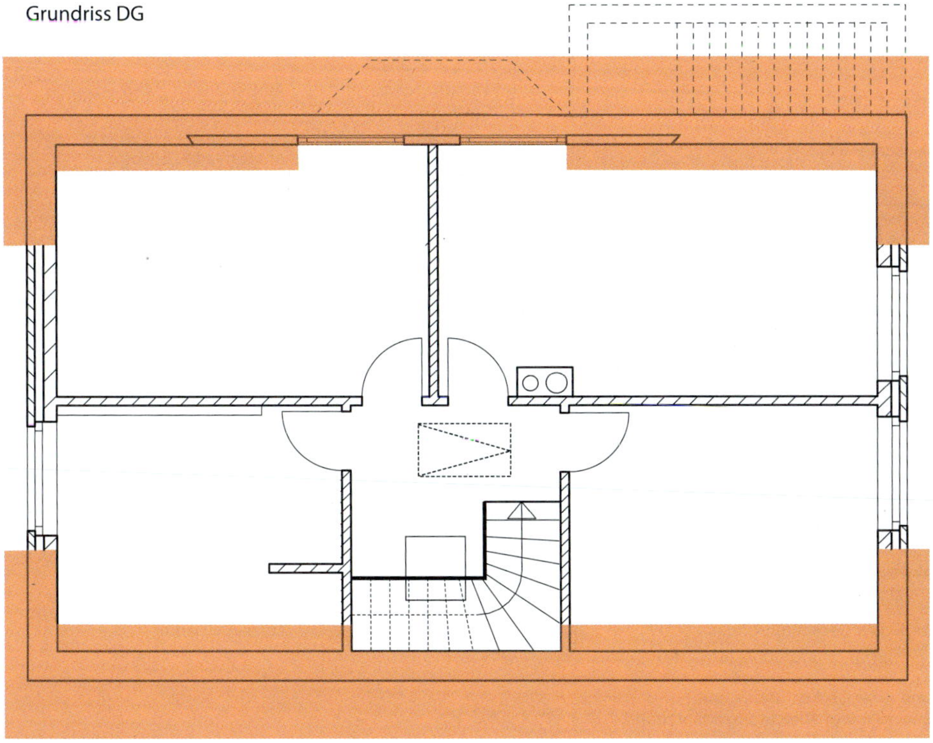

Maßstab 1:100

*	Wasserleitung	M	Absperrarmatur, Antrieb durch Elektromotor
	Leitungskreuz		Absperrarmatur, Antrieb durch Elektromagnet
	Schlauchleitung		Absperrventil, Eckform (Eckventil)
50 40	Übergang in der Nennweite z.B. von DN 50 auf DN 40		Federbelastetes Sicherheitsventil, Eckform, Fließrichtung von links nach rechts
1,0 MPa 0,6 MPa	Übergang des höchsten Systembetriebsdruckes (MDP) z.B. von 1,0 MPa auf 0,6 MPa		Dreiwegehahn
St Cu	Übergang im Werkstoff z.B. von Stahl auf Kupfer		Vierwegehahn (Vierwegemischer)
	Rohrleitung in Grundrissdarstellung		Dreiwegekugelhahn
	Leitungstestpunkt		Absperrklappe
	Leitungsbefestigung mit Gleitführung		Rückschlagklappe, Fließrichtung von links nach rechts
	Wand- oder Deckenführung mit Schutzrohr		Absperrarmatur
	Wand- oder Deckenführung mit Schutzrohr und Abdichtung (Mantelrohr)		Geradsitzventil
	Leitungsabschluss		Kugelhahn
5%	Leitungsgefälle nach links, 5%		Kolbenschieber, -ventil
	Rohrverbindung		Freistromventil, Schieber
	Art der Rohrverbindung		Nadelventil
	Gewindeverbindung	p	Druckminderer
	Flanschverbindung		Verbindung durch Rohrverschraubung
	Klemmflanschverbindung		Wellrohrkompensator
	Geschweißte, hartgelötete oder weichgelötete Rohrverbindung		(li.) U-Bogen-Ausgleicher (re.) Dehnungsbogen
	Schnellkupplung		Regler (Signaleingang am Dreieck)
	Absperrventil mit Rückfluss-verhinderer		Auslaufventil, Entleerungsventil
	Rückflussverhinderer in Trinkwasser-leitungen		Standauslaufventil
	Rückschlagventil, Fließrichtung von links nach rechts		Wandauslaufventil
	Absperrarmatur, Antrieb von Hand		Wandmischbatterie
	Absperrventil, gegen unbeabsichtigtes Schließen gesichert (z.B. Kappenventil)		Schlauchbrause

Grundriss DG

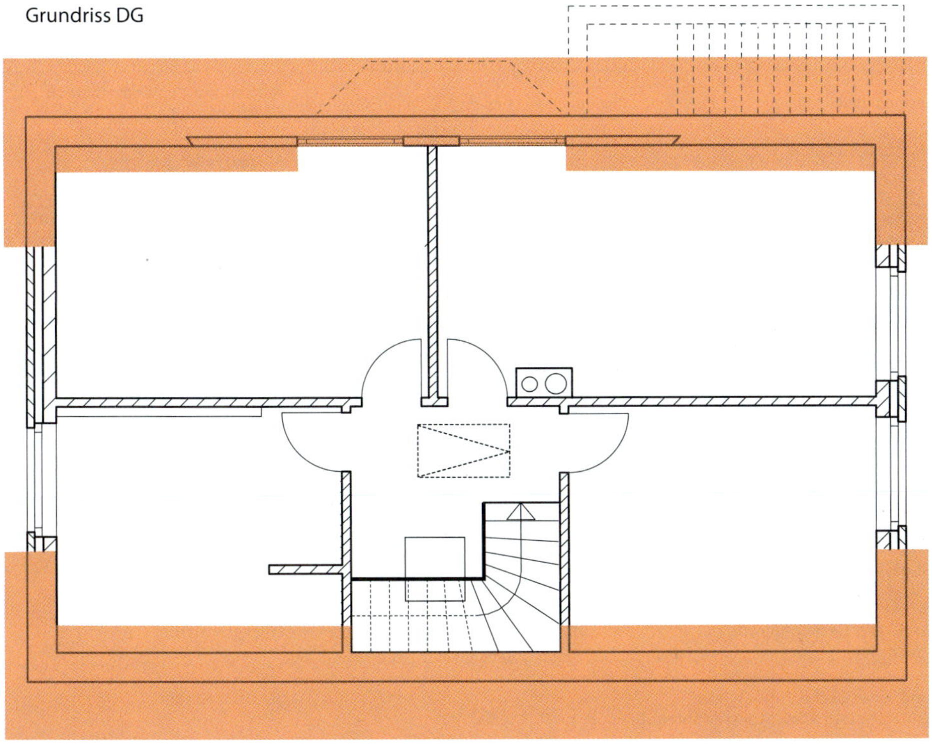

Maßstab 1:100

*	Wasserleitung	M	Absperrarmatur, Antrieb durch Elektromotor
	Leitungskreuz		Absperrarmatur, Antrieb durch Elektromagnet
	Schlauchleitung		Absperrventil, Eckform (Eckventil)
50 40	Übergang in der Nennweite z.B. von DN 50 auf DN 40		Federbelastetes Sicherheitsventil, Eckform, Fließrichtung von links nach rechts
1,0 MPa 0,6 MPa	Übergang des höchsten Systembetriebsdruckes (MDP) z.B. von 1,0 MPa auf 0,6 MPa		Dreiwegehahn
St Cu	Übergang im Werkstoff z.B. von Stahl auf Kupfer		Vierwegehahn (Vierwegemischer)
	Rohrleitung in Grundrissdarstellung		Dreiwegekugelhahn
	Leitungstestpunkt		Absperrklappe
	Leitungsbefestigung mit Gleitführung		Rückschlagklappe, Fließrichtung von links nach rechts
	Wand- oder Deckenführung mit Schutzrohr		Absperrarmatur
	Wand- oder Deckenführung mit Schutzrohr und Abdichtung (Mantelrohr)		Geradsitzventil
	Leitungsabschluss		Kugelhahn
5%	Leitungsgefälle nach links, 5%		Kolbenschieber, -ventil
	Rohrverbindung		Freistromventil, Schieber
	Art der Rohrverbindung		Nadelventil
	Gewindeverbindung	p	Druckminderer
	Flanschverbindung		Verbindung durch Rohrverschraubung
	Klemmflanschverbindung		Wellrohrkompensator
	Geschweißte, hartgelötete oder weichgelötete Rohrverbindung		(li.) U-Bogen-Ausgleicher (re.) Dehnungsbogen
	Schnellkupplung		Regler (Signaleingang am Dreieck)
	Absperrventil mit Rückflussverhinderer		Auslaufventil, Entleerungsventil
	Rückflussverhinderer in Trinkwasserleitungen		Standauslaufventil
	Rückschlagventil, Fließrichtung von links nach rechts		Wandauslaufventil
	Absperrarmatur, Antrieb von Hand		Wandmischbatterie
	Absperrventil, gegen unbeabsichtigtes Schließen gesichert (z.B. Kappenventil)		Schlauchbrause

Symbol	Benennung
FV	Druckspüler mit Rohrunterbrecher
FC	Spülkasten
	Auslaufventil mit Sicherungsarmatur, Schnellkupplung und Schlauchverschraubung
	Sicherungsarmatur
	Rohrbelüfter
	Rückflussverhinderer
	Absperrventil mit integriertem Rückflussverhinderer
	Rohrbelüfter in Durchgangsform
	Rohrentlüfter
	Rohrtrenner
EB	Rückflussverhinderer bei gleichzeitiger Benutzung als Sicherheitsarmatur, z.B. EB
	Sicherheitsventil, federbelastet
	Mechanischer Filter
	Flüssigkeitspumpe mit mechanischem Antrieb
	Waschmaschine
	Geschirrspüler
	Wäschetrockner
	Steuerleitung
	Messgerät mit Anzeige
m^3	Wasserzähler
*	Speicherungswasserwärmer indirekt beheizt z.B. Fernwärme. Der Stern wird ersetzt durch z. B.: HW = Heizwasser
	Trichter
	Schmutzfänger
	Flüssigkeitspumpe

Grundriss	Aufriss	Benennung
		Wärmeverbraucher
DS	DS	Schmutzwasserleitung Druckleitung wird mit DS gekennzeichnet
DR	DR	Regenwasserleitung Druckleitung wird mit DR gekennzeichnet
		Mischwasserleitung
		Lüftungsleitung
		Lüftungsleitung, aufwärts verlaufend
		Fallleitung
		Richtungshinweise a) hindurchgehend b) beginnend und abwärts verlaufend c) von oben kommend und endend d) beginnend und aufwärts verlaufend
100 / 125	100 / 125	Nennweitenänderung
		Werkstoffwechsel
		Reinigungsrohr mit runder oder eckiger Öffnung
		Reinigungsverschluss
		Rohrendverschluss
		Geruchsverschluss
		Belüftungsventil
		Ablauf oder Entwässerungsrinne ohne Geruchverschluss
		Ablauf oder Entwässerungsrinne mit Geruchverschluss
		Ablauf mit Rückstauverschluss für fäkalienfreies Abwasser
H Sp	H Sp	Heizölsperre
H Sp	H Sp	Heizölsperre mit Rückstauverschluss

Grundriss	Aufriss	
		Rückstauverschluss für fäkalienfreies Abwasser
		Rückstauverschluss für fäkalienhaltiges Abwasser
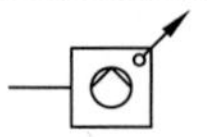	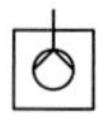	Abwasserhebeanlage für fäkalienfreies Abwasser
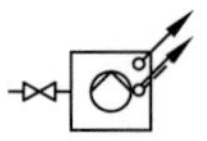	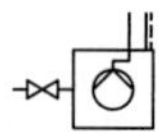	Abwasserhebeanlage für fäkalienhaltiges Abwasser
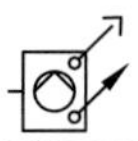	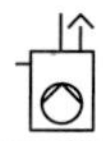	Abwasserhebeanlage zur begrenzten Verwendung
	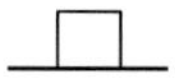	Schacht mit offenem Durchfluss (dargestellt mit Schmutzwasserleitung)
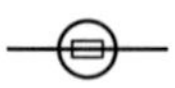		Schacht mit geschlossenem Durchfluss
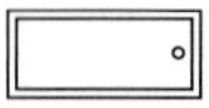	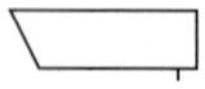	Badewanne
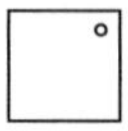	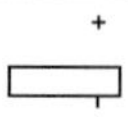	Duschwanne
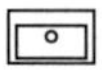		Waschtisch, Handwaschbecken
		Sitzwaschbecken
		Urinalbecken
		Urinalbecken mit automatischer Spülung
		Klosettbecken
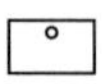		Ausgussbecken
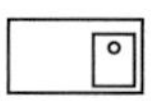		Spülbecken einfach
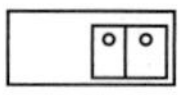		Spülbecken doppelt
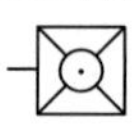	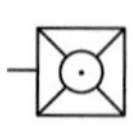	Geschirrspülmaschine (nach DIN 1986-100)
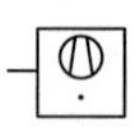	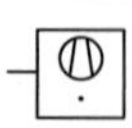	Wäschetrockner (nach DIN 1986-100)
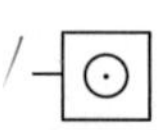	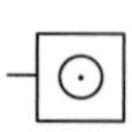	Waschmaschine (nach DIN 1986-100)
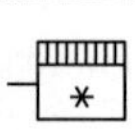	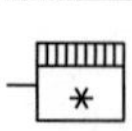	Klimagerät